MICHAELIS

MINIDICIONÁRIO

ITALIANO

italiano – português
português – italiano

CB060351

André Guilherme Polito
(Mestre em Linguística: Semiótica e Linguística Geral pela USP)

MICHAELIS

MINIDICIONÁRIO

ITALIANO

italiano – português
português – italiano

Nova Ortografia conforme o
Acordo Ortográfico da Língua Portuguesa

Editora Melhoramentos

Polito, André Guilherme
  MICHAELIS : minidicionário italiano : italiano-português, português-italiano / André Guilherme Polito. 2.ª edição – São Paulo : Editora Melhoramentos, 2010. (Michaelis Minidicionário)

  Edição conforme o Acordo Ortográfico da Língua Portuguesa, 1990.

  ISBN 978-85-06-06264-7

  1. Italiano - Dicionários - Português 2. Português - Dicionários - Italiano I. Título II. Série

CDD-453.69

Índices para catálogo sistemático:
  1. Italiano : Dicionários : Português   453.69
  2. Português : Dicionários : Italiano   469.24

© 2004 André Guilherme Polito
© 2004, 2010 Editora Melhoramentos Ltda.
Todos os direitos reservados.

Design original da capa: Jean E. Udry
Revisão da transcrição fonética do português: Elvira Wanda Vagones Mauro

3.ª edição, agosto de 2016
ISBN: 978-85-06-06264-7
     978-85-06-07855-6

Atendimento ao consumidor:
Caixa Postal 11541 – CEP 05049-970
São Paulo – SP – Brasil
Tel.: (11) 3874-0880
www.editoramelhoramentos.com.br
sac@melhoramentos.com.br

Impresso no Brasil

Sumário

Prefácio VII
Organização do dicionário VIII
Transcrição fonética do italiano XI
Transcrição fonética do português XV
Abreviaturas usadas neste dicionário XVII
Apêndice
   Notas gramaticais do italiano 505
   Numerais 507
   Equivalência dos tempos verbais 509
   Conjugação dos verbos em italiano 510
   Relação dos verbos irregulares, defectivos ou difíceis
   em italiano 514
   Conjugação dos verbos auxiliares e regulares
   em português 530
   Relação dos verbos irregulares, defectivos ou difíceis
   em português 536

Prefácio

Com mais de 18.000 verbetes, o **Michaelis Minidicionário Italiano** foi especialmente elaborado para os brasileiros que estudam a língua italiana.

A obra contou, em sua elaboração, com uma equipe especializada de dicionaristas, professores de italiano e de português, foneticistas e revisores, entre outros profissionais.

A grafia das palavras em português segue o Vocabulário Ortográfico da Língua Portuguesa (VOLP, 5.ª ed., março de 2009), respeitando as modificações introduzidas pelo Acordo Ortográfico da Língua Portuguesa (veja explicações sobre o Acordo a seguir).

Este dicionário segue rigorosas normas de lexicografia que padronizam a estrutura dos verbetes a fim de facilitar a leitura e dar acesso imediato à informação. Além disso, os verbetes em italiano e em português apresentam divisão silábica, transcrição fonética, classe gramatical, área de conhecimento, acepções numeradas (totalizando mais de 40.000), expressões atuais e exemplos objetivos para melhor compreensão das definições.

O **Michaelis Minidicionário Italiano** é um instrumento essencial para o estudo da língua italiana, de grande utilidade, portanto, para quem deseja falar e escrever corretamente esse idioma.

A nova ortografia do português

Para este dicionário foram adotadas as alterações na ortografia do português conforme o Acordo Ortográfico da Língua Portuguesa de 1990.

A implantação das regras desse Acordo é um passo importante em direção à criação de uma ortografia unificada para o português, a ser usada por todos os países de língua oficial portuguesa: Portugal, Brasil, Angola, São Tomé e Príncipe, Cabo Verde, Guiné-Bissau, Moçambique e Timor Leste.

A Editora

Organização do dicionário

1. Entrada
a) A entrada do verbete está em negrito e com indicação da divisão silábica.
   Ex.: **ab.ba.glio** [abbˊaλo] *sm fig* erro, engano, equívoco.
   a.ba.nar [abanˊar] *vt* **1** sventolare. *vpr* **2** sventolarsi.

b) Os substantivos e adjetivos são apresentados no masculino singular:
   Ex.: **ab.bon.dan.te** [abbondˊante] *agg* abundante, copioso.
   abs.tra.to [abstrˊatu] *adj* astratto, vago.

c) Adjetivos utilizados apenas no masculino ou no feminino são indicados com as abreviaturas *adj m* ou *adj f*.
   Ex.: **pre.gno** [prˊeño] *agg* **1** *fig* cheio, impregnado. **2 pregna** *f* prenhe.
   pre.nhe [prˊeñi] *adj f* pregna, gravida.

d) As remissões, introduzidas pela abreviatura V (vedi/veja), indicam uma forma vocabular mais usual.
   Ex.: **a.ni.tra** [ˊanitra] *sf V anatra*.
   a.na.tra [ˊanatra] *sf* pato. *Var: anitra*.
   ta.par [tapˊar] *vt V tampar*.
   tam.par [tãpˊar] *vt* tappare, chiudere. *Sin: tapar*.

2. Transcrição fonética
A pronúncia figurada aparece representada entre colchetes, seguindo as normas do Alfabeto Fonético Internacional. Veja explicações detalhadas nas páginas XI a XVI.

3. Classe gramatical
a) É indicada por abreviatura em itálico, conforme a lista na página XVII.
   Ex.: **ab.bo.na.to** [abbonˊato] *sm* **1** assinante. **2** associado.
   a.ba.nar [abanˊar] *vt* **1** sventolare. *vpr* **2** sventolarsi.

b) Quando o verbete tem mais de uma categoria gramatical, uma é separada da outra por um ponto preto.
   Ex.: **al.to** [ˊalto] *sm* **1** alto, altura. **2** cume, topo. • *agg* **1** alto, elevado. **2** profundo (lago, silêncio, sono). **3** ilustre, nobre. **4** caro (preço). **5** largo (tecido). **6** difícil (leitura). **7** superior. • *avv* **1** alto, altamente. **2** em lugar elevado. • *int* alto!
   a.lhei.o [aλˊeju] *sm* l'altrui, roba d'altri. • *adj* **1** altrui. **2** alieno. **3** estraneo.

4. Área de conhecimento
É indicada por abreviatura em itálico, conforme a lista na página XVII.
   Ex.: **an.guil.la** [angˊwilla] *sf Zool* enguia.
   a.ba.ca.xi [abakaʃˊi] *sm Bot* ananasso.

5. Tradução
Os diferentes sentidos de uma mesma palavra estão separados por algarismos em negrito. Os sinônimos reunidos num algarismo são separados por vírgulas.
Ex.: **an.ne.ga.re** [anneg´are] *vt* **1** afogar. **2** *fig* sufocar, reprimir. *vpr* **3** afogar-se.
a.li.e.ní.ge.na [aljen´iʒenə] *adj* **1** estraneo, straniero. **2** *fig* esotico.

6. Formas irregulares
a) Do italiano são indicados entre parênteses, em negrito, com o artigo definido e as abreviaturas **pl m** ou **pl f**:
 – plurais irregulares: **uo.mo** [´wɔmo] *sm* (*pl m* **gli uomini**) **1** homem. **2** amante, companheiro.
 – plurais com mudança de gênero: **uo.vo** [´wɔvo] *sm* (*pl f* **le uova** ou **le ova**) ovo.

b) Em italiano, os femininos formam-se, em geral, mudando a vogal final do masculino para **a**. Quando o feminino é formado de outra forma, aparece como verbete:
Ex.: **av.vo.ca.tes.sa** [avvokat´essa] *sf* advogada.
av.vo.ca.to [avvok´ato] *sm* **1** advogado. **2** *fig* protetor, defensor.

c) Do português são apresentados plurais irregulares, plurais de substantivos compostos com hífen, plurais que frequentemente geram dúvidas e os que permitem duas ou mais terminações.
Ex.: **ab.dô.men** [abd´omẽj] *sm V* abdome. *Pl:* abdômenes.
a.be.lha-rai.nha [abeʎəɾa´iɲə] *sf Zool* regina, maestra. *Pl:* abelhas--rainhas.
a.não [an´ãw] *sm+adj* nano. *Pl:* anãos, anões, anãs.

7. Exemplificação
Frases elucidativas usadas para esclarecer definições ou acepções são apresentadas em itálico.
Ex.: **ap.pe.na** [app´ena] *avv* **1** mal, com dificuldade, penosamente. **2** agora mesmo, há pouco tempo. *sono appena arrivato* / cheguei agora mesmo. **3** apenas, só. • *cong* mal, logo que, assim que. *appena nati, già sanno nuotare* / logo que nascem, já sabem nadar.
a.me.a.çar [ameas´ar] *vt* **1** minacciare. *a casa ameaça cair* / la casa minaccia di cadere. **2** far minacce, avvertire, avvisare. **3** bravare. **4** promettere. **5** essere in pericolo di.

8. Expressões
Expressões usuais são apresentadas em ordem alfabética e destacadas em negrito.
Ex.: **a.ce.to** [atʃ´eto] *sm* vinagre. **alimenti sott'aceto** alimentos em conserva.
a.ler.ta [al´ɛrtə] *adj* attento. **ficar alerta** stare all'erta.

9. Apêndice
No final do dicionário estão incluídos alguns assuntos frequentemente procurados para consultas complementares:
- notas gramaticais do italiano;
- numerais;
- equivalência dos tempos verbais;
- conjugação dos verbos em italiano;
- relação dos verbos irregulares, defectivos ou difíceis em italiano;
- conjugação dos verbos auxiliares e regulares em português;
- relação dos verbos irregulares, defectivos ou difíceis em português.

Transcrição fonética do italiano

I. O alfabeto italiano

letra	nome		letra	nome	
a	a	[´a]	n	enne	[´ɛnne]
b	bi	[b´i]	o	o	[´ɔ]
c	ci	[tʃ´i]	p	pi	[p´i]
d	di	[d´i]	q	cu	[k´u]
e	e	[´e]	r	erre	[´ɛre]
f	effe	[´ɛffe]	s	esse	[´ɛsse]
g	gi	[dʒ´i]	t	ti	[t´i]
h	acca	[´akka]	u	u	[´u]
i	i	[´i]	v	vu	[v´u]
l	elle	[´ɛlle]	z	zeta	[dz´ɛta]
m	emme	[´ɛmme]			

a) O **j** - i lunga [i l´unga] consta de textos antigos (equivale a **i**), e palavras estrangeiras. Exemplos: **judô** [jud´ɔ], **jeep** [dʒ´ip].

b) O **x** - ics [´iks] aparece em abreviaturas, algarismos romanos, expressões com **ex**, como incógnita, em raros sobrenomes italianos e palavras estrangeiras.

c) As letras **k** - cappa [k´appa], **w** - vu doppia [v´u d´oppja] e **y** - ipsilon [´ipsilon] são utilizadas apenas em abreviaturas e palavras estrangeiras.

d) O acento tônico é indicado pelo sinal (´), que precede a vogal tônica.

II. Símbolos fonéticos

a) As vogais são sempre orais, mesmo seguidas de **m** e **n**.

			exemplo
a	[a]	sempre como em **pai**, mesmo se for átono.	**casa** [k´aza], **amare** [am´are], **banda** [b´anda]
e	[e]	fechado como em **vejo**, pode ser átono ou tônico.	**perché** [perk´e], **bellezza** [bell´ettsa], **dello** [d´ello]
	[ɛ]	aberto como em **fé**, é sempre tônico.	**benda** [b´ɛnda], **bello** [b´ɛllo], **lei** [l´ɛj]
i	[i]	sempre como em **vi**.	**tí** [t´i], **simile** [s´imile], **qui** [k´wi]
	[j]	**i semivogal**, como em **lei**.	**aia** [´aja], **buio** [b´ujo]
o	[o]	fechado como em **hoje**, pode ser átono ou tônico.	**ora** [´ora], **molto** [m´olto], **scrittore** [skritt´ore]

o	[ɔ]	aberto como em **nó**, é sempre tônico.	**e**roe [erˈɔe], f**u**ori [fˈwɔri], b**o**tta [bˈɔtta]
u	[u]	sempre como em **nu**.	t**u** [tˈu], **u**va [ˈuva], tr**u**culento [trukulˈento]
	[w]	**u** semivogal, como em **mau**, **quando**.	ra**u**co [rˈawko]

b) As consoantes **b, d, f, m, n, p, t** e **v** pronunciam-se como em português.

		exemplo
[b]	**b**adare	[badˈare]
[d]	**d**ata	[dˈata]
[f]	**f**iume	[fˈjume]
[m]	**m**arco	[mˈarko]
[n]	**n**ave	[nˈave]
[p]	**p**arte	[pˈarte]
[t]	**t**ardi	[tˈardi]
[v]	**v**ano	[vˈano]

c) As consoantes e dígrafos abaixo diferem da pronúncia portuguesa.

			exemplo
c	[k]	como **c** em **cal**, antes de **a, o, u** ou consoante.	**c**apo [kˈapo], **c**lasse [klˈasse]
	[tʃ]	como **tch** em **tcheco**, antes de **e, i**.	**c**erto [tʃˈɛrto], **c**iondolo [tʃˈondolo]
ch	[k]	como **c** em **cal**, antes de **e, i**.	**ch**iesa [kˈjɛza]
g	[g]	como **g** em **gato**, antes de **a, o, u**.	**g**ola [gˈola]
	[dʒ]	como **dj** em **adjetivo**, antes de **e, i**.	**g**irare [dʒirˈare], **g**ià [dʒˈa], **g**elato [dʒelˈato]
gh	[g]	como **g** em **gato** ou **gu** em **gueto**, antes de **e, i**.	**gh**etto [gˈeto]
gl	[λ]	como **lh** em **palha**, antes de **i, ia, ie, io, iu**.	**gl**i [λi], a**gl**io [ˈaλo]
	[gl]	como **gl** em **globo**, antes de **a, e, o, u**.	**gl**obo [glˈɔbo]
	[gl]	como **gl** em **glicerina**, antes de **i**, em pouquíssimas exceções.	**gl**icerina [glitʃerˈina]
gn	[ñ]	como **nh** em **banha**.	ba**gn**o [bˈaño]
gu	[gw]	sempre como **gu** em **água** ou **gu** em **aguentar**.	**gu**adagnare [gwadañˈare]
h		é mudo.	a**h**i [ˈai], o**h** [ˈɔ]
l	[l]	como **l** em **lápis**, em início de sílaba. Em final de sílaba, pronunciado à moda gaúcha.	**l**ento [lˈento], i**l** [ˈil]
qu	[kw]	sempre como **qu** em **qual** ou **qu** em **líquido**.	**qu**asi [kˈwazi], **qu**esto [kˈwesto]

r	[r]	inicial ou entre duas vogais, como r em caro, porém com mais vibração da língua.	rapido [r´apido], gara [g´ara]
rr	[r̄]	é um r forte duplo (ver item d abaixo), sem semelhante em português.	butirro [but´ir̄o]
s	[s]	como s em sopa, inicial antes de vogal ou quando seguido de ca, co, cu, f, p, q, t.	sempre [s´empre], stare [st´are]
	[z]	como s em frase ou z em azul, entre duas vogais ou quando seguido de b, d, g, l, m, n, r, v.	caso [k´azo], sbavare [zbav´are], smentire [zment´ire]
	[s]	como s de sopa, entre duas vogais, apenas em algumas palavras.	dinosauro [dinos´awro], presupporre [presupp´ore]
sc	[ʃ]	como ch em chave, apenas antes de e, i.	scena [ʃ´ena], sci [ʃ´i], sciame [ʃ´ame]
	[sk]	como sc em casco, antes de a, o, u ou consoante.	scabbia [sk´abbja], scrivere [skr´ivere]
sch	[sk]	como sc em casco, antes de e, i.	schedario [sked´arjo], schifo [sk´ifo]
x	[ks]	sempre como x em fixar.	xilofono [ksil´ofono]
z	[ts]	como ts em tsé-tsé, em algumas palavras.	zinco [ts´inko]
	[dz]	como dz, sem semelhante em português, em algumas palavras.	zodiaco [dzod´iako]

d) As consoantes e dígrafos abaixo aparecem em palavras estrangeiras:

			exemplo
ch	[ʃ]	como ch em chave.	choc [ʃ´ɔk]
h	[h]	como h em inglês have.	hobby [h´ɔbbi]
j	[j]	como i em lei.	judô [jud´o]
	[dʒ]	como j em inglês jeans.	jeep [dʒ´ip]
k	[k]	como c em cal.	kimono [kim´ono]
sh	[ʃ]	como ch em chave.	shampoo [ʃamp´u]
w	[w]	como u em quase.	watt [w´ɔtt]
y	[j]	como i em lei.	yogurt [´jɔgurt]

e) As consoantes duplas devem ser pronunciadas distinta e separadamente, como se houvesse um hífen entre elas:

bello   [b´ɛl-lo]
nonno   [n´ɔn-no]
patto   [p´at-to]
pacco   [p´ak-ko]
somma   [s´ɔm-ma]
sasso   [s´as-so]

XIV

O **R** duplo foi transcrito como [r̄], devendo ser pronunciado como [r̄-r̄], ou seja, dois **R** fortes como se houvesse um hífen entre eles.

f) Divergências de pronúncia em italiano:
A influência regional na Itália ainda é forte, causando divergências na pronúncia. Na Toscana, o **S** entre vogais, em certas terminações e algumas palavras, é pronunciado como [s] e não [z], como está em nossa transcrição. Essa pronúncia não foi indicada porque procuramos adotar um padrão razoavelmente "neutro", que não fosse identificado como de uma região específica, e cujo uso fosse mais generalizado.

Exemplos	**Toscano**	**Nossa transcrição**
così	[kos´i]	[koz´i]
famoso	[fam´oso]	[fam´ozo]
francese	[frantʃ´ese]	[frantʃ´eze]

Transcrição fonética do português

I. O alfabeto português

letra	nome		letra	nome	
a	a	[a]	n	ene	[´eni]
b	bê	[be]	o	o	[ɔ]
c	cê	[se]	p	pê	[pe]
d	dê	[de]	q	quê	[ke]
e	e	[e]	r	erre	[´ɛři]
f	efe	[´ɛfi]	s	esse	[´ɛsi]
g	gê	[ʒe]	t	tê	[te]
h	agá	[ag´a]	u	u	[u]
i	i	[i]	v	vê	[ve]
j	jota	[ʒ´ɔtə]	w	dáblio	[d´ablju]
k	cá	[k´a]	x	xis	[ʃis]
l	ele	[´ɛli]	y	ípsilon	[´ipsilōw]
m	eme	[´emi]	z	zê	[ze]

O acento tônico é indicado pelo sinal (´), que precede a vogal tônica.

II. Símbolos fonéticos

a) Vogais orais

[a]	caro [k´aru]
[ɛ]	fé [f´ɛ]
[e]	dedo [d´edu]
[i]	vida [v´idə]
[ɔ]	nó [n´ɔ]
[o]	nome [n´omi]
[u]	uva [´uvə]; livro [l´ivru]
[ə]	mesa [m´ezə]
[ʌ]	cama [k´ʌmə]; cana [k´ʌnə]

b) Vogais nasais

[ã]	canto [k´ãtu]
[ẽ]	dente [d´ẽti]
[ĩ]	fim [f´ĩ]
[œ̃]	onça [´õsə]
[ũ]	bunda [b´ũdə]

XVI

c) Semivogais

[j]	peixe [p'ejʃi]
[w]	para **u** brando ou **l** final: ma**u** [m'aw]; bana**l** [ban'aw]

d) Consoantes

[b]	**bê**bado [b'ebadu]
[d]	**d**a**d**o [d'adu]
[f]	**f**aca [f'akə]
[g]	**g** antes de **a, o, u**: **g**ato [g'atu]; **g**oma [g'omə]; **g**uerra [g'ɛr̃ə]
[ʒ]	**g** antes de **e, i**: **g**elo [ʒ'elu]; **g**igante [ʒig'ãti]; para **j**: **j**ato [ʒ'atu]
[k]	**c** antes de **a, o, u** ou antes de uma consoante: **c**asa [k'azə]; **c**omida [kom'idə], **c**ubo [k'ubu], pa**c**to [p'aktu], fi**c**ção [fiks'ãw]; para **qu**: **qu**eijo [k'ejʒu]
[l]	lago [l'agu]
[ʎ]	**lh**: **lh**ama [ʎ'ãmə], ca**lh**a [k'aʎə]
[m]	**m**açã [mas'ã]
[n]	**n**ada [n'adə]
[ñ]	**nh**: li**nh**o [l'iñu]
[p]	**p**ato [p'atu]
[r]	**r** brando ou final: a**r**ma ['armə]; acha**r** [aʃ'ar]
[r̃]	**r** forte e aspirado, inicial ou **rr**: **r**ato [r̃'atu], co**rr**er [kor̃'er]
[s]	**s** inicial ou antes de uma consoante, e para **ss**: **s**eda [s'edə], fra**s**co [fr'asku], so**ss**ego [sos'egu]; **c** antes de **e, i** e para **ç**: **c**ego [s'ɛgu], **c**inema [sin'emə], ca**ç**a [k'asə]; **x** antes de uma consoante: e**x**plosivo [esploz'ivu]
[ʃ]	**ch** ou **x**: **ch**eiro [ʃ'ejru]; en**x**ame [ẽʃ'ʌmi], **x**arope [ʃar'ɔpi]
[t]	**t**udo [t'udu]
[v]	**v**ista [v'istə]
[z]	**s** entre vogais, **z** ou **x** antes de vogal: ro**s**a [r̃'ɔzə], **z**ebra [z'ebrə], e**x**emplo [ez'ẽplu]

Abreviaturas usadas neste dicionário

abbrev	abbreviazione di	*Elett*	Elettricità
abrev	abreviação de	*Elettr*	Elettronica
adj	adjetivo	*Equit*	Equitazione / Equitação
adv	advérbio	*Escult*	Escultura
Aer	Aeronautica / Aeronáutica	*Esp*	Esporte
afet	afetivo	*Espirit*	Espiritismo
agg	aggettivo	*f*	femminile / feminino
Anat	Anatomia	*fam*	linguaggio familiare / linguagem familiar
ár	árabe		
ar	arabo	*fig*	linguaggio figurato / linguagem figurada
Archeol	Archeologia		
Archit	Architettura	*Fil*	Filosofia
Arqueol	Arqueologia	*Fis*	Fisica
Arquit	Arquitetura	*Fís*	Física
art	articolo / artigo	*Fisiol*	Fisiologia
Astrol	Astrologia	*Fot*	Fotografia
Astron	Astronomia	*fr*	francese / francês
aum	aumentativo	*Fut*	Futebol
Autom	Automobilismo	*Geogr*	Geografia
avv	avverbio	*Geol*	Geologia
Biol	Biologia	*Geom*	Geometria
Bot	Botanica / Botânica	*ger*	gergo
bras	brasilianesimo / brasileirismo	*giap*	giapponese
Calc	Calcio	*Giorn*	Giornalismo
Chim	Chimica	*gír*	gíria
Cin	Cinema	*Giur*	Giurisprudenza
Com	Linguagem Comercial	*Gram*	Gramática
Comm	Linguaggio Commerciale	*Gramm*	Grammatica
compar	comparativo	*Hist*	História
cong	congiunzione	*indef*	indefinido
conj	conjunção	*indet*	indeterminativo
Contab	Contabilità / Contabilidade	*Inform*	Informatica / Informática
def	definido	*ingl*	inglese / inglês
dep	depreciativo	*int*	interiezione
det	determinativo (articolo)	*interj*	interjeição
dim	diminutivo	*inv*	invariabile / invariável
Dir	Direito	*iron*	linguaggio ironico
disp	dispregiativo	*irôn*	linguagem irônica
ecc	eccetera	*jap*	japonês
Econ	Economia	*Jorn*	Jornalismo
Eletr	Eletricidade	*lat*	latino / latim
Eletrôn	Eletrônica	*Lett*	Letteratura; Linguaggio Letterario

XVIII

Ling	Linguistica / Linguística	*s*	sostantivo di due generi / substantivo comum de dois
Lit	Literatura; Linguagem Literária		
loc adv	locuzione adverbiale	*s+adj*	substantivo comum de dois e adjetivo
loc avv	locuzione avverbiale		
loc prep	locuzione prepositiva / locução prepositiva	*s+agg*	sostantivo di due generi e aggettivo
m	maschile / masculino	*Scult*	Scultura
Mat	Matematica / Matemática	*sf*	sostantivo femminile / substantivo feminino
Mec	Mecânica		
Mecc	Meccanica	*Sider*	Siderurgia
Med	Medicina	*Sin*	Sinonimo / Sinônimo
Met	Meteorologia	*sing*	singolare / singular
Mil	Militare / Militar	*sm*	sostantivo maschile / substantivo masculino
Min	Mineralogia		
Mit	Mitologia	*Sp*	Sport
Mus	Musica	*Spirit*	Spiritismo
Mús	Música	*St*	Storia
Naut	Nautica	*superl*	superlativo
Náut	Náutica	*Teat*	Teatro
num	numerale / numeral	*Tec*	Linguaggio Tecnico
p es	per esempio	*Téc*	Linguagem Técnica
p ex	por exemplo	*TV*	Televisione / Televisão
part	participio / particípio	*V*	Vedi / Veja
pers	personale	*Var*	Variazione / Variação
pes	pessoal	*vaus*	verbo ausiliare
Pint	Pintura	*vaux*	verbo auxiliar
Pitt	Pittura	*vezz*	vezzeggiativo
pl	plurale / plural	*vi*	verbo intransitivo
Poét	Poesia, Linguagem Poética	*v impers*	verbo impersonale
Poet	Poesia, Linguaggio Poetico	*v impess*	verbo impessoal
Pol	Politica / Política	*vi+vpr*	verbo intransitivo e pronominale / verbo intransitivo e pronominal
pop	linguaggio popolare / linguagem popular		
port	portoghesismo / portuguesismo	*volg*	linguaggio volgare
pref	prefisso / prefixo	*vpr*	verbo pronominale / verbo pronominal
prep	preposizione / preposição		
pron	pronome	*vt*	verbo transitivo
Psic	Psicologia	*vt+vi*	verbo transitivo e intransitivo
Quím	Química	*vulg*	linguagem vulgar
Rel	Religione / Religião	*Zool*	Zoologia

ITALIANO-PORTOGHESE
ITALIANO-PORTUGUÊS

a[1] [´a] *sf* **1** a primeira letra do alfabeto italiano. **2** a, o nome da letra A. **3** *fig* princípio, início.

a[2] [´a] *prep* **1** a. *a mezzodì* / ao meio-dia. *a faccia a faccia* / cara a cara. **2** de, com. *a occhi chiusi* / de olhos fechados, com os olhos fechados. **3** em. *sono a Milano* / estou em Milão. **4** para. *vado a Roma* / vou para Roma. **5** por. *a sei soldi* / por seis vinténs.

a.ba.te [ab´ate] *sm* abade.

ab.ba.glia.re [abbaλ´are] *vt* **1** deslumbrar. **2** cegar, turvar a vista. **3** *fig* iludir, fascinar.

ab.ba.glio [abb´aλo] *sm fig* erro, engano, equívoco.

ab.ba.ia.re [abba´jare] *vi* **1** latir, ladrar. **2** *fig* gritar com voz esganiçada.

ab.ba.io [abb´ajio] *sm* latido, ladrado.

ab.ban.do.na.re [abbandon´are] *vt* **1** abandonar. **2** deixar, largar. *vpr* **3** desanimar, esmorecer. **4** entregar-se.

ab.bas.sa.re [abbass´are] *vt* **1** abaixar, baixar. **2** diminuir, reduzir. **3** desferir (golpe). **3** *fig* deprimir, humilhar, rebaixar. *vpr* **4** abaixar-se. **5** *fig* rebaixar-se.

ab.bas.so [abb´asso] *avv* abaixo. • *int* abaixo!

ab.ba.stan.za [abbast´antsa] *avv* bastante, suficientemente.

ab.bat.te.re [abb´attere] *vt* **1** abater, derrubar. **2** combater, refutar. **3** *fig* desanimar, humilhar, debilitar. *vpr* **4** esmorecer, abater-se. **5** acontecer.

ab.bat.ti.men.to [abbattim´ento] *sm* **1** abatimento. **2** prostração. **3** *fig* humilhação.

ab.be.ce.da.rio [abbetʃed´arjo] *sm* abecedário, alfabeto.

ab.bel.li.re [abbell´ire] *vt* embelezar, enfeitar.

ab.bel.li.men.to [abbiλam´ento] *sm* **1** roupa. **2** confecção, vestuário.

ab.bi.glia.re [abbiλ´are] *vt* **1** vestir com elegância. **2** enfeitar, ornar. *vpr* **3** enfeitar-se.

ab.boc.ca.re [abbokk´are] *vt+vi* **1** abocanhar, morder. **2** encaixar (canos, tubos). **3** *fig* morder a isca. *vpr* **4** conversar.

ab.boc.ca.to [abbokk´ato] *agg* **1** adocicado, suave (vinho). **2** cheio até a boca.

ab.bo.na.men.to [abbonam´ento] *sm* **1** assinatura. **2** associação.

ab.bo.na.re [abbon´are] *vt* **1** assinar (publicação). **2** abonar, aceitar como bom, validar.

ab.bo.na.to [abbon´ato] *sm* **1** assinante. **2** associado.

ab.bon.dan.te [abbond´ante] *agg* abundante.

ab.bon.dan.za [abbond´antsa] *sf* abundância, fartura.

ab.bor.da.re [abbord´are] *vt* **1** *Naut* abordar. **2** *fig* abordar: a) aproximar-se de. b) tratar de (assunto).

ab.bot.to.na.re [abbotton´are] *vt* **1** abotoar. *vpr* **2** abotoar-se. **3** *fig* fechar-se. **4** guardar segredo.

ab.bot.to.na.tu.ra [abbottonat´ura] *sf* **1** ato de abotoar. **2** abotoadura.

ab.brac.cia.re [abbratt∫´are] *vt* **1** abraçar. **2** abranger. **3** *fig* adotar, seguir. *vpr* **4** abraçar-se.

ab.brac.cio [abbr´att∫o] *sm* abraço.

ab.bre.via.re [abbrevj´are] *vt* abreviar, encurtar.

ab.bre.via.tu.ra [abbrevjat´ura] *sf* abreviatura.

ab.bron.za.re [abbrondz´are] *vt* **1** bronzear. **2** queimar, chamuscar, tostar. *vpr* **3** bronzear-se, queimar-se.

ab.bru.ti.re [abbrut´ire] *vt+vi* embrutecer.

ab.bu.ia.re [abbu´jare] *vt* **1** escurecer. **2** *fig* esconder, ocultar. *vi+vpr* **3** escurecer, anoitecer. **4** *fig* entristecer-se.

ab.buo.no [abb´wɔno] *sm* **1** abono. **2** desconto, abatimento. **3** perdão, anistia.

ab.di.ca.re [abdik´are] *vi* abdicar, renunciar.

a.bi.le [´abile] *agg* **1** hábil, capaz, apto. **2** habilidoso.

a.bi.li.tà [abilit´a] *sf* habilidade, capacidade, aptidão.

a.bi.li.ta.re [abilit´are] *vt* **1** habilitar, tornar apto. *vpr* **2** habilitar-se.

a.bis.so [ab´isso] *sm (anche fig)* abismo.

a.bi.ta.re [abit´are] *vt+vi* habitar, morar, residir.

a.bi.ta.zio.ne [abitats´jone] *sf* **1** habitação, moradia. **2** domicílio.

a.bi.to [´abito] *sm* **1** traje, roupa. **2** vestido. **3** *Rel* hábito, batina. **4** *fig* hábito, costume. **abito a giacca** saia e casaco, *tailleur*. **abito completo** terno. **abito da sera** vestido de baile. **abito lungo** longo, vestido comprido. **cambiarsi d'abito** trocar de roupa, trocar-se.

a.bi.tu.a.le [abitu´ale] *agg* habitual, costumeiro.

a.bi.tu.di.ne [abit´udine] *sf* hábito, costume.

a.bo.li.re [abol´ire] *vt* abolir.

a.bo.mi.na.re [abomin´are] *vt* abominar, detestar.

a.bor.ri.men.to [aborĩm´ento] *sm* aborrecimento, aversão, ódio.

a.bor.ri.re [aboř´ire] *vt* **1** aborrecer. *vi* **2** ter horror a, ter aversão a.

a.bor.ti.re [abort´ire] *vi* abortar.

a.bor.to [ab´ɔrto] *sm* **1** aborto. **2** *fig* insucesso, fiasco. **3** *fig* obra incompleta.

a.bu.sa.re [abuz´are] *vi* **1** abusar, exagerar. *vpr* **2** *fam* abusar de.

a.bu.so [ab´uzo] *sm* abuso, excesso.

a.ca.ro [´akaro] *sm* ácaro.

ac.ca [´akka] *sf* **1** agá, o nome da letra H. **2** *fig* nada. **non vale un'acca** não vale nada.

ac.ca.de.mia [akkad´εmja] *sf* academia.

ac.ca.de.re [akkad´ere] *vi* acontecer, realizar-se, suceder.

ac.ca.lap.pia.ca.ni [akkalappjak´ani] *sm* laçador de cachorro.

ac.ca.lap.pia.re [akkalapp´jare] *vt* **1** laçar, enlaçar, agarrar. **2** *fig* enganar, lograr.

ac.cam.pa.men.to [akkampam´ento] *sm* acampamento.

ac.cam.pa.re [akkamp´are] *vt* **1** alegar, apresentar (pretensão). *vi+vpr* **2** acampar.

ac.ca.nir.si [akkan´irsi] *vpr* **1** enfurecer--se, irritar-se, irar-se. **2** *fig* aplicar-se a, dedicar-se a.

ac.ca.ni.to [akkan´ito] *agg* **1** furioso, irritado, irado. **2** obstinado, insistente.

ac.can.to [akk´anto] *avv* ao lado, perto, junto. **accanto a** ao lado de, perto de, junto de.

ac.cap.pia.re [akkapp´jare] *vt* enlaçar, ligar, atar. **2** *fig* enganar.

ac.cap.po.na.re [akkappon´are] *vt* **1** castrar. *vpr* **2** *fig* usado na expressão

accapponarsi la pelle ficar todo arrepiado (de medo).
ac.ca.rez.za.re [akkarettsˈare] *vt* 1 acariciar, afagar. 2 *fig* adular, bajular.
ac.cat.ta.re [akkattˈare] *vt* 1 mendigar, pedir esmolas. 2 *fig* pedir emprestado.
ac.cat.to.ne [akkattˈone] *sm* mendigo, pedinte.
ac.ce.ca.re [attʃekˈare] *vt* 1 cegar. 2 tapar, fechar. 3 escurecer (cor). 4 *fig* confundir, ofuscar. *vi+vpr* 5 ficar cego. 6 desbotar, esmaecer (cor).
ac.ce.le.ra.re [attʃelerˈare] *vt* 1 acelerar. 2 apressar. *vpr* 3 acelerar-se. 4 apressar-se.
ac.ce.le.ra.to.re [attʃeleratˈore] *sm Autom* acelerador.
ac.cen.de.re [attʃˈɛndere] *vt+vi* 1 acender, inflamar, incendiar, pôr fogo. *accendere la luce* / acender a luz. 2 ligar (aparelho). 3 *fig* excitar, estimular. *vpr* 4 pegar fogo, arder. 5 *fig* enamorar-se. 6 irar-se.
ac.cen.di.si.ga.ri [attʃendisˈigari] *sm* isqueiro.
ac.cen.na.re [attʃennˈare] *vt+vi* 1 acenar, indicar, mostrar. 2 subentender. 3 esboçar, delinear.
ac.cen.no [attʃˈenno] *sm* 1 aceno. 2 aviso. 3 esboço. 4 sinal, indício.
ac.cen.to [attʃˈɛnto] *sm* 1 acento. 2 tom de voz. 3 pronúncia.
ac.cen.tra.re [attʃentrˈare] *vt* 1 concentrar. 2 centralizar. *vpr* 3 concentrar-se.
ac.cen.tu.a.re [attʃentuˈare] *vt* 1 acentuar. 2 evidenciar. 3 agravar.
ac.cer.ta.re [attʃertˈare] *vt* 1 certificar, verificar. 2 investigar, apurar. 3 reconhecer, constatar. *vpr* 4 certificar-se, averiguar.
ac.ce.so [attʃˈezo] *agg* 1 aceso. 2 *fig* rubro.
ac.ces.si.bi.le [attʃessˈibile] *agg* (anche *fig*) acessível.
ac.ces.so [attʃˈɛsso] *sm* 1 acesso. 2 entrada. 3 *Med* ataque, crise. 4 *Giur* inquérito. 5 *fig* acesso.
ac.ces.so.rio [attʃessˈɔrjo] *sm* acessório. • *agg* acessório, secundário.
ac.cet.ta [attʃˈetta] *sf* machado.
ac.cet.ta.re [attʃettˈare] *vt* 1 aceitar, aprovar. 2 receber, acolher, admitir. 3 assumir.
ac.chiap.pa.re [akkjappˈare] *vt* 1 pegar. 2 apanhar, agarrar, capturar. 3 tomar. *vpr* 4 pegar-se, brigar. **acchiappalo!** pega! pega ladrão!
ac.ciac.ca.re [attʃakkˈare] *vt* 1 achatar, esmagar, amassar. 2 *fig* enfermar, deixar doente.
ac.cia.io [attʃˈajo] *sm* aço. **acciaio inossidabile** aço inoxidável.
ac.ci.den.te [attʃidˈɛnte] *sm* 1 acidente. 2 *fig* pessoa feia ou ruim. **accidenti!** caramba! **per accidente** por acaso.
ac.ciot.to.la.re [attʃottolˈare] *vt* calçar, ladrilhar.
ac.ciu.ga [attʃˈuga] *sf* 1 anchova. 2 *fig* mulher magra.
ac.cla.ma.re [akklamˈare] *vt* 1 aclamar. 2 aplaudir, celebrar. 3 eleger.
ac.cli.ma.re [akklimˈare] *vt* 1 aclimatar. 2 *fig* acostumar. *vpr* 3 aclimatar-se. 4 *fig* acostumar-se.
ac.cli.ve [akklˈive] *agg* aclive, íngreme.
ac.coc.ca.re [akkokkˈare] *vt* 1 colocar a flecha no arco. 2 pregar, pendurar. 3 *fam* desferir (golpe).
ac.coc.co.lar.si [akkokkolˈarsi] *vpr* agachar-se, acocorar-se.
ac.co.glie.re [akkˈɔʎere] *vt* 1 acolher, receber. 2 aceitar, aprovar. 3 incluir, admitir.
ac.co.mia.ta.re [akkomjatˈare] *vt* 1 despedir, licenciar. *vpr* 2 despedir-se, partir, retirar-se.
ac.co.mo.da.re [akkomodˈare] *vt* 1 acomodar, arrumar, arranjar. 2 reparar, consertar. 3 *fig* conciliar, pôr fim a

(discussão, briga). *vpr* **4** acomodar-se, arranjar-se. **5** sentar-se. **6** *fig* conciliar-se, concordar. **accomodatevi**! sentem-se!

ac.com.pa.gna.men.to [akkompaña m´ento] *sm* **1** (anche *Mus*) acompanhamento. **2** cortejo, comitiva.

ac.com.pa.gna.re [akkompañ´are] *vt* **1** acompanhar. **2** conduzir, guiar. **3** unir, aliar. **4** *fig* emparelhar, casar (uma coisa com outra).

ac.con.cia.re [akkontʃ´are] *vt* **1** acomodar, arrumar. **2** enfeitar, adornar. **3** preparar conserva de (alimentos). **4** *fig* dar surra em. *vpr* **5** acomodar-se, arranjar-se. **6** enfeitar-se. **7** pentear-se. **8** arrumar-se, recompor-se.

ac.con.cio [akk´ontʃo] *agg* **1** oportuno, adequado, apropriado. **2** enfeitado.

ac.con.to [akk´onto] *sm Comm* adiantamento, antecipação.

ac.cop.pia.re [akkopp´jare] *vt* **1** emparelhar. **2** ligar, unir, juntar (duas coisas ou pessoas). *vpr* **3** copular (animais). **4** namorar, flertar. **5** casar-se. **6** *fig* harmonizar-se. **7** *volg* fazer amor, transar.

ac.cor.cia.re [akkortʃ´are] *vt* **1** encurtar, diminuir. **2** abreviar. *vpr* **3** diminuir, encolher.

ac.cor.da.re [akkord´are] *vt* **1** *Mus* afinar. **2** conciliar, pacificar. **3** combinar. **4** permitir. *vpr* **5** concordar, entrar em acordo.

ac.cor.do [akk´ordo] *sm* **1** acordo, pacto, trato. **2** cumplicidade (ilegal). **3** harmonia. **4** *Mus* acorde. **d'accordo** de acordo. **essere d'accordo** estar de acordo.

ac.cor.ger.si [akk´ordʒersi] *vpr* **1** reparar, compreender, perceber. **2** pressentir.

ac.cor.tez.za [akkort´ettsa] *sf* **1** atenção, cautela, prudência. **2** sagacidade.

ac.cor.to [akk´ɔrto] *part* reparado, compreendido, percebido. • *agg* **1** atento, prudente, sensato. **2** perspicaz, sagaz.

ac.co.sta.re [akkost´are] *vt* **1** aproximar, avizinhar. **2** encostar. *vpr* **3** aproximar-se de, avizinhar-se a, abordar.

ac.co.stu.ma.re [akkostum´are] *vt* acostumar.

ac.coz.za.glia [akkotts´aʎa] *sf* **1** multidão, massa. **2** confusão.

ac.coz.za.re [akkotts´are] *vt* **1** juntar, amontoar. **2** misturar. *vpr* **3** juntar-se, reunir-se. **4** pegar-se.

ac.cre.di.ta.re [akkredit´are] *vt* **1** creditar. **2** *fig* confirmar, garantir.

ac.cre.sce.re [akkreʃ´eʃere] *vt* **1** acrescentar, aumentar. *vpr* **2** crescer, aumentar.

ac.cu.di.re [akkud´ire] *vi* **1** acudir, atender. **2** dedicar-se a, cuidar de.

ac.cu.mu.la.re [akkumul´are] *vt* **1** acumular. **2** amontoar. **3** *fig* economizar.

ac.cu.ra.tez.za [akkurat´ettsa] *sf* precisão, cuidado.

ac.cu.ra.to [akkur´ato] *agg* acurado, atento, meticuloso, preciso, esmerado, exato.

ac.cu.sa [akk´uza] *sf* acusação.

ac.cu.sa.re [akkuz´are] *vt* **1** acusar. **2** culpar, incriminar.

a.cer.bi.tà [atʃerbit´a] *sf* **1** acidez. **2** aspereza. **3** *fig* dureza, severidade.

a.cer.bo [atʃ´erbo] *agg* **1** acedo, ácido. **2** áspero, amargo. **3** verde (fruto). **4** *fig* imaturo. **5** duro, severo.

a.ce.to [atʃ´eto] *sm* vinagre. **alimenti sott'aceto** alimentos em conserva.

a.ci.di.tà [atʃidit´a] *sf* acidez.

a.ci.do [´atʃido] *sm Chim* ácido. • *agg* **1** ácido, azedo, áspero. **2** *fig* mordaz.

ac.ne [´akne] *sf Med* acne.

ac.qua [´akkwa] *sf* **1** água. **2** *fig* chuva. **3** rio. **4** mar. **5** urina. **6** líquido, fluido. **acqua benedetta** água benta. **acqua**

acquario 7 **addossata**

di Colonia colônia. **acqua dolce** água doce. **acqua in bocca!** cale-se! silêncio! **acqua minerale** água mineral. **acqua ossigenata** água oxigenada. **acqua potabile** água potável. **rovescio d'acqua / scossa d'acqua** temporal.

ac.qua.rio [akkˊwarjo] *sm* **1** aquário. **2 Acquario** *Astron, Astrol* Aquário.

ac.qua.ti.co [akkˊwatiko] *agg* aquático.

ac.qua.vi.te [akkwavˊite] *sf* aguardente.

ac.que.dot.to [akkwedˊɔtto] *sm* aqueduto.

ac.que.rel.lo [akkwerˊɛllo] *sm* **1** *Pitt* aquarela. **2** *fig* vinho fraco.

ac.qui.sta.re [akkwistˊare] *vt+vpr* **1** adquirir, comprar. **2** ganhar (tempo, terreno). **3** obter, conseguir.

ac.qui.sto [akkˊwisto] *sm* **1** aquisição. **2** posse. **3** compra.

ac.qui.tri.no [akkwitrˊino] *sm* pântano, charco, brejo, atoleiro, lamaçal.

a.cre.di.ne [akrˊedine] *sf* **1** acidez. **2** aspereza. **3** *fig* maldade. **4** rancor.

a.cro.ba.ta [akrˊɔbata] *s* acrobata.

a.cu.i.re [akuˊire] *vt* (anche *fig*) aguçar, afiar.

a.cu.to [akˊuto] *agg* **1** (anche *Mus*) agudo. **2** *fig* agudo, forte (dor). **3** decisivo (momento). **4** agudo, grave (doença). **5** sagaz, perspicaz (mente).

a.dac.qua.men.to [adakkwamˊento] *sm* rega, regadura.

a.dac.qua.re [adakkˊware] *vt* aguar, regar.

a.da.gia.re [adadʒˊare] *vt* **1** colocar com cuidado. **2** estender, deitar, descansar. *vpr* **3** acomodar-se, deitar-se.

a.da.gio [adˊadʒo] • *avv* **1** devagar, lentamente. **2** com cuidado.

a.dat.ta.re [adattˊare] *vt* **1** adaptar, ajustar, adequar. *vpr* **2** adaptar-se, arranjar-se. **3** convir. **4** *fig* acostumar-se, conformar-se.

ad.de.bi.ta.re [addebitˊare] *vt* **1** *Comm* debitar. **2** *fig* culpar, acusar.

ad.den.sa.re [addensˊare] *vt* **1** adensar. *vpr* **2** adensar-se.

ad.de.stra.re [addestrˊare] *vt* **1** adestrar. **2** treinar, exercitar. *vpr* **3** adestrar-se, treinar, exercitar-se.

ad.die.tro [addˊjetro] *avv* atrás. **addietro!** para trás! **lasciare addietro** abandonar, deixar.

ad.di.o [addˊio] *sm* adeus, despedida. • *int* adeus!

ad.di.rit.tu.ra [addirittˊura] *avv* **1** francamente. **2** realmente, mesmo, exatamente. **3** logo. **4** de uma vez por todas.

ad.di.riz.za.re [addirittsˊare] *vt* **1** endireitar. *vpr* **2** endireitar-se.

ad.di.zio.na.re [additsjonˊare] *vt* **1** adicionar, somar. **2** acrescentar.

ad.di.zio.ne [additsˊjone] *sf* **1** adição, soma. **2** ajuntamento.

ad.dob.ba.to.re [addobbatˊore] *sm* **1** decorador. **2** estofador. **3** tapeceiro.

ad.dob.bo [addˊɔbbo] *sm* **1** mobília. **2** adorno, enfeite.

ad.dol.ci.re [addolt∫ˊire] *vt* **1** adoçar. **2** *fig* aliviar. **3** abrandar. *vpr* **4** adoçar, ficar doce.

ad.do.lo.ra.re [addolorˊare] *vt* **1** magoar. **2** preocupar, angustiar. **3** entristecer. *vpr* **4** magoar-se. **5** preocupar-se, angustiar-se. **6** entristecer-se.

ad.do.me [addˊome] *sm* abdômen.

ad.do.me.sti.ca.re [addomestikˊare] *vt* **1** domesticar, domar, amansar. **2** *fig* educar. **3** acalmar. *vpr* **4** amansar-se.

ad.dor.men.ta.re [addormentˊare] *vt* **1** adormecer. **2** *fig* entorpecer. **3** desanimar, esmorecer. *vpr* **4** adormecer. **5** *fig* entorpecer-se. **6** ficar preguiçoso.

ad.dos.sa.re [addossˊare] *vt* **1** colocar em cima. **2** vestir. **3** empilhar, amontoar. **4** incriminar. **5** incumbir, encarregar. *vpr* **6** encostar, apoiar-se. **7** *fig* assumir, encarregar-se de.

ad.dos.sa.ta [addossˊata] *sf* prova (de roupa).

addosso — affanno

ad.dos.so [add´ɔsso] *avv* **1** em cima, acima. **2** ao lado, próximo. **3** às costas, nos ombros. **addosso a** a) em cima de, sobre. b) ao lado de, próximo a. c) às costas de, nos ombros de.

ad.dur.re [add´ufe] *vt* **1** alegar, citar. **2** trazer. **3** *Giur* apresentar (provas).

a.de.gua.re [adeg´ware] *vt* **1** adequar, adaptar. **2** igualar. *vpr* **3** adequar-se, adaptar-se. **4** igualar-se.

a.de.gua.to [adeg´wato] *agg* adequado, apropriado, conveniente.

a.dem.pie.re [ad´empjere] *vt+vi* **1** cumprir. *adempiere un obbligo* (ou *ad un obbligo*) / cumprir uma obrigação. **2** executar. *vpr* **3** realizar-se, acontecer, cumprir-se.

a.dep.to [ad´ɛpto] *sm* **1** adepto. **2** membro.

a.de.ri.re [ader´ire] *vi* **1** aderir. **2** aprovar, concordar. **3** associar-se, participar.

a.de.sio.ne [adez´jone] *sf* **1** adesão. **2** apoio, aprovação. **3** participação.

a.de.si.vo [adez´ivo] *sm+agg* adesivo.

a.des.so [ad´ɛsso] *avv* agora, neste momento, já. **adesso adesso** agora mesmo.

a.dia.cen.te [adjatʃ´ente] *agg* adjacente, contíguo.

a.dia.cen.za [adjatʃ´entsa] *sf* **1** adjacência, proximidade. **2 le adiacenze** *pl* as adjacências.

a.do.le.scen.te [adoleʃ´ente] *s+agg* adolescente.

a.do.pe.ra.re [adoper´are] *vt* **1** usar, empregar. **2** valer-se de, servir-se de. **3** gastar. *vpr* **4** esforçar-se, empenhar-se.

a.do.ra.re [ador´are] *vt* adorar, venerar, reverenciar.

a.dor.na.men.to [adornam´ento] *sm* adorno, enfeite, ornamento.

a.dor.na.re [adorn´are] *vt* **1** adornar, enfeitar, embelezar. *vpr* **2** enfeitar-se.

a.dot.ta.re [adott´are] *vt* **1** adotar. **2** usar, empregar. **3** escolher, preferir. **4** *fig* aceitar, reconhecer.

a.dot.tivo [adott´ivo] *agg* adotivo.

a.do.zio.ne [adots´jone] *sf* **1** adoção. **2** emprego, uso. **3** escolha. **4** *fig* reconhecimento.

a.du.la.re [adul´are] *vt* **1** adular, bajular. **2** *pop* lamber. **3** *volg* puxar o saco.

a.dul.te.ra.re [adulter´are] *vt* **1** adulterar, falsificar. **2** *fig* corromper, estragar.

a.dul.te.rio [adult´ɛrjo] *sm* adultério.

a.dul.te.ro [ad´ultero] *sm+agg* adúltero, infiel.

a.dul.to [ad´ulto] *sm+agg* adulto.

a.du.nan.za [adun´antsa] *sf* reunião, assembleia, conselho.

a.du.na.re [adun´are] *vt* **1** reunir, juntar. **2** convocar. *vpr* **3** reunir-se.

a.e.ra.re [aer´are] *vt* arejar, ventilar.

a.e.re.o [a´ɛreo] *sm* avião. • *agg* **1** aéreo. **2** *fig* inconsistente, vão. **3** sublime, elevado. **aereo a reazione** avião a jato. **per aereo** de avião.

a.e.ro.li.ne.a [aerol´inea] *sf* linha aérea.

a.e.ro.nau.ti.ca [aeron´awtika] *sf* aeronáutica.

a.e.ro.por.to [aerop´ɔrto] *sm* aeroporto.

a.fa [´afa] *sf* **1** mormaço. **2** calor sufocante. **3** *fig* tédio, aborrecimento.

af.fa.bi.le [aff´abile] *agg* **1** afável, cortês. **2** bondoso.

af.fac.cen.da.to [affattʃend´ato] *agg* **1** atarefado. **2** apressado.

af.fac.cia.re [affattʃ´are] *vt* **1** mostrar à janela. **2** apresentar. **3** declarar. *vpr* **4** mostrar-se. **5** *fig* manifestar-se.

af.fa.ma.to [affam´ato] *agg* esfomeado, faminto.

af.fan.na.re [affann´are] *vt* **1** causar afã. **2** fazer trabalhar. **3** *fig* afligir, atormentar. *vpr* **4** *fig* afligir-se, atormentar-se.

af.fan.no [aff´anno] *sm* afã, ânsia.

affare — affondare

af.fa.re [aff´are] *sm* **1** negócio. **2** serviço. **3** assunto. **4** coisa. **5 affari** *pl* afazeres. **non è affare mio** não é da minha conta.

af.fa.sci.na.re [affaʃin´are] *vt* **1** fascinar. **2** encantar. **3** enfeitiçar. **4** *fig* deslumbrar.

af.fa.ti.ca.re [affatik´are] *vt* **1** cansar. *vpr* **2** cansar-se.

af.fat.to [aff´atto] *avv* totalmente, completamente. **niente affatto!** de jeito nenhum!

af.fer.ma.re [afferm´are] *vt* **1** afirmar, confirmar. *vpr* **2** afirmar-se, fortalecer-se.

af.fer.ma.zio.ne [affermats´jone] *sf* afirmação.

af.fer.ra.re [affeř´are] *vt* **1** agarrar, pegar, prender, segurar, apanhar. *vpr* **2** apegar-se, agarrar-se, entregar-se.

af.fet.ta.re [affett´are] *vt* **1** fatiar, cortar em fatias. **2** afetar, simular, posar de, fingir. **3** exibir, ostentar. **4** *fig* cortar, matar. *vpr* **5** afetar-se. **6** *pop* embonecar-se.

af.fet.ta.to [affett´ato] *agg* afetado.

af.fet.ta.zio.ne [affettats´jone] *sf* **1** afetação, pretensão. **2** fingimento, falsidade.

af.fet.ti.vo [affett´ivo] *agg* afetivo.

af.fet.to [aff´etto] *sm* afeto, amor, afeição, carinho.

af.fet.tu.o.so [affettu´ozo] *agg* afetuoso, amoroso, carinhoso.

af.fe.zio.na.re [affetsjon´are] *vt* **1** afeiçoar. *vpr* **2** afeiçoar-se, gostar de.

af.fe.zio.ne [affets´jone] *sf* afeição, amor, benevolência.

af.fi.da.re [affid´are] *vt* **1** confiar, entregar. *vpr* **2** ter confiança, fiar-se.

af.fie.vo.li.re [affjevol´ire] *vi* **1** enfraquecer, atenuar. *vpr* **2** debilitar-se.

af.fi.la.re [affil´are] *vt* **1** enfileirar. **2** afiar, amolar, apontar.

af.fi.lia.re [affil´jare] *vt* **1** afiliar. *vpr* **2** afiliar-se.

af.fi.na.re [affin´are] *vt* **1** afinar. **2** *fig* melhorar, aperfeiçoar, purificar, refinar.

af.fin.ché [affink´e] *cong* para que, a fim de que, porque.

af.fi.ne¹ [aff´ine] *s+agg* afim, semelhante.

af.fi.ne² [aff´ine] ou **a fine** *cong* a fim de que, para que. **affine di** a fim de, para.

af.fi.ni.tà [affinit´a] *sf* afinidade, semelhança, analogia.

af.fio.ca.re [affjok´are] *vi* **1** enfraquecer, debilitar. **2** *fig* emudecer, perder a voz.

af.fis.sa.re [affiss´are] *vt* **1** fixar, pregar. **2** fitar, olhar fixamente. **3** *fig* teimar.

af.fis.so [aff´isso] *sm* **1** cartaz, edital. **2** *Gramm* afixo.

af.fit.ta.re [affitt´are] *vt* alugar. **affittasi** aluga-se.

af.fit.to [aff´itto] *sm* aluguel (de imóveis).

af.flig.ge.re [affl´iddʒere] *vt* **1** afligir, angustiar. **2** fazer sofrer, torturar. *vpr* **3** afligir-se, sofrer, preocupar-se.

af.flit.to [affl´itto] *agg* aflito.

af.fli.zio.ne [afflits´jone] *sf* aflição, angústia, ânsia, sofrimento.

af.fo.ga.men.to [affogam´ento] *sm* afogamento.

af.fo.ga.re [affog´are] *vt* **1** afogar, sufocar. **2** ensopar, mergulhar. **3** *fig* abafar, esquecer. *vi* **4** morrer afogado, sufocar. **5** *fig* sentir-se oprimido. *vpr* **6** afogar-se.

af.fol.la.men.to [affollam´ento] *sm* multidão.

af.fol.la.re [affoll´are] *vt* **1** aglomerar, encher. *vpr* **2** aglomerar-se.

af.fon.da.re [affond´are] *vt* **1** afundar, submergir. **2** enterrar. **3** *fig* arruinar. *vi* **4** afundar. **5** submergir. **6** naufragar. **7** aprofundar-se.

af.fra.tel.la.re [affratell´are] *vt* **1** irmanar. *vpr* **2** unir-se.

af.fre.sco [affr´esko] *sm Pitt* afresco.

af.fret.ta.men.to [affrettam´ento] *sm* pressa.

af.fret.ta.re [affrett´are] *vt* **1** apressar, acelerar. *vpr* **2** apressar-se, fazer às pressas.

af.fron.ta.re [affront´are] *vt* **1** atacar, investir. **2** enfrentar (perigo). **3** examinar, abordar (assunto).

af.fron.to [affr´onto] *sm* afronta, ataque, ofensa, insulto.

af.fu.mi.ca.re [affumik´are] *vt* **1** defumar. **2** encher de fumaça.

a.fri.ca.no [afrik´ano] *sm*+*agg* africano.

af.ta [´afta] *sf Med* afta.

a.gen.da [adʒ´enda] *sf* **1** agenda, caderneta de anotações. **2** *fig* calendário, diário.

a.gen.te [adʒ´ente] *sm* **1** agente. **2** causa, fator. **3** *fig* encarregado. **4** representante. **5** intermediário. **6** vendedor. • *agg* agente.

a.gen.zi.a [adʒents´ia] *sf* agência, filial.

a.ge.vo.la.re [adʒevol´are] *vt* **1** favorecer, facilitar. **2** auxiliar, ajudar, apoiar.

a.ge.vo.le [adʒ´evole] *agg* fácil, simples, cômodo.

a.ge.vo.lez.za [adʒevol´ettsa] *sf* facilidade, prontidão, facilitação.

ag.gan.cia.re [aggantʃ´are] *vt* **1** enganchar, prender. **2** *fig* bloquear, deter. **3** contatar.

ag.get.ti.vo [addʒett´ivo] *sm Gramm* adjetivo.

ag.ghiac.cia.re [aggjattʃ´are] *vt* **1** congelar, gelar. **2** *fig* espantar, aterrorizar. *vi* **3** congelar. *vpr* **4** congelar-se. **5** *fig* espantar-se, aterrorizar-se.

ag.gior.na.men.to [addʒornam´ento] *sm* **1** adiamento. **2** demora.

ag.gior.na.re [addʒorn´are] *vt* **1** adiar. **2** atualizar, modernizar. *vpr* **3** atualizar-se.

ag.gio.tag.gio [addʒot´addʒo] *sm* agiotagem.

ag.gio.ta.to.re [addʒotat´ore] *sm* agiota.

ag.gi.ra.men.to [addʒiram´ento] *sm* **1** rodeio, volta, giro. **2** *fig* engano.

ag.gi.ra.re [addʒir´are] *vt* **1** rodear. **2** *fig* evitar, esquivar-se. **3** enganar. **4** *Mil* cercar. *vpr* **5** vagar, vagabundear. **6** aproximar-se (valor).

ag.giun.ge.re [addʒ´undʒere] *vt* **1** acrescentar, agregar, juntar. **2** misturar. **3** inserir. **4** aumentar.

ag.giun.ta [addʒ´unta] *sf* **1** aumento, adição, acréscimo. **2** complemento, suplemento.

ag.giu.sta.men.to [addʒustam´ento] *sm* **1** ajuste. **2** (*anche fig*) acordo, reparação.

ag.giu.sta.re [addʒust´are] *vt* **1** ajustar, corrigir, acertar. **2** adaptar. **3** colocar ordem em, arrumar. *vpr* **4** acomodar--se, arranjar-se.

ag.glo.me.ra.re [agglomer´are] *vt* **1** aglomerar, reunir. *vpr* **2** amontoar-se.

ag.glu.ti.na.re [agglutin´are] *vt* aglutinar.

ag.gran.di.re [aggrand´ire] *vt* **1** engrandecer, aumentar. *vpr* **2** engrandecer-se, exibir-se.

ag.gra.va.re [aggrav´are] *vt* **1** agravar, piorar. **2** carregar, sobrecarregar. **3** culpar. *vpr* **4** agravar-se, piorar.

ag.gre.di.re [aggred´ire] *vt* **1** agredir, atacar, provocar. **2** *fig* ofender.

ag.gre.ga.re [aggreg´are] *vt* agregar.

ag.gres.sio.ne [aggress´jone] *sf* **1** agressão, ataque, ofensa. **2** assalto.

ag.gres.si.vo [aggress´ivo] *agg* **1** agressivo, violento. **2** *Chim* ácido, corrosivo.

ag.gres.so.re [aggress´ore] *sm* **1** agressor. **2** assaltante.

ag.gro.vi.glia.re [aggroviλ´are] *vt* **1** emaranhar. **2** *fig* atrapalhar, confundir. *vpr* **3** emaranhar-se. **4** *fig* atrapalhar--se, ficar confuso.

aggruppare — albero

ag.grup.pa.re [aggrupp´are] *vt* **1** agrupar, juntar. *vpr* **2** agrupar-se.

ag.guan.ta.re [aggwant´are] *vt* **1** apanhar, pegar, tomar, agarrar. **2** *fig* furtar, afanar, surrupiar.

ag.gua.to [aggw´ato] *sm* **1** emboscada, cilada. **2** *fig* traição, engano, armadilha.

a.gia.tez.za [adʒat´ettsa] *sf* bem-estar, riqueza, conforto, luxo.

a.gia.to [adʒ´ato] *agg* rico.

a.gi.le [´adʒile] *agg* **1** ágil, leve. **2** flexível (corpo). **3** vivaz, inteligente. **4** ativo (personalidade). **5** vivo, solto.

a.gi.re [adʒ´ire] *vi* **1** agir, atuar. **2** comportar-se, conduzir-se.

a.gi.ta.re [adʒit´are] *vt* **1** agitar, sacudir, abalar. **2** *fig* comover, excitar, perturbar. *vpr* **3** agitar-se, mover-se. **4** *fig* contorcer-se, debater-se. **5** inflamar-se, alterar-se, enfurecer-se.

a.gi.ta.zio.ne [adʒitats´jone] *sf* **1** agitação. **2** abalo. **3** inquietação, excitação. **4** confusão.

a.glio [´aʎo] *sm* alho. **spicchio di aglio** dente de alho. **testa di aglio** cabeça de alho.

a.gnel.lo [añ´ello] *sm* cordeiro.

a.go [´ago] *sm* **1** agulha. **2** ferrão. **3** indicador (de um instrumento). **4** ponteiro (de relógio). **ago da calza** agulha de tricô. **ago da iniezione** agulha hipodérmica.

a.go.ni.a [agon´ia] *sf* **1** agonia. **2** *fig* angústia, ânsia, sofrimento, tortura.

a.go.niz.za.re [agonidzz´are] *vi* agonizar.

a.go.pun.tu.ra [agopunt´ura] *sf Med* acupuntura.

a.go.sto [ag´osto] *sm* agosto.

a.gra.rio [agr´arjo] *agg* agrário.

a.grez.za [agr´ettsa] *sf* acidez.

a.gri.co.lo [agr´ikolo] *agg* agrícola.

a.gri.col.to.re [agrikolt´ore] *sm* agricultor, camponês.

a.gri.col.tu.ra [agrikolt´ura] *sf* agricultura, cultivo.

a.gro [´agro] *sm* **1** campo. **2** sumo (de frutas cítricas). **3** *fig* tristeza, pesar. • *agg* **1** ácido, azedo, áspero. **2** inoportuno. **3** severo. **4** sarcástico.

a.gro.dol.ce [agrod´oltʃe] *agg* agridoce. • *sm* molho de açúcar, limão e vinagre.

a.gro.no.mo [agr´ɔnomo] *sm* agrônomo.

a.guz.za.re [aguttsáre] *vt* **1** aguçar, apontar, afiar. **2** *fig* estimular, excitar.

a.guz.zo [ag´uttso] *agg* agudo.

ah [´a] *int* **ah! ah ah! ah ah!**

a.hi [´ai] *int* ai!

a.hi.mè [aim´ε] *int* ai de mim!

AIDS [ajdi´ɛse] *sf* AIDS.

a.iuo.la [a´jwɔla] *sf* canteiro (de flores).

a.iu.tan.te [ajut´ante] *sm+agg* ajudante.

a.iu.ta.re [ajut´are] *vt* **1** auxiliar, ajudar, colaborar com. **2** apoiar, sustentar. **3** facilitar, favorecer. *vpr* **4** ajudar-se. **5** valer-se de, servir-se de. **che Dio ti aiuti!** Deus te ajude! **Dio mi aiuti!** valha-me Deus!

a.iu.to [a´juto] *sm* ajuda, auxílio. **aiuto!** socorro!

a.la [´ala] *sf* **1** asa. **2** parte. **3** fileira, flanco (de exército). **4** ala (de edifício). **5** facção, partido. **6** aba (de chapéu).

a.la.to [al´ato] *agg* **1** alado. **2** *fig* lírico, poético, sublime.

al.ba [´alba] *sf* **1** alvorada, aurora. **2** *fig* início, origem.

al.beg.gia.re [albedʒʒ´are] *vi* alvorecer.

al.ber.ga.re [alberg´are] *vt* **1** hospedar, alojar. **2** agasalhar. **3** asilar. **4** *fig* acolher. **5** nutrir. *vi* **6** (anche *fig*) morar, residir, alojar-se.

al.ber.go [alb´ergo] *sm* **1** hotel, pousada, albergue. **2** *fig* abrigo, refúgio.

al.be.ro [´albero] *sm* **1** árvore. **2** *Naut* mastro. **albero di Natale** árvore de Natal. **albero genealogico** árvore genealógica.

albicocca 12 allevare

al.bi.coc.ca [albik´ɔkka] *sf* damasco.
al.bi.no [alb´ino] *sm+agg* albino.
al.bum [´album] *sm* álbum, livro.
al.co.ol [´alkool] *sm* álcool.
al.co.va [alk´ova] *sf* **1** alcova, leito. **2** *fig* vida sexual, vida privada.
al.cu.no [alk´uno] *agg* **1** algum, um. **2 alcuni** *pl* alguns, uns. • *pron* alguém.
al.di.là [aldil´a] *avv* além, do outro lado.
a.le.a [´alea] *sf* risco, probabilidade, incógnita.
a.le.a.to.rio [aleat´ɔrjo] *agg* **1** aleatório. **2** incerto, vago. **3** arriscado.
al.fa.be.to [alfab´eto] *sm* **1** alfabeto, abecedário. **2** *fig* rudimentos, base.
al.fi.ne [alf´ine] *avv* afinal, finalmente, enfim.
al.ga [´alga] *sf* alga.
al.ge.bra [´aldʒebra] *sf* álgebra.
a.lian.te [al´jante] *sm* Aer planador.
a.li.bi [´alibi] *sm* Giur álibi.
a.li.ce [al´itʃe] *sf* Zool anchova.
a.lie.na.re [aljen´are] *vt* **1** alienar, ceder, transferir. **2** apartar, desviar. *vpr* **3** alienar-se.
a.lie.no [al´jeno] *sm* extraterrestre. • *agg* **1** alheio, diferente, estranho. **2** distante. **3** contrário.
a.li.men.ta.re [aliment´are] *agg* alimentar. • *vt* **1** alimentar, nutrir. **2** fazer funcionar (máquina). **3** *fig* sustentar, subsidiar. **4** manter. *vpr* **5** alimentar-se.
a.li.men.to [alim´ento] *sm* **1** alimento, comida. **2** prato. **3 alimenti** *pl fig* provisões, mantimentos.
a.li.ne.a [al´inea] *sf Giur* alínea, linha de artigo.
a.li.quo.ta [al´ikwota] *sf* **1** Comm alíquota. **2** (anche *fig*) quota.
a.li.to [´alito] *sm* **1** hálito, bafo. **2** sopro. **3** *fig* murmúrio, sussurro. **4** brisa. **5** respiração.
al.lac.cia.re [allattʃ´are] *vt* **1** enganchar. **2** enlaçar, atar. **3** unir. **4** estabelecer.

al.la.ga.re [allag´are] *vt* alagar, inundar, submergir.
al.lar.ga.re [allarg´are] *vt* **1** alargar. **2** difundir, propagar. **3** prolongar, estender. **4** *fig* desenvolver, abrir (mente). *vpr* **5** alargar-se, propagar-se.
al.lar.ma.re [allarm´are] *vt* **1** alarmar. **2** surpreender, assustar. *vpr* **3** alarmar--se, assustar-se.
al.lar.me [all´arme] *sm* alarme.
al.lat.ta.men.to [allattam´ento] *sm* **1** amamentação. **2** *fig* criação.
al.lat.ta.re [allatt´are] *vt* amamentar.
al.le.an.za [alle´antsa] *sf* **1** aliança. **2** tratado, acordo. **3** coalizão.
al.le.a.re [alle´are] *vt* **1** aliar. *vpr* **2** aliar-se.
al.le.ga.re [alleg´are] *vt* **1** alegar. **2** amarrar, deixar seca (a boca). **3** incluir, anexar. **4** unir. **5** *Chim* ligar.
al.leg.ge.ri.re [alleddʒer´ire] *vt* **1** aliviar, atenuar. **2** *fig* simplificar, abrandar. *vpr* **3** aliviar-se, livrar-se.
al.le.go.ri.a [allegor´ia] *sf* **1** alegoria. **2** imagem, metáfora.
al.le.gra.re [allegr´are] *vt* alegrar.
al.le.gri.a [allegr´ia] *sf* alegria, felicidade, contentamento, satisfação.
al.le.gro [all´egro] *agg* **1** alegre, feliz. **2** vivaz. **3** risonho.
al.le.lu.ia [allel´uja] *sm+int* aleluia.
al.le.na.re [allen´are] *vt* **1** (anche *fig*) instruir, treinar, exercitar. **2** revigorar.
al.len.ta.re [allent´are] *vt* **1** afrouxar, desapertar. **2** acalmar. **3** alargar. **4** *fig* relaxar. *vpr* **5** tornar-se frouxo, alargar-se. **6** desapertar a roupa.
al.ler.gi.a [allerdʒ´ia] *sf* alergia, aversão.
al.le.va.men.to [allevam´ento] *sm* **1** criação. **2** amamentação. **3** educação.
al.le.va.re [allev´are] *vt* **1** alimentar, nutrir. **2** educar, instruir. **3** criar (filhos, animais).

al.le.via.re [allev´jare] *vt* **1** aliviar, atenuar. **2** *fig* simplificar.
al.lie.ta.re [alljet´are] *vt* **1** alegrar, animar. **2** *fig* embelezar.
al.lie.vo [all´jɛvo] *sm* **1** aluno, estudante. **2** discípulo. **3** cria.
al.li.ne.a.re [alline´are] *vt* **1** alinhar, enfileirar. *vpr* **2** alinhar-se, dispor-se em fileiras.
al.log.gia.re [alloddʒ´are] *vt* **1** hospedar. **2** alojar, acolher, agasalhar. *vi* **3** residir, morar.
al.log.gio [all´oddʒo] *sm* **1** alojamento. **2** *Mil* acampamento.
al.lon.ta.na.re [allontan´are] *vt* **1** afastar. **2** mandar embora. **3** despedir, destituir. **4** distanciar, separar, apartar. *vpr* **5** afastar-se, partir. **6** *fig* isolar-se.
al.lo.pa.ti.a [allopat´ia] *sf* alopatia.
al.lo.ra [all´ora] *avv* então, naquele tempo. • *cong* portanto, por isso. **d'allora in poi** / **d'allora innanzi** desde então.
al.lor.ché [allork´e] *cong* quando.
al.lo.ro [all´oro] *sm* **1** *Bot* louro. **2** *allori pl fig* louros, glórias, triunfos.
al.lu.ce [´allutʃe] *sm* **1** dedo grande do pé. **2** *pop* dedão.
al.lu.ci.na.re [allutʃin´are] *vt* **1** alucinar. *vpr* **2** enganar-se.
al.lu.de.re [all´udere] *vt* **1** aludir. **2** subentender. **3** referir-se a.
al.lu.mi.nio [allum´injo] *sm* alumínio.
al.lun.ga.re [allung´are] *vt* **1** prolongar. **2** dar, entregar, passar algo. **3** diluir, aguar (líquido). **4** prorrogar, demorar. *vpr* **5** alongar-se. **6** crescer (em estatura). **7** arrastar-se, demorar-se (no tempo). **allungare il passo** acelerar o passo. **allungare le orecchie** prestar atenção.
al.lu.sio.ne [alluz´jone] *sf* **1** alusão. **2** referência. **3** indício.
al.lu.vio.ne [alluv´jone] *sf* **1** aluvião. **2** inundação. **3** enxurrada.

al.ma.nac.co [alman´akko] *sm* almanaque.
al.me.no [alm´eno] *avv* ao menos, pelo menos, no mínimo.
a.lo.ne [al´one] *sm Astron* halo.
al.pi.ni.smo [alpin´izmo] *sm* alpinismo.
al.pi.no [alp´ino] *agg* alpino.
al.quan.to [alk´wanto] *agg* **1** algum. **2** um pouco de. • *avv* **1** um tanto. **2** um pouco.
al.ta.le.na [altal´ena] *sf* **1** balanço. **2** *fig* revés.
al.ta.re [alt´are] *sm* altar.
al.te.ra.re [alter´are] *vt* **1** alterar, modificar, mudar. **2** adulterar, falsificar. **3** *fig* perturbar. *vpr* **4** alterar-se. **5** deteriorar-se, arruinar-se. **6** perturbar--se. **7** *fig* irritar-se.
al.te.rez.za [alter´ettsa] *sf* **1** altivez. **2** dignidade.
al.ter.na.re [altern´are] *vt* **1** alternar. **2** (anche *fig*) espaçar. *vpr* **3** alternar-se, revezar-se.
al.ter.na.ti.va [alternat´iva] *sf* alternativa, possibilidade.
al.te.ro [alt´ɛro] *agg* **1** altivo, orgulhoso. **2** majestoso.
al.tez.za [alt´ettsa] *sf* **1** altura. **2** largura (de tecidos). **3** Alteza (título de nobreza). **4** *Geogr* altitude. **5** *fig* grandeza, nobreza.
al.tez.zo.so [altetts´ozo] *agg* presunçoso, orgulhoso.
al.ti.tu.di.ne [altit´udine] *sf* altitude.
al.to [´alto] *sm* **1** alto, altura. **2** cume, topo. • *agg* **1** alto, elevado. **2** profundo (lago, silêncio, sono). **3** ilustre, nobre. **4** caro (preço). **5** largo (tecido). **6** difícil (leitura). **7** superior. • *avv* **1** alto, altamente. **2** em lugar elevado. • *int* alto! **a testa alta** de cabeça erguida. **dall'alto in basso** de cima para baixo. **fare degli alti e bassi** ter altos e baixos.
al.to.par.lan.te [altoparl´ante] *sm* alto--falante.

al.tret.tan.to [altrett´anto] *agg+avv* o mesmo, tanto quanto.

al.tri [´altri] *pron* outra pessoa, outrem.

al.tri.men.ti [altrim´enti] *avv* de outra forma, senão. **no, altrimenti!** de jeito nenhum!

al.tro [´altro] *agg* **1** outro. **2** diferente, novo. **3** restante. **4** anterior. **5** seguinte. • *pron* outra pessoa, outra coisa. • *avv* ainda, ainda mais, nada mais. **gli altri** os outros. **l'altr'anno** o ano passado. **l'altro giorno** outro dia. **non mancherebbe altro!** era só o que faltava! **più che altro** mais do que tudo. **se non altro** pelo menos, no mínimo.

al.tro.ve [altr´ove] *avv* em outro lugar.

al.trui [altr´uj] *sm* o alheio, propriedade dos outros. • *agg+pron* dos outros, de outrem, alheio. **la casa altrui** a casa de outra pessoa.

al.tru.i.sta [altru´izta] *agg* altruísta.

al.tu.ra [alt´ura] *sf* **1** colina, elevação. **2** ondulação. **3** (*anche fig*) proeminência, elevação.

a.lun.no [al´unno] *sm* **1** aluno, estudante. **2** discípulo.

al.ve.a.re [alve´are] *sm* colmeia.

al.za.re [alts´are] *vt* **1** elevar, erguer, levantar. **2** hastear (bandeira). **3** aumentar (som, preços). **4** construir. **5** erigir. *vpr* **6** levantar-se, erguer-se. **7** nascer (sol). **alzare il cane del fucile** engatilhar. **alzare volo** levantar voo.

a.ma.bi.le [am´abile] *agg* **1** amável. **2** agradável. **3** cordial, simpático. **4** doce (vinho).

a.man.te [am´ante] *s* **1** amante. **2** companheiro. **3** *pop* o outro. **4** companheira. **5** concubina. **6** *pop* a outra. • *agg* amante, apaixonado.

a.ma.re [am´are] *vt* **1** amar. **2** gostar de, querer bem a. *vi* **3** amar. **4** estar apaixonado. *vpr* **5** amar-se.

a.ma.reg.gia.re [amaredd´are] *vt* amargar, afligir, entristecer, fazer sofrer.

a.ma.rez.za [amar´ettsa] *sf fig* amargura, tristeza, angústia, desilusão.

a.ma.ro [am´aro] *sm* **1** licor digestivo. **2** *fig* amargura, desilusão. • *agg* **1** amargo. **2** *fig* doloroso, penoso, triste.

a.ma.to.re [amat´ore] *sm* amante, apaixonado.

a.maz.zo.ne [am´addzone] *sf* **1** *Mit* amazona. **2** *Sp* amazona. **3** *fig* mulher forte.

am.ba.scia.ta [ambaʃ´ata] *sf* **1** embaixada. **2** (*anche fig*) delegação, representação. **3** mensagem.

am.ba.scia.to.re [ambaʃat´ore] *sm* **1** embaixador. **2** (*anche fig*) encarregado, mensageiro.

am.be.due [ambed´ue] *pron f pl* ambas, as duas, uma e outra.

am.bi.de.stro [ambid´estro] *agg* ambidestro.

am.bi.due [ambid´ue] *pron m pl* ambos, os dois, um e outro.

am.bien.te [amb´jɛnte] *sm* **1** ambiente. **2** cômodo, quarto. **3** *fig* território. **4** círculo, grupo.

am.bi.guo [amb´igwo] *agg* **1** ambíguo, dúbio. **2** suspeito. **3** misterioso.

am.bi.to [´ambito] *sm* **1** âmbito. **2** (*anche fig*) ambiente, setor, região. **3** campo, esfera.

am.bi.zio.ne [ambits´jone] *sf* **1** ambição. **2** (*anche fig*) objetivo. **3** desejo, sede, vontade.

am.bi.zio.so [ambits´jozo] *agg* **1** ambicioso. **2** *fig* grandioso.

am.bra [´ambra] *sf* âmbar.

am.bu.lan.za [ambul´antsa] *sf* ambulância.

a.men [´amen] *int* amém.

a.me.no [am´eno] *agg* **1** ameno, agradável. **2** alegre, cômico, curioso, divertido. **3** aprazível, acolhedor, sereno (local).

a.me.ri.ca.no [amerik´ano] *s+agg* americano.

ametista — ammorzare

a.me.ti.sta [amet´ista] *sf Min* ametista.

a.mi.che.vo.le [amik´evole] *agg* **1** amigável. **2** benévolo, benigno.

a.mi.ci.zia [amitʃ´itsja] *sf* **1** amizade. **2** *fig* simpatia. **3** afeto. **4** afinidade. **5** atração. **6** consideração, estima. **7** **amicizie** *pl fig* pessoas influentes. **fare amicizia con** fazer amizade com.

a.mi.co [am´iko] *sm* (*f* **amica**) **1** amigo, companheiro. **2** *fig* amante.

a.mi.do [´amido] *sm* **1** amido. **2** goma para roupas.

a.mig.da.la [am´igdala] *sf* amígdala.

am.mac.ca.re [ammakk´are] *vt* **1** achatar. **2** deformar. **3** pisotear.

am.ma.e.stra.re [ammaestr´are] *vt* **1** amestrar, adestrar. **2** instruir, ensinar.

am.ma.lar.si [ammal´arsi] *vpr* adoecer.

am.ma.la.to [ammal´ato] *sm+agg* doente, enfermo.

am.ma.lia.re [ammal´jare] *vt* **1** enfeitiçar. **2** *fig* encantar, conquistar, seduzir, fascinar.

am.ma.net.ta.re [ammanett´are] *vt* **1** algemar. **2** (*anche fig*) agarrar, prender, aprisionar.

am.ma.nie.ra.to [ammanjer´ato] *agg* afetado, fingido, presunçoso.

am.man.sa.re [ammans´are] *vt* **1** amansar, domesticar. **2** (*anche fig*) abrandar, acalmar.

am.mas.sa.re [ammass´are] *vt* **1** amontoar, acumular, juntar. *vpr* **2** reunir-se, juntar-se.

am.mas.so [amm´asso] *sm* **1** pilha. **2** confusão. **3** multidão.

am.mat.ti.re [ammatt´ire] *vi* enlouquecer.

am.mat.to.na.re [ammatton´are] *vt* ladrilhar.

am.maz.za.re [ammatts´are] *vt* **1** assassinar, matar. **2** abater. **3** *fig* destruir, arruinar. *vpr* **4** matar-se, suicidar-se.

am.met.te.re [amm´ettere] *vt* **1** admitir, aceitar. **2** aprovar, consentir. **3** receber, deixar entrar. **4** confessar, reconhecer. **5** *fig* supor, imaginar.

am.mic.ca.re [ammikk´are] *vi* **1** acenar, dar um sinal. **2** piscar os olhos.

am.mic.co [amm´ikko] *sm* piscar de olhos.

am.mi.ni.stra.re [amministr´are] *vt* **1** administrar. **2** aplicar. **3** *fig* dirigir, governar.

am.mi.ni.stra.zio.ne [amministrats´jone] *sf* administração.

am.mi.ra.glio [ammir´aλo] *sm* almirante.

am.mi.ra.re [ammir´are] *vt* **1** admirar. **2** (*anche fig*) contemplar. **3** apreciar, venerar.

am.mis.sio.ne [ammiss´jone] *sf* admissão, aprovação, consenso.

am.mo.bi.lia.re [ammobil´jare] *vt* mobiliar.

am.mol.li.re [ammoll´ire] *vt* **1** amolecer, amaciar. **2** facilitar. **3** umedecer.

am.mo.ni.re [ammon´ire] *vt* **1** repreender, chamar a atenção, advertir. **2** avisar.

am.mo.ni.zio.ne [ammonits´jone] *sf* **1** repreensão, advertência. **2** aviso. **3** *pop* chamada.

am.mon.ta.re [ammont´are] *sm* soma, total, montante. • *vt* **1** amontoar, acumular. *vi* **2** totalizar, somar.

am.mon.to [amm´onto] *sm* montante, total.

am.mor.bi.di.re [ammorbid´ire] *vt* (*anche fig*) amaciar, amolecer, abrandar.

am.mor.ti.re [ammort´ire] *vt* **1** amortecer, abafar. **2** evitar. **3** *fig* enfraquecer, paralisar. *vi* **4** desfalecer, desmaiar. **5** cair morto.

am.mor.tiz.za.to.re [ammortiddzat´ore] *sm Autom* amortecedor.

am.mor.za.re [ammorts´are] *vt* **1** extinguir, apagar. **2** diminuir. *vpr* **3** extinguir-se, apagar-se.

ammuffire 16 **andata**

am.muf.fi.re [ammuff´ire] *vi* **1** mofar. **2** *fig* estragar-se, arruinar-se.
am.mu.ti.na.men.to [ammutinam´ento] *sm* motim, insurreição.
am.mu.to.li.re [ammutol´ire] *vt* **1** (anche *fig*) emudecer, calar-se. **2** *pop* ficar de boca fechada, não dar um pio.
am.ni.sti.a [amnist´ia] *sf* **1** anistia. **2** (anche *fig*) indulgência, perdão.
a.mo [´amo] *sm* **1** anzol. **2** *fig* isca. **3** engano. **mordere all'amo** *fig* morder a isca.
a.mo.ra.le [amor´ale] *agg* amoral.
a.mo.re [am´ore] *sm* **1** amor. **2** afeto, afeição. **3** carinho, ternura. **4** atração, desejo. **5** cuidado, zelo. **6** relacionamento, namoro. **7** pessoa amada, amante. **8** *fig* coisa muito bela, obra de arte. **per amore del cielo!** pelo amor de Deus!
a.mo.re.vo.le [amor´evole] *agg* afetuoso, carinhoso, meigo, delicado, terno.
a.mo.ro.so [amor´ozo] *agg* **1** amoroso. **2** *fig* suave. **3** agradável.
a.mo.sci.na [amoʃ´ina] *sf* ameixa.
am.piez.za [amp´jettsa] *sf* amplitude, extensão.
am.pio [´ampjo] *agg* (*pl m* **ampi, ampli**) amplo, largo, extenso.
am.pli.a.re [ampli´are] *vt* (anche *fig*) ampliar, alargar, aumentar.
am.pol.la [amp´olla] *sf* **1** ampola. **2** bolha.
am.pol.lo.so [ampoll´ozo] *agg* empolado, solene.
am.pu.ta.re [amput´are] *vt* (anche *fig*) amputar, mutilar.
a.mu.le.to [amul´eto] *sm* amuleto, talismã.
a.na.gra.fe [an´agrafe] *sf* registro civil. **ufficio anagrafe** cartório.
a.nal.co.li.co [analk´ɔliko] *sm* refrigerante.
a.na.le [an´ale] *agg* anal.
a.nal.fa.be.ta [analfab´ɛta] *s+agg* analfabeto.

a.nal.ge.si.co [analdʒ´ɛziko] *sm+agg* analgésico.
a.na.li.si [an´alizi] *sf* **1** análise, exame. **2** psicanálise, psicoterapia.
a.na.liz.za.re [analiddz´are] *vt* analisar, decompor, examinar, estudar.
a.na.lo.gi.a [analodʒ´ia] *sf* analogia.
a.na.nas.so [anan´asso] *sm* abacaxi, ananás.
a.nar.chi.a [anark´ia] *sf* **1** anarquia. **2** *fig* confusão.
a.na.to.mi.a [anatom´ia] *sf* **1** anatomia. **2** *fig* forma, estrutura, natureza.
a.na.tra[1] [´anatra] *sf* pato. *Var:* **anitra**.
an.ca [´anka] *sf Anat* quadril, ancas.
an.ce.stra.le [antʃestr´ale] *agg* **1** ancestral. **2** *fig* antiquíssimo, primitivo. **3** hereditário.
an.che [´anke] *avv* também, ainda, até. **anche se** ainda que. **ma anche** mas também.
an.cheg.gia.re [ankeddʒ´are] *vi pop* rebolar, requebrar.
an.co.ra[1] [´ankora] *sf* âncora. **gettare l'ancora** lançar âncora.
an.co.ra[2] [ank´ora] *avv* **1** ainda. **2** de novo, novamente, mais uma vez.
an.co.rag.gio [ankor´addʒo] *sf* **1** ancoradouro, lugar onde se ancora. **2** ato de ancorar.
an.co.ra.re [ankor´are] *vt* **1** ancorar, atracar. **2** *fig* segurar, prender.
an.da.re [and´are] *vi* **1** ir. **2** encaminhar--se, dirigir-se. **3** mover-se. **4** partir, ir embora. **5** ir bem (negócio). **andare a piedi** ir a pé. **andare bene** a) estar certo (relógio). b) calçar bem (luva, sapatos). **andare in bicicletta, in macchina** ir de bicicleta, de carro. **andare per / andare da** ir chamar, ir procurar alguém. **andare via / anda-resene** ir embora, partir. **và là!** veja lá! (chamando a atenção). **vattene!** a) vá embora! b) *pop* caia fora!
an.da.ta [and´ata] *sf* ida.

a.ned.do.to [an´eddotto] *sm* anedota, piada.
a.ne.la.re [anel´are] *vi* **1** ofegar. **2** *fig* aspirar a, desejar, ansiar.
a.nel.lo [an´ello] *sm* anel, argola. **anello di capelli** cachos.
a.ne.mi.a [anem´ia] *sf Med* anemia.
a.ne.ste.si.a [anestez´ia] *sf* anestesia.
a.ne.ste.tiz.za.re [anestetiddz´are] *vt* anestesiar, adormecer.
an.fi.bio [anf´ibjo] *sm+agg* anfíbio.
an.fi.te.a.tro [anfite´atro] *sm* anfiteatro.
an.fi.tri.o.ne [anfitr´jone] *sm* (anche *fig*) anfitrião.
an.ge.lo [´andʒelo] *sm Rel* anjo.
an.gi.na [andʒ´ina] *sf Med* angina.
an.go.lo [´angolo] *sm* **1** ângulo. **2** canto. **3** esquina.
an.go.scia [ang´oʃa] *sf* (anche *fig*) angústia, aflição, preocupação, ânsia.
an.go.scia.re [angoʃ´are] *vt* angustiar, afligir.
an.guil.la [ang´willa] *sf Zool* enguia.
an.gui.na.ia [angwin´aja] *sf* virilha.
an.gu.stia [ang´ustja] *sf* **1** angústia, ansiedade, aflição. **2** estreiteza. **3** brevidade (de tempo).
an.gu.stia.re [angust´jare] *vt* **1** angustiar, atormentar, afligir. *vpr* **2** angustiar-se.
an.gu.sto [ang´usto] *agg* estreito, apertado.
a.ni.ce [´anitʃe] *sm* anis.
a.ni.ma [´anima] *sf* **1** alma, espírito. **2** essência, núcleo. **3** *fig* energia, vida. **4** ser vivo, indivíduo.
a.ni.ma.le [anim´ale] *sm* **1** animal. **2** bicho. **3** *fig* pessoa ignorante ou violenta.
a.ni.ma.re [anim´are] *vt* **1** animar. **2** caracterizar, personalizar. **3** encorajar, incitar. *vpr* **4** animar-se, excitar-se.
a.ni.ma.zio.ne [animatsj´one] *sf* animação, entusiasmo, excitação, vivacidade.

a.ni.mo [´animo] *sm* **1** ânimo. **2** essência, índole. **3** *fig* coragem, audácia. **animo!** ânimo! coragem! **volgere l'animo ad una cosa** ocupar-se com alguma coisa.
a.ni.tra [´anitra] *sf V anatra*.
an.naf.fia.re [annaff´jare] *vt* **1** regar, banhar, dar de beber. **2** espirrar, borrifar.
an.naf.fia.to.io [annaffjat´ojo] *sm* regador.
an.na.li [ann´ali] *sm pl* anais.
an.na.ta [ann´ata] *sf* ano, período de um ano.
an.neb.bia.re [annebbj´are] *vt* **1** enevoar. **2** ofuscar, velar.
an.ne.ga.re [anneg´are] *vt* **1** afogar. **2** *fig* sufocar, reprimir. *vpr* **3** afogar-se.
an.ne.ri.re [anner´ire] *vt* enegrecer, escurecer.
an.nes.so [ann´ɛsso] *sm+agg* anexo.
an.net.te.re [ann´ɛttere] *vt* **1** anexar, juntar, reunir. **2** *fig* atribuir.
an.ni.chi.li.re [annikil´ire] *vt* **1** aniquilar, eliminar. **2** destruir. **3** *fig* humilhar.
an.ni.ver.sa.rio [annivers´arjo] *sm* aniversário.
an.no [´anno] *sm* **1** ano. **2** *fig* idade, época, era, fase, período. **anno bisestile** ano bissexto. **anno scolastico** ano letivo. **da quattro anni** há quatro anos. **due anni fa** faz dois anos. **fra tre anni** daqui a três anos. **l'anno scorso** o ano passado. **l'anno venturo** o ano que vem. **quest'anno** este ano.
an.no.bi.li.re [annobil´ire] *vt* enobrecer.
an.no.da.re [annod´are] *vt* atar, amarrar.
an.no.ia.re [annoj´are] *vt* **1** aborrecer, chatear, entediar. **2** *pop* encher.
an.no.ta.re [annot´are] *vt* **1** anotar, tomar nota, apontar. **2** comentar.
an.no.ta.zio.ne [annotats´jone] *sf* **1** anotação, nota. **2** comentário.
an.not.ta.re [annott´are] *vi* **1** anoitecer. **2** *fig* escurecer.

an.nu.a.le [annu´ale] *agg* anual.

an.nul.la.re [annull´are] *vt* anular, eliminar, cancelar, abolir.

an.nun.cia.re [annuntʃ´are] *vt* 1 anunciar, comunicar, declarar. 2 noticiar, difundir, divulgar.

an.nun.cio [ann´untʃo] *sm* 1 anúncio, declaração. 2 propaganda, publicidade. 3 aviso, informação. 4 predição.

an.nu.sa.re [annuz´are] *vt+vi* 1 cheirar, farejar. 2 *fig* perceber, adivinhar, captar. 3 *fam* pegar.

a.no [´ano] *sm Anat* ânus.

a.no.ni.ma.to [anonim´ato] *sm* anonimato.

a.no.ni.mo [an´ɔnimo] *agg* 1 anônimo, desconhecido. 2 *fig* obscuro.

a.nor.ma.le [anorm´ale] *agg* anormal, estranho.

an.sa [´ansa] *sf* 1 cabo (de objetos). 2 curva de rio.

an.sa.re [ans´are] *vi* 1 ofegar. 2 (anche *fig*) agonizar. 3 bufar.

an.sia [´ansja] *sf* 1 ânsia, angústia, apreensão. 2 *fig* avidez, fome, sede.

an.sie.tà [ansjet´a] *sf* 1 ansiedade, ânsia. 2 tormento, aflição.

an.sio.so [ans´jozo] *agg* ansioso, preocupado, apreensivo.

an.te.ce.den.te [antetʃed´ɛnte] *agg* antecedente.

an.te.ces.so.re [antetʃess´ore] *sm* 1 antecessor, precursor, predecessor. 2 **gli antecessori** os avós, os antepassados.

an.te.na.to [anten´ato] *sm* 1 antepassado, ascendente. 2 **gli antenati** os antepassados.

an.ten.na [ant´enna] *sf* antena.

an.te.por.re [antep´oɾe] *vt* 1 antepor. 2 *fig* preferir.

an.te.rio.re [anter´jore] *agg* 1 anterior, antecedente. 2 frontal.

an.ti.bio.ti.co [antib´jɔtiko] *sm+agg* antibiótico.

an.ti.chi.tà [antikit´a] *sf* antiguidade.

an.ti.ci.pa.re [antitʃip´are] *vt* 1 antecipar, adiantar. 2 preceder. 3 avisar, prever.

an.ti.ci.po [ant´itʃipo] *sm Comm* adiantamento, sinal.

an.ti.co [ant´iko] *agg* 1 antigo, velho. 2 *fig* antiquado, obsoleto. • *sm pl* **gli antichi** os antepassados. **all'antica** à moda antiga.

an.ti.con.ce.zio.na.le [antikontʃetsjon´ale] *sm+agg* anticoncepcional.

an.ti.do.to [ant´idoto] *sm* 1 antídoto. 2 *fig* remédio, alívio.

an.ti.pa.sto [antip´asto] *sm* entrada.

an.ti.pa.ti.a [antipat´ia] *sf* antipatia, aversão.

an.ti.pa.ti.co [antip´atiko] *agg* antipático.

an.ti.pe.nul.ti.mo [antipen´ultimo] *sm+agg* antepenúltimo.

an.ti.qua.rio [antik´warjo] *sm* antiquário, colecionador de antiguidades.

an.ti.qua.to [antik´wato] *agg* 1 antiquado, obsoleto, ultrapassado. 2 arcaico.

an.ti.sa.la [antis´ala] *sf* antessala.

an.ti.set.ti.co [antis´ɛttiko] *sm+agg* antisséptico, desinfetante.

an.ti.ve.le.no [antivel´eno] *sm* antídoto.

an.to.lo.gi.a [antolodʒ´ia] *sf* antologia.

an.tra.ce [antr´atʃe] *sm Med* antraz, furúnculo no pescoço.

an.tro [´antro] *sm* 1 antro, caverna, cova. 2 *fig* casebre, choupana.

an.tro.po.lo.gi.a [antropolodʒ´ia] *sf* antropologia.

a.nu.la.re [anul´are] *sm* dedo anular. • *agg* anular.

an.zi [´antsi] *avv* pelo contrário, ao invés disso. • *prep* antes de. • *cong* antes, senão.

an.zia.no [ants´jano] *sm+agg* ancião, idoso.

an.zi.ché [antsik´e] *cong* ao invés de, em lugar de, antes que, mais que.

an.zi.tut.to [antsit´utto] *avv* antes de tudo, antes de mais nada, em primeiro lugar.

a.pa.ti.a [apat´ia] *sf* (anche *fig*) apatia, inércia.

a.pe [´ape] *sf* abelha.

a.pe.ri.ti.vo [aperit´ivo] *sm* aperitivo.

a.per.to [ap´ɛrto] *agg* aberto. • (anche *fig*) **1** amplo, vasto. **2** cordial, franco. **3** vivaz. **4** alto, profundo (mar). **all'aperto** ao ar livre.

a.per.tu.ra [apert´ura] *sf* **1** abertura. **2** grandeza (da alma). **3** agilidade (da mente). **4** *Mus* abertura. **5** (anche *fig*) início. **6** brecha, entrada.

a.pia.rio [ap´jarjo] *sm* colmeia.

a.po.ge.o [apodʒ´ɛo] *sm* **1** apogeu. **2** *fig* máximo.

a.po.sto.lo [ap´ɔstolo] *sm* **1** apóstolo, missionário. **2** *fig* seguidor, fiel.

a.po.stro.fo [ap´ɔstrofo] *sm Gramm* apóstrofo.

ap.pac.chet.ta.re [appakkett´are] *vt* empacotar.

ap.pa.ia.re [appa´jare] *vt* **1** emparelhar. **2** acompanhar, juntar, acoplar.

ap.pa.ra.to [appar´ato] *sm* **1** equipamento, aparato. **2** *fig* enfeite, adorno.

ap.pa.rec.chia.re [apparekk´jare] *vt* **1** aparelhar. **2** preparar, aprontar. *vi* **3** pôr a mesa. *vpr* **4** aparelhar-se. **5** preparar-se.

ap.pa.rec.chio [appar´ekkjo] *sm* **1** aparelho, engenho. **2** avião. **apparecchio radio** aparelho de rádio. **apparecchio televisivo** aparelho de televisão.

ap.pa.ren.ta.re [apparent´are] *vt fig* aparentar, parecer. **2** comparar. *vpr* **3** aparentar-se.

ap.pa.ren.te [appar´ɛnte] *agg* (anche *fig*) aparente, exterior, superficial, ilusório.

ap.pa.ren.za [appar´ɛntsa] *sf* aparência, aspecto, imagem, figura, semblante.

ap.pa.ri.re [appar´ire] *vi* **1** aparecer. **2** apresentar-se, mostrar-se, manifestar--se. **3** parecer.

ap.par.ta.men.to [appartam´ento] *sm* **1** apartamento. **2** *fig* casa, abrigo.

ap.par.ta.re [appart´are] *vt* **1** apartar, separar. **2** segregar, isolar. *vpr* **3** afastar-se, isolar-se.

ap.par.te.nen.za [apparten´ɛntsa] *sf* competência.

ap.par.te.ne.re [apparten´ere] *vi* **1** pertencer, ser de. **2** competir, tocar, caber.

ap.pas.sio.na.re [appassjon´are] *vt* **1** (anche *fig*) apaixonar, encantar, enamorar. **2** comover, interessar. *vpr* **3** apaixonar-se, interessar-se.

ap.pas.sio.na.to [appassjon´ato] *agg* **1** apaixonado. **2** aflito, triste.

ap.pas.si.re [appass´ire] *vt*, *vi+vpr* **1** murchar, morrer. **2** *fig* declinar, decair, deteriorar.

ap.pel.la.re [appell´are] *vt* **1** chamar. *vpr* **2** *Giur* apelar, fazer um apelo, recorrer.

ap.pel.lo [app´ɛllo] *sm* **1** apelo. **2** chamada (na escola). **fare appello a** apelar para.

ap.pe.na [app´ena] *avv* **1** mal, com dificuldade, penosamente. **2** agora mesmo, há pouco tempo. *sono appena arrivato* / cheguei agora mesmo. **3** apenas, só. • *cong* mal, logo que, assim que. *appena nati, già sanno nuotare* / logo que nascem, já sabem nadar.

ap.pen.de.re [app´endere] *vt* pendurar, suspender.

ap.pen.di.ce [append´itʃe] *sf* **1** apêndice. **2** *fig* suplemento.

ap.pe.san.ti.re [appezant´ire] *vt* (anche *fig*) carregar, sobrecarregar.

ap.pe.sta.re [appest´are] *vt* **1** contaminar, envenenar, infectar. **2** *fig* corromper, apodrecer.

ap.pe.ti.re [appet´ire] *vt* desejar, sonhar com, aspirar a.

ap.pe.ti.to [appet´ito] *sm* **1** apetite, fome. **2** *fig* desejo, vontade. **3** inclinação, impulso.

ap.pe.ti.to.so [appetit´ozo] *agg* **1** apetitoso, gostoso. **2** *fig* atraente.

ap.pez.za.re [appetts´are] *vt* **1** despedaçar. **2** juntar pedaços ou retalhos.

ap.pia.na.re [appjan´are] *vt* **1** aplainar, nivelar. **2** *fig* resolver (dificuldades).

ap.pic.ca.re [appikk´are] *vt* **1** pendurar, suspender. **2** enforcar. *vpr* **3** depenudrar-se, suspender-se. **4** enforcar-se.

ap.pic.ci.ca.re [appittʃik´are] *vt* **1** colar, pregar. **2** *fig* atribuir.

ap.pic.ci.co.so [appittʃik´ozo] *agg* **1** pegajoso, adesivo. **2** *fig* tedioso. **3** enganador.

ap.pio [´appjo] *sm Bot* aipo.

ap.pi.so.lar.si [appizol´arsi] *vpr* cochilar.

ap.plau.di.re [applawd´ire] *vt* **1** aplaudir. **2** (anche *fig*) aprovar, aclamar, elogiar, louvar.

ap.plau.so [appl´awzo] *sm* **1** (anche *fig*) aplauso. **2** aprovação, ovação.

ap.pli.ca.re [applik´are] *vt* **1** aplicar, pregar, colar. **2** *fig* adaptar. **3** referir-se. **4** empregar, utilizar. *vpr* **5** dedicar-se, empenhar-se.

ap.pli.ca.zio.ne [applikats´jone] *sf* **1** aplicação. **2** *fig* atenção, empenho, concentração. **3** ornamento, decoração.

ap.pog.gia.re [appoddʒ´are] *vt* **1** apoiar, encostar. **2** colocar. **3** *fig* auxiliar, ajudar, sustentar, favorecer. *vpr* **4** basear-se.

ap.pog.gio [app´oddʒo] *sm* **1** apoio, base. **2** *fig* ajuda, favor, suporte.

ap.por.ta.re [apport´are] *vt* **1** trazer. **2** levar, conduzir.

ap.po.si.to [app´ozito] *agg* oportuno, apropriado, conveniente.

ap.po.sta [app´osta] *avv* de propósito, intencionalmente.

ap.po.sta.re [appost´are] *vt* **1** emboscar, preparar cilada. *vpr* **2** esconder-se, camuflar-se.

ap.poz.za.re [appotts´are] *vt* **1** empoçar. **2** mergulhar em poça.

ap.pren.de.re [appr´endere] *vt* **1** aprender, compreender. **2** vir a saber. **3** conhecer. **4** aprender.

ap.pren.di.men.to [apprendim´ento] *sm* **1** aprendizagem. **2** conhecimento.

ap.pren.di.sta [apprend´ista] *s* aluno, aprendiz.

ap.pren.sio.ne [apprens´jone] *sf* **1** apreensão, preocupação. **2** ansiedade. **3** agitação. **4** receio.

ap.pren.si.vo [apprens´ivo] *agg* **1** apreensivo, preocupado. **2** ansioso. **3** receoso.

ap.pre.sen.ta.re [apprezent´are] *vt* **1** apresentar, mostrar. **2** presentear, oferecer.

ap.pres.sa.re [appress´are] *vt* **1** aproximar, encostar. *vi+vpr* **2** aproximar-se, avizinhar-se.

ap.pres.so [appr´esso] *avv* **1** em seguida, depois. **2** perto. • *prep* **1** junto de. *appresso i bambini* / junto das crianças. **2** ao lado de, próximo a, perto de. *appresso la città* / perto da cidade. **3** atrás de.

ap.pre.sta.re [apprest´are] *vt* **1** preparar, aprontar. *vpr* **2** estar prestes a, preparar-se para.

ap.prez.za.re [appretts´are] *vt* **1** apreciar, estimar. **2** *fig* amar, gostar de.

ap.proc.cia.re [approttʃ´are] *vi+vpr* aproximar-se.

ap.pro.fit.ta.re [approfitt´are] *vi* aproveitar, valer-se de, levar vantagem, desfrutar.

ap.pro.fon.di.re [approfond´ire] *vt* **1** aprofundar. **2** acentuar. *vpr* **3** aprofundar-se. **4** *fig* estudar a fundo.

ap.pron.ta.re [appront´are] *vt* aprontar, preparar, predispor.

ap.pro.pria.re [appropri'are] *vt* **1** adaptar, apropriar, acomodar. *vpr* **2** apropriar-se, tomar posse, pegar para si. **3** adquirir, conquistar.

ap.pro.pria.to [appropri'jato] *agg* apropriado, adequado, conveniente.

ap.pros.si.ma.re [approssim'are] *vt* **1** aproximar, encostar, chegar perto. *vpr* **2** aproximar-se.

ap.pro.va.re [approv'are] *vt* **1** aprovar, aceitar, consentir, admitir. **2** admirar, elogiar.

ap.pro.vi.gio.na.re [approvidʒon'are] *vt* (anche *fig*) abastecer, prover, guarnecer, equipar.

ap.pun.ta.men.to [appuntam'ento] *sm* **1** encontro, hora marcada. **2** conversa. **3** reunião.

ap.pun.ta.re [appunt'are] *vt* **1** apontar: a) com o dedo. b) fazer mira. **2** repreender, criticar. **3** anotar. **4** apontar, aguçar.

ap.pun.to [app'unto] *sm* **1** nota, lembrete, anotação. **2** *fig* crítica, censura. • *avv* **1** exatamente, mesmo. **2** de fato. **appunto!** isso!

ap.pu.ra.re [appur'are] *vt* **1** apurar, esclarecer, verificar. **2** purificar.

a.pri.le [apr'ile] *sm* abril.

a.pri.re [apr'ire] *vt* **1** abrir. **2** rachar, fender. **3** alargar (abertura, buraco). **4** dar início a. *vpr* **5** abrir-se, dividir-se, separar-se. **6** alargar-se, expandir-se (abertura, buraco). **7** desabrochar (flor). **aprire il cuore** a abrir o coração para.

a.qui.la ['akwila] *sf* **1** águia. **2** *fig* gênio.

a.qui.li.no [akwil'ino] *agg* aquilino (nariz).

a.qui.lo.ne [akwil'one] *sm* papagaio, pipa (brinquedo).

a.ra.bo ['arabo] *sm*+*agg* **1** árabe. **2** *fig* incompreensível. **è arabo per me!** isso é grego para mim!

a.ra.chi.de [ar'akide] *sf Bot* amendoim.

a.ra.go.sta [arag'osta] *sf* lagosta.

a.ran.cia [ar'antʃa] *sf* laranja.

a.ran.cia.ta [arantʃ'ata] *sf* laranjada.

a.ran.cia.to [arantʃ'ato] *agg* alaranjado.

a.ran.cio [ar'antʃo] *sm* laranjeira.

a.ran.cio.ne [arantʃ'one] *s*+*agg* cor de laranja.

a.ra.re [ar'are] *vt* **1** arar. **2** *fig* cultivar.

a.ra.tro [ar'atro] *sm* arado.

ar.bi.tra.rio [arbitr'arjo] *agg* **1** arbitrário. **2** (anche *fig*) injusto, parcial.

ar.bi.trio [arb'itrjo] *sm* **1** arbítrio, decisão, julgamento. **2** capricho, desejo.

ar.bi.tro ['arbitro] *sm* árbitro, juiz.

ar.bu.sto [arb'usto] *sm* arbusto.

ar.ca ['arka] *sf* **1** arca, cofre. **2** tumba.

ar.cai.co [ark'ajko] *agg* **1** arcaico, antigo, primitivo. **2** (anche *fig*) antiquado, obsoleto.

ar.can.ge.lo [ark'andʒelo] *sm* arcanjo.

ar.cheg.gia.re [arkeddʒ'are] *vt* **1** arquear, curvar. **2** tocar instrumentos de corda com arco.

ar.che.o.lo.go [arke'ologo] *sm* arqueólogo.

ar.chet.to [ark'etto] *sm dim Mus* arco.

ar.chi.tet.to [arkit'etto] *sm* **1** arquiteto. **2** *fig* criador.

ar.chi.tet.tu.ra [arkitett'ura] *sf* **1** arquitetura, estrutura. **2** *fig* construção, edifício.

ar.chi.via.re [arkiv'jare] *vt* **1** arquivar. **2** *fig* esquecer.

ar.chi.vio [ark'ivjo] *sm* (anche *Inform*) arquivo.

ar.ci.pe.la.go [artʃip'ɛlago] *sm Geogr* arquipélago.

ar.ci.ve.sco.vo [artʃiv'eskovo] *sm* arcebispo.

ar.co ['arko] *sm* **1** arco, curva. **2** arcada.

ar.co.ba.le.no [arkobal'eno] *sm* arco-íris.

ar.den.te [ard'ɛnte] *agg* **1** ardente. **2** apaixonado.

ar.de.re [´ardere] *vt+vi* arder, queimar.
ar.di.re [ard´ire] *vi* ousar, atrever-se, arriscar-se. • *sm* **1** ousadia, audácia, heroísmo. **2** impertinência.
ar.di.tez.za [ardit´ettsa] *sf* audácia, ousadia.
ar.di.to [ard´ito] *agg* **1** corajoso. **2** atrevido.
ar.do.re [ard´ore] *sm* **1** ardor. **2** *fig* fervor, fé, entusiasmo. **3** ímpeto, violência.
ar.duo [´ardwo] *agg* árduo, difícil.
a.re.a [´area] *sf* **1** área, superfície. **2** *fig* região.
a.re.na [ar´ena] *sf* **1** areia. **2** arena. **3** *Sp* campo, estádio.
a.re.na.re [aren´are] *vt* **1** encalhar. *vpr* **2** encalhar. **3** *fig* embaraçar-se.
ar.gen.to [ardʒ´ento] *sm* **1** *Min* prata. **2** moeda de prata. **3** *fig* dinheiro. **4** cabelos grisalhos. **argento vivo** mercúrio.
ar.gil.la [ardʒ´illa] *sf* argila, barro.
ar.gi.ne [´ardʒine] *sm* **1** dique, barreira. **2** *fig* obstáculo.
ar.go.men.ta.re [argoment´are] *vi* **1** argumentar, discutir. **2** concluir.
ar.go.men.to [argom´ento] *sm* **1** argumento, assunto, tema. **2** *fig* justificativa, desculpa, pretexto.
ar.gu.tez.za [argut´ettsa] *sf* inteligência.
ar.gu.to [arg´uto] *agg* (anche *fig*) engenhoso, brilhante.
ar.gu.zia [arg´utsja] *sf* **1** inteligência. **2** gracejo.
a.ria [´arja] *sf* **1** ar. **2** espaço, céu. **3** aspecto, comportamento. **4** (anche *fig*) atmosfera. **5** *Mus* ária. **6** *fam* gases. **aria condizionata** ar-condicionado. **buttare tutto all'aria** atirar tudo pelos ares.
a.ri.di.tà [aridit´a] *sf* **1** aridez. **2** *fig* pobreza.
a.ri.do [´arido] *agg* **1** árido, seco. **2** triste (lugar, paisagem). **3** frio, insensível. **4** improdutivo, estéril.

a.rieg.gia.re [arjeddʒ´are] *vt* **1** arejar, ventilar. *vt+vi* **2** imitar, assemelhar-se.
a.rie.te [ar´iete] *sm* **1** *Zool* carneiro. **2** *Mil* aríete. **3 Ariete** *Astron, Astrol* Áries.
a.ri.sto.cra.zi.a [aristokrats´ia] *sf* aristocracia, nobreza.
ar.lec.chi.no [arlekk´ino] *sm* **1** arlequim. **2** *fig* homem sem dignidade e firmeza.
ar.ma [´arma] *sf* **1** arma. **2** utensílio, instrumento. **3 armi** *pl* a) armas. b) arte militar, guerra. c) exército. **arma bianca** arma branca. **arma da fuoco** arma de fogo.
ar.ma.dil.lo [armad´illo] *sm* tatu.
ar.ma.dio [arm´adjo] *sm* armário.
ar.ma.re [arm´are] *vt* **1** armar. *vpr* **2** armar-se. **3** preparar-se, aprontar-se.
ar.ma.tu.ra [armat´ura] *sf* **1** *Mil* armadura. **2** *Archit* armação, esqueleto. **3** *fig* revestimento, cobertura.
ar.mo.ni.a [armon´ia] *sf* **1** harmonia. **2** *fig* coerência, equilíbrio, simetria. **3** amizade, acordo.
ar.mo.niz.za.re [armonidʒ´are] *vt* **1** harmonizar. *vi* **2** *fig* concordar. **3** unir-se, casar-se.
ar.ne.se [arn´eze] *sm* **1** utensílio, instrumento, ferramenta. **2** *fig* aparelho, mecanismo. **3** *iron* sujeito, tipo, indivíduo.
a.ro.ma [ar´oma] *sm* **1** aroma, perfume. **2 aromi** *pl* especiarias.
ar.pa [´arpa] *sf Mus* harpa.
ar.ra [´ara] *sf* penhor, garantia, sinal.
ar.rab.bia.re [arabb´jare] *vi+vpr* enraivecer, enfurecer-se, irritar-se.
ar.rab.bia.to [arabb´jato] *agg* **1** furioso. **2** hidrófobo.
ar.ram.pi.car.si [arampik´arsi] *vpr* trepar, escalar, subir.
ar.ran.gia.men.to [arandʒam´ento] *sm Mus* arranjo.
ar.ran.gia.re [arandʒ´are] *vt* **1** arranjar, acomodar. **2** *Mus* arranjar, fazer o arranjo de. *vpr* **3** arranjar-se. **4** con-

cordar, chegar a um acordo. **5** (anche *fig*) adaptar-se. **6** *pop* virar-se.

ar.re.ca.re [aṙek'are] *vt* **1** levar, carregar. **2** *fig* causar, provocar.

ar.re.da.men.to [aṙedam'ento] *sm pop* móveis, mobília.

ar.re.da.re [aṙed'are] *vt* **1** mobiliar. **2** equipar.

ar.ren.der.si [aṙ'endersi] *vpr* render-se, entregar-se.

ar.re.sta.re [aṙest'are] *vt* **1** deter, impedir. **2** bloquear. **3** *fig* prender, capturar.

ar.re.sto [aṙ'esto] *sm* **1** prisão. **2** detenção.

ar.re.tra.re [aṙetr'are] *vi* recuar, retroceder.

ar.ric.chi.re [aṙikk'ire] *vt* **1** enriquecer. **2** (anche *fig*) acrescentar. **3** embelezar. **4** melhorar.

ar.ric.cia.re [aṙittʃ'are] *vt* encrespar, encaracolar, ondular.

ar.ri.schia.re [aṙisk'jare] *vt* arriscar, ousar.

ar.ri.schia.to [aṙisk'jato] *agg* **1** arriscado, perigoso. **2** destemido, corajoso.

ar.ri.va.re [aṙiv'are] *vi* **1** chegar. **2** *Naut* aportar, atracar. **3** bastar. **4** aproximar-se. *vt*+*vi* **5** *fig* alcançar, conseguir. **6** igualar, equiparar.

ar.ri.va.ta [aṙiv'ata] *sf* chegada.

ar.ri.ve.der.ci [aṙivederˈtʃi] *int* até a vista! até logo! até a próxima!

ar.ri.vo [aṙ'ivo] *sm* **1** chegada. **2** destino, local de chegada.

ar.ro.gan.te [aṙog'ante] *agg* arrogante, presunçoso.

ar.ro.gan.za [aṙog'antsa] *sf* arrogância, presunção.

ar.ro.ga.re [aṙog'are] *vt* **1** *Giur* adotar (criança). *vpr* **2** apropriar-se de (algo que não lhe pertence). **3** reivindicar (algo indevido).

ar.ros.sa.re [aṙoss'are] *vt* avermelhar, arroxear.

ar.ros.si.re [aṙoss'ire] *vi* **1** corar, ficar vermelho, enrubescer. **2** *fig* envergonhar-se.

ar.ro.sti.re [aṙost'ire] *vt* assar, tostar.

ar.ro.sto [aṙ'ɔsto] *sm* assado. • *avv* em assado. **carne arrosto** carne assada. **cuocere arrosto** assar.

ar.ro.ta.re [aṙot'are] *vt* **1** afiar, amolar. **2** abalroar, atropelar (veículo). **3** ranger (os dentes).

ar.ro.ton.da.re [aṙotond'are] *vt* arredondar.

ar.ro.ve.scia.re [aṙoveʃ'are] *vt* **1** virar do avesso. **2** derrubar, fazer cair.

ar.ruf.fa.re [aṙuff'are] *vt* **1** despentear. **2** confundir, atrapalhar, desordenar.

ar.rug.gi.ni.re [aṙudʒin'ire] *vt* **1** enferrujar, oxidar. *vi*+*vpr* **2** enferrujar-se, oxidar-se. **3** *fig* deteriorar-se.

ar.ruo.la.re [aṙwol'are] *vt* **1** recrutar, alistar, chamar às armas. *vpr* **2** alistar-se.

ar.se.na.le [arsen'ale] *sm* arsenal.

ar.te ['arte] *sf* **1** arte. **2** *fig* truque, artifício. **3** trabalho, profissão. **4** habilidade, gênio. **5** experiência, técnica. **ad arte / per arte / con arte** com habilidade.

ar.te.ria [art'ɛrja] *sf* **1** *Med* artéria. **2** *fig* estrada. **3** percurso. **4** rua.

ar.te.rio.scle.ro.si [arterjoskler'ɔzi] *sf Med* arteriosclerose.

ar.ti.co ['artiko] *agg* **1** ártico, setentrional. **2** *fig* gelado.

ar.ti.co.la.re [artikol'are] *vt* **1** articular, pronunciar, dizer. **2** (anche *fig*) fracionar.

ar.ti.co.lo [art'ikolo] *sm* artigo (de jornal, de lei ou mercadoria).

ar.ti.fi.cia.le [artifitʃ'ale] *agg* **1** artificial. **2** falso. **3** sintético.

ar.ti.fi.cio [artif'itʃo] *sm* artifício, truque.

ar.ti.gia.no [artidʒ'ano] *sm* artesão.

ar.ti.glie.ri.a [artiʎer'ia] *sf Mil* artilharia.

ar.ti.glio [artˊiλo] *sm* garra, unha.
ar.ti.sta [artˊista] *s* 1 artista. 2 *fig* mestre.
ar.to [ˊarto] *sm* 1 o norte. 2 *Med* junta, articulação. 3 membro articulado. • *agg* estreito.
ar.tri.te [artrˊite] *sf Med* artrite.
a.scel.la [aʃˊɛlla] *sf* 1 axila. 2 *pop* sovaco.
a.scen.den.te [aʃendˊɛnte] *s* 1 ascendente, antepassado. 2 *fig* predomínio. • *agg* ascendente, que sobe.
a.scen.de.re [aʃˊɛndere] *vi* 1 ascender, subir, elevar-se. 2 chegar a, atingir (valores).
a.scen.sio.ne [aʃensˊjone] *sf* ascensão, subida.
a.scen.so.re [aʃensˊore] *sm* elevador.
a.sce.sa [aʃˊeza] *sf* elevação, ascensão, subida.
a.scia [ˊaʃa] *sf* machado.
a.sciu.ga.ma.no [aʃugamˊano] *sm* toalha de mão ou rosto.
a.sciu.ga.re [aʃugˊare] *vt* 1 enxugar, secar. *vpr* 2 enxugar-se, secar-se.
a.sciu.ga.to.io [aʃugatˊojo] *sm* pano de prato.
a.scol.ta.re [askoltˊare] *vt+vi* 1 escutar, ouvir. 2 *fig* espionar, espreitar.
a.scol.to [askˊolto] *sm* escuta.
a.ses.sua.le [asessˊwale] *agg* assexual.
a.sfal.ta.re [asfaltˊare] *vt* asfaltar.
a.sfal.to [asfˊalto] *sm* asfalto.
a.sfis.si.a [asfissˊia] *sf Med* asfixia.
a.sfis.si.a.re [asfissiˊare] *vt* 1 asfixiar, sufocar. 2 *fig* perturbar, atormentar.
a.si.a.ti.co [aziˊatiko] *sm+agg* asiático.
a.si.lo [azˊilo] *sm* 1 asilo, casa de repouso. 2 asilo político. 3 *fig* proteção, refúgio, abrigo.
a.si.ne.ri.a [azinerˊia] *sf* 1 asneira, tolice. 2 *fig* grosseria, estupidez.
a.si.no [ˊazino] *sm* 1 *Zool* asno, burro. 2 *fig* ignorante, burro. **lavare il capo all'asino** jogar pérolas aos porcos.
a.sma [ˊazma] *sf Med* asma.

a.spa.ra.go [aspˊarago] *sm* aspargo.
a.sper.ge.re [aspˊɛrdʒere] *vt* 1 borrifar, espirrar. 2 *fig* regar, polvilhar.
a.spe.ri.tà [asperitˊa] *sf* 1 aspereza. 2 *fig* rigidez. 3 dificuldade, obstáculo.
a.spet.ta.re [aspettˊare] *vt+vi* 1 esperar, aguardar. *vi* 2 ganhar tempo, adiar.
a.spet.ta.ti.va [aspettatˊiva] *sf* 1 expectativa. 2 espera. 3 *fig* desejo, esperança, intenção.
a.spet.to [aspˊetto] *sm* 1 aspecto, aparência, físico, compleição. 2 espera. **in aspetto** à espera.
a.spi.ra.pol.ve.re [aspirapˊolvere] *sm* aspirador de pó.
a.spi.ra.re [aspirˊare] *vt* 1 aspirar, inspirar. *vi* 2 aspirar, desejar, cobiçar.
a.spi.ra.zio.ne [aspiratsˊjone] *sf* 1 aspiração. 2 *fig* desejo, sonho, ideal.
a.sprez.za [asprˊettsa] *sf* 1 aspereza, acidez. 2 *fig* dificuldade, rigor, dureza.
a.spro [ˊaspro] *agg* 1 áspero, azedo, amargo. 2 rude (caráter). 3 frio (tempo). 4 irregular (superfície). 5 acidentado (terreno).
as.sag.gia.re [assaddʒˊare] *vt* 1 provar, experimentar. 2 degustar.
as.sai [assˊaj] *agg* muitos, muitas, muito. • *avv* 1 muito. 2 bastante, suficientemente.
as.sa.li.re [assalˊire] *vt* 1 assaltar. 2 atacar, agredir. 3 ocupar, tomar posse. 4 *fig* insultar, provocar.
as.sal.ta.re [assaltˊare] *vt* 1 assaltar. 2 tomar de assalto, invadir fortaleza escalando os muros.
as.sal.to [assˊalto] *sm* assalto, ataque. **assalto a mano armata** assalto à mão armada.
as.sa.po.ra.re [assaporˊare] *vt* saborear, degustar.
as.sas.si.na.re [assassinˊare] *vt* 1 assassinar, matar. 2 *fig* arruinar, estragar.
as.sas.si.nio [assassˊinjo] *sm* assassinato, homicídio.

as.sas.si.no [assass´ino] *sm* assassino, homicida. • *agg* **1** assassino. **2** *fig* sedutor, irresistível (olhar).

as.se [´asse] *sf* **1** tábua, prancha. *sm* **2** *Mecc* eixo. **3** *Geogr* eixo terrestre. **4** *fig* centro.

as.se.con.da.re [assekond´are] *vt V secondare*.

as.se.dia.re [assed´jare] *vt* sitiar, assediar, cercar, isolar.

as.se.gna.re [asseñ´are] *vt* **1** entregar. **2** destinar. **3** encarregar. **4** determinar.

as.se.gno [ass´eño] *sm* **1** consignação. **2** renda. **assegno a vuoto** cheque sem fundos. **assegno bancario** cheque. **assegno sbarrato** cheque cruzado.

as.sem.ble.a [assembl´ɛa] *sf* assembleia, reunião.

as.sen.tar.si [assent´arsi] *vpr* ausentar--se, afastar-se, partir.

as.sen.te [ass´ɛnte] *agg* **1** ausente. **2** afastado, longínquo.

as.sen.za [ass´ɛntsa] *sf* **1** ausência. **2** falta.

as.se.rel.la [asser´ɛlla] *sf dim* ripa.

as.se.ri.re [asser´ire] *vt* afirmar, declarar, atestar.

as.ser.zio.ne [asserts´jone] *sf* afirmação, declaração.

as.ses.so.re [assess´ore] *sm* assessor.

as.se.sta.men.to [assestam´ento] *sm* ajuste, arranjo.

as.se.sta.re [assest´are] *vt* **1** consertar, corrigir, reparar. **2** *fig* acertar, dar (golpe).

as.se.ta.re [asset´are] *vt* **1** deixar sedento. **2** ter sede.

as.se.ta.to [asset´ato] *agg* **1** sedento. **2** árido, seco. **3** *fig* ambicioso, ávido.

as.si.cu.ra.re [assikur´are] *vt* **1** assegurar, garantir. **2** prender. **3** afirmar, declarar. *vpr* **4** assegurar-se, certificar--se, precaver-se.

as.si.cu.ra.zio.ne [assikurats´jone] *sf* **1** (anche *fig*) segurança, garantia. **2** afirmação, testemunho. **3** *Comm* seguro. **assicurazione sulla vita** seguro de vida. **assicurazioni sociali** seguro social.

as.si.duo [ass´idwo] *agg* **1** assíduo, constante. **2** fiel. **3** contínuo. **4** diligente.

as.sie.me [ass´jɛme] *sm* conjunto, complexo. • *avv* junto. **assieme a** junto com, na companhia de.

as.si.mi.la.re [assimil´are] *vt* **1** assimilar, absorver. **2** *fig* compreender. **3** comparar, confrontar.

as.si.sten.te [assist´ɛnte] *s+agg* assistente, auxiliar, ajudante.

as.si.sten.za [assist´ɛntsa] *sf* **1** assistência, apoio. **2** controle, vigilância. **3** caridade.

as.si.ste.re [ass´istere] *vt* **1** assistir, ajudar, auxiliar, apoiar, socorrer. **2** *fig* beneficiar, favorecer. *vi* **3** assistir, presenciar.

as.so [´asso] *sm* **1** ás. **2** *fig* ás, campeão, recordista. **3** coisa única no gênero.

as.so.cia.re [assotʃ´are] *vt* **1** associar, ligar. **2** acompanhar. *vpr* **3** aderir, afiliar--se. **4** associar-se, assinar (publicação).

as.so.cia.zio.ne [assotʃats´jone] *sf* **1** associação, aliança, liga. **2** sociedade. **3** consórcio, corporação. **4** círculo, grupo. **5** comunidade.

as.so.da.re [assod´are] *vt* **1** esclarecer, apurar, verificar. **2** endurecer, solidificar. *vpr* **3** endurecer-se, solidificar-se.

as.sol.da.re [assold´are] *vt* **1** alistar, recrutar. **2** pagar (salário).

as.so.lu.to [assol´uto] *agg* **1** absoluto, independente. **2** pleno, total. **3** indiscriminado. **4** máximo, supremo.

as.so.lu.zio.ne [assoluts´jone] *sf* **1** absolvição. **2** anistia, perdão, indulgência.

as.sol.ve.re [ass´ɔlvere] *vt* **1** absolver, perdoar. **2** executar, cumprir.

as.so.mi.glia.re [assomiλ´are] *vi* assemelhar-se, parecer, lembrar.

as.sor.ben.te [assorb´ɛnte] *sm+agg* absorvente. **assorbente igienico** absorvente higiênico.

as.sor.bi.re [assorb´ire] *vt* 1 absorver, impregnar-se de. 2 *fig* assimilar, compreender.

as.sor.da.re [assord´are] *vt* (anche *fig*) ensurdecer, atordoar, estontear, transtornar.

as.sor.ti.men.to [assortim´ento] *sm* sortimento, gama, série.

as.sor.ti.re [assort´ire] *vt* 1 sortir, abastecer. 2 escolher, separar, repartir.

as.sot.ti.glia.re [assottiλ´are] *vt* 1 afinar, afiar, aguçar. *vpr* 2 afinar-se, afiar-se. 3 *fig* emagrecer.

as.sue.fa.re [assweff´are] *vt* 1 acostumar, condicionar. *vpr* 2 acostumar-se.

as.su.me.re [ass´umere] *vt* 1 assumir. 2 assumir, encarregar-se de. 3 empregar, recrutar, dar trabalho a. *vpr* 4 assumir, encarregar-se de.

as.sun.to [ass´unto] *sm* 1 tese. 2 afirmação. 3 tarefa.

as.sur.di.tà [assurdit´a] *sf* 1 (anche *fig*) absurdo, incoerência. 2 *pop* besteira, asneira.

as.sur.do [ass´urdo] *sm* absurdo. • *agg* absurdo, contraditório.

a.sta [´asta] *sf* 1 leilão, licitação. 2 haste, bastão, barra. 3 dardo, lança. **asta pubblica** leilão. **aste degli occhiali** hastes dos óculos.

a.ste.mio [ast´ɛmjo] *agg* 1 abstêmio. 2 sóbrio.

a.ste.ner.si [asten´ersi] *vpr* 1 abster-se, evitar. 2 renunciar, desistir. 3 *Pol* abster-se, deixar de votar numa eleição.

a.ste.ri.sco [aster´isko] *sm* 1 asterisco. 2 *fig* anotação, nota, observação, lembrete.

a.stig.ma.ti.smo [astigmat´izmo] *sm* astigmatismo.

a.sti.nen.za [astin´entsa] *sf* 1 abstinência. 2 (anche *fig*) jejum. 3 renúncia.

a.stio [´astjo] *sm* 1 ódio, aversão. 2 inveja.

a.strar.re [astr´are] *vt* 1 separar, manter separado, distanciar, isolar. *vi* 2 abandonar, esquecer. *vpr* 3 distrair-se.

a.strat.to [astr´atto] *agg* 1 abstrato. 2 *fig* imaginário, utópico.

a.stra.zio.ne [astrats´jone] *sf* abstração, hipótese, utopia.

a.stro [´astro] *sm* 1 astro, estrela. 2 *fig* astro (de cinema).

a.stro.lo.gi.a [astrolodʒ´ia] *sf* astrologia.

a.stro.nau.ta [astron´awta] *s* astronauta.

a.stro.na.ve [astron´ave] *sf* astronave, nave espacial.

a.stro.no.mi.a [astronom´ia] *sf* astronomia.

a.stuc.cio [ast´uttʃo] *sm* 1 estojo. 2 caixa, caixinha.

a.stu.to [ast´uto] *agg* astuto, astucioso, esperto.

a.stu.zia [ast´utsja] *sf* astúcia, esperteza, malícia.

atelier [atel´jer] *sm fr* 1 ateliê. 2 alfaiataria. 3 estúdio (de artista plástico).

a.te.o [´ateo] *sm+agg* ateu.

a.tlan.te [atl´ante] *sm* atlas.

a.tlan.ti.co [atl´antiko] *agg* atlântico. • *sm* **Atlantico** oceano Atlântico.

a.tle.ta [atl´eta] *sm* atleta.

at.mo.sfe.ra [atmosf´ɛra] *sf* 1 atmosfera. 2 *fig* clima, ambiente.

a.to.mo [´atomo] *sm Fis, Chim* átomo.

a.to.no [´atono] *agg* 1 *Gramm* átono, não acentuado. 2 flácido. 3 monótono, uniforme.

a.tro.ce [atr´otʃe] *agg* 1 atroz, cruel, desumano, impiedoso. 2 terrível, horrível.

a.tro.fiz.za.re [atrofiddz´are] *vt* 1 atrofiar. *vpr* 2 atrofiar-se.

at.tac.ca.re [attakk´are] *vt* 1 unir, ligar, prender. 2 começar (uma ação). 3

attacco — attraversare

atacar, agredir. **4** contagiar, infectar. **5** pregar (botões etc.) *vi* **6** viver, crescer (plantas). *vpr* **7** arrumar um pretexto. **8** agarrar-se, apegar-se.

at.tac.co [att´akko] *sm* **1** ataque, agressão. **2** ligação. **3** parelha (de animais de carga). **4** início, princípio. **5** *Med* ataque, acesso. **6** *fig* crítica, reprovação.

at.tec.chi.re [atekk´ire] *vi* crescer, vingar, criar raízes, desenvolver-se.

at.teg.gia.men.to [atteddʒam´ento] *sm* **1** movimento, porte. **2** *fig* atitude, postura.

at.teg.giar.si [atteddʒ´arsi] *vpr* **1** simular, fingir-se de. **2** fazer papel de.

at.ten.dar.si [attend´arsi] *vpr* acampar.

at.ten.de.re [att´ɛndere] *vt* **1** esperar, ficar à espera, aguardar. **2** observar. **3** manter (promessa). *vi* **4** executar, dedicar-se a. **5** prestar atenção.

at.te.ne.re [atten´ere] *vi* **1** ter relação, dizer respeito. *vpr* **2** ater-se a, obedecer.

at.ten.ta.re [attent´are] *vi* atentar, ameaçar.

at.ten.ta.to [attent´ato] *sm* atentado.

at.ten.to [att´ento] *agg* **1** atento. **2** *fig* vigilante, cuidadoso, prudente.

at.te.nu.a.re [attenu´are] *vt* **1** atenuar, diminuir. **2** acalmar, abrandar. **3** abaixar (som).

at.ten.zio.ne [attents´jone] *sf* **1** atenção, dedicação, interesse. **2** cuidado, cautela. **3** *fig* gentileza, cortesia.

at.ter.rag.gio [atter´addʒo] *sf* aterragem.

at.ter.ra.re [atteř´are] *vi* pousar, aterrar.

at.ter.ri.re [atteř´ire] *vt* aterrorizar, assustar.

at.te.sa [att´eza] *sf* **1** espera. **2** *fig* expectativa, esperança. **3** pausa, suspensão, parada. **in attesa di** à espera de.

at.te.sta.re [attest´are] *vt* **1** atestar. **2** afirmar, assegurar, garantir, testemunhar.

at.te.sta.to [attest´ato] *sm* **1** atestado, certificado, declaração. **2** *fig* aval, garantia.

at.til.la.tez.za [attilat´ettsa] *sf* elegância, discrição (no vestir).

at.til.la.to [attill´ato] *agg* elegante, bem-vestido, de boa aparência.

at.tin.ge.re [att´indʒere] *vt* **1** puxar, tirar. **2** conseguir, obter. **3** atingir, alcançar, tocar.

at.ti.ra.re [attir´are] *vt* (anche *fig*) atrair, seduzir, enfeitiçar.

at.ti.tu.di.ne [attit´udine] *sf* **1** atitude, comportamento. **2** tendência, predisposição, inclinação, propensão.

at.ti.va.re [attiv´are] *vt* ativar, fazer funcionar.

at.ti.vi.tà [attivit´a] *sf* **1** atividade, função, emprego, trabalho. **2** energia, fervor.

at.ti.vo [att´ivo] *sm Comm* ativo. • *agg* ativo, eficaz, eficiente.

at.tiz.za.re [attitts´are] *vt* atiçar, provocar.

at.to [´atto] *sm* **1** ato. **2** ação, gesto. **3** ato, quadro, parte de uma peça. **4** documento, atestado, contrato. **5** *fig* episódio, fase. **6 atti** *pl* autos, processo, conjunto de documentos legais. • *agg* apto, pronto.

at.to.ni.to [att´ɔnito] *agg* (anche *fig*) atônito, surpreso.

at.to.re [att´ore] *sm* **1** ator, artista. **2** *fig* hipócrita.

at.tor.no [att´orno] *avv* em torno, ao redor, na vizinhança, próximo. **attorno a** em volta de, ao redor de, perto de.

at.tos.si.ca.re [attossik´are] *vt* intoxicar, envenenar.

at.tra.en.te [attra´ɛnte] *agg* **1** atraente, sedutor. **2** belo, gracioso.

at.trar.re [attr´aře] *vt* **1** atrair. **2** *fig* fascinar, seduzir, tentar.

at.tra.ver.sa.re [attravers´are] *vt* **1** atravessar, transpassar. **2** *fig* passar por, experimentar.

at.tra.ver.so [attrav´ɛrso] *avv* transversalmente, de lado a lado. • *prep* através de, por meio de.

at.tra.zio.ne [attrats´jone] *sf* **1** (anche *fig*) atração, magnetismo. **2** fascinação, sedução. **3** *Teat* atração, número.

at.trez.zo [attr´ettso] *sm* **1** utensílio, instrumento. **2 attrezzi** *pl* adereços, decoração.

at.tri.bu.i.re [attribu´ire] *vt* **1** atribuir, conferir. **2** encarregar de. *vpr* **3** atribuir-se.

at.tri.bu.to [attrib´uto] *sm* **1** atributo. **2** (anche *fig*) título.

at.tri.ce [attr´itʃe] *sf* atriz.

at.tri.to [attr´ito] *sm* **1** atrito. **2** *fig* rixa.

at.tu.a.le [attu´ale] *agg* **1** atual, presente. **2** *fig* de hoje, moderno, da moda.

at.tu.a.re [attu´are] *vt* atuar, efetuar, realizar.

au.da.ce [awd´atʃe] *agg* **1** audacioso. **2** atrevido. **3** corajoso. **4** petulante, insolente.

au.da.cia [awd´atʃa] *sf* **1** audácia. **2** ousadia. **3** coragem.

au.di.to.rio [awdit´orjo] *sm* auditório.

au.ge [´awdʒe] *sm* **1** *Astron* apogeu. **2** *fig* auge, ponto culminante.

au.gu.ra.re [awgur´are] *vt* **1** predizer, profetizar. **2** desejar (a outra pessoa), fazer votos de.

au.gu.rio [awg´urjo] *sm* **1** voto, desejo. **2** presságio, agouro. **tanti auguri!** boa sorte! parabéns!

au.la [´awla] *sf* **1** auditório, salão. **2** classe (de escola). **3** corte, salão real.

au.men.ta.re [awment´are] *vt+vi* **1** aumentar, crescer. **2** elevar (altura). **3** acelerar. **4** alastrar-se (epidemia). **5** subir (temperatura). **6** expandir, alargar. **7** acumular (riqueza). **8** amplificar, aumentar (som).

au.men.ta.ti.vo [awmentat´ivo] *agg* aumentativo.

au.men.to [awm´ento] *sm* aumento, crescimento.

au.ra [´awra] *sf* **1** aura. **2** *Poet* brisa.

au.re.o.la [awr´ɛola] *sf* auréola.

au.ro.ra [awr´ora] *sf* **1** aurora, alvorada. **2** *fig* início, origem.

au.si.lia.re [awzil´jare] *s+agg* auxiliar.

au.si.lio [awz´iljo] *sm* auxílio, ajuda, apoio.

au.spi.cio [awsp´itʃo] *sm* **1** agouro, presságio. **2 auspici** *pl* auspícios, apoio, favores.

au.ste.ro [awst´ɛro] *agg* **1** austero, severo. **2** sério, solene. **3** rígido.

au.tar.chi.a [awtark´ia] *sf* autarquia, entidade autônoma.

au.ten.ti.ca.re [awtentik´are] *vt* autenticar, legalizar, reconhecer como verdadeiro.

au.ten.ti.co [awt´entiko] *agg* **1** autêntico, verídico, verdadeiro, real. **2** original.

au.ti.sta [awt´ista] *s* motorista. **autista di piazza** motorista de táxi, chofer de praça.

au.to [´awto] *sf abbrev V automobile*.

au.to.bus [´awtobus] *sm* ônibus.

au.to.car.ro [awtok´aro] *sm* caminhão.

au.to.di.dat.ta [awtodid´atta] *s+agg* autodidata.

au.to.dro.mo [awt´ɔdromo] *sm* autódromo, circuito, pista.

au.to.gra.fo [awt´ɔgrafo] *sm* autógrafo. • *agg* autêntico, original.

au.to.let.ti.ga [awtolett´iga] *sf* ambulância.

au.to.ma.ti.co [awtom´atiko] *agg* automático, automatizado.

au.to.mo.bi.le [awtom´obile] *sf* automóvel, carro. **automobile da corsa** carro de corrida. *Abbrev:* auto.

au.to.no.mo [awt´ɔnomo] *agg* autônomo, independente, livre.

au.to.psi.a [awtops´ia] *sf Med* autópsia.

au.to.re [awt´ore] *sm* **1** autor. **2** *fig* criador, inventor, pai. **3** artista, escritor.

au.to.re.vo.le [awtor´evole] *agg* **1** importante, influente. **2** competente.
au.to.ri.mes.sa [awtorim´essa] *sf* garagem.
au.to.ri.tà [awtorit´a] *sf* **1** autoridade. **2** (*anche fig*) domínio, influência. **3** poder, prestígio. **4** tirania.
au.to.ri.ta.rio [awtorit´arjo] *agg* **1** autoritário. **2** *fig* prepotente, tirânico.
au.to.riz.za.re [awtoriddz´are] *vt* autorizar, permitir, consentir, aprovar.
au.to.stra.da [awtostr´ada] *sf* rodovia, estrada de rodagem.
au.to.tre.no [awtotr´εno] *sm* caminhão com reboque.
au.tun.no [awt´unno] *sm* outono. **in autunno** no outono.
a.va [´ava] *sf* avó.
a.val.la.re [avall´are] *vt* **1** avalizar, endossar. **2** *fig* garantir.
a.val.lo [av´allo] *sm* **1** aval. **2** *fig* garantia, aprovação, confirmação.
a.vam.brac.cio [avambr´att∫o] *sm Anat* antebraço.
a.van.guar.dia [avang´wardja] *sf* **1** *Arte* vanguarda. **2** *Mil* vanguarda, dianteira.
a.van.ti [av´anti] *avv* **1** avante, adiante, em frente, defronte. **2** antes. *andare avanti / ir* avante, avançar. **2** antes. • *prep* **1** em frente de, à frente de, diante de, defronte a. *avanti il suo proprio tempo* / à frente de seu próprio tempo. **2** antes de. *avanti il mio arrivo* / antes de minha chegada. • *int* avante! **avanti che** antes que, primeiro que.
a.van.tie.ri [avant´jeri] *avv* anteontem, antes de ontem.
a.van.za.men.to [avantsam´ento] *sm* avanço, progresso.
a.van.za.re [avants´are] *vt* **1** ter crédito com, ser credor de. **2** ter um pedido a fazer, alegar. *vi* **3** avançar, progredir. **4** sobrar, restar.
a.van.za.to [avants´ato] *agg* **1** idoso, ancião. **2** excedente. **3** avançado na idade. **4** avançado, de ponta. **5** (*anche fig*) avançado.
a.van.zo [av´antso] *sm* **1** resto, sobra. **2** resíduo. **3** *avanzi pl Archeol* ruínas, vestígios. **avanzi mortali** restos mortais. **d'avanzo** de sobra.
a.va.ri.a [avar´ia] *sf* avaria, defeito, dano.
a.va.ri.zia [avar´itsja] *sf* avareza.
a.va.ro [av´aro] *sm+agg* **1** avarento, sovina. **2** *fig* egoísta, mesquinho.
a.ve [´ave] *int* ave! salve!
a.vel.la.na [avell´ana] *sf* avelã.
a.ve.na [av´ena] *sf Bot* aveia.
a.ve.re [av´ere] *sm* (usado no plural **averi**) bens, patrimônio, posses, capital. • *vt+vaus* **1** ter, possuir. **2** conseguir, obter. **3** ganhar, receber. **4** haver, dever, ter de. **avere con sé** trazer consigo. **avere da fare** a) ter o que fazer. b) haver de fazer.
a.via.zio.ne [avjats´jone] *sf* aviação.
a.vi.di.tà [avidit´a] *sf* **1** avidez. **2** *fig* cobiça, ânsia. **3** fome, gula, sede.
a.vi.do [´avido] *agg* ávido, ambicioso, ansioso.
a.vo [´avo] *sm* avô.
a.vo.la [´avola] *sf* avó.
a.vo.lo [´avolo] *sm* avô.
a.vo.rio [av´ɔrjo] *sm* marfim.
a.vul.so [av´ulso] *agg* avulso.
av.va.lo.ra.re [avvalor´are] *vt* dar valor a, creditar, confirmar, autenticar.
av.van.tag.gia.re [avvantadd3´are] *vt* **1** dar vantagem, favorecer. *vpr* **2** tirar vantagem, aproveitar, usufruir de.
av.van.tag.gio [avvant´add3o] *sm* vantagem.
av.ve.der.si [avved´ersi] *vpr* **1** perceber, reparar, dar-se conta. **2** compreender.
av.ve.du.to [avved´uto] *agg* esperto, atento, prudente, sagaz.
av.ve.le.na.men.to [avvelenam´ento] *sm* envenenamento.

avvelenare — avvolgere

av.ve.le.na.re [avvelen´are] *vt* **1** envenenar, intoxicar. *fig* **2** contagiar. **3** corromper.

av.ve.ni.men.to [avvenim´ento] *sm* **1** acontecimento, ocorrência, caso. **2** incidente, acidente.

av.ve.ni.re [avven´ire] *sm* o futuro, o amanhã. • *vi* acontecer, ocorrer, ter lugar.

av.ven.ta.re [avvent´are] *vt* **1** lançar, jogar (um olhar). **2** arriscar. *vpr* **3** lançar-se, jogar-se. **4** agredir, atacar.

av.ven.ta.to [avvent´ato] *agg* **1** impensado, apressado. **2** imprudente. **3** arrojado.

av.ven.ti.zio [avvent´itsjo] *sm* temporário, empregado temporário. • *agg* **1** temporário, provisório, momentâneo. **2** casual.

av.ven.tu.ra [avvent´ura] *sf* **1** aventura, episódio, caso, evento. **2** imprevisto. **per avventura** por acaso.

av.ven.tu.rar.si [avventur´arsi] *vpr* **1** aventurar-se, arriscar-se, ousar. *fig* **2** avançar, ir adiante.

av.ven.tu.rie.re [avventur´jɛre] *sm* aventureiro.

av.ver.bio [avv´ɛrbjo] *sm Gramm* advérbio.

av.ver.sa.rio [avvers´arjo] *sm*+*agg* **1** adversário, inimigo. **2** rival.

av.ver.sio.ne [avvers´jone] *sf* aversão, antipatia.

av.ver.si.tà [avversit´a] *sf* **1** adversidade, azar. **2** (anche *fig*) desastre, calamidade.

av.ver.so [avv´ɛrso] *agg* adverso, contrário, hostil.

av.ver.ten.za [avvert´entsa] *sf* **1** advertência, instrução, conselho. **2** cuidado, atenção, cautela.

av.ver.ti.men.to [avvertim´ento] *sm* **1** advertência, aviso, instrução, conselho. **2** *fig* sinal, presságio.

av.ver.ti.re [avvert´ire] *vt* **1** advertir, avisar. **2** repreender. **3** ameaçar. **4** informar, fazer saber. **5** aconselhar, sugerir. **6** *fig* perceber, aperceber-se, pressentir. **7** compreender, entender.

av.vez.za.re [avvetts´are] *vt* **1** acostumar. **2** viciar.

av.via.men.to [avvjam´ento] *sm* **1** começo, princípio. **2** instrução. **3** partida, ligação (de motor).

av.vi.a.re [avvi´are] *vt* **1** ligar, fazer funcionar. **2** concretizar, criar, dar início. **3** *fig* encaminhar, endereçar. **4** começar, iniciar.

av.vi.ci.na.re [avvitʃin´are] *vt* **1** aproximar. **2** *fig* fazer amizade com. **3** comparar. *vpr* **4** aproximar-se, avizinhar-se. **5** *fig* chegar, vir. **6** parecer, lembrar.

av.vi.li.men.to [avvilim´ento] *sm* humilhação, depressão, abatimento.

av.vi.li.re [avvil´ire] *vt* desmoralizar, humilhar, deprimir, abater.

av.vi.lup.pa.re [avvilupp´are] *vt* **1** envolver, enrolar. **2** confundir. **3** *pop* embrulhar.

av.vi.o [avv´io] *sm* começo, início.

av.vi.sa.re [avviz´are] *vt* **1** avisar, advertir, prevenir. **2** anunciar, comunicar, informar. **3** ameaçar.

av.vi.so [avv´izo] *sm* **1** aviso, anúncio. **2** opinião, julgamento. **3** repreensão, censura. **4** ameaça. **5** sinal.

av.vi.sta.re [avvist´are] *vt* **1** avistar, ver. **2** avaliar.

av.vi.va.re [avviv´are] *vt* animar, avivar.

av.viz.zi.re [avvitts´ire] *vi* **1** murchar, ficar murcho. **2** *fig* envelhecer.

av.vo.ca.tes.sa [avvokat´essa] *sf* advogada.

av.vo.ca.to [avvok´ato] *sm* **1** advogado. **2** *fig* protetor. **avvocato difensore** advogado de defesa.

av.vo.ca.tu.ra [avvokat´ura] *sf* advocacia.

av.vol.ge.re [avv´ɔldʒere] *vt* **1** envolver,

avvoltoio   31   **azzurro**

enrolar. **2** enfaixar, embrulhar, empacotar. **3** (anche *fig*) cobrir, encobrir. **4** cercar, rodear. *vpr* **5** envolver-se, enrolar-se. **6** envolver-se, meter-se.
av.vol.to.io [avvolt´ojo] *sm* **1** abutre. **2** *fig* agiota.
a.zien.da [adz´jɛnda] *sf* negócio, empresa, firma.
a.zio.na.re [atsjon´are] *vt* acionar, ligar.
a.zio.ne [ats´jone] *sf* **1** ação, ato, movimento. **2** *Comm* ação.

a.zio.ni.sta [atsjon´ista] *s+agg* acionista.
az.zar.da.re [addzard´are] *vt* **1** arriscar. *vpr* **2** arriscar-se.
az.zar.do [addz´ardo] *sm* risco, perigo.
az.zar.do.so [addzard´ozo] *agg* arriscado, perigoso.
az.zop.pi.re [attsopp´ire] *vt* **1** aleijar. *vi+vpr* **2** ficar aleijado.
az.zur.ro [addz´uro] *sm+agg* azul, azul-claro.

b

b [b´i] *sf* a segunda letra do alfabeto italiano.
bab.be.o [babb´ɛo] *sm+agg* **1** tolo, bobo, idiota. **2** simplório, ingênuo.
bab.bo [b´abbo] *sm fam* papai. **Babbo Natale** Papai Noel.
bab.buc.cia [babb´uttʃa] *sf* chinelo, pantufa.
ba.bor.do [bab´ordo] *sm Naut* bombordo.
bac.ca.là [bakkal´a] *sm* **1** bacalhau (seco e salgado). **2** *fig* tolo, tonto, idiota, imbecil.
bac.ca.no [bakk´ano] *sm* **1** algazarra. **2** *pop* mercado de peixe.
bac.cel.lie.re [battʃell´jɛre] *sm* bacharel.
bac.cel.lo [battʃ´ɛllo] *sm* legume, vagem de leguminosa, fava.
bac.chet.ta [bakk´etta] *sf* **1** vara, varinha. **2** cabo do chicote. **bacchetta direttoriale** *Mus* batuta de maestro. **bacchetta magica** varinha de condão, varinha mágica.
ba.cia.pi.le [batʃap´ile] *s disp* beato, carola.
ba.cia.re [batʃ´are] *vt* **1** beijar. *vpr* **2** beijar-se.
ba.ci.no [batʃ´ino] *sm* (anche *Geogr, Anat*) bacia.
ba.cio [b´atʃo] *sm* beijo.
ba.co [b´ako] *sm Zool* **1** lagarta, larva. **2** verme. **baco da seta** bicho-da-seda.
ba.da.re [bad´are] *vt* **1** cuidar. **2** vigiar, guardar. *vi* **3** ter cuidado, tomar cuidado. **4** cuidar de, ser responsável, responder por. **5** *fig* prestar atenção, considerar. **badare ai fatti propri** cuidar da própria vida. **badate!** atenção! cuidado!
baf.fo [b´affo] *sm* (mais usado no plural) bigode. **ridere sotto i baffi** rir consigo mesmo.
ba.ga.glia.io [bagaʎ´ajo] *sm* **1** bagageiro, carro do trem para bagagens. **2** *Autom* porta-malas, mala do carro.
ba.ga.glio [bag´aʎo] *sm* **1** bagagem, malas. **2** *fig* conhecimentos, cultura. **3** carga, fardo, peso.
ba.ga.scia [bag´aʃa] *sf* **1** prostituta, meretriz. **2** *ger* galinha. **3** *volg* puta.
ba.gat.tel.la [bagatt´ella] *sf* bagatela, ninharia, mixaria.
ba.glio.re [baʎ´ore] *sm* brilho, clarão.
ba.gna.re [baɲ´are] *vt* **1** banhar. **2** molhar. **3** inundar. **4** embeber, ensopar. *vpr* **5** banhar-se. **6** molhar-se.
ba.gno [b´aɲo] *sm* **1** banho. **2** banheiro. **3** banheira. **bagno al mare** banho de mar. **fare bagno / prendere un bagno** tomar banho.
ba.gno.ma.ri.a [baɲomar´ia] *sm* banho--maria.
ba.gor.do [bag´ordo] *sm* (mais usado no plural **bagordi**) **1** orgia, bacanal. **2** *fig* depravação.
ba.ia [b´aja] *sf* **1** zombaria, gozação, brincadeira. **2** *Geogr* baía, golfo.

bal.bet.ta.re [balbett´are] *vt* **1** balbuciar. *vi* **2** gaguejar.

bal.bu.zien.te [balbuts´jεnte] *s+agg* gago.

bal.co.na.ta [balkon´ata] *sf* **1** varanda. **2** *Teat* galeria, poleiro.

bal.co.ne [balk´one] *sm Archit* balcão, terraço, sacada, varanda.

bal.do [b´aldo] *agg* **1** audacioso, corajoso, ousado, bravo. **2** forte, potente.

ba.le.na [bal´ena] *sf* baleia.

ba.le.na.re [balen´are] *vi* **1** relampejar, lampejar. **2** brilhar, resplandecer. **3** *fig* aparecer.

ba.le.no [bal´eno] *sm* **1** relâmpago. **2** *fig* instante, piscar de olhos.

ba.li.a [bal´ia] *sf* autoridade, poder, domínio.

ba.lia [b´alja] *sf* **balia asciutta** babá.

bal.la [b´alla] *sf* fardo, trouxa.

bal.la.re [ball´are] *vi* **1** dançar, bailar. **2** ser muito largo, ficar folgado (calçado, roupa). **3** *fig* agitar-se, saltar.

bal.le.ri.na [baller´ina] *sf* bailarina, dançarina.

bal.let.to [ball´etto] *sm* balé.

bal.lo [b´allo] *sm* dança, baile. **ballo in maschera** baile à fantasia.

bal.ne.a.re [balne´are] *agg* balneário.

ba.lor.do [bal´ordo] *sm+agg* bobo, tolo. • *agg fig* doido, instável.

bal.sa.mo [b´alsamo] *sm* **1** bálsamo. **2** *fig* conforto, alívio, consolo.

bal.ta [b´alta] *sf* impulso, empurrão. **dare balta** a) capotar (carro). b) *Med* regredir (doença).

bal.za [b´altsa] *sf* **1** barranco, declive. **2** precipício. **3** enfeite, adorno de tecido.

bal.za.re [balts´are] *vi* **1** saltar, pular. **2** desmontar, descer.

bal.zel.la.re [baltsell´are] *vi* saltitar, andar aos pulinhos.

bal.zo [b´altso] *sm* salto, pulo.

bam.bi.na.ia [bambin´aja] *sf* babá.

bam.bi.na.ta [bambin´ata] *sf* criancice.

bam.bi.no [bamb´ino] *sm* (*f* **bambina**) **1** menino, criança do sexo masculino. **2** bebê, nenê.

bam.bo.la [b´ambola] *sf* **1** boneca. **2** *fig* moça bonita.

bam.bù [bamb´u] *sm* bambu.

ba.na.le [ban´ale] *agg* **1** banal, comum, trivial. **2** insosso, sem graça.

ba.na.na [ban´ana] *sf* banana.

ba.na.no [ban´ano] *sm* bananeira.

ban.ca [b´anka] *sf* **1** *Comm* banco, assento.

ban.chet.to [bank´etto] *sm* banquete.

ban.chie.re [bank´jere] *sm* banqueiro.

ban.chi.na [bank´ina] *sf* **1** calçada. **2** acostamento (de estrada). **3** cais. **4** borda, margem.

ban.co [b´anko] *sm* **1** banca de jogo. **2** banca, mesa. **3** banco, assento. **4** banco de areia. **5** balcão de loja.

ban.da [b´anda] *sf* **1** lado, parte lateral. **2** *Mus* banda, conjunto musical. **3** bando, quadrilha. **4** faixa de tecido. **5** *Mil* companhia (de soldados). **6** *fig* ambiente. **7** grupo. **da banda** à parte, de lado.

ban.die.ra [band´jera] *sf* **1** bandeira, estandarte. **2** *fig* ideal, símbolo, lema.

ban.di.re [band´ire] *vt* **1** banir, exilar, confinar. **2** anunciar, convocar.

ban.di.to [band´ito] *sm* bandido, malfeitor. • *agg* banido.

ban.do [b´ando] *sm* **1** decreto. **2** banimento, exílio.

bar [b´ar] *sm* bar, botequim.

ba.ra [b´ara] *sf* caixão, ataúde.

ba.rac.ca [bar´akka] *sf* **1** barraca, cabana. **2** casebre. **3** *fig ger* loja, negócio.

ba.ra.on.da [bara´onda] *sf* confusão, bagunça, caos.

ba.rat.tie.re [baratt´jere] *sm* **1** vendedor ambulante. **2** trapaceiro.

bar.ba [b´arba] *sf* **1** barba. **2** *ger* chateação, aborrecimento.

bar.ba.bie.to.la [barbab´jεtola] *sf* beterraba.

bar.ba.gian.ni [barbadʒ´anni] *sm* 1 *Zool* mocho. 2 *fig* tolo.
bar.ba.re.sco [barbar´esko] *agg* bárbaro, barbaresco.
bar.ba.ro [b´arbaro] *sm+agg* 1 bárbaro. 2 selvagem, inculto. 3 *fig* cruel, desumano, bestial.
bar.bie.re [barbj´ɛre] *sm* barbeiro.
bar.bie.ri.a [barbjer´ia] *sf* barbearia, salão de barbeiro.
bar.bo.ne [barb´one] *sm* 1 barbudo. 2 *fig* mendigo, pedinte.
bar.ca [b´arka] *sf* 1 barco, barca, embarcação. 2 *fig* negócio, loja, trabalho. 3 *ger* um monte. **barca a vela** barco a vela.
bar.col.la.men.to [barkollam´ento] *sm* 1 balanço. 2 vacilação, hesitação.
bar.col.la.re [barkoll´are] *vi* 1 balançar, ondular, oscilar, tremer. 2 vacilar.
bar.da.re [bard´are] *vt* 1 selar (montaria). 2 *fig* enfeitar, adornar.
bar.dà.tu.ra [bardat´ura] *sf* arreio.
bar.rel.la [bar´ella] *sf* padiola.
bar.ri.le [bar´ile] *sm* barril, pipa, tonel.
bar.ri.sta [bar´ista] *s* balconista de bar, garçom.
ba.ri.to.no [bar´itono] *sm Mus* barítono.
bar.lac.cio [barl´attʃo] *agg* podre, choco (ovo).
ba.ro.ne [bar´one] *sm* 1 barão. 2 *fig* patife, velhaco.
ba.ro.nes.sa [baron´essa] *sf* baronesa.
bar.ra [b´ara] *sf* 1 barra. 2 tranca. 3 estaca, travessão de madeira.
bar.ra.re [bar´are] *vt* 1 barrar. 2 cancelar. 3 bloquear.
bar.rie.ra [bar´jera] *sf* 1 barreira. 2 alfândega.
bar.zel.let.ta [bardzell´etta] *sf* 1 gracejo, graça. 2 piada.
ba.sa.men.to [bazam´ento] *sm* 1 base, apoio. 2 pedestal. 3 perna, pé (de objetos).
ba.sa.re [baz´are] *vt* 1 basear. 2 firmar, apoiar, construir. *vpr* 3 basear-se, apoiar-se.
ba.se [b´aze] *sf* 1 base, apoio, suporte. 2 perna, pé (de objetos). 3 *Mil* base militar. 4 as bases, as massas. 5 *fig* fonte, origem, início. 6 fundamento.
ba.set.te [baz´ette] *sf pl* costeletas.
ba.si.co [b´aziko] *agg* 1 básico. 2 fundamental.
ba.si.li.co [baz´iliko] *sm Bot* manjericão.
bas.si.fon.di [basif´ondi] *sm pl* 1 ralé. 2 *fig* cortiço, favela.
bas.so [b´asso] *sm* 1 baixo, parte mais baixa. 2 *Mus* baixo (cantor e instrumento). • *agg* 1 baixo, pequeno. 2 baixo, mais recente (período de tempo). 3 vil, indecente. 4 baixo, grave, profundo. *suono basso* / som baixo. • *avv* baixo.
ba.star.do [bast´ardo] *sm+agg* 1 bastardo, ilegítimo. 2 *fig* híbrido, cruzado (animal).
ba.sta.re [bast´are] *vi* 1 bastar, ser suficiente. 2 manter-se, durar. • *int* chega!
ba.sti.men.to [bastim´ento] *sm* embarcação, navio, barco.
ba.sto.na.re [baston´are] *vt* (anche *fig*) bater, espancar.
ba.sto.na.ta [baston´ata] *sf* (anche *fig*) pancada, batida, paulada.
ba.sto.ne [bast´one] *sm* 1 bastão. 2 pau, certo tipo de arma. 3 cabo de vassoura. 4 *fig* amparo. **5 bastoni** *sm pl* paus (naipe de cartas). **bastone da passeggio** bengala. **bastone da pollaio** poleiro. **bastone di pane** filão de pão.
ba.ta.ta [bat´ata] *sf* batata-doce.
bat.ta.glia [batt´aʎa] *sf* 1 batalha, combate, luta. 2 empenho, esforço para conseguir algo. 3 *fig* conflito, rixa. 4 controvérsia.
bat.ta.glio [batt´aʎo] *sm* badalo.
bat.ta.glio.ne [battaʎ´one] *sm Mil* batalhão.

bat.ten.te [batt´ɛnte] *sm* **1** batente. **2** caixilho de janela.
bat.te.re [b´attere] *vt* **1** bater, golpear. **2** bater, vencer. **3** frequentar um local. **4** explorar, inspecionar. **5** cunhar (moeda). *vi* **6** bater, dar um golpe. **7** soar, tocar (relógio). **8** bater (ritmo). *vpr* **9** bater-se, lutar, duelar. **battere alla porta** bater à porta. **battersi la fronte** quebrar a cara. **in un battere d'occhio** num piscar de olhos.
bat.te.ri.a[1] [batter´ia] *sf Elett* **1** bateria, pilha, gerador. **2** *Mil* bateria, unidade de tiro. **3** *Mus* bateria, percussão. **4** *fig* conjunto de objetos.
bat.te.ria[2] [batt´ɛrja] *sf Biol* **1** bactéria. **2** germe.
bat.te.si.mo [batt´ezimo] *sm* batismo.
bat.tez.za.re [batteddz´are] *vt* **1** batizar, chamar. **2** iniciar, começar. **3** diluir, aguar.
bat.ti.bec.co [battib´ekko] *sm* **1** discussão, debate. **2** disputa, litígio. **3** *pop* bate-boca.
bat.tu.ta [batt´uta] *sf* **1** batida, golpe. **2** *Cin, Teat* fala. **3** batida policial. **4** *Mus* compasso. **5** *fig* piada, brincadeira. **6** gracejo. **7** ritmo. **in due battute** em três tempos.
ba.u.le [ba´ule] *sm* baú, cofre, arca.
ba.va [b´ava] *sf* baba.
ba.va.glio [bav´aλo] *sm* **1** babador. **2** mordaça.
ba.zar [badz´ar] *sm* bazar, mercado.
baz.ze.co.la [baddz´ekola] *sf* bagatela, ninharia, quinquilharia.
be.a.to [be´ato] *sm Rel* beato. • *agg* **1** beato. **2** feliz, avençado, afortunado. **3** contente, satisfeito, sereno. **beato te!** sorte tua!
be.bè [beb´ɛ] *s* bebê, nenê.
bec.ca.mor.ti [bekkam´ɔrti] *sm* coveiro.
bec.ca.re [bekk´are] *vt* **1** bicar. **2** picar. **3** pegar em flagrante. **4** receber. **5** *fig* beliscar.

bec.ca.tura [bekkat´ura] *sf* **1** bicada. **2** picada.
bec.co [b´ekko] *sm* **1** bico (de aves). **2** bode, macho da cabra. **3** *fig* bico, boca.
bef.fa [b´ɛffa] *sf* zombaria, gozação.
bef.fa.re [beff´are] *vt* **1** gozar de, zombar. *vpr* **2** zombar de. **3** não ligar, não se importar. **4** *pop* não dar a mínima.
bel.la [b´ɛlla] *sf* **1** mulher bonita. **2** prova final, apresentação definitiva de um trabalho. **3** *fam* querida. **4** *fig* anjo, fada. **5** namorada, noiva.
bel.let.to [bell´etto] *sm* cosmético, maquiagem.
bel.lez.za [bell´ettsa] *sf* **1** beleza. **2** *fig* graça, leveza. **3** harmonia, equilíbrio. **istituto di bellezza** salão de beleza.
bel.li.co [b´elliko] *agg* bélico, guerreiro, militar.
bel.lo [b´ello] *sm* **1** homem bonito. **2** *fam* querido. • *agg* **1** belo, bonito, lindo. **2** gracioso, harmônico. **3** claro, bom. **bel tempo / tempo bom. bello!** *iron* muito bonito!
bel.tà [belt´a] *sf Poet* beleza. **2** beldade, mulher bonita.
bel.va [b´ɛlva] *sf* **1** fera. **2** *fig* selvagem, animal, pessoa cruel.
bel.ve.de.re [belv´edere] *sm* terraço.
be.nar.ri.va.to [benaṝiv´ato] *agg* bem-vindo. **dare il benarrivato ad uno** dar as boas-vindas a alguém.
ben.ché [benk´e] *cong* se bem que, apesar de que, a despeito de, ainda que.
ben.da [b´ɛnda] *sf* **1** tira, faixa. **2** *Med* atadura, gaze.
ben.da.re [bend´are] *vt* enfaixar, pôr atadura.
be.ne [b´ɛne] *sm* **1** o bem. **2** **beni** *pl* bens, posses, propriedades. • *avv* **1** bem, corretamente, perfeitamente. **2** muito.
be.ne.di.re [bened´ire] *vt* **1** benzer, abençoar, dar a bênção. **2** bendizer. **3** consagrar.

benedizione 36 **bidello**

be.ne.di.zio.ne [benedits´jone] *sf* 1 bênção. 2 *fig* salvação, sorte. 3 presente. 4 graça.
be.ne.fat.to.re [benefatt´ore] *sm* benfeitor.
be.ne.fi.ca.re [benefik´are] *vt* 1 beneficiar, favorecer. 2 ajudar, auxiliar. 3 *pop* dar uma mão.
be.ne.fi.cio [benef´itʃo] *sm* 1 benefício, favor. 2 *fig* ganho, vantagem, interesse.
be.ne.fi.co [ben´εfiko] *agg* 1 benéfico. 2 benigno, positivo, vantajoso. 3 *fig* generoso.
be.nes.se.re [ben´essere] *sm* 1 bem-estar, saúde. 2 conforto. 3 alegria, satisfação. 4 riqueza.
be.ne.vo.len.za [benevol´εntsa] *sf* 1 benevolência, inclinação ao bem. 2 compreensão. 3 estima, simpatia.
be.ne.vo.lo [ben´εvolo] *agg* 1 benévolo, bondoso. 2 amigável, disposto.
ben.fat.to [benf´atto] *agg* 1 benfeito. 2 *fig* bom.
be.ni.gno [ben´iño] *agg* 1 benigno, benévolo, bom. 2 *Med* benigno.
ben.ve.nu.to [benven´uto] *sm* 1 boas-vindas, *fig* saudação. • *agg* bem-vindo.
ben.zi.na [bendz´ina] *sf* 1 benzina. 2 gasolina.
be.o.ne [be´one] *sm* 1 beberrão, bêbado. 2 alcoólatra.
ber.cia.re [bertʃ´are] *vi* 1 gritar, berrar. 2 falar demais.
ber.cio [b´ertʃo] *sm* grito, berro.
be.re [b´ere] *vt* 1 beber, tomar. 2 queimar, consumir combustível. 3 *fig* escutar, acreditar. 4 absorver.
ber.ga.mot.ta [bergam´ɔtta] *sf* mexerica, tangerina.
ber.ret.to [ber´etto] *sm* chapéu, boné.
ber.sa.glia.re [bersaλ´are] *vt* 1 alvejar, mirar. 2 *fig* perseguir, perturbar.
ber.sa.glio [bers´aλo] *sm* 1 alvo. 2 *fig* meta, objetivo.

be.stem.mia [best´emmja] *sf* 1 blasfêmia, heresia. 2 asneira, absurdo. 3 *pop* burrada. 4 *fig* maldição.
be.stem.mia.re [bestemm´jare] *vt* 1 amaldiçoar, maldizer. *vi* 2 blasfemar. 3 praguejar. 4 *fig* dizer besteiras.
be.stia [b´estja] *sf* 1 besta, animal, fera. 2 *fig* asno, ignorante.
be.stia.le [best´jale] *agg* 1 bestial. 2 *fig* brutal, bárbaro, desumano. 3 excitante, interessante.
be.stia.me [best´jame] *sm* gado.
be.to.ne [bet´one] *sm* concreto.
bet.to.la [b´ettola] *sf* 1 bar. 2 taverna. 3 botequim.
be.van.da [bev´anda] *sf* bebida.
be.vu.ta [bev´uta] *sf* gole, trago.
bi [b´i] *sf* bê, o nome da letra B.
bia.da [b´jada] *sf* 1 aveia. 2 **biade** *pl* cereais.
bian.cheg.gia.re [bjankeddʒ´are] *vt* 1 branquear, alvejar. 2 *fig* clarear.
bian.che.ri.a [bjanker´ia] *sf* 1 roupa-branca para uso pessoal e caseiro. 2 roupa íntima em geral. **biancheria da letto** roupa de cama.
bian.co [bj´anko] *sm* clara do ovo. • *agg* 1 branco, alvo. 2 pálido, claro.
bia.si.ma.re [bjazim´are] *vt* condenar, criticar, repreender, desaprovar.
bia.si.mo [b´jazimo] *sm* crítica, censura, reprovação.
Bib.bia [b´ibbja] *sf* Bíblia.
bi.be.ron [biber´ɔn] *sm* mamadeira.
bi.bi.ta [b´ibita] *sf* 1 bebida. 2 poção.
bi.blio.gra.fi.a [bibljograf´ia] *sf* bibliografia.
bi.blio.te.ca [bibljot´eka] *sf* biblioteca.
bi.blio.te.ca.rio [bibljotek´arjo] *sm* bibliotecário.
bic.chie.re [bikk´jere] *sm* copo, cálice.
bi.ci.clet.ta [bitʃikl´etta] *sf* bicicleta.
bi.co.lo.re [bikol´ore] *agg* bicolor.
bi.dé [bid´e] *sm* bidê.
bi.del.lo [bid´ello] *sm* bedel.

bi.do.na.re [bidon´are] *vt ger* enganar, embromar.
bi.do.ne [bid´one] *sm* **1** barril, pipa. **2** lata. **3** *ger* fraude, truque, engano.
bie.co [bj´εko] *agg* **1** oblíquo, enviesado. **2** *fig* ruim, maléfico. **3** torpe.
bie.to.la [b´jetola] *sf* acelga.
bi.for.car.si [bifork´arsi] *vpr* bifurcar-se.
bi.ga.mi.a [bigam´ia] *sf* bigamia.
bi.ghel.lo.na.re [bigellon´are] *vi* vagabundear, vadiar.
bi.ghel.lo.ne [bigell´one] *sm* vagabundo, preguiçoso.
bi.gio [b´idʒo] *agg* cinzento, pardo.
bi.giot.te.ri.a [bidʒotter´ia] *sf* bijuteria.
bi.glia [b´iλa] *sf* bola de bilhar.
bi.gliar.do [biλ´ardo] *sm* **1** bilhar, sinuca. **2** salão de bilhar.
bi.gliet.ta.io [biλett´ajo] *sm* cobrador.
bi.gliet.te.ri.a [biλetter´ia] *sf* bilheteria.
bi.gliet.to [biλ´etto] *sm* **1** bilhete. **2** mensagem. **3** passagem. **4** recibo, comprovante. **biglietto d'andata** passagem só de ida. **biglietto d'andata e ritorno** passagem de ida e volta. **biglietto da visita** cartão de visita. **biglietto di banca** nota. **biglietto d'ingresso** entrada, ingresso (para espetáculo).
bi.got.to [big´ɔtto] *sm disp* beato, carola.
bi.ki.ni [bik´ini] *sm* biquíni, maiô de duas peças.
bi.lan.cia [bil´antʃa] *sf* **1** balança. **2 Bilancia** *V Libra*.
bi.lan.cia.re [bilantʃ´are] *vt* **1** pesar com balança. **2** equilibrar. **3** adequar.
bi.lan.cio [bil´antʃo] *sm Comm* balanço, prestação de contas.
bi.le [b´ile] *sf Fisiol* **1** bile, bílis. **2** *fig* ódio, raiva, rancor.
bi.li.co [b´iliko] *sm* **1** eixo, amparo. **2** *fig* precariedade. **3** equilíbrio.

bi.lin.gue [bil´ingwe] *agg* bilíngue.
bi.lio.ne [bil´jone] *sm+num* bilhão.
bim.bo [b´imbo] *sm* (*f* **bimba**) **1** *fam* menino, criança (do sexo masculino). **2** bebê.
bi.me.stre [bim´εstre] *sm* bimestre.
bi.na.rio [bin´arjo] *sm* **1** trilho (de ferrovia), binário. **2** *fig* hábito, costume. **3** direção, guia.
bi.no.co.lo [bin´ɔkolo] *sm* binóculo.
bio.gra.fi.a [bjograf´ia] *sf* biografia.
bio.lo.gi.a [bjolodʒ´ia] *sf* biologia.
bion.do [b´jondo] *sm+agg* loiro, louro.
bi.pe.de [b´ipede] *s+agg* bípede.
bir.ban.te [birb´ante] *s+agg* travesso, malandro, maroto.
bir.ban.te.ri.a [birbanter´ia] *sf* **1** travessura, brincadeira. **2** *fig* brincadeira de mau gosto, peça.
bi.ri.chi.no [birik´ino] *sm* moleque travesso. • *agg* travesso, levado.
bi.ro [b´iro] *sm* caneta esferográfica.
bir.ra [b´iřa] *sf* cerveja.
bir.re.ri.a [biřer´ia] *sf* cervejaria.
bis [b´is] *sm* bis. • *avv* duas vezes. • *int* bis! de novo!
bi.sa.va [biz´ava] *sf* bisavó. *Var: bisavola*.
bi.sa.vo [biz´avo] *sm* **1** bisavô. **2 bisavi** *pl fig* antepassados, avós. *Var: bisavolo*.
bi.sa.vo.la [biz´avola] *sf V* bisava.
bi.sa.vo.lo [biz´avolo] *sm V* bisavo.
bi.sbi.glia.re [bizbiλ´are] *vt+vi* sussurrar, murmurar.
bi.sca [b´iska] *sf* casa de jogo, espelunca.
bi.scia [b´iʃa] *sf* cobra, serpente.
bi.scot.to [bisk´otto] *sm* **1** biscoito. **2** bolacha.
bi.scu.gi.no [biskudʒ´ino] *sm* primo em segundo grau.
bi.ses.sua.le [bisessu´ale] *s+agg* bissexual.
bi.se.sti.le [bizest´ile] *agg* bissexto.

bisillabo 38 **bollare**

bi.sil.la.bo [bisˈillabo] *agg* bissílabo.
bi.sni.po.te [biznipˈote] *s* 1 bisneto, bisneta. 2 sobrinho-neto, sobrinha-neta.
bi.snon.na [biznˈɔnna] *sf* bisavó.
bi.snon.no [biznˈɔnno] *sm* bisavô.
bi.so.gna.re [bizoñˈare] *vi* 1 precisar, necessitar. 2 ser preciso, ser necessário.
bi.so.gno [bizˈoño] *sm* 1 necessidade. 2 dever, obrigação. 3 miséria. 4 desejo, vontade.
bi.so.gno.so [bizoñˈozo] *sm+agg* 1 carente. 2 miserável, pobre.
bi.son.te [bizˈonte] *sm Zool* bisão.
bi.stec.ca [bistˈekka] *sf* bife, bisteca.
bi.stec.chie.ra [bistekkˈjɛra] *sf* grelha, chapa.
bi.stic.cia.re [bistittʃˈare] *vi* discutir, brigar.
bi.stu.ri [bˈisturi] *sm Med* bisturi.
bi.tor.zo.lo [bitˈortsolo] *sm* 1 verruga. 2 galo. 3 furúnculo.
bi.vac.co [bivˈakko] *sm* 1 acampamento. 2 pernoite, descanso.
bi.vio [bˈivjo] *sm* 1 bifurcação, cruzamento. 2 *fig* dilema, dúvida.
biz.zar.ri.a [biddzarˈia] *sf* 1 extravagância. 2 capricho.
biz.zar.ro [biddzˈaro] *agg* 1 bizarro, esquisito, extravagante, estranho. 2 caprichoso, manhoso.
biz.zef.fe [biddzˈeffe] *avv* grande quantidade. **a bizzeffe** em grande quantidade.
blan.di.re [blandˈire] *vt* 1 agradar, acariciar. 2 abrandar, amaciar, acalmar.
blan.di.zie [blandˈitsje] *sf pl* lisonjas, agrados.
blan.do [blˈando] *agg* 1 brando, leve. 2 *fig* doce, gentil, paciente.
bla.so.ne [blazˈone] *sm* brasão.
blat.ta [blˈatta] *sf* barata.
blin.da.re [blindˈare] *vt* blindar, encouraçar.

bloc.ca.re [blokkˈare] *vt* 1 bloquear, imobilizar. 2 estabilizar, fixar. 3 *fig* confinar, isolar. 4 interromper, parar. 5 prender, aprisionar.
bloc.co [blˈɔkko] *sm* 1 bloqueio. 2 bloco, massa compacta. 3 *fig* interrupção. 4 obstáculo, dificuldade. 5 grupo, união.
blu [blˈu] *sm+agg* azul, azul-escuro.
blu.sa [blˈuza] *sf* 1 blusa (de mulher e criança). 2 camisa de operário.
bo.a [bˈɔa] *sm Zool* boa, jiboia.
bo.bi.na [bobˈina] *sf* bobina, carretel.
boc.ca [bˈokka] *sf* 1 boca. 2 abertura, embocadura. 3 paladar. 4 pessoa que come muito. 5 **bocche** *pl* bocas, pessoas. **far venire l'acquolina in bocca** dar água na boca. **in bocca al lupo!** boa sorte! **restare a bocca aperta** *pop* ficar de boca aberta.
boc.ca.ta [bokkˈata] *sf* 1 bocado. 2 trago.
boc.chi.no [bokkˈino] *sm* piteira.
boc.cia [bˈɔttʃa] *sf* 1 botão (de flor). 2 garrafa. 3 *Med* furúnculo.
boc.cia.re [bottʃˈare] *vt* 1 *Sp* bater (uma bola em outra). 2 *fig* reprovar (em exame). 3 rejeitar. vi 4 *fig* ser reprovado, repetir. 5 *pop* levar bomba, levar pau (na escola).
boc.con.ci.no [bokkontʃˈino] *sm* 1 *dim* pedaço. 2 petisco.
boc.co.ne [bokkˈone] *sm* bocado, pedaço. • **bocconi** *avv* de bruços, de barriga para baixo.
bo.ia [bˈɔja] *sm* 1 carrasco. 2 *fig* carcereiro.
boi.cot.tag.gio [bojkottˈaddʒo] *sm* boicote.
boi.cot.ta.re [bojkottˈare] *vt* boicotar, criar obstáculos.
bol.la [bˈolla] *sf* 1 bolha (de água). 2 bolha (na pele), pústula. 3 *Rel* bula.
bol.la.re [bollˈare] *vt* 1 selar, carimbar. 2 marcar, assinalar.

bolletta 39 **brama**

bol.let.ta [boll´etta] *sf* **1** tacha, pequeno prego achatado. **2** *Comm* recibo, guia, comprovante.
bol.let.ti.no [bollett´ino] *sm* **1** boletim, relatório, prestação de contas. **2** jornal, noticiário.
bol.li.re [boll´ire] *vt* **1** ferver, cozinhar. *vi* **2** ficar fervendo, estar em ebulição. **3** *fig* ficar nervoso, ferver de raiva, agitar-se. **4** suar, ficar com calor.
bol.lo [b´ollo] *sm* selo, carimbo, timbre.
bom.ba [b´omba] *sf* **1** *Mil* bomba, explosivo. **2** *fig* acontecimento inesperado, notícia sensacional. **bomba atomica** bomba atômica.
bom.bar.da.re [bombard´are] *vt* **1** *Mil* bombardear. **2** *fig* atormentar, perturbar, perseguir.
bo.nac.cia [bon´att∫a] *sf* **1** *Naut* bonança. **2** *fig* paz, tranquilidade.
bo.nac.cio.ne [bonatt∫´one] *sm+agg* bonachão, tranquilo, pacífico.
bon.bon [bomb´on] *sm* bombom, chocolate, confeito.
bon.tà [bont´a] *sf* **1** bondade. **2** boa índole. **3** benevolência.
bor.del.lo [bord´ello] *sm* **1** bordel. **2** *fig* bagunça, confusão, desordem.
bor.do [b´ordo] *sm* **1** borda, margem, limite, orla. **2** debrum, bainha (de tecido). **3** *Naut* bordo, lado do navio. **a bordo** a bordo.
bor.ghe.se [borg´eze] *s+agg* burguês.
bor.ghe.si.a [borgez´ia] *sf* **1** burguesia. **2** classe média.
bo.ria [b´orja] *sf* arrogância, presunção, orgulho, vaidade, pretensão.
bo.rio.so [bor´jozo] *agg* **1** vaidoso, orgulhoso, presunçoso. **2** *pop* metido.
bor.rac.cia [borr´att∫a] *sf Mil* cantil.
bor.sa [b´orsa] *sf* **1** bolsa. **2** *fig* carteira, porta-níqueis. **3** *Comm* bolsa de valores.
bor.sa.io.lo [borsa´jɔlo] *sm* batedor de carteira, ladrão.

bo.sca.glia [bosk´aʎa] *sf* matagal, mato.
bo.sca.io.lo [boska´jɔlo] *sm* lenhador.
bo.sco [b´ɔsko] *sm* bosque, mata, floresta.
bo.ta.ni.ca [bot´anika] *sf* botânica.
bot.ta [b´ɔtta] *sf* **1** batida. **2** pancada, golpe. **3** marca, hematoma. **4** choque, abalo, golpe emocional. **5** *Zool* sapo.
bot.te [b´otte] *sf* tonel, barril, pipa.
bot.te.ga [bott´ega] *sf* **1** loja, oficina, comércio. **2** atividade, empresa.
bot.ti.glia [bott´iʎa] *sf* garrafa.
bot.ti.glie.ria [bottiʎer´ia] *sf* adega, taverna.
bot.to.ne [bott´one] *sm* botão: a) de flor. b) de roupa.
bot.to.nie.ra [botton´jera] *sf* abotoadura, conjunto de botões de uma vestimenta.
bo.va.ro [bov´aro] *sm* vaqueiro, boiadeiro.
bo.vi.le [bov´ile] *sm* curral.
bo.vi.no [bov´ino] *agg* bovino.
boz.za [b´ɔttsa] *sf* **1** esboço, rascunho. **2** projeto, esquema. **3** prova tipográfica.
boz.zo.lo [b´ɔttsolo] *sm* **1** casulo. **2** *fig* refúgio, covil.
brac.cia.le [bratt∫´ale] *sm* bracelete.
brac.cio [br´att∫o] *sm* **1** braço. **2** *fig* ajuda, energia, proteção. **3** capacidade, trabalho. **4** *Geogr* braço (de rio). **a braccia aperte** de braços abertos. **braccio di un edificio** ala, pavilhão. **con le braccia in croce** de braços cruzados.
bra.ce [br´at∫e] *sf* **1** brasa. **2** carvão.
bra.chet.ta [brak´etta] *sf* braguilha.
bra.cio.la [brat∫´ɔla] *sf* **1** bife, costeleta. **2** *fig* corte (ao fazer a barba).
bra.di.po [br´adipo] *sm Zool* bicho-preguiça, preguiça.
bra.go [br´ago] *sm* **1** lamaçal, lodo, lama. **2** charco, pântano.
bra.ma [br´ama] *sf* **1** desejo. **2** ansiedade, avidez, cobiça. **3** *fig* fome, sede. **4** luxúria.

bran.ca [br´anka] *sf* **1** campo de trabalho, ramo de atividade. **2** lance de escadas. **3** *Zool* garra, unha. **4** *Mecc* pinça, tenaz. **5** *fig* mão.
bran.chia [br´ankja] *sf* (mais usado no plural **branchie**) *Zool* brânquia, guelra.
bran.co [br´anko] *sm* **1** bando, manada, rebanho. **2** *fig disp* multidão.
bran.del.lo [brand´ɛllo] *sm* **1** *dim* pedaço. **2** retalho, pedaço de pano.
bra.no [br´ano] *sm* **1** trecho, passagem de um texto. **2** fragmento, pedaço.
bra.si.lia.no [brazil´jano] *sm+agg* brasileiro.
bra.va.re [brav´are] *vt+vi* ameaçar, desafiar.
bra.va.ta [brav´ata] *sf* **1** ameaça. **2** exibição, vanglória.
bra.vo [br´avo] *sm* **1** capanga. **2** bras jagunço. • *agg* **1** hábil, competente, capaz. **2** inteligente (aluno). **3** corajoso, valente, audaz. **4** correto, honesto, de bem, sério. • *int* bravo! muito bem!
bra.vu.ra [brav´ura] *sf* **1** sabedoria, perícia, habilidade. **2** bravura, valentia, coragem, valor.
brec.cia [br´ettʃa] *sf* **1** brecha, fenda, abertura, fissura. **2** cascalho, pedregulhos do leito dos rios. **3** *fig* ponto fraco.
bre.tel.la [bret´ella] *sf* **1** suspensório. **2** *fig* ligação, união.
bre.ve [br´eve] *agg* **1** breve. **2** curto, pequeno. **3** conciso, sintético. **4** passageiro, transitório. **in breve** em breve, brevemente.
bre.vet.ta.re [brevett´are] *vt* **1** patentear. **2** conceder título.
bre.vet.to [brev´etto] *sm* **1** patente. **2** título.
brez.za [br´ettsa] *sf* brisa, vento fraco.
bri.cio.la [br´itʃola] *sf* fragmento, partícula, migalha.
bri.ga [br´iga] *sf* **1** incômodo, dor de cabeça, problema. **2** atrito, briga, divergência.
bri.ga.die.re [brigad´jɛre] *sm Mil* brigadeiro.
bri.gan.te [brig´ante] *sm* **1** bandido, ladrão, assaltante. **2** travesso, arteiro.
bri.ga.ta [brig´ata] *sf* **1** turma de amigos. **2** reunião de família. **3** *Mil* brigada.
bri.glia [br´iʎa] *sf* **1** rédea. **2** *fig* guia, comando.
bril.lan.te [brill´ante] *sm* brilhante, diamante. • *agg* **1** brilhante. **2** *fig* alegre. **3** genial (ideia).
bril.lan.ti.na [brillant´ina] *sf* brilhantina.
bril.la.re [brill´are] *vi* **1** brilhar, resplandecer, cintilar. **2** *fig* sobressair, distinguir-se.
bri.na [br´ina] *sf* geada.
brin.di.si [br´indizi] *sm* brinde.
bri.o [br´io] *sm* alegria, vivacidade.
bri.o.so [bri´ozo] *agg* alegre, extrovertido, vivaz.
bri.vi.do [br´ivido] *sm* **1** calafrio, arrepio. **2** *fig* horror, terror.
broc.co.lo [br´ɔkkolo] *sm Bot* brócolos.
bro.do [br´odo] *sm* **1** caldo. **2** sopa.
bron.chi [br´onki] *sm pl Anat* brônquios.
bron.chi.te [bronk´ite] *sf Med* bronquite.
bron.cio [br´ontʃo] *sm* **1** mau humor, aborrecimento. **2** *pop* tua virada.
bron.to.la.re [brontol´are] *vt* **1** resmungar. *vi* **2** reclamar, lamentar-se, protestar.
bron.zo [br´ondzo] *sm* bronze.
bru.cia.re [brutʃ´are] *vt* **1** queimar, incendiar, incinerar. **2** chamuscar. **3** (anche *fig*) arder. *vi* **4** queimar-se, incendiar-se. **5** *fig* importunar, irritar.
bru.cia.tu.ra [brutʃat´ura] *sf* queimadura.
bru.co [br´uko] *sm Zool* lagarta, broca.
brul.lo [br´ullo] *agg* árido, nu (terreno).
bru.ma [br´uma] *sf* bruma, névoa, neblina, cerração.
bru.ni.re [brun´ire] *vt* polir, dar brilho, lustrar (metais).

bruno 41 **buttare**

bru.no [br´uno] *agg* 1 moreno. 2 escuro.
bru.sco [br´usko] *agg* 1 brusco. 2 áspero, ácido. 3 imprevisto, inesperado (acontecimento). 4 rude, duro, frio.
bru.ta.le [brut´ale] *agg* brutal, bestial, cruel, desumano.
bru.to [br´uto] *sm* bruto, animal, mal--educado. • *agg* bruto, brutal, rude.
brut.to [br´utto] *agg* 1 feio. 2 pálido, cansado (aspecto). 3 nublado. 4 mortal, incurável. 5 *fig* mau, ruim.
bub.bo.ne [bubb´one] *sm* 1 *Med* inchaço, pústula. 2 *fig* mal, problema. 3 câncer, praga.
bu.ca [b´uka] *sf* 1 buraco, abertura, cova, toca. 2 *Sp* buraco (no jogo de golfe). **buca delle lettere** caixa do correio.
bu.ca.re [buk´are] *vt* esburacar, furar, perfurar.
buc.cia [b´utt∫a] *sf* 1 casca, cortiça. 2 *fig* pele, película. 3 alma, vida.
bu.co [b´uko] *sm* 1 buraco, abertura, furo, orifício. 2 *fig* esconderijo. 3 casebre.
bu.del.lo [bud´εllo] *sm* 1 *Anat* intestino, víscera. 2 *fig* caminho, corredor.
bu.di.no [bud´ino] *sm* pudim.
bu.e [b´ue] *sm* (*pl* **buoi**) 1 boi. 2 *fig* ingênuo.
bu.fe.ra [buf´εra] *sf* tempestade, temporal (com chuva e neve ou granizo).
buf.fet, buf.fè [buff´ε] *sm* 1 bufê (serviço). 2 restaurante de estação de trem.
buf.fo [b´uffo] *agg* 1 cômico, divertido. 2 ridículo.
buf.fo.ne [buff´one] *sm* 1 bufão, palhaço, bobo da corte. 2 *fig* brincalhão, fanfarrão.
bu.gi.a [budʒ´ia] *sf* 1 mentira. 2 invenção, história. 3 castiçal.
bu.giar.do [budʒ´ardo] *sm+agg* mentiroso, falso.
bu.io [b´ujo] *sm* 1 o escuro, escuridão. 2 treva. 3 *fig* ignorância. • *agg* 1 escuro, tenebroso, sombrio. 2 *fig* lúgubre, triste. 3 difícil (momento).

buon.gu.sta.io [bwongust´ajo] *sm* 1 gastrônomo. 2 *pop* bom garfo.
buo.no [b´wɔno] *sm* 1 o bem, o que é bom. 2 *Comm* bônus, prêmio. • *agg* 1 bom. 2 benévolo. 3 obediente (criança). 4 limpo, puro (ar). 5 benfeito (trabalho).
buon.sen.so [bwons´εnso] *sm* bom senso.
buo.nuo.mo [bwon´wɔmo] *sm* 1 bom homem. 2 *fam* ingênuo, tolo.
bu.rat.ti.no [buratt´ino] *sm* fantoche, marionete.
bu.rat.to [bur´atto] *sm* peneira.
bur.la [b´urla] *sf* 1 brincadeira, gracejo. 2 zombaria.
bur.la.re [burl´are] *vt* 1 burlar, enganar, pregar uma peça. 2 *fig* brincar, gracejar.
bur.lo.ne [burl´one] *sm* brincalhão.
bu.ro.cra.zi.a [burokrats´ia] *sf* burocracia.
bur.ra.sca [buʀ´aska] *sf* tempestade, tormenta.
bur.ro [b´uʀo] *sm* manteiga.
bur.ro.ne [buʀ´one] *sm* 1 abismo, despenhadeiro, precipício. 2 barranco.
bu.sca [b´uska] *sf* busca, procura.
bu.sca.re [busk´are] *vt* 1 buscar, procurar. 2 obter. *vpr* 3 arrumar, arranjar. 4 pegar, contrair.
bus.sa.re [buss´are] *vi* bater à porta, tocar.
bus.so.la [b´ussola] *sf* 1 bússola. 2 *fig* orientação, direção. 3 controle.
bu.sta [b´usta] *sf* envelope.
bu.sta.rel.la [bustar´εlla] *sf* 1 *ger* gorjeta. 2 *pop* caixinha.
bu.sto [b´usto] *sm* 1 busto. 2 cinta, corpete, espartilho.
but.ta.re [butt´are] *vt* 1 jogar, lançar, atirar. 2 *fig* livrar-se de, desvencilhar--se de. *vi* 3 germinar, crescer (planta). *vpr* 4 (*anche fig*) jogar-se, lançar-se, atirar-se. 5 acabar, dar em. 6 jogar-se, mergulhar. **buttare giù** a) derrubar, demolir. b) deprimir. **buttare in faccia** a) falar às claras. b) *pop* jogar na cara. **buttare via** jogar fora.

C

c [tʃ'i] *sf* a terceira letra do alfabeto italiano.

ca.bi.na [kab'ina] *sf* 1 cabina. 2 camarote (de navio). **cabina telefonica** cabina telefônica.

cabriolet [kabrjol'ɛ] *sm fr* 1 *Autom* conversível. 2 *Comm fig* cheque sem fundos.

ca.ca.o [kak'ao] *sm Bot* cacau.

ca.ca.re [kak'are] *vt+vi volg* cagar.

cac.ca [k'akka] *sf* 1 *volg* merda. 2 *pop* cocô. 3 *fig* excremento, estrume. 4 sujeira, porcaria.

cac.cia [k'attʃa] *sf* 1 caça. 2 *pop* presa (de caça). 3 *fig* procura. 4 ganho, resultado. *sm* 5 *Aer* caça, avião de caça.

cac.cia.re [kattʃ'are] *vt* 1 caçar. 2 empurrar. 3 enfiar, inserir. 4 *fig* perseguir, seguir. *vpr* 5 acabar, meter-se, enfiar-se. **cacciare via** expulsar, mandar embora.

cac.cia.vi.te [kattʃav'ite] *sm* chave de fenda, chave de parafusos.

ca.chi [k'aki] *sm* caqui.

ca.da.ve.re [kad'avere] *sm* cadáver, carcaça.

ca.de.re [kad'ere] *vi* 1 cair. 2 tombar, levar um tombo. 3 desmoronar, desabar. 4 diminuir (febre). 5 *Mil* render-se, capitular.

ca.du.co [kad'uko] *agg* 1 caduco, que cai ou vai cair. 2 *fig* temporário, passageiro.

ca.du.ta [kad'uta] *sf* 1 queda, tombo. 2 *fig* abalo, ruína.

caf.fè [kaff'ɛ] *sm* 1 café (a bebida). 2 café, bar, botequim (o local). **caffè espresso** café expresso. **caffè macinato** café moído, café em pó.

caf.fet.tie.ra [kaffett'jera] *sf* 1 cafeteira. 2 *fig ger* peça de museu, equipamento velho que funciona mal.

ca.fo.ne [kaf'one] *sm+agg* 1 camponês. 2 *bras* caipira. 3 *ger* brega.

ca.gio.na.re [kadʒon'are] *vt* 1 causar, provocar. 2 suscitar. 3 induzir.

ca.gio.ne [kadʒ'one] *sf* 1 causa, motivo, razão. 2 origem.

ca.glia.re [kaλ'are] *vi* coagular, coalhar.

ca.gna [k'aɲa] *sf* cadela.

ca.gnot.to [kaɲ'otto] *sm* 1 capanga, segurança pessoal. 2 *bras* jagunço.

ca.la [k'ala] *sf Geogr* baía, enseada, golfo.

ca.la.bro.ne [kalabr'one] *sm Zool* zangão.

ca.la.ma.io [kalam'ajo] *sm* 1 tinteiro. 2 olheira. 3 *Zool* lula.

ca.la.ma.ro [kalam'aro] *sm Zool* lula.

ca.la.mi.tà [kalamit'a] *sf* calamidade, desgraça, desastre, desventura.

ca.la.re [kal'are] *vt* 1 abaixar, baixar, inclinar. *vi* 2 descer. 3 pôr-se (sol). 4 *fig* decair, declinar, degradar-se. 5 retroceder, perder terreno. 6 contrair--se, diminuir.

ca.la.ta [kal'ata] *sf* 1 descida. 2 declive, inclinação.

cal.ca [k´alka] *sf* multidão, massa.
cal.ca.gno [kalk´aɲo] *sm* calcanhar.
cal.ca.re [kalk´are] *vt* **1** calcar, apertar, comprimir. **2** prensar, esmagar, achatar.
cal.ce [k´altʃe] *sf Min* cal. **in calce** no rodapé (de página).
cal.cio [k´altʃo] *sm* **1** pontapé, chute. **2** *Chim* cálcio. **3** *Sp* futebol. **calcio d'angolo** *Sp* escanteio. **calcio di rigore** *Calc* pênalti.
cal.co.la.re [kalkol´are] *vt* **1** calcular. **2** avaliar. **3** contar com, ter plena confiança em alguém. **4** *fig* medir, pesar. **5** pensar, ponderar.
cal.co.la.to.re [kalkolat´ore] *sm* **1** calculadora, máquina de calcular. **2** computador. • *sm+agg* interesseiro.
cal.co.la.tri.ce [kalkolatr´itʃe] *sf* **1** calculadora. **2** computador.
cal.co.lo [k´alkolo] *sm* **1** cálculo, conta. **2** *fig* hipótese, previsão. **3** interesse próprio. **4** *Med* cálculo, pedra.
cal.da.ia [kald´aja] *sf* caldeira.
cal.do [k´aldo] *sm* **1** calor. **2** *fig* fervor, ímpeto, paixão. • *agg* **1** quente. **2** afetuoso. **3** apaixonado, sensual. **4** vivaz. **5** vivo (cor).
ca.len.da.rio [kalend´arjo] *sm* **1** calendário. **2** folhinha. **3** *fig* agenda, diário, programa.
ca.li.ce [k´alitʃe] *sm* **1** cálice, copinho para licor. **2** *Rel, Bot* cálice.
cal.li.gra.fi.a [kalligraf´ia] *sf* caligrafia.
cal.lo [k´allo] *sm* calo (dos pés).
cal.lot.ta [kall´ɔtta] *sf* calota, tampa.
cal.ma [k´alma] *sf* calma, paz, tranquilidade.
cal.ma.re [kalm´are] *vt* **1** acalmar, pacificar, sossegar. **2** sedar, tranquilizar.
cal.mo [k´almo] *agg* calmo, tranquilo, pacífico, sereno.
ca.lo [k´alo] *sm* **1** diminuição, redução. **2** queda. **3** contração.

ca.lo.re [kal´ore] *sm* **1** calor. **2** *fig* fervor, entusiasmo, paixão, ímpeto.
ca.lo.scia [kal´ɔʃa] *sf* galocha.
ca.lpe.sta.re [kalpest´are] *vt* **1** pisar. **2** esmagar, achatar com os pés. **3** *fig* humilhar, insultar.
ca.lun.nia [kal´unnja] *sf* calúnia.
ca.lun.nia.re [kalunn´jare] *vt* caluniar, difamar.
cal.vi.zie [kalv´itsje] *sf* calvície.
cal.vo [k´alvo] *sm+agg* calvo, careca.
cal.za [k´altsa] *sf* meia.
cal.za.re [kalts´are] *vt* **1** calçar (meias, sapatos, luvas). **2** colocar (chapéu). *vi* **3** assentar, aderir. **4** *fig* adaptar-se, acostumar-se.
cal.za.tu.ra [kaltsat´ura] *sf* calçado, sapato.
cal.zi.no [kalts´ino] *sm* meia masculina.
cal.zo.la.io [kaltsol´ajo] *sm* sapateiro.
cal.zo.le.ria [kaltsoler´ia] *sf* sapataria.
cal.zo.ne [kalts´one] *sm* (mais usado no plural **calzoni**) calças.
cam.bia.le [kamb´jale] *sf Comm* letra de câmbio.
cam.bia.men.to [kambjam´ento] *sm* **1** (anche *fig*) troca. **2** mudança, transformação.
cam.bia.re [kamb´jare] *vt* **1** trocar, substituir. **2** alterar, modificar, transformar.
cam.bio [k´ambjo] *sm* **1** troca. **2** *Comm, Mecc* câmbio.
ca.me.ra [k´amera] *sf* **1** cômodo, aposento. **2** quarto. **3** câmara, conselho. **4** parlamento, câmara. **camera a un letto** quarto de solteiro. **camera da letto** dormitório, quarto. **camera dei deputati** câmara dos deputados.
ca.me.ra.ta [kamer´ata] *sf* (*pl f* **camerate**) **1** alojamento, dormitório coletivo. *sm* (*pl m* **camerati**) **2** camarada, companheiro.
ca.me.rie.ra [kamer´jera] *sf* **1** camareira, criada, arrumadeira. **2** garçonete.

ca.me.rie.re [kamer´jere] *sm* **1** camareiro, criado. **2** garçom.

ca.mi.cet.ta [kamitʃ´ɛtta] *sf* blusa (feminina). **camicia da notte** camisola.

ca.mi.cia [kam´itʃa] *sf* camisa (masculina). **camicia da notte** camisola.

ca.mi.no [kam´ino] *sm* chaminé, lareira.

ca.mion [k´amjon] *sm* caminhão.

ca.mio.net.ta [kammjon´etta] *sf dim* jipe.

cam.mel.lo [kam´ello] *sm Zool* camelo.

cam.mi.na.re [kammin´are] *vi* caminhar.

cam.mi.no [kamm´ino] *sm* **1** caminho. **2** *fig* trajeto, percurso, rota. **3** desenvolvimento, evolução.

ca.mo.scio [kam´oʃo] *sm* **1** camurça (a pele). **2** *Zool* camurça, corça macho.

cam.pa.gna [kamp´aña] *sf* **1** campo, terreno plano e extenso. **2** *fig* propriedade rural. **3** *Mil, Comm* campanha.

cam.pa.gnuo.lo [kampañ´wɔlo] *sm+agg* camponês, agricultor.

cam.pa.na [kamp´ana] *sf* **1** sino. **2** sineta.

cam.pa.nel.la [kampan´ɛlla] *sf dim* campainha, sineta.

cam.pa.re [kamp´are] *vi* viver, sobreviver, sustentar-se.

cam.peg.gia.re [kampeddʒ´are] *vi* **1** acampar. **2** *fig* dominar, destacar-se, sobressair-se.

cam.peg.gio [kamp´eddʒo] *sm* acampamento.

cam.pe.stre [kamp´ɛstre] *agg* **1** campestre, agrário, rural. **2** *fig* sereno, tranquilo.

cam.pio.ne [kamp´jone] *sm* **1** campeão, ás. **2** *Comm* amostra. **3** *fig* norma, regra.

cam.po [k´ampo] *sm* **1** campo. **2** área, setor, zona. **3** raio de ação. **4** *Sp* campo, gramado.

cam.po.san.to [kampos´anto] *sm* cemitério.

ca.muf.fa.re [kamuff´are] *vt* camuflar, mascarar, disfarçar.

ca.na.glia [kan´aλa] *sf* **1** gentalha. **2** canalha, patife, velhaco.

ca.na.glia.ta [kanaλ´ata] *sf* baixeza, maldade.

ca.na.le [kan´ale] *sm* canal. **canale di radio** estação de rádio. **canale di TV** estação de TV, canal de TV.

ca.na.po [k´anapo] *sm* corda, cabo.

ca.na.ri.no [kanar´ino] *sm* **1** *Zool* canário. **2** *fig ger* espião.

can.cel.la.re [kantʃell´are] *vt* **1** cancelar, anular. **2** eliminar, cortar. **3** apagar. **4** *fig* abolir.

can.cel.la.tu.ra [kantʃellat´ura] *sf* **1** risco, traço. **2** rasura.

can.cel.lie.re [kantʃell´jɛre] *sm* chanceler.

can.cre.na [kankr´ɛna] *sf Med* gangrena.

can.cro [k´ankro] *sm Med* **1** câncer, necrose. **2 Cancro** *Astron, Astrol* Câncer, Caranguejo.

can.de.la [kand´ela] *sf* **1** vela. **2** *Autom* vela.

can.de.la.bro [kandel´abro] *sm* candelabro, lustre.

can.de.lie.re [kandel´jɛre] *sm* castiçal.

can.di.da.to [kandid´ato] *sm* candidato.

can.di.do [k´andido] *agg* **1** cândido, branco, alvo. **2** *fig* puro, ingênuo.

can.di.to [kand´ito] *sm* confeito.

ca.ne [k´ane] *sm* **1** *Zool* cão, cachorro. **2** cão (de arma de fogo). **3** *fig* homem mau. **cane di guardia** cão de guarda. **cane poliziotto** cão policial.

ca.ne.stra [kan´estra] *sf* cesto, cesta. *Sin: canestro.*

ca.ne.stro [kan´estro] *sm V canestra.*

ca.ni.le [kan´ile] *sm* **1** canil. **2** toca, covil (de cachorro).

can.na [k´anna] *sf* **1** cana, bambu. **2** *fig* bengala. **3** vara, vareta. **canna da pesca** vara de pescar.

can.nel.la [kann´ɛlla] *sf Bot* canela.

can.ne.to [kann´eto] *sm* canavial.

can.ni.ba.le [kann´ibale] *s+agg* canibal.

can.noc.chia.le [kannokk´jale] *sm* telescópio.

can.no.ne [kann´one] *sm* **1** canhão. **2** *fig* campeão, ás.

can.no.neg.gia.re [kannoneddʒ´are] *vt* bombardear.

ca.not.to [kan´ɔtto] *sm* bote, canoa. **canotto di salvataggio** bote salva-vidas.

can.tan.te [kant´ante] *s* cantor. • *agg* cantante.

can.ta.re [kant´are] *vt* **1** cantar. **2** *fig* compor poesia. **3** *ger* soprar (resposta), revelar, trair.

can.te.rel.la.re [kanterell´are] *vt+vi* cantarolar.

can.ti.ca [k´antika] *sf* **1** poema. **2** canto, parte em que se divide um poema longo.

can.tie.re [kant´jere] *sm Naut* estaleiro.

can.ti.na [kant´ina] *sf* **1** adega. **2** taverna, bar.

can.to [k´anto] *sm* **1** canto, lado, ângulo. **2** canto, canção. **3** poema, poesia.

can.to.ne [kant´one] *sm* **1** canto, lado. **2** cantão, região.

ca.nu.to [kan´uto] *agg* branco, grisalho.

can.zo.na.re [kantsonáre] *vt* zombar de, brincar com, gozar de, rir-se de.

can.zo.ne [kants´one] *sf* **1** canção, canto. **2** cantiga, trova.

ca.os [k´aos] *sm* caos, desordem, confusão.

ca.pa.ce [kap´atʃe] *agg* capaz, apto, hábil.

ca.pan.na [kap´anna] *sf* **1** cabana, barraca. **2** casebre, moradia miserável.

ca.par.bio [kap´arbjo] *agg* **1** teimoso. **2** persistente, obstinado.

ca.par.ra [kap´aɾa] *sf Comm* **1** sinal. **2** penhor.

ca.peg.gia.re [kapeddʒ´are] *vt* **1** chefiar, comandar, governar. **2** conduzir, guiar, dirigir.

ca.pel.lo [kap´ello] *sm* **1** cabelo. **2** pelo.

ca.pel.lu.to [kapell´uto] *agg* cabeludo.

ca.pez.za.le [kapetts´ale] *sm* **1** travesseiro. **2** cabeceira da cama.

ca.pez.zo.lo [kap´ettsolo] *sm* mamilo, bico do seio.

ca.pi.glia.tu.ra [kapiʎatura] *sf pop* cabeleira.

ca.pi.re [kap´ire] *vt* **1** compreender, entender. **2** assimilar, perceber. **3** *fig* sentir, captar. *vi* **4** caber.

ca.pi.ta.le [kapit´ale] *sm* **1** capital. **2** bens, patrimônio, fortuna. *sf* **3** capital (sede de governo). • *agg* capital, essencial, fundamental.

ca.pi.ta.no [kapit´ano] *sm* **1** capitão. **2** (anche *fig*) chefe, guia.

ca.pi.ta.re [kapit´are] *vi* **1** chegar por acaso, acabar em, encontrar-se. **2** acontecer, ocorrer, suceder. **3** *fig* chegar, aparecer.

ca.pi.to.lo [kap´itolo] *sm* capítulo.

ca.pi.tom.bo.lo [kap´itombolo] *sm* **1** cambalhota. **2** *fig* tombo, queda. **3** falência.

ca.po [k´apo] *sm* **1** início, princípio. **2** chefe, líder. **3** cume, parte superior. **4** cabeça (de rebanho). **5** artigo fabricado, peça. **6** *Mil* cabo. **7** *Anat* cabeça. **8** *Geogr* ponta. **a capo all'ingiù** de cabeça para baixo. **a capo fitto** *V capofitto*. **andare a capo alto** andar de cabeça erguida. **capo famiglia/ capo di casa** chefe de família. **da capo** desde o princípio. **da capo a piedi** de cabeça aos pés.

ca.poc.cia [kap´ottʃa] *sm* chefe, chefão.

Ca.po.dan.no [kapod´anno] *sm* Dia de Ano-novo, Primeiro do Ano.

ca.po.fit.to [kapof´itto] *agg* apenas na expressão **a capofitto** de ponta-cabeça, de cabeça para baixo.

ca.po.gi.ro [kapodʒ´iro] *sm* tontura, vertigem.

ca.po.li.ne.a [kapol´inea] *sm* ponto final (de ônibus).

ca.po.luo.go [kapol'wɔgo] *sm* capital de região italiana.

ca.po.pa.gi.na [kapop'adʒina] *sm* cabeçalho.

ca.po.ra.le [kapor'ale] *sm Mil* cabo.

ca.po.sti.pi.te [kapostip'ite] *sm* 1 antepassado, ancestral, avô. 2 *fig* autor, criador, pai. 3 pensador.

ca.po.ver.so [kapov'ɛrso] *sm* parágrafo, início de linha ou verso.

ca.po.vol.ge.re [kapov'ɔldʒere] *vt* 1 inverter, pôr de cabeça para baixo. 2 *fig* modificar.

cap.pa [k'appa] *sf* 1 cá, o nome da letra K. 2 capa. 3 capote.

cap.pel.la [kapp'ella] *sf dim* 1 capela, pequena igreja. 2 capela, parte do templo com altar próprio. 3 *fig* erro, engano. 4 *pop* burrada.

cap.pel.la.no [kappell'ano] *sm* capelão.

cap.pel.le.ri.a [kappeller'ia] *sf* chapelaria.

cap.pel.lo [kapp'ello] *sm* 1 chapéu. 2 *fig* introdução, apresentação, título (de textos).

cap.pio [k'appjo] *sm* 1 laço, laçada. 2 *fig* ligação, vínculo.

cap.pot.to [kapp'ɔtto] *sm* capote, sobretudo.

cap.puc.ci.no [kapputtʃ'ino] *sm* 1 café com leite. 2 *Rel* frade franciscano.

cap.puc.cio [kapp'uttʃo] *sm* capuz.

ca.pra [k'apra] *sf Zool* cabra.

ca.pret.to [kapr'etto] *sm* cabrito.

ca.pric.cio [kapr'ittʃo] *sm* 1 capricho, birra, manha. 2 fantasia, vontade.

Ca.pri.cor.no [kaprik'ɔrno] *sm Astron, Astrol* Capricórnio.

ca.pri.o.la [kapri'ɔla] *sf* 1 cambalhota, salto. 2 *Zool* corça, fêmea do veado.

ca.pro [k'apro] *sm Zool* bode. **capro espiatorio** bode expiatório.

ca.pta.re [kapt'are] *vt* 1 captar. 2 capturar, prender.

ca.ra.bi.nie.re [karabin'jere] *sm* 1 policial. 2 *fig* intrometido.

ca.ra.mel.la [karam'ɛlla] *sf* 1 bala. 2 confeito.

ca.ra.to [kar'ato] *sm* quilate.

ca.rat.te.re [kar'attere] *sm* 1 caráter. 2 letra. 3 característica. 4 *fig* índole.

ca.rat.te.ri.sti.ca [karatter'istika] *sf* característica.

car.bo.ne [karb'one] *sm* carvão.

car.bo.nio [karb'ɔnjo] *sm Chim* carbono.

car.bo.niz.za.re [karbonidzz'are] *vt* carbonizar, queimar, incinerar.

car.bu.ra.to.re [karburat'ore] *sm Autom* carburador.

car.cas.sa [kark'assa] *sf* 1 carcaça. 2 *fig* resto.

car.ce.ra.zio.ne [kartʃerats'jone] *sf* prisão, detenção, reclusão.

car.ce.re [k'artʃere] *sm* cárcere, cadeia, penitenciária, casa de detenção.

car.ce.rie.re [kartʃer'jere] *sm* carcereiro.

car.cio.fo [kartʃ'ɔfo] *sm* alcachofra.

car.di.na.le [kardin'ale] *sm* 1 *Rel* cardeal. 2 *Zool* cardeal, espécie de pássaro. • *agg* cardinal, principal. **punti cardinali** pontos cardeais.

car.dio.lo.go [kard'jɔlogo] *sm* cardiologista.

ca.ren.te [kar'ɛnte] *agg* 1 carente. 2 *fig* insuficiente.

ca.rez.za [kar'ettsa] *sf* 1 carícia, carinho, afago. 2 agrado, mimo. 3 *iron* surra.

ca.rez.ze.vo.le [karetts'evole] *agg* 1 carinhoso. 2 *fig* afetuoso, amável, terno. 3 sedutor.

ca.ria.re [kar'jare] *vt+vpr* cariar.

ca.ri.ca [k'arika] *sf* 1 cargo, função. 2 *Mil* carga, ataque.

ca.ri.ca.re [karik'are] *vt* 1 carregar: a) colocar carga em. b) *Inform* copiar para a memória. 2 exagerar. 3 *fig* sobrecarregar.

ca.ri.co [k'ariko] *sm* **1** carga. **2** *fig* encargo, ônus, peso. • *agg* **1** carregado. **2** cheio. **3** pesado.

ca.rie [k'arje] *sf Med* cárie.

ca.ri.no [kar'ino] *agg* **1** gracioso, atraente. **2** gentil, cortês, amável.

ca.ri.tà [karit'a] *sf* **1** caridade, piedade, compaixão. **2** esmola, ajuda. **3** *fig* generosidade. **per carità!** pelo amor de Deus! por favor!

car.ne [k'arne] *sf* carne. **in carne e ossa** em carne e osso.

car.ne.fi.ci.na [karnefitʃ'ina] *sf* carnificina, massacre, matança.

car.ne.va.la.ta [karneval'ata] *sf* brincadeira.

car.ne.va.le [karnev'ale] *sm* Carnaval.

car.ni.vo.ro [karn'ivoro] *agg* carnívoro.

ca.ro [k'aro] *agg* **1** caro, querido. **2** amável, terno, gentil. **3** caro, dispendioso.

ca.ro.gna [kar'oña] *sf* carcaça, ossada.

ca.ro.sel.lo [karoz'ello] *sm* **1** carrossel. **2** *fig* vaivém. **3** turbilhão.

ca.ro.ta [kar'ɔta] *sf* **1** cenoura. **2** *fig* mentira.

ca.ro.va.na [karov'ana] *sf* **1** caravana. **2** *Mil, Naut* comboio.

car.pen.tie.re [karpent'jεre] *sm* carpinteiro.

car.ret.ta [kař'etta] *sf* carroça (de duas rodas).

car.ret.ta.ta [kařett'ata] *sf* **1** multidão. **2** *pop* monte, montão.

car.rie.ra [kař'jεra] *sf* **1** carreira. **2** corrida. **3** profissão. **4** *fig* progresso, sucesso.

car.ro [k'ařo] *sm* **1** carruagem, carro (não motorizado). **2** vagão de trem.

car.roz.za [kař'ɔttsa] *sf* **1** carruagem. **2** vagão de trem.

car.roz.ze.ri.a [kařottser'ia] *sf Autom* carroceria.

car.ta [k'arta] *sf* **1** papel. **2** atestado, certificado. **3** planta, mapa. **carta da lettere** papel de carta. **carta da parato** papel de parede. **carta d'identità** carteira de identidade. **carta igienica** papel higiênico. **giocare a carte scoperte** *pop* abrir o jogo.

car.ta.pe.co.ra [kartap'ekora] *sf* pergaminho.

car.ta.ve.tra.ta [kartavetr'ata] *sf* lixa.

car.tel.lo [kart'ello] *sm* **1** cartaz, aviso. **2** sinal. **3** tabela. **cartello indicatore** placa ou sinal de trânsito.

car.ti.la.gi.ne [kartil'adʒine] *sf* cartilagem.

car.toc.cio [kart'ɔttʃo] *sm* **1** cartucho (de arma). **2** pacote, embrulho.

car.to.le.ri.a [kartoler'ia] *sf* papelaria.

car.to.li.na [kartol'ina] *sf* cartão. **cartolina postale** cartão-postal.

car.to.ne [kart'one] *sm* papelão, cartão. **cartone animato** desenho animado.

ca.sa [k'aza] *sf* **1** casa, habitação. **2** *fig* lar, teto. **3** pátria, terra. **4** família, dinastia. **a casa mia** a) em minha casa. b) *fig* em minha opinião. **casa di riposo** casa de repouso. **casa editrice** editora. **di casa** *pop* de casa, íntimo.

ca.sac.ca [kaz'akka] *sf* casaco.

ca.sa.lin.go [kazal'ingo] *agg* **1** caseiro, doméstico. **2** *fig* tranquilo.

ca.sa.to [kaz'ato] *sm* **1** sobrenome. **2** família, descendência.

ca.sca.re [kask'are] *vi* cair, desabar, ruir.

ca.sca.ta [kask'ata] *sf* cascata, cachoeira, catarata.

ca.sco [k'asko] *sm Mil* capacete.

ca.sel.la [kaz'εlla] *sf* **1** divisão. **2** quadriculado. **casella postale** caixa postal.

ca.sie.re [kaz'jεre] *sm* caseiro.

ca.si.nò [kazin'ɔ] *sm* cassino, casa de jogo.

ca.si.no [kaz'ino] *sm* **1** casa de campo. **2** *ger* bagunça, confusão, desordem.

ca.si.po.la [kaz´ipola] *sf* casebre.

ca.so [k´azo] *sm* **1** acaso, destino. **2** incidente. **3** caso, acontecimento, episódio.

ca.spi.ta [k´aspita] *int* caramba! puxa!

cas.sa [k´assa] *sf* caixa, bilheteria, guichê. **cassa di risparmio** caixa econômica.

cas.sa.re [kass´are] *vt* **1** riscar, rasurar, apagar. **2** *Giur* cassar, anular. **3** (anche *fig*) eliminar, abolir.

cas.sa.ta [kass´ata] *sf cassata*, sorvete.

cas.se.ruo.la [kasser´wɔla] *sf* caçarola.

cas.set.to [kass´etto] *sm* gaveta. **cassetto del cruscotto** *Autom* porta-luvas.

cas.set.to.ne [kassett´one] *sm* cômoda.

cas.sie.re [kass´jere] *sm* caixa, funcionário que trabalha no caixa.

cas.si.no [kass´ino] *sm* **1** carrocinha de cachorro. **2** caminhão de lixo.

ca.sta.gna [kast´aña] *sf* castanha.

ca.stel.lo [kast´ello] *sm* **1** castelo, palácio. **2** estrado, armação.

ca.sti.ga.re [kastig´are] *vt* castigar, punir.

ca.sti.go [kast´igo] *sm* **1** castigo, punição, pena. **2** *fig* sofrimento.

ca.sto [k´asto] *agg* **1** casto, virgem. **2** inocente, puro. **3** virtuoso.

ca.stra.re [kastr´are] *vt* **1** castrar. **2** *fig* frustrar, impedir, destruir.

ca.su.a.le [kazu´ale] *agg* casual.

ca.ta.lo.ga.re [katalog´are] *vt* **1** catalogar, classificar. **2** arquivar, registrar.

ca.ta.lo.go [kat´alogo] *sm* **1** catálogo, lista. **2** *Comm* cotação, lista de preços.

ca.tar.ro [kat´aro] *sm Med* catarro.

ca.ta.sto [kat´asto] *sm* cadastro.

ca.ta.stro.fe [kat´astrofe] *sf* catástrofe, desastre, desgraça.

ca.te.chiz.za.re [katekiddz´are] *vt* **1** catequizar, converter. **2** *fig* instruir.

ca.te.go.ri.a [kategor´ia] *sf* categoria, classe, tipo.

ca.te.na [kat´ena] *sf* **1** corrente. **2** grilhão. **3** *fig* cadeia, série, sequência. **4** ligação. **5** *fig* escravidão. **catena di montagne** cadeia de montanhas, cordilheira.

ca.te.rat.ta [kater´atta] *sf* **1** catarata, cachoeira. **2** *Med* catarata.

cat.te.dra.le [kattedr´ale] *sf* catedral.

cat.ti.var.si [kattiv´arsi] *vpr* cativar, atrair, conquistar, ganhar.

cat.ti.ve.ri.a [kattiv´erja] *sf* **1** maldade, ruindade. **2** *fig* baixeza. **3** *ger* baixaria.

cat.ti.vo [katt´ivo] *agg* **1** mau, ruim. **2** malvado. **3** pesado (ar). **4** desobediente (criança). **5** mesquinho, vil.

cat.to.li.co [katt´oliko] *sm+agg* católico.

cat.tu.ra.re [kattur´are] *vt* **1** capturar, prender, aprisionar. **2** *fig* pegar em flagrante.

cau.le [k´awle] *sm Bot* caule.

cau.sa [k´awza] *sf* **1** causa. **2** origem, motivo. **3** *Giur* causa, acusação, processo. **a causa di/a causa che** por causa de.

cau.sa.re [kawz´are] *vt* **1** causar, motivar. **2** originar.

cau.te.la [kawt´ela] *sf* cautela, cuidado, prudência, precaução.

cau.zio.ne [kawts´jone] *sf* **1** cautela, prudência, segurança. **2** *Giur* caução.

ca.va [k´ava] *sf* **1** mina. **2** cova, buraco, fossa.

ca.val.ca.re [kavalk´are] *vt+vi* cavalgar, andar a cavalo, montar.

ca.val.cio.ni [kavaltʃ´oni] *avv* usado na expressão **a cavalcioni** a cavalo.

ca.va.lie.re [kaval´jere] *sm* cavaleiro.

ca.val.la [kav´alla] *sf* égua.

ca.val.le.ri.a [kavaller´ia] *sf* cavalaria.

ca.val.let.ta [kavall´etta] *sf* gafanhoto.

ca.val.let.to [kavall´etto] *sm* **1** cavalete. **2** *Sp* cavalo (para ginástica).

ca.val.lo [kav´allo] *sm* cavalo. **cavallo da corsa** cavalo de corrida.

ca.va.re [kav´are] *vt* **1** cavar, escavar. **2** arrancar, extrair (dente). **cavarsela** *pop* virar-se, arranjar-se. *me la cavo* / eu me viro.

ca.va.tap.pi [kavat´appi] *sm* saca-rolhas.

ca.ver.na [kav´erna] *sf* caverna, gruta.

ca.vi.glia [kav´iλa] *sf* **1** cavilha. **2** *Anat* tornozelo.

ca.vi.tà [kavit´a] *sf* cavidade, buraco.

ca.vo [k´avo] *sm* **1** cavidade, buraco. **2** molde oco. **3** cabo, corda. • *agg* **1** oco, vazio. **2** côncavo.

ca.vol.fio.re [kavolfi´ore] *sm* couve-flor.

ca.vo.lo [k´avolo] *sm* repolho, couve.

caz.zo [k´atso] *sm volg* pinto, pênis.

caz.zot.to [katts´otto] *sm* murro, soco.

CD [tʃ´i d´i] *sm* CD, disco compacto. *lettore di CD* aparelho de CD.

ce [tʃ´e] *pron* nos, a nós, para nós. • *avv* aqui, ali etc.

ce.ce [tʃ´etʃe] *sm* grão-de-bico.

ce.ci.tà [tʃetʃit´a] *sf* **1** cegueira. **2** *fig* burrice.

ce.de.re [tʃ´edere] *vt* ceder, conceder. *vi* **2** ceder, desabar, quebrar-se. **3** ceder, desistir.

ce.de.vo.le [tʃed´evole] *agg* **1** maleável, flexível. **2** mole, tenro.

ce.do.la [tʃ´edola] *sf* cédula, cupom.

cef.fo [tʃ´effo] *sm* **1** focinho. **2** *iron* rosto, cara.

cef.fo.ne [tʃeff´one] *sm* bofetada, tapa.

ce.la.re [tʃel´are] *vt* **1** esconder, ocultar. **2** encobrir.

ce.la.ta [tʃel´ata] *sf Mil* capacete, elmo.

ce.le.bra.re [tʃelebr´are] *vt* **1** elogiar, exaltar. **2** *Rel* celebrar (a missa). **3** *fig* celebrar, comemorar, festejar.

ce.le.bre [tʃ´elebre] *agg* **1** célebre, famoso, ilustre, conhecido.

ce.le.ste [tʃel´este] *agg* **1** celeste, divino. **2** *fig* suave.

ce.le.stia.le [tʃelest´jale] *agg* celestial, divino, sublime.

ce.li.ba.ta.rio [tʃelibat´arjo] *sm+agg* **1** celibatário. **2** *pop* solteirão.

ce.li.be [tʃ´elibe] *sm+agg* **1** solteiro. **2** *fig* livre.

cel.la [tʃ´ella] *sf* **1** cela, quarto onde dormem os religiosos. **2** adega.

cel.lu.la [tʃ´ellula] *sf* **1** *Biol* célula. **2** *fig* núcleo, germe.

cel.lu.la.re [tʃellul´are] *agg* celular.

cel.lu.lo.sa [tʃellul´oza] *sf* celulose.

cem.ba.lo [tʃ´embalo] *sm Mus* cravo.

ce.men.to [tʃem´ento] *sm* cimento, argamassa.

ce.na [tʃ´ena] *sf* **1** ceia. **2** jantar.

ce.na.re [tʃen´are] *vt+vi* **1** cear. **2** jantar.

cen.cio [tʃ´entʃo] *sm* **1** trapo, farrapo. **2** (*anche fig*) pedaço, retalho.

ce.ne.re [tʃ´enere] *sf* (mais usado no plural *ceneri*) cinza. **le Ceneri** quarta-feira de cinzas.

ce.ne.ri.no [tʃener´ino] *agg* cinzento, cinza.

cen.no [tʃ´enno] *sm* **1** aceno, gesto. **2** sinal, aviso. **3** notícia.

cen.so [tʃ´enso] *sm* **1** censo. **2** patrimônio, bens. **3** renda, rendimento.

cen.su.ra [tʃens´ura] *sf* censura, crítica, repreensão.

cen.su.ra.re [tʃensur´are] *vt* **1** censurar. **2** proibir, vetar. **3** repreender, criticar, reprovar.

cen.te.na.rio [tʃenten´arjo] *agg* **1** centenário. **2** *fig* antiquíssimo.

cen.ti.na.io [tʃentin´ajo] *sm* (*pl f* **centinaia**) centena.

cen.to [tʃ´ento] *sm* **1** cem. **2** centena, cento. • *num* cem.

cen.to.gam.be [tʃentog´ambe] *sm* centopeia.

cen.tra.le [tʃentr´ale] *agg* **1** central. **2** *fig* principal.

cen.tra.liz.za.re [tʃentraliddz´are] *vt* centralizar, concentrar.

cen.tro [tʃ´entro] *sm* **1** centro. **2** *fig* coração, núcleo. **3** sumo, essência. **centro avanti** *Sp* centroavante.

cen.tu.plo [tʃˈɛntuplo] *sm+num* cêntuplo.

cen.tu.rio.ne [tʃentur'jone] *sm* centurião.

cep.po [tʃ'eppo] *sm* 1 cepo, tora. 2 estirpe, origem de uma família.

ce.ra [tʃ'era] *sf* 1 cera. 2 vela. 3 *fig* aspecto do rosto, semblante. **cera da scarpe** graxa de sapatos.

ce.ra.mi.ca [tʃer'amika] *sf* cerâmica.

cer.ca.re [tʃerk'are] *vt* 1 procurar. 2 investigar, pesquisar. **cercare di fare qualcosa** tentar fazer algo.

cer.chio [tʃ'erkjo] *sf* 1 círculo, circunferência. 2 circuito. 3 anel.

ce.re.a.le [tʃere'ale] *sm* cereal.

ce.re.bro [tʃ'erebro] *sm Anat* cérebro.

ce.ri.mo.nia [tʃerim'ɔnja] *sf* 1 cerimônia, ritual. 2 formalidade, etiqueta, cerimonial, praxe. 3 **cerimonie** *pl* cortesia exagerada, afetação.

ce.ri.no [tʃer'ino] *sm dim* 1 fósforo de cera. 2 pavio, mecha.

cer.nie.ra [tʃern'jera] *sf* 1 fecho. 2 dobradiça.

cer.tez.za [tʃert'ettsa] *sf* certeza, convicção, segurança.

cer.ti.fi.ca.re [tʃertifik'are] *vt* 1 certificar, autenticar, legalizar. 2 afirmar, confirmar, assegurar. 3 atestar, testemunhar, provar.

cer.ti.fi.ca.to [tʃertifik'ato] *sm* certificado, atestado, declaração, documento.

cer.to [tʃ'erto] *sm* o que é certo, certeza. • *agg* 1 certo, verdadeiro. 2 seguro. • *avv* com certeza.

cer.tu.no [tʃert'uno] *pron* alguém, um tal.

cer.va [tʃ'erva] *sf* corça, fêmea do veado.

cer.vel.lo [tʃerv'ello] *sm* 1 cérebro. *fig* 2 inteligência, mente. 3 bom senso, juízo, razão. 4 cérebro, pessoa inteligente.

cer.vi.ce [tʃerv'itʃe] *sf* 1 nuca. 2 *fig* cabeça.

cer.vo [tʃ'ervo] *sm* veado, cervo. **cervo volante** a) *Zool* besouro. b) *fig* papagaio, pipa.

ce.so.ie [tʃez'oje] *sf pl* tesoura.

ce.spu.glio [tʃesp'uʎo] *sm* moita.

ces.sa.re [tʃess'are] *vi* cessar, acabar, parar, terminar.

ces.sa.zio.ne [tʃessats'jone] *sf* interrupção, fim.

ces.sio.ne [tʃess'jone] *sf* cessão, transferência.

ces.so [tʃ'esso] *sm* 1 *ger* latrina, privada. 2 *fig* porcaria, sujeira.

ce.sta [tʃ'esta] *sf* cesta, cesto. *Sin*: cesto.

ce.sto [tʃ'esto] *sm V* **cesta**.

ce.to [tʃ'eto] *sm* 1 classe social. 2 *Zool* baleia.

ce.tri.o.lo [tʃetri'ɔlo] *sm* 1 *Bot* pepino. 2 *fig* bobo, tolo.

che[1] [k'e] *pron* 1 que, o qual, a qual, os quais, as quais. 2 que, quanto, quanta. • *cong* que. **che cosa?** o quê?

che[2] [k'e] *int* quê! o quê! nunca!

ché [k'e] *cong* porque, a fim de que.

chec.ches.si.a [kekkess'ia] *pron* o que quer que seja, qualquer coisa.

che.le [k'ɛle] *sm pl Zool* pinças, garras (de caranguejo, escorpião etc.).

che.pì [kep'i] *sm Mil* quepe.

che.ru.bi.no [kerub'ino] *sm Rel* querubim.

chi [k'i] *pron* quem. **chi?** quem?

chiac.chie.ra [k'jakkjera] *sf pop* 1 conversa-fiada, papo-furado. 2 fofoca, mexerico.

chiac.chie.ra.re [kjakkjer'are] *vi pop* 1 conversar. 2 tagarelar. 3 fofocar, caluniar.

chiac.chie.ro.ne [kjakkjer'one] *sm pop* 1 tagarela. 2 fofoqueiro, mexeriqueiro.

chia.ma.re [kjam'are] *vt* 1 chamar, batizar, denominar. 2 chamar (alguém), convidar. 3 despertar, acordar. 4 pedir ajuda. 5 designar, eleger. *vpr* 6 chamar-se.

chia.ma.ta [kjam'ata] *sf* chamada.

chia.ra [k´jara] *sf* clara (do ovo).
chia.reg.gia.re [kjaredd3´are] *vt* clarear.
chia.rez.za [kjar´ettsa] *sf* 1 clareza. 2 precisão. 3 *fig* honestidade, retidão.
chia.ri.re [kjar´ire] *vt* 1 clarear. 2 esclarecer, explicar. 3 verificar, apurar, averiguar.
chia.ro [k´jaro] *agg* 1 claro. 2 luminoso, brilhante. 3 limpo, límpido (céu). 4 transparente, nítido. 5 distinto, evidente. 6 óbvio, patente. 7 ilustre, famoso.
chias.so [k´jasso] *sm* ruído, algazarra, rumor.
chias.so.so [kjass´ozo] *agg* 1 barulhento, ruidoso. 2 *fig* sensacional. 3 alegre, extrovertido. 4 vivo (colorido).
chia.ve [k´jave] *sf* 1 chave. 2 *fig* sistema, método, modo. 3 *Mus* clave (de instrumento).
chia.vi.ca [k´javika] *sf* esgoto, cloaca.
chia.vi.stel.lo [kjavist´ɛllo] *sm* tranca, barra.
chic.ches.si.a [kikkess´ia] *pron* quem quer que seja, qualquer pessoa.
chic.co [k´ikko] *sm* grão.
chie.de.re [k´jɛdere] *vt* 1 perguntar, pedir. 2 implorar. 3 pedir esmolas.
chie.sa [k´jɛza] *sf* 1 igreja. 2 templo. 3 *fig* religião, clero.
chie.sta [k´jɛsta] *sf* pedido, pergunta.
chi.lo [k´ilo] *sm V chilogramma.*
chi.lo.gram.ma [kilogr´amma] *sm* quilograma, quilo. *Abbrev:* chilo.
chi.lo.me.tro [kil´ɔmetro] *sm* quilômetro.
chi.mi.ca [k´imika] *sf* química.
chi.na [k´ina] *sf* descida, declive, inclinação.
chi.na.re [kin´are] *vt* 1 abaixar, curvar, inclinar, reclinar. *vpr* 2 abaixar-se, inclinar-se, curvar-se.
chin.ca.glie.ri.a [kinkaλer´ia] *sf* quinquilharia, miudeza.
chioc.cia [k´jɔttʃa] *sf* galinha choca.

chioc.cia.re [kjottʃ´are] *vi* 1 cacarejar. 2 *fig* lamentar-se, reclamar.
chioc.cio.la [k´jɔttʃola] *sf* 1 caracol, caramujo. 2 porca (de parafuso).
chio.do [k´jodo] *sm* 1 prego. 2 *fig* dor de cabeça.
chio.ma [k´jɔma] *sf* 1 cabeleira. 2 *Astron* cabeleira de cometa. 3 *Bot* copa, folhagem.
chio.sco [k´jɔsko] *sm* banca, quiosque.
chi.rur.gi.a [kirurdʒ´ia] *sf* cirurgia, operação.
chi.rur.go [kir´urgo] *sm* cirurgião.
chi.tar.ra [kit´ara] *sf Mus* 1 violão, viola. 2 guitarra.
chiu.de.re [k´judere] *vt* 1 fechar, cerrar. 2 cobrir, esconder. 3 extinguir, frear, estagnar. 4 bloquear, impedir. 5 cercar. *vpr* 6 fechar-se. 7 *fig* isolar-se.
chi.un.que [ki´unkwe] *pron* qualquer um, qualquer pessoa.
chiu.sa [k´juza] *sf* 1 dique. 2 fim, final, fechamento.
chiu.so [k´juzo] *agg* 1 fechado, cerrado. 2 *fig* reservado, privado. 3 proibido. 4 introvertido.
choc [ʃ´ɔk] *sm fr V shock.*
ci [tʃ´i] *sm* cê, o nome da letra C. • *pron pl* 1 nos. 2 a nós. • *avv* aí, ali, lá, aqui, para cá, para lá etc.
cia.bat.ta [tʃab´atta] *sf* chinelo, pantufa.
ciam.bel.la [tʃamb´ɛlla] *sf* rosca (o pão).
cia.o [tʃ´ao] *int* 1 oi! ciao, come stai? / oi, como está? 2 adeus! tchau! *ciao, vediamoci presto!* / tchau, nos vemos em breve!
ciar.la.re [tʃarl´are] *vi* 1 papear, tagarelar. 2 fofocar.
ciar.la.ta.no [tʃarlat´ano] *sm* 1 charlatão. 2 embrulhão. 3 impostor.
cia.scu.no [tʃask´uno] *pron* cada um, cada.
ci.bo [tʃ´ibo] *sm pop* 1 comida, alimento. 2 prato, iguaria.

cicala — circa

ci.ca.la [tʃiˈkala] *sf Zool* cigarra.
ci.ca.tri.ce [tʃikatrˈitʃe] *sf* cicatriz.
ci.ca.triz.za.re [tʃikatriddzˈare] *vt* 1 cicatrizar, regenerar. *vpr* 2 cicatrizar-se, fechar-se, regenerar-se. 3 sarar.
cic.ca [tʃˈikka] *sf* 1 *fam* ponta de cigarro. 2 *fig* ninharia.
cic.chet.to [tʃikkˈetto] *sm* 1 cálice, copinho para licor. 2 *ger* bronca, lavada.
ci.cli.sta [tʃiklˈista] *s+agg* ciclista.
ci.clo [tʃˈiklo] *sm* ciclo, período.
ci.clo.ne [tʃiklˈone] *sm* ciclone, furacão, tufão.
ci.co.gna [tʃikˈoɲa] *sf Zool* cegonha.
ci.co.ria [tʃikˈɔrja] *sf* chicória.
cie.co [tʃˈɛko] *sm* cego. • *agg* 1 cego. 2 *fig* transtornado. 3 sem saída.
cie.lo [tʃˈɛlo] *sm* 1 céu. 2 *fig* paraíso.
ci.fra [tʃˈifra] *sf* 1 cifra, número. 2 *fig* iniciais, sigla, sinal. 3 código, escrita.
ci.glio [tʃˈiʎo] *sm* 1 borda, margem, extremidade. 2 *Anat* cílio, pestana.
ci.gno [tʃˈiɲo] *sm Zool* cisne.
ci.lie.gia [tʃiljˈedʒa] *sf* cereja.
ci.lin.dro [tʃilˈindro] *sm* 1 cilindro. 2 cartola, tipo de chapéu. 3 *fig* rolo, tubo.
ci.ma [tʃˈima] *sf* 1 cima, cume, parte superior, cúmulo. 2 extremidade, ponta.
ci.ma.re [tʃimˈare] *vt* podar, aparar.
cim.ba.li [tʃˈimbali] *sm pl Mus* pratos.
ci.men.ta.re [tʃimentˈare] *vt* 1 arriscar, pôr em risco. 2 testar, pôr à prova. *vpr* 3 arriscar-se, aventurar-se. 4 competir, medir-se com.
ci.men.to [tʃimˈento] *sm* 1 perigo, risco. 2 desafio. 3 batalha, combate, duelo. 4 *fig* exame, prova, teste.
ci.mi.ce [tʃˈimitʃe] *sm Zool* percevejo.
ci.mi.nie.ra [tʃimin'jera] *sf* chaminé.
ci.mi.te.ro [tʃimitˈɛro] *sm* 1 cemitério. 2 catacumba, necrópole.
ci.ne.ma [tʃˈinema] *sm* cinema. **andare al cinema** ir ao cinema.
ci.ne.se [tʃinˈeze] *s+agg* chinês.
cin.ge.re [tʃˈindʒere] *vt* cingir, rodear, cercar.
cin.ghia [tʃˈingja] *sf* 1 cinta para selas. 2 cinto, cinta, faixa.
cin.ghia.le [tʃingjale] *sm Zool* javali.
ci.ni.co [tʃˈiniko] *agg* 1 cínico, indiferente, insensível. 2 *pop* descarado, cara de pau.
cin.quan.ta [tʃinkwˈanta] *sm+num* cinquenta.
cin.que [tʃˈinkwe] *sm+num* cinco.
cin.qui.na [tʃinkˈwina] *sf* quina, cinco números em série.
cin.ta [tʃˈinta] *sf* 1 muralha, muro. 2 cinta, cinto, faixa.
cin.to [tʃˈinto] *sm* cinto.
cin.tu.ra [tʃintˈura] *sf* cintura, cinto, cinta. **cintura di sicurezza** *Autom* cinto de segurança.
ciò [tʃˈɔ] *pron* isto, aquilo, o que, tudo o que.
cioc.ca [tʃˈɔkka] *sf* 1 cacho (de uva, dos cabelos). 2 ramalhete. 3 madeixa.
cioc.co [tʃˈɔkko] *sm* 1 lenha (para fogueira). 2 *fig* tolo, estúpido.
cioc.co.la.ta [tʃokkolˈata] *sf* chocolate. *Sin: cioccolato.*
cioc.co.la.ti.no [tʃokkolatˈino] *sm* bombom.
cioc.co.la.to [tʃokkolˈato] *sm V cioccolata.*
cio.è [tʃoˈɛ] *avv* isto é, ou seja, a saber.
cion.do.la.re [tʃondolˈare] *vt+vi* 1 balançar. *vi* 2 pender.
cion.do.lo [tʃˈondolo] *sm* 1 brinco. 2 pingente.
cion.do.lo.ni [tʃondolˈoni] *avv* 1 balançando. *con le braccia ciondoloni* / com os braços balançando. 2 pendurado, dependurado.
ci.pol.la [tʃipˈolla] *sf* 1 *Bot* cebola. 2 raiz (de plantas ou cabelos). 3 *fig* cabeça.
ci.pres.so [tʃiprˈesso] *sm Bot* cipreste.
cir.ca [tʃˈirka] *prep* 1 quase, por volta de. 2 sobre, com relação a, a propósi-

circo 53 **clorofilla**

to de. • *avv* cerca, aproximadamente, mais ou menos, quase. *due ore circa / * mais ou menos duas horas. **circa a/circa di** cerca de.

cir.co [tʃ´irko] *sm* circo.

cir.co.la.re [tʃirkol´are] *vi* 1 circular. 2 *fig* transitar, passear, caminhar. • *agg* circular.

cir.co.lo [tʃ´irkolo] *sm* 1 círculo, circunferência. 2 clube. 3 associação, sociedade. 4 ambiente.

cir.con.ci.sio.ne [tʃirkontʃiz´jone] *sf* circuncisão.

cir.con.fe.ren.za [tʃirkonfer´ɛntsa] *sf Geom* circunferência, círculo.

cir.con.fles.so [tʃirkonfl´ɛsso] *agg* circunflexo.

cir.co.stan.za [tʃirkost´antsa] *sf* 1 circunstância, situação, caso, contingência. 2 acontecimento, acidente.

cir.cui.to [tʃirk´ujto] *sm* circuito, giro, volta.

ci.ste [tʃ´iste] *sm Med* cisto, quisto.

ci.ta.re [tʃit´are] *vt* 1 citar, mencionar, referir. 2 indicar, assinalar. 3 *Giur* citar.

ci.trul.lo [tʃitr´ullo] *sm* bobo, tolo, idiota.

cit.tà [tʃitt´a] *sf* 1 cidade. 2 *fig* centro, capital, metrópole. 3 comunidade.

cit.ta.di.nan.za [tʃittadin´antsa] *sf* 1 cidadania. 2 população, cidadãos.

cit.ta.di.no [tʃittad´ino] *sm* cidadão. • *agg* urbano.

ciu.co [tʃ´uko] *sm Zool* asno, burro.

ciuf.fo [tʃ´uffo] *sm* 1 topete (dos cabelos). 2 *fig* maço, ramalhete. 3 moita, arbusto.

ci.vet.ta [tʃiv´etta] *sf* 1 *Zool* coruja. 2 *fig pop* namoradeira, perua.

ci.vet.te.ria [tʃivetter´ia] *sf* 1 *fig* namorico. 2 *pop* paquera.

ci.vi.le [tʃiv´ile] *sm* civil. • *agg* 1 civil. 2 civilizado, moderno, progressivo. 3 educado, cortês, gentil.

ci.vi.liz.za.re [tʃiviliddz´are] *vt* 1 civilizar. 2 educar.

ci.vi.liz.za.zio.ne [tʃiviliddzats´jone] *sf* civilização.

ci.vil.tà [tʃivilt´a] *sf* 1 civilização, cultura. 2 progresso, modernidade. 3 educação, boas maneiras, gentileza.

clac.son [klaks´on] *sm Autom* buzina.

cla.mo.re [klam´ore] *sm* 1 (anche *fig*) clamor, ruído, barulho, rumor. 2 sensação.

clan.de.sti.no [klandest´ino] *sm+agg* clandestino, ilegal.

cla.ri.net.to [klarin´etto] *sm Mus* clarinete.

clas.se [kl´asse] *sf* 1 classe, gênero, tipo. 2 classe social. 3 categoria. 4 turma.

clas.si.co [kl´assiko] *agg* 1 clássico, tradicional. 2 *fig* exemplar.

clas.si.fi.ca.re [klassifik´are] *vt* 1 classificar, catalogar, agrupar. 2 julgar, avaliar.

clau.so.la [kl´awzola] *sf* 1 cláusula, parágrafo. 2 condição.

cla.vi.co.la [klav´ikola] *sf Anat* clavícula.

cle.men.te [klem´ɛnte] *agg* 1 clemente, piedoso. 2 indulgente, benévolo.

cle.men.za [klem´ɛntsa] *sf* 1 clemência, piedade, misericórdia. 2 bondade, indulgência.

cle.ro [kl´ero] *sm pop* clero, Igreja, religiosos.

cliché [kliʃ´e] *sm fr* 1 clichê, matriz. 2 estereótipo, chavão. 3 *fig* modelo, esquema.

cli.en.te [kli´ɛnte] *s* cliente, freguês.

cli.ma [kl´ima] *sm* 1 clima. 2 *fig* ambiente, condição.

cli.ni.ca [kl´inika] *sf* clínica, hospital.

clip [kl´ip] *sm ingl* clipe para papel.

clo.a.ca [klo´aka] *sf* cloaca, esgoto, fossa.

clo.ro [kl´ɔro] *sm Chim* cloro.

clo.ro.fil.la [klorof´illa] *sf Bot* clorofila.

club [kl'ab] *sm ingl* clube, associação.
co.a.gu.la.men.to [koagulam'ento] *sm* coagulação.
co.a.gu.la.re [koagul'are] *vt* coagular, coalhar.
co.a.gu.lo [ko'agulo] *sm* coágulo.
co.a.li.zio.ne [koalits'jone] *sf* coalizão, aliança, associação, união, liga.
co.a.zio.ne [koats'jone] *sf* coação, constrangimento, restrição.
co.ca.i.na [koka'ina] *sf* cocaína.
coc.chie.re [kokk'jεre] *sm* cocheiro.
coc.chio [k'ɔkkjo] *sm* coche, carruagem, carroça.
coc.ci.nel.la [kottʃin'εlla] *sf Zool* joaninha.
coc.ciu.to [kottʃ'uto] *agg* teimoso, obstinado.
coc.co[1] [k'ɔkko] *sm ger* pupilo.
coc.co[2] [k'ɔkko] *sm Bot* coco, coqueiro.
coc.co.dril.lo [kokkodr'illo] *sm Zool* crocodilo, jacaré.
coc.co.la.re [kokkol'are] *vt* 1 acariciar, afagar, mimar. 2 adular, bajular. *vpr* 3 divertir-se.
coc.co.me.ro [kok'ɔmero] *sm* melancia.
coc.cuz.za [kok'uttsa] *sf* 1 abóbora. 2 *fig* cabeça.
co.da [k'oda] *sf* 1 cauda, rabo. 2 *fig* fila, anexo, prolongamento.
co.dar.di.a [kodard'ia] *sf* covardia, medo.
co.dar.do [kod'ardo] *sm+agg* covarde, medroso.
co.de.sta [kod'esta] *pron f sing* 1 essa. 2 **codeste** *pl* essas.
co.de.sto [kod'esto] *pron m sing* 1 isso. 2 esse. 3 **codesti** *pl* esses.
co.di.ce [k'ɔditʃe] *sm* 1 código. 2 lei, norma. 3 texto antigo.
co.e.ren.te [koer'εnte] *agg* coerente, lógico, uniforme.
co.e.sio.ne [koez'jone] *sf* 1 coesão, ligação das moléculas. 2 *fig* acordo, harmonia.

co.fa.no [k'ɔfano] *sm* 1 cofre, baú, caixa. 2 *Autom* capota.
co.glie.re [k'ɔʎere] *vt* 1 colher, recolher. 2 agarrar, arrancar. 3 surpreender, pegar em flagrante. 4 compreender, entender.
co.glio.ne [koʎ'one] *sm volg* 1 saco. 2 *fig* imbecil, idiota.
co.gli.tu.ra [koʎit'ura] *sf* colheita.
cognac [koɲ'ak] *sm fr* conhaque.
co.gna.to [koɲ'ato] *sm* cunhado.
co.gno.me [koɲ'ome] *sm* 1 sobrenome. 2 título.
co.in.ci.den.za [kointʃid'εntsa] *sf* 1 coincidência, simultaneidade. 2 *fig* correspondência, correlação.
co.in.ci.de.re [kointʃ'idere] *vi* coincidir, combinar, convergir, concordar.
co.in.vol.ge.re [koinv'ɔldʒere] *vt* envolver, comprometer, tornar cúmplice.
co.là [kol'a] *avv* ali, lá, naquele lugar.
co.la.bro.do [kolabr'ɔdo] *sm* coador (recipiente).
co.la.re [kol'are] *vt* 1 coar, filtrar. *vi* 2 escoar, pingar, gotejar.
co.la.to.io [kolat'ojo] *sm* coador, filtro.
co.la.zio.ne [kolats'jone] *sf* 1 almoço. 2 café da manhã. **colazione del mattino/prima colazione** café da manhã, desjejum.
co.lei [kol'εj] *pron f sing* 1 ela, aquela. 2 fulana.
co.le.ra [kol'εra] *sm Med* cólera.
co.li.ca [k'ɔlika] *sf Med* cólica.
col.la[1] [k'ɔlla] *sf* cola.
col.la.bo.ra.re [kollabor'are] *vt* 1 colaborar, cooperar, auxiliar, ajudar. 2 *pop* dar uma mão.
col.la.na [koll'ana] *sf* 1 colar. 2 coleção, série de livros.
col.la.re [koll'are] *sm* 1 coleira. 2 gola. 3 colarinho. 4 *Rel* colarinho de padre.
col.la.ret.to [kollar'etto] *sm dim* 1 gola. 2 colarinho (de camisa).

col.la.ri.no [kollar'ino] *sm dim* **1** colarinho. **2** *Rel* colarinho de padre.
col.las.so [koll'asso] *sm Med* colapso.
col.le [k'ɔlle] *sm* colina, morro.
col.le.ga [koll'ega] *s* colega, companheiro, amigo.
col.le.gia.le [kolledʒ'ale] *s+agg* colegial.
col.le.gio [koll'edʒo] *sm* **1** colégio, escola. **2** reunião, assembleia.
col.le.ra [k'ɔllera] *sf* cólera, fúria, raiva, ira.
col.let.ta [koll'ɛtta] *sf* coleta.
col.let.ti.vo [kollett'ivo] *agg* coletivo, comum.
col.let.to [koll'etto] *sm* **1** colarinho (de camisa). **2** gola.
col.le.zio.ne [kolletsj'one] *sf* **1** coleção. **2** reunião, conjunto.
col.li.na [koll'ina] *sf* colina, morro.
col.li.rio [koll'irjo] *sm* colírio.
col.li.sio.ne [kolliz'jone] *sf* colisão, batida.
col.lo [k'ɔllo] *sm* **1** pescoço. **2** gargalo. **3** pacote, fardo. **4** colarinho (de camisa).
col.lo.ca.re [kollok'are] *vt* **1** colocar, acomodar. *vpr* **2** colocar-se, acomodar-se.
col.lo.so [koll'ozo] *agg* pegajoso, grudento, viscoso.
col.ma.re [kolm'are] *vt* **1** encher, completar. **2** acumular.
col.mo [k'olmo] *sm* cume, auge. • *agg* **1** cheio, completo. **2** convexo.
co.lom.bo [kol'ombo] *sm Zool* pombo. **pigliare due colombi ad una fava** matar dois coelhos com uma só cajadada.
co.lo.nia [kol'ɔnja] *sf* colônia.
co.lo.niz.za.re [koloniddz'are] *vt* colonizar, povoar.
co.lon.na [kol'onna] *sf Archit* coluna. **colonna sonora** trilha sonora. **colonna vertebrale** *Anat* coluna vertebral.
co.lon.nel.lo [kolonn'ɛllo] *sm Mil* coronel.

co.lo.no [kol'ono] *sm* colono.
co.lo.ra.re [kolor'are] *vt* **1** colorir, pintar, tingir. **2** simular, fingir.
co.lo.re [kol'ore] *sm* **1** cor. **2** tinta. **3** *fig* partido, opinião política. **4** aspecto. **colore a olio** tinta a óleo.
co.lo.ri.to [kolor'ito] *sm* colorido, cor.
co.lo.ro [kol'oro] *pron pl* aqueles, eles.
co.los.sa.le [koloss'ale] *agg* colossal, gigantesco, enorme.
co.los.se.o [koloss'eo] *sm* coliseu.
co.los.so [kol'osso] *sm* colosso, estátua gigantesca.
col.pa [k'olpa] *sf* **1** culpa. **2** falha, pecado.
col.pi.re [kolp'ire] *vt* **1** golpear, bater. **2** ferir.
col.po [k'olpo] *sm* **1** golpe, batida, pancada. **2** ferimento, hematoma. **3** *fig* golpe, fraude, peça. **4** abalo, choque emocional. **colpo di stato** golpe de Estado.
col.tel.lie.ra [koltell'jera] *sf* faqueiro.
col.tel.lo [kolt'ɛllo] *sm* faca.
col.ti.va.re [koltiv'are] *vt* **1** cultivar, plantar. **2** *fig* criar, educar. **3** acostumar, habituar. **4** promover, incitar. **5** estudar, aplicar-se a.
col.ti.va.zio.ne [koltivats'jone] *sf* cultivo, cultura, plantação.
col.to[1] [k'olto] *part* cultivado, plantado. • *agg* **1** culto, instruído, erudito. **2** educado.
col.to[2] [k'ɔlto] *part+agg* **1** colhido. **2** pego.
col.tre [k'oltre] *sm* colcha.
col.tu.ra [kolt'ura] *sf* **1** cultura, cultivo. **2** *fig* cultura, erudição.
co.lui [kol'uj] *pron m sing* **1** ele, aquele. **2** fulano.
co.ma [k'oma] *sm Med* coma.
co.man.da.men.to [komandam'ento] *sm* **1** comando, ordem. **2** mandamento, preceito.

co.man.da.re [komand´are] *vt* **1** comandar. **2** chefiar. **3** guiar, dirigir. **4** decretar, ordenar.

co.man.do [kom´ando] *sm* **1** comando, ordem, prescrição. **2** decreto, preceito. **3** autoridade, domínio. **4** *Inform* comando.

co.ma.re [kom´are] *sf* **1** comadre, madrinha. **2** *ger* fofoqueira.

com.ba.cia.re [kombatʃ´are] *vt* **1** encaixar, unir. *vpr* **2** encaixar-se, ajustar-se.

com.bat.te.re [komb´attere] *vt* **1** combater. **2** agredir, atacar. **3** *fig* contrariar, opor-se a. *vi* **4** combater, guerrear.

com.bat.ti.men.to [kombattim´ento] *sm* **1** combate, luta, batalha, conflito. **2** *fig* disputa. **3** *Sp* jogo, partida.

com.bi.na.re [kombin´are] *vt* **1** combinar. **2** conectar, ligar. **3** organizar.

com.bu.sti.bi.le [kombust´ibile] *sm+ agg* combustível.

com.bu.stio.ne [kombust´jone] *sf* **1** combustão, queima. **2** *fig* trabalho intenso, afã.

co.me [k´ome] *avv* como, assim como, dessa maneira. • *int* como? (indica surpresa).

co.me.ta [kom´eta] *sf* cometa.

co.mi.co [k´ɔmiko] *sm* cômico. • *agg* cômico, engraçado.

co.min.cia.men.to [komintʃam´ento] *sm* começo, princípio, início.

co.min.cia.re [komintʃ´are] *vt* **1** começar, iniciar, principiar. **2** abrir, fundar.

co.mi.ta.to [komit´ato] *sm* comitê, comissão, conselho, representação.

co.mi.ti.va [komit´iva] *sf* comitiva, companhia.

co.mi.zio [kom´itsjo] *sm* **1** comício, assembleia. **2** *fig* discurso, sermão.

com.ma [k´ɔmma] *sf* **1** *Giur* parágrafo (de lei). **2** *Gramm* partícula gramatical.

com.me.dia [komm´ɛdja] *sf* **1** comédia. **2** *fig* cena, teatro.

com.me.mo.ra.re [kommemor´are] *vt* comemorar, festejar, celebrar.

com.men.ta.re [komment´are] *vt* **1** comentar, interpretar. **2** *fig* criticar. **3** fofocar.

com.men.ta.rio [komment´arjo] *sm* comentário.

com.men.to [komm´ento] *sm* **1** comentário, explicação. **2** nota, anotação, observação.

com.mer.cia.le [kommertʃ´ale] *agg* comercial.

com.mer.cian.te [kommertʃ´ante] *s* **1** comerciante. **2** *fig* mercador.

com.mer.cia.re [kommertʃ´are] *vi* comerciar, negociar.

com.mer.cio [komm´ertʃo] *sm* **1** comércio. **2** *fig* negócio. **3** contato, relação. **commercio esterno** comércio exterior.

com.mes.so [komm´esso] *sm* vendedor.

com.me.sti.bi.le [kommest´ibile] *agg* comestível. • *sm pl* **commestibili** gêneros alimentícios, comida, alimentos.

com.met.te.re [komm´ettere] *vt* **1** cometer, praticar (ações, delitos, pecados). **2** encarregar, recomendar.

com.mi.li.to.ne [kommilit´one] *sm* companheiro, camarada.

com.mi.se.ra.re [kommizer´are] *vt* ter pena de, ter compaixão, compadecer-se de.

com.mis.sa.rio [kommiss´arjo] *sm* comissário.

com.mis.sio.ne [kommiss´jone] *sf* **1** comissão. **2** missão, tarefa, encargo, incumbência. **3** encomenda.

com.mo.zio.ne [kommots´jone] *sf* comoção, agitação, abalo.

com.muo.ve.re [kommu´wɔvere] *vt* **1** comover, sensibilizar, tocar. **2** abalar.

com.mu.ta.re [kommut´are] *vt* trocar, permutar, comutar.

co.mo.di.no [komod´ino] *sm* criado-mudo.

co.mo.do [k´ɔmodo] *agg* **1** cômodo, confortável. **2** prático. **3** conveniente, oportuno.

com.pa.gni.a [kompañ´ia] *sf* **1** companhia, sociedade, empresa. **2** grupo.

com.pa.gno [komp´año] *sm* **1** amigo, colega. **2** marido. **3** companheiro. **4** seguidor, discípulo.

com.pa.ra.re [kompar´are] *vt* comparar, confrontar.

com.pa.ra.ti.vo [komparat´ivo] *sm+agg* (anche *Gramm*) comparativo.

com.pa.re [komp´are] *sm* compadre, padrinho.

com.pa.ri.re [kompar´ire] *vi* **1** comparecer, apresentar-se. **2** aparecer, revelar-se.

com.par.ti.re [kompart´ire] *vt* **1** compartilhar, dividir, partilhar. **2** repartir. **3** dar, ceder.

com.pas.sio.ne [kompass´jone] *sf* **1** compaixão, piedade, pena. **2** misericórdia, indulgência.

com.pas.so [komp´asso] *sm* compasso.

com.pa.ti.bi.le [kompat´ibile] *agg* compatível.

com.pa.ti.men.to [kompatim´ento] *sm* compaixão, piedade, indulgência.

com.pa.ti.re [kompat´ire] *vt* **1** compadecer-se de, mostrar compaixão. **2** perdoar, desculpar, tolerar.

com.pat.tez.za [kompatt´ettsa] *sf* solidez, densidade.

com.pat.to [komp´atto] *agg* **1** compacto, denso, sólido, maciço. **2** *fig* unânime.

com.pen.sa.re [kompens´are] *vt* **1** compensar, recompensar. **2** indenizar, ressarcir.

com.pen.so [komp´ɛnso] *sm* **1** compensação, recompensa. **2** indenização, reembolso. **3** troca.

com.pe.ten.te [kompet´ɛnte] *s+agg* **1** competente, hábil, capaz. **2** especialista, perito.

com.pe.ten.za [kompet´ɛntsa] *sf* **1** competência, habilidade, capacidade. **2** conhecimento, perícia. *fig* **3** campo. **4** autoridade. **5 competenze** *pl* deveres, obrigações.

com.pe.te.re [komp´etere] *vi* **1** competir, disputar. **2** concorrer, participar, tomar parte. **3** competir, caber, tocar, dizer respeito.

com.pia.ce.re [kompjatʃ´ere] *vi* **1** agradar. *vpr* **2** alegrar-se, regozijar-se. **3** *fig* gabar-se, vangloriar-se.

com.pian.ge.re [kompj´andʒere] *vt* **1** compadecer-se de, lastimar. *vpr* **2** lamentar-se, reclamar.

com.pie.re [k´ompjere] *vt* **1** cumprir, realizar. **2** concluir, terminar. **3** cometer (atos). *vpr* **4** cumprir-se, ter lugar, acontecer.

com.pi.men.to [kompim´ento] *sm* **1** conclusão, fim. **2** execução.

com.pi.to¹ [k´ompito] *sm* **1** tarefa, dever, encargo. **2** exercício, prova, lição de casa.

com.pi.to² [komp´ito] *agg* educado, formal.

com.ple.an.no [komple´anno] *sm* aniversário (de uma pessoa).

com.ple.men.to [komplem´ento] *sm* complemento.

com.ples.sio.ne [kompless´jone] *sf* **1** compleição, constituição. **2** temperamento, disposição.

com.ples.so [kompl´ɛsso] *sm* **1** complexo. **2** conjunto, grupo. **3** ideia fixa, mania. • *agg* complexo, complicado, difícil.

com.ple.ta.re [komplet´are] *vt* **1** completar, aperfeiçoar. **2** concluir, terminar.

com.ple.to [kompl´eto] *agg* **1** completo, integral, íntegro. **2** concluído, terminado.

com.pli.ca.re [komplik´are] *vt* **1** complicar. **2** *fig* agravar.

com.pli.ce [kˈɔmplitʃe] *sm* cúmplice, conivente.

com.pli.men.ta.re [komplimentˈare] *vt* **1** cumprimentar, elogiar, exaltar. *vpr* **2** cumprimentar-se, felicitar-se, congratular-se.

com.pli.men.to [komplimˈento] *sm* **1** cumprimento. **2** elogio, lisonja. **3** cortesia, gentileza. **4 complimenti** *pl* parabéns.

com.po.ni.men.to [komponimˈento] *sm* composição, texto, trabalho.

com.por.re [kompˈorre] *vt* **1** compor. **2** ordenar, combinar, unir. **3** *Lett* escrever, criar, produzir. **4** pacificar, reconciliar. *vpr* **5** compor-se.

com.por.ta.men.to [komportamˈento] *sm* comportamento, conduta, maneiras.

com.por.ta.re [komportˈare] *vt* **1** comportar, implicar, incluir. **2** causar, levar a. *vpr* **3** comportar-se, agir, conduzir-se.

com.po.si.to.re [kompozitˈore] *sm* compositor.

com.po.si.zio.ne [kompozitsjˈone] *sf* composição, obra.

com.po.sta [kompˈosta] *sf* **1** composição, mistura de coisas. **2** compota de frutas.

com.pra [kˈompra] *sf* compra, aquisição.

com.pra.re [komprˈare] *vt* **1** comprar, adquirir. **2** *fig* seduzir, fascinar, conquistar, convencer.

com.pren.de.re [komprˈɛndere] *vt* compreender: a) entender, perceber. b) abranger, incluir.

com.pren.sio.ne [komprensjˈone] *sf* **1** compreensão. **2** percepção. **3** inteligência, intuição.

com.pres.sa [komprˈessa] *sf Med* **1** compressa. **2** comprimido, cápsula, pílula.

com.pri.me.re [komprˈimere] *vt* **1** comprimir, apertar, calcar. **2** *fig* reprimir, sufocar.

com.pro.mes.so [kompromˈesso] *sm* compromisso. • *agg* comprometido.

com.pro.met.te.re [komprˈomettere] *vt* **1** comprometer. **2** arriscar, expor.

com.pro.va.re [komprovˈare] *vt* comprovar, demonstrar.

com.pul.so.rio [kompulsˈɔrjo] *agg* compulsório, obrigatório.

com.pu.ta.re [komputˈare] *vt* computar, calcular, contar.

computer [kompjˈuter] *sm ingl Inform* computador.

com.pu.ti.sta [komputˈista] *sm* contador.

com.pu.to [kˈomputo] *sm* **1** cálculo, conta. **2** nota (na escola).

co.mu.ne [komˈune] *sm* município. • *agg* **1** comum. **2** coletivo. **3** normal, usual. **4** banal.

co.mu.ni.ca.re [komunikˈare] *vt* **1** comunicar, informar, avisar. **2** difundir, divulgar. **3** infectar, contaminar. **4** *Rel* ministrar a comunhão. *vi* **5** comunicar-se, ligar-se, unir-se. *vpr* **6** *Rel* comungar.

co.mu.ni.ca.zio.ne [komunikatsjˈone] *sf* **1** comunicação. **2** difusão. **3** mensagem. **4** *Rel* comunhão.

co.mu.nio.ne [komunjˈone] *sf* (anche *Rel*) comunhão.

co.mu.ni.tà [komunitˈa] *sf* comunidade, sociedade.

co.mu.ni.ta.ri.vo [komunitˈivo] *agg* comunitário.

co.mun.que [komˈunkwe] *avv* seja como for, de qualquer modo.

con [kˈon] *prep* com.

con.ca [kˈonka] *sf* **1** bacia. **2** comporta. **3** *Geogr* vale.

con.ca.te.na.re [konkatenˈare] *vt* concatenar, encadear, ligar.

con.ca.vo [kˈonkavo] *agg* côncavo.

con.ce.de.re [kontʃˈedere] *vt* **1** conceder, dar. **2** permitir, consentir. **3**

con.cen.tra.men.to [kontʃentram'ento] *sm* concentração.

con.cen.tra.re [kontʃentr'are] *vt* 1 concentrar, centralizar. *vpr* 2 concentrar-se em, dedicar-se a.

con.ce.pi.men.to [kontʃepim'ento] *sm* 1 concepção. 2 compreensão.

con.ce.pi.re [kontʃep'ire] *vt* 1 conceber, gerar, dar à luz. *fig* 2 conceber, criar, projetar, idealizar. 3 compreender, entender, imaginar.

con.cer.ta.re [kontʃert'are] *vt* 1 dar concerto, concertar. 2 *Mus* harmonizar (vozes e instrumentos). 3 ensaiar. *vpr* 4 entrar em acordo, combinar.

con.cer.to [kontʃ'ɛrto] *sm Mus* 1 concerto. 2 harmonia (dos sons). 3 sala de concertos. 4 *fig* acordo.

con.ces.sio.ne [kontʃess'jone] *sf* concessão, licença, permissão.

con.cet.to [kontʃ'ɛtto] *sm* 1 conceito, ideia, representação. 2 *fig* imagem, opinião, parecer, ponto de vista.

con.ce.zio.ne [kontʃets'jone] *sf* 1 concepção, geração. 2 percepção. 3 conceito, pensamento.

con.chi.glia [konk'iʎa] *sf* concha (de molusco).

con.cia [k'ontʃa] *sf* 1 curtume. 2 *fig* enfeite, adorno.

con.cia.re [kontʃ'are] *vt* 1 curtir (peles, couro). 2 tratar (azeitonas, tabaco). 3 *fig* sujar. 4 estragar, danificar.

con.ci.lia.re [kontʃil'jare] *vt* 1 conciliar, combinar. 2 promover, causar. *vpr* 3 reconciliar-se.

con.ci.lio [kontʃ'iljo] *sm* conselho, assembleia.

con.ci.ma.re [kontʃim'are] *vt* adubar, fertilizar.

con.ci.me [kontʃ'ime] *sm* adubo.

con.ci.sio.ne [kontʃiz'jone] *sf* concisão.

con.ci.so [kontʃ'izo] *agg* conciso, sucinto, breve.

con.clu.de.re [konkl'udere] *vt* 1 concluir. 2 resolver. 3 terminar, acabar, completar.

con.clu.sio.ne [konkluz'jone] *sf* 1 conclusão. 2 final, fim, término. 3 decisão, resolução. 4 consequência, resultado, efeito.

con.cor.dan.za [konkord'antsa] *sf* 1 acordo. 2 obediência, respeito à lei. 3 coerência, correspondência. 4 *Gramm* concordância.

con.cor.da.re [konkord'are] *vt* 1 combinar, definir, estabelecer. *vi* 2 concordar, estar de acordo.

con.cor.da.to [konkord'ato] *sm* concordata.

con.cor.re.re [konk'orrere] *vi* 1 concorrer, competir, disputar. 2 convergir. 3 concorrer, contribuir para.

con.cor.so [konk'orso] *sm* concurso, exame, prova, teste.

con.cre.ta.re [konkret'are] *vt* 1 concretizar, realizar. 2 criar, dar vida a, executar.

con.cre.to [konkr'ɛto] *agg* 1 concreto, palpável. 2 autêntico, real, efetivo.

con.cu.bi.na [konkub'ina] *sf* amante, concubina.

con.dan.na [kond'anna] *sf* 1 condenação, castigo, punição. 2 *fig* crítica, reprovação.

con.dan.na.re [kondann'are] *vt* 1 condenar, castigar, punir. 2 *fig* criticar, reprovar.

con.den.sa.re [kondens'are] *vt* 1 condensar, comprimir, concentrar. 2 *fig* resumir.

con.di.men.to [kondim'ento] *sm* tempero, condimento.

con.di.re [kond'ire] *vt* 1 temperar, condimentar. 2 *fig* tornar agradável.

con.di.zio.na.le [konditsjon'ale] *sm Gramm* condicional. • *agg* condicional.

con.di.zio.na.re [konditsjonáre] *vt* **1** subordinar. **2** acondicionar, embalar.

con.di.zio.ne [konditsjóne] *sf* **1** condição. **2** requisito, atributo. **3** tipo, qualidade. **4** maneira, jeito. **5** *fig* acordo, pacto. **6** cláusula. **7** restrição. **8** classe, posição social. **a condizione che** com a condição de que.

con.do.glian.ze [kondoλántse] *sf pl* pêsames, condolências.

con.do.ler.si [kondolérsi] *vpr* condoer--se, apiedar-se, sentir.

con.do.mí.nio [kondomínjo] *sm* condomínio.

con.dot.ta [kondótta] *sf* conduta, comportamento, atitude.

con.dur.re [kondúrre] *vt* **1** conduzir, guiar, acompanhar. **2** levar, transportar. **3** *fig* convencer, persuadir. **4** induzir, obrigar. **5** chefiar, comandar, dirigir. *vpr* **6** conduzir-se, comportar-se.

con.dut.to.re [konduttóre] *sm* **1** gerente (de um estabelecimento). **2** condutor (de um veículo). **3** *Fís* condutor.

con.du.zio.ne [kondutsjóne] *sf* **1** condução, difusão, transmissão. **2** *fig* administração, gerência, governo, gestão.

con.fe.de.ra.zio.ne [konfederatsjóne] *sf* **1** confederação, federação. **2** *fig* associação, união.

con.fe.ren.za [konferéntsa] *sf* **1** conferência, assembleia, congresso. **2** discurso.

con.fe.ri.re [konferíre] *vt* **1** conferir, conceder, atribuir a alguém. **2** comunicar. *vi* **3** conversar, falar com. **4** debater.

con.fer.ma [konférma] *sf* **1** confirmação. **2** repetição. **3** aprovação. **4** *Rel* crisma.

con.fer.ma.re [konfermáre] *vt* **1** confirmar, demonstrar, comprovar. **2** repetir. **3** aprovar, ratificar.

con.fes.sa.re [konfessáre] *vt* **1** confessar, admitir, reconhecer. *vpr* **2** confessar-se.

con.fes.sio.ne [konfessjóne] *sf Giur, Rel* confissão.

con.fet.to [konfétto] *sm* confeito, doce.

con.fe.zio.na.re [konfetsjonáre] *vt* **1** confeccionar, preparar, fazer. **2** empacotar, embrulhar, embalar.

con.fe.zio.ne [konfetsjóne] *sf* **1** confecção, preparo. **2** embalagem. **3 confezioni** *pl* confecções, roupas.

con.fic.ca.re [konfikkáre] *vt* fincar, cravar, enfiar.

con.fi.den.za [konfidɛ́ntsa] *sf* **1** confidência. **2** confiança. **3** intimidade.

con.fi.den.zia.le [konfidentsjále] *agg* **1** confidencial. **2** íntimo, amigável, familiar.

con.fi.na.re [konfináre] *vt* **1** confinar, deportar, exilar. **2** *fig* aprisionar, prender.

con.fi.ne [konfíne] *sm* **1** confim, limite, fronteira, extremidade. **2** alfândega.

con.fi.sca [konfíska] *sf* confisco, apreensão.

con.fi.sca.re [konfiskáre] *vt* confiscar, sequestrar (objetos).

con.flit.to [konflítto] *sm* **1** conflito, guerra, luta. **2** batalha, combate. **3** rixa. **4** *fig* desacordo, contraste.

con.fon.de.re [konfóndere] *vt* **1** confundir, tomar (uma coisa por outra). **2** *fig* humilhar, envergonhar. **3** ofuscar, deslumbrar. **4** surpreender. **5** desorientar, perturbar. *vpr* **6** confundir-se. **7** enganar-se, errar.

con.for.ma.re [konformáre] *vt* **1** adaptar, ajustar, amoldar. **2** uniformizar.

con.for.me [konfórme] *agg* **1** conforme. **2** semelhante. • *avv* de maneira semelhante. • *prep+cong* conforme, segundo, como.

con.for.ta.re [konfortáre] *vt* **1** confortar, consolar. **2** *fig* dar razão.

con.for.te.vo.le [konfort´evole] *agg* confortável, cômodo.

con.for.to [konf´ɔrto] *sm* **1** conforto. **2** ajuda, apoio, consolo.

con.fron.to [konfr´onto] *sm* **1** confronto, comparação, paralelo. **2** *fig* competição, luta.

con.fu.sio.ne [konfuz´jone] *sf* **1** confusão, desordem. **2** anarquia, caos. **3** agitação, tumulto.

con.fu.so [konf´uzo] *agg* **1** confuso, desorganizado. **2** *fig* incompreensível, obscuro. **3** confuso, perplexo.

con.ge.da.re [kondʒed´are] *vt* **1** despedir, demitir, dispensar. **2** licenciar. *vi* **3** despedir-se.

con.ge.do [kondʒ´ɛdo] *sm* licença, despedida.

con.ge.la.re [kondʒel´are] *vt* **1** congelar, gelar, resfriar. **2** *fig* paralisar, bloquear, imobilizar. *vpr* **3** congelar-se.

con.ge.ni.to [kondʒ´ɛnito] *agg* congênito, hereditário, genético, instintivo.

con.ge.stio.na.re [kondʒestjon´are] *vt* congestionar, dar congestão.

con.ge.stio.ne [kondʒest´jone] *sf Med* congestão.

con.giun.tu.ra [kondʒunt´ura] *sf* **1** conjuntura, circunstância, momento. **2** junta, articulação, conexão, junção. **3** *fig* crise.

con.giun.zio.ne [kondʒunts´jone] *sf* **1** união, ligação. **2** *Gramm* conjunção.

con.gra.tu.lar.si [kongratul´arsi] *vpr* **1** congratular-se, cumprimentar-se, felicitar-se.

con.gre.ga.zio.ne [kongregats´jone] *sf* congregação, associação religiosa.

con.gres.so [kongr´ɛsso] *sm* **1** congresso, parlamento. **2** assembleia, convenção, reunião.

co.nia.re [kon´jare] *vt* **1** cunhar, emitir moeda. **2** *fig* criar, inventar.

co.ni.co [k´ɔniko] *agg* cônico.

co.ni.glio [kon´iλo] *sm* **1** coelho. **2** *fig* tímido, medroso.

co.nio [k´ɔnjo] *sm* **1** cunha, instrumento para rachar lenha, apertar ou levantar objetos. **2** placa para cunhar moedas.

co.niu.ga.re [konjug´are] *vt* **1** *Gramm* conjugar. *vpr* **2** *Gramm* conjugar-se. **3** *fig* casar-se.

co.niu.ga.zio.ne [konjugats´jone] *sf* **1** união, ligação. **2** *Gramm* conjugação.

co.niu.ge [k´ɔnjudʒe] *s* **1** cônjuge. **2** marido, esposo. **3** mulher, esposa.

con.nes.sio.ne [konness´jone] *sf* **1** conexão, junção. **2** *fig* afinidade, ligação, relação.

con.net.te.re [konn´ɛttere] *vt* ligar, juntar.

co.no [k´ɔno] *sm* cone.

co.no.scen.za [konoʃ´ɛntsa] *sf* **1** conhecimento, informação. **2** experiência, prática. **3** *fig* amizade. **4** amigo, conhecido.

co.no.sce.re [kon´oʃere] *vt* **1** conhecer, saber. **2** entender de, ter experiência em. **3** reconhecer, lembrar-se de.

co.no.sciu.to [konoʃ´uto] *agg* conhecido, famoso, renomado, popular, célebre, notório.

con.qui.sta.re [konkwist´are] *vt* **1** conquistar. **2** invadir. **3** subjugar. **4** encantar, cativar, atrair.

con.sa.cra.re [konsakr´are] *vt* **1** consagrar. **2** *fig* dedicar.

con.scio [k´ɔnʃo] *agg* consciente, ciente.

con.se.cu.ti.vo [konsekut´ivo] *agg* consecutivo, seguido.

con.se.gna [kons´eɲa] *sf* **1** entrega, distribuição. **2** *Mil* ordem, comando.

con.se.gna.re [konseɲ´are] *vt* **1** entregar, distribuir. **2** confiar alguma coisa a alguém.

con.se.guen.za [konseg´wentsa] *sf* consequência, resultado, efeito.

con.se.gui.re [konseg´wire] *vt* **1** conseguir, obter, conquistar, ganhar. *vi* **2** resultar, derivar, originar-se de.

con.sen.so [kons´εnso] *sm* **1** consenso, acordo. **2** consentimento, permissão. *Sin: consentimento*.

con.sen.ti.men.to [konsentim´ento] *sm* V *consenso*.

con.sen.ti.re [konsent´ire] *vt* consentir, permitir, autorizar, deixar.

con.ser.va [kons´εrva] *sf* **1** conserva (de alimentos). **2** despensa.

con.ser.va.re [konserv´are] *vt* **1** conservar, preservar, manter. **2** defender, salvar. **3** economizar, reservar.

con.ser.va.to.rio [konservat´ɔrjo] *sm* conservatório, escola de artes.

con.si.de.ra.re [konsider´are] *vt* **1** considerar. **2** examinar, estudar. **3** calcular, avaliar. **4** considerar, ter consideração por, apreciar, estimar. *vpr* **5** considerar-se, achar-se.

con.si.de.ra.zio.ne [konsiderats´jone] *sf* **1** consideração, comentário, observação. **2** apreciação, estima. **3** respeito, reverência.

con.si.glia.re [konsiλ´are] *vt* **1** aconselhar. **2** sugerir, propor. *vpr* **3** aconselhar-se com. **4** *fig* consultar-se com, deixar-se guiar por.

con.si.glie.re [konsiλ´εre] *sm* conselheiro.

con.si.glio [kons´iλo] *sm* **1** conselho. **2** parecer, ponto de vista. **3** sugestão, advertência, aviso. **4** conselho, assembleia.

con.si.sten.za [konsist´εntsa] *sf* (anche *fig*) **1** consistência, solidez, densidade. **2** dureza, resistência. **3** fundamento, base, motivo, justificativa.

con.si.ste.re [kons´istere] *vi* consistir, compor-se de, ser formado de.

con.so.la.re [konsol´are] *vt* consolar, confortar. **2** aliviar, suavizar.

con.so.la.to [konsol´ato] *sm* consulado.

con.so.le [k´ɔnsole] *sm* cônsul.

con.so.li.da.re [konsolid´are] *vt* consolidar, reforçar, estabilizar, tornar sólido.

con.so.nan.te [konson´ante] *sf Gramm* consoante.

con.so.no [k´ɔnsono] *agg* coerente, correspondente, conforme, consoante, de acordo.

con.sor.zio [kons´ɔrtsjo] *sm* consórcio, associação, sociedade.

con.sta.re [konst´are] *vi* constar de, ser constituído de, compor-se de.

con.sta.ta.re [konstat´are] *vt* esclarecer, demonstrar, apurar, verificar.

con.su.e.to [konsu´εto] *agg* habitual, costumeiro, comum, rotineiro, usual.

con.sue.tu.di.ne [konswet´udine] *sf* hábito, costume, rotina, tradição, uso.

con.sul.ta.re [konsult´are] *vt* consultar, informar-se, pedir conselhos a.

con.sul.to [kons´ulto] *sm* consulta (a médico, a advogado).

con.sul.to.rio [konsult´ɔrjo] *sm* consultório.

con.su.ma.re [konsum´are] *vt* **1** consumir, utilizar, empregar. **2** consumar, realizar. **3** cometer (crime, delito). **4** gastar, dissipar. *vpr* **5** consumir-se. **6** (*anche fig*) arruinar-se, degradar-se. **7** destruir-se, desmanchar-se. **8** sofrer, atormentar-se.

con.su.mo [kons´umo] *sm* **1** consumo, uso, utilização. **2** despesa. **3** estrago.

con.ta.bi.li.tà [kontabilit´a] *sf* contabilidade.

con.ta.chi.lo.me.tri [kontakil´ɔmetri] *sm Mecc* velocímetro.

con.ta.di.no [kontad´ino] *sm* **1** agricultor, camponês. **2** *fig* mal-educado. • *agg* do campo, rural, agrícola.

con.ta.gia.re [kontadʒ´are] *vt* **1** contagiar, contaminar, infectar. **2** comunicar, transmitir. **3** *fig* influenciar, convencer.

con.ta.gio [kont´adʒo] *sm* **1** *Med* contágio, infecção. **2** *fig* influência. **3** praga.

con.ta.goc.ce [kontag´ottʃe] *sm* conta-gotas.

con.ta.mi.na.re [kontamin´are] *vt* **1** contaminar, infectar, envenenar. **2** corromper, viciar.

con.tan.te [kont´ante] *agg Comm* corrente (moeda). **pagamento in contanti** pagamento à vista.

con.ta.re [kont´are] *vt* **1** contar, calcular, numerar. **2** *fig* estimar, considerar (pessoas). **3** possuir, ter. *vi* **4** contar, calcular. **5** contar, ser importante. **contare su qualcosa, su qualcuno** contar com algo, com alguém.

con.tat.to [kont´atto] *sm* **1** contato, adjacência, proximidade. **2** *fig* amizade, conhecimento, relacionamento. **3** ligação.

con.te [k´onte] *sm* conde.

con.tem.pla.re [kontempl´are] *vt* **1** contemplar, admirar, observar. **2** considerar, examinar, levar em consideração.

con.tem.po [kont´εmpo] *sm* usado na expressão **nel contempo** enquanto isso, ao mesmo tempo, nesse meio-tempo.

con.tem.po.ra.ne.o [kontempor´aneo] *agg* **1** contemporâneo. **2** simultâneo, sincronizado. **3** atual, moderno.

con.ten.de.re [kont´endere] *vt* **1** negar, contestar, questionar. **2** proibir, vetar. **3** discutir, debater. *vi* **4** competir. **5** discutir, brigar. *vpr* **6** competir por, disputar.

con.te.ne.re [konten´ere] *vt* **1** conter, incluir, compreender. **2** controlar, dominar, bloquear, limitar. *vpr* **3** conter-se, controlar-se.

con.ten.ta.re [kontent´are] *vt* **1** contentar, satisfazer, fazer a vontade de, agradar. *vpr* **2** contentar-se, satisfazer-se.

con.ten.tez.za [kontent´ettsa] *sf* contentamento, satisfação.

con.ten.to [kont´ento] *agg* contente, feliz, alegre, satisfeito.

con.te.nu.to [konten´uto] *sm* **1** conteúdo. **2** argumento, tema. **3** conceito, ideia. **4** índole, natureza, essência. • *agg* **1** contido. **2** justo, normal, proporcional. **3** educado, correto, sóbrio, comedido (pessoa).

con.ter.ra.ne.o [konteř´aneo] *sm+agg* conterrâneo.

con.tes.sa [kont´essa] *sf* condessa.

con.te.sta.re [kontest´are] *vt* contestar, discutir, debater, duvidar.

con.te.sto [kont´εsto] *sm* contexto, situação.

con.ti.guo [kont´igwo] *agg* contíguo, vizinho, próximo, adjacente.

con.ti.nen.te [kontin´ente] *sm Geogr* continente, terra firme. • *agg* prudente.

con.tin.gen.za [kontindʒ´entsa] *sf* **1** contingência, situação, caso, fato. **2** acidente, imprevisto.

con.ti.nua.re [kontinu´are] *vt* **1** continuar, prosseguir, levar adiante, seguir. *vi* **2** continuar. **3** persistir, insistir. **4** durar, prolongar-se (no tempo).

con.ti.nuo [kont´inwo] *sm* sequência, série, sucessão. • *agg* contínuo, constante, regular, eterno.

con.to [k´onto] *sm* **1** conta, cálculo. **2** conta, despesa. **3** conto, história curta. **4** *fig* consideração, estima, valor. **5** *Contab* conta, registro. **6** balanço, prestação de contas. **a conti fatti/in fine dei conti** no final das contas. **conto corrente** conta corrente. **fare conto che** fazer de conta. **fare i conti** (anche *fig*) prestar contas. **per mio conto** a) em meu nome, a meu cargo. b) no que me diz respeito.

con.tor.ce.re [kont´ortʃere] *vt* **1** contorcer, torcer, retorcer. *vpr* **2** contorcer-se (de dor).

con.tor.na.re [kontorn´are] *vt* **1** contornar. **2** rodear, cercar. **3** limitar.

con.tor.no [kont´orno] *sm* **1** contorno. **2** silhueta. **3** acompanhamento (de verduras ou legumes). **4** margem, borda.

con.trab.ban.die.re [kontrabband´jere] *sm* contrabandista.

con.trab.ban.do [kontrabb´ando] *sm* contrabando. **di contrabbando** às escondidas.

con.trab.bas.so [kontrabb´asso] *sm Mus* contrabaixo.

con.tra.da [kontr´ada] *sf* **1** vizinhança, bairro. **2** rua de vilarejo.

con.trad.di.re [kontradd´ire] *vt* **1** contradizer, contestar, discordar. *vpr* **2** contradizer-se.

con.trad.dit.to.rio [kontraddítt´ɔrjo] *agg* contraditório, contrastante, oposto.

con.traf.fa.re [kontraff´are] *vt* **1** falsificar, adulterar. **2** manipular. **3** imitar, copiar, plagiar.

con.trap.por.re [kontrapp´ore] *vt* **1** contrapor, opor. **2** contestar, rebater. *vpr* **3** contrapor-se, opor-se.

con.tra.ria.re [kontrar´jare] *vt* **1** contrariar, desagradar, indispor. **2** contestar, opor-se.

con.tra.rie.tà [kontrarjet´a] *sf* **1** contrariedade. **2** oposição, diversidade. **3** adversidade, tribulação.

con.tra.rio [kontr´arjo] *sm* contrário, inverso, oposto. • *agg* **1** contrário, oposto, contraditório. **2** contraposto, frontal. **3** *fig* inimigo.

con.trar.re [kontr´are] *vt* **1** contrair, encolher. **2** entrar em acordo.

con.tra.sta.re [kontrast´are] *vt* **1** contestar, discordar, opor-se. **2** contrastar, combater, impedir.

con.tra.sto [kontr´asto] *sm* **1** contraste, divergência. **2** oposição, contradição. **3** *fig* conflito, luta.

con.trat.ta.re [kontratt´are] *vt* **1** contratar, fazer um contrato. *vi* **2** negociar, tratar.

con.trat.tem.po [kontratt´ɛmpo] *sm* contratempo, acidente, problema.

con.trat.to [kontr´atto] *sm* contrato, acordo, tratado, convenção. • *agg* contraído.

con.trav.ven.zio.ne [kontravvents´jone] *sf* **1** contravenção, transgressão. **2** multa.

con.tra.zio.ne [kontrats´jone] *sf* contração.

con.tri.bu.i.re [kontribu´ire] *vi* contribuir, ajudar, tomar parte em, cooperar com.

con.tri.bu.to [kontrib´uto] *sm* **1** contribuição, ajuda, participação. **2** quota, parte em dinheiro. **3** pagamento, taxa.

con.tro [k´ontro] *sm* contra, obstáculo, objeção. • *prep* **1** contra. **2** de encontro a, defronte a. • *avv* contra, contrariamente. **contro di me** contra mim. **contro il muro / contro al muro / contro del muro** de encontro ao muro.

con.trol.la.re [kontroll´are] *vt* **1** controlar, fiscalizar. **2** conferir. **3** apurar, esclarecer, verificar. **4** vigiar, observar, tomar conta de. **5** *fig* dominar, governar, dirigir.

con.trol.lo [kontr´ollo] *sm* **1** controle. **2** conferência. **3** vigilância, observação. **4** disciplina, comando. **5** prova, verificação. **6** *fig* domínio, governo, direção.

con.trol.lo.re [kontroll´ore] *sm* fiscal.

con.tro.sen.so [kontros´ɛnso] *sm* contrassenso, absurdo, incoerência, disparate.

con.tro.ver.sia [kontrov´ɛrsja] *sf* controvérsia, desacordo, discussão, disputa, litígio.

con.tun.de.re [kont´undere] *vt* contundir, machucar, pisar.

con.tu.sio.ne [kontuz´jone] *sf Med* contusão, ferimento.

con.tut.to.ché [kontuttok´e] *cong* embora, se bem que, posto que, mesmo que.

con.va.le.scen.za [konvaleʃˈɛntsa] *sf* convalescença.

con.ve.gno [konvˈeño] *sm* 1 reunião, encontro. 2 assembleia, congresso, conselho.

con.ve.ne.vo.le [konvɛnˈevole] *agg* conveniente, oportuno. **convenevoli** *sm pl* a) cumprimentos. b) cerimônia. **fare i convenevoli** a) dar os cumprimentos. b) fazer cerimônia.

con.ve.nien.te [konvɛnˈjɛnte] *agg* conveniente, oportuno, adequado, apropriado.

con.ve.ni.re [konvɛnˈire] *vt* 1 *Giur* intimar, chamar em juízo. *vi* 2 convir, ser conveniente, ser apropriado. 3 juntar-se, convergir, acorrer. 4 entrar em acordo. 5 unir-se, associar-se.

con.ven.to [konvˈɛnto] *sm* convento, mosteiro.

con.ven.zio.ne [konventsˈjone] *sf* 1 convenção, acordo, tratado, ajuste. 2 **convenzioni** *pl fig* normas, costumes.

con.ver.ge.re [konvˈɛrdʒere] *vi* 1 convergir, concentrar-se, cruzar-se. 2 dirigir-se, aproximar-se.

con.ver.sa.re [konversˈare] *vi* 1 conversar, dialogar, falar. 2 *pop* bater papo.

con.ver.sa.zio.ne [konversatsˈjone] *sf* 1 conversa. 2 *pop* bate-papo. **attaccare conversazione** a) iniciar a conversa. b) *pop* puxar assunto.

con.ver.sio.ne [konversˈjone] *sf* 1 transformação, mudança. 2 *Autom* conversão, desvio, volta. 3 *Rel* conversão.

con.ver.ti.bi.le [konvertˈibile] *agg* 1 conversível, comerciável. 2 *Autom* conversível.

con.ver.ti.re [konvertˈire] *vt* 1 converter. 2 transformar, alterar. *vpr* 3 converter-se. 4 arrepender-se.

con.ves.so [konvˈɛsso] *agg* 1 convexo. 2 arredondado.

con.vin.ce.re [konvˈintʃere] *vt* 1 convencer, persuadir. *vpr* 2 convencer-se, persuadir-se.

con.vin.zio.ne [konvintsˈjone] *sf* 1 convicção, crença, fé. 2 convencimento, persuasão.

con.vi.ve.re [konvˈivere] *vi* conviver, viver junto.

con.vo.ca.re [konvokˈare] *vt* convocar, convidar, chamar.

con.vo.glio [konvˈoλo] *sm* 1 comboio. 2 caravana.

con.vul.sio.ne [konvulsˈjone] *sf Med* convulsão.

co.o.pe.ra.re [koopɛrˈare] *vi* cooperar com, colaborar com, ajudar, auxiliar.

co.or.di.na.re [koordinˈare] *vt* 1 coordenar, organizar, ordenar. 2 harmonizar, arranjar.

co.per.ta [kopˈɛrta] *sf* 1 cobertor. 2 *Naut* ponte, toldo. 3 *fig* pretexto, desculpa.

co.per.ti.na [kopertˈina] *sf* capa (de livro).

co.per.tu.ra [kopertˈura] *sf* 1 cobertura. 2 teto. 3 glacê, cobertura (de doce). 4 *fig* proteção. 5 fachada, disfarce, máscara. 6 *Mil* defesa, cobertura.

co.pia [kˈɔpja] *sf* 1 cópia, duplicata. 2 *fig* imitação. 3 cópia, exemplar, unidade. **brutta copia** esboço, rascunho.

co.pia.re [kopˈjare] *vt* 1 copiar. 2 imitar. 3 falsificar. 4 plagiar, roubar.

cop.pa [kˈɔppa] *sf* 1 taça, cálice. 2 **coppe** *pl* copas (naipe de carta de baralho).

cop.pia [kˈɔppja] *sf* 1 par. 2 dupla. 3 casal.

cop.pie.re [koppˈjɛre] *sm* copeiro.

co.pri.re [koprˈire] *vt* 1 cobrir, recobrir, revestir. 2 proteger, amparar. 3 *fig* esconder, ocultar. 4 compensar, cobrir (despesas). 5 abranger, compreender. *vpr* 6 cobrir-se. 7 proteger-se.

co.pu.la [kˈɔpula] *sf* 1 cópula, ato sexual. 2 ligação, união. 3 *Gramm* cópula, conjunção aditiva.

copulare 66 **corretto**

co.pu.la.re [kopul'are] *vt* 1 copular, acasalar (animais). 2 ligar, unir.
co.rag.gio [kor'addʒo] *sm* 1 coragem, bravura, valor. 2 ousadia, audácia.
co.rag.gio.so [koraddʒ'ozo] *agg* corajoso, bravo, valoroso.
co.ral.lo [kor'allo] *sm Zool* coral.
co.raz.za [kor'attsa] *sf* 1 couraça, armadura. 2 *fig* carapaça, concha. 3 escudo, proteção.
cor.da [k'ɔrda] *sf* corda, cabo. **corde vocali** *Anat* cordas vocais.
cor.dia.le [kord'jale] *agg* cordial, amável, afetuoso.
cor.di.cel.la [korditʃ'ɛlla] *sf* barbante.
cor.do.ne [kord'one] *sm* cordão (do chapéu, ou enfeite de roupa). **cordone ombelicale** *Anat* cordão umbélical.
co.re.o.gra.fi.a [koreograf'ia] *sf* coreografia.
co.rian.do.lo [kor'jandolo] *sm* 1 *Bot* coentro. 2 *coriandoli pl* confetes.
co.ri.ca.re [korik'are] *vt* 1 deitar, colocar, estender, estirar. *vpr* 2 deitar-se.
cor.nac.chia [korn'akkja] *sf* 1 *Zool* gralha. 2 *fig* tagarela.
cor.ne.a [k'ɔrnea] *sf Med* córnea.
cor.net.ta [korn'etta] *sf* 1 fone, receptor do telefone. 2 *Mus* corneta.
cor.ni.ce [korn'itʃe] *sf* 1 moldura. 2 *Archit* caixilho. 3 *fig* situação, ambiente, quadro.
cor.ni.cia.re [kornitʃ'are] *vt* 1 emoldurar, enquadrar. 2 encaixilhar.
cor.no [k'ɔrno] *sm* 1 chifre, corno. 2 antena (do caracol). 3 galo (na cabeça). 4 *fig* extremidade, ponta. 5 braço de rio. **non valere un corno** não valer nada.
cor.nu.to [korn'uto] *agg* 1 cornudo. 2 *volg* cornudo (diz-se do marido traído).
co.ro [k'ɔro] *sm* 1 coro, grupo de cantores. 2 *Archit* coro.
co.ro.na [kor'ona] *sf* 1 coroa. 2 grinalda, guirlanda, coroa de flores. 3 *Astron* coroa, halo. 4 *Rel* rosário. 5 *fig* majestade. 6 reino. 7 glória, honras.
co.ro.na.re [koron'are] *vt* 1 coroar. 2 adornar.
cor.pet.to [korp'etto] *sm* corpete.
cor.po [k'ɔrpo] *sm* 1 corpo. 2 objeto. 3 físico, constituição, figura (do ser humano). 4 corpo, cadáver. 5 grupo, conjunto, coleção de objetos. 6 corporação, classe de pessoas. 7 *fig* consistência, solidez. **corpo del delitto** *Giur* corpo de delito.
cor.po.ra.tu.ra [korporbat'ura] *sf* estatura, compleição, constituição.
cor.pu.len.to [korpul'ento] *agg* corpulento, encorpado, robusto, grande.
cor.re.da.re [korred'are] *vt* 1 equipar, fornecer, prover, munir. 2 mobiliar, enfeitar, adornar.
cor.re.do [korr'edo] *sm* enxoval.
cor.reg.ge.re [korr'eddʒere] *vt* 1 corrigir, emendar. 2 melhorar, aperfeiçoar. 3 modificar, ajustar. *vpr* 4 corrigir-se, redimir-se, arrepender-se.
cor.re.la.zio.ne [korrelats'jone] *sf* correlação, correspondência, conexão, relação.
cor.ren.te [korr'ɛnte] *sf* 1 corrente, fluxo. 2 movimento (de pessoas). 3 inspiração, influência, escola (de ideias). • *agg* 1 veloz, rápido. 2 corrente, atual, presente. **corrente d'aria** corrente de ar.
cor.ren.ti.sta [korrent'ista] *s Comm* correntista.
cor.re.re [k'ɔrrere] *vi* 1 correr. 2 escorrer, fluir. 3 existir, acontecer (relacionamento). 4 atravessar, percorrer. 5 passar, correr, avançar.
cor.ret.tez.za [korrett'ettsa] *sf* 1 correção, exatidão. 2 *fig* honestidade. 3 educação, gentileza.
cor.ret.to [korr'etto] *agg* 1 correto, certo, exato. 2 *fig* honesto. 3 educado, gentil.

cor.re.zio.ne [kořets´jone] *sf* correção, emenda, aperfeiçoamento.
cor.ri.do.io [kořid´ojo] *sm Archit* corredor.
cor.ri.do.re [kořid´ore] *sm* **1** *Esp* corredor. **2** piloto de corrida. **3** *Archit* passagem interna. • *agg* corredor, que corre.
cor.rie.re [koř´jere] *sm* **1** mensageiro. **2** empresa transportadora.
cor.ri.spon.den.za [kořispond´εntsa] *sf* correspondência: a) cartas. b) correlação.
cor.ri.spon.de.re [kořisp´ondere] *vt* **1** corresponder, retribuir, recompensar. *vi* **2** corresponder, equivaler, coincidir. **3** corresponder-se com.
cor.ro.de.re [koř´odere] *vt* **1** corroer. **2** gastar, consumir.
cor.rom.pe.re [koř´ompere] *vt* **1** corromper, estragar, perverter, degradar. **2** *fig* corromper, subornar.
cor.ro.sio.ne [kořoz´jone] *sf* **1** corrosão. **2** desgaste.
cor.rot.to [koř´otto] *agg* **1** corrupto. **2** estragado, podre.
cor.ru.zio.ne [kořuts´jone] *sf* **1** corrupção. **2** estrago, degradação. **3** *fig* perversão, depravação. **4** suborno.
cor.sa [k´orsa] *sf* **1** corrida. **2** percurso, trajeto. **3** *fig* velocidade, rapidez. **4** pressa. **5** *pop* pulo, visita rápida.
cor.si.a [kors´ia] *sf* **1** corredor, passagem. **2** enfermaria, parte do hospital com vários leitos.
cor.so [k´orso] *sm* **1** rua. **2** corrida. **3** corrimento (de líquidos). **4** percurso, curso, fluxo.
cor.te [k´orte] *sf* **1** corte, palácio real. **2** pátio. **3** corte, cortejo.
cor.tec.cia [kort´ettʃa] *sf* **1** cortiça. **2** casca (de árvore, pão, fruta).
cor.teg.gia.men.to [korteddʒam´ento] *sm* namoro.
cor.teg.gia.re [korteddʒ´are] *vt* **1** namorar. **2** *fig* bajular.

cor.teg.gio [kort´eddʒo] *sm* cortejo.
cor.te.se [kort´eze] *agg* **1** cortês, educado, gentil, delicado. **2** cordial, amável.
cor.te.si.a [kortez´ia] *sf* **1** cortesia, educação, gentileza. **2** amabilidade. **3** atenção, respeito. **4** favor, graça, obséquio.
cor.ti.le [kort´ile] *sm* quintal, pátio interno de edifício.
cor.ti.na [kort´ina] *sf* **1** cortina. **2** *fig* disfarce, cobertura, máscara.
cor.to [k´orto] *agg* **1** curto, breve. **2** *fig* medíocre, limitado. **essere a corto** *pop* estar duro.
cor.vo [k´orvo] *sm* corvo.
co.sa [k´ɔza] *sf* **1** coisa, objeto, negócio. **2** acontecimento, fato. **che cosa?** (ou apenas **cosa?**) o quê?
co.scia [k´ɔʃa] *sf Anat* coxa.
co.scien.za [koʃ´εntsa] *sf* **1** consciência, percepção. **2** honestidade, seriedade.
co.scrit.to [koskr´itto] *sm Mil* recruta.
co.sì [koz´i] *agg* igual, semelhante. • *avv* **1** assim, desse modo, dessa maneira. **2** igualmente, do mesmo modo. **3** tão, tanto (pode ser seguido de **che**). **era così bella che tutti la guardavano** / era tão bonita que todos a olhavam. • *cong* assim, por isso, portanto, pois. **così così** mais ou menos (em sentido pejorativo). **e così sia** e assim seja.
co.sic.ché [kozikk´e] *cong* de modo que, de forma que, que.
co.sme.ti.co [kozm´εtiko] *sm+agg* cosmético.
co.so [k´ɔzo] *sm fam* **1** coisa, negócio. **2** fulano, sujeito. **3** *pop* cara, indivíduo. **4** *fig* bobo, tolo.
co.spi.ra.re [kospir´are] *vi* conspirar, tramar.
co.spi.ra.zio.ne [kospirats´jone] *sf* conspiração, intriga, trama.
co.sta [k´ɔsta] *sf* **1** costa, litoral. **2** encosta, vertente de montanha. **3** costelas.

co.stan.te [kost´ante] *agg* **1** constante, assíduo, persistente. **2** estável, contínuo.

co.sta.re [kost´are] *vt* **1** custar, implicar, exigir. **2** *fig* causar, provocar, levar a. *vi* **3** (anche *fig*) custar, valer. **costare un occhio della testa** *pop* custar os olhos da cara.

co.sta.ta.re [kostat´are] *vt* verificar, comprovar, averiguar.

co.stei [kost´ɛj] *pron f sing* esta, esta mulher.

co.stel.la.zio.ne [kostellats´jone] *sf Astron* constelação.

co.stie.ro [kost´jero] *agg* costeiro, litorâneo.

co.sti.pa.zio.ne [kostipats´jone] *sf Med* constipação: a) gripe. b) prisão de ventre.

co.sti.tu.i.re [kostitu´ire] *vt* **1** constituir, concretizar, realizar, formar. **2** fundar, instituir.

co.sti.tu.zio.ne [kostituts´jone] *sf* **1** constituição, criação. **2** temperamento. **3** *Giur* constituição, lei fundamental.

co.sto [k´ɔsto] *sm* **1** custo, preço, valor. **2** *fig* condição, acordo.

co.sto.la [k´ɔstola] *sf* **1** *Anat* costela. **2** costas da faca. **3** dorso de livro. **4** *Bot* talo.

co.sto.let.ta [kostol´etta] *sf* costeleta, costela (alimento).

co.sto.ro [kost´oro] *pron pl* estes, estas, estas pessoas.

co.strin.ge.re [kostr´indʒere] *vt* constranger, obrigar, forçar.

co.stru.i.re [kostru´ire] *vt* **1** construir, edificar. **2** fabricar. **3** *fig* organizar, colocar em ordem.

co.stru.zio.ne [kostruts´jone] *sf* construção.

co.stui [kost´uj] *pron m sing* este, este homem.

co.stu.man.za [kostum´antsa] *sf* **1** costume, uso. **2** *fig* educação. **3** moralidade.

co.stu.ma.re [kostum´are] *vt* **1** acostumar, adestrar, amestrar. *vi* **2** costumar.

co.stu.me [kost´ume] *sm* **1** costume, hábito, tradição, uso. **2** traje, roupa. **costume da bagno** maiô.

co.stu.ra [kost´ura] *sf* costura.

co.ta.le [kot´ale] *sm disp* uma coisa, um sujeito. • *pron* **1** um tal, um certo. **2** qual, tal.

co.te.chi.no [kotek´ino] *sm* paio, linguiça.

co.to.gna [kot´oɲa] *sf* marmelo.

co.to.ne [kot´one] *sm* algodão.

cot.to [k´ɔtto] *sm* cozido, cozimento. • *agg* **1** cozido, cozinhado. **2** queimado. **3** *fig* bêbado. **4** enamorado, apaixonado.

cot.tu.ra [kott´ura] *sf* **1** cozimento. **2** queimadura, marca de queimadura.

co.tur.ni.ce [koturn´itʃe] *sf Zool* codorna.

co.va [k´ɔva] *sf* **1** covil. **2** choco. **3** ninho.

co.va.re [kov´are] *vt+vi* **1** chocar, incubar. *vt* **2** esconder, ocultar. *vi* **3** esconder-se, ocultar-se.

co.va.tic.cio [kovat´ittʃo] *agg* choco. **gallina covaticcia** galinha choca.

co.vi.le [kov´ile] *sm* **1** covil, toca. **2** *fig* casebre.

co.vo [k´ovo] *sm* **1** covil. **2** ninho. **3** caverna, buraco. **4** *fig* refúgio, esconderijo.

coz.za [k´ɔttsa] *sf* **1** marisco. **2** mexilhão.

cram.po [kr´ampo] *sm* cãibra.

cra.nio [kr´anjo] *sm* **1** *Anat* crânio. **2** *fig* cérebro, inteligência.

cra.si [kr´azi] *sf Gramm* crase.

cra.te.re [krat´ɛre] *sm* cratera.

cra.vat.ta [krav´atta] *sf* gravata.

cre.a.re [kre´are] *vt* **1** criar, inventar, imaginar. **2** fundar, instituir. **3** *fig* provocar, causar. **4** eleger, nomear. **5** produzir, forjar.

cre.a.ti.vo [kreat´ivo] *agg* criativo, criador.
cre.a.to [kre´ato] *sm* criação, Universo, mundo. • *part+agg* criado, inventado, imaginado.
cre.a.to.re [kreat´ore] *sm* **1** criador. **2** inventor, descobridor.
cre.a.tu.ra [kreat´ura] *sf* **1** criatura. **2** feto. **3** recém-nascido. **4** filho, filha.
cre.a.zio.ne [kreats´jone] *sf* **1** criação, invenção, ideia. **2** modelo (de roupa). **3** *fig* obra, fruto.
cre.den.te [kred´ɛnte] *s+agg* crente, fiel.
cre.den.za [kred´ɛntsa] *sf* **1** crença, fé, credo. **2** dispensa (tipo de móvel para cozinha). **3** *fig* lenda, tradição.
cre.de.re [kr´edere] *vt* **1** crer, acreditar. **2** julgar, reputar. *vi* **3** ter fé, ter certeza, ter confiança.
cre.di.to [kr´edito] *sm* **1** crédito (financeiro). **2** *fig* reputação, nome, fama.
cre.di.to.re [kredit´ore] *sm* credor.
cre.do [kr´edo] *sm* **1** credo, crença, fé. **2** religião. **3** doutrina, ideal.
cre.du.lo [kr´ɛdulo] *agg* crédulo, ingênuo, de boa-fé.
cre.ma [kr´ɛma] *sf* **1** creme. **2** nata do leite.
cre.ma.re [krem´are] *vt* cremar, incinerar, queimar.
cre.pa [kr´ɛpa] *sf* fenda, rachadura, fissura.
cre.pa.re [krep´are] *vt* **1** rachar, fender. *vi* **2** morrer, expirar, perecer. **crepare dalle risa** morrer de rir.
cre.pu.sco.lo [krep´uskolo] *sm* **1** crepúsculo. **2** anoitecer, entardecer.
cre.sce.re [kr´eʃere] *vt* **1** *fig* educar, criar. *vi* **2** crescer, aumentar. **3** amadurecer, desenvolver-se. **4** inchar, dilatar-se.
cre.scio.ne [kreʃ´one] *sm* agrião.
cre.sci.ta [kr´eʃita] *sf* **1** crescimento. **2** aumento.

cre.si.ma [kr´ɛzima] *sf* **1** *Rel* crisma. **2** *fig* confirmação, aprovação, apoio.
cre.sta [kr´esta] *sf* **1** crista de galinha. **2** pico, cume, parte mais alta. **3** *fig* orgulho.
cre.ta [kr´eta] *sf Min* **1** giz. **2** argila. **3** cerâmica.
cre.ti.no [kret´ino] *sm* cretino, estúpido, imbecil, idiota.
cri.mi.na.le [krimin´ale] *s* criminoso, bandido, malfeitor, delinquente. • *agg* criminoso.
cri.mi.ne [kr´imine] *sm* crime.
cri.ne [kr´ine] *sm* **1** crina e rabo de cavalo. **2** cabeleira. **3** *Astron* cauda, cabeleira de cometa.
cri.nie.ra [krin´jera] *sf Zool* **1** crina. **2** juba. **3** *Astron* cauda, cabeleira de cometa.
cri.si [kr´izi] *sf* **1** crise, dificuldade, conjuntura. **2** *fig* descontentamento, incômodo. **3** *Med* crise, ataque.
cri.stal.lo [krist´allo] *sm* **1** cristal. **2** vidro.
cri.stia.no [krist´jano] *sm+agg* cristão.
cri.te.rio [krit´ɛrjo] *sm* **1** critério, juízo, discernimento. **2** método, norma.
cri.ti.ca [kr´itika] *sf* **1** crítica, avaliação. **2** comentário, nota, resenha. **3** *fig* censura, reprovação.
cri.ti.ca.re [kritik´are] *vt* **1** criticar, avaliar. **2** comentar. **3** *fig* censurar, reprovar.
croc.chet.ta [krokk´etta] *sf* croquete.
cro.ce [kr´otʃe] *sf* **1** cruz. **2** *fig* sofrimento, tormento. **3** castigo, punição, pena. **4** **Croce** *Astron* Cruzeiro do Sul. **Croce Rossa** Cruz Vermelha.
cro.ce.via [krotʃev´ia] *sm* cruzamento, encruzilhada.
cro.cia.ta [krotʃ´ata] *sf* **1** *Archit* cruzeiro, parte da igreja em forma de cruz. **2** *St, fig* cruzada.
cro.cie.ra [krotʃ´era] *sf Naut* cruzeiro.
cro.ci.fig.ge.re [krotʃif´iddʒere] *vt* crucificar.

cro.ci.fis.so [krotʃifˈisso] *sm* crucifixo. • *agg* crucificado, preso na cruz.
crol.la.re [krollˈare] *vt* **1** balançar, sacudir. **2** abalar. *vi* **3** cair, tombar. **4** arruinar-se, abater-se.
crol.lo [krˈɔllo] *sm* **1** queda, tombo. **2** ruína. **3** redução, queda (de preços).
cro.na.ca [krˈɔnaka] *sf* **1** crônica, narração, descrição. **2** noticiário.
cro.ni.co [krˈɔniko] *agg* **1** crônico, contínuo, permanente. **2** *fig* habitual, costumeiro.
cro.no.me.tro [kronˈɔmetro] *sm* cronômetro.
cro.sta [krˈɔsta] *sf* **1** crosta. **2** casca (de pão ou ferimento). **3** *fig* fachada, aparência.
cro.sta.ce.o [krostˈatʃeo] *sm Zool* crustáceo.
cro.sti.no [krostˈino] *sm* torrada.
cro.ta.lo [krˈɔtalo] *sm Zool* cascavel.
cru.de.le [krudˈɛle] *agg* **1** cruel, impiedoso, desumano. **2** *fig* bárbaro, selvagem. **3** bestial.
cru.del.tà [krudeltˈa] *sf* **1** crueldade, maldade. **2** *fig* selvageria.
cru.do [krˈudo] *agg* **1** cru. **2** verde (fruta). **3** desumano (jeito de falar, linguagem).
cu [kˈu] *sm* quê, o nome da letra Q.
cu.bi.co [kˈubiko] *agg* cúbico.
cu.bi.to [kˈubito] *sm Anat* cotovelo.
cu.bo [kˈubo] *sm* cubo. **metro cubo** metro cúbico.
cuc.ca.gna [kukkˈaɲa] *sf* **1** paraíso, terra prometida. **2** *fig* abundância.
cuc.chia.i.no [kukkjaˈino] *sm* colher de café.
cuc.chia.io [kukkˈjajo] *sm* colher.
cuc.cio.lo [kˈuttʃolo] *sm* cachorro novo.
cuc.co [kˈukko] *sm* **1** *Zool* cuco. **2** *fam* xodó. • *agg* bobo, tolo, tonto.
cuc.cu.ma [kˈukkuma] *sf* bule, cafeteira.
cu.ci.na [kutʃˈina] *sf* **1** cozinha. **2** fogão.
cu.ci.na.re [kutʃinˈare] *vt* **1** cozinhar, cozer. **2** *fig* preparar, aprontar. **3** ordenar.
cu.ci.re [kutʃˈire] *vt* **1** costurar, coser. **2** (anche *fig*) remendar.
cu.ci.tri.ce [kutʃitrˈitʃe] *sf* **1** costureira. **2** grampeador.
cu.cu.lo [kukˈulo] *sm Zool* cuco.
cuf.fia [kˈuffja] *sf* touca.
cu.gi.no [kudʒˈino] *sm* (*f* **cugina**) primo. **cugino di primo grado** primo em primeiro grau. **cugino di secondo grado** primo em segundo grau.
cui [kˈuj] *pron* o qual, a qual, ao qual, do qual etc.
cu.li.ce [kˈulitʃe] *sm Zool* pernilongo, mosquito.
cul.la [kˈulla] *sf* **1** berço. **2** *fig* origem, início.
cul.la.re [kullˈare] *vt* **1** embalar, ninar. **2** *fig* auxiliar, ajudar, favorecer. *vpr* **3** iludir-se.
cul.mi.ne [kˈulmine] *sm* **1** cume, pico, topo. **2** *fig* apogeu, máximo.
cu.lo [kˈulo] *sm volg* **1** cu, ânus. **2** *fig* nádegas, traseiro. **3** rabo, sorte. **fare in culo** tomar no cu.
cul.to [kˈulto] *sm* (anche *fig*) **1** culto, ritual, liturgia. **2** homenagem. **3** amor, dedicação. • *agg* culto, educado.
cul.tu.ra [kultˈura] *sf* **1** cultura, educação, instrução. **2** cultura, civilização. **3** cultivo (agrícola).
cu.mu.lo [kˈumulo] *sm* monte, montão, pilha.
cu.ne.o [kˈuneo] *sm* **1** cunha. **2** molde.
cu.net.ta [kunˈetta] *sf* sarjeta, valeta.
cuo.ce.re [kwˈɔtʃere] *vt* **1** cozinhar, cozer. **2** queimar, ressecar. **3** *fig* incomodar, atormentar. **4** apaixonar. *vpr* **5** embebedar-se.
cuo.co [kwˈɔko] *sm* cozinheiro.
cuo.io [kwˈɔjo] *sm* couro.
cuo.re [kwˈɔre] *sm* **1** coração. **2** *fig* coragem, valentia. **3** generosidade,

bondade, piedade. **4** amor, afeto. **5** centro, base, essência. **6 cuori** *pl* copas (naipe de carta de baralho). **cuore di sasso** coração de pedra. **di cuore/del cuore** a) de coração. b) sinceramente.

cu.pi.di.gia [kupid´idʒa] *sf* cobiça, ambição, ganância.

cu.po [k´upo] *agg* **1** escuro. **2** triste. **3** *fig* introvertido. **4** pensativo.

cu.po.la [k´upola] *sf* cúpula.

cu.po.ne [kup´one] *sm* **1** cupom. **2** cédula.

cu.ra [k´ura] *sf* **1** tratamento, terapia. **2** cuidado, atenção, dedicação. **3** administração, controle, vigilância. **4** emprego, cargo. **5** paróquia.

cu.ra.re [kur´are] *vt* **1** tratar. **2** cuidar de, tomar conta de, administrar, controlar. **3** vigiar. **4** branquear, corar ao sol (roupas). *vpr* **5** manter-se, tratar-se. **6** preocupar-se, ocupar-se.

cu.rio.so [kuri´ozo] *agg* curioso, original. • *sm+agg* **1** curioso, intrometido, indiscreto. **2** *pop* bisbilhoteiro, xereta.

cur.ri.cu.lum [kuřikulum] *sm* currículo, carreira.

cur.va [k´urva] *sf* curva, volta.

cur.va.re [kurv´are] *vt* **1** curvar, encurvar, dobrar. *vi* **2** virar, voltar, fazer uma curva. *vpr* **3** curvar-se, dobrar-se.

cur.vo [k´urvo] *agg* **1** curvo, encurvado, curvado. **2** *fig* servil, obediente.

cu.sci.no [kuʃ´ino] *sm* almofada, travesseiro.

cu.sto.de [kust´ɔde] *sm* **1** zelador (de prédio). **2** porteiro, guarda, guardião. **3** tutor.

cu.sto.dia [kust´ɔdja] *sf* **1** custódia, controle. **2** administração. **3** estojo, caixa.

cu.sto.di.re [kustod´ire] *vt* guardar, proteger, tratar, vigiar.

cu.te [k´ute] *sf* Anat cútis, pele humana.

cu.ti.co.la [kut´ikola] *sf* Anat cutícula.

d

d [d´i] *sf* a quarta letra do alfabeto italiano.

da [d´a] *prep* **1** de. *arrivare da Milano* / chegar de Milão. **2** para. *casa da vendere* / casa para vender. **3** por. *è stato fatto da noi* / foi feito por nós. **4** a. *c´è molto da fare* / há muito a fazer. **5** desde. *da venerdì* / desde sexta-feira. **6** em casa de, no escritório de, no consultório de. *sono da Maria* / estou na casa de Maria. **da ... a ...** de ... até ..., desde ... até ...

da.do [d´ado] *sm* **1** dado. **2** pedestal.

da.ga [d´aga] *sf* adaga, punhal, espada curta.

da.ma [d´ama] *sf* **1** dama, senhora. **2** dama ou peão com valor de dama, no jogo de xadrez. **gioco della dama** jogo de damas.

dam.ma [d´amma] *sf Zool* corça.

da.na.ro [dan´aro] *sm V* **denaro**.

dan.na.re [dann´are] *vt* **1** *Rel* danar, condenar ao inferno. *vpr* **2** *Rel* ir para o inferno, perder-se.

dan.neg.gia.re [danneddʒ´are] *vt* danificar, estragar, prejudicar.

dan.no [d´anno] *sm* **1** dano, estrago. **2** prejuízo, perda. **3** avaria, defeito.

dan.no.so [dann´ozo] *agg* danoso, nocivo, prejudicial, negativo.

dan.za [d´antsa] *sf* dança.

dan.za.re [dants´are] *vi* dançar, bailar.

dan.za.tri.ce [dantsatr´itʃe] *sf* dançarina, bailarina.

dap.per.tut.to [dappert´utto] *avv* em todo lugar, em toda parte.

dap.pri.ma [dappr´ima] *avv* **1** primeiro. **2** antes.

dar.do [d´ardo] *sm* dardo, flecha.

da.re [d´are] *sm Comm* débito, obrigação. • *vt* **1** dar. **2** entregar, confiar. **3** ceder, conceder, conferir. **4** fornecer, doar. **5** causar, produzir. *vpr* **6** dar-se, dedicar-se, entregar-se. **dare ad intendere** dar a entender. **dare del tu** tratar por você, chamar de você.

da.ta [d´ata] *sf* data.

da.ta.re [dat´are] *vt+vi* datar.

da.to [d´ato] *sm* dado, fato. • *agg* **1** dado, determinado. **2** admitido. **3** concedido.

dat.te.ro [d´attero] *sm* tâmara.

da.van.ti [dav´anti] *sm* dianteira, frente. • *agg* anterior. • *avv* na frente, diante, adiante. **davanti a** *loc prep* a) em frente a. b) na presença de. c) ante.

da.van.za.le [davants´ale] *sm* parapeito, peitoril de janela.

dav.ve.ro [davv´ero] **ou da vero** *avv* **1** na verdade. **2** a sério. **3** sem dúvida.

da.zio [d´atsjo] *sm* imposto sobre mercadorias.

de.a [d´ɛa] *sf* **1** deusa. **2** *fig* amada.

de.bi.li.ta.re [debilit´are] *vt Med* debilitar, enfraquecer.

de.bi.to [d´ebito] *sm* **1** *Comm* débito,

dívida, obrigação. 2 *fig* dever. • *agg* devido, justo, oportuno.
de.bi.to.re [debit´ore] *sm* devedor.
de.bo.le [d´ebole] *sm* 1 fraqueza. 2 ponto fraco. • *agg* 1 fraco, débil. 2 leve, tênue.
de.bo.lez.za [debol´ettsa] *sf* 1 fraqueza. 2 defeito.
de.but.ta.re [debutt´are] *vi* estrear.
de.but.to [deb´utto] *sm* estreia.
de.ca.de [d´ɛkade] *sf* década, série de dez.
de.ca.den.za [dekad´ɛntsa] *sf* decadência.
de.ca.de.re [dekad´ere] *vi* decair, declinar.
de.ca.pi.ta.re [dekapit´are] *vt* decapitar.
de.ca.sil.la.bo [dekas´illabo] *sm+agg* decassílabo.
de.cen.nio [detʃ´ɛnnjo] *sm* decênio.
de.cen.te [detʃ´ɛnte] *agg* decente.
de.ces.so [detʃ´esso] *sm* falecimento, morte.
de.ci.de.re [detʃ´idere] *vt* 1 decidir, resolver. 2 definir. 3 julgar. *vpr* 4 decidir-se, resolver-se.
de.ci.fra.re [detʃifr´are] *vt* decifrar.
de.ci.ma.le [detʃim´ale] *agg* decimal.
de.ci.ma.re [detʃim´are] *vt* dizimar, destruir.
de.ci.mo [d´ɛtʃimo] *sm+num* décimo.
de.ci.sio.ne [detʃiz´jone] *sf* 1 decisão. 2 *Giur* resolução, sentença.
de.ci.si.vo [detʃiz´ivo] *agg* 1 decisivo. 2 definitivo.
de.cla.ma.re [deklam´are] *vt* 1 declamar. 2 *fig* ofender.
de.cla.ra.re [deklar´are] *vt Giur* declarar, explicar, especificar.
de.cli.na.re [deklin´are] *vt* 1 declinar, recusar. 2 *Gramm* declinar. *vi* 3 recusar (convite, honra). 4 inclinar, abaixar aos poucos. 5 afastar-se, distanciar-se. 6 decair. 7 pôr-se (sol, lua).
de.cli.no [dekl´ino] *sm* declínio.

de.col.lo [dek´ollo] *sm* decolagem.
de.col.la.re [dekoll´are] *vt* 1 degolar, decapitar. *vi* 2 *Aer* decolar.
de.com.por.re [dekomp´orre] *vt* 1 decompor. *vpr* 2 decompor-se. 3 estragar-se, apodrecer.
de.com.po.si.zio.ne [dekompozits´jone] *sf* 1 decomposição. 2 apodrecimento.
de.co.ra.re [dekor´are] *vt* 1 decorar, enfeitar, adornar, embelezar.
de.co.ra.zio.ne [dekorats´jone] *sf* 1 decoração, enfeite, adorno. 2 medalha.
de.co.ro [dek´oro] *sm* decoro, honra, dignidade.
de.cor.re.re [dek´orere] *vi* decorrer, transcorrer.
de.cre.ta.re [dekret´are] *vt* 1 decretar. 2 determinar.
de.cre.to [dekr´eto] *sm* 1 decreto. 2 disposição, desígnio.
de.di.ca [d´ɛdika] *sf* 1 dedicatória. 2 dedicação.
de.di.ca.re [dedik´are] *vt* 1 dedicar, consagrar. *vpr* 3 dedicar-se, entregar-se.
de.di.ca.zio.ne [dedikats´jone] *sf* dedicação.
de.dur.re [ded´urre] *vt* 1 deduzir, concluir, perceber. 2 deduzir, desfalcar. 3 derivar.
de.fal.ca.re [defalk´are] *vt* desfalcar, diminuir.
de.fal.co [def´alko] *sm* 1 desfalque. 2 diminuição.
de.fe.ca.re [defek´are] *vi* defecar.
de.fe.ri.re [defer´ire] *vt* deferir, atender.
de.fi.cien.te [defitʃ´ɛnte] *s+agg* 1 deficiente, insuficiente. 2 defeituoso. 3 raro. 4 *fig* idiota.
de.fi.cien.za [defitʃ´ɛntsa] *sf* deficiência, carência, falta.
de.fi.ni.re [defin´ire] *vt* 1 definir, precisar. 2 decidir, resolver.
de.fi.ni.to [defin´ito] *part+agg* definido, preciso, determinado

deformare   74   dentifricio

de.for.ma.re [deform´are] *vt* deformar.

de.fun.to [def´unto] *sm+agg* defunto, morto.

de.ge.ne.ra.re [dedʒener´are] *vi* degenerar, piorar, corromper-se.

de.glu.ti.re [deglut´ire] *vt* deglutir, engolir.

de.gna.re [deñ´are] *vt* 1 julgar digno. *vpr* 2 dignar-se a, ter a bondade de.

de.gno [d´eño] *agg* digno, merecedor.

de.gra.da.re [degrad´are] *vt* 1 degradar. 2 *Geol* desgastar (pela erosão). *vpr* 3 degradar-se.

de.gu.sta.re [degust´are] *vt* degustar, provar.

de.le.ga.re [deleg´are] *vt* delegar, encarregar.

de.le.ga.to [deleg´ato] *sm* delegado, encarregado. • *agg* 1 delegado, encarregado. 2 dado, transmitido.

del.fi.no [delf´ino] *sm Zool* golfinho.

de.li.be.ra.re [deliber´are] *vt+vi* deliberar, decidir, resolver.

de.li.ca.tez.za [delikat´ettsa] *sf* 1 delicadeza. 2 gentileza, cortesia.

de.li.ca.to [delik´ato] *agg* 1 delicado, frágil, suave. 2 gentil, cortês.

de.li.ne.a.re [deline´are] *vt* 1 delinear. 2 *fig* planejar, projetar, esboçar.

de.lin.quen.te [delink´wente] *s+agg* delinquente, infrator, criminoso.

de.li.ra.re [delir´are] *vi* delirar.

de.li.rio [del´irjo] *sm* 1 *Med* delírio, alucinação. 2 *fig* loucura, insensatez.

de.lit.to [del´itto] *sm* 1 delito, crime. 2 infração, transgressão.

de.li.zia [del´itsja] *sf* 1 delícia, deleite. 2 prazer, alegria.

de.li.zia.re [delits´jare] *vt* 1 deliciar, deleitar, agradar. *vpr* 2 deliciar-se, gozar.

de.li.zio.so [delits´jozo] *agg* delicioso, gostoso.

del.ta [d´ɛlta] *sm Geogr* delta (de rio).

de.lu.de.re [del´udere] *vt* 1 enganar, iludir, trair. 2 frustrar.

de.ma.go.gi.a [demagodʒ´ia] *sf* demagogia.

de.mar.ca.re [demark´are] *vt* demarcar, limitar.

de.men.te [dem´ɛnte] *s+agg* demente, louco.

de.me.ri.ta.re [demerit´are] *vt* desmerecer.

de.mo.cra.zi.a [demokrats´ia] *sf* democracia.

de.mo.li.re [demol´ire] *vt* 1 demolir, derrubar. 2 *fig* destruir, arruinar.

de.mo.ne [d´emone] *sm* 1 demônio. 2 espírito.

de.mo.ni.a.co [demon´iako] *agg* demoníaco.

de.mo.nio [dem´ɔnjo] *sm* 1 demônio, diabo. 2 *fig* pessoa má.

de.mo.ra.liz.za.re [demoraliddz´are] *vt* 1 desmoralizar. 2 perverter. *vpr* 3 perverter-se.

de.na.ro [den´aro] *sm* 1 dinheiro. 2 moeda. 3 *fig* capital, riqueza. 4 denari *pl* ouros (naipe de carta de baralho). *Var:* danaro.

de.no.mi.na.re [denomin´are] *vt* 1 denominar, chamar. 2 apelidar. *vpr* 3 denominar-se, chamar-se.

de.no.ta.re [denot´are] *vt* 1 denotar, significar, simbolizar. 2 indicar, mostrar.

den.so [d´ɛnso] *agg* denso, espesso, cerrado.

den.ta.ta [dent´ata] *sf* dentada, mordida.

den.te [d´ɛnte] *sm* 1 dente (de objetos). 2 *Anat* dente (humano). 3 *Zool* dente, presa. 4 *fig* rancor. 5 maledicência. **dente canino** canino. **dente da latte** dente de leite. **dente del giudizio** dente do siso. **dente incisivo** incisivo. **dente molare** molar. **spazzolino da denti** escova de dentes.

den.tie.ra [dent´jera] *sf* dentadura.

den.ti.fri.cio [dentifr´itʃo] *sm* dentifrício, pasta de dentes, creme dental.

den.ti.sta [dent´ista] *s* dentista.
den.tro [d´entro] *avv* **1** dentro, no interior. **2** *fig* na alma, no coração. • *prep* **1** em, dentro de. **2** para dentro. *dentro il mese di aprile* / no mês de abril. **dentro di / dentro a** dentro de, em.
de.nu.da.re [denud´are] *vt* **1** desnudar, despir. **2** *fig* descobrir, revelar. *vpr* **3** despir-se.
de.nun.zia [den´untsja] *sf* **1** denúncia, queixa, acusação. **2** traição. **fare una denunzia** dar queixa.
de.nun.zia.re [denunts´jare] *vt* **1** denunciar, acusar. **2** trair, delatar. **3** *fig* revelar, demonstrar.
de.o.do.ran.te [deodor´ante] *sm+agg* desodorante.
de.pi.la.re [depil´are] [epil´are] *vt* depilar.
de.plo.ra.re [deplor´are] *vt* **1** deplorar, lamentar, lastimar. **2** *fig* condenar, censurar.
de.por.re [dep´ore] *vt* depor: a) pôr no chão. b) *fig* destituir. c) *Giur* declarar, testemunhar em juízo. d) renunciar a.
de.por.ta.re [deport´are] *vt* deportar, exilar.
de.po.si.ta.re [depozit´are] *vt* **1** depositar, fazer depósito. **2** armazenar. *vi* **3** *Chim* depor, assentar (partículas de um líquido).
de.po.si.to [dep´ozito] *sm* **1** depósito, armazém. **2** *Comm* depósito. **3** *Chim* sedimento, deposição.
de.po.si.zio.ne [depozits´jone] *sf* **1** deposição. **2** *Chim* deposição de sedimento. **3** *Giur* depoimento.
de.pre.da.re [depred´are] *vt* depredar, saquear.
de.pres.sio.ne [depress´jone] *sf* **1** depressão (de terreno). **2** *fig* depressão, abatimento, melancolia.
de.prez.za.re [depreddz´are] *vt* depreciar, desvalorizar.
de.pri.me.re [depr´imere] *vt* **1** deprimir. **2** enfraquecer. **3** humilhar, abater. *vpr* **4** deprimir-se, abater-se.
de.pu.ra.re [depur´are] *vt* **1** depurar, purificar, limpar, purgar. *vi* **2** purificar-se.
de.re.ta.no [deret´ano] *sm* traseiro. • *agg* traseiro, posterior.
de.ri.va.re [deriv´are] *vt* **1** derivar. **2** desviar do curso normal. *vi* **3** originar-se. **4** provir. **5** concluir.
der.ma [d´erma] *sf Anat* derme.
de.ru.ba.re [derub´are] *vt* privar, roubar, tomar.
de.scri.ve.re [deskr´ivere] *vt* **1** descrever, representar, retratar. **2** *Geom* traçar.
de.scri.zio.ne [deskrits´jone] *sf* descrição.
de.ser.to [dez´ɛrto] *sm* deserto. • *agg* **1** deserto, desabitado, vazio. **2** árido. **3** solitário.
de.si.de.ra.re [dezider´are] *vt* **1** desejar, querer, ansiar. **2** cobiçar.
de.si.de.rio [dezid´ɛrjo] *sm* **1** desejo, vontade. **2** cobiça, ambição.
de.si.gna.re [deziñ´are] *vt* **1** designar, determinar. **2** propor. **3** indicar, simbolizar, denotar.
de.si.ste.re [dez´istere] *vi* **1** desistir. **2** renunciar.
de.so.la.re [dezol´are] *vt* **1** desolar, causar desolação. **2** devastar, arruinar.
de.sta.re [dest´are] *vt* **1** acordar, despertar. **2** *fig* excitar. *vpr* **3** acordar, despertar.
de.sti.na.re [destin´are] *vt* **1** destinar, determinar, designar. **2** decidir, resolver, deliberar.
de.sti.no [dest´ino] *sm* **1** destino, sorte. **2** destino, direção. *aereo destino Roma* / avião com destino a Roma.
de.sti.tu.i.re [destit´uire] *vt* destituir, depor. **2** demitir, despedir.
de.stra [d´ɛstra] *sf* **1** direita. **2** mão direita. **3** *Pol* ala direita (do parlamento).

destrezza 76 **dietro**

de.strez.za [destr´ettsa] *sf* **1** destreza, agilidade, perícia. **2** esperteza.

de.stro [d´ɛstro] *sm* **1** oportunidade. **2** *Sp* direita, direito (golpe). • *agg* **1** destro, direito. **2** hábil, ágil, rápido.

de.te.ne.re [deten´ere] *vt* **1** deter. **2** guardar, conservar, manter. **3** deter, prender, deixar na prisão.

de.ter.gen.te [deterdʒ´ɛnte] *sm+agg* detergente.

de.te.rio.ra.re [deterjor´are] *vt* **1** deteriorar, estragar, danificar. **2** adulterar. *vpr* **3** deteriorar-se, estragar-se, danificar-se.

de.ter.mi.na.re [determin´are] *vt* **1** determinar, estabelecer. **2** decidir, especificar. **3** causar. **4** motivar, originar. *vpr* **5** determinar-se, decidir-se.

de.ter.mi.na.ti.vo [determinat´ivo] *agg Gramm* definido (artigo).

de.te.sta.re [detest´are] *vt* detestar, odiar.

de.to.na.re [deton´are] *vt* detonar, explodir.

de.tri.to [detr´ito] *sm* detrito, resto, resíduo.

det.ta.glia.re [dettaʎ´are] *vt* detalhar.

det.ta.glio [dett´aʎo] *sm* detalhe.

det.ta.re [dett´are] *vt* **1** ditar. **2** *fig* impor. **3** sugerir.

det.to [d´etto] *sm* dito, frase, sentença. • *agg* **1** dito. **2** comunicado. **3** chamado. **4** acima mencionado.

de.tur.pa.re [deturp´are] *vt* **1** deturpar. **2** corromper, perverter, estragar.

de.va.sta.re [devast´are] *vt* **1** devastar, desolar. **2** danificar, estragar.

de.vi.a.re [devi´are] *vt* **1** desviar, sair do caminho. **2** *fig* afastar-se, distanciar-se.

de.via.zio.ne [devjats´jone] *sf* desvio, ato de desviar.

de.vo.to [dev´ɔto] *sm Rel* devoto, beato. • *agg* **1** devoto, beato. **2** afeiçoado.

de.vo.zio.ne [devots´jone] *sf* **1** devoção. **2** afeição, dedicação. **3** obediência.

di [d´i] *sf* dê, o nome da letra D. • *prep* de.

dì [d´i] *sm* **1** dia (usado nas divisões de tempo). **2** *fig* tempo. **a dì ventiquattro** no dia vinte e quatro. **al dì d'oggi** nos dias de hoje.

dia.be.te [djab´ɛte] *sm Med* diabete, diabetes.

dia.bo.li.co [djab´ɔliko] *agg* **1** diabólico. **2** *fig* perverso.

dia.go.na.le [djagon´ale] *sf Geom* diagonal. • *agg* diagonal, oblíquo.

dia.gram.ma [djagr´amma] *sm* diagrama, esquema, representação.

dia.let.to [djal´etto] *sm* dialeto.

dia.lo.ga.re [djalog´are] *vt* **1** dialogar. *vi* **2** dialogar, conversar.

dia.lo.go [d´jalogo] *sm* diálogo, conversa.

dia.man.te [djam´ante] *sm* diamante.

dia.me.tro [dj´ametro] *sm* diâmetro.

dia.rio [dj´arjo] *sm* diário, jornal.

diar.re.a [djar´ɛa] *sf Med* diarreia.

dia.vo.lo [dj´avolo] *sm* diabo, demônio. • *int* diabos! **va al diavolo!** *volg* vá para o inferno!

di.bat.te.re [dib´attere] *vt* **1** sacudir, agitar. **2** *fig* debater, discutir. *vpr* **3** debater-se, agitar-se.

di.bat.ti.to [dib´attito] *sm* debate, discussão.

di.cem.bre [ditʃ´ɛmbre] *sm* dezembro.

di.ce.ria [ditʃer´ia] *sf* boato.

di.chia.ra.re [dikjar´are] *vt* **1** declarar, expor, proclamar. **2** intimar.

di.chia.ra.zio.ne [dikjarats´jone] *sf* **1** declaração, notificação. **2** intimação.

die.ci [d´jɛtʃi] *sm+num* dez.

die.ci.na [djetʃ´ina] *sf* **1** dezena. **2** uns dez, umas dez.

die.ta [d´jɛta] *sf Med* dieta, regime.

die.tro [d´jɛtro] *avv* **1** atrás. **2** depois. • *prep* **1** atrás de. *dietro la casa* / atrás da casa. **2** depois de. *uno dietro l'altro* / um depois do outro. **3** segundo, con-

difendere — diminuire

forme. **di dietro** a) *sm* parte de trás; *fam* traseiro. b) *agg* posterior. c) *loc avv* depois; atrás. d) *loc prep* detrás de. **di dietro della porta** / detrás da porta.

di.fen.de.re [dif´endere] *vt* **1** defender, proteger. **2** justificar. *vpr* **3** defender-se, proteger-se. **4** justificar-se, explicar-se.

di.fe.sa [dif´eza] *sf* **1** defesa, proteção. **2** justificativa, explicação. **difesa personale** defesa pessoal.

di.fet.ti.vo [difett´ivo] *agg* **1** defectivo, defeituoso, imperfeito. **2** *Gramm* defectivo (verbo).

di.fet.to [dif´εtto] *sm* **1** defeito, falha. **2** vício.

di.fet.to.so [difett´ozo] *agg* defeituoso, imperfeito.

dif.fa.ma.re [diffam´are] *vt* difamar, caluniar.

dif.fe.ren.te [differ´εnte] *agg* diferente, diverso, distinto.

dif.fe.ren.za [differ´εntsa] *sf* **1** diferença. **2** *fig* controvérsia, desavença. **3** *Mat* resto, diferença.

dif.fe.ren.zia.re [differents´jare] *vt* **1** diferenciar, distinguir. *vpr* **2** diferenciar-se.

dif.fe.ri.re [differ´ire] *vt* **1** adiar, prorrogar, prolongar. *vi* **2** diferir, ser diferente. **3** discordar, divergir.

dif.fi.ci.le [diff´itʃile] *agg* **1** difícil, trabalhoso, penoso. **2** *fig* irritado, intratável.

dif.fi.col.tà [diffikolt´a] *sf* **1** dificuldade. **2** obstáculo, impedimento, oposição.

dif.fon.de.re [diff´ondere] *vt* difundir, propagar, espalhar, divulgar.

dif.fu.sio.ne [diffuz´jone] *sf* **1** difusão. **2** transmissão radiofônica.

di.ga [d´iga] *sf* **1** dique. **2** *fig* obstáculo, impedimento.

di.ge.ri.re [didʒer´ire] *vt* **1** digerir, assimilar. **2** *fig* examinar atenciosamente. **3** sofrer calado.

di.ge.stio.ne [didʒest´jone] *sf* digestão.

di.gi.ta.re [didʒit´are] *vt* **1** digitar. **2** *Mus* dedilhar.

di.giu.no [didʒ´uno] *sm* **1** jejum. **2** *fig* abstinência. • *agg* **1** em jejum. **2** *fig* carente.

di.gni.tà [diñit´a] *sf* **1** dignidade, nobreza. **2** cargo, função importante. **3** *fig* dignitário.

di.gra.da.zio.ne [digradats´jone] *sf* **1** *Pitt* matiz. **2** descida, diminuição gradual.

di.la.ta.re [dilat´are] *vt* **1** dilatar. **2** *fig* aumentar. *vpr* **3** dilatar-se. **4** *Fis fig* expandir-se.

di.lem.ma [dil´emma] *sm* dilema.

di.let.ta.re [dilett´are] *vt* **1** deleitar, deliciar. **2** alegrar, divertir. *vi* **3** agradar. *vpr* **4** deleitar-se, deliciar-se. **5** divertir-se.

di.let.to [dil´εtto] *sm* **1** deleite, delícia. **2** divertimento, prazer, satisfação. • *sm*+*agg* predileto, querido, preferido.

di.li.gen.te [dilidʒ´εnte] *agg* **1** diligente. **2** cuidadoso, benfeito. **3** atento. **4** meticuloso, metódico. **5** aplicado, estudioso.

di.lu.i.re [dil´uire] *vt* diluir.

di.lu.via.re [diluv´jare] *vt* **1** inundar, alagar. **2** *fam* devorar. *vi* **3** chover torrencialmente.

di.lu.vio [dil´uvjo] *sm* **1** dilúvio. **2** inundação. **3** chuva torrencial. **4** *fig* montão.

di.ma.gri.re [dimagr´ire] *vi* emagrecer.

di.men.sio.ne [dimens´jone] *sf* dimensão, tamanho.

di.men.ti.can.za [dimentik´antsa] *sf* esquecimento.

di.men.ti.ca.re [dimentik´are] *vt* **1** esquecer. *vpr* **2** esquecer-se.

di.met.te.re [dim´εttere] *vt* **1** demitir, despedir. **2** depor, destituir. **3** *Rel* perdoar. *vpr* **4** demitir-se, renunciar.

di.mi.nu.i.re [dimin´uire] *vt* **1** diminuir, reduzir. *vi* **2** diminuir. **3** baixar de preço. *vpr* **4** diminuir, reduzir-se.

di.mi.nu.ti.vo [diminut´ivo] *sm+agg Gramm* diminutivo.
di.mi.nu.zio.ne [diminuts´jone] *sf* diminuição, redução.
di.mis.sio.ne [dimiss´jone] *sf* demissão, renúncia.
di.mo.ra [dim´ɔra] *sf* **1** domicílio, residência, habitação. **2** atraso, retardo.
di.mo.ra.re [dimor´are] *vi* residir, morar, habitar.
di.mo.stra.re [dimostr´are] *vt* **1** demonstrar, mostrar. *vi* **2** aparentar, parecer. *vpr* **3** revelar-se, manifestar-se.
di.na.mi.co [din´amiko] *agg* **1** dinâmico. **2** ativo.
di.na.mi.te [dinam´ite] *sf* dinamite.
di.na.mo [d´inamo] *sf* dínamo.
di.nan.zi [din´antsi] *avv* diante, em frente, de frente. **dinanzi a** a) diante de, em frente de, de frente para. b) na presença de.
di.na.stia [dinast´ia] *sf* dinastia.
di.no.sau.ro [dinos´awro] *sm* dinossauro.
din.tor.no [dint´orno] *sm* **1** perfil, contorno. **2 dintorni** *pl* arredores. • *avv* **1** em torno, em volta. **2** próximo, perto.
di.o [d´io] *sm* deus.
di.par.ti.men.to [dipartim´ento] *sm* **1** departamento. **2** repartição, compartimento.
di.pen.den.za [dipend´ɛntsa] *sf* **1** dependência. **2** submissão, sujeição. **3** anexo (local). **4** filial.
di.pen.de.re [dip´endere] *vi* **1** depender de. **2** subordinar-se a, sujeitar-se a.
di.pin.ge.re [dip´indʒere] *vt* **1** pintar, colorir. **2** *fig* descrever, representar.
di.plo.ma [dipl´ɔma] *sm* **1** diploma. **2** certificado.
di.plo.ma.ti.co [diplom´atiko] *sm* diplomata. • *agg* **1** diplomático. **2** *fig* hábil, perito, destro.
di.plo.ma.zia [diplomats´ia] *sf* **1** diplomacia. **2** *fig* habilidade, tato.

di.re [d´ire] *sm* **1** dito, modo de dizer. **2** fala. • *vt* **1** dizer. **2** falar. **3** responder. **4** comandar. **5** discursar. **6** contar. **7** afirmar. **dico la mia** digo o que penso. **dire davvero** falar a sério.
di.ret.to [dir´etto] *sm* trem direto. • *agg* **1** direto, direito, reto. **2** *fig* justo. **3** imediato.
di.ret.to.re [dirett´ore] *sm* diretor.
di.ret.tri.ce [direttr´itʃe] *sf* diretora.
di.re.zio.ne [direts´jone] *sf* **1** direção, ato de dirigir. **2** diretoria (local). **3** administração. **4** rumo, destino.
di.ri.ge.re [dir´idʒere] *vt* **1** dirigir. **2** enviar, mandar, endereçar. **3** guiar. **4** *fig* administrar, governar, comandar. *vpr* **5** dirigir-se, ir.
di.rit.ta [dir´itta] *sf* **1** direita. **2** mão direita.
di.rit.to [dir´itto] *sm* **1** direito, parte direita de objeto. **2** direito, privilégio, prerrogativa. **3** taxa, imposto. **4** *fig* justiça. **5** *Giur* direito. • *agg* **1** direito, reto. **2** destro. **3** *fig* direito, honesto. • *avv* **1** diretamente. **2** *fig* com lealdade, lealmente. **diritto d'autore** direito autoral.
di.sa.bi.ta.to [dizabit´ato] *agg* desabitado, deserto.
di.sa.bi.tua.re [dizabit´uare] *vt* desabituar.
di.sac.cor.do [dizakk´ɔrdo] *sm* **1** desacordo, divergência, desunião. **2** *Mus* dissonância.
di.sa.dat.to [dizad´atto] *agg* inoportuno, inapropriado.
di.saf.fe.zio.ne [dizaffets´jone] *sf* **1** desafeição. **2** inimizade.
di.sa.gio [diz´adʒo] *sm* **1** incômodo, transtorno. **2** necessidade, pobreza. **3** mal-estar, indisposição.
di.sa.ni.ma.re [dizanim´are] *vt* **1** desanimar, desencorajar. *vpr* **2** desanimar-se, esmorecer.
di.sap.pro.va.re [dizapprov´are] *vt* desaprovar, reprovar.

di.sar.ma.re [dizarm´are] *vt* **1** desarmar. **2** *fig* pacificar, apaziguar. **3** saquear, espoliar (navio). **4** *Mil* licenciar, dispensar (os soldados).

di.sar.ti.co.la.re [dizartikol´are] *vt* **1** desarticular, dividir. *vpr* **2** desmanchar.

di.sa.stro [diz´astro] *sm* **1** desastre, desgraça, acidente. **2** fracasso, fiasco.

di.sat.ten.to [dizatt´ento] *agg* desatento, descuidado, negligente.

di.sca.ri.co [disk´ariko] *sm* **1** descarga. **2** *fig* justificativa.

di.scen.den.te [difend´ente] *s+agg* descendente.

di.scen.den.za [difend´entsa] *sf* **1** descendência. **2** geração, estirpe.

di.scen.de.re [diʃ´endere] *vt+vi* **1** descender, provir. **2** descer, baixar, abaixar. **3** *Comm* cair (preços). **4** *fig* pôr-se (sol, lua).

di.sce.po.lo [diʃ´epolo] *sm* **1** discípulo, seguidor. **2** aluno.

di.scer.ni.men.to [diʃernim´ento] *sm* discernimento, juízo, prudência.

di.sce.sa [diʃ´eza] *sf* **1** descida, inclinação. **2** *fig* declínio, decadência.

di.schet.to [disk´etto] *sm dim Inform* disquete.

di.sci.pli.na [diʃipl´ina] *sf* **1** disciplina, ordem, organização. **2** matéria, disciplina (de estudo). **3** *fig* castigo, pena.

di.sco [d´isko] *sm* (anche *Sp*, *Mus*, *Inform*) disco. **disco volante** disco voador.

di.sco.lo [d´iskolo] *sm+agg* **1** desobediente, rebelde. **2** *pop* endiabrado, travesso.

di.scol.pa [disk´olpa] *sf* desculpa, justificativa, explicação.

di.scol.pa.re [diskolp´are] *vt* **1** desculpar. **2** perdoar. **3** justificar. *vpr* **4** desculpar-se, justificar-se.

di.scon.ten.to [diskont´ɛnto] *agg* descontente, insatisfeito.

di.scon.ti.nuo [diskont´inwo] *agg* descontínuo.

di.scor.da.re [diskord´are] *vi* discordar, divergir, destoar.

di.scor.dia [disk´ordja] *sf* **1** discórdia, desunião, divergência. **2** disputa, briga.

di.scor.re.re [disk´orere] *vt* **1** percorrer, atravessar. *vi* **2** discorrer, discutir, falar sobre.

di.scor.so [disk´orso] *sm* **1** discurso. **2** discussão, conversa. **3** exposição.

di.sco.sto [disk´ɔsto] *agg* distante, longínquo, afastado. • *avv* longe.

di.scre.de.re [diskr´edere] *vt* **1** mudar de opinião. **2** desacreditar, não acreditar, descrer.

di.scre.di.to [diskr´edito] *sm* descrédito, desonra, má reputação.

di.scre.to [diskr´eto] *agg* **1** discreto. **2** ajuizado. **3** razoável. **4** suave, brando.

di.scre.zio.ne [diskrets´jone] *sf* **1** discrição. **2** discernimento. **3** modéstia. **4** arbítrio. **5** brandura.

di.scri.mi.na.re [diskrimin´are] *vt* discriminar, distinguir, diferenciar.

di.scus.sio.ne [diskuss´jone] *sf* **1** discussão. **2** debate. **3** exame, avaliação. **4** briga, disputa.

di.scu.te.re [disk´utere] *vt* **1** discutir, debater. **2** examinar, avaliar.

di.sde.gna.re [dizdeɲ´are] *vt* desdenhar, desprezar.

di.sde.gno [dizd´eɲo] *sm* desdém, desprezo.

di.se.gna.re [diseɲ´are] *vt* **1** desenhar, traçar. **2** *fig* planejar, projetar. **3** imaginar, conceber.

di.se.gno [diz´eɲo] *sm* **1** desenho, figura. **2** plano, projeto. **3** imagem, ideia, concepção.

di.se.re.da.re [dizered´are] *vt* deserdar.

di.ser.ta.re [dizert´are] *vt* **1** tornar deserto. **2** devastar. **3** *fig* abandonar, fugir de. *vi* **4** *Mil* desertar.

diserzione 80 **dispensa**

di.ser.zio.ne [dizerts'jone] *sf* **1** Mil deserção. **2** traição.
di.sfa.re [disf'are] *vt* **1** desfazer, desmanchar. **2** desarmar, desmontar. **3** despedaçar. **4** *fig* destruir, estragar. **5** gastar, consumir. *vpr* **6** desfazer-se, desmanchar-se. **7** livrar-se, desvencilhar-se de.
di.sfat.ta [disf'atta] *sf* derrota.
di.sgra.zia [dizgr'atsja] *sf* desgraça, desventura, infelicidade.
di.sgre.ga.re [dizgreg'are] *vt* **1** desagregar. **2** separar. *vpr* **3** separar-se.
di.sgu.sta.re [dizgust'are] *vt* **1** desgostar, desagradar. **2** irritar, aborrecer. *vi* **3** não gostar. *vpr* **4** desgostar-se. **5** irritar-se, aborrecer-se.
di.sgu.sto [dizg'usto] *sm* **1** desgosto, desprazer. **2** aversão, repugnância, repulsa. **3** desconfiança.
di.si.dra.ta.re [dizidrat'are] *vt* desidratar.
di.sil.lu.de.re [dizill'udere] *vt* desiludir, decepcionar, desenganar.
di.sil.lu.sio.ne [dizilluz'jone] *sf* desilusão.
di.sim.ba.raz.za.re [dizimbaratts'are] *vt* **1** desembaraçar, livrar de embaraço. **2** desimpedir.
di.sim.pe.gna.re [dizimpeñ'are] *vt* **1** tirar do penhor. **2** liberar (de obrigação). **3** desempenhar, exercer. *vpr* **4** desobrigar-se. **5** saldar, pagar (dívida). **6** pagar (uma promessa). **7** virar-se, sair-se bem.
di.sim.pe.gno [dizimp'eño] *sm* **1** pagamento. **2** desempenho.
di.sin.fet.tan.te [dizinfett'ante] *sm+agg* desinfetante.
di.sin.fet.ta.re [dizinfett'are] *vt* desinfetar.
di.sin.gan.na.re [dizingann'are] *vt* **1** desenganar, desiludir. *vpr* **2** desenganar-se, desiludir-se.
di.sin.te.res.se [dizinter'esse] *sm* **1** desinteresse. **2** abnegação, desprendimento.
di.sin.vol.to [dizinv'ɔlto] *agg* **1** franco. **2** desenvolto, ativo. **3** descarado.
di.sin.vol.tu.ra [dizinvolt'ura] *sf* **1** franqueza. **2** desenvoltura, desembaraço. **3** *fig* descaramento.
di.sli.vel.lo [dizliv'ɛllo] *sm* **1** desnível. **2** inclinação.
di.slo.ca.re [dizlok'are] *vt* deslocar, mudar de lugar ou de posição.
di.smi.su.ra [dizmiz'ura] *sf* excesso, demasia. **a dismisura** em demasia.
di.sob.bli.ga.re [dizobblig'are] *vt* desobrigar, dispensar, livrar, isentar.
di.soc.cu.pa.re [dizokkup'are] *vt* desocupar.
di.soc.cu.pa.to [dizokkup'ato] *sm+agg* **1** desocupado. **2** desempregado.
di.so.do.ran.te [dizodor'ante] *agg* desodorante.
di.so.ne.sto [dizon'esto] *agg* **1** desonesto, desleal. **2** indecente, obsceno.
di.so.no.ra.re [dizonor'are] *vt* **1** desonrar, ofender a honra de. *vpr* **2** desonrar-se.
di.so.no.re [dizon'ore] *sm* desonra, vergonha.
di.sor.di.na.re [dizordin'are] *vt* **1** desordenar. *vi* **2** exceder-se, ultrapassar (limites). *vpr* **3** decompor-se, desfazer-se.
di.sor.di.ne [diz'ordine] *sf* **1** desordem, confusão. **2** **disordini** *pl* tumultos, distúrbios.
di.sor.ga.niz.za.re [dizorganiddz'are] *vt* **1** desorganizar, desordenar, desarrumar. **2** decompor (materiais orgânicos).
di.so.rien.ta.re [dizorjent'are] *vt* **1** desorientar, desnortear. **2** *fig* desconcertar.
di.sos.sa.re [dizoss'are] *vt* desossar.
di.spac.cio [disp'attʃo] *sm* despacho, comunicação oficial.
di.spa.ri [d'ispari] *agg* **1** ímpar. **2** desigual.
di.spen.sa [disp'ɛnsa] *sf* **1** apostila, folheto (escolar). **2** dispensa, isenção.

3 dispensa, demissão. **4** distribuição. **5** despensa, copa.

di.spen.sa.re [dispens´are] *vt* **1** dispensar, isentar, desobrigar. **2** dispensar, demitir, exonerar. **3** distribuir. *vpr* **4** abster-se, eximir-se.

di.spe.ra.re [desper´are] *vt+vi* desesperar, perder a esperança. *vpr* **2** desesperar-se.

di.spe.ra.zio.ne [disperats´jone] *sf* **1** desespero. **2** angústia, tormento.

di.sper.de.re [disp´erdere] *vt* **1** dispersar. **2** desperdiçar, gastar. **3** destroçar, despedaçar. *vpr* **4** perder-se. **5** dispersar-se, debandar.

di.sper.sio.ne [dispers´jone] *sf* dispersão.

di.spet.to [disp´etto] *sm* despeito, rancor.

di.spia.ce.re [dispjatʃ´ere] *sm* **1** desprazer, dor, desgosto, incômodo. **2** distúrbio, contrariedade. • *vi* desagradar. **mi dispiace!** sinto muito!

di.spo.ni.bi.le [dispon´ibile] *agg* **1** disponível. **2** *fig* solteiro, livre.

di.spor.re [disp´orre] *vt* **1** dispor. **2** prescrever, estabelecer. **3** declarar em testamento. **4** colocar em ordem, organizar. **5** preparar. *vi* **6** dispor de, servir-se, ter à disposição. *vpr* **7** dispor-se a, colocar-se. **8** dispor-se, decidir-se, resolver-se a. **9** acomodar-se, arranjar-se.

di.spo.si.zio.ne [dispozits´jone] *sf* **1** disposição, ordem. **2** vontade, disposição para algo. **3** declaração (em testamento). **4** decreto, prescrição. **5** estado de espírito, estado de saúde. **6** inclinação, tendência. **7** predisposição.

di.spo.ti.co [disp´ɔtiko] *agg* despótico, tirânico.

di.sprez.za.re [dispretts´are] *vt* **1** desprezar. **2** desdenhar.

di.sprez.zo [dispr´ettso] *sm* **1** desprezo. **2** desdém.

di.spu.ta [disp´uta] *sf* **1** disputa. **2** discussão, debate.

di.spu.ta.re [disput´are] *vt* **1** disputar. *vi* **2** discutir, debater. *vpr* **3** brigar, lutar, disputar.

dis.se.ca.re [dissek´are] *vt Med* dissecar.

dis.se.mi.na.re [dissemin´are] *vt* **1** *Bot* semear, espalhar sementes. **2** *fig* disseminar, difundir.

dis.sen.so [diss´ɛnso] *sm* **1** divergência, diferença de opinião. **2** desavença, discórdia.

dis.sen.te.ri.a [dissenter´ia] *sf Med* disenteria.

dis.sep.pel.li.re [disseppell´ire] *vt* **1** desenterrar. **2** *fig* trazer à luz (fato).

dis.ser.ta.re [dissert´are] *vi* **1** dissertar, discorrer. **2** discutir.

dis.si.den.te [dissid´ɛnte] *sm Pol* dissidente. • *agg* dissidente.

dis.si.mi.le [diss´imile] *agg* diferente, variado.

dis.si.mu.la.re [dissimul´are] *vt* **1** dissimular, disfarçar. **2** *Mil* camuflar.

dis.si.pa.re [dissip´are] *vt* **1** dissipar. **2** *fig* destruir, estragar. **3** gastar, esbanjar. *vpr* **4** dissipar-se, dissolver-se. **5** perder-se.

dis.so.lu.tez.za [dissolut´ettsa] *sf* **1** devassidão, libertinagem, vício. **2** desonestidade.

dis.sol.ve.re [diss´ɔlvere] *vt* **1** dissolver, desmanchar. **2** decompor, separar as partes. *vpr* **3** dissolver-se, desmanchar-se. **4** decompor-se.

dis.so.nan.te [disson´ante] *agg* dissonante.

dis.sua.de.re [disswad´ere] *vt* dissuadir.

di.stac.ca.re [distakk´are] *vt* **1** destacar, separar. **2** *fig* alienar, afastar, desviar. *vpr* **3** destacar-se, separar-se.

di.stac.co [dist´akko] *sm* **1** destaque, separação. **2** *fig* desvio.

di.stan.te [dist´ante] *agg* distante, longínquo. • *avv* longe.

di.stan.zia.re [distants´jare] *vt* **1** distanciar. **2** deixar para trás.

di.sta.re [dist´are] *vi* distar, ficar distante.

di.sten.de.re [dist´endere] *vt* **1** distender, estender, esticar. **2** colocar deitado. **3** deitar, derrubar, abater. **4** *Mil* enfileirar (soldados). **5** *fig* desenvolver. **6** ampliar. *vpr* **7** estender-se. **8** esticar--se. **9** deitar-se. **10** *fig* difundir-se, espalhar-se.

di.sten.sio.ne [distens´jone] *sf* **1** extensão. **2** *fig* distensão, apaziguamento.

di.stil.la.re [distill´are] *vt* **1** destilar. *vi* **2** gotejar, pingar. *vpr* **3** *fig* enlouquecer.

di.stil.le.ri.a [distiller´ia] *sf* destilaria.

di.stin.gue.re [dist´ingwere] *vt* **1** distinguir. **2** diferenciar. **3** separar. *vpr* **4** distinguir-se, separar-se. **5** *fig* mostrar--se, exibir-se.

di.stin.ti.vo [distint´ivo] *sm* distintivo, emblema, insígnia. • *agg* distintivo, que distingue.

di.stin.to [dist´into] *agg* **1** distinto. **2** separado, dividido. **3** diferente, diverso. **4** notável, que sobressai. **5** nítido, claro (som). **6** educado, elegante.

di.stin.zio.ne [distints´jone] *sf* **1** distinção, diferença. **2** educação, elegância, nobreza.

di.strar.re [distr´are] *vt* **1** distrair. **2** desviar, divertir, recrear. **3** furtar, surrupiar. *vpr* **5** distrair-se, divertir-se.

di.strat.to [distr´atto] *agg* **1** distraído, desatento. **2** desviado.

di.stra.zio.ne [distrats´jone] *sf* **1** distração, divertimento. **2** desatenção, descuido, dispersão.

di.stret.to [distr´etto] *sm* distrito. • *agg* **1** apertado, estreito. **2** angustiado.

di.stri.bui.re [distrib´wire] *vt* **1** distribuir, repartir. **2** dispor, colocar em ordem, classificar.

di.stri.bu.zio.ne [distributs´jone] *sf* **1** distribuição, divisão, repartição. **2** *Mecc* distribuição.

di.strug.ge.re [distr´uddʒere] *vt* **1** destruir. **2** demolir, derrubar. **3** desorganizar. **4** *fig* estragar, danificar. **5** gastar, consumir. **6** exterminar, aniquilar. *vpr* **7** destruir-se, consumir-se.

di.stur.ba.re [disturb´are] *vt* **1** perturbar, incomodar. **2** *fam* chatear, encher. **3** *fig* agitar, abalar. **4** interromper. *vpr* **5** perturbar-se, incomodar-se. **6** *fig* agitar-se, abalar-se.

di.stur.bo [dist´urbo] *sm* **1** aborrecimento, chateação, desgosto, incômodo. **2** obstáculo, impedimento. **3** *Med* distúrbio. **4** *fig* distúrbio, agitação, desordem.

di.sub.bi.di.re [dizubbid´ire] *vt* **1** desobedecer. **2** desrespeitar, transgredir.

di.su.gua.le [dizug´wale] *agg* desigual, diferente, irregular.

di.su.ma.no [dizum´ano] *agg* desumano, cruel.

di.svia.re [dizv´jare] *vt* desviar, desencaminhar, tirar do caminho, afastar.

di.svi.o [dizv´io] *sm* **1** desvio. **2** extravio, perda.

di.ta.le [dit´ale] *sm* dedal.

di.to [d´ito] *sm* dedo (da mão, do pé ou da luva). **dito grosso** polegar, dedão do pé.

di.t.ta [d´itta] *sf* empresa, firma.

dit.ta.to.re [dittat´ore] *sm* ditador.

dit.ta.tu.ra [dittat´ura] *sf* **1** ditadura. **2** *fig* tirania, poder absoluto.

dit.ton.go [ditt´ongo] *sm* *Gramm* ditongo.

diur.no [d´jurno] *agg* diurno, do dia.

di.va [d´iva] *sf* **1** deusa. **2** *fig* estrela.

di.va.ga.re [divag´are] *vt* **1** distrair. *vi* **2** divagar. **3** errar, vagar. **4** afastar--se, distanciar-se. *vpr* **5** distrair-se, divertir-se.

di.va.no [div´ano] *sm* divã, sofá.

di.ve.ni.re [diven´ire] *vi* V *diventare*.

di.ven.ta.re [divent´are] *vi* tornar-se, ficar, transformar-se. *Sin: divenire*.

di.ver.gen.za [diverdʒ'ɛntsa] *sf* **1** divergência, desvio. **2** desacordo.

di.ver.ge.re [div'ɛrdʒere] *vi* **1** divergir. **2** desviar-se, afastar-se um do outro. **3** discordar.

di.ver.so [div'ɛrso] *agg* **1** diverso, diferente. **2 diversi** *pl* diversos, vários, muitos.

di.ver.ten.te [divert'ɛnte] *agg* divertido, alegre.

di.ver.ti.men.to [divertim'ento] *sm* divertimento, distração, passatempo.

di.ver.ti.re [divert'ire] *vt* divertir, distrair, recrear, entreter. *vpr* **2** divertir-se, distrair-se.

di.vi.de.re [div'idere] *vt* **1** dividir. **2** separar. **3** distribuir. **4** repartir. *vpr* **5** dividir-se, separar-se.

di.vie.to [div'jɛto] *sm* **1** proibição. **2** *Rel* jejum.

di.vi.na.re [divin'are] *vt* **1** adivinhar, predizer, prever o futuro. **2** pressentir.

di.vi.na.zio.ne [divinats'jone] *sf* **1** adivinhação, previsão. **2** pressentimento.

di.vi.ni.tà [divinit'a] *sf* divindade.

di.vi.no [div'ino] *agg* **1** divino. **2** *fig* perfeito, excelente, sublime.

di.vi.sa [div'iza] *sf* **1** distintivo, emblema, insígnia. **2** risca (dos cabelos). **3** *fig* lema. **4** uniforme. **5** *Econ* divisa, moeda.

di.vi.sa.re [diviz'are] *vt+vi* **1** imaginar, idealizar, conceber, planejar. *vi* **2** planejar, propor-se a, decidir.

di.vi.sio.ne [diviz'jone] *sf* **1** divisão. **2** separação. **3** secção, repartição. **4** *Mat* divisão. **5** *Mil* divisão, unidade. **6** *fig* desunião, desavença.

di.vo.ra.re [divor'are] *vt* **1** devorar. **2** *fig* destruir, estragar, gastar, consumir. **3** olhar com desejo. *vpr* **4** devorar-se. **5** *fig* destruir-se, consumir-se. **6** desejar ardentemente.

di.vor.zia.re [divorts'jare] *vi* **1** divorciar de. *vpr* **2** divorciar-se.

di.vor.zio [div'ɔrtsjo] *sm* divórcio.

di.vul.ga.re [divulg'are] *vt* divulgar.

di.zio.na.rio [ditsjon'arjo] *sm* **1** dicionário. **2** *fig* vocabulário.

di.zio.ne [dits'jone] *sf* **1** frase, locução. **2** dicção, modo de falar. **3** domínio.

do [d'ɔ] *sm Mus* dó, primeira nota.

doc.cia [d'ɔttʃa] *sf* **1** ducha, chuveiro. **2** *fig* calmante. **fare la doccia / prendere la doccia** tomar banho.

do.cen.te [dotʃ'ɛnte] *sm+agg* docente, professor, mestre.

do.ci.le [d'ɔtʃile] *agg* **1** dócil, manso, calmo. **2** obediente, submisso. **3** flexível, maleável.

do.cu.men.ta.rio [dokument'arjo] *sm Cin* documentário.

do.cu.men.to [dokum'ento] *sm* documento.

do.di.ci [d'oditʃi] *sm+num* doze.

do.ga.na [dog'ana] *sf* **1** alfândega. **2** taxa alfandegária.

dol.ce [d'oltʃe] *sm* **1** doce, confeito. **2** *fig* doçura. • *agg* doce, adocicado. **2** *fig* amável, afetuoso, terno. **3** delicado, suave. **4** agradável, gracioso, encantador. **5** macio, mole. **6** ameno (clima). **7** maleável, flexível (metal). **dolce far niente** ócio.

dol.cez.za [doltʃ'ettsa] *sf* **1** doçura. **2** *fig* encanto, graciosidade. **3** prazer. **4** delicadeza. **5** amabilidade.

dol.cie.re [doltʃ'ere] *sm* doceiro.

do.le.re [dol'ere] *vi* **1** doer. **2** sentir dor. **3** *fig* desagradar, desgostar. **4** sentir, lamentar. *vpr* **5** queixar-se, lamentar-se, reclamar. **6** afligir-se.

do.lo [d'ɔlo] *sm Giur* dolo, má-fé, fraude.

do.lo.re [dol'ore] *sm* **1** dor. **2** sofrimento. **3** *fig* aflição, preocupação, desgosto.

do.lo.ro.so [dolor'ozo] *agg* **1** doloroso. **2** penoso. **3** *fig* aflito. **4** infeliz.

do.lo.so [dol'ozo] *agg Giur* doloso, de má-fé. **2** premeditado.

do.man.da [dom´anda] *sf* **1** pergunta, interrogação. **2** pedido, súplica.

do.man.da.re [domand´are] *vt* **1** perguntar, interrogar. **2** pedir, suplicar.

do.ma.ni [dom´ani] *avv* amanhã. **domani l'altro** depois de amanhã. **domani mattina** *V domattina.* **domani sera** amanhã à noite.

do.ma.re [dom´are] *vt* **1** domar, domesticar. **2** amansar. **3** *fig* submeter, dominar. **4** moderar.

do.mat.ti.na [domatt´ina] ou **domani mattina** *avv* amanhã de manhã.

do.me.ni.ca [dom´enika] *sf* domingo.

do.me.sti.co [dom´εstiko] *sm* **1** criado, empregado. **2 domestica** *sf* criada, empregada, camareira. • *agg* **1** doméstico, caseiro. **2** domesticado.

do.mi.ci.lio [domitʃ´iljo] *sm* domicílio, residência.

do.mi.na.re [domin´are] *vt* **1** dominar. **2** *fig* subjugar, submeter. **3** guiar, conduzir. **4** manipular. *vi* **5** prevalecer. *vpr* **6** dominar-se, controlar-se, conter-se.

do.mi.nio [dom´injo] *sm* **1** domínio. **2** posse, propriedade. **3** poder, controle. **4** governo. **5** território dominado. **6** campo, esfera (de uma ciência, uma arte).

do.mi.no [d´omino] *sm* dominó.

do.na.re [don´are] *vt* **1** doar, presentear, dar. *vpr* **2** dedicar-se, consagrar-se.

do.na.ti.vo [donat´ivo] *sm* donativo.

don.do.la.re [dondol´are] *vt* **1** balançar. **2** *fig* iludir, enganar. *vi* **3** pender. **4** vagabundear. *vpr* **5** balançar-se. **6** *fig* vadiar, vagabundear.

don.do.lo [d´ondolo] *sm* **1** balanço. **2** brincadeira, passatempo. **3** balanço, tipo de brinquedo. **4** *pop* pêndulo.

don.na [d´ɔnna] *sf* **1** mulher. **2** dama. **3** dona (título de nobreza). **4** rainha, dama (no jogo de cartas, no xadrez). **donna di servizio** criada, empregada.

don.no.la [d´onnola] *sf Zool* doninha.

do.no [d´ono] *sm* **1** presente. **2** dádiva. **3** *fig* dom, talento.

don.zel.la [dondz´ella] *sf* **1** *Poet* senhorita, moça solteira. **2** *St* donzela, moça nobre.

do.po [d´opo] *avv* depois, após. • *prep* depois de. **dopo il pranzo** / depois do almoço. • *cong* depois de. **dopo di** depois de (usado antes de *pron* pessoal).

do.po.ché [dopok´e] *cong* depois que.

do.po.do.ma.ni [dopodom´ani] *avv* depois de amanhã.

do.po.tut.to [dopot´utto] *avv pop* **1** depois de tudo, apesar de tudo. **2** no fim das contas.

dop.piag.gio [dopp´jaddʒo] *sm Cin* dublagem.

dop.pia.re [dopp´jare] *vt* **1** dobrar, duplicar. **2** *Naut* dobrar, passar além de. **3** *Cin* dublar.

dop.pio [d´oppjo] *sm* **1** dobro, duplo. **2** toque de sinos. **3** duplicata, cópia. • *agg* **1** duplo, dobrado. **2** *fig* ambíguo. **3** fingido. • *num* dobro, duplo.

dop.pio.ne [dopp´jone] *sm* duplicata, cópia de um livro.

do.ra.re [dor´are] *vt* dourar, dar cor de ouro.

dor.mic.chia.re [dormikk´jare] *vi* **1** cochilar. **2** *pop* tirar uma soneca.

dor.mi.glio.ne [dormiλ´one] *sm* dorminhoco.

dor.mi.re [dorm´ire] *vi* **1** dormir, adormecer. **2** *fig* parar, ficar parado.

dor.mi.to.rio [dormit´ɔrjo] *sm* **1** dormitório. **2** alojamento.

dor.so [d´ɔrso] *sm* dorso, costas.

do.sa.re [doz´are] *vt* dosar, misturar.

do.se [d´ɔze] *sf* **1** dose. **2** *fig* medida.

dos.so [d´ɔsso] *sm* **1** dorso, costas. **2** cume, proeminência.

do.ta.re [dot´are] *vt* **1** dotar, constituir dote. **2** providenciar, prover. **3** *fig* fundar. **4** favorecer.

do.te [d´ɔte] *sf* **1** dote, bens da noiva. **2** *fig* dom, graça, talento.
dot.to.ra.to [dottor´ato] *sm* doutorado.
dot.to.re [dott´ore] *sm* **1** doutor. **2** médico.
dot.to.res.sa [dottor´essa] *sf* doutora.
dot.tri.na [dottr´ina] *sf* **1** doutrina. **2** ciência, saber. **3** treinamento. **4** catecismo.
do.ve [d´ove] *pron* onde, em que, no qual, na qual. • *avv* **1** onde. **2** aonde, para onde. • *cong* enquanto, quando, se. • *sm* lugar. **dove che sia** a) em qualquer lugar. b) em todo lugar.
do.ve.re [dov´ere] *vt+vi* dever. • *sm* **1** dever, obrigação. **2** cumprimento, execução. **3** lição de casa, trabalho escolar. **4** *fig* débito, dívida. **5 doveri** *pl* cumprimentos, saudações.
do.vun.que [dov´unkwe] *avv* **1** onde quer que, em qualquer lugar que. **2** em todo lugar, em toda parte.
do.vu.to [dov´uto] *sm* dívida, débito, dever. • *agg* devido, obrigatório, conveniente.
doz.zi.na [doddz´ina] *sf* **1** dúzia. **2** pensão, moradia.
dra.go [dr´ago] *sm Zool, Mit* dragão.
dram.ma [dr´amma] *sm* **1** *Teat* drama. **2** *fig* catástrofe, tragédia.
drap.po [dr´appo] *sm* **1** tecido, pano. **2** vestimenta. **3** *Med* esparadrapo.
dra.sti.co [dr´astiko] *agg* drástico, enérgico, violento.
dre.nag.gio [dren´addʒo] *sf* drenagem.
driz.za.re [dritts´are] *vt* **1** endireitar. **2** *fig* enviar. *vpr* **3** levantar-se, erguer-se.
dro.ga [dr´ɔga] *sf* **1** droga, entorpecente. **2** especiaria, erva aromática.
dro.ga.re [drog´are] *vt* **1** drogar. **2** temperar com especiarias. *vpr* **3** drogar-se.
dro.ghe.ri.a [droger´ia] *sf* mercearia.
dub.bio [d´ubbjo] *sm* **1** dúvida, incerteza, suspeita. **2** *fig* medo, temor. **3** perigo, dificuldade. • *agg* **1** dúbio, vago, ambíguo. **2** indeciso.
du.bi.ta.re [dubit´are] *vi* **1** duvidar. **2** suspeitar. **3** titubear, vacilar, hesitar. **4** descrer. **5** temer.
du.ca [d´uka] *sm* **1** duque. **2** *Poet fig* guia.
du.ches.sa [duk´essa] *sf* duquesa.
du.e [d´ue] *sm+num* dois.
duel.la.re [dwell´are] *vi* duelar, bater-se em duelo.
duel.lo [d´wello] *sm* duelo.
duet.to [d´wetto] *sm* (anche *Mus*) dueto.
du.na [d´una] *sf* duna, monte de areia.
dun.que [d´unkwe] *cong+avv* **1** portanto, pois, logo, por isso. **2** então.
du.pli.ca.re [duplik´are] *vt* duplicar, dobrar.
du.pli.ca.to [duplik´ato] *sm* **1** duplicata, cópia (de documento ou de livro). **2** *Comm* duplicata. • *agg* duplicado, dobrado.
du.plo [d´uplo] *sm* duplicata, cópia. • *agg* duplo, dobrado.
du.ran.te [dur´ante] *agg* durável, que dura. • *prep* durante, no decorrer de.
du.ra.re [dur´are] *vt* **1** suportar, aguentar, sustentar. *vi* **2** durar, continuar. **3** *fig* perseverar.
du.ra.ta [dur´ata] *sf* **1** duração, extensão de tempo. **2** estabilidade.
du.ra.tu.ro [durat´uro] *agg* **1** duradouro. **2** *fig* perpétuo, contínuo.
du.rez.za [dur´ettsa] *sf* **1** dureza, solidez, robustez, rigidez, resistência. **2** *fig* rigorosidade. **3** crueldade, rigor. **4** dificuldade. **5** obstinação, teimosia.
du.ro [d´uro] *sm* **1** duro, parte dura. **2** dureza. **3** calosidade. **4** *fig* dificuldade. • *agg* **1** duro, sólido, robusto, resistente. **2** compacto, denso, maciço. **3** *fig* teimoso, obstinado. **4** rígido, rigoroso. **5** cruel, insensível. **6** brusco, rude. **7** difícil, cansativo. **8** doloroso, amargo. • *avv* duro, duramente.

e¹ [´e] *sf* **1** a quinta letra do alfabeto italiano. **2** ê, o nome da letra E.

e² [´e] *cong* **1** e. **2** mas, porém, em vez de.

eb.brez.za [ebbr´ettsa] *sf* **1** embriaguez, bebedeira. **2** *fig* loucura, perturbação.

eb.bro [´ebbro] *agg* **1** bêbado, ébrio. **2** *fig* louco, fora de si.

e.bol.li.zio.ne [ebollits´jone] *sf* ebulição.

e.brai.co [ebr´ajko] *sm+agg* hebraico.

e.bre.o [ebr´εo] *sm* hebraico, a língua hebraica. • *sm+agg* hebreu, judeu.

ec.ce.de.re [ettʃ´edere] *vt* **1** exceder, ultrapassar, superar. *vi* **2** exceder-se, passar dos limites.

ec.cel.len.te [ettʃell´ente] *agg* excelente, ótimo.

ec.cel.len.za [ettʃell´entsa] *sf* excelência, perfeição. **Sua Eccellenza** Sua Excelência. **Vostra Eccellenza** Vossa Excelência.

ec.cen.tri.co [ettʃ´entriko] *agg* **1** excêntrico, fora de centro. **2** *fig* extravagante, bizarro.

ec.ces.si.vo [ettʃess´ivo] *agg* **1** excessivo. **2** exagerado.

ec.ces.so [ettʃ´esso] *sm* **1** excesso. **2** devassidão, libertinagem. **3** atrocidade. **4** *fig* crime.

ec.ce.te.ra [ettʃ´εtera] *avv* (*abbrev* **ecc.**) et cetera, etc.

ec.cet.to [ettʃ´εtto] *prep* exceto, à exceção de, salvo, menos.

ec.cet.tua.re [ettʃettu´are] *vt* excetuar, excluir.

ec.ce.zio.na.le [ettʃetsjon´ale] *agg* excepcional.

ec.ce.zio.ne [ettʃets´jone] *sf* exceção.

ec.ci.ta.re [ettʃit´are] *vt* **1** excitar, estimular. **2** *fig* provocar, causar. **3** instigar. *vpr* **4** excitar-se, animar-se. **5** irar-se.

ec.co [´εkko] *avv+int* eis! aqui está! **eccomi!** aqui estou!

e.cheg.gia.re [ekeddʒ´are] *vt* **1** repetir, repercutir. *vi* **2** ecoar, ressoar.

e.clis.si [ekl´issi] *s Astron* eclipse.

e.co [´εko] *s* **1** eco. **2** *fig* consequência.

e.co.lo.gia [ekolodʒ´ia] *sf* ecologia.

e.co.no.mi.a [ekonom´ia] *sf* **1** economia, poupança, parcimônia. **2** *fig* harmonia.

e.co.no.miz.za.re [ekonomiddz´are] *vt* economizar, poupar.

e.de.ra [´edera] *sf Bot* hera.

e.di.co.la [ed´ikola] *sf* **1** banca de jornais. **2** *Rel* capela, pequeno templo.

e.di.fi.ca.re [edifik´are] *vt* **1** edificar, construir, erguer. **2** *fig* dar bom exemplo. *vpr* **3** seguir bons exemplos.

e.di.fi.cio [edif´itʃo] *sm* **1** edifício, construção. **2** *fig* instituição.

e.di.to.re [edit´ore] *sm* editor.

e.di.tri.ce [edit´ritʃe] *sf* editora (pessoa, feminino de editor). **casa editrice** editora (empresa).

e.di.zio.ne [edits´jone] *sf* edição, publicação.

e.du.ca.re [eduk´are] *vt* 1 educar, instruir, ensinar. 2 criar. 3 *fig* acostumar, habituar.

ef.fe [´εffe] *sf* efe, o nome da letra F.

ef.fe.mi.na.re [effemin´are] *vt* 1 efeminar. 2 *fig* enfraquecer, debilitar.

ef.fer.ve.scen.te [efferveʃ´εnte] *agg* efervescente.

ef.fet.ti.vo [effett´ivo] *sm Mil* efetivo, número de soldados. • *agg* 1 efetivo. 2 real. 3 eficiente.

ef.fet.to [eff´εtto] *sm* 1 efeito. 2 resultado. 3 fim. 4 *Comm* cédula, letra. 5 **effetti** *pl* a) vestuário, roupas. b) mobília.

ef.fet.tua.re [effett´ware] *vt* efetuar, executar, realizar, cumprir.

ef.fi.ca.ce [effik´atʃe] *agg* eficaz. 2 adequado. 3 forte, ativo, enérgico, potente.

ef.fi.cien.te [effitʃ´εnte] *agg* 1 eficiente. 2 útil.

ef.fi.me.ro [eff´imero] *agg* 1 efêmero. 2 *fig* passageiro.

e.gli [´eʎi] *pron m sing* ele.

e.go.cen.tri.co [egotʃ´εntriko] *agg* egocêntrico.

e.go.i.smo [ego´izmo] *sm* egoísmo.

e.gua.le [eg´wale] *agg V* uguale.

ehi [´ei] *int* ei! ó!

e.la.bo.ra.re [elabor´are] *vt* elaborar, preparar.

e.la.sti.co [el´astiko] *sm* 1 elástico. 2 jarreteira, liga elástica. 3 cama de molas. • *agg* elástico.

e.le.fan.te [elef´ante] *sm Zool* elefante.

e.le.gan.te [eleg´ante] *agg* elegante, gracioso.

e.leg.ge.re [el´εddʒere] *vt* 1 eleger. 2 escolher, preferir. 3 nomear.

e.le.men.ta.re [element´are] *agg* elementar.

e.le.men.to [elem´ento] *sm* 1 elemento. 2 *Chim* elemento químico, corpo simples. 3 *fig* fundamento, princípio. 4 ambiente, meio.

e.le.mo.si.na [elem´ɔzina] *sf* 1 esmola, donativo. 2 caridade. **fare un'elemosina** dar uma esmola.

e.le.mo.si.na.re [elemozin´are] *vt*+*vi* 1 esmolar, pedir esmolas, mendigar. 2 *fig* mendigar, implorar.

e.len.ca.re [elenk´are] *vt* listar.

e.len.co [el´εnko] *sm* 1 lista, relação, índice. 2 catálogo. **elenco telefonico** lista telefônica.

e.let.ta [el´εtta] *sf* 1 escolha. 2 elite, nata, fina flor.

e.let.to.re [elett´ore] *sm* eleitor.

e.let.tri.ci.tà [elettritʃit´a] *sf* eletricidade.

e.let.tri.co [el´εttriko] *agg* elétrico.

e.let.triz.za.re [elettriddz´are] *vt* 1 eletrizar. 2 *fig* entusiasmar, animar. *vpr* 3 entusiasmar-se, animar-se.

e.let.tro.do.me.sti.co [elettrodom´εstiko] *sm* eletrodoméstico.

e.let.tro.ne [elettr´one] *sm Fis, Chim* elétron.

e.let.tro.ni.ca [elettr´ɔnika] *sf* eletrônica.

e.let.tro.ni.co [elettr´ɔniko] *agg* eletrônico.

e.le.va.re [elev´are] *vt* 1 elevar, levantar, erguer. 2 *fig* exaltar, elogiar. *vpr* 3 elevar-se, subir.

e.le.va.zio.ne [elevats´jone] *sf* 1 elevação. 2 *fig* elogio.

e.le.zio.ne [elets´jone] *sf* 1 eleição, escolha. 2 vontade.

e.li.ca [´εlika] *sf* 1 hélice. 2 escada em caracol.

e.li.cot.te.ro [elik´ɔttero] *sm* helicóptero.

e.li.mi.na.re [elimin´are] *vt* eliminar, excluir, retirar.

e.lio [´εljo] *sm* 1 *Chim* hélio. 2 *fig* Sol.

el.la [´εlla] *pron f sing* 1 ela. 2 vossa excelência.

el.le [´εlle] *sf* ele, o nome da letra L.

el.lis.si [ell´issi] *sf Gramm* elipse, omissão.

e.lo.gia.re [elodʒ´are] *vt* elogiar, louvar.

e.lo.gi.o [el´ɔdʒo] *sm* elogio, louvor.

e.lo.quen.te [elok´wente] *agg* eloquente, expressivo.

e.ma.na.re [eman´are] *vt* 1 emanar, exalar, emitir (luz, gás, odores). 2 publicar (leis). *vi* 3 emanar, exalar. 4 originar-se de, nascer de.

e.man.ci.pa.re [emantʃip´are] *vt* 1 emancipar, livrar. *vpr* 2 emancipar-se, livrar-se.

e.ma.to.ma [emat´oma] *sm Med* hematoma.

e.ma.zia [em´atsja] *sf Med* hemácia.

em.ble.ma [embl´ema] *sm* emblema, símbolo.

em.brio.ne [embr´jone] *sm* 1 *Med* embrião, feto. 2 *Bot* feto, germe. 3 *fig* plano, ideia.

e.men.da [em´enda] *sf* emenda, correção.

e.men.da.re [emend´are] *vt* 1 emendar, corrigir, modificar. 2 ressarcir (prejuízo). 3 *Giur* reformar. *vpr* 4 emendar--se, corrigir-se.

e.mer.gen.za [emerdʒ´entsa] *sf* 1 emersão. 2 emergência, situação, circunstância, conjuntura.

e.mer.ge.re [em´εrdʒere] *vi* 1 emergir. 2 *fig* surgir. 3 distinguir-se, destacar-se.

e.met.te.re [em´ettere] *vt* 1 emitir, expedir, enviar. 2 exprimir.

e.mi.gra.re [emigr´are] *vi* emigrar.

e.mi.nen.te [emin´ente] *agg* 1 eminente, superior. 2 *fig* alto, elevado, sublime.

e.mi.nen.za [emin´entsa] *sf* eminência, altura, elevação do terreno. **Eminenza** Eminência (forma de tratamento).

e.mi.sfe.ro [emisf´εro] *sm* hemisfério.

e.mis.sio.ne [emiss´jone] *sf* 1 emissão, expedição, envio. 2 *Comm* emissão (de moeda, ações).

e.mit.ten.te [emitt´ente] *sf* emissora, estação de rádio ou televisão. • *agg* emissor.

em.me [´emme] *sf* eme, o nome da letra M.

e.mo.fi.li.a [emofil´ia] *sf Med* hemofilia.

e.mor.ra.gi.a [emoraʒ´ia] *sf Med* hemorragia.

e.mor.roi.di [emor´ɔjdi] *sf pl Med* hemorroidas.

e.mo.zio.ne [emots´jone] *sf* 1 emoção, comoção, perturbação. 2 *fig* agitação, entusiasmo.

em.po.rio [emp´ɔrjo] *sm* 1 empório, mercado, centro comercial. 2 *fig* abundância.

en.ci.clo.pe.di.a [entʃiklope´dia] *sf* enciclopédia.

e.ner.gi.a [enerdʒ´ia] *sf* 1 energia, força, vigor. 2 firmeza de caráter.

e.ner.gi.co [en´εrdʒiko] *agg* enérgico, vigoroso.

en.fa.si [´εnfazi] *sf* ênfase, exagero.

en.fia.re [enf´jare] *vt* 1 inchar. *vi* 2 inchar-se.

e.nig.ma [en´igma] *sm* 1 enigma, charada, adivinhação. 2 mistério.

en.ne [´enne] *sf* ene, o nome da letra N.

e.nor.me [en´orme] *agg* 1 enorme. 2 gigantesco, desmedido, descomunal.

en.te [´ente] *sm* 1 ente, ser. 2 coisa, objeto.

en.tra.gna [entr´aɲa] *sf* 1 entranha, víscera. 2 *fig* interior, coração.

en.tram.be [entr´ambe] *pron f pl* ambas, uma e outra, todas as duas.

en.tram.bi [entr´ambi] *pron m pl* ambos, um e outro, todos os dois.

en.tra.re [entr´are] *vi* 1 entrar, penetrar. 2 intromerter-se, meter-se.

en.tra.ta [entr´ata] *sf* 1 entrada, abertura. 2 *Comm* renda, entrada. 3 *Mus* introdução.

en.tu.sia.sma.re [entuzjazm´are] *vt* entusiasmar.
en.tu.sia.smo [entuz´jazmo] *sm* **1** entusiasmo, animação, excitação. **2** inspiração.
e.nu.me.ra.re [enumer´are] *vt* enumerar, numerar.
e.pa.ti.te [epat´ite] *sf Med* hepatite.
e.pi.de.mi.a [epidem´ia] *sf* epidemia.
e.pi.der.mi.de [epid´ɛrmide] *sf Anat* epiderme.
e.pi.les.si.a [epiless´ia] *sf Med* epilepsia.
e.pi.lo.go [ep´ilogo] *sm* **1** epílogo, conclusão. **2** recapitulação.
e.pi.so.dio [epiz´ɔdjo] *sm* episódio: a) fato, acontecimento, caso. b) capítulo.
e.po.ca [´ɛpoka] *sf* época, período, tempo.
ep.pu.re [epp´ure] *avv+cong V pure*.
E.qua.to.re [ekwat´ore] *sm Geogr* Equador.
e.qua.zio.ne [ekwats´jone] *sf Mat* equação.
e.qui.li.bra.re [ekwilibr´are] *vt* **1** equilibrar. *vpr* **2** equilibrar-se.
e.qui.li.brio [ekwil´ibrjo] *sm* equilíbrio.
e.qui.no [ek´wino] *agg* equino. **gli equini** *pl Zool* os equinos.
e.qui.no.zio [ekwin´ɔtsjo] *sm Astron* equinócio.
e.qui.pag.gia.re [ekwipaddʒ´are] *vt* equipar.
e.qui.ta.zio.ne [ekwitats´jone] *sf* equitação.
e.qui.va.le.re [ekwival´ere] *vi+vpr* equivaler.
e.qui.vo.co [ekw´ivoko] *sm* **1** equívoco, engano, erro. **2** palavra de duplo sentido.
e.ra [´ɛra] *sf* **1** era. **2** *fig* época, tempo.
er.ba [´ɛrba] *sf* **1** erva. **2** grama.
er.bac.cia [erb´attʃa] *sf disp* erva daninha.
er.bi.vo.ro [erb´ivoro] *sm+agg Zool* herbívoro.

e.re.de [er´ɛde] *s* herdeiro, herdeira.
e.re.di.tà [eredit´a] *sf* herança.
e.re.di.ta.re [eredit´are] *vt+vi* herdar.
e.re.di.ta.rio [eredit´arjo] *agg* hereditário, congênito.
e.re.si.a [erez´ia] *sf* **1** heresia. **2** *fig* erro. **3** besteira.
e.re.ti.co [er´ɛtiko] *sm+agg* herege.
e.ri.ge.re [er´idʒere] *vt* **1** erigir, erguer, levantar. **2** construir, edificar. **3** fundar, instituir. *vpr* **4** erguer-se, levantar-se. **5** surgir.
er.mel.li.no [ermell´ino] *sm Zool* arminho.
e.ro.e [er´ɔe] *sm* herói.
e.ro.i.na [ero´ina] *sf* **1** heroína (feminino de herói). **2** *Chim* heroína (droga).
e.ro.sio.ne [eroz´jone] *sf* **1** *Geol* erosão. **2** corrosão, desgaste.
e.ro.ti.co [er´ɔtiko] *agg* **1** erótico. **2** sensual.
er.pe.te [´ɛrpete] *sm Med* herpes.
er.ra.re [eɾ´are] *vi* **1** errar, vagar. **2** perder-se. **3** *fig* errar, enganar-se.
er.ra.ta [eɾ´ata] *sf* errata, lista de erros.
er.re [´ɛɾe] *sf* erre, o nome da letra R.
er.ro.re [eɾ´ore] *sm* **1** erro. **2** defeito, imperfeição. **3** *fig* absurdo, contrassenso. **4** excesso.
er.ta [´ɛrta] *sf* ladeira, subida. **all'erta!** em guarda! atenção! **stare all'erta** ficar alerta.
e.ru.di.to [erud´ito] *sm+agg* erudito, culto.
e.ru.zio.ne [eruts´jone] *sf Geol, Med* erupção.
e.sa.cer.ba.re [ezatʃerb´are] *vt* exacerbar, irritar.
e.sa.ge.ra.re [ezadʒer´are] *vt* exagerar, aumentar.
e.sa.ge.ra.zio.ne [ezadʒerats´jone] *sf* exagero.
e.sa.la.re [ezal´are] *vt+vi* exalar, emanar.
e.sal.ta.re [ezalt´are] *vt* **1** exaltar, elo-

giar, louvar, engrandecer. 2 *fig* excitar, inebriar. *vpr* 3 exaltar-se, enfurecer-se.

e.sa.me [ez´ame] *sm* 1 exame. 2 observação. 3 prova, teste. 4 *Giur* interrogatório. **dare un esame/sostenere un esame** prestar um exame, fazer uma prova. **fare un esame** fazer um exame.

e.sa.mi.na.re [ezamin´are] *vt* 1 examinar, observar, investigar. 2 *Giur* interrogar.

e.sat.tez.za [ezatt´ettsa] *sf* 1 exatidão, correção. 2 precisão. 3 pontualidade.

e.sat.to [ez´atto] *agg* 1 exato, correto, diligente. 2 preciso, impecável. 3 verdadeiro, real. 4 pontual.

e.sau.ri.re [ezawr´ire] *vt* 1 exaurir, consumir, gastar. 2 esgotar, acabar (mercadorias). 3 *fig* esgotar. *vpr* 4 exaurir-se, consumir-se. 5 *fig* perder a autoridade.

e.sau.sto [ez´awsto] *agg* 1 exausto, abatido. 2 gasto, consumido.

e.sca [´eska] *sf* 1 isca. 2 chamariz, engodo.

e.schi.me.se [eskim´eze] *s+agg* esquimó.

e.scla.ma.re [esklam´are] *vi* 1 exclamar, gritar. 2 enfatizar.

e.sclu.de.re [eskl´udere] *vt* 1 excluir, excetuar, tirar. 2 rejeitar, negar. 3 *Giur* privar (de um direito).

e.sclu.si.vo [eskluz´ivo] *agg* 1 exclusivo. 2 intransigente, intolerante.

e.sco.ria.zio.ne [eskorjats´jone] *sf* escoriação.

e.cre.men.to [escrem´ento] *sm* 1 excremento. 2 **escrementi** *pl* fezes, excrementos.

e.scur.sio.ne [eskurs´jone] *sf* 1 excursão, passeio turístico. 2 *Mil* incursão, ataque inimigo.

e.se.cu.zio.ne [ezekuts´jone] *sf* 1 execução, cumprimento. 2 *Mus* execução, toque, canto.

e.se.gui.re [ezeg´wire] *vt* 1 executar, cumprir. 2 *Mus* executar, tocar, cantar.

e.sem.pio [ez´empjo] *sm* exemplo, exemplar, modelo. **ad esempio/per esempio** por exemplo.

e.sem.pla.re [ezempl´are] *sm* 1 exemplar, cópia de uma obra. 2 caderno de caligrafia. 3 espécime, indivíduo. • *agg* exemplar, modelar.

e.sen.ta.re [ezent´are] *vt* 1 isentar, dispensar, livrar. *vpr* 2 isentar-se, eximir-se, dispensar-se.

e.sen.te [ez´ente] *agg* isento, livre, liberado.

e.ser.ci.re [ezertʃ´ire] *vt* exercer, administrar.

e.ser.ci.ta.re [ezertʃit´are] *vt* 1 exercitar, praticar. 2 treinar, adestrar. *vpr* 3 exercitar-se, praticar.

e.ser.ci.to [ez´ertʃito] *sm* 1 exército. 2 *fig* multidão.

e.ser.ci.zio [ezertʃ´itsjo] *sm* 1 exercício. 2 prática, uso. 3 negócio, atividade comercial. 4 estudo, endereçado. 5 *Comm* exercício, ano fiscal. 6 *Mil* manobra, exercício.

e.si.bi.re [ezib´ire] *vt* 1 exibir, mostrar. 2 oferecer. 3 *Giur* apresentar (provas). *vpr* 4 exibir-se. 5 oferecer-se.

e.si.gen.za [ezidz´entsa] *sf* 1 exigência. 2 pretensão. 3 necessidade.

e.si.ge.re [ez´idʒere] *vt* 1 exigir, pretender. 2 reclamar, requerer, querer.

e.si.guo [ez´igwo] *agg* 1 exíguo, escasso. 2 minguado, minúsculo.

e.si.le [´ezile] *agg* 1 fraco, magro. 2 fino, tênue.

e.si.lia.re [ezil´jare] *vt* 1 exilar, expulsar. *vpr* 2 exilar-se, afastar-se, separar-se.

e.si.lio [ez´iljo] *sm* exílio, expulsão.

e.si.me.re [ez´imere] *vt* 1 eximir, isentar, liberar, livrar. *vpr* 2 eximir-se, isentar-se, livrar-se.

e.si.mio [ez´imjo] *agg* **1** exímio, ótimo, excelente. **2** ilustre, eminente.
e.si.ste.re [ez´istere] *vi* **1** existir, haver. **2** subsistir.
e.si.tan.za [ezit´antsa] *sf* hesitação, indecisão, perplexidade.
e.si.ta.re [ezit´are] *vi* hesitar.
e.si.to [´εzito] *sm* **1** êxito, sucesso, resultado. **2** conclusão, solução. **3** despesa.
e.so.fa.go [ez´ɔfago] *sm Anat* esôfago.
e.so.ne.ra.re [ezoner´are] *vt* **1** exonerar, demitir. **2** dispensar, isentar.
e.sor.bi.tan.te [ezorbit´ante] *agg* exorbitante.
e.sor.ciz.za.re [ezortʃidzz´are] *vt* **1** *Rel* exorcizar. **2** exortar, incitar, convencer.
e.sor.ta.re [ezort´are] *vt* exortar, induzir, incitar.
e.so.ti.co [ez´ɔtiko] *agg* **1** exótico, extravagante. **2** *fig* estrangeiro, alienígena.
e.span.de.re [esp´andere] *vt* **1** expandir, estender, alargar. *vpr* **2** expandir-se, estender-se. **3** *fig* difundir-se. **4** abrir-se, fazer confidências.
e.span.sio.ne [espans´jone] *sf* **1** expansão, extensão. **2** manifestação (de sentimentos).
e.spel.le.re [esp´ellere] *vt* **1** expelir, expulsar, enxotar. **2** *Med* expelir.
e.spe.rien.za [esper´jεntsa] *sf* **1** experiência, sabedoria. **2** habilidade, perícia. **3** *Chim, Fis* experimento, experiência, ensaio.
e.spe.ri.men.to [esperim´ento] *sm* experimento, experiência, experiência científica, ensaio, teste.
e.sper.to [esp´εrto] *sm+agg* especialista, prático.
e.spia.re [esp´jare] *vt* **1** expiar, pagar (pecados). **2** sofrer, padecer (pena, castigo).
e.spi.ra.re [espir´are] *vt* expirar, expelir o ar.

e.spli.ca.re [esplik´are] *vt* explicar, esclarecer.
e.spli.ci.to [espl´itʃito] *agg* explícito, expresso.
e.splo.de.re [espl´ɔdere] *vt+vi* explodir, estourar.
e.splo.ra.re [esplor´are] *vt* **1** explorar. **2** pesquisar, estudar, examinar, analisar.
e.splo.sio.ne [esploz´jone] *sf* **1** explosão, estouro. **2** *fig* explosão sentimental, comoção.
e.splo.si.vo [esploz´ivo] *sm+agg* explosivo.
e.spo.nen.te [espon´εnte] *sm* **1** *Mat* expoente. **2** *fig* sinal, indicador. **3** representante. • *agg* expoente, postulante.
e.spor.re [esp´oře] *vt* **1** expor, mostrar. **2** narrar, contar, explicar. **3** arriscar. *vpr* **4** expor-se, aventurar-se, arriscar-se, sujeitar-se.
e.spor.ta.re [esport´are] *vt* exportar.
e.spo.si.zio.ne [espozits´jone] *sf* **1** exposição. **2** feira. **3** narração. **4** explicação.
e.spo.sto [esp´osto] *sm* **1** explicação. **2** narração, conto. • *agg* **1** exposto. **2** explicado.
e.spres.sio.ne [espress´jone] *sf* **1** expressão, demonstração. **2** força, valor.
e.spres.si.vo [espress´ivo] *agg* expressivo.
e.spres.so [espr´εsso] *sm* expresso (trem, correio, café). • *agg* expresso, explícito, claro, manifesto.
e.spri.me.re [espr´imere] *vt* **1** exprimir, manifestar. **2** significar, demonstrar. **3** *Arte* representar.
e.pul.sio.ne [espuls´jone] *sf* **1** expulsão. **2** banimento.
es.sa [´essa] *pron f sing* **1** ela. **2** esse *pl* elas.
es.se [´esse] *sf* esse, o nome da letra S.
es.sen.za [ess´εntsa] *sf* essência: a) parte essencial, substância. b) perfume.

es.sen.zia.le [essentsj´ale] *sm* essencial. • *agg* 1 essencial. 2 necessário, indispensável.

es.se.re [´essere] *sm* 1 ser, vida, existência. 2 corpo, indivíduo. 3 condição, estado. • *vaus* 1 ser. 2 existir. 3 estar, encontrar-se. *sono qui!* / estou aqui! 4 compor-se de, consistir em. **esserci** a) haver, existir. b) *pop* ter. **essere per** estar prestes a. **essere vivente** ser vivo. **non c'è di che** de nada, não há de quê.

es.so [´esso] *pron m sing* 1 ele. 2 **essi** *pl* eles.

est [´est] *sm Geogr* 1 leste. 2 oriente.

e.sta.si [´estazi] *sf Rel fig* êxtase, admiração, arrebatamento, enlevo, júbilo.

e.sta.sia.re [estaz´jare] *vt* 1 extasiar, arrebatar. *vpr* 2 extasiar-se, admirar-se.

e.sta.te [est´ate] *sf* verão. **d'estate** no verão.

e.sten.de.re [est´endere] *vt* 1 estender, alongar. 2 aumentar, engrandecer. *vpr* 3 estender-se, alongar-se. 4 difundir-se, espalhar-se.

e.sten.sio.ne [estens´jone] *sf* extensão, ato de estender.

e.ste.rio.re [ester´jore] *sm* exterior, aspecto, parte externa. • *agg* exterior, externo.

e.ster.no [est´ɛrno] *agg* 1 externo, exterior. 2 estrangeiro.

e.ste.ro [´estero] *sm* o estrangeiro, o exterior, países estrangeiros. • *agg* estrangeiro, forasteiro. **all'estero** no exterior.

e.ste.so [est´ezo] *agg* 1 estendido, alongado, ampliado. 2 extenso, vasto. **per esteso** por extenso.

e.ste.ti.ca [est´etika] *sf* estética.

e.sti.mo [´ɛstimo] *sm* 1 *Comm* avaliação, estimativa. 2 perícia, inspeção. 3 cadastro.

e.stin.gue.re [est´ingwere] *vt* 1 extinguir. 2 *fig* destruir, anular. 3 matar. *vpr* 4 extinguir-se. 5 *fig* morrer.

e.stin.to.re [estint´ore] *sm* extintor de incêndio.

e.stin.zio.ne [estints´jone] *sf* extinção.

e.stir.pa.re [estirp´are] *vt* 1 extirpar, extrair. 2 *fig* destruir.

e.stor.ce.re [est´ɔrtʃere] *vt* 1 extorquir. 2 tomar.

e.stor.sio.ne [estors´jone] *sf* extorsão.

e.stra.ne.o [estr´aneo] *sm* estrangeiro, estranho, forasteiro. • *agg* 1 estrangeiro, estranho. 2 alheio, separado, à parte, distante.

e.strar.re [estr´are] *vt* 1 extrair, retirar, tirar. 2 exportar. **estrarre a sorte** sortear.

e.strat.to [estr´atto] *sm* 1 resumo, sumário. 2 trecho, fragmento. 3 *Chim* extrato, essência.

e.stre.mi.tà [estremit´a] *sf* 1 extremidade, ponta. 2 *fig* miséria. 3 extremo, extremidade.

e.stre.mo [estr´ɛmo] *sm* extremo, excesso, exagero. • *agg* 1 extremo, último, final. 2 *fig* avançado, afastado.

e.stro.ver.so [estrov´erso] *agg* extrovertido.

e.stua.rio [est´warjo] *sm Geogr* estuário, foz.

e.su.be.ran.te [ezuber´ante] *agg* exuberante, repleto, farto, cheio.

e.tà [et´a] *sf* 1 idade. 2 tempo, duração. 3 geração. 4 século. 5 era.

e.te.re [´etere] *sm* 1 *Chim* éter. 2 *Poet* céu.

e.ter.na.re [etern´are] *vt* 1 eternizar. *vpr* 2 eternizar-se.

e.ter.no [et´ɛrno] *agg* eterno, perpétuo, imortal.

e.te.ro.ge.ne.o [eterodʒ´ɛneo] *agg* heterogêneo.

e.ti.ca [´etika] *sf* ética.

e.ti.chet.ta [etik´etta] *sf* etiqueta: a) formalidades, cerimônias. b) rótulo.

e.ti.co [´etiko] *sm*+*agg* ético. • *agg Med* tísico, tuberculoso.

e.ti.mo.lo.gi.a [etimolodʒ´ia] *sf* etimologia.

et.ta.ro [´ɛttaro] *sm* hectare.

eu.ca.li.pto [ewkal´ipto] *sm Bot* eucalipto.

eu.fe.mi.smo [ewfem´izmo] *sm Gramm* eufemismo.

eu.fo.ni.a [ewfon´ia] *sf Gramm* eufonia.

eu.fo.ri.a [ewfor´ia] *sf* euforia, alegria intensa.

eu.ro.pe.o [ewrop´ɛo] *agg* europeu, da Europa.

e.va.cua.re [evak´ware] *vt* evacuar: a) desocupar. b) defecar.

e.va.de.re [ev´adere] *vi* evadir-se, fugir, escapar de prisão.

e.va.po.ra.re [evapor´are] *vt* 1 evaporar. *vi* 2 evaporar. 3 *fig* desaparecer, sumir.

e.va.sio.ne [evaz´jone] *sf* evasão, fuga.

e.ven.to [ev´ɛnto] *sm* evento, acontecimento, caso, circunstância, episódio.

e.ven.tua.le [event´wale] *agg* eventual, casual.

e.vi.den.te [evid´ɛnte] *agg* evidente, manifesto, claro, aberto.

e.vi.den.za [evid´ɛntsa] *sf* evidência, clareza.

e.vi.ta.re [evit´are] *vt* evitar, fugir de.

e.vo [´ɛvo] *sm* idade (histórica). **Evo Antico** Antiguidade. **Medio Evo** *V Medioevo.*

e.vo.ca.re [evok´are] *vt* 1 evocar (as almas). 2 lembrar, recordar.

e.vo.lu.zio.ne [evoluts´jone] *sf* evolução, desenvolvimento.

f

f [ˈɛffe] *sf* a sexta letra do alfabeto italiano.
fa [fˈa] *sm Mus* fá.
fab.bri.ca [fˈabbrika] *sf* **1** fábrica, indústria, manufatura. **2** edifício. **3** *fig* artifício.
fab.bri.ca.re [fabbrikˈare] *vt* **1** fabricar, produzir. **2** construir, edificar. **3** *fig* inventar, fantasiar.
fab.bro [fˈabbro] *sm* **1** operário. **2** *fig* inventor.
fac.cen.da [fattʃˈɛnda] *sf* afazer, negócio.
fac.chi.no [fakkˈino] *sm* **1** carregador. **2** *fig* mal-educado.
fac.cia [fˈattʃa] *sf* **1** cara, face, rosto. **2** focinho de animal. **3** face, superfície (de objetos). **4** *fig* aspecto, aparência. **5** coragem, audácia. **6** *pop* cara de pau. **faccia a faccia** cara a cara. **faccia tosta** *fig* cara de pau, descarado.
fac.cia.ta [fattʃˈata] *sf* **1** fachada (de edifício). **2** página (inteira). **3** *fig* fachada, exterior.
fa.cia.le [fatʃˈale] *agg* facial, da face.
fa.ci.le [fˈatʃile] *agg* **1** fácil, simples, cômodo. **2** natural. **3** *fig* dócil.
fa.ci.li.tà [fatʃilitˈa] *sf* **1** facilidade. **2** bondade.
fa.ci.li.ta.re [fatʃilitˈare] *vt* facilitar.
fa.col.tà [fakoltˈa] *sf* **1** capacidade, possibilidade. **2** faculdade, instituto de ensino superior. **3** direito, autoridade. **4** bens.
fac.si.mi.le [faksˈimile] *sm* fac-símile.
fa.gia.no [fadʒˈano] *sm Zool* faisão.
fa.gio.li.no [fadʒolˈino] *sm Bot* vagem, feijão verde.
fa.gio.lo [fadʒˈɔlo] *sm Bot* feijão.
fa.i.na [faˈina] *sf Zool* fuinha.
fa.lan.ge [falˈandʒe] *sf* **1** *Anat* falange. **2** *St* falange, infantaria grega. **3** *fig* tropa. **4** multidão.
fal.ce [fˈaltʃe] *sf* foice.
fal.cia.re [faltʃˈare] *vt* **1** ceifar, cortar. **2** *fig* matar. **3** mutilar, decepar.
fal.co [fˈalko] *sm Zool* falcão.
fal.da [fˈalda] *sf* **1** aba (de chapéu, vestido). **2** camada. **3** lombo de boi. **4** floco de neve. **5** *Min* filão.
fa.le.gna.me [faleɲˈame] *sm* carpinteiro.
fa.le.na [falˈɛna] *sf Zool* mariposa.
fal.la.re [fallˈare] *vt+vi* falhar, errar.
fal.li.men.to [fallimˈento] *sm* **1** fracasso, falha. **2** *Comm* falência.
fal.li.re [fallˈire] *vt* **1** errar. *vi* **2** errar, falhar. **3** faltar, ser de menos. **4** *Comm* falir.
fal.lo [fˈallo] *sm* **1** falha, erro, culpa. **2** falo, pênis. **senza fallo** sem falta.
fa.lò [falˈɔ] *sm* fogueira.
fal.si.fi.ca.re [falsifikˈare] *vt* falsificar, adulterar.
fal.so [fˈalso] *agg* **1** falso, mentiroso, ilusório. **2** falsificado, adulterado.

fama 95 **fatica**

3 ambíguo. • *sm* 1 cópia, imitação. 2 falso, mentiroso, hipócrita.
fa.ma [f´ama] *sf* 1 fama, renome, reconhecimento. 2 reputação (boa ou má).
fa.me [f´ame] *sf* 1 fome, apetite. 2 *fig* desejo, ânsia, avidez.
fa.me.li.co [fam´eliko] *agg* 1 esfomeado. 2 *fig* ávido.
fa.mi.glia [fam´iʎa] *sf* 1 família. 2 descendência, estirpe, linhagem.
fa.mi.glia.re [famiʎ´are] *s* familiar, parente.
fa.mi.lia.re [famil´jare] *agg* 1 familiar. 2 habitual, conhecido. 3 confidente, íntimo.
fa.mo.so [fam´ozo] *agg* 1 famoso, célebre. 2 solene. 3 *iron* infame.
fa.na.le [fan´ale] *sm* 1 farol (a torre). 2 lampião, lanterna. 3 sinal luminoso.
fa.na.ti.co [fan´atiko] *sm+agg* 1 fanático. 2 fã.
fan.ciul.lo [fantʃ´ullo] *sm* menino, garoto.
fan.fa.ro.ne [fanfar´one] *sm* fanfarrão.
fan.go [f´ango] *sm* 1 lama, lodo. 2 pântano, charco. 3 *fig* vício.
fan.ta.scien.za [fantaʃʃ´entsa] *sf* ficção científica.
fan.ta.si.a [fantaz´ia] *sf* 1 fantasia, imaginação. 2 pensamento. 3 vontade, capricho. 4 inspiração.
fan.ta.sma [fant´azma] *sm* 1 fantasma, espectro. 2 imagem, ilusão.
fan.ta.sti.ca.re [fantastik´are] *vt* 1 fantasiar, imaginar, inventar. *vi* 2 fantasiar, sonhar, delirar.
fan.ta.sti.co [fant´astiko] *agg* 1 fantástico, irreal. 2 extravagante, estranho, bizarro.
fan.te [f´ante] *sm* 1 valete, certa carta do baralho. 2 *Mil* soldado de infantaria.
fan.ti.no [fant´ino] *sm* jóquei.
fan.toc.cio [fant´ottʃo] *sm* 1 espantalho. 2 manequim. 3 (anche *fig*) fantoche. 4 *fam* menino.

fa.ra.but.to [farab´utto] *sm* velhaco, patife.
far.del.lo [fard´ello] *sm* 1 fardo, trouxa de roupas. 2 *fig* peso, encargo.
fa.re [f´are] *vt* 1 fazer, criar, produzir. 2 fabricar, construir, compor. 3 efetuar, executar. 4 constituir. 5 fazer, forçar a. 6 fazer-se, fingir-se de. 7 esculpir. 8 adquirir. 9 eleger. 10 *Teat* representar. *vpr* 11 acostumar-se. 12 tornar-se. **far Roma e toma** *fam* fazer de tudo (para conseguir algo).
far.fal.la [farf´alla] *sf* 1 *Zool* borboleta. 2 *fig* pessoa volúvel.
fa.ri.na [far´ina] *sf* farinha.
fa.rin.ge [far´indʒe] *sf Anat* faringe.
far.ma.ci.a [farmatʃ´ia] *sf* farmácia.
far.ma.ci.sta [farmatʃ´ista] *s* farmacêutico.
fa.ro [f´aro] *sm Naut, Autom* farol. **faro abbagliante** farol alto. **faro antiabbagliante** farol baixo.
far.sa [f´arsa] *sf* 1 *Teat* farsa. 2 *fig* ato ridículo.
fa.scia [f´aʃa] *sf* faixa, tira.
fa.scia.re [faʃ´are] *vt* enfaixar.
fa.scia.tu.ra [faʃat´ura] *sf Med* atadura.
fa.sci.na.zio.ne [faʃinats´jone] *sf* fascinação, atração. *Sin:* fascino.
fa.sci.no [f´aʃino] *sm V* fascinazione.
fa.scio [f´aʃo] *sm* 1 feixe, molho. 2 maço (de papel).
fa.se [f´aze] *sf Astron, Fis* 1 fase. 2 *fig* estágio, período, época. 3 mudança, alteração.
fa.sti.dio [fast´idjo] *sm* 1 fastio, incômodo, tédio. 2 náusea, repulsa. **dar fastidio** incomodar.
fa.ta [f´ata] *sf* fada.
fa.ta.le [fat´ale] *agg* 1 fatal, mortal, mortífero. 2 inevitável. 3 sinistro, funesto.
fa.ti.ca [fat´ika] *sf* 1 fadiga. 2 cansaço, trabalho, esforço. 3 *fig* tédio, aborrecimento.

fa.ti.ca.re [fatik´are] *vi* trabalhar, esforçar-se.
fa.to [f´ato] *sm* destino, sorte, fado.
fat.ta [f´atta] *sf* **1** forma, feitio. **2** jeito, maneira, índole. **3** tipo, espécie, gênero.
fat.to [f´atto] *sm* **1** fato, acontecimento, evento. **2** negócio, serviço. **3** experiência, fenômeno. **4** história, narração. • *agg* **1** feito. **2** produzido. **3** fabricado. **4** construído. **in fatto/di fatto** de fato.
fat.to.re [fatt´ore] *sm* **1** feitor, capataz. **2** criador. **3** *Fis, Mat* fator.
fat.tu.ra [fatt´ura] *sf* **1** manufatura, trabalho. **2** artesanato. **3** feitio (de roupa). **4** *Arte* obra, peça. **5** *Comm* fatura.
fau.na [f´awna] *sf* fauna.
fau.sto [f´awsto] *agg* afortunado, feliz, próspero.
fa.va [f´ava] *sf Bot* fava.
fa.vo [f´avo] *sm* favo de mel.
fa.vo.la [f´avola] *sf* **1** fábula, alegoria. **2** lenda, mito. **3** zombaria, gozação. **4** *fig* lorota.
fa.vo.lo.so [favol´ozo] *agg* **1** fabuloso, fantástico, incrível. **2** *fam* exorbitante (preço, valor).
fa.vo.re [fav´ore] *sm* **1** favor, gentileza, cortesia, obséquio. **2** graça. **3** proteção. **4** benefício, serviço. **5** benevolência. **6** *fig* ajuda, apoio.
fa.vo.reg.gia.re [favoredd3´are] *vt* favorecer, ajudar (más ações).
fa.vo.re.vo.le [favor´evole] *agg* favorável, propício.
fa.vo.ri.re [favor´ire] *vt* **1** favorecer. **2** proteger. **3** ajudar. **4** aceitar (presente, oferta). **5** presentear.
fa.vo.ri.to [favor´ito] *sm+agg* **1** favorito. **2** favorecido, ajudado.
fa.zio.ne [fats´jone] *sf* **1** facção, divisão de partido. **2** *Mil* serviço militar. **3** sentinela, guarda.

faz.zo.let.to [fattsol´etto] *sm* lenço.
feb.bra.io [febbr´ajo] *sm* fevereiro.
feb.bre [f´ɛbbre] *sf* **1** febre. **2** *fig* paixão. **3** ambição, desejo ardente.
fe.ci [f´ɛtʃi] *sf pl* fezes.
fe.con.da.re [fekond´are] *vt* fecundar.
fe.de [f´ede] *sf* **1** fé, crença, confiança, crédito. **2** lealdade. **3** testemunho. **4** certificado, documento, apólice.
fe.de.le [fed´ele] *sm Rel* fiel, seguidor. • *agg* **1** fiel, leal. **2** verdadeiro, sincero. **3** honesto, íntegro.
fe.de.ra [f´edera] *sf* fronha.
fe.de.ra.zio.ne [federats´jone] *sf* **1** federação, confederação, liga. **2** união, associação.
fe.ga.to [f´egato] *sm Anat* fígado. **2** *fig* coragem, audácia.
fe.li.ce [fel´itʃe] *agg* **1** feliz, alegre, contente. **2** afortunado, próspero. **3** satisfeito.
fe.li.ci.tà [felitʃit´a] *sf* **1** felicidade, alegria. **2** êxito.
fe.li.ci.ta.re [felitʃit´are] *vt* **1** felicitar. **2** cumprimentar. *vpr* **3** felicitar-se, congratular-se. **4** cumprimentar-se.
fe.li.no [fel´ino] *sm+agg Zool* felino, felídeo.
fel.tro [f´eltro] *sm* **1** feltro. **2** chapéu de feltro.
fem.mi.na [f´emmina] *sf* **1** mulher. **2** fêmea. **3** *iron* esposa. **4** *disp* maricas.
fem.mi.ni.le [femmin´ile] *sm Gramm* gênero feminino. • *agg* **1** feminino. **2** afeminado.
fe.mo.re [f´emore] *sm Anat* fêmur.
fen.de.re [f´ɛndere] *vt* **1** fender, rachar, rasgar. **2** *fig* cortar. *vpr* **3** fender-se, partir-se, rachar-se.
fen.di.tu.ra [fendit´ura] *sf* fenda, rachadura.
fe.no.me.no [fen´ɔmeno] *sm* **1** fenômeno, maravilha. **2** *Chim* fenômeno, modificação.
fe.re.tro [f´ɛretro] *sm* féretro, caixão.

fe.ria [fˈɛrja] *sf* 1 feriado. 2 descanso, repouso. 3 **ferie** *pl* férias.
fe.ria.le [ferˈjale] *agg* útil, de trabalho. *giorno feriale* / dia útil.
fe.ri.men.to [ferimˈento] *sm* ferimento.
fe.ri.re [ferˈire] *vt* 1 ferir, machucar. 2 *fig* ofender, magoar. *vpr* 3 ferir-se, machucar-se.
fe.ri.ta [ferˈita] *sf* 1 ferida, lesão. 2 *fig* ofensa.
fer.ma.glio [fermˈaʎo] *sm* 1 fecho (de roupas etc.). 2 broche.
fer.ma.re [fermˈare] *vt* 1 parar, deter. 2 firmar, fixar. *vpr* 3 parar, deter-se. 4 demorar-se.
fer.ma.ta [fermˈata] *sf* 1 parada, pausa. 2 ponto de ônibus, parada de trem. 3 repouso, pernoite.
fer.men.ta.re [fermentˈare] *vi* fermentar.
fer.men.to [fermˈento] *sm* fermento. **fermento della birra** lêvedo de cerveja.
fer.mez.za [fermˈettsa] *sf* 1 firmeza. 2 solidez. 3 decisão, resolução. 4 *fig* estabilidade.
fer.mo [fˈermo] *agg* 1 firme, fixo, seguro, imóvel. 2 durável. 3 sólido, duro. 4 *fig* estável. 5 constante. • *sm* 1 coisa firme, imutável. 2 detenção, prisão. 3 *Giur* sequestro.
fe.ro.ce [ferˈotʃe] *agg* 1 feroz, selvagem. 2 *fig* terrível, cruel. 3 impetuoso. 4 *iron* severo.
fe.ro.cia [ferˈɔtʃa] *sf* 1 ferocidade. 2 *fig* crueldade.
fer.ra.glia [ferˈaʎa] *sf* ferro-velho, material de sucata.
fer.ra.io [ferˈajo] *sm* 1 ferreiro. 2 serralheiro.
fer.ra.re [ferˈare] *vt* ferrar, colocar ferro ou ferradura.
fer.ra.vec.chio [feravˈekkjo] *sm* 1 ferro-velho, estabelecimento que vende ferro velho. 2 coisa fora de uso. 3 *fig* pessoa antiquada.

fer.ro [fˈɛro] *sm* 1 ferro (o metal). 2 peça de ferro. 3 *pl* **ferri** a) patins. b) ferramentas. c) algemas, grilhões. d) grelhas. e) *fig* escravidão. **ferri da calza** agulhas de tricô. **ferro da cavallo** ferradura. **ferro da stiro** ferro de passar.
fer.ro.vi.a [feroͮˈia] *sf* ferrovia, estrada de ferro.
fer.ti.le [fˈɛrtile] *agg* 1 fértil. 2 *fig* rico, abundante.
fer.ti.li.tà [fertilitˈa] *sf* fertilidade.
fer.ti.liz.za.re [fertiliddzˈare] *vt* fertilizar, adubar.
fer.ven.te [fervˈɛnte] *agg* 1 fervente. 2 *fig* ardente, intenso.
fer.ve.re [fˈɛrvere] *vi* 1 ferver. 2 *fig* agitar-se, vibrar.
fer.vo.re [fervˈore] *sm* 1 fervor, calor. 2 *fig* ardor, desejo, paixão.
fes.su.ra [fessˈura] *sf* fissura, fenda, rachadura.
fe.sta [fˈesta] *sf* 1 festa. 2 feriado, dia santo. 3 festival. 4 carinho, carícia. **festa nazionale** feriado nacional. **feste mobili** feriados móveis.
fe.steg.gia.re [festeddʒˈare] *vt* 1 festejar, comemorar, celebrar. *vi* 2 festejar.
fe.sti.val [fˈɛstival] *sm* festival.
fe.ten.te [fetˈɛnte] *sm* 1 delinquente. 2 patife, velhaco. • *agg* 1 fedido. 2 *fig* nojento, repugnante. 3 vil. 4 indecente, indigno. 5 desonesto.
fe.tic.cio [fetˈittʃo] *sm* 1 fetiche, amuleto. 2 ídolo.
fet.ta [fˈetta] *sf* fatia, pedaço, porção.
fe.to [fˈeto] *sm Med, Zool* feto, embrião.
fia.ba [fˈjaba] *sf* 1 fábula, lenda, mito. 2 conversa fiada, mentira.
fiac.chez.za [fjakkˈettsa] *sf* 1 fraqueza. 2 cansaço.
fiac.co [fjˈakko] *agg* 1 fraco. 2 cansado. 3 apático.
fiac.co.la [fjˈakkola] *sf* 1 facho, tocha de madeira. 2 *fig* chama, paixão.

fiamma   98   filare

fiam.ma [f´jamma] *sf* **1** chama, labareda. **2** *fig* paixão.

fiam.meg.gia.re [fjammedd3´are] *vt* **1** chamejar, flamejar. **2** resplandecer, cintilar.

fiam.mi.fe.ro [fjamm´ifero] *sm* fósforo.

fian.cheg.gia.re [fjankedd3´are] *vt* **1** flanquear, ficar de lado. **2** *Mil* flanquear, defender o flanco. **3** *fig* ajudar, auxiliar. **4** acompanhar.

fian.co [f´janko] *sm* **1** *Anat* quadril, anca. **2** lado, lateral. **3** *Mil* flanco. **4 fianchi** *pl Anat* cadeiras.

fia.sca [f´jaska] *sf* garrafa, garrafão pequeno.

fia.sco [f´jasko] *sm* **1** garrafão. **2** *fig* fiasco, fracasso. **fare fiasco** fracassar.

fia.ta.re [fjat´are] *vi* **1** respirar. **2** *fig* falar.

fia.to [f´jato] *sm* **1** hálito. **2** respiração. **3** sopro. **4** *fig* força, vigor.

fib.bia [f´ibbja] *sf* fivela.

fi.bra [f´ibra] *sf Anat, Bot* **1** fibra. **2** *fig* força. **3** vontade.

fic.ca.na.so [fikkan´azo] *sm* intrometido, metido, abelhudo.

fic.ca.re [fikk´are] *vt* **1** fincar, cravar. **2** enfiar, inserir, introduzir. *vpr* **3** cravar-se. **4** *fig* intrometer-se, meter-se.

fi.co [f´iko] *sm Bot* figo. **non valere un fico secco** *fig* não valer nada.

fi.dan.za.re [fidants´are] *vt* **1** prometer em casamento. *vpr* **2** noivar.

fi.dan.za.to [fidants´ato] *sm* noivo.

fi.da.re [fid´are] *vt* **1** fiar, confiar, entregar. *vpr* **2** confiar, ter confiança em, fiar-se de.

fi.do [f´ido] *sm Comm* fiado, crédito. • *agg* fiel, leal. **vendere a fido** vender fiado.

fi.du.cia [fid´utʃa] *sf* **1** confiança. **2** crédito.

fie.le [fj´ele] *sm* **1** *Fisiol* bílis, fel. **2** *Anat* vesícula biliar. **3** *fig* ódio.

fie.no [fj´eno] *sm* feno.

fie.ra [f´jera] *sf* **1** fera, animal selvagem. **2** feira, mercado. **fiera campionaria** exposição.

fie.rez.za [fjer´ettsa] *sf* **1** orgulho, altivez. **2** veemência.

fie.ro [f´jero] *agg* **1** orgulhoso, altivo. **2** impetuoso, veemente. **3** feroz. **4** austero. **5** audacioso. **6** vivaz.

fi.fa [f´ifa] *sf* medo, temor.

fig.ge.re [f´idd3ere] *vt* **1** fincar, cravar. **2** fixar, firmar.

fi.glia [f´iλa] *sf* filha.

fi.glia.stro [fiλ´astro] *sm* **1** enteado. **2** *disp* bastardo.

fi.glio [f´iλo] *sm* **1** filho. **2 i figli** *pl* os descendentes.

fi.glioc.cio [fiλ´ɔttʃo] *sm* afilhado.

fi.glio.lo [fiλ´ɔlo] *sm* **1** filho. **2** menino. **3** filhote de animal. **4** *fam* rapaz, jovem. **il Figliolo** *Rel* o Filho, segunda pessoa da Trindade.

fi.gu.ra [fig´ura] *sf* **1** figura. **2** desenho, ilustração. **3** imagem. **4** aspecto, forma. **5** face, rosto. **6** símbolo, sinal. **7** *Teat* personagem, protagonista. **brutta figura** vexame. **fare una brutta figura** fazer feio, dar vexame.

fi.gu.ra.re [figur´are] *vt* **1** figurar, delinear, descrever. **2** desenhar, pintar, retratar. **3** esculpir. **4** ilustrar. *vi* **5** comparecer. **6** aparecer. **7** dar boa impressão. *vpr* **8** imaginar, pensar. **9** supor, crer. **si figuri!** com prazer! pois não! à vontade!

fi.gu.ri.no [figur´ino] *sm* **1** figurino, revista de moda. **2 figurini** *pl Teat, Cin* figurinos.

fi.la [f´ila] *sf* **1** fila, série. **2** *Mil* fileira. **fare la fila** fazer fila.

fi.lan.tro.pi.a [filantrop´ia] *sf* **1** filantropia. **2** caridade.

fi.la.re [fil´are] *vt* **1** fiar, tecer. **2** transformar em fio (metais). *vt+vi* **3** *fam* paquerar. *vi* **4** escorrer, gotejar. **5** *fig* correr. **6** fugir, escapar.

fi.la.ri.no [filar´ino] *sm* 1 namoro, flerte. 2 namorado.

fi.lar.mo.ni.ca [filarm´ɔnika] *sf* filarmônica.

fi.la.tu.ra [filat´ura] *sf* fiação.

fi.let.to [fil´etto] *sm* 1 *dim* fiozinho, fitinha. 2 fita, galão. 3 espiral, rosca de parafuso. 4 filé.

fi.lia.le [fil´jale] *sf Comm* filial, agência. • *agg* filial. **banca filiale** agência bancária.

film [f´ilm] *sm* 1 filme, película para foto e cinema. 2 filme, fita (obra cinematográfica). **film a colori** filme em cores. **film giallo** filme de suspense, filme de mistério. **film in bianco e nero** filme em branco e preto.

fil.ma.re [film´are] *vt Cin* filmar.

fi.lo [f´ilo] *sm* 1 fio (de tecido, metal). 2 cabo, fio (telegráfico, telefônico). 3 barbante, linha de costura. 4 cordão de marionete. 5 fio, corte (de facas, tesouras). 6 colar (de pérolas, de pedras preciosas). 7 *fig* sequência de ideias. 8 migalha, ninharia. **filo spinato** arame farpado.

fi.lo.bus [filob´us] *sm* ônibus elétrico.

fi.lo.ne [fil´one] *sm* 1 filão, pão de forma afilada. 2 *Min* filão. 3 *fam* espertalhão.

fi.lo.so.fi.a [filozof´ia] *sf* 1 filosofia. 2 *fig* frieza, calma. 3 autocontrole.

fi.lo.so.fo [fil´ɔzofo] *sm* filósofo.

fil.tra.re [filtr´are] *vt* 1 filtrar, coar. 2 *fig* separar. 3 escolher. vi 4 gotejar, escoar.

fil.tro [f´iltro] *sm* 1 filtro, filtro, aparelho que purifica. 2 filtro, elixir do amor. 3 feitiçaria.

fi.na.le [fin´ale] *sm* 1 final, fim, desfecho. 2 *Mus* final. sf 3 *Gramm* terminação. 4 *Sp* final, partida decisiva. • *agg* final, último, definitivo.

fi.nan.za [fin´antsa] *sf* (mais usado no plural **finanze**) fazenda, finanças do Estado.

fi.nan.zia.re [finants´jare] *vt* 1 financiar. 2 subvencionar.

fi.nan.zia.rio [finants´jarjo] *agg* financeiro.

fin.ché [fink´e] *cong* até que, até quando.

fi.ne[1] [f´ine] *sf* 1 fim, final. 2 *fig* saída. 3 morte. *sm* 4 fim, objetivo, meta. **a fine** V *affine*. **fine settimana** fim de semana.

fi.ne[2] [f´ine] *agg* 1 fino, delgado. 2 *fig* agudo. 3 educado, delicado, gentil. 4 sofisticado, refinado. 5 supor. 6 perspicaz (mente). 6 leve, miúdo, minúsculo. 7 *pop* chique. *Var: fino*.

fi.ne.stra [fin´ɛstra] *sf* (anche *Inform*) janela.

fi.nez.za [fin´ettsa] *sf* 1 finura. 2 *fig* fineza, educação, gentileza, cortesia. 3 elegância. 4 astúcia, perspicácia. 5 miudeza.

fin.ge.re [f´indʒere] *vt* 1 fingir, simular. 2 imaginar, inventar. 3 supor. 4 representar. vi 5 fingir, dissimular. *vpr* 6 fingir-se de.

fi.ni.men.to [finim´ento] *sm* 1 fim, conclusão. 2 enfeite, adorno, adereço. 3 serviço de mesa, baixela.

fi.ni.re [fin´ire] *vt* 1 terminar, acabar, concluir. 2 retocar, aperfeiçoar. 3 *fig* matar, liquidar. vi 4 parar, cessar, desistir. 5 terminar, acabar. 6 morrer. 7 *Gramm* terminar em.

fi.no[1] [f´ino] *avv* ainda, também, até mesmo. • *prep* até, até a. **fin ora** V *finora*.

fi.no[2] [f´ino] *agg* V *fine*[2].

fi.noc.chio [fin´ɔkkjo] *sm* 1 *Bot* funcho, erva-doce. 2 *fig* tolo, bobo. 3 *ger* bicha, homossexual.

fi.no.ra [fin´ora] *avv* até agora, até hoje, até esta época.

fin.ta [f´inta] *sf* 1 fingimento. 2 *Sp* drible.

fin.to [f´into] *agg* 1 fingido, falso. 2 fictício, irreal. 3 postiço.

fin.zio.ne [fints´jone] *sf* **1** fingimento. **2** falsidade, hipocrisia. **3** trapaça, engano. **4** *fig* invenção. **5** brincadeira, peça.

fioc.co [f´jɔkko] *sm* **1** cadarço, cordão de sapato. **2** fita, laço. **3** floco de neve.

fio.co [f´jɔko] *agg* **1** rouco. **2** fraco, débil.

fion.da [f´jonda] *sf* estilingue.

fio.re [f´jore] *sm* **1** *Bot* flor. **2** *fig* nata, fina flor. **3 fiori** *pl* paus (naipe das cartas de baralho). **il fiore all'occhiello** *fig* a menina dos olhos.

fio.ri.cul.tu.ra [fjorikult´ura] *sf* floricultura, cultivo de flores.

fio.ri.re [fjor´ire] *vi* **1** florir, florescer. **2** pintar flores. **3** *fig* aparecer, surgir. **4** embelezar-se, enfeitar-se.

fiot.to [f´jɔtto] *sm* **1** fluxo, corrimento. **2** maré, enchente. **3** onda. **4** *fig* multidão.

fir.ma [f´irma] *sf Comm* firma, assinatura.

fir.ma.re [firm´are] *vt* **1** firmar, assinar, subscrever. **2** confirmar, ratificar.

fi.sar.mo.ni.ca [fizarm´ɔnika] *sf Mus* acordeão, sanfona.

fi.sca.le [fisk´ale] *agg* **1** fiscal. **2** *fig* rígido, severo, rigoroso. **3** meticuloso.

fi.sca.leg.gia.re [fiskaleddʒ´are] *vi* fiscalizar.

fi.schia.re [fisk´jare] *vt* **1** vaiar. *vi* **2** assobiar.

fi.schia.ta [fisk´jata] *sf* vaia.

fi.schio [f´iskjo] *sm* **1** assobio. **2** apito (instrumento e som).

fi.si.ca [f´izika] *sf* física.

fi.si.co [f´iziko] *sm* **1** físico, constituição física, compleição. **2** físico, estudioso de física. • *agg* **1** físico. **2** natural. **educazione fisica** educação física.

fi.sio.no.mi.a [fizjonom´ia] *sf* **1** fisionomia, semblante, feições. **2** aspecto. **3** *fig* características.

fis.sa.re [fiss´are] *vt* **1** fixar, estabilizar. **2** determinar, estabelecer. **3** fitar, olhar atentamente. **4** marcar. *vpr* **5** fixar-se, estabilizar-se. **6** estabelecer-se. **7** *fig* teimar, perseverar.

fis.so [f´isso] *agg* **1** fixo, firme, estável. **2** determinado, estabelecido. **3** constante. **4** decidido. **5** *fig* preciso. **6** obstinado.

fit.ti.zio [fitt´itsjo] *agg* **1** fictício, imaginário, irreal. **2** fingido, falso.

fit.to [f´itto] *sm* mata fechada. • *part* fixo, cravado. • *agg* **1** denso, espesso, compacto. **2** *fig* abundante. • *avv* copiosamente, densamente.

fiu.me [f´jume] *sm* **1** rio. **2** *fig* rio, grande quantidade.

fiu.ta.re [fjut´are] *vt+vi* **1** cheirar. **2** farejar. **3** *fig* pressentir, sentir. **4** investigar. **5** *disp* bisbilhotar.

fiu.to [f´juto] *sm* **1** faro, cheiro, odor, aroma. **2** *ger* faro. **3** *fig* indício. **4** pressentimento, intuição.

flac.ci.do [fl´attʃido] *agg* flácido, frouxo.

fla.gel.lo [fladʒ´ɛllo] *sm* **1** chicote, flagelo. **2** *fig* castigo, punição, pena. **3** maldição. **4** ofensa, insulto. **5** ruína.

fla.gran.te [flagr´ante] *agg* **1** ardente. **2** *Giur* flagrante. **3** *fig* evidente, claro, manifesto. **cogliere in flagrante** pegar em flagrante. **in flagrante** *Giur* em flagrante.

fla.nel.la [flan´ella] *sf* flanela.

fla.tu.len.za [flatul´entsa] *sf* flatulência, gases.

flau.to [fl´awto] *sm* flauta.

fles.si.bi.le [fless´ibile] *agg* **1** flexível. **2** *fig* dócil.

fles.sio.ne [fless´jone] *sf* flexão, curvatura.

flir.ta.re [flirt´are] *vi* flertar.

flo.ra [fl´ɔra] *sf* flora.

flo.scio [fl´ɔʃo] *agg* **1** frouxo, mole. **2** *fig* fraco.

flot.ta [fl'ɔtta] *sf* **1** *Naut* frota. **2** esquadra.

flu.i.do [fl'uido] *sm* fluido, líquido. • *agg* **1** fluido, fluente, corrente. **2** *fig* espontâneo.

flu.i.re [flu'ire] *vi* fluir, correr, escorrer.

fluo.re [fl'wore] *sm* **1** *Chim* flúor. **2** *Med* fluxo.

flus.so [fl'usso] *sm* **1** fluxo. **2** vaivém de pessoas. **3** *Naut* fluxo, preamar.

flut.tua.re [flutt'ware] *vi* **1** flutuar, ondular. **2** *fig* hesitar. **3** flutuar, variar.

flu.via.le [fluv'jale] *agg* fluvial, de rio.

fo.ca [f'ɔka] *sf* **1** *Zool* foca. **2** *fam iron* canhão, mulher gorda e feia.

fo.cac.cia [fok'attʃa] *sf* fogaça.

fo.ce [f'ɔtʃe] *sf Geogr* **1** foz, estuário. **2** garganta (de montanha). **3** entrada (de porto ou golfo).

fo.co.la.io [fokol'ajo] *sm* **1** forno, fornalha. **2** *Med* foco de infecção. **3** *fig* centro, foco.

fo.co.la.re [fokol'are] *sm* **1** lareira. **2** chaminé. **3** *Mecc* forno, fornalha. **4** *fig* lar, casa, família.

fo.de.ra [f'ɔdera] *sf* forro (de roupa, de chapéu).

fo.de.ra.re [foder'are] *vt* forrar.

fog.gia [f'ɔddʒa] *sf* **1** maneira. **2** jeito de vestir.

fo.glia [f'ɔλa] *sf* **1** folha, lâmina de metal. **2** *Bot* folha. **3** pétala. **4** casca.

fo.glia.me [foλ'ame] *sm* folhagem.

fo.gliet.to [foλ'etto] *sm dim* **1** folhinha, folha pequena. **2** folheto, impresso.

fo.glio [f'ɔλo] *sm* **1** folha de papel. **2** *fig* jornal, boletim, noticiário. **3** certificado, documento. **4** carta. **5** papel. **6** papel-moeda. **7** obrigação, débito.

fo.gna [f'oɲa] *sf* **1** esgoto, fossa, cloaca. **2** furo, que se faz em fundo de vaso.

fol.clo.re, **fol.klo.re** [folkl'ore] *sm* folclore.

fol.la [f'ɔlla] *sf* **1** multidão. **2** montão. **3** grande quantidade.

fol.le [f'ɔlle] *agg* **1** louco. **2** solto (engrenagem). **3** *fig* absurdo, insensato. **4** arriscado, imprudente.

fol.li.a [foll'ia] *sf* **1** loucura. **2** *fig* exagero. **3** capricho, fantasia.

fol.to [f'olto] *agg* denso, compacto, cerrado.

fon.da.men.ta.le [fondament'ale] *agg* fundamental, básico.

fon.da.men.to [fondam'ento] *sm* **1** alicerce (de uma construção). **2** *fig* fundamento, base. **3** princípio. **4** essência.

fon.da.re [fond'are] *vt* **1** fundar, lançar as bases. **2** começar, implantar. **3** estabelecer, instituir. *vpr* **4** fundar-se, basear-se, apoiar-se. **5** aprofundar--se em.

fon.de.re [f'ondere] *vt* **1** fundir, derreter. **2** combinar, misturar. **3** *Med* dissolver. **4** *fig* destruir, desfazer. *vpr* **5** derreter-se. **6** fundir-se, unir-se. **7** destruir-se.

fon.de.ri.a [fonder'ia] *sf* fundição.

fon.do [f'ondo] *sm* **1** fundo. **2** propriedade, terreno. **3** sedimento, depósito, borra (de líquidos). **4** fundo, base de um tecido ou pintura. **5** *fig* extremo, parte mais distante. **6** íntimo, interior (de uma pessoa). **7** **fondi** *pl Comm, Econ* fundos, capital. • *agg* fundo, profundo. • *avv* profundamente. **in fondo in fondo** no fundo.

fon.ta.na [font'ana] *sf* fonte, chafariz.

fon.ta.nel.la [fontan'ella] *sf dim* **1** fonte pequena. **2** *Anat pop* moleira, espaços entre os ossos do crânio das crianças pequenas. **3** bebedouro.

fon.ta.nie.re [fontan'jεre] *sm pop* encanador.

fon.te [f'onte] *sf* **1** fonte, nascente (de água). **2** *fig* início, princípio. **3** origem, causa, motivo. **4** fonte, texto original.

fo.ra.re [for'are] *vt* **1** furar, perfurar. **2** penetrar, atravessar.

for.bi.ci [fˈɔrbitʃi] *sf pl* 1 tesoura. 2 *Zool* pinças (de escorpião, caranguejo).
for.ca [fˈorka] *sf* 1 forca, patíbulo. 2 forcado, forquilha. 3 pala (de camisa).
for.cel.la [fortʃˈella] *sf* 1 forquilha, forcado. 2 grampo para os cabelos.
for.chet.ta [forkˈetta] *sf dim* garfo.
for.ci.na [fortʃˈina] *sf* grampo para os cabelos.
fo.ren.se [forˈense] *agg* forense, dos tribunais.
fo.re.sta [forˈesta] *sf* floresta, mata, selva.
fo.re.stie.ro [forestjˈero] *sm* 1 forasteiro, estrangeiro. 2 hóspede de hotel. • *agg* forasteiro, estrangeiro.
for.fo.ra [fˈorfora] *sf* caspa.
for.gia.re [fordʒˈare] *vt* 1 forjar. 2 *fig* formar.
for.ma [fˈorma] *sf* 1 forma. 2 figura, aspecto. 3 aparência, imagem. 4 semblante. 5 formalidade, regra, praxe. 6 modo, maneira, jeito. 7 forma de sapato. 8 matriz (de escultura). 9 *Lett* estilo. 10 *Sp* forma. **essere in forma** estar em forma.
for.mag.gio [formˈaddʒo] *sm* queijo.
for.ma.le [formˈale] *agg* 1 formal. 2 oficial, público. 3 expresso.
for.ma.li.tà [formalitˈa] *sf* formalidade, praxe.
for.ma.re [formˈare] *vt* 1 formar, fazer, construir, fabricar, modelar. 2 *fig* criar, instituir, fundar. 3 discar (número de telefone). 4 dar vida a, iniciar 5. compor, constituir. 6 instruir, educar. *vpr* 7 formar-se, delinear-se. 8 *fig* formar-se, instruir-se.
for.mi.ca [formˈika] *sf Zool* formiga.
for.mi.ca.io [formikˈajo] *sm* 1 *Zool* formigueiro. 2 *fig* multidão, série.
for.mi.co.la.re [formikolˈare] *vi* formigar, ferviihar.
for.mi.da.bi.le [formidˈabile] *agg* 1 formidável, fabuloso, excepcional. 2 espantoso, assustador.

for.mo.so [formˈozo] *agg Poet* formoso, belo, lindo, benfeito.
for.mu.la [fˈormula] *sf* 1 fórmula, regra, norma. 2 costume, moda, modelo, uso. 3 *Mat, Chim* fórmula.
for.na.ce [fornˈatʃe] *sf* forno, fornalha.
for.na.io [fornˈajo] *sm* 1 padeiro. 2 *Zool* joão-de-barro.
for.nel.lo [fornˈello] *sm* 1 fogão. 2 fogareiro. 3 boca (do fogão).
for.ni.re [fornˈire] *vt* 1 fornecer, prover. 2 equipar, munir. 3 *fig* dar, oferecer. 4 cumprir.
for.no [fˈorno] *sm* 1 forno. 2 fornalha. 3 panificadora, padaria. 4 *fig* forno, lugar muito quente. **al forno** ao forno.
fo.ro¹ [fˈoro] *sm* furo, buraco, abertura.
fo.ro² [fˈoro] *sm* 1 foro, praça pública. 2 foro, fórum, tribunal.
for.se [fˈorse] *avv* 1 talvez, porventura, quiçá. 2 cerca, mais ou menos. • *sm* dúvida, incerteza. **forse che** talvez.
for.te [fˈorte] *agg* 1 forte. 2 robusto. 3 *fig* valente. 4 eficiente, eficaz. 5 enérgico, severo. 6 potente. 7 violento. 8 impetuoso, intenso. 9 considerável, substancioso. 10 resistente, sólido. 11 trabalhoso, cansativo. • *sm* 1 *Mil* forte, fortaleza. 2 *fig* o ponto forte. *s* 3 homem ou mulher forte. • *avv* 1 com força. 2 em voz alta. *parlare forte* / falar em voz alta.
for.tez.za [fortˈettsa] *sf* 1 força, coragem, bravura, firmeza de caráter. 2 *Mil* fortaleza, forte.
for.ti.fi.ca.re [fortifikˈare] *vt* 1 fortificar, fortalecer, reforçar. 2 *Mil* fortificar. *vpr* 3 fortalecer-se, fortificar-se. 4 *Mil* fortificar-se.
for.tu.na [fortˈuna] *sf* 1 sorte. 2 acaso. 3 *Naut* tempestade. 4 *fig* condição, estado. 5 oportunidade. 6 fortuna, riqueza. 7 felicidade.
for.tu.na.le [fortunˈale] *sm Naut* tempestade.

forúncolo / **fratello**

fo.run.co.lo [for´unkolo] *sm Med* furúnculo.

for.za [f´ɔrtsa] *sf* **1** força, robustez. **2** virtude, valor. **3** solidez; significado. **4** *fig* violência, força bruta. **5** energia, intensidade. **6** *Fis* força. **7** *Mil* potência. **le Forze Armate** as Forças Armadas. **per forza** à força. **per forza!** que remédio!

for.za.re [fortsˊare] *vt* **1** forçar. **2** obrigar, coagir.

for.zie.re [fortsˊjɛre] *sm* cofre.

for.zu.to [fortsˊuto] *agg* forte, robusto.

fo.schi.a [foskˊia] *sf* neblina, cerração, bruma.

fo.sco [fˊosko] *agg* **1** fosco, embaçado. **2** *fig* triste. **3** desconhecido.

fo.sfo.ro [fˊosforo] *sm Chim* fósforo.

fos.sa [fˊɔssa] *sf* **1** fosso, vala. **2** sepultura, cova. **3** cavidade, depressão. **4** *fig* morte.

fos.si.le [fˊɔssile] *sm+agg* fóssil.

fos.so [fˊɔsso] *sm* **1** rego, vala para águas. **2** fosso de castelo.

fo.to.gra.fa.re [fotografˊare] *vt* fotografar.

fo.to.gra.fi.a [fotografˊia] *sf* fotografia.

fo.to.sin.te.si [fotos´intezi] *sf* fotossíntese.

fot.te.re [fˊottere] *vt* **1** *volg* foder, comer, trepar com. **2** *volg fig* ferrar, sacanear, enganar.

fra [fra] *prep* entre, no meio de. *Var:* tra.

frac [frˊak] *sm* fraque.

fra.cas.sa.re [frakassˊare] *vt* **1** quebrar, romper fazendo ruído. *vpr* **2** romper-se, despedaçar-se.

fra.cas.so [frakˊasso] *sm* **1** ruído, barulho. **2** vozerio, algazarra. **3** *fig* monte.

fra.ci.dez.za [fratʃidˊettsa] *sf* podridão.

fra.di.cio [fradˊitʃo] *sm* **1** lamaçal. **2** podridão. • *agg* **1** ensopado pela chuva. **2** podre. **3** *fig* gasto. **4** doente. **bagnato fradicio** ensopado.

fra.gi.le [frˊadʒile] *agg* **1** frágil, delicado. **2** *fig* instável, passageiro. **3** fino, delgado. **4** fraco, débil.

fra.go.la [frˊagola] *sf Bot* morango.

fram.men.to [frammˊento] *sm* **1** fragmento, pedaço. **2** caco, resto. **3** trecho.

fram.mez.zo [frammˊɛddzo] *avv* no meio. • *prep* **1** no meio de. **2** entre.

fra.na.re [franˊare] *vi* **1** desmoronar, desabar. **2** ruir.

fran.ce.se [frantʃˊeze] *s+agg* francês.

fran.chez.za [frankˊettsa] *sf* **1** franqueza, sinceridade. **2** liberdade, desenvoltura. **3** descaramento, ousadia. **4** *pop* cara de pau.

fran.chi.gia [frankˊidʒa] *sf* **1** franquia, isenção. **2** *Pol* privilégio.

fran.co [frˊanko] *agg* **1** franco, sincero, espontâneo. **2** livre, isento. **3** desimpedido. **4** franqueado. **5** corajoso. **6** *St* franco, de um antigo povo da Europa. **7** *fig* descarado. • *avv* francamente.

fran.co.bol.lo [frankobˊollo] *sm* selo.

fran.ge.re [frˊandʒere] *vt* **1** quebrar, romper, despedaçar. *vpr* **2** romper-se, despedaçar-se.

fran.get.ta [frandʒˊetta] *sf* franja, cabelo que cai sobre a testa.

fran.gia [frˊandʒa] *sf* franja, remate de um tecido, feito de fios soltos.

fran.sca [frˊaska] *sf* **1** ramo. **2** *fig* leviano, pessoa leviana. **3** pessoa volúvel. **4** **frasche** *pl* a) folhagem. b) *fig* ninharia. c) capricho.

fra.se [frˊaze] *sf Gramm* frase, locução, expressão. **frase fatta** *iron* frase feita, chavão.

fra.tel.la.stro [fratellˊastro] *sm* meio-irmão.

fra.tel.lo [fratˊɛllo] *sm* **1** irmão. **2** *Rel* irmão, confrade. **3** *fig* amigo, companheiro.

frattempo — frullato

frat.tem.po [fratt´εmpo] *avv* na expressão **nel frattempo** enquanto isso, nesse meio-tempo.

frat.tu.ra [fratt´ura] *sf Med* fratura, ruptura.

frat.tu.ra.re [frattur´are] *vt* 1 fraturar, quebrar. *vpr* 2 romper-se, despedaçar-se.

frau.do.len.to [frawdol´εnto] *agg* fraudulento, doloso.

fra.zio.ne [frats´jone] *sf* fração, parte.

frec.cia [fr´ett∫a] *sf* 1 flecha, seta, dardo. 2 *Fis* agulha da bússola.

frec.cia.re [frett∫´are] *vt* 1 flechar. 2 *fig* pedir dinheiro emprestado a. 3 ofender alguém.

fred.dez.za [fredd´ettsa] *sf* 1 frieza, frio. 2 frieza, indiferença. 3 calma. 4 descuido, desatenção.

fred.do [fr´eddo] *sm* 1 frio. 2 *fig* inverno. 3 prato frio. • *agg* 1 frio. 2 *fig* frio, indiferente. 3 calmo.

fre.ga [fr´ega] *sf* 1 desejo ardente. 2 impaciência. 3 desespero.

fre.ga.re [freg´are] *vt* 1 esfregar, friccionar. 2 *fig* iludir, burlar. *vpr* 3 esfregar-se. 4 *fig volg* não dar a mínima.

fre.gia.re [fredʒ´are] *vt* 1 frisar, decorar com friso. 2 *fig* enfeitar, embelezar, adornar. *vpr* 3 embelezar-se. 4 ostentar, exibir-se.

fre.gio [fr´edʒo] *sm* 1 friso. 2 ornamento, enfeite.

fre.go.la [fr´egola] *sf* 1 *fam fig* desejo. 2 impaciência. 3 *ger volg* tesão.

fre.na.re [fren´are] *vt* 1 frear. 2 *fig* refrear, controlar, moderar. *vpr* 3 conter-se, controlar-se.

fre.no [fr´eno] *sm* 1 freio. 2 *fig* controle. **freno a mano** *Autom* freio de mão.

fre.quen.ta.re [frekwent´are] *vt* 1 frequentar. 2 *pop* sair de casa, ser da família.

fre.quen.te [frek´wεnte] *agg* frequente. **di frequente** com frequência, frequentemente.

fre.quen.za [frek´wentsa] *sf* 1 frequência. 2 multidão. 3 *Fis* frequência.

fre.sco [fr´esko] *agg* 1 fresco. 2 *fig* puro, inocente. 3 simples, natural, espontâneo. 4 leve (tecido). 5 alegre, vivaz, vívido. 6 novo, recente. • *sm* frescura.

fret.ta [fr´etta] *sf* pressa, precipitação.

fret.to.lo.so [frettol´ozo] *agg* apressado, impaciente.

frig.ge.re [fr´iddʒere] *vt* 1 fritar. *vi* 2 ferver, arder. 3 *fig* agitar-se.

fri.go.ri.fe.ro [frigor´ifero] *sm* geladeira, refrigerador. • *agg* frigorífero.

frit.ta.ta [fritt´ata] *sf* 1 omeleta. 2 *fig* erro.

frit.to [fr´itto] *sm* fritura. • *agg* frito. **essere fritto** *fig* estar frito.

frit.tu.ra [fritt´ura] *sf* fritura.

fri.vo.lo [fr´ivolo] *agg* frívolo, fútil, leviano.

fri.zio.ne [frits´jone] *sf* 1 fricção, atrito. 2 *Autom* embreagem.

fro.de [fr´ɔde] *sf* 1 fraude. 2 trapaça, logro.

fron.ta.le [front´ale] *sm* 1 *Archit* fachada. 2 *Anat* frontal, nome de um osso. • *agg* 1 frontal. 2 *fig* anterior. 3 aberto, direto, decidido.

fron.te [fr´onte] *sf* 1 testa. 2 rosto, cabeça. 3 frontispício (de livro). 4 *Archit* fachada. 5 *Mil* vanguarda. 6 frente de combate. **a fronte alta** de cabeça erguida.

fron.tie.ra [front´jεra] *sf* fronteira, limite.

fru.ga.re [frug´are] *vt* 1 apalpar, tatear, procurar. 2 *fam* investigar, explorar, inspecionar. 3 *pop* fuçar, xeretar.

frui.re [fr´wire] *vi* usufruir, desfrutar, gozar.

frul.la.re [frull´are] *vt* 1 bater (leite, ovos). *vi* 2 girar, rodar. 3 esvoaçar (aves). 4 ventar forte.

frul.la.to [frull´ato] *sm* leite batido.

frullatore 105 **furbo**

frul.la.to.re [frullat´ore] *sm* batedeira.
fru.men.to [frum´ento] *sm Bot* trigo.
fru.sci.o [fruʃ´io] *sm* 1 murmúrio, sussurro das folhagens. 2 rangido dos sapatos.
fru.sta [fr´usta] *sf* 1 chicote, açoite. 2 vara, cajado. 3 *fig* crítica, censura.
fru.sta.re [frust´are] *vt* chicotear, açoitar.
fru.stra.re [frustr´are] *vt* frustrar, inutilizar.
frut.ta [fr´utta] *sf* (*pl* **frutta**) fruta.
frut.ta.re [frutt´are] *vt+vi* 1 frutificar. 2 produzir. 3 render (juros). 4 *fig* servir.
frut.te.to [frutt´eto] *sm* pomar.
frut.tie.ra [frutt´jεra] *sf* fruteira.
frut.ti.fe.ro [frutt´ifero] *agg* 1 frutífero, fértil. 2 *fig* saudável, salutar. 3 *Comm* lucrativo.
frut.ti.fi.ca.re [fruttifik´are] *vi Bot* frutificar.
frut.to [fr´utto] *sm* 1 fruto. 2 *Comm* juros. 3 renda, lucro. 4 *fig* resultado. 5 vantagem.
fu [f´u] *agg* defunto, falecido, finado.
fu.ci.la.re [futʃil´are] *vt* fuzilar.
fu.ci.la.zio.ne [futʃilats´jone] *sm* fuzilamento.
fu.ci.le [futʃ´ile] *sm* fuzil.
fu.ci.lie.re [futʃil´jεre] *sm Mil* fuzileiro.
fu.ci.na [futʃ´ina] *sf* 1 forja. 2 oficina de artesão.
fu.ga [f´uga] *sf* fuga.
fug.gi.re [fuddʒ´ire] *vt* 1 evitar, esquivar. *vi* 2 fugir, escapar, correr. 3 faltar. 4 *fam* dar no pé.
fug.gi.ti.vo [fuddʒit´ivo] *sm* fugitivo. • *agg* 1 fugitivo. 2 *fig* transitório.
fu.lig.gi.ne [ful´iddʒine] *sf* fuligem.
ful.mi.na.re [fulmin´are] *vt* 1 fulminar. 2 incinerar, carbonizar. 3 *fig* matar, aniquilar. *vi* 4 relampejar.
ful.mi.ne [f´ulmine] *sm* 1 raio. 2 *fig* pessoa ou coisa muito veloz.
fu.ma.io.lo [fuma´jɔlo] *sm* chaminé.

fu.ma.re [fum´are] *vt* 1 fumar. *vi* 2 fumegar. 3 *fig* ferver de raiva. **vietato fumare** proibido fumar.
fu.met.ti [fum´etti] *sm pl dim* história em quadrinhos.
fu.mi.ca.re [fumik´are] *vi* fumegar.
fu.mo [f´umo] *sm* 1 fumaça, vapor. 2 *fig* vaidade, presunção. 3 sinal, indício.
fu.ne [f´une] *sf* corda, cabo.
fu.ne.bre [f´unebre] *agg* 1 fúnebre. 2 *fig* macabro.
fu.ne.ra.le [funer´ale] *sm* funeral.
fun.ge.re [f´undʒere] *vt* 1 exercer, executar. *vi* 2 funcionar, trabalhar como. 3 servir de. 4 representar.
fun.go [f´ungo] *sm Bot* 1 cogumelo. 2 fungo.
fu.ni.cel.la [funitʃ´εlla] *sf dim* barbante.
fun.zio.na.re [funtsjon´are] *vi* 1 funcionar, trabalhar. 2 exercer função de.
fun.zio.na.rio [funtsjon´arjo] *sm* funcionário público.
fun.zio.ne [funts´jone] *sf* 1 função, cargo, ofício. 2 *Rel* cerimônia, função religiosa.
fuo.co [f´wɔko] *sm* 1 fogo, chama. 2 incêndio. 3 disparo. 4 *Fís* foco. 5 *fig* raiva, ira. 6 paixão, ardor. 7 casa, lar. • *int Mil* fogo! **fuochi di artifizio** fogos de artifício. **mettere a fuoco** enfocar, pôr em foco.
fuor.ché [fwork´e], **fuor che** [f´wor k´e] *prep* exceto, salvo, à exceção de.
fuo.ri [f´wɔri] *avv* fora. • *int* fora! saia daqui! **essere fuori di sé** ficar fora de si, delirar. **fuori di mano** fora de mão, longe. **il di fuori** o exterior, a parte externa.
fuo.ri.giuo.co [fworidʒ´wɔko] *sm Sp* impedimento.
fur.bi.zia [furb´itsja] *sf* esperteza, astúcia.
fur.bo [f´urbo] *sm* espertalhão. • *agg* 1 esperto, astuto, velhaco. 2 inteligente, atento.

fu.ret.to [fur´etto] *sm Zool* furão.

fur.fan.te [furf´ante] *sm+agg* malandro, patife, velhaco.

fur.fan.te.ri.a [furfanter´ia] *sf* malandragem, velhacaria.

fur.go.ne [furg´one] *sm* furgão, perua.

fur.gon.ci.no [furgontʃ´ino] *sm dim* caminhonete.

fu.ria [f´urja] *sf* 1 fúria, raiva, ira. 2 ímpeto, furor. 3 pressa, impaciência. 4 *fig* mulher má.

fu.rio.so [fur´jozo] *agg* 1 furioso. 2 impetuoso, veemente.

fu.ro.re [fur´ore] *sm* 1 furor. 2 ímpeto. 3 raiva, ira, cólera.

fur.to [f´urto] *sm* 1 furto, roubo. 2 plágio.

fu.sio.ne [fuz´jone] *sf* 1 fundição (de metais). 2 *Fis* fusão, liquefação. 3 *fig* reunião, junção.

fu.so [f´uzo] *sm* 1 fuso. 2 eixo. • *agg* fundido, derretido. **fuso orario** fuso horário.

fu.sto [f´usto] *sm* 1 *Anat* torso, busto. 2 *Bot* tronco, caule. 3 *Naut* mastro.

fu.ti.le [f´utile] *agg* 1 fútil, frívolo, leviano. 2 inútil. 3 vão.

fu.tu.ro [fut´uro] *sm* (anche *Gramm*) futuro. • *agg* futuro, vindouro, próximo. **in futuro** no futuro.

g

g [dʒ´i] *sf* a sétima letra do alfabeto italiano.
gab.bia [g´abbja] *sf* **1** gaiola, jaula. **2** engradado. **3** cerca. **4** *fig* prisão. **gabbia di matti** *fam* saco de gatos.
gab.bia.no [gabb´jano] *sm Zool* gaivota.
ga.bi.net.to [gabin´etto] *sm* **1** gabinete. **2** quartinho. **3** estúdio, escritório. **4** consultório. **5** laboratório. **6** congresso, ministério. **7** *fam* privada, latrina.
ga.gliar.do [gaʎ´ardo] *agg* **1** vigoroso, robusto. **2** valente, destemido. **3** violento. **4** intenso (vento, ataque).
ga.io [g´ajo] *agg* **1** alegre, feliz. **2** jovial, vivaz. **3** vivo, claro (cor).
ga.la [g´ala] *sf* **1** galão, enfeite, adorno. **2** cerimônia, recepção oficial. **3** *fam* gala, luxo, pompa.
ga.lan.te [gal´ante] *agg* **1** galante, gentil, amável, cortês. **2** elegante, gracioso. **3** cerimonioso.
ga.lan.tuo.mo [galant´wɔmo] *sm* homem de palavra, homem honesto.
ga.las.sia [gal´assja] *sf Astron* galáxia.
gal.leg.gia.re [galleddʒ´are] *vi* **1** boiar, flutuar. **2** *fig* defender-se, sobreviver, virar-se.
gal.le.ri.a [galler´ia] *sf* **1** galeria, corredor subterrâneo. **2** túnel. **3** *fig* galeria (de arte, de lojas, de espetáculo).
gal.li.na [gall´ina] *sf* galinha.
gal.li.na.io [gallin´ajo] *sm* **1** galinheiro. **2** ladrão de galinhas.
gal.lo [g´allo] *sm* galo.
gal.lo.ne [gall´one] *sm* galão.
ga.lop.pa.re [galopp´are] *vi* **1** galopar, andar a galope. **2** caminhar rápido. **3** *iron* fugir, escapar.
ga.lop.po [gal´ɔppo] *sm* galope.
gam.ba [g´amba] *sf* **1** *Anat* perna. **2** *Zool* pata, perna de animal. **3** *Bot* haste. **4** *fig* perna de objetos.
gam.be.ret.to [gamber´etto] *sm dim Zool* camarão.
gam.bet.to [gamb´etto] *sm dim* rasteira. **dare il gambetto** a) dar uma rasteira em. b) *fig* prejudicar.
gam.ma [g´amma] *sf* **1** gama, letra grega. **2** gama, grande quantidade de coisas.
ga.na.scia [gan´aʃa] *sf* **1** queixada (de animal). **2 ganascie** *pl* garras da tenaz.
gan.cio [g´antʃo] *sm* **1** gancho. **2** fivela, colchete para roupas.
gan.ghe.ro [g´angero] *sm* dobradiça. **uscire dei gangheri** *fam* sair do sério.
ga.ra [g´ara] *sf* **1** competição, disputa, luta. **2** rixa. **3** concorrência, concurso. **4** *Equit* páreo.
ga.ra.ge [gar´adʒe] *sm* **1** garagem. **2** oficina de automóveis.
ga.ran.ti.re [garant´ire] *vt* garantir, afiançar.
ga.ran.zi.a [garants´ia] *sf* **1** garantia, fiança, caução. **2** endosso.

gar.bo [g´arbo] *sm* garbo, educação, cortesia, elegância.
ga.reg.gia.re [garedd3´are] *vi* competir, disputar, lutar.
gar.ga.ri.smo [gargar´izmo] *sm* gargarejo.
ga.ro.fa.no [gar´ofano] *sm Bot* cravo.
gar.za [g´artsa] *sf* 1 *Zool* garça. 2 *Med* gaze.
gar.zo.ne [garts´one] *sm* 1 garçom, copeiro, empregado. 2 aprendiz.
gas [g´as] *sm* 1 *Chim* gás. 2 *Med* gases, flatulência. **gas lacrimogeno** gás lacrimogêneo.
gas.so.so [gass´ozo] *agg* gasoso.
ga.stri.te [gastr´ite] *sf Med* gastrite.
gat.to [g´atto] *sm* 1 gato. 2 *fig* gatuno, ladrão. **gatta morta** santo do pau oco.
gat.to.mam.mo.ne [gattomamm´one] *sm* bicho-papão.
gaz.zar.ra [gadd3´ara] *sf* algazarra.
gaz.zel.la [gaddz´ella] *sf Zool* gazela.
gaz.zet.ta [gaddz´etta] *sf* 1 jornal. 2 gazeta, publicação.
ge.co [d3´eko] *sm Zool* lagartixa.
ge.la.re [d3el´are] *vt* 1 gelar, congelar, resfriar. 2 *fig* assustar, aterrorizar. *vi* 3 congelar, ficar gelado. *vpr* 4 gelar-se, congelar-se.
ge.la.ta [d3el´ata] *sf* geada.
ge.la.tie.re [d3elat´jere] *sm* sorveteiro.
ge.la.ti.na [d3elat´ina] *sf* gelatina.
ge.la.to [d3el´ato] *sm* sorvete. • *agg* gelado, frio.
ge.lo [d3´elo] *sm* 1 frio intenso. 2 geada.
ge.lo.ne [d3el´one] *sm* frieira.
ge.lo.si.a [d3eloz´ia] *sf* 1 ciúme. 2 *fig* inveja. 3 precisão, cuidado. 4 temor, suspeita. 5 *Archit* veneziana.
ge.lo.so [d3el´ozo] *agg* 1 ciumento, possessivo. 2 *fig* invejoso. 3 cuidadoso, meticuloso. 4 temeroso, receoso.
gel.so.mi.no [d3elsom´ino] *sm Bot* jasmim.
ge.mel.lo [d3em´ello] *sm* 1 gêmeo. 2 **Gemelli** *pl Astron, Astrol* Gêmeos. • *agg* 1 gêmeo. 2 semelhante, igual, parecido. **gemelli da polsini** abotoaduras.
ge.me.re [d3´emere] *vi* gemer, choramingar, lamentar-se.
ge.mi.to [d3´emito] *sm Lett* gemido, lamento, suspiro.
gem.ma [d3´emma] *sf* 1 *Min* gema, pedra preciosa. 2 *Bot* rebento, gomo. 3 *fig* querido, pessoa querida. 4 raridade, preciosidade.
ge.ne.ra.le [d3ener´ale] *sm Mil* general. • *agg* 1 geral, comum, coletivo. 2 genérico, vago. **in generale** em geral, geralmente.
ge.ne.ra.liz.za.re [d3eneraliddz´are] *vt+vi* generalizar.
ge.ne.ra.re [d3ener´are] *vt* 1 gerar: a) procriar. b) *fig* criar. 2 *fig* causar, provocar. *vpr* 3 gerar-se.
ge.ne.ra.to.re [d3enerat´ore] *sm Elett* gerador.
ge.ne.ra.zio.ne [d3enerats´jone] *sf* geração, descendência, estirpe.
ge.ne.re [d3´enere] *sm* 1 gênero, tipo, classe, espécie. 2 modo, maneira, estilo. 3 *Comm* gênero, mercadoria, artigo. 4 *Gramm, Lett* gênero. **generi alimentari** gêneros alimentícios. **in genere** em geral.
ge.ne.ri.co [d3en´eriko] *agg* genérico, geral.
ge.ne.ro [d3´enero] *sm* genro.
ge.ne.ro.si.tà [d3enerozit´a] *sf* 1 generosidade, bondade. 2 compreensão.
ge.ne.ro.so [d3ener´ozo] *agg* 1 generoso, bondoso. 2 indulgente. 3 altruísta, desinteressado. 4 nobre. 5 *fig* forte (vinho). 6 fértil (solo).
ge.ne.ti.co [d3en´etiko] *agg Biol* genético, hereditário, congênito.
gen.gi.va [d3end3´iva] *sf Anat* gengiva.
ge.ni [d3´eni] *sm pl Biol* genes.
ge.nia.le [d3en´jale] *agg* 1 genial,

brilhante, original. **2** agradável, simpático.
ge.nio [dʒˈɛnjo] *sm* **1** gênio. **2** inteligência rara. **3** pessoa muito inteligente. **4** engenho, talento extraordinário. **5** inclinação, índole. **6** *Rel* anjo da guarda. **7** *Mit* gênio, espírito.
ge.ni.ta.le [dʒenitˈale] *sm+agg Anat* genital.
ge.ni.to.ri [dʒenitˈori] *sm pl* os pais, pai e mãe.
gen.na.io [dʒennˈajo] *sm* janeiro.
gen.ta.glia [dʒentˈaʎa] *sf disp* gentalha, ralé, plebe.
gen.te [dʒˈɛnte] *sf* **1** gente. **2** nação, povo. **3** multidão. **4** parentes.
gen.ti.le [dʒentˈile] *agg* **1** gentil, amável, cortês. **2** nobre. **3** delicado.
gen.ti.lez.za [dʒentilˈettsa] *sf* **1** gentileza, cortesia, amabilidade. **2** delicadeza, fineza. **3** favor, bondade.
gen.ti.luo.mo [dʒentilˈwɔmo] *sm* cavalheiro, senhor.
ge.nui.no [dʒenˈwino] *agg* **1** genuíno. **2** puro, verdadeiro, autêntico. **3** *fig* ingênuo, singelo.
ge.o.gra.fi.a [dʒeografˈia] *sf* geografia.
ge.o.lo.gi.a [dʒeolodʒˈia] *sf* geologia.
ge.o.me.tri.a [dʒeometrˈia] *sf* geometria.
ge.ra.nio [dʒerˈanjo] *sm Bot* gerânio.
ge.rar.chi.a [dʒerarkˈia] *sf* hierarquia.
ge.ren.te [dʒerˈɛnte] *sm* gerente.
ge.ren.za [dʒerˈɛntsa] *sf* **1** gerência. **2** administração.
ger.go [dʒˈɛrgo] *sm* gíria, jargão.
ger.me [dʒˈɛrme] *sm* **1** germe. **2** rebento. **3** *Poet* filho, descendente. **4** *fig* início. **5** causa.
ger.mo.glia.re [dʒermoʎˈare] *vi* **1** germinar, brotar, florescer. **2** *fig* originar-se, nascer. **3** crescer.
ger.mo.glio [dʒermˈɔʎo] *sm* **1** rebento, broto. **2** *fig* início, princípio. **3** causa, origem.
ge.run.dio [dʒerˈundjo] *sm Gramm* gerúndio.
ges.set.to [dʒessˈetto] *sm dim* giz (para escrever).
ges.so [dʒˈɛsso] *sm* **1** gesso. **2** *fig* obra em gesso.
ge.sta.zio.ne [dʒestatsjˈone] *sf* **1** gestação, gravidez. **2** *fig* preparação.
ge.sti.co.la.re [dʒestikolˈare] *vi* gesticular.
ge.stio.ne [dʒestjˈone] *sf* gestão, governo.
ge.sto [dʒˈɛsto] *sm* (*pl* **i gesti**) **1** gesto, aceno. **2** comportamento, atitude, postura. **bel gesto** boa ação.
get.ta.re [dʒettˈare] *vt* **1** jogar, lançar, arremessar. **2** jogar fora. **3** jorrar, esguichar. **4** vazar, despejar metal fundido. **5** *Bot* brotar, germinar. **6** *fig* desperdiçar, esbanjar. *vpr* **7** jogar-se, lançar-se. **8** desembocar (rio). **9** terminar em.
get.to [dʒˈɛtto] *sm* **1** lançamento, arremesso, lance. **2** desperdício. **3** jorro, esguicho. **4** *Bot* rebento, broto. **5** vazamento.
get.to.ne [dʒettˈone] *sm* **1** ficha telefônica. **2** ficha de jogo.
gher.mi.re [germˈire] *vt* **1** agarrar, aferrar (usa-se para aves de rapina). **2** *fig* roubar, furtar.
ghet.to [gˈetto] *sm* **1** gueto. **2** *fig* confusão.
ghiac.cia.io [gjattʃˈajo] *sm* geleira.
ghiac.cia.re [gjattʃˈare] *vt* **1** congelar, gelar. *vi* **2** congelar, gelar. *vpr* **3** congelar-se, gelar-se.
ghiac.cio [gˈjattʃo] *sm* **1** gelo. **2** frio excessivo. **3** *fig* indiferença. **rompere il ghiaccio** *fig* quebrar o gelo.
ghiot.to [gˈjɔtto] *sm* guloso, comilão, glutão. • *agg* **1** guloso, comilão, glutão. **2** gostoso, saboroso. **3** *fig* ávido, ansioso.
ghiot.to.ne.ri.a [gjottonerˈia] *sf* **1** gulodice, guloseima. **2** *fig* isca, engodo.

ghi.ri.go.ro [girigˊɔro] *sm* rabisco.
ghir.lan.da [girlˊanda] *sf* guirlanda, grinalda.
gi [dʒˊi] *sf* gê, o nome da letra G.
già [dʒˊa] *avv* **1** já. **2** no passado, antigamente, outrora. **3** agora. **già!** pois é! é isso mesmo!
giac.ca [dʒˊakka] *sf* **1** paletó, casaco masculino. **2** jaqueta. **giacca a vento** agasalho. **giacca da sera** smoking.
giac.ché [dʒakkˊe] *cong* já que, uma vez que.
giac.chet.ta [dʒakkˊetta] *sf dim* jaqueta.
gia.ce.re [dʒatʃˊere] *vi* **1** jazer. **2** localizar-se, situar-se. **3** estar doente. **4** estar abatido.
gia.ci.men.to [dʒatʃimˊento] *sm Min* jazida, mina, filão.
gia.gua.ro [dʒagˊwaro] *sm Zool* onça, jaguar.
gial.la.stro [dʒallˊastro] *agg disp* amarelado.
gial.lo [dʒˊallo] *sm* amarelo. • *agg* **1** amarelo. **2** pálido, desbotado. **giallo d'uovo** gema de ovo.
giap.po.ne.se [dʒapponˊeze] *s+agg* japonês.
gia.ra [dʒˊara] *sf* jarra, jarro.
giar.di.nie.re [dʒardinˊjεre] *sm* jardineiro.
giar.di.no [dʒardˊino] *sm* jardim. **giardino zoologico** jardim zoológico.
gi.gan.te [dʒigˊante] *sm* **1** homenzarrão. **2** *Mit* gigante, titã. **3** *fig* gênio, astro.
gi.gan.te.sco [dʒigantˊesko] *agg* **1** gigantesco, enorme, colossal. **2** muito forte.
gi.glio [dʒˊiλo] *sm Bot* lírio.
gi.lè [dʒilˊε] *sm* **1** colete. **2** espartilho.
gin.gil.la.re [dʒindʒillˊare] *vi+vpr* **1** brincar, divertir-se. **2** perder tempo, adiar, protelar.
gin.gil.lo [dʒindʒˊillo] *sm* **1** brinquedo, passatempo. **2** ninharia, bagatela. **3** *fig* tolice, besteira.

gin.na.sio [dʒinnˊazjo] *sm* ginásio, escola secundária.
gin.na.sti.ca [dʒinnˊastika] *sf* ginástica, educação física.
gi.noc.chio [dʒinˊɔkkjo] *sm Anat* joelho.
gio.ca.re [dʒokˊare] *vi+vi* **1** jogar, brincar. **2** *fig* zombar, gozar, brincar. **3** enganar, enrolar, iludir. **4** arriscar. *vpr* **5** enganar-se. **6** perder, desperdiçar. **giocare a** *Sp* jogar. **giocare a tennis** jogar tênis.
gio.cat.to.lo [dʒokˊattolo] *sm* brinquedo, passatempo.
gio.co [dʒˊɔko] *sm* **1** jogo. **2** brincadeira, divertimento, passatempo. **3** *fig* farsa, engano. **4** truque, artifício. **5** gracejo, graça. **6** *Sp* partida, competição. **casa di gioco** cassino, casa de jogo. **gioco di parole** jogo de palavras.
gio.ia [dʒˊɔja] *sf* **1** alegria, felicidade. **2** joia. **3** pedra preciosa. **4** *fam* querido.
gio.iel.le.ri.a [dʒojellerˊia] *sf* joalheria.
gio.iel.lie.re [dʒojellˊjεre] *sm* joalheiro.
gio.iel.lo [dʒojˊello] *sm* **1** joia. **2** *fig* obra de arte, obra-prima. **3** orgulho.
gio.io.so [dʒojˊozo] *agg* alegre, feliz.
gior.na.la.io [dʒornalˊajo] *sm* jornaleiro.
gior.na.le [dʒornˊale] *sm* **1** jornal, noticiário, diário. **2** redação, sede de jornal.
gior.na.lie.ro [dʒornalˊjεro] *agg* **1** diário, cotidiano. **2** diurno. **3** moderno, recente.
gior.na.li.sta [dʒornalˊista] *s* jornalista.
gior.na.ta [dʒornˊata] *sf* **1** jornada. **2** trabalho de um dia. **3** caminho, marcha. **4** dia.
gior.no [dʒˊorno] *sm* **1** dia. **2** jornada. **3** *fig* tempo. **4 giorni** *pl* época. **al giorno d'oggi** nos dias de hoje. **buon giorno!** bom dia! **che giorno è oggi?** que dia é hoje? **di giorno in giorno** dia após dia. **giorno dei morti** dia de finados. **giorno festivo** feriado.

giovane   111   **giuridico**

gio.va.ne [dʒo'vane] *s* **1** jovem. **2** moça. **3** moço, rapaz. **4** aprendiz, auxiliar. • *agg* **1** jovem, novo. **2** solteiro. **3** *fig* imaturo. **4** ingênuo. **5** imprudente. **6** recente, novo, atual.

gio.va.nez.za [dʒovan'ettsa] *sf* **1** juventude. **2** *fig* inocência, ingenuidade.

gio.va.ni.le [dʒovani'ile] *agg* **1** juvenil. **2** *fig* ativo, dinâmico. **3** forte, vigoroso. **4** fresco, exuberante. **5** prático, casual (roupa). **6** inocente, ingênuo. **7** novo (sensação). **8** lúcido, bem conservado.

gio.va.not.to [dʒovan'otto] *sm* **1** rapaz, adolescente, jovem. **2** *fig* aprendiz, auxiliar.

gio.va.re [dʒov'are] *vt* **1** ajudar, auxiliar. **2** favorecer. **3** servir. *vi* **4** ser favorável, ser útil. *vpr* **5** ajudar-se mutuamente.

gio.ve.dì [dʒoved'i] *sm* **1** quinta-feira. **2** *pop* quinta.

gio.ven.tù [dʒovent'u] *sf* juventude.

gio.via.le [dʒov'jale] *agg* **1** jovial, alegre. **2** amável, cordial.

gi.raf.fa [dʒir'affa] *sf Zool* girafa.

gi.ra.re [dʒir'are] *vt* **1** girar, rodar. **2** mover, deslocar. **3** filmar. **4** *Comm* endossar. *vi* **5** girar, passear, vaguear. **6** desviar. **girarsi la testa** ter vertigem.

gi.ra.so.le [dʒiras'ole] *sm Bot* girassol.

gi.ra.ta [dʒir'ata] *sf* **1** giro. **2** passeio, excursão. **3** vaivém. **4** *Comm* endosso. **5** *fig* volta.

gi.ri.no [dʒir'ino] *sm Zool* girino.

gi.ro [dʒ'iro] *sm* **1** giro, rotação, volta. **2** círculo, órbita. **3** desvio, conversão. **4** passeio, excursão, viagem. **5** rotação por minuto (nos discos). **6** *Sp* volta. **7** circuito para corrida. **8** *fig* arco, ciclo. **9** campo, ramo, setor. **10** ambiente. **11** grupo. **in giro** a) em torno, ao redor. b) um depois do outro. **prendere in giro** zombar de.

gi.ro.va.go [dʒir'ɔvago] *sm+agg* **1** vagabundo, nômade. **2** cigano.

gi.ta [dʒ'ita] *sf* **1** passeio, excursão. **2** visita.

giù [dʒ'u] *avv* **1** abaixo, embaixo. **2** no fundo. **mandare giù** a) engolir. b) *fig* tolerar.

giub.ba [dʒ'ubba] *sf* **1** paletó, jaqueta. **2** *Zool* juba do leão.

giu.bi.lo [dʒ'ubilo] *sm* júbilo, contentamento.

giu.de.o [dʒud'ɛo] *sm+agg* judeu, hebreu.

giu.di.ca.re [dʒudik'are] *vt* **1** julgar, crer, pensar. **2** considerar, avaliar. **3** definir. **4** decidir, resolver.

giu.di.ce [dʒ'uditʃe] *sm* juiz, árbitro.

giu.di.zio [dʒud'itsjo] *sm* **1** juízo. **2** discernimento, critério. **3** bom senso, razão. **4** opinião, parecer. **5** *Giur* sentença.

giu.gno [dʒ'uño] *sm* junho.

giul.la.re [dʒull'are] *sm* **1** trovador. **2** bobo da corte, bufão.

giu.men.to [dʒum'ento] *sm Zool* jumento, besta.

giun.ge.re [dʒ'undʒere] *vt* **1** alcançar. **2** unir, juntar. **3** pegar, agarrar. **4** surpreender. **5** golpear, atingir. *vi* **6** chegar. **7** chegar a, alcançar.

giun.ta [dʒ'unta] *sf* **1** *Anat* junta, articulação. **2** *Comm* acréscimo. **3** *Pol* junta, reunião.

giun.ta.re [dʒunt'are] *vt* juntar, ligar, unir.

giun.to [dʒ'unto] *sm Mecc* junta, conexão de tubos etc. • *agg* **1** alcançado. **2** unido, junto. **3** pego, agarrado. **4** atingido.

giu.ra.men.to [dʒuram'ento] *sm* juramento, promessa solene.

giu.ra.re [dʒur'are] *vt* **1** jurar. *vi* **2** jurar. **3** *Giur* prestar juramento.

giu.ri.a [dʒur'ia] *sf* (anche *Giur*) júri.

giu.ri.di.co [dʒur'idiko] *agg* jurídico, da lei.

giustificazione — gonfio

giu.sti.fi.ca.zio.ne [dʒustifikats'jone] *sf* **1** justificativa, justificação. **2** desculpa, defesa.

giu.sti.fi.ca.re [dʒustifik'are] *vt* **1** justificar. **2** esclarecer, explicar. **3** defender. **4** desculpar. *vpr* **5** justificar--se, desculpar-se, provar a própria inocência.

giu.sti.zia [dʒust'itsja] *sf* **1** justiça. **2** *fig* tribunal.

giu.sto [dʒ'usto] *sm* **1** justiça, retidão. **2** valor real. **3** *fig* justo, pessoa justa. • *agg* **1** justo, imparcial. **2** exato, preciso. **3** adequado, apropriado. • *avv* justamente.

gla.dia.to.re [gladjat'ore] *sm St* gladiador.

glan.du.la [gl'andola] *sf Anat* glândula.

gli [λ'i] *art det m pl* os. *gli specchi* / os espelhos. *gli uomini* / os homens. • *pron m sing* lhe, a ele.

glo.ba.le [glob'ale] *agg* **1** global, de globo. **2** *fig* universal, geral, total.

glo.bo [gl'ɔbo] *sm* **1** globo, esfera, bola. **2** *Aer* balão. **3** *fig* mundo, terra. **globo dell'occhio** globo ocular.

glo.bu.lo [gl'ɔbulo] *sm Anat* glóbulo. **globulo bianco** glóbulo branco. **globulo rosso** glóbulo vermelho.

glo.ria [gl'ɔrja] *sf* **1** glória. **2** fama. **3** *fig* glória, ação gloriosa.

glo.rio.so [glor'jozo] *agg* glorioso, honroso.

glos.sa.rio [gloss'arjo] *sm* glossário, dicionário, léxico.

glu.co.sio [gluk'ɔzjo] *sm Quim, Biol* glicose.

gnoc.co [ɲ'ɔkko] *sm* **1** nhoque. **2** *fig* elevação.

gno.mo [ɲ'ɔmo] *sm Mit* gnomo, espírito.

gob.ba [g'ɔbba] *sf* **1** corcunda. **2** corcova. **3** elevação.

gob.bo [g'ɔbbo] *sm+agg* corcunda.

goc.cia [g'ottʃa] *sf* **1** gota, pingo. **2** pingente. **3** brinco.

goc.cio.la.re [gottʃol'are] *vi* gotejar, pingar.

go.de.re [god'ere] *vt* **1** gozar, ter, possuir. *vt, vi+vpr* **2** gozar de, aproveitar, beneficiar-se de. *vi* **3** gozar, ter prazer. **4** divertir-se, alegrar-se. *vpr* **5** divertir--se. **6** saborear, provar.

go.di.men.to [godim'ento] *sm* **1** gozo, prazer. **2** posse, uso, usufruto.

gof.fo [g'ɔffo] *agg* **1** grosseiro, deselegante. **2** insosso. **3** *fig* incapaz. **4** desleixado.

go.la [g'ola] *sf* **1** tubo, cano. **2** *Anat* garganta. **3** *pop* goela. **4** *Rel* gula. **5** *Geogr* garganta, desfiladeiro. **6** *fig* cobiça, avidez. **7** gulosseima.

golf [g'ɔlf] *sm ingl* pulôver, malha. **2** *Sp* golfe.

gol.fo [g'olfo] *sm Geogr* golfo.

go.lo.si.tà [golozit'a] *sf* **1** gula. **2** gulosseima.

go.lo.so [gol'ozo] *agg* **1** guloso, comilão, glutão. **2** *fig* ávido, voraz.

go.mi.to [g'omito] *sm* **1** curva, volta (de rio, estrada). **2** esquina. **3** braço de mar. **4** *Anat* cotovelo.

go.mi.to.lo [gom'itolo] *sm* novelo, fio enrolado.

gom.ma [g'omma] *sf* **1** goma, borracha, seiva de certas plantas. **2** pneu. **3** borracha de apagar. **gomma da masticare** ou apenas **gomma** chiclete, goma de mascar.

gon.do.la [g'ondola] *sf* gôndola, embarcação típica de Veneza.

gon.do.lie.re [gondol'jɛre] *sm* gondoleiro.

gon.fia.re [gonf'jare] *vt* **1** inchar, dilatar. **2** encher (pneu). **3** *fig* exagerar. **4** aborrecer, importunar. *vi* **5** inchar, dilatar. **6** encher (rio, maré). *vpr* **7** inchar-se. **8** *fig* orgulhar-se.

gon.fio [g'onfjo] *sm* inchaço. • *agg* **1** inchado. **2** *fig* fútil, vazio, vão. **3** orgulhoso, arrogante.

gon.fio.re [gonfˈjore] *sm* 1 inchaço. 2 *Med* tumor.

gon.na [gˈɔnna] *sf* saia.

go.nor.re.a [gonorˈea] *sf Med* gonorreia, blenorragia.

go.ril.la [gorˈilla] *sf* 1 *Zool* gorila. 2 *fig* guarda-costas. 3 capanga. 4 *ger* gorila.

got.ta [gˈotta] *sf Med* gota.

go.ver.na.re [governˈare] *vt* 1 governar. 2 conduzir, guiar. 3 dirigir, administrar. 4 suavizar, moderar. 5 adubar. *vpr* 6 conter-se, dominar-se. 7 regular-se.

go.ver.no [govˈɛrno] *sm* 1 governo. 2 condução, guia. 3 direção, administração. 4 os governantes. 5 o Estado.

goz.zo [gˈottso] *sm* 1 *Anat* papo. 2 *Zool* papo das aves. 3 *pop* goela, garganta. 4 *Med* papo.

gra.ci.da.re [gratʃidˈare] *vi* 1 coaxar. 2 *fig* tagarelar, falar coisas sem importância.

gra.ci.le [grˈatʃile] *agg* delgado, magro, fino.

gra.de.vo.le [gradˈevole] *agg* agradável, gostoso, aprazível.

gra.di.no [gradˈino] *sm* 1 degrau. 2 *fig* etapa.

gra.di.re [gradˈire] *vt* 1 aceitar, receber com agrado. 2 agradar. 3 apreciar, prezar. *vi* 4 agradar. *questo mi gradisce* / isto me agrada.

gra.do [grˈado] *sm* 1 grau. 2 gênero, espécie. 3 estado, situação. 4 cargo, encargo. 5 agrado, prazer, satisfação. 6 *Mil* posto, grau. 7 *Fis, Mat* grau.

gra.du.a.re [graduˈare] *vt* graduar.

graf.fa [grˈaffa] *sf* 1 garra, unha de felino. 2 colchete, parêntese (sinal tipográfico). 3 grampo, para prender papel, caixas de papelão. 4 gancho.

graf.fia.re [graffjˈare] *vt* arranhar.

graf.fio [grˈaffjo] *sm* arranhão.

gra.fi.co [grˈafiko] *sm* gráfico, diagrama, desenho. • *agg* gráfico. **arti grafiche** artes gráficas.

gra.fi.te [grafˈite] *sf Min* grafite.

gra.mi.gna [gramˈiɲa] *sf Bot* grama, capim.

gram.ma.ti.ca [grammˈatika] *sf* gramática.

gram.mo [grˈammo] *sm* grama, unidade de medida de massa.

gra.na.di.glia [granadˈiʎa] *sf Bot* maracujá.

gra.na.io [granˈajo] *sm* celeiro.

gra.na.ta [granˈata] *sf* 1 vassoura. 2 *Mil* granada.

gran.cas.sa [grankˈassa] *sf* 1 *Mus* bumbo, zabumba. 2 *fig* alarde, barulho.

gran.chio [grˈankjo] *sm* 1 garra (de um instrumento). 2 unha do martelo. 3 *Zool* caranguejo (marinho ou de rio). 4 *Med* cãibra. 5 *fig* erro, engano.

gran.de [grˈande] *agg* 1 grande, extenso, vasto. 2 excelente. 3 respeitável, importante. 4 brilhante, genial (ideia). 5 abundante, considerável (quantidade). 6 adulto, maduro. 7 famoso, ilustre. 8 nobre, alto, elevado.

gran.dez.za [grandˈettsa] *sf* 1 grandeza. 2 excelência, superioridade. 3 *Fis, Mat* grandeza.

gran.di.ne [grˈandine] *sf* 1 granizo. 2 *fig* chuva, grande quantidade.

gran.dio.so [grandjˈozo] *agg* 1 grandioso, imponente, magnífico. 2 orgulhoso.

gra.nel.lo [granˈɛllo] *sm dim* 1 grão (de cereal). 2 semente de fruta. 3 *fig* ninharia.

gra.ni.to [granˈito] *sm Min* granito.

gra.no [grˈano] *sm* 1 trigo. 2 grão. 3 semente de aveia. 4 pitada. 5 *fig* uma pequena quantia. **grano turco** *V* granturco.

gran.tur.co [grantˈurko] *sm*, **grano turco** [grˈano tˈurko] *sm* milho.

grap.pa [grˈappa] *sf* 1 grapa, aguardente feita dos resíduos das uvas pisadas. 2 colchete (sinal tipográfico).

grap.po.lo [grap′appolo] *sf Bot* cacho (de uvas, de flores).

gras.sez.za [grass′ettsa] *sf* **1** gordura. **2** *fig* fertilidade.

gras.so [gr′asso] *sm* **1** gordura. **2** obesidade. **3** banha. **4** mancha de gordura. **5** *Mecc, Autom* graxa. **6** *fam* gordo. **7** *fig* abundância. • *agg* **1** gordo. **2** gorduroso. **3** *fig* rico, abastado. **4** fértil, abundante. **5** denso, espesso. **6** grosso, estúpido. **7** obceno. **8** vantajoso.

gra.ta [gr′ata] *sf* grade.

gra.ti.fi.ca.re [gratifik′are] *vt* **1** gratificar. **2** recompensar, premiar. **3** *pop* dar gorjeta.

gra.tis [gr′atis] *avv* grátis, de graça.

gra.ti.tu.di.ne [gratit′udine] *sf* gratidão, reconhecimento.

gra.to [gr′ato] *agg* **1** grato. **2** agradável, gostoso, aprazível. **3** aceito. **4** benévolo.

grat.ta.cie.lo [grattatʃ′εlo] *sm* arranha-céu.

grat.ta.re [gratt′are] *vt* **1** arranhar, raspar. **2** coçar. **3** *fig* elogiar, lisonjear. **4** provocar, estimular. *vpr* **5** arranhar-se. **grattare uno strumento** arranhar um instrumento.

gra.tu.i.to [grat′uito] *agg* **1** gratuito. **2** dado. **3** sem motivo.

gra.va.re [grav′are] *vt* **1** pesar, deixar mais pesado. **2** acusar. **3** taxar. *vi* **4** pesar. **5** *fig* perturbar, importunar. *vpr* **6** sobrecarregar-se.

gra.ve [gr′ave] *sm* **1** situação grave. **2** *Mus* grave. • *agg* **1** pesado. **2** grave. **3** profundo. **4** *fig* digno, nobre. **5** importante. **6** doloroso. **7** preguiçoso, lento. **accento grave** *Gramm* acento grave.

gra.vi.dan.za [gravid′antsa] *sf* gravidez, gestação.

gra.vi.do [gr′avido] *agg* **1** carregado, cheio. **2** grávida grávida. **donna gravida** / mulher grávida. **3** prenhe. **cavalla gravida** / égua prenhe.

gra.vi.tà [gravit′a] *sf* **1** gravidade, peso. **2** importância. **3** *Fis* força da gravidade. **4** *fig* dor.

gra.vo.so [grav′ozo] *agg* **1** pesado, oneroso. **2** cansativo. **3** *fig* enfadonho. **4** severo.

gra.zia [gr′atsja] *sf* **1** graça, beleza, elegância. **2** reconhecimento. **3** simpatia, estima. **4** favor, auxílio. **5** educação, gentileza. **6** buquê (do vinho) **7** *Rel* graça, benevolência divina. **8** *Giur* indulto, perdão. **di grazia** de graça, grátis. **grazie!** obrigado! **grazie a** graças a, com a ajuda de. **tante grazie!** muito obrigado!

gra.zio.so [grats′jozo] *agg* **1** gracioso, leve. **2** simpático, amável. **3** grato. **4** gratuito.

gre.co [gr′εko] *sm+agg* grego.

greg.ge [gr′eddʒe] *sm* **1** rebanho. **2** vara de porcos. **3** *fig* a massa.

greg.gio [gr′eddʒo] *agg* **1** bruto, grosseiro. **2** virgem, cru. **3** natural, primitivo. **4** mal-educado.

grem.biu.le [gremb′jule] *sm* avental.

grem.bo [gr′εmbo] *sm* **1** colo. **2** seio.

gre.mi.re [grem′ire] *vt* **1** encher. *vpr* **2** encher-se.

grep.pia [gr′eppja] *sf* manjedoura.

gret.tez.za [grett′ettsa] *sf* **1** avareza. **2** *fig* baixeza, vileza.

gret.to [gr′etto] *agg* **1** mesquinho, avarento, sovina. **2** *fig* miserável. **3** estreito, apertado.

gri.da.re [grid′are] *vt* **1** gritar. *vi* **2** gritar. **3** *fig* ralhar. **4** xingar.

gri.do [gr′ido] *sm* **1** grito, berro. **2** *fig* fama, reputação. **lanciare un grido** dar um grito.

gri.fo [gr′ifo] *sm* **1** focinho, fuça. **2** *disp* cara.

gri.gio [gr′idʒo] *sm* cinza, a cor cinza. • *agg* **1** cinza. **2** grisalho. **3** *fig* triste, melancólico. **4** insosso, sem graça.

gril.let.to [grill′etto] *sm dim* **1** gatilho. **2** *fig* capricho, frescura.

gril.lo [gr´illo] *sm* **1** andaime. **2** *Zool* grilo. **3** *fig* capricho.

grin.za [gr´intsa] *sf* **1** ruga. **2** prega.

grip.pe [gr´ippe] *sf Med* gripe.

grom.ma [gr´omma] *sf* **1** sedimento, borra. **2** tártaro dos tonéis.

gron.da [gr´onda] *sf* **1** goteira (do telhado). **2** telha.

gron.da.ia [grond´aja] *sf* **1** extremidade da goteira. **2** água que escorre da goteira. **gatto di grondaia** gato vira-lata.

grop.pa [gr´ɔppa] *sf* **1** garupa, costas, dorso de animal. **2** *iron* costas (de uma pessoa).

gros.sez.za [gross´ettsa] *sf* **1** grossura, espessura. **2** *fig* grosseria, rudeza.

gros.si.sta [gross´ista] *s+agg* atacadista.

gros.so [gr´ɔsso] *agg* **1** grosso. **2** grande, volumoso. **3** inchado. **4** importante, notável. **5** ordinário, grosseiro. • *sm* a maior parte.

grot.ta [gr´ɔtta] *sf* **1** gruta, caverna. **2** *fig* amparo.

grot.te.sco [grott´esko] *agg* **1** grotesco. **2** estranho.

gro.vi.glio [grov´iλo] *sm* **1** emaranhado, nó. **2** *Lett* enredo.

gruc.cia [gr´uttʃa] *sf* **1** muleta. **2** cabo de bengala. **3** maçaneta de porta. **4** cabide de roupas.

gru.gni.re [gruñ´ire] *vi* **1** grunhir. **2** *fig disp* resmungar.

gru.gno [gr´uño] *sm* **1** focinho. **2** *fig disp* cara, rosto (de uma pessoa). **3** *iron* bico, careta. **fare il grugno /** fazer bico.

grup.po [gr´uppo] *sm* **1** grupo, conjunto, reunião. **2** gama, série. **3** âmbito, ambiente. **4** classe, categoria.

gua.da.gna.re [gwadañ´are] *vt* **1** ganhar. **2** lucrar. *vt+vpr* **3** conseguir, obter. *vpr* **4** sofrer (desgraça, acidente). **5** levar (prejuízo).

gua.da.gno [gwad´año] *sm* **1** ganho, lucro. **2** proveito, vantagem.

gua.io [g´wajo] *sm* **1** problema, dificuldade. **2** desastre. **3** briga, discussão. **guai a te!** pobre de você!

gua.i.re [gwa´ire] *vi* **1** ganir. **2** *fig* choramingar.

guan.cia [g´wantʃa] *sf* bochecha, maçã do rosto, face.

guan.cia.le [gwantʃ´ale] *sm* travesseiro, almofada.

guan.to [g´wanto] *sm* luva.

guar.da.re [gward´are] *vt* **1** olhar, ver. **2** examinar. **3** vigiar. **4** guardar, conservar. **5** defender, proteger. **6** dar vista para, ficar de frente para.

guar.da.ro.ba [gwardar´ɔba] *sm* guarda--roupa, armário.

guar.da.spal.le [gwardasp´alle] *sm* guarda-costas.

guar.dia [gwardja] *sf* **1** guarda, vigilância, defesa, ato de guardar. **2** guarda, vigilante, sentinela, pessoa que guarda. **3** turno. **4** guarda, folha em branco. **guardia notturna** guarda-noturno. **in guardia!** em guarda! **stare in guardia** ficar em guarda.

guar.dia.no [gward´jano] *sm* **1** guardião, guarda. **2** guarda penitenciário.

gua.ri [g´wari] *avv* não muito, pouco, um pouco.

gua.ri.re [gwar´ire] *vt* **1** curar, sanar. *vi+vpr* **2** curar-se, restabelecer-se.

guar.ni.gio.ne [gwarnidʒ´one] *sf Mil* guarnição.

guar.ni.re [gwarn´ire] *vt* **1** guarnecer. **2** enfeitar, adornar. **3** munir. **4** *Mil* pôr tropas. **5** *fig* enriquecer, embelezar. *vpr* **6** armar-se, munir-se.

gua.sta.fe.ste [gwastaf´ɛste] *s* desmancha-prazeres.

gua.sta.re [gwast´are] *vt* **1** estragar, danificar. **2** desmanchar, desfazer. **3** devastar, arruinar. **4** *fig* alterar, corromper. **5** incomodar. *vpr* **6** estragar--se, apodrecer.

gua.sto [g´wasto] *sm* **1** estrago, avaria.

guazzabuglio 116 **gutturale**

2 dano, prejuízo. 3 deterioração. 4 ruína. • *agg* 1 estragado, avariado. 2 danificado. 3 deformado.

guaz.za.bu.glio [gwattsab´uλo] *sm* confusão, mistura.

guer.cio [g´wɛrtʃo] *sm+agg* estrábico, vesgo.

guer.ra [g´weřa] *sf* 1 guerra. 2 *fig* luta. 3 fadiga. 4 trabalho.

guer.reg.gia.re [gweředd ʒ´are] *vi* 1 guerrear, combater, atacar. 2 perseguir, perturbar. *vpr* 3 guerrear um contra o outro.

guer.rie.ro [gweř´jɛro] *sm+agg* guerreiro.

gu.fo [g´ufo] *sm* 1 *Zool* mocho. 2 *fig* solitário.

gui.da [g´wida] *sf* 1 guia. 2 condução. 3 guia, manual. 4 *fig* comando, direção. 5 chefe, líder. 6 diretor, gerente. 7 trilho de janela etc. 8 *Autom* direção, volante.

gui.da.re [gwid´are] *vt* 1 guiar. 2 conduzir. 3 *fig* comandar, dirigir, governar. 4 acompanhar. 5 chefiar.

guin.za.glio [gwints´aλo] *sm* correia, corrente (para cachorro, gato).

gu.scio [g´uʃo] *sm* 1 concha de animal. 2 casca (de ovo, sementes, frutas). 3 prato da balança. 4 fronha. 5 bote. 6 *pop* vagem de leguminosa.

gu.sta.re [gust´are] *vt* 1 saborear, provar, experimentar. 2 degustar. 3 *fig* apreciar. *vi* 4 *fam* agradar, ser do agrado de.

gu.sto [g´usto] *sm* 1 gosto, sabor. 2 paladar. 3 satisfação, prazer. 4 bom gosto, discernimento. 5 simpatia por alguém. 6 vontade. **di buon gusto** de bom gosto. **di cattivo gusto** de mau gosto.

gu.sto.so [gust´ozo] *agg* gostoso, saboroso, delicioso, apetitoso.

gut.tu.ra.le [guttur´ale] *adj* gutural.

h

h [´akka] *sf* a oitava letra do alfabeto italiano.
hardware [h´ardwer] *sm ingl Inform* hardware.
hobby [h´ɔbbi] *sm ingl* passatempo, divertimento.
hockey [h´ɔkki] *sm ingl Sp* hóquei. **hockey su ghiaccio** hóquei sobre o gelo.
hostess [h´ostes] *sf ingl* aeromoça.
hotel [´ɔtel] *sm fr* hotel.

i

i¹ [´i] *sf* **1** a nona letra do alfabeto italiano. **2** i, o nome da letra I. **l.lunga** jota, o nome da letra J.

i² [´i] *art det m pl* os. *i cani* / os cães.

ia.to [´jato] *sm Gramm* hiato.

i.ber.na.zio.ne [ibernats´jone] *sf Zool* hibernação.

i.bri.do [´ibrido] *agg* **1** híbrido. **2** *fig* confuso, heterogêneo.

ics [´iks] *sf* xis, o nome da letra X.

Id.di.o [id´djo] *sm* Deus.

i.de.a.le [ide´ale] *sm* **1** ideal, objetivo, meta. **2** *fig* sonho. • *agg* **1** ideal, perfeito. **2** imaginário.

i.de.a.re [ide´are] *vt+vpr* idealizar, imaginar, planejar.

i.den.ti.co [id´ɛntiko] *agg* idêntico.

i.den.ti.fi.ca.re [identifik´are] *vt* **1** identificar, reconhecer. *vpr* identificar-se.

i.den.ti.tà [identit´a] *sf* identidade.

i.dio.ma [id´jɔma] *sm* idioma, língua.

i.dio.ta [id´jɔta] *s+agg* **1** idiota, estúpido, imbecil, tolo. **2** *Med* idiota.

i.do.la.tra.re [idolatr´are] *vt* **1** idolatrar. **2** *fig* adorar, venerar, amar excessivamente.

i.do.lo [´idolo] *sm* **1** ídolo, estátua. **2** *fig* ídolo, pessoa adorada.

i.do.ne.o [id´ɔneo] *agg* idôneo, apto, hábil.

i.dran.te [idr´ante] *sm* hidrante.

i.drar.gi.ro [idrardʒ´iro] *sm Chim* mercúrio.

i.dro.fo.bi.a [idrofob´ia] *sf Med* hidrofobia, raiva.

i.dro.vo.lan.te [idrovol´ante] *sm* hidroavião.

ie.na [´jɛna] *sf* **1** hiena. **2** *fig* pessoa má.

ie.ri [´jɛri] *avv* ontem.

i.gie.ne [idʒ´ɛne] *sf* higiene.

i.gni.zio.ne [iɲits´jone] *sf* ignição, combustão.

i.gno.ran.te [iɲor´ante] *s+agg* **1** ignorante, analfabeto, inculto. **2** mal-educado. **3** inexperiente.

i.gno.ran.za [iɲor´antsa] *sf* **1** ignorância, analfabetismo, falta de cultura. **2** falta de educação. **3** inexperiência. **4** *fig* obscurantismo.

i.gno.ra.re [iɲor´are] *vt* ignorar, desconhecer.

il [´il] *art det m sing* o. *il cane* / o cão.

il.le.ci.to [il´letʃito] *agg* ilícito, imoral.

il.le.ga.le [illeg´ale] *agg* ilegal, ilegítimo.

il.leg.gi.bi.le [illedʒ´ibile] *agg* ilegível.

il.le.git.ti.mo [illedʒ´ittimo] *agg* **1** ilegítimo, ilegal. **2** bastardo, natural. **3** arbitrário.

il.le.so [ill´ɛzo] *agg* ileso, são e salvo, intacto.

il.lu.de.re [ill´udere] *vt* **1** iludir, enganar. **2** *fig* atrair, seduzir. *vpr* **3** iludir-se.

il.lu.mi.na.re [illumin´are] *vt* **1** iluminar, clarear. **2** *fig* esclarecer, explicar, dar explicações. *vpr* **3** iluminar-se. **4** *fig* estudar, instruir-se.

il.lu.sio.ne [illuz´jone] *sf* **1** ilusão, erro, engano. **2** fantasia. **illusione ottica** ilusão de óptica.

il.lu.so.rio [illuz´ɔrjo] *agg* **1** ilusório, falso. **2** vão.

il.lu.stra.re [illustr´are] *vt* **1** ilustrar. **2** explicar, elucidar. **3** *fig* tornar ilustre. **4** dar lustro.

il.lu.stra.zio.ne [illustrats´jone] *sf* **1** ilustração, gravura, figura, desenho. **2** explicação, esclarecimento.

il.lu.stre [ill´ustre] *agg* **1** ilustre, famoso, célebre, eminente. **2** nobre.

im.bal.lag.gio [imball´addʒo] *sm* **1** embalagem. **2** pacote.

im.bal.la.re [imball´are] *vt* embalar, empacotar.

im.ba.raz.za.re [imbaratts´are] *vt* **1** embaraçar, incomodar, perturbar. **2** atrapalhar, impedir.

im.ba.raz.zo [imbar´atso] *sm* **1** embaraço, incômodo, perturbação. **2** impedimento, obstáculo, dificuldade. **3** *fam* tédio, chateação.

im.bar.ca.re [imbark´are] *vt* **1** embarcar. *vi* **2** embarcar, ir a bordo. **3** *fig* fazer alguém se arriscar. *vpr* **4** embarcar. **5** *fig* arriscar-se.

im.bar.ca.zio.ne [imbarkats´jone] *sf* **1** embarcação, barco, navio. **2** ação de embarcar.

im.bar.co [imb´arko] *sm* embarque: a) ação de embarcar. b) valor pago pelo embarque.

im.ba.sti.re [imbast´ire] *vt* **1** alinhavar. **2** *fig* preparar, escrever (discurso).

im.be.cil.le [imbetʃ´ille] *s+agg* **1** imbecil, estúpido, idiota. **2** *Med* imbecil, débil mental.

im.be.cil.li.tà [imbetʃillit´a] *sf* **1** imbecilidade, estupidez, idiotice, burrice. **2** *Med* imbecilidade, debilidade intelectual.

im.be.ve.re [imb´evere] *vt* **1** embeber, ensopar, umedecer, encher com um líquido. **2** *fig* meter na cabeça (ideia). *vpr* **3** ensopar-se.

im.bian.ca.re [imbjank´are] *vt* **1** embranquecer, branquear. **2** limpar, lavar. **3** rebocar (parede). *vpr* **4** embranquecer. **5** *fig* ficar grisalho (cabelo).

im.boc.ca.re [imbokk´are] *vt* **1** pôr na boca. **2** dar de comer na boca. **3** entrar em (estrada, rua). *vi* **4** terminar, dar em (estrada). **5** desembocar (corrente de água). **6** encaixar, ajustar-se (peças). **7** *fig* sugerir. *vpr* **8** encaixar-se, ajustar-se.

im.bo.sca.ta [imbosk´ata] *sf* **1** emboscada, cilada. **2** *fig* traição.

im.bot.ti.glia.re [imbottiʎ´are] *vt* engarrafar.

im.bot.ti.re [imbott´ire] *vt* estofar, rechear.

im.brat.ta.re [imbratt´are] *vt* **1** sujar. **2** *fam* rabiscar, desenhar mal. **3** *fig* estragar. *vpr* **3** sujar-se.

im.bro.glia.re [imbroʎ´are] *vt* **1** confundir, enganar, iludir. **2** atrapalhar, perturbar, embaraçar. *vpr* **3** confundir-se, enganar-se, iludir-se. **4** atrapalhar-se, perturbar-se.

im.bro.glio [imbr´ɔʎo] *sm* **1** confusão, engano, ilusão. **2** obstáculo, dificuldade, perturbação.

im.bro.glio.ne [imbroʎ´one] *sm* trapaceiro.

im.bu.to [imb´uto] *sm* funil.

i.me.ne [im´ene] *sm Anat* hímen.

i.mi.ta.re [imit´are] *vt* imitar, copiar.

i.mi.ta.zio.ne [imitats´jone] *sf* imitação, cópia.

im.ma.gaz.zi.na.re [immagaddzin´are] *vt* armazenar, colocar em armazém.

im.ma.gi.na.re [immadʒin´are] *vt+vpr* **1** imaginar, fantasiar, inventar, idealizar, criar. *vpr* **2** considerar-se, supor-se.

im.ma.gi.na.rio [immadʒin´arjo] *agg* imaginário, fantástico, fictício, ilusório.

im.ma.gi.ne [imm´adʒine] *sf* **1** imagem, figura. **2** semelhança. **3** aparência, aspecto. **4** recordação, lembrança.

im.ma.tri.co.la.re [immatrikol´are] *vt* matricular.

im.ma.tu.ro [immat´uro] *agg* **1** imaturo. **2** verde (fruta). **3** *fig* precoce, prematuro.

im.me.dia.to [immed´jato] *agg* **1** imediato, instantâneo. **2** próximo, contíguo.

im.me.di.ta.to [immedit´ato] *agg* **1** impensado. **2** inesperado, imprevisto.

im.men.so [imm´enso] *agg* imenso, enorme, gigantesco. • *sm* imensidão.

im.mer.ge.re [imm´ɛrdʒere] *vt* **1** imergir, mergulhar, afundar. *vpr* **2** imergir, mergulhar, afundar. **3** *fig* entregar-se.

im.mer.sio.ne [immers´jone] *sf* imersão.

im.mi.gra.re [immigr´are] *vi* imigrar.

im.mi.nen.te [immin´ente] *agg* iminente, prestes a acontecer.

im.mi.se.ri.re [immizer´ire] *vt* **1** empobrecer. **2** enfraquecer, debilitar. *vpr* **3** empobrecer. **4** enfraquecer, debilitar-se.

im.mo.bi.le [imm´ɔbile] *sm Comm* imóvel, bem imóvel. • *agg* **1** imóvel. **2** *fig* firme, fixo.

im.mo.bi.liz.za.re [immobiliddz´are] *vt* **1** imobilizar, deixar imóvel. **2** parar, impedir, bloquear.

im.mo.la.re [immol´are] *vt* **1** imolar, sacrificar. *vpr* **2** imolar-se, sacrificar-se.

im.mon.di.zia [immond´itsja] *sf pop* **1** sujeira, porcaria. **2** lixo. **3** *fig* indecência.

im.mon.do [imm´ondo] *agg* **1** imundo, sujo. **2** sórdido, torpe. **3** *fig* impuro, indecente, obsceno. **4** *fam* porco.

im.mo.ra.le [immor´ale] *agg* **1** imoral. **2** *fig* indecente, obsceno.

im.mor.ta.le [immort´ale] *agg* **1** imortal, eterno. **2** perpétuo. • *s* imortal.

im.mu.ne [imm´une] *agg* imune, isento, livre.

im.mu.niz.za.re [immuniddz´are] *vt Med* imunizar, vacinar.

im.mu.ta.bi.le [immut´abile] *agg* imutável, estável.

im.pa.dro.nir.si [impadron´irsi] *vpr* **1** apropriar-se, apossar-se, tomar posse de. **2** *fig* aprender, aprofundar-se (em trabalho, estudo).

im.pal.li.di.re [impallid´ire] *vi* **1** empalidecer, ficar pálido. **2** ofuscar-se. **3** desbotar.

im.pa.ra.re [impar´are] *vt* **1** aprender. **2** estudar.

im.pa.ri [´impari] *agg* **1** ímpar. **2** desigual, díspar.

im.par.zia.le [imparts´jale] *agg* imparcial, justo, reto.

im.pat.ta.re [impatt´are] *vt+vi* empatar, igualar.

im.pau.ri.re [impawr´ire] *vt* **1** amedrontar, apavorar. *vi+vpr* **2** amedrontar-se, apavorar-se.

im.pa.zien.te [impatsj´ente] *agg* **1** impaciente, inquieto, irrequieto. **2** ansioso, desejoso. **3** apressado.

im.pa.zien.za [impats´entsa] *sf* **1** impaciência, inquietude. **2** precipitação, pressa.

im.paz.zi.re [impatts´ire] *vi* **1** enlouquecer, endoidecer, ficar louco. **2** *fig* apaixonar-se, perder a cabeça.

im.pec.ca.bi.le [impekk´abile] *agg* impecável, perfeito, correto.

im.pe.di.men.to [impedim´ento] *sm* impedimento, obstáculo, estorvo.

im.pe.di.re [imped´ire] *vt* impedir, estorvar.

im.pe.gna.re [impeɲ´are] *vt* **1** empenhar, entregar ao penhor. **2** prometer. *vpr* **3** obrigar-se, vincular-se. **4** arriscar-se, aventurar-se.

impegno — imposizione

im.pe.gno [imp´eño] *sm* **1** empenho. **2** obrigação, dívida. **3** atenção.

im.pen.sa.to [impens´ato] *agg* impensado, imprevisto, inesperado.

im.pe.pa.re [impep´are] *vt* apimentar: a) temperar com pimenta. b) tornar (um texto) picante, irônico ou malicioso.

im.pe.ra.re [imper´are] *vi* **1** imperar. **2** *fig* mandar, comandar totalmente.

im.pe.ra.ti.vo [imperat´ivo] *sm Gramm* imperativo. • *agg* imperativo, que comanda.

im.pe.ra.to.re [imperat´ore] *sm* imperador.

im.per.cet.ti.bi.le [impertʃett´ibile] *agg* imperceptível.

im.per.fet.to [imperf´etto] *agg* imperfeito, defeituoso, falha. • *sm Gramm* imperfeito.

im.per.fe.zio.ne [imperfets´jone] *sf* imperfeição, defeito, falha.

im.per.me.a.bi.le [imperme´abile] *agg* impermeável. • *sm* capa de chuva.

im.pe.ro [imp´εro] *sm* **1** império. **2** comando, autoridade.

im.per.so.na.le [imperson´ale] *agg* impessoal.

im.per.ti.nen.te [impertin´ente] *agg* impertinente, insolente, inoportuno, atrevido.

im.per.ti.nen.za [impertin´entsa] *sf* impertinência.

im.pe.to [´impeto] *sm* **1** ímpeto. **2** fúria. **3** ataque. **4** *fig* entusiasmo.

im.pe.tuo.so [impet´wozo] *agg* impetuoso, impulsivo.

im.pian.ta.re [impjant´are] *vt* **1** implantar. **2** fundar, inaugurar, abrir (empresa etc.).

im.pian.to [imp´janto] *sm* **1** implantação. **2** fundação, inauguração. **3** aparelho.

im.pia.stro [imp´jastro] *sm* **1** emplastro. **2** *fam*, *fig* chato, cacete.

im.pic.ca.re [impikk´are] *vt* **1** enforcar. *vpr* **2** enforcar-se.

im.pic.cio [imp´ittʃo] *sm* incômodo, estorvo, chateação.

im.pie.ga.re [impjeg´are] *vt* **1** empregar, usar, aplicar. **2** dar emprego. *vpr* **3** empregar-se.

im.pie.go [imp´jεgo] *sm* **1** emprego, uso, aplicação. **2** função, cargo.

im.pie.tri.re [impjetr´ire] *vt* **1** petrificar, empedrar. *vi+vpr* **2** petrificar-se.

im.pla.ca.bi.le [implak´abile] *agg* implacável, insensível.

im.pli.ca.re [implik´are] *vt* **1** implicar, envolver. **2** conter, compreender. *vpr* **3** envolver-se, implicar-se.

im.pli.ci.to [impl´itʃito] *agg* implícito, subentendido.

im.plo.ra.re [implor´are] *vt* implorar, suplicar.

im.por.re [imp´oɾe] *vt* **1** impor, mandar, ordenar. **2** prescrever, atribuir. **3** intimar. **4** colocar (um nome). **5** *fig* inspirar respeito. *vpr* **6** impor-se, afirmar-se.

im.por.tan.te [import´ante] *agg* importante, relevante. • *sm* parte importante, ponto essencial.

im.por.tan.za [import´antsa] *sf* importância, autoridade, consideração, valor.

im.por.ta.re [import´are] *vt* **1** importar, trazer de outro país. **2** *Lett* significar. *vi* **3** importar, ter importância. **4** interessar, pesar. **5** atingir, somar (valor).

im.por.to [imp´ɔrto] *sm Comm* importância, soma, valor, custo.

im.por.tu.na.re [importun´are] *vt* importunar, perturbar, incomodar.

im.por.tu.no [import´uno] *agg* **1** importuno, incômodo, maçante. **2** *fam* chato, cacete.

im.po.si.zio.ne [impozits´jone] *sf* imposição.

im.pos.si.bi.le [imposs´ibile] *agg* impossível.

im.po.sta [imp´osta] *sf* tributo, imposto. **imposta sul reddito** imposto de renda.

im.po.sto.re [impost´ore] *sm+agg* impostor.

im.po.ten.te [impot´ɛnte] *agg* impotente, incapaz.

im.po.ten.za [impot´ɛntsa] *sf* impotência.

im.po.ve.ri.re [impover´ire] *vt* 1 empobrecer, tornar pobre. *vi+vpr* 2 empobrecer, ficar pobre.

im.pre.ci.so [impretʃ´izo] *agg* impreciso, indeterminado, vago, incerto, ambíguo.

im.pre.gna.re [impreɲ´are] *vt* 1 engravidar (animais). 2 encher. 3 impregnar, embeber, ensopar. *vpr* 4 engravidar (animal).

im.pren.de.re [impr´ɛndere] *vt* empreender.

im.pre.sa [impr´eza] *sf* 1 obra, empreitada, tarefa. 2 *Comm* empresa.

im.pre.sa.rio [imprez´arjo] *sm* empresário, empreiteiro.

im.pres.sio.na.re [impressjon´are] *vt* impressionar: a) causar impressão. b) comover, abalar.

im.pres.sio.ne [impressj´one] *sf* 1 impressão. 2 edição. 3 marca. 4 *fig* impressão, ideia.

im.pre.vi.sto [imprev´isto] *sm* imprevisto, incidente, contratempo, contrariedade. • *agg* imprevisto, inesperado.

im.pri.gio.na.re [impridʒon´are] *vt* aprisionar, prender, encarcerar.

im.pri.me.re [impr´imere] *vt* 1 imprimir. 2 estampar. 3 *fig* publicar. 4 marcar (a lembrança).

im.pro.dut.ti.vo [improdutt´ivo] *agg* improdutivo, estéril, árido.

im.pron.ta [impr´onta] *sf* 1 marca, sinal. 2 impressão. 3 rastro, pista. **impronta digitale** impressão digital.

im.pro.prio [impr´ɔprjo] *agg* impróprio, inconveniente, inoportuno, inadequado.

im.prov.vi.sa.re [improvviz´are] *vt* improvisar.

im.prov.vi.so [improvv´izo] *sm* improviso. • *agg* imprevisto, inesperado. **all'improvviso** de repente, repentinamente.

im.pru.den.te [imprud´ɛnte] *agg* imprudente.

im.pul.si.vo [impuls´ivo] *agg* impulsivo, impetuoso.

im.pul.so [imp´ulso] *sm* 1 impulso, empurrão. 2 *Elett* impulso. 3 *fig* estímulo.

im.pu.ne [imp´une] *agg* impune.

im.pu.ro [imp´uro] *agg* 1 impuro. 2 imundo, sujo. 3 indecente. 4 contaminado.

im.pu.tri.di.re [imputrid´ire] *vi* apodrecer.

in [´in] *prep* 1 em. *abito in Roma* / moro em Roma. *in piedi* / em pé. 2 dentro de. *il libro era in una scatola* / o livro estava dentro de uma caixa. 3 para, na direção de. *vado in America* / vou para a América. 4 de. *viaggiare in treno* / viajar de trem. *statua in marmo* / estátua de mármore.

i.na.bi.ta.to [inabit´ato] *agg* desabitado, deserto.

i.na.cer.bi.re [inatʃerb´ire] *vt* 1 azedar, *vpr* 2 azedar, ficar amargo.

i.na.dat.to [inad´atto] *agg* impróprio, inadequado, inconveniente.

i.na.dem.pi.men.to [inadempim´ento] *sm Giur, Comm* inadimplência.

i.na.la.re [inal´are] *vt* inalar, aspirar.

i.na.ni.ma.to [inanim´ato] *agg* inanimado, sem vida.

i.na.ni.zio.ne [inanits´jone] *sf Med* inanição.

i.na.spet.ta.to [inaspett´ato] *agg* inesperado, imprevisto.

i.nat.ti.vo [inatt´ivo] *agg* inativo, inerte.

i.nau.gu.ra.re [inawgur´are] *vt* **1** inaugurar. **2** iniciar, começar. **3** abrir.

in.ca.glia.re [inkaλ´are] *vi* **1** *Naut* encalhar. **2** *Comm* parar, ficar interrompido (tráfego, comércio etc.). **3** *fig* encontrar obstáculos.

in.cal.za.re [inkalts´are] *vt* **1** perseguir, seguir, sair no encalço. **2** *fig* insistir, solicitar, requerer.

in.cal.zo [ink´altso] *sm* encalço.

in.cam.mi.na.re [incammin´are] *vt* **1** encaminhar, dirigir, guiar. *vpr* **2** encaminhar-se, dirigir-se.

in.can.ta.re.si.mo [inkant´ezimo] *sm* **1** encanto, ação de encantar. **2** sedução, fascinação, enlevo. **3** magia, feitiçaria, bruxaria.

in.can.ta.re [inkant´are] *vt* **1** encantar. **2** seduzir, fascinar. **3** maravilhar, deliciar. **4** enfeitiçar. **5** hipnotizar. *vpr* **6** encantar-se, maravilhar-se, deliciar-se.

in.can.to [ink´anto] *sm* **1** encanto, encantamento, ação e efeito de encantar. **2** maravilha. **3** magia, feitiçaria. **4** *fig* encanto, sedução, atração. **5** *Comm* leilão.

in.ca.pa.ce [inkap´atʃe] *agg* incapaz, incompetente.

in.car.ce.ra.re [inkartʃer´are] *vt* **1** encarcerar, prender, pôr na cadeia. **2** *fig* fechar, recolher.

in.ca.ri.ca.re [inkarik´are] *vt* **1** encarregar. *vpr* **2** encarregar-se, assumir o encargo.

in.ca.ri.ca.to [inkarik´ato] *sm+agg* encarregado.

in.ca.ri.co [ink´ariko] *sm* **1** encargo, incumbência, obrigação. **2** missão, tarefa. **3** ordem.

in.car.na.re [inkarn´are] *vt* **1** encarnar. **2** *fig* representar. *vpr* **3** cravar, encravar (dente, unha). **4** *fig* fundir-se. **5** *Rel* encarnar-se.

in.cas.sa.re [inkass´are] *vt* **1** encaixotar, colocar em caixa. **2** *Comm* cobrar, resgatar (dinheiro). *vi* **3** adaptar-se, combinar, encaixar.

in.ca.te.na.re [inkaten´are] *vt* **1** acorrentar, algemar. **2** barrar, cercar com corrente. **3** *fig* ligar, vincular. **4** dominar, subjugar. *vpr* **5** juntar-se, unir-se. **6** *fig* encadear-se, concatenar-se.

in.cau.to [ink´awto] *agg* incauto, descuidado, imprudente.

in.ca.val.ca.re [inkavalk´are] *vt* encavalar, sobrepor.

in.cen.dia.re [intʃend´jare] *vt* incendiar.

in.cen.dio [intʃ´endjo] *sm* **1** incêndio. **2** *fig* fogo, paixão ardente. **avvisatore d'incendio** alarme de incêndio.

in.ce.ne.ri.re [intʃener´ire] *vt* **1** incinerar. **2** cremar, queimar. **3** *fig* destruir.

in.cen.so [intʃ´enso] *sm* **1** incenso. **2** *fig* bajulação, lisonja.

in.cen.ti.vo [intʃent´ivo] *sm* incentivo, estímulo.

in.ce.ra.re [intʃer´are] *vt* encerar.

in.cer.tez.za [intʃert´ettsa] *sf* incerteza, indecisão, dúvida, hesitação.

in.cer.to [intʃ´erto] *agg* incerto, indeterminado.

in.ce.sto [intʃ´esto] *sm* incesto.

in.chie.sta [ink´jesta] *sf* pesquisa.

in.chi.na.re [inkin´are] *vt* **1** inclinar, abaixar, dobrar, reclinar. *vpr* **2** inclinar-se, abaixar-se, dobrar-se. **3** cumprimentar, fazer reverência. **4** conformar-se, submeter-se.

in.chio.da.re [inkjod´are] *vt* **1** pregar, fixar com prego. **2** *fig* deter, segurar.

in.chio.stro [ink´jostro] *sm* tinta. **inchiostro di China** tinta nanquim.

in.ci.den.te [intʃid´ente] *sf* incidente, acidente, episódio. • *agg* **1** incidente. **2** *Gramm* acessório. **incidente stradale** acidente de trânsito.

in.ci.de.re [intʃ´idere] *vt* **1** incidir. **2** cortar, talhar. **3** gravar, entalhar. **4** *Med* cortar.

in.ci.sio.ne [intʃiz'jone] *sf* **1** incisão, corte, abertura. **2** gravura.

in.ci.ta.re [intʃit'are] *vt* incitar, instigar.

in.ci.vi.le [intʃiv'ile] *agg* mal-educado, descortês, bruto, rude, grosseiro.

in.cli.na.re [inklin'are] *vt* **1** inclinar, dobrar, curvar. *vi* **2** ter inclinação, tender.

in.cli.na.zio.ne [inklinats'jone] *sf* (também *fig*) inclinação.

in.clu.de.re [inkl'udere] *vt* incluir, inserir.

in.clu.sio.ne [inkluz'jone] *sf* inclusão.

in.co.gni.to [ink'ɔgnito] *agg* incógnito, desconhecido, oculto, misterioso.

in.co.lo.re [inkol'ore] *agg* incolor, sem cor.

in.col.pa.re [inkolp'are] *vt* **1** culpar, acusar, incriminar. *vpr* **2** acusar-se.

in.col.to [ink'olto] *agg* **1** não cultivado. **2** *fig* inculto. **3** desleixado, negligente.

in.com.ben.za [inkomb'ɛntsa] *sf* incumbência, encargo, missão.

in.co.min.cia.re [inkomintʃ'are] *vt pop* começar, iniciar, principiar.

in.co.mo.da.re [inkomod'are] *vt* **1** incomodar, molestar, transtornar. *vpr* **2** incomodar-se, dar-se o trabalho de, perturbar-se.

in.co.mo.do [ink'ɔmodo] *sm* **1** incômodo, aborrecimento, transtorno. **2** *fam* chateação. **3** *fig* distúrbio. • *agg* incômodo, importuno.

in.com.pe.ten.te [inkompet'ɛnte] *agg* incompetente, incapaz.

in.com.pren.si.bi.le [inkomprens'ibile] *agg* incompreensível, estranho, obscuro.

in.con.ce.pi.bi.le [inkontʃep'ibile] *agg* inconcebível, inaceitável.

in.con.se.guen.te [inkonseg'wɛnte] *agg* inconsequente, incoerente, contraditório.

in.con.si.sten.te [inkonsist'ɛnte] *agg* inconsistente, frágil.

in.con.tra.re [inkontr'are] *vt* **1** encontrar. **2** topar com. **3** ir de encontro a. **4** deparar com. *vi* **5** acontecer. *vpr* **6** chocar-se com.

in.con.tro [ink'ontro] *sm* **1** encontro. **2** oportunidade, ocasião. **3** choque, batida. **4** competição, disputa. **incontro amichevole** jogo amistoso.

in.con.ve.nien.te [inkonven'jɛnte] *agg* inconveniente, inoportuno, impróprio, inadequado.

in.co.rag.gia.re [inkoraddʒ'are] *vt* encorajar.

in.co.ro.na.re [inkoron'are] *vt* **1** coroar. **2** *fig* recompensar. *vpr* **3** coroar-se.

in.cor.po.ra.re [inkorpor'are] *vt* **1** incorporar, fundir. **2** anexar. *vpr* **3** incorporar-se, fundir-se.

in.cor.reg.gi.bi.le [inkoreddʒ'ibile] *agg* incorrigível.

in.cor.re.re [ink'oŕere] *vi* **1** incorrer. **2** arriscar-se.

in.cor.ret.to [inkoŕ'etto] *agg* incorreto, errado.

in.co.scien.te [inkoʃ'ɛnte] *agg* inconsciente.

in.cre.di.bi.le [inkred'ibile] *agg* incrível, extraordinário, inacreditável.

in.cre.du.lo [inkr'edulo] *agg* **1** incrédulo, descrente. **2** ateu.

in.cre.spa.re [inkresp'are] *vt* **1** encrespar. **2** encaracolar, enrolar (os cabelos). **3** enrugar, franzir (a testa). *vpr* **4** encrespar-se. **5** enrolar-se. **6** enrugar-se.

in.cri.mi.na.re [inkrimin'are] *vt* **1** incriminar. **2** acusar.

in.cri.na.re [inkrin'are] *vt* **1** rachar, trincar. *vpr* **2** rachar-se, trincar.

in.cro.cia.re [inkrotʃ'are] *vt* **1** cruzar. **2** *Naut*, *Aeron* cruzar. *vpr* **3** cruzar-se.

in.cro.cio [inkr'otʃo] *sm* cruzamento (de ruas).

in.cu.bo [´inkubo] *sm* **1** pesadelo. **2** *fig* angústia. **3** pessoa importuna.

in.cu.di.ne [ink´udine] *sf* (anche *Anat*) bigorna.

in.cu.ra.bi.le [inkur´abile] *agg* incurável.

in.cur.va.re [inkurv´are] *vt* 1 encurvar, arquear, curvar. *vpr* 2 curvar-se, arquear-se.

in.da.co [´indaco] *sm* índigo, anil, um tipo de tinta de cor azul.

in.da.ga.re [indag´are] *vt* 1 indagar, perguntar. 2 investigar, averiguar.

in.da.gi.ne [ind´adʒine] *sf* 1 pesquisa. 2 interrogatório.

in.de.bi.ta.re [indebit´are] *vt* 1 endividar. *vpr* 2 endividar-se.

in.de.bi.to [ind´ebito] *sm* apropriação indébita. • *agg* 1 indevido, injusto. 2 inoportuno.

in.de.bo.li.re [indebol´ire] *vt* 1 enfraquecer, debilitar. *vpr* 2 enfraquecer, debilitar-se.

in.de.cen.te [indetʃ´ɛnte] *agg* 1 indecente, obsceno. 2 desonesto.

in.de.ci.so [indetʃ´izo] *agg* 1 indeciso. 2 indeterminado, vago.

in.de.fi.ni.to [indefin´ito] *agg* indefinido, impreciso, vago, genérico.

in.de.gno [ind´eɲo] *agg* indigno, desprezível, ordinário, baixo.

in.de.li.ca.to [indelik´ato] *agg* 1 indelicado, grosseiro, rude. 2 desonesto.

in.den.niz.za.re [indenniddz´are] *vt* 1 indenizar, compensar, ressarcir, reparar.

in.de.ter.mi.na.ti.vo [indeterminat´ivo] *agg Gramm* indefinido (artigo).

in.de.ter.mi.na.to [indetermin´ato] *agg* 1 indeterminado, vago. 2 indeciso.

in.dia.no [ind´jano] *sm+agg* 1 indiano. 2 índio.

in.di.ca.re [indik´are] *vt* 1 indicar, apontar, mostrar. 2 designar.

in.di.ca.ti.vo [indikat´ivo] *sm Gramm* indicativo. • *agg* indicativo, indicador, que indica.

in.di.ca.to.re [indikat´ore] *sm* indicador, mostrador. **indicatore a freccia** *Autom* seta luminosa.

in.di.ce [´inditʃe] *sm* 1 indicador, mostrador. 2 ponteiro (de relógio). 3 índice (de livro). 4 *Anat* dedo indicador.

in.die.tro [indj´etro; indj´ɛtro] *avv* atrás, para trás.

in.di.fe.so [indif´ezo] *agg* 1 indefeso. 2 fraco.

in.dif.fe.ren.te [indiffer´ɛnte] *agg* indiferente, desinteressado, negligente.

in.di.ge.no [ind´idʒeno] *sm+agg* indígena, nativo, natural do país.

in.di.gen.te [indidʒ´ɛnte] *agg* indigente, pobre.

in.di.ge.sto [indidʒ´ɛsto] *agg* 1 indigesto. 2 *fig* antipático. 3 incompreensível. 4 pesado.

in.di.gna.re [indiɲ´are] *vt* 1 indignar, revoltar. *vpr* 2 indignar-se, revoltar-se.

in.di.men.ti.ca.bi.le [indimentik´abile] *agg* inesquecível.

in.di.pen.den.te [indipend´ɛnte] *agg* independente, livre, autônomo.

in.di.ret.to [indir´etto] *agg* indireto, oblíquo.

in.di.riz.za.re [indiritts´are] *vt* 1 endereçar, encaminhar, remeter, mandar. 2 dirigir. 3 dedicar. *vpr* 4 dirigir-se: a) ir para. b) falar com.

in.di.riz.zo [indir´ittso] *sm* 1 endereço. 2 remessa. 3 dedicatória.

in.di.scre.to [indiskr´eto] *agg* indiscreto, imprudente, falador.

in.di.spor.re [indisp´orre] *vt* indispor, incomodar.

in.di.spo.si.zio.ne [indispozits´jone] *sf* indisposição, incômodo.

in.di.vi.du.a.le [individu´ale] *agg* individual, pessoal.

in.di.vi.duo [indiv´idwo] *sm* 1 indivíduo. 2 *fig, disp* sujeito, elemento.

in.di.zio [ind´ittsjo] *sm* 1 indício, sinal, vestígio. 2 *Med* sintoma.

in.dol.ci.re [indoltʃ´ire] *vt* **1** adoçar. **2** *fig* acalmar, amansar. *vi+vpr* **3** ficar doce.

in.do.le [´indole] *sf* **1** índole, natureza, caráter, gênio. **2** inclinação, tendência.

in.do.len.te [indol´ɛnte] *s+agg* indolente, preguiçoso, negligente.

in.do.ma.ni [indom´ani] *sm* usado como *avv* **tornerò l'indomani** voltarei amanhã.

in.dos.sa.re [indoss´are] *vt* **1** vestir. **2** carregar, levar às costas. *vpr* **3** vestir-se.

in.do.vi.na.re [indovin´are] *vt+vi* **1** adivinhar. **2** prever, predizer.

in.do.vi.nel.lo [indovin´ɛllo] *sm* charada, adivinhação.

in.dul.gen.te [induldʒ´ɛnte] *agg* indulgente, tolerante, clemente, benigno.

in.du.ri.re [indur´ire] *vt* **1** endurecer, enrijecer. **2** *fig* tornar insensível. *vi+vpr* **3** endurecer.

in.dur.re [ind´uɾɾe] *vt* **1** induzir, levar a, exortar. **2** obrigar. **3** decidir. **4** causar, produzir. **5** concluir. **6** *Fis* induzir. *vpr* **7** decidir-se a.

in.du.stria [ind´ustrja] *sf* **1** indústria, ato de fabricar. **2** trabalho, produção. **3** arte, ofício.

in.du.zio.ne [induts´jone] *sf* indução, conclusão.

i.ne.di.to [in´edito] *agg* inédito, não publicado.

i.nef.fi.ca.ce [ineffik´atʃe] *agg* ineficaz, inútil.

i.ne.ren.te [iner´ɛnte] *agg* inerente, intrínseco, essencial.

i.ner.te [in´ɛrte] *agg* **1** inerte, imóvel. **2** morto, inanimado. **3** inativo, preguiçoso, indolente.

i.ner.zia [in´ɛrtsja] *sf* **1** preguiça. **2** *Fis* inércia.

i.ne.spe.rien.za [inesper´jɛntsa] *sf* inexperiência, ingenuidade, imperícia.

i.ne.sper.to [inesp´ɛrto] *agg* inexperiente, sem experiência.

i.ne.spli.ca.bi.le [inesplik´abile] *agg* inexplicável.

i.ne.vi.ta.bi.le [inevit´abile] *agg* inevitável, fatal.

in.fa.me [inf´ame] *agg* **1** infame, de má fama. **2** péssimo, vil. **3** obsceno. **4** mal frequentado (lugar).

in.fa.mia [inf´amja] *sf* **1** infâmia, má fama, desonra. **2** ofensa grave. **3** *iron* coisa malfeita.

in.fan.ti.le [infant´ile] *agg* infantil.

in.fan.zia [inf´antsja] *sf* **1** infância. **2** *fig* início.

in.far.to [inf´arto] *sm Med* infarto.

in.fa.sti.di.re [infastid´ire] *vt* **1** aborrecer, entediar, enfastiar, enfadar. *vpr* **2** aborrecer-se, entediar-se, enfastiar-se, enfadar-se.

in.fat.ti [inf´atti] *cong* de fato, realmente, na realidade, mesmo.

in.fe.de.le [infed´ele] *sm Rel* infiel, pagão. • *agg* infiel, desonesto, desleal.

in.fe.del.tà [infedelt´a] *sf* **1** infidelidade. **2** ateísmo.

in.fe.li.ce [infel´itʃe] *agg* **1** infeliz, azarado. **2** ineficaz (opinião, ideia).

in.fe.li.ci.tà [infelitʃit´a] *sf* infelicidade, desventura, fracasso.

in.fe.rio.re [infer´jore] *sm* inferior, subalterno. • *agg compar* (de **basso**) **1** inferior. **2** *fig* inadequado. **3** indigno. **4** insuficiente.

in.fer.me.ria [infermer´ia] *sf* enfermaria.

in.fer.mie.re [inferm´jɛre] *sm* (*f* **infermiera**) enfermeiro.

in.fer.mi.tà [infermit´a] *sf* **1** enfermidade, doença. **2** *fig* fraqueza, debilidade. **3** imbecilidade.

in.fer.mo [inf´ermo] *agg* enfermo, doente.

in.fer.no [inf´ɛrno] *sm* **1** inferno. **2** *fig* sofrimento. **3** desordem.

in.fet.ta.re [infett´are] *vt* **1** infectar, infeccionar, contaminar. **2** *fig* corromper. *vpr* **3** infectar-se, contaminar-se. **4** *fig* corromper-se.

in.fe.zio.ne [infets´jone] *sf* infecção, contágio.

in.fiac.chi.re [infjakk´ire] *vt* **1** enfraquecer, debilitar. *vpr* **2** enfraquecer.

in.fiam.ma.re [infjamm´are] *vt* **1** inflamar, acender. **2** *fig* excitar. *vpr* **3** inflamar-se, acender-se. **4** *fig* apaixonar-se. **5** excitar-se.

in.fia.sca.re [infjask´are] *vt* engarrafar.

in.fi.la.re [infil´are] *vt* **1** enfiar, passar o fio pelo buraco da agulha. *vpr* **2** vestir-se.

in.fil.trar.si [infiltr´arsi] *vpr* **1** infiltrar-se. **2** *fig* introduzir-se, penetrar.

in.fi.mo [´infimo] *agg superl* (de **basso**) **1** ínfimo, insignificante, o mais baixo. **2** *fig* o pior.

in.fi.ne [inf´ine] *avv* enfim, finalmente.

in.fi.ni.ti.vo [infinit´ivo] *sm Gramm* infinitivo.

in.fi.ni.to [infin´ito] *sm* infinito. • *agg* infinito, sem fim, eterno, interminável.

in.fi.no [inf´ino] *avv* até. *Var:* insino.

in.fla.zio.ne [inflats´jone] *sf Comm* inflação.

in.fles.sio.ne [infless´jone] *sf* **1** inflexão, curvatura, inclinação. **2** *Gramm* flexão, inflexão.

in.flig.ge.re [infl´idd3ere] *vt* **1** infligir, aplicar. **2** impor.

in.fluen.za [infl´wɛntsa] *sf* **1** influência. **2** *Med* gripe. **3** *Fis* indução. **4** *fig* autoridade, prestígio. **prendere un'influenza** pegar uma gripe.

in.fluen.za.re [inflwents´are] *vt* influenciar.

in.flui.re [infl´wire] *vi* influir, inspirar.

in.fo.ca.re [infok´are] *vt* **1** abrasar. **2** queimar. *vpr* **3** abrasar-se. **4** *fig* queimar-se. **5** zangar-se, irar-se.

in.fo.ca.to [infok´ato] *agg* **1** aceso, vermelho como fogo. **2** *fig* ardente. **3** vermelho de raiva.

in.for.ma.re [inform´are] *vt* **1** formar, dar forma. **2** informar, dar informação. **3** advertir. **4** moldar. **5** *fig* inspirar. *vi* **6** informar-se. *vpr* **7** formar-se. **8** informar-se.

in.for.ma.zio.ne [informats´jone] *sf* **1** informação, esclarecimento. **2** dados. **3** *Comm* referência.

in.fran.ge.re [infr´and3ere] *vt* **1** quebrar, romper. **2** infringir, violar, transgredir. *vpr* **3** quebrar-se.

in.fra.ros.so [infrar´osso] *agg Fis, Med* infravermelho.

in.fra.zio.ne [infrats´jone] *sf* infração, transgressão.

in.fred.da.tu.ra [infreddat´ura] *sf* resfriado, constipação.

in.frol.li.re [infroll´ire] *vt* **1** afrouxar. **2** *fig* amaciar. *vi+vpr* **3** ficar frouxo, afrouxar.

in.fu.ria.re [infur´jare] *vi+vpr* enfurecer, ficar furioso, irar-se.

in.fu.sio.ne [infuz´jone] *sf Med* infusão, maceração.

in.gab.bia.re [ingabbj´are] *vt* **1** engaiolar. **2** *fig* prender, colocar na cadeia.

in.gan.cia.re [ingantʃ´are] *vt* enganchar.

in.gan.na.re [ingann´are] *vt* **1** enganar, iludir, tapear. *vpr* **2** enganar-se, julgar mal.

in.gan.no [ing´anno] *sm* engano, logro.

in.ge.gne.re [ind3eñ´ɛre] *sm* engenheiro.

in.ge.gno [ind3´eño] *sm* **1** engenho, talento, inteligência. **2** *Lett* artifício.

in.ge.gno.so [ind3eñ´ozo] *agg* **1** engenhoso. **2** hábil.

in.ge.lo.si.re [ind3eloz´ire] *vt* enciumar, despertar ciúme em. *vi+vpr* **2** ficar com ciúme de.

in.ge.nui.tà [ind3enwit´a] *sf* ingenuidade, inocência.

ingenuo — innocenza

in.ge.nuo [indʒˈɛnwo] *agg* ingênuo, inocente.

in.ge.ri.re [indʒerˈire] *vt* **1** ingerir, engolir. *vpr* **2** ingerir-se, intrometer-se, intervir.

in.ghiot.ti.re [ingjottˈire] *vt* **1** engolir. **2** tragar.

in.gial.li.re [indʒallˈire] *vt+vi* amarelar.

in.gi.noc.chiar.si [indʒinokkˈjarsi] *vpr* ajoelhar-se, pôr-se de joelhos, cair de joelhos.

in.giù [indʒˈu] *avv* para baixo. *V* giù.

in.giu.ria [indʒˈurja] *sf* **1** injúria, insulto, ofensa, ultraje. **2** dano, perda, incômodo.

in.giu.ria.re [indʒurˈjare] *vt* **1** injuriar, insultar, ofender. **2** causar dano ou perda, incomodar.

in.giu.sti.zia [indʒustˈitsja] *sf* injustiça.

in.giu.sto [indʒˈusto] *agg* injusto.

in.gle.se [ingˈleze] *sm+agg* inglês.

in.gom.bra.re [ingombrˈare] *vt* **1** obstruir, entupir, entulhar. **2** atrapalhar.

in.gom.ma.re [ingommˈare] *vt* **1** engomar, colocar goma. **2** colar, grudar.

in.goz.za.re [ingottsˈare] *vt* **1** engolir, devorar. **2** *fig* engolir, suportar, aguentar.

in.gra.nag.gio [ingranˈaddʒo] *sm* engrenagem.

in.gran.di.re [ingrandˈire] *vt* engrandecer, aumentar.

in.gras.sa.re [ingrassˈare] *vt* **1** engordar. **2** adubar.

in.gra.to [ingrˈato] *agg* **1** ingrato. **2** desagradável.

in.gra.vi.da.re [ingravidˈare] *vt+vi* engravidar.

in.gre.dien.te [ingredˈjɛnte] *sm* ingrediente.

in.gres.so [ingrˈɛsso] *sm* **1** entrada. **2** posse (de cargo). **3** *Teat* ingresso, entrada.

in.gros.sa.re [ingrossˈare] *vt* **1** engrossar. **2** aumentar, engrandecer. *vi+vpr* **3** aumentar, crescer.

in.gros.so [ingrˈɔsso] *sm* usado na expressão **all'ingrosso** a) em grande quantidade, no atacado. b) aproximadamente, mais ou menos.

i.ni.bi.re [inibˈire] *vt* **1** inibir. **2** proibir, vetar. **3** *fig* limitar, impedir.

i.niet.ta.re [injettˈare] *vt* injetar. **iniettarsi di sangue** injetar-se de sangue (olhos).

i.nie.zio.ne [injetsˈjone] *sf* injeção.

i.ni.mi.ci.zia [inimitʃˈitsja] *sf* inimizade, aversão, hostilidade.

i.ni.zia.le [initsˈjale] *agg* inicial. • *sf* inicial, letra inicial.

i.ni.zia.re [initsˈjare] *vt* **1** iniciar, começar. **2** preparar. **3** acolher, aceitar.

i.ni.zia.ti.va [initsjatˈiva] *sf* iniciativa.

i.ni.zio [inˈitsjo] *sm* início, começo, princípio.

in.nal.za.re [innaltsˈare] *vt* **1** levantar, erguer. **2** construir. **3** *fig* exaltar. *vpr* **4** levantar-se, erguer-se. **5** *fig* impor-se, destacar-se.

in.na.mo.ra.re [innamorˈare] *vt* **1** enamorar. **2** encantar, fascinar.

in.na.mo.ra.to [innamorˈato] *sm* namorado, amante. • *agg* enamorado, apaixonado.

in.nan.zi [innˈantsi] *avv* **1** em frente, à frente. **2** antes, anteriormente. *il giorno innanzi* / o dia anterior. **3** avante, em diante. • *prep* antes de. **d'oggi innanzi** de hoje em diante. **innanzi a** perante: a) em frente de, frente a. b) na presença de. **innanzi tempo** antes da hora. **innanzi tutto** antes de mais nada.

in.na.to [innˈato] *agg* inato, congênito.

in.ne.sta.re [innestˈare] *vt* **1** enxertar. **2** *fig* ligar, unir (pedaços).

in.no [ˈinno] *sm* hino. **inno nazionale** hino nacional.

in.no.cen.te [innotʃˈɛnte] *agg* **1** inocente. **2** ingênuo. **3** inofensivo.

in.no.cen.za [innotʃˈɛntsa] *sf* **1** inocência. **2** ingenuidade.

in.no.va.re [innovˊare] *vt* **1** inovar. **2** mudar, reformar.

in.nu.me.re.vo.le [innumerˊevole] *agg* inumerável, incontável.

i.no.do.ro [inodˊoro] *agg* inodoro, sem cheiro.

i.nof.fen.si.vo [inoffensˊivo] *agg* inofensivo.

i.nol.tra.re [inoltrˊare] *vt* **1** *Comm* transmitir, enviar, encaminhar. *vpr* **2** avançar, ir adiante.

i.nol.tre [inˊoltre] *avv* além disso, além do mais.

i.non.da.re [inondˊare] *vt* inundar, alagar.

i.non.da.zio.ne [inondatsˊjone] *sf* inundação.

i.nop.por.tu.no [inopportˊuno] *agg* inoportuno.

i.nor.go.gli.re [inorgoλˊire] *vt* **1** orgulhar, dar orgulho a. *vi*+*vpr* **2** orgulhar-se, sentir orgulho.

in.qui.e.ta.re [inkwietˊare] *vt* **1** inquietar. *vpr* **2** inquietar-se, perturbar-se. **3** aborrecer-se.

in.qui.e.to [inkwjˊɛto] *agg* **1** inquieto. **2** preocupado, apreensivo.

in.qui.e.tu.di.ne [inkwietˊudine] *sf* **1** inquietação, desassossego. **2** preocupação, apreensão.

in.qui.li.no [inkwilˊino] *sm*+*agg* inquilino, locatário.

in.qui.na.men.to [inkwinamˊento] *sm* **1** poluição. **2** *Lett* infecção.

in.qui.na.re [inkwinˊare] *vt* **1** poluir. **2** *Lett* infectar, contaminar. **3** degradar, corromper.

in.qui.si.zio.ne [inkwizitsˊjone] *sf* **1** investigação. **2** *Giur* inquérito. **l'Inquisizione** *St* a Inquisição.

in.sa.la.ta [insalˊata] *sf* salada. **insalata russa** salada russa.

in.sa.na.bi.le [insanˊabile] *agg* incurável.

in.san.gui.na.re [insangwinˊare] *vt* ensanguentar.

in.sa.no [insˊano] *agg Lett* insano, louco.

in.sa.po.na.re [insaponˊare] *vt* **1** ensaboar. **2** *fig* adular, bajular. *vpr* **2** ensaboar-se.

in.sa.zia.bi.le [insatsjˊabile] *agg* insaciável.

in.sce.na.re [inʃenˊare] *vt* **1** encenar. **2** fingir.

in.se.ga.re [insegˊare] *vt* ensebar.

in.se.gna [insˊeɲa] *sf* **1** insígnia, emblema. **2** bandeira. **3** estandarte. **4** brasão, brasão de armas.

in.se.gnan.te [inseɲˊante] *s* **1** professor. **2** professora. • *agg* docente.

in.se.gna.re [inseɲˊare] *vt* ensinar, instruir.

in.se.gui.re [insegˊwire] *vt* perseguir.

in.se.na.tu.ra [insenatˊura] *sf Geogr* enseada.

in.sen.sa.tez.za [insensatˊettsa] *sf* insensatez, imprudência.

in.sen.sa.to [insensˊato] *agg* insensato, imprudente.

in.sen.si.bi.le [insensˊibile] *agg* insensível, frio.

in.se.ri.re [inserˊire] *vt* **1** inserir, introduzir. **2** enxertar (plantas). **3** conectar, ligar (peças). **4** publicar. *vpr* **5** intrometer-se em. **6** infiltrar-se em.

in.ser.zio.ne [insertsˊjone] *sf* **1** inserção, introdução. **2** conexão, ligação de peças. **3** publicação.

in.set.ti.ci.da [insettitʃˊida] *sm* inseticida.

in.set.to [insˊɛtto] *sm* inseto.

in.sie.me [insˊjeme] *avv* **1** junto, juntamente. **2** ao mesmo tempo. • *sm* conjunto, complexo. **insieme a/insieme con** junto com.

in.si.gne [insˊiɲe] *agg* insigne, célebre, eminente, notável.

in.si.gni.fi.can.te [insiɲifikˊante] *agg* insignificante.

in.si.no [insˊino] *avv V infino*.

in.si.nu.a.re [insinuˊare] *vt* **1** insinuar.

insipido   130   interessare

2 *fig* dar a entender. *vpr* 3 infiltrar-se em, penetrar em.

in.si.pi.do [insi′pido] *agg* insípido, insosso.

in.si.sten.te [insist′ɛnte] *agg* 1 insistente, persistente. 2 importuno, maçante. 3 *pop* chato.

in.si.ste.re [ins′istere] *vi* insistir, perseverar.

in.sod.di.sfat.to [insoddisf′atto] *agg* insatisfeito, descontente.

in.so.la.zio.ne [insolats′jone] *sf Med* insolação.

in.so.len.te [insol′ɛnte] *agg* insolente, atrevido.

in.som.ma [ins′omma] *avv* em suma, em conclusão.

in.son.nia [ins′ɔnnja] *sf* insônia.

in.sop.por.ta.bi.le [insopport′abile] *agg* insuportável.

in.sor.di.re [insord′ire] *vi* ensurdecer.

in.spi.ra.re [inspir′are] *vt* inspirar (ar).

in.spi.ra.zio.ne [inspirats′jone] *sf* inspiração (de ar).

in.sta.bi.le [inst′abile] *agg* instável.

in.stal.la.re [install′are] *vt* 1 instalar. 2 empossar. *vpr* 3 instalar-se. 4 acomodar-se.

in.sù [ins′u] *avv* 1 em cima, acima. 2 no alto.

in.su.di.cia.re [insuditʃ′are] *vt* 1 sujar. 2 *fig* comprometer, manchar. *vpr* 3 sujar-se.

in.suf.fi.cien.te [insuffitʃ′ɛnte] *agg* insuficiente.

in.sul.so [ins′ulso] *agg* 1 insosso, insípido. 2 *fig* bobo, sem graça.

in.sul.ta.re [insult′are] *vt* insultar, ofender.

in.sul.to [ins′ulto] *sm* insulto, ofensa.

in.sur.re.zio.ne [insurrets′jone] *sf* insurreição, rebelião.

in.ta.glia.re [intaʎ′are] *vt* entalhar.

in.ta.glio [int′aʎo] *sm* entalhe, gravura.

in.tan.to [int′anto] *avv* 1 enquanto isso,

nesse meio-tempo, nesse mesmo momento. 2 no momento, por enquanto. **intanto che** enquanto.

in.tat.to [int′atto] *agg* intacto, inteiro.

in.te.gra.le [integr′ale] *agg* integral. **farina integrale** farinha integral. **pane integrale** pão integral.

in.te.gro [′integro] *agg* 1 íntegro. 2 completo. 3 honesto.

in.tel.let.to [intell′etto] *sm* intelecto, inteligência.

in.tel.let.tu.a.le [intellettu′ale] *s+agg* intelectual.

in.tel.li.gen.te [intellidʒ′ɛnte] *agg* inteligente.

in.tel.li.gen.za [intellidʒ′ɛntsa] *sf* 1 inteligência. 2 astúcia, esperteza. 3 habilidade, capacidade.

in.tel.li.gi.bi.le [intellidʒ′ibile] *agg* 1 inteligível. 2 legível.

in.ten.de.re [int′ɛndere] *vt* 1 entender, compreender. 2 pretender. 3 ouvir, escutar. *vi* 4 pretender. 5 querer, exigir. 6 estar de acordo, concordar. *vpr* 7 entender de. 8 entender-se, estar de acordo. **se la intendono!** / eles se entendem!

in.ten.si.vo [intens′ivo] *agg* intensivo.

in.ten.so [int′ɛnso] *agg* intenso, enérgico.

in.ten.to [int′ɛnto] *sm* 1 intento, intenção. 2 fim, objetivo. • *agg* 1 disposto, pronto. 2 atento.

in.ten.zio.na.le [intentsjon′ale] *agg* 1 intencional. 2 premeditado.

in.ten.zio.ne [intents′jone] *sf* 1 intenção. 2 objetivo, fim, finalidade.

in.ter.ce.de.re [intertʃ′edere] *vt* 1 interceder. *vi* 2 *Lett* mediar, ficar entre.

in.ter.di.re [interd′ire] *vt* interditar, proibir.

in.ter.di.zio.ne [interdits′jone] *sf* interdição, proibição.

in.te.res.san.te [interess′ante] *agg* interessante.

in.te.res.sa.re [interess′are] *vt* 1 interessar a, provocar interesse em. *vi* 2 dizer respeito a. **3** ser do interesse de. *vpr* **4** interessar-se.

in.te.res.se [inter´esse] *sm* **1** interesse. **2** lucro, ganho, renda. **3 interessi** *pl* a) negócios, interesses. b) juros.

in.ter.fe.ri.re [interfer´ire] *vt* interferir em, intrometer-se em.

in.ter.ie.zio.ne [interjets´jone] *sf Gramm* interjeição.

in.te.rio.re [inter´jore] *sm* **1** interior, parte interna. **2** *fig* mente. **3** alma. **4 interiori** *sm pl* ou **interiora** *sf pl* vísceras, entranhas de animal. • *agg* interior, interno.

in.ter.me.dia.rio [intermed´jarjo] *sm+agg* intermediário.

in.ter.mez.zo [interm´ɛddzo] *sm Mus, Teat* intervalo.

in.ter.mi.na.bi.le [intermin´abile] *agg* interminável.

in.ter.na.re [intern´are] *vt* **1** internar. **2** introduzir. *vpr* **3** internar-se em. **4** introduzir-se em. **5** *fig* aprofundar-se em (uma ciência ou arte).

in.ter.na.zio.na.le [internatsjon´ale] *agg* internacional.

in.ter.no [int´ɛrno] *sm* **1** interior, parte interior. **2** interno, aluno que mora no colégio. • *agg* interno, interior. **Ministro dell'Interno** Ministro do Interior.

in.te.ro [int´ero] *sm* inteiro, todo, total. • *agg* **1** inteiro. **2** completo. **per intero** por inteiro.

in.ter.pel.la.re [interpell´are] *vt* interpelar.

in.ter.pre.ta.re [interpret´are] *vt* **1** interpretar. **2** explicar. **3** *Mus, Teat* interpretar.

in.ter.pre.te [int´ɛrprete] *sm* intérprete.

in.ter.ra.re [interr´are] *vt* **1** enterrar. **2** encher de terra.

in.ter.ro.ga.re [interrog´are] *vt* interrogar, perguntar.

in.ter.ro.ga.to.rio [interrog´atɔrjo] *sm* interrogatório.

in.ter.ro.ga.zio.ne [interrogats´jone] *sf* interrogação, pergunta.

in.ter.rom.pe.re [interr´ompere] *vt* **1** interromper. **2** proibir, suspender. *vpr* **3** parar de falar.

in.ter.rut.to.re [interrutt´ore] *sm+agg* interruptor.

in.ter.ru.zio.ne [interruts´jone] *sf* interrupção.

in.ter.ur.ba.no [interurb´ano] *agg* interurbano.

in.ter.val.lo [interv´allo] *sm* **1** intervalo. **2** distância.

in.ter.ve.ni.re [interven´ire] *vi* **1** acontecer. **2** estar presente. **3** *fig* intervir, ingerir-se em.

in.ter.ven.to [interv´ɛnto] *sm* **1** intervenção. **2** presença. **3** *Med* cirurgia, operação.

in.ter.vi.sta [interv´ista] *sf Giorn* entrevista.

in.ter.vi.sta.re [intervist´are] *vt Giorn* entrevistar.

in.te.sti.no [intest´ino] *sm Anat* intestino. • *agg* intestino, interno.

in.tie.pi.di.re [intjepid´ire] *vt* **1** amornar. *vpr* **2** amornar-se. **3** esfriar-se, abrandar-se.

in.ti.ma.re [intim´are] *vt Giur* intimar.

in.ti.ma.zio.ne [intimats´jone] *sf Giur* intimação.

in.ti.mi.di.re [intimid´ire] *vt* **1** intimidar, ameaçar. *vi+vpr* **2** intimidar-se.

in.ti.mo [´intimo] *sm* íntimo, interior. • *agg* **1** íntimo. **2** *fig* íntimo, profundo, da alma. **indumenti intimi** roupas íntimas.

in.ti.mo.ri.re [intimor´ire] *vt* amedrontar, atemorizar. *vpr* **2** amedrontar-se, ficar com medo.

in.tol.le.ra.bi.le [intoller´abile] *agg* intolerável, insuportável.

in.to.na.ca.re [intonak´are] *vt* rebocar (parede).

in.to.na.co [int´ɔnako] *sm* reboque (de parede).

in.top.pa.re [intopp´are] *vt* **1** encontrar por acaso. *vi* **2** tropeçar. *vpr* **3** encontrar-se por acaso.

in.tor.bi.da.re [intorbid´are] *vt* **1** turvar. **2** *fig* confundir. **3** perturbar. *vpr* **4** ficar turvo, turvar-se.

in.tor.no [int´orno] *avv* **1** em torno, ao redor. **2** aproximadamente, mais ou menos. **intorno a** a) em torno de, ao redor de, em volta de. b) aproximadamente, mais ou menos, cerca de. c) a respeito de, sobre.

in.tor.pi.di.re [intorpid´ire] *vt* **1** entorpecer, deixar entorpecido. *vi+vpr* **2** entorpecer-se.

in.tos.si.ca.re [intossik´are] *vt* **1** intoxicar. **2** envenenar.

in.tran.si.gen.te [intranzidʒ´ɛnte] *agg* intransigente.

in.tran.si.ti.vo [intranzit´ivo] *agg Gramm* intransitivo.

in.tra.pren.de.re [intrapr´ɛndere] *vt* **1** empreender. **2** começar. **3** entregar-se a (carreira).

in.tra.pre.sa [intrapr´eza] *sf* empresa.

in.trat.ta.bi.le [intratt´abile] *agg* **1** intratável, difícil. **2** duro, rígido.

in.trat.te.ne.re [intratten´ere] *vt* **1** entreter, divertir. *vpr* **2** divertir-se. **3** deter-se, parar.

in.trec.cia.re [intrettʃ´are] *vt* **1** entrelaçar. *vpr* **2** entrelaçar-se.

in.tri.go [intr´igo] *sm* intriga, trama.

in.trin.se.co [intr´inseko] *sm* interior, parte de dentro. • *agg* intrínseco.

in.tri.sti.re [intrist´ire] *vi* **1** entristecer, ficar triste. **2** ficar mau, perverter-se.

in.tro.dur.re [introd´urre] *vt* **1** introduzir. **2** apresentar. **3** iniciar (um estudo). *vpr* **4** introduzir-se, entrar. **5** *fig* infiltrar-se, penetrar.

in.tro.du.zio.ne [introdutsˈjone] *sf* **1** introdução. **2** apresentação. **3** *Mus* introdução.

in.tro.met.te.re [intromˈettere] *vt* **2**

intrometer. *vpr* **2** intrometer-se. **3** intervir.

in.tro.mis.sio.ne [intromissˈjone] *sf* **1** intromissão. **2** intervenção. **3** mediação.

in.tro.ver.so [introvˈɛrso] *agg* introvertido.

in.tui.ti.vo [intwitˈivo] *agg* intuitivo.

in.tui.zio.ne [intwitsˈjone] *sf* intuição.

i.nu.mi.di.re [inumidˈire] *vt* **1** umedecer, umectar. *vpr* **2** umedecer, ficar úmido.

i.nu.si.ta.to [inuzitˈato] *agg* inusitado.

i.nu.ti.le [inˈutile] *agg* inútil.

in.va.de.re [invˈadere] *vt* **1** invadir, entrar à força em. **2** inundar, alagar. **3** infestar.

in.va.li.do [invˈalido] *sm* inválido. • *agg* **1** inválido, inutilizado. **2** fraco, debilitado.

in.va.no, in vano [invˈano] *avv* em vão.

in.va.sio.ne [invazˈjone] *sf* invasão.

in.vec.chia.re [invekkˈjare] *vt+vi* envelhecer.

in.ve.ce [invˈetʃe] *avv* **1** ao invés. **2** ao contrário, pelo contrário. **invece di** ao invés de, em lugar de.

in.ven.ta.re [ventˈare] *vt* **1** inventar. **2** criar. **3** *fig* imaginar, idealizar.

in.ven.ta.rio [inventˈarjo] *sm Comm, Giur* inventário.

in.ven.to.re [inventˈore] *sm* inventor.

in.ven.zio.ne [inventsˈjone] *sf* **1** invenção. **2** *fig* fingimento. **3** mentira, história.

in.ver.no [invˈɛrno] *sm* inverno. **d'inverno** no inverno.

in.ver.sio.ne [inversˈjone] *sf* inversão.

in.ver.so [invˈɛrso] *sm* inverso, contrário, oposto. • *agg* inverso, invertido. • *prep* **1** na direção de. **2** contra. **all'inverso** ao contrário, às avessas.

in.ver.te.bra.to [invertebrˈato] *sm+agg Zool* invertebrado.

in.ver.ti.re [invertˈire] *vt* **1** inverter. **2** reverter.

in.ver.ti.to [invertˈito] *agg* homossexual.

investigare 133 **ispirare**

in.ve.sti.ga.re [investig´are] *vt* investigar.
in.ve.sti.men.to [investim´ento] *sm* **1** investimento. **2** atropelamento.
in.ve.sti.re [invest´ire] *vt* **1** investir, empossar. **2** atropelar. **3** ofender, insultar. **4** *Comm* investir.
in.via.re [inv´jare] *vt* **1** enviar, mandar, expedir. *vpr* **2** encaminhar-se, pôr-se a caminho.
in.vi.dia [inv´idja] *sf* inveja.
in.vi.dia.re [invidj´are] *vt* invejar.
in.vi.dio.so [invid´jozo] *agg* invejoso.
in.vio [inv´io] *sm* envio, expedição.
in.vi.si.bi.le [inviz´ibile] *agg* invisível.
in.vi.ta.re [invit´are] *vt* **1** convidar. **2** *fig* estimular, incitar.
in.vi.to [inv´ito] *sm* convite.
in.vit.to [inv´itto] *agg* invicto.
in.vo.ca.re [invok´are] *vt* invocar.
in.vol.ge.re [inv´ɔldʒere] *vt* **1** envolver, enrolar. **2** embrulhar. **3** *fig* envolver, compreender, abranger. *vpr* **4** envolver-se, enrolar-se. **5** *fig* envolver-se em, comprometer-se com.
in.zup.pa.re [intsupp´are] *vt* **1** ensopar. **2** embeber. *vpr* **3** ensopar-se. **4** banhar-se.
i.o [´io] *pron* eu. • *sm* o eu.
io.dio [´jɔdjo] *sm* Chim iodo.
io.ga [´jɔga] *sf* ioga, doutrina e ginástica indiana.
i.per.ten.sio.ne [ipertens´jone] *sf Med* hipertensão.
i.pno.tiz.za.re [ipnotiddz´are] *vt* **1** hipnotizar. **2** *fig* fascinar.
i.po.cri.si.a [ipokriz´ia] *sf* hipocrisia.
i.po.cri.ta [ip´ɔkrita] *s* hipócrita.
i.po.te.ca [ipot´eka] *sf Giur* hipoteca.
i.po.te.ca.re [ipotek´are] *vt* hipotecar.
i.po.te.si [ip´ɔtezi] *sf Fil, Mat* hipótese.
ip.pi.ca [´ippika] *sf* hipismo.
ip.po.po.ta.mo [ippop´ɔtamo] *sm Zool* hipopótamo.
i.psi.lon [´ipsilon] *sf* ipsilon, o nome da letra Y.

i.ra [´ira] *sf* ira, raiva.
i.ri.de [´iride] *sf* **1** *Anat* íris. **2** *Met* arco-íris.
i.ro.ni.a [iron´ia] *sf* ironia.
ir.ra.gio.ne.vo.le [irradʒon´evole] *agg* **1** irracional. **2** *fig* absurdo.
ir.ra.zio.na.le [iratsjon´ale] *agg* irracional.
ir.re.a.le [irre´ale] *agg* irreal.
ir.re.go.la.re [irregol´are] *agg* irregular.
ir.re.si.sti.bi.le [irezist´ibile] *agg* irresistível.
ir.re.spon.sa.bi.le [irrespons´abile] *agg* irresponsável.
ir.ri.ga.re [irig´are] *vt* **1** irrigar. **2** banhar. *vi* **3** escorrer, fluir.
ir.ri.gi.di.re [iridʒid´ire] *vt* **1** enrijecer. **2** entorpecer. **3** *fig* tornar inerte. *vi+vpr* **4** enrijecer-se. **5** entorpecer. **6** *fig* tornar-se insensível.
ir.ri.ta.re [irit´are] *vt* **1** irritar. **2** *Med* irritar, inflamar, produzir irritação em. *vpr* **3** irritar-se.
ir.ri.ve.ren.te [irˇiver´ente] *agg* **1** irreverente, insolente, mal-educado. **2** zombeteiro.
i.scri.ve.re [iskr´ivere] *vt* **1** inscrever, registrar. *vpr* **2** inscrever-se em, associar-se a. **3** matricular-se em. **4** *Mil* alistar-se em.
i.scri.zio.ne [iskrits´jone] *sf* **1** inscrição. **2** registro. **3** matrícula.
i.sla.mi.co [izl´amiko] *agg* islâmico, do islamismo.
i.so.la [´izola] *sf* ilha.
i.so.la.re [izol´are] *vt* **1** isolar. **2** separar. **3** segregar. **4** *Elett* isolar. *vpr* **5** isolar-se, separar-se.
i.so.la.to [izol´ato] *sm* quarteirão. • *agg* isolado.
i.spe.zio.na.re [ispetsjon´are] *vt* inspecionar.
i.spe.zio.ne [ispets´jone] *sf* inspeção.
i.spi.ra.re [ispir´are] *vt* **1** inspirar (ideia). **2** sugerir. *vpr* **3** inspirar-se em.

i.spi.ra.zio.ne [ispirats′jone] *sf* inspiração.

is.sa.re [iss′are] *vt Naut* içar.

i.stan.ta.ne.o [istant′aneo] *agg* instantâneo.

i.stan.te [ist′ante] *sm* instante, momento. **all'istante** logo, no mesmo instante.

i.ste.ri.co [ist′eriko] *sm+agg* histérico.

i.sti.ga.re [istig′are] *vt* **1** instigar, incitar. **2** induzir, levar a.

i.stin.ti.vo [istint′ivo] *agg* instintivo.

i.stin.to [ist′into] *sm* **1** instinto. **2** inclinação.

i.sti.tui.re [istitu′ire] *vt* instituir, fundar.

i.sti.tu.zio.ne [istituts′jone] *sf* instituição.

i.strui.re [istr′wire] *vt* **1** instruir. **2** treinar, adestrar. **3** *Giur* instruir. *vpr* **4** instruir-se.

i.strut.ti.vo [istrutt′ivo] *agg* instrutivo.

i.stru.zio.ne [istruts′jone] *sf* **1** instrução. **2** educação.

i.ta.lia.no [ital′jano] *sm+agg* italiano, da Itália. **all'italiana** à italiana, à moda italiana.

i.ta.li.co [it′aliko] *sm* itálico. • *agg Poet* itálico, da Itália antes dos romanos.

i.ti.ne.ra.rio [itiner′arjo] *sm* itinerário, trajeto.

iu.nio.re [jun′jore] *sm+agg* júnior.

iu.ta [′juta] *sf* juta.

j

j [i l´unga] *sf* jota, antigamente a décima letra do alfabeto italiano.
jeep [dʒ´ip] *sm ingl* jipe.
jo-jo [jɔj´ɔ] *sm ingl* ioiô.
judò [jud´ɔ] *sm giap Sp* judô.

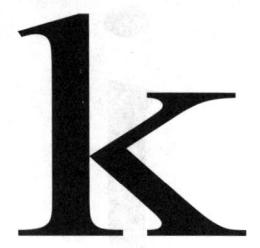

k [k´appa] *sf* cá, letra que não faz parte do alfabeto italiano, utilizada apenas em palavras estrangeiras. Geralmente, é substituída por **c** ou **ch**.

kimono [kim´ono] *sm giap* quimono.

l

l [ɛlle] *sf* a décima letra do alfabeto italiano.

la¹ [l'a] *sm Mus* lá.

la² [l'a] *art det f sing* a. *la casa* / a casa. • *pron f sing* 1 a, la. 2 o senhor, a senhora.

là [l'a] *avv* 1 lá, naquele lugar. 2 naquele tempo. **di là** de lá, do outro lado. **eccolo là!** lá está ele!

lab.bro [l'abbro] *sm Anat* lábio. **leccarsi le labbra** *fig* lamber os beiços.

la.bi.rin.to [labir'into] *sm* 1 labirinto. 2 *Anat* labirinto, ouvido interno. 3 *fig* confusão.

la.bo.ra.to.rio [laborat'ɔrjo] *sm* 1 laboratório. 2 oficina de artesão.

la.bo.rio.so [labor'jozo] *agg* 1 trabalhoso, complicado. 2 trabalhador.

lac.ca [l'akka] *sf* laca.

lac.cio [l'attʃo] *sm* 1 laço. 2 liga, ligação. 3 armadilha, cilada.

la.ce.ra.re [latʃer'are] *vt* 1 lacerar. 2 dilacerar, despedaçar. *vpr* 3 dilacerar-se, despedaçar-se.

la.cri.ma [l'akrima] *sf* 1 lágrima. 2 gota.

la.cu.na [lak'una] *sf* 1 lacuna, espaço. 2 falha.

lad.do.ve [ladd'ove] *avv* ali, naquele lugar. • *cong* enquanto.

la.dro [l'adro] *sm* ladrão. **ladro in guanti gialli** *fig* ladrão de casaca.

lag.giù [ladʒ'u] *avv* 1 lá embaixo. 2 lá longe.

la.go [l'ago] *sm Geogr, fig* lago.

lai.co [l'ajko] *agg* leigo.

la.ma [l'ama] *sf* 1 lâmina. *sm* 2 *Rel* lama.

lam.bi.re [lamb'ire] *vt* 1 lamber. 2 *fig* roçar, tocar de leve.

la.men.ta.re [lament'are] *vt* 1 lamentar. 2 lastimar. 3 deplorar. *vpr* 4 lamentar-se de, queixar-se de.

la.men.ta.zio.ne [lamentats'jone] *sf* lamentação, queixa.

la.men.to [lam'ento] *sm* lamento.

la.met.ta [lam'etta] *sf dim* lâmina de barbear.

la.mi.na [l'amina] *sf* 1 lâmina. 2 chapa fina.

lam.pa.da [l'ampada] *sf* lâmpada. **lampada al neon** lâmpada de néon. **lampada fluorescente** lâmpada fluorescente.

lam.pa.da.rio [lampad'arjo] *sm* lustre.

lam.peg.gia.re [lampeddʒ'are] *vi* 1 relampejar. 2 *fig* resplandecer.

lam.peg.gia.to.re [lampeddʒ'atore] *sm Autom* pisca-pisca.

lam.pio.ne [lamp'jone] *sm* lampião, lanterna.

lam.po [l'ampo] *sm* 1 relâmpago. 2 *fig* raio, coisa velocíssima. **chiusura lampo** zíper.

lam.po.ne [lamp'one] *sm* framboesa.

la.na [l'ana] *sf* lã.

lan.cia [l'antʃa] *sf* 1 lança. 2 *Naut* lancha. **lancia di salvataggio** bote salva-vidas.

lan.cia.re [lantʃ'are] *vt* **1** lançar, jogar, arremessar, atirar. **2** *Comm* lançar (produto). *vpr* **3** lançar-se, jogar-se.

lan.cio [l'antʃo] *sm* **1** lançamento. **2** arremesso.

lan.ter.na [lant'ɛrna] *sf* **1** lanterna, lampião. **2** *Archit* claraboia. **3** *Naut* farol.

la.pi.da.re [lapid'are] *vt* apedrejar.

la.pi.de [l'apide] *sf* lápide.

la.pis [l'apis] *sm* lápis.

lar.do [l'ardo] *sm* **1** toucinho. **2** gordura de porco.

lar.ghez.za [larg'ettsa] *sf* **1** largura. **2** *fig* generosidade. **3** liberalidade. **4** abundância.

lar.go [l'argo] *sm* **1** largura. **2** largo, praça. **3** *Mus* largo. • *agg* **1** largo. **2** *fig* aberto, amplo. **3** abundante. **4** liberal, generoso. **5** folgado.

la.rin.ge [lar'indʒe] *sf Anat* laringe.

lar.va [l'arva] *sf* **1** larva. **2** *fig* fantasma, espectro. **3** esqueleto, pessoa magra.

la.sa.gna [laz'aɲa] *sf* lasanha.

la.scia.re [laʃ'are] *vt* **1** deixar. **2** abandonar. **3** desistir de. **4** permitir. **5** afrouxar. **6** legar, deixar em testamento. *vpr* **7** deixar-se.

la.sci.vo [laʃ'ivo] *agg* lascivo.

las.sa.ti.vo [lassat'ivo] *sm+agg Med* laxante.

las.sù [lass'u] *avv* ali em cima, lá em cima.

la.stra [l'astra] *sf* **1** laje, lousa, pedra de forma achatada. **2** lajota. **3** chapa de metal.

la.ten.te [lat'ɛnte] *agg* latente.

la.te.ra.le [later'ale] *agg* lateral, do lado. • *sm Calc* lateral.

la.ti.no [lat'ino] *sm* o latim, língua latina. • *agg* latino.

la.ti.tu.di.ne [latit'udine] *sf Geogr* latitude.

la.to [l'ato] *sm* **1** lado. **2** flanco. **3** parte. **a lato di** ao lado de. **dal lato paterno** por parte de pai.

la.tra.re [latr'are] *vi* ladrar, latir.

la.tri.na [latr'ina] *sf* latrina, privada.

lat.ta [l'atta] *sf* **1** lata. **2** lâmina de metal.

lat.ta.io [latt'ajo] *sm+agg* leiteiro. **vacca lattaia** vaca leiteira.

lat.te [l'atte] *sm* leite. **fiore di latte** nata. **latte condensato** leite condensado. **latte di cocco** leite de coco.

lat.ti.ce [l'attitʃe] *sm Bot* látex.

lat.ti.ci.nio [lattitʃ'injo] *sm* laticínio.

lat.tie.ra [latt'jɛra] *sf* leiteira.

lat.tu.ga [latt'uga] *sf* alface.

lau.re.a [l'awrea] *sf* formatura.

lau.re.a.re [lawre'are] *vt* **1** diplomar. *vpr* **2** diplomar-se, formar-se.

lau.ro [l'awro] *sm Bot* **1** louro. **2 i lauri** *pl fig* os louros, a glória.

la.va [l'ava] *sf Geol* lava.

la.va.bo [lav'abo] *sm* pia, lavabo.

la.va.gna [lav'aɲa] *sf* lousa, quadro-negro.

la.van.da [lav'anda] *sf* **1** lavagem. **2** *Bot* alfazema.

la.van.de.ri.a [lavander'ia] *sf* lavanderia.

la.va.piat.ti [lavap'jatti] *s* **1** lavador ou lavadora de pratos, pessoa que lava pratos. **2** lava-louças, máquina de lavar pratos, copos, vasilhas etc.

la.va.re [lav'are] *vt* **1** lavar. **2** *fig* purificar. *vpr* **3** lavar-se.

la.va.tri.ce [lavatr'itʃe] *sf* máquina de lavar.

la.va.tu.ra [lavat'ura] *sf* lavagem. **lavatura gastrica** *Med* lavagem do estômago.

la.vo.ra.re [lavor'are] *vt* **1** trabalhar. **2** elaborar. **3** cultivar, arar. *vi* **4** trabalhar. **5** agir, operar. **lavorare a maglia** tricotar.

la.vo.ra.to.re [lavorat'ore] *sm* trabalhador.

la.vo.ra.zio.ne [lavorats'jone] *sf* **1** trabalho. **2** cultivo. **3** lavoura.

la.vo.ro [lav′oro] *sm* trabalho. **lavori di casa** serviços domésticos. **lavoro ai ferri** tricô.
le [l′e] *art def f pl* as. **le anime** / as almas. **le donne** / as mulheres. • *pron f sing* **1** lhe, a ela. **2** ao senhor, à senhora. *pl* **3** a) as. b) os senhores, às senhoras.
le.a.le [le′ale] *agg* **1** leal. **2** fiel.
le.al.tà [lealt′a] *sf* **1** lealdade. **2** fidelidade.
leb.bra [l′ebbra] *sf Med* lepra.
lec.ca.pie.di [lekkap′jedi] *s pop* puxa--saco.
lec.ca.re [lekk′are] *vt* **1** lamber. *fig* **2** bajular. *vpr* **3** lamber-se.
lec.ca.ta [lekk′ata] *sf* lambida.
le.ci.to [l′etʃito] *agg* lícito, legal.
le.ga [l′ega] *sf* **1** liga, aliança, união. **2** ligação. **3** classe, tipo. **4** légua. **5** *fig disp* bando. **6** conchavo.
le.ga.le [leg′ale] *agg* legal, da lei. • *sm* advogado.
le.ga.liz.za.re [legaliddz′are] *vt Giur* autenticar, legalizar um documento.
le.ga.me [leg′ame] *sm* **1** ligação. **2** vínculo.
le.ga.re [leg′are] *vt* **1** ligar, unir. **2** prender, fixar. **3** encadernar. **4** *Giur* legar. *vpr* **5** ligar-se a, unir-se a.
le.ga.to [leg′ato] *sm* **1** *Giur* legado, herança. **2** *Rel* núncio. **3** *Pol* embaixador, legado.
leg.ge [l′eddʒe] *sf* **1** lei. **2** norma. **3** *fig* direito. **fuori legge** ilegal.
leg.gen.da [leddʒ′enda] *sf* **1** lenda. **2** legenda.
leg.gen.da.rio [leddʒend′arjo] *agg* lendário, legendário.
leg.ge.re [l′eddʒere] *vt+vi* **1** ler. **2** lecionar. **3** *fig* compreender, entender.
leg.ge.rez.za [leddʒer′ettsa] *sf* **1** leveza. **2** agilidade. **3** ligeireza.
leg.ge.ro, leggiero [leddʒ′εro], *agg* **1** leve. **2** ágil. **3** ligeiro, rápido, veloz. **4** *fig* volúvel. **5** leviano.

leg.gi.bi.le [leddʒ′ibile] *agg* legível.
le.gio.ne [ledʒ′one] *sf Mil* legião.
le.gi.sla.ti.vo [ledʒislat′ivo] *agg* legislativo.
le.git.ti.mo [ledʒ′ittimo] *agg* **1** legítimo, legal. **2** genuíno, verdadeiro. **3** apropriado, conveniente.
le.gna [l′eɲa] *sf* (*pl* **le legna, le legne**) lenha.
le.gna.me [leɲ′ame] *sm* **1** madeira. **2** lenha.
le.gno [l′eɲo] *sm* madeira.
le.gu.me [leg′ume] *sm* legume.
lei [l′εj] *pron f sing* **1** ela. **2** a, la. **3** o senhor, a senhora.
len.di.ne [l′endine] *sf Zool* lêndea.
len.te [l′ente] *sf* **1** *Bot* lentilha. **3 lenti** *pl* óculos. **lente da ingrandimento** lente de aumento, lupa.
len.tez.za [lent′ettsa] *sf* lentidão.
len.tic.chia [lent′ikkja] *sf Bot* lentilha.
len.tig.gi.ne [lent′iddʒine] *sf* sarda.
len.to [l′εnto] *agg* **1** lento, vagaroso. **2** preguiçoso. **3** frouxo, solto. • *avv* lentamente.
len.zuo.lo [lents′wɔlo] *sm* lençol.
le.o.ne [le′one] *sm Zool* **1** leão. **2 Leone** *Astron, Astrol* Leão.
le.o.nes.sa [leon′essa] *sf Zool* leoa.
le.pre [l′εpre] *s Zool* lebre.
ler.cio [l′εrtʃo] *agg* **1** imundo. **2** asqueroso.
le.sbi.ca [l′εzbica] *sf* lésbica.
le.sio.na.re [lezjon′are] *vt* **1** danificar, estragar. **2** machucar, ferir.
le.sio.ne [lez′jone] *sf* **1** lesão. **2** *fig* ofensa.
les.si.co [l′εssiko] *sm Gramm* **1** léxico. **2** vocabulário.
les.so [l′esso] *sm+agg* cozido.
le.stez.za [lest′ettsa] *sf* **1** rapidez. **2** agilidade.
le.sto [l′εsto] *agg* **1** rápido, veloz. **2** esperto, astuto.
le.ta.me [let′ame] *sm* esterco, estrume.

lettera — limite

let.te.ra [l'ɛttera] *sf* **1** letra. **2** carta. **3** *Comm* letra. **4 lettere** *pl* letras, literatura. **alla lettera** ao pé da letra. **lettera aerea** carta via aérea. **lettera capitale** inicial maiúscula. **lettera di cambio** letra de câmbio.

let.te.ra.to [letter'ato] *sm* letrado. • *agg* letrado, culto, erudito.

let.te.ra.tu.ra [letterat'ura] *sf* literatura.

let.ti.ga [lett'iga] *sf* maca.

let.to [l'ɛtto] *sm* **1** cama, leito. **2** *Geogr* leito de rio. • *agg* lido. **letto a castello** beliche. **letto a due piazze / letto matrimoniale** cama de casal. **letto a una piazza / letto singolo** cama de solteiro.

let.to.re [lett'ore] *sm* leitor.

let.tu.ra [lett'ura] *sf* leitura.

leu.ce.mi.a [lewtʃem'ia] *sf Med* leucemia.

le.va [l'eva] *sf Mecc* alavanca. **leva del cambio** *Autom* alavanca do câmbio.

le.va.re [lev'are] *vt* **1** levantar, erguer. **2** tirar, retirar, remover. *vpr* **3** levantar-se, erguer-se. **4** retirar-se, sair. **5** nascer (astro). **levarsi presto** acordar cedo.

le.va.tri.ce [levatr'itʃe] *sf* parteira.

le.zio.ne [lets'jone] *sf* **1** lição. **2** ponto. **3** *fig* repreensão.

li [l'i] *pron m pl* os, los.

lì [l'i] *avv* **1** ali, lá. **2** para lá.

li.bel.lu.la [lib'ɛllula] *sf Zool* libélula.

li.be.ra.le [liber'ale] *s* liberal. • *agg* **1** liberal. **2** generoso.

li.be.ra.re [liber'are] *vt* **1** libertar, livrar. **2** liberar. *vpr* **3** libertar-se, livrar-se.

li.be.ro [l'ibero] *agg* **1** livre. **2** independente. **3** isento.

li.ber.tà [libert'a] *sf* liberdade.

li.ber.ti.nag.gio [libertin'addʒo] *sm* libertinagem, devassidão.

li.ber.ti.no [libert'ino] *sm+agg* libertino, devasso.

Li.bra [l'ibra] *sf Astron, Astrol* Libra, Balança. *Sin: Bilancia.*

li.bre.ri.a [librer'ia] *sf* **1** livraria. **2** biblioteca. **3** estante.

li.bret.to [libr'etto] *sm dim* **1** livrinho. **2** caderneta. **libretto d'assegni** talão de cheques. **libretto di risparmio** caderneta de poupança.

li.bro [l'ibro] *sm* livro. **libro cassa** *Comm* livro-caixa. **libro tascabile** livro de bolso.

li.cen.za [litʃ'ɛntsa] *sf* **1** licença, permissão. **2** atestado de conclusão de curso. **3** *Mil* licença, dispensa.

li.cen.zia.re [litʃents'jare] *vt* **1** licenciar, dispensar. **2** despedir, demitir. **3** diplomar. *vpr* **4** demitir-se.

li.cen.zio.so [litʃents'jozo] *agg* **1** licencioso, devasso. **2** obsceno, vulgar.

li.ce.o [litʃ'eo] *sm* escola secundária.

li.do [l'ido] *sm* **1** praia. **2** *Poet* terra, lugar.

lie.to [l'jeto] *agg* ledo, alegre, feliz, contente. **molto lieto!** muito prazer! **sono lieto di fare la vostra conoscenza!** tenho muito prazer em conhecê-lo(a)!

lie.ve [l'jɛve] *agg* **1** leve. **2** fraco, débil. **3** insignificante.

lie.vi.to [l'jevito] *sm* fermento, lêvedo.

li.gnag.gio [liɲ'addʒo] *sf* linhagem, estirpe.

lil.la [l'illa], **lil.là** [lill'a] *sf* **1** lilás, cor lilás. **2** *Bot* lilás, tipo de flor arroxeada.

li.ma [l'ima] *sf* **1** lima. **2** *fig* preocupação.

li.met.ta [lim'etta] *sf dim* **1** lima pequena. **2** *Bot* lima.

li.mi.ta.re [limit'are] *vt* **1** limitar. **2** restringir. *vpr* **3** limitar-se, restringir-se. **4** conter-se. • *sm* **1** *Lett* soleira. **2** *fig* princípio.

li.mi.ta.to [limit'ato] *agg* **1** limitado. **2** restrito. **3** confinado.

li.mi.te [l'imite] *sm* **1** limite. **2** fronteira. **3** *fig* termo, fim.

li.mo.na.ta [limon´ata] *sf* limonada.
li.mo.ne [lim´one] *sm* limão.
lim.pi.do [l´impido] *agg* **1** límpido, transparente. **2** claro, nítido. **3** limpo, sem nuvens (céu).
lin.cia.re [lintʃ´are] *vt* linchar.
li.ne.a [l´inea] *sf* **1** linha. **2** traço, risco. **3** forma, figura. **4** fila, sequência. **linea aerea** linha aérea. **linea d'autobus** linha de ônibus. **linea ferroviaria** linha de trem. **linea telefonica** linha telefônica.
li.ne.a.men.ti [lineam´enti] *sm pl* fisionomia, feições.
li.ne.et.ta [line´etta] *sf dim* **1** travessão. **2** hífen.
lin.gua [l´ingwa] *sf* **1** língua, idioma. **2** *Anat* língua. **3** *fig* labareda.
lin.guag.gio [ling´waddʒo] *sm* linguagem.
lin.gua.ta [ling´wata] *sf Zool* linguado.
lin.gui.sti.ca [ling´wistika] *sf* linguística.
li.no [l´ino] *sm* linho.
li.qui.da.re [likwid´are] *vt* **1** liquidar, vender a baixo preço. **2** pagar, liquidar. **3** resolver (questão). **4** *fig* liquidar, matar. **5** *Comm* fechar, encerrar.
li.qui.da.zio.ne [likwidats´jone] *sf* **1** pagamento, ajuste. **2** resolução. **3** *Comm* liquidação.
li.qui.do [l´ikwido] *sm* **1** líquido. **2** *Comm* valor líquido. • *agg* **1** líquido. **2** *Comm* líquido.
li.quo.re [lik´wore] *sm* licor.
li.ra [l´ira] *sf* **1** lira, moeda italiana. **2** *Mus* lira. **3** *ger* grana. **lira sterlina** libra esterlina.
li.sca [l´iska] *sf* espinha de peixe.
li.scia.re [liʃ´are] *vt* **1** alisar. **2** pentear. **3** *fig* bajular. **4** *pop* lamber.
li.scio [l´iʃo] *agg* **1** liso. **2** puro. **3** fácil. **4** simples.
li.sta [l´ista] *sf* **1** lista. **2** listra, risca. **3** catálogo, relação. **4** cardápio, menu. **lista dei vini** carta de vinhos.

li.sta.re [list´are] *vt* listrar.
li.ta.ni.a [litan´ia] *sf Rel* ladainha.
li.te [l´ite] *sf* **1** divergência, controvérsia. **2** discussão, briga. **3** *Giur* litígio, demanda.
li.ti.ga.re [litig´are] *vi* **1** divergir. **2** discutir, brigar.
li.ti.gio [lit´idʒo] *sm Giur* litígio.
li.to.ra.le [litor´ale] *sm* litoral, costa. • *agg* litorâneo.
li.to.ra.ne.o [litor´aneo] *agg* litorâneo.
li.tro [l´itro] *sm* litro.
li.tur.gi.a [liturdʒ´ia] *sf Rel* liturgia.
li.vel.la.re [livell´are] *vt* **1** nivelar. **2** aplainar. **3** igualar. *vpr* **4** nivelar-se. **5** igualar-se.
li.vel.lo [liv´ɛllo] *sm* **1** nível. **2** *fig* situação, estado.
li.vi.do [l´ivido] *agg* lívido, pálido. • *sm* contusão, marca.
lo [l´o] *art det m sing* o. *lo specchio* / o espelho. *lo zio* / o tio. • *pron m sing* o, lo.
lo.ca.le [lok´ale] *sm* **1** nativo. **2** quarto, aposento. **3** trem local. • *agg* local. **locale notturno** boate.
lo.ca.liz.za.re [lokaliddz´are] *vt* **1** localizar, situar. **2** isolar, limitar.
lo.can.da [lok´anda] *sf* estalagem, pousada.
lo.ca.ta.rio [lokat´arjo] *sm* locatário, inquilino.
lo.ca.zio.ne [lokats´jone] *sf Comm* locação, arrendamento.
lo.co.mo.ti.va [lokomot´iva] *sf* locomotiva.
lo.cu.sta [lok´usta] *sf Zool* gafanhoto.
lo.cu.zio.ne [lokuts´jone] *sf Gramm* locução, frase.
lo.da.re [lod´are] *vt* **1** elogiar, louvar. *vpr* **2** gabar-se, vangloriar-se.
lo.de [l´ode] *sf* **1** elogio, louvor. **2** *fig* mérito.
lo.gi.ca [l´ɔdʒika] *sf* lógica, raciocínio.
lo.gi.co [l´ɔdʒiko] *agg* **1** lógico. **2** racional, sensato. • *sm* lógico.

lo.go.ra.re [logor´are] *vt* **1** gastar, consumir. **2** estragar. **3** *fig* enfraquecer. *vpr* **4** gastar-se, consumir-se. **5** estragar-se.

lo.go.ro [l´ogoro] *sm* gasto, consumo. • *agg* **1** gasto, consumido. **2** *fig* estragado. **3** enfraquecido.

lom.bo [l´ombo] *sm Anat* lombo, costas.

lom.bri.co [lombr´iko] *sm Zool* **1** minhoca. **2** lombriga.

lon.ge.vi.tà [londʒevit´a] *sf* longevidade.

lon.gin.quo [londʒ´inkwo] *agg* longínquo, remoto.

lon.gi.tu.di.ne [londʒit´udine] *sf* longitude.

lon.ta.nan.za [lontan´antsa] *sf* **1** distância. **2** *fig* ausência.

lon.ta.no [lont´ano] *agg* **1** longe, distante, afastado. **2** remoto. **3** ausente. **4** *fig* diverso, diferente. *avv* longe, distante. **tenersi lontano da** manter-se afastado de.

lon.tra [l´ontra] *sf Zool* lontra.

lor.do [l´ordo] *agg* **1** sujo, imundo. **2** *Contab* bruto, sem desconto. **3** *Comm* bruto. **peso lordo** peso bruto.

lo.ro [l´oro] *pron pl* **1** eles, elas. **2** os, as. **3** lhes, a eles, a elas. **4** a eles, a elas. **5** aos senhores, às senhoras. • *pron* **1** seu, sua, seus, suas, deles, delas. **2** dos senhores, das senhoras. **il loro** *fig* os seus bens, os bens deles/delas. **i loro** *fig* os seus (parentes), os parentes deles/delas.

lo.san.ga [loz´anga] *sf Geom* losango.

lo.sco [l´osko] *agg* **1** caolho, zarolho. **2** *fig* suspeito. **3** desonesto.

lot.ta [l´otta] *sf* **1** luta. **2** combate. **3** conflito, disputa.

lot.ta.re [lott´are] *vi* lutar, combater.

lot.te.ri.a [lotter´ia] *sf* loteria.

lot.to [l´otto] *sm* **1** loto. **2** lote.

lo.zio.ne [lots´jone] *sf* loção.

lu.bri.fi.ca.re [lubrifik´are] *vt* lubrificar.

luc.chet.to [lukk´etto] *sm dim* cadeado.

luc.ci.ca.re [luttʃik´are] *vi* brilhar, reluzir.

luc.ci.chio [luttʃik´io] *sm* brilho, clarão.

luc.cio.la [l´uttʃola] *sf Zool* vagalume, pirilampo. **far vedere lucciole per lanterne** *fig* vender gato por lebre.

lu.ce [l´utʃe] *sf* **1** luz. **2** *Anat* pupila. **3** *fig* verdade. **4** explicação, esclarecimento. **5** dia. **accendere la luce** acender a luz. **dare alla luce** dar à luz. **spegnere la luce** apagar a luz.

lu.cer.na [lutʃ´ɛrna] *sf* lamparina, lampião.

lu.cer.to.la [lutʃ´ɛrtola] *sf Zool* **1** lagarto. **2** lagartixa.

lu.ci.da.re [lutʃid´are] *vt* **1** lustrar, polir. **2** engraxar. **3** encerar.

lu.ci.da.tri.ce [lutʃidatr´itʃe] *sf* enceradeira.

lu.ci.do [l´utʃido] *sm* **1** brilho, lustro. **2** graxa de sapatos. **3** cera para assoalho. • *agg* **1** brilhante. **2** *fig* lúcido.

lu.ci.gno.lo [lutʃ´iɲolo] *sm* pavio.

lu.cra.re [lukr´are] *vt* **1** ganhar. *vi* **2** lucrar.

lu.cra.ti.vo [lukrat´ivo] *agg* lucrativo.

lu.cro [l´ukro] *sm* lucro, ganho.

lu.glio [l´uʎo] *sm* julho.

lui [l´uj] *pron m sing* **1** ele. **lui è venuto** / ele veio. **2** o, lo. **Maria vede lui** / Maria o vê.

lu.ma.ca [lum´aka] *sf Zool, fig* lesma.

lu.me [l´ume] *sm* **1** lâmpada, lampião. **2** luz, brilho. **3** *fig* conselho, sugestão.

lu.mi.no.so [lumin´ozo] *agg* **1** luminoso, brilhante. **2** exemplar. **3** *fig* admirável, exemplar.

lu.na [l´una] *sf* lua. **avere la luna** ser mal-humorado. **chiaro di luna** luar. **essere in buona luna** estar de bom humor. **luna calante** quarto minguante. **luna crescente** quarto crescente. **luna di miele** lua de mel. **luna nuova** lua nova. **luna piena** lua cheia.

lu.na.ti.co [lun´atiko] *agg* **1** lunático, excêntrico. **2** *fig* instável, volúvel.
lu.ne.dì [luned´i] *sm* segunda-feira.
lun.ghez.za [lung´ettsa] *sf* **1** comprimento, extensão. **2** estatura, altura. **3** demora, prolixidade.
lun.go [l´ungo] *sm* comprimento. • *agg* **1** longo, comprido. **2** demorado, lento. **3** alto. **4** aguado, fraco (vinho, café). • *prep* ao longo de. • *avv* longamente. **alla lunga** por muito tempo.
luo.go [l´wɔgo] *sm* **1** lugar, local. **2** vila, aldeia. **3** oportunidade, ensejo. **aver luogo** ter lugar, acontecer. **in luogo di** em vez de.
lu.po [l´upo] *sm* lobo. **lupo mannaro** *Mit* lobisomem.
lu.sin.ga [uz´inga] *sf* **1** lisonja, bajulação. **2** ilusão. **3** **lusinghe** *pl* carícias.

lu.sin.ghie.ro [luzing´jero] *agg* **1** lisonjeiro. **2** suave, doce.
lus.sa.zio.ne [lussats´jone] *sf Med* luxação.
lus.so [l´usso] *sm* **1** luxo. **2** ostentação, pompa. **3** capricho.
lus.suo.so [luss´wozo] *agg* luxuoso.
lus.su.ria [luss´urja] *sf* luxúria.
lu.stra.re [lustr´are] *vt* **1** lustrar, polir. **2** engraxar. **3** *fam* bajular. *vi* **4** reluzir, luzir.
lu.stra.scar.pe [lustrask´arpe] *sm* engraxate.
lu.stri.no [lustr´ino] *sm* **1** lantejoula. **2** engraxate. **3** *fig* afetação, aparência enganosa.
lu.stro [l´ustro] *sm* **1** lustro, brilho. **2** cera. **3** lustro, período de cinco anos. **4** *fig* honra. • *agg* brilhante.
lut.to [l´utto] *sm* luto.

m

m [´ɛmme] *sf* a décima primeira letra do alfabeto italiano.

ma [m´a] *cong* mas. • *sm* dúvida, senão, objeção. **ma come?** mas como? **ma tuttavia** mas todavia, porém.

mac.che.ro.na.ta [makkeron´ata] *sf* macarronada.

mac.che.ro.ne [makker´one] *sm* **1** macarrão. **2** *fam, fig* tolo, bobo.

mac.chia [m´akkja] *sf* **1** mancha. **2** pinta, sinal na pele. **3** mato, matagal. **4** *fig* defeito.

mac.chia.re [makk´jare] *vt* **1** manchar. **2** sujar. **3** *fig* manchar. *vpr* **4** manchar-se. **5** sujar-se. **6** *fig* desonrar-se.

mac.chi.na [m´akkina] *sf* **1** máquina. **2** carro, automóvel. **3** *fig* trama, intriga. **macchina da cucire** máquina de costura. **macchina fotografica** máquina fotográfica.

mac.chi.ni.sta [makkin´ista] *sm* maquinista.

ma.cel.la.io [matʃell´ajo] *sm* açougueiro.

ma.cel.la.re [matʃell´are] *vt* **1** abater (animais). **2** *fig* massacrar.

ma.cel.le.ri.a [matʃeller´ia] *sf* açougue.

ma.cel.lo [matʃ´ello] *sm* **1** matadouro, abatedouro. **2** *fig* massacre, matança.

ma.ci.na.re [matʃin´are] *vt* **1** moer, triturar. **2** *iron* devorar. **3** *fig* tramar.

ma.don.na [mad´ɔnna] *sf* dama (medieval). **La Madonna** Nossa Senhora. **Madonna mia!** minha Nossa Senhora!

ma.dre [m´adre] *sf* **1** mãe. **2** madre. **3** molde, matriz. **4** *fig* causa, origem.

ma.dre.per.la [madrep´ɛrla] *sf* madrepérola.

ma.dre.vi.te [madrev´ite] *sf Mecc* porca, fêmea (do parafuso).

ma.dri.na [madr´ina] *sf* madrinha.

ma.e.stà [maest´a] *sf* majestade. **Sua Maestà** Sua Majestade. **Vostra Maestà** Vossa Majestade.

ma.e.sto.so [maest´ozo] *agg* **1** majestoso. **2** *Mus* solene.

ma.e.stra [ma´ɛstra] *sf* **1** professora primária. **2** mestra. **3** *Mus* maestrina. **4** *Zool* abelha-rainha. **5** *fig* ensinamento.

ma.e.stra.to [maestr´ato] *sm* mestrado.

ma.e.stro [ma´ɛstro] *sm* **1** professor primário. **2** mestre. **3** *Mus* maestro. **4** grande compositor. • *agg* **1** magistral, de mestre. **2** principal, mestre.

ma.fia [m´afja] *sf* **1** máfia. **2** *fig* máfia, grupo criminoso organizado.

ma.ga.ri [mag´ari] *avv* **1** talvez, é possível, pode ser que. **2** até, até mesmo. • *int* queira Deus! se Deus quiser! **magari fosse così!** quisera Deus que fosse assim!

ma.gaz.zi.no [magaddz´ino] *sm* **1** armazém, depósito. **2** loja. **3** supermercado.

mag.gio [m´addʒo] *sm* maio.
mag.gio.ran.za [maddʒor´antsa] *sf* **1** superioridade. **2** maioria.
mag.gior.do.mo [maddʒord´omo] *sm* mordomo.
mag.gio.re [maddʒ´ore] *sm* **1** sênior, membro mais velho. **2** *Mil* major. **3 i maggiori** *pl* os antepassados. • *agg compar* (de **grande**) **1** maior. **2** mais velho.
mag.gio.ren.ne [maddʒor´ɛnne] *s+agg* maior de idade.
ma.gi.a [madʒ´ia] *sf* **1** magia. **2** *fig* fascinação, encanto.
ma.gi.co [m´adʒiko] *agg* **1** mágico. **2** *fig* encantador.
ma.gi.ste.ro [madʒist´ɛro] *sm* **1** magistério. **2** *fig* influência, poder.
ma.gi.stra.to [madʒistr´ato] *sm* magistrado, juiz.
ma.glia [m´aλa] *sf* **1** malha, cada uma das voltas ou nós dos fios trançados ou tecidos. **2** malha, blusa. **3** camiseta.
ma.glie.ri.a [maλer´ia] *sf* malharia.
ma.glio.ne [maλ´one] *sm* pulôver, malha grossa.
ma.gna.ni.mo [mañ´animo] *agg* magnânimo, generoso.
ma.gna.te [mañ´ate] *sm* **1** magnata. **2** *fig* milionário.
ma.gne.te [mañ´ete] *sm* ímã.
ma.gne.ti.co [mañ´ɛtiko] *agg* magnético.
ma.gne.ti.smo [mañet´izmo] *sm* magnetismo.
ma.gni.fi.co [mañ´ifiko] *agg* **1** magnífico, esplêndido. **2** luxuoso. **3** generoso, magnânimo.
ma.gno [m´año] *agg Lett* magno, grande.
ma.go [m´ago] *sm* mago.
ma.grez.za [magr´ettsa] *sf* magreza.
ma.gro [m´agro] *agg* **1** magro. **2** árido. **3** *fig* estéril. **4** insignificante. **5** escasso.
mai [m´aj] *avv* nunca, jamais. **come mai?** como? **più che mai** mais do que nunca. **se mai / caso mai** se, no caso de.
ma.ia.le [ma´jale] *sm* **1** porco castrado. **2** carne de porco. **3** *fig* porco, porcalhão.
ma.io.ne.se [majon´eze] *sf* maionese.
mais [m´ajs] *sm* milho.
ma.iu.sco.la [ma´juskola], **lettera maiuscola** *sf* letra maiúscula.
ma.iu.sco.lo [ma´juskolo] *agg* **1** maiúsculo. **2** *iron* grande.
ma.la.fe.de [malaf´ede] *sf* má-fé.
ma.lan.no [mal´anno] *sf* **1** desgraça, tragédia. **2** *fig* doença, enfermidade.
ma.la.to [mal´ato] *sm+agg* doente, enfermo.
ma.lat.ti.a [malatt´ia] *sf* doença, enfermidade.
ma.lau.gu.rio [malawg´urjo] *sm* mau agouro.
ma.la.vo.glia [malav´ɔλa] *sf* má vontade. **di malavoglia** de má vontade.
mal.con.ten.to [malkont´ento] *sm* descontentamento. • *agg* descontente.
mal.cre.a.to [malkre´ato] *agg* malcriado.
ma.le [m´ale] *sm* **1** mal. **2** doença. **3** delito, infração. **4** *fig* dano, estrago. **5** dor, tormento. **6** desgraça, calamidade. • *avv* mal. **mal di mare** enjoo de navio. **mal di paese** saudade da terra natal. **mal di testa** dor de cabeça. **mal di ventre** dor de barriga. **non c'è male!** não faz mal!
ma.le.det.to [maled´etto] *agg* **1** maldito. **2** *fig* terrível, horrível. **3** odiado.
ma.le.di.re [maled´ire] *vt* **1** amaldiçoar, maldizer. **2** detestar, odiar.
ma.le.di.zio.ne [maledits´jone] *sf* maldição.
ma.le.du.ca.to [maleduk´ato] *agg* mal--educado.
ma.le.fi.co [mal´ɛfiko] *agg* **1** maléfico, maligno. **2** nocivo, danoso. **3** venenoso.

malessere 146 **mangiare**

ma.les.se.re [mal´εssere] *sm* **1** indisposição, mal-estar. **2** *fig* inquietação.
mal.fat.to.re [malfatt´ore] *sm* malfeitor, bandido.
ma.li.a [mal´ia] *sf* **1** feitiço, encanto. **2** *fig* fascinação, atração.
ma.liar.do [mal´jardo] *agg* encantador, sedutor.
ma.li.gno [mal´iño] *agg* **1** maligno. **2** nocivo, danoso.
ma.lin.co.ni.a [malinkon´ia] *sf* melancolia.
ma.lin.co.ni.co [malink´ɔniko] *agg* melancólico.
ma.li.zia [mal´itsja] *sf* **1** malícia. **2** astúcia, esperteza. **3** truque.
mal.le.a.bi.le [malle´abile] *agg* maleável.
mal.me.na.re [malmen´are] *vt* **1** estragar, gastar. **2** maltratar, ultrajar.
ma.lo [m´alo] *agg* **1** mau, ruim. **2** malvado. **3** feio.
ma.lo.ra [mal´ora] *sf* **1** perdição. **2** ruína. **andare in malora** arruinar-se.
mal.to [m´alto] *sm* malte.
mal.trat.ta.re [maltratt´are] *vt* **1** maltratar. **2** usar mal.
ma.lu.mo.re [malum´ore] *sm* mau humor.
mal.va.gio [malv´adʒo] *agg* malvado, mau, perverso.
mal.vi.ven.te [malviv´ɛnte] *s+agg* bandido, marginal.
mam.ma [m´amma] *sf* **1** *fam* mamãe. **2** *Lett*, *Poet* mama, glândula mamária.
mam.mel.la [mamm´ɛlla] *sf Anat* mama.
mam.mi.fe.ro [mamm´ifero] *sm+agg* mamífero.
mam.mo.la [m´ammola] *sf* violeta.
man.can.za [mank´antsa] *sf* **1** falta. **2** carência. **3** defeito, imperfeição. **4** erro, falha. **5** delito, infração. **6** desmaio.
man.ca.re [mank´are] *vi* **1** faltar, ser insuficiente. **2** desmaiar. **3** errar. **4** faltar, estar ausente. **5** morrer, falecer. **6** *fig* sentir falta. **mancarci** faltar (tempo). *ci manca poco alle otto* / falta pouco para as oito horas.
man.cia [m´antʃa] *sf* gorjeta.
man.ci.no [mantʃ´ino] *sm* **1** canhoto. **2** canhota, mão esquerda. **3** pé esquerdo. **4** *fig* maroto, malandrino. • *agg* **1** canhoto. **2** esquerdo (mão, pé).
man.co [m´anko] *agg* **1** canhoto. **2** esquerdo. • *avv* **1** menos. **2** nem, nem mesmo.
man.da.re [mand´are] *vt* **1** mandar, enviar. **2** dar (grito). **3** emitir (som). **mandare al diavolo** mandar para o inferno. **mandare giù** a) engolir. b) suportar. **mandare via** mandar embora.
man.da.to [mand´ato] *sm* **1** mandato. **2** encargo. **3** ordem, comando. **4** *Giur* procuração, mandato.
man.di.bo.la [mand´ibola] *sf Anat* mandíbula.
man.do.li.no [mandol´ino] *sm Mus* bandolim.
man.dor.la [m´andorla] *sf Bot* amêndoa. **occhi a mandorla** olhos amendoados.
ma.neg.gia.re [manedʒ´are] *vt* **1** manejar, operar. **2** controlar (cavalos). *vpr* **3** exercitar-se.
ma.net.ta [man´etta] *sf* **1** punhado. **2** **manette** *pl* algemas.
man.ga.nel.lo [mangan´ɛllo] *sm dim* **1** cassetete. **2** bastão.
man.ga.no [m´angano] *sm Mecc* guindaste.
man.ge.rec.cio [mandʒer´ettʃo] *agg V mangiabile*.
man.gia.bi.le [mandʒ´abile] *agg* comestível. *Var: mangereccio*.
man.gia.re [mandʒ´are] *vt* **1** comer. **2** *fam* roubar, afanar. **3** *fig* estragar, gastar. **4** ganhar ilegalmente. *vi* **5** comer, alimentar-se. • *sm* **1** comida, alimento. **2** refeição.

man.go [m´ango] *sm Bot* **1** manga. **2** mangueira, pé de manga.
ma.ni.a [man´ia] *sf* **1** *Med* mania. **2** *fig* mania, obsessão.
ma.ni.a.co [man´iako] *sm+agg* maníaco.
ma.ni.ca [m´anika] *sf* **1** manga (de roupa). **2** *fig* quadrilha. **rimboccare le maniche** arregaçar as mangas.
ma.ni.ca.ret.to [manikar´etto] *sm* petisco, quitute.
ma.ni.chi.no [manik´ino] *sm* **1** manequim. **2** modelo de roupas.
ma.ni.co [m´aniko] *sm* **1** cabo. **2** asa (de vaso, xícara). **3** *Mus* braço.
ma.ni.co.mio [manik´ɔmjo] *sm* **1** manicômio, hospício. **2** *fig* confusão, bagunça.
ma.ni.cu.re [man´ikure] *s* manicura.
ma.nie.ra [man´jɛra] *sf* **1** maneira, modo. **2** uso, costume, hábito. **3** estilo artístico.
ma.ni.fat.tu.ra [manifatt´ura] *sf* manufatura.
ma.ni.fe.sta.re [manifest´are] *vt* **1** manifestar, mostrar. *vpr* **2** manifestar-se, mostrar-se.
ma.ni.fe.sto [manif´ɛsto] *sm* **1** cartaz, anúncio. **2** manifesto. • *agg* **1** manifestado, mostrado. **2** conhecido, notório.
ma.ni.glia [man´iʎa] *sf* **1** maçaneta. **2** alça.
ma.nio.ca [man´jɔka] *sf* mandioca.
ma.ni.po.la.re [manipol´are] *vt* **1** manipular. **2** preparar. **3** *Med* massagear. **4** *fam* alterar.
ma.no [m´ano] *sf* **1** mão. **2** lado. **3** demão, mão de pintura. **4** trabalho, obra. **5** *fig* ajuda, auxílio. **6** autoridade. **a mano armata** à mão armada. **chiedere la mano** pedir a mão. **dare la mano a / stringere la mano a** apertar a mão de. **tenere a mano** ter à mão.
ma.no.scrit.to [manoskr´itto] *sm* manuscrito. • *agg* escrito à mão.

ma.no.vel.la [manov´ɛlla] *sf* **1** manivela. **2** alavanca.
ma.no.vra [man´ɔvra] *sf* **1** manobra. **2** *Mil* manobra, evolução.
ma.no.vra.re [manovr´are] *vt* **1** manobrar, dirigir. **2** *fig* tramar. *vi* **3** *Mil* manobrar.
man.sue.to [mans´weto] *agg* **1** manso. **2** *fig* calmo, doce, pacífico.
man.te.ca [mant´eka] *sf* brilhantina.
man.tel.lo [mant´ello] *sm* **1** mantô. **2** casaco. **3** *Zool* pelagem, cor dos pelos.
man.te.ne.re [manten´ere] *vt* **1** manter. **2** conservar. **3** sustentar. *vpr* **4** manter-se. **5** conservar-se. **6** sustentar-se.
man.te.ni.men.to [mantenim´ento] *sm* **1** manutenção. **2** mantimento, provisão.
man.tò [mant´ɔ] *sm* mantô.
ma.nu.a.le [manu´ale] *sm+agg* manual.
man.zo [m´andzo] *sm* **1** novilho. **2** bife. **manzo allo spiedo** churrasco.
map.pa [m´appa] *sf* mapa.
ma.ra.gia [mar´adʒa], **ma.ra.già** [maradʒ´a] *sm* marajá.
ma.ra.to.na [marat´ona] *sm* **1** maratona. **2** *fig* corrida. **3** maratona, esforço, luta.
mar.ca [m´arka] *sf* **1** carimbo, sinal impresso. **2** *Comm* marca de mercadoria. **3** canhoto, comprovante. **marca da bollo** selo para documentos.
mar.ca.re [mark´are] *vt* **1** marcar. **2** colocar em evidência, ressaltar.
mar.che.se [mark´eze] *sm* marquês.
mar.chio [m´arkjo] *sm* **1** marca comercial. **2** *fig* fama, renome. *Var*: *marco*.
mar.cia [m´artʃa] *sf* (anche *Mus*, *Autom* e *Mil*) marcha. **fare marcia indietro** a) *Autom* dar marcha à ré. b) *fig* arrepender-se. **marcia indietro** marcha à ré. **marcia in folle** ponto morto.
mar.cia.pie.de [martʃap´jɛde] *sm* calçada.

marciare 148 **massaggiare**

mar.cia.re [martʃ'are] *vi* **1** marchar. **2** *fig* avançar.
mar.ci.me [martʃ'ime] *sm* estrume.
mar.cio [m'artʃo] *sm* **1** parte podre, podridão. **2** *fig* corrupção. • *agg* **1** podre. **2** *fig* tísico, tuberculoso. **3** estragado. **4** corrupto, desonesto. **5** depravado, imoral.
mar.ci.re [martʃ'ire] *vi* **1** apodrecer, estragar. **2** *fig* degenerar, corromper-se.
mar.co [m'arko] *sm* **1** marco, antiga moeda e unidade monetária alemã. **2** *V marchio*.
ma.re [m'are] *sm* **1** mar. **2** *fig* mar, monte, grande quantidade. **alto mare** mar alto.
ma.re.a [mar'ɛa] *sf* maré. **alta marea** maré alta. **bassa marea** maré baixa.
ma.re.mo.to [marem'ɔto] *sm* maremoto.
ma.re.scial.lo [mareʃʃ'allo] *sm Mil* marechal.
mar.ga.ri.na [margar'ina] *sf* margarina.
mar.ghe.ri.ta [marger'ita] *sf* **1** *Bot* margarida. **2** *Lett* pérola. **3** gema, pedra preciosa.
mar.gi.na.le [mardʒin'ale] *agg* **1** marginal, das margens. **2** *fig* secundário, supérfluo.
mar.gi.ne [m'ardʒine] *sm* **1** margem. **2** borda, orla. **3** *fig* ganho, lucro.
ma.ri.na [mar'ina] *sf* **1** litoral, praia. **2** *Mil* marinha.
ma.ri.na.io [marin'ajo] *sm* marinheiro.
ma.ri.no [mar'ino] *sm* marujo, marinheiro. • *agg* marinho.
ma.rio.net.ta [marjon'etta] *sf* marionete, títere.
ma.ri.ta.re [marit'are] *vt* **1** casar. **2** *fig* unir, juntar. *vpr* **3** casar-se. **4** *fig* unir-se, juntar-se.
ma.ri.to [mar'ito] *sm* marido.
ma.rit.ti.mo [mar'ittimo] *agg* marítimo, marinho. • *sm* marinheiro.
mar.mel.la.ta [marmell'ata] *sf* geleia.
mar.mit.ta [marm'itta] *sf* marmita.

mar.mo [m'armo] *sm* mármore.
mar.ra [m'aɾ̄a] *sf* enxada, sacho.
mar.ro.ne [maɾ̄'one] *sm* **1** marrom. **2** *fig* erro.
mar.si.na [mars'ina] *sf* fraque.
mar.te.dì [marted'i] *sm* terça-feira. **martedì grasso** terça-feira gorda.
mar.tel.lo [mart'ɛllo] *sm* **1** martelo. **2** *fig* tormento.
mar.ti.net.to [martin'etto] *sm Mecc* **1** macaco. **2** guindaste.
mar.ti.re [m'artire] *sm* (anche *fig*) mártir.
mar.ti.rio [mart'irjo] *sm* **1** martírio. **2** *fig* tormento.
mar.zo [m'artso] *sm* março.
ma.scal.zo.ne [maskaltsˈone] *sm* patife, velhaco.
ma.sca.va.to [maskav'ato] *sm* açúcar mascavo.
ma.scel.la [maʃʃ'ɛlla] *sf Anat* **1** maxilar. **2** *fam* bochecha.
ma.sche.ra [m'askera] *sf* **1** máscara. **2** *fig* fingimento, disfarce.
ma.sche.ra.re [masker'are] *vt* **1** mascarar. **2** *fig* esconder, ocultar. *vpr* **3** mascarar-se.
ma.schi.le [mask'ile] *agg* **1** masculino. **2** *fig* másculo, viril.
ma.schio [m'askjo] *sm* **1** macho. **2** menino, filho. **3** *Mecc* macho, peça ou parte saliente que se encaixa na fêmea • *agg* **1** macho. **2** *fig* viril, másculo.
ma.sco.li.no [maskol'ino] *agg* masculino.
ma.sna.da [mazn'ada] *sf* **1** bando, quadrilha. **2** *pop* ralé, gentalha.
mas.sa [m'assa] *sf* **1** massa. **2** *Fis* massa. **3** *Elett* terra. **4** **le masse** *pl* as massas. **in massa** em massa.
mas.sa.cra.re [massakr'are] *vt* massacrar.
mas.sa.cro [mass'akro] *sm* massacre, carnificina.
mas.sag.gia.re [massaddʒ'are] *vt Med* massagear.

mas.sag.gio [mass´addʒo] *sm Med* massagem.

mas.sic.cio [mass´ittʃo] *sm Geogr* maciço. • *agg* **1** maciço, sólido. **2** forte, robusto. **3** *fig* grave (erro).

mas.si.mo [m´assimo] *agg superl* (de **grande**) máximo.

mas.so.ne [mass´one] *sm* maçom.

ma.sti.ca.re [mastik´are] *vt* **1** mastigar. **2** *fig* pensar em, meditar. **3** resmungar.

ma.stro [m´astro] *agg* principal, mestre.

ma.stur.bar.si [masturb´arsi] *vpr* masturbar-se.

ma.te [m´ate], **ma.tè** [mat´ɛ] *sm* mate, erva-mate.

ma.te.ma.ti.ca [matem´atika] *sf* matemática.

ma.te.ma.ti.co [matem´atiko] *sm* matemático. • *agg* **1** matemático. **2** *fig* preciso. **3** evidente.

ma.te.ras.sa [mater´assa] *sf* colchão.

ma.te.ria [mat´ɛrja] *sf* **1** matéria. **2** material. **3** matéria de estudo, disciplina. **4** assunto, tema. **5** *Med* fezes, excrementos. **6** *fig* causa, motivo.

ma.te.ria.le [mater´jale] *agg* **1** material. **2** concreto. **3** *fig* efetivo, real. • *sm* material.

ma.ter.ni.tà [maternit´a] *sf* maternidade, estado de ser mãe. **casa di maternità** maternidade (o hospital).

ma.ter.no [mat´ɛrno] *agg* **1** materno, da mãe. **2** materno, nativo.

ma.ti.ta [mat´ita] *sf* **1** lápis. **2** grafite para lapiseira. **matita colorata** lápis de cor. **matita per gli occhi** lápis para os olhos.

ma.tri.ce [matr´itʃe] *sf* **1** matriz, molde. **2** *Med* útero. **3** *Comm* talão. **4** *fig* origem. **5** instrução.

ma.tri.co.la [matr´ikola] *sf* **1** matrícula, registro de aluno e de diploma. **2** calouro (universitário).

ma.tri.co.la.re [matrikol´are] *vt* **1** matricular. *vpr* **2** matricular-se.

ma.tri.co.li.no [matrikol´ino] *sm* calouro (universitário).

ma.tri.gna [matr´iɲa] *sf* **1** madrasta. **2** *fig* mãe desnaturada. • *agg fig* ingrata, malvada.

ma.tri.mo.nio [matrim´ɔnjo] *sm* matrimônio.

mat.ta [m´atta] *sf* curinga.

mat.ta.to.io [mattat´ojo] *sm* matadouro.

mat.ti.na [matt´ina] *sf* **1** manhã. **2** de manhã. **domani mattina** amanhã de manhã.

mat.ti.na.ta [mattin´ata] *sf* **1** manhã inteira. **2** matinê.

mat.ti.no [matt´ino] *sm* **1** manhã. **2** *fig* princípio.

mat.to [m´atto] *sm+agg* **1** louco, doido. **2** *fam* maluco. **3** *pop* pirado. • *agg* **1** opaco. **2** *fig* estranho, esquisito. **3** intenso, extremo. **fare il matto** *fam* fazer loucuras.

mat.to.na.ia [matton´aja] *sf* olaria.

mat.to.ne [matt´one] *sm* **1** tijolo. **2** *fig pop* chatice. **3 mattoni** *pl* ouros (naipe de carta de baralho).

mat.to.nel.la [matton´ella] *sf* ladrilho.

ma.tu.ra.re [matur´are] *vt* **1** amadurecer. **2** *fig* examinar, analisar. **3** terminar, acabar. *vi* **4** amadurecer. *vpr* **5** amadurecer-se.

ma.tu.ra.zio.ne [maturats´jone] *sf* maturação.

ma.tu.ro [mat´uro] *agg* **1** maduro. **2** *fig* sábio, prudente.

maz.zo [m´atso] *sm* **1** maço. **2** ramo, ramalhete. **3** buquê de flores. **4** baralho, maço de cartas. **5** molho de chaves.

me [m´e] *pron sing* **1** me. **2** mim. **a me** a mim. **con me** comigo. **di me** de mim. **fra me e me** no meu íntimo. **per me** quanto a mim. **secondo me** para mim, no meu entender. **senza di me** sem mim.

mec.ca.ni.ca [mekk´anika] *sf* mecânica.
mec.ca.ni.co [mekk´aniko] *sm* **1** mecânico. **2** engenheiro mecânico. • *agg* **1** mecânico, da mecânica. **2** *fig* mecânico, inconsciente.
mec.ca.ni.smo [mekkan´izmo] *sm* **1** mecanismo. **2** organização, sistema.
me.da.glia [med´aʎa] *sf* medalha.
me.da.glio.ne [medaʎ´one] *sm aum* medalhão.
me.de.si.mo [med´ezimo] *agg* mesmo, idêntico. • *pron* mesmo. • *sm* o mesmo, mesma coisa.
me.dia [m´ɛdja] *sf* média. **in media** em média.
me.dia.no [med´jano] *agg* **1** mediano, médio. **2** intermediário. • *sm Calc* médio.
me.dian.te [med´jante] *prep* **1** mediante, por meio de. **2** com a ajuda de, graças a.
me.dia.re [med´jare] *vt* mediar, servir de intermediário.
me.dia.zio.ne [medjats´jone] *sf* mediação.
me.di.ca.men.to [medikam´ento] *sm* medicamento.
me.di.ca.re [medik´are] *vt* **1** medicar, tratar. **2** *fig* corrigir, consertar. *vpr* **3** medicar-se.
me.di.ches.sa [medik´essa] *sf* médica, doutora.
me.di.ci.na [meditʃ´ina] *sf* **1** medicina. **2** remédio, medicamento. **3** *fig* terapia. **prendere una medicina** tomar um remédio.
me.di.co [m´ɛdiko] *sm* médico, doutor. • *agg* médico. **medico chirurgo** cirurgião.
me.dio [m´ɛdjo] *sm Anat* médio, dedo médio. • *agg* **1** médio. **2** razoável, mediano.
me.dio.cre [med´jɔkre] *agg* medíocre.
me.dio.e.va.le [medjoev´ale] *agg* medieval.

Me.dio.e.vo [medjo´evo] *sm* Idade Média.
me.di.ta.re [medit´are] *vi* meditar, pensar, refletir.
me.di.ta.zio.ne [meditats´jone] *sf* meditação.
me.glio [m´ɛʎo] *agg compar* (de **buono**) melhor. • *avv compar* (de **bene**) melhor. • *sm* **1** o melhor, a melhor parte. *sf* **2** a melhor, vitória. **avere la meglio** levar a melhor. **meglio tardi che mai** antes tarde do que nunca.
me.la [m´ɛla] *sf* maçã.
me.lan.za.na [melandz´ana] *sf* berinjela.
me.lo.di.a [melod´ia] *sf* **1** melodia. **2** *fig* prazer.
me.lo.dram.ma [melodr´amma] *sm* melodrama.
me.lo.gra.na [melogr´ana] *sf Bot* romã.
me.lo.ne [mel´one] *sm* **1** *Bot* melão. **2** *fig* tolo, bobo.
mem.bra.na [membr´ana] *sf Anat* membrana.
mem.bro [m´embro] *sm* **1** *Anat, Gramm* membro. **2** *fig* membro, associado. **3** *Anat fig* pênis, membro, órgão sexual masculino.
me.mo.ria [mem´ɔrja] *sf* **1** memória. **2** lembrete, anotação. **3** vestígio. **4** *Inform* memória. **5 memorie** *pl* memórias. **imparare la memoria** decorar.
me.na.re [men´are] *vt* **1** conduzir, levar, guiar. **2** induzir, levar a. **3** bater, golpear. **4** agitar, balançar. **5** administrar. **6** governar.
men.di.can.te [mendik´ante] *s* mendigo.
men.di.ca.re [mendik´are] *vt+vi* mendigar.
me.nin.gi.te [menindʒ´ite] *sf Med* meningite.
me.no [m´eno] *avv compar* (de **poco**) menos. **meno male** menos mal. •

menopausa 151 **messaggio**

sm 1 a menor parte. 2 *Mat* sinal de subtração.
me.no.pau.sa [menop´awza] *sf Med* menopausa.
men.sa [m´ɛnsa] *sf* 1 mesa para refeições. 2 *fig* comida. 3 refeição. **mensa studentesca** refeitório estudantil.
men.si.le [mens´ile] *agg* mensal. • *sm* salário mensal.
men.ta [m´enta] *sf* menta, hortelã.
men.ta.le [ment´ale] *agg* mental.
men.te [m´ente] *sf* 1 mente. 2 inteligência, intelecto. 3 meta, objetivo. 4 lembrança, memória.
men.ti.re [ment´ire] *vi* mentir, dizer mentiras.
men.to [m´ento] *sm Anat* queixo.
men.tre [m´entre] *cong* 1 enquanto. 2 ao passo que. • *sm* momento, instante.
me.nù [men´u] *sm* (anche *Inform*) menu.
men.zio.na.re [mentsjon´are] *vt* mencionar.
men.zio.ne [ments´jone] *sf* menção.
men.zo.gna [ments´oña] *sf* mentira.
men.zo.gne.ro [mentsoñ´ɛro] *sm+agg* mentiroso.
me.ra.vi.glia [marav´iλa] *sf* 1 admiração. 2 maravilha, milagre.
me.ra.vi.glia.re [maraviλ´are] *vt* 1 maravilhar, causar admiração a. *vpr* 2 maravilhar-se com.
me.ra.vi.glio.so [maraviλ´ozo] *agg* maravilhoso.
mer.can.te [merk´ante] *sm* 1 comerciante. 2 mercador, mercante.
mer.can.teg.gia.re [merkantedʒ´are] *vt+vi* 1 comerciar, negociar. 2 traficar. 3 contratar. 4 *fig* vender.
mer.ca.to [merk´ato] *sm* 1 mercado. 2 feira. 3 *Comm* mercado, comércio. **a buon mercato** a) *agg+avv* barato. b) *pop* em conta. **mercato nero** mercado negro.
mer.ce [m´ertʃe] *sf* mercadoria, produto.
mer.ce.na.rio [mertʃen´arjo] *sm+agg* mercenário.

mer.co.le.dì [merkoled´i] *sm* 1 quarta--feira. 2 *pop* quarta. **di mercoledì** às quartas-feiras. **Mercoledì delle Ceneri** Quarta-Feira de Cinzas.
mer.cu.rio [merk´urjo] *sm Chim* mercúrio.
mer.da [m´ɛrda] *sf volg* merda.
me.ren.da [mer´ɛnda] *sf* merenda, lanche.
me.re.tri.ce [meretr´itʃe] *sf* meretriz.
me.re.tri.cio [meretr´itʃo] *sm* meretrício.
me.ri.dio.na.le [meridjon´ale] *agg* meridional.
me.ri.ta.re [merit´are] *vt* merecer.
me.ri.te.vo.le [merit´evole] *agg* merecedor.
me.ri.to [m´ɛrito] *sm* mérito.
mer.let.to [merl´etto] *sm dim* renda (tecido).
mer.luz.zo [merl´uttso] *sm Zool* bacalhau.
me.ro [m´ɛro] *agg* mero, puro, simples.
me.schi.ni.tà [meskinit´a] *sf* 1 miséria, pobreza. 2 *fig* avareza.
me.schi.no [mesk´ino] *sm* miserável. • *agg* 1 pobre. 2 *fig* mesquinho, sovina.
me.sco.lan.za [meskol´antsa] *sf* 1 mescla, mistura. 2 *fam* bagunça.
me.sco.la.re [meskol´are] *vt* 1 misturar. *vpr* 2 misturar-se. 3 *fig* intrometer-se.
me.se [m´eze] *sm* 1 mês. 2 salário mensal.
mes.sa [m´essa] *sf* 1 colocação. 2 aposta. 3 *Comm* entrada de capital. 4 *Bot* rebento. 5 *Rel* missa. **messa a punto** a) ligação (de máquina). b) partida (de automóvel).
mes.sag.ge.ro [messaddʒ´ero] *sm+agg* mensageiro.
mes.sag.gio [mess´addʒo] *sm* 1 mensagem. 2 *fam* recado. 3 *fig* doutrina. **lasciare un messaggio** deixar um recado.

mes.se [mˈɛsse] *sf* **1** colheita. **2** *fig* conquista, obtenção.
me.stie.re [mestˈjɛre] *sm* **1** ofício, profissão. **2 mestieri** *pl* necessidade.
me.sto [mˈɛsto] *agg* **1** triste, infeliz. **2** aflito. **3** *fig* melancólico, que entristece.
me.sto.la [mˈestola] *sf* **1** escumadeira. **2** colher de pedreiro.
me.strua.zio.ne [mestrwatsˈjone] *sf* menstruação.
me.ta [mˈeta] *sf* **1** meta, linha de chegada. **2** *fig* meta, objetivo.
me.tà [metˈa] *sf* **1** metade. **2** *fam* a cara-metade.
me.ta.fo.ra [metˈafora] *sf Gramm* metáfora.
me.tal.li.co [metˈalliko] *agg* metálico.
me.tal.lo [metˈallo] *sm Chim* metal.
me.tal.lur.gi.co [metallˈurdʒiko] *agg* metalúrgico.
me.ta.mor.fo.si [metamˈɔrfozi] *sf* metamorfose.
me.te.o.ri.te [meteorˈite] *sm Astron* meteorito.
me.te.o.ro.lo.gi.a [meteorolodʒˈia] *sf* meteorologia.
me.tic.cio [metˈittʃo] *sm+agg* **1** mestiço. **2** mulato.
me.ti.co.lo.so [metikolˈozo] *agg* meticuloso.
me.to.di.co [metˈɔdiko] *agg* metódico.
me.to.do [mˈɛtodo] *sm* **1** método. **2** norma. **3** maneira, costume.
me.tro [mˈɛtro] *sm* **1** metro (medida). **2** *Lett, Poet* metro do verso. **3** *fig* modo, maneira.
me.tro.not.te [metronˈɔtte] *sm* guarda--noturno.
me.tro.po.li [metrˈɔpoli] *sm* metrópole.
me.tro.po.li.ta.na [metropolitˈana] *sf bras* metrô, trem metropolitano.
me.tro.po.li.ta.no [metropolitˈano] *agg* metropolitano.
met.te.re [mˈettere] *vt* **1** colocar, pôr. **2** vestir, usar. **3** supor, imaginar. **4** apostar. **5** passar, empregar (tempo). *vi* **6** germinar. **7** nascer (pelos, penas). **8** desaguar. *vpr* **9** colocar-se, pôr-se. **mettere in testa** colocar na cabeça (ideia). **mettere paura** dar medo. **mettere uno sulla strada** despedir, demitir. *pop* colocar no olho da rua. **metter lo zampino in una faccenda** meter o bedelho num assunto. **mettersi** a pôr-se a, começar a.
mez.za.not.te [meddzanˈɔtte] *sf* **1** meia--noite. **2** *fig* o Norte.
mez.zo¹ [mˈɛddzo] *sm* **1** meio. **2** centro. **3** maneira, procedimento. **4** meia hora. **5 mezzi** *pl* meios, recursos financeiros. • *agg* **1** meio. **2** central. **3** médio. **4** razoável. **5** mediano. • *avv* meio, quase. *mezzo caldo* / meio quente. **mezzo di trasporto** meio de transporte. **per mezzo di** por meio de.
mez.zo² [mˈettso] *agg* **1** molhado, ensopado. **2** passado, quase podre.
mez.zo.gior.no [meddzodʒˈorno] *sm* meio-dia. **il Mezzogiorno** *Geogr* o Sul.
mez.zo.so.pra.no [meddzosoprˈano] *sm Mus* meio-soprano.
mi¹ [mˈi] *sm Mus* mi.
mi² [mˈi] *pron sing* me.
mi.a [mˈia] *pron f sing* minha. **dico la mia** digo o que penso.
mia.go.la.re [mjagolˈare] *vi* miar.
mia.go.lo [mˈjagolo] *sm* miado.
mi.ca [mˈika] *sf* ninharia, ninhada. • *avv* **1** por acaso. *non sarà mica arrivato?* / por acaso ele não chegou? **2** *fam* nada (usado como reforço). *mica male!* / nada mal!
mic.cia [mˈittʃa] *sf* pavio.
mic.co [mˈikko] *sm* mico.
mi.co.si [mikˈɔzi] *sf Med* micose.
mi.cro.bo [mˈikrobo] *sm* **1** micróbio. **2** *fig* chato, pessoa maçante.
mi.cro.fo.no [mikrˈɔfono] *sm* microfone.

mi.cro.sco.pio [mikrosk´opjo] *sm* microscópio.
mi.dol.la [mid´olla] *sf* **1** miolo de pão. **2** polpa de fruta.
mi.e [m´ie] *pron f pl* minhas.
miei [m´jɛj] *pron m pl* **1** meus. **2 i miei** *fig* os meus (parentes), a minha família.
mie.le [m´jɛle] *sm* mel.
mie.te.re [m´jɛtere] *vt* **1** ceifar. **2** *fig* matar.
mi.glia.io [miʎ´ajo] *sm (pl f* **migliaia**) **1** milhar. **2** *fig* milhares. *un migliaio di persone* / milhares de pessoas.
mi.glio [m´iλo] *sm (pl* **le miglia**) milha (medida).
mi.glio.ra.re [miλor´are] *vt+vi* **1** melhorar. *vpr* **2** melhorar-se.
mi.glio.re [miλ´ore] *agg compar* (de **buono**) melhor. • *sm* o melhor, a melhor parte.
mi.glio.ri.a [miλor´ia] *sf* melhoria.
mi.gnat.ta [miɲ´atta] *sf* **1** sanguessuga. **2** *fig* chato, importuno.
mi.gno.lo [m´iɲolo] *sm* Anat **1** dedo mínimo. **2** *pop* mindinho.
mi.liar.do [mil´jardo] *sm+num* bilhão.
mi.lio.na.rio [miljon´arjo] *sm+agg* milionário.
mi.lio.ne [mil´jone] *sm+num* milhão.
mi.li.ta.re [milit´are] *sm+agg* militar. • *vi* **1** servir, seguir carreira militar. **2** *fig* militar em, participar de, aderir a.
mi.li.te [m´ilite] *sm* soldado, militar.
mil.le [m´ille] *sm+num (pl* **mila**) mil.
mil.len.nio [mill´ennjo] *sm* milênio.
mil.li.gram.mo [milligr´ammo] *sm* miligrama.
mil.li.me.tro [mill´imetro] *sm* milímetro.
mil.za [m´iltsa] *sf* Anat baço.
mi.mi.ca [m´imika] *sf* mímica (arte).
mi.na [m´ina] *sf* **1** mina, explosivo. **2** grafite do lápis. **mina di ricambio** grafite (para lapiseira).
mi.nac.cia [min´attʃa] *sf* ameaça.

mi.nac.cia.re [minattʃ´are] *vt* **1** ameaçar, fazer ameaça a. *vi* **2** ameaçar, correr perigo de.
mi.ne.ra.le [miner´ale] *sm+agg* mineral.
mi.ne.stra [min´ɛstra] *sf* sopa.
mi.nia.tu.ra [minjat´ura] *sf* miniatura.
mi.nie.ra [min´jera] *sf* **1** mina. **2** *fig* monte, poço, abundância.
mi.ni.mo [m´inimo] *sm* **1** minuto. **2** *Fis* átomo. • *agg superl* (de **piccolo**) mínimo.
mi.ni.ste.ro [minist´ero] *sm* ministério. **pubblico ministero** *Giur* ministério público.
mi.ni.stro [min´istro] *sm* ministro. **ministro degli esteri** ministro das Relações Exteriores. **primo ministro** primeiro-ministro.
mi.no.ran.za [minor´antsa] *sf* minoria.
mi.no.re [min´ore] *sm* **1** menor de idade. **2** subalterno, subordinado. • *agg compar* (de **piccolo**) menor.
mi.no.ren.ne [minor´enne] *s+agg* menor de idade.
mi.nu.sco.la [min´uskola] **lettera minuscola** *sf* letra minúscula.
mi.nu.sco.lo [min´uskolo] *agg* **1** minúsculo. **2** *fig* minúsculo, pequenino. **3** exíguo.
mi.nu.ta [min´uta] *sf* minuta, rascunho.
mi.nu.ta.glia [minut´aλa] *sf pop* **1** miudezas, quinquilharias. **2** ralé, gentalha.
mi.nu.tez.za [minut´ettsa] *sf* **1** miudeza. **2** minúcia, detalhe.
mi.nu.to [min´uto] *sm* **1** minuto. **2** *fig* instante, momento. • *agg* **1** miúdo, minúsculo, diminuto. **2** fino, delicado. **3** insignificante. **4** minucioso, preciso. **al minuto** no varejo.
mi.nu.zia [min´utsja] *sf* minúcia, detalhe.
mi.nu.zio.so [minuts´jozo] *agg* **1** minucioso, detalhado. **2** meticuloso.
mi.o [m´io] *pron m sing* meu. **2 il mio** *pl fig* os meus bens.

mi.o.pe [mi´ope] *s* **1** míope. **2** *fig* pessoa pouco inteligente. • *agg* **1** míope. **2** *fig* pouco inteligente.

mio.pi.a [mjop´ia] *sf* miopia.

mi.ra [m´ira] *sf* **1** mira, pontaria. **2** *fig* meta, objetivo. **3** aspiração, intenção. **prendere la mira** fazer mira, mirar.

mi.ra.co.lo [mir´akolo] *sm* **1** milagre. **2** *fig* maravilha, prodígio.

mi.ra.co.lo.so [mirakol´ozo] *agg* **1** milagroso. **2** *fig* sobrenatural.

mi.rag.gio [mir´addʒo] *sm* **1** *Fis* miragem. **2** *fig* sonho, ilusão.

mi.ra.re [mir´are] *vt* **1** fitar. **2** *fig* considerar, analisar. **3** aspirar, almejar. *vi* **4** mirar, apontar.

mi.ri.no [mir´ino] *sm* mira.

mi.scel.la.ne.a [miʃell´anea] *sf* miscelânea, mistura.

mi.scu.glio [misk´uʎo] *sm* **1** mistura desordenada. **2** *fig* confusão, bagunça.

mi.se.ra.bi.le [mizer´abile] *agg* **1** miserável, digno de compaixão. **2** *disp* infame.

mi.se.ria [miz´ɛrja] *sf* **1** miséria. **2** avareza. **3** ninharia, bagatela.

mi.se.ri.cor.dia [mizerik´ordja] *sf* **1** misericórdia. **2** perdão.

mis.si.le [m´issile] *sm Mil* míssil.

mis.sio.na.rio [missjon´arjo] *sm Rel* missionário.

mis.sio.ne [miss´jone] *sf* **1** missão, incumbência. **2** *Rel* missão.

mi.ste.rio.so [mister´jozo] *agg* misterioso.

mi.ste.ro [mist´ɛro] *sm* **1** mistério, enigma. **2** segredo.

mi.sti.co [m´istiko] *sm+agg* místico.

mi.sto [m´isto] *sm* misto, mistura. • *agg* misto, misturado.

mi.stu.ra [mist´ura] *sf* mistura, mescla.

mi.stu.ra.re [mistur´are] *vt* misturar.

mi.su.ra [miz´ura] *sf* **1** medida. **2** fita métrica. **3** *Poet* metro do verso. **4** *fig* limite, termo. **5** equilíbrio. **6** providência, medida. **abito su misura** roupa sob medida.

mi.su.ra.re [mizur´are] *vt* **1** medir. **2** *fig* considerar, avaliar. **3** comparar. *vi* **4** medir. *vpr* **5** medir-se com, competir com. **6** *fig* controlar-se.

mi.te [m´ite] *agg Lett* suave.

mi.ti.co [m´itiko] *agg* mítico, fabuloso.

mi.to [m´ito] *sm* mito.

mi.to.lo.gi.a [mitolodʒ´ia] *sf* mitologia.

mi.tra.glia.tri.ce [mitraʎatr´itʃe] *sf* metralhadora.

mit.ten.te [mitt´ente] *s* remetente.

mo.bi.le [m´ɔbile] *sm* móvel, peça de mobília. • *agg* **1** móvel. **2** *fig* volúvel. **beni mobili** *Comm* bens móveis.

mo.bi.lia [mob´iʎa] *sf* mobília.

mo.bi.lia.re [mobil´jare] *vt* mobiliar.

mo.cas.si.no [mokass´ino] *sm* mocassim.

mo.da [m´ɔda] *sf* moda.

mo.del.la [mod´ella] *sf* modelo, manequim.

mo.del.la.re [modell´are] *vt* **1** modelar. **2** *fig* conceber, criar. *vpr* **3** modelar-se, tomar como modelo.

mo.del.lo [mod´ello] *sm* **1** modelo. **2** maquete **3** molde, forma. **4** *fig* exemplo, pessoa a ser imitada. **modello fotografico** modelo fotográfico.

mo.de.ra.re [moder´are] *vt* **1** moderar, regular. *vpr* **2** conter-se, controlar-se.

mo.der.no [mod´ɛrno] *agg* moderno, atual.

mo.de.stia [mod´ɛstja] *sf* **1** modéstia. **2** pudor.

mo.de.sto [mod´ɛsto] *agg* **1** modesto. **2** pudico, decente. **3** medíocre, regular.

mo.di.fi.ca.re [modifik´are] *vt* modificar, mudar.

mo.di.sta [mod´ista] *sf* modista.

mo.do [m´ɔdo] *sm* **1** modo. **2** maneira, jeito. **3** meio, maneira. **4** aparência, aspecto. **5** *Gramm, Mus* modo. **6** **modi** *pl* modos, comportamento.

ad ogni modo de qualquer maneira. **brutti modi** maus modos. **di modo che** de maneira que. **modo di dire** expressão, locução.

mo.ga.no [m'ɔgano] *sm Bot* mogno.
mo.glie [m'ɔʎe] *sf* esposa, mulher.
mo.la.re [mol'are] *sm* molar (dente). • *agg* molar, moedor.
mo.le.co.la [mol'ɛkola] *sf Chim* molécula.
mo.le.sta.re [molest'are] *vt* molestar, incomodar.
mo.le.stia [mol'ɛstja] *sf* incômodo, chateação.
mo.le.sto [mol'ɛsto] *agg* incômodo, enfadonho.
mol.la [m'ɔlla] *sf* 1 mola. 2 *fig* incentivo.
mol.le [m'ɔlle] *agg* 1 mole. 2 molhado, ensopado. 3 *fig* fraco, débil. 4 delicado, fino. 5 afeminado. • *sf pl* 1 tenaz. *sm sing* 2 molho (para amolecer coisas).
mol.lez.za [moll'ettsa] *sf* 1 moleza. 2 *fig* fraqueza. 3 delicadeza, fineza.
mol.lu.sco [moll'usko] *sm* molusco.
mol.ti.pli.ca.re [moltiplik'are] *vt+vi* 1 multiplicar. *vpr* 2 multiplicar-se.
mol.ti.tu.di.ne [moltit'udine] *sf* multidão.
mol.to [m'olto] *agg+pron* muito. *molte donne* / muitas mulheres. • *avv* 1 muito. *molto piccolo* / muito pequeno. 2 muito tempo. • *sm* grande quantidade.
mo.men.ta.ne.o [moment'aneo] *agg* momentâneo.
mo.men.to [mom'ento] *sm* 1 momento, instante. 2 *Fis* momento. 3 *fig* importância, oportunidade. 4 situação, ocasião. **dal momento che** desde que, desde quando. **per il momento** por enquanto.
mo.na.ca [m'ɔnaka] *sf* freira, irmã, monja.
mo.na.co [m'ɔnako] *sm* frade, irmão, monge.
mo.nar.ca [mon'arka] *sm* monarca.
mo.nar.chi.a [monark'ia] *sf* monarquia.
mo.na.ste.ro [monast'ɛro] *sm* mosteiro, convento.
mon.co [m'onko] *agg* 1 maneta. 2 *fig* mutilado, aleijado. 3 defeituoso.
mon.da.re [mond'are] *vt* 1 limpar. 2 *fig* purgar, purificar.
mon.dez.za [mond'ettsa] *sf* 1 limpeza. 2 *fig* pureza.
mon.dia.le [mond'jale] *agg* mundial.
mon.do [m'ondo] *sm* 1 mundo. 2 a Terra. 3 Universo. 4 *fig* mundo, grande quantidade. 5 a humanidade. • *agg* 1 limpo. 2 *fig* puro. **il gran mondo** a alta sociedade. **Mondo Antico** Velho Mundo. **Nuovo Mondo** Novo Mundo. **per nulla al mondo** por nada neste mundo.
mo.nel.lo [mon'ello] *sm* moleque, menino travesso.
mo.ne.ta [mon'eta] *sf* 1 moeda. 2 dinheiro. 3 *fig* recompensa. **ricambiare della stessa moneta** pagar na mesma moeda.
mo.no.ga.mi.a [monogam'ia] *sf* monogamia.
mo.no.lo.go [mon'ɔlogo] *sm* monólogo.
mo.no.po.lio [monop'ɔljo] *sm* 1 *Comm* monopólio. 2 *fig* privilégio.
mo.no.sil.la.bo [monos'illabo] *sm Gramm* monossílabo.
mo.no.to.ni.a [monoton'ia] *sf* monotonia.
mo.no.to.no [mon'ɔtono] *agg* 1 monótono. 2 uniforme. 3 chato, enfadonho.
mon.ta.gna [mont'aɲa] *sf* 1 *Geogr* montanha. 2 *fig* monte, grande quantidade.
mon.ta.na.ro [montan'aro] *sm+agg* montanhês.
mon.ta.re [mont'are] *vt* 1 subir. 2 montar, armar. 3 *fig* exagerar. 4 cavalgar, montar (cavalo). *vi* 5 subir em (meio de transporte). 6 crescer, aumentar. 7 copular, cobrir (animal). *vpr* 8 ficar orgulhoso. 9 agitar-se, inflamar-se. **montare a** chegar a, somar (valor).

mon.te [m´ɔnte] *sm* 1 *Geogr* monte, montanha. 2 *fig* montão. **monte di carte** monte de cartas.

mon.to.ne [mont´one] *sm* 1 *Zool* carneiro. 2 *Mil* aríete. 3 **Montone** *Astron, Astrol* Áries, Carneiro.

mo.nu.men.to [monum´ento] *sm* monumento.

mo.ra [m´ɔra] *sf Bot* amora.

mo.ra.le [mor´ale] *sf* 1 a moral. *sm* 2 o moral, espírito. • *agg* 1 moral. 2 honesto, correto. 3 espiritual.

mo.ra.to.ria [morat´ɔrja] *sf Giur, Comm* moratória.

mor.bi.dez.za [morbid´ettsa] *sf* 1 maciez. 2 suavidade. 3 *fig* delicadeza.

mor.bi.do [m´ɔrbido] *agg* 1 macio. 2 suave. 3 *fig* delicado. 4 maleável.

mor.bil.lo [morb´illo] *sm Med* sarampo.

mor.bo [m´ɔrbo] *sm* 1 *Med* doença, enfermidade. 2 *fig* peste, epidemia.

mor.dac.chia [mord´akkja] *sf* 1 mordaça. 2 *fig* mordaça, repressão da liberdade de expressão.

mor.da.ce [mord´atʃe] *agg* 1 mordaz, que morde. 2 *fig pop* venenoso.

mor.de.re [m´ɔrdere] *vt* 1 morder. 2 *fig* criticar. *vpr* 3 morder-se.

mor.fo.lo.gi.a [morfolodʒ´ia] *sf Gramm* morfologia.

mo.ri.bon.do [morib´ondo] *sm+agg* moribundo.

mo.ri.re [mor´ire] *vi* 1 morrer, falecer. 2 perecer. 3 *fig* acabar, terminar.

mor.mo.ra.re [mormor´are] *vi* 1 murmurar, sussurrar. 2 reclamar, resmungar.

mor.mo.reg.gia.re [mormoredʒ´are] *vi* murmurar (das águas).

mo.ro [m´ɔro] *sm St* mouro. • *agg* moreno.

mor.so [m´ɔrso] *sm* 1 mordida. 2 pedaço, bocado. • *agg* mordido.

mor.ta.del.la [mortad´ella] *sf* mortadela.

mor.ta.io [mort´ajo] *sm* pilão.

mor.ta.le [mort´ale] *agg* 1 mortal. 2 mortífero. • *sm* 1 mortal. 2 **i mortali** *pl* os mortais.

mor.te [m´ɔrte] *sf* 1 morte. 2 pena de morte. 3 *fig* fim, término.

mor.ti.fe.ro [mort´ifero] *agg* 1 mortífero, mortal. 2 *fig* prejudicial, nocivo.

mor.to [m´ɔrto] *sm* morto, cadáver. • *agg* 1 morto. 2 cansado, exausto.

mo.sai.co [moz´ajko] *sm* Mosaico.

mo.sca [m´oska] *sf* 1 *Zool* mosca. 2 *fig* mosca: a) tufo de barba, que se deixa crescer embaixo do lábio inferior. b) centro do alvo. 3 importuno, chato.

mo.sche.a [mosk´ea] *sf Rel* mesquita.

mos.sa [m´ɔssa] *sf* 1 movimento. 2 gesto. 3 *Mil* manobra.

mo.star.da [most´arda] *sf* mostarda.

mo.stra.re [mostr´are] *vt* 1 mostrar. 2 indicar. 3 expor, exibir. 4 *fig* ensinar. 5 manifestar. 6 provar, demonstrar. *vpr* 7 mostrar-se, aparecer.

mo.stro [m´ɔstro] *sm (anche fig)* monstro.

mo.ti.va.re [motiv´are] *vt* 1 motivar, causar. 2 explicar. 3 justificar.

mo.ti.vo [mot´ivo] *sm* motivo, causa.

mo.to [m´ɔto] *sm* 1 movimento. 2 gesto. 3 impulso, comoção. 4 *Pol* movimento, revolução. *sf* 5 *abbrev* moto, motocicleta.

mo.to.ci.clet.ta [motot ʃikl´etta] *sf* motocicleta. *Abbrev:* moto.

mo.to.ci.cli.smo [mototʃikl´izmo] *sm Sp* motociclismo.

mo.to.re [mot´ore] *sm+agg* motor.

mo.to.ret.ta [motor´etta] *sf* lambreta, vespa.

mo.to.sca.fo [motosk´afo] *sm* lancha.

mo.vi.men.ta.re [moviment´are] *vt* movimentar.

mo.vi.men.to [movim´ento] *sm* 1 movimento. 2 movimento político, rebelião. 3 *Comm* movimento. 4 *fig* mudança.

mo.zio.ne [mots´jone] *sf* moção, proposta.

moz.za.re [motts´are] *vt* 1 cortar, decepar. 2 abreviar. 3 truncar.

moz.za.rel.la [mottsar'ɛlla] *sf* mozarela, muçarela.

moz.zi.co.ne [mottsik'one] *sm* **1** toco. **2** ponta de cigarro.

muc.chio [m'ukkjo] *sm* **1** monte. **2** multidão.

mu.co [m'uko] *sm Fisiol* muco.

mu.co.sa [muk'oza] *sf Anat* mucosa.

muf.fa [m'uffa] *sf* **1** mofo, bolor. **2** *fig* raiva.

mug.gi.re [mudd3'ire] *vi* **1** mugir. **2** ribombar, rugir (vento, mar).

mug.gi.to [mudd3'ito] *sm* mugido.

mu.go.la.re [mugol'are] *vi* **1** ganir, uivar. **2** *fig* choramingar, reclamar.

mu.la [m'ula] *sf* mula.

mu.lat.to [mul'atto] *sm+agg* mulato.

mu.li.nel.lo [mulin'ɛllo] *sm dim* redemoinho.

mu.li.no [mul'ino] *sm* moinho. **mulino a vento** moinho de vento.

mul.ta [m'ulta] *sf Giur* multa. **prendere una multa** levar uma multa.

mul.ta.re [mult'are] *vt* multar.

mul.ti.plo [m'ultiplo] *sm+agg Mat* múltiplo.

mum.mia [m'ummja] *sf* **1** múmia. **2** *fig* velho, pessoa velha. **3** pele e osso, pessoa muito magra.

mun.ge.re [m'und3ere] *vt* **1** ordenhar. **2** *fig* explorar.

mu.ni.ci.pio [munitʃ'ipjo] *sm* município.

mu.ni.re [mun'ire] *vt* **1** munir, prover. *vpr* **2** munir-se de, prover-se de. **3** armar-se de.

mu.ni.zio.ne [munits'jone] *sf Mil* **1** munição. **2** provisões.

muo.ve.re [m'wovere] *vt* **1** mover. **2** deslocar. **3** transferir. **4** empurrar. **5** provocar, inspirar, incitar. *vi* **6** ter origem em, nascer de. *vpr* **7** mover-se, movimentar-se. **muoviti!** / mova-se! **8** *fig* gesticular.

mu.ra.glia [mur'aλa] *sf* **1** muralha. **2** *fig* obstáculo, barreira.

mu.ra.to.re [murat'ore] *sm* pedreiro.

mu.ret.to [mur'etto] *sm dim* muro (de casa).

mu.ro [m'uro] *sm* **1** muro. **2** parede. **3** *fig* abrigo, defesa. **4** obstáculo, impedimento. **5** muralha. **parlare al muro** falar com as paredes.

mu.schio [m'uskjo] *sm* almíscar.

mu.sco [m'usko] *sm Bot* musgo.

mu.sco.lo [m'uskolo] *sm Anat* músculo.

mu.sco.lo.so [muskol'ozo] *agg* **1** musculoso. **2** *fig* forte, robusto.

mu.se.o [muz'ɛo] *sm* museu.

mu.si.ca [m'uzika] *sf* **1** música. **2** *iron* ladainha.

mu.si.ca.le [muzik'ale] *agg* musical.

mu.si.ci.sta [m'uziko] *sm* **1** músico. **2** compositor. • *agg* músico, musical.

mu.so [m'uzo] *sm* **1** focinho. **2** *disp* cara, fuça. **3** *fig* beiço.

mu.sul.ma.no [musulm'ano] *sm+agg* muçulmano.

mu.ta.bi.le [mut'abile] *agg* **1** mutável. **2** *fig* volúvel, inconstante.

mu.ta.men.to [mutam'ento] *sm* **1** mudança. **2** troca. **3** mutação.

mu.tan.de [mut'ande] *sf pl* **1** cuecas. **2** calcinhas.

mu.tan.di.ne [mutand'ine] *sf pl* calcinhas.

mu.ta.re [mut'are] *vt* **1** mudar. **2** trocar. **3** alterar. **4** despir, tirar (roupa). *vi* **5** mudar, transformar-se. *vpr* **6** mudar, transformar-se. **mutare casa** mudar-se.

mu.ta.zio.ne [mutats'jone] *sf* **1** mutação. **2** transformação, metamorfose. **3** mudança.

mu.tez.za [mut'ettsa] *sf* mudez.

mu.ti.la.re [mutil'are] *vt* **1** mutilar. **2** amputar. **3** *fig* truncar.

mu.to [m'uto] *sm* mudo. • *agg* **1** mudo. **2** calado, silencioso. **consonante muta** *Gramm* consoante muda.

mu.tuo [m'utwo] *sm Giur* mútuo, empréstimo. • *agg* mútuo, recíproco.

n

n [ˈɛnne] *sf* a décima segunda letra do alfabeto italiano.

nan.dù [nandˈu] *sf Zool* ema.

nan.na [nˈanna] *sf fam* naninha. **fare la nanna** fazer naninha, dormir.

na.no [nˈano] *sm+agg* anão.

nar.ci.so [nartʃˈizo] *sm Bot, fig* narciso.

nar.co.ti.co [narkˈɔtiko] *sm* narcótico, droga. • *agg* **1** narcótico. **2** *fig* pesado, aborrecido.

na.ri.ce [narˈitʃe] *sf Anat* narina.

nar.ra.re [narrˈare] *vt* narrar, contar.

nar.ra.zio.ne [narratsjˈone] *sf* **1** narração. **2** *Lett* conto.

na.sa.le [nazˈale] *agg* nasal, do nariz.

na.sce.re [nˈaʃere] *vi* **1** nascer: a) vir ao mundo. b) *fig* surgir, aparecer. c) surgir no horizonte (astro). **2** florescer, brotar (planta). **3** nascer, brotar (água).

na.sci.ta [nˈaʃita] *sf* **1** nascimento. **2** estirpe, descendência. **certificato di nascita** certidão de nascimento.

na.scon.de.re [naskˈondere] *vt* **1** esconder, ocultar. *vpr* **2** esconder-se.

na.scon.di.glio [naskondˈiʎo] *sm* esconderijo.

na.sel.lo [nazˈɛllo] *sm Zool* badejo.

na.so [nˈazo] *sm* **1** nariz. **2** olfato. **3** *fig* faro, intuição, sexto sentido. **menare per il naso** *fam* levar no bico, enganar. **soffiarsi il naso** assoar o nariz.

na.stro [nˈastro] *sm* fita (de tecido). **nastro isolante** fita isolante.

na.ta.le [natˈale] *agg* natal. • *sm* **1** dia do nascimento. **2 Natale** *Rel* Natal.

na.ti.ca [nˈatika] *sf Anat* nádega.

na.ti.vo [natˈivo] *sm* **1** nativo. **2** indígena. • *agg* nativo.

na.to [nˈato] *agg* **1** nascido. **2** nato. *un poeta nato /* um poeta nato.

na.tu.ra [natˈura] *sf* **1** natureza. **2** essência. **3** índole, caráter. **4** tipo, espécie.

na.tu.ra.le [naturˈale] *agg* **1** natural. **2** bastardo (filho). **3** lógico. **4** espontâneo. • *sm* índole, caráter.

na.tu.ra.li.tà [naturalitˈa] *sf* **1** naturalidade. **2** cidadania.

na.tu.ra.liz.zar.si [naturaliddzˈarsi] *vpr* naturalizar-se.

nau.fra.ga.re [nawfragˈare] *vi* **1** naufragar. **2** *fig* falhar, falir.

nau.fra.gio [nawfrˈadʒo] *sm* **1** naufrágio. **2** *fig* fracasso, ruína.

nau.fra.go [nˈawfrago] *sm+agg* náufrago.

nau.se.a [nˈawzea] *sf* **1** *Med* náusea. **2** *fig* aversão, nojo.

na.va.le [navˈale] *agg* **1** naval. **2** marítimo.

na.ve [nˈave] *sf* **1** navio, nau. **2** embarcação de grande porte. **nave da guerra** navio de guerra. **nave passeggeri** navio de passageiros. **nave spaziale** nave espacial.

na.vi.ga.re [navigˈare] *vt+vi* navegar.

na.vo.ne [navˈone] *sm Bot* nabo.

na.zio.na.le [natsjon'ale] *agg* nacional.
na.zio.na.li.tà [natsjonalit'a] *sf* 1 nacionalidade, cidadania. 2 *fig* nação.
na.zio.ne [nats'jone] *sf* nação.
ne [n'e] *pron* dele, dela, deles, delas, deste, desta, disto, daquilo, disso etc. • *avv* daí, dali, de lá.
né [n'e] *cong* nem.
ne.an.che [ne'anke] *avv+cong* nem, nem mesmo, tampouco.
neb.bia [n'ebbja] *sf* 1 neblina, névoa. 2 *fig* ignorância.
ne.ces.sa.rio [netʃess'arjo] *agg* 1 necessário. 2 indispensável, essencial. • *sm* o necessário.
ne.ces.si.tà [netʃessit'a] *sf* 1 necessidade. 2 aperto, necessidade financeira. 3 fig. 4 loja. 4 trabalho.
ne.ces.si.ta.re [netʃessit'are] *vt+vi* 1 necessitar de, precisar de. *vi* 2 ser necessário.
ne.cro.si [nekr'ɔzi] *sf Med* necrose, gangrena.
ne.cro.tiz.za.re [nekrotiddz'are] *vt Med* necrosar.
ne.ga.re [neg'are] *vt* 1 negar. 2 recusar, rejeitar. 3 proibir. 4 impedir. 5 não reconhecer.
ne.ga.ti.va [negat'iva] *sf* 1 negativa. 2 negativo fotográfico.
ne.ga.ti.vo [negat'ivo] *sm* negativo fotográfico. • *agg* negativo.
ne.gli.gen.te [neglidʒ'ɛnte] *s+agg* negligente, descuidado.
ne.gli.gen.za [neglidʒ'ɛntsa] *sf* 1 negligência. 2 desatenção. 3 desleixo, descuido.
ne.go.zia.re [negots'jare] *vt+vi* 1 negociar. 2 comerciar.
ne.go.zio [neg'ɔtsjo] *sm* 1 negócio. 2 operação comercial. 3 loja. 4 trabalho.
ne.gro [n'egro] *sm+agg Lett* negro.
ne.mi.co [nem'iko] *sm+agg* inimigo.
nem.me.no [nemm'eno] *cong* nem, nem mesmo.
ne.o [n'ɛo] *sm* 1 sinal, pinta (na pele).

2 *fig* ninharia, mixaria. 3 defeito, imperfeição.
ne.o.lo.gi.smo [neolodʒ'izmo] *sm Gramm* neologismo.
ne.o.na.to [neon'ato] *sm* recém-nascido.
nep.pu.re [nepp'ure] *avv+cong* nem, nem mesmo.
ne.ret.to [ner'etto] *sm* negrito.
ne.ro [n'ero] *sm* negro, cor negra. • *agg* negro, preto.
ner.vo [n'ɛrvo] *sm* 1 *Anat* nervo. 2 *Bot* talo (de folha). 3 corda (de um arco). 4 *fig* força, vigor. **avere i nervi scoperti** ter os nervos à flor da pele.
ner.vo.si.smo [nervoz'izmo] *sm* nervosismo.
ner.vo.so [nerv'ozo] *agg* 1 nervoso, dos nervos. 2 nervoso. 3 forte, robusto.
nes.su.no [ness'uno] *pron* 1 ninguém. 2 nenhum. 3 algum.
net.ta.re[1] [n'ettare] *sm* 1 *Bot* néctar. 2 *fig* bebida suave.
net.ta.re[2] [nett'are] *vt* 1 limpar. 2 purgar, purificar.
net.tez.za [nett'ettsa] *sf* 1 limpeza, asseio. 2 *fig* lealdade, fidelidade. 3 franqueza, sinceridade.
net.to [n'etto] *agg* 1 limpo. 2 *fig* leal, fiel. 3 franco, sincero. 4 líquido.
net.tur.bi.no [netturb'ino] *sm* gari.
neu.tra.liz.za.re [newtralidd'zare] *vt* 1 neutralizar. 2 *Sp* anular (ponto). *vpr* 3 neutralizar-se.
neu.tro [n'ɛwtro] *agg* 1 neutro. 2 *Chim, Fis, Gramm* neutro.
neu.tro.ne [newtr'one] *sm Chim* nêutron.
ne.ve [n'eve] *sf* 1 neve. 2 *fig* grisalho, cabelos brancos.
ne.vi.ca.re [nevik'are] *vi* 1 nevar. 2 *fig* embranquecer, ficar grisalho.
ne.vro.si [nevr'ozi] *sf Med* neurose.
ne.vro.ti.co [nevr'ɔtiko] *agg* neurótico.
ni.chel [n'ikel] *sm Chim* níquel.
ni.dia.ta [nid'jata] *sf* ninhada.

ni.do [n´ido] *sm* 1 ninho. 2 covil, toca. 3 *fig* ninho, lar, casa. 4 *fam* cama. **nido d'infanzia** creche.

nien.te [n´jεnte] *agg* nenhum, nada de. *niente zucchero* / nada de açúcar. • *pron* 1 nada. 2 de jeito nenhum. • *sm* o nada. **di niente!** de nada! não há de que! **non fa niente** não faz mal. **uomo da niente** joão-ninguém.

nin.na [n´inna] *sf fam* naninha. **fare la ninna nanna** ninar. **ninna nanna** canção de ninar.

nin.na.re [ninn´are] *vt fam* ninar.

nin.no.lo [n´innolo] *sm* 1 brinquedo. 2 bagatela, ninharia.

ni.po.te [nip´ote] *s* 1 sobrinho, sobrinha. 2 neto, neta.

ni.ti.dez.za [nitid´ettsa] *sf* 1 nitidez. 2 precisão. 3 clareza.

ni.ti.do [n´itido] *agg* 1 nítido. 2 definido, preciso, claro. 3 límpido, claro.

ni.tri.re [nitr´ire] *vi* relinchar.

ni.tri.to [nitr´ito] *sm* relincho.

ni.tro.ge.no [nitr´ɔdʒeno] *sm Chim* nitrogênio.

no [n´ɔ] *avv* não. • *sm* um não, negação. **se no** senão, caso contrário.

no.bi.le [n´ɔbile] *s* nobre. • *agg* 1 nobre. 2 *fig* ilustre. 3 generoso, magnânimo.

no.bil.tà [nobilt´a] *sf* 1 nobreza, aristocracia. 2 *fig* grandeza. 3 generosidade.

no.bi.luo.mo [nobil´wɔmo] *sm* 1 cavalheiro, senhor. 2 nobre.

noc.cio.la [nottʃ´ɔla] *sf Bot* avelã.

noc.cio.lo [n´ɔtʃolo] *sm* 1 *Bot* caroço. 2 *fig* núcleo, centro.

no.ce [n´otʃe] *sf* 1 *Bot* noz. *sm* 2 *Bot* nogueira. **noce moscata** noz-moscada.

no.ci.vo [notʃ´ivo] *agg* nocivo, danoso.

no.do [n´ɔdo] *sm* 1 nó. 2 cruzamento. 3 *Med* tumor subcutâneo. 4 *Naut* nó. 5 *fig* dificuldade, obstáculo. 6 ligação, vínculo.

noi [n´oj] *pron pl* 1 nós. 2 nos. **a noi** a nós. **con noi** conosco.

no.ia [n´ɔja] *sf* 1 tédio, aborrecimento. 2 *pop* chateação.

no.io.so [no´jozo] *agg* 1 aborrecido. 2 *pop* chato.

no.leg.gia.re [noleddʒ´are] *vt* fretar.

no.lo [n´ɔlo] *sm* frete.

no.ma.de [n´ɔmade] *s*+*agg* nômade.

no.me [n´ome] *sm* 1 nome. 2 fama, renome. 3 sobrenome. 4 *Gramm* substantivo. **a nome mio** em meu nome. **nome di battesimo** nome de batismo. **nome di famiglia** nome de família, sobrenome. **nome proprio** nome próprio.

no.mi.gno.lo [nom´iɲolo] *sm* apelido.

no.mi.na.le [nomin´ale] *agg* nominal. **valore nominale** *Comm* valor nominal.

no.mi.na.re [nomin´are] *vt* 1 nomear. 2 chamar de, denominar. 3 designar. 4 mencionar, citar pelo nome. *vpr* 5 chamar-se, denominar-se.

non [n´ɔn] *avv* não. **non solo ... ma anche** não só ... mas também.

non.di.me.no [nondim´eno] *avv* contudo, apesar de tudo, não obstante.

non.na [n´ɔnna] *sf* 1 avó. 2 *fam* vovó. 3 *fig* velha.

non.no [n´ɔnno] *sm* 1 avô. 2 *fam* vovô. 3 *fig* velho.

no.no [n´ɔno] *sm*+*num* nono.

no.no.stan.te [nonost´ante] *prep* não obstante, apesar de, a despeito de. **ciò nonostante** apesar disso. **nonostante che** se bem que, embora.

nord [n´ɔrd] *sm Geogr* norte.

nor.ma [n´ɔrma] *sf* norma, regra.

nor.ma.le [norm´ale] *agg* 1 normal. 2 regular.

no.stal.gi.a [nostaldʒ´ia] *sf* 1 nostalgia. 2 saudade da pátria.

no.stra [n´ɔstra] *pron f sing* 1 nossa. 2 **nostre** *pl* nossas.

no.stri [n´ɔstri] *pron m pl* 1 nossos. 2 **i nostri** *fig* os nossos (parentes), a nossa família.

no.stro [nˈɔstro] *pron m* **1** *sing* nosso. **2 il nostro** *pl fig* os nossos bens.

no.ta [nˈɔta] *sf* **1** nota. **2** anotação. **3** comunicação. **4** comentário. **5** conta, nota a pagar. **6** lista, relação. **7** sinal, marca. **nota musicale** nota musical.

no.ta.bi.le [notˈabile] *agg* notável, digno de nota. • *sm* notável, pessoa ilustre.

no.ta.io [notˈajo] *sm* tabelião, notário público.

no.ta.re [notˈare] *vt* **1** anotar. **2** assinalar, marcar. **3** notar, perceber.

no.te.vo.le [notˈevole] *agg* **1** notável, importante, ilustre. **2** abundante, elevado.

no.ti.zia [notˈitsja] *sf* **1** notícia, artigo. **2** informação, conhecimento (sobre algo).

no.ti.zia.rio [notitsˈjarjo] *sm* noticiário.

no.to [nˈɔto] *agg* **1** conhecido. **2** famoso, notório.

no.to.rio [notˈɔrjo] *agg* notório, público.

not.ta.ta [nottˈata] *sf* **1** noitada. **2** noite.

not.te [nˈɔtte] *sf* **1** noite. **2** *fig* escuridão, trevas. **3** ignorância. **buona notte!** a) boa noite! b) *iron* chega! **di notte** à noite, durante a noite. **notte fitta** noite escura.

not.tur.no [nottˈurno] *agg* noturno, da noite. • *sm Mus* noturno.

no.van.ta [novˈanta] *sm+num* noventa.

no.ve [nˈɔve] *sm+num* nove.

no.vel.la [novˈɛlla] *sf* **1** notícia, nova. **2** *Lett* novela. **3** conto.

no.vem.bre [novˈɛmbre] *sm* novembro.

no.ve.na [novˈɛna] *sf Rel* novena.

no.vi.tà [novitˈa] *sf* **1** novidade. **2** nova, notícia.

no.zio.ne [notsˈjone] *sf* **1** noção, ideia. **2** significado. **3 nozioni** *pl* noções, fundamentos.

noz.ze [nˈɔttse] *sf pl* núpcias, casamento, bodas.

nu.ca [nˈuka] *sf Anat* nuca.

nu.cle.a.re [nukleˈare] *agg* (anche *Fis*) nuclear.

nu.cle.o [nˈukleo] *sm* **1** núcleo, centro. **2** *Fis, Chim, Biol* núcleo.

nu.di.tà [nuditˈa] *sf* nudez.

nu.do [nˈudo] *sm Pitt* nu. • *agg* **1** nu, despido. **2** *pop* pelado. **3** *fig* sincero, simples. **4** miserável, pobre.

nul.la [nˈulla] *pron* nada. **per nulla** de jeito nenhum.

nul.li.tà [nullitˈa] *sf* **1** nulidade. **2** *fig* nada.

nul.lo [nˈullo] *agg* **1** nulo, inválido. **2** *fig* inútil, ineficaz.

nu.me.ra.le [numerˈale] *agg* numeral, de número. **aggettivi numerale** *Gramm* numerais.

nu.me.ra.re [numerˈare] *vt* **1** numerar, colocar número em. **2** contar, calcular.

nu.me.ro [nˈumero] *sm* **1** número. **2** numeral. **3** *Teat* número, quadro. **numero interno** ramal (telefônico).

nu.me.ro.so [numerˈozo] *agg* **1** numeroso. **2** abundante.

nuo.ce.re [nˈwɔtʃere] *vi* fazer mal, prejudicar, causar dano.

nuo.ra [nˈwɔra] *sf* nora.

nuo.ta.re [nwotˈare] *vi* **1** nadar. **2** *fig* flutuar, boiar. **3** nadar em, ter em abundância.

nuo.to [nˈwɔto] *sm* natação.

nuo.va [nˈwɔva] *sf* nova, notícia.

nuo.vo [nˈwɔvo] *agg* **1** novo. **2** recente, moderno. **3** *fig* ingênuo. **di nuovo** de novo, novamente.

nu.tri.men.to [nutrimˈento] *sm* **1** nutrição, alimento. **2** sustento.

nu.tri.re [nutrˈire] *vt* **1** nutrir, alimentar. **2** *fig, Lett* criar. **3** educar, instruir.

nu.tri.ti.vo [nutritˈivo] *agg* nutritivo.

nu.vo.la [nˈuvola] *sf Met* nuvem.

nu.vo.lo.so [nuvolˈozo] *agg* nublado.

o¹ [´ɔ] *sf* **1** a décima terceira letra do alfabeto italiano. **2** ó, o nome da letra O.

o² [´o] *cong* ou. • *int* ó. **o ... o** ou ... ou.

o.a.si [´oazi] *sf* **1** *Geogr* oásis. **2** *fig* conforto.

ob.bli.ga.re [obblig´are] *vt* **1** obrigar, constranger. *vpr* **2** obrigar-se, comprometer-se.

ob.bli.ga.to.rio [obbligat´ɔrjo] *agg* obrigatório, compulsório.

ob.bli.ga.zio.ne [obbligats´jone] *sf* **1** obrigação. **2** *Comm* obrigação, dívida.

ob.bli.go [´ɔbbligo] *sm* **1** obrigação. **2** dever.

o.be.so [ob´ezo] *agg* obeso.

o.biet.ti.vo [objett´ivo] *sm* objetivo, fim. • *agg* objetivo.

o.bie.zio.ne [objets´jone] *sf* **1** objeção. **2** oposição.

o.bi.to [´ɔbito] *sm* óbito, falecimento.

o.bli.quo [obl´ikwo] *agg* **1** oblíquo. **2** *Gramm* indireto, oblíquo. **3** *fig* ambíguo.

ob.so.le.to [obsol´eto] *agg* obsoleto, ultrapassado.

o.ca [´ɔka] *sf* **1** ganso. **2** *fig* tonto, tolo.

oc.ca.sio.ne [okkaz´jone] *sf* **1** ocasião, oportunidade. **2** circunstância. **3** situação. **4** pretexto, desculpa. **5** *Comm* oferta, pechincha.

oc.chia.ia [okk´jaja] *sf* **1** olheira. **2** *Anat* órbita ocular.

oc.chia.li [okk´jali] *sm pl* óculos. **mettersi gli occhiali** colocar os óculos. **occhiali da sole** óculos de sol.

oc.chia.ta [okk´jata] *sf* olhada.

oc.chiel.lo [okk´jɛllo] *sm* casa (de botão).

oc.chio [´ɔkkjo] *sm* **1** *Anat* olho. **2** *Mecc* olho de um instrumento. **3** *fig* olhar. **4** controle. **ad occhi chiusi** de olhos fechados. **ad occhio nudo** a olho nu. **occhio!** atenção! em guarda!

oc.ci.den.ta.le [ottʃident´ale] *s+agg* ocidental.

oc.ci.den.te [ottʃid´ɛnte] *sm* ocidente.

oc.cor.ren.za [okkoř´entsa] *sf* **1** ocorrência, ocasião. **2** necessidade.

oc.cor.re.re [okk´ořere] *vi* **1** precisar, ser necessário. **2** ocorrer, acontecer.

oc.cul.ta.re [okkult´are] *vt* **1** ocultar, esconder. *vpr* **2** ocultar-se, esconder-se.

oc.cul.to [okk´ulto] *agg* **1** oculto. **2** misterioso. **3** desconhecido.

oc.cu.pa.re [okkup´are] *vt* **1** ocupar. **2** invadir, conquistar. **3** usurpar. *vpr* **4** ocupar-se de. **5** entregar-se a, dedicar-se a.

oc.cu.pa.zio.ne [okkupats´jone] *sf* **1** ocupação. **2** invasão, conquista. **3** trabalho.

o.ce.a.no [otʃ´eano] *sm* **1** *Geogr* oceano. **2** *fig* oceano, imensidão.

o.cu.li.sta [okul´ista] *s* oculista.

o.dia.re [od'jare] *vt* 1 odiar, detestar. *vpr* 2 odiar-se (um ao outro).

o.dio ['ɔdjo] *sm* 1 ódio. 2 rancor, ressentimento. 3 antipatia, aversão.

o.di.o.so [odi'ozo] *agg* 1 odioso. 2 detestável. 3 repulsivo, repelente.

o.don.to.lo.gi.a [odontolodʒ'ia] *sf* odontologia.

o.do.ra.re [odor'are] *vt* 1 cheirar, sentir o cheiro de. 2 *fig* sentir, pressentir. *vi* 3 exalar cheiro. **odorare di** (anche *fig*) cheirar a, ter cheiro de.

o.do.ra.to [odor'ato] *sm* olfato. • *agg* cheiroso.

o.do.re [od'ore] *sm* 1 odor, cheiro. 2 perfume. 3 fedor. 4 *fig* indício, sinal.

of.fen.de.re [offˈɛndere] *vt* 1 ofender, insultar. 2 ferir, machucar. 3 violar. *vpr* 4 ofender-se.

of.fen.si.vo [offens'ivo] *agg* ofensivo.

of.fer.ta [offˈɛrta] *sf* 1 oferta. 2 oferenda. 3 esmola.

of.fe.sa [offˈeza] *sf* 1 ofensa, afronta. 2 palavrão. 3 dano, prejuízo.

of.fi.ci.na [offitʃ'ina] *sf* oficina. **officina riparazioni** oficina mecânica.

of.fri.re [offr'ire] *vt* 1 oferecer. 2 sacrificar a Deus. 3 mostrar, apresentar. 4 presentear. *vpr* 5 oferecer-se, proporse. 6 apresentar-se, mostrar-se.

of.fu.sca.re [offusk'are] *vt* 1 ofuscar. 2 *fig* manchar, denegrir. *vpr* 3 ofuscar-se. 4 *fig* depreciar-se.

of.tal.mo.lo.go [oftalm'ɔlogo] *sm Med* oftalmologista.

og.get.to [oddʒ'ɛtto] *sm* 1 objeto. 2 tema, assunto. 3 *Gramm* objeto. 4 *pop* coisa. 5 *fig* objetivo, fim, propósito. **complemento oggetto** *Gramm* objeto direto.

og.gi ['ɔddʒi] *avv* 1 hoje. 2 nesta época, no tempo atual. • *sm* o dia de hoje. **oggi a otto** daqui a oito dias.

og.gi.gior.no [oddʒidʒ'orno] *avv* hoje em dia, nos dias de hoje.

o.gni ['oñi] *pron* 1 cada. 2 todos. **a ogni modo/in ogni modo** de qualquer maneira. **ogni due giorni** a) a cada dois dias. b) dia sim, dia não. **ogni tanto** de vez em quando.

o.gnu.no [oñ'uno] *pron* cada um, todos.

oh ['ɔ] *int* oh!

ol.fat.to [olf'atto] *sm* olfato.

O.lim.pi.a.de [olimp'iade] *sf pl* Olimpíadas.

o.lio ['ɔljo] *sm* 1 azeite. 2 (anche *Chim*) óleo. **olio d'oliva** azeite de oliva. **sott'olio** ao azeite.

o.li.va [ol'iva] *sf* azeitona, oliva.

o.li.vo [ol'ivo] *sm* oliveira.

ol.trag.gio [oltr'addʒo] *sm* 1 ultraje, afronta, ofensa. 2 *Giur* estupro.

ol.tre ['oltre] *prep* 1 além de. 2 depois de. 3 mais de (tempo). • *avv* 1 além. 2 avante. 3 depois, em seguida. **oltre a** além de. **oltre a che** além do que. **oltre a ciò** além disso.

ol.tre.ma.re [oltrem'are] *avv* além-mar.

ol.tre.pas.sa.re [oltrepass'are] *vt* 1 ultrapassar, superar. 2 exceder, passar de.

o.mag.gio [om'addʒo] *sm* homenagem.

om.be.li.co [ombel'iko] *sm* 1 *Anat* umbigo. 2 *fig* centro.

om.bra ['ombra] *sf* 1 sombra. 2 *fig* noite, visão, fantasma. 3 defeito, imperfeição. **all'ombra** à sombra.

om.brel.lo [ombr'ɛllo] *sm* guarda-chuva.

om.brel.lo.ne [ombrell'one] *sm aum* guarda-sol.

o.me.o.pa.ti.a [omeopat'ia] *sf* homeopatia.

o.met.te.re [om'ettere] *vt* omitir.

o.mi.ci.dio [omitʃ'idjo] *sm* homicídio.

o.mis.sio.ne [omiss'jone] *sf* 1 omissão. 2 esquecimento.

o.mo.ge.ne.o [omodʒ'ɛneo] *agg* homogêneo.

o.mo.ni.mo [om´ɔnimo] *sm+agg* homônimo.

o.mo.ses.su.a.le [omosessu´ale] *s* homossexual.

on.da [´onda] *sf* onda.

on.du.la.re [ondul´are] *vt* 1 ondular, fazer ondas em. *vi* 2 ondular.

o.ne.re [´ɔnere] *sm* 1 encargo, incumbência. 2 *Giur, Comm* ônus.

o.ne.ro.so [oner´ozo] *agg* oneroso.

o.ne.stà [onest´a] *sf* honestidade.

o.ne.sto [on´ɛsto] *sm* honesto, pessoa honesta. • *agg* 1 honesto. 2 justo. 3 lícito, legal.

on.ni.po.ten.te [onnipot´ɛnte] *s+agg* onipotente.

on.ni.vo.ro [onn´ivoro] *agg Biol* onívoro.

o.no.ma.to.pe.a [onomatop´ea] *sf* onomatopeia.

o.no.ra.re [onor´are] *vt* 1 honrar. 2 adorar, venerar. *vpr* 3 honrar-se, vangloriar-se de, orgulhar-se de.

o.no.re [on´ore] *sm* 1 honra. 2 consideração, estima. 3 adoração, veneração. 4 funerais. **parola d'onore** palavra de honra. **punto d'onore** questão de honra.

o.pa.co [op´ako] *agg* 1 opaco. 2 turvo, fosco. 3 *fig* sem vida. 4 abafado, velado (som).

o.pe.ra [´ɔpera] *sf* 1 obra. 2 ação. 3 trabalho, serviço. 4 construção. 5 *Mus* ópera.

o.pe.ra.io [oper´ajo] *sm* operário.

o.pe.ra.re [oper´are] *vt* 1 operar, executar, realizar. 2 *Med* operar. *vi* 3 operar. 4 agir.

o.pe.ra.zio.ne [operats´jone] *sf* 1 operação. 2 plano, projeto. 3 *Med* operação, cirurgia.

o.pi.na.re [opin´are] *vt+vi Lett* opinar.

o.pi.nio.ne [opin´jone] *sf* 1 opinião, ideia, modo de ver. 2 parecer, avaliação, julgamento. 3 *fig* reputação, conceito.

op.por.re [opp´ore] *vt* 1 opor, contrapor. 2 contestar, discordar, objetar. *vpr* 3 opor-se, ficar contra. 4 contestar, discordar de.

op.por.tu.ni.tà [opportunit´a] *sf* 1 oportunidade. 2 ensejo.

op.por.tu.no [opport´uno] *agg* oportuno, conveniente.

op.po.sto [opp´osto] *sm* o oposto, o contrário. • *agg* oposto, contrário.

op.pres.sio.ne [oppress´jone] *sf* 1 opressão, tirania. 2 preocupação, angústia. 3 sufoco.

op.pri.me.re [oppr´imere] *vt* 1 oprimir. 2 *fig* preocupar, angustiar. 3 sufocar.

op.pu.re [opp´ure] *cong* ou.

o.pta.re [opt´are] *vi Giur* optar, escolher.

o.pu.sco.lo [op´uskolo] *sm* folheto, livreto.

op.zio.ne [opts´jone] *sf* 1 *Giur* opção, escolha. 2 *Comm* opção.

o.ra [´ora] *sf* 1 hora. 2 momento. • *avv* já, agora, neste momento. • *cong* ora, portanto. **che ora è?** que horas são? **mezz'ora** meia hora. **ora di punta** horário de pico. **ora ... ora** ora... ora. **or ora** há pouco tempo. **suonare le ore** dar as horas (o relógio).

o.ra.co.lo [or´akolo] *sm* 1 *Mit* oráculo. 2 *fig* previsão, profecia.

o.ra.le [or´ale] *agg* oral.

o.ra.mai [oram´aj] *avv V ormai*.

o.ran.gu.tan [orangut´an] *sm Zool* orangotango.

o.ra.rio [or´arjo] *sm* horário. **in orario** na hora (trem, avião). **orario estivo** horário de verão.

o.ra.to.ria [orat´orja] *sf* oratória.

o.ra.zio.ne [orats´jone] *sf* 1 *Lett* discurso. 2 *Rel* oração, prece.

or.bi.ta [´ɔrbita] *sf Anat, Astron* órbita.

or.bo [´ɔrbo] *sm* cego. • *agg* 1 cego. 2 vesgo, zarolho. 3 *Lett* privado.

or.ca [´ɔrka] *sf Zool* orca.

or.che.stra [ork´ɛstra] *sf* orquestra.
or.chi.de.a [orkid´ea] *sf Bot* orquídea.
or.di.na.le [ordin´ale] *agg* ordinal.
or.di.na.men.to [ordinam´ento] *sm* **1** ordem. **2** regulamento, norma, regra.
or.di.na.re [ordin´are] *vt* **1** ordenar: a) comandar. b) dispor, colocar em ordem. c) mandar. **2** *Comm* encomendar. **3** *Rel* ordenar. *vpr* **4** (anche *Rel*) ordenar-se.
or.di.na.rio [ordin´arjo] *sm* **1** ordinário, habitual. **2** *Rel* ordinário, superior eclesiástico. • *agg* **1** ordinário. **2** habitual, comum. **3** medíocre, reles.
or.di.ne [´ordine] *sm* **1** ordem. **2** regra. **3** classe, categoria. **4** comando. **5** decreto, lei. **6** *Zool* ordem. **7** *Comm* pedido. **in ordine** em ordem. **ordine degli avvocati** ordem dos advogados.
o.rec.chia [or´ekkja] *sf V* **orecchio**.
o.rec.chi.no [orekk´ino] *sm* brinco.
o.rec.chio [or´ekkjo] *sm* **1** orelha, ouvido. **2** *fig* atenção. **essere tutt'orecchi** ser todo ouvidos. **tirata d'orecchi** puxão de orelhas. *Sin:* orecchia.
o.rec.chio.ni [orekk´joni] *sm pl Med pop* caxumba.
o.re.fi.ce [or´efitʃe] *sm* ourives.
or.fa.no [´ɔrfano] *sm+agg* órfão.
or.fa.no.tro.fio [orfanotr´ɔfjo] *sm* orfanato.
or.ga.net.to [organ´etto] *sm Mus* **1** realejo. **2** acordeão.
or.ga.ni.smo [organ´izmo] *sm* **1** organismo. **2** *fig* organização, sistema. **3** instituição.
or.ga.niz.za.re [organiddz´are] *vt* **1** organizar. *vpr* **2** organizar-se.
or.ga.no [´organo] *sm* **1** *Fisiol* órgão. **2** *Mus* órgão. **3** *fig* jornal, órgão de imprensa.
or.gia [´ɔrdʒa] *sf* orgia.
or.go.glio [org´oλo] *sm* **1** orgulho. **2** honra.
or.go.glio.so [orgoλ´ozo] *agg* orgulhoso.

o.rien.ta.le [orjent´ale] *s+agg* oriental.
o.rien.ta.re [orjent´are] *vt+vi* **1** orientar, encaminhar. *vpr* **2** orientar-se.
o.rien.te [or´jɛnte] *sm* oriente. **Estremo Oriente** Extremo Oriente.
o.ri.fi.zio [orif´itsjo] *sm* **1** orifício, furo. **2** *Anat* canal.
o.ri.ga.no [or´igano] *sm Bot* orégano.
o.ri.gi.na.le [oridʒin´ale] *sm* **1** original. **2** manuscrito. **3** *fig* excêntrico. • *agg* **1** original. **2** *fig* singular, estranho.
o.ri.gi.na.re [oridʒin´are] *vt* **1** *Lett* originar, dar origem a. *vi* **2** originar--se de.
o.ri.gi.ne [or´idʒine] *sf* **1** origem. **2** princípio, início. **3** nascimento.
o.ri.na [or´ina] *sf Fisiol* urina.
o.ri.na.le [orin´ale] *sm* **1** urinol. **2** *pop* penico.
o.ri.na.re [orin´are] *vt* **1** urinar. **2** *volg* mijar.
o.riz.zon.te [oriddz´onte] *sm* **1** horizonte. **2** *fig* âmbito, campo.
or.lo [´ɔrlo] *sm* **1** bainha de roupa. **2** borda, margem. **3** *fig* extremidade, ponta.
or.ma [´orma] *sf* **1** pegada, rastro. **2** pista. **3** *fig* marca, recordação. **4** exemplo.
or.mai [orm´aj] *avv* **1** agora, já. **2** desde já, de agora em diante. *Var:* oramai.
or.mo.ne [orm´one] *sm Fisiol* hormônio.
or.na.men.to [ornam´ento] *sm* ornamento, adorno, enfeite.
or.na.re [orn´are] *vt* **1** ornar, adornar. *vpr* **2** ornar-se, adornar-se.
o.ro [´ɔro] *sm* **1** ouro. **2** *fig* riqueza. **3** dinheiro. **4** moeda de ouro.
o.ro.lo.ge.ri.a [orolodʒer´ia] *sf* relojoaria.
o.ro.lo.gia.io [orolodʒ´ajo] *sm* relojoeiro.
o.ro.lo.gio [orol´ɔdʒo] *sm* relógio. **caricare l'orologio** dar corda no relógio. **l'orologio è fermo** o relógio parou. **orologio a sveglia** despertador. **orologio da muro** relógio de parede.

orologio da polso relógio de pulso.
orologio da tasca relógio de bolso.
o.ro.sco.po [orˈɔskopo] *sm* horóscopo.
or.ren.do [orˈɛndo] *agg* 1 horrendo, horroroso. 2 assustador.
or.ri.bi.le [orˈibile] *agg* horrível, assustador. • *sm* horror, coisa horrorosa.
or.ro.re [orˈore] *sm* 1 horror, terror. 2 monstruosidade.
or.so [ˈorso] *sm* 1 *Zool* urso. 2 *fig* pessoa antissocial.
or.tag.gio [ortˈaddʒo] *sm* hortaliça.
or.ti.ca [ortˈika] *sf Bot* urtiga.
or.to [ˈɔrto] *sm* horta.
or.to.dos.so [ortodˈɔsso] *sm Rel* ortodoxo. • *agg* ortodoxo.
or.to.gra.fi.a [ortografˈia] *sf Gramm* ortografia.
or.to.pe.di.co [ortopˈɛdiko] *sm Med* ortopedista.
or.zo [ˈɔrtso] *sm Bot* cevada.
o.sa.re [ozˈare] *vt* ousar, atrever-se a.
o.sce.no [oʃˈɛno] *agg* obsceno, imoral.
o.scil.la.re [oʃillˈare] *vi* 1 oscilar. 2 *fig* hesitar, vacilar. 3 variar (preços, valores).
o.scu.ro [oskˈuro] *agg* 1 escuro. 2 *fig* obscuro. 3 incompreensível, ininteligível. 4 desconhecido, anônimo.
o.smo.si [ozmˈɔzi] *sf Fis* osmose.
o.spe.da.le [ospedˈale] *sm* hospital.
o.spi.ta.le [ospitˈale] *agg* hospitaleiro, acolhedor.
o.spi.ta.re [ospitˈare] *vt* hospedar.
o.spi.te [ˈɔspite] *s* 1 anfitrião. 2 hóspede.
o.spi.zio [ospˈitsjo] *sm* asilo (para pobres, idosos, órfãos).
os.se.quio [ossˈɛkwjo] *sm* 1 homenagem, reverência. 2 saudação.
os.ser.va.re [osservˈare] *vt* 1 observar. 2 examinar, analisar. 3 manter. 4 respeitar (regra).
os.ser.va.zio.ne [osservatsˈjone] *sf* 1 observação, análise, exame. 2 conclusão. 3 repreensão, crítica.
os.ses.sio.ne [ossessˈjone] *sf* 1 obsessão, possessão. 2 ideia fixa, mania. 3 *Psic* obsessão.
os.si.a [ossˈia] *cong* ou seja.
os.si.da.re [ossidˈare] *vt* 1 oxidar, enferrujar. *vpr* 2 oxidar-se, enferrujar-se.
os.si.ge.no [ossˈidʒeno] *sm* 1 *Chim* oxigênio. 2 *fig* ajuda, amparo.
os.si.to.no [ossˈitono] *agg Gramm* oxítono.
os.so [ˈɔsso] *sm* 1 *Anat* osso. 2 *Bot* caroço. **osso duro** osso duro de roer.
o.sta.co.lo [ostˈakolo] *sm* 1 obstáculo. 2 impedimento.
o.stag.gio [ostˈaddʒo] *sm* refém.
o.sten.ta.re [ostentˈare] *vt* ostentar, exibir.
o.ste.ri.a [osterˈia] *sf* 1 taverna. 2 estalagem.
o.stia [ˈɔstja] *sf Rel, Med* hóstia.
o.sti.le [ostˈile] *agg* hostil, adverso.
o.sti.na.to [ostinˈato] *agg* obstinado.
o.sti.na.zio.ne [ostinatsˈjone] *sf* obstinação.
o.stri.ca [ˈɔstrika] *sf* ostra.
o.stru.i.re [ostruˈire] *vt* obstruir.
o.to.ri.no.la.rin.go.ia.tra [otorinolaringoˈjatra] *s Med* otorrinolaringologista.
ot.tan.ta [ottˈanta] *sm+num* oitenta.
ot.ta.vo [ottˈavo] *sm+num* oitavo.
ot.te.ne.re [ottenˈere] *vt* obter, conseguir.
ot.ti.ca [ˈɔttika] *sf Fis* ótica.
ot.ti.mi.smo [ottimˈizmo] *sm* otimismo.
ot.ti.mo [ˈɔttimo] *agg superl* (de **buono**) ótimo, excelente.
ot.to [ˈɔtto] *sm+num* oito.
ot.to.bre [ottˈobre] *sm* outubro.
ot.to.ne [ottˈone] *sm* 1 latão. 2 **ottoni** *pl Mus* metais.
ot.tu.ra.re [otturˈare] *vt* 1 fechar, obstruir. 2 obturar.
ot.tu.so [ottˈuzo] *agg* 1 obtuso, arredondado. 2 *Geom* obtuso. 3 *fig* estúpido, bronco.

o.va.le [ov´ale] *agg* oval. • *sm* forma oval.
o.va.rio [ov´arjo] *sm Anat, Bot* ovário.
o.va.zio.ne [ovats´jone] *sf* ovação.
o.ve [´ove] *avv* **1** onde. **2** quando. • *cong* **1** no caso de, se. **2** contanto que, desde que.
o.vest [´ɔvest] *sm Geogr* **1** oeste. **2** ocidente.
o.vi.no [ov´ino] *agg* ovino.

o.vu.lo [´ɔvulo] *sm Fisiol, Bot* óvulo.
ov.ve.ro [ovv´ero] *cong* isto é, ou seja.
ov.vio [´ɔvvjo] *agg* óbvio, evidente.
o.zio [´ɔtsjo] *sf* **1** ócio, ociosidade. **2** lazer.
o.zio.so [ots´jozo] *agg* **1** ocioso. **2** vadio, vagabundo. **3** inútil, vão (ato). • *sm* vadio, vagabundo.
o.zo.no [odz´ono] *sm Quím* ozônio.

p

p [p´i] *sf* a décima quarta letra do alfabeto italiano.
pac.co [p´akko] *sm* pacote.
pa.ce [p´atʃe] *sf* **1** paz. **2** sossego, tranquilidade.
pa.ci.fi.ca.re [patʃifik´are] *vt* **1** pacificar. *vpr* **2** reconciliar-se, fazer as pazes.
pa.ci.fi.co [patʃ´ifiko] *agg* **1** pacífico. **2** tranquilo, calmo.
pa.del.la [pad´ɛlla] *sf* **1** frigideira. **2** urinol, comadre (urinol achatado para doentes, usado nos hospitais). **3** *Anat* rótula.
pa.di.glio.ne [padiλ´one] *sm* **1** pavilhão. **2** quiosque. **3** barraca, tenda.
pa.dre [p´adre] *sm* **1** pai. **2** *Rel* padre. **3** *fig* origem, causa. **4 i padri** *pl* os antepassados. **padre famiglia** pai de família.
pa.dri.no [padr´ino] *sm* padrinho.
pa.dro.na [padr´ona] *sf* **1** dona. **2** patroa. **padrona di casa** proprietária.
pa.dro.ne [padr´one] *sm* **1** dono. **2** patrão. **3** conhecedor, especialista. **padrone di casa** proprietário.
pa.dro.neg.gia.re [padronedʒ´are] *vt* **1** dominar. *vpr* **2** controlar-se, conter-se.
pa.e.sag.gio [paez´addʒo] *sm* paisagem.
pa.e.sa.no [paez´ano] *sm* **1** campones, aldeão. • *agg* **1** compatriota. **2** campestre, camponês. **3** *fig* grosseiro, tosco.
pa.e.se [pa´eze] *sm* **1** aldeia, vila. **2** país. **3** região, território. **4** *Pitt* paisagem.
pa.ga [p´aga] *sf* salário, ordenado.
pa.ga.men.to [pagam´ento] *sm* **1** *Comm* pagamento. **2** depósito.
pa.ga.no [pag´ano] *sm+agg* pagão.
pa.ga.re [pag´are] *vt* **1** pagar. **2** subornar, corromper. **3** *fig* recompensar. *vpr* **4** cobrar indenização.
pa.gel.la [padʒ´ella] *sf* boletim escolar.
pa.ghe.rò [pager´ɔ] *sm Comm* vale.
pa.gi.na [p´adʒina] *sf* página.
pa.glia [p´aλa] *sf* **1** palha. **2** chapéu de palha.
pa.gliac.cia.ta [paλattʃ´ata] *sf* **1** palhaçada. **2** farsa.
pa.gliac.cio [paλ´attʃo] *sm* (anche *fig*) palhaço.
pa.io [p´ajo] *sm* (*pl* **paia**) **1** par. **2** *fig* um pouco de, alguns. **un paio di** *jeans* uma calça jeans.
pa.la [p´ala] *sf* pá.
pa.la.to [pal´ato] *sm* **1** *Anat* palato. **2** *Fisiol* paladar.
pa.laz.zo [pal´attso] *sm* **1** palácio. **2** edifício, prédio.
pal.co [p´alko] *sm* **1** palco. **2** camarote. **3** andaime. **4** patíbulo. **palco scenico** *V* palcoscenico.
pal.co.sce.ni.co [palkoʃ´eniko] ou **palco scenico** *sm Teat* palco.
pa.le.sa.re [palez´are] *vt* **1** revelar, manifestar. *vpr* **2** revelar-se, mostrar-se.

pa.le.se [pal´eze] *agg* 1 patente, evidente. 2 público.
pa.le.stra [pal´εstra] *sf* 1 ginásio esportivo. 2 ginástica.
pa.let.to [pal´etto] *sm* 1 estaca. 2 ferrolho.
pa.lio [p´aljo] *sm* 1 *Sp* páreo, corrida de cavalos. 2 *fig* prêmio, recompensa. 3 competição.
pal.la [p´alla] *sf* 1 *Sp* bola. 2 *Mil* bala. 3 *Sp* pala, veste grega. 4 **palle** *pl volg* bolas, testículos.
pal.la.ca.ne.stro [pallakan´εstro] *sf Sp* basquete.
pal.la.nuo.to [pallan´wɔto] *sf Sp* polo aquático.
pal.leg.gia.re [palleddʒ´are] *vt* 1 *Sp* driblar. 2 *fig* enganar, iludir. *vpr* 3 acusar-se mutuamente.
pal.li.dez.za [pallid´ettsa] *sf* palidez.
pal.li.do [p´allido] *agg* 1 pálido. 2 *fig* fraco. 3 vago, incerto, confuso.
pal.lo.ne [pall´one] *sm* 1 balão. 2 *Sp* futebol.
pal.ma [p´alma] *sf* 1 *Anat* palma da mão. 2 *Bot* palmeira. 3 *fig* vitória, triunfo.
pal.ma.ta [palm´ata] *sf* palmada.
pal.mo [p´almo] *sm* palmo.
pa.lo [p´alo] *sm* 1 estaca. 2 poste. 3 *fig* sentinela, guarda.
pa.lom.ba.ro [palomb´aro] *sm* mergulhador.
pal.pa.re [palp´are] *vt* apalpar.
pal.pe.bra [p´alpebra] *sf Anat* pálpebra.
pal.pi.ta.re [palpit´are] *vi* 1 *Med* palpitar, bater (coração). 2 *fig* agitar-se, excitar-se.
pa.lu.de [pal´ude] *sf* 1 pântano, charco, brejo. 2 *fig* inércia.
pam.pa [p´ampa] *sf* pampa.
pan.ca [p´anka] *sf* banco (para sentar).
pan.cia [p´antʃa] *sf* 1 barriga. 2 *pop* pança.
pan.ciot.to [pantʃ´ɔtto] *sm* colete.

pan.cre.as [p´ankreas] *sm Anat* pâncreas.
pa.ne [p´ane] *sm* 1 pão. 2 *fig* alimento. 3 sustento. 4 rosca de parafuso. **pane giallo** pão de fubá. **panino imbottito** sanduíche.
pa.net.te.ri.a [panetter´ia] *sf* padaria.
pa.net.tie.re [panett´jere] *sm* padeiro.
pa.net.to.ne [panett´one] *sm* panetone.
pan.fi.lo [p´anfilo] *sm Naut* iate.
pa.ni.co [p´aniko] *sm* pânico, terror.
pa.nie.re [pan´jere] *sm* cesto, cesta.
pa.ni.fi.cio [panifʃ´itʃo] *sm* padaria, panificadora.
pan.na [p´anna] *sf* nata. **panna montata** creme *chantilly*.
pan.no [p´anno] *sm* 1 pano, tecido. 2 fazenda, corte de tecido. 3 **panni** *pl* roupas.
pa.no.ra.ma [panor´ama] *sf* panorama.
pan.ta.lo.ni [pantal´oni] *sm pl* calças.
pan.ta.no [pant´ano] *sm* 1 pântano, charco. 2 *fig* intriga, trama.
pan.to.fo.la [pant´ɔfola] *sf* chinelo, chinela.
pa.pa [p´apa] *sm Rel* papa.
pa.pà [pap´a] *sm* papai. **figlio di papà** filhinho de papai.
pa.pa.ve.ro [pap´avero] *sm* 1 *Bot* papoula. 2 *fig* tolo, bobo.
pa.pe.ra [p´apera] *sf* 1 gansa nova. 2 *fig* erro.
pa.pe.ro [p´apero] *sm* 1 ganso novo. 2 *fig* tonto.
pap.pa [p´appa] *sf* papa.
pap.pa.gal.lo [pappag´allo] *sm* 1 papagaio. 2 *fig* papagaio, tagarela.
pap.pa.re [papp´are] *vt* 1 *fam* papar, comer demais. 2 *fig* especular.
pa.ra.brez.za [parabr´ettsa] *sm Autom, Aer* para-brisa.
pa.ra.ca.du.te [parakad´ute] *sm Aeron* paraquedas.
pa.ra.di.so [parad´izo] *sm* paraíso.
pa.ra.fan.go [paraf´ango] *sm Autom* para-lama.

paraffina 170 **parroco**

pa.raf.fi.na [paraff´ina] *sf Chim* parafina.
pa.ra.ful.mi.ne [paraf´ulmine] *sm* para-raios.
pa.ra.go.na.re [paragon´are] *vt* 1 comparar. *vpr* 2 comparar-se.
pa.ra.go.ne [parag´one] *sm* comparação.
pa.ra.gra.fo [par´agrafo] *sm* parágrafo.
pa.ra.li.si [par´alizi] *sf* 1 *Med* paralisia. 2 *fig* interrupção.
pa.ra.li.ti.co [paral´itiko] *agg* paralítico.
pa.ra.liz.za.re [paraliddz´are] *vt* paralisar.
pa.ral.le.le.pi.pe.do [parallelep´ipedo] *sm Geom* paralelepípedo.
pa.ral.le.lo [parall´elo] *agg* paralelo.
pa.ra.lu.me [paral´ume] *sm* abajur.
pa.ra.oc.chi [para´ɔkki] *sm* antolhos (para cavalo).
pa.ra.pet.to [parap´etto] *sm* parapeito, peitoril.
pa.ra.re [par´are] *vt* 1 enfeitar, decorar. 2 evitar, impedir. 3 proteger, defender. *vpr* 4 aparecer. 5 proteger-se, defender-se.
pa.ra.so.le [paras´ole] *sm* guarda-sol.
pa.ras.si.ta [parass´ita] *sf* 1 *Zool, Bot* parasita. 2 *fig* parasita, sanguessuga.
pa.ra.ta [par´ata] *sf* parada, desfile.
pa.ra.ur.ti [para´urti] *sm Autom* para--choque.
par.cheg.gia.re [parkedd3´are] *vt* estacionar.
par.cheg.gio [park´edd3o] *sm* estacionamento.
par.co [p´arko] *sm* parque. • *agg* parco.
pa.rec.chio [par´ekkjo] *agg* abundante, numeroso. • *avv* muito, bastante (em quantidade). • **parecchi** *pron pl* alguns.
pa.reg.gia.re [paredd3´are] *vt* 1 emparelhar. 2 igualar. 3 nivelar. 4 equilibrar. *vpr* 5 emparelhar-se. 6 igualar-se.

pa.reg.gio [par´edd3o] *sm* 1 *Sp* empate. 2 *Comm* ajuste das contas.
pa.ren.ta.do [parent´ado] *sm Lett V* parentela.
pa.ren.te [par´ente] *s* parente, familiar.
pa.ren.te.la [parent´ɛla] *sf* 1 parentesco. 2 parentes, parentela. 3 *fig* ligação. *Sin: parentado.*
pa.ren.te.si [par´ɛntezi] *sf* 1 parêntese, explicação. 2 *fig* pausa, intervalo. **parentesi quadra** *Gramm* colchetes. **parentesi tonda** *Gramm* parênteses.
pa.re.re [par´ere] *sm* 1 parecer, opinião de especialista. 2 conselho, aviso. • *vi* 1 parecer, assemelhar-se a. 2 *fig* parecer a, julgar, crer, pensar. *mi pare che ... / parece-me que ...*
pa.re.te [par´ete] *sf Archit, Anat* parede. 2 *fig* defesa, proteção.
pa.ri [p´ari] *sm* igual, semelhante. • *agg* 1 par. 2 igual, equivalente. **essere pari con alcuno** estar quite com alguém. **fare a pari e caffo** tirar no par ou ímpar.
par.la.men.ta.re [parlament´are] *s* 1 parlamentar. 2 embaixador, representante. • *vi* parlamentar, negociar (em guerra). • *agg* parlamentar.
par.la.men.to [parlam´ento] *sm* parlamento, assembleia legislativa.
par.la.re [parl´are] *sm* 1 fala. 2 linguagem. 3 discurso. • *vt* 1 falar, dizer, pronunciar. *vi* 2 falar.
par.la.ta [parl´ata] *sf* 1 fala. 2 discurso. 3 pronúncia.
pa.ro.la [par´ola] *sf* 1 palavra. 2 afirmação. 3 fala. 4 *fig* promessa. 5 **parole** *pl* hipóteses. **parole incrociate** palavras cruzadas.
pa.ro.lac.cia [parol´attʃa] *sf* palavrão.
pa.ros.si.to.no [paross´itono] *sm+agg Gramm* paroxítono.
par.roc.chia [paɾ´ɔkkja] *sf Rel* paróquia.
par.ro.co [p´aroko] *sm Rel* pároco.

par.ruc.ca [paɽ´ukka] *sf* 1 peruca. 2 *fam* sermão.

par.ruc.chie.re [paɽukk´jɛre] *sm* cabeleireiro.

par.te [p´arte] *sf* 1 parte. 2 porção, pedaço. 3 trecho. 4 facção. 5 *Teat, Cin* papel (do ator). 6 **parti** *pl* bandas, lados. **d'altra parte** por outro lado. **la maggior parte** a maior parte. **per parte di madre** por parte de mãe. **per parte mia** de minha parte.

par.te.ci.pa.re [partetʃip´are] *vt* 1 participar, comunicar, informar. *vi* 2 participar de, tomar parte em.

par.te.ci.pa.zio.ne [partetʃipats´jone] *sf* 1 participação. 2 comunicação, aviso.

par.teg.gia.re [partedd͡ʒ´are] *vi* participar de.

par.ten.za [part´entsa] *sf* partida.

par.ti.cel.la [partitʃ´ella] *sf dim* partícula.

par.ti.ci.pio [partitʃ´ipjo] *sm Gramm* particípio.

par.ti.co.la.re [partikol´are] *sm* 1 particular. 2 indivíduo. 3 circunstância. • *agg* 1 particular. 2 individual. 3 singular.

par.ti.re [part´ire] *vt* 1 partir, repartir, dividir. 2 *fig* desunir (pessoas). *vi* 3 partir. 4 ir embora. 5 começar. *vpr* 6 afastar-se, distanciar-se.

par.ti.ta [part´ita] *sf* 1 partida. 2 parte, porção. 3 *Sp* partida, jogo. 4 *Contab* registro, lançamento contábil.

par.ti.to [part´ito] *sm* 1 escolha, decisão. 2 partido, vantagem. 3 *Pol* partido.

par.to [p´arto] *sm* 1 parto. 2 *fig* criação, obra, invenção.

par.to.ri.re [partor´ire] *vt* 1 dar à luz a. 2 parir. 3 *fig* criar, inventar.

par.zia.le [parts´jale] *agg* 1 parcial. 2 injusto.

pa.sco.la.re [paskol´are] *vt* 1 pastar. 2 pastorear. *vi* 3 pastar, ruminar. 4 *fig* alimentar. *vpr* 5 alimentar-se.

pa.sco.lo [p´askolo] *sm* pasto.

Pa.squa [p´askwa] *sf* 1 Páscoa. 2 **pasqua** *fig* festa.

pas.sag.gio [pass´add͡ʒo] *sm* 1 passagem. 2 bilhete. 3 trânsito. 4 carona. 5 passo, desfiladeiro. **chiedere un passaggio** pedir carona. **passaggio pedonale** faixa de pedestres.

pas.sa.por.to [passap´ɔrto] *sm* passaporte.

pas.sa.re [pass´are] *vt+vi* 1 passar. 2 transitar. 3 decorrer, transcorrer. 4 acabar. 5 passar por, atravessar. **passare da innocente** passar por inocente. **passare da qualcuno** passar na casa de alguém. **passare la classe** passar de ano (na escola).

pas.sa.tem.po [passat´empo] *sm* passatempo.

pas.sa.to [pass´ato] *sm+agg* passado.

pas.seg.ge.ro [passedd͡ʒ´ero] *sm* passageiro, viajante. • *agg* passageiro, transitório.

pas.seg.gia.re [passedd͡ʒ´are] *vi* passear.

pas.seg.gia.ta [passedd͡ʒ´ata] *sf* passeio. **fare una passeggiata** dar um passeio.

pas.seg.gio [pass´edd͡ʒo] *sm* passeio. **andare a passeggio** ir passear.

pas.se.rel.la [passer´ella] *sf* passarela.

pas.se.ro [p´assero] *sm Zool* pardal.

pas.sio.ne [pass´jone] *sf* 1 paixão. 2 ardor. 3 sofrimento.

pas.si.vo [pass´ivo] *sm* 1 *Comm* passivo. 2 débito. • *agg* 1 passivo. 2 inativo. 3 fraco. 4 *Gramm, Comm* passivo.

pas.so [p´asso] *sm* 1 passo. 2 passagem, trecho. 3 *Geogr* passo, passagem estreita. 4 *fig* passo, ato, procedimento. • *agg* passado, seco (fruta). **fare quattro passi** dar uma volta.

pa.sta [p´asta] *sf* 1 massa. 2 macarrão. 3 pasta (mistura). 4 **paste** *pl* doces. **pasta asciutta** macarronada. **pasta dentifricia** pasta de dente.

pasticca 172 **peculiare**

pa.stic.ca [past´ikka] *sf* (anche *Med*) pastilha.
pa.stic.ce.ri.a [pastittʃer´ia] *sf* 1 doceria. 2 doces.
pa.stic.cie.re [pastittʃ´ere] *sm* doceiro.
pa.stic.cio [past´ittʃo] *sm* 1 pastel, empada. 2 *fig* confusão, desordem. 3 problema. 4 *pop* bagunça.
pa.sto [p´asto] *sm* 1 alimento, comida. 2 refeição.
pa.sto.re [past´ore] *sm* 1 pastor. 2 *Rel* pastor, sacerdote protestante. 3 *fig* pároco, padre.
pa.ta.ta [pat´ata] *sf* batata. **patata dolce** batata-doce. **patate fritte** batatas fritas.
pa.tè [pat´ɛ] *sm* patê.
pa.ten.te [pat´ɛnte] *sf* 1 diploma, certificado. 2 patente de invento. 3 licença. • *agg* patente, evidente. **patente di guida** carteira de motorista.
pa.ter.na.le [patern´ale] *sf* 1 repreensão, reprovação. 2 *pop* bronca, lavada.
pa.ter.no [pat´erno] *agg* 1 paterno. 2 *fig* amoroso, afetuoso.
pa.te.ti.co [pat´etiko] *agg* patético.
pa.ti.re [pat´ire] *vt* 1 padecer, sofrer. 2 tolerar. *vi* 3 sofrer, sentir dor.
pa.tria [p´atrja] *sf* pátria.
pa.tri.gno [patr´iɲo] *sm* padrasto.
pa.tri.mo.nio [patrim´ɔnjo] *sm* patrimônio, bens.
pa.trio [p´atrjo] *agg* 1 pátrio, referente ao pai ou à pátria. 2 paterno.
pa.tri.o.ta [patri´ɔta] *s* patriota.
pa.tro.ci.na.re [patrotʃin´are] *vt* 1 *Giur* patrocinar, defender. 2 *Comm* patrocinar, subvencionar.
pa.tro.ci.nio [patrotʃ´injo] *sm* 1 *Giur* patrocínio, defesa. 2 *Comm* patrocínio.
pa.tro.no [patr´ono] *sm* 1 patrono. 2 *Rel* padroeiro.
pat.ti.na.re [pattin´are] *vi* patinar.
pat.ti.no [p´attino] *sm* patim.

pat.to [p´atto] *sm* 1 pacto, acordo, trato. 2 cláusula, condição. **a patto che** contanto que.
pat.tu.glia [patt´uʎa] *sf Mil* patrulha.
pat.tu.mie.ra [pattum´jera] *sf* lata de lixo.
pa.u.ra [pa´ura] *sf* 1 medo, temor. 2 dúvida, incerteza. 3 receio.
pau.ro.so [pawr´ozo] *agg* 1 medroso, covarde. 2 assustador. 3 hesitante, indeciso.
pau.sa [p´awza] *sf* (anche *Mus*) pausa, interrupção.
pa.vi.men.to [pavim´ento] *sm* 1 pavimento, piso. 2 pavimento, andar. **pavimento di legno** assoalho.
pa.vo.ne [pav´one] *sm Zool* pavão.
pa.zien.te [patsj´ɛnte] *s Med* paciente. • *agg* 1 paciente. 2 calmo. 3 *Gramm* paciente.
pa.zien.za [patsj´ɛntsa] *sf* paciência.
paz.zi.a [patts´ia] *sf* 1 *Med* loucura. 2 *fig* loucura, extravagância, exagero.
paz.zo [p´attso] *sm Med* louco, demente. • *agg* 1 *Med* louco, demente. 2 *fig* arriscado, perigoso. 3 insensato, irracional. **pazzo da legare** doido varrido.
pec.ca.re [pekk´are] *vi* 1 pecar. 2 *fig* errar, falhar.
pec.ca.to [pekk´ato] *sm* 1 *Rel* pecado. 2 *fig* erro, falha. 3 defeito. **peccato!/che peccato!** que pena! **peccato capitale** pecado capital.
pe.ce [p´etʃe] *sf* 1 piche. 2 *fig* vício, mania.
pe.co.ra [p´ekora] *sf* 1 ovelha. 2 *fig* moleirão.
pe.co.ri.no [pekor´ino] *sm* 1 cordeiro. 2 queijo de ovelha. • *agg* 1 ovino. 2 *fig* tolo, bobo.
pe.co.ro [p´ekoro] *sm* 1 carneiro. 2 *fig* tolo, bobo.
pe.cu.lia.re [pekul´jare] *agg* peculiar, particular.

pedaggio   173   pensione

pe.dag.gio [ped´addʒo] *sm* pedágio.
pe.da.go.go [peda´ɡɔɡo] *sm* pedagogo.
pe.da.la.re [pedal´are] *vi* pedalar.
pe.da.le [ped´ale] *sm* **1** pedal. **2** *Bot* tronco.
pe.dan.te [ped´ante] *s+agg* pedante, presunçoso.
pe.de.stre [ped´ɛstre] *agg* **1** pedestre, que vai a pé. **2** *fig* banal, comum. **3** pobre, fraco.
pe.dia.tra [ped´jatra] *s Med* pediatra.
pe.di.cu.re [pedik´ure] *s* pedicura.
pe.do.ne [ped´one] *sm* **1** pedestre. **2** peão, peça do xadrez.
peg.gio [p´eddʒo] *agg compar* (de **cattivo**) pior. • *avv compar* (de **male**) pior. • *sm* **1** o pior, a pior parte. *sf* **2** a pior, derrota. **avere la peggio** levar a pior. **di male in peggio** de mal a pior.
peg.gio.ra.re [peddʒor´are] *vt+vi* piorar.
peg.gio.re [peddʒ´ore] *agg compar* (de **cattivo**) pior. • *sm* o pior, a pior parte.
pe.gno [p´eño] *sm* **1** penhor. **2** garantia, fiança. **3** sinal. **4** *fig* prova.
pe.la.re [pel´are] *vt* **1** pelar, tirar os pelos. **2** depenar. **3** *fig* limpar, depenar de bens materiais.
pel.le [p´elle] *sf* **1** pele. **2** *Anat* pele, cútis. **3** *fig* vida.
pel.le.gri.no [pellegr´ino] *sm* peregrino.
pel.li.co.la [pell´ikola] *sf* **1** película. **2** *Cin, Fot* filme.
pe.lo [p´elo] *sm* **1** pelo. **2** *fig* quase nada, um fio. **3** rachadura, fenda. **per un pelo** por um triz.
pe.lo.so [pel´ozo] *agg* peludo.
pel.vi [p´ɛlvi] *sf Anat* pélvis.
pe.na [p´ena] *sf* **1** pena. **2** dor, aflição. **3** castigo, punição. **fare pena** dar dó. **pena capitale** pena capital, pena de morte.
pe.na.le [pen´ale] *agg* penal. • *sf Giur* multa.
pe.na.re [pen´are] *vi* **1** penar, sofrer. **2** custar, ter dificuldade para.

pen.den.te [pend´ɛnte] *sm* pingente. • *agg* **1** pendente. **2** pendurado. **3** indefinido. **4** iminente.
pen.de.re [p´ɛndere] *vi* **1** pender, estar dependurado. **2** inclinar. **3** estar pendente.
pen.di.o [pend´io] *sm* inclinação.
pen.do.lo [p´ɛndolo] *sm* pêndulo. • *agg* pendente.
pe.ne [p´ɛne] *sm Anat* pênis.
pe.ne.tra.re [penetr´are] *vt* **1** penetrar, atravessar. **2** *fig* compreender, assimilar. *vi* **3** penetrar, entrar. **4** *fig* invadir.
pe.ni.so.la [pen´izola] *sf Geogr* península.
pe.ni.ten.za [penit´ɛntsa] *sf* **1** penitência, castigo. **2** *Rel* penitência. **3** *fig* tédio. **4** incômodo.
pe.ni.ten.zia.rio [penitents´jarjo] *sm* penitenciária, prisão.
pen.na [p´enna] *sf* **1** pena de ave. **2** caneta. **3** pena para escrever. **4** *Geogr* cume, pico. **penna a sfera** caneta esferográfica.
pen.nac.chio [penn´akkjo] *sm* penacho.
pen.nel.lo [penn´ello] *sm* pincel. **pennello per barba** pincel de barba.
pe.no.so [pen´ozo] *agg* penoso, doloroso.
pen.sa.men.to [pensam´ento] *sm* pensamento.
pen.sa.re [pens´are] *vt+vi* **1** pensar. **2** achar. **3** acreditar. **4** inventar. **ci penso io!** deixe comigo! **penso di no** acho que não. **penso di sì** acho que sim.
pen.sie.ro [pens´jɛro] *sm* **1** pensamento, raciocínio. **2** doutrina, filosofia. **3** preocupação, apreensão.
pen.sie.ro.so [pensjer´ozo] *agg* **1** pensativo. **2** preocupado.
pen.sio.na.to [pensjon´ato] *sm* bolsa de estudos. • *agg* aposentado.
pen.sio.ne [pens´jone] *sf* **1** pensão. **2** aposentadoria. **andare in pensione** aposentar-se.

pen.ta.go.no [pent´agono] *sm Geom* pentágono.

pen.ti.men.to [pentim´ento] *sm* 1 arrependimento. 2 remorso.

pen.tir.si [pent´irsi] *vpr* arrepender-se.

pen.to.la [p´entola] *sf* panela, caçarola. **pentola a pressione** panela de pressão.

pe.nul.ti.mo [pen´ultimo] *agg* penúltimo.

pen.zo.lo.ni [pendzol´oni] *avv* dependurado. *con le gambe penzoloni* / com as pernas penduradas.

pe.pe [p´epe] *sm* pimenta.

pe.pe.ro.ne [peper´one] *sm* pimentão.

pe.pi.ta [pep´ita] *sf Min* pepita.

per [p´er] *prep* 1 por. *dividere dieci per cinque* / dividir dez por cinco. 2 para, na direção de. *treno per Milano* / trem para Milão. 3 através de. *per la finestra* / através da janela. 4 por volta de (tempo). 5 por causa de, graças a. 6 durante. 7 em. *seduto per terra* / sentado no chão.

pe.ra [p´era] *sf* 1 pera. 2 *iron* cabeça. 3 *ger* dose de droga. 4 *fig* mentira.

pe.ral.tro [per´altro] *cong* não obstante, contudo. • *avv* apesar disso, a despeito disso.

per.cen.to [pertʃ´ento] *sm* 1 porcentagem. 2 por cento.

per.ce.pi.re [pertʃep´ire] *vt* 1 perceber. 2 compreender. 3 *Comm* resgatar, receber (dinheiro).

per.ce.zio.ne [pertʃets´jone] *sf* percepção.

per.ché [perk´e] *cong* 1 por quê? por que razão? 2 porque, visto que. 3 para que, a fim de que. • *sm* o porquê, causa, motivo.

per.ciò [pertʃ´ɔ] *cong* 1 por isso, por essa razão. 2 então, portanto.

per.cor.re.re [perk´ɔrere] *vt* 1 percorrer. 2 atravessar. 3 *fig* folhear, ler rapidamente.

per.cor.so [perk´orso] *sm* percurso. • *agg* 1 percorrido. 2 atravessado.

per.cos.sa [perk´ɔssa] *sf* golpe, batida.

per.cuo.te.re [perk´wotere] *vt* 1 golpear, bater. 2 *fig* impressionar, repercutir.

per.cus.sio.ne [perkuss´jone] *sf* 1 golpe, batida. 2 *Mus* percussão.

per.de.re [p´ɛrdere] *vt* 1 perder. *vi* 2 perder, ser derrotado. *vpr* 3 perder-se, ficar desorientado. 4 *fig* desgraçar-se, arruinar-se. 5 confundir-se. **perdere la testa** perder a cabeça. **perdere tempo** perder tempo.

per.di.ta [p´ɛrdita] *sf* perda.

per.di.zio.ne [perdits´jone] *sf* 1 perdição, desgraça. 2 depravação, vício.

per.do.na.re [perdon´are] *vt+vi* 1 perdoar, desculpar. 2 *Giur* absolver.

per.do.no [perd´ono] *sm* 1 perdão, desculpa. 2 *Giur* perdão, indulto. 3 *Rel* perdão.

pe.ren.ne [per´enne] *agg* perene, perpétuo.

per.fet.to [perf´ɛtto] *sm Gramm* perfeito. • *agg* 1 perfeito, impecável. 2 completo, terminado. **più che perfetto** mais-que-perfeito.

per.fe.zio.na.re [perfetsjon´are] *vt* 1 aperfeiçoar. 2 acabar, concluir. *vpr* 3 aperfeiçoar-se, melhorar.

per.fe.zio.ne [perfets´jone] *sf* 1 perfeição. 2 conclusão.

per.fi.no [perf´ino] *prep* até, até mesmo. *Var: persino.*

per.fo.ra.re [perfor´are] *vt* 1 perfurar, furar. 2 atravessar, transpassar.

per.ga.me.na [pergam´ena] *sf* pergaminho.

pe.ri.co.lo [per´ikolo] *sm* 1 perigo. 2 risco.

pe.ri.co.lo.so [perikol´ozo] *agg* perigoso, arriscado.

pe.ri.fe.ri.a [perifer´ia] *sf* periferia, subúrbio.

pe.ri.o.do [per´iodo] *sm* (anche *Gramm, Astron, Fis*) período.
pe.ri.re [per´ire] *vi* **1** perecer, morrer. **2** *fig* arruinar-se, sucumbir.
pe.ri.sco.pio [perisk´ɔpjo] *sm* periscópio.
pe.ri.to [per´ito] *sm Giur* perito. • *agg* perito, especialista.
pe.ri.zia [per´itsja] *sf* **1** perícia, destreza. **2** *Giur* perícia.
per.la [p´ɛrla] *sf* pérola.
per.ma.nen.te [perman´ɛnte] *sf* permanente (nos cabelos). • *agg* permanente, duradouro.
per.ma.ne.re [perman´ere] *vi* permanecer, ficar.
per.mes.so [perm´esso] *sm* permissão, licença. **con permesso!** com licença!
per.met.te.re [perm´ettere] *vt* **1** permitir, deixar. **2** permitir-se. **permettete?** com licença? posso entrar?
per.mis.sio.ne [permiss´jone] *sf* **1** permissão. **2** licença.
per.mu.ta [p´ɛrmuta] *sf Giur* permuta.
per.mu.ta.re [permut´are] *vt* permutar, trocar.
per.ni.ce [pern´itʃe] *sf* perdiz.
per.not.ta.men.to [pernottam´ento] *sm* pernoite.
per.not.ta.re [pernott´are] *vi* pernoitar.
pe.rò [per´ɔ] *cong* porém, todavia, mas.
per.pen.di.co.la.re [perpendikol´are] *agg* perpendicular.
per.pe.tuo [perp´etwo] *agg* perpétuo, contínuo.
per.ples.so [perpl´esso] *agg* **1** perplexo, atônito. **2** indeciso.
per.se.gui.ta.re [persegwit´are] *vt* **1** perseguir, seguir. **2** *fig* atormentar, não dar sossego a.
per.se.ve.ra.re [persever´are] *vi* perseverar, persistir, insistir.
per.sia.na [pers´jana] *sf* persiana.
per.si.no [pers´ino] *prep V* perfino.
per.si.sten.te [persist´ɛnte] *agg* persistente, insistente.

per.si.ste.re [pers´istere] *vi* **1** persistir. **2** perseverar. **3** continuar.
per.so.na [pers´ona] *sf* (anche *Gramm*) pessoa.
per.so.nag.gio [person´addʒo] *sm* **1** personagem. **2** *fig* personagem ilustre.
per.so.na.le [person´ale] *sm* **1** compleição, figura. **2** *pop* pessoal, funcionários. • *agg* pessoal.
per.so.na.li.tà [personalit´a] *sf* personalidade.
per.spi.ca.ce [perspik´atʃe] *agg* **1** perspicaz. **2** *fig* inteligente, sagaz.
per.sua.de.re [perswad´ere] *vt* **1** persuadir, convencer. *vpr* **2** persuadir-se, convencer-se.
per.sua.sio.ne [perswaz´jone] *sf* persuasão.
per.tan.to [pert´anto] *cong* **1** por isto, por isso. **2** portanto.
per.tur.ba.re [perturb´are] *vt* **1** perturbar. *vpr* **2** perturbar-se, ficar perturbado.
per.tur.ba.zio.ne [perturbats´jone] *sf* **1** perturbação. **2** desordem, confusão.
per.ver.sio.ne [pervers´jone] *sf* **1** perversão. **2** depravação.
per.ver.so [perv´ɛrso] *agg* perverso, malvado.
per.ver.ti.re [pervert´ire] *vt* **1** perverter, corromper. *vpr* **2** perverter-se, corromper-se.
pe.san.te [pez´ante] *agg* **1** pesado. **2** deselegante (roupa). **3** lento, vagaroso (movimento). **4** de difícil digestão (alimento). **5** *fig* aborrecido. **6** cansativo.
pe.sa.re [pez´are] *vt* **1** pesar. **2** *fig* analisar, avaliar. **3** considerar, ponderar. *vi* **4** pesar, ter peso. **5** *fig* pesar, importar.
pe.sca[1] [p´eska] *sf* pêssego.
pe.sca[2] [p´eska] *sf* pesca.
pe.sca.re [pesk´are] *vt* **1** pescar. **2** sortear um número. **3** *fig* procurar.
pe.sca.to.re [peskat´ore] *sm* pescador.

pe.sce [pˈeʃe] *sm* **1** peixe. **2** *fig* pato, trouxa. **3 Pesci** *pl Astron, Astrol* Peixes. **pesce cane** *V pescecane*.

pe.sce.ca.ne [peʃekˈane] ou **pesce cane** *sm* tubarão.

pe.so [pˈeso] *sm* **1** peso. **2** *Giur, Comm* ônus. **3** *fig* peso, importância, valor. **4** incômodo. **peso lordo** peso bruto. **peso netto** peso líquido.

pes.si.mo [pˈɛssimo] *agg superl* (de **cattivo**) péssimo.

pe.sta [pˈesta] *sf* rastro, pegada.

pe.sta.re [pestˈare] *vt* **1** moer, triturar. **2** pisar. **3** bater. **4** *fam* espancar.

pe.ste [pˈɛste] *sf* **1** peste, praga. **2** doença contagiosa. **3** sífilis. **4** fedor. **5** *fig* peste, pessoa má. **6** moleque levado.

pe.sto [pˈesto] *sm* pesto, molho de ervas e alho. • *agg* **1** triturado. **2** pisado. **occhio pesto** olho roxo.

pe.ta.lo [pˈetalo] *sm* pétala.

pe.ti.zio.ne [petitsjˈone] *sf* petição.

pe.to [pˈeto] *sm* *volg* peido.

pe.tro.lie.ra [petroljˈera] *sf Naut* petroleiro.

pe.tro.lio [petrˈɔljo] *sm* petróleo.

pet.te.go.lez.zo [pettegolˈettso] *sm* fofoca, mexerico.

pet.te.go.lo [pettˈegolo] *sm+agg* fofoqueiro, mexeriqueiro.

pet.ti.na.re [pettinˈare] *vt* **1** pentear. *vpr* **2** pentear-se.

pet.ti.ne [pˈettine] *sm* pente.

pet.to [pˈɛtto] *sm* **1** peito. **2** seio, mamas. **3** *fig* coração, alma. **4** coragem. **5** força.

pe.tu.lan.te [petulˈante] *agg* petulante, arrogante.

pez.za [pˈettsa] *sf* **1** peça de tecido, fazenda. **2** remendo. **3** fralda de pano. **4** rolo de fita.

pez.zo [pˈettso] *sm* **1** pedaço. **2** fragmento. **3** *Mecc* peça (de máquina). **4** *Mus* peça musical. **due pezzi** biquíni, maiô de duas peças. **pezzo di ricambio** peça de reposição.

pez.zuo.la [pettsˈwɔla] *sf* lenço.

pi [pˈi] *sf* pê, o nome da letra P.

pia.cen.te [pjatʃˈɛnte] *agg* **1** agradável. **2** afável.

pia.ce.re [pjatʃˈere] *sm* **1** prazer, gentileza, favor. **2** divertimento, passatempo. **3** desejo, capricho. • *vi* **1** agradar. **2** satisfazer. **a mio piacere** segundo a minha vontade. **fare un piacere** fazer um favor. **per piacere!** por favor! **questo mi piace un mondo/un sacco** gosto muito disso.

pia.ce.vo.le [pjatʃˈevole] *agg* **1** agradável. **2** gentil, simpático. **3** alegre, jovial.

pia.ga [pjˈaga] *sf* **1** chaga. **2** *fig* dor. **3** aflição.

piag.ga [pjaddʒa] *sf* **1** praia. **2** declive, barranco.

pia.gni.ste.o [pjaɲistˈɛo] *sm* choradeira, lamúria.

pial.la.re [pjallˈare] *vt* aplainar.

pia.ne.ta [pjanˈeta] *sm Astron* planeta.

pian.ge.re [pjandʒere] *vt* **1** lamentar, chorar. *vi* **2** chorar. **piangere miseria** *fam* reclamar de barriga cheia.

pia.ni.sta [pjanˈista] *s* pianista.

pia.no [pjˈano] *sm* **1** plano. **2** parte plana. **3** projeto. **4** degrau. **5** andar, pavimento. **6** *Geom* plano. **7** *Mus* piano. • *agg* **1** plano. **2** *fig* claro, fácil de compreender. **3** lento, vagaroso. • *avv* **1** lentamente, devagar. **2** em silêncio, sem ruído.

pia.no.for.te [pjanofˈɔrte] *sm Mus* piano. **pianoforte a coda** piano de cauda.

pian.ta [pjˈanta] *sf* **1** *Bot* planta. **2** *Anat* planta do pé. **3** *Archit* planta.

pian.ta.gio.ne [pjantadʒˈone] *sf* plantação.

pian.ta.re [pjantˈare] *vt* **1** plantar. **2** cravar, fincar. **3** *fig* abandonar, deixar. **4** interromper, largar. *vpr* **5** plantar-se em, fixar-se em.

pian.ter.re.no [pjanter´eno] *sm* térreo, andar térreo.

pian.to [p´janto] *sm* **1** pranto, choro. **2** *fig* dor, sofrimento. **3** lamento.

pia.nu.ra [pjan´ura] *sf Geogr* planície.

pia.stra [p´jastra] *sf* lâmina, chapa de ferro.

pia.strel.la [pjastr´εlla] *sf dim* **1** ladrilho. **2** lajota. **3** azulejo.

piat.ta.for.ma [pjattaf´orma] *sf* plataforma.

piat.ti.no [pjatt´ino] *sm* pires.

piat.to [pj´atto] *sm* **1** prato. **2 piatti** *pl Mus* pratos. • *agg* **1** chato, achatado. **2** *fig* vulgar. **i piatti della bilancia** os pratos da balança. **piatto da portata** travessa.

piaz.za [p´jattsa] *sf* **1** praça. **2** *Comm* praça, mercado. **3** *fig, disp* massa, multidão. **fare piazza pulita** dispersar, evacuar (multidão).

pic.ca [p´ikka] *sf* **1** *St* lança, zagaia. **2** *fig* despeito. **3** birra, capricho. **4 picche** *pl* espadas (naipe de cartas). **fante di picche** a) valete de espadas. b) *fig* presunçoso, metido.

pic.can.te [pikk´ante] *agg* (também *fig*) picante.

pic.chia.re [pikk´jare] *vt* **1** bater. **2** surrar, espancar. *vi* **3** bater à porta. *vpr* **4** bater-se. **5** brigar, lutar.

pic.chio [p´ikkjo] *sm* **1** pancada. **2** batida (à porta). **3** *Zool* pica-pau.

pic.ci.no [pittʃ´ino] *sm* menino. • *agg* **1** baixo. **2** novo, pequeno. **3** *fig* avarento, mesquinho.

pic.cio.ne [pittʃ´one] *sm* pombo. **piccione viaggiatore** pombo-correio.

pic.co [p´ikko] *sm Geogr* pico.

pic.co.li.no [pikkol´ino] *agg vezz* pequenino.

pic.co.lo [p´ikkolo] *sm* **1** menino. **2** filhote. • *agg* **1** pequeno. **2** novo, jovem. **3** breve, curto (tempo). **4** baixo, pequeno. **5** limitado, restrito.

pic.co.ne [pikk´one] *sm* picareta.

picnic [pikn´ik] *sm ingl* piquenique.

pi.doc.chio [pid´ɔkkjo] *sm* piolho.

piè [pj´ε] *sm Poet* pé. **piè di pagina** rodapé.

pie.de [p´jεde] *sm* **1** *Anat* pé. **2** *Bot* tronco. **3** (de plantas). **4** *Geogr* pé de montanha. **5** *Mat* pé (medida). **andare a piedi** ir a pé. **in piedi** em pé. **restare a piedi** a) ficar a pé, perder o ônibus, trem etc. b) *fig* ficar desiludido.

pie.di.stal.lo [pjedist´allo] *sm* pedestal.

pie.ga [pj´εga] *sf* prega, dobra.

pie.ga.re [pjeg´are] *vt* **1** dobrar. **2** curvar, arquear. **3** *fig* dominar, reprimir. **4** obrigar, constranger. *vi* **5** dobrar. **6** desviar. **7** fugir. *vpr* **8** inclinar-se, curvar-se. **9** *fig* render-se, curvar-se.

pie.na [pj´εna] *sf* **1** cheia, inundação. **2** abundância. **3** multidão.

pie.nez.za [pjen´ettsa] *sf* plenitude.

pie.no [pj´εno] *sm* **1** plenitude. **2** auge, ápice. • *agg* **1** cheio. **2** pleno. **3** satisfeito (com a comida). **fare il pieno** *Autom* encher (tanque). **in pieno giorno** em plena luz do dia. **pieno zeppo** lotado.

pie.tà [pjet´a] *sf* **1** piedade. **2** devoção. **fare pietà** dar pena.

pie.tan.za [pjet´antsa] *sf* **1** prato (comida). **2** petisco, quitute.

pie.to.so [pjet´ozo] *agg* piedoso.

pie.tra [p´jεtra] *sf* **1** *Min* pedra. **2** *Med* cálculo, pedra. **pietra preziosa** pedra preciosa.

pie.tra.ta [pjetr´ata] *sf* pedrada.

pie.tri.fi.ca.re [pjetrifik´are] *vt* **1** petrificar. **2** *fig* aturdir, maravilhar. *vpr* **3** petrificar-se. **4** *fig* ficar aturdido, maravilhado.

pi.gia.ma [pidʒ´ama] *sf* pijama.

pi.gio.ne [pidʒ´one] *sf Comm* aluguel.

pi.glia.re [piʎ´are] *vt* **1** pegar, apanhar. **2** prender. **3** compreender, entender.

pigmeo   178   **piuma**

4 comprar, adquirir. 5 tomar. *vpr* 6 agarrar-se. 7 brigar.

pig.me.o [pigm'ɛo] *sm* 1 pigmeu. 2 *fig* ingênuo.

pi.gno.ra.re [piñor'are] *vt Giur* confiscar, sequestrar bens. 2 penhorar.

pi.gno.ra.zio.ne [piñorats'jone] *sf Giur* 1 confisco, sequestro. 2 penhora.

pi.go.la.re [pigol'are] *vi* 1 piar. 2 *fig* reclamar.

pi.gri.zia [pigr'itsja] *sf* preguiça.

pi.gro [p'igro] *agg* preguiçoso, indolente.

pi.la [p'ila] *sf* 1 pilar. 2 pia de água benta. 3 pilão. 4 *Fis* pilha. 5 *fam* monte, montão.

pil.lo.la [p'illola] *sf Med* pílula.

pi.lo.ta [pil'ɔta] *sm* 1 piloto. 2 *fig* guia.

pi.men.to [pim'ento] *sm Bot* pimenta.

ping-pong [pingp'ong] *sm ingl Sp* pingue-pongue.

pin.gue [p'ingwe] *agg* 1 gordo. 2 *pop* balofo. 3 *fig* lucrativo. 4 fértil, frutífero.

pin.gui.no [ping'wino] *sm Zool* pinguim.

pin.na [p'inna] *sf* 1 *Zool* barbatana.

pi.no [p'ino] *sm Bot* pinheiro, pinho.

pin.za [p'intsa] *sf* 1 alicate. 2 **pinze** *pl Zool* pinças, garras do caranguejo.

pin.zet.ta [pints'etta] *sf* pinça.

pi.o [p'io] *sm pio.* • *agg* 1 pio, devoto, religioso. 2 compreensivo, humano.

piog.ge.rel.la [pjoddʒer'ella] *sf dim* chuvisco.

piog.gia [p'jɔddʒa] *sf* 1 chuva. 2 *fig* chuva, grande quantidade.

piom.ba.re [pjomb'are] *vt* 1 soldar com chumbo. 2 obturar. 3 *vi* cair, desabar.

piom.ba.tu.ra [pjombat'ura] *sf* solda.

piom.bo [p'jombo] *sm* 1 *Chim* chumbo. 2 *Archit* prumo. 3 *Mil* munição. **a piombo** *avv* a prumo.

pio.ve.re [p'jɔvere] *vi* (*anche fig*) chover.

pio.vra [p'jɔvra] *sf* 1 *Zool* polvo. 2 *fig* parasita, sanguessuga.

pi.pa [p'ipa] *sf* cachimbo.

pi.pi.strel.lo [pipistr'ɛllo] *sm* morcego.

pi.ra.mi.de [pir'amide] *sf Geom, Archit* pirâmide.

pi.ra.ta [pir'ata] *sm* 1 pirata. 2 *fig* aproveitador.

pi.ro.et.ta [piro'etta] *sf* pirueta.

pi.ro.sca.fo [pir'ɔskafo] *sm Naut* navio a vapor.

pi.scia.re [piʃ'are] *vt volg* mijar.

pi.sci.na [piʃ'ina] *sf* piscina.

pi.scio [p'iʃo] *sm volg* mijo.

pi.sel.lo [piz'ello] *sm* 1 ervilha. 2 *volg* pau, pênis.

pi.so.la.re [pizol'are] *vi* cochilar, tirar uma soneca.

pi.so.li.no [pizol'ino] *sm dim* cochilo, soneca. **fare un pisolino** tirar uma soneca, dar um cochilo.

pi.sta [p'ista] *sf* 1 pista. 2 pegada, rastro. 3 pista de corridas. **pista da ballo** pista de dança.

pi.sto.la [pist'ɔla] *sf* pistola, arma de fogo portátil.

pi.sto.ne [pist'one] *sm Mus, Mecc* pistão.

pi.toc.ca.re [pitokk'are] *vi* mendigar.

pi.toc.co [pit'ɔkko] *sm* mendigo.

pit.to.re [pitt'ore] *sm* pintor.

pit.to.re.sco [pittor'esko] *agg* 1 pitoresco. 2 *fig* original, exótico.

pit.tu.ra [pitt'ura] *sf* 1 pintura. 2 *fig* pintura, descrição minuciosa.

più [p'ju] *agg* mais. **più denaro /** mais dinheiro. • *avv* mais. **i più belli /** os mais belos. **non ne posso più /** não aguento mais. • *sm* a maioria, a maior parte. **i più grandi** os maiores. **mai più** nunca mais. **non gioco di più** não jogo mais. **per lo più** na maior parte das vezes. **più o meno** mais ou menos.

piu.ma [p'juma] *sf* 1 pluma. 2 *fig* pessoa indecisa, volúvel.

piu.mag.gio [pjum´addʒo] *sm* plumagem.
piu.mi.no [pjum´ino] *sm dim* **1** acolchoado, edredom. **2** penugem de pássaro. **3** jaqueta acolchoada. **4** esponja para pó de arroz.
piut.to.sto [pjutt´ɔsto] *avv* **1** antes, melhor. **2** ao invés, ao contrário. **piuttosto male** não muito bem.
piz.za [p´ittsa] *sf* pizza.
piz.za.io.lo [pittsa´jɔlo] *sm* pizzaiolo.
piz.ze.ri.a [pittser´ia] *sf* pizzaria.
piz.zi.ca.re [pittsik´are] *vt* **1** picar, bicar. **2** beliscar. **3** *Mus* dedilhar. **4** *fig* surpreender, pegar em flagrante. *vi* **5** ser picante. **6** coçar, dar comichão.
piz.zi.co [p´ittsiko] *sm* **1** picada, bicada. **2** beliscão. **3** pitada. **4** pouco.
piz.zi.co.re [pittsik´ore] *sm* **1** comichão. **2** *fig* desejo, vontade, capricho.
piz.zo [p´ittso] *sm* **1** cavanhaque. **2** renda (tecido). **3** *Geogr* pico.
plac.ca [pl´akka] *sf* **1** *Autom* chapa, placa. **2** *Med* placa, mancha.
pla.ci.do [pl´atʃido] *agg* plácido, calmo.
pla.gia.re [pladʒ´are] *vt* plagiar.
pla.gio [pl´adʒo] *sm* plágio.
pla.na.re [plan´are] *vi* planar.
pla.sti.ca [pl´astika] *sf* **1** artes plásticas. **2** plástico. **3** *Med* plástica, operação plástica.
pla.sti.co [pl´astiko] *sm* modelo, maquete. • *agg* plástico.
pla.te.a [plat´ea] *sf* plateia, auditório.
pla.ti.no [pl´atino] *sm Chim, Min* platina.
ple.be [pl´ɛbe] *sf* plebe.
ple.be.o [pleb´ɛo] *sm* **1** plebeu. **2** *fig disp* plebeu. **3 i plebei** *pl* o povo. • *agg* **1** plebeu, da plebe. **2** *fig* ordinário, grosseiro. **3** vulgar.
ple.bi.sci.to [plebiʃ´ito] *sm Pol* plebiscito.
ple.o.na.smo [pleon´azmo] *sm Gramm* pleonasmo.

plo.to.ne [plot´one] *sm Mil* pelotão.
plu.ra.le [plur´ale] *sm+agg Gramm* plural.
pneu.ma.ti.co [pnewm´atiko] *sm Autom* pneu.
po' [p´ɔ] *sm+avv V poco*.
po.co [p´ɔko] *sm* **1** pouco, pequena quantidade. **2 pochi** *pl* poucas pessoas. • *agg* **1** pouco, escasso, insuficiente. **2** breve, curto, exíguo. • *avv* pouco, em pequena quantidade. **a poco a poco** pouco a pouco. **fra poco** daqui a pouco, logo. **per poco** a) barato. b) por pouco, quase. **poc'anzi / poco fa** *avv* há pouco, há pouco tempo, pouco tempo atrás. *Abbrev:* **po'**.
po.de.re [pod´ere] *sm* fazenda.
po.e.ma [po´ɛma] *sm* poema.
po.e.si.a [poez´ia] *sf* **1** poesia. **2** poema. **3** *fig* beleza, graça.
po.e.ta [po´eta] *sm* poeta.
po.e.tes.sa [poet´essa] *sf* poetisa.
po.e.ti.co [po´etiko] *agg* **1** poético. **2** *fam* estranho, fantástico.
poi [p´ɔj] *sm* o futuro. • *avv* depois, em seguida. **da ora in poi** de agora em diante.
poi.ché [pojk´e] *cong* **1** depois que. **2** já que, uma vez que.
poker [p´oker] *sm ingl* pôquer.
po.la.re [pol´are] *agg* **1** polar. **2** *fig* gelado.
po.le.mi.co [pol´ɛmiko] *agg* polêmico.
po.len.ta [pol´enta] *sf* **1** polenta. **2** *fig* lesma.
po.lio.mie.li.te [poljomjel´ite] *sf Med* poliomielite.
po.li.sil.la.bo [polis´illabo] *sm+agg Gramm* polissílabo.
po.li.ti.ca [pol´itika] *sf* política.
po.li.ti.co [pol´itiko] *sm* **1** político. **2** *fig* raposa. • *agg* político.
po.li.zi.a [polits´ia] *sf* polícia.
po.li.ziot.to [polits´jɔtto] *sm* policial, guarda.

po.liz.za [p´ɔlittsa] *sf Comm* apólice.
pol.la.io [poll´ajo] *sm* galinheiro.
pol.la.stro [poll´astro] *sm* frango.
pol.li.ce [p´ɔllitʃe] *sm* 1 polegar. 2 polegada.
pol.li.ne [p´olline] *sm Bot* pólen.
pol.mo.ne [polm´one] *sm Anat* pulmão.
pol.mo.ni.te [polmon´ite] *sf Med* pneumonia.
po.lo [p´ɔlo] *sm* 1 *Geogr, Fis, Sp* polo. 2 *fig* extremidade, ponta.
pol.pa [p´olpa] *sf* polpa.
pol.pac.cio [polp´attʃo] *sm Anat* barriga da perna.
pol.pet.ta [polp´etta] *sf* almôndega.
pol.pet.to.ne [polpett´one] *sm* bolo de carne moída.
pol.so [p´olso] *sm* 1 pulso. 2 punho. 3 *fig* força, vigor. 4 *Fisiol* pulso. **con polso fermo** com pulso firme.
pol.tro.na [poltr´ona] *sf* poltrona.
pol.tro.ne [poltr´one] *sm+agg* vadio, vagabundo.
pol.ve.re [p´olvere] *sf* 1 pó. 2 poeira.
po.ma.ta [pom´ata] *sf* 1 pomada. 2 brilhantina.
po.me.rig.gio [pomer´iddʒo] *sm* tarde.
po.me.to [pom´eto] *sm* pomar.
po.mo [p´omo] *sm* pomo, fruta. **pomo di terra** batata.
po.mo.do.ro [pomod´oro] *sm* tomate.
pom.pa [p´ompa] *sf* 1 bomba (de água, para encher pneus etc.). 2 pompa, luxo.
pom.pa.re [pomp´are] *vt* bombear (água).
pom.pie.re [pomp´jɛre] *sm* bombeiro.
pon.de.ra.re [ponder´are] *vt* ponderar.
po.nen.te [pon´ɛnte] *sm Geogr* poente, oeste.
pon.te [p´onte] *sm* 1 ponte. 2 andaime. **ponte levatoio** ponte levadiça. **ponte pensile** ponte pênsil.
pon.te.fi.ce [pont´efitʃe] *sm Rel* pontífice.
pon.ti.le [pont´ile] *sm Naut* cais.

po.po.la.re [popol´are] *sm Pol* democrata. • *agg* popular. • *vt* 1 povoar. 2 *fig* encher. *vpr* 3 encher-se.
po.po.la.zio.ne [popolats´jone] *sf* população.
po.po.lo [p´opolo] *sm* 1 povo. 2 nação. 3 multidão. 4 *Rel* rebanho.
po.po.lo.so [popol´ozo] *agg* populoso.
po.po.ne [pop´one] *sm Bot* melão.
pop.pa [p´oppa] *sf* 1 *Naut* popa. 2 *Zool* mama, teta. **dare la poppa** amamentar.
pop.pa.re [popp´are] *vt* mamar.
pop.pa.to.io [poppat´ojo] *sm* mamadeira.
por.ca [p´ɔrka] *sf* porca, fêmea do porco.
por.cac.cio.ne [porkattʃ´one] *sm* porcalhão.
por.ca.ro [pork´aro] *sm* 1 chiqueiro, pocilga. 2 *fig* chiqueiro, lugar sujo.
por.cel.la.na [portʃell´ana] *sf* porcelana.
por.che.ri.a [porker´ia] *sf* 1 porcaria, imundície, sujeira. 2 *fig* vulgaridade. 3 porcaria, coisa malfeita.
por.co [p´orko] *sm* 1 porco. 2 carne de porco. 3 *fig* porco, porcalhão. • *agg* sujo, indecente. **porco selvatico** javali.
por.ge.re [p´ɔrdʒere] *vt* 1 alongar, estender. 2 *fig* dar. 3 oferecer. *vi* 4 expor, exprimir.
por.no.gra.fi.a [pornograf´ia] *sf* pornografia.
po.ro [p´oro] *sm* poro.
por.po.ra [p´orpora] *sf* púrpura.
por.re [p´oɾe] *vt+vi* 1 pôr, colocar. 2 supor. 3 estabelecer. 4 erigir, construir. 5 impor. *vpr* 6 pôr-se, colocar-se. **porsi a** pôr-se a, começar a.
por.ta [p´ɔrta] *sf* 1 porta. 2 portão. 3 *Sp* gol.
por.ta.ba.ga.gli [portabag´aʎi] *sm* 1 carregador. *Autom* 2 bagageiro. 3 porta-malas.
por.ta.ban.die.ra [portaband´jɛra] *sm* 1 *Mil* porta-bandeira. 2 *fig* apóstolo.

por.ta.bi.le [port´abile] *agg* portátil.
por.ta.ce.ne.re [portatʃ´enere] *sm* cinzeiro.
por.ta.chia.vi [portak´javi] *sm* chaveiro.
por.ta.fo.gli [portaf´ɔλi] *sm* pasta (para papéis).
por.ta.gio.iel.li [portadʒo´jɛlli] *sm* porta-jóias.
por.ta.lam.pa.da [portal´ampada] *sf Elett* soquete.
por.ta.la.pis [portal´apis] *sm* lapiseira.
por.ta.men.to [portam´ento] *sm* **1** porte, modo de andar. **2** comportamento, conduta.
por.ta.mo.ne.te [portamon´ete] *sm* porta-moedas.
por.ta.pac.chi [portap´akki] *sm* **1** entregador (de encomendas). **2** *Autom* bagageiro.
por.ta.re [port´are] *vt* **1** carregar, transportar. **2** vestir, usar. **3** conduzir, levar. **4** causar, provocar. **5** comunicar, transmitir. **6** suportar. *vpr* **7** ir, dirigir-se a. **8** comportar-se. **portare in tavola** servir (comida, bebida). **portare via** levar embora.
por.ta.ri.trat.ti [portaritr´atti] *sm* porta-retratos.
por.ta.si.ga.ret.te [portasigar´ɛtte] *sm* cigarreira.
por.ta.vo.ce [portav´otʃe] *sm* **1** megafone. **2** alto-falante. **3** *fig* porta-voz.
por.tie.ra [port´jɛra] *sf* **1** porta de carro. **2** porteira.
por.tie.re [port´jɛre] *sm* porteiro.
por.ti.na.io [portin´ajo] *sm* **1** porteiro. **2** *Calc* goleiro.
por.ti.ne.ri.a [portiner´ia] *sf* portaria, entrada de edifício.
por.to [p´ɔrto] *sm* **1** *Naut* porto. **2** *Comm* porte. **3** licença, abrigo, refúgio. **5** fim. **porto d'armi** porte de arma.
por.to.ghe.se [portog´eze] *s+agg* português.

por.zio.ne [ports´jone] *sf* porção, pedaço, parte.
po.sa [p´ɔza] *sf* **1** parada. **2** repouso, descanso. **3** *Arte* pose. **4** *fig* pose, afetação.
po.sa.ce.ne.re [pozatʃ´enere] *sm* cinzeiro.
po.sa.re [poz´are] *vt* **1** colocar, depor. *vi* **2** posar de, comportar-se como, fingir ser. **3** *Arte* posar. *vpr* **4** pousar. **5** colocar-se. **6** repousar.
po.sa.ta [poz´ata] *sf* **1** talher. **2** *Mil* pousada.
po.si.ti.vo [pozit´ivo] *agg* **1** positivo. **2** real. **3** efetivo. **4** prático.
po.si.zio.ne [pozits´jone] *sf* **1** posição. **2** situação, condição. **3** postura.
po.spor.re [posp´ore] *vt* **1** pospor, adiar, deixar para depois. **2** *fig* desprezar.
pos.se.de.re [possed´ere] *vt* **1** possuir, ter. *vi* **2** ter posses, ser rico. *vpr* **3** dominar-se, controlar-se.
pos.ses.sio.ne [possess´jone] *sf* **1** possessão. **2** domínio.
pos.ses.si.vo [possess´ivo] *agg* **1** *Gramm* possessivo. **2** *fig* possessivo, prepotente.
pos.ses.so [poss´ɛsso] *sm* **1** posse. **2** propriedade, possessão. **3** *fig* domínio, controle.
pos.si.bi.le [poss´ibile] *sm+agg* possível.
po.sta [p´ɔsta] *sf* **1** posto, lugar determinado. **2** correio. **3** aposta. **4** cilada. **5** *Contab* registro, lançamento. **posta aerea** correio aéreo.
po.sta.le [post´ale] *agg* postal.
po.steg.gia.re [postedʤ´are] *vt* estacionar.
po.steg.gio [post´eddʒo] *sm* estacionamento.
po.ste.rio.re [poster´jore] *agg* posterior.
po.stic.cio [post´ittʃo] *agg* postiço, artificial.
po.sti.no [post´ino] *sm* carteiro.
po.sto [p´osto] *sm* **1** lugar. **2** poltrona,

lugar em auditório etc. 3 *Mil* posto. 4 *fig* cargo, posto, emprego. • *agg* 1 posto, colocado. 2 situado. 3 suposto. **a posto!** a postos! **posto a sedere** lugar sentado (em ônibus). **posto che** posto que, uma vez que. **posto ciò** isso posto. **posto di tassì** ponto de táxi. **posto in piedi** lugar em pé (em ônibus). **posto riservato** lugar reservado.

po.stri.bo.lo [postr´ibolo] *sm* prostíbulo.

po.stu.mo [p´ɔstumo] *agg* póstumo. • *sm fig* resto, resíduo.

po.ta.bi.le [pot´abile] *agg* potável.

po.ta.re [pot´are] *vt* podar (árvores).

po.tas.sio [pot´assjo] *sm Chim* potássio.

po.ten.te [pot´ɛnte] *agg* 1 potente. 2 forte, vigoroso. 3 eficaz, eficiente. 4 viril.

po.ten.za [pot´ɛntsa] *sf* 1 potência. 2 força, vigor. 3 eficiência. 4 virilidade.

po.te.re [pot´ere] *sm* 1 poder. 2 autoridade. • *vi* poder. **potere legislativo, esecutivo el giudiziario** poder legislativo, executivo e judiciário. **può darsi (che)** pode ser (que), talvez.

po.ve.ro [p´ɔvero] *sm* pobre. • *agg* 1 pobre. 2 fraco. 3 estéril. **povero me!** pobre de mim!

po.ver.tà [povert´a] *sf* pobreza.

po.zio.ne [pots´jone] *sf* poção.

poz.za [p´ɔttsa] *sf* poça.

poz.zo [p´ɔttso] *sm* poço. **pozzo artesiano** poço artesiano. **pozzo petrolifero** poço de petróleo.

pran.za.re [prandz´are] *vi* 1 almoçar. 2 jantar.

pran.zo [pr´andzo] *sm* 1 almoço. 2 jantar.

pras.si [pr´assi] *sf* praxe, prática.

pra.ti.ca [pr´atika] *sf* 1 prática: a) experiência. b) exercício. c) perícia, destreza. 2 amizade.

pra.ti.ca.re [pratik´are] *vt* 1 praticar, exercitar. 2 ter amizade, conhecer. 3 fazer, executar.

pra.ti.co [pr´atiko] *sm* prático, perito. • *agg* 1 prático. 2 experiente. **essere pratico di** ter prática em, experiência com.

pre.ca.rio [prek´arjo] *agg* 1 precário, instável. 2 momentâneo, passageiro.

pre.cau.zio.ne [prekawts´jone] *sf* precaução.

pre.ce [pr´etʃe] *sf Lett, Poet* prece.

pre.ce.den.te [pretʃed´ɛnte] *sm* precedente. • *agg* precedente, antecedente, anterior.

pre.ce.de.re [pretʃ´edere] *vt* 1 preceder, anteceder. *vi* 2 preceder, ser precedente.

pre.ci.pi.ta.re [pretʃipit´are] *vt* 1 precipitar: a) despenhar, jogar para baixo. b) acelerar. *vi* 2 precipitar-se, cair. *vpr* 3 precipitar-se: a) despencar, cair. b) antecipar-se.

pre.ci.pi.ta.zio.ne [pretʃipitats´jone] *sf* 1 precipitação. 2 pressa.

pre.ci.pi.zio [pretʃip´itsjo] *sm* precipício, despenhadeiro, abismo.

pre.ci.sa.re [pretʃiz´are] *vt* precisar, especificar.

pre.ci.sio.ne [pretʃiz´jone] *sf* precisão, exatidão.

pre.ci.so [pretʃ´izo] *agg* preciso, exato.

pre.co.ce [prek´ɔtʃe] *agg* 1 precoce, prematuro. 2 temporão.

pre.con.cet.to [prekontʃ´ɛtto] *sm* preconceito. • *agg* preconcebido.

pre.cur.so.re [prekurs´ore] *sm+agg* precursor.

pre.da [pr´eda] *sf* 1 presa, caça. 2 *Mil* presa de guerra, despojo, espólio.

pre.da.re [pred´are] *vt* 1 tomar à força, apreender. 2 saquear. 3 roubar.

pre.da.to.re [predat´ore] *sm* predador.

pre.de.ces.so.re [predetʃess´ore] *agg* predecessor, antecessor.

pre.di.ca [pr´ɛdika] *sf* **1** *Rel* pregação, sermão. **2** *fam* lavada.
pre.di.ca.re [predik´are] *vt* **1** divulgar. **2** *Rel* pregar. **3** *fig* exortar a, convidar a.
pre.di.ca.to [predik´ato] *sm Gramm* predicado. • *agg* pregado, apregoado.
pre.di.ca.to.re [predikat´ore] *sm Rel* pregador.
pre.di.let.to [predil´ɛtto] *agg* predileto, preferido.
pre.di.le.zio.ne [predilets´jone] *sf* predileção, preferência.
pre.di.re [pred´ire] *vt* predizer, profetizar.
pre.di.spor.re [predisp´ore] *vt* **1** predispor, preparar. *vpr* **2** predispor-se, preparar-se.
pre.di.spo.si.zio.ne [predispozits´jone] *sf* predisposição, tendência.
pre.di.zio.ne [predits´jone] *sf* profecia, predição.
pre.do.mi.na.re [predomin´are] *vt* **1** dominar, subjugar. **2** superar. *vi* **3** predominar, prevalecer.
pre.fa.zio.ne [prefats´jone] *sf* prefácio, apresentação.
pre.fe.ren.za [prefer´entsa] *sf* preferência, predileção.
pre.fe.ri.re [prefer´ire] *vt* preferir.
pre.fet.to [pref´ɛtto] *sm* prefeito.
pre.fet.tu.ra [prefett´ura] *sf* prefeitura.
pre.fis.so [pref´isso] *sm Gramm* prefixo. • *agg* prefixado, prescrito.
pre.ga.re [preg´are] *vt* **1** rezar. **2** pedir. **3** suplicar. *vi* **4** rezar, orar. **prego!** de nada! não há de quê!
pre.ghie.ra [preg´jera] *sf* **1** oração, prece. **2** pedido. **3** súplica.
pre.gia.re [predʒ´are] *vt* **1** prezar, apreciar. *vpr* **2** orgulhar-se de, vangloriar-se de.
pre.gio [pr´ɛdʒo] *sm* **1** prestígio, estima, consideração. **2** valor, mérito.
pre.giu.di.ca.re [predʒudik´are] *vt* **1** prejudicar, lesar. *vi* **2** causar prejuízo. *vpr* **3** prejudicar-se.
pre.giu.di.zia.le [predʒudits´jale] *agg* prejudicial.
pre.giu.di.zio [predʒud´itsjo] *sm* **1** prejuízo, dano. **2** preconceito.
pre.gno [pr´eño] *agg* **1** *fig* cheio. **2** **pregna** *f* prenhe.
pre.li.mi.na.re [prelimin´are] *sm+agg* preliminar.
pre.ma.tu.ro [premat´uro] *agg* **1** prematuro, precoce. **2** inoportuno.
pre.me.di.ta.re [premedit´are] *vt Giur* premeditar.
pre.me.re [pr´emere] *vt* **1** apertar. **2** espremer. *vi* **3** importar.
pre.mia.re [prem´jare] *vt* premiar.
pre.mio [pr´ɛmjo] *sm* **1** prêmio, recompensa. **2** *Sp* prêmio, competição. **3** *Comm* prêmio.
pre.mo.ni.zio.ne [premonits´jone] *sf* premonição, pressentimento.
pre.mu.ra [prem´ura] *sf* **1** atenção, cortesia. **2** pressa, precipitação.
pre.mu.ro.so [premur´ozo] *agg* atento, cortês.
pren.de.re [pr´endere] *vt* **1** pegar, apanhar. **2** tomar. **3** receber (salário). **4** prender, aprisionar. **5** roubar. **6** confundir. **7** ocupar, invadir. **8** atacar. *vi* **9** criar raízes, arraigar-se. **prendere fuoco** pegar fogo. **prendere le misure di qualcuno** tirar as medidas de alguém. **prendere sul serio** levar a sério.
pre.no.me [pren´ome] *sm* prenome, nome de batismo.
pre.no.ta.re [prenot´are] *vt* **1** reservar. **2** marcar. *vpr* **3** inscrever-se.
pre.oc.cu.pa.re [preokkup´are] *vt* **1** preocupar. *vpr* **2** preocupar-se.
pre.oc.cu.pa.zio.ne [preokkupats´jone] *sf* **1** preocupação. **2** apreensão.
pre.pa.ra.re [prepar´are] *vt* **1** preparar, aprontar. *vpr* **2** preparar-se.

pre.pa.ra.zio.ne [preparats´jone] *sf* **1** preparação. **2** *fig* aprendizagem.
pre.po.si.zio.ne [prepozits´jone] *sf Lett, Gramm* preposição.
pre.po.ten.te [prepot´ɛnte] *sm* prepotente, tirano. • *agg* **1** prepotente. **2** autoritário. **3** forte, irresistível (sentimento).
pre.ro.ga.ti.va [prerogat´iva] *sf* **1** prerrogativa, privilégio. **2** *fig* característica.
pre.sa [pr´eza] *sf* **1** pitada. **2** asa, cabo. **3** condutor (de ar, água). **4** *Mil* conquista. **5** *fig* ocasião, oportunidade. **6** pretexto, desculpa. **presa di corrente** *Elett* tomada.
pre.sa.gio [prez´adʒo] *sm* **1** presságio, agouro. **2** previsão. **3** pressentimento.
pre.scri.ve.re [preskr´ivere] *vt* **1** prescrever. **2** *fig* ordenar, comandar. **3** sugerir, aconselhar.
pre.scri.zio.ne [preskrits´jone] *sf* **1** prescrição, norma. **2** *Med* receita, prescrição médica.
pre.sen.ta.re [prezent´are] *vt* **1** apresentar. **2** presentear. **3** dar, entregar. **4** oferecer. *vpr* **5** apresentar-se. **6** vir à presença de. **7** *fig* sobrevir, acontecer.
pre.sen.ta.zio.ne [prezentats´jone] *sf* **1** apresentação. **2** prefácio.
pre.sen.te [prez´ɛnte] *sm+agg Gramm* presente. • *sm* **1** o presente, tempo presente. **2 i presenti** a) os presentes. b) os espectadores. • *agg* **1** presente. **2** atual. **al presente** no presente. **presente!** presente!
pre.sen.ti.re [prezent´ire] *vt* pressentir.
pre.sen.za [prez´ɛntsa] *sf* presença. **bella presenza** boa aparência. **in presenza di** na presença de.
pre.sen.zia.re [prezents´jare] *vi* presenciar, assistir.
pre.ser.va.re [prezerv´are] *vt* **1** preservar, conservar. *vpr* **2** preservar-se, defender-se.

pre.ser.va.ti.vo [prezervat´ivo] *sm* preservativo, anticoncepcional. • *agg* preservativo.
pre.si.den.te [prezid´ɛnte] *sm+agg* presidente.
pre.si.dio [prez´idjo] *sm Mil* **1** guarnição. **2** *fig* defesa, proteção.
pre.sie.de.re [prez´jedere] *vt+vi* **1** presidir. **2** *fig* dirigir, conduzir.
pre.so [pr´ezo] *part+agg* **1** pego, apanhado. **2** ocupado, invadido. **3** aprisionado, preso. **4** atacado, afetado (por doença). **5** tomado.
pres.sa [pr´ɛssa] *sf* **1** multidão. **2** *Mecc* prensa.
pres.sa.re [press´are] *vt* prensar.
pres.sio.ne [press´jone] *sf* pressão. **fare pressione** pressionar. **pressione sanguigna** pressão sanguínea.
pres.so [pr´ɛsso] *avv* **1** próximo, perto. **2** ao redor, em volta. • *prep* **1** próximo a, perto de. **2** ao redor de, em volta de. **3** junto a. • **pressi** *sm pl* arredores.
pre.sta.re [prest´are] *vt* **1** prestar, dar. **2** emprestar. *vpr* **3** prestar-se a, servir para.
pre.sti.gio [prest´idʒo] *sm* **1** prestígio. **2** influência. **3** *fig* encanto, fascínio.
pre.sti.to [pr´ɛstito] *sm* empréstimo.
pre.sto [pr´ɛsto] *agg* **1** rápido, ligeiro. **2** diligente. • *avv* **1** cedo. **2** logo, daqui a pouco. **3** rapidamente.
pre.su.me.re [prez´umere] *vt* **1** *Lett* presumir, supor. *vi* **2** ser presunçoso.
pre.sun.tu.o.so [prezuntu´ozo] *agg* presunçoso, arrogante.
pre.sun.zio.ne [prezunts´jone] *sf* **1** presunção, arrogância. **2** pressuposto.
pre.sup.por.re [presupp´orre] *vt* pressupor.
pre.te [pr´ɛte] *sm Rel* **1** padre. **2** pároco.
pre.ten.de.re [pret´ɛndere] *vt+vi* **1** pretender: a) pleitear (um direito). b) aspirar a. **2** exigir.
pre.ten.sio.ne [pretens´jone] *sf* preten-

são: a) exigência, desejo de algo. b) presunção, arrogância.

pre.te.sa [pret´eza] *sf* pretensão: a) exigência, desejo de algo. b) *fig* presunção, arrogância.

pre.te.sto [pret´ɛsto] *sm* 1 pretexto, desculpa. 2 oportunidade.

pre.va.le.re [preval´ere] *vi* prevalecer, preponderar.

pre.ve.de.re [preved´ere] *vt* prever.

pre.ve.di.bi.le [preved´ibile] *agg* previsível.

pre.ve.ni.re [preven´ire] *vt* 1 prevenir, precaver. 2 evitar. 3 preceder.

pre.ven.zio.ne [prevents´jone] *sf* 1 prevenção. 2 precaução. 3 preconceito.

pre.vi.den.za [previd´ɛntsa] *sf* previdência, precaução, prudência. **previdenza sociale** previdência social.

pre.vio [pr´ɛvjo] *agg* prévio, precedente.

pre.vi.sio.ne [previz´jone] *sf* previsão.

pre.zio.so [prets´jozo] *agg* 1 precioso, muito caro. 2 raro. 3 *fig* pretensioso, afetado.

prez.ze.mo.lo [pretts´emolo] *sm Bot* salsa.

prez.zo [pr´ɛttso] *sm* 1 preço. 2 valor, importância. 3 *fig* estima, apreço, consideração. 4 castigo, punição.

pri.gio.ne [pridʒ´one] *sf* prisão, cárcere. **prigione di rigore** solitária.

pri.gio.nie.ro [pridʒon´jero] *sm* 1 prisioneiro. 2 preso.

pri.ma [pr´ima] *avv* 1 antes, primeiro. 2 certa vez, uma vez. 3 mais cedo. **prima che** antes que. **prima di a)** *loc prep* antes de. b) *loc cong* antes de. **prima o poi** mais cedo ou mais tarde. **quanto prima** o quanto antes, o mais cedo possível.

pri.ma.rio [prim´arjo] *agg* 1 primário. 2 primitivo. 3 principal, fundamental.

pri.ma.ti.sta [primat´ista] *s* recordista.

pri.ma.to [prim´ato] *sm* recorde.

pri.ma.ve.ra [primav´ɛra] *sf* 1 primavera. 2 *fig* primavera da vida. 3 **primavere** *pl fig* anos. **in primavera** na primavera.

pri.mi.ti.vo [primit´ivo] *agg* 1 primitivo. 2 antiquíssimo. 3 *fig* rústico, simples.

pri.mo [pr´imo] *num* primeiro. • *agg* 1 *fig* fundamental, primário. 2 *Teat, Cin* primeiro, principal (ator, cantor etc.). • *sm* primeiro dia. **numero primo** número primo. **per primo** em primeiro lugar.

prin.ci.pa.le [print∫ip´ale] *agg* 1 principal. 2 essencial. • *sm* 1 patrão, dono. 2 chefe.

prin.ci.pe [pr´int∫ipe] *sm* 1 príncipe. 2 soberano. 3 *fig* rei (de uma arte, ciência etc.).

prin.ci.pes.sa [print∫ip´essa] *sf* princesa.

prin.ci.pia.re [print∫ip´jare] *vt+vi* principiar, começar.

prin.ci.pio [print∫´ipjo] *sm* 1 princípio. 2 início. 3 convicção. 4 *Fis* lei, princípio. 5 **principi** *pl* fundamentos, princípios. **in principio/da principio** no início.

prio.ri.tà [prjorit´a] *sf* prioridade.

pri.va.re [priv´are] *vt* 1 privar. *vpr* privar-se, renunciar.

pri.va.to [priv´ato] *agg* privado, particular. • *sm* cidadão.

pri.vi.le.gio [privil´edʒo] *sm* privilégio, prerrogativa.

pro [pr´ɔ] *sm* pró, vantagem, interesse. • *prep* para, em favor de.

pro.ba.bi.le [prob´abile] *agg* provável, possível.

pro.ba.bi.li.tà [probabilit´a] *sf* probabilidade, possibilidade.

pro.ble.ma [probl´ɛma] *sm* problema: a) questão. b) dificuldade, obstáculo.

pro.ble.ma.ti.co [problem´atiko] *agg* 1 problemático. 2 *fam* indeciso. 3 delicado (situação).

pro.ce.de.re [prot∫´edere] *vi* 1 prosseguir, ir avante. 2 proceder, derivar, nascer de.

pro.ce.di.men.to [protʃedimenˈto] *sm* 1 procedimento. 2 comportamento, conduta. 3 desenvolvimento, desenrolar (dos acontecimentos).

pro.ces.sa.re [protʃessˈare] *vt* processar.

pro.ces.sio.ne [protʃessiˈone] *sf* 1 desenvolvimento, desenrolar (de fatos). 2 *Rel* procissão.

pro.ces.so [protʃˈesso] *sm* 1 processo. 2 procedimento, método, técnica. 3 desenvolvimento, evolução. 4 *Giur* processo, litígio.

pro.cla.ma.re [proklamˈare] *vt* 1 proclamar, anunciar. 2 decretar. 3 *fig* declarar. 4 divulgar.

pro.cre.a.re [prokreˈare] *vt* procriar, gerar.

pro.cu.ra [prokˈura] *sf Giur* procuração.

pro.cu.ra.re [prokurˈare] *vt* 1 tentar. *procurare di fare una cosa* / tentar fazer uma coisa. 2 obter, conseguir. 3 *fig* causar, originar, provocar (danos, problemas).

pro.de [prˈɔde] *sm* bravo. • *agg* valente, corajoso.

pro.di.gio [prodˈidʒo] *sm* 1 prodígio, maravilha. 2 milagre.

pro.dot.to [prodˈotto] *sm* 1 produto, artigo. 2 *Mat* produto. 3 *fig* resultado, consequência. • *agg* 1 produzido, fabricado. 2 criado, gerado. 3 exposto publicamente.

pro.dur.re [prodˈure] *vt* 1 produzir. 2 fabricar. 3 frutificar. 4 *fig* causar, originar. 5 exibir, mostrar. *vpr* 6 exibir-se, mostrar-se.

pro.du.zio.ne [produtsˈjone] *sf* 1 produção. 2 *Giur* apresentação (de documentos, provas). 3 *Teat* produção.

pro.fa.no [profˈano] *agg* 1 profano. 2 inexperiente. 3 incompetente. • *sm* 1 profano. 2 *fig* inexperiente.

pro.fes.sio.ne [professˈjone] *sf* 1 profissão, ofício. 2 confissão, declaração.

pro.fes.so.re [professˈore] *sm* 1 professor. 2 *fig* doutor, estudioso.

pro.fes.so.res.sa [professorˈessa] *sf* 1 professora. 2 *fig* doutora, estudiosa.

pro.fe.ta [profˈɛta] *sm* 1 profeta. 2 vidente.

pro.fe.tiz.za.re [profetiddzˈare] *vt* 1 profetizar, predizer. *vi* 2 profetizar.

pro.fe.zi.a [profetsˈia] *sf* 1 profecia. 2 previsão, predição.

pro.fi.lo [profˈilo] *sm* 1 perfil. 2 ponto de vista.

pro.fit.to [profˈitto] *sm* 1 proveito, vantagem. 2 *fig* lucro, renda, ganho. 3 progresso, evolução.

pro.fon.do [profˈondo] *sm* fundo. • *agg* 1 profundo, fundo. 2 *fig* íntimo, pessoal. 3 intenso, apaixonado. 4 baixo (som). • *avv* profundamente.

pro.fu.ma.re [profumˈare] *vt* 1 perfumar. *vi* 2 ter perfume.

pro.fu.me.ri.a [profumerˈia] *sf* perfumaria.

pro.fu.mo [profˈumo] *sm* 1 perfume. 2 aroma.

pro.get.ta.re [prodʒettˈare] *vt* 1 projetar. 2 *fig* arquitetar, tramar.

pro.get.to [prodʒˈɛtto] *sm* 1 projeto, plano. 2 intenção.

pro.gram.ma [progrˈamma] *sm* 1 programa, plano, projeto. 2 *Teat*, *Inform* programa.

pro.gram.ma.re [programmˈare] *vt* (anche *Inform*) programar.

pro.gre.di.re [progredˈire] *vi* progredir.

pro.gres.so [progrˈesso] *sm* progresso, avanço, evolução.

proi.bi.re [projbˈire] *vt* proibir, vetar.

proi.bi.zio.ne [projbitsˈjone] *sf* 1 proibição. 2 *fig* obstáculo, impedimento.

pro.iet.ta.re [projettˈare] *vt* 1 jogar, lançar. 2 projetar, planejar. **proiettare un film** projetar um filme.

pro.iet.ti.le [proˈjettile] *sm* projétil.

pro.iet.to.re [projettˈore] *sm* projetor.

pro.le [pr´ole] *sf Lett* prole, descendência.

pro.le.ta.rio [prolet´arjo] *sm* proletário.

pro.lis.so [prol´isso] *agg* **1** prolixo. **2** *fig* chato, aborrecido.

pro.lun.ga.re [prolung´are] *vt* **1** prolongar. **2** *fig* prorrogar. **3** adiar.

pro.mes.sa [prom´essa] *sf* promessa.

pro.met.te.re [prom´ettere] *vt* **1** prometer. **2** ameaçar. **3** *fig* prometer, ser promissor. *vpr* **4** dedicar-se, empenhar-se. **5** prometer a si mesmo.

pro.mo.zio.ne [promots´jone] *sf* promoção.

pro.muo.ve.re [prom´wovere] *vt* **1** promover. **2** causar, provocar.

pro.ni.po.te [pronip´ote] *s* **1** bisneto, bisneta. **2** sobrinho-neto, sobrinha-neta. **3 i pronipoti** *pl* os descendentes.

pro.no.me [pron´ome] *sm Gramm* pronome.

pron.to [pr´onto] *agg* **1** pronto. **2** rápido, esperto. **3** veloz, rápido. **pronto!** alô!

pro.nun.zia [pron´untsja] *sf* pronúncia.

pro.nun.zia.re [pronunts´jare] *vt* **1** pronunciar. **2** *fig* declarar. **3** anunciar. **4** decretar, sentenciar. *vpr* **5** pronunciar-se, manifestar-se.

pro.pa.gan.da [propag´anda] *sf* propaganda.

pro.pa.ga.re [propag´are] *vt* **1** propagar, difundir. **2** *fig* divulgar. *vpr* **3** propagar-se, difundir-se.

pro.pi.na [prop´ina] *sf* propina, gorjeta.

pro.pi.zio [prop´itsjo] *agg* propício, favorável.

pro.po.li [pr´opoli] *sf* própolis.

pro.por.re [prop´ore] *vt* **1** propor, sugerir. **2** oferecer. **3** apresentar, indicar (para um cargo). *vpr* **4** propor-se, oferecer-se.

pro.por.zio.na.le [proportsjon´ale] *agg* proporcional.

pro.por.zio.ne [proports´jone] *sf* proporção.

pro.po.si.to [prop´ozito] *sm* **1** propósito, resolução, deliberação. **2** intenção, intento. **a proposito** a propósito. **venire a proposito** vir a calhar.

pro.po.sta [prop´osta] *sf* proposta, oferta.

pro.prie.tà [proprjet´a] *sf* propriedade.

pro.prie.ta.rio [proprjet´arjo] *sm+agg* proprietário, dono.

pro.prio [pr´oprjo] *agg* **1** próprio, particular. **2** adequado, apropriado. **3** preciso, exato. • *pron* (usado sempre com artigo definido) próprio. • *avv* **1** mesmo. **2** exatamente. **3** realmente.

pro.ra [pr´ora] *sf Naut* proa.

pro.ro.ga [pr´oroga] *sf* prorrogação.

pro.ro.ga.re [prorog´are] *vt* prorrogar.

pro.sa [pr´oza] *sf Lett* prosa. **prosa narrativa** ficção.

pro.sciut.to [proʃ´utto] *sm* presunto.

pro.se.gui.re [proseg´wire] *vt+vi* prosseguir, continuar.

pro.spe.ra.re [prosper´are] *vi* **1** prosperar, progredir. **2** florescer.

pro.spe.ro [pr´ospero] *agg* **1** próspero, afortunado. **2** propício, favorável. **3** florescente.

pro.spet.ti.va [prospett´iva] *sf* **1** *Arte* perspectiva. **2** *fig* perspectiva. **3** ponto de vista, aspecto. **4** expectativa, previsão.

pros.si.mo [pr´ossimo] *sm* próximo. • *agg* **1** próximo. **2** vizinho, adjacente. **3** seguinte.

pro.sta.ta [pr´ostata] *sf Anat* próstata.

pro.sti.tu.i.re [prostitu´ire] *vt* **1** prostituir. **2** desmoralizar, degradar. *vpr* **3** prostituir-se. **4** rebaixar-se.

pro.sti.tu.ta [prostit´uta] *sf* prostituta.

pro.ta.go.ni.sta [protagon´ista] *s* (anche *fig*) protagonista.

pro.teg.ge.re [prot´eddʒere] *vt* **1** proteger. **2** defender. **3** favorecer, beneficiar.

pro.te.i.na [prote´ina] *sf* proteína.

pro.te.si [pr´ɔtezi] *sf Med* prótese.
pro.te.sta [prot´ɛsta] *sf* protesto.
pro.te.stan.te [protest´ante] *s+agg Rel* protestante.
pro.te.sta.re [protest´are] *vt+vi* **1** protestar. *vpr* **2** declarar-se. **protestare una cambiale** *Comm* protestar uma letra de câmbio.
pro.te.sto [prot´ɛsto] *sm Giur* protesto.
pro.tet.to.re [protett´ore] *sm* protetor.
pro.te.zio.ne [protets´jone] *sf* **1** proteção, defesa. **2** apoio, amparo. **3** privilégio, favor.
pro.to.col.lo [protok´ɔllo] *sm* protocolo. **carta protocollo** papel ofício.
pro.va [pr´ɔva] *sf* **1** prova, exame. **2** experiência. **3** *Teat* ensaio. **4** *Giur* prova, indício. **a tutta prova** a toda prova. **mettere alla prova** colocar à prova.
pro.va.re [prov´are] *vt* **1** provar: a) fatos. b) sapatos, roupas. c) alimentos, bebidas. **2** comprovar. **3** experimentar, testar. **4** tentar. *vi* **5** sofrer, padecer. *vpr* **6** arriscar-se, aventurar-se. **7** exercitar-se.
pro.ve.ni.re [proven´ire] *vi* **1** provir de, proceder de, vir de. **2** derivar de.
pro.ver.bio [prov´ɛrbjo] *sm* provérbio.
pro.vin.cia [prov´intʃa] *sf* província.
pro.vo.ca.re [provok´are] *vt* **1** provocar. **2** causar. **3** estimular, incitar. **4** irritar. **5** *fig* excitar, atrair.
prov.ve.de.re [provved´ere] *vt* **1** prover, dotar de. **2** aparelhar, equipar. *vi* **3** prover, cuidar de.
prov.ve.di.men.to [provvedim´ento] *sm* **1** providência, medida. **2** *fig* ato, gesto.
prov.vi.den.za [provvid´ɛntsa] *sf* **1** previdência. **2** providência, medida.
prov.vi.sio.ne [provviz´jone] *sf Mil* provisão.
prov.vi.so.rio [provviz´ɔrjo] *sm* empregado temporário. • *agg* provisório, transitório.

pru.den.te [prud´ɛnte] *agg* prudente, cuidadoso.
pru.den.za [prud´ɛntsa] *sf* prudência, cautela.
pru.de.re [pr´udere] *vi* coçar.
pru.gna [pr´uña] *sf Bot* ameixa.
pseu.do.ni.mo [psewd´ɔnimo] *sm* pseudônimo.
psi.ca.na.li.si [psikan´alizi] *sf* psicanálise.
psi.chia.tra [psik´jatra] *sm Med* psiquiatra.
psi.co.lo.gi.a [psikolodʒ´ia] *sf* psicologia.
psi.co.lo.go [psik´ɔlogo] *sm* psicólogo.
psi.co.si [psik´ɔzi] *sf* psicose.
pub.bli.ca.re [pubblik´are] *vt* **1** publicar, editar. **2** divulgar, anunciar.
pub.bli.ca.zio.ne [pubblikats´jone] *sf* **1** publicação. **2** edital.
pub.bli.ci.tà [pubblicit´a] *sf* **1** publicidade. **2** propaganda, anúncio.
pub.bli.co [p´ubbliko] *sm* **1** público, plateia, os espectadores. **2** povo. • *agg* público. **pubblico ufficiale** funcionário público.
pu.be [p´ube] *sm Anat* púbis.
pu.ber.tà [pubert´a] *sf* puberdade.
pu.di.co [pud´iko] *agg* **1** pudico, casto. **2** discreto, reservado. **3** fig tímido.
pu.do.re [pud´ore] *sm* **1** pudor, castidade. **2** discrição, reserva. **3** *fig* timidez, vergonha.
pu.gi.la.to [pudʒil´ato] *sm Sp* boxe.
pu.gna.la.re [puñal´are] *vt* **1** apunhalar. **2** *fig* trair.
pu.gna.le [puñ´ale] *sm* punhal.
pu.gno [p´uño] *sm* **1** punho, a mão fechada. **2** soco, murro. **3** punhado.
pul.ce [p´ultʃe] *s* pulga. **mettere una pulce nell'orecchio** deixar com a pulga atrás da orelha.
pul.ci.no [pultʃ´ino] *sm Zool* pinto, pintinho.
pu.le.dro [pul´ɛdro] *sm Zool* potro.

pu.li.re [pul´ire] *vt* 1 limpar. 2 polir.
pu.li.to [pul´ito] *agg* 1 limpo. 2 polido. 3 *fig* educado, gentil, cortês. 4 honesto.
pu.li.zi.a [pulits´ia] *sf* 1 limpeza. 2 dignidade, honestidade.
pun.gi.glio.ne [pundʒiλ´one] *sm* ferrão.
pu.ni.re [pun´ire] *vt* punir, castigar.
pu.ni.zio.ne [punits´jone] *sf* punição, castigo.
pun.ta [p´unta] *sf* 1 ponta, extremidade. 2 pico, cume. 3 ferrão. **fare la punta** apontar (lápis).
pun.ta.re [punt´are] *vt* 1 apontar, mirar. 2 apoiar, assentar. 3 apostar. 4 fitar. *vi* 5 fazer força.
pun.teg.gia.re [puntedd´ʒare] *vt* 1 pontuar. 2 pontilhar.
pun.teg.gia.tu.ra [puntveddʒat´ura] *sf Gramm* pontuação.
pun.teg.gio [punt´eddʒo] *sm Sp* pontuação.
pun.te.ri.a [punter´ia] *sf* pontaria.
pun.ti.no [punt´ino] *sm* pontinho. **puntini sospensivi** reticências.
pun.to [p´unto] *sm* 1 furo, orifício. 2 ponto (em papel, tecido). 3 nota (na escola). 4 *Geogr* ponto. 5 *Sp* ponto (em jogo). 6 *Gramm* ponto-final. 7 *fig* momento, instante. 8 ponto (no tempo ou no espaço). 9 tema, assunto. • *part+agg* 1 picado. 2 *fig* ofendido. 3 estimulado. • *avv* nada, nem um pouco. *non è punto bene* / não está nada bem. **due punti** *Gramm* dois pontos. **in punto** em ponto. **punto cardinale** *Geogr* ponto cardeal. **punto di vista** ponto de vista. **punto esclamativo** *Gramm* ponto de exclamação. **punto e vírgola** *Gramm* ponto e vírgula. **punto fermo** *Gramm* ponto-final. **punto interrogativo** *Gramm* ponto de interrogação. **punto morto** *Autom* ponto morto.
pun.tu.a.le [puntu´ale] *agg* pontual.
pun.tu.ra [punt´ura] *sf* 1 picada. 2 injeção. 3 *fig* pontada.

pun.zo.ne [punts´one] *sm* 1 punção. 2 *fig* marca, sinal.
pu.pil.la [pup´illa] *sf* 1 *Anat* pupila. 2 *Giur* pupila, menor. 3 *fig* protegida. 4 *fam, fig* menina dos olhos, xodó.
pu.pil.lo [pup´illo] *sm* 1 *Giur* pupilo, menor. 2 *fig* protegido.
pu.po [p´upo] *sm* 1 marionete, fantoche. 2 *fig* menino, moleque.
pur.ché [purk´e] *cong* contanto que, desde que.
pu.re [p´ure] *avv* 1 apenas, somente. 2 também. 3 além disso. 4 pois não, por favor (dando permissão). *dica pure!* / diga, por favor! pois não, diga! • *cong* 1 mas, porém, todavia. 2 (seguido de verbo no gerúndio) embora, se bem que. **se pure** se for o caso. **pur troppo** *V purtroppo*. *Sin: eppure*.
pu.re.a [pur´ɛa] *sf* purê.
pu.rez.za [pur´ettsa] *sf* 1 pureza. 2 *fig* virgindade. 3 inocência. 4 honestidade.
pur.gan.te [purg´ante] *sm+agg Med* purgante.
pur.ga.re [purg´are] *vt* 1 purgar, purificar. 2 limpar. 3 *Med* purgar, tratar com purgante. 4 *fig* expiar. *vpr* 5 tomar purgante. 6 *fig* purificar-se.
pu.ri.fi.ca.re [purifik´are] *vt* 1 purificar. *vpr* 2 purificar-se.
pu.ri.ta.no [purit´ano] *sm+agg* 1 *Rel* puritano. 2 *fig, disp* puritano, moralista.
pu.ro [p´uro] *agg* 1 puro. 2 limpo. 3 simples. 4 *fig* honesto, íntegro. 5 casto, virgem.
pur.trop.po, pur trop.po [purtr´ɔppo] *avv+int* infelizmente.
pus [p´us] *sm Med* pus.
put.ta.na [putt´ana] *sf volg* puta.
puz.za.re [putts´are] *vi* feder.
puz.zo [p´uttso] *sm* fedor, mau cheiro.
puz.zo.la [p´uttsola] *sf Zool* doninha.

q

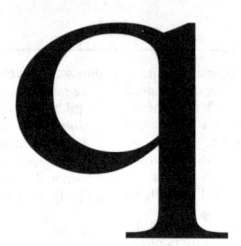

q [k´u] *sf* a décima quinta letra do alfabeto italiano.

qua [k´wa] *avv* aqui, cá. **di qua** a) aqui. b) daqui, de cá. **in qua** para cá, nesta direção. **qua e là** aqui e acolá, cá e lá.

qua.der.no [kwad´erno] *sm* **1** caderno. **2** canteiro.

qua.dra.to [kwadr´ato] *sm+agg* **1** quadrado. **2** *Mat* quadrado de um número. **radice quadrata** *Mat* raiz quadrada.

qua.dret.to [kwadr´etto] *sm dim* **1** quadrinho. **2** casa de xadrez. **a quadretti** xadrez, quadriculado.

qua.dri.fo.glio [kwadrif´ɔλo] *sm Bot* trevo de quatro folhas.

qua.dri.glia [kwadr´iλa] *sf Mus* quadrilha.

qua.dri.la.te.ro [kwadril´atero] *sm+agg Geom* quadrilátero.

qua.dro [k´wadro] *sm* **1** quadro, quadrado. **2** *Pitt* quadro, pintura. **3** *Elett* painel. **4** *fig* situação, quadro. **5 quadri** *pl* ouros (naipe das cartas). • *agg* quadrado.

qua.dru.pe.de [kwadr´upede] *sm+agg* quadrúpede.

quag.giù [kwaddʒ´u] *avv* aqui embaixo, cá embaixo.

qua.glia [k´waλa] *sf Zool* codorna.

qua.glia.re [kwaλ´jare] *vt, vi+vpr* coalhar, coagular.

qua.glio [k´waλo] *sm* coágulo.

qual.che [k´walke] *pron* algum, alguma. **qualche cosa** *V* qualcosa.

qual.co.sa [kwalk´ɔza], **qual.che co.sa** [k´walke k´ɔza] *pron* alguma coisa, algo.

qual.cu.no [kwalk´uno] *pron* alguém.

qua.le [k´wale] *agg+pron* qual, que. **il quale**, **la quale** o qual, a qual. **i quali**, **le quali** os quais, as quais.

qua.li.fi.ca.re [kwalifik´are] *vt* qualificar.

qua.li.tà [kwalit´a] *sf* **1** qualidade. **2** característica. **3** tipo, espécie.

qua.lo.ra [kwal´ora] *avv* quando. • *cong* se, no caso de, supondo que.

qual.si.a.si [kwals´iasi] *agg+pron* **1** qualquer. **2** qualquer que seja. *Sin:* qualsivoglia.

qual.si.vo.glia [kwalsiv´ɔλa] *agg+pron V* qualsiasi.

qua.lun.que [kwal´unkwe] *agg+pron* **1** qualquer. **2** qualquer que seja. **3** quem quer que.

quan.do [k´wando] *avv* quando. **di quando in quando** de quando em quando, às vezes. **quando che sia** mais cedo ou mais tarde.

quan.ti.tà [kwantit´a] *sf* quantidade. **in quantità** em quantidade, em grande quantidade, em grande número.

quan.to [k´wanto] *sm* quanto, quantidade. • *agg* quanto. *quanti uccelli!* / quantos pássaros! • *avv* quanto. *quanto costa?* / quanto custa? **quanto a/in quanto a** com relação a, a respeito de.

quanto più ..., tanto più quanto mais ..., tanto mais. **quanto prima** o quanto antes. **tanto quanto** tanto quanto.

qua.ran.ta [kwar´anta] *sm+num* quarenta.

qua.ran.te.na [kwarant´ɛna] *sf* quarentena.

qua.ran.ten.ne [kwarant´ɛnne] *s+agg* quarentão.

quar.ta.vo.lo [kwart´avolo] *sm* (*f* **quartavola**) tataravô.

quar.tet.to [kwart´etto] *sm* (anche *Mus*) quarteto.

quar.tie.re [kwart´jɛre] *sm* 1 bairro. 2 *Mil* quartel.

quar.to [k´warto] *sm+num* quarto. **quarta velocità** ou apenas **quarta** *Autom* quarta, quarta marcha.

qua.si [k´wazi] *avv* quase, próximo de. **quasi che/quasi come** como se.

quas.sù [kwass´u] *avv* aqui em cima, cá em cima.

quat.tor.di.ci [kwatt´orditʃi] *sm+num* quatorze, catorze.

quat.tri.no [kwattr´ino] *sm* 1 troco. 2 (mais usado no plural) dinheiro. **non vale un quattrino** não vale um centavo.

quat.tro [k´wattro] *sm+num* quatro.

que.gli [k´weʎi] *agg+pron m pl* aqueles. • *pron m sing* aquele, aquele homem.

quei [kwej] *agg+pron m pl* aqueles.

quel [kwel] *agg+pron m sing* aquele.

quel.la [k´wella] *agg+pron f sing* aquela. • **quelle** *agg+pron f pl* aquelas.

quel.lo [k´wello] *agg+pron m sing* 1 aquilo. 2 aquele. • **quelli** *agg+pron m pl* aqueles.

quer.cia [k´wɛrtʃa] *sf* (*pl* **le querce**) carvalho.

que.sta [k´westa] *agg+pron f sing* esta. • **queste** *pl* estas.

que.stio.na.re [kwestjon´are] *vi* questionar.

que.stio.ne [kwest´jone] *sf* 1 questão, problema. 2 briga, rixa. 3 discussão.

que.sto [k´westo] *agg+pron m sing* 1 este. 2 isto. • **questi** *agg+pron m pl* 1 estes. *pron m sing* 2 este, este homem. *questi è il direttore* / este é o diretor. **per questo** por isso. **questo e quello** isto e aquilo.

que.sto.re [kwest´ore] *sm* chefe de polícia.

que.stu.ra [kwest´ura] *sf* chefatura de polícia.

que.stu.ri.no [kwestur´ino] *sm pop* guarda, policial.

qui [k´wi] *avv* 1 aqui, neste lugar. 2 neste caso. **di qui a un anno** daqui a um ano.

quie.tan.za.re [kwjetants´are] *vt* quitar, saldar, pagar uma dívida.

quie.te [k´wjɛte] *sf* 1 repouso. 2 calma, tranquilidade.

quie.to [k´wjɛto] *agg* 1 quieto. 2 calmo, tranquilo.

quin.di [k´windi] *cong* 1 portanto, consequentemente. 2 por isto, por esta razão. • *avv* 1 daqui, de cá, deste lugar. 2 depois, em seguida.

quin.di.ci [k´windit ʃi] *sm+num* quinze.

quin.di.ci.na [kwinditʃ´ina] *sf* quinzena.

quin.di.ci.na.le [kwinditʃin´ale] *agg* quinzenal.

quin.quen.nio [kwink´wɛnnjo] *sm* quinquênio.

quin.ta [k´winta] *sf Teat* bastidor. **dietro le quinte** nos bastidores.

quin.tet.to [kwint´etto] *sm* (anche *Mus*) quinteto.

quin.to [k´winto] *sm+num* quinto.

quo.ta [k´wɔta] *sf* 1 cota, parte. 2 prestação. 3 *Aer, Geogr* altitude. 4 *Sp* probabilidade.

quo.ta.zio.ne [kwotats´jone] *sf* 1 cotação. 2 *fig* avaliação.

quo.ti.dia.no [kwotid´jano] *sm* diário, jornal diário. • *agg* cotidiano, diário.

quo.zien.te [kwots´jɛnte] *sm Mat* quociente.

r

r [´εɾe] *sf* a décima sexta letra do alfabeto italiano.

rab.bia [r´abbja] *sf* **1** raiva, ira, cólera. **2** *Med* raiva, hidrofobia. **3** *fig* cobiça. **4** obstinação.

rac.chet.ta [rakk´etta] *sf Sp* raqueta, raquete.

rac.chiu.de.re [rakk´judere] *vt* **1** fechar, cerrar. **2** conter, incluir.

rac.co.glie.re [rakk´ɔʎere] *vt* **1** recolher, receber (pessoas). **2** colher. **3** pegar, apanhar. **4** reunir, juntar, unir. **5** colecionar. *vpr* **6** reunir-se, encontrar-se, juntar-se. **7** concentrar-se, meditar.

rac.col.ta [rakk´ɔlta] *sf* **1** colheita. **2** coleção. **3** antologia.

rac.co.man.da.re [rakkommand´are] *vt* **1** recomendar. **2** aconselhar, sugerir. *vpr* **2** rogar, implorar por proteção. **raccomandare una lettera** registrar uma carta.

rac.co.man.da.zio.ne [rakkommandatsj´one] *sf* recomendação.

rac.con.ta.re [rakkont´are] *vt* contar, narrar.

rac.con.to [rakk´onto] *sm* conto.

ra.chi.ti.co [rak´itiko] *agg* raquítico.

ra.da [r´ada] *sf* **1** *Geogr* baía, enseada. **2** porto, ancoradouro.

rad.dop.pia.re [raddopp´jare] *vt* **1** dobrar, duplicar. *vi+vpr* **2** dobrar, redobrar. **3** aumentar.

rad.driz.za.re [raddritts´are] *vt* **1** endireitar. **2** *fig* corrigir.

ra.de.re [r´adere] *vt* **1** raspar, rapar. **2** barbear. **3** depilar. **4** *fig* roçar, passar rente a. **5** derrubar, demolir. *vpr* **6** barbear-se. **7** depilar-se.

ra.dia.to.re [radjat´ore] *sm* radiador.

ra.dia.zio.ne [radjatsj´one] *sf* radiação.

ra.di.ca.le [radik´ale] *sm Chim, Mat, Gramm, Pol* radical. • *agg* **1** radical. **2** *fig* drástico.

ra.di.ca.re [radik´are] *vi+vpr* (também *fig*) criar raízes, enraizar-se, radicar-se, fixar-se, arraigar-se.

ra.dic.chio [rad´ikkjo] *sm Bot* chicória.

ra.di.ce [rad´itʃe] *sf* **1** *Bot, Gramm* raiz. **2** *fig* causa, origem.

ra.dio [r´adjo] *sm* **1** *Anat, Chim* rádio. **2** *sf* rádio, aparelho de rádio.

ra.dio.gra.fi.a [radjograf´ia] *sf Med* radiografia.

ra.do [r´ado] *agg* **1** raro. **2** ralo. **non di rado** com frequência.

ra.du.na.re [radun´are] *vt* **1** reunir, juntar. *vpr* **2** reunir-se, juntar-se.

raf.fi.ca [r´affika] *sf* rajada.

raf.fi.gu.ra.re [raffigur´are] *vt* **1** figurar, representar. **2** simbolizar.

raf.fi.na.re [raffin´are] *vt* **1** refinar. **2** *fig* apurar, aperfeiçoar. **3** educar. *vpr* **4** refinar-se.

raf.fi.na.tez.za [raffinat´ettsa] *sf* refinamento, requinte, elegância, bom gosto.

raf.for.za.re [rafforts´are] *vt* **1** reforçar. *vpr* **2** fortalecer-se, revigorar-se.
raf.fred.da.re [raffredd´are] *vt* **1** resfriar, refrigerar. *vpr* **2** resfriar-se, esfriar.
raf.fred.do.re [raffredd´ore] *sm* Med resfriado.
raf.fre.na.re [raffren´are] *vt* **1** frear, refrear. **3** fig reprimir. **3** moderar. *vpr* **4** refrear-se, conter-se.
ra.ga.nel.la [ragan´εlla] *sf* Zool perereca.
ra.gaz.zo [rag´attso] *sm* **1** moço, rapaz. **2** menino. **3** fig namorado. **4** ajudante, aprendiz.
ra.gie.ra [radd´εra; radd´era] *sf* Rel auréola.
rag.gio [r´addʒo] *sm* Geom, Fis raio. **raggio X** raios X.
rag.gi.ra.re [raddʒir´are] *vt* enganar, iludir.
rag.gi.ro [raddʒ´iro] *sm* engano.
rag.giun.ge.re [raddʒ´undʒere] *vt* **1** alcançar. **2** fig conseguir, obter. *vpr* **3** unir-se.
rag.grup.pa.re [raggrupp´are] *vt* agrupar, reunir, juntar.
ra.gio.na.men.to [radʒonam´ento] *sm* **1** raciocínio. **2** debate, discussão.
ra.gio.na.re [radʒon´are] *vi* **1** raciocinar. **2** debater, discutir, argumentar.
ra.gio.ne [radʒ´one] *sf* **1** razão. **2** lógica, raciocínio. **3** causa, motivo. **4** prova, fundamento. **aver ragione** ter razão, estar certo. **render ragione** a) fazer justiça. b) justificar-se.
ra.gio.ne.vo.le [radʒon´evole] *agg* **1** razoável. **2** racional, lógico. **3** conveniente. **4** moderado.
ra.gio.nie.re [radʒon´jεre] *sm* Comm contador, contabilista.
ra.glia.re [raʎ´are] *vi* **1** zurrar. **2** fig desafinar.
ra.gna.te.la [raɲat´ela] *sf* **1** teia de aranha. **2** fig armadilha.

ra.gno [r´aɲo] *sm* aranha.
ra.gù [rag´u] *sm* **1** ensopado, guisado. **2** molho.
ral.le.gra.re [rallegr´are] *vt* **1** alegrar, divertir. *vpr* **2** alegrar-se, divertir-se. **3** congratular-se.
ra.me [r´ame] *sm* **1** Chim cobre. **2 rami** *pl* utensílios de cozinha.
ra.mi.fi.ca.re [ramifik´are] *vi+vpr* ramificar-se.
ram.men.da.re [rammend´are] *vt* remendar.
ram.men.do [ramm´endo] *sm* remendo.
ra.mo [r´amo] *sm* **1** Bot ramo. **2** Geogr braço de rio. **3** fig linhagem, estirpe, ramo familiar. **4** ramificação, divisão. **5** ramal de estrada.
ram.pa [r´ampa] *sf* **1** rampa, declive, ladeira. **2** lance de escadas. **3** garra.
ram.po.ne [ramp´one] *sm* Naut arpão.
ra.na [r´ana] *sf* Zool rã.
ran.ci.do [r´antʃido] *sm* **1** ranço. • *agg* **1** rançoso. **2** fig antiquado, velho.
ran.co.re [rank´ore] *sm* rancor, ressentimento.
ran.da.gio [rand´adʒo] *agg* **1** vagabundo. **2** sem dono, vira-lata (cão).
ran.go [r´ango] *sm* **1** classe, nível. **2** grau, condição. **3** Mil fileira.
ra.pa [r´apa] *sf* **1** nabo. **2** fig estúpido, burro.
ra.pa.re [rap´are] *vt* **1** raspar, rapar. **2** tosquiar, tosar. *vpr* **3** barbear-se.
ra.pi.di.tà [rapidit´a] *sf* rapidez.
ra.pi.do [r´apido] *sm* trem expresso. • *agg* **1** rápido, veloz. **2** fig fácil.
ra.pi.men.to [rapim´ento] *sm* **1** rapto, sequestro. **2** êxtase, arrebatamento.
ra.pi.na [rap´ina] *sf* **1** assalto, furto. **2** fig roubo. **rapina a mano armata** assalto à mão armada.
ra.pi.na.re [rapin´are] *vt* **1** assaltar. **2** roubar. **3** pilhar, saquear.
ra.pi.na.to.re [rapinat´ore] *sm* assaltante, ladrão.

ra.pi.re [rap´ire] *vt* **1** raptar, sequestrar. **2** arrebatar, tomar. **3** *fig* extasiar.

rap.por.to [rapp´ɔrto] *sm* **1** relatório. **2** relação. **3** conexão. **4** relacionamento. **5** *Mat* razão, proporção. **6 rapporti** *pl* relações, conhecidos. **rapporto sessuale** relação sexual.

rap.pre.sa.glia [rapprez´aʎa] *sf* represália.

rap.pre.sen.tan.te [rapprezent´ante] *s+agg* representante.

rap.pre.sen.ta.re [rapprezent´are] *vt* **1** representar. **2** reproduzir, retratar. **3** simbolizar, significar. **4** *Teat* representar, interpretar.

rap.pre.sen.ta.zio.ne [rapprezentatsj´one] *sf* **1** representação (imagem). **2** *Teat* representação, espetáculo.

ra.ri.tà [rarit´a] *sf* raridade.

ra.ro [r´aro] *agg* **1** raro. **2** escasso. **3** especial, único. **4** extraordinário, excepcional.

ra.sa.re [raz´are] *vt* **1** barbear. **2** aparar, podar (árvores). *vpr* **3** barbear-se.

ra.schia.re [rask´jare] *vt* **1** raspar, arranhar. **2** limpar (a garganta).

ra.sen.ta.re [razent´are] *vt* **1** roçar, passar bem junto de. **2** *fig* aproximar--se de.

ra.sen.te [raz´ɛnte] *prep* **1** rente a, muito perto de, rasante. **2** ao longo de. • *avv* rente, muito perto.

ra.so [r´azo] *sm* cetim. • *agg* **1** raso. **2** raspado. **3** rente. • *avv* rente a. **raso terra** rente à terra.

ra.so.io [raz´ojo] *sm* navalha. **rasoio di sicurezza** aparelho de barba. **rasoio elettrico** barbeador elétrico.

ras.se.gna [rass´eɲa] *sf* **1** *Mil* revista. **2** *fig* exame. **3** resenha (de jornal).

ras.se.gnar.si [rasseɲ´arsi] *vpr* resignar--se, conformar-se.

ras.se.re.na.re [rasseren´are] *vt, vi+vpr* serenar, tranquilizar, acalmar.

ra.su.ra [raz´ura] *sf* rasura.

ra.ta [r´ata] *sf* **1** *Comm* prestação. **2** quota, parte, fração. **vendere e pagare a rate** vender e pagar a prazo/em prestações.

ra.ti.fi.ca.re [ratifik´are] *vt* ratificar, confirmar.

rat.to [r´atto] *sm* **1** *Giur* rapto, sequestro. **2** *Rel* êxtase. **3** *Zool* rato.

rat.tri.sta.re [rattrist´are] *vt* **1** entristecer. *vi* **2** entristecer-se.

rau.co [r´awko] *agg* rouco.

ra.va.nel.lo [ravan´ɛllo] *sm* rabanete.

rav.vi.va.re [ravviv´are] *vt* **1** reviver, ressuscitar. **2** animar. *vpr* **3** reviver.

ra.zio.ci.na.re [ratsjotʃin´are] *vi* raciocinar.

ra.zio.ci.nio [ratsjotʃ´injo] *sm* **1** raciocínio. **2** bom senso, discernimento.

ra.zio.na.le [ratsjon´ale] *agg* **1** racional. **2** lógico. **3** apropriado, adequado.

ra.zio.ne [ratsj´one] *sf* ração.

raz.za[1] [r´attsa] *sf* **1** raça. **2** tipo, gênero. **3** *fig* povo, gente. **4** família, linhagem.

raz.za[2] [r´addza] *sf Zool* raia, arraia.

raz.zo [r´addzo] *sm* foguete.

re[1] [r´e] *sm* **1** rei. **2** *fig* rei, pessoa que supera os outros em alguma coisa. **re di picche** joão-ninguém.

re[2] [r´ɛ] *sm Mus* ré.

rea.gi.re [readʒ´ire] *vi* **1** reagir. **2** opor--se, rebelar-se. **3** *Chim, Med* reagir.

rea.le [re´ale] *sm* **1** realidade. **2** real, nome de uma moeda antiga. • *agg* **1** real. **2** do rei. **3** verdadeiro. **4** de raça (animal).

rea.li.sta [real´ista] *s+agg* realista.

rea.liz.za.re [realiddz´are] *vt* **1** realizar, concretizar, efetuar. *vpr* **2** realizar-se.

re.al.tà [realt´a] *sf* realidade. **in realtà** na realidade, realmente.

rea.to [re´ato] *sm Giur* crime, delito.

re.at.to.re [reatt´ore] *sm* **1** *Aer* jato de avião. **2** *Fis, Chim* reator.

re.a.zio.ne [reats'jone] *sf* reação.

re.ca.re [rek'are] *vt* 1 levar, conduzir. 2 induzir, levar a. 3 causar. 4 *fig* trazer. *vpr* 5 dirigir-se, ir. **recare ad effetto** levar a cabo.

re.ce.de.re [retʃ'edere] *vi* 1 retroceder. 2 desistir.

re.cen.te [retʃ'ente] *agg* recente, novo.

re.ci.pien.te [retʃip'jɛnte] *sm* recipiente.

re.ci.pro.co [retʃ'iproko] *agg* recíproco, mútuo.

re.ci.ta.re [retʃit'are] *vt* 1 recitar, declamar. 2 *Cin, Teat* representar, atuar. 3 *fig* fingir.

re.cla.ma.re [reklam'are] *vt* 1 reclamar, reivindicar. *vi* 2 reclamar, protestar.

réclame [rekl'ame] *sf fr* 1 reclame, propaganda, publicidade. 2 anúncio.

re.cla.mo [rekl'amo] *sm* 1 reclamação, queixa, protesto. 2 lamentação.

re.cli.na.re [reklin'are] *vt* 1 *Lett* reclinar. 2 apoiar, inclinar (a cabeça). *vi* 3 inclinar-se, curvar-se.

re.clu.sio.ne [rekluz'jone] *sf Giur* reclusão, prisão.

re.clu.ta [r'ɛkluta] *sf* 1 *Mil* recruta. 2 *fig* iniciante.

re.clu.ta.re [reklut'are] *vt Mil* recrutar.

record [r'ɛkord] *sm ingl Sp* recorde.

re.cri.mi.na.re [rekrimin'are] *vt* recriminar.

re.cu.pe.ra.re [rekuper'are] *vt* 1 recuperar, reconquistar, reaver. 2 reciclar.

re.dat.to.re [redatt'ore] *sm* redator.

re.da.zio.ne [redats'jone] *sf* 1 redação, composição. 2 *Giorn* redação de um jornal.

red.di.to [r'eddito] *sm* renda, rendimento, ganho.

re.den.zio.ne [redents'jone] *sf* 1 redenção. 2 salvação.

re.di.ge.re [red'idʒere] *vt* redigir, escrever.

re.di.me.re [red'imere] *vt* redimir, resgatar, salvar.

re.di.ne [r'edine] *sf* 1 rédea. 2 *fig* controle.

re.fe.ren.za [refer'entsa] *sf* referência, informação.

re.fet.to.rio [refett'orjo] *sm* refeitório.

re.fe.zio.ne [refets'jone] *sf* refeição.

re.fri.ge.ra.re [refridʒer'are] *vt* refrigerar, resfriar.

re.ga.la.re [regal'are] *vt* 1 presentear. 2 oferecer.

re.ga.li.a [regal'ia] *sf* 1 regalia, privilégio, prerrogativa. 2 gorjeta.

re.ga.lo [reg'alo] *sm* 1 presente. 2 brinde. 3 *fig* cortesia, favor. **fare un regalo** dar um presente.

re.ga.ta [reg'ata] *sf Sp* regata.

reg.gen.za [reddʒ'entsa] *sf* regência.

reg.ge.re [r'eddʒere] *vt* 1 reger, governar, guiar. 2 segurar. 3 sustentar, manter. 4 deter, impedir. 5 suportar, tolerar. 6 *Gramm* reger. *vi* 7 resistir. 8 durar. *vpr* 9 sustentar-se. 10 manter-se. 11 conter-se.

reg.gi.men.to [reddʒim'ento] *sm* 1 governo, regime. 2 *Gramm* regência. 3 *Mil* regimento.

reg.gi.se.no [reddʒis'eno] *sm* sutiã.

re.gi.a [redʒ'ia] *sf* 1 *Cin, Teat* direção. 2 *fig* comando.

re.gi.me [redʒ'ime] *sm* 1 *Pol* regime político. 2 *Med* regime, dieta.

re.gi.na [redʒ'ina] *sf* 1 rainha. 2 rainha, dama (no jogo de xadrez). 3 *Zool* abelha-rainha.

re.gio.ne [redʒ'one] *sf* região.

re.gi.sta [redʒ'ista] *s Cin, Teat* diretor.

re.gi.stra.re [redʒistr'are] *vt* 1 registrar. 2 gravar (fita, disco). 3 *ger* entender, compreender.

re.gi.stra.to.re [redʒistrat'ore] *sm* gravador.

re.gi.stra.zio.ne [redʒistrats'jone] *sf* 1 registro, ação de registrar. 2 gravação.

re.gi.stro [redʒ'istro] *sm* 1 registro: a) livro de registro. b) registro civil. 2 *fig* comportamento.

re.gna.re [reɲ´are] *vi* **1** reinar. **2** *fig* dominar. **3** predominar, prevalecer.

re.gno [r´eɲo] *sm* **1** reino. **2** reinado. **3** *fig* autoridade, domínio. **4** âmbito, setor.

re.go.la [r´ɛgola] *sf* **1** regra, norma, regulamento. **2** método, metodologia. **3** *fig* moderação.

re.go.la.men.to [regolam´ento] *sm* regulamento.

re.go.la.re [regol´are] *vt* **1** regular. **2** ajustar (instrumento). **3** definir, estabelecer. **4** *Comm* pagar, liquidar uma dívida. *vpr* **5** regular-se, orientar-se. • *agg* **1** regular. **2** regulamentar. **3** uniforme, constante.

re.go.la.riz.za.re [regolariddz´are] *vt* regularizar.

re.go.lo [r´ɛgolo] *sm* régua. **regolo calcolatore** *Mat* régua de cálculo.

re.gre.di.re [regred´ire] *vi* **1** regredir, retroceder. **2** retornar.

re.gres.so [regr´ɛsso] *sm* **1** regresso, volta, retorno. **2** retrocesso.

re.la.ti.vo [relat´ivo] *agg* relativo, referente, concernente. **pronome relativo** *Gramm* pronome relativo.

re.la.zio.ne [relats´jone] *sf* **1** relação, relacionamento. **2** relatório. **3** estudo, tratado. **4** *fig* amizade. **rompere relazioni con** romper relações com. **stringere relazioni con** estabelecer relações com.

re.li.gio.ne [relidʒ´one] *sf* **1** religião. **2** *fig* crença, fé, convicção.

re.li.gio.so [relidʒ´ozo] *sm* religioso, sacerdote. • *agg* **1** religioso. **2** devoto, crente.

re.li.quia [rel´ikwja] *sf* **1** resto, ruína. **2** *Rel* relíquia.

re.ma.re [rem´are] *vi* remar.

re.mo [r´ɛmo] *sm* remo.

re.mo.li.no [remol´ino] *sm* redemoinho.

re.mo.to [rem´ɔto] *agg* remoto, distante. **passato remoto** *Gramm* passado remoto.

re.mu.ne.ra.re [remuner´are] *vt* remunerar, premiar, recompensar.

ren.de.re [r´endere] *vt* **1** render, produzir. **2** devolver, restituir. **3** interpretar, traduzir. **4** descrever, exprimir. **5** tornar. *vpr* **6** render-se, entregar-se. **7** tornar-se. **rendersi conto di** perceber.

ren.di.men.to [rendim´ento] *sm Comm* rendimento, renda.

ren.di.ta [r´endita] *sf* **1** *Comm* renda, rendimento. **2** *fig* ganho. **3** vantagem, utilidade.

re.ne [r´ɛne] *sm Anat* **1** rim. **2 i reni** *sm pl* os rins. **3 le reni** *sf pl* as costas.

re.o [r´ɛo] *sm+agg* réu.

re.par.to [rep´arto] *sm* repartição, seção, setor.

re.pel.len.te [repell´ente] *agg* repelente, repugnante.

re.pen.ti.no [repent´ino] *agg* **1** repentino, inesperado. **2** instantâneo.

re.ple.to [repl´ɛto] *agg* repleto, cheio.

re.pli.ca [r´ɛplika] *sf* **1** réplica, resposta. **2** cópia. **3** repetição.

reporter [rep´ɔrter] *sm ingl* repórter.

re.pres.sio.ne [repress´jone] *sf* **1** repressão. **2** opressão (de um movimento).

re.pri.me.re [repr´imere] *vt* **1** reprimir, conter. **2** controlar, limitar. **3** *fig* oprimir, dominar.

re.pub.bli.ca [rep´ubblika] *sf* república.

re.pul.si.vo [repuls´ivo] *agg* repulsivo, nojento.

re.pu.ta.re [reput´are] *vt* reputar, considerar.

re.pu.ta.zio.ne [reputats´jone] *sf* reputação, fama.

re.qui.si.to [rekwiz´ito] *sm* requisito.

re.si.den.te [rezid´ente] *s+agg* residente.

re.si.den.za [rezid´entsa] *sf* residência, moradia, casa, domicílio.

re.si.duo [rez´idwo] *sm* resíduo, resto. • *agg* restante.

re.si.na [r´ezina] *sf Bot* resina.

resistente — ribellare

re.si.sten.te [rezist´ɛnte] *agg* resistente, sólido, robusto.

re.si.sten.za [rezist´ɛntsa] *sf* 1 resistência. 2 *Giur* oposição.

re.si.ste.re [rez´istere] *vi* 1 resistir. 2 aguentar, suportar. 3 persistir, continuar.

re.so.con.to [rezok´onto] *sm* prestação de contas.

re.spin.ge.re [resp´indʒere] *vt* 1 repelir, rechaçar. 2 defender-se, resistir. 3 rejeitar, recusar.

re.spi.ra.re [respir´are] *vt+vi* 1 respirar. 2 *fig* viver.

re.spi.ra.zio.ne [respirats´jone] *sf* respiração.

re.spi.ro [resp´iro] *sm* 1 respiração. 2 repouso, pausa.

re.spon.sa.bi.le [respons´abile] *s* responsável, encarregado, encarregada. • *agg* responsável.

re.spon.sa.bi.li.tà [responsabilit´a] *sf* 1 responsabilidade. 2 obrigação, dever.

re.sta.re [rest´are] *vi* 1 restar, sobrar. 2 ficar, permanecer.

re.stau.ra.re [restawr´are] *vt* 1 restaurar. 2 reparar. 3 restabelecer.

re.sti.tu.i.re [restitu´ire] *vt* 1 restituir, devolver. 2 restabelecer.

re.sto [r´ɛsto] *sm* 1 resto. 2 saldo. 3 troco, diferença.

re.strin.ge.re [restr´indʒere] *vt* 1 restringir, limitar. *vpr* 2 restringir-se, limitar-se.

re.stri.zio.ne [restrits´jone] *sf* restrição.

re.sur.re.zio.ne [resuɾets´jone] *sf* ressurreição.

re.su.sci.ta.re [resuʃit´are] *vt+vi* 1 ressuscitar. 2 *fig* reviver.

re.te [r´ete] *sf* 1 rede. 2 *Calc* gol (o ponto). 3 *fig* armadilha, cilada.

re.ti.na [r´etina] *sf Anat* retina.

re.tri.bu.i.re [retribu´ire] *vt* retribuir, recompensar, compensar.

re.tro.ce.de.re [retrotʃ´edere] *vt* 1 *Mil* rebaixar. *vi* 2 retroceder, recuar, voltar. 3 regredir, piorar.

re.tro.ces.sio.ne [retrotʃess´jone] *sf* retrocesso.

re.tro.sce.na [retroʃ´ɛna] *sf* 1 *Teat* bastidor. 2 *fig* conspiração, tramoia.

ret.ta [r´ɛtta] *sf* 1 *Geom* reta. 2 *Comm* pensão.

ret.tan.go.lo [rett´angolo] *sm+agg Geom* retângulo.

ret.ti.le [r´ɛttile] *sm* 1 *Zool* réptil. 2 *fig* víbora, verme, sujeito vil.

ret.ti.li.ne.o [rettil´ineo] *agg Geom* retilíneo. • *sm* reta (estrada).

ret.ti.tu.di.ne [rettit´udine] *sf* retidão.

ret.to [r´ɛtto] *sm Anat* reto. • *agg* 1 reto. 2 direito. 3 *fig* honesto, justo. **angolo retto** *Geom* ângulo reto.

ret.to.re [rett´ore] *sm* reitor.

ret.to.ri.a [rettor´ia] *sf* reitoria.

reu.ma.ti.smo [rewmat´izmo] *sm Med* reumatismo.

re.ve.ren.do [rever´ɛndo] *sm Rel* reverendo, padre, pastor.

re.vi.sio.ne [reviz´jone] *sf* revisão.

re.vo.ca.re [revok´are] *vt* revogar, anular.

revolver [rev´olver] *sm ingl* revólver.

ri.al.zo [ri´altso] *sm* 1 elevação, local alto. 2 *Comm* alta, aumento.

ri.a.ni.ma.re [rianim´are] *vt* 1 reanimar. 2 *fig* revigorar. 3 encorajar. *vpr* 4 reanimar-se.

ri.as.su.me.re [riass´umere] *vt* resumir, recapitular.

ri.as.sun.to [riass´unto] *sm* resumo. • *agg* resumido.

ri.a.ve.re [riav´ere] *vt* 1 reaver, recuperar. *vpr* 2 recuperar-se, revigorar-se.

ri.bat.te.re [rib´attere] *vt* 1 rebater. 2 bater de novo. 3 *fig* contestar. 4 afiar (faca etc.). *vi* 5 *fig* retrucar. 6 insistir, teimar.

ri.bel.la.re [ribell´are] *vt* 1 rebelar. *vpr* 2 rebelar-se. 3 contestar, protestar.

ri.bel.le [rib´ɛlle] *s* **1** rebelde. **2** dissidente. • *agg* **1** rebelde. **2** desobediente. **3** teimoso.

ri.bel.lio.ne [ribell´jone] *sf* rebelião, revolta.

ri.bes [r´ibes] *sm Bot* groselha.

ri.brez.zo [ribr´ettso] *sm* **1** arrepio, calafrio. **2** náusea, nojo, repulsa, repugnância.

ri.ca.du.ta [rikad´uta] *sf Med* recaída.

ri.cal.ca.re [rikalk´are] *vt* **1** copiar (desenho). **2** imitar, seguir o exemplo de.

ri.ca.ma.re [rikam´are] *vt* **1** bordar. **2** *fig* enfeitar um discurso.

ri.ca.mo [rik´amo] *sm* **1** bordado. **2** *fig* enfeite.

ri.ca.pi.to.la.re [rikapitol´are] *vt* recapitular, resumir.

ri.ca.ri.ca.re [rikarik´are] *vt* recarregar.

ri.cat.to [rik´atto] *sm Giur* **1** chantagem. **2** resgate.

ri.ca.va.re [rikav´are] *vt* **1** extrair, tirar. **2** obter lucro. **3** concluir, deduzir. **4** provar, demonstrar.

ri.ca.vo [rik´avo] *sm* **1** resultado, produto. **2** lucro.

ric.chez.za [rikk´ettsa] *sf* **1** riqueza. **2** fortuna. **3** abundância, fartura. **4** *fig* luxo, pompa. **5** capital, patrimônio. **ricchezze** *pl* riquezas, bens.

ric.cio [r´ittʃo] *sm* **1** cacho, caracol (dos cabelos). **2** *Zool* ouriço. • *agg* crespo, encaracolado.

ric.cio.lo [r´ittʃolo] *sm* cacho, caracol (dos cabelos).

ric.co [r´ikko] *sm* rico. • *agg* **1** rico. **2** abundante. **3** *fig* fértil, produtivo (terreno). **4** luxuoso. **5** valioso, caro. **6** nutritivo (alimento). **ricco sfondato** podre de rico.

ri.cer.ca [ritʃ´erka] *sf* **1** procura. **2** pesquisa. **3** *Chim* análise.

ri.cer.ca.re [ritʃerk´are] *vt* **1** procurar. **2** pesquisar. **3** investigar, indagar.

ri.cer.ca.to [ritʃerk´ato] *agg* **1** procurado, pesquisado, investigado. **2** *fig* elegante, fino, sofisticado. **3** afetado.

ri.cet.ta [ritʃ´etta] *sf* **1** receita. **2** prescrição médica. **3** *fig* fórmula.

ri.cet.ta.re [ritʃett´are] *vt* **1** recolher, abrigar. **2** *Med* receitar.

ri.ce.ve.re [ritʃ´evere] *vt* **1** receber. **2** acolher. **3** aceitar, admitir (numa organização).

ri.ce.vi.men.to [ritʃevim´ento] *sm* recebimento, recepção.

ri.ce.vi.to.re [ritʃevit´ore] *sm* receptor: a) pessoa que recebe. b) aparelho de recepção.

ri.chia.ma.re [rikjam´are] *vt* **1** chamar novamente. **2** recordar, lembrar. **3** repreender. **4** *Cin, Teat* atrair (público). *vpr* **5** referir-se a, mencionar. **richiamare l'attenzione** chamar a atenção.

ri.chia.mo [rik´jamo] *sm* **1** atração. **2** repreensão, advertência. **3** nota, observação num texto. **4** isca, engodo. **5** propaganda.

ri.chie.de.re [rik´jedere] *vt* **1** requerer, requisitar. **2** exigir, reclamar. **3** *fig* requerer, necessitar de.

ri.chie.sta [rik´jesta] *sf* **1** pedido. **2** *Comm* demanda, procura.

ri.chiu.de.re [rik´judere] *vt* **1** fechar novamente. *vpr* **2** cicatrizar, fechar--se (ferida).

ri.ci.cla.re [ritʃikl´are] *vt* reciclar.

ri.co.min.cia.re [rikomintʃ´are] *vt+vi* recomeçar, reiniciar.

ri.com.pen.sa [rikomp´ensa] *sf* **1** recompensa, prêmio. **2** pagamento. **3** compensação, retribuição.

ri.com.pen.sa.re [rikompens´are] *vt* **1** recompensar, premiar. **2** remunerar, pagar. **3** retribuir.

ri.con.ci.lia.re [rikontʃil´jare] *vt* **1** reconciliar. *vpr* **2** reconciliar-se.

ri.co.no.scen.za [rikonoʃ´ɛntsa] *sf* reconhecimento, gratidão.

ri.co.no.sce.re [rikonoʃ´ere] *vt* **1** reco-

riconoscimento   199   **riformare**

nhecer: a) identificar, distinguir. b) admitir, aceitar. c) certificar, autenticar. *vi* **2** reconhecer, ser grato. **3** *Mil* reconhecer, explorar.

ri.co.no.sci.men.to [rikonoʃim´ento] *sm* reconhecimento.

ri.co.pri.re [rikopr´ire] *vt* **1** recobrir. **2** *fig* esconder, ocultar. *vpr* **3** cobrir-se. **4** garantir-se.

ri.cor.da.re [rikord´are] *vt* **1** recordar, lembrar. *vpr* **2** recordar-se, lembrar-se.

ri.cor.do [rik´ɔrdo] *sm* recordação, lembrança.

ri.cor.re.re [rik´ořere] *vi* **1** recorrer: a) correr de novo. b) dirigir-se a. c) valer--se de. d) *Giur* recorrer. **2** cair em, ser celebrado em (feriado etc.).

ri.cor.so [rik´orso] *sm* **1** recurso, meio. **2** apelo. **3** reclamação. **4** *Giur* recurso.

ri.cot.ta [rik´ɔtta] *sf* ricota.

ri.co.ve.ra.re [rikover´are] *vt* **1** abrigar, refugiar. *vpr* **2** abrigar-se, refugiar-se.

ri.co.ve.ro [rik´overo] *sm* **1** abrigo, refúgio. **2** asilo.

ri.cre.a.re [rikre´are] *vt* **1** recrear, divertir, alegrar. **2** recriar.

ri.cu.sa [rik´uza] *sf* recusa.

ri.cu.sa.re [rikuz´are] *vt* **1** recusar, rejeitar, negar. *vi* **2** recusar, não aceitar. *vpr* **3** recusar-se, negar-se.

ri.den.te [rid´εnte] *agg* **1** risonho, alegre. **2** calmo, agradável (lugar). **3** favorável (sorte).

ri.de.re [r´idere] *vi* **1** rir. *vpr* **2** rir-se de, zombar. **3** desprezar. **ridere di** zombar de.

ri.di.co.lo [rid´ikolo] *sm* ridículo. • *agg* **1** ridículo. **2** absurdo, ilógico. **3** *fam* insignificante.

ri.di.re [rid´ire] *vt* **1** repetir. **2** reprovar. **3** contestar.

ri.don.dan.te [ridond´ante] *agg* **1** redundante. **2** excessivo, supérfluo.

ri.dot.to [rid´otto] *sm Teat* saguão, sala de espera. • *agg* **1** reduzido, diminuto. **2** modificado. **3** resumido (texto).

ri.dur.re [rid´uře] *vt* **1** reduzir, diminuir. **2** modificar. **3** adaptar, resumir (texto). *vpr* **4** reduzir-se.

ri.du.zio.ne [riduts´jone] *sf* **1** redução, diminuição. **2** resumo.

ri.em.pi.re [riemp´ire] *vt* **1** encher. **2** preencher (formulário). *vpr* **3** encher--se. **4** *fig* saciar-se, fartar-se.

ri.en.tra.re [rientr´are] *vi* **1** entrar de novo. **2** regressar. **3** retrair-se.

ri.fa.re [rif´are] *vt* **1** refazer. **2** repetir. **3** imitar. **4** concertar, corrigir. *vpr* **5** refazer-se, revigorar-se. **6** vingar-se. **rifare il letto** fazer a cama.

ri.fe.ri.men.to [riferim´ento] *sm* referência.

ri.fe.ri.re [rifer´ire] *vt* **1** referir, contar, relatar. **2** acusar, culpar. *vpr* **3** referir--se, aludir a.

rif.fa [r´iffa] *sf* **1** rifa. **2** violência.

ri.fi.ni.re [rifin´ire] *vt* **1** acabar. **2** retocar. **3** *fig* consumir, desgastar (a saúde). *vi* **4** desistir. *vpr* **5** acabar-se, desgastar-se.

ri.fiu.ta.re [rifjut´are] *vt* **1** recusar, rejeitar, negar. *vpr* **2** negar-se, recusar--se. **3** opor-se.

ri.fiu.to [rif´juto] *sm* **1** recusa. **2** resto. **3 rifiuti** *pl* lixo, sujeira.

ri.fles.sio.ne [rifless´jone] *sf* **1** reflexão, meditação. **2** prudência.

ri.fles.so [rifl´εsso] *sm* **1** reflexo. **2** *fig* consequência, efeito. • *agg* refletido, reflexo.

ri.flet.te.re [rifl´εttere] *vt* **1** refletir. **2** *fig* indicar, mostrar. *vi* **3** refletir, meditar, pensar. *vpr* **4** refletir-se, repercutir.

ri.for.ma [rif´orma] *sf* **1** reforma. **2** mudança. **3** *Mil* reforma.

ri.for.ma.re [riform´are] *vt* **1** reformar. **2** modificar, mudar, renovar. **3** *fig* melhorar, aperfeiçoar. **4** *Mil* reformar.

ri.for.ma.to.rio [riformat´ɔrjo] *sm* reformatório.
ri.for.ni.men.to [riforim´ento] *sm* **1** suprimento. **2** provisões, víveres. **stazione di rifornimento** posto de gasolina.
ri.for.ni.re [riforn´ire] *vt* fornecer, prover.
ri.fu.gia.re [rifudʒ´are] *vt* **1** refugiar, abrigar. *vpr* **2** refugiar-se, abrigar-se.
ri.fu.gio [rif´udʒo] *sm* **1** refúgio, abrigo. **2** *fig* ajuda, auxílio. **3** conforto, alívio.
ri.ga [r´iga] *sf* **1** linha. **2** fila, fileira. **3** régua. **4** risca (nos cabelos). **5** listra, lista. **6** *Poet* verso.
ri.ge.ne.ra.re [ridʒener´are] *vt* **1** regenerar. **2** corrigir (moralmente). *vpr* **3** reproduzir-se. **4** regenerar-se, corrigir-se.
ri.get.ta.re [ridʒett´are] *vt* **1** jogar de novo. **2** vomitar. **3** rejeitar, recusar.
ri.get.to [ridʒ´etto] *sm* **1** rejeição, recusa. **2** *fig* nojo, repulsa.
ri.gi.di.tà [ridʒidit´a] *sf* **1** rigidez. **2** *fig* rigor.
ri.gi.do [r´idʒido] *agg* **1** rígido. **2** duro. **3** *fig* rigoroso, severo.
ri.gi.ra.re [ridʒir´are] *vt* **1** girar de novo. **2** circular, circundar. **3** *Comm* empregar, girar (capital). **4** *fig* enganar, iludir.
ri.go.re [rig´ore] *sm* **1** rigor, rigidez. **2** dureza.
ri.go.ro.so [rigor´ozo] *agg* **1** rigoroso. **2** rígido, severo, duro. **3** meticuloso, minucioso.
ri.guar.da.re [rigward´are] *vt* **1** olhar de novo. **2** considerar, reputar. **3** observar, olhar atentamente. **4** pertencer, referir-se. *vpr* **5** resguardar-se: a) proteger-se. b) abster-se.
ri.guar.do [rig´wardo] *sm* **1** atenção. **2** prudência, cautela, precaução. **3** respeito, consideração. **mancare di riguardo** faltar com o respeito.

ri.la.scia.re [rilaʃ´are] *vt* **1** soltar, liberar. **2** expedir, emitir (documento). **3** ceder, conceder.
ri.las.sa.men.to [rilassam´ento] *sm Med* relaxamento.
ri.las.sa.re [rilass´are] *vt* **1** relaxar. **2** afrouxar. **3** *fig* enfraquecer. *vpr* **4** descansar, repousar. **5** *fig* relaxar-se, descuidar-se.
ri.le.ga.re [rileg´are] *vt* encadernar.
ri.le.van.te [rilev´ante] *agg* relevante, importante, considerável.
ri.le.va.re [rilev´are] *vt* **1** adquirir. **2** perceber. **3** revezar, substituir. *vi* **4** importar. **5** ressaltar. *vpr* **6** levantar-se. **7** *fig* recuperar-se.
ri.lie.vo [ril´jevo] *sm* **1** relevo. **2** elevação, saliência. **3** *fig* evidência. **4** valor. **5** observação.
ri.ma [r´ima] *sf* **1** *Poet* rima. **2** *fig* poema.
ri.man.da.re [rimand´are] *vt* **1** mandar novamente. **2** devolver, restituir. **3** adiar, prorrogar. **4** reprovar num exame.
ri.man.do [rim´ando] *sm* **1** devolução. **2** adiamento, prorrogação. **3** reprovação (em exame). **4** nota, referência (num texto).
ri.ma.ne.re [riman´ɛnte] *sm* resto, restante, resíduo. • *agg* restante.
ri.ma.ne.re [riman´ere] *vi* **1** restar, sobrar. **2** permanecer. **3** sobreviver.
ri.ma.re [rim´are] *vi* rimar.
rim.bal.za.re [rimbalts´are] *vi* ricochetear.
rim.boc.ca.re [rimbokk´are] *vt* **1** emborcar (vasilha). **2** arregaçar (manga). **3** dobrar (lençol).
rim.bor.sa.re [rimbors´are] *vt* **1** reembolsar. **2** restituir, devolver dinheiro. **3** indenizar, ressarcir.
rim.bor.so [rimb´orso] *sm* **1** reembolso. **2** indenização.
ri.me.dia.re [rimed´jare] *vt+vi* **1** remediar. **2** medicar. **3** emendar, corrigir.

ri.me.dio [rim´ɛdjo] *sm* 1 *Med* remédio, medicamento. 2 *fig* solução, correção. 3 auxílio.

ri.mes.sa [rim´essa] *sf* 1 remessa, envio. 2 garagem. 3 *Bot* broto, rebento.

ri.met.te.re [rim´ettere] *vt* 1 repor. 2 devolver, restituir. 3 remeter, enviar. 4 confiar, entregar. 5 vomitar. 6 perdoar. 7 perder. 8 adiar. *vi* 9 *Bot* renascer, brotar. *vpr* 10 recomeçar, retomar. 11 recuperar-se, curar-se. 12 remeter-se, referir-se.

ri.mor.chia.re [rimork´jare] *vt* 1 rebocar. 2 *fig* induzir a.

ri.mor.chio [rim´orkjo] *sm* reboque.

ri.mor.so [rim´orso] *sm* remorso, arrependimento.

ri.mo.zio.ne [rimots´jone] *sf* 1 remoção. 2 demissão.

rim.pian.ge.re [rimp´jandʒere] *vt* lamentar, lastimar, arrepender-se de.

rim.pian.to [rimp´janto] *sm* 1 remorso, arrependimento. 2 *fig* saudade.

rim.pro.ve.ra.re [rimprover´are] *vt* 1 repreender, criticar. 2 *pop* dar uma bronca.

rim.pro.ve.ro [rimpr´overo] *sm* 1 repreensão, crítica. 2 *pop* bronca.

ri.muo.ve.re [rim´wovere] *vt* 1 remover, tirar, eliminar. 2 afastar. 3 demitir, exonerar. 4 destituir, depor.

ri.na.sce.re [rin´aʃere] *vi* renascer.

ri.na.sci.men.to [rinaʃim´ento] *sm* renascimento. **il Rinascimento** *St* o Renascimento.

rin.ca.ra.re [rinkar´are] *vt+vi* encarecer.

rin.cre.sce.re [rinkr´eʃere] *vi* aborrecer, desagradar, perturbar.

rin.cu.la.re [rinkul´are] *vi* recuar, retroceder.

rin.for.za.re [rinforts´are] *vt* 1 reforçar. 2 fortalecer, fortificar. 3 revigorar.

rin.for.zo [rinf´ortso] *sm* reforço.

rin.fre.sca.re [rinfresk´are] *vt* 1 refrescar. 2 refrigerar. 3 restaurar. 4 *fig* recriar. 5 renovar. *vpr* 6 refrescar-se. 7 *fig* banhar-se. 8 matar a fome ou a sede.

rin.fre.sco [rinfr´esko] *sm* refresco, refrescamento.

ring [r´ing] *sm ingl Sp* ringue.

rin.ghia.re [ring´jare] *vi* 1 rosnar. 2 *fig* resmungar.

rin.ghie.ra [ring´jɛra] *sf* 1 *Archit* parapeito. 2 *St* tribuna.

rin.gio.va.ni.re [rindʒovan´ire] *vt* 1 rejuvenescer, remoçar. *vi+vpr* 2 rejuvenescer.

rin.gra.zia.re [ringrats´jare] *vt* agradecer.

rin.no.va.re [rinnov´are] *vt* 1 renovar. 2 refazer. 3 mudar. 4 repetir. 5 renovar-se. 6 repetir-se.

ri.no.man.za [rinom´antsa] *sf* renome, fama.

ri.no.ma.to [rinom´ato] *agg* renomado, famoso, popular, célebre.

ri.nun.zia [rin´untsja] *sf* renúncia.

ri.nun.zia.re [rinunts´jare] *vi* 1 renunciar. 2 abdicar. 3 desistir.

rin.ve.ni.re [rinven´ire] *vi* voltar a si, recobrar os sentidos.

ri.o.ne [ri´one] *sm* bairro, distrito.

ri.ot.to.so [riott´ozo] *agg* 1 brigão. 2 *Giur* litigioso. 3 rebelde.

ri.pa.ga.re [ripag´are] *vt* 1 pagar de novo. 2 reembolsar, ressarcir. 3 *fig* recompensar.

ri.pa.ra.re [ripar´are] *vt* 1 amparar, proteger, defender. 2 reparar, consertar, remediar. *vi+vpr* 3 amparar-se, proteger-se.

ri.pa.ra.zio.ne [riparats´jone] *sf* 1 amparo, proteção. 2 reparo, conserto. 3 *Giur* reparação.

ri.pa.ro [rip´aro] *sm* 1 abrigo, defesa. 2 amparo, proteção. 3 refúgio. 4 *fig* remédio, solução.

ri.par.ti.re [ripart´ire] *vt* 1 repartir, dividir, distribuir. *vi* 2 partir novamente.

ri.par.ti.zio.ne [ripartits'jone] *sf* 1 divisão. 2 parte, porção. 3 repartição, setor, seção.

ri.par.to [rip'arto] *sm* 1 divisão. 2 *Comm* quota, parte.

ri.pas.sa.re [ripass'are] *vt* 1 repassar. 2 *fig* repassar um texto. 3 corrigir, retocar. *vi* 4 passar de novo por um lugar.

ri.pen.sa.re [ripens'are] *vi* 1 pensar de novo. 2 mudar de ideia.

ri.per.cuo.te.re [riperk'wɔtere] *vt* 1 bater novamente. *vi+vpr* 2 repercutir, refletir. 3 ecoar.

ri.per.cus.sio.ne [riperkuss'jone] *sf* 1 repercussão. 2 eco.

ri.pe.te.re [rip'ɛtere] *vt* 1 repetir. 2 imitar, copiar. *vpr* 3 repetir-se. 4 insistir, persistir. 5 continuar.

ri.pe.ti.zio.ne [ripetits'jone] *sf* 1 repetição. 2 revisão (de lições). 3 aula particular.

ri.pi.do [r'ipido] *agg* íngreme.

ri.pie.ga.re [ripjeg'are] *vt* 1 dobrar. *vi* 2 *Mil* recuar, retirar-se. *vpr* 3 curvar-se, dobrar-se.

ri.pie.no [rip'jɛno] *sm* 1 recheio. 2 enchimento. • *agg* 1 repleto, muito cheio, abarrotado. 2 recheado.

ri.por.re [rip'ore] *vt* 1 repor. 2 reservar, guardar. *vpr* 3 afastar-se. 4 esconder-se.

ri.por.ta.re [riport'are] *vt* 1 tornar a trazer. 2 citar. 3 relatar, contar. 4 obter, conseguir. 5 sofrer (ferimento). *vpr* 6 aludir a.

ri.po.sa.re [ripoz'are] *vi* 1 repousar, descansar. *vi+vpr* 2 repousar, descansar. 3 *fig* jazer (defunto).

ri.po.so [rip'ozo] *sm* 1 repouso, descanso. 2 *fig* paz.

ri.po.sti.glio [ripost'iλo] *sm* 1 quarto de despejo. 2 esconderijo.

ri.pren.de.re [ripr'ɛndere] *vt* 1 repreender. 2 pegar de novo. 3 recuperar. 4 retomar. 5 filmar. 6 encolher (roupa). *vpr* 7 corrigir-se.

ri.pren.sio.ne [riprens'jone] *sf* repreensão, advertência.

ri.pro.dur.re [riprod'uře] *vt* 1 reproduzir. 2 copiar, duplicar. 3 publicar, editar. *vpr* 4 reproduzir-se.

ri.pro.va [ripr'ova] *sf* 1 prova, testemunho. 2 *Giur* acareação. 3 *Mat* prova.

ri.pro.va.re [riprov'are] *vt* 1 reprovar. 2 tentar novamente. 3 desaprovar, rejeitar.

ri.pro.va.zio.ne [riprovats'jone] *sf* 1 reprovação. 2 censura, crítica. 3 *pop* bomba (em exame).

ri.pu.dia.re [ripud'jare] *vt* repudiar, rejeitar.

ri.pu.gnan.te [ripuñ'ante] *agg* repugnante, nojento, asqueroso.

ri.pu.gnan.za [ripuñ'antsa] *sf* repugnância, repulsa, nojo.

ri.pul.sa [rip'ulsa] *sf* repulsa, aversão.

ri.sac.ca [riz'akka] *sf Naut* ressaca.

ri.sa.li.re [rizal'ire] *vt* 1 navegar contra a corrente. *vi* 2 subir de novo.

ri.sal.ta.re [risalt'are] *vi* ressaltar, sobressair.

ri.sar.ci.re [risartʃ'ire] *vt* ressarcir, indenizar.

ri.sa.ta [riz'ata] *sf* risada. **fare una risata** dar uma risada.

ri.scal.da.re [riskald'are] *vt* 1 aquecer, esquentar. 2 estragar, apodrecer (fruta). *vpr* 3 aquecer-se, esquentar. 4 *fig* irar-se.

ri.scat.ta.re [riskatt'are] *vt* 1 resgatar (refém). 2 recuperar, reaver. 3 *fig* redimir, libertar. *vpr* 4 redimir-se, libertar-se.

ri.scat.to [risk'atto] *sm* 1 resgate. 2 *Rel* redenção.

ri.schia.re [risk'jare] *vt* 1 arriscar. *vi* 2 arriscar-se.

ri.schio [r'iskjo] *sm* risco, perigo. **correre il rischio** correr o risco. **mettere a rischio** pôr em risco.

ri.sciac.qua.re [riʃakk´ware] *vt* **1** enxaguar. *vpr* **2** enxaguar-se.

ri.sciac.quo [riʃ´akkwo] *sm* enxágue.

ri.scos.sio.ne [riskoss´jone] *sm* cobrança, arrecadação.

ri.scuo.te.re [risk´wotere] *vt* **1** sacudir. **2** acordar, despertar (sacudindo). **3** cobrar, arrecadar. **4** *fig* receber. *vpr* **5** sacudir-se. **6** livrar-se.

ri.sec.chi.re [risekk´ire] *vi* **1** ressecar, secar. **2** *fig* emagrecer.

ri.sen.ti.men.to [risentim´ento] *sm* ressentimento, rancor.

ri.sen.ti.re [risent´ire] *vt* **1** ouvir, ouvir de novo. *vpr* **2** ressentir-se, magoar-se. **3** reanimar-se, recuperar os sentidos.

ri.ser.va [riz´ɛrva] *sf* **1** reserva. **2** provisão, estoque. **3** resto. **4** substituto. **5** *Giur* ressalva, exceção. **6** *Comm* fundo. **7** *Sp* jogador reserva. **8** *fig* recato. **9** dúvida, suspeita.

ri.ser.va.re [rizerv´are] *vt* **1** reservar, guardar. **2** conservar. **3** marcar (hora, encontro).

ri.ser.va.tez.za [rizervat´ettsa] *sf* reserva, discrição.

ri.ser.va.to [rizerv´ato] *agg* **1** reservado. **2** marcado (horário). **3** *fig* reservado, discreto. **4** privado, confidencial. **5** secreto.

ri.sie.de.re [riz´jɛdere] *vi* residir, morar.

ri.so [r´izo] *sm* (*pl* **le risa**) **1** riso, risada. **2** *fig* alegria, felicidade. **3** zombaria. **4** *Bot* arroz.

ri.so.lu.tez.za [risolut´ettsa] *sf* decisão.

ri.so.lu.zio.ne [risoluts´jone] *sf* **1** resolução. **2** solução. **3** decisão. **4** *Chim* dissolução. **5** *fig* coragem, bravura.

ri.sol.ve.re [ris´olvere] *vt* **1** resolver, decidir. **2** explicar, esclarecer (enigma). **3** *Chim* dissolver. *vi* **5** resolver, decidir. *vpr* **6** resolver-se, decidir-se. **7** dissolver-se.

ri.sor.sa [ris´orsa] *sf* **1** recurso, meio. **2** *fig* capacidade. **3 risorse** *pl* recursos.

ri.sot.to [riz´ɔtto] *sm* risoto.

ri.spar.mia.re [risparm´jare] *vt* **1** economizar, poupar. **2** evitar fazer algo. *vpr* **3** poupar-se, descansar. **4** cuidar-se.

ri.spar.mio [risp´armjo] *sm* **1** economia, poupança. **2 risparmi** *pl* economias.

ri.spet.ta.re [rispett´are] *vt* **1** respeitar. **2** honrar, reverenciar. **3** obedecer. *vpr* **4** respeitar-se. **farsi rispettare** impor respeito.

ri.spet.to [risp´etto] *sm* **1** respeito. **2** estima, consideração. **3** reverência, devoção. **rispetto a** com respeito a.

ri.spet.to.so [rispett´ozo] *agg* **1** respeitoso. **2** educado.

ri.splen.de.re [rispl´ɛndere] *vi* resplandecer, brilhar.

ri.spon.de.re [risp´ondere] *vi* **1** responder. **2** contestar, retrucar. **3** corresponder. **rispondere di** responder por, ser responsável por.

ri.spo.sta [risp´osta] *sf* **1** resposta. **2** réplica.

ris.sa [r´issa] *sf* rixa, briga, discussão.

ri.sta.bi.li.re [ristabil´ire] *vt* **1** restabelecer. *vpr* **2** restabelecer-se, melhorar.

ri.sto.ran.te [ristor´ante] *sm* restaurante. • *agg* restaurador.

ri.sto.ra.re [ristor´are] *vt* **1** dar descanso. *vpr* **2** descansar, restabelecer-se.

ri.sto.ro [rist´oro] *sm* **1** descanso. **2** *fig* conforto.

ri.stret.tez.za [ristrett´ettsa] *sf* **1** restrição. **2** estreiteza. **3** aperto (econômico). **4** *fig* escassez. **5 ristrettezze** *pl* pobreza, miséria.

ri.stret.to [ristr´etto] *sm* resumo. • *agg* **1** restrito, limitado. **2** estreito, apertado. **3** reduzido, exíguo. **4** resumido. **5** condensado.

ri.sul.ta.re [rizult´are] *vi* **1** resultar, provir. **2** aparecer. **3** importar.

ri.sul.ta.to [rizult´ato] *sm* **1** resultado. **2** efeito, consequência. **3** *Mat* resultado.

ri.suo.na.re [riswon´are] *vi* **1** ressoar. **2** ecoar. **3** *fig* repercutir.
ri.ta.glia.re [ritaλ´are] *vt* **1** retalhar (um tecido). **2** recortar (uma figura).
ri.ta.glio [rit´aλo] *sm* **1** retalho. **2** resto (de tecido, papel).
ri.tar.da.re [ritard´are] *vt* **1** retardar, atrasar. *vi* **2** demorar, atrasar-se. **3** atrasar (relógio).
ri.tar.do [rit´ardo] *sm* atraso. **essere in ritardo** estar atrasado.
ri.te.ne.re [riten´ere] *vt* **1** reter. **2** manter, conservar. **3** deter, parar. **4** deduzir, subtrair (valor). **5** decorar, aprender de cor. **6** considerar, julgar. **7** acreditar. *vpr* **8** julgar-se. **9** acreditar-se. **10** deter-se, parar.
ri.ten.zio.ne [ritents´jone] *sf* retenção.
ri.ti.ra.re [ritir´are] *vt* **1** retirar, remover. **2** negar, desmentir. **3** encolher (roupa). *vpr* **4** retirar-se, afastar-se. **5** demitir-se. **6** aposentar-se. **7** *fig* refugiar-se. **8** *Mil* recuar, bater em retirada.
ri.ti.ra.ta [ritir´ata] *sf* **1** banheiro, latrina. **2** *Mil* retirada.
ri.tmo [r´itmo] *sm* **1** *Mus, Poet* ritmo. **2** *fig* ciclo.
ri.toc.ca.re [ritokk´are] *vt* **1** retocar. **2** tocar de novo. **3** corrigir, importunar (com perguntas).
ri.toc.co [rit´okko] *sm* **1** retoque. **2** correção.
ri.tor.na.re [ritorn´are] *vi* **1** retornar, voltar, regressar. **2** voltar ao que era antes. **ritornare in sé** voltar a si.
ri.tor.nel.lo [ritorn´ello] *sm Poet, Mus* refrão.
ri.tor.no [rit´orno] *sm* retorno, volta.
ri.trar.re [ritr´ar̄e] *vt* **1** tirar. **2** puxar, arrastar. **3** representar. **4** retratar. **5** imitar. **6** *pop* fotografar. *vi* **7** parecer, assemelhar-se. *vpr* **8** retirar-se, afastar-se. **9** *fig* retirar-se, encolher-se.
ri.trat.ta.re [ritratt´are] *vt* **1** retratar. **2** negar, desmentir. *vpr* **3** retratar-se.
ri.trat.to [ritr´atto] *sm* **1** retrato. **2** *pop* fotografia. **3** *fig* semelhança. **4** modelo.
ri.tra.zio.ne [ritrats´jone] *sf* **1** retração. **2** diminuição.
ri.tro.va.re [ritrov´are] *vt* **1** reencontrar. **2** descobrir. **3** *fig* reconhecer. *vpr* **4** reunir-se. **5** encontrar-se, estar presente. **6** compreender.
ri.tro.vo [ritr´ɔvo] *sm* **1** ponto de encontro. **2** boate. **3** bar.
rit.to [r´itto] *sm* **1** estaca, suporte. **2** direito de um tecido. • *agg* ereto, reto. • *avv* em pé.
ri.tu.a.le [ritu´ale] *sm* **1** ritual, cerimônia. **2** *fig* cerimonial, etiqueta. • *agg* ritual, cerimonial.
riu.nio.ne [rjun´jone] *sf* **1** reunião. **2** união. **3** congresso, assembleia.
riu.ni.re [rjun´ire] *vt* **1** reunir, juntar. **2** convocar. **3** reconciliar. *vpr* **4** reunir-se, juntar-se. **5** encontrar-se.
riu.sci.re [rjuʃ´ire] *vi* **1** sair de novo. **2** conseguir. **3** ter efeito, resultar. **riuscire a conseguir** (fazer). **riuscire bene** ter sucesso. **riuscire male** fracassar.
riu.sci.ta [rjuʃ´ita] *sf* êxito, sucesso.
ri.va.le [riv´ale] *s+agg* rival, adversário.
ri.va.ler.si [rival´ersi] *vpr* **1** utilizar-se de novo. **2** vingar-se.
ri.val.sa [riv´alsa] *sf* **1** vingança, desforra. **2** *Comm* recâmbio.
ri.ve.de.re [rived´ere] *vt* **1** rever. **2** revisar.
ri.ve.la.re [rivel´are] *vt* **1** revelar. **2** descobrir. **3** mostrar. **4** divulgar. *vpr* **5** revelar-se, mostrar-se.
ri.ve.la.zio.ne [rivelats´jone] *sf* revelação.
ri.ven.di.ca.re [rivendik´are] *vt Giur* reivindicar, reclamar.
ri.ven.di.ta [riv´endita] *sf* **1** revenda. **2** loja.
ri.ven.di.to.re [rivendit´ore] *sm Comm* varejista.

ri.ve.ren.za [river´entsa] *sf* **1** reverência. **2** respeito, veneração. **3** cumprimento.
ri.ve.ri.re [river´ire] *vt* **1** reverenciar. **2** venerar. **3** cumprimentar.
ri.ve.sti.men.to [rivestim´ento] *sm* revestimento, cobertura.
ri.ve.sti.re [rivest´ire] *vt* **1** vestir de novo. **2** revestir, cobrir. *vpr* **3** trocar-se, trocar de roupa.
ri.vie.ra [riv´jera] *sf* costa.
ri.vin.ci.ta [riv´intʃita] *sf Sp* desforra, revanche.
ri.vi.sta [riv´ista] *sf* **1** revista. **2** revisão de texto. **3** *Mil* revista, inspeção. **4** *Teat* revista teatral.
ri.vo.ca.re [rivok´are] *vt Giur* revogar, anular.
ri.vol.ge.re [riv´oldʒere] *vt* **1** revirar, virar. **2** dirigir. **3** endereçar. *vpr* **4** dirigir-se a, interpelar. **5** dedicar-se. **6** dirigir-se, ir para.
ri.vol.ta [riv´olta] *sf* **1** revolta, rebelião, insurreição. **2** dobra, prega. **3** *Mil* motim.
ri.vol.ta.re [rivolt´are] *vt* **1** revirar, virar. **2** *fig* virar do avesso. **3** revoltar, enojar. *vpr* **4** voltar atrás. **5** *fig* revoltar-se.
ri.vol.tel.la [rivolt´ɛlla] *sf* revólver, pistola.
ri.vo.lu.zio.na.re [rivolutsjon´are] *vt* revolucionar, mudar, modificar.
ri.vo.lu.zio.ne [rivoluts´jone] *sf* **1** revolução, insurreição. **2** *fig* transformação. **3** confusão.
riz.za.re [ritts´are] *vt* **1** levantar, erguer. **2** construir, erigir. **3** arrepiar, eriçar os cabelos. **4** hastear bandeira. *vpr* **5** levantar-se, ficar de pé. **6** eriçar-se.
ro.ba [r´ɔba] *sf* **1** coisa. **2** artigo. **3** bem. **4** tecido, pano. **5** roupa, vestimenta. **roba da nulla** coisa insignificante.
ro.bot [rob´ot] *sm* robô.

ro.bu.stez.za [robust´ettsa] *sf* **1** robustez. **2** vigor.
ro.bu.sto [rob´usto] *agg* **1** robusto. **2** vigoroso.
roc.ca [r´ɔkka] *sf* **1** fortaleza. **2** torre de castelo.
roc.chet.to [rokk´etto] *sm* **1** carretel. **2** *Elett, Fis* bobina.
roc.cia [r´ɔttʃa] *sf* **1** rocha. **2** *fig* montanha, monte. **3** pico, cume. **4** *Naut* recife. **5** *fam* cascão.
roc.cio.so [rottʃ´ozo] *agg* **1** rochoso. **2** *fam* encardido, sujo.
ro.de.re [r´odere] *vt* **1** roer. **2** corroer, consumir. *vpr* **3** sofrer, torturar-se.
ro.gna [r´oña] *sf* **1** *Med* sarna. **2** *fig* azar.
ro.ma.no [rom´ano] *sm+agg* romano, de Roma. **numeri romani** *Mat* algarismos romanos.
ro.man.ti.co [rom´antiko] *agg* romântico.
ro.man.zo [rom´antso] *sm Lett* romance. **romanzo giallo** romance de suspense.
ro.me.o [rom´ɛo] *sm* romeiro, peregrino.
rom.pe.re [r´ompere] *vt* **1** romper, quebrar, despedaçar. **2** estragar, arruinar. **3** fraturar. **4** *fig* irritar, aborrecer. **5** interromper. **6** violar, transgredir. *vi* **7** irromper, despontar, surgir. *vpr* **8** romper-se, quebrar-se. **9** brigar.
rom.pi.ca.po [rompik´apo] *sm* **1** quebra-cabeça. **2** *fig* mistério, charada. **3** problema, incômodo.
rom.pi.sca.to.le [rompisk´atole] *s* **1** *fam* chato, impertinente. **2** *ger* mala.
ron.da [r´onda] *sf Mil* ronda.
ron.di.ne [r´ondine] *sf Zool* andorinha.
ron.za.re [ronds´are] *vi* zumbir, zunir.
ron.zio [ronds´io] *sm* zumbido, zunido.
ro.sa[1] [r´ɔza] *sf* coceira, comichão.
ro.sa[2] [r´ɔza] *sf* **1** *Bot* **1** rosa. **2** roseira. *sm* **3** rosa, cor-de-rosa. • *agg* rosa, cor-de-rosa.

ro.sa.rio [roz´arjo] *sm Rel* rosário.
ro.sbif.fe [rozb´iffe] *sm* rosbife.
ro.spo [r´ospo] *sm* **1** *Zool* sapo. **2** *fig* monstro, pessoa feia.
ros.set.to [ross´etto] *sm* batom.
ros.so [r´osso] *sm* **1** vermelho, cor vermelha. **2** ruivo, pessoa ruiva. • *agg* **1** vermelho. **2** ruivo (cabelo). **rosso d'uovo** gema de ovo. **rosso per guance** ruge.
ro.stic.ce.ri.a [rostittʃer´ia] *sf* churrascaria.
ro.stro [r´ostro] *sm* **1** bico das aves. **2** *fig* ponta, bico de objeto.
ro.ta.ia [rot´aja] *sf* trilho de trem.
ro.ta.zio.ne [rotats´jone] *sf* rotação.
ro.to.la.re [rotol´are] *vt*, *vi+vpr* rolar.
ro.to.lo [r´otolo] *sm* rolo.
ro.to.lo.ne [rotol´one] *sm* tombo. • **rotoloni** ou **a rotoloni** *avv* rolando. *venire giù rotoloni* / cair rolando.
ro.ton.do [rot´ondo] *agg* **1** redondo. **2** circular. **3** *fig* grande, volumoso.
rot.ta[1] [r´otta] *sf* **1** derrota. **2** quebra.
rot.ta[2] [r´otta] *sf Aer, Naut* rota, itinerário.
rot.to [r´otto] *agg* **1** roto, quebrado. **2** fraturado. **3** *fig* cansado.
rot.tu.ra [rott´ura] *sf* **1** ruptura, quebra. **2** interrupção. **3** *fig* aborrecimento, incômodo.
ro.ve.scia.re [roveʃ´are] *vt* **1** inverter. **2** virar do avesso ou de ponta-cabeça. **3** derrubar, abater. **4** depor, destituir. **5** derramar (líquido). *vpr* **6** revirar-se, virar-se.
ro.ve.scio [rov´eʃo] *sm* **1** avesso. **2** verso, reverso. **3** contrário, oposto. **4** temporal, aguaceiro. **5** *fig* revés, desgraça. • *agg* **1** avesso. **2** contrário, oposto. **alla rovescia** ao avesso, ao contrário.
ro.vi.na [rov´ina] *sf* **1** ruína. **2** desastre, destruição. **3** *Comm* falência. **4 rovine** *pl* a) ruínas. b) *fig* vestígios, traços.

ro.vi.na.re [rovin´are] *vt* **1** arruinar. **2** destruir. **3** corromper, viciar. **4** *fig* estragar, danificar. *vi* **5** cair, desabar. **6** falir. **7** *fig* corromper-se. *vpr* **8** arruinar-se.
roz.zez.za [rotts´ettsa] *sf* **1** rudeza. **2** descortesia.
roz.zo [r´ottso] *agg* **1** grosseiro, rude. **2** tosco.
ru.ba.re [rub´are] *vt* roubar, furtar.
ru.bi.net.to [rubin´etto] *sm* torneira.
ru.bi.no [rub´ino] *sm Min* rubi.
ru.bri.ca [rubr´ika] *sf* **1** rubrica, título, cabeçalho em tinta vermelha. **2** caderno de endereços. **3** *Giorn* coluna.
ru.de [r´ude] *agg Lett* **1** áspero (tecido). **2** rude, grosso, descortês. **3** pesado (trabalho).
ru.di.men.ti [rudim´enti] *sm pl* rudimentos, fundamentos, princípios.
ruf.fia.no [ruff´jano] *sm* **1** rufião. **2 ruffiana** *sf bras* cafetina.
ru.ga [r´uga] *sf* ruga.
rug.gi.ne [r´uddʒine] *sf* **1** ferrugem. **2** *fig* ódio, inimizade.
rug.gi.re [ruddʒ´ire] *vi* rugir.
ru.gia.da [rudʒ´ada] *sf* orvalho, sereno.
rul.lo [r´ullo] *sm* rolo, cilindro.
ru.mi.na.re [rumin´are] *vt+vi* **1** ruminar. **2** *fig* pensar muito.
ru.mo.re [rum´ore] *sm* **1** rumor, ruído, barulho. **2** boato. **3** cochicho.
ru.mo.reg.gia.re [rumoreddʒ´are] *vi* **1** cochichar, murmurar. **2** protestar.
ruo.lo [r´wolo] *sm* **1** rol, lista. **2** pessoal, funcionários. **3** posto, cargo. **4** *Cin, Teat* papel.
ruo.ta [r´wota] *sf* roda. **ruota di ricambio** pneu sobressalente, estepe.
ruo.ta.re [rwot´are] *vt+vi* rodar, girar.
ru.pe [r´upe] *sf Geogr* rochedo, penhasco.
ru.ra.le [rur´ale] *sm* camponês. • *agg* rural.
rus.sa.re [russ´are] *vi* roncar, ressonar.
rus.so [r´usso] *sm+agg* russo.

ru.sti.co [r´ustiko] *sm* **1** rústico, camponês. **2** casa de campo. • *agg* **1** rústico, tosco. **2** camponês, agrícola. **3** rude, grosseiro.
rut.ta.re [rutt´are] *vt+vi volg* arrotar.
rut.to [r´utto] *sm volg* arroto.

ru.vi.dez.za [ruvid´ettsa] *sf* **1** aspereza. **2** *fig* rudez, grosseria, descortesia.
ru.vi.do [r´uvido] *agg* **1** áspero. **2** *fig* rude, grosseiro, descortês.
ruz.zo.lo.ne [ruttsol´one] *sm* tombo, queda. **a ruzzoloni** *avv* rolando.

S

s [´ɛsse] *sf* esse, a décima sétima letra do alfabeto italiano.

sa.ba.to [s´abato] *sm* sábado. **di sabato** aos sábados.

sab.bia [s´abbja] *sf* **1** areia. **2 sabbie** *pl Med* cálculos, pedras. **sabbie mobili** areias movediças.

sa.bo.tag.gio [sabot´addʒo] *sm* sabotagem.

sa.bo.ta.re [sabot´are] *vt* sabotar.

sac.ca [s´akka] *sf* **1** sacola, bolsa. **2** vala, buraco.

sac.cheg.gia.re [sakkeddʒ´are] *vt* saquear, pilhar, roubar.

sac.cheg.gio [sakk´eddʒo] *sm* saque.

sac.co [s´akko] *sm* **1** saco. **2** *fig* barriga. **3** monte, grande quantidade. **4** saque, roubo. **sacco da montagna** mochila.

sa.cer.do.te [satʃerd´ote] *sm Rel* **1** sacerdote. **2** padre.

sa.cri.fi.ca.re [sakrifik´are] *vt* **1** sacrificar, imolar, oferecer em sacrifício. *vpr* **2** sacrificar-se.

sa.cri.fi.cio [sakrif´itʃo] *sm* **1** sacrifício. **2** *fig* renúncia.

sa.cro [s´akro] *agg* **1** sacro, sagrado. **2** *Anat* sacro.

sa.di.co [s´adiko] *sm+agg* **1** sádico. **2** *fig* cruel.

sa.ga.ce [sag´atʃe] *agg* sagaz, perspicaz, astuto.

sa.ga.ci.tà [sagatʃit´a] *sf* sagacidade, astúcia.

sag.gia.re [saddʒ´are] *vt* experimentar, provar.

sag.gez.za [saddʒ´ettsa] *sf V saviezza*.

sag.gio [s´addʒo] *sm* **1** sábio. **2** ensaio, dissertação. **3** amostra. **4** experiência, experimento. • *agg* **1** sábio. **2** prudente.

sa.git.ta.rio [sadʒitt´arjo] *sm* **1** arqueiro. **2 Sagittario** *Astron, Astrol* Sagitário.

sa.gre.sta.no [sagrest´ano] *sm Rel* sacristão.

sa.la [s´ala] *sf* sala. **sala da ballo** salão de baile. **sala da pranzo** sala de jantar. **sala da soggiorno** sala de estar. **sala di aspetto** sala de espera.

sa.la.me [sal´ame] *sm* **1** salame. **2** *fig* tonto, bobo.

sa.la.re [sal´are] *vt* salgar. **salare la scuola** *fig* cabular, matar aula.

sa.la.rio [sal´arjo] *sm* salário.

sa.la.to [sal´ato] *agg* **1** salgado. **2** *fig* caro. **3** picante, mordaz.

sal.da.re [sald´are] *vt* **1** soldar. **2** *Comm* saldar, pagar.

sal.da.tu.ra [saldat´ura] *sf* **1** solda. **2** sutura.

sal.dez.za [sald´ettsa] *sf* **1** firmeza, estabilidade. **2** *fig* determinação, convicção.

sal.do [s´aldo] *sm Comm* saldo. • *agg* **1** compacto. **2** *fig* constante, estável. **3** são, robusto.

sale 209 **saponiera**

sa.le [sále] *sm* **1** sal. **2** *fig* astúcia, inteligência.
sa.lien.te [saljènte] *agg* **1** saliente. **2** *fig* fundamental, importante.
sa.lie.ra [saljèra] *sf* saleiro.
sa.li.na [salína] *sf* salina.
sa.li.re [salíre] *vt+vi* **1** subir. **2** *fig* crescer, aumentar.
sa.li.ta [salíta] *sf* **1** subida. **2** ladeira. **3** rampa.
sa.li.va [salíva] *sf Fisiol* saliva.
sal.mo [sálmo] *sm Rel* salmo.
sal.mo.ne [salmóne] *sm Zool* salmão.
sa.lot.to [salótto] *sm* sala de visitas.
sal.sa [sálsa] *sf* molho. **salsa di pomodoro** molho de tomate.
sal.sic.cia [salsíttʃa] *sf* salsicha.
sal.so [sálso] *agg* **1** salgado. **2** salino.
sal.ta.re [saltáre] *vt* **1** saltar, pular. **2** omitir. *vi* **3** saltar, pular.
sal.tel.la.re [saltelláre] *vi* saltitar.
sal.to [sálto] *sm* **1** salto, pulo. **2** *Geogr* salto, cascata. **far quattro salti** *fig* dançar um pouco. **salto con l'asta** *Sp* salto com vara.
sa.lu.ta.re [salutáre] *vt* **1** saudar, cumprimentar. **2** *fig* aclamar. **3** acolher, receber alguém. *vpr* **4** cumprimentar-se. • *agg* salutar, saudável.
sa.lu.te [salúte] *sf* **1** saúde. **2** salvação, redenção. **alla salute!** à saúde! **salute!** saúde!
sa.lu.to [salúto] *sm* **1** saudação, cumprimento. **2** *fig* recebimento. **tanti saluti!** minhas lembranças!
sal.va.gen.te [salvadʒènte] *sm* salva-vidas, colete salva-vidas.
sal.va.re [salváre] *vt* **1** salvar. **2** redimir. **3** guardar, economizar. **4** proteger, defender. *vpr* **5** salvar-se. **6** redimir-se. **salve!** salve!
sal.vez.za [salvéttsa] *sf* **1** salvação. **2** saúde. **3** *fig* redenção. **4** defesa, proteção.
sal.viet.ta [salvjétta] *sf* guardanapo.

sal.vo [sálvo] *agg* **1** salvo. **2** ileso, imune. • *prep* salvo, exceto, com exceção de.
san [sán] *agg V* **santo**.
sa.na.re [sanáre] *vt* **1** sanar, curar. **2** *fig* reparar, remediar.
san.da.lo [sándalo] *sm* sandália.
san.gue [sángwe] *sm* **1** sangue. **2** *fig* família, estirpe. **3** coragem, energia, fibra. **trasfusione di sangue** transfusão de sangue.
san.gui.gno [sangwíño] *agg* **1** sanguíneo. **2** sangrento.
san.gui.na.re [sangwináre] *vt* **1** ensanguentar. *vi* **2** sangrar.
san.gui.na.rio [sangwinárjo] *agg* **1** sanguinário. **2** sádico, cruel.
san.gui.su.ga [sangwisúga] *sf* **1** *Zool* sanguessuga. **2** *fig* parasita.
sa.ni.ta.rio [sanitárjo] *sm* médico. • *agg* sanitário. **ufficio sanitario** posto de saúde.
sa.no [sáno] *agg* **1** são, sadio, saudável. **2** *fig* ileso. **3** honesto, íntegro.
san.ti.fi.ca.re [santifikáre] *vt* santificar.
san.to [sánto] *sm Rel* santo. • *agg* **1** santo. **2** sagrado, sacro. **3** divino, celestial. **4** *fig* honesto, íntegro.
san.zio.ne [santsjóne] *sf Giur* **1** sanção. **2** aprovação. **3** pena, multa.
sa.pe.re [sapére] *sm* **1** saber. **2** ciência. **3** erudição. • *vt* **1** saber. **2** conhecer. **3** saber fazer. *vi* **4** ter gosto de. **5** cheirar a. **6** ser especialista.
sa.pien.te [sapjènte] *sm* sábio. • *agg* **1** sabedor. **2** amestrado, adestrado (animal).
sa.pien.za [sapjèntsa] *sf* **1** sapiência, sabedoria. **2** cultura, erudição.
sa.po.ne [sapóne] *sm* sabão. **sapone da bucato** sabão para roupa. **sapone per barba** creme de barbear.
sa.po.net.ta [saponétta] *sf* sabonete.
sa.po.nie.ra [saponjèra] *sf* saboneteira.

sa.po.re [sap´ore] *sm* **1** sabor, gosto. **2** *fig* gosto bom, delícia.

sa.po.ri.to [sapor´ito] *agg* V *saporoso*.

sa.po.ro.so [sapor´ozo] *agg* **1** saboroso, gostoso, delicioso. **2** *fig* picante, mordaz. *Sin: saporito*.

sa.rac.co [sar´akko] *sm* serrote.

sar.ca.sti.co [sark´astiko] *agg* sarcástico.

sar.di.na [sard´ina] *sf Zool* sardinha.

sar.ta [s´arta] *sf* costureira.

sar.to [s´arto] *sm* alfaiate.

sas.so [s´asso] *sm* **1** rocha, pedra. **2** pedregulho. **3** pico, cume.

sas.so.fo.no [sass´ɔfono] *sm Mus* saxofone.

sa.tel.li.te [sat´ellite] *sm Astron* satélite.

sa.ti.ra [s´atira] *sf Lett, fig* sátira.

sa.tu.ra.re [satur´are] *vt* saturar.

sa.viez.za [sav´jettsa] *sf* **1** sabedoria. **2** *fig* prudência, cautela. *Var: saggezza*.

sa.vio [s´avjo] *sm* sábio. • *agg* **1** sábio. **2** prudente.

sa.zia.re [sats´jare] *vt* **1** saciar, fartar, matar a fome de. **2** satisfazer. **3** *fig* enojar. **4** fartar, encher, cansar. *vpr* **5** saciar-se, fartar-se.

sa.zio [s´atsjo] *agg* **1** satisfeito, farto. **2** *fig* cansado, cheio. **sazio di cansado de**.

sba.di.glia.re [zbadiʎ´are] *vi* bocejar.

sba.di.glio [zbad´iʎo] *sm* bocejo.

sba.glia.re [zbaʎ´are] *vt* **1** errar. **2** trocar. *vi* **3** errar, enganar-se. **se non sbaglio se não me engano**.

sba.glio [zb´aʎo] *sm* **1** erro, engano. **2** descuido.

sba.lor.di.re [zbalord´ire] *vt* assombrar, maravilhar, aturdir.

sbal.zo [zb´altso] *sm* salto, pulo. **di sbalzo** de um salto, de repente.

sban.da.re [zband´are] *vt* **1** debandar, dispersar. *vi* **2** *Autom* derrapar. **3** *Naut* inclinar-se. *vpr* **4** dispersar-se.

sba.raz.za.re [zbaratts´are] *vt* **1** desembaraçar, desimpedir. *vpr* **2** desembaraçar-se, livrar-se.

sbar.ca.re [zbark´are] *vt* **1** descarregar. *vi* **2** desembarcar.

sbar.co [zb´arko] *sm* **1** desembarque. **2** *fig* chegada. **3** cais, porto.

sbar.ra [zb´aṝa] *sf* barra, trave.

sbar.ra.re [zbaṝ´are] *vt* barrar, impedir.

sbat.te.re [zb´attere] *vt* **1** bater. **2** agitar, sacudir. **3** jogar, arremessar. *vi* **4** bater (porta, janela, asa). *vpr* **5** debater-se, agitar-se.

sba.va.re [zbav´are] *vi* babar.

sbian.ca.re [zbjank´are] *vi* embranquecer.

sbie.co [zb´jeko] *agg* **1** oblíquo, enviesado. **2** torto.

sbi.got.ti.re [zbigott´ire] *vt* **1** amedrontar, aterrorizar. *vpr* **2** desanimar, esmorecer.

sbi.lan.cia.re [zbilantʃ´are] *vt* **1** desequilibrar. **2** *fig* confundir. *vpr* **3** *fig* comprometer-se.

sbi.lan.cio [zbil´antʃo] *sm* **1** desequilíbrio. **2** *Comm* falência.

sbir.ro [zb´iṝo] *sm ger* tira, policial.

sbloc.ca.re [zblokk´are] *vt* **1** desbloquear. **2** *fig* autorizar, permitir.

sboc.ca.re [zbokk´are] *vi* **1** desembocar, desaguar. **2** dar em, sair em (rua). **3** transbordar.

sboc.cia.re [zbottʃ´are] *vi* desabrochar, abrir-se.

sboc.co [zb´okko] *sm* **1** saída de uma rua. **2** *Geogr* foz, estuário. **3** *Comm* saída, venda de mercadorias.

sbor.nia [zb´ɔrnja] *sf* bebedeira, porre. **prendere una sbornia** tomar um porre.

sbor.niar.si [zborn´jarsi] *vpr* embebedar-se.

sbor.sa.re [zbors´are] *vt* **1** desembolsar. **2** pagar.

sbor.so [zb´orso] *sm* **1** desembolso. **2** pagamento.

sbot.to.na.re [zbotton´are] *vt* **1** desabotoar. *vpr* **2** despir-se. **3** *fig* abrir-se, fazer confidências.

sboz.za.re [zbotts´are] *vt* esboçar, delinear.

sboz.zo [zb´ottso] *sm* esboço, rascunho.

sbri.cio.la.re [zbritʃol´are] *vt* esmigalhar, triturar.

sbri.ga.re [zbrig´are] *vt* **1** apressar. **2** concluir, terminar. *vpr* **3** apressar-se.

sbri.ga.ti.vo [zbrigat´ivo] *agg* **1** apressado, precipitado. **2** rápido, ligeiro. **3** ativo, esperto.

sbu.ca.re [zbuk´are] *vi* **1** sair. **2** dar, desembocar. **3** *fig* aparecer, surgir.

sbuc.cia.re [zbuttʃ´are] *vt* descascar.

sbuf.fa.re [zbuff´are] *vi* **1** bufar, refolegar. **2** enfurecer-se.

sbuf.fo [zb´uffo] *sm* **1** sopro. **2** rajada de vento.

scab.bia [sk´abbja] *sf Med* sarna.

scab.bio.so [skabb´jozo] *agg* sarnento.

sca.bro [sk´abro], **sca.bro.so** [zkabr´ozo] *agg* **1** escabroso, áspero. **2** *fig* difícil, árduo.

scac.chie.ra [skakk´jɛra] *sf* tabuleiro de xadrez.

scac.cia.re [skattʃ´are] *vt* expulsar, enxotar.

scac.co [sk´akko] *sm* **1** xadrez (em tecido). **2** xeque (no jogo de xadrez). **3** *fig* dano, prejuízo. **4** fracasso. **5 gli scacchi** *pl* a) o xadrez (jogo). b) as peças do jogo. **dare scacco matto** a) dar xeque-mate. b) *fig* vencer, derrotar. **scacco matto** xeque-mate.

sca.den.za [skad´entsa] *sf* **1** *Comm* vencimento. **2** prazo, termo. **a breve scadenza** a curto prazo. **a lunga scadenza** a longo prazo.

sca.de.re [skad´ere] *vi* **1** decair, deteriorar-se. **2** perder o valor. **3** *Comm* vencer.

sca.fan.dro [skaf´andro] *sf* **1** *Naut* escafandro. **2** *Astron* traje espacial.

scaf.fa.le [skaff´ale] *sm* **1** prateleira. **2** estante.

sca.fo [sk´afo] *sm Naut* casco de navio.

sca.glia [skaλ´a] *sf* **1** *Zool* escama. **2** *Min* lasca.

sca.glia.re [skaλ´are] *vt* **1** jogar, atirar, arremessar. *vpr* **2** jogar-se, atirar-se.

sca.glio.la [skaλ´ɔla] *sf Bot* alpiste.

sca.glio.ne [skaλ´one] *sm* **1** degrau. **2** *Geogr* planalto. **3** *Mil* escalão.

sca.la [sk´ala] *sf* **1** escada. **2** escala. **scala mobile** escada rolante.

sca.la.re [skal´are] *vt* **1** escalar, subir. **2** graduar, ordenar. **3** descontar.

scal.da.re [skald´are] *vt* **1** aquecer, esquentar. **2** *fig* animar. *vpr* **3** aquecer--se, esquentar-se. **4** *fig* animar-se. **5** enfurecer-se, irritar-se.

scal.fi.re [skalf´ire] *vt* arranhar.

scal.fi.tu.ra [skalfit´ura] *sf* arranhão.

sca.li.na.ta [skalin´ata] *sf* **1** lanço de escadas. **2** escadaria.

sca.li.no [skal´ino] *sm* degrau.

sca.lo [sk´alo] *sm* **1** *Naut* porto, cais, embarcadouro. **2** *Aeron* aeroporto. **3** *fig* escala, etapa.

scal.trez.za [skaltr´ettsa] *sf* esperteza, astúcia.

scal.tro [sk´altro] *agg* esperto, astuto.

scal.zo [sk´altso] *agg* **1** descalço. **2** *fig* nu, despido.

scam.bia.re [skamb´jare] *vt* **1** trocar. **2** confundir (uma pessoa ou coisa com outra). **3** inverter. **4** desviar (trem).

scam.bio [sk´ambjo] *sm* **1** troca. **2** desvio de ferrovia. **3** *Comm* comércio.

scam.pa.re [skamp´are] *vt* **1** livrar, salvar. *vi* **2** fugir. **3** livrar-se, salvar-se.

scan.da.lo [sk´andalo] *sm* **1** escândalo. **2** indignação. **3** tumulto, escarcéu.

scan.da.lo.so [skandal´ozo] *agg* escandaloso, imoral.

scan.di.na.vo [skand´inavo] *sm+agg* escandinavo.

scan.na.re [skann´are] *vt* **1** degolar. **2**

scansare 212 **schedario**

fig matar, assassinar. *vpr* 3 pegar-se, brigar.

scan.sa.re [skans´are] *vt* 1 afastar. 2 evitar, esquivar-se de. *vpr* 3 afastar-se, distanciar-se.

sca.pi.to [sk´apito] *sm* dano, prejuízo.

sca.po.lo [sk´apolo] *sm+agg* solteiro.

scap.pa.re [skapp´are] *vi* escapar, sumir-se.

scap.pa.to.ia [skappat´oja] *sf* escapatória, pretexto, desculpa.

sca.ra.boc.chia.re [skarabokk´jare] *vt* rabiscar.

sca.ra.boc.chio [skarab´ɔkkjo] *sm* 1 garrancho, rabisco. 2 *fig disp* pessoa feia.

sca.rac.chia.re [skarakk´jare] *vi* escarrar.

sca.rac.chio [skar´akkjo] *sm* escarro.

sca.ra.fag.gio [skaraf´addʒo] *sm* barata.

scar.ce.ra.re [skartʃer´are] *vt* soltar, libertar (da cadeia).

sca.ri.ca [sk´arika] *sf* descarga. **scarica di ventre** ou apenas **scarica** diarreia.

sca.ri.ca.re [skarik´are] *vt* 1 descarregar. 2 evacuar, defecar. 3 *fig* liberar, aliviar. *vpr* 4 descarregar-se, perder a carga. 5 *fig* livrar-se, aliviar-se.

sca.ri.co [sk´ariko] *sm* 1 descarga. 2 alívio. 3 *Comm* saída de dinheiro, mercadorias. 4 *fig* desculpa, justificativa. • *agg* 1 descarregado. 2 *fig* alegre, despreocupado.

scar.lat.to [skarl´atto] *sm+agg* escarlate.

scar.pa [sk´arpa] *sf* sapato.

scar.seg.gia.re [skarsedd3´are] *vi* escassear.

scar.sez.za [skars´ettsa], **scar.si.tà** [skarsit´a] *sf* 1 escassez, raridade. 2 miséria.

scar.so [sk´arso] *agg* 1 escasso, raro. 2 insuficiente. 3 curto (roupa). 4 *fig* avarento, sovina.

scar.ta.re [skart´are] *vt* 1 descartar. 2 eliminar. 3 recusar, rejeitar. 4 *Mil* dispensar.

sca.te.na.re [skaten´are] *vt* 1 soltar, libertar (das correntes). 2 *fig* desencadear, provocar. *vpr* 3 soltar-se, libertar-se. 4 *fig* perder a cabeça. 5 desencadear-se.

sca.to.la [sk´atola] *sf* 1 caixa. 2 lata. **rompere le scatole** *fam* encher a paciência.

scat.ta.re [skatt´are] *vi* 1 saltar, pular. 2 disparar. 3 *fig* perder o controle, enfurecer-se.

scat.to [sk´atto] *sm* 1 salto, pulo. 2 impulso, ímpeto. 3 explosão de raiva. 4 disparo. **a scatti** aos saltos.

sca.val.ca.re [skavalk´are] *vt* 1 pular por cima. 2 *fig* vencer, superar. 3 apear, desmontar do cavalo.

sca.va.re [skav´are] *vt* escavar, cavar.

sca.va.tu.ra [skavat´ura] *sf* escavação.

sce.glie.re [ʃ´eλere] *vt* 1 escolher. 2 selecionar. 3 eleger. 4 preferir.

sce.ic.co [ʃe´ikko] *sm* xeque, chefe árabe.

scel.ta [ʃ´elta] *sf* 1 escolha. 2 seleção. 3 eleição. 4 *fig* elite, nata. **a scelta** à escolha.

sce.mo [ʃ´emo] *sm* imbecil, idiota. • *agg* 1 minguado, reduzido, diminuto. 2 *fig* imbecil, idiota.

scem.pio [ʃ´empjo] *agg* 1 simples, singelo. 2 *fig* simplório, tolo, inocente.

sce.na [ʃ´ena] *sf Teat* 1 cena, quadro. 2 palco. 3 cenário. 4 *fig* fato. 5 escândalo. **mettere in scena** encenar.

sce.na.rio [ʃen´arjo] *sm Teat* cenário.

scen.de.re [ʃ´endere] *vt* 1 descer, abaixar. *vi* 2 descer. 3 cair, diminuir (preço, temperatura).

sce.sa [ʃ´eza] *sf* 1 descida. 2 ladeira.

scet.ti.co [ʃ´ettiko] *agg* 1 cético. 2 incrédulo.

sche.da [sk´eda] *sf* 1 ficha. 2 cartão. 3 formulário. **scheda elettorale** cédula eleitoral.

sche.da.rio [sked´arjo] *sm* fichário, catálogo.

sche.le.tro [sk´ɛletro] *sm* 1 *Anat* esqueleto. 2 *Naut, Aer* armação, carcaça. 3 *fig* esboço. 4 pessoa muito magra.

sche.ma [sk´ema] *sm* 1 esquema, esboço, modelo. 2 plano, projeto.

scher.ma [sk´erma] *sf Sp* esgrima.

scher.mo [sk´ermo] *sm* 1 *Lett* amparo, proteção. 2 *Cin, TV* tela.

scher.za.re [skerts´are] *vi* brincar, contar piadas.

scher.zo [sk´ertso] *sm* 1 brincadeira. 2 gracejo. 3 gozação, zombaria. 4 *fig* besteira, ninharia. **da scherzo/per scherzo** por brincadeira, de gozação. **senza scherzi?** sem brincadeira?

scher.zo.so [skerts´ozo] *agg* 1 brincalhão. 2 alegre, divertido.

schiac.cia.re [skjattʃ´are] *vt* 1 quebrar, romper. 2 achatar, amassar, esmagar. 3 *fig* derrotar.

schiaf.fo [sk´jaffo] *sm* 1 tapa, bofetada. 2 *fig* ofensa, insulto.

schia.maz.za.re [skjamatts´are] *vi* 1 cacarejar. 2 fazer barulho, falar alto.

schia.vi.tù [skjavit´u] *sf* 1 escravidão. 2 *fig* submissão, dependência. 3 coação, constrangimento.

schia.vo [sk´javo] *sm+agg* 1 escravo. 2 *fig* prisioneiro, submisso. 3 coagido, constrangido.

schie.na [sk´jena] *sf Anat* dorso, costas.

schie.ra [sk´jera] *sf* 1 *Mil* fileira. 2 *fig* multidão, turma.

schie.ra.re [skjer´are] *vt* 1 enfileirar. *vpr* 2 enfileirar-se.

schiet.tez.za [skjett´ettsa] *sf* 1 pureza, simplicidade. 2 *fig* sinceridade, franqueza.

schiet.to [sk´jetto] *agg* 1 puro, simples. 2 sincero, franco. 3 puro (café).

schi.fa.re [skif´are] *vt* 1 enojar. 2 desdenhar, desprezar.

schi.fo [sk´ifo] *sm* 1 nojo, náusea, repulsa. 2 vergonha, indecência. **far schifo** enojar.

schi.fo.so [skif´ozo] *agg* 1 nojento, repugnante, repulsivo. 2 indecente.

schiu.ma [skj´uma] *sf* 1 espuma. 2 *fig* escória. ralé, gentalha. 4 sujeira.

schi.va.re [skiv´are] *vt* 1 esquivar, evitar. *vpr* 2 esquivar-se, afastar-se, fugir.

schi.zo.fre.ni.co [skidzofr´eniko] *sm+agg* 1 *Psic* esquizofrênico. 2 *fig* louco. 3 nervoso, agitado.

schiz.za.re [skitts´are] *vt+vi* 1 esguichar, espirrar, jorrar. 2 esboçar. 3 manchar.

schiz.zo [sk´ittso] *sm* 1 esguicho. 2 esboço, rascunho. 3 mancha.

sci [ʃ´i] *sm Sp* esqui. **sci d'acqua** esqui aquático.

scia.gu.ra [ʃag´ura] *sf* 1 desgraça. 2 calamidade, catástrofe.

scia.gu.ra.to [ʃagur´ato] *agg* 1 malvado, perverso. 2 infeliz, miserável.

scial.bo [ʃ´albo] *agg* 1 pálido, apagado. 2 *fig* banal, sem graça.

scial.le [ʃ´alle] *sm* xale.

scia.me [ʃ´ame] *sm* 1 enxame. 2 *fig* enxame, multidão.

sciam.pa.gna [ʃampˈaɲa] *sf* champanha.

scia.po [ʃ´apo] *agg* insípido, insosso, sem gosto.

scia.ra.da [ʃar´ada] *sf* 1 charada. 2 *fig* enigma.

scia.re [ʃi´are] *vi* esquiar.

sciar.pa [ʃ´arpa] *sf* cachecol.

scien.te [ʃ´ente] *agg* ciente, consciente.

scien.ti.fi.co [ʃent´ifiko] *agg* científico.

scien.za [ʃ´entsa] *sf* 1 ciência. 2 conhecimento. 3 *fig* matéria, disciplina.

scien.zia.to [ʃents´jato] *sm* cientista, estudioso.

scim.mia [ʃ´immja] *sf Zool* macaco.

scim.pan.zé [ʃimpandz´e] *sm Zool* chimpanzé.

scin.til.la [ʃint´illa] *sf* 1 centelha, faísca. 2 *fig* inspiração.

scin.til.la.re [ʃintill´are] *vi* 1 cintilar. 2 faiscar.

scioc.chez.za [ʃokk'ettsa] *sf* 1 bobeira, tolice. 2 ninharia.

scioc.co [ʃ'ɔkko] *sm* bobo, tolo. • *agg* 1 insípido, sem gosto. 2 bobo, tolo, simplório.

scio.glie.re [ʃ'ɔʎere] *vt* 1 soltar: a) desatar, desligar (nó). b) libertar. 2 liberar, absolver, isentar. 3 dissolver, desmanchar, diluir. 4 fundir, derreter. 5 desvendar (segredo, mistério). *vpr* 6 soltar-se, libertar-se. 7 fundir-se. 8 dissolver-se, desmanchar-se.

scio.gli.men.to [ʃoʎim'ento] *sm* 1 dissolução. 2 desfecho de um romance. 3 *Med* diarreia.

sciol.tez.za [ʃolt'ettsa] *sf* 1 franqueza. 2 agilidade, destreza. 3 *fig* desenvoltura.

sciol.to [ʃ'ɔlto] *agg* 1 solto, livre. 2 ágil, destro. 3 *fig* desenvolto.

scio.pe.ra.re [ʃoper'are] *vi* fazer greve.

scio.pe.ro [ʃ'ɔpero] *sm* greve. **sciopero della fame** greve de fome.

sci.rop.po [ʃir'ɔppo] *sm Med* xarope.

scis.sio.ne [ʃiss'jone] *sf* cisão, divisão.

sciu.pa.re [ʃup'are] *vt* 1 estragar, danificar. 2 esbanjar. *vpr* 3 estragar-se, danificar-se.

sci.vo.la.re [ʃivol'are] *vi* 1 deslizar, escorregar. 2 *fig* escapar, fugir. 3 mudar de assunto.

sci.vo.lo.so [ʃivol'ozo] *agg* 1 escorregadio. 2 liso. 3 viscoso.

scoc.ca.re [skokk'are] *vt* 1 atirar, disparar. *vi* 2 atirar, disparar. 3 *fig* bater, dar (horas). 4 começar.

sco.del.la [skod'ella] *sf* tigela, terrina.

sco.glio [sk'ɔʎo] *sm* 1 *Geogr* recife. 2 *fig* obstáculo, impedimento.

sco.iat.to.lo [sko'jattolo] *sm Zool* esquilo.

sco.la.re [skol'are] *vt* coar. *vi* 2 escoar, escorrer, pingar.

sco.la.ro [skol'aro] *sm* 1 aluno, estudante. 2 discípulo.

scol.la.re [skoll'are] *vt* 1 descolar. 2 decotar. *vpr* 3 descolar-se. 4 usar decote.

scol.la.to [skoll'ato] *sm* decote. • *part+agg* 1 descolado. 2 decotado.

scol.pa.re [skolp'are] *vt* 1 desculpar. *vpr* 2 desculpar-se, justificar-se.

scol.pi.re [skolp'ire] *vt* 1 esculpir. 2 gravar, entalhar. 3 *fig* impressionar. 4 destacar, realçar.

scom.mes.sa [skomm'essa] *sf* aposta.

scom.met.te.re [skomm'ettere] *vt* 1 apostar. 2 desconectar. *vpr* 3 desconectar-se.

scom.pa.ri.re [skompar'ire] *vi* 1 desaparecer. 2 *fig* morrer, falecer.

scom.par.sa [skomp'arsa] *sf* 1 desaparecimento. 2 *fig* morte, falecimento.

scom.par.ti.re [skompart'ire] *vt* 1 repartir, partilhar. 2 separar, dividir.

scom.por.re [skomp'oɾe] *vt* 1 decompor, desfazer. *vpr* 2 decompor-se, desfazer-se. 3 *fig* enfurecer-se.

sco.mu.ni.ca [skom'unika] *sf Rel* excomunhão.

sco.mu.ni.ca.re [skomunik'are] *vt Rel* excomungar.

scon.cer.ta.re [skontʃert'are] *vt* 1 desconcertar, perturbar, desnortear. 2 bagunçar, desordenar. *vpr* 3 desconcertar-se.

scon.cez.za [skontʃ'ettsa] *sf* 1 indecência, vergonha. 2 feiura, repugnância.

scon.cio [sk'ontʃo] *agg* 1 inconveniente, impróprio. 2 nojento, repugnante. 3 feio. 4 imoral, indecente.

scon.fig.ge.re [skonf'iddʒere] *vt* vencer, derrotar.

scon.fit.ta [skonf'itta] *sf* 1 derrota. 2 *fig* fracasso. 3 falência, ruína.

scon.net.te.re [skonn'ettere] *vt* 1 desconectar. *vi* 2 *fig* falar ou escrever coisas sem nexo.

sco.no.sce.re [skon'oʃere] *vt* 1 desconhecer. 2 ignorar. *vi* 3 desconhecer, ser ingrato.

sco.no.sciu.to [skonoʃ'uto] *sm* desconhecido. • *agg* **1** desconhecido. **2** *fig* anônimo, obscuro. **3** virgem (território).

scon.si.glia.re [skonsiʎ'are] *vt* **1** desaconselhar. **2** desencorajar, dissuadir.

scon.ta.re [skont'are] *vt Comm* **1** descontar. **2** deduzir.

scon.ten.ta.re [skontent'are] *vt* descontentar, desagradar, desgostar.

scon.ten.tez.za [skontent'etsa] *sf* descontentamento, desgosto.

scon.ten.to [skont'ento] *sm* descontentamento, desgosto. • *agg* descontente, insatisfeito.

scon.to [sk'onto] *sm Comm* desconto.

scon.tra.re [skontr'are] *vt* **1** bater, colidir com, chocar-se com. **2** *Comm* bater (contas). *vpr* **3** encontrar. **4** *fig* combater. **5** discutir, discordar.

scon.tri.no [skontr'ino] *sm dim Comm* recibo, canhoto.

scon.tro [sk'ontro] *sm* **1** batida, colisão. **2** *fig* combate, batalha. **3** discussão, bate-boca.

scon.vol.ge.re [skonv'ɔldʒere] *vt* **1** remexer, agitar. **2** desorganizar, bagunçar. **3** subverter.

sco.pa [sk'opa] *sf* vassoura.

sco.pa.re [skop'are] *vt* **1** varrer. **2** *ger* transar com.

sco.per.ta [skop'ɛrta] *sf* descoberta, descobrimento.

scop.piet.ta.re [skoppjett'are] *vi* estalar.

scop.pio [sk'ɔppjo] *sm* estalo.

sco.pri.men.to [skoprim'ento] *sm* descobrimento.

sco.pri.re [skopr'ire] *vt* **1** descobrir: a) tirar a cobertura de. b) vir a saber de. *vpr* **2** revelar-se, expor-se. **3** despir-se.

sco.rag.gia.re [skoraddʒ'are] *vt* **1** desencorajar, desanimar. *vpr* **2** perder a coragem, desanimar-se.

scor.cia.re [skortʃ'are] *vt* **1** encurtar, diminuir. **2** cortar (cabelos). *vpr* **3** encurtar, diminuir.

scor.da.re [skord'are] *vt* **1** esquecer. **2** *fig* perdoar. *vi* **3** *Mus* desafinar. *vpr* **4** esquecer-se.

sco.ria [sk'ɔrja] *sf* **1** escória (dos metais). **2 scorie** *pl* restos, sobras.

scor.pio.ne [skorp'jone] *sf* **1** escorpião. **2 Scorpione** *Astron, Astrol* Escorpião.

scor.re.re [sk'orere] *vt* **1** saquear, devastar. **2** percorrer. **3** ler rapidamente. *vi* **4** deslizar, correr. **5** escorrer, fluir. **6** passar, transcorrer.

scor.ret.to [skoɼ'etto] *agg* **1** incorreto, errado. **2** *fig* mal-educado, indelicado, descortês.

scor.ta [sk'ɔrta] *sf* **1** escolta. **2** guarda-costas. **3** provisão, reserva.

scor.ta.re [skort'are] *vt* escoltar.

scor.te.se [skort'eze] *agg* descortês, indelicado.

scor.te.si.a [skortez'ia] *sf* descortesia, grosseria.

scor.ti.ca.re [skortik'are] *vt* **1** esfolar. **2** tirar a pele de. **3** arranhar. **4** descascar. *vpr* **5** esfolar-se, arranhar-se.

scor.za [sk'ɔrtsa] *sf* **1** cortiça, casca de árvore. **2** casca de fruta. **3** pele de cobra. **4** cascão, sujeira. **5** *fig* aparência, fachada.

scos.sa [sk'ɔssa] *sf fig* susto, choque, sobressalto. **scossa elettrica** choque elétrico.

sco.sta.re [skost'are] *vt* **1** afastar, separar. **2** remover, tirar. *vpr* **3** afastar-se, retirar-se.

scot.ta.re [skott'are] *vt* **1** queimar. **2** escaldar. **3** *fig* ofender, agredir. *vi* **4** queimar, estar muito quente. *vpr* **5** queimar-se. **6** *fig* ofender-se.

scot.ta.tu.ra [skottat'ura] *sf* queimadura.

scoz.za.re [skotts´are] *vt* embaralhar.

scre.di.ta.re [skredit´are] *vt* desacreditar, difamar.

scre.di.to [skr´ɛdito] *sm* descrédito, má fama.

scric.chio.la.re [skrikkjol´are] *vi* ranger.

scric.chio.li.o [skrikkjol´io] *sm* rangido.

scri.gno [skr´iño] *sm* arca, cofre.

scrit.ta [skr´itta] *sf* 1 escrita. 2 inscrição. 3 cartaz. 4 *Comm* contrato.

scrit.to.io [skritt´ojo] *sm* escrivaninha.

scrit.to.re [skritt´ore] *sm* escritor.

scrit.tu.ra [skritt´ura] *sf* 1 escrita, modo de escrever. 2 *Giur* escritura, contrato. 3 *Comm* registro.

scri.va.ni.a [skrivan´ia] *sf* escrivaninha.

scri.va.no [skriv´ano] *sm* escrivão.

scri.ve.re [skr´ivere] *vt* 1 escrever. 2 anotar, registrar. *vpr* 3 inscrever-se.

scro.fa [skr´ɔfa] *sf Zool* porca.

scrol.la.re [skroll´are] *vt* 1 sacudir, agitar. 2 *fig* acordar. *vpr* 3 sacudir-se. 4 *fig* acordar.

scru.po.lo [skr´upolo] *sm* 1 escrúpulo. 2 hesitação, dúvida. 3 honestidade.

scu.die.ro [skud´jɛro] *sm St* escudeiro, pajem.

scu.do [sk´udo] *sm* 1 escudo. 2 *fig* proteção.

scu.gniz.zo [skuñ´ittso] *sm ger* moleque, menino travesso.

scul.to.re [skult´ore] *sm* escultor.

scul.tu.ra [skult´ura] *sf* escultura.

scuo.la [sk´wɔla] *sf* escola. **scuola elementare** escola primária. **scuola media/scuola secondaria** escola secundária.

scuo.te.re [sk´wɔtere] *vt* 1 sacudir, agitar. 2 *fig* impressionar, emocionar, abalar, chocar.

scu.re [sk´ure] *sf* machado.

scu.ri.re [skur´ire] *vt*, *vi+vpr* escurecer.

scu.ri.tà [skurit´a] *sf* 1 escuridão. 2 trevas.

scu.ro [sk´uro] *sm* 1 escuro, escuridão. 2 veneziana. • *agg* 1 escuro. 2 obscuro. 3 triste (futuro).

scu.sa [sk´uza] *sf* 1 desculpa. 2 pretexto, evasiva.

scu.sa.re [skuz´are] *vt* 1 desculpar, perdoar. *vpr* 2 desculpar-se.

sde.gna.re [zdeñ´are] *vt* 1 desdenhar, desprezar. *vpr* 2 irritar-se, enfurecer-se.

sde.gno [zd´eño] *sm* 1 desdém, desprezo. 2 raiva, ira.

sdra.ia.re [zdra´jare] *vt* 1 deitar. *vpr* 2 deitar-se. 3 espreguiçar-se.

sdruc.cio.la.re [zdruttʃol´are] *vi* 1 escorregar. 2 vir abaixo, ruir.

sdruc.cio.le.vo.le [zdruttʃol´evole] *agg* 1 escorregadio. 2 *fig* perigoso.

se [s´e] *pron sing+pl* se. • *cong* se, caso. • *sm fam* dúvida. **se mai** se for o caso. **se non altro** pelo menos.

sé [s´e] *pron sing+pl* si. **con sé** consigo. **da sé** sozinho, por si só. **fra sé** consigo mesmo. **Con stesso**, perde o acento: **se stesso** si mesmo.

seb.be.ne [sebb´ɛne] *cong* se bem que, embora.

sec.can.te [sekk´ante] *s+agg* 1 maçante, aborrecido. 2 *pop* chato.

sec.ca.re [sekk´are] *vt* 1 secar, enxugar. 2 esvaziar. 3 esgotar, exaurir. 4 *fig* aborrecer, importunar. 5 *pop* encher. *vpr* 6 secar-se, enxugar-se. 7 *fig* aborrecer-se, importunar-se. 8 *pop* encher-se.

sec.chio [s´ekkjo] *sm* balde.

sec.co [s´ekko] *agg* 1 seco. 2 magro, ressecado. 3 *fig* duro, frio, severo. • *sm* seca.

se.co.lo [s´ɛkolo] *sm* 1 século. 2 *fig* época, era.

se.con.da.re [sekond´are] *vt* ajudar, auxiliar. *Var:* assecondare.

se.con.da.rio [sekond´arjo] *agg* 1 secundário. 2 auxiliar.

se.con.do [sek´ondo] *sm* 1 segundo (de

tempo, grau). **2** ajudante, assistente. **3** *fig* instante. • *num* segundo. • *agg fig* **1** secundário. **2** inferior, menor. • *prep* segundo, conforme, de acordo com. **di secondo** a) em segundo lugar. b) como segundo prato. **seconda velocità** ou apenas **seconda** *Autom* segunda marcha.

se.cre.zio.ne [sekrets´jone] *sf Fisiol* secreção.

se.da.re [sed´are] *vt Lett* sedar, acalmar.

se.de [s´ɛde] *sf* **1** sede, matriz. **2** residência, domicílio. **3** encaixe de uma peça. **4** *Med* foco. **5** *Rel* sé.

se.de.re [sed´ere] *sm* **1** *Anat* traseiro, nádegas. **2** *pop* bunda. • *vi* **1** sentar, estar sentado. *sieda, prego!* / sente, por favor! *vpr* **2** sentar-se. *sedetevi qui* / sentem-se aqui. **3** *fig* localizar-se, ficar (cidade).

se.dia [s´ɛdja] *sf* cadeira. **sedia a dondolo** cadeira de balanço. **sedia elettrica** cadeira elétrica.

se.di.le [sed´ile] *sm* **1** assento. **2** banco (para sentar).

se.di.men.to [sedim´ento] *sm* **1** sedimento, depósito, borra. **2** *fig* resíduo, restos.

se.dur.re [sed´urre] *vt* **1** seduzir. **2** *fig* corromper. **3** atrair, fascinar, conquistar.

se.dut.to.re [sedutt´ore] *sm* sedutor.

se.du.zio.ne [seduts´jone] *sf* **1** sedução. **2** *fig* atração, fascinação.

se.ga [s´ega] *sf* serra.

se.ga.le [seg´ale] *sf Bot* centeio.

se.ga.re [seg´are] *vt* **1** serrar. **2** ceifar.

se.ga.tu.ra [segat´ura] *sf* **1** serragem, pó da madeira. **2** colheita.

seg.gio.la [s´ɛddʒo.la] *sf* **1** cadeira. **2** *fig* poltrona. **3** trono. **4** cargo, posto. **seggio elettorale** seção eleitoral.

seg.gio.la [s´ɛddʒola] *sf* cadeira.

se.ghe.ri.a [seger´ia] *sf* serraria.

seg.men.to [segm´ento] *sm Geom* segmento.

se.gna.la.re [seɲal´are] *vt* **1** assinalar. **2** indicar, apontar, mostrar. **3** tornar famoso. **4** colocar em evidência. *vpr* **5** ficar famoso.

se.gna.le [seɲ´ale] *sm* **1** sinal. **2** gesto. **3** aviso. **4** indício. **5** *Med* sintoma. **6** *Naut* boia.

se.gna.li.bro [seɲal´ibro] *sm* marcador de livros.

se.gna.re [seɲ´are] *vt* **1** marcar, assinalar. **2** anotar, registrar. **3** assinar, firmar. **4** indicar, mostrar.

se.gno [s´eɲo] *sm* **1** sinal. **2** gesto. **3** indício. **4** cicatriz, marca. **5** pegada, rastro. **6** alvo. **7** *Astrol* signo.

se.go [s´ego] *sm* sebo.

se.gre.ga.re [segreg´are] *vt* **1** segregar, isolar, separar. *vpr* **2** segregar-se, isolar-se.

se.gre.ta.rio [segret´arjo] *sm* secretário.

se.gre.te.ri.a [segreter´ia] *sf* secretaria.

se.gre.to [segr´eto] *sm* **1** segredo. **2** mistério, enigma. **3** confidência. • *agg* **1** secreto. **2** escondido, oculto. **3** misterioso. **4** confidencial, particular.

se.guen.te [seg´wente] *agg* **1** seguinte. **2** posterior, futuro.

se.guen.za [seg´wentsa] *sf* sequência, sucessão.

se.gui.re [seg´wire] *vt* **1** seguir. **2** continuar, prosseguir. **3** seguir, acompanhar. **4** vir depois de. **5** imitar. *vi* **6** seguir-se. **7** continuar, persistir.

se.gui.to [s´egwito] *sm* **1** cortejo. **2** sequência, série. **al seguito** em seguida.

sei [s´ɛj] *sm+num* seis.

se.le.zio.na.re [seletsjon´are] *vt* selecionar, escolher.

se.le.zio.ne [selets´jone] *sf* seleção, escolha.

sel.la [s´ɛlla] *sf* sela.

sel.la.re [sell´are] *vt* selar, colocar a sela.

sel.va [s´elva] *sf* **1** selva. **2** floresta. **3** bosque, mata.

sel.vag.gi.na [selvaddʒ´ina] *sf* caça.

sel.vag.gio [selv'addʒo] *sm* selvagem. • *agg* **1** selvagem. **2** *fig* duro, frio. **3** cruel, desumano. **4** grosseiro, rude.

sel.va.ti.chez.za [selvatik'ettsa] *sf* **1** selvageria. **2** *fig* rudeza, grosseria.

sel.va.ti.co [selv'atiko] *sm* animal de caça. • *agg* **1** silvestre, selvagem. **2** *fig* malcriado, descortês. **3** rústico, rude. **4** pouco sociável.

se.ma.fo.ro [sem'aforo] *sm* semáforo.

sem.bian.za [semb'jantsa] *sf* **1** rosto, face. **2** semblante, feição. **3** semelhança. **4** aparência. **5 sembianze** *pl* aparências.

sem.bra.re [sembr'are] *vi* **1** parecer. **2** assemelhar-se. **sembra di sì** parece que sim.

se.me [s'eme] *sm* **1** naipe (de cartas). **2** *Bot* semente. **3** *Fisiol* sêmen. **4** *fig* início, princípio. **5** filhos.

se.men.te [sem'ente] *sf* semente.

se.me.stre [sem'ɛstre] *sm* semestre.

se.mi.na.re [semin'are] *vt* **1** semear, plantar sementes. **2** *fig* divulgar, difundir.

se.mi.na.rio [semin'arjo] *sm* **1** seminário, congresso. **2** *Rel* seminário.

se.mi.vo.ca.le [semivok'ale] *sf Gramm* semivogal.

se.mo.la [s'emola] *sf fig* sarda.

sem.pli.ce [s'emplitʃe] *agg* **1** simples. **2** puro. **3** *fig* inocente, ingênuo. **4** fácil, elementar. **5** modesto, pobre. • *sm* pessoa simples.

sem.pli.ciot.to [semplitʃ'ɔtto] *sm+agg* simplório.

sem.pli.fi.ca.re [semplifik'are] *vt* simplificar.

sem.pre [s'ɛmpre] *avv* sempre, todas as vezes.

sem.pro.nio [sempr'ɔnjo] *sm+pron* beltrano.

se.na.pe [s'enape] *sf Bot* mostarda.

se.na.to [sen'ato] *sm Pol* senado.

se.na.to.re [senat'ore] *sm Pol* senador.

se.ni.le [sen'ile] *agg* senil.

se.nio.re [sen'jore] *sm+agg* sênior.

sen.no [s'enno] *sm* **1** bom senso, juízo, critério. **2** prudência.

se.no [s'eno] *sm* **1** *Anat* seio, peito. **2** *Geogr* curva (de rio). **3** *Geogr* baía, enseada. **4** *fig* íntimo, alma, coração. **nel seno della società** *fig* no seio da sociedade.

sen.sa.le [sens'ale] *sm Comm* corretor, intermediário.

sen.sa.to [sens'ato] *agg* **1** sensato, ajuizado. **2** prudente, cuidadoso.

sen.sa.zio.na.le [sensatsjon'ale] *agg* sensacional, fantástico.

sen.sa.zio.ne [sensats'jone] *sf* **1** sensação, impressão. **2** *fig* emoção. **3** suspeita.

sen.si.bi.le [sens'ibile] *agg* **1** sensível. **2** preciso (instrumento).

sen.so [s'enso] *sm* **1** sentido. **2** senso. **3** significado, acepção. **4** opinião, ponto de vista. **5** direção. **6** essência, substância. **avere senso** fazer sentido. **buon senso** bom senso. **senso unico** *Autom* mão única. **sesto senso** sexto sentido.

sen.su.a.le [sensu'ale] *agg* **1** sensual. **2** *fig* erótico. **3** lascivo.

sen.ten.za [sent'ɛntsa] *sf* **1** *Giur* sentença. **2** *fig* provérbio, dito.

sen.ten.zia.re [sentents'jare] *vi* **1** *Giur* sentenciar, julgar. **2** *fig* pregar, fazer sermão.

sen.tie.ro [sent'jɛro] *sm* **1** caminho estreito, vereda. **2** *fig* rumo, caminho (moral). **3** fé.

sen.ti.men.to [sentim'ento] *sm* **1** sentimento. **2** emotividade. **3** paixão, atração.

sen.ti.nel.la [sentin'ɛlla] *sf Mil* sentinela, guarda.

sen.ti.re [sent'ire] *vt* **1** sentir. **2** ouvir, escutar. **3** *fig* compreender, entender. **4** pressentir, sentir. *vi* **5** acreditar, achar. **6** sentir. **7** *fig* comover-se. **8** ter gosto, ter cheiro de. *vpr* **9** sentir-se.

sen.za [s´ɛntsa] *prep* sem. **senz'altro/ senza più** a) de uma vez. b) sem demora.

se.pa.ra.re [separ´are] *vt* 1 separar. 2 dividir. 3 apartar. *vpr* 4 separar-se, desligar-se.

se.pol.tu.ra [sepolt´ura] *sf* 1 enterro. 2 funeral. 3 sepultura, túmulo. **avere un piede nella sepoltura** *pop* estar com o pé na cova.

sep.pel.li.men.to [seppellim´ento] *sm* enterro.

sep.pel.li.re [seppell´ire] *vt* 1 sepultar, enterrar. 2 *fig* esquecer, abandonar. 3 esconder.

se.quen.za [sek´wɛntsa] *sf* sequência, série, sucessão.

se.que.stra.re [sekwestr´are] *vt* 1 segregar, isolar. *Giur* 2 sequestrar. 3 raptar.

se.que.stro [sek´wɛstro] *sm Giur* 1 sequestro. 2 rapto.

se.ra [s´era] *sf* 1 tarde. 2 *fig* velhice. **buona sera** a) boa tarde. b) boa noite (diz-se quando se chega). **di sera** à tarde.

se.ra.ta [ser´ata] *sf* 1 tarde, período da tarde. 2 *fig* recepção, festa.

ser.ba.re [serb´are] *vt* 1 guardar, conservar. 2 *fig* manter. *vpr* 3 conservar-se, ficar, permanecer.

se.re.na.re [seren´are] *vt* 1 serenar, acalmar. *vi* 2 clarear, limpar (céu). *vpr* 3 serenar-se, acalmar-se. 4 clarear, limpar (céu).

se.re.na.ta [seren´ata] *sf* serenata.

se.re.no [ser´eno] *agg* 1 sereno, calmo, tranquilo. 2 limpo, claro (céu).

ser.gen.te [serdʒ´ɛnte] *sm Mil* sargento.

se.rie [s´ɛrje] *sf* 1 série. 2 sequência, sucessão. 3 coleção (de livros).

se.rie.tà [serjet´a] *sf* 1 seriedade. 2 gravidade.

se.rio [s´ɛrjo] *agg* 1 sério. 2 severo. 3 grave. 4 importante. • *sf* seriedade.

ser.mo.ne [serm´one] *sm* 1 *Rel* sermão, pregação. 2 *fig* repreensão, censura.

ser.pe [s´ɛrpe] *sm* 1 serpente, cobra, víbora. 2 *fig* traidor.

ser.ra [s´ɛrra] *sf* 1 estufa para plantas. 2 *Geogr* serra, cadeia de montanhas.

ser.ra.re [seŕ´are] *vt* 1 fechar, cerrar. 2 apertar, comprimir. 3 *fig* prender, aprisionar. *vpr* 4 fechar-se. 5 apertar-se. **serrarsi a apertare** (roupa).

ser.ra.tu.ra [seŕat´ura] *sf* fechadura.

ser.ven.te [serv´ɛnte] *s* servente.

ser.vi.le [serv´ile] *agg* 1 servil. 2 *fig* medroso, covarde.

ser.vi.re [serv´ire] *vt* 1 servir. 2 pôr à mesa (comida). *vi* 3 servir, prestar. *vpr* 4 servir-se, valer-se de.

ser.vi.tù [servit´u] *sf* 1 servidão. 2 escravidão.

ser.vi.zio [serv´itsjo] *sm* 1 serviço. 2 emprego, trabalho. 3 função. 4 aparelho, jogo (de jantar etc.).

ser.vo [s´ɛrvo] *sm* 1 servo, criado. 2 escravo. 3 *pop* puxa-saco.

ses.sa.ge.na.rio [sessadʒen´arjo] *sm+agg* sexagenário. *Sin:* sessantenne.

ses.san.ta [sess´anta] *sm+num* sessenta.

ses.san.ten.ne [sessant´ɛnne] *s+agg* V sessagenario.

ses.sio.ne [sess´jone] *sf* 1 sessão. 2 assembleia.

ses.so [s´ɛsso] *sm* 1 sexo. 2 *Anat* órgão sexual.

ses.sua.le [sessu´ale] *agg* 1 sexual. 2 *fig* erótico.

se.stet.to [sest´etto] *sm an Mus* sexteto.

se.sto [s´ɛsto] *sm+num* sexto.

se.ta [s´eta] *sf* seda.

se.te [s´ete] *sf* 1 sede. 2 *fig* desejo, ambição.

set.ta [s´ɛtta] *sf* 1 seita. 2 *fig* partido, facção.

set.tan.ta [sett´anta] *sm+num* setenta.

set.te [s´ɛtte] *sm+num* sete.

set.tem.bre [sett´ɛmbre] *sm* setembro.

set.ten.trio.na.le [settentrjon´ale] *agg Geogr* setentrional, do norte.

set.ti.ma.na [settim´ana] *sf* semana. **Settimana Santa** Semana Santa.

set.ti.ma.na.le [settiman´ale] *agg* semanal.

set.ti.mo [s´ɛttimo] *sm+num* sétimo.

set.to.re [sett´ore] *sm* setor, seção.

se.ve.ro [sev´ɛro] *agg* 1 severo, rígido, rigoroso. 2 duro. 3 sério, austero.

se.zio.ne [sets´jone] *sf* 1 seção. 2 segmento, divisão. 3 repartição, departamento.

sfac.cia.tag.gi.ne [sfattʃat´addʒine] *sf* 1 descaramento. 2 *ger* cara de pau.

sfac.cia.to [sfattʃ´ato] *agg* 1 descarado, atrevido. 2 *ger* cara de pau.

sfa.ma.re [sfam´are] *vt* saciar, matar a fome de.

sfa.vil.la.re [sfavill´are] *vi* 1 faiscar. 2 cintilar. 3 brilhar, resplandecer, reluzir.

sfa.vo.re.vo.le [sfavor´evole] *agg* desfavorável, contrário, adverso.

sfe.ra [sf´ɛra] *sf Geom* 1 esfera. 2 globo. 3 *fig* ambiente, círculo social.

sfer.za [sf´ɛrtsa] *sf* 1 chicote, açoite. 2 *fig* castigo, punição. 3 estímulo.

sfer.za.re [sferts´are] *vt* 1 chicotear, açoitar. 2 *fig* castigar, punir. 3 estimular.

sfer.za.ta [sferts´ata] *sf* 1 chicotada. 2 *fig* castigo, punição. 3 estímulo.

sfi.da [sf´ida] *sf* 1 desafio. 2 duelo, confronto.

sfi.da.re [sfid´are] *vt* 1 desafiar. 2 duelar, competir. *vpr* 3 desafiar-se. 4 duelar.

sfi.du.cia [sfid´utʃa] *sf* 1 desconfiança, suspeita. 2 desânimo, abatimento.

sfi.du.cia.to [sfidutʃ´ato] *agg* 1 desconfiado. 2 desanimado, abatido.

sfi.la.re [sfil´are] *vt* 1 desfiar. 2 cegar (faca etc.). *vi* 3 desfilar. 4 *Mil* marchar. *vpr* 5 desfiar-se.

sfi.la.ta [sfil´ata] *sf* 1 desfile. 2 parada. 3 série, sequência.

sfin.ge [sf´indʒe] *sf St, Mit* esfinge.

sfo.cia.re [sfotʃ´are] *vi* 1 desembocar, deságuar. 2 *fig* terminar em, dar em (rua). 3 causar.

sfo.ga.re [sfog´are] *vt* 1 desafogar, deixar sair. 2 *fig* desabafar. *vi* 3 exalar, jorrar. *vpr* 4 desabafar, abrir-se.

sfog.gio [sf´ɔddʒo] *sm* 1 exibição. 2 luxo, pompa.

sfo.glia.re [sfoʎ´are] *vt* 1 desfolhar. 2 folhear (livro). *vpr* 3 desfolhar-se, perder as folhas.

sfo.go [sf´ogo] *sm* 1 saída, abertura. 2 *Comm* venda. 3 *fig* desabafo, alívio.

sfon.da.re [sfond´are] *vt* 1 quebrar, romper. 2 arrombar. *vi* 3 afundar. 4 vencer, subir na vida.

sfon.da.to [sfond´ato] *agg* 1 sem fundo. 2 arrombado. 3 *fig* insaciável.

sfon.do [sf´ondo] *sm* 1 fundo. 2 horizonte, perspectiva. 3 *Pitt* fundo (de quadro).

sfo.rac.chia.re [sforakk´jare] *vt* esburacar.

sfor.tu.na [sfort´una] *sf* 1 azar, má sorte, infelicidade. 2 desgraça, desventura.

sfor.tu.na.to [sfortun´ato] *agg* azarado, desafortunado.

sfor.za.re [sforts´are] *vt* 1 forçar, obrigar. 2 arrombar. *vpr* 3 esforçar-se, empenhar-se.

sfor.zo [sf´ɔrtso] *sm* 1 esforço. 2 *fig* tentativa.

sfre.ga.re [sfreg´are] *vt* 1 esfregar. 2 riscar. 3 raspar.

sfron.ta.tez.za [sfrontat´ettsa] *sf* descaramento, impertinência.

sfron.ta.to [sfront´ato] *agg* 1 descarado, impertinente. 2 *pop* cara de pau.

sfrut.ta.re [sfrutt´are] *vt* 1 explorar. 2 desfrutar de, usar, utilizar. 3 aproveitar-se de, abusar de.

sfuggire — signore

sfug.gi.re [sfudd'ʒire] *vt* 1 fugir de, evitar, escapar de. *vi* 2 fugir, escapar.

sfu.ma.to [sfum'ato] *agg fig* 1 impreciso, vago. 2 pálido, tênue (cor). 3 fraco, distante (som).

sgam.bet.ta.re [zgambett'are] *vi* espernear.

sgan.ghe.ra.to [zgaŋger'ato] *agg* 1 desengonçado, deselegante. 2 inconcludente (discurso). 3 exagerado, descomedido.

sgar.ba.tez.za [zgarbat'ettsa] *sf* falta de educação, grosseria, descortesia.

sgar.ba.to [zgarb'ato] *agg* malcriado, mal-educado, grosseiro.

sghem.bo [zg'embo] *agg* torto, enviesado.

sgoc.cio.la.re [zgottʃol'are] *vi* gotejar, pingar.

sgom.bra.re [zgombr'are] *vt* 1 levar, remover. 2 desimpedir, liberar. 3 mandar embora, expulsar. *vi* 4 afastar-se, ir embora. 5 mudar-se.

sgo.men.ta.re [zgoment'are] *vt* 1 aterrorizar, atemorizar. 2 desconcertar, perturbar. *vpr* 3 aterrorizar-se, atemorizar-se.

sgo.men.to [zgom'ento] *sm* 1 terror, medo, temor. 2 desânimo, abatimento.

sgon.fia.re [zgonfj'are] *vt* 1 desinchar. 2 *volg* encher o saco. *vpr* 3 desinchar-se. 4 *fig* desanimar-se, abater-se.

sgoz.za.re [zgotts'are] *vt* degolar.

sgra.de.vo.le [zgrad'evole] *agg* desagradável.

sgra.di.re [zgrad'ire] *vi* desagradar, descontentar.

sgra.zia.to [zgrats'jato] *agg* desajeitado, deselegante, sem graça.

sgri.da.re [zgrid'are] *vt* gritar com, ralhar com, repreender.

sgua.ia.to [zgwa'jato] *agg* 1 desajeitado, deselegante. 2 vulgar, inconveniente.

sgual.dri.na [zgwaldr'ina] *sf* 1 prostituta, meretriz. 2 *ger* vaca, rameira. 3 *volg* puta.

sguar.do [zg'wardo] *sm* 1 olhar. 2 olhada. **gettare uno sguardo** dar uma olhada.

shampoo [ʃamp'u] *sm ingl* xampu.

shock [ʃ'ɔk] *sm ingl* 1 choque. 2 golpe, batida. 3 trauma. *Var fr:* choc.

si [s'i] *sm Mus* si. • *avv* 1 sim. 2 *Lett* (*abbrev* così) assim, dessa maneira.

si [s'i] *pron sing+ pl* se.

si.a [s'ia] *cong* seja, quer.

si.ca.rio [sik'arjo] *sm* capanga.

sic.ché [sikk'e] *cong* 1 de modo que, de maneira que. 2 então.

sic.ci.tà [sittʃit'a] *sf* 1 seca. 2 aridez. 3 estiagem.

si.cu.rez.za [sikur'ettsa] *sf* 1 segurança. 2 certeza. 3 confiança.

si.cu.ro [sik'uro] *agg* 1 seguro. 2 certo. 3 firme, sólido. • *avv* sem dúvida, com certeza. **di sicuro!** com certeza!

sie.ro [s'jero] *sm Fisiol, Med* soro.

si.fi.li.de [sif'ilide] *sf Med* sífilis.

si.fo.ne [sif'one] *sm* sifão.

si.ga.ret.ta [sigar'etta] *sf* cigarro.

si.ga.ro [s'igaro] *sm* charuto.

si.gil.la.re [sidʒill'are] *vt* 1 selar. 2 lacrar. 3 *fig* fechar.

si.gil.lo [sidʒ'illo] *sm* 1 selo, timbre. 2 sigilo, segredo.

si.gla [s'igla] *sf* 1 sigla. 2 selo, timbre. 3 monograma.

si.gni.fi.ca.re [siɲifik'are] *vt* 1 significar, denotar. 2 *fig* importar, pesar.

si.gni.fi.ca.to [siɲifik'ato] *sm* 1 significado. 2 sentido, acepção. 3 peso, importância.

si.gno.ra [siɲ'ora] *sf* 1 senhora. 2 *fig* patroa, dona. 3 dama, nobre, fidalga. 4 esposa. **Nostra Signora** *Rel* Nossa Senhora.

si.gno.re [siɲ'ore] *sm* 1 senhor. 2 *fig* patrão, dono. 3 cavalheiro, nobre. **Nostro Signore** *Rel* Nosso Senhor.

si.gno.ri.na [siɲor´ina] *sf* **1** senhorita. **2** moça.

si.len.zio [sil´ɛntsjo] *sm* **1** silêncio. **2** *fig* calma, tranquilidade.

si.len.zio.so [silents´jozo] *agg* **1** silencioso. **2** calmo, tranquilo. **3** calado, introvertido.

sil.la.ba [s´illaba] *sf Gramm* sílaba. **non dire sillaba** *fam* não dizer uma só palavra.

si.lu.et.ta [silu´etta] *sf* silhueta.

si.lu.ro [sil´uro] *sm* **1** *Naut* torpedo. **2** *Aer* míssil.

sil.ve.stre [silv´ɛstre] *agg Lett* silvestre.

sim.bo.leg.gia.re [simboledd ͡ ʒ ´are] *vt* simbolizar.

sim.bo.lo [s´imbolo] *sm* **1** símbolo. **2** emblema. **3** alegoria.

si.mi.la.re [simil´are] *agg* similar, semelhante.

si.mi.le [s´imile] *sm* similar. • *agg* similar, semelhante.

sim.me.tri.a [simmetr´ia] *sf* **1** simetria. **2** harmonia, equilíbrio.

sim.pa.ti.a [simpat´ia] *sf* **1** simpatia. **2** atração, inclinação.

sim.pa.ti.co [simp´atiko] *agg* **1** simpático. **2** atraente. **3** gentil, amável.

sim.pa.tiz.za.re [simpatidd ͡ z ´are] *vt* simpatizar com.

si.mu.la.re [simul´are] *vt* **1** simular, fingir. **2** representar (uma cena).

si.mul.ta.ne.o [simult´aneo] *agg* **1** simultâneo. **2** contemporâneo.

sin.ce.ri.tà [sint ͡ ʃerit´a] *sf* sinceridade, franqueza.

sin.ce.ro [sint ͡ ʃ´ero] *agg* **1** sincero, franco, aberto, direto. **2** *fig* autêntico.

sin.da.ca.to [sindak´ato] *sm* sindicato.

sin.da.co [s´indako] *sm* **1** prefeito. **2** síndico.

sin.fo.ni.a [sinfon´ia] *sf Mus* sinfonia.

sin.ghioz.za.re [singjotts´are] *vi* **1** soluçar. **2** *fig* chorar, gemer.

sin.ghioz.zo [sing´jottso] *sm* **1** soluço. **2** *fig* choro, gemido.

sin.go.la.re [singol´are] *sm Gramm* singular. • *agg* **1** singular, raro. **2** curioso, original.

sin.go.lo [s´ingolo] *sm* indivíduo, pessoa. • *agg* **1** só, sozinho. **2** singular, único. **3** individual.

si.ni.stra [sin´istra] *sf* **1** esquerda. **2** mão esquerda. **3** *Naut* bombordo. **4** *Pol* a esquerda.

si.ni.stro [sin´istro] *sm* sinistro, acidente, desastre. • *agg* **1** esquerdo. **2** *fig* sinistro, maligno.

si.no [s´ino] *avv* ainda, também, até mesmo. • *prep* até, até a.

si.no.ni.mo [sin ´onimo] *sm+agg Gramm* sinônimo.

si.nos.si [sin´ɔssi] *sf* sinopse, resumo, síntese.

sin.tas.si [sint´assi] *sf Gramm* sintaxe.

sin.te.si [s´intezi] *sf* **1** síntese, resumo, sinopse. **2** quadro, esquema. **3** *Fil, Chim* síntese.

sin.te.ti.co [sint´etiko] *agg* **1** sintético. **2** artificial, de laboratório. **3** sucinto, conciso.

sin.to.mo [s´intomo] *sm* **1** *Med* sintoma. **2** *fig* indício, sinal.

si.nu.o.so [sinu´ozo] *agg* **1** sinuoso. **2** *fig* gracioso.

si.re.na [sir´ena] *sf* **1** sirene. **2** *Mit* sereia.

si.rin.ga [sir´inga] *sf Med* seringa.

si.ste.ma [sist´ema] *sm* **1** sistema. **2** método. **3** doutrina, teoria. **4** equipamento. **5** *Inform* sistema.

si.ste.ma.re [sistem´are] *vt* **1** organizar. **2** arrumar. **3** *fig* castigar, punir. *vpr* **4** acomodar-se.

si.tua.re [situ´are] *vt* situar, colocar.

si.tua.zio.ne [sitwats´jone] *sf* **1** situação. **2** local, lugar. **3** estado, condição.

slac.cia.re [zlatt ͡ ʃ´are] *vt* **1** desamarrar, desatar. **2** *fig* liberar. **3** libertar. *vpr* **4** desamarrar-se. **5** *fig* libertar-se.

slan.cia.re [zlantʃ´are] *vt* **1** lançar, jogar (uma pessoa). *vpr* **2** lançar-se, jogar-se.

slan.cio [zl´antʃo] *sm* **1** lançamento, arremesso. **2** salto. **3** *fig* entusiasmo, ímpeto, ardor.

sla.vo [zl´avo] *sm+agg* eslavo.

sle.a.le [zle´ale] *agg* desleal, infiel.

slit.ta [zl´itta] *sf* trenó.

slog.gia.re [zloddʒ´are] *vt* **1** desalojar, expulsar. *vi* **2** mudar-se, partir, ir embora.

smal.to [zm´alto] *sm* esmalte: a) tinta. b) *Anat* dos dentes. c) cosmético. **smalto per unghie** esmalte para unhas.

sma.nia [zm´anja] *sf* **1** impaciência, inquietação. **2** afetação. **3** *fig* obsessão. **4** cobiça, avidez.

smar.ri.men.to [zmaŕim´ento] *sm* extravio, perda.

smar.ri.re [zmaŕ´ire] *vt* **1** perder, extraviar. *vpr* **2** perder-se, extraviar-se. **3** *fig* desanimar.

sma.sche.ra.re [zmasker´are] *vt* **1** desmascarar. **2** desacreditar. *vpr* **3** desmascarar-se. **4** *fig* revelar-se, mostrar-se. **5** trair-se.

smen.ti.re [zment´ire] *vt* **1** desmentir, negar. **2** desacreditar. *vpr* **3** desmentir-se. **4** trair-se.

sme.ral.do [zmer´aldo] *sm Min* esmeralda.

smet.te.re [zm´ettere] *vt* **1** deixar, abandonar. **2** interromper. *vi* **3** parar, cessar, deixar de. *smettere di fumare* / deixar de fumar. **smettila!** pare com isso!

smil.zo [zm´iltso] *agg* **1** fino, delgado. **2** magro.

smi.nuz.za.re [zminutts´are] *vt* esmiuçar.

smi.su.ra.to [zmizur´ato] *agg* **1** desmedido, excessivo. **2** enorme, gigantesco. **3** imenso.

smo.da.to [zmod´ato] *agg* excessivo, exagerado.

smoking [zm´ɔking] *sm ingl* smoking.

smon.ta.re [zmont´are] *vt* **1** desmontar, desarmar. **2** concluir (turno de trabalho). **3** *Aeron* abater, derrubar o inimigo. **4** *fig* deprimir. *vi* **5** apear, desmontar. **6** descer, saltar (de veículo). **7** (anche *Naut, Aer*) desembarcar. **8** *Comm* diminuir, abaixar (preços). *vpr* **9** desistir, ceder.

smor.fia [zm´ɔrfja] *sf* **1** careta. **2** afetação.

smor.fio.so [zmorfj´ozo] *agg* dengoso, afetado.

smuo.ve.re [zm´wɔvere] *vt* **1** remover, arrancar, extirpar. **2** mover, deslocar. **3** *fig* comover, sensibilizar.

snel.li.re [znell´ire] *vt* **1** emagrecer. **2** *fig* acelerar, apressar (um processo). *vpr* **3** emagrecer.

snel.lo [zn´ello] *agg* **1** ágil. **2** veloz, ligeiro. **3** esbelto, magro.

snu.da.re [znud´are] *vt* desnudar, despir.

so.a.ve [so´ave] *agg* **1** suave. **2** doce, amável. **3** agradável. **4** tranquilo, calmo.

sob.bor.go [sobb´orgo] *sm* subúrbio, periferia.

so.brio [s´ɔbrjo] *agg* **1** sóbrio, lúcido. **2** simples, parco.

soc.com.be.re [sokk´ombere] *vi* **1** *Lett* sucumbir, perder. **2** *fig* morrer, perecer.

soc.cor.re.re [sokk´ořere] *vt* **1** socorrer. **2** ajudar. *vpr* **3** ajudar-se mutuamente.

soc.cor.so [sokk´orso] *sm* **1** socorro. **2** ajuda, auxílio. **pronto soccorso** primeiros socorros.

so.cia.le [sotʃ´ale] *agg* social.

so.cie.tà [sotʃetʃ´a] *sf* **1** sociedade. **2** associação, organização, união. **3** empresa, companhia. **4** comunhão. **società anonima** sociedade anônima.

so.cio [s´ɔtʃo] *sm* **1** sócio. **2** associado, membro. **3** assinante. **4** *fig* cúmplice.

so.da [s´ɔda] *sf Chim* soda. **soda caustica** soda cáustica.

sod.di.sfa.re [soddisf´are] *vt* **1** satisfazer. **2** cumprir. **3** pagar (dívida). *vi* **4** satisfazer. **5** agradar. *vpr* **6** satisfazer-se.

sod.di.sfa.zio.ne [soddisfats´jone] *sf* **1** satisfação, prazer. **2** cumprimento. **3** pagamento.

so.dio [s´ɔdjo] *sm Chim* sódio.

so.do [s´ɔdo] *agg* **1** denso, compacto. **2** sólido. **3** duro, maciço. **4** incluto. **5** *fig* firme, estável. • *avv* duramente, com força. • *sm* **1** solidez, dureza. **2** *Archit* base, alicerce.

so.fà [sof´a] *sm* sofá, divã.

sof.fe.ren.za [soffer´entsa] *sf* **1** sofrimento. **2** paciência.

sof.fer.ma.re [sofferm´are] *vt+vpr* parar um pouco.

sof.fia.re [soff´jare] *vt* **1** soprar, assoprar. **2** *fig* revelar. **3** denunciar. *vi* **4** soprar, assoprar. **5** ofegar. **6** bufar de raiva. *vpr* **7** assoar o nariz.

sof.fio [s´offjo] *sm* **1** sopro. **2** vento. **3** respiração. **4** *Med* sopro.

sof.fit.ta [soff´itta] *sf* sótão.

sof.fo.ca.re [soffok´are] *vt* **1** sufocar, asfixiar. **2** afogar. **3** abafar (fogo, escândalo). **4** reprimir. *vi* **5** sufocar, respirar com dificuldade.

sof.fri.re [soffr´ire] *vt+vi* **1** sofrer, padecer. **2** suportar, tolerar, aguentar.

software [s´ɔftwer] *sm ingl Inform* software.

sog.get.ti.vo [soddʒett´ivo] *agg* subjetivo.

sog.get.to [soddʒ´etto] *sm* **1** assunto, tema. **2** sujeito, indivíduo, pessoa. **3** *Gramm* sujeito. • *agg* **1** sujeito. **2** exposto.

sog.gio.ga.re [soddʒog´are] *vt* **1** subjugar. **2** vencer, dominar.

sog.gior.na.re [soddʒorn´are] *vi* parar em, passar um tempo em.

sog.gior.no [soddʒ´orno] *sm* **1** estadia, visita, parada. **2** sala de visitas.

so.glia [s´ɔʎa] *sf* **1** soleira. **2** *fig* início.

so.gna.re [soñ´are] *vt+vi* **1** sonhar. **2** *fig* imaginar, fantasiar. **3** desejar, almejar.

so.gno [s´oño] *sm* **1** sonho. **2** *fig* imaginação, ilusão. **3** desejo, meta.

so.ia [s´ɔja] *sf Bot* soja.

sol [s´ɔl] *sm Mus* sol.

so.la.io [sol´ajo] *sm* **1** assoalho. **2** forro do teto.

so.la.re [sol´are] *agg* **1** solar, do Sol. **2** *fig* brilhante, luminoso.

sol.co [s´olko] *sm* **1** sulco. **2** *fig* ruga, prega. **3** rastro.

sol.da.to [sold´ato] *sm Mil* soldado.

sol.do [s´ɔldo] *sm* **1** *Mil* soldo. **2** *fig* moeda, dinheiro. **3** pagamento, salário. **4 soldi** *pl* dinheiro.

so.le [s´ole] *sm* **1** *Astron* sol. **2** *Poet* dia. **3** *fig* luz. **prendere sole** tomar sol.

so.len.ne [sol´enne] *agg* **1** solene. **2** imponente, majestoso. **3** austero.

so.li.di.tà [solidit´a] *sf* (anche *fig*) **1** solidez. **2** dureza, consistência.

so.li.do [s´ɔlido] *sm Fis, Geom* sólido. • *agg* (anche *fig*) **1** sólido. **2** duro, maciço.

so.li.ta.rio [solit´arjo] *sm* solitário. • *agg* **1** solitário, sozinho. **2** deserto, desabitado.

so.li.to [s´ɔlito] *sm* costume, hábito. • *agg* costumeiro, habitual. **di solito** de costume.

so.li.tu.di.ne [solit´udine] *sf* solidão.

sol.le.ci.ta.re [solletʃit´are] *vt* **1** solicitar, pedir. **2** apressar. **3** incitar, estimular. *vpr* **4** apressar-se.

sol.lie.vo [soll´jevo] *sm* **1** alívio. **2** consolo, conforto. **3** descanso, trégua.

so.lo [s´olo] *sm Mus* solo. • *agg* **1** só, sozinho, solitário. **2** simples, puro. • *avv* só, somente.

sol.tan.to [solt´anto] *avv* apenas, somente.

so.lu.zio.ne [soluts´jone] *sf* **1** solução. **2** decisão, resolução.

so.ma [s´ɔma] *sf* **1** carga, peso. **2** *Comm, fig* encargo. **bestia da soma** animal de carga.

so.ma.ro [som´aro] *sm* **1** *Zool* asno, burro. **2** *fig* ignorante, estúpido.

so.mi.glian.te [somiλ´ante] *sm* semelhante. • *agg* **1** semelhante. **2** similar.

so.mi.glian.za [somiλ´antsa] *sf* **1** semelhança. **2** *fig* afinidade, analogia.

so.mi.glia.re [somiλ´are] *vi+vpr* assemelhar-se a, parecer com.

som.ma [s´omma] *sf Mat* **1** soma. **2** total. **3** adição. **4** *Comm* soma, quantia. **5** *fig* conjunto. **6** sumário, resumo.

som.ma.re [somm´are] *vt Mat* somar, adicionar.

som.ma.rio [somm´arjo] *sm* **1** sumário, índice. **2** resumo, sinopse. • *agg* **1** sumário. **2** breve.

som.mer.ge.re [somm´ɛrdʒere] *vt* **1** submergir, mergulhar. *vpr* **2** submergir-se, mergulhar.

som.mer.sio.ne [sommers´jone] *sf* submersão.

som.mo [s´ommo] *sm* cúmulo, apogeu. • *agg superl* (de **alto**) sumo, supremo.

so.na.glio [son´aλo] *sm* **1** guizo. **2** chocalho.

son.da [s´onda] *sf Med, Mecc* sonda.

so.net.to [son´etto] *sm Lett* soneto.

son.nam.bu.lo [sonn´ambulo] *sm Med* sonâmbulo.

son.nec.chia.re [sonnekk´jare] *vi* cochilar.

son.ni.fe.ro [sonn´ifero] *sm+agg Med* sonífero, narcótico.

son.no [s´onno] *sm* **1** sono. **2** sonolência.

son.no.len.to [sonnol´ɛnto] *agg* sonolento.

so.no.ro [son´ɔro] *agg* **1** sonoro. **2** ruidoso.

son.tu.o.so [sontu´ozo] *agg* **1** suntuoso, luxuoso. **2** caro.

sop.pian.ta.re [soppjant´are] *vt* suplantar, substituir.

sop.por.ta.re [sopport´are] *vt* **1** suportar. **2** sustentar. **3** sofrer, aguentar, tolerar.

sop.pri.me.re [soppr´imere] *vt* **1** suprimir, abolir, eliminar. **2** *fig* exterminar, liquidar.

so.pra [s´opra] *prep* **1** sobre, acima de. **2** ao norte de. • *avv* **1** em cima, acima. **2** ao norte. **3** na parte de cima, no andar de cima. *Var Poet: sovra.*

so.pra.bi.to [sopr´abito] *sm* sobretudo.

so.prac.ci.glio [sopratt∫´iλo] *sm Anat* (*pl f* **le sopracciglia**) sobrancelha.

so.prag.giun.ge.re [sopraddʒ´undʒere] *vi V sopravvenire.*

so.pram.mo.bi.le [sopramm´ɔbile] *sm* enfeite, bibelô.

so.pran.na.tu.ra.le [soprannatur´ale] *agg* **1** sobrenatural. **2** milagroso, divino. **3** *fig* misterioso, inexplicável.

so.pran.no.me [soprann´ome] *sm* apelido, alcunha.

so.pra.no [sopr´ano] *sm Mus* soprano.

so.pras.sal.to [soprass´alto] *sm* **1** sobressalto. **2** susto.

so.prat.tut.to [sopratt´utto] *avv* sobretudo, acima de tudo, principalmente.

so.pra.van.za.re [sopravants´are] *vt* **1** exceder, superar. *vi* **2** sobressair-se. **3** sobrar, restar.

so.pra.van.zo [soprav´antso] *sm* **1** excesso. **2** sobra, resto.

so.prav.ve.ni.re [sopravven´ire] *vi* **1** chegar inesperadamente. **2** sobrevir, acontecer. *Sin: sopraggiungere.*

so.prav.vi.ve.re [sopravv´ivere] *vi* **1** sobreviver. **2** *fig* salvar-se, escapar, fugir.

so.pru.so [sopr´uzo] *sm* **1** opressão. **2** injustiça.

soq.qua.dro [sokk´wadro] *sm* **1** ruína, estrago. **2** confusão, desordem.

sor.bi.re [sorb´ire] *vt* sorver, beber.

sor.cio [sˈortʃo] *sm Zool* rato.
sor.di.do [sˈordido] *agg* 1 sórdido, asqueroso, nojento. 2 imundo.
sor.di.tà [sorditˈa] *sf* surdez.
sor.do [sˈordo] *sm* surdo. • *agg* 1 surdo. 2 *fig* indiferente, frio. 3 surdo, baixo (som).
sor.do.mu.to [sordomˈuto] *sm+agg* surdo-mudo.
so.rel.la [sorˈɛlla] *sf* irmã.
sor.gen.te [sordʒˈɛnte] *sf* 1 nascente, fonte. 2 *Min* poço. 3 *fig* origem, causa.
sor.ge.re [sˈɔrdʒere] *vi* 1 surgir, aparecer. 2 *fig* nascer, originar-se, derivar.
sor.pas.sa.re [sorpassˈare] *vt* 1 superar, exceder, ultrapassar. 2 sobrepujar.
sor.pren.de.re [sorprˈɛndere] *vt* 1 surpreender. 2 maravilhar.
sor.pre.sa [sorprˈeza] *sf* surpresa. **di sorpresa** de surpresa. **fare una sorpresa** fazer uma surpresa.
sor.ri.de.re [sorˈidere] *vi* 1 sorrir. 2 *fig* ajudar.
sor.ri.so [sorˈizo] *sm* sorriso.
sor.so [sˈorso] *sm* gole, trago.
sor.ta [sˈorta] *sf* 1 tipo, classe. 2 modo, maneira. *Var: sorte.*
sor.te [sˈorte] *sf* 1 sorte. 2 destino. 3 acaso. 4 *V sorta.*
sor.teg.gia.re [sortedʒʒˈare] *vt* sortear.
sor.teg.gio [sortˈedʒʒo] *sm* sorteio.
sor.ti.re [sortˈire] *vt* 1 sortear. *vi* 2 ser sorteado. 3 surtir, conseguir.
sor.ve.glia.re [sorveʎˈare] *vt* 1 vigiar. 2 espreitar.
so.spen.de.re [sospˈɛndere] *vt* 1 suspender. 2 pendurar. 3 *fig* interromper, parar. 4 adiar. *vpr* 5 suspender-se, pendurar-se. 6 enforcar-se.
so.spen.sio.ne [sospensjˈone] *sf* 1 suspensão. 2 interrupção. 3 adiamento.
so.spet.ta.re [sospettˈare] *vt+vi* 1 suspeitar. 2 supor, julgar. 3 desconfiar.
so.spet.to [sospˈetto] *sm* 1 suspeita, desconfiança. 2 dúvida. • *agg* suspeito.

so.spi.ra.re [sospirˈare] *vt* 1 *fig* desejar, ansiar. *vi* 2 suspirar. 3 *fig* lamentar-se, gemer.
so.spi.ro [sospˈiro] *sm* 1 suspiro. 2 *fig* lamento.
so.sta [sˈɔsta] *sf* 1 parada. 2 interrupção, pausa. 3 *Autom* estacionamento.
so.stan.ti.vo [sostantˈivo] *sm Gramm* substantivo.
so.stan.za [sostˈantsa] *sf* 1 substância. 2 *fig* essência.
so.ste.gno [sostˈeño] *sm* 1 sustento, suporte. 2 *Mecc* eixo. 3 *fig* ajuda, apoio.
so.ste.ne.re [sostenˈere] *vt* 1 sustentar, segurar. 2 manter. 3 suportar. 4 *Calc* torcer (para um time). 5 *Teat* representar. *vpr* 6 sustentar-se, manter-se.
so.sten.ta.re [sostentˈare] *vt* 1 sustentar, manter, alimentar. *vpr* 2 sustentar-se, manter-se.
so.sti.tu.i.re [sostituˈire] *vt* substituir.
so.sti.tu.to [sostitˈuto] *sm* substituto.
sot.ta.na [sottˈana] *sf* 1 saia. 2 *Rel* batina, sotaina. 3 *fig* mulher.
sot.ter.ra.ne.a [sotterˈanea] *sf bras* metrô.
sot.ter.ra.ne.o [sotterˈaneo] *sm* 1 subterrâneo, subsolo, local subterrâneo. 2 porão. • *agg* subterrâneo.
sot.ter.ra.re [sotterˈare] *vt* 1 enterrar. 2 soterrar. 3 sepultar.
sot.ti.le [sottˈile] *agg* 1 sutil. 2 fino, estreito. 3 delicado. 4 perspicaz.
sot.tin.ten.de.re [sottintˈɛndere] *vt* 1 subentender, dar a entender. 2 supor.
sot.to [sˈotto] *avv* abaixo, embaixo. • *prep* 1 sob, embaixo de, abaixo de. 2 no governo de. **di sotto** embaixo.
sot.to.li.ne.a.re [sottolineˈare] *vt* 1 sublinhar, grifar. 2 *fig* acentuar.
sot.to.ma.ri.no [sottomarˈino] *sm Naut* submarino. • *agg* submarino.
sot.to.mes.so [sottomˈesso] *agg* submisso, servil, humilde.
sot.to.met.te.re [sottomˈettere] *vt* 1 submeter. *vpr* 2 submeter-se.

sot.to.mis.sio.ne [sottomiss´jone] *sf* submissão.

sot.to.pas.sag.gio [sottopass´addʒo] *sm* passagem subterrânea, túnel.

sot.to.por.re [sottop´ore] *vt* **1** colocar debaixo. **2** submeter. **3** obrigar, constranger. *vpr* **4** submeter-se, sujeitar-se. **5** conformar-se.

sot.to.scri.ve.re [sottoskr´ivere] *vt* **1** subscrever, assinar. **2** *fig* aceitar, aprovar. **3** aderir a.

sot.to.so.pra [sottos´opra] *avv* de cabeça para baixo, de pernas para o ar, em desordem.

sot.to.suo.lo [sottos´wɔlo] *sm Geogr* subsolo.

sot.trar.re [sottr´arre] *vt* **1** subtrair. **2** cortar. **3** ocultar. **4** furtar. *vpr* **5** isentar-se. **6** esquivar-se.

sot.tra.zio.ne [sottrats´jone] *sf* **1** subtração. **2** *Giur* furto, roubo.

so.vra [s´ovra] *prep Poet V* sopra.

so.vrac.ca.ri.co [sovrakk´ariko] *sm* sobrecarga, excesso de peso. • *agg* sobrecarregado.

so.vra.no [sovr´ano] *sm* **1** soberano. **2** rei. • *agg* **1** soberano. **2** sumo, superior. **3** *fig* senhor de si.

so.vrap.por.re [sovrapp´orre] *vt* **1** sobrepor. **2** acrescentar, adicionar. **3** *fig* preferir. *vpr* **4** sobrepor-se.

so.vrin.ten.den.te [sovrintendénte] *s+agg* **1** superintendente. **2** supervisor, supervisora.

sov.ver.sio.ne [sovvers´jone] *sf* subversão.

sov.ver.ti.re [sovvert´ire] *vt* **1** subverter. **2** revolver.

soz.zo [s´oddzo] *agg* **1** sujo, imundo. **2** obsceno.

spac.ca.re [spakk´are] *vt* partir, rachar, fender.

spac.ca.tu.ra [spakkat´ura] *sf* rachadura, fenda.

spa.da [sp´ada] *sf* **1** espada. **2 spade** *pl* espadas (naipe das cartas).

spa.ghet.to [spag´etto] *sm* **1** barbante. **2** *pop* medo. **3 spaghetti** *pl* espaguete.

spa.gno.lo [spañ´ɔlo] *sm+agg* espanhol.

spa.go [sp´ago] *sm* **1** barbante. **2** cordão.

spa.lan.ca.re [spalank´are] *vt* **1** escancarar. **2** arregalar (olhos).

spal.la [sp´alla] *sf* **1** *Anat* ombro. **2** *fig* flanco (de exército). **3** lado. **4 spalle** *pl Anat* costas, dorso. **ridere alle spalle di** rir pelas costas de.

span.de.re [sp´andere] *vt* **1** espalhar. **2** derramar. **3** *fig* expandir. **4** propagar, divulgar. *vpr* **5** espalhar-se. **6** *fig* expandir-se, difundir-se.

spa.ra.drap.po [sparadr´appo] *sm Med* esparadrapo.

spa.ra.re [spar´are] *vt* **1** disparar (arma). **2** chutar.

spa.ra.to.ria [sparat´ɔrja] *sf* tiroteio.

spar.ge.re [sp´ardʒere] *vt* **1** espalhar. **2** *fig* divulgar. *vpr* **3** espalhar-se. **4** divulgar-se.

spa.ri.re [spar´ire] *vi* **1** desaparecer, sumir. **2** *fig* morrer.

spa.ri.zio.ne [sparits´jone] *sf* **1** desaparecimento, sumiço. **2** *fig* morte.

spa.ro [sp´aro] *sm* disparo, tiro de arma.

spar.ti.re [spart´ire] *vt* **1** partir, dividir. **2** repartir, distribuir. *vpr* **3** dividir-se. **4** afastar-se.

spas.sa.re [spass´are] *vt* **1** divertir, alegrar. *vpr* **2** divertir-se.

spas.so [sp´asso] *sm* **1** divertimento, diversão, passatempo. **2** passeio. **prendersi spasso di** divertir-se à custa de.

spau.rac.chio [spawr´akkjo] *sm* espantalho.

spa.ven.ta.re [spavent´are] *vt* **1** espantar, assustar. *vpr* **2** espantar-se, assustar-se.

spa.ven.to [spav´ento] *sm* espanto, susto.

spa.zia.le [spats´jale] *agg* espacial. • *sm* astronauta.

spa.zia.re [spats´jare] *vt* **1** espaçar. *vi*

spazio 228 **spezie**

2 vagar, mover-se no espaço. 3 *fig* divagar.

spa.zio [sp´atsjo] *sm* espaço.

spa.zio.so [spats´jozo] *agg* espaçoso, amplo.

spaz.za.re [spatts´are] *vt* 1 varrer. 2 *fig* retirar.

spaz.za.tu.ra [spattsat´ura] *sf* sujeira.

spaz.zo.la [sp´attsola] *sf* escova.

spaz.zo.la.re [spattsol´are] *vt* escovar.

spec.chio [sp´ekkjo] *sm* 1 espelho. 2 *fig* exemplo. **specchietto retrovisivo** *Autom* espelho retrovisor.

spe.cia.le [spetʃ´ale] *agg* 1 especial. 2 particular.

spe.cia.li.sta [spetʃal´ista] *s* especialista, perito, técnico.

spe.cie [sp´ɛtʃe] *sm* 1 espécie, tipo, classe. 2 *Zool* espécie. 3 *fig* surpresa, maravilha.

spe.ci.fi.ca.re [spetʃifik´are] *vt* especificar.

spe.ci.fi.co [spetʃ´ifiko] *agg* específico, particular, peculiar.

spe.cu.la.re [spekul´are] *vt+vi Fil, Comm* especular.

spe.di.re [sped´ire] *vt* 1 expedir, remeter, enviar, despachar. 2 *Med* aviar (receita). *vpr* 3 apressar-se.

spe.di.to [sped´ito] *agg* 1 ligeiro, rápido. 2 ágil. 3 ativo.

spe.di.zio.ne [spedits´jone] *sf* 1 expedição. 2 remessa, envio.

spe.gne.re [sp´eɲere] *vt* 1 apagar, extinguir (fogo). 2 *fig* satisfazer. 3 matar. 4 pagar (débito). *vpr* 5 apagar-se, extinguir-se. 6 *fig* morrer, falecer. 7 perder-se. 8 acabar.

spe.la.re [spel´are] *vt* 1 pelar, tirar o pelo de. *vpr* 2 perder os pelos.

spel.la.re [spell´are] *vt* 1 esfolar, pelar, tirar a pele de. 2 *fig* extorquir. *vpr* 3 perder a pele.

spen.de.re [sp´ɛndere] *vt* 1 gastar (dinheiro, tempo). 2 empregar, utilizar. 3 passar (tempo).

spen.na.re [spenn´are] *vt* 1 depenar. 2 *fig* extorquir, tirar dinheiro.

spen.sie.ra.to [spensjer´ato] *agg* 1 descuidado, imprudente. 2 impensado.

spe.ran.za [sper´antsa] *sf* 1 esperança. 2 fé. 3 aspiração.

spe.ra.re [sper´are] *vt* 1 esperar. 2 confiar. 3 desejar. *vi* 4 ter esperança. **spero di no** espero que não. **spero di sì** espero que sim.

spe.ri.men.ta.re [speriment´are] *vt* 1 experimentar, testar. 2 *fig* tentar, arriscar.

sper.ma [sp´ɛrma] *sm Fisiol* esperma, sêmen.

spe.ro.ne [sper´one] *sm* 1 espora. 2 pala da camisa. 3 *fig* estímulo.

sper.pe.ra.re [sperper´are] *vt* 1 desperdiçar, esbanjar. *fig* 2 estragar. 3 jogar fora.

sper.pe.ro [sp´ɛrpero] *sm* desperdício.

spe.sa [sp´eza] *sf* 1 despesa, gasto. 2 compra. **a proprie spese** por conta própria.

spes.so [sp´esso] *agg* 1 espesso, grosso, denso, compacto. 2 frequente. • *avv* frequentemente.

spes.so.re [spess´ore] *sm* 1 espessura, grossura. 2 *fig* densidade.

spet.ta.co.la.re [spettakol´are] *agg* espetacular, grandioso, extraordinário.

spet.ta.co.lo [spett´akolo] *sm* 1 espetáculo, apresentação. 2 *fig* quadro, panorama.

spet.ta.re [spett´are] *vi* caber a, competir a.

spet.ti.na.re [spettin´are] *vt* 1 despentear, descabelar. *vpr* 2 despentear-se, descabelar-se.

spet.tro [sp´ɛttro] *sm* 1 espectro, fantasma, assombração. 2 *fig* ameaça, perigo.

spe.zia.le [spets´jale] *sm* farmacêutico.

spe.zie [sp´ɛtsje] *sf pl* 1 especiarias. 2 *Med* drogas, produtos farmacêuticos.

spezzare [spetts´are] *vt* 1 quebrar, romper. 2 trocar (dinheiro). 3 despedaçar. *vpr* 4 quebrar-se, romper-se. 5 despedaçar-se.

spezzettare [spettsett´are] *vt* esmigalhar.

spia [sp´ia] *sf* 1 espião. 2 olho mágico.

spiacere [spjatʃ´ere] *sm* desprazer. • *vi* 1 desagradar. 2 incomodar.

spiacevole [spjatʃ´evole] *agg* 1 desagradável. 2 incômodo.

spiaggia [sp´jaddʒa] *sf* 1 praia. 2 litoral, costa.

spianare [spjan´are] *vt* 1 aplainar. 2 alisar. 3 *fig* explicar. 4 facilitar. 5 apontar, mirar.

spiare [spi´are] *vt* 1 espiar, espreitar. 2 espionar.

spiccare [spikk´are] *vt* 1 arrancar, destacar, separar. 2 despachar (ordem). 3 colher (fruto, flor). *vi* 4 destacar-se, ressaltar-se. *vpr* 5 destacar-se, fazer sucesso.

spiccioli [sp´ittʃoli] *sm pl* troco.

spiedo [sp´jedo] *sm* espeto.

spiegare [spjeg´are] *vt* 1 desdobrar, estender. 2 explicar, esclarecer. *vpr* 3 desdobrar-se, estender-se. 4 explicar-se.

spiegazione [spjegats´jone] *sf* explicação, esclarecimento.

spietato [spjet´ato] *agg* impiedoso, desumano.

spiga [sp´iga] *sf* espiga.

spilla [sp´illa] *sf* broche.

spillo [sp´illo] *sm* alfinete. **spillo di sicurezza** alfinete de segurança.

spilorcio [spil´ortʃo] *sm+agg* 1 avarento, sovina. 2 *pop* pão-duro.

spina [sp´ina] *sf* 1 *Bot* espinho. 2 *Zool* espinha de peixe. 3 ferrão de abelha ou vespa. 4 *Anat* espinha. 5 *fig* dor, aflição. **spina dorsale** espinha dorsal.

spinacio [spin´atʃo] *sm* espinafre.

spingarda [sping´arda] *sf* espingarda.

spingere [sp´indʒere] *vt* 1 impelir, empurrar. 2 *fig* instigar, provocar. *vpr* 3 avançar, adiantar-se. 4 *fig* aventurar-se, arriscar.

spinta [sp´inta] *sf* 1 empurrão. 2 impulso. 3 *fig* estímulo.

spiraglio [spir´aλo] *sm* 1 fenda, fresta, rachadura. 2 *fig* abertura, passagem.

spirare [spir´are] *vt* 1 exalar, emanar. 2 *fig* exprimir, manifestar. *vi* 3 expirar. 4 respirar. 5 soprar. 6 morrer.

spiritista [spirit´ista] *s* espírita.

spirito [sp´irito] *sm* 1 espírito. 2 alma. 3 ser sobrenatural. 4 fantasma. 5 *fig* inteligência. 6 imaginação. 7 coragem, ânimo. 8 graça, humor. 9 *Chim* espírito, álcool. **lo Spirito Santo** o Espírito Santo.

spirituale [spiritu´ale] *agg* 1 espiritual. 2 *fig* místico. 3 religioso.

splendere [spl´endere] *vi* 1 resplandecer. 2 reluzir.

splendido [spl´ɛndido] *agg* 1 esplêndido, brilhante. 2 *fig* grandioso, fabuloso.

splendore [splend´ore] *sm* 1 esplendor. 2 *fig* luxo, pompa.

spogliare [spoλ´are] *vt* 1 espoliar. 2 despir. 3 roubar, saquear. *vpr* 4 despir-se. 5 *fig* privar-se.

spolverare [spolver´are] *vt* 1 tirar o pó de, limpar. 2 escovar. 3 polvilhar. 4 *fig* devorar.

sponda [sp´onda] *sf* 1 praia. 2 parapeito. 3 beira, borda, orla. 4 *fam* proteção, apoio.

spontaneo [spont´aneo] *agg* 1 espontâneo. 2 voluntário.

sporadico [spor´adiko] *agg* esporádico, raro.

sporcare [spork´are] *vt* 1 sujar. 2 manchar. 3 *fig* desonrar, envergonhar. *vpr* 4 sujar-se.

sporcizia [sportʃ´itsja] *sf* 1 sujeira. 2 *fig* indecência, baixeza.

spor.co [spo'rko] *agg* 1 porco, sujo, imundo. 2 *fig* desonesto. 3 sórdido. 4 imoral, vulgar.

spor.gen.za [spordʒ'ɛntsa] *sf* saliência.

sport [sp'ɔrt] *sm ingl* esporte.

spor.tel.lo [sport'ɛllo] *sm dim* 1 portinhola. 2 guichê.

spor.ti.vo [sport'ivo] *agg* esportivo.

spo.sa [sp'oza] *sf* mulher, esposa. **promessa sposa** noiva.

spo.sa.re [spoz'are] *vt* 1 desposar, casar. 2 *fig* juntar, unir. *vpr* 3 casar-se.

spo.so [sp'ozo] *sm* marido, esposo. **promesso sposo** noivo.

spo.sta.re [spost'are] *vt* 1 deslocar. 2 adiar. *vpr* 3 deslocar-se. 4 mudar-se, transferir-se.

spran.ga [spr'anga] *sf* 1 tranca. 2 barra.

spre.ca.re [sprek'are] *vt* 1 desperdiçar. 2 estragar.

spre.co [spr'ɛko] *sm* 1 desperdício. 2 estrago.

spre.me.re [spr'ɛmere] *vt* 1 espremer, apertar. 2 *fig* extorquir, arrancar (dinheiro).

spruz.za.re [sprutts'are] *vt* borrifar.

spu.gna [sp'uɲa] *sf* 1 esponja. 2 *fig* beberrão.

spu.ma [sp'uma] *sf* espuma.

spun.ta.re [spunt'are] *vt* 1 embotar, tirar o fio de instrumento cortante. 2 verificar, conferir (contas). 3 *fig* vencer, superar. 4 aparar (cabelo). 5 podar. *vi* 6 despontar, aparecer. 7 nascer (sol, dia etc.). *vpr* 8 embotar-se.

spu.ta.re [sput'are] *vt* 1 cuspir. 2 *fig* jogar, lançar. *vi* 3 cuspir.

spu.to [sp'uto] *sm* cuspe.

squa.dra [sk'wadra] *sf* 1 esquadro. 2 esquadrão de polícia. 3 turma (de operários). 4 *Mil, Naut, Aer* esquadra. 5 *Sp* time.

squa.dro.ne [skwadr'one] *sm Mil* esquadrão.

squal.li.do [sk'wallido] *agg* 1 esquálido, pálido. 2 *fig* miserável. 3 desalinhado. 4 árido, desolado.

squa.lo [sk'walo] *sm* 1 tubarão. 2 *fig* aproveitador, parasita.

squa.ma [sk'wama] *sf* escama.

squar.cia.re [skwartʃ'are] *vt* 1 rasgar, dilacerar. 2 *fig* escancarar. 3 arrancar. *vpr* 4 rasgar-se, dilacerar-se.

squar.cio [sk'wartʃo] *sm* 1 rasgo. 2 fissura. 3 *fig* trecho, parte.

squar.ta.re [skwart'are] *vt* 1 esquartejar. 2 rachar.

squi.li.bra.re [skwilibr'are] *vt* 1 desequilibrar. 2 *fig* desarrumar. *vpr* 3 desequilibrar-se. 4 *fig* desarrumar-se.

squi.li.brio [skwil'ibrjo] *sm* 1 desequilíbrio. 2 *fig* loucura.

squi.si.tez.za [skwizit'ettsa] *sf* 1 iguaria, petisco. 2 excelência, perfeição. 3 fineza, delicadeza. 4 elegância, classe.

squi.si.to [skwiz'ito] *agg* 1 excelente. 2 *fig* delicioso, gostoso. 3 fino, delicado (gosto). 4 elegante, refinado. 5 maravilhoso.

sre.go.la.tez.za [zregolat'ettsa] *sf* 1 desregramento, libertinagem. 2 desordem.

sre.go.la.to [zregol'ato] *agg* 1 desregrado, libertino. 2 desordenado.

sta.bi.le [st'abile] *agg* 1 estável, equilibrado. 2 firme. 3 duradouro. 4 *Giur* imóvel (bem).

sta.bi.li.men.to [stabilim'ento] *sm* 1 estabelecimento. 2 fábrica, indústria.

sta.bi.li.re [stabil'ire] *vt* 1 estabelecer. 2 decidir, resolver. 3 fundar, instituir. 4 colocar, assentar. 5 firmar, fixar. 6 decretar. *vpr* 7 estabelecer-se.

sta.bi.li.tà [stabilit'a] *sf* 1 estabilidade. 2 firmeza.

sta.bi.liz.za.re [stabiliddz'are] *vt* 1 estabilizar, consolidar, reforçar. *vpr* 2 estabilizar-se.

stac.ca.re [stakk'are] *vt* 1 separar, desligar. 2 arrancar, destacar. *vi* 3 destacar,

staccio 231 **stella**

ressaltar. *vpr* **4** abandonar, ir embora. **5** separar-se, desligar-se. **6** afastar-se.
stac.cio [st'attʃo] *sm* peneira.
stac.co [st'akko] *sm* **1** destaque, evidência. **2** diferença, contraste.
sta.dio [st'adjo] *sm* **1** estádio. **2** etapa. **3** época.
staf.fi.le [staff'ile] *sm* açoite, chicote.
sta.gio.na.re [stadʒon'are] *vt* **1** amadurecer (fruta). **2** conservar (queijo). *vpr* **3** amadurecer.
sta.gio.ne [stadʒ'one] *sf* estação do ano. **fuori di stagione** fora de hora.
sta.gno [st'año] *sm* **1** pântano, charco. **2** *Min* estanho. • *agg* **1** impermeável, à prova de água. **2** hermeticamente fechado.
stal.la [st'alla] *sf* **1** estábulo, estrebaria. **2** *fig* chiqueiro, lugar imundo.
stal.lo.ne [stall'one] *sm* garanhão.
sta.ma.ni [stam'ani] *avv* V *stamattina*.
sta.mat.ti.na [stamatt'ina] *avv* esta manhã, hoje pela manhã. *Sin: stamani.*
stam.pa [st'ampa] *sf* **1** estampa, figura. **2** gravura. **3** impressão. **4** imprensa. **5** folheto, impresso. **6** edição. **7** *fig* modelo. **8** tipo.
stam.pa.re [stamp'are] *vt* **1** estampar, imprimir. **2** gravar.
stam.pa.tel.lo [stampat'ɛllo] *sm* letra de forma.
stam.pel.la [stamp'ɛlla] *sf* **1** muleta. **2** cabide.
stam.po [st'ampo] *sm* **1** molde vazado. **2** forma para bolo etc. **3** *fig* natureza, tipo. **4** modelo.
stan.ca.re [stank'are] *vt* cansar, fatigar. *vi+vpr* **2** cansar-se, fatigar-se.
stan.chez.za [stank'ettsa] *sf* cansaço, fadiga.
stan.co [st'anko] *agg* cansado, exausto. **stanco morto** morto de cansaço.
stan.ga [st'anga] *sf* tranca, barra.
sta.not.te [stan'ɔtte] *avv* esta noite, hoje à noite.

stan.ti.o [stant'io] *agg* **1** rançoso, passado (alimento). **2** pesado (ar).
stan.za [st'antsa] *sf* **1** cômodo, aposento, quarto. **2** *Lett, Poet* estrofe. **3** *fig* acampamento, alojamento. **stanza da bagno** banheiro.
sta.re [st'are] *vi* **1** estar: a) permanecer, ficar. b) sentir-se. c) encontrar-se, localizar-se. **2** deter-se, parar. **3** residir, morar. **come state?** como vão? **lasciar stare** deixar como está. **starci** a) caber. b) concordar.
star.nu.ti.re [starnut'ire] *vi* espirrar.
star.nu.to [starn'uto] *sm* espirro.
sta.se.ra [stas'era] *avv* esta noite, hoje à noite.
sta.ta.le [stat'ale] *sm* funcionário público. • *agg* estatal, do Estado.
sta.ti.co [st'atiko] *agg* estático, imóvel, estável.
sta.ti.sti.ca [stat'istika] *sf* estatística.
sta.to [st'ato] *sm* **1** estado. **2** condição, situação. **3** posição social. **lo Stato** *Pol* o Estado. **stato civile** estado civil. **stato d'animo** estado de espírito.
sta.tua [st'atwa] *sf* estátua.
sta.tu.ni.ten.se [statunit'ɛnse] *s+agg* norte-americano.
sta.tu.ra [stat'ura] *sf* **1** estatura, altura. **2** *fig* personalidade, valor.
sta.tu.to [stat'uto] *sm* estatuto, regulamento.
sta.zio.na.re [statsjon'are] *vi* estacionar, parar.
sta.zio.ne [stats'jone] *sf* **1** estação. **2** parada. **stazione balneare** balneário. **stazione di polizia** distrito policial. **stazione radiofonica** estação de rádio. **stazione T.V.** estação de televisão.
stec.ca [st'ekka] *sf* **1** vareta. **2** taco de bilhar.
stec.ca.to [stekk'ato] *sm* cerca.
stel.la [st'ella] *sf* **1** estrela. **2** *Cin, Teat* estrela. **3** *fig* destino, sorte. **stella cadente** estrela cadente. **stella di mare**

stellionato — strabico

Zool estrela-do-mar. **vedere le stelle** ver estrelas.

stel.lio.na.to [stelljon´ato] *sm Giur* estelionato.

ste.lo [st´εlo] *sm Bot* 1 haste. 2 *fig* suporte.

sten.dar.do [stend´ardo] *sm* 1 estandarte, pavilhão. 2 *fig* símbolo.

sten.de.re [st´endere] *vt* 1 estender, distender. 2 redigir, escrever. 3 derrubar, abater. *vpr* 4 estender-se. 5 alongar-se, prolongar-se.

sten.ta.re [stent´are] *vi* 1 sofrer, penar. 2 viver com dificuldade. 3 ter trabalho, ter dificuldade.

sten.to [st´ento; st´ento] *sm* 1 dificuldade, de custo. 2 esforço. 3 necessidade. **a stento/a grande stento** com dificuldade, a muito custo.

ster.co [st´εrko] *sm* esterco, fezes de animais.

ste.re.o [st´εreo] *sm ger* estéreo. • *agg* estéreo.

ste.ri.le [st´erile] *agg* 1 estéril. 2 improdutivo. 3 *fig* inútil.

ste.ri.liz.za.re [steriliddz´are] *vt* 1 esterilizar. 2 desinfetar. 3 exaurir (solo).

ster.mi.na.re [stermin´are] *vt* 1 exterminar, massacrar. 2 *fig* derrotar.

ster.mi.nio [sterm´injo] *sm* extermínio, massacre, carnificina.

ster.za.re [sterts´are] *vi* virar, voltar, desviar.

ster.zo [st´εrtso] *sm* 1 guidão da bicicleta. 2 *Autom* volante, direção.

stes.so [st´esso] *agg* 1 mesmo. 2 igual, semelhante. **fa lo stesso** a) tanto faz. b) dá na mesma. **io stesso** eu mesmo.

sti.le [st´ile] *sm* 1 estilo. 2 modo, maneira. 3 comportamento. 4 índole, natureza. 5 classe, educação.

sti.li.sta [stil´ista] *s* 1 estilista, modista. 2 artista.

stil.la.re [still´are] *vt* 1 destilar. *vt+vi* 2 gotejar, pingar.

sti.ma [st´ima] *sf* 1 estima, apreço. 2 *Comm* avaliação.

sti.ma.re [stim´are] *vt* 1 estimar, apreciar, prezar. 2 julgar, considerar. 3 *Comm* avaliar. *vpr* 4 acreditar-se, julgar-se.

sti.mo.la.re [stimol´are] *vt* 1 picar. 2 *fig* estimular, excitar, instigar.

sti.mo.lo [st´imolo] *sm fig* estímulo, incentivo.

stin.co [st´inko] *sm Anat* canela.

sti.pen.dio [stip´endjo] *sm* salário, ordenado. **prendere uno stipendio** ganhar um salário.

sti.pu.la.re [stipul´are] *vt* estipular, convencionar.

sti.ra.re [stir´are] *vt* 1 estirar, esticar. 2 passar roupa. *vpr* 3 espreguiçar-se.

stir.pe [st´irpe] *sf* 1 estirpe, descendência, linhagem. 2 raça, povo. 3 tipo, gênero. 4 origem.

sti.ti.chez.za [stitik´ettsa] *sf Med* constipação, prisão de ventre.

sti.va.le [stiv´ale] *sm* bota. **rompere gli stivali** *volg* encher o saco.

stof.fa [st´offa] *sf* 1 fazenda, tecido. 2 *fig* tipo, condição.

sto.la [st´ɔla] *sf* estola.

sto.ma.co [st´ɔmako] *sm* 1 *Anat* estômago. 2 *fig* ânimo, coragem.

sto.na.re [ston´are] *vi* 1 desafinar. 2 *fig* destoar.

stop.pi.no [stopp´ino] *sm* 1 pavio. 2 estopim, mecha.

stor.ce.re [st´ɔrtʃere] *vt* 1 torcer. 2 distorcer (um sentido). 3 *Med* deslocar. **storcere il naso** torcer o nariz.

sto.ria [st´ɔrja] *sf* 1 história. 2 conto. 3 *fig* lorota. 4 **storie** *pl pop* rodeios.

stor.to [st´ɔrto] *agg* 1 torto, oblíquo. 2 retorcido, recurvado. 3 *fig* errado. 4 ameaçador (olhar).

sto.vi.glie [stovi´iʎe] *sf pl* louça.

stra.bi.co [str´abiko] *sm+agg* 1 estrábico. 2 *pop* vesgo.

strac.cia.re [strattʃ'are] *vt* rasgar, dilacerar.
strac.cio [str'attʃo] *sm* **1** trapo, farrapo. **2** retalho, resto, sobra.
strac.cio.ne [strattʃ'one] *sm* **1** maltrapilho, esfarrapado. **2** *fig* miserável, indigente.
stra.da [str'ada] *sf* **1** estrada. **2** rodovia. **3** rua. **4** *fig* caminho, direção. **fare strada** subir na vida, fazer carreira. **strada a senso unico** rua de mão única. **strada ferrata** ferrovia. **strada senza uscita** rua sem saída.
stra.ge [str'adʒe] *sf* **1** matança, carnificina. **2** ruína.
stra.lu.na.re [stralun'are] *vt* arregalar (os olhos).
stra.nez.za [stran'ettsa] *sf* estranheza, extravagância.
stran.go.la.re [strangol'are] *vt* **1** estrangular, esganar. **2** *fig* sufocar. *vpr* **3** estrangular-se.
stra.nie.ro [stran'jero] *sm+agg* **1** estrangeiro. **2** forasteiro.
stra.no [str'ano] *agg* **1** estranho. **2** esquisito. **3** original. **4** estrangeiro. **5** misterioso.
stra.or.di.na.rio [straordin'arjo] *sm* **1** empregado temporário. **2** hora extra. • *agg* extraordinário, excepcional.
strap.pa.re [strapp'are] *vt* **1** arrebatar, arrancar. **2** rasgar, dilacerar. **3** *fig* extorquir.
strap.po [str'appo] *sm* **1** puxão, arranque. **2** rasgo. **3** *Med* luxação. **4** *Giur* infração.
stra.te.gia [strated ʒ'ia] *sf* estratégia.
stra.to [str'ato] *sm Geol* estrato, camada. **strato funebre** mortalha.
stra.va.gan.te [stravag'ante] *agg* extravagante, esquisito, estranho.
stra.va.gan.za [stravag'antsa] *sf* extravagância, estranheza.
stra.zia.re [stratsj'are] *vt* **1** dilacerar, ferir. **2** estragar, executar mal. **3** *fig* afligir, angustiar.

stra.zio [str'atsjo] *sm* **1** massacre, carnificina. **2** destruição, ruína. **3** porcaria, coisa malfeita. **4** *fig* aflição, angústia. **5** dor, sofrimento.
stre.ga [str'ega] *sf* **1** bruxa, feiticeira. **2** *fig* mulher feia.
stre.go.ne [streg'one] *sm* bruxo.
stret.ta [str'etta] *sf* **1** aperto. **2** *Geogr* passo, garganta, desfiladeiro. **3** *fig* aperto, aflição. **stretta di mano** aperto de mão.
stret.tez.za [strett'ettsa] *sf* **1** estreiteza. **2** restrição. **3 strettezze** *pl* miséria, pobreza. **4** *pop* dureza.
stret.to [str'etto] *sm Geogr* **1** estreito. **2** canal. **3** *Mil* desfiladeiro, garganta. • *agg* **1** estreito. **2** restrito, limitado. **3** apertado (calçado, roupa). **4** comprimido. **5** estrito (sentido). **6** *fig* íntimo. **7** *Gramm* fechado (som de vogal).
stri.a [str'ia] *sf* **1** estria. **2** sulco. **3** listra, traço, risca.
stri.a.re [stri'are] *vt* listrar, riscar.
stri.den.te [strid'ente] *agg* estridente, agudo.
stril.la.re [strill'are] *vi* **1** gritar, berrar. **2** lamentar-se, chorar. **3** protestar, reclamar.
stril.lo [str'illo] *sm* **1** grito, berro. **2** protesto.
strin.ge.re [str'indʒere] *vt* **1** apertar. **2** espremer. **3** estreitar. **4** restringir, diminuir. **5** segurar, empunhar. **6** resumir. **7** *fig* fazer (amizade). *vpr* **8** aproximar-se. **9** unir-se. **stringere la mano a qualcuno** apertar a mão de alguém.
stri.scia [str'iʃa] *sf* **1** tira, fita. **2** listra, linha. **3** faixa (em uniforme). **4** rastro, vestígio. **striscie pedonali** faixa de pedestres.
stri.scia.re [striʃ'are] *vt* **1** arrastar. **2** arranhar, riscar. **3** esfregar. *vi* **4** arrastar-se, engatinhar. **5** bajular. **6** humilhar-se. **7** *fig* difundir-se.

stritolare   234   succedere

stri.to.la.re [stritol´are] *vt* **1** triturar, esmigalhar. **2** esmagar, amassar. **3** *fig* derrotar.

stro.fa [str´ɔfa] *sf Lett* estrofe.

stro.fi.nac.cio [strofin´attʃo] *sm* trapo, pano para limpeza.

stro.fi.na.re [strofin´are] *vt* **1** esfregar com pano. *vpr* **2** esfregar-se. **3** *fig* bajular, adular.

stron.ca.re [stronk´are] *vt* **1** truncar, cortar, decepar. **2** *fig* criticar. **3** frustrar.

stron.zo [str´ontso] *sm volg* **1** covarde, medroso. **2** cachorro, verme.

stroz.za.re [strotts´are] *vt* **1** estrangular, esganar. *vpr* **2** estrangular-se. **3** cansar-se.

stru.men.to [strum´ento] *sm* **1** instrumento. **2** ferramenta, utensílio. **3** mecanismo. **strumento a corda** *Mus* instrumento de cordas. **strumento a fiato** *Mus* instrumento de sopro. **strumento a percussione** *Mus* instrumento de percussão.

strut.tu.ra [strutt´ura] *sf* **1** estrutura. **2** armação, esqueleto. **3** conformação. **4** *fig* construção.

struz.zo [str´uttso] *sm Zool* avestruz.

stuc.che.vo.le [stukk´evole] *agg* **1** maçante. **2** *pop* chato, cacete.

stuc.co [st´ukko] *sm* estuque. • *agg* farto, cheio.

stu.den.te [stud´ɛnte] *sm+agg* estudante, aluno (de curso superior).

stu.den.tes.sa [student´essa] *sf* estudante, aluna (de curso superior).

stu.dia.re [stud´jare] *vt* **1** estudar. **2** examinar, analisar. *vpr* **3** empenhar-se em, esforçar-se para.

stu.dio [st´udjo] *sm* **1** estudo. **2** projeto, monografia. **3** ateliê de artista. **4** escritório, gabinete. **5** estúdio de televisão.

stu.dio.so [stud´jozo] *sm* estudioso, cientista. • *agg* **2** *fig* cuidadoso.

stu.fa [st´ufa] *sf* **1** estufa. **2** aquecedor.

stu.fa.re [stuf´are] *vt* **1** guisar. **2** *fig* encher, fartar. *vpr* **3** *fig* encher-se, fartar-se.

stu.fa.to [stuf´ato] *sm* guisado.

stu.fo [st´ufo] *agg* **1** aborrecido. **2** cheio, farto. **stufo di** cheio de.

stu.pen.do [stup´endo] *agg* estupendo, extraordinário.

stu.pi.dag.gi.ne [stupid´addʒine] *sf* **1** estupidez. **2** asneira, burrice. **3** ninharia.

stu.pi.do [st´upido] *sm* **1** estúpido, imbecil. **2** *pop* asno, burro. • *agg* estúpido, imbecil.

stu.pi.re [stup´ire] *vt* **1** assombrar. *vi+vpr* **2** assombrar-se.

stu.pra.re [stupr´are] *vt* estuprar, violentar.

stu.pro [st´upro] *sm* estupro.

stuz.zi.ca.re [stuttsik´are] *vt* **1** picar, cutucar. **2** estimular. **3** atiçar o fogo. **4** *fig* irritar. **5** provocar. **6** excitar.

su [s´u] *avv* acima, em cima. • *prep* **1** sobre. **2** em cima de. **3** a respeito de. • *int* vamos! **su per giù** cerca de, mais ou menos.

su.a [s´ua] *pron f sing* sua, dele, dela.

su.bal.ter.no [subalt´ɛrno] *sm+agg* subalterno.

su.bi.re [sub´ire] *vt* **1** suportar, sofrer. **2** sujeitar-se a. **3** aturar.

su.bi.to [s´ubito] *agg* **1** veloz, rápido. **2** súbito, repentino. • *avv* **1** logo, imediatamente. **2** subitamente, de repente.

su.bli.me [subl´ime] *agg* **1** sublime. **2** *fig* excelente. **3** perfeito. **4** magnífico, majestoso.

su.bor.di.na.re [subordin´are] *vt* **1** subordinar, sujeitar. **2** condicionar.

su.bor.na.re [suborn´are] *vt* subornar, corromper.

su.bor.na.zio.ne [subornats´jone] *sf* suborno.

su.bur.ba.no [suburb´ano] *agg* suburbano.

suc.ce.de.re [suttʃ´ɛdere] *vi* **1** suceder:

a) seguir-se, vir depois. b) acontecer, ocorrer. *vpr* **2** suceder-se, seguir-se.
suc.ces.sio.ne [suttʃessˈjone] *sf* **1** sucessão. **2** série, sequência. **3** herança.
suc.ces.si.vo [suttʃessˈivo] *agg* sucessivo, seguinte, consecutivo, posterior.
suc.ces.so [suttʃˈɛsso] *sm* **1** resultado, efeito, consequência. **2** sucesso, êxito. **3** acontecimento. • *agg* **1** acontecido. **2** sucedido.
suc.ces.so.re [suttʃessˈore] *sm* **1** sucessor. **2** herdeiro, substituto.
suc.chia.re [sukkˈjare] *vt* sugar, chupar.
suc.cin.to [suttʃˈinto] *agg* sucinto, conciso, breve.
suc.co [sˈukko] *sm* suco (de frutas).
suc.cu.len.to [sukkulˈɛnto] *agg* suculento.
sud [sud] *sm Geogr* sul.
su.da.re [sudˈare] *vt* **1** suar. **2** *fig* conseguir com esforço. *vi* **3** suar. **4** *fig* fatigar-se, trabalhar pesado. **sudare freddo** suar frio.
sud.di.to [sˈuddito] *sm* súdito. • *agg* submisso.
sud-est [sudˈɛst] *sm* sudeste.
su.di.cio [sˈuditʃo] *agg* **1** sujo, imundo. **2** obsceno, vulgar (linguagem). **3** sórdido, vil. **4** depravado.
su.di.ciu.me [suditʃˈume] *sm* **1** sujeira. **2** lixo, porcaria.
su.do.re [sudˈore] *sm* **1** suor. **2** *fig* trabalho.
sud-ovest [sudovˈɛst] *sm* sudoeste.
su.e [sˈue] *pron f pl* suas, dele, dela.
suf.fi.cien.te [suffitʃˈɛnte] *sm* o suficiente. • *agg* **1** suficiente, bastante. **2** apto, capaz.
suf.fis.so [suffˈisso] *sm Gramm* sufixo. **suffisso vezzeggiativo** *Gramm* sufixo afetivo.
sug.ge.ri.men.to [suddʒerimˈento] *sm* **1** sugestão, conselho. **2** ideia, inspiração.
sug.ge.ri.re [suddʒerˈire] *vt* **1** sugerir, aconselhar. **2** lembrar, recordar. **3** insinuar.
sug.ge.stio.ne [suddʒestˈjone] *sf* **1** *Psic* sugestão (por hipnose). **2** *fig* fascínio, encanto.
sug.ge.sti.vo [suddʒestˈivo] *agg* **1** sugestivo. **2** *fig* encantador, atraente.
su.go [sˈugo] *sm* **1** suco, caldo, sumo (de carne, frutas). **2** molho. **3** *Bot* seiva. **4** *fig* essência.
sui.ci.da [switʃˈida] *s* suicida.
sui.ci.dar.si [switʃidˈarsi] *vpr* suicidar-se.
sui.ci.dio [switʃˈidjo] *sm* suicídio.
su.i.no [suˈino] *sm* suíno, porco. • *agg* suíno.
sul.ta.no [sultˈano] *sm* sultão.
su.o [sˈuo] *pron m sing* seu, dele, dela. **il suo** *fig* os seus bens, os bens dele (ou dela).
suo.ce.ro [sˈwɔtʃero] *sm* (*f* **suocera**) sogro.
suoi [swˈɔj] *pron m pl* seus, dele, dela. **2 i suoi** *fig* os seus (parentes), a família dele (ou dela).
suo.la [sˈwɔla] *sf* sola de sapato.
suo.lo [sˈwɔlo] *sm* **1** solo. **2** terreno. **3** pavimento. **4** camada.
suo.na.re [swonˈare] *vt* **1** tocar (instrumento, música). *vi* **2** soar. **3** *fig* significar. **4** bater, soar (horas).
suo.no [sˈwɔno] *sm* **1** som. **2** ruído, voz.
suo.ra [sˈwɔra] *sf Rel* irmã, freira, sóror.
su.pe.ra.re [superˈare] *vt* **1** superar. **2** exceder. **3** vencer, dominar. **4** passar (em exame).
su.per.bia [supˈɛrbja] *sf* arrogância, presunção, altivez.
su.per.bo [supˈɛrbo] *agg* **1** soberbo. **2** arrogante, presunçoso, altivo. **3** grandioso, magnífico.
su.per.fi.cia.le [superfitʃˈale] *agg* **1** superficial. **2** *fig* leve, despreocupado. **3** fútil, frívolo.
su.per.fi.cie [superfˈitʃe] *sf* **1** superfície. **2** área, espaço. **3** *fig* aparência.

su.per.fluo [sup´erflwo] *sm* o supérfluo, luxo. • *agg* supérfluo, secundário.

su.pe.rio.ra [super´jora] *sf Rel* superiora, madre superiora.

su.pe.rio.re [super´jore] *sm* superior, chefe. • *agg compar* (de **alto**) **1** superior. **2** mais elevado, mais alto. **3** melhor. **4** *fig* distinto.

su.pe.rio.ri.tà [superjorit´a] *sf* superioridade.

su.per.la.ti.vo [superlat´ivo] *sm+agg Gramm* superlativo.

su.per.mer.ca.to [supermerk´ato] *sm* supermercado.

su.per.sti.zio.ne [superstits´jone] *sf* superstição.

su.per.sti.zio.so [superstits´jozo] *agg* supersticioso.

sup.per.giù [supperdʒ´u] *avv* aproximadamente, cerca de, mais ou menos.

sup.ple.men.to [supplem´ento] *sm* **1** suplemento. **2** acréscimo, aumento.

sup.pli.ca [s´upplika] *sf* **1** súplica. **2** *Giur* petição, requerimento.

sup.pli.ca.re [supplik´are] *vt* **1** suplicar, implorar. **2** *Giur* requerer.

sup.pli.re [suppl´ire] *vt* **1** suprir, completar, substituir. *vi* **3** substituir.

sup.pli.zio [suppl´itsjo] *sm* **1** suplício. **2** *fig* agonia, sofrimento.

sup.por.re [supp´oɾe] *vt* **1** supor, presumir. **2** *fig* imaginar.

sup.por.to [supp´ɔrto] *sm* **1** *Mecc* suporte. **2** base, pé, pedestal.

sup.po.sta [supp´ɔsta] *sf Med* supositório.

su.pre.mo [supr´emo] *agg superl* (de **alto**) **1** supremo, sumo. **2** *fig* último, extremo.

su.sci.ta.re [suʃit´are] *vt* **1** suscitar, provocar, originar. **2** *fig* estimular, inspirar.

su.si.na [suz´ina] *sf* ameixa.

sus.se.guen.te [sussegu´wɛnte] *agg* subsequente, seguinte, imediato.

sus.si.dia.re [sussid´jare] *vt* **1** subsidiar, financiar. **2** ajudar.

sus.si.dio [suss´idjo] *sm* **1** subsídio. **2** auxílio, ajuda, apoio.

sus.si.ste.re [suss´istere] *vi* subsistir, existir.

sus.sul.ta.re [sussult´are] *vi* **1** estremecer, tremer. **2** *fig* assustar-se.

sus.sur.ra.re [sussuɾ´are] *vt+vi* **1** sussurrar, murmurar. **2** *fig* difamar, caluniar.

sus.sur.ro [suss´uɾo] *sm* sussurro.

su.tu.ra [sut´ura] *sf Med* sutura.

su.tu.ra.re [sutur´are] *vt Med* suturar.

sva.ga.re [zvag´are] *vt* **1** divertir. **2** distrair. *vpr* **3** divertir-se. **4** distrair-se.

sva.go [zv´ago] *sm* divertimento, distração, passatempo.

sva.ni.re [zvan´ire] *vi* **1** dissipar-se. **2** desaparecer, sumir. **3** *fig* fugir, esconder-se.

svan.tag.gio [zvant´addʒo] *sm* **1** desvantagem. **2** prejuízo.

sve.glia [zv´eλa] *sf* **1** despertador. **2** *fig* estímulo. **3** aviso, advertência.

sve.glia.re [zveλ´are] *vt* **1** acordar, despertar. **2** *fig* estimular, excitar. *vpr* **3** acordar, despertar. **4** *fig* revelar-se, surgir.

sve.glio [zv´eλo] *agg* **1** acordado. **2** *fig* esperto, vivo.

sve.la.re [zvel´are] *vt* **1** tirar o véu. **2** *fig* revelar. **3** declarar, manifestar. **4** descobrir.

svel.ti.re [zvelt´ire] *vt* **1** acelerar, apressar. *vpr* **2** apressar-se.

svel.to [zv´elto] *agg* **1** rápido, veloz, ligeiro. **2** vivo, esperto. **3** esbelto.

sve.ni.men.to [zvenim´ento] *sm* desmaio, colapso.

sve.ni.re [zven´ire] *vi* desmaiar, desfalecer.

sven.to.la.re [zventol´are] *vt* **1** abanar, ventilar. *vi* **2** tremular. *vpr* **3** abanar-se.

sven.tu.ra [zvent´ura] *sf* **1** desventura. **2** calamidade, desgraça. **3 sventure** *pl* aventuras.

sver.go.gna.to [zvergoñ´ato] *agg* **1** desavergonhado, descarado. **2** *pop* sem-vergonha.

svi.a.re [zv´iare] *vt* **1** desviar. **2** desencaminhar. *vpr* **3** desviar. **4** desencaminhar-se.

svi.lup.pa.re [zvilupp´are] *vt* **1** desenvolver. **2** desenrolar, desembrulhar. **3** *Fot* revelar. *vpr* **4** desenvolver-se. **5** progredir (mentalmente). **6** formar-se, amadurecer (ideia).

svi.lup.po [zvil´uppo] *sm* **1** desenvolvimento. **2** *Fot* revelação.

svo.glia.to [zvoλ´ato] *agg* **1** desanimado. **2** *fig* preguiçoso, indolente.

svo.laz.za.re [zvolatts´are] *vi* **1** esvoaçar. **2** flutuar, pairar. **3** *fig* vagar, perambular. **4** *pop* zanzar.

svol.ge.re [zv´ɔldʒere] *vt* **1** desembrulhar, desenrolar. **2** *fig* esmiuçar. *vpr* **3** desenvolver-se, crescer. **4** acontecer.

svol.gi.men.to [zvoldʒim´ento] *sm* desenvolvimento, progresso.

svol.ta [zv´ɔlta] *sf* **1** volta. **2** curva. **3** desvio. **4** *fig* reviravolta. **5** momento de decisão.

svuo.ta.re [zvwot´are] *vt* **1** esvaziar. *vi+vpr* **2** evacuar, defecar. **3** *fig* desabafar.

t

t [t´i] *sf* tê, a décima oitava letra do alfabeto italiano.

ta.bac.co [tab´akko] *sm* **1** tabaco. **2** fumo.

ta.bel.la [tab´ɛlla] *sf* **1** tabela, quadro. **2** lista, catálogo.

tac.ca [t´akka] *sf* **1** corte, incisão, talho. **2** entalhe. **3** marca, sinal. **4** *fig* defeito, imperfeição.

tac.chi.no [takk´ino] *sm Zool* peru.

tac.co [t´akko] *sm* salto de sapato.

ta.ce.re [tatʃ´ere] *vt* **1** calar, não dizer. **2** manter em segredo. *vi* **3** calar, silenciar. **4** não responder. **5** *fig* ser silencioso. **taci!** cala a boca!

ta.glia [t´aʎa] *sf* **1** tamanho, dimensão. **2** estatura, compleição. **3** resgate. **4** prêmio, recompensa. **5** número (de roupas).

ta.glia.bo.schi [taʎab´ɔski] *sm* lenhador.

ta.glia.re [taʎ´are] *vt* **1** cortar, talhar. **2** amputar. **3** atravessar, cruzar. **4** cortar, interromper, parar o fornecimento. *vi* **5** cortar caminho. *vpr* **6** cortar-se, ferir-se.

ta.glia.tel.le [taʎat´ɛlle] *sf pl*, **ta.glie.ri.ni** [taʎer´ini] *sm pl* talharim.

ta.glio [t´aʎo] *sm* **1** corte, talho. **2** fio de lâmina. **3** fatia, pedaço. **arma a doppio taglio** (*anche fig*) faca de dois gumes. **taglio cesareo** operação cesariana. **taglio d'abito** corte de tecido. **taglio di capelli** corte de cabelo.

tal.co [t´alko] *sm* talco.

ta.le [t´ale] *sm* fulano, sujeito, indivíduo. • *agg* **1** tal. **2** tão grande. • *pron* alguém, certa pessoa. **il tale dei tali** fulano de tal.

ta.len.to [tal´ento] *sm* **1** talento, engenho. **2** tendência, aptidão, inclinação.

ta.li.sma.no [talizm´ano] *sm* talismã.

tal.lon.ci.no [tallontʃ´ino] *sm Comm* **1** talão. **2** recibo.

tal.lo.ne [tall´one] *sm Anat* talão, calcanhar.

ta.lo.ra [tal´ora] *avv* às vezes, de vez em quando. *Sin: talvolta*.

ta.lu.no [tal´uno] *agg* algum.

tal.vol.ta [talv´ɔlta] *avv V talora*.

tam.bu.ri.no [tambur´ino] *sm Mus* tamborim.

tam.bu.ro [tamb´uro] *sm Mus* tambor.

tam.po.ne [tamp´one] *sm Med* tampão.

ta.na [t´ana] *sf* **1** covil, toca de animal. **2** *fig* casebre.

tan.to [t´anto] *agg* **1** tanto, tão. **2** muito. • *pron* tanto. • *avv* tanto, de tal maneira. **1** tanto, quantidade indeterminada. **2** soma, valor. **di tanto in tanto/ogni tanto** de quanto em quando, de vez em quando. **tanto ... come** tão ... como, tanto ... como. **tanto ... quanto** tão ..., quanto, tanto ... quanto.

ta.pi.ro [tap´iro] *sm Zool* tapir, anta.

tap.pa [t´appa] *sf* **1** parada, intervalo, repouso. **2** etapa, fase.

tap.pa.re [tapp´are] *vt* **1** tampar, fechar. *vpr* **2** fechar-se.

tap.pe.to [tapp´eto] *sm* tapete.

tap.pez.ze.ri.a [tappettser´ia] *sf* **1** tapeçaria. **2** papel de parede.

tap.pez.zie.re [tappetts´jεre] *sm* tapeceiro.

tap.po [t´appo] *sm* **1** rolha. **2** tampa de garrafa. **tappo fusibile** *Elett* fusível.

ta.ra [t´ara] *sf* **1** *Med, Comm* tara. **2** *fig* desconto.

ta.ran.to.la [tar´antola] *sf Zool* tarântula.

tar.da.re [tard´are] *vt* **1** retardar, adiar. *vi* tardar, demorar.

tar.di [t´ardi] *avv* **1** tarde. **2** devagar, lentamente. **a più tardi!** até mais tarde!

tar.do [t´ardo] *agg* **1** lento, preguiçoso. **2** atrasado. **3** *fig* distante. **4** avançado (tempo).

tar.ga [t´arga] *sf* chapa, placa. **la targa delle automobili** a chapa dos automóveis.

ta.rif.fa [tar´iffa] *sf* tarifa.

tar.ma [t´arma] *sf Zool* traça.

tar.ta.ro [t´artaro] *sm* tártaro (dos dentes, garrafas).

tar.ta.ru.ga [tartar´uga] *sf* **1** *Zool* tartaruga. **2** casco de tartaruga. **3** *fig* lesma, tartaruga, pessoa lenta.

tar.ti.na [tart´ina] *sf* **1** canapé. **2** sanduíche.

ta.sca [t´aska] *sf* bolso. **romper le tasche** *volg* encher o saco.

tas.sa [t´assa] *sf* **1** taxa. **2** imposto, tributo.

tas.sa.re [tass´are] *vt* taxar, estabelecer taxa.

tas.sì [tass´i] *sm* táxi, carro de praça. **prendere un tassì** tomar um táxi. *Var: taxi.*

ta.sta.re [tast´are] *vt* **1** tatear, tocar. **2** apalpar. **3** *fig* explorar, investigar. **4** experimentar, provar um alimento. **5** indagar.

ta.stie.ra [tast´jεra] *sf Mus, Inform* teclado.

ta.sto [t´asto] *sm* **1** toque. **2** tato. **3** *Mus, Mecc, Inform* tecla.

tat.ti.ca [t´attika] *sf* **1** tática, estratégia. **2** *fig* astúcia, esperteza. **3** manobra, truque.

tat.to [t´atto] *sm* **1** tato (sentido). **2** *fig* diplomacia, delicadeza. **3** bom senso.

ta.tù [tat´u] *sm Zool* tatu.

ta.tu.ag.gio [tatu´addʒo] *sm* tatuagem.

ta.ver.na [tav´εrna] *sf* **1** taverna. **2** *disp* botequim, bodega.

ta.vo.la [t´avola] *sf* **1** mesa. **2** tábua, prancha de madeira. **3** tabela, quadro. **4** índice. **5** tela para pintura. **6** *fig* culinária. **7** diagrama. **8** mapa. **tavola da gioco** mesa de jogo. **tavola da stirare** tábua de passar.

ta.vo.la.to [tavol´ato] *sm* **1** assoalho. **2** divisória.

ta.vo.let.ta [tavol´etta] *sf dim* **1** tabuleta. **2** tablete (de medicamento). **tavoletta di cioccolata** barra de chocolate.

ta.vo.lie.re [tavol´jεre] *sm* **1** tabuleiro de jogo. **2** *Geogr* tabuleiro, chapada.

ta.xi [taks´i] *sm V* **tassì**.

taz.za [t´attsa] *sf* xícara, taça. **tazza da caffè** xícara para café.

te [t´e] *pron sing* **1** te, a ti, para ti. **2** você, para você, lhe. **a te** a) a ti. b) a você. **con te** a) contigo. b) com você. **di te** a) de ti. b) seu. **secondo te** a) para ti, no teu entender. b) para você, no seu entender. **senza di te** a) sem ti. b) sem você.

tè [t´ε] *sm* chá.

te.a.tro [te´atro] *sm* **1** teatro. **2** *fig* espetáculo.

tec.ni.ca [t´εknika] *sf* **1** técnica. **2** *fig* perícia, habilidade.

tec.ni.co [t´εkniko] *sm* técnico, especialista. • *agg* técnico.

te.de.sco [ted´esko] *sm+agg* alemão.

te.dio [t'ɛdjo] *sm* 1 tédio, aborrecimento. 2 *fig* tristeza, melancolia.
te.ga.me [teg'ame] *sm* caçarola, panela.
te.go.la [t'egola] *sf* 1 telha. 2 *fig* desgraça, adversidade.
te.go.la.to [tegol'ato] *sm* telhado.
te.ie.ra [tj'ɛra] *sf* bule.
te.la [t'ɛla] *sf* 1 tela. 2 *Pitt* quadro, pintura, tela. 3 *Lett* trama, enredo de romance. 4 *Naut* velas. 5 *Zool* teia. 6 *Teat* cortina. 7 *fig* trama, intriga.
te.la.io [tel'ajo] *sm* 1 tear. 2 armação, estrutura. 3 caixilho da janela. 4 *Autom* chassi.
te.le.ca.me.ra [telek'amera] *sf* câmera de televisão.
te.le.com.man.do [telekomm'ando] *sm* controle remoto.
te.le.fo.na.re [telefon'are] *vt+vi* telefonar.
te.le.fo.na.ta [telefon'ata] *sf* telefonema, chamada telefônica.
te.le.fo.ni.sta [telefon'ista] *s* telefonista.
te.le.fo.no [tel'ɛfono] *sm* telefone. **telefono pubblico** a) telefone público. b) *bras* orelhão.
te.le.gra.fo [tel'ɛgrafo] *sm* telégrafo.
te.le.gram.ma [telegr'amma] *sm* telegrama.
te.le.ro.man.zo [telerom'antso] *sm* novela, telenovela.
te.le.sco.pio [telesk'ɔpjo] *sm* telescópio.
te.le.se.le.zio.ne [teleselets'jone] *sf* 1 DDD. 2 código DDD.
te.le.spet.ta.to.re [telespettat'ore] *sm* telespectador.
te.le.vi.sio.ne [televiz'jone] *sf* televisão.
te.le.vi.so.re [televiz'ore] *sm* televisor, aparelho de TV. **televisore a colori** televisor em cores.
te.ma[1] [t'ema] *sf* temor, medo.
te.ma[2] [t'ɛma] *sm* 1 tema, assunto. 2 composição, dissertação.

te.me.re [tem'ere] *vt+vi* 1 temer, ter medo. 2 duvidar, desconfiar, suspeitar. 3 recear.
tem.pe.ra [t'ɛmpera] *sf* 1 *Tec, Pitt* têmpera. 2 *fig* temperamento, caráter. 3 força, fibra.
tem.pe.ra.ma.ti.te [temperamat'ite] *sm* apontador de lápis.
tem.pe.ra.men.to [temperam'ento] *sm* temperamento, personalidade, índole, caráter.
tem.pe.ra.re [temper'are] *vt* 1 apontar, fazer a ponta em. 2 temperar metais. 3 *fig* moderar, regular, atenuar. *vpr* 4 controlar-se.
tem.pe.ra.tu.ra [temperat'ura] *sf* temperatura.
tem.pe.ri.no [temper'ino] *sm* canivete.
tem.pe.sta [temp'ɛsta] *sf* 1 tempestade, temporal. 2 *fig* explosão emocional.
tem.pia [t'ɛmpja] *sf Anat* têmpora.
tem.pio [t'ɛmpjo] *sm* (*pl m* **i tempi**, *i* **templi**) templo.
tem.po [t'ɛmpo] *sm* 1 tempo. 2 época. 3 tempo atmosférico. 4 *Teat* ato, quadro. 5 *Gramm, Mus, Sp* tempo. 6 *fig* oportunidade. **ammazzare il tempo** matar o tempo. **bel tempo** *Met* tempo bom. **tempo brutto** *Met* mau tempo. **tempo fa** faz pouco tempo. **un tempo** certa vez.
tem.po.ra.le [tempor'ale] *sm* temporal, tempestade. • *agg* 1 temporário. 2 temporal, secular. 3 *Anat* temporal, das têmporas. **scoppiare un temporale** cair um temporal.
tem.po.ra.ne.o [tempor'aneo] *agg* temporário, temporâneo.
te.na.ce [ten'atʃe] *agg* 1 tenaz. 2 *fig* obstinado. 3 duro, resistente. 4 firme, estável.
te.na.cia [ten'atʃa] *sf* 1 tenacidade. 2 *fig* obstinação. 3 dureza, resistência. 4 firmeza, estabilidade.
te.na.glia [ten'aλa] *sf* 1 tenaz, torquês. 2

tenaglie *pl fig* pinças (de caranguejo, escorpião).

ten.da [t´ɛnda] *sf* 1 tenda, barraca. 2 toldo. 3 *Teat* cortina. **tenda da campeggio** barraca de acampar.

ten.den.za [tend´ɛntsa] *sf* tendência, inclinação.

ten.de.re [t´ɛndere] *vt* 1 estender, esticar. 2 desdobrar. 3 *fig* tramar. *vi* 4 tender a. 5 dirigir-se a.

ten.di.ne [t´ɛndine] *sm Anat* tendão.

te.ne.bra [t´ɛnebra] *sf* (mais usado no plural **tenebre**) 1 treva. 2 *fig* ignorância.

te.ne.bro.so [tenebr´ozo] *agg* 1 tenebroso. 2 escuro. 3 *fig* misterioso, obscuro. 4 pavoroso.

te.nen.te [ten´ɛnte] *sm Mil* tenente.

te.ne.re [ten´ere] *vt* 1 segurar. 2 pegar. 3 manter, conservar. 4 ter, possuir. 5 administrar, governar. 6 *fig* julgar, considerar. *vpr* 7 segurar-se. 8 manter-se. 9 conter-se. 10 julgar-se, considerar-se. **tenere la destra** manter a direita. **tieni!** aqui está!

te.ne.rez.za [tener´ettsa] *sf* 1 maciez. 2 *fig* ternura. 3 **tenerezze** carícias.

te.ne.ro [t´ɛnero] *agg* 1 tenro, macio. 2 *fig* terno, meigo, afetuoso. 3 sensível.

ten.nis [t´ɛnnis] *sm Sp* tênis.

te.no.re [ten´ore] *sm* 1 teor, nível, porcentagem. 2 *fig* conteúdo, significado. 3 *Mus* tenor.

ten.sio.ne [tens´jone] *sf* tensão. **tensione arteriosa** *Med* tensão arterial.

ten.ta.co.lo [tent´akolo] *sm Zool* tentáculo.

ten.ta.re [tent´are] *vt* 1 tentar, experimentar. 2 explorar. 3 *fig* tentar, provocar.

ten.ta.ti.vo [tentat´ivo] *sm* 1 tentativa. 2 esforço, intento. 3 experiência, experimento.

ten.ta.zio.ne [tentats´jone] *sf* tentação.

ten.ten.na.re [tentenn´are] *vt* 1 balançar, oscilar. 2 sacudir. *vi* 3 balançar, oscilar. 4 sacudir-se. 5 *fig* hesitar, vacilar, ficar em dúvida.

te.nue [t´ɛnwe] *agg* 1 tênue, fino. 2 *fig* frágil, fraco.

te.nu.ta [ten´uta] *sf* 1 terreno, propriedade. 2 capacidade de um recipiente. 3 roupa, vestimenta. 4 *Mil* uniforme, farda. 5 *fig* firmeza, solidez.

te.o.ri.a [teor´ia] *sf* teoria.

te.o.ri.co [te´ɔriko] *agg* teórico.

te.ra.peu.ta [terap´ɛwta] *s* terapeuta.

te.ra.pi.a [terap´ia] *sf Med* terapia.

ter.gi.cri.stal.lo [terdʒikrist´allo] *sm Autom* limpador de para-brisa.

ter.me [t´ɛrme] *sf pl* termas.

ter.mi.na.le [termin´ale] *agg* 1 terminal. 2 final.

ter.mi.na.re [termin´are] *vt* 1 terminar, concluir, acabar. *vi+vpr* 2 terminar, acabar.

ter.mi.ne [t´ɛrmine] *sm* 1 termo. 2 término, final. 3 prazo, limite de tempo. 4 extremidade, confim. 5 resultado. 6 *Mat* termo, fator. 7 *Gramm* termo, vocábulo.

ter.mo.me.tro [term´ɔmetro] *sm* termômetro.

ter.mos [t´ɛrmos] *sm* garrafa térmica.

ter.no [t´ɛrno] *sm* 1 terno (em jogo). 2 trio, conjunto de três.

ter.ra [t´ɛrra] *sf* 1 terra. 2 solo. 3 chão. 4 terreno. 5 barro, argila. 6 região, lugar. 7 **Terra** *Astron* Terra. **essere a terra** estar arrasado. **terra ferma** terra firme.

ter.raz.za [terr´attsa] *sf* terraço.

ter.re.mo.to [terrem´ɔto] *sm* terremoto.

ter.re.no [terr´eno] *sm* 1 terreno, propriedade. 2 solo, terra cultivável. 3 lote de terra. • *agg* 1 terreno. 2 terrestre.

ter.re.stre [terr´ɛstre] *agg* terrestre.

ter.ri.bi.le [terr´ibile] *agg* 1 terrível, horrível. 2 desumano, impiedoso. 3 excessivo.

ter.ri.na [teɾˈina] *sf* terrina, sopeira.
ter.ri.to.rio [teɾitˈɔrjo] *sm* território.
ter.ro.re [teɾˈore] *sm* terror, horror.
ter.ro.ri.sta [teɾoɾˈista] *s* terrorista.
ter.zet.to [tertsˈetto] *sm* 1 trio. 2 *Mus, Poet* terceto.
ter.zi.no [tertsˈino] *sm Calc* zagueiro.
ter.zo [tˈɛrtso] *sm Sp* árbitro, juiz. • *sm+num* 1 terço. 2 terceiro. **terza velocità** ou apenas **terza** *Autom* terceira, terceira marcha. **una terza persona** um terceiro.
te.si [tˈɛzi] *sf* 1 tese. 2 dissertação. **tesi di laurea** tese de graduação.
te.so.re.ri.a [tezoreɾˈia] *sf* tesouraria.
te.so.ro [tezˈɔro] *sm* 1 tesouro. 2 riqueza, fortuna. 3 *fig* tesouro, querido, pessoa amada. **tesoro pubblico** erário público.
tes.se.ra [tˈɛssera] *sf* carteirinha, carteira, cartão.
tes.se.re [tˈessere] *vt* 1 tecer. 2 *fig* compor, criar, construir. 3 tramar.
tes.si.le [tˈɛssile] *agg* têxtil.
tes.su.to [tessˈuto] *sm* 1 tecido, pano. 2 *Anat, Bot* tecido. 3 *fig* apoio, base, fundamento. 4 temperamento, caráter. **tessuto striato** tecido listrado.
te.sta [tˈɛsta] *sf* 1 cabeça. 2 *fig* inteligência, intelecto. 3 chefe, guia. **lavata di testa** puxão de orelhas. **testa di cavolo** cabeça de melão, imbecil. **testa quadra** gênio.
te.sta.men.to [testamˈento] *sm* testamento. **il Nuovo Testamento** o Novo Testamento. **il Vecchio Testamento** *Rel* o Antigo Testamento.
te.star.dag.gi.ne [testardˈaddʒine] *sf* teimosia, obstinação.
te.star.do [testˈardo] *agg* teimoso, obstinado.
te.sti.co.lo [testˈikolo] *sm Anat* testículo.
te.sti.mo.nia.re [testimonˈjare] *vt* 1 testemunhar. 2 afirmar, declarar. 3 atestar, comprovar.

te.sti.mo.nio [testimˈɔnjo] *sm V testimone*.
te.sti.mo.ne [testimˈone] *sm* 1 testemunha. 2 testemunho. *Sin*: testimonio.
te.sto [tˈɛsto] *sm* 1 texto. **elaboratore di testi** *Inform* processador de textos.
te.stug.gi.ne [testˈuddʒine] *sf Zool* tartaruga.
te.ta.no [tˈɛtano] *sm Med* tétano.
te.tro [tˈɛtro] *agg* 1 tétrico, fúnebre, sinistro. 2 assustador, horrível. 3 escuro.
tet.ta [tˈɛtta] *sf ger* teta, peito, mama.
tet.to [tˈɛtto] *sm* 1 teto, telhado. 2 *fig* casa, lar. 3 refúgio. 4 máximo.
ti¹ [tˈi] *sf* tê, o nome da letra T.
ti² [tˈi] *pron sing* 1 te, a ti. 2 a você, para você, lhe.
tia.ra [tˈjara] *sf* tiara.
tic [tˈik] *sm Med* tique.
tic.chio [tˈikkjo] *sm* 1 capricho, desejo, extravagância. 2 *pop* frescura. 3 *Med* tique.
ti.fo.ne [tifˈone] *sm* tufão, furacão, ciclone.
ti.fo.so [tifˈozo] *sm pop* 1 fã, fanático. 2 *Sp* torcedor.
ti.gre [tˈigre] *s* 1 *Zool* tigre. 2 *fig* fera, pessoa cruel.
til.de [tˈilde] *sm* til.
tim.bro [tˈimbro] *sm* 1 timbre, carimbo, selo. 2 *Mus* timbre.
ti.mi.dez.za [timidˈettsa] *sf* 1 timidez, acanhamento. 2 indecisão.
ti.mi.do [tˈimido] *agg* 1 tímido, acanhado. 2 indeciso, temeroso.
ti.mo.ne [timˈone] *sm* 1 *Naut, Aer* timão, leme. 2 *fig* direção, comando.
ti.mo.re [timˈore] *sm* 1 temor, medo. 2 receio. 3 preocupação. 4 dúvida, incerteza.
ti.mo.ro.so [timorˈozo] *agg* 1 temeroso, medroso. 2 tímido. 3 indeciso, hesitante. 4 receoso.
tim.pa.no [tˈimpano] *sm Anat, Mus* tímpano.

tin.ge.re [t´indʒere] *vt* **1** tingir, pintar. **2** *fig* sujar, manchar. *vpr* **3** tingir-se, pintar-se. **4** *fig* sujar-se, manchar-se.

ti.no [t´ino] *sm* tina.

ti.noz.za [tin´ottsa] *sf* **1** banheira. **2** tina.

tin.ta [t´inta] *sf* **1** tinta, tintura. **2** cor. **3** *fig* noção superficial, rudimento.

tin.to.ri.a [tintor´ia] *sf* **1** tinturaria. **2** *bras* lavanderia.

tin.tu.ra [tint´ura] *sf* **1** tintura, tinta. **2** tingimento. **3** *fig* noção superficial, rudimento. **tintura per i capelli** tintura para os cabelos.

ti.pi.co [t´ipiko] *agg* típico.

ti.po [t´ipo] *sm* **1** tipo, categoria. **2** original, modelo. **3** tipo para impressão. **4** sujeito, indivíduo. **5** *pop* cara. **6** *fam* tipo, figura, pessoa esquisita.

ti.ran.ni.a [tirann´ia] *sf* **1** tirania, ditadura. **2** *fig* opressão.

ti.ran.no [tir´anno] *sm* **1** tirano, ditador. **2** *fig* prepotente.

ti.ra.re [tir´are] *vt* **1** puxar. **2** lançar, jogar. **3** tirar, extrair. **4** imprimir. **5** *fig* atrair, aliciar. *vi* **6** puxar. **7** disparar, atirar com arma de fogo. **8** soprar (vento). *tira vento* / está ventando. *vpr* **9** afastar-se, distanciar-se. **tirare a sorte/estrarre a sorte** sortear. **tirare gli orecchi** dar um puxão de orelhas, repreender. **tirare via** ir adiante.

ti.ro [t´iro] *sm* **1** tiro, disparo. **2** arremesso, lançamento. **3** *Sp* chute. **4** *fig* brincadeira, peça. **5** golpe, ação desonesta. **6** tentativa. **tiro a segno** tiro ao alvo.

ti.sa.na [tiz´ana] *sf* chá, infusão.

ti.si.co [t´iziko] *sm+agg* tísico, tuberculoso.

ti.to.lo [t´itolo] *sm* **1** título. **2** cabeçalho. **3** nome. **4** palavrão, ofensa. **5** *Comm* título, bônus.

ti.tu.ba.re [titub´are] *vi* titubear, hesitar, vacilar.

ti.zio [t´itsjo] *sm* fulano.

toc.ca.re [tokk´are] *vt* **1** tocar, apalpar. **2** tocar num assunto, mencionar. **3** alterar, modificar. **4** *fig* comover, impressionar. *vi* **5** caber, competir a. **toccare uno strumento** tocar um instrumento.

toc.co [t´okko] *sm* **1** toque, tato. **2** *fig* modo, maneira, estilo. **il tocco del campanello** o toque da campainha.

to.ga [t´ɔga] *sf* toga.

to.glie.re [t´ɔʎere] *vt* **1** tirar, remover, retirar. **2** tomar, roubar. **3** tolher, impedir. *vpr* **4** afastar-se, livrar-se. **5** tirar (roupa).

to.let.ta [tol´etta] *sf* **1** toalete. **2** banheiro, sanitário. **3** penteadeira. **toletta donne** banheiro feminino. **toletta uomini** banheiro masculino.

tol.le.ran.te [toller´ante] *agg* tolerante.

tol.le.ra.re [toller´are] *vt* tolerar, suportar.

tom.ba [t´omba] *sf* tumba, sepultura.

tom.bo.la [t´ombola] *sf* **1** tômbola, loto. **2** tombo, queda. **3** erro, engano.

to.mo [t´ɔmo] *sm* **1** tomo, volume. **2** *fig* tipo, figura, pessoa diferente.

to.na.ca [t´ɔnaka] *sf* **1** hábito, traje religioso. **2** túnica (de sacerdote).

ton.do [t´ondo] *sm* círculo, circunferência. • *agg* **1** redondo, circular. **2** arredondado. **3** *fig* simples, rústico.

ton.fa.re [tonf´are] *vi* **1** mergulhar. **2** cair, levar um tombo.

ton.fo [t´onfo] *sm* **1** mergulho. **2** queda, tombo.

to.ni.co [t´ɔniko] *sm* **1** *Gramm* acento tônico. **2** *Med* tônico. • *agg* tônico.

ton.nel.la.ta [tonnell´ata] *sf* tonelada.

ton.no [t´onno] *sm* atum.

to.no [t´ɔno] *sm* **1** tom de voz, inflexão. **2** *Mus* tom. **3** *Pitt* tom, matiz. **4** *fig* vigor, força.

ton.to [t´onto] *sm+agg fam* tonto.

to.pa.zio [top´atsjo] *sm Min* topázio.

to.po [t´ɔpo] *sm* **1** *Zool* rato. **2** *bras* camundongo.

toppo   244   traduzione

top.po [t´oppo] *sm* toco, cepo.

to.ra.ce [tor´atʃe] *sm Anat* tórax.

tor.bi.da.re [torbid´are] *vt* turvar.

tor.bi.do [t´orbido] *agg* **1** turvo. **2** *fig* escuro. **3** obscuro, misterioso. **4** perturbado. • *sm* **1** *fig* vício, podridão. **2 torbidi** *pl* distúrbios, tumultos, agitação política.

tor.ce.re [t´ortʃere] *vt* **1** torcer. **2** dobrar, virar. *vpr* **3** torcer-se. **4** contorcer-se, debater-se.

tor.cia [t´ortʃa] *sf* tocha.

tor.ci.col.lo [tortʃik´ɔllo] *sm Med* torcicolo.

tor.men.ta [torm´enta] *sf* **1** tormenta, tempestade. **2** nevasca, tempestade de neve.

tor.men.ta.re [torment´are] *vt* **1** torturar. **2** *fig* atormentar. *vpr* **3** *fig* atormentar-se, torturar-se.

tor.men.to [torm´ento] *sm* **1** tortura. **2** *fig* tormento. **3** sofrimento. **4** pena, castigo.

tor.na.con.to [tornak´onto] *sm* **1** lucro, ganho. **2** vantagem, proveito, benefício.

tor.na.re [torn´are] *vi* **1** voltar, retornar, regressar. **2** voltar a, recomeçar a. **tornare a sé** voltar a si. **tornare indietro** voltar atrás, mudar de opinião.

tor.ne.o [torn´ɛo] *sm* torneio.

tor.nio [t´ornjo] *sm* torno.

to.ro [t´ɔro] *sm* **1** *Zool* touro. **2 Toro** *Astron, Astrol* Touro.

tor.pe.di.ne [torp´ɛdine] *sf Naut* torpedo.

tor.re [t´ɔrre] *sf* torre.

tor.re.fa.re [torref´are] *vt* torrar, torrefazer.

tor.sio.ne [tors´jone] *sf* torção.

tor.so [t´ɔrso] *sm* **1** *Anat* torso. **2** *Bot* caroço.

tor.so.lo [t´ɔrsolo] *sm Bot* caroço.

tor.ta [t´ɔrta] *sf* **1** torta. **2** bolo.

tor.tie.ra [tort´jɛra] *sf* assadeira.

tor.to [t´ɔrto] *sm* **1** erro, engano. **2** injustiça. **3** culpa. • *agg* torcido, retorcido. **aver torto** não ter razão.

tor.tu.ra [tort´ura] *sf* **1** tortura. **2** *fig* tormento, aflição.

tor.tu.ra.re [tortur´are] *vt* **1** torturar. **2** *fig* atormentar, afligir. *vpr* **3** *fig* torturar-se, atormentar-se, afligir-se.

to.sa.re [toz´are] *vt* tosar, tosquiar.

tos.se [t´osse] *sf Med* tosse.

tos.si.co [t´ɔssiko] *sm* tóxico, veneno. • *agg* tóxico, venenoso.

tos.si.re [toss´ire] *vi* tossir.

to.sta.re [tost´are] *vt* **1** tostar. **2** torrar (café etc.).

to.ta.le [tot´ale] *sm* total. • *agg* **1** total, global. **2** pleno, integral.

to.ta.liz.za.re [totalidzz´are] *vt* totalizar, somar.

to.va.glia [tov´aλa] *sf* toalha de mesa.

to.va.glio.lo [tovaλ´ɔlo] *sm* guardanapo.

tra [tr´a] *prep* entre, no meio de. *Var:* fra.

tra.boc.ca.re [trabokk´are] *vi* **1** transbordar, extravasar. **2** estar cheio de gente, estar abarrotado.

tra.boc.chet.to [trabokk´etto] *sm* **1** alçapão. **2** *fig* armadilha, cilada.

trac.cia [tr´attʃa] *sf* **1** rastro, pegada, pista. **2** *fig* sinal, marca. **3** resto, resíduo. **4** esboço.

trac.cia.re [trattʃ´are] *vt* **1** seguir, perseguir. **2** traçar, esboçar, projetar.

tra.che.a [trak´ɛa] *sf Anat* traqueia.

tra.di.men.to [tradim´ento] *sm* traição.

tra.di.re [trad´ire] *vt* **1** trair. **2** ser infiel. **3** *fig* falhar, faltar. **4** revelar (segredo).

tra.di.zio.na.le [traditsjon´ale] *agg* tradicional.

tra.di.zio.ne [tradits´jone] *sf* **1** tradição. **2** *fig* lenda, mito.

tra.dur.re [trad´urre] *vt* **1** traduzir. **2** transferir. **3** *fig* explicar, interpretar.

tra.dut.to.re [tradutt´ore] *sm* tradutor.

tra.du.zio.ne [traduts´jone] *sf* **1** tradução. **2** transferência.

traf.fi.can.te [traffik´ante] *sm* 1 comerciante. 2 *fig* traficante.
traf.fi.ca.re [traffik´are] *vt+vi* 1 traficar. *vi* 2 comerciar, vender. 3 *fig* ocupar-se de, lidar com.
traf.fi.co [tr´affiko] *sm* 1 comércio. 2 trânsito, tráfego. 3 tráfico.
tra.ge.dia [tradʒ´edja] *sf* 1 tragédia. 2 *iron* escândalo, drama.
tra.ghet.to [trag´etto] *sm Naut* 1 balsa, barca. 2 transporte de balsa.
tra.gi.co [tr´adʒiko] *agg* 1 trágico. 2 doloroso, triste. 3 sinistro.
tra.git.to [tradʒ´itto] *sm* trajeto, caminho, percurso.
tra.iet.to.ria [trajett´ɔrja] *sf* 1 trajetória, trajeto. 2 *fig* caminho, estrada.
trai.na.re [trajn´are] *vt* 1 arrastar, puxar. 2 rebocar.
tram [tr´am] *sm* bonde.
tra.ma [tr´ama] *sf* 1 trama. 2 *fig* intriga, trapaça, tramoia. 3 *Lett* enredo.
tra.ma.re [tram´are] *vt* 1 tramar, tecer. 2 *fig* conspirar.
tra.mez.zi.no [trameddz´ino] *sm* sanduíche.
tra.mez.zo [tram´ɛddzo] *sm* divisória. • *prep* entre.
tra.mon.ta.na [tramont´ana] *sf Geogr* 1 vento norte. 2 o norte. **perdere la tramontana** *fig* perder o rumo.
tra.mon.ta.re [tramont´are] *vi* pôr-se.
tra.mon.to [tram´onto] *sm* 1 pôr do sol. 2 poente. 3 *fig* declínio, decadência. 4 fim.
tram.po.li.no [trampol´ino] *sm* trampolim.
tran.ne [tr´anne] *prep* exceto, salvo.
tran.quil.liz.za.re [trankwillidzz´are] *vt* 1 tranquilizar. *vpr* 2 tranquilizar-se.
tran.quil.lo [trank´willo] *agg* tranquilo, calmo, quieto.
tran.sa.zio.ne [transats´jone] *sf* 1 *Giur, Comm* transação. 2 *fig* compromisso.
tran.si.to [tr´ansito] *sm* 1 passagem. 2 trânsito, tráfego.

tran.si.to.rio [transit´ɔrjo] *agg* transitório, passageiro, temporário.
tra.pa.no [tr´apano] *sm* 1 broca. 2 *Med* broca de dentista.
tra.pas.sa.re [trapass´are] *vt* 1 transpassar, atravessar. 2 furar, penetrar. 3 *Giur* ceder (direito, propriedade). *vi* 4 *fig* morrer, falecer.
tra.pas.sa.to [trapass´ato] *sm* 1 morto. 2 *Gramm* mais-que-perfeito. • *agg* 1 transpassado, atravessado. 2 furado.
tra.pe.zio [trap´ɛtsjo] *sm* (anche *Geom, Anat*) trapézio.
trap.po.la [tr´appola] *sf* 1 armadilha. 2 ratoeira. 3 *fig* engano. 4 mentira.
trar.re [tr´are] *vt* 1 puxar, arrastar. 2 trazer, levar. 3 obter, conseguir. 4 extrair. 5 *Comm* sacar.
tra.sbor.da.re [trazbord´are] *vt+vi* baldear, fazer baldeação.
tra.sbor.do [trazb´ordo] *sm* baldeação.
tra.sci.na.re [traʃin´are] *vt* 1 arrastar, puxar. 2 *fig* atrair. 3 convencer, persuadir. *vpr* 4 arrastar-se, rastejar. 5 prolongar-se (no tempo).
tra.scor.re.re [trask´orere] *vt* 1 ultrapassar. 2 passar, gastar (tempo). 3 folhear (livro). *vi* 4 transcorrer.
tra.scu.ra.re [traskur´are] *vt* 1 descuidar-se de. 2 ignorar, não dar importância a.
tra.sfe.ri.men.to [trasferim´ento] *sm* transferência.
tra.sfe.ri.re [trasfer´ire] *vt* 1 transferir. *vpr* 2 transferir-se, mudar de casa.
tra.sfor.ma.re [trasform´are] *vt* 1 transformar, mudar. *vpr* 2 transformar-se, virar.
tra.sfor.ma.zio.ne [trasformats´jone] *sf* transformação, mudança.
tra.sgre.di.re [trazgred´ire] *vt* transgredir, infringir.
tra.sgres.sio.ne [trazgress´jone] *sf* transgressão, infração.

tra.smet.te.re [trazmˈettere] *vt* **1** transmitir. **2** anunciar, comunicar. **3** transferir.

tra.smis.sio.ne [trazmissˈjone] *sf* (anche *Autom, Med*) transmissão.

tra.spa.ren.te [trasparˈente] *agg* **1** transparente. **2** *fig* evidente, claro. **3** honesto.

tra.spi.ra.re [traspirˈare] *vi* **1** transpirar, suar. **2** *fig* revelar-se.

tra.spor.re [trasp'ore] *vt* **1** transpor, inverter. **2** transportar. **3** *Lett* traduzir.

tra.spor.ta.re [trasportˈare] *vt* **1** transportar, levar. *vpr* **2** transportar-se.

tra.spor.to [trasp'orto] *sm* **1** transporte. **2** *fig* êxtase, entusiasmo.

tra.stul.lo [trastˈullo] *sm* **1** brinquedo, brincadeira. **2** divertimento, distração, passatempo.

trat.ta.men.to [trattamˈento] *sm* tratamento, procedimento.

trat.ta.re [trattˈare] *vt+vi* **1** tratar, manusear, manipular. **2** tratar de, cuidar de. **3** *fig* negociar, discutir. *vi* **4** tratar de, discutir (um assunto). **5** lidar. *vpr* **6** tratar-se de.

trat.ta.to [trattˈato] *sm* tratado.

trat.te.ne.re [trattenˈere] *vt* **1** deter, reter. **2** prender, aprisionar. **3** entreter. **4** *fig* conter, impedir. *vpr* **5** deter-se, demorar-se. **6** entreter-se. **7** *fig* conter--se, controlar-se.

trat.ti.no [trattˈino] *sm dim* **1** *Gramm* travessão. **2** hífen.

trat.to [trˈatto] *sm* **1** traço, linha. **2** momento, instante. **3** período, intervalo de tempo. **4** trecho, passagem de texto. **5** espaço, distância. **6 tratti** *pl* a) comportamento. b) características. • *agg* **1** trazido, levado. **2** incitado. **ad un tratto** a) de repente. b) imediatamente. **di tratto in tratto** de vez em quando.

trat.to.ri.a [trattorˈia] *sf* **1** restaurante. **2** taverna. **3** estalagem.

trau.ma [trˈawma] *sm Med* **1** trauma. **2** contusão, lesão.

trau.ma.tiz.za.re [trawmatiddzˈare] *vt* traumatizar.

tra.va.glia.re [travaʎˈare] *vt* **1** atormentar, angustiar, afligir. *vi* **2** sofrer, padecer. *vpr* **3** afligir-se.

tra.va.glio [travˈaʎo] *sm* **1** trabalho pesado. **2** *fig* tormento, angústia. **travaglio del parto** trabalho de parto.

tra.ve [trˈave] *sf* trave, viga.

tra.ver.sa [travˈɛrsa] *sf* **1** travessa, rua transversal. **2** barra, trave.

tra.ver.so [travˈɛrso] *sm* bofetada, sopapo. • *agg* oblíquo, atravessado. **guardare di traverso** olhar atravessado.

tra.ve.sti.re [travestˈire] *vt* **1** disfarçar, mascarar. *vpr* **2** disfarçar-se, mascarar-se.

tra.ve.sti.to [travestˈito] *sm* travesti. • *part+agg* mascarado.

tre [trˈe] *sm+num* três.

trec.cia [trˈettʃa] *sf* trança.

tre.di.ci [trˈeditʃi] *sm+num* treze.

tre.gua [trˈegwa; trˈɛgwa] *sf* **1** trégua. **2** *fig* descanso, repouso.

tre.ma.re [tremˈare] *vi* **1** tremer. **2** estremecer, sacudir. **3** ter medo. **4** hesitar.

tre.ma.rel.la [tremarˈɛlla] *sf fam* tremedeira, medo.

tre.men.do [tremˈendo] *agg* horroroso, assustador, terrível.

tre.mo.re [tremˈore] *sm* **1** tremor. **2** vibração. **3** *fig* inquietação. **4** temor, medo.

tre.no [trˈɛno] *sm* trem. **treno diretto** trem direto. **treno espresso/treno direttissimo** trem expresso. **treno merci** trem de carga.

tren.ta [trˈenta] *sm+num* trinta.

tre.pi.da.re [trepidˈare] *vi* **1** trepidar, tremer. **2** preocupar-se, angustiar-se.

tri.an.go.lo [triˈangolo] *sm Geom, Mus* triângulo.

tri.bor.do [tribˈordo] *sm Naut* estibordo.

tri.bù [trib'u] *sf* tribo.
tri.bu.na.le [tribun'ale] *sm* tribunal.
tri.bu.ta.re [tribut'are] *vt* tributar.
tri.bu.to [trib'uto] *sm* 1 tributo, imposto, taxa. 2 *fig* contribuição. 3 homenagem.
tri.fo.glio [trif'ɔλo] *sm Bot* trevo.
tri.lio.ne [tril'jone] *sm* trilhão.
tri.me.stre [trim'estre] *sm* trimestre.
trin.cea [trintʃ'ɛa] *sf* trincheira.
tri.o [tr'io] *sm an Mus* trio.
trion.fa.re [trjonf'are] *vi* 1 triunfar, vencer. 2 ficar radiante.
trion.fo [tri'onfo] *sm* 1 triunfo, vitória. 2 *fig* aplauso, ovação.
tri.plo [tr'iplo] *sm+num* triplo.
tri.sil.la.bo [tris'illabo] *sm+agg Gramm* trissílabo.
tri.ste [tr'iste] *agg* 1 triste, infeliz. 2 melancólico. 3 *fig* sombrio.
tri.stez.za [trist'ettsa] *sf* 1 tristeza, infelicidade. 2 depressão, melancolia.
tri.ta.re [trit'are] *vt* triturar, moer.
tri.to [tr'ito] *agg* 1 triturado, moído. 2 *fig* gasto. 3 comum, banal (ideia, assunto).
trit.ton.go [tritt'ongo] *sm Gramm* tritongo.
tri.via.le [triv'jale] *agg* 1 trivial, comum. 2 vulgar, ordinário.
tro.feo [trof'ɛo] *sm* 1 *Sp* troféu. 2 *Mil* despojo, saque.
tro.ia [tr'ɔja] *sf* 1 porca. 2 *fig* vaca, galinha, prostituta. 3 *volg* puta.
trom.ba [tr'omba] *sf* 1 *Zool* tromba. 2 *Autom* buzina. 3 *Mus, Anat* trompa. 4 *Mecc* bomba de água.
trom.bo.ne [tromb'one] *sm Mus* trombone.
tron.ca.re [tronk'are] *vt* 1 truncar, mutilar. 2 *fig* interromper, suspender.
tron.co [tr'onko] *sm* 1 *Anat, Bot* tronco. 2 *Naut* mastro. 3 *fig* ramal (de estrada). 4 linhagem. • *agg* 1 truncado, mutilado. 2 *Gramm* oxítono. 3 *fig* interrompido.

tro.no [tr'ɔno] *sm* 1 trono. 2 *fig* controle, dominação. 3 império, reino.
tro.pi.ca.le [tropik'ale] *agg* tropical.
Tro.pi.co [tr'ɔpiko] *sm* Trópico. **Tropico del Cancro** Trópico de Câncer. **Tropico del Capricorno** Trópico de Capricórnio.
trop.po [tr'oppo] *sm* 1 excesso, demasia. 2 muita gente, muita coisa. • *agg* demasiado, excessivo. • *avv* demais, excessivamente.
trot.ta.re [trott'are] *vi* 1 trotar (cavalos). 2 *fig* correr, apressar-se (pessoas).
tro.va.re [trov'are] *vt* 1 encontrar, achar. 2 inventar, criar. 3 descobrir. 4 *fig* achar, considerar. *vpr* 5 encontrar-se, achar-se. 6 localizar-se, situar-se. 7 sentir-se.
tro.va.ta [trov'ata] *sf* 1 achado, ideia brilhante. 2 artifício, artimanha.
tro.va.to.re [trovat'ore] *sm* trovador.
truc.ca.re [trukk'are] *vt* 1 disfarçar, mascarar. 2 *fig* falsificar. *vpr* 3 disfarçar-se, mascarar-se. 4 maquiar-se.
truc.co [tr'ukko] *sm* 1 disfarce, máscara. 2 maquiagem, cosmético. 3 truque, artimanha. 4 fraude.
tru.cu.len.to [trukul'ento] *agg* truculento, cruel.
trup.pa [tr'uppa] *sf Mil* tropa, regimento.
tu [t'u] *pron sing* 1 tu. 2 você.
tu.a [t'ua] *pron f sing* tua.
tu.ba [t'uba] *sf* 1 cartola. 2 *Anat* canal. 3 *Mus* trompa, tuba.
tu.ber.co.lo.si [tuberkol'ɔzi] *sf Med* tuberculose.
tu.ber.co.lo.so [tuberkol'ozo] *sm+agg Med* tuberculoso.
tu.bo [t'ubo] *sm* 1 tubo. 2 canudo. **tubo di saggio** *Chim* tubo de ensaio.
tu.e [t'ue] *pron f pl* tuas.
tuf.fa.re [tuff'are] *vt* 1 mergulhar. 2 afundar, imergir. 3 molhar. *vpr* 4 mergulhar. 5 *fig* concentrar-se em, dedicar-se a.

tuf.fo [t´uffo] *sm* **1** mergulho. **2** imersão. **3** *fig* choque, sobressalto. **fare un tuffo** dar um mergulho.

tu.li.pa.no [tulip´ano] *sm Bot* tulipa.

tu.mo.re [tum´ore] *sm Med* tumor.

tu.mu.lo [t´umulo] *sm* túmulo.

tu.mul.to [tum´ulto] *sm* **1** tumulto. **2** agitação. **3** *fig* rebelião, insurreição.

tu.ni.ca [t´unika] *sf* túnica.

tu.o [t´uo] *pron m sing* teu. **il tuo** *fig* os teus bens.

tuoi [t´wɔj] *pron m pl* teus. **i tuoi** *fig* os teus (parentes), a tua família.

tuo.na.re [twon´are] *vi* **1** trovejar. **2** gritar, berrar.

tuo.no [tw´ɔno] *sm* **1** trovão. **2** *fig* estrondo, estouro.

tu.rac.cio.lo [tur´attʃolo] *sm* **1** rolha. **2** tampa de garrafa.

tur.ba.re [turb´are] *vt* **1** perturbar. **2** angustiar, preocupar. **3** transtornar, desnortear. *vpr* **4** perturbar-se, preocupar-se.

tur.ba.zio.ne [turbats´jone] *sf* **1** perturbação. **2** transtorno. **3** agitação, confusão.

tur.bi.na [turb´ina] *sf* turbina.

tur.bo.len.to [turbol´ɛnto] *agg* **1** turbulento. **2** vivaz.

tur.che.se [turk´eze] *sf Min* turquesa.

tur.co [t´urko] *sm+agg* turco, da Turquia. **parlar turco** *fig* falar grego.

tur.no [t´urno] *sm* **1** turno. **2** turma (de operários). **3** rotação.

tur.pe [t´urpe] *agg* **1** torpe, repugnante. **2** infame, vil. **3** obsceno, imoral.

tu.to.re [tut´ore] *sm* **1** tutor. **2** protetor.

tut.ta.vi.a [tuttav´ia] *cong* todavia, contudo, apesar disso, entretanto.

tut.to [t´utto] *sm* todo, inteiro. • *agg* todo, inteiro, completo. • *pron* **1** tudo. **2** todo. **3 tutti** *pron pl* todos, todo mundo. • *avv* totalmente. **tutte e due** ambas, todas as duas. **tutti e due** ambos, todos os dois. **tutti e tre** todos os três. **tutto il giorno** todo o dia, o dia inteiro.

u

u [´u] *sf* **1** a décima nona letra do alfabeto italiano. **2** u, o nome da letra U.
ub.bi.dien.te [ubbid´jɛnte] *agg* **1** obediente. **2** submisso, dócil.
ub.bi.die.nza [ubbid´jɛntsa] *sf* **1** obediência. **2** submissão.
ub.bi.di.re [ubbid´ire] *vt+vi* obedecer. *ubbidire i genitori* / obedecer aos pais.
u.bria.ca.re [ubrjak´are] *vt* **1** embriagar, embebedar. *vpr* **2** embriagar-se, embebedar-se. **3** *fig* inebriar-se, exaltar-se, entusiasmar-se.
u.bria.chez.za [ubrjak´ettsa] *sf* **1** embriaguez. **2** *fig* êxtase, enlevo.
u.bria.co [ubr´jako] *agg* **1** bêbado. **2** *fig* exaltado.
uc.cel.lo [uttʃ´ello] *sm* **1** pássaro, ave. **2** *volg* passarinho, pinto. **uccello di preda** ave de rapina. **uccello mosca** beija-flor.
uc.ci.de.re [uttʃ´idere] *vt* **1** matar, assassinar. **2** *fig* abater. **3** destruir.
u.die.nza [ud´jɛntsa] *sf* **1** audiência. **2** sessão.
u.di.re [ud´ire] *vt* **1** ouvir. **2** escutar. • *sm* audição.
u.di.to [ud´ito] *sm* audição. • *agg* ouvido, escutado.
u.di.to.rio [udit´ɔrjo] *sm* auditório.
uf.fi.cia.le [uffitʃ´ale] *sm* **1** funcionário. **2** *Mil* oficial. • *agg* oficial. **Ufficiale di Stato Civile** tabelião.

uf.fi.cio [uff´itʃo] *sm* **1** ofício, cargo. **2** emprego, serviço. **3** função, dever. **4** escritório, agência. **5** repartição pública. **ufficio di cambio** agência de câmbio. **ufficio informazioni** balcão de informações. **ufficio postale** agência do correio.
u.go.la [´ugola] *sf* **1** *Anat* úvula. **2** *fig* garganta, voz para cantar.
u.gua.glian.za [ugwaλ´antsa] *sf* **1** igualdade. **2** uniformidade. **3** equivalência, correspondência.
u.gua.glia.re [ugwaλ´are] *vt* **1** igualar, tornar igual. **2** comparar. **3** nivelar, uniformizar. *vpr* **4** igualar-se.
u.gua.le [ug´wale] *agg* **1** igual, idêntico. **2** constante. **3** regular, uniforme. **4** *fig* monótono. *Var: eguale*.
ul.ce.ra [´ultʃera] *sf Med* úlcera.
ul.ti.mo [´ultimo] *sm+agg* último. **da ultimo** por fim. **in ultimo** no final.
ul.tra.suo.no [ultras´wɔno] *sm Fis* ultrassom.
u.ma.ni.tà [umanit´a] *sf* **1** humanidade, raça humana. **2** *fig* caridade, piedade.
u.ma.no [um´ano] *agg* **1** humano. **2** *fig* piedoso.
u.mi.di.re [umid´ire] *vt* umedecer.
u.mi.di.tà [umidit´a] *sf* umidade.
u.mi.do [´umido] *agg* úmido. • *sm* umidade. **in umido** guisado.
u.mi.le [´umile] *agg* **1** humilde. **2** modesto. **3** submisso, servil. **4** pobre, plebeu.

u.mi.lia.re [umil′jare] *vt* **1** humilhar. **2** envergonhar. *vpr* **3** humilhar-se, rebaixar-se.

u.mi.lia.zio.ne [umiljats′jone] *sf* humilhação.

u.mil.tà [umilt′a] *sf* **1** humildade. **2** modéstia, simplicidade. **3** submissão.

u.mo.re [um′ore] *sm* **1** *Anat* humor, secreção. **2** *fig* humor, estado de espírito.

u.mo.ri.sta [umor′ista] *s+agg* humorista.

un [′un] *art indet m sg* um.

u.na [′una] *art indet f sg* uma.

u.na.ni.me [un′anime] *agg* unânime.

un.di.ci [′underesultsi] *sm+num* onze.

un.ge.re [′undʒere] *vt* **1** ungir, untar. **2** lubrificar. **3** *fig* bajular, adular. **4** subornar, corromper.

un.ghia [′ungja] *sf* **1** unha. **2** garra. **3** casco (de cavalo). **mordersi le unghie** roer as unhas. **unghia incarnata** unha encravada.

un.ghia.ta [ung′jata] *sf* unhada, arranhão.

un.guen.to [ung′wɛnto] *sm* unguento.

u.ni.co [′uniko] *agg* **1** único, singular. **2** *fig* superior, ótimo.

u.ni.fi.ca.re [unifik′are] *vt* **1** unificar. **2** fundir. **3** uniformizar.

u.ni.for.ma.re [uniform′are] *vt* **1** uniformizar. *vpr* **2** conformar-se, adequar-se.

u.ni.for.me [unif′orme] *sf* uniforme, farda. • *agg* **1** uniforme, homogêneo. **2** constante.

u.nio.ne [un′jone] *sf* **1** união, ligação. **2** acordo, aliança. **3** *fig* casamento.

u.ni.re [un′ire] *vt* **1** unir, ligar. **2** *fig* casar. *vpr* **3** unir-se, ligar-se. **4** combinar-se.

u.ni.tà [unit′a] *sf* **1** unidade. **2** *Mil* unidade, regimento. **3** *fig* união. **4** harmonia.

u.ni.ver.sa.le [univers′ale] *sm+agg* universal.

u.ni.ver.si.tà [universit′a] *sf* universidade.

u.ni.ver.si.ta.rio [universit′arjo] *sm+agg* universitário.

u.ni.ver.so [univ′ɛrso] *sm* **1** universo. **2** mundo, globo terrestre. • *agg* universal.

u.no [′uno] *art indet m sg* um. • *sm+num* um. • *pron* alguém, alguma pessoa. **a uno a uno** um a um. **uno alla volta** um por vez.

uo.mo [′wɔmo] *sm* (*pl m* **gli uomini**) **1** homem. **2** amante, companheiro. **l'Uomo** o Homem, a humanidade. **uomo d'affari** homem de negócios. **uomo di stoppa** marionete, homem submisso.

uo.vo [′wɔvo] *sm* (*pl f* **le uova** ou **le ova**) ovo. **uovo da bere** ovo quente. **uovo fritto** ovo frito. **uovo strapazzato** ovo mexido.

u.ra.ga.no [urag′ano] *sm* **1** furacão. **2** tempestade, temporal.

u.ra.nio [ur′anjo] *sm Chim* urânio.

ur.ba.no [urb′ano] *agg* **1** urbano, da cidade. **2** educado, gentil.

u.re.tra [ur′ɛtra] *sf Anat* uretra.

ur.gen.te [urdʒ′ɛnte] *agg* **1** urgente. **2** iminente.

ur.gen.za [urdʒ′ɛntsa] *sf* **1** urgência. **2** iminência.

ur.la.re [url′are] *vi* **1** uivar. **2** gritar, berrar.

ur.lo [′urlo] *sm* **1** uivo. **2** grito, berro.

ur.na [′urna] *sf* **1** urna. **2** *St* urna, vaso para água.

ur.ta.re [urt′are] *vt* **1** colidir. **2** *fig* contradizer. **4** contrastar. **5** irritar. *vi* **6** colidir, bater. **7** contrastar. *vpr* **8** chocar-se. **9** irritar-se.

ur.to [′urto] *sm* **1** colisão, batida, choque. **2** golpe. **3** *fig* contraste. **4** divergência.

u.san.za [uz′antsa] *sf* **1** uso, costume, tradição. **2** hábito. **3** norma, regra.

u.sa.re [uz′are] *vt* **1** usar, utilizar, empregar. **2** consumir, gastar. *vi* **3** costumar,

ter o hábito de. **4** usar-se: a) ser costume. b) estar na moda. *vpr* **5** usar-se.
u.scio [´uʃo] *sm* porta. **mettere all'uscio** mandar embora.
u.sci.re [uʃ´ire] *vi* **1** sair. **2** partir, ir embora. **3** deixar, abandonar (cargo). **4** ser sorteado. **5** ser publicado (jornal, revista). **uscire di sé/uscire di senno** a) perder os sentidos, desmaiar. b) ficar fora de si, enlouquecer. **uscire in** sair em, levar a (rua, estrada).
u.sci.ta [uʃ´ita] *sf* **1** saída. **2** *Comm* despesa, saída. **3** *Gramm* terminação. **4** *fig* abertura, passagem. **uscita di sicurezza** saída de emergência, saída de incêndio.
u.si.gno.lo [uziñ´ɔlo] *sm Zool* rouxinol.
u.so [´uzo] *sm* **1** uso, emprego, utilização. **2** gasto, consumo. **3** hábito, costume. **4** moda.
u.su.a.le [uzu´ale] *agg* usual, habitual, comum.

u.su.fru.i.re [uzufru´ire] *vt+vi* usufruir, beneficiar-se, fazer uso de.
u.su.frut.to [uzufr´utto] *sm* usufruto.
u.su.ra [uz´ura] *sf* usura, agiotagem.
u.sur.pa.re [uzurp´are] *vt* **1** usurpar. **2** tomar, apropriar-se de.
u.ten.si.le [utens´ile] *sm* **1** utensílio. **2** ferramenta.
u.te.ro [´utero] *sm* **1** *Anat* útero. **2** *fig* ventre, seio materno.
u.ti.le [´utile] *agg* útil. • *sm* **1** *Comm* lucro, ganho. **2** renda, rendimento.
u.ti.li.tà [utilit´a] *sf* **1** utilidade. **2** vantagem.
u.ti.liz.za.re [utiliddz´are] *vt* utilizar, usar, apropriar-se de.
u.to.pi.a [utop´ia] *sf* **1** utopia. **2** *fig* fantasia, sonho.
u.to.pi.sti.co [utop´istiko] *agg* **1** utópico. **2** *fig* ilusório. **3** impossível.
u.va [´uva] *sf* uva. **uva passa** uva-passa.

V

v [vu] *sf* vê, a vigésima letra do alfabeto italiano.
va.can.za [vak´antsa] *sf* **1** feriado. **2** folga do trabalho. **3 vacanze** *pl* férias. **fare vacanze** tirar férias.
vac.ca [v´akka] *sf* **1** *Zool* vaca. **2** *volg* vaca, galinha, prostituta.
vac.ca.ro [vakk´aro] *sm* vaqueiro.
vac.ci.na.re [vattʃin´are] *vt* vacinar.
vac.ci.na.zio.ne [vattʃinats´jone] *sf Med* **1** vacina. **2** vacinação.
va.cil.la.re [vatʃill´are] *vi* vacilar, hesitar.
va.cuo [v´akwo] *sm* vácuo, vazio. • *agg* **1** *Lett* vácuo, vazio. **2** *fig* fútil, frívolo, tolo.
va.ga.bon.da.re [vagabond´are] *vi* **1** vagabundear, vadiar. **2** vagar, errar. **3** distrair-se, divagar.
va.ga.bon.do [vagab´ondo] *sm+agg* **1** vagabundo, vadio. **2** errante, nômade.
va.ga.re [vag´are] *vi* **1** vagar, errar. **2** *fig Lett* divagar, perder-se.
va.gi.na [vadʒ´ina] *sf Anat* vagina.
va.glio [v´aλo] *sm* **1** peneira. **2** *fig* exame, teste, prova, avaliação.
va.go [v´ago] *agg* **1** vago, incerto, indeterminado. **2** desejoso, ávido. **3** abstrato.
va.go.ne [vag´one] *sm* vagão, carro de trem.
va.lan.ga [val´anga] *sf* (anche *fig*) avalancha.

va.len.te [val´ɛnte] *agg* **1** hábil, exímio. **2** perito, experiente. **3** *fig* valente, corajoso.
va.len.ti.a [valent´ia] *sf* **1** talento, habilidade. **2** perícia, experiência. **3** *fig* valentia, coragem.
va.le.re [val´ere] *vt* **1** valer, render. *vi* **2** valer, ter valor. **3** custar. **4** *fig* contar, influir. **5** corresponder, equivaler a. **6** significar. *vpr* **7** valer-se de. **valere la pena** valer a pena.
va.li.di.tà [validit´a] *sf* **1** validade. **2** utilidade, eficiência. **3** valor, bravura.
va.li.do [v´alido] *agg* **1** válido. **2** útil, eficaz.
va.li.gia [val´idʒa] *sf* mala. **fare le valigie** fazer as malas.
val.le [v´alle] *sf Geogr* **1** vale. **2** laguna.
val.let.to [vall´etto] *sm St* valete.
va.lo.re [val´ore] *sm* **1** valor. **2** custo. **3** preço de mercadoria. **4** virtude, mérito. **5** bravura, coragem. **6 valori** *pl* a) objetos de valor. b) *Comm* títulos, cédulas. **di valore** valioso.
va.lo.riz.za.re [valoriddz´are] *vt* **1** valorizar. **2** *fig* melhorar, aperfeiçoar.
va.lu.ta.re [valut´are] *vt Comm* **1** avaliar. **2** estimar. **3** *fig* considerar, julgar.
va.lu.ta.zio.ne [valutats´jone] *sf Comm* **1** avaliação. **2** estimativa. **3** cálculo, previsão.
val.vo.la [v´alvola] *sf Anat, Mecc, Elett* válvula.

val.zer [vˈaltser] *sm Mus* valsa.

vam.pa.ta [vampˈata] *sf* **1** chama, labareda. **2** ar quente. **3** *fig* paixão.

vam.pi.ro [vampˈiro] *sm* **1** vampiro. **2** *fig* aproveitador, sanguessuga.

va.na.glo.riar.si [vanaglorˈjarsi] *vpr* vangloriar-se.

van.da.li.smo [vandalˈizmo] *sm* vandalismo, destruição.

van.da.lo [vˈandalo] *sm* vândalo.

van.ga [vˈanga] *sf* pá.

Van.ge.lo [vandʒˈelo] *sm Rel* **1** Evangelho. **2 vangelo** *fig* crença, fé, doutrina.

va.ni.glia [vanˈiλa] *sf* baunilha.

va.ni.tà [vanitˈa] *sf* **1** vaidade, presunção. **2** inconsistência.

va.ni.to.so [vanitˈozo] *agg* vaidoso, presunçoso.

va.no [vˈano] *sm* **1** vão. **2** vazio, oco. **3** cômodo de uma casa. • *agg* **1** vão. **2** vazio. **3** inútil. **4** *fig* vaidoso. **in vano** *V invano*.

van.tag.gio [vantˈaddʒo] *sm* **1** vantagem. **2** ganho, proveito. **3** favor, benefício. **4** *Sp* liderança, vantagem. **5** dianteira.

van.tag.gio.so [vantaddʒˈozo] *agg* **1** vantajoso. **2** conveniente.

va.po.re [vapˈore] *sm* **1** vapor. **2** locomotiva a vapor. **3** *Naut* vapor, navio a vapor.

var.ca.re [varkˈare] *vt* **1** passar, atravessar. **2** *fig* ultrapassar, exceder os limites.

va.ria.re [varjˈare] *vt* **1** variar, mudar, alterar. *vi* **2** diferir, ser diferente. **3** mudar, transformar-se.

va.ri.ce [varˈitʃe] *sf Med* variz.

va.rie.tà [varjetˈa] *sf* **1** variedade, diversidade. **2** gênero, tipo. *sm* **3** espetáculo de variedades, revista.

va.rio [vˈarjo] *agg* **1** variado, diferente, diverso. **2** instável, volúvel. **3 vari** *pl* vários, diversos, muitos.

va.sa.io [vazˈajo] *sm* oleiro.

va.sca [vˈaska] *sf* **1** tanque de água. **2** piscina. **vasca da bagno** banheira.

va.sel.la.me [vazellˈame] *sm pop* vasilhame, louça.

va.so [vˈazo] *sm* **1** vaso, vasilha. **2 vasi** *pl Anat* vasos. **vaso da fiori** vaso de flores. **vaso da gabinetto** privada, latrina. **vaso da notte** urinol.

vas.so.io [vassˈojo] *sm* bandeja.

va.sti.tà [vastitˈa] *sf* vastidão.

va.sto [vˈasto] *agg* vasto, amplo.

ve [vˈe] *pron* **1** vos, a vós, para vós. **2** a vocês, para vocês. • *avv* aqui, ali, etc.

vec.chia.ia [vekkˈjaja] *sf* velhice.

vec.chio [vˈekkjo] *sm* velho. • *agg* **1** velho. **2** antigo. **3** antiquado, fora de moda. **vecchio scapolo** solteirão.

ve.ce [vˈetʃe] *sf* **1** vez. **2** alternativa. **3** ocasião. **4 veci** *pl fig* posição, lugar (de alguém). **in vece di** em vez de, ao invés de.

ve.de.re [vedˈere] *vt* **1** ver. **2** *fig* compreender, entender. **3** observar, notar, perceber. **4** entrevistar, visitar. **5** examinar, avaliar. *vi* **6** ver, enxergar. *vpr* **7** ver-se, ver a si mesmo. **8** encontrar-se. **9** *fig* considerar-se, acreditar ser. **10** sentir-se. • *sm* **1** visão. **2** ver, opinião, julgamento. **aver che vedere con** ter a ver com. **non vedere l'ora di** não ver a hora de. **vedere bene** ou **male una persona** julgar bem ou mal uma pessoa. **vedere di (fare qualcosa)** tentar fazer algo.

ve.do.va.nza [vedovˈantsa] *sf* viuvez.

ve.do.vo [vˈedovo] *sm+agg* viúvo.

ve.du.ta [vedˈuta] *sf* **1** olhar, olhada. **2** vista, perspectiva. **3** quadro, imagem. **4** ideia, concepção.

ve.e.men.za [veemˈentsa] *sf* veemência, intensidade, ênfase.

ve.e.men.te [veemˈente] *agg* **1** veemente, intenso. **2** enérgico.

ve.ge.ta.le [vedʒetˈale] *sm+agg* vegetal.

ve.ge.ta.ria.no [vedʒetar'jano] *sm+agg* vegetariano.

ve.ge.ta.zio.ne [vedʒetats'jone] *sf* **1** vegetação. **2** *Geogr* flora, vegetação nativa.

ve.glia.re [veʎ'are] *vt* **1** guardar. **2** assistir um doente. *vi* **3** velar. **4** vigiar, ficar de vigia.

ve.i.co.lo [ve'ikolo] *sm* **1** veículo. **2** *fig* veículo, meio de transmissão ou comunicação.

ve.la [v'ela] *sf* **1** *Naut* vela. **2** *fig* navio a vela.

ve.la.re [vel'are] *vt* **1** velar, cobrir com véu. **2** *fig* esconder, encobrir, ocultar. *vpr* **3** cobrir-se com véu. **velare una negativa** *Fot* velar um negativo.

ve.le.no [vel'eno] *sm* **1** veneno. **2** *fig* ódio.

ve.le.no.so [velen'ozo] *agg* **1** venenoso. **2** *fig* mau, ruim. **3** maligno. **4** nocivo.

ve.lie.ro [vel'jεro] *sm Naut* veleiro.

vel.lu.to [vell'uto] *sm* veludo.

ve.lo [v'elo] *sm* **1** véu. **2** película. **3** *fig* névoa. **4** sombra. **5** desculpa, pretexto.

ve.lo.ce [vel'otʃe] *agg* veloz, rápido.

ve.lo.ci.tà [velotʃit'a] *sf* velocidade, rapidez.

ve.na [v'ena] *sf* **1** *Anat* veia. **2** *Min* filão. **3** *fig* disposição, inclinação, inspiração.

ven.dem.mia [vend'εmmja] *sf* **1** vindima. **2** *fig* colheita.

ven.de.re [v'endere] *vt* **1** vender. **2** *fig* trair. *vpr* **3** vender-se, deixar-se corromper. **da vendere** à venda, vende-se. **ha salute da vendere!** está vendendo saúde!

ven.det.ta [vend'etta] *sf* vingança, desforra.

ven.di.ta [v'endita] *sf* **1** venda. **2** loja, negócio. **3** comércio, compra e venda. **vendita all'ingrosso** atacado. **vendita al minuto** varejo. **vendita di liquidazione** liquidação.

ven.di.to.re [vendit'ore] *sm* **1** vendedor. **2** lojista.

ve.ne.ra.re [vener'are] *vt* venerar, reverenciar.

ve.ner.dì [venerd'i] *sm* sexta-feira. **di venerdì** às sextas-feiras. **Venerdì Santo** Sexta-Feira Santa.

ve.ne.zia.na [venets'jana] *sf* veneziana.

ve.ni.re [ven'ire] *vi* **1** vir. **2** chegar. **3** aparecer, surgir. **4** acontecer. **5** derivar de, ter origem em. **6** custar. **7** *fig* ejacular. **venire addosso** acontecer (coisa ruim). **venire a sapere** vir a saber. **venire in taglio** vir a calhar.

ven.ta.glio [vent'aʎo] *sm* leque.

ven.ta.re [vent'are] *vi* ventar, soprar (vento).

ven.ti [v'enti] *sm+num* vinte.

ven.ti.la.re [ventil'are] *vt* ventilar.

ven.ti.la.to.re [ventilat'ore] *sm* ventilador.

ven.to [v'ento] *sm* **1** vento. **2** *fig* vaidade. **tirar vento** ventar.

ven.tre [v'entre] *sm* **1** *Anat* ventre, abdômen. **2** *fig* seio.

ve.nu.ta [ven'uta] *sf* **1** vinda. **2** chegada. **3** aparecimento, surgimento. **4** retorno, volta.

ve.ra.men.te [veram'ente] *avv* realmente, na verdade.

ve.ran.da [ver'anda] *sf* varanda, terraço.

ver.ba.le [verb'ale] *agg* verbal, oral. • *sm* minuto de reunião.

ver.bo [v'εrbo] *sm* **1** verbo, palavra. **2** *Gramm* verbo.

ver.de [v'erde] *sm* **1** verde, cor verde. **2** vegetal, planta. **3** *fig* vigor. • *agg* **1** verde. **2** *fig* jovem. **3** florescente. **4** vivo. **essere al verde** estar duro, sem dinheiro.

ver.du.ra [verd'ura] *sf* **1** verdura. **2** legume, hortaliça. **3** *pop* salada.

ver.ga [v'erga] *sf* **1** vara, ramo fino, vareta. **2** barra de metal. **3** listra de tecido.

4 *volg* pica, pau, genital masculino. 5 *fig* punição, castigo.

ver.gi.ne [v´erdʒine] *sf* 1 virgem, donzela. 2 **Vergine** *Astron, Astrol* Virgem. • *agg* 1 virgem, casto. 2 puro, inocente. 3 imaculado, intacto.

ver.gi.ni.tà [verdʒinit´a] *sf* 1 virgindade, castidade. 2 pureza.

ver.go.gna [verg´oña] *sf* 1 vergonha. 2 vexame. 3 desonra.

ver.go.gnar.si [vergoñ´arsi] *vpr* envergonhar-se, sentir vergonha.

ve.ri.di.co [ver´idiko] *agg* verídico.

ve.ri.fi.ca.re [verifik´are] *vt* 1 verificar, averiguar, apurar. *vpr* 2 realizar-se, acontecer, verificar-se.

ve.ri.tà [verit´a] *sf* 1 verdade. 2 sinceridade. **in verità/per verità** na verdade, realmente.

ver.me [v´erme] *sm* 1 verme. 2 *fig* verme, nojento. **verme solitario** solitária, tênia.

ver.ni.ce [vern´itʃe] *sf* 1 verniz. 2 tinta. 3 *fig* verniz, aparência agradável.

ver.ni.cia.re [vernitʃ´are] *vt* 1 envernizar. *vpr* 2 *fig* enfeitar-se com exagero.

ve.ro [v´ero] *sm* verdade. • *agg* 1 verdadeiro, vero. 2 real, efetivo. 3 genuíno, legítimo. **da vero** *V davvero*. **in vero** *V invero*.

ver.ru.ca [veŕ´uka] *sf* verruga.

ver.sa.men.to [versam´ento] *sm* 1 vazamento. 2 *Comm* depósito. 3 pagamento.

ver.sa.re [vers´are] *vt* 1 verter, derramar. 2 despejar. 3 *Comm* depositar. 4 pagar. *vi* 5 derramar, transbordar, vazar. *vpr* 6 desembocar (rio).

ver.sa.ti.le [vers´atile] *agg* 1 versátil. 2 flexível, elástico. 3 *fig* inconstante, mutável.

ver.set.to [vers´etto] *sm Rel* versículo.

ver.sio.ne [vers´jone] *sf* 1 versão, explicação. 2 *Gramm* versão.

ver.so [v´erso] *sm* 1 verso, parte de trás. 2 *Zool* voz de animal. 3 canto de pássaro. 4 *Lett, Poet* verso de um poema. 5 *fig* gesto. 6 direção, sentido. • *prep* 1 para, na direção de. 2 aproximadamente, cerca de. 3 contra. 4 com respeito a, com relação a.

ver.te.bra [v´ertebra] *sf Anat* vértebra.

ver.te.bra.to [vertebr´ato] *sm+agg Zool* vertebrado.

ver.ti.ca.le [vertik´ale] *sf+agg* vertical.

ver.ti.gi.ne [vert´idʒine] *sf Med* vertigem, tontura.

ve.sci.ca [veʃ´ika] *sf Anat, Zool* 1 bexiga. 2 vesícula. 3 *Med* bolha de queimadura. 4 *fig* conversa fiada. 5 pessoa fútil.

ve.sco.vo [v´eskovo] *sm Rel* bispo.

ve.spa [v´espa] *sf Zool* vespa.

ve.sta.glia [vest´aʎa] *sf* roupão.

ve.ste [v´este] *sf* 1 vestido. 2 aparência. 3 capa, cobertura. 4 *fig* autoridade.

ve.stia.rio [vest´jarjo] *sm* vestuário, roupas.

ve.sti.gio [vest´idʒo] *sm* 1 vestígio, pegada, rastro. 2 *fig* indício, sinal.

ve.sti.re [vest´ire] *vt* 1 vestir. 2 usar (roupa). 3 *fig* cobrir, revestir. *vpr* 4 vestir-se. 5 *fig* enfeitar-se.

ve.sti.to [vest´ito] *sm* 1 terno. 2 vestido. • *agg* 1 vestido. 2 coberto, revestido. **vestito da donna** vestido. **vestito da uomo** terno.

ve.te.ra.no [veter´ano] *sm+agg* veterano.

ve.te.ri.na.rio [veterin´arjo] *sm* 1 veterinário. 2 *fig* açougueiro, médico incompetente. • *agg* veterinário.

ve.to [v´eto] *sm* 1 veto. 2 proibição. 3 oposição.

ve.tre.ri.a [vetrer´ia] *sf* vidraçaria.

ve.tri.na [vetr´ina] *sf* vitrina.

ve.tro [v´etro] *sm* 1 vidro. 2 lente. 3 vidraça, vidro para janela.

vet.ta [v´etta] *sf* **1** cume. **2** *fig* máximo, apogeu.

vet.tu.ra [vett´ura] *sf* **1** carro, automóvel. **2** vagão. **3** carruagem, coche. **vettura di piazza** carro de praça, táxi. **vettura sport** carro esporte.

vez.zo [v´ettso] *sm* **1** hábito, costume. **2** carícia, afago, agrado. **3** gargantilha, cordão.

vi [v´i] *pron pl* **1** vos, a vós. **2** a vocês, para vocês. • *avv* aí, ali, lá, aqui, para cá, para lá, etc.

vi.a [v´ia] *sf* **1** rua. **2** via, modo, maneira. **3** *Med* canal, via. **4** *fig* trajeto, percurso. **5** passagem, entrada. • *avv* embora. • *int* **1** vamos! avante! **2** fora! vá embora! **3** *Sp* já! **andar via** a) ir embora. b) desaparecer. **cinque via due, dieci** *Mat* cinco vezes dois, dez. **venir via** vir embora. **Via Lattea** *Astron* Via Láctea. **e così via** e assim por diante.

via.dot.to [vjad´ɔtto] *sm* viaduto.

viag.gia.re [vjaddʒ´are] *vi* viajar.

viag.gia.to.re [vjaddʒat´ore] *sm* viajante.

vi.ag.gio [vi´addʒo] *sm* **1** viagem. **2** *fig* caminho, percurso. **buon viaggio!** boa viagem!

vi.a.le [vi´ale] *sm* avenida.

vi.bra.re [vibr´are] *vt* **1** vibrar. *vi* **2** vibrar, estremecer. **3** zumbir, zunir. **4** *fig* excitar-se, agitar-se.

vi.bra.zio.ne [vibrats´jone] *sf* **1** vibração. **2** tremor. **3** zumbido.

vi.ca.rio [vik´arjo] *sm Rel* vigário.

vi.ce [v´itʃe] *sm* vice, substituto.

vi.cen.da [vitʃ´enda] *sf* acontecimento, episódio, evento, fato. **a vicenda** alternadamente.

vi.ci.nan.za [vitʃin´antsa] *sf* vizinhança. **in vicinanza** vizinho, próximo, perto. **le vicinanze** os arredores, as vizinhanças.

vi.ci.no [vitʃ´ino] *sm* vizinho. • *agg* vizinho, próximo. • *avv* **1** perto, próximo.

2 na vizinhança, nos arredores. **vicino a** perto de, próximo a.

vi.co.lo [v´ikolo] *sm* beco. **vicolo cieco** (anche *fig*) beco sem saída.

vi.deo [v´ideo] *sm Inform* monitor.

vi.deo.cas.set.ta [videokass´etta] *sf* videocassete.

vie.ta.re [vjet´are] *vt* vetar, proibir.

vi.gen.te [vidʒ´ɛnte] *agg* vigente, em vigor.

vi.gi.lan.te [vidʒil´ante] *agg* **1** vigilante. **2** cuidadoso, atento.

vi.gi.lan.za [vidʒil´antsa] *sf* **1** vigilância. **2** cuidado, atenção.

vi.gi.la.re [vidʒil´are] *vt* **1** vigiar. *vi* **2** vigiar, ficar de vigia, montar guarda.

vi.gi.le [v´idʒile] *sm* guarda municipal. • *agg* vigilante. **vigile urbano** guarda municipal. **vigili del fuoco** soldados do fogo, bombeiros.

vi.gi.lia [vidʒ´ilja] *sf* **1** véspera. **2** velório.

vi.gliac.che.ria [viʎakker´ia] *sf* **1** velhacaria. **2** covardia.

vi.gliac.co [viʎ´akko] *sm+agg* **1** velhaco, patife. **2** covarde.

vi.gna [v´iɲa] *sf* **1** vinha. **2** *pop* pechincha.

vi.gne.to [viɲ´eto] *sm* vinhedo.

vi.go.re [vig´ore] *sm* **1** vigor, força. **2** firmeza, coragem. **entrare in vigore** entrar em vigor. **essere in vigore** ser vigente, vigorar.

vi.go.ro.so [vigor´ozo] *agg* **1** vigoroso, forte. **2** corajoso. **3** enérgico.

vi.le [v´ile] *sm+agg* vil.

vil.la [v´illa] *sf* **1** vila, casa de campo. **2** *port* quinta.

vil.lag.gio [vill´addʒo] *sm* vila, aldeia.

vil.leg.gia.tu.ra [villeddʒat´ura] *sf* férias, descanso.

vin.ce.re [v´intʃere] *vt* **1** vencer, derrotar. **2** dominar. **3** ganhar. *vi* **4** vencer, derrotar. *vpr* **5** controlar-se, dominar-se.

vin.co.la.re [vinkol´are] *vt* **1** vincular. *vpr* **2** vincular-se, obrigar-se.
vin.co.lo [v´inkolo] *sm* **1** vínculo, ligação. **2** *fig* obrigação, peso.
vi.no [v´ino] *sm* vinho. **vino bianco** vinho branco. **vino da pasto** vinho de mesa. **vino dolce** vinho doce. **vino rosso** vinho tinto. **vino secco** vinho seco. **vino spumante** vinho espumante, champanha.
vio.la [vj´ɔla] *sf* **1** *Bot* violeta. **2** *Mus* viola (de orquestra). • *sm* violeta, roxo.
vio.la.re [vjol´are] *vt* **1** violar. **2** infringir, transgredir.
vio.len.ta.re [vjolent´are] *vt* **1** violentar, estuprar. **2** *fig* forçar, obrigar.
vio.len.to [vjol´ɛnto] *agg* **1** violento. **2** *fig* impetuoso. **3** intenso.
vio.len.za [vjol´ɛntsa] *sf* **1** violência. **2** *fig* paixão, furor. **3** ímpeto.
vio.let.ta [vjol´etta] *sf Bot* violeta.
vio.let.to [vjol´etto] *sm+agg* violeta (cor).
vio.li.no [vjol´ino] *sm* violino.
vio.lon.cel.lo [vjolontʃ´ɛllo] *sm* violoncelo.
viot.to.lo [vi´ɔttolo] *sm* atalho, vereda.
vi.pe.ra [v´ipera] *sf* víbora.
vi.ra.re [vir´are] *vt+vi Naut, Aer* virar, mudar de direção.
vir.go.la [v´irgola] *sf* vírgula.
vir.go.let.te [virgol´ette] *sf pl* aspas.
vi.ri.le [vir´ile] *agg* **1** viril. **2** *fig* forte, másculo.
vi.ri.li.tà [virilit´a] *sf* **1** virilidade. **2** *fig* força, robustez.
vir.tù [virt´u] *sf* **1** virtude. **2** *fig* eficácia. **3** valor, força.
vi.rus [v´irus] *sm Med* vírus.
vi.sce.re [v´iʃere] *sm* **1** *Anat* víscera. **2** *fig* íntimo. **3 i visceri** *sm pl* a) intestinos. b) miúdos de animal. **4 le viscere** *sf pl* (anche *fig*) vísceras, entranhas.

vi.scon.te [visk´onte] *sm* (*f* **viscontessa**) visconde.
vi.schio.so [visk´jozo] *agg* viscoso, pegajoso.
vi.si.bi.le [viz´ibile] *agg* **1** visível. **2** *fig* evidente, claro. **3** acessível.
vi.sie.ra [viz´jera] *sf* **1** viseira. **2** aba de chapéu.
vi.sio.ne [viz´jone] *sf* **1** visão. **2** alucinação, miragem. **3** sonho, fantasia. **seconda visione** reprise.
vi.si.ta [v´izita] *sf* **1** visita. **2** visitante. **fare una visita** fazer uma visita.
vi.si.ta.re [vizit´are] *vt* **1** visitar (lugar ou pessoa). **2** inspecionar.
vi.so [v´izo] *sm* **1** rosto, face. **2** *fig* aparência, aspecto, figura. **a viso a viso** cara a cara, face a face.
vi.sta [v´ista] *sf* **1** vista. **2** perspectiva, paisagem. **3** visão (sentido). **4** *fig* aspecto, aparência. **5** intenção, pretensão. **a prima vista** à primeira vista. **a vista** *Comm* à vista. **in vista di** em vista de. **non perder di vista** não perder de vista. **vista sul mare** vista para o mar.
vi.sto [v´isto] *sm Comm* visto. • *agg* **1** visto. **2** considerado, examinado. **visto che** visto que.
vi.su.a.le [vizu´ale] *agg* visual. • *sf* parecer, opinião.
vi.ta [v´ita] *sf* **1** vida. **2** existência. **3** biografia. **4** *Anat* cintura. **5** *fig* energia, saúde. **6** amor, pessoa muito querida. **la vita eterna** a vida eterna.
vi.ta.le [vit´ale] *agg* **1** vital. **2** *fig* essencial, necessário.
vi.ta.mi.na [vitam´ina] *sf Med* vitamina.
vi.te [v´ite] *sf* **1** *Bot* videira. **2** *Mecc* parafuso.
vi.tel.lo [vit´ello] *sm* **1** *Zool* novilho, bezerro. **2** carne de vitela.
vit.ti.ma [v´ittima] *sf* **1** *Giur, iron* vítima. **2** *fig* bode expiatório.
vit.to.ria [vitt´ɔrja] *sf* **1** vitória. **2** *fig* sucesso, êxito.

vittorioso 258 **volto**

vit.to.rio.so [vittor´jozo] *sm+agg* vitorioso.
vi.va.ce [viv´atʃe] *agg* 1 vivaz, vivo. 2 esperto. 3 travesso (menino). **colore vivace** cor viva.
vi.va.ci.tà [vivatʃita´] *sf* 1 vivacidade. 2 esperteza.
vi.van.da [viv´anda] *sf* prato, iguaria.
vi.ve.re [v´ivere] *vt* 1 viver. *vi* 2 viver. 3 morar, residir. • *sm* modo de vida. • *int* viva!
vi.vo [v´ivo] *agg* 1 vivo. 2 *fig* forte, vigoroso. • *sm* essência, íntimo, fundo. **non esserci anima viva** não haver viva alma.
vi.zia.re [vits´jare] *vt* 1 viciar. 2 *fig* corromper. *vpr* 3 viciar-se. 4 *fig* corromper-se.
vi.zio [v´itsjo] *sm* 1 vício, mau hábito. 2 defeito.
viz.zo [v´ittso] *agg* 1 murcho. 2 passado (fruto).
vo.ca.bo.la.rio [vokabol´arjo] *sm* vocabulário, dicionário.
vo.ca.bo.lo [vok´abolo] *sm* vocábulo.
vo.ca.le [vok´ale] *sf Gramm* vogal. • *agg* vocal.
vo.ca.zio.ne [vokats´jone] *sf* 1 vocação. 2 inclinação, predisposição.
vo.ce [v´otʃe] *sf* 1 voz. 2 boato. 3 artigo. 4 *Gramm* vocábulo, palavra. 5 *Mus* voz. 6 som de instrumento. **ad alta voce** em voz alta. **corre voce che** diz-se que. **sotto voce** em voz baixa.
vo.ga [v´oga] *sf* 1 voga, moda, onda. 2 *fig* ímpeto, ardor. **essere in voga** estar em moda, estar em voga.
vo.glia [v´ɔʎa] *sf* 1 vontade, querer. 2 desejo. 3 capricho. 4 *fig* intenção, disposição.
voi [v´oj] *pron pl* 1 vós. 2 vos. 3 vocês, a vocês. 4 o senhor, a senhora. **con voi** a) convosco. b) com vocês. **per voi** a) por vós. b) por vocês. **voi stessi** a) vós mesmos. b) vocês mesmos.
vo.lan.te [vol´ante] *sm Autom* volante, direção.
vo.la.re [vol´are] *vi* (anche *fig*) voar.
vo.la.ta [vol´ata] *sf* voo.
vo.len.tie.ri [volent´jɛri] *avv* com prazer, de boa vontade, com muito gosto.
vo.le.re [vol´ere] *vt+vi* 1 querer. 2 desejar. 3 comandar, mandar. 4 ser necessário, ser preciso. *ci vuole molto coraggio* / é preciso muita coragem. *vpr* 5 querer-se. • *sm* querer, vontade. **che ci vorrebbe a fare questo?** o que custa fazer isto? **di buon volere** de boa vontade. **volere bene** querer bem. **volere dire** querer dizer, significar. **volere male** querer mal.
vol.ga.re [volg´are] *agg* 1 vulgar. 2 comum, ordinário. 3 obsceno, grosseiro.
vol.ge.re [v´oldʒere] *vt+vi* 1 virar. 2 traduzir. 3 mudar (o tempo). *vpr* 4 virar-se, voltar-se. 5 dirigir-se para. 6 *fig* entregar-se a, ocupar-se de.
vo.lo [v´olo] *sm* 1 voo. 2 *fig* sonho. **prendere il volo** a) levantar voo. b) *fig* fugir. c) *pop* dar no pé.
vo.lon.tà [volont´a] *sf* 1 vontade, desejo. 2 disposição, inspiração. 3 força de vontade. **a volontà** à vontade.
vo.lon.ta.rio [volont´arjo] *sm+agg* voluntário.
vol.pe [v´olpe] *sf Zool* raposa. 2 *fig* raposa velha, espertalhão.
vol.ta¹ [v´ɔlta] *sf Elett* volt.
vol.ta² [v´ɔlta] *sf* 1 volta. 2 vez. 3 verso de uma folha. 4 *Archit* arco, abóbada. **a volte/alle volte** às vezes. **c'era una volta** era uma vez. **volta palatina** a) *Anat* palato. b) *pop* céu da boca.
vol.tag.gio [volt´addʒo] *sm Elett* voltagem.
vol.ta.re [volt´are] *vt* 1 virar, girar. 2 mudar, converter. 3 traduzir. *vi* 4 virar, voltar. *vpr* 5 voltar-se, virar-se. 6 mudar de opinião.
vol.to [v´olto] *sm* 1 *Poet* rosto, face. 2 *fig* aparência.

vo.lu.bi.le [vo'ubile] *agg* volúvel, instável.

vo.lu.me [vol'ume] *sm* **1** volume. **2** tomo. **3** capacidade de um recipiente. **4** quantidade (de água etc.).

vo.lu.mi.no.so [volumin'ozo] *agg* volumoso: a) grande. b) com muitos volumes.

vo.mi.ta.re [vomit'are] *vt+vi* **1** vomitar. **2** *fig* expelir, jorrar. **3** rejeitar, recusar.

vo.mi.to [v'ɔmito] *sm Med* vômito.

vo.ra.ce [vor'atʃe] *agg* **1** voraz. **2** *fig* destruidor.

vo.stra [v'ɔstra] *pron f sing* **1** vossa. **2** de vocês, sua. • **vostre** *pron f pl* **1** vossas. **2** de vocês, suas.

vo.stri [v'ɔstri] *pron m pl* **1** vossos. **2** de vocês, seus. **3 i vostri** *fig* os vossos (parentes), a vossa família.

vo.stro [v'ɔstro] *pron m sing* **1** vosso. **2** de vocês, seu. **3 il vostro** *fig* vossos bens.

vo.ta.re [vot'are] *vt* **1** votar. **2** devotar, dedicar. **3** *fig* eleger, nomear. **4** escolher. *vi* **5** votar. *vpr* **6** devotar-se. **7** dedicar-se.

vo.to [v'ɔto] *sm* **1** voto. **2** nota (na escola). **3** *Rel* votos, juramento. **4** *fig* sonho, desejo. **prendere un buon voto** tirar uma boa nota.

vu [v'u] *sf* vê, o nome da letra V. **vu doppia** dáblio, o nome da letra W.

vul.ca.no [vulk'ano] *sm Geogr* vulcão.

vul.ne.ra.bi.le [vulner'abile] *agg* vulnerável.

vuo.ta.re [vwot'are] *vt* esvaziar.

vuo.to [v'wɔto] *sm* **1** vazio. **2** falta, ausência. **3** *Fis* vácuo. **4** *fig* superficialidade. • *agg* **1** vazio. **2** oco. **3** vago, livre (posto). **4** *fig* vão, vazio. **a vuoto** em vão. **restare a mani vuote** ficar de mãos abanando. **testa vuota** cabeça oca.

W

w [v´u d´oppja] *sf* dáblio, letra que não faz parte do alfabeto italiano, utilizada apenas em palavras estrangeiras. É substituída por **v**.

watt [´wɔt] *sm ingl* watt.
whisky [´wiski] *sm ingl* uísque.

x [´iks; ´ikkeze] *sf* **1** xis, letra que não faz parte do alfabeto italiano, utilizada apenas em palavras estrangeiras. É substituída por **s**. *sm* **2** xis, incógnita.

xe.ro.co.pi.a [kserok´ɔpja] *sf* xerocópia.

xi.lo.fo.no [ksil´ɔfono] *sm Mus* xilofone.

xi.lo.gra.fi.a [ksilograf´ia] *sf* xilografia.

y

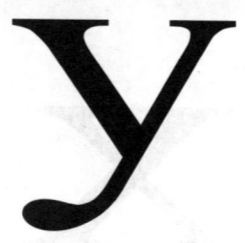

y [´ipsilon] *sf* ípsilon, letra que não faz parte do alfabeto italiano, utilizada apenas em palavras estrangeiras. É substituída por **i**.

yogurt [´jɔgurt] *sm turco* iogurte.

Z

z [dzˈɛta] *sf* a vigésima primeira letra do alfabeto italiano.
zaf.fe.ra.no [dzafferˈano] *sm Bot* açafrão.
zaf.fi.ro [dzaffˈiro] *sm* safira.
zam.pa [tsˈampa] *sf* **1** pata. **2** *iron* mão.
zam.pa.ta [tsampˈata] *sf* **1** coice. **2** pegada, rastro. **3** *fig* grosseria.
zan.na [tsˈanna] *sf* presa de animal. **mostrar le zanne** mostrar as garras.
zan.za.ra [dzandzˈara] *sf* **1** mosquito, pernilongo. **2** *fig* abelhudo, intrometido. **3** *pop* chato, pessoa chata.
zap.pa [tsˈappa] *sf* enxada.
zat.te.ra [tsˈattera] *sf* jangada.
ze.bra [dzˈebra] *sf Zool* zebra.
zec.ca [tsˈekka] *sf* **1** casa da moeda. **2** carrapato.
ze.lan.te [dzelˈante] *agg* zeloso, diligente.
ze.lo [dzˈelo] *sm* zelo, dedicação.
zen.ze.ro [dzˈendzero] *sm* gengibre.
zep.po [tsˈeppo] *agg* cheio. **pieno zeppo** abarrotado, apinhado.
zer.bi.no [dzerbˈino] *sm* capacho.
ze.ro [dzˈero] *sm+num* **1** zero. **2** *fig* nada. **3** incapaz, joão-ninguém. **sopra zero** acima de zero. **sotto zero** abaixo de zero.
ze.ta [dzˈɛta] *sf* zê, o nome da letra Z.
zi.a [tsˈia] *sf* **1** tia. **2** *fam* tia, senhora idosa.
zin.co [tsˈinko] *sm* zinco.
zin.ga.ro [tsˈingaro] *sm* **1** cigano. **2** *fig* nômade.
zi.o [tsˈio] *sm* **1** tio. **2** *fam* tio, senhor idoso.
zit.tel.la [tsittˈɛlla] *sf* senhorita, moça solteira.
zit.ti.re [tsittˈire] *vt* **1** calar, fazer calar--se. *vi* **2** pedir silêncio. *vpr* **3** calar-se.
zit.to [tsˈitto] *agg* quieto, silencioso. **star zitto** calar-se, ficar calado. **zitto!** silêncio!
zoc.co.lo [tsˈɔkkolo] *sm* **1** tamanco. **2** *Zool* casco de cavalo, boi. **3** *Archit* rodapé. **4** *fig* joão-ninguém.
zo.di.a.co [dzodˈiako] *sm Astron, Astrol* zodíaco.
zol.fo [tsˈolfo] *sm* enxofre.
zo.na [dzˈɔna] *sf* **1** zona, faixa. **2** região. **3** área. **4** território.
zo.o [dzˈɔo] *sm* zoo, jardim zoológico.
zop.pi.ca.re [tsoppikˈare] *vi* **1** mancar. **2** *fig* ter um vício. **3** funcionar mal.
zop.po [tsˈɔppo] *sm+agg* **1** manco, coxo. **2** *fig* defeituoso, faltante.
zo.ti.co [dzˈɔtiko] *sm+agg* grosseiro, rude.
zuc.ca [tsˈukka] *sf* **1** abóbora. **2** *fig, disp* cuca, cabeça. **3** careca.
zuc.che.rie.ra [tsukkerˈjɛra] *sf* açucareiro.
zuc.che.ri.no [tsukkerˈino] *agg* **1** açucarado. **2** muito doce (fruta).

zuc.che.ro [tsˈukkero] *sm* **1** açúcar. **2** *fig* doçura.

zuc.chi.no [tsukkˈino] *sm dim* abobrinha.

zup.pa [tsˈuppa] *sf* **1** sopa (com fatias de pão). **2** *fig* ladainha. **3** confusão.

zup.pie.ra [tsuppˈjɛra] *sf* sopeira, terrina.

PORTUGUÊS-ITALIANO
PORTOGHESE-ITALIANO

a[1] [´a] *sm* **1** la prima lettera dell'alfabeto portoghese. **2** a, il nome della lettera A.

a[2] [´a] *art def f sing* la (l'). • *pron f sing* **1** la. **2** lei.

a[3] [´a] *prep* **1** a. *vou a Roma* / vado a Roma. *a poucos metros de* / a pochi metri da. **2** in. *viajar à Itália* / viaggiare in Italia. **3** da. *tenho muito a fazer* / ho molto da fare.

a.ba [´abə] *sf* **1** falda. **2** ala. *aba do chapéu* visiera.

a.ba.ca.xi [abakaʃ´i] *sm Bot* ananasso.

a.ba.de [ab´adi] *sm Rel* abate.

a.ba.far [abaf´ar] *vt* **1** soffocare (fogo, escândalo). **2** affogare (som). **3** ammortire.

a.bai.xar [abajʃ´ar] *vt* **1** abbassare. **2** calare. **3** chinare. **4** attenuare. *vi* **5** discendere. **6** smontare, ribassare (preços). *vpr* **7** abbassarsi. **8** chinarsi.

a.bai.xo [ab´ajʃu] *adv* abbasso, giù, sotto. • *interj* abbasso! *abaixo de* sotto.

a.ba.jur [abaʒ´ur] *sm* paralume.

a.ba.lar [abal´ar] *vt* **1** scuotere, crollare. **2** agitare. **3** commuovere. **4** *fig* disturbare. *vpr* **5** commuoversi. **6** *fig* disturbarsi.

a.ba.lo [ab´alu] *sm* **1** agitazione. **2** botta. **3** commozione. **4** *fig* caduta.

a.bal.ro.ar [abawȓo´ar] *vt* arrotare.

a.ba.nar [aban´ar] *vt* **1** sventolare. *vpr* **2** sventolarsi.

a.ban.do.nar [abādon´ar] *vt* **1** abbandonare. **2** lasciare. **3** smettere. **4** lasciare addietro. *vpr* **5** abbandonarsi, lasciarsi.

a.bar.ro.ta.do [abaȓot´adu] *adj* pieno zeppo, ripieno. *estar abarrotado* traboccare.

a.bas.te.cer [abastes´er] *vt* approvvigionare, assortire.

a.ba.te.dou.ro [abated´owru] *sm* macello.

a.ba.ter [abat´er] *vt* **1** abbattere. **2** uccidere, ammazzare. **3** macellare (animais). **4** avvilire, deprimere. **5** debilitare. **6** stendere. **7** *Com* scontare. **8** *Aer* smontare. *vpr* **9** abbattersi. **10** crollare. **11** deprimersi. **12** *fig* sgonfiarsi.

a.ba.ti.do [abat´idu] *adj* **1** esausto. **2** sfiduciato. *estar abatido* esser avvilito, giacere.

a.ba.ti.men.to [abatim´ẽtu] *sm* **1** abbattimento, depressione. **2** *Com* sconto, abbuono.

ab.di.car [abdik´ar] *vt+vi* abdicare, rinunziare a.

ab.dô.men [abd´omẽj] *sm Anat* addome, ventre. Pl: *abdômenes*.

a.be.ce.dá.rio [abesed´arju] *sm* abbecedario, alfabeto.

a.be.lha [ab´eʎa] *sf Zool* ape.

a.be.lha-rai.nha [abeʎəȓa´iɲa] *sf Zool* regina, maestra. Pl: *abelhas-rainhas*.

abelhudo 268 **abstrato**

a.be.lhu.do [abeʎˊudu] *sm* ficcanaso. • *adj* indiscreto.
a.ben.ço.ar [abẽsoˊar] *vt* benedire.
a.ber.to [abˊɛrtu] *adj* **1** aperto. **2** sincero. **3** evidente, chiaro. **4** *fig* largo, ampio.
a.ber.tu.ra [abertˊurə] *sf* **1** apertura. **2** buco, buca, foro, bocca. **3** breccia, entrata. **4** sfogo. **5** *fig* spiraglio. **6** uscita.
a.bis.mo [abˊizmu] *sm* **1** abisso. **2** precipizio. **3** *fig* abisso.
ab.ne.ga.ção [abnegasˊãw] *sf* abnegazione, disinteresse.
a.bó.ba.da [abˊɔbadə] *sf Arquit* volta.
a.bó.bo.ra [abˊɔbɔrə] *sf Bot* zucca, cocuzza.
a.bo.bri.nha [abɔbrˊiɲə] *sf dim* zucchino.
a.bo.ca.nhar [abokaɲˊar] *vt* abboccare.
a.bo.lir [abolˊir] *vt* **1** abolire. **2** sopprimere. **3** annullare, cancellare.
a.bo.mi.nar [abominˊar] *vt* abominare, detestare.
a.bo.nar [abonˊar] *vt* abbonare.
a.bo.no [abˊonu] *sm* abbuono.
a.bor.dar [abordˊar] *vt* **1** abbordare: a) affrontare, trattare di (um assunto, um tema). b) accostarsi a (uma pessoa). **2** *Náut* abbordare.
a.bor.re.cer [aboʀesˊer] *vt* **1** aborrire. **2** annoiare, infastidire. **3** disgustare, rincrescere a. **4** *fig* seccare, gonfiare. *vi* **5** rincrescere. *vpr* **6** disgustarsi, inquietarsi, infastidirsi. **7** *fig* stufarsi.
a.bor.re.ci.do [aboʀesˊidu] *adj* **1** annoiato. **2** stufo. **3** noioso, seccante. **4** *fig* pesante.
a.bor.re.ci.men.to [aboʀesimˊẽtu] *sm* **1** aborrimento. **2** noia, tedio. **3** incomodo. **4** *gír* bamba. **5** *fig* fatica, afa, rottura.
a.bor.tar [abortˊar] *vi* abortire.
a.bor.to [abˊortu] *sm* aborto.
a.bo.to.a.du.ra [abotoadˊurə] *sf* **1** abbottonatura. **2** bottoniera. **3** **abotoaduras** *pl* gemelli da polsini.

a.bo.to.ar [abotoˊar] *vt* **1** abbottonare. *vpr* **2** abbottonarsi.
a.bra.çar [abrasˊar] *vt* **1** abbracciare. *vpr* **2** abbracciarsi.
a.bra.ço [abrˊasu] *sm* abbraccio.
a.bran.dar [abrãdˊar] *vt* **1** blandire. **2** attenuare. **3** *fig* ammorbidire. *vpr* **4** intiepidirsi. **5** *fig* ammorbidirsi.
a.bran.ger [abrãʒˊer] *vt* **1** comprendere, abbracciare. **2** *fig* coprire, involgere.
a.bra.sar [abrazˊar] *vt* **1** infocare. *vpr* **2** infocarsi.
a.bre.vi.ar [abreviˊar] *vt* abbreviare, accorciare, mozzare.
a.bre.vi.a.tu.ra [abrevjatˊurə] *sf* abbreviatura.
a.bri.gar [abrigˊar] *vt* **1** ricoverare. **2** ricettare. **3** rifugiare. *vpr* **4** ricoverarsi. **5** rifugiarsi.
a.bri.go [abrˊigu] *sm* **1** ricovero. **2** riparo. **3** rifugio. **4** *fig* albergo, asilo, ospizio.
a.bril [abrˊiw] *sm* aprile.
a.brir [abrˊir] *vt* **1** aprire. **2** inaugurare. **3** cominciare. **4** impiantare. *vi* **5** sbocciare. *vpr* **6** aprirsi. **7** *fig* sbottonarsi con.
ab.so.lu.to [absolˊutu] *adj* assoluto.
ab.sol.ver [absowvˊer] *vt* **1** assolvere, sciogliere. **2** *Dir* assolvere, perdonare.
ab.sol.vi.ção [absowvisˊãw] *sf* assoluzione.
ab.sor.ven.te [absorvˊẽti] *sm+adj* assorbente. **absorvente higiênico** assorbente igienico.
ab.sor.ver [absorvˊer] *vt* **1** assorbire. **2** assimilare. **3** *fig* bere.
abs.tê.mio [abstˊemju] *adj* astemio.
abs.ter [abstˊer] *vt* **1** privare. *vpr* **2** astenersi, riguardarsi. **3** *Pol* astenersi, non votare.
abs.ti.nên.cia [abstinˊẽsjə] *sf* **1** astinenza. **2** *fig* digiuno.
abs.tra.ção [abstrasˊãw] *sf* astrazione.
abs.tra.to [abstrˊatu] *adj* astratto, vago.

ab.sur.do [abs´urdu] *sm* **1** assurdo, assurdità, controsenso. **2** *fig* errore. • *adj* **1** assurdo. **2** *fig* folle, irragionevole.

a.bun.dân.cia [abũd´ãsjə] *sf* **1** abbondanza. **2** ricchezza. **3** *fig* cuccagna.

a.bun.dan.te [abũd´ãti] *adj* **1** abbondante. **2** ricco. **3** numeroso, parecchio. **4** *fig* grasso. **5** fertile.

a.bu.sar [abuz´ar] *vt* **1** abusare, sfruttare di. **2** *fam* abusarsi di.

a.bu.so [ab´uzu] *sm* abuso.

a.bu.tre [ab´utri] *sm* avvoltoio.

a.ca.bar [akab´ar] *vt* **1** finire. **2** terminare. **3** concludere. **4** rifinire. **5** *fig* maturare. *vi* **6** finire. **7** cessare. **8** terminare. **9** *fig* morire. *vpr* **10** terminarsi. **11** esaurirsi. **12** rifinirsi. **acabar de** avere appena, essere appena. *acabei de chegar* / sono appena arrivato.

a.ca.de.mi.a [akadem´iə] *sf* accademia.

a.ça.frão [asafr´ãw] *sm Bot* zafferano.

a.cal.mar [akawm´ar] *vt* **1** calmare. **2** rasserenare. **3** blandire. **4** *fig* ammansare. *vi+vpr* **5** calmarsi. **6** rasserenarsi.

a.cam.pa.men.to [akãpam´ẽtu] *sm* **1** accampamento, campeggio, bivacco. **2** *Mil* alloggio.

a.cam.par [akãp´ar] *vt+vi* accampare, campeggiare, attendarsi.

a.ca.nha.do [akañ´adu] *adj* timido.

a.ca.nha.men.to [akañam´ẽtu] *sm* timidezza.

a.ção [as´ãw] *sf* **1** azione, atto, opera. **2** *Com* azione. **boa ação** bel gesto.

a.ca.re.a.ção [akareas´ãw] *sf Dir* riprova.

a.ca.ri.ci.ar [akarisi´ar] *vt* accarezzare, coccolare.

á.ca.ro [´akaru] *sm* acaro.

a.ca.sa.lar [akazal´ar] *vt Zool* copulare.

a.ca.so [ak´azu] *sm* **1** caso. **2** fortuna, sorte. **por acaso** a) mica. b) per accidente, per avventura.

a.cei.tar [asejt´ar] *vt* **1** accettare. **2** accogliere. **3** ammettere. **4** ricevere, iniziare. **5** approvare. **6** riconoscere. **7** favorire. **8** *fig* sottoscrivere.

a.ce.le.ra.dor [aselerad´or] *sm Autom* acceleratore.

a.ce.le.rar [aseler´ar] *vt* **1** accelerare, affrettare, sveltire. *vi+vpr* **2** accelerarsi.

a.cel.ga [as´ɛwgə] *sf* bietola.

a.ce.nar [asen´ar] *vi* accennare, ammiccare.

a.cen.der [asẽd´er] *vt* **1** accendere. **2** infiammare. *vi+vpr* **3** accendersi. **4** infiammarsi.

a.ce.no [as´enu] *sm* accenno, cenno, gesto.

a.cen.to [as´ẽtu] *sm Gram* accento. **acento tônico** accento tonico.

a.cen.tu.ar [asẽtu´ar] *vt* **1** accentuare. **2** *fig* sottolineare, approfondire.

a.cep.ção [aseps´ãw] *sf* senso, significato.

a.cer.tar [asert´ar] *vt* **1** regolare, aggiustare. **2** assestare, affibbiarsi.

a.cer.to [as´ertu] *sm* correzione.

a.ce.so [as´ezu] *adj* **1** acceso. **2** infocato.

a.ces.sí.vel [ases´ivew] *adj* (também *fig*) accessibile. *Pl: acessíveis*.

a.ces.so [as´ɛsu] *sm* **1** accesso, entrata, uscio. **2** *Med, fig* accesso, attacco.

a.ces.só.rio [ases´ɔrju] *sm* accessorio. • *adj* (também *Gram*) accessorio.

a.cha.do [aʃ´adu] *sm* trovata.

a.char [aʃ´ar] *vt* **1** trovare. **2** notare. **3** pensare. *vpr* **4** trovarsi. **achar uma moça bonita** trovare bella una ragazza. **acho que não** penso di no. **acho que sim** penso di sì.

a.cha.ta.do [aʃat´adu] *adj* piatto.

a.cha.tar [aʃat´ar] *vt* **1** schiacciare. **2** ammaccare, acciaccare. **3** calcare. **achatar com os pés** calpestare.

a.ci.den.ta.do [asidẽt´adu] *adj* irregolare, aspro (terreno).

a.ci.den.te [asid´ẽti] *sm* **1** accidente. **2** avvenimento. **3** incidente, sinistro, disastro. 4 contrattempo. **acidente de trânsito** incidente stradale.

a.ci.dez [asid´es] *sf* acidità, agrezza, acerbità.

á.ci.do [´asidu] *sm Quím* acido. • *adj* acido, agro, acerbo.

a.ci.ma [a´simɐ] *adv* sopra, su, insù. **acima de** a) sopra. b) *Poét* sovra. **acima de tudo** soprattutto.

a.ci.o.nar [asjon´ar] *vt* azionare.

a.ci.o.nis.ta [asjon´istɐ] *s+adj* azionista.

a.cla.mar [aklam´ar] *vt* 1 acclamare, applaudire. 2 *fig* salutare.

a.cli.ma.tar [aklimat´ar] *vt* 1 acclimatare. *vpr* 2 acclimatarsi.

a.cli.ve [akl´ivi] *sm* erta, salita. • *adj* acclive.

ac.ne [´akni] *sf Med* acne.

a.ço [´asu] *sm* acciaio. **aço inoxidável** acciaio inossidabile.

a.co.co.rar [akokoɾ´ar] *vt* 1 fare accoccolarsi. *vpr* 2 accoccolarsi.

a.çoi.tar [asojt´ar] *vt* sferzare, frustare.

a.çoi.te [as´ojti] *sm* sferza, frusta, staffile.

a.col.cho.a.do [akowʃo´adu] *sm* piumino.

a.co.lhe.dor [akoʎed´or] *adj* accogliente, ameno.

a.co.lher [akoʎ´er] *vt* 1 accogliere. 2 ricevere. 3 accettare. 4 iniziare. 5 alloggiare. 6 *fig* albergare.

a.co.mo.dar [akomod´ar] *vt* 1 accomodare. 2 arrangiare, acconciare. *vpr* 3 accomodarsi, sistemarsi, adagiarsi.

a.com.pa.nha.men.to [akõpañam´ẽtu] *sm* (também *Mús*) accompagnamento. **acompanhamento de verduras ou legumes** contorno.

a.com.pa.nhar [akõpañ´ar] *vt* 1 accompagnare. 2 condurre. 3 seguire. 4 appaiare. 5 *fig* guidare. 6 fiancheggiare.

a.con.se.lhar [akõseʎ´ar] *vt* 1 consigliare. 2 avvertire. 3 raccomandare.

4 suggerire. 5 *fig* prescrivere. *vpr* 6 consigliarsi con.

a.con.te.cer [akõtes´er] *vi* 1 succedere, avvenire, accadere, capitare. 2 aver luogo, sopraggiungere.

a.con.te.ci.men.to [akõtesim´ẽtu] *sm* avvenimento, fatto, episodio, evento.

a.co.plar [akopl´ar] *vt Mec* accoppiare, appaiare.

a.cor.dar [akord´ar] *vt* 1 svegliare, destare, chiamare. *vi* 2 svegliarsi, destarsi. **acordar cedo** levarsi presto.

a.cor.de [ak´ordi] *sm Mús* accordo.

a.cor.de.ão [akorde´ãw] *sm Mús* fisarmonica, organetto.

a.cor.do [ak´ordu] *sm* 1 accordo. 2 consenso. 3 contratto, patto. 4 *fig* armonia. **de acordo** d'accordo. **de acordo com** secondo. **estar de acordo** essere d'accordo.

a.cor.ren.tar [akořẽt´ar] *vt* incatenare.

a.cos.ta.men.to [akostam´ẽtu] *sm* banchina.

a.cos.tu.mar [akostum´ar] *vt* avvezzare, assuefare.

a.çou.gue [as´owgi] *sm* macelleria.

a.çou.guei.ro [asowg´ejru] *sm* 1 macellaio. 2 *fig* veterinario, medico incompetente.

a.cre.di.tar [akɾedit´ar] *vt* 1 credere. 2 pensare. *vpr* 3 ritenersi.

a.cres.cen.tar [akɾesẽt´ar] *vt* 1 accrescere. 2 addizionare. 3 aggiungere. 4 sovrapporre.

a.crés.ci.mo [akɾ´ɛsimu] *sm* 1 aumento. 2 addizione. 3 supplemento. 4 aggiunta. 5 *Com* giunta.

a.cro.ba.ta [akɾob´atɐ] *s* acrobata.

a.çú.car [as´ukar] *sm* zucchero. **açúcar mascavo** mascavato.

a.çu.ca.ra.do [asukar´adu] *adj* zuccherino.

a.çu.ca.rei.ro [asukar´ejru] *sm* zuccheriera.

a.çu.de [as´udi] *sm* diga.

acudir   271   **adornar**

a.cu.dir [akud´ir] *vt* accudire.

a.cu.mu.lar [akumul´ar] *vt* accumulare, ammassare.

a.cu.pun.tu.ra [akupũt´urə] *sf Med* agopuntura.

a.cu.ra.do [akur´adu] *adj* accurato.

a.cu.sa.ção [akuzas´ãw] *sf* 1 accusa, denunzia. 2 *Dir* causa.

a.cu.sar [akuz´ar] *vt* 1 accusare, denunziare, incriminare. *vpr* 2 incolparsi.

a.da.ga [ad´agə] *sf* daga.

a.dap.tar [adapt´ar] *vt* 1 adattare. 2 appropriare, adeguare. 3 ridurre (texto). *vpr* 4 adattarsi. 5 adeguarsi.

a.de.ga [ad´εgə] *sf* cantina, cella.

a.den.sar [adẽs´ar] *vt* 1 addensare. *vpr* 2 addensarsi.

a.dep.to [ad´εptu] *sm* adepto.

a.de.qua.do [adek´wadu] *adj* adeguato, acconcio, appropriato, conveniente.

a.de.quar [adek´war] *vt* 1 adeguare, adattare, bilanciare. *vpr* 2 adeguarsi, uniformarsi.

a.de.re.ço [ader´esu] *sm* 1 finimento. 2 **adereços** *pl* attrezzi.

a.de.rir [ader´ir] *vt* aderire, associarsi a.

a.de.são [adez´ãw] *sf* adesione.

a.de.si.vo [adez´ivu] *sm* adesivo. • *adj* adesivo, appiccicoso.

a.des.trar [adestr´ar] *vt* 1 addestrare. 2 istruire. 3 esercitare.

a.deus [ad´ews] *sm* addio. • *interj* addio! ciao!

a.di.a.men.to [adjam´ẽtu] *sm* differimento, aggiornamento.

a.di.an.ta.men.to [adjãtam´ẽtu] *sm* 1 *Com* anticipo. 2 acconto.

a.di.an.tar [adjãt´ar] *vt* 1 anticipare. 2 accelerare. *vpr* 3 avanzare, spingersi.

a.di.an.te [adi´ãti] *adv* avanti. **ir adiante** andare avanti, inoltrarsi.

a.di.ar [adi´ar] *vt* 1 differire, aggiornare, rimandare. 2 *fig* sospendere.

a.di.ção [adis´ãw] *sf* 1 addizione. 2 somma. 3 aggiunta.

a.di.ci.o.nal [adisjon´aw] *adj* addizionale. *Pl: adicionais*.

a.di.ci.o.nar [adisjon´ar] *vt* 1 addizionare. 2 sommare. 3 sovrapporre.

a.di.vi.nha.ção [adiviñas´ãw] *sf* divinazione, indovinello, enigma.

a.di.vi.nhar [adiviñ´ar] *vt* 1 indovinare, divinare. 2 *fig* annusare.

ad.ja.cên.cia [adʒas´ẽsjə] *sf* 1 adiacenza, contatto. 2 **as adjacências** *pl* le adiacenze.

ad.ja.cen.te [adʒas´ẽti] *adj* adiacente, contiguo, prossimo.

ad.je.ti.vo [adʒet´ivu] *sm Gram* aggettivo.

ad.mi.nis.tra.ção [adminis tras´ãw] *sf* 1 amministrazione. 2 gerenza. 3 direzione, governo. 4 custodia. 5 *fig* conduzione.

ad.mi.nis.trar [administr´ar] *vt* 1 amministrare. 2 dirigere, governare. 3 ministrare.

ad.mi.ra.ção [admiras´ãw] *sf* 1 ammirazione, meraviglia. 2 *fig* estasi.

ad.mi.rar [admir´ar] *vt* 1 ammirare. 2 contemplare. 3 approvare. *vpr* 4 meravigliarsi.

ad.mis.são [admis´ãw] *sf* ammissione.

ad.mi.tir [admit´ir] *vt* 1 ammettere. 2 accettare. 3 approvare. 4 ricevere, accogliere. 5 confessare, riconoscere.

ad.mo.es.tar [admoest´ar] *vt* ammonire.

a.do.ção [ados´ãw] *sf* adozione.

a.do.çar [ados´ar] *vt* addolcire, indolcire.

a.do.ci.ca.do [adosik´adu] *adj* 1 dolce. 2 abboccato (vinho).

a.do.e.cer [adoes´er] *vi* ammalarsi.

a.do.les.cen.te [adoles´ẽti] *sm+adj* adolescente, giovane.

a.do.rar [ador´ar] *vt* 1 adorare, venerare. 2 *fig* idolatrare.

a.dor.me.cer [adormes´er] *vt* 1 addormentare. 2 anestezzare. *vi* 3 addormentarsi.

a.dor.nar [adorn´ar] *vt* 1 adornare,

adorno 272 **afiançar**

ornare. 2 *fig* fregiare. *vpr* 3 adornarsi, ornarsi.
a.dor.no [ad´ornu] *sm* 1 finimento. 2 adornamento, ornamento. 3 *fig* apparato, concia.
a.do.tar [adot´ar] *vt* 1 adottare. 2 *Dir* arrogare (uma criança). 3 *fig* abbracciare.
a.do.ti.vo [adot´ivu] *adj* adottivo.
ad.qui.rir [adkir´ir] *vt* 1 acquistare. 2 appropriarsi di. 3 comprare. 4 contrarre.
a.du.bar [adub´ar] *vt* concimare, ingrassare, fertilizzare.
a.du.bo [ad´ubu] *sm* concime.
a.du.lar [adul´ar] *vt* 1 adulare, lusingare, coccolare. 2 *fig* insaponare.
a.dul.te.rar [aduwter´ar] *vt* adulterare, contraffare.
a.dul.té.rio [aduwt´ɛrju] *sm* adulterio.
a.dúl.te.ro [ad´uwteru] *sm+adj* adultero.
a.dul.to [ad´uwtu] *sm+adj* adulto.
ad.vér.bio [adv´ɛrbju] *sm Gram* avverbio.
ad.ver.sá.rio [advers´arju] *sm+adj* 1 avversario. 2 rivale. 3 concorrente.
ad.ver.si.da.de [adversid´adi] *sf* 1 avversità, contrarietà. 2 *fig* tegola.
ad.ver.so [adv´ɛrsu] *adj* 1 avverso. 2 ostile, sfavorevole.
ad.ver.tên.cia [advert´ẽsjə] *sf* 1 avvertimento. 2 avvertenza. 3 ammonizione. 4 consiglio. 5 *fig* sveglia.
ad.ver.tir [advert´ir] *vt* 1 avvertire. 2 avvisare. 3 informare. 4 ammonire, riprendere.
ad.vir [adv´ir] *vi* avvenire, sopraggiungere.
ad.vo.ca.ci.a [advokas´iə] *sf* avvocatura.
ad.vo.ga.da [advog´adə] *sf* avvocatessa.
ad.vo.ga.do [advog´adu] *sm* avvocato. **advogado de defesa** avvocato difensore.
a.é.reo [a´ɛrju] *adj* aereo.
a.e.ro.mo.ça [aɛrom´osə] *sf* hostess.
a.e.ro.náu.ti.ca [aɛron´awtikə] *sf* aeronautica.
a.e.ro.por.to [aɛrop´ortu] *sm* aeroporto.
a.fã [af´ã] *sm* 1 affanno. 2 *fig* combustione.
a.fa.gar [afag´ar] *vt* accarezzare, coccolare.
a.fa.go [af´agu] *sm* carezza, vezzo.
a.fa.nar [afan´ar] *vt* 1 rubare. 2 *fam* mangiare. 3 *fig* agguantare.
a.fas.ta.do [afast´adu] *adj* lontano, discosto, assente. **manter-se afastado de** tenersi lontano da.
a.fas.tar [afast´ar] *vt* 1 allontanare. 2 scostare, scansare. *vpr* 3 allontanarsi. 4 scostarsi, scansarsi. 5 appartarsi. 6 assentarsi. 7 ritirarsi.
a.fá.vel [af´avew] *adj* 1 affabile. 2 piacente. *Pl:* afáveis.
a.fa.ze.res [afaz´eris] *sm pl* affari, faccende.
a.fei.ção [afejs´ãw] *sf* affezione, affetto, amore, devozione.
a.fei.ço.ar [afejso´ar] *vt* 1 affezionare. *vpr* 2 affezionarsi.
a.fe.mi.na.do [afemin´adu] *adj* 1 effeminato, femminile. 2 *fig* molle.
a.fer.rar [afeʀ´ar] *vt* afferrare, acchiappare, ghermire.
a.fe.ta.ção [afetas´ãw] *sf* 1 affettazione, ostentazione, smorfia. 2 *fig* posa.
a.fe.ta.do [afet´adu] *adj* 1 affettato. 2 smorfioso. 3 preso, attaccato da una malattia. 4 *fig* prezioso, ricercato.
a.fe.tar [afet´ar] *vt* 1 affettare. 2 ostentare, fingere. *vpr* 3 affettarsi.
a.fe.ti.vo [afet´ivu] *adj* affettivo.
a.fe.to [af´ɛtu] *sm* 1 affetto, amore. 2 *fig* cuore. 3 amicizia.
a.fe.tu.o.so [afetu´ozu] *adj* 1 affettuoso, amorevole, cordiale. 2 *fig* dolce, tenero.
a.fi.an.çar [afjãs´ar] *vt* garantire.

a.fi.ar [afiˈar] *vt* **1** affilare, arrotare. **2** aguzzare, assottigliare, acuire. *vpr* **3** assottigliarsi.

a.fi.lha.do [afiʎˈadu] *sm* figlioccio.

a.fi.li.ar [afiliˈar] *vt* **1** affiliare. *vpr* **2** affiliarsi, associarsi, accostarsi.

a.fim [aˈfĩ] *s+adj* affine.

a.fi.nal [afinˈaw] *adv* finalmente, alfine.

a.fi.nar [afinˈar] *vt* **1** affinare, assottigliare. **2** *Mús* accordare. *vpr* **3** assottigliarsi.

a.fi.ni.da.de [afinidˈadi] *sf* **1** affinità. **2** *fig* amicizia. **3** connessione. **4** somiglianza.

a.fir.ma.ção [afirmasˈãw] *sf* affermazione, asserzione, assunto.

a.fir.mar [afirmˈar] *vt* **1** affermare, asserire, attestare, dire. *vpr* **2** affermarsi, imporsi.

a.fi.xo [afˈiksu] *sm Gram* affisso.

a.fli.ção [aflisˈãw] *sf* **1** afflizione. **2** ansietà, angoscia. **3** pena. **4** *fig* dolore. **5** tortura. **6** travaglio.

a.fli.gir [afliʒˈir] *vt* **1** affliggere. **2** angosciare. **3** travagliare. **4** *fig* torturare. *vpr* **5** affliggersi. **6** travagliarsi. **7** dolersi. **8** *fig* torturarsi.

a.fli.to [aflˈitu] *adj* afflitto, mesto.

a.flu.en.te [afluˈẽti] *sm Geogr* affluente.

a.fo.ga.men.to [afogamˈẽtu] *sm* affogamento.

a.fo.gar [afogˈar] *vt* **1** affogare. **2** soffocare. **3** annegare. *vpr* **4** affogarsi, annegarsi.

a.for.tu.na.do [afortunˈadu] *adj* beato, fausto, prospero.

a.fres.co [afrˈesku] *sm Pint* affresco.

a.fri.ca.no [afrikˈʌnu] *sm+adj* africano.

a.fron.ta [afrˈõtə] *sf* affronto, offesa, oltraggio.

a.frou.xar [afrowʃˈar] *vt* **1** allentare, rilassare, infrollire. *vi+vpr* **2** infrollirsi.

af.ta [ˈaftə] *sf Med* afta.

a.fun.dar [afũdˈar] *vt* **1** affondare. **2** immergere. *vi* **3** affondare. **4** immergersi.

a.gá [agˈa] *sm* acca, nome della lettera H.

a.ga.char-se [agaʃˈarsi] *vpr* accoccolarsi.

a.gar.rar [agaʁˈar] *vt* **1** afferrare, ghermire, agguantare. **2** *fig* abboccare. *vpr* **3** afferrarsi, attaccarsi.

a.ga.sa.lhar [agazaʎˈar] *vt* **1** vestire, ammantare. **2** albergare, alloggiare.

a.ga.sa.lho [agazˈaʎu] *sm* **1** giacca a vento. **2** riparo, protezione.

a.gên.cia [aʒˈẽsjə] *sf* **1** agenzia. **2** ufficio. **3** filiale. **agência bancária** banca filiale. **agência de câmbio** ufficio di cambio. **agência do correio** ufficio postale.

a.gen.da [aʒˈẽdə] *sf* **1** agenda. **2** *fig* calendario.

a.gen.te [aʒˈẽti] *sm+adj* agente.

á.gil [ˈaʒiw] *adj* **1** agile. **2** destro. **3** leggero, sciolto. **4** snello. **5** spedito. **6** vivace (mente). *Pl: ágeis.*

a.gi.li.da.de [aʒilidˈadi] *sf* **1** agilità. **2** destrezza, lestezza. **3** leggerezza. **4** vivacità (da mente).

a.gi.o.ta [aʒiˈɔtə] *s* **1** aggiotatore. **2** *fig* avvoltoio.

a.gi.o.ta.gem [aʒjotˈaʒej] *sf* aggiotaggio, usura.

a.gir [aʒˈir] *vi* **1** agire. **2** operare. **3** comportarsi. **4** lavorare.

a.gi.ta.ção [aʒitasˈãw] *sf* **1** agitazione. **2** apprensione. **3** tumulto, torbidi. **4** confusione. **5** *fig* disturbo.

a.gi.tar [aʒitˈar] *vt* **1** agitare. **2** scuotere. **3** sconvolgere, disturbare. *vpr* **4** agitarsi. **5** dibattersi. **6** sbattersi. **7** disturbarsi.

a.glo.me.rar [aglomerˈar] *vt* **1** agglomerare. **2** affollare. *vpr* **3** agglomerarsi. **4** affollarsi.

a.glu.ti.nar [aglutinˈar] *vt* agglutinare.

a.go.ni.a [agonˈiə] *sf* **1** agonia. **2** sofferenza. **3** *fig* supplizio.

a.go.ni.zar [agonizˈar] *vi* **1** agonizzare, ansare. **2** *fig* ansare.

a.go.ra [ag'ɔrə] *adv* 1 adesso, ora. 2 già. 3 ormai. **agora mesmo** appena, adesso adesso. **de agora em diante** d'ora innanzi, d'ora in poi.

a.gos.to [a'gostu] *sm* agosto.

a.gou.ro [ag'owru] *sm* augurio, auspicio, presagio. **mau agouro** malaugurio.

a.gra.dar [agrad'ar] *vt* 1 piacere. 2 gradire. 3 soddisfare, contentare. 4 blandire. 5 deliziare, dilettare.

a.gra.dá.vel [agrad'avew] *adj* 1 piacevole. 2 gradevole. 3 amabile. 4 piacente. 5 ameno, ridente. 6 soave. *Pl: agradáveis.*

a.gra.de.cer [agrades'er] *vt* ringraziare.

a.gra.do [agr'adu] *sm* carezza, vezzo, blandizie. **ser do agrado de** *fam* gustare.

a.grá.rio [agr'arju] *adj* agrario, campestre.

a.gra.var [agrav'ar] *vt* 1 aggravare, accentuare. 2 *fig* complicare. *vpr* 3 aggravarsi.

a.gre.dir [agred'ir] *vt* 1 aggredire. 2 attaccare. 3 assalire.

a.gre.gar [agreg'ar] *vt* aggregare, aggiungere.

a.gres.são [agres'ãw] *sf* aggressione, attacco.

a.gres.si.vo [agres'ivu] *adj* aggressivo.

a.gres.sor [agres'or] *sm* aggressore.

a.gri.ão [agri'ãw] *sm* crescione.

a.grí.co.la [agr'ikɔlə] *adj* agricolo, contadino, rustico.

a.gri.cul.tor [agrikuwt'or] *sm* agricoltore, contadino, campagnuolo.

a.gri.cul.tu.ra [agrikuwt'urə] *sf* agricoltura.

a.gri.do.ce [agrid'osi] *adj* agrodolce.

a.grô.no.mo [agr'onomu] *sm* agronomo.

a.gru.par [agrup'ar] *vt* 1 aggruppare, raggruppare. 2 classificare. *vpr* 3 aggrupparsi.

á.gua ['agwə] *sf* acqua. **água benta** acqua benedetta. **água doce** acqua dolce. **água mineral** acqua minerale. **água oxigenada** acqua ossigenata. **água potável** acqua potabile. **dar água na boca** far venire l'acquolina in bocca.

a.gua.do [ag'wadu] *adj* lungo.

a.guar [ag'war] *vt* 1 adacquare. 2 allungare.

a.guar.dar [agward'ar] *vt* aspettare, attendere.

a.guar.den.te [agward'ẽti] *sf* acquavite, grappa.

a.gu.çar [agus'ar] *vt* 1 aguzzare. 2 appuntare, assottigliare. 3 acuire.

a.gu.do [ag'udu] *adj* 1 (também *Mús*) acuto. 2 aguzzo. 3 stridente.

a.guen.tar [agwẽt'ar] *vt* 1 sopportare. 2 soffrire. 3 durare. 4 resistere a. 5 *fig* ingozzare.

á.guia ['agjə] *sf* aquila.

a.gu.lha [ag'uʎə] *sm* ago. **agulha de tricô** ago da calza. **agulha hipodérmica** ago da iniezione.

ah ['a] *interj* ah! (de dor, susto, desprezo, ameaça etc.). **ah ah!** ah ah! (riso, ironia).

ai ['aj] *interj* ahi! **ai de mim!** ahimè!

a.í [a'i] *adv* ci, vi, ce, ve.

a.in.da [a'ĩdə] *adv* 1 ancora. 2 anche. **ainda que** anche se, benché.

ai.po ['ajpu] *sm Bot* appio.

a.jo.e.lhar [aʒoeʎ'ar] *vi+vpr* 1 inginocchiarsi. 2 cadere sui ginocchi.

a.ju.da [aʒ'udə] *sf* 1 aiuto. 2 ausilio. 3 soccorso. 4 contributo. 5 sussidio. 6 carità. 7 *fig* braccio, mano. 8 sostegno, appoggio. 9 favore. **com a ajuda de** grazie a, mediante. **com a ajuda de vocês** grazie a voi.

a.ju.dan.te [aʒud'ãti] *s* 1 aiutante, assistente. 2 secondo. 3 *fig* ragazzo.

a.ju.dar [aʒud'ar] *vt* 1 aiutare. 2 assistere. 3 agevolare, giovare, favorire.

fig appoggiare. 5 fiancheggiare. *vpr* 6 aiutarsi, giovarsi, soccorrersi.

a.ju.i.za.do [aʒwiz'adu] *adj* sensato, discreto.

a.jus.tar [aʒust'ar] *vt* 1 aggiustare, adattare, conformare. 2 correggere, regolare. *vpr* 3 imboccare (peças). 4 aggiustarsi.

a.jus.te [aʒ'usti] *sm* aggiustamento, convenzione, assestamento, assetto. **ajuste de contas** *Com* pareggio.

a.la ['alə] *sf* ala.

a.la.do [al'adu] *adj* alato.

a.la.gar [alag'ar] *vt* allagare, inondare, diluviare.

a.la.ran.ja.do [alarãʒ'adu] *adj* aranciato.

a.lar.de [al'ardi] *sm* 1 iattanza. 2 *fig* grancassa.

a.lar.gar [alarg'ar] *vt* 1 allargare. 2 aprire. 3 ampliare. 4 espandere. 5 aumentare. *vpr* 6 allargarsi. 7 aprirsi.

a.lar.mar [alarm'ar] *vt* 1 allarmare. *vpr* 2 allarmarsi.

a.lar.me [al'armi] *sm* allarme. **alarme de incêndio** avvisatore d'incendio.

a.las.trar [alastr'ar] *vt* 1 propagare. *vpr* 2 propagarsi, diffondersi, allargarsi.

a.la.van.ca [alav'ãkə] *sf Mec* leva. **alavanca do câmbio** *Autom* leva del cambio.

al.ber.gue [awb'ɛrgi] *sm* albergo.

al.bi.no [awb'inu] *sm+adj* albino.

ál.bum ['awbũ] *sm* album.

al.ça ['awsə] *sf* maniglia.

al.ca.cho.fra [awkaʃ'ɔfrə] *sm Bot* carciofo.

al.can.çar [awkãs'ar] *vt* 1 raggiungere. 2 attingere. 3 giungere a. 4 *fig* arrivare a.

al.ça.pão [awsap'ãw] *sm* 1 botola. 2 trabocchetto.

ál.co.ol ['awkɔow] *sm* alcool, spirito. *Pl:* álcoois.

al.co.ó.la.tra [awko'ɔlatrə] *s* alcolizzato.

al.co.va [awk'ɔvə] *sf* alcova.

al.cu.nha [awk'uɲə] *sf* soprannome.

al.de.ão [alde'ãw] *sm* paesano.

al.dei.a [awd'ejə] *sf* villaggio, paese.

a.le.a.tó.rio [aleat'ɔrju] *adj* aleatorio.

a.le.gar [aleg'ar] *vt* allegare, avanzare, addurre.

a.le.go.ri.a [alegor'iə] *sf* allegoria, simbolo.

a.le.grar [alegr'ar] *vt* 1 rallegrare, allegrare. 2 allietare. 3 rincuorare, spassare. *vpr* 4 rallegrarsi, compiacersi.

a.le.gre [al'ɛgri] *adj* 1 allegro. 2 brioso, gaio. 3 contento, felice, lieto. 4 scherzoso. 5 ameno. 6 piacevole, ridente.

a.le.gri.a [alegr'iə] *sf* 1 allegria. 2 brio. 3 felicità. 4 gioia. 5 delizia. 6 *fig* riso.

a.lei.ja.do [alejʒ'adu] *sm* zoppo. • *adj* monco. **ficar aleijado** azzoppirsi.

a.lei.jar [alejʒ'ar] *vt* azzoppire.

a.le.lu.i.a [alel'ujə] *sf+interj* alleluia.

a.lém [al'ẽj] *adv* 1 oltre. 2 aldilà. • *sm* l'aldilà. **além de** oltre, oltre a. **além disso/além do mais** inoltre, pure, oltre a ciò. **além do que** oltre a che.

a.le.mão [alem'ãw] *sm+adj* tedesco. *Pl:* alemães.

a.lém-mar [alẽjm'ar] *adv* oltremare. *Pl:* além-mares.

a.ler.gi.a [alerʒ'iə] *sf* allergia.

a.ler.ta [al'ɛrtə] *adj* attento. **ficar alerta** stare all'erta.

al.fa.be.to [awfab'ɛtu] *sm* alfabeto, abbecedario.

al.fa.ce [awf'asi] *sf* lattuga.

al.fai.a.ta.ri.a [awfajatar'iə] *sf* sartoria.

al.fai.a.te [awfaj'ati] *sm* sarto.

al.fân.de.ga [awf'ãdegə] *sf* dogana.

al.fa.ze.ma [awfaz'emə] *sf Bot* lavanda.

al.fi.ne.te [awfin'eti] *sm* spillo. **alfinete de segurança** spillo di sicurezza.

al.ga ['awgə] *sf* alga.

al.ga.ris.mo [awgar'izmu] *sm* numero, cifra.

al.ga.zar.ra [awgaz'arə] *sf* gazzarra, fracasso.

ál.ge.bra ['awʒebrə] *sf* algebra.

algemar 276 **altar**

al.ge.mar [awʒem´ar] *vt* incatenare, ammanettare.
al.ge.mas [awʒ´emas] *sf pl* manette, ferri.
al.go [´awgu] *pron* qualcosa, qualche cosa.
al.go.dão [awgod´ãw] *sm* cotone.
al.guém [awg´ẽj] *pron* alcuno, qualcuno, certuno, uno.
al.gum [awg´ũ] *pron m sing* **1** alcuno, qualche. **2** nessuno (com verbo na negativa). *não vi aluno algum* / non ho visto nessuno studente. • **alguma** *pron f sing* **1** alcuna, qualche. **2** nessuna (com verbo na negativa). • **algumas** *pron f pl* alcune, qualche. • **alguns** *pron m pl* alcuni, qualche, parecchi.
a.lhei.o [aλ´eju] *sm* l'altrui. • *adj* **1** altrui. **2** alieno. **3** estraneo.
a.lho [´aλu] *sm* aglio. **cabeça de alho** testa di aglio.
a.li [al´i] *adv* **1** lì, colà. **2** ci, vi, ce, ve. **3** laddove. **ali embaixo** laggiù. **ali em cima** lassù.
a.li.an.ça [ali´ãsə] *sf* **1** alleanza. **2** associazione. **3** coalizione, lega.
a.li.ar [ali´ar] *vt* **1** alleare. *vpr* **2** allearsi, legarsi.
a.li.ás [ali´as] *adv* **1** altrimenti. **2** ossia. **3** a proposito.
á.li.bi [´alibi] *sm Dir* alibi.
a.li.ca.te [alik´ati] *sm* pinza.
a.li.cer.ce [alis´ɛrsi] *sm Arquit* fondamento.
a.li.ci.ar [alisi´ar] *vt* tirare, attrarre.
a.li.e.nar [aljen´ar] *vt* **1** alienare. **2** *fig* distaccare. *vpr* **3** alienarsi.
a.li.e.ní.ge.na [aljen´iʒenə] *adj* **1** estraneo, straniero. **2** *fig* esotico.
a.li.men.tar [alimẽt´ar] *vt* **1** alimentare. **2** allevare, nutrire. **3** sostentare. *vpr* **4** alimentarsi, mangiare. • *adj* alimentare.
a.li.men.to [alim´ẽtu] *sm* **1** alimento, nutrimento, pasto. **2** *pop* cibo. **3** *fig* pane. **4 alimentos** *pl* alimenti.
a.lí.nea [al´injə] *sf Dir* alinea, capoverso di un articolo.
a.li.nha.men.to [aliñam´ẽtu] *sm* allineamento.
a.li.nhar [aliñ´ar] *vt* **1** allineare. *vpr* **2** allinearsi.
a.li.nha.var [aliñav´ar] *vt* imbastire.
a.lí.quo.ta [al´ikwotə] *sf Com* aliquota.
a.li.sar [aliz´ar] *vt* lisciare.
a.lis.tar [alist´ar] *vt* **1** arruolare. **2** assoldare. *vpr* **3** arruolarsi, iscriversi a.
a.li.vi.ar [alivi´ar] *vt* **1** alleviare, alleggerire. *vpr* **2** alleggerirsi. **3** *fig* scaricarsi.
a.lí.vio [al´ivju] *sm* **1** sollievo. **2** *fig* balsamo. **3** sfogo.
al.ma [´awmə] *sf* **1** anima. **2** spirito. **3** *fig* interiore, petto, seno. **não haver nem uma só alma** non esserci anima viva.
al.ma.na.que [awman´aki] *sm* almanacco.
al.me.jar [awmeʒ´ar] *vt* **1** desiderare. **2** *fig* mirare a, sognare.
al.mi.ran.te [awmir´ãti] *sm* ammiraglio.
al.mís.car [awm´iskər] *sm* muschio.
al.mo.çar [awmos´ar] *vi* pranzare.
al.mo.ço [awm´osu] *sm* pranzo.
al.mo.fa.da [awmof´adə] *sf* cuscino, guanciale.
al.môn.de.ga [awm´õndegə] *sf* polpetta.
a.lô [al´o] *interj* pronto!
a.lo.ja.men.to [aloʒam´ẽtu] *sm* **1** alloggio. **2** camerata, dormitorio.
a.lo.jar [aloʒ´ar] *vt* **1** alloggiare. *vpr* **2** alloggiarsi.
a.lon.gar [alõg´ar] *vt* **1** allungare. **2** estendere. **3** porgere. *vpr* **4** allungarsi. **5** estendersi.
a.lo.pa.ti.a [alopat´iə] *sf* allopatia.
al.pi.nis.mo [awpin´izmu] *sm* alpinismo.
al.pi.no [awp´inu] *adj* alpino.
al.pis.te [awp´isti] *sm Bot* scagliola.
al.ta [´awtə] *sf Com* rialzo.
al.tar [awt´ar] *sm* altare.

al.te.rar [awter´ar] *vt* **1** alterare. **2** cambiare, mutare. **3** *fam* manipolare. *vpr* **4** alterarsi. **5** *fig* agitarsi.

al.ter.nar [awtern´ar] *vt* **1** alternare. *vpr* **2** alternarsi.

al.ter.na.ti.va [awternat´ivə] *sf* alternativa, vece.

al.te.za [awt´ezə] *sf* altezza, titolo dei principi.

al.ti.tu.de [awtit´udi] *sf Geogr, Aer* altitudine.

al.ti.vez [awtiv´es] *sf* alterezza, fierezza, superbia.

al.ti.vo [awt´ivu] *adj* altero, fiero, superbo.

al.to [´awtu] *sm* alto. • *adj* **1** alto. **2** lungo. **3** grande. **4** aperto (mar). **5** *fig* eminente. • *adv* alto. • *interj* alto! **no alto** insù. **ter altos e baixos** fare degli alti e bassi.

al.to-fa.lan.te [awtufal´ãti] *sm* altoparlante, portavoce. *Pl: alto-falantes*.

al.tru.ís.ta [awtru´istə] *adj* altruista.

al.tu.ra [awt´urə] *sf* **1** altezza. **2** statura. **3** elevazione.

a.lu.ci.na.ção [alusinas´ãw] *sf* allucinazione, visione, delirio.

a.lu.ci.nar [alusin´ar] *vt* allucinare.

a.lu.dir [alud´ir] *vt* alludere, riferirsi, a.

a.lu.gar [alug´ar] *vt* affittare. **aluga-se** affittasi.

a.lu.guel [alug´ɛw] *sm* **1** affitto. **2** pigione. *Pl: aluguéis*.

a.lu.mí.nio [alum´inju] *sm Quím* alluminio.

a.lu.na [al´unə] *sf* **1** allieva, alunna. **2** studentessa.

a.lu.no [al´unu] *sm* **1** allievo, alunno, scolaro. **2** studente. **3** discepolo.

a.lu.são [aluz´ãw] *sf* allusione.

a.lu.vi.ão [aluvi´ãw] *sm* alluvione.

al.ve.jar [awveʒ´ar] *vt* **1** biancheggiare. **2** bersagliare.

al.vo [´awvu] *sm* bersaglio, segno. • *adj* bianco, candido.

al.vo.ra.da [awvor´adə] *sf* alba, aurora.

al.vo.re.cer [awvores´er] *vi* albeggiare.

al.vo.ro.ço [awvor´osu] *sm* **1** agitazione. **2** confusione. **3** tumulto. **4** baccano.

a.ma.bi.li.da.de [amabilid´adi] *sf* **1** amabilità, cortesia, gentilezza. **2** *fig* dolcezza.

a.ma.ci.ar [amasi´ar] *vt* ammollire, ammorbidire.

a.ma.du.re.cer [amadures´er] *vt* **1** maturare. **2** stagionare. *vi* **3** maturarsi. **4** stagionarsi. **5** svilupparsi (ideia).

a.mal.di.ço.ar [amawdiso´ar] *vt* maledire, bestemmiare.

a.ma.men.ta.ção [amamẽtas´ãw] *sf* allattamento.

a.ma.men.tar [amamẽt´ar] *vt* allattare, dare la poppa.

a.ma.nhã [amañ´ã] *adv* domani, l'indomani. • *sm* l'avvenire. **amanhã à noite** domani sera. **amanhã de manhã** domani mattina, domattina. **depois de amanhã** domani l'altro, dopodomani.

a.man.sar [amãs´ar] *vt* ammansare, domare.

a.man.te [am´ãti] *s* **1** amante. **2** concubina. **3** *fig* amico. **4** amica. • *adj* amante.

a.mar [am´ar] *vt* **1** amare. **2** *fig* apprezzare. *vpr* **3** amarsi.

a.ma.re.la.do [amarel´adu] *adj dep* giallastro.

a.ma.re.lar [amarel´ar] *vt+vi* ingiallire.

a.ma.re.lo [amar´ɛlu] *sm+adj* giallo.

a.mar.gar [amarg´ar] *vt* amareggiare.

a.mar.go [am´argu] *adj* **1** amaro, acerbo, aspro. **2** *fig* duro.

a.mar.gu.ra [amarg´urə] *sf fig* amarezza.

a.mar.rar [amař´ar] *vt* **1** annodare, allacciare. **2** allegare (a boca; diz-se de uma fruta, por exemplo).

a.mas.sar [amas´ar] *vt* **1** schiacciare. **2** stritolare.

a.má.vel [am´avew] *adj* **1** amabile. **2** cordiale, simpatico, galante. 3 gioviale. 4 fig dolce. Pl: amáveis.

a.ma.zo.na [amaz´onə] sf Esp, Mit amazzone.

âm.bar [´abar] sm ambra.

am.bas [´ãbəs] pron f pl ambedue, entrambe, tutte e due.

am.bi.ção [ãbis´ãw] sf 1 ambizione. 2 cupidigia. 3 desiderio. 4 fig sete, febbre.

am.bi.ci.o.so [ãbisi´ozu] adj 1 ambizioso, avido. 2 fig assetato.

am.bi.des.tro [ãbid´estru] adj ambidestro.

am.bi.en.te [ãbi´ẽti] sm 1 ambiente. 2 circolo, gruppo. 3 fig elemento. 4 clima. 5 ambito, sfera.

am.bí.guo [ãb´igwu] adj 1 ambiguo. 2 dubbio. 3 impreciso. 4 fig obliquo.

âm.bi.to [´ãbitu] sm 1 ambito. 2 fig sfera. 3 regno.

am.bos [´ãbus] pron m pl ambedue, entrambi, tutti e due.

am.bu.lân.cia [ãbul´ãsjə] sf ambulanza, autolettiga.

a.me.a.ça [ame´asə] sf 1 minaccia. 2 avviso. 3 bravata. 4 fig spettro.

a.me.a.çar [ameas´ar] vt 1 minacciare. *a casa ameaça cair* / la casa minaccia di cadere. 2 far minacce, avvertire, avvisare. 3 bravare. 4 promettere. 5 essere in pericolo di.

a.me.dron.tar [amedrõt´ar] vt 1 intimorire, sbigottire, impaurire. vpr 2 intimorirsi.

a.mei.xa [am´ejʃə] sf Bot prugna, susina.

a.mém [am´ẽj] interj amen.

a.mên.doa [am´ẽdwə] sf Bot mandorla.

a.men.do.im [amẽdo´ĩ] sm Bot arachide.

a.me.no [am´enu] adj 1 ameno. 2 fig dolce (clima).

a.me.ri.ca.no [amerik´ʌnu] sm+adj americano.

a.mes.trar [amestr´ar] vt ammaestrare, addestrare.

a.me.tis.ta [amet´istə] sf Min ametista.

a.mi.do [am´idu] sm amido.

a.mi.gá.vel [amig´avew] adj 1 amichevole. 2 confidenziale. Pl: amigáveis.

a.míg.da.la [am´i(g)dalə] sf amigdala.

a.mi.go [am´igu] sm 1 amico, compagno, collega. 2 fig fratello. **amigo íntimo** amico intimo, amico stretto.

a.mis.to.so [amist´ozu] adj amichevole.

a.mi.za.de [amiz´adi] sf 1 amicizia. 2 pratica. 3 fig conoscenza, relazione. **fazer amizade com** fare amicizia con.

a.mo.lar [amol´ar] vt affilare, arrotare.

a.mol.dar [amowd´ar] vt conformare.

a.mo.le.cer [amoles´er] vt ammollire, ammorbidire.

a.mon.to.ar [amõto´ar] vt ammontare, ammassare.

a.mor [am´or] sm 1 amore. 2 affetto, affezione. 3 desiderio. 4 fig culto. **pelo amor de Deus!** per amore del cielo! per carità!

a.mo.ra [am´orə] sf Bot mora.

a.mo.ral [amor´aw] adj amorale. Pl: amorais.

a.mor.nar [amorn´ar] vt 1 intiepidire. vpr 2 intiepidirsi.

a.mo.ro.so [amor´ozu] adj 1 amoroso. 2 affettuoso.

a.mor.te.ce.dor [amortesed´or] sm Autom ammortizzatore.

a.mor.te.cer [amortes´er] vt ammortire.

a.mos.tra [am´ɔstrə] sf 1 saggio. 2 Com campione.

am.pa.rar [ãpar´ar] vt 1 riparare, coprire, diffendere, proteggere. 2 appoggiare. vpr 3 ripararsi.

am.pa.ro [ãp´aru] sm 1 riparo, riparazione, protezione. 2 Lit schermo. 3 fig bastone.

am.pli.ar [ãpli´ar] vt 1 ampliare. 2 fig distendere.

am.pli.tu.de [ãplit´udi] sf ampiezza.

am.plo [´ãplu] adj 1 ampio. 2 vasto. 3 spazioso. 4 aperto. 5 fig largo.

am.po.la [ãp´olə] *sf* ampolla.
am.pu.tar [ãput´ar] *vt* amputare.
a.mu.le.to [amul´etu] *sm* amuleto, feticcio.
a.nais [an´ajs] *sm pl* annali.
a.nal [an´aw] *adj* anale. *Pl: anais*.
a.nal.fa.be.to [anawfab´etu] *sm+adj* 1 analfabeta. 2 ignorante.
a.nal.gé.si.co [anawʒ´ɛziku] *sm+adj* analgesico.
a.na.li.sar [analiz´ar] *vt* 1 analizzare. 2 osservare. 3 studiare. 4 *fig* pesare.
a.ná.li.se [an´alizi] *sf* 1 analisi. 2 esamine, osservazione. 3 ricerca, studio.
a.na.lo.gi.a [analoʒ´iə] *sf* 1 analogia, affinità. 2 *fig* somiglianza.
a.na.nás [anan´as] *sm* ananasso. *Pl: ananases*.
a.não [an´ãw] *sm+adj* nano. *Pl: anãos, anões, anães*.
a.nar.qui.a [anark´iə] *sf* 1 anarchia. 2 confusione.
a.na.to.mi.a [anatom´iə] *sf* anatomia.
an.ca [´ãkə] *sf Anat* anca, fianco.
an.ces.tral [ãsestr´aw] *sm* capostipite. • *adj* ancestrale. *Pl: ancestrais*.
an.cho.va [ãʃ´ovə] *sf Zool* acciuga, alice.
an.ci.ão [ãsi´ãw] *sm+adj* anziano. *Pl: anciãos, anciães, anciões*.
ân.co.ra [´ãkorə] *sf* ancora. **lançar âncora** gettare l'ancora.
an.co.ra.dou.ro [ãkorad´owru] *sm Náut* ancoraggio, rada.
an.co.rar [ãkor´ar] *vt Náut* ancorare.
an.dai.me [ãd´Ajmi] *sm* ponte, palco, grillo.
an.dar [ãd´ar] *sm* piano, pavimento. • *vi* camminare. **andar térreo** pianterreno.
an.do.ri.nha [ãdor´iɲə] *sf Zool* rondine.
a.ne.do.ta [aned´ɔtə] *sf* aneddoto.
a.nel [an´ɛw] *sm* 1 anello. 2 cerchio. *Pl: anéis*.
a.ne.mi.a [anem´iə] *sf Med* anemia.
a.nes.te.si.a [anestez´iə] *sf* anestesia.

a.nes.te.si.ar [anestezi´ar] *vt* anestezizare.
a.ne.xar [aneks´ar] *vt* 1 annettere. 2 incorporare. 3 includere.
a.ne.xo [an´ɛksu] *sm* 1 annesso. 2 dipendenza. • *adj* annesso.
an.fí.bio [ãf´ibju] *sm+adj Zool* anfibio.
an.fi.te.a.tro [ãfite´atru] *sm* anfiteatro.
an.fi.tri.ão [ãfitri´ãw] *sm* anfitrione, ospite.
an.gi.na [ãʒ´inə] *sf Med* angina.
ân.gu.lo [´ãgulu] *sm* angolo, canto.
an.gús.tia [ãg´ustjə] *sf* 1 angustia. 2 angoscia. 3 afflizione. 4 *fig* agonia.
an.gus.ti.ar [ãgusti´ar] *vt* 1 angustiare. 2 angosciare. 3 affliggere. 4 *fig* straziare. *vpr* 5 angustiarsi. 6 addolorarsi.
a.nil [an´iw] *sm* indaco. *Pl: anis*.
a.ni.ma.ção [animas´ãw] *sf* 1 animazione. 2 entusiasmo.
a.ni.ma.do [anim´adu] *adj* vivace, allegro.
a.ni.mal [anim´aw] *sm* 1 animale, bestia. 2 *fig* belva, persona crudele. 3 ignorante. **animal de carga** bestia da soma. *Pl: animais*.
a.ni.mar [anim´ar] *vt* 1 animare. 2 avvivare. 3 allietare. 4 *fig* elettrizzare. *vpr* 5 animarsi. 6 eccitarsi. 7 *fig* elettrizzarsi.
â.ni.mo [´Λnimu] *sm* 1 animo. 2 *fig* spirito. • *interj* animo!
a.ni.qui.lar [anikil´ar] *vt* 1 annichilire. 2 *fig* distruggere, fulminare.
a.nis [an´is] *sm* anice. *Pl: anises*.
a.nis.ti.a [anist´iə] *sf* 1 amnistia. 2 abbuono. 3 assoluzione.
a.nis.ti.ar [anisti´ar] *vt* amnistiare.
a.ni.ver.sá.rio [anivers´arju] *sm* 1 compleanno. 2 anniversario.
an.jo [´ãʒu] *sm Rel* angelo. **anjo caído** demonio. **anjo da guarda** genio.
a.no [´Λnu] *sm* 1 anno. 2 annata. **ano bissexto** anno bisestile. **ano letivo** anno scolastico. **daqui a três anos** fra tre anni. **este ano** quest'anno. **faz**

dois anos due anni fa. **há quatro anos** da quattro anni. **o ano passado** l'anno scorso. **o ano que vem** l'anno venturo.
a.noi.te.cer [anojtes´er] *sm* crepuscolo. • *vi* annottare.
a.no.ni.ma.to [anonim´atu] *sm* anonimato.
a.nô.ni.mo [an´onimu] *adj* 1 anonimo. 2 *fig* oscuro, sconosciuto.
a.nor.mal [anorm´aw] *adj* anormale. *Pl: anormais.*
a.no.ta.ção [anotas´ãw] *sf* 1 annotazione. 2 appunto, nota. 3 commento.
a.no.tar [anot´ar] *vt* annotare, appuntare, notare, segnare.
ân.sia [´ãsjə] *sf* 1 ansia. 2 angoscia. 3 avidità. 4 affanno. 5 *fig* agonia. 6 fame.
an.si.ar [ãsi´ar] *vt* 1 anelare a, desiderare. 2 *fig* sospirare per.
an.si.e.da.de [ãsjed´adi] *sf* 1 ansietà. 2 angustia, apprensione. 3 brama.
an.si.o.so [ãsi´ozu] *adj* 1 ansioso, apprensivo. 2 impaziente. 3 avido. 4 *fig* ghiotto.
an.ta [´ãtə] *sf Zool* tapiro.
an.te [´ãti] *prep* davanti a.
an.te.bra.ço [ãtebr´asu] *sm Anat* avambraccio.
an.te.ce.den.te [ãtesed´ẽti] *adj* antecedente, precedente, anteriore.
an.te.ce.der [ãtesed´er] *vt* precedere.
an.te.ces.sor [ãteses´or] *sm* antecessore. • *adj* predecessore.
an.te.ci.par [ãtesip´ar] *vt* 1 anticipare. *vpr* 2 precipitarsi.
an.te.na [ãt´enə] *sf* 1 antenna. 2 corno (do caracol).
an.te.on.tem [ãte´õtẽj] *adv* avantieri.
an.te.pas.sa.do [ãtepas´adu] *sm* 1 capostipite, antenato, ascendente. 2 **os antepassados** *pl* a) gli antenati, gli antecessori. b) *fig* i bisavi.
an.te.pe.núl.ti.mo [ãtepen´uwtimu] *sm+adj* antipenultimo.
an.te.por [ãtep´or] *vt* anteporre.

an.te.ri.or [ãteri´or] *adj* anteriore, precedente.
an.tes [´ãtis] *adv* 1 prima, avanti, innanzi. 2 anzi, piuttosto. **antes da hora** innanzi tempo. **antes de** prima di. **antes de tudo/antes de mais nada** innanzi tutto, anzitutto. **antes que** prima che, avanti che, anziché. **o quanto antes** quanto prima.
an.tes.sa.la [ãtis´alə] *sf* antisala.
an.ti.bi.ó.ti.co [ãtibi´ɔtiku] *sm+adj* antibiotico.
an.ti.con.cep.ci.o.nal [ãtikõsepsion´aw] *sm+adj* anticoncezionale. *Pl: anticoncepcionais.*
an.tí.do.to [ãt´idotu] *sm* antidoto, antiveleno.
an.ti.go [ãt´igu] *adj* 1 antico. 2 vecchio. 3 arcaico.
an.ti.gui.da.de [ãtigwid´adi] *sf* 1 antichità. 2 **Antiguidade** *Hist* Antichità.
an.ti.pa.ti.a [ãtipat´iə] *sf* 1 antipatia. 2 avversione. 3 odio.
an.ti.pá.ti.co [ãtip´atiku] *adj* 1 antipatico. 2 *fig* indigesto.
an.ti.qua.do [ãtik´wadu] *adj* 1 antiquato. 2 arcaico. 3 *fig* rancido. • *sm fig* ferravecchio.
an.ti.quá.rio [ãtik´warju] *sm* antiquario.
an.tis.sép.ti.co [ãtis´ɛptiku] *sm+adj Med* antisettico.
an.to.lhos [ãt´ɔʎus] *sm pl* paraocchi.
an.to.lo.gi.a [ãtoloʒ´iə] *sf* antologia, raccolta.
an.traz [ãtr´as] *sm Med* antrace.
an.tro [´ãtru] *sm* 1 antro, caverna. 2 *fig* luogo di perdizione.
an.tro.po.lo.gi.a [ãtropoloʒ´iə] *sf* antropologia.
a.nu.al [anu´aw] *adj* annuale. *Pl: anuais.*
a.nu.lar [anul´ar] *vt* 1 annullare. 2 cancellare. 3 *Dir* revocare, cassare. 4 *Esp* neutralizzare. 5 *fig* estinguere. • *adj* anulare.
a.nun.ci.ar [anũsi´ar] *vt* 1 annunciare. 2 avvisare, trasmettere. 3 pubbli-

anúncio   281   apertar

care, bandire. **4** proclamare. **5** *fig* pronunziare.
a.nún.cio [anũsju] *sm* **1** annuncio. **2** avviso. **3** pubblicità. **4** manifesto. **5** indizio.
â.nus [′Anus] *sm sing+pl* **1** *Anat* ano. **2** *vulg* culo.
an.zol [ãz′ɔw] *sm* amo. Pl: anzóis.
a.on.de [a′õdi] *adv* dove. aonde você vai? / dove vai?
a.pa.gar [apag′ar] *vt* **1** spegnere. **2** cancellare, cassare. **3** abbuiare. *vpr* **4** spegnersi.
a.pai.xo.na.do [apajʃon′adu] *adj* **1** appassionato, innamorato. **2** ardente, caldo. **3** *fig* cotto. **4** profondo. • *sm* amante di un'arte.
a.pai.xo.nar [apajʃon′ar] *vt* **1** appassionare. **2** *fig* cuocere. *vpr* **3** appassionarsi.
a.pal.par [apawp′ar] *vt* **1** palpare. **2** tastare. **3** frugare.
a.pa.nhar [apañ′ar] *vt* **1** pigliare. **2** raccogliere. **3** prendere. **4** afferrare. *vi* **5** esser bastonato. **6** *Esp* perdere, esser vinto.
a.pa.rar [apar′ar] *vt* **1** cimare. **2** rasare. **3** spuntare.
a.pa.ra.to [apar′atu] *sm* apparato, ostentazione.
a.pa.re.cer [apares′er] *vi* **1** apparire. **2** sorgere. **3** mostrarsi. **4** *fig* nascere, fiorire. **5** sbucare.
a.pa.re.lhar [apareʎ′ar] *vt* **1** apparecchiare. **2** provvedere. *vpr* **3** apparecchiarsi.
a.pa.re.lho [apar′eʎu] *sm* **1** apparecchio, impianto. **2** *fig* arnese. **aparelho de barba** rasoio di sicurezza. **aparelho de jantar etc.** servizio. **aparelho de rádio** apparecchio radio. **aparelho de televisão** apparecchio televisivo, televisore.
a.pa.rên.cia [apar′ẽsjə] *sf* **1** apparenza. **2** sembianza, aspetto. **3** immagine, forma. **4** *fig* viso. **5 aparências** *pl* sembianze. **aparência enganosa** *fig* lustrino. **boa aparência** bella presenza. **de boa aparência** attillato.
a.pa.ren.tar [aparẽt′ar] *vt* **1** apparentare, dimostrare. *vpr* **2** apparentarsi.
a.pa.ren.te [apar′ẽti] *adj* apparente.
a.par.ta.men.to [apartam′ẽtu] *sm* appartamento.
a.par.tar [apart′ar] *vt* **1** appartare. **2** separare. **3** allontanare, alienare.
a.pa.ti.a [apat′iə] *sf* **1** *Med* apatia. **2** *fig* apatia, indifferenza.
a.pa.vo.rar [apavor′ar] *vt* **1** impaurire. *vpr* **2** impaurirsi, aver paura.
a.pa.zi.guar [apazig′war] *vt* **1** rappacificare. **2** *fig* disarmare.
a.pe.ar [ape′ar] *vt* scavalcare, smontare da.
a.pe.dre.jar [apedreʒ′ar] *vt* **1** lapidare. **2** *fig* offendere.
a.pe.gar-se [apeg′arsi] *vpr* attaccarsi, afferrarsi, affezionarsi.
a.pe.lar [apel′ar] *vi Dir* appellarsi. **apelar para** far appello a.
a.pe.li.dar [apelid′ar] *vt* denominare, chiamare per il nomignolo.
a.pe.li.do [apel′idu] *sm* nomignolo, soprannome.
a.pe.lo [ap′elu] *sm* appello, ricorso.
a.pe.nas [ap′enas] *adv* **1** solo, soltanto, pure. **2** appena.
a.pên.di.ce [ap′ẽdisi] *sm* **1** appendice, supplemento. **2** *Anat* appendice.
a.per.ce.ber [aperseb′er] *vt* **1** percepire, notare. **2** accorgersi.
a.per.fei.ço.ar [aperfejso′ar] *vt* **1** perfezionare, correggere. **2** *fig* raffinare, riformare. *vpr* **3** perfezionarsi.
a.pe.ri.ti.vo [aperit′ivu] *sm* aperitivo.
a.per.ta.do [apert′adu] *adj* **1** ristretto, angusto. **2** stretto.
a.per.tar [apert′ar] *vt* **1** stringere. **2** premere, comprimere. **3** serrare. **4** spremere. **5** calcare. **6** serrarsi a (roupa).

a.per.to [ap´ertu] *sm* **1** stretta. **2** necessità, ristrettezza. **3** *fig* stretta, affanno. **aperto de mão** stretta di mano.

a.pe.sar [apez´ar] na locução **apesar de** nonostante. **apesar de que** benché. **apesar de tudo** a) nondimeno. b) *pop* dopotutto. **apesar disso** tuttavia, peraltro, ciò nonostante.

a.pe.ti.te [apet´iti] *sm* **1** appetito, fame. **2** *fig* desiderio.

a.pe.ti.to.so [apetit´ozu] *adj* appetitoso, gustoso.

a.pi.e.dar-se [apjed´arsi] *vpr* condolersi.

a.pi.men.tar [apimẽt´ar] *vt* (também *fig*) impepare.

a.pi.nha.do [apiñ´adu] *adj* affollato, pieno zeppo.

a.pi.tar [apit´ar] *vi* fischiare.

a.pi.to [ap´itu] *sm Mús* fischio.

a.plai.nar [aplajn´ar] *vt* **1** piallare. **2** spianare, livellare.

a.plau.dir [aplawd´ir] *vt* applaudire, acclamare.

a.plau.so [apl´awzu] *sm* **1** applauso. **2** *fig* trionfo.

a.pli.ca.ção [aplikas´ãw] *sf* **1** applicazione. **2** impiego, uso. **3** concentramento, attenzione.

a.pli.ca.do [aplik´adu] *adj* diligente, studioso.

a.pli.car [aplik´ar] *vt* **1** applicare. **2** impiegare. **3** amministrare (um medicamento). *vpr* **4** coltivare. **5** *fig* accanirsi a.

a.po.dre.cer [apodres´er] *vt* **1** render putrido. **2** *fig* appestare. *vi* **3** imputridire, marcire.

a.po.geu [apoʒ´ew] *sm* **1** *Astron* apogeo. **2** *fig* apogeo, auge, culmine.

a.poi.ar [apoj´ar] *vt* **1** appoggiare. **2** basare. **3** aiutare, assistere, agevolare. **4** *Lit* reclinare (a cabeça). *vpr* **5** fondarsi, basarsi.

a.poi.o [ap´oju] *sm* **1** appoggio. **2** base, basamento. **3** ausilio, assistenza. **4** adesione. **5** *fam* sponda. **6** *fig* sostegno. **7** favore.

a.pó.li.ce [ap´olisi] *sf Com* polizza.

a.pon.ta.dor [apõtad´or] *sm* **apontador de lápis** temperamatite.

a.pon.tar [apõt´ar] *vt* **1** appuntare. **2** *fig* segnalare, indicare. **3** affilare, aguzzare. **4** appuntare, mirare a, puntare. **5** annotare. **apontar lápis** temperare, fare la punta.

a.por.tar [aport´ar] *vi Náut* arrivare.

a.pós [ap´ɔs] *adv* dopo.

a.po.sen.ta.do [apozẽt´adu] *adj* pensionato.

a.po.sen.ta.do.ri.a [apozẽtador´iə] *sf* pensione.

a.po.sen.tar-se [apozẽt´arsi] *vpr* andare in pensione, ritirarsi.

a.po.sen.to [apoz´ẽtu] *sm* stanza, camera.

a.pos.sar-se [apos´arsi] *vpr* impadronirsi, porre mano a.

a.pos.ta [ap´ɔstə] *sf* scommessa.

a.pos.tar [apost´ar] *vt* scommettere, puntare.

a.pos.ti.la [apost´ilə] *sf* dispensa.

a.pós.to.lo [ap´ɔstolu] *sm* **1** apostolo. **2** *fig* portabandiera.

a.pós.tro.fo [ap´ɔstrofu] *sm Gram* apostrofo.

a.pra.zí.vel [apraz´ivew] *adj* gradevole, ameno. *Pl*: *aprazíveis*.

a.pre.ci.ar [apresi´ar] *vt* **1** apprezzare. **2** pregiare, gradire. **3** considerare, stimare.

a.pre.ço [apr´esu] *sm* apprezzamento, stima, considerazione.

a.pre.en.der [apreẽd´er] *vt* **1** sequestrare beni. **2** apprendere, capire.

a.pre.en.são [apreẽs´ãw] *sf* **1** apprensione, preoccupazione, inquietudine. **2** comprensione, intendimento.

a.pre.en.si.vo [apreẽs´ivu] *adj* apprensivo, inquieto, ansioso.

a.pren.der [aprẽd´er] *vt* **1** imparare, apprendere. **2** *fig* impadronirsi di.

a.pren.diz [aprẽd´is] s **1** apprendista, giovane. **2** fig ragazzo.
a.pren.di.za.gem [aprẽdiz´aʒẽj] sf **1** apprendimento. **2** fig preparazione.
a.pre.sen.ta.ção [aprezẽtas´ãw] sf **1** presentazione. **2** introduzione. **3** prefazione. **4** Teat spettacolo. **5** Dir produzione di prove.
a.pre.sen.tar [aprezẽt´ar] vt **1** presentare. **2** affacciare. **3** proporre. **4** offrire. **5** introdurre (pessoa, personagem). **6** Dir esibire, addurre prove. vpr **7** presentarsi. **8** offrirsi. **9** apparire.
a.pres.sa.do [apres´adu] adj **1** frettoloso. **2** sbrigativo, avventato.
a.pres.sar [apres´ar] vt **1** affrettare. **2** sollecitare. **3** accelerare, sveltire. vpr **4** affrettarsi. **5** sbrigarsi. **6** sollecitarsi. **7** accelerarsi, sveltirsi.
a.pri.mo.rar [aprimor´ar] vt perfezionare.
a.pri.si.o.nar [aprizjon´ar] vt **1** imprigionare. **2** catturare. **3** fig confinare.
a.pro.fun.dar [aprofũd´ar] vt **1** approfondire. vpr **2** approfondirsi. **3** affondare. **4** fig internarsi, fondarsi in (estudo, ciência etc.).
a.pron.tar [aprõt´ar] vt **1** approntare, apprestare, preparare. vpr **2** armarsi.
a.pro.pri.a.do [apropri´adu] adj appropriato, adeguato, apposito.
a.pro.pri.ar [apropri´ar] vt **1** appropriare. vpr **2** appropriarsi, impadronirsi. **3** arrogarsi.
a.pro.va.ção [aprovas´ãw] sf **1** approvazione. **2** consenso. **3** ammissione. **4** conferma. **5** applauso.
a.pro.var [aprov´ar] vt **1** approvare. **2** ammettere. **3** autorizzare. **4** confermare. **5** applaudire.
a.pro.vei.tar [aprovejt´ar] vt approfittare, avvantaggiarsi, sfruttare.
a.pro.xi.mar [aprosim´ar] vt **1** avvicinare, approssimare, appressare, accostare. vpr **2** avvicinarsi, approssimarsi, appressarsi, accostarsi a. **3** fig abbordare (uma pessoa).
ap.ti.dão [aptid´ãw] sf attitudine, talento, abilità.
ap.to [´aptu] adj **1** atto. **2** capace, abile. **3** idoneo.
a.pu.nha.lar [apuɲal´ar] vt pugnalare.
a.pu.rar [apur´ar] vt **1** appurare. **2** accertare, verificare, controllare. **3** purificare. **4** fig raffinare.
a.qua.re.la [akwar´ɛlə] sf Pint acquerello.
a.quá.rio [ak´warju] sm **1** acquario. **2** Aquário Astron, Astrol Acquario.
a.quá.ti.co [ak´watiku] adj acquatico.
a.que.ce.dor [akesed´or] sm stufa.
a.que.cer [akes´er] vt **1** scaldare, riscaldare. vpr **2** scaldarsi, riscaldarsi.
a.que.ci.men.to [akesim´ẽtu] sm riscaldamento.
a.que.du.to [aked´utu] sm acquedotto.
a.que.la [ak´ɛlə] pron f sing **1** quella, quell'. **2 aquelas** pl quelle.
a.que.le [ak´eli] pron m sing **1** quello, quel, quell'. **2 aqueles** pl quelli, quei, quegli, quegl'.
a.qui [ak´i] adv **1** qui, qua. **2** ci, vi, ce, ve. **aqui e acolá** qua e là. **aqui embaixo** quaggiù. **aqui em cima** quassù. **aqui está!** ecco! tieni! **aqui estou!** eccomi!
a.qui.li.no [akil´inu] adj aquilino (nariz).
a.qui.lo [ak´ilu] pron quello, ciò.
a.qui.si.ção [akizis´ãw] sf **1** acquisto. **2** compra.
ar [´ar] sm aria. **ao ar livre** all'aperto. **ar-condicionado** aria condizionata. **atirar tudo pelos ares** buttare tutto all'aria.
á.ra.be [´arabi] sm+adj arabo.
a.ra.do [ar´adu] sm aratro.
a.ra.me [ar´ʌmi] sm filo di metallo. **arame farpado** filo spinato.
a.ra.nha [ar´ʌɲə] sf ragno.
a.rar [ar´ar] vt arare, lavorare.

ar.bi.trá.rio [arbitr´arju] *adj* **1** arbitrario, parziale. **2** illegittimo.

ar.bí.trio [arb´itrju] *sm* **1** arbitrio. **2** discrezione.

ár.bi.tro [´arbitru] *sm* **1** arbitro, terzo. **2** giudice.

ar.bus.to [arb´ustu] *sm* arbusto, cespuglio.

ar.ca [´arkɐ] *sf* arca, baule, scrigno.

ar.cai.co [ark´ajku] *adj* **1** arcaico. **2** antiquato.

ar.can.jo [ark´ãʒu] *sm Rel* arcangelo.

ar.ce.bis.po [arseb´ispu] *sm Rel* arcivescovo.

ar.co [´arku] *sm* **1** arco. **2** *Mús* archetto. **3** *Arquit* arco.

ar.co-í.ris [arku´iris] *sm sing+pl* arcobaleno.

ar.den.te [ard´ẽti] *adj* ardente.

ar.der [ard´er] *vi* **1** ardere. **2** bruciare. **3** accendersi, friggere.

ar.di.do [ard´idu] *agg* piccante.

ar.dor [ard´or] *sm* **1** ardore. **2** passione. **3** *fig* fervore, fuoco.

ár.duo [´ardwu] *adj* **1** arduo. **2** difficile. **3** *fig* duro. **4** scabroso.

á.rea [´arjɐ] *sf* **1** area. **2** superficie. **3** zona. **4** campo.

a.rei.a [ar´ejɐ] *sf* sabbia, arena. **areias movediças** sabbie mobili.

a.re.jar [areʒ´ar] *vt* arieggiare, aerare.

a.re.na [ar´enɐ] *sf* arena.

ar.ga.mas.sa [argam´asɐ] *sf* cemento.

ar.gi.la [arʒ´ilɐ] *sf* argilla, creta.

ar.go.la [arg´ɔlɐ] *sf* anello.

ar.gu.men.tar [argumẽt´ar] *vi* argomentare, ragionare.

ar.gu.men.to [argum´ẽtu] *sm* argomento, contenuto.

á.ria [´arjɐ] *sf Mús* aria.

a.ri.dez [arid´es] *sf* aridità, siccità.

á.ri.do [´aridu] *adj* **1** arido. **2** brullo. **3** improduttivo. **4** *fig* squallido.

Á.ries [´arjes] *sm Astron, Astrol* Ariete, Montone.

a.ri.e.te [ar´ieti] *sm Mil* ariete.

a.ris.to.cra.ci.a [aristokras´iɐ] *sf* aristocrazia, nobiltà.

ar.le.quim [arlek´ĩ] *sm* arlecchino.

ar.ma [´armɐ] *sf* **1** arma. **2** **armas** *pl* armi. **arma branca** arma bianca. **arma de fogo** arma da fuoco.

ar.ma.ção [armas´ãw] *sf* **1** telaio. **2** *Náut, Aer* scheletro. **3** *Arquit* armatura.

ar.ma.di.lha [armad´iʎɐ] *sf* **1** trappola. **2** *fig* laccio, rete.

ar.ma.du.ra [armad´urɐ] *sf Mil* armatura, corazza.

ar.mar [arm´ar] *vt* **1** armare. **2** montare. *vpr* **3** armarsi. **4** guarnirsi, munirsi di. **armar o cão da espingarda** alzare il cane del fucile.

ar.má.rio [arm´arju] *sm* **1** armadio. **2** guardaroba.

ar.ma.zém [armaz´ẽj] *sm* magazzino, deposito.

ar.ma.ze.nar [armazen´ar] *vt* immagazzinare, depositare.

a.ro.ma [ar´omɐ] *sm* aroma, fiuto.

ar.pão [arp´ãw] *sm Náut* rampone.

ar.que.ar [arke´ar] *vt* **1** archeggiare, piegare. *vpr* **2** incurvarsi.

ar.quei.ro [ark´ejru] *sm Hist* sagittario.

ar.que.ó.lo.go [arke´ɔlogu] *sm* archeologo.

ar.qui.pé.la.go [arkip´ɛlagu] *sm Geogr* arcipelago.

ar.qui.te.to [arkit´etu] *sm* architetto.

ar.qui.te.tu.ra [arkitet´urɐ] *sf* architettura.

ar.qui.var [arkiv´ar] *vt* archiviare, catalogare.

ar.qui.vo [ark´ivu] *sm* (também *Inform*) archivio.

ra.ai.a [aɾ´ajɐ] *sf Zool* razza. *Var:* raia.

ar.rai.gar-se [aʁajgˈar] *vpr* **1** radicarsi. **2** prendere (planta).

ar.ran.car [aʁãk´ar] *vt* **1** strappare. **2** spiccare, staccare. **3** cavare (dente). **4** *fig* spremere (dinheiro de alguém). *vi* **5** fuggire, scappare.

ar.ra.nha-céu [arãɲos´ɛw] *sm* grattacielo. *Pl: arranha-céus.*
ar.ra.nhão [arãɲ´ãw] *sm* graffio, scalfitura, unghiata.
ar.ra.nhar [arãɲ´ar] *vt* **1** graffiare, scalfire. **2** grattare, raschiare. *vpr* **3** grattarsi. **arranhar um instrumento** *fam* grattare uno strumento.
ar.ran.jar [arãʒ´ar] *vt* **1** arrangiare. **2** ottenere. **3** *Mus* arrangiare. *vpr* **4** arrangiarsi, aggiustarsi. **5** *pop* cavarsela. *eu me arranjo* / me la cavo.
ar.ran.jo [ar´ãʒu] *sm* **1** assestamento. **2** *Mús* arrangiamento.
ar.ran.que [ar´ãki] *sm* strappo.
ar.ra.sar [araz´ar] *vt* **1** spianare, livellare. **2** distruggere. **3** umiliare. *vpr* **4** rovinarsi.
ar.ras.tar [arast´ar] *vt* **1** strisciare, trascinare. *vpr* **2** strisciare, trascinarsi.
ar.re.ba.ta.men.to [arebatam´ẽtu] *sm* **1** rapimento. **2** (também *fig, Rel*) estasi.
ar.re.ba.tar [arebat´ar] *vt* **1** strappare, togliere con forza. **2** rapire, estasiare.
ar.re.ben.tar [arebẽt´ar] *vt* rompere, spezzare.
ar.re.ca.da.ção [arekadas´ãw] *sf* riscossione.
ar.re.ca.dar [arekad´ar] *vt* riscuotere.
ar.re.don.da.do [aredõd´adu] *adj* tondo.
ar.re.don.dar [aredõd´ar] *vt* arrotondare.
ar.re.do.res [ared´ɔris] *sm pl* dintorni, vicinanze, pressi. **nos arredores** nei dintorni, vicino.
ar.re.ga.çar [aregas´ar] *vt* rimboccare (as mangas).
ar.re.ga.lar [aregal´ar] *vt* stralunare, spalancare gli occhi.
ar.rei.o [ar´eju] *sm* bardatura.
ar.re.mes.sar [aremes´ar] *vt* scagliare, gettare, lanciare.
ar.re.mes.so [arem´esu] *sm* getto, lancio, tiro.

ar.re.pen.der-se [arepẽd´ersi] *vpr* **1** pentirsi. **2** rimpiangere. **3** convertirsi.
ar.re.pen.di.men.to [arepẽdim´ẽtu] *sm* **1** pentimento. **2** rimpianto, rimorso.
ar.re.pi.ar [arepi´ar] *vt* rizzare.
ar.re.pi.o [arep´iu] *sm* **1** brivido. **2** ribrezzo.
ar.ris.ca.do [aRisk´adu] *adj* **1** arrischiato, azzardoso. **2** *fig* pazzo, folle.
ar.ris.car [aRisk´ar] *vt* **1** arrischiare, rischiare, azzardare. *vpr* **2** azzardarsi, cimentarsi.
ar.ro.gân.cia [aRog´ãsjə] *sf* **1** arroganza. **2** pretensione, presunzione. **3** superbia. **4** boria. **5** *fig* pretesa.
ar.ro.gan.te [aRog´ãti] *adj* **1** arrogante. **2** petulante. **3** superbo. **4** orgoglioso. **5** *fig* gonfio.
ar.ro.ja.do [aRoʒ´adu] *adj* avventato.
ar.rom.bar [aRõb´ar] *vt* sfondare.
ar.ro.tar [aRot´ar] *vt* **1** *vulg, fig* ruttare (palavrões etc.). *vi* **2** *vulg* ruttare.
ar.ro.to [aR´otu] *sm vulg* rutto.
ar.ro.xe.ar [aRoʃe´ar] *vt* arrossare.
ar.roz [aR´os] *sm Bot* riso.
ar.ru.i.nar [aRujn´ar] *vt* **1** rovinare. **2** guastare. **3** demolire. **4** *fig* affondare. *vpr* **5** rovinarsi. **6** crollare. **7** andare in malora. **8** consumarsi. **9** *fig* perire, perdersi.
ar.ru.ma.dei.ra [aRumad´ejrə] *sf* cameriera.
ar.ru.mar [aRum´ar] *vt* **1** acconciare, aggiustare. **2** ottenere. **3** buscarsi (problemas). *vpr* **4** acconciarsi.
ar.se.nal [arsen´aw] *sm* arsenale. *Pl: arsenais.*
ar.te [´arti] *sf* **1** arte. **2** industria. **artes plásticas** plastica. **belas artes** belle arti.
ar.tei.ro [art´ejru] *adj* brigante.
ar.té.ria [art´ɛrjə] *sf Med* arteria.
ar.te.ri.os.cle.ro.se [arterjoskler´ɔzi] *sf Med* arteriosclerosi.
ar.te.sa.na.to [artezan´atu] *sm* fattura.

artesão   286   assembleia

ar.te.são [artez´ãw] *sm* artigiano. *Pl: artesãos*.
ár.ti.co [´artiku] *adj* artico.
ar.ti.cu.la.ção [artikulas´ãw] *sf* 1 congiuntura. 2 *Anat* arto, giunta.
ar.ti.cu.lar [artikul´ar] *vt* articolare.
ar.ti.fi.ci.al [artifisi´aw] *adj* 1 artificiale. 2 sintetico. 3 posticcio. *Pl: artificiais*.
ar.ti.fí.cio [artif´isju] *sm* 1 artificio, trovata. 2 *Lit* ingegno. 3 *fig* arte.
ar.ti.go [art´igu] *sm* 1 articolo. 2 genere, prodotto, roba. 3 notizia.
ar.ti.lha.ri.a [artiλar´iə] *sf Mil* artiglieria.
ar.ti.ma.nha [artim´Λñə] *sf* trovata, trucco.
ar.tis.ta [art´istə] *s* 1 artista. 2 attore. 3 stilista. 4 *fig* autore.
ar.tri.te [artr´iti] *sf Med* artrite.
ár.vo.re [´arvori] *sf* albero. **árvore de Natal** albero di Natale. **árvore genealógica** albero genealogico.
as [as] *art def f pl* le (l'). • *pron f pl* 1 le. 2 loro.
ás [´as] *sm* 1 asso (das cartas de jogo). 2 *fig* asso, campione.
a.sa [´azə] *sf* 1 ala. 2 manico, presa.
as.cen.den.te [asēd´ēti] *s* ascendente, antenato. • *adj* ascendente.
as.cen.der [asēd´er] *vi* ascendere.
as.cen.são [asēs´ãw] *sf* ascensione, ascesa.
as.fal.tar [asfawt´ar] *vt* asfaltare.
as.fal.to [asf´awtu] *sm* asfalto.
as.fi.xi.a [asfiks´iə] *sf Med* asfissia.
as.fi.xi.ar [asfiksi´ar] *vt* asfissiare, soffocare.
a.si.á.ti.co [azi´atiku] *sm+adj* asiatico.
a.si.lar [azil´ar] *vt* albergare.
a.si.lo [az´ilu] *sm* 1 asilo. 2 ospizio. 3 ricovero. **asilo político** asilo.
as.ma [´azmə] *sf Med* asma.
as.nei.ra [azn´ejrə] *sf* 1 asineria, bestemmia, stupidaggine. 2 *pop* assurdità. **dizer asneiras** bestemmiare.

as.no [´aznu] *sm* 1 *Zool* asino, somaro, ciuco. 2 *pop* stupido. 3 *fig* bestia.
as.par.go [asp´argu] *sm Bot* asparago.
as.pas [´aspas] *sf pl* virgolette.
as.pec.to [asp´εktu] *sm* 1 aspetto. 2 apparenza, immagine, forma. 3 figura, fisionomia. 4 *fig* colore, viso.
as.pe.re.za [asper´ezə] *sf* 1 asprezza. 2 acerbità, acredine. 3 asperità, ruvidezza.
ás.pe.ro [´asperu] *adj* 1 aspro. 2 acido, acerbo. 3 brusco. 4 ruvido. 5 scabro. 6 rude. 7 *fig* duro.
as.pi.ra.ção [aspiras´ãw] *sf* 1 aspirazione. 2 speranza. 3 *fig* mira.
as.pi.ra.dor [aspirad´or] *sm* aspirapolvere.
as.pi.rar [aspir´ar] *vt* 1 aspirare, inalare. 2 aspirare a, anelare a, pretendere. 3 *fig* mirare.
as.que.ro.so [asker´ozu] *adj* 1 ripugnante. 2 sordido. 3 lercio.
as.sa.dei.ra [asad´ejrə] *sf* tortiera.
as.sa.do [as´adu] *sm* arrosto. **carne assada** carne arrosto.
as.sal.tan.te [asawt´ãti] *sm* rapinatore, brigante.
as.sal.tar [asawt´ar] *vt* 1 assaltare, assalire. 2 rapinare, rubare.
as.sal.to [as´awtu] *sm* 1 assalto. 2 aggressione. 3 rapina. **assalto à mão armada** assalto/rapina a mano armata. **tomar de assalto** assaltare.
as.sar [as´ar] *vt* arrostire, cuocere arrosto.
as.sas.si.nar [asasin´ar] *vt* 1 assassinare, ammazzare, uccidere. 2 *fig* scannare.
as.sas.si.na.to [asasin´atu] *sm* assassinio.
as.sas.si.no [asas´inu] *sm+adj* assassino.
as.se.a.do [ase´adu] *adj* pulito.
as.se.di.ar [asedi´ar] *vt* assediare.
as.se.gu.rar [asegur´ar] *vt* 1 assicurare, attestare, certificare. *vpr* 2 assicurarsi.
as.sei.o [as´eju] *sm* pulizia.
as.sem.blei.a [asẽbl´ejə] *sf* assemblea.

as.se.me.lhar [aseme′ʎar] vt 1 rendere somigliante. vpr 2 somigliare, assomigliare, parere.

as.sen.tar [asẽt′ar] vt 1 puntare, appoggiare. 2 stabilire. 3 adattare. vi 4 calzare. 5 *Quím* depositare.

as.sen.to [as′ẽtu] sm sedile, seggio, banca.

as.ses.sor [ases′or] sm assessore, ausiliare.

as.ses.so.rar [asesor′ar] vt 1 assistere. 2 consigliare.

as.ses.so.ri.a [asesor′iə] sf 1 assistenza. 2 consiglio.

as.se.xu.al [aseksu′aw] adj asessuale. Pl: assexuais.

as.sí.duo [as′idwu] adj assiduo, costante.

as.sim [as′ĩ] adv così, in questo modo. • *conj* così, perciò. **assim assim** *dep* così così. **assim como** come. **assim que** appena, appena che, non appena. **e assim por diante** e così via. **e assim seja** e così sia.

as.si.mi.lar [asimil′ar] vt 1 assimilare. 2 digerire, smaltire. 3 capire. 4 accomunare. 5 *fig* assorbire.

as.si.na.lar [asinal′ar] vt 1 segnalare. 2 segnare, bollare. 3 notare. 4 citare.

as.si.nan.te [asin′ãti] sm socio, abbonato.

as.si.nar [asin′ar] vt 1 firmare, sottoscrivere. 2 abbonare, associarsi.

as.si.na.tu.ra [asinat′urə] sf 1 firma. 2 abbonamento.

as.sis.tên.ci.a [asist′ẽsjə] sf assistenza.

as.sis.ten.te [asist′ẽti] s+adj assistente, ausiliare.

as.sis.tir [asist′ir] vt 1 assistere. 2 presenziare. 3 aiutare. **assistir um doente** vegliare.

as.so.a.lho [aso′aʎu] sm solaio, tavolato, pavimento di legno.

as.so.bi.ar [asobi′ar] vi fischiare.

as.so.bi.o [asob′iu] sm fischio.

as.so.ci.a.ção [asosjas′ãw] sf 1 associazione. 2 società. 3 consorzio, federazione. 4 circolo, club. 5 confederazione.

as.so.ci.a.do [asosi′adu] sm socio, membro.

as.so.ci.ar [asosi′ar] vt 1 associare. vpr 2 associarsi, aderire, iscriversi a.

as.som.bra.ção [asõbras′ãw] sf spettro, fantasma.

as.som.brar [asõbr′ar] vt 1 sbalordire, stupire. vpr 2 stupirsi.

as.som.bro [as′õbru] sm meraviglia.

as.so.prar [asopr′ar] vt 1 soffiare. vi 2 soffiare, spirare.

as.su.mir [asum′ir] vt 1 assumere. 2 accettare.

as.sun.to [as′ũtu] sm 1 argomento, tema, oggetto. 2 affare. **puxar assunto** *pop* attaccare conversazione.

as.sus.ta.dor [asustad′or] adj orrendo, orribile, pauroso.

as.sus.tar [asust′ar] vt 1 spaventare. 2 allarmare. 3 atterrire. 4 *fig* gelare. vpr 5 spaventarsi. 6 allarmarsi. 7 *fig* sussultare.

as.te.ris.co [aster′isku] sm asterisco.

as.tig.ma.tis.mo [astigmat′izmu] sm astigmatismo.

as.tro [′astru] sm *Astron*, *fig* astro.

as.tro.lo.gi.a [astroloʒ′iə] sf astrologia.

as.tro.nau.ta [astron′awtə] s astronauta.

as.tro.na.ve [astron′avi] sf astronave, nave spaziale.

as.tro.no.mi.a [astronom′iə] sf astronomia.

as.tú.cia [ast′usjə] sf astuzia, furbizia, scaltrezza, malizia.

as.tu.to [ast′utu] adj 1 astuto, furbo, scaltro. 2 *fig* strategico.

a.ta.ca.dis.ta [atakad′istə] s+adj grossista.

a.ta.ca.do [atak′adu] adj *Med* preso. • sm

Com vendita all'ingrosso. **no atacado** all'ingrosso.

a.ta.car [atak´ar] *vt* **1** attaccare. **2** assalire, avventarsi. **3** aggredire, affrontare.

a.ta.du.ra [atad´urɐ] *sf Med* fasciatura, benda. **pôr atadura** bendare.

a.ta.lho [at´aʎu] *sm* sentiero, viottolo.

a.ta.que [at´aki] *sm* **1** attacco. **2** assalto. **3** aggressione, affronto. **4** *Med* attacco, accesso, crisi. **5** *Mil* carica.

a.tar [at´ar] *vt* legare, allacciare, annodare.

a.ta.re.fa.do [ataref´adu] *adj* affaccendato.

a.ta.ú.de [ata´udi] *sm* bara, feretro.

a.té [at´ɛ] *prep* fino, sino. • *adv* **1** anche. **2** infino, insino. **3** magari. **até agora** finora. **até este exato momento** fin ora. **até hoje/até esta época** finora. **até mesmo** perfino, persino, magari. **até que/até quando** finché.

a.te.li.ê [atelˆi´e] *sm fr* studio, atelier.

a.te.mo.ri.zar [atemoriz´ar] *vt* **1** intimorire, sgomentare. *vpr* **2** sgomentarsi.

a.ten.ção [atẽs´ãw] *sf* **1** attenzione. **2** impegno. **3** cura. **4** vigilanza, accortezza. **5** cortesia. **6** *fig* applicazione. • *interj* attenzione! badate! all'erta! **chamar a atenção de** ammonire. **prestar atenção** a) attendere. b) *fig* allungare le orecchie, badare.

a.ten.der [atẽd´er] *vt* **1** assistere, accudire. **2** deferire (um pedido, um requerimento).

a.ten.ta.do [atẽt´adu] *sm* attentato.

a.ten.tar [atẽt´ar] *vt* **1** osservare, considerare. **2** attentare, commettere un attentato.

a.ten.to [at´ẽtu] *adj* **1** attento. **2** diligente, intento. **3** accorto, vigilante. **4** premuroso. **5** accurato.

a.te.nu.ar [atenu´ar] *vt* **1** attenuare, alleggerire, alleviare. **2** *fig* temperare.

a.ter [at´er] *vt* detenere. *vpr* **2** attenersi.

a.ter.ra.gem [ateˇr´aʒẽj] *sf Aer* atterraggio.

a.ter.rar [ateˇr´ar] *vt* **1** atterrire, spaventare. *vi* **2** *Aer* atterrare.

a.ter.ro.ri.zar [ateˇroriz´ar] *vt* **1** atterrire, sgomentare. **2** *fig* agghiacciare. *vpr* **3** atterrirsi, sgomentarsi. **4** *fig* agghiacciarsi.

a.tes.ta.do [atest´adu] *sm* **1** attestato, certificato. **2** licenza. **3** *Dir* atto.

a.tes.tar [atest´ar] *vt* attestare, asserire, certificare, testimoniare.

a.teu [at´ew] *sm+adj* ateo.

a.ti.çar [atis´ar] *vt* **1** attizzare. **2** *fig* rinfocolare.

a.tin.gir [atĩʒ´ir] *vt* **1** toccare, attingere. **2** colpire. **3** ottenere, conseguire. **4** giungere. **5** ascendere a (valor, despesa).

a.ti.rar [atir´ar] *vt* **1** buttare, lanciare, scagliare. *vi* **2** sparare, scoccare. *vpr* **3** scagliarsi. **atirar com arma de fogo** tirare.

a.ti.tu.de [atit´udi] *sf* **1** attitudine, gesto, condotta. **2** *fig* atteggiamento.

a.ti.var [ativ´ar] *vt* attivare.

a.ti.vi.da.de [ativid´adi] *sf* **1** attività. **2** bottega.

a.ti.vo [at´ivu] *adj* **1** attivo. **2** efficace. **3** dinamico, disinvolto, spedito. **4** *fig* giovanile. • *sm Com* attivo.

a.tlân.ti.co [atl´ãtiku] *adj* atlantico.

a.tlas [´atlas] *sm sing+pl* atlante.

a.tle.ta [atl´etɐ] *s* atleta.

at.mos.fe.ra [atmosf´ɛrɐ] *sf* **1** atmosfera. **2** *fig* aria.

a.to [´atu] *sm* **1** atto. **2** azione. **3** documento. **4** *Teat* atto, tempo. **5** *fig* passo, provvedimento.

a.to.lei.ro [atol´ejru] *sm* acquitrino, pantano.

á.to.mo [´atomu] *sm Fís, Quím* atomo.

a.tô.ni.to [at´onitu] *adj* attonito, perplesso.

á.to.no [´atonu] *adj Gram* atono.

a.tor [at´or] *sm* attore.

a.tor.do.ar [atordo´ar] *vt* **1** sbalordire. **2** *fig* assordare.

a.tor.men.tar [atormẽt´ar] *vt* **1** tormentare. **2** angosciare, angustiare. **3** *fig* asfissiare. **4** perseguitare. **5** torturare. *vpr* **6** tormentarsi, consumarsi. **7** *fig* torturarsi.

a.tra.ção [atras´ãw] *sf* **1** attrazione. **2** richiamo. **3** *Teat* attrazione, numero. **4** *fig* malia.

a.tra.car [atrak´ar] *vt Náut* ancorare.

a.tra.en.te [atra´ẽti] *adj* **1** attraente. **2** carino, simpatico. **3** *fig* appetitoso. **4** suggestivo.

a.tra.ir [atra´ir] *vt* **1** attrarre. **2** attirare, conquistare. **3** *Cin, Teat* richiamare. **4** *fig* sedurre, provocare, illudere.

a.tra.pa.lhar [atrapaλ´ar] *vt* **1** imbarazzare. **2** imbrogliare. **3** arruffare. **4** *fig* aggrovigliare. *vpr* **5** imbrogliarsi. **6** *fig* aggrovigliarsi.

a.trás [atr´as] *adv* indietro, addietro, dietro, di dietro.

a.tra.sar [atraz´ar] *vt* **1** ritardare. **2** far retrocedere. *vi* **3** ritardare (relógio). *vpr* **4** ritardare.

a.tra.so [atr´azu] *sm* ritardo, dimora.

a.tra.vés [atrav´ɛs] *adv* attraverso. **através de** attraverso, per.

a.tra.ves.sa.do [atraves´adu] *adj* **1** traverso. **2** trapassato. **3** percorso.

a.tra.ves.sar [atraves´ar] *vt* **1** attraversare. **2** passare. **3** varcare. **4** penetrare, perforare, trapassare.

a.tre.ver-se [atrev´ersi] *vpr* ardire, osare.

a.tre.vi.do [atrev´idu] *adj* **1** audace. **2** impertinente, insolente, sfacciato.

a.tri.bu.ir [atribu´ir] *vt* **1** attribuire, conferire. **2** *fig* annettere. *vpr* **3** attribuirsi.

a.tri.bu.to [atrib´utu] *sm* **1** attributo. **2** condizione.

a.tri.to [atr´itu] *sm* **1** attrito. **2** frizione. **3** briga.

a.triz [atr´is] *sf* attrice.

a.tro.ci.da.de [atrosid´adi] *sf* atrocità, eccesso.

a.tro.fi.ar [atrofi´ar] *vt* **1** atrofizzare. *vpr* **2** atrofizzarsi.

a.tro.pe.la.men.to [atropelam´ẽtu] *sm* investimento.

a.tro.pe.lar [atropel´ar] *vt* investire, arrotare.

a.troz [atr´ɔs] *adj* atroce.

a.tu.al [atu´aw] *adj* **1** attuale, corrente, moderno, presente. **2** *fig* giovane. *Pl:* atuais.

a.tu.a.li.zar [atwaliz´ar] *vt* **1** aggiornare. *vpr* **2** aggiornarsi.

a.tu.ar [atu´ar] *vi* **1** attuare, agire. **2** *Cin, Teat* recitare.

a.tum [at´ũ] *sm Zool* tonno.

a.tu.rar [atur´ar] *vt* subire, tollerare, soffrire.

a.tur.dir [aturd´ir] *vt* **1** sbalordire. **2** *fig* pietrificare.

au.dá.cia [awd´asjə] *sf* **1** audacia. **2** coraggio, ardire. **3** *fig* fegato, animo.

au.da.ci.o.so [awdasi´ozu] *adj* audace, baldo.

au.di.ção [awdis´ãw] *sf* udire, udito.

au.di.ên.cia [awdi´ẽsjə] *sf* udienza.

au.di.tó.rio [awdit´ɔrju] *sm* **1** auditorio, platea, aula. **2** uditorio.

au.ge [´awʒi] *sm* auge, pieno.

au.la [´awlə] *sf* lezione. **aula particular** ripetizione. **matar aula** *fig* salare la scuola.

au.men.tar [awmẽt´ar] *vt* **1** aumentare. **2** ingrandire, ampliare. **3** esagerare. **4** alzare. **5** accrescere, aggiungere. **6** *fig* dilatare. *vi* **7** aumentare. **8** crescere. **9** montare.

au.men.ta.ti.vo [awmẽtat´ivu] *adj* aumentativo.

au.men.to [awm´ẽtu] *sm* **1** aumento. **2** crescita. **3** aggiunta, addizione, supplemento. **4** rialzo. **5** rincaro.

au.ra [´awrə] *sf* aura.

au.ré.o.la [awr´ɛolə] *sf* aureola, raggiera.

au.ro.ra [awr´ɔrə] *sf* aurora, alba.

au.sên.cia [awz´ẽsjə] *sf* **1** assenza. **2** lontananza. **3** vuoto.

au.sen.tar-se [awzẽt´arsi] *vpr* **1** assentarsi. **2** allontanarsi. **3** partire.

au.sen.te [awz´ẽti] *adj* **1** assente. **2** lontano.

aus.pí.cio [awsp´isju] *sm* **1** auspicio, presagio. **2 auspícios** *pl* auspici, protezione.

aus.te.ro [awst´ɛru] *adj* **1** austero. **2** solenne. **3** severo.

au.tar.qui.a [awtark´iə] *sf* autarchia, entità autonoma.

au.ten.ti.car [awtẽtik´ar] *vt* **1** autenticare, certificare. **2** *Dir* legalizzare.

au.tên.ti.co [awt´ẽtiku] *adj* **1** autentico. **2** genuino. **3** concreto. **4** autografo. **5** *fig* sincero.

au.to[1] [´awtu] *sm abrev V* **automóvel**.

au.to[2] [´awtu] *sm* **1** atto, documento. **2** *Teat* commedia, dramma. **3 autos** *pl Dir* atti.

au.to.di.da.ta [awtodid´atə] *s+adj* autodidatta.

au.tó.dro.mo [awt´ɔdromu] *sm* autodromo.

au.tó.gra.fo [awt´ɔgrafu] *sm* autografo.

au.to.má.ti.co [awtom´atiku] *adj* automatico.

au.to.mó.vel [awtom´ɔvew] *sm* automobile, macchina. *Abrev:* **auto**.

au.tô.no.mo [awt´onomu] *adj* **1** autonomo. **2** indipendente.

au.tóp.sia [awt´ɔpsjə] *sf Med* autopsia, necropsia.

au.tor [awt´or] *sm* **1** autore. **2** *fig* capostipite.

au.to.ri.da.de [awtorid´adi] *sf* **1** autorità. **2** facoltà. **3** potere, balia. **4** importanza. **5** comando. **6** *fig* influenza.

au.to.ri.tá.rio [awtorit´arju] *adj* autoritario, prepotente.

au.to.ri.zar [awtoriz´ar] *vt* autorizzare, consentire.

au.xi.li.ar [ausili´ar] *s+adj* ausiliare, assistente. • *vt* **1** aiutare, assistere, cooperare con. **2** giovare, assecondare. **3** *fig* appoggiare.

au.xí.lio [aws´ilju] *sm* **1** ausilio. **2** aiuto. **3** soccorso. **4** assistenza. **5** sussidio. **6** grazia. **7** *fig* rifugio.

a.val [av´aw] *sm* **1** avallo. **2** *fig* attestato. *Pl:* **avales, avais**.

a.va.lan.cha [aval´ãʃə] *sf* (também *fig*) valanga.

a.va.li.a.ção [avalias´ãw] *sf* **1** opinione, critica. **2** *Com* valutazione, estimo, stima.

a.va.li.ar [avali´ar] *vt* **1** calcolare. **2** giudicare. **3** *Com* valutare, stimare. **4** *fig* misurare.

a.va.li.zar [avaliz´ar] *vt* avallare.

a.van.ça.do [avãs´adu] *adj* **1** avanzato. **2** *fig* estremo. **avançado na idade** avanzato.

a.van.çar [avãs´ar] *vi* **1** avanzare. **2** andare avanti, inoltrarsi. **3** correre (tempo). **4** *fig* marciare.

a.van.ço [av´ãsu] *sm* **1** avanzamento. **2** progresso.

a.van.te [av´ãti] *adv* **1** avanti. **2** innanzi. • *inter* avanti! via!

a.va.ren.to [avar´ẽtu] *sm* avaro, spilorcio. • *adj* avaro, spilorcio, gretto.

a.va.re.za [avar´ezə] *sf* **1** avarizia, grettezza. **2** *fig* meschinità.

a.va.ri.a [avar´iə] *sf* avaria, danno, guasto.

a.ve [´avi] *sf* uccello. • *interj* ave! **ave de rapina** uccello di preda.

a.vei.a [av´ejə] *sf Bot* avena, biada.

a.ve.lã [avel´ã] *sf Bot* avellana, nocciola.

a.ve.ni.da [aven´idə] *sf* viale.

a.ven.tal [avẽt´aw] *sm* grembiule. *Pl:* **aventais**.

a.ven.tu.ra [avẽt´urə] *sf* **1** avventura. **2 aventuras** *pl* sventure.

a.ven.tu.rar [avẽtur´ar] *vt* **1** arrischiare. *vpr* **2** avventurarsi, provarsi, esporsi.

a.ven.tu.rei.ro [avẽtur´ejru] *sm* avventuriere.

a.ve.ri.guar [averig´war] *vt* indagare, accertarsi, verificare, chiarire.

a.ver.me.lhar [avermeλ´ar] *vt* arrossare.

a.ver.são [avers´ãw] *sf* **1** avversione. **2** antipatia, ripulsa. **3** aborrimento. **4** inimicizia. **5** odio, astio. **6** *fig* nausea.

a.ves.so [av´esu] *sm+adj* rovescio. **às avessas** all'inverso. **do avesso** *adv* a rovescio, alla rovescia.

a.ves.truz [avestr´us] *sm* struzzo.

a.vi.a.ção [avjas´ãw] *sf* aviazione.

a.vi.ão [avi´ãw] *sm Aer* aereo. **avião a jato** aereo a reazione. **de avião** per aereo.

a.vi.ar [avi´ar] *vt Med* spedire.

a.vi.dez [avid´es] *sf* **1** avidità, brama. **2** *fig* fame.

á.vi.do [´avidu] *adj* **1** avido, vago. **2** *fig* ghiotto, famelico, assetato.

a.vi.sar [aviz´ar] *vt* **1** avvisare. **2** comunicare. **3** avvertire. **4** ammonire.

a.vi.so [av´izu] *sm* **1** avviso. **2** annuncio. **3** consiglio, avvertimento. **4** ammonizione. **5** parere. **6** segnale, cenno. **7** cartello.

a.vis.tar [avist´ar] *vt* avvistare.

a.vi.var [aviv´ar] *vt* avvivare.

a.vi.zi.nhar [avizin~´ar] *vt* **1** avvicinare. *vpr* **2** avvicinarsi.

a.vó [av´ɔ] *sf* **1** nonna. **2** ava, avola.

a.vô [av´o] *sm* **1** nonno. **2** avo, avolo. **3 os avós** *pl fig* gli antecessori, i bisavi.

a.vul.so [av´uwsu] *adj* avulso, separato.

a.xi.la [aks´ilə] *sf Anat* ascella.

a.zar [az´ar] *sf* **1** sfortuna. **2** avversità. **3** *fig* rogna.

a.za.ra.do [azar´adu] *adj* sfortunato, infelice.

a.ze.dar [azed´ar] *vt* **1** inacerbire. *vi* **2** inacerbirsi.

a.ze.do [az´edu] *adj* acido, agro, aspro, acerbo.

a.zei.te [az´ejti] *sm* olio. **ao azeite** sott'olio. **azeite de oliva** olio d'oliva.

a.zei.to.na [azejt´onə] *sf* oliva.

a.zul [az´uw] *sm+adj* azzurro, blu.

a.zul-cla.ro [azuwkl´aru] *sm+adj* azzurro. *Pl: azuis-claros (sm), azul--claros (adj).*

a.zu.le.jo [azul´eʒu] *sm* piastrella.

a.zul-es.cu.ro [azuwesk´uro] *sm+adj* blu. *Pl: azuis-escuros (sm), azul--escuros (adj).*

b

b [bˊe] *sm* la seconda lettera dell'alfabeto portoghese.
ba.ba [bˊabə] *sf* bava.
ba.bá [babˊa] *sf* bambinaia, balia asciutta.
ba.ba.dor [babadˊor] *sm* bavaglio.
ba.bar [babˊar] *vi* sbavare.
ba.ca.lhau [bakaʎˊaw] *sm Zool* baccalà, merluzzo.
ba.cha.rel [baʃarˊɛw] *sm* baccelliere. *Pl:* bacharéis.
ba.ci.a [basˊiə] *sf* **1** bacino, conca. **2** *Geogr, Anat* bacino. **bacia hidrográfica** bacino idrico.
ba.ço [bˊasu] *sm Anat* milza.
bac.té.ria [baktˊɛrjə] *sf* batteria.
ba.da.lo [badˊalu] *sm* battaglio.
ba.de.jo [badˊeʒu] *sm Zool* nasello.
ba.der.na [badˊɛrnə] *sf* disordine.
ba.fo [bˊafu] *sm* alito.
ba.ga.gei.ro [bagaʒˊejru] *sm* **1** bagagliaio, carro ferroviario per i bagagli. **2** *Autom* portabagagli, portapacchi.
ba.ga.gem [bagˊaʒẽj] *sf* bagaglio.
ba.ga.te.la [bagatˊɛlə] *sf* bagattella, bazzecola.
ba.gun.ça [bagˊũsə] *sf* **1** soqquadro. **2** baraonda, confusione. **3** *gír* casino. **4** *pop* pasticcio. **5** *fam* mescolanza. **6** *fig* bordello.
ba.gun.çar [bagũsˊar] *vt* sconvolgere, sconcertare.
ba.í.a [baˊiə] *sf Geogr* baia, seno, rada, cala.
bai.la.ri.na [bajlarˊinə] *sf* ballerina, danzatrice.
bai.le [bˊajli] *sm* ballo. **baile à fantasia** ballo in maschera.
bai.nha [bˊajɲə] *sf* bordo, orlo.
bair.ro [bˊajʀu] *sm* quartiere, rione, contrada.
bai.xar [bajʃˊar] *vt* abbassare, calare, discendere. **baixar de preço** diminuire.
bai.xa.ri.a [bajʃarˊiə] *sf gír* cattiveria.
bai.xe.la [bajʃˊɛlə] *sf* finimento da tavola.
bai.xe.za [bajʃˊezə] *sf* **1** canagliata. **2** *fig* cattiveria, sporcizia, grettezza.
bai.xo [bˊajʃu] *sm* **1** basso, parte bassa. **2** *Mús* basso. • *adj* **1** basso, piccolo. **2** indegno. **3** più recente, ultimo (período histórico). **4** *Mús* basso, grave. **5** *fig* sordo, profondo. • *adv* basso.
ba.ju.la.ção [baʒulasˊãw] *sf* **1** lusinga. **2** *fig* incenso.
ba.ju.lar [baʒulˊar] *vt* **1** adulare. **2** *fam* lustrare. **3** *fig* corteggiare, leccare.
ba.la [bˊalə] *sf* **1** caramella. **2** *Mil* palla.
ba.lan.ça [balˊãsə] *sf* **1** bilancia. **2** **Balança** *V* **Libra**.
ba.lan.çar [balãsˊar] *vt* **1** tentennare, ciondolare, dondolare. **2** tentennare, barcollare. **3** ciondolare. *vpr* **4** dondolarsi.
ba.lan.ço [balˊãsu] *sm* **1** barcollamento. **2** dondolo, altalena (brinquedo). **3** *Com, Contab* bilancio, conto.

ba.lão [balˈãw] *sm* pallone.
bal.bu.ci.ar [bawbusiˈar] *vt* balbettare.
bal.cão [bawkˈãw] *sm* **1** banco (de loja). **2** *Arquit* balcone, terrazza. **balcão de informações** ufficio informazioni.
bal.co.nis.ta [bawkonˈistə] *s* commesso. **balconista de bar** barista.
bal.de [bˈawdi] *sm* secchio.
bal.de.a.ção [bawdeasˈãw] *sf* trasbordo.
bal.de.ar [bawdeˈar] *vt+vi* trasbordare.
ba.lei.a [balˈejə] *sf Zool* balena, ceto.
ba.lé [balˈɛ] *sm* balletto.
bal.ne.á.rio [bawneˈarju] *sm* stazione balneare. • *adj* balneare.
ba.lo.fo [balˈofu] *adj pop* pingue.
bal.sa [bˈawsə] *sf Náut* traghetto.
bál.sa.mo [bˈawsamu] *sm* balsamo.
bam.bu [bãbˈu] *sm* bambù, canna.
ba.nal [banˈaw] *adj* **1** banale, comune. **2** *fig* scialbo, pedestre. *Pl*: banais.
ba.na.na [banˈʌnə] *sf Bot* banana.
ba.na.nei.ra [bananˈejrə] *sf Bot* banano.
ban.ca [bˈãkə] *sf* **1** chiosco, edicola. **2** banco (de juízes etc.). **banca de jogo** banca.
ban.co [bˈãku] *sm* **1** banco, panca, banca, sedile. **2** *Com* banca. **banco de areia** banco.
ban.da [bˈãdə] *sf* **1** banda, lato. **2** *Mús* banda. **3 bandas** *pl* parti.
ban.dei.ra [bãdˈejrə] *sf* bandiera.
ban.de.ja [bãdˈeʒə] *sf* vassoio.
ban.di.do [bãdˈidu] *sm* bandito, brigante, criminale, malvivente.
ban.do [bˈãdu] *sm* **1** masnada, banda. **2** branco. **3** *fig dep* lega.
ban.do.lim [bãdolˈĩ] *sm Mús* mandolino.
ba.nha [bˈʌɲə] *sf* grasso.
ba.nhar [baɲˈar] *vt* **1** bagnare, irrigare, annaffiare. *vpr* **2** bagnarsi, inzupparsi.
ba.nhei.ra [baɲˈejrə] *sf* bagno, tinozza, vasca da bagno.
ba.nhei.ro [baɲˈejru] *sm* bagno, toletta, ritirata, stanza da bagno.
ba.nho [bˈʌɲu] *sm* bagno. **banho de mar** bagno al mare. **tomar banho** fare un bagno, prendere la doccia.
ba.nho-ma.ri.a [bʌɲumarˈiə] *sm* bagnomaria. *Pl*: banhos-marias, banhos-maria.
ba.ni.men.to [banimˈẽtu] *sm* bando, espulsione.
ba.nir [banˈir] *vt* bandire.
ban.quei.ro [bãkˈejru] *sm* banchiere.
ban.que.te [bãkˈeti] *sm* banchetto.
bar [bˈar] *sm* caffè, ritrovo, bettola, bar.
ba.ra.lho [barˈaʎu] *sm* mazzo.
ba.rão [barˈãw] *sm* barone.
ba.ra.ta [barˈatə] *sf Zool* blatta, scarafaggio.
ba.ra.to [barˈatu] *adj* **1** a buon mercato, basso (preço). **2** *fig* di poco pregio. • *adv* a buon mercato, per poco.
bar.ba [bˈarbə] *sf* barba.
bar.ban.te [barbˈãti] *sm* spago, spaghetto, funicella.
bár.ba.ro [bˈarbaru] *sm* barbaro. • *adj* **1** barbaro, barbaresco. **2** *fig* crudele.
bar.ba.ta.na [barbatˈʌnə] *sf Zool* pinna.
bar.be.a.dor [barbeadˈor] *sm* rasoio di sicurezza. **barbeador elétrico** rasoio elettrico.
bar.be.ar [barbeˈar] *vt* **1** radere, rasare. *vpr* **2** radersi, raparsi, rasarsi.
bar.be.a.ri.a [barbearˈiə] *sf* barbieria.
bar.bei.ro [barbˈejru] *sm* barbiere.
bar.bu.do [barbˈudu] *sm* barbone.
bar.ca [bˈarkə] *sf Náut* barca, traghetto.
bar.co [bˈarku] *sm* barca, bastimento. **barco a vela** barca a vela.
ba.rí.to.no [barˈitonu] *sm Mús* baritono.
ba.ro.ne.sa [baronˈezə] *sf* baronessa.
bar.ra [bˈaʁə] *sf* **1** barra, sbarra. **2** stanga. **3** traversa. **4** spranga. **barra de chocolate** tavoletta di cioccolato.
bar.ra.ca [baʁˈakə] *sf* baracca, tenda, capanna, padiglione. **barraca de acampar** tenda da campeggio.
bar.ran.co [baʁˈãku] *sm* burrone, balza.
bar.rar [baʁˈar] *vt* barrare, sbarrare.

bar.rei.ra [baɾˈejɾə] *sf* 1 barriera, argine. 2 *fig* muraglia.

bar.ri.ga [baɾˈigə] *sf* 1 pancia. 2 *fig* sacco. **barriga da perna** *Anat* polpaccio. **de barriga para baixo** bocconi. **reclamar de barriga cheia** *fam* piangere miseria.

bar.ril [baɾˈiw] *sm* barile, botte, bidone.

bar.ro [bˈaɾu] *sm* argilla, terra.

ba.ru.lhen.to [baruʎˈetu] *adj* chiassoso.

ba.ru.lho [baɾˈuʎu] *sm* 1 rumore, fracasso. 2 *fig* clamore, grancassa. **fazer barulho** schiamazzare.

ba.se [bˈazi] *sf* 1 base. 2 basamento. 3 appoggio. 4 *Mec* supporto. 5 *Mil* base. 6 *fig* cuore. **as bases (de grupo ou movimento)** la base.

ba.se.ar [bazeˈaɾ] *vt* 1 basare. *vpr* 2 basarsi. 3 appoggiarsi, fondarsi.

bá.si.co [bˈaziku] *adj* 1 basico, fondamentale. 2 *Quím* basico.

bas.que.te [baskˈeti] *sm Esp* pallacanestro.

bas.tan.te [bastˈãti] *adj* sufficiente. • *adv* abbastanza, assai.

bas.tão [bastˈãw] *sm* 1 bastone. 2 manganello.

bas.tar [bastˈaɾ] *vt+vi* bastare.

bas.tar.do [bastˈaɾdu] *sm* bastardo, figliastro. • *adj* 1 bastardo. 2 illegittimo, naturale.

bas.ti.dor [bastidˈoɾ] *sm Teat* retroscena, quinta. **nos bastidores** dietro le quinte.

ba.ta.lha [batˈaʎə] *sf* 1 battaglia. 2 conflitto, combattimento. 3 cimento. 4 *fig* scontro.

ba.ta.lhão [bataʎˈãw] *sm Mil* battaglione.

ba.ta.ta [batˈatə] *sf* patata, pomo di terra. **batatas fritas** patate fritte.

ba.ta.ta-do.ce [batatədˈoci] *sf* patata dolce.

ba.te-bo.ca [batibˈɔkə] *sm pop* 1 battibecco. 2 *fig* scontro. Pl: *bate-bocas*.

ba.te.dei.ra [batedˈejɾə] *sf* frullatore.

ba.ten.te [batˈẽti] *sm* battente.

ba.te-pa.po [batipˈapu] *sm pop* conversazione. Pl: *bate-papos*.

ba.ter [batˈeɾ] *vt* 1 battere. 2 colpire, pestare, picchiare. 3 urtare (veículo). 4 frullare (leite, ovos). 5 *Com* scontrare. 6 *fig* bastonare. *vi* 7 battere. 8 urtare. 9 sbattere (porta, janela, asas). 10 *Med* palpitare (coração). 11 *fig* battere, suonare (horas). *vpr* 12 battersi, picchiarsi. **bater à porta** picchiare, bussare, battere alla porta.

ba.te.ri.a [bateɾˈiə] *sf Elet, Mil, Mús* batteria.

ba.ti.da [batˈidə] *sf* 1 battuta. 2 urto, collisione. 3 colpo, percossa. 4 botta. 5 *fig* bastonata. **batida à porta** picchio. **batida policial** battuta.

ba.ti.na [batˈinə] *sf Rel* abito, sottana.

ba.tis.mo [batˈizmu] *sm* battesimo.

ba.ti.zar [batizˈaɾ] *vt* 1 battezzare. 2 chiamare.

ba.tom [batˈõw] *sm* rossetto.

ba.tu.ta [batˈutə] *sf Mús* bacchetta direttoriale.

ba.ú [baˈu] *sm* baule, cofano.

bau.ni.lha [bawnˈiʎə] *sf* vaniglia.

ba.zar [bazˈaɾ] *sm* bazar.

bê [bˈe] *sm* bi, il nome della lettera B.

be.a.to [beˈatu] *sm Rel* 1 beato. 2 devoto. 3 *dep* baciapile, bigotto. • *adj* 1 beato. 2 devoto.

bê.ba.do [bˈebadu] *sm* beone. • *adj* 1 ubriaco, ebbro. 2 *fig* cotto.

be.bê [bebˈe] *s* 1 bambino. 2 bambina. 3 *fam* bimbo. 4 bimba.

be.be.dei.ra [bebedˈejɾə] *sf* sbornia, ebbrezza.

be.be.dou.ro [bebedˈowɾu] *sm* fontanella.

be.ber [bebˈeɾ] *vt* 1 bere. 2 sorbire.

be.ber.rão [bebeɾˈãw] *sm* 1 beone. 2 *fig* spugna.

be.bi.da [bebˈidə] *sf* bevanda, bibita.

be.co [bˈeku] *sm* vicolo. **beco sem saída** (também *fig*) vicolo cieco.
be.del [bedˈɛw] *sm* bidello. *Pl:* bedéis.
be.de.lho [bedˈeʎu] *sm* saliscendi. **meter o bedelho num assunto** metter lo zampino in una faccenda.
bei.ço [bˈejsu] *sm* 1 labbro. 2 *fig* muso. **lamber os beiços** *fig* leccarsi le labbra.
bei.ja-flor [bejʒəflˈor] *sm* uccello mosca. *Pl: beija-flores*.
bei.jar [bejʒˈar] *vt* 1 baciare. *vpr* 2 baciarsi.
bei.jo [bˈejʒu] *sm* bacio.
bei.ra [bˈejrə] *sf* sponda. **estar à beira da morte** essere per morire.
bel.da.de [bewdˈadi] *sf Poét* beltà.
be.le.za [belˈezə] *sf* 1 bellezza, 2 grazia. 3 *Poét* beltà. 4 *fig* poesia.
be.li.che [belˈiʃi] *sm* letto a castello.
bé.li.co [bˈɛliku] *adj* bellico.
be.lis.car [beliskˈar] *vt* pizzicare.
be.lis.cão [beliskˈãw] *sm* pizzico.
be.lo [bˈelu] *adj* 1 bello. 2 attraente. 3 *Poét* formoso.
bel.tra.no [bewtrˈʌnu] *sm+pron* sempronio.
bem [bˈẽj] *sm* 1 il bene, il buono. 2 roba, cosa. 3 **bens** *pl* beni, averi, possessioni, capitale. • *adv* bene. **de bem** per bene, a modo, bravo, di buona lega. **muito bem!** bravo! **se bem que** benché, sebbene, nonostante che, contuttoché.
bem-es.tar [bẽjestˈar] *sm* benessere, agiatezza. *Pl: bem-estares*.
bem-in.ten.ci.o.na.do [bẽjĩtẽsjonˈadu] *adj* bene intenzionato. *Pl: bem-intencionados*.
bem-vin.do [bẽjvˈĩdu] *adj* benvenuto, benarrivato. *Pl: bem-vindos*.
bên.ção [bˈẽsãw] *sf* benedizione. **dar a bênção** benedire. *Pl: bênçãos*.
ben.di.zer [bẽdizˈer] *vt* benedire.
be.ne.fi.ci.ar [benefisiˈar] *vt* 1 beneficare. 2 proteggere. 3 *fig* assistere. *vpr* 4 godere, usufruire, godersi.

be.ne.fí.cio [benefˈisju] *sm* beneficio, tornaconto, vantaggio.
be.né.fi.co [benˈɛfiku] *adj* benefico.
be.ne.vo.lên.cia [benevolˈẽsjə] *sf* 1 benevolenza. 2 bontà. 3 favore. 4 affezione.
be.né.vo.lo [benˈɛvolu] *adj* 1 benevolo. 2 benigno, buono. 3 clemente. 4 amichevole.
benfei.to [bẽjfˈejtu] *adj* 1 benfatto, diligente (coisa). 2 *Poét* formoso (pessoa).
ben.fei.tor [bẽfejtˈor] *sm* benefattore, filantropo.
ben.ga.la [bẽgˈalə] *sf* bastone da passeggio.
be.nig.no [benˈignu] *adj* 1 benigno. 2 benefico. 3 indulgénte. 4 amichevole. 5 *Med* benigno.
ben.zer [bẽzˈer] *vt* benedire.
ben.zi.na [bẽzˈinə] *sf* benzina.
ber.ço [bˈersu] *sf* culla.
be.rin.je.la [berĩʒˈɛlə] *sf* melanzana.
ber.rar [beřˈar] *vi* urlare, berciare.
ber.ro [bˈeřu] *sm* urlo, bercio, grido.
be.sou.ro [bezˈowru] *sm Zool* cervo volante.
bes.ta [bˈestə] *sf* 1 bestia, animale. 2 giumento.
bes.tei.ra [bestˈejrə] *sf* 1 gingillo. 2 *pop* assurdità. 3 *fig* eresia. **dizer besteiras** bestemmiare.
bes.ti.al [bestiˈaw] *adj* 1 bestiale, brutale. 2 *fig* crudele, barbaro. *Pl: bestiais*.
be.ter.ra.ba [beteřˈabə] *sf* barbabietola.
be.xi.ga [beʃˈigə] *sf Anat, Zool* vescica.
be.zer.ro [bezˈeřu] *sm* vitello.
bi.be.lô [bibelˈo] *sm* soprammobile.
Bí.blia [bˈibljə] *sf* Bibbia.
bi.bli.o.gra.fi.a [bibljografˈiə] *sf* bibliografia.
bi.bli.o.te.ca [bibljotˈɛkə] *sf* biblioteca, libreria.
bi.bli.o.te.cá.rio [bibljotekˈarju] *sm* bibliotecario.
bi.ca.da [bikˈadə] *sf* beccatura, pizzico.

bicar 296 **bobo**

bi.car [bikˈar] *vt* beccare, pizzicare.
bi.cha [bˈiʃə] *s gír, vulg* finocchio.
bi.cho [bˈiʃu] *sm* animale (terrestre).
bi.cho-da-se.da [biʃudasˈedə] *sm Zool* baco da seta. *Pl: bichos-da-seda*.
bi.cho-pa.pão [biʃupapˈãw] *sm* gatto-mammone. *Pl: bichos-papões*.
bi.cho-pre.gui.ça [biʃupregˈisə] *sm Zool* bradipo. *Pl: bichos-preguiça*.
bi.ci.cle.ta [bisiklˈetə] *sf* bicicletta.
bi.co [bˈiku] *sm* **1** becco, rostro. **2** *irôn* grugno, volto umano. **bico do seio** capezzolo. **fazer bico** fare il grugno. **levar no bico** *fam* menare per il naso.
bi.co.lor [bikolˈor] *adj* bicolore.
bi.dê [bidˈe] *sm* bidé.
bi.fe [bˈifi] *sf* bistecca, braciola, manzo.
bi.fur.ca.ção [bifurkasˈãw] *sf* bivio.
bi.fur.car [bifurkˈar] *vt* **1** biforcare. *vpr* **2** biforcarsi.
bi.ga.mi.a [bigamˈiə] *sf* bigamia.
bi.go.de [bigˈɔdi] *sm* baffi.
bi.gor.na [bigˈɔrnə] *sf* (também *Anat*) incudine.
bi.ju.te.ri.a [biʒuterˈiə] *sf* bigiotteria.
bi.lhão [biʎˈãw] *sm+num* bilione, miliardo.
bi.lhar [biʎˈar] *sm* bigliardo (o jogo e a mesa).
bi.lhe.te [biʎˈeti] *sm* **1** biglietto. **2** passaggio.
bi.lhe.te.ri.a [biʎeterˈiə] *sf* biglietteria, cassa.
bi.lín.gue [bilˈĩgwi] *adj* bilingue.
bí.lis [bˈilis] *sf sing+pl Fisiol* bile, fiele.
bi.mes.tre [bimˈɛstri] *sm* bimestre.
bi.nó.cu.lo [binˈɔkulu] *sm* binocolo.
bi.o.gra.fi.a [bjografˈiə] *sf* **1** biografia. **2** vita.
bi.o.lo.gi.a [bjoloʒˈiə] *sf* biologia.
bí.pe.de [bˈipedi] *sm+adj* bipede.
bi.quí.ni [bikˈini] *sm* due pezzi, bikini.
bir.ra [bˈiʁə] *sf* **1** capriccio. **2** *fig* picca.
bi.ru.ta [birˈutə] *s gír* matto, pazzo.
bis [bˈis] *sm* bis. • *interj* bis!

bi.são [bizˈãw] *sm Zool* bisonte.
bi.sa.vó [bizavˈɔ] *sf* bisnonna, bisava.
bi.sa.vô [bizavˈo] *sm* bisnonno, bisavo.
bis.bi.lho.tar [bizbiʎotˈar] *vi fig dep* fiutare.
bis.bi.lho.tei.ro [bizbiʎotˈejru] *sm+adj pop* curioso.
bis.coi.to [biskˈojtu] *sm* biscotto.
bis.ne.to [biznˈetu] *sm* (*f* **bisneta**) pronipote, bisnipote.
bis.po [bˈispu] *sm Rel* vescovo.
bis.sex.to [bisˈestu] *adj* bisestile.
bis.se.xu.al [biseksuˈaw] *s+adj* bisessuale. *Pl: bissexuais*.
bis.sí.la.bo [bisˈilabu] *adj* bisillabo.
bis.te.ca [bistˈɛkə] *sf* bistecca.
bis.tu.ri [bisturˈi] *sm Med* bisturi.
bi.zar.ro [bizˈaʁu] *adj* **1** bizzarro. **2** eccentrico. **3** elegante.
blas.fe.mar [blasfemˈar] *vi* bestemmiare.
blas.fê.mia [blasfˈemjə] *sf* bestemmia.
blin.dar [blĩdˈar] *vt* blindare.
blo.co [blˈɔku] *sm* blocco.
blo.que.ar [blokeˈar] *vt* **1** bloccare, arrestare. **2** chiudere (passagem). **3** *fig* congelare.
blo.quei.o [blokˈeju] *sm* blocco.
blu.sa [blˈuzə] *sf* **1** blusa. **2** camicetta.
blu.são [bluzˈãw] *sm* giacca, giubba.
bo.as-vin.das [boazvˈidas] *sf pl* benvenuto. **dar as boas-vindas a alguém** dare il benarrivato ad uno.
bo.a.te [boˈati] *sf* ritrovo, locale notturno.
bo.a.to [boˈatu] *sm* voce, diceria, rumore.
bo.bei.ra [bobˈejrə] *sf* sciocchezza.
bo.bi.na [bobˈinə] *sf* **1** rocchetto. **2** bobina.
bo.bo [bˈobu] *sm* **1** sciocco, balordo, babbeo, citrullo. **2** *fam* tonto, macchierone. **3** *fig* melone, salame, gnocco. • *adj* **1** sciocco, balordo, babbeo. **2** *fig* insulso, pecorino. **bobo da corte**

buffone, giullare. **fazer-se de bobo** fare il nesci.

bo.ca [b´okə] *sf* 1 bocca. 2 *fig* becco. 3 **bocas** *pl* bocche, persone. **boca do fogão** fornello. **dar de comer na boca** imboccare. **ficar de boca aberta** *pop* restare a bocca aperta.

bo.ca.do [bok´adu] *sm* boccone, morsetto, boccata, morso.

bo.ce.jar [bose3´ar] *vi* sbadigliare.

bo.ce.jo [bos´eʒu] *sm* sbadiglio.

bo.che.cha [boʃ´eʃə] *sf* 1 guancia. 2 *fam* mascella.

bo.das [b´odas] *sf pl* nozze.

bo.de [b´ɔdi] *sm Zool* capro, becco. **bode expiatório** capro espiatorio.

bo.de.ga [bod´ɛgə] *sf dep* taverna.

bo.ê.mio [bo´emju] *sm+adj* 1 vagabondo. 2 *fig* zingaro.

bo.fe.ta.da [bofet´adə] *sf* ceffone, schiaffo.

boi [b´oj] *sm* bue.

bo.ia [b´ɔjə] *sf Náut* segnale.

boi.a.dei.ro [bojad´ejru] *sm* bovaro.

boi.ar [boj´ar] *vi* 1 galleggiare. 2 *fig* nuotare.

boi.co.tar [bojkot´ar] *vt* boicottare.

boi.co.te [bojk´ɔti] *sm* boicottaggio.

bo.la [b´ɔlə] *sf* 1 palla. 2 globo. **bola de bilhar** biglia.

bo.la.cha [bol´aʃə] *sf* biscotto.

bo.le.tim [bolet´ĩ] *sm* 1 bollettino. 2 *fig* foglio.

bo.lha [b´oʎə] *sf* 1 bolla. 2 ampolla. **bolha de queimadura** *Med* vescica.

bo.lo [b´olu] *sm* torta. **bolo de carne moída** polpettone.

bo.lor [bol´or] *sm* muffa.

bol.sa [b´owsə] *sf* 1 borsa. 2 sacca. **bolsa de estudos** pensionato. **bolsa de valores** *Com* borsa.

bol.so [b´owsu] *sm* tasca.

bom [b´õw] *adj* 1 buono. 2 benigno. 3 bello (tempo). **bom senso** buonsenso.

bom.ba [b´õbə] *sf* 1 pompa. 2 *Mil* bomba. 3 *pop* riprovazione (em exame). 4 *fig* bomba, fatto sorprendente, notizia sensazionale. **bomba atômica** bomba atomica. **bomba de água** *Mec* tromba. **levar bomba** *pop* bocciare.

bom.bar.de.ar [bõbarde´ar] *vt Mil* bombardare, cannoneggiare.

bom.be.ar [bõbe´ar] *vt* pompare (água).

bom.bei.ro [bõb´ejru] *sm* pompiere, vigile del fuoco.

bom.bom [bõb´õw] *sm* cioccolatino, bonbon.

bom.bor.do [bõb´ordu] *sm Náut* babordo.

bo.na.chão [bonaʃ´ãw] *sm+adj* bonaccione.

bo.nan.ça [bon´ãsə] *sf Náut* bonaccia.

bon.da.de [bõd´adi] *sf* 1 bontà. 2 generosità. 3 clemenza. 4 gentilezza. 5 *fig* cuore. **ter a bondade de** degnarsi a.

bon.de [b´õdi] *sm* tram.

bon.do.so [bõd´ozu] *adj* 1 benevolo, affabile. 2 generoso.

bo.né [bon´ɛ] *sm* berretto.

bo.ne.ca [bon´ɛkə] *sf* bambola.

bo.ne.co [bon´ɛku] *sm* fantoccio.

bo.ni.to [bon´itu] *adj* bello. **muito bonito!** *irôn* bello!

bô.nus [b´onus] *sm sing+pl Com* buono, titolo.

bor.bo.le.ta [borbol´etə] *sf Zool* farfalla.

bor.da [b´ɔrdə] *sf* 1 bordo. 2 orlo. 3 margine. 4 sponda. 5 ciglio, banchina.

bor.da.do [bord´adu] *sm* ricamo.

bor.dar [bord´ar] *vt* ricamare.

bor.del [bord´ɛw] *sm* bordello. *Pl*: **bordéis**.

bor.do [b´ordu] *sm Náut* bordo, lato della nave. **a bordo** a bordo.

bor.ra [b´oʁə] *sf* feccia, sedimento, fondo.

bor.ra.cha [boʁ´aʃə] *sf* gomma. **borracha de apagar** gomma.

bor.ri.far [boʁif´ar] *vt* spruzzare, aspergere.

bos.que [b´ɔski] *sm* bosco.
bo.ta [b´ɔtə] *sf* stivale. **bater as botas** *irôn* tirar le cuoia.
bo.tâ.ni.ca [bot´Anikə] *sf* botanica.
bo.tão [bot´ãw] *sm* bottone. **botão de flor** boccia, bottone di un fiore.
bo.te [b´ɔti] *sm* canotto. **bote salva-vidas** canotto di salvataggio.
bo.te.quim [botek´ĩ] *sm* bettola, caffè, taverna.
bo.vi.no [bov´inu] *adj* bovino.
bo.xe [b´ɔksi] *sm Esp* pugilato.
bra.ce.le.te [brasel´eti] *sm* bracciale.
bra.ço [br´asu] *sm* 1 braccio. 2 *Mús* manico (de instrumento). **braço de mar** gomito. **braço de rio** *Geogr* braccio, corno, ramo. **de braços abertos** a braccia aperte. **de braços cruzados** con le braccia in croce.
bra.gui.lha [brag´iʎə] *sf* brachetta.
bran.co [br´ãku] *adj* 1 bianco, candido. 2 canuto (cabelo, barba).
bran.do [br´ãdu] *adj* 1 blando. 2 discreto, moderato.
bran.que.ar [brãke´ar] *vt* 1 biancheggiare, imbiancare. 2 curare (tecidos).
brân.quia [br´ãkjə] *sf Zool* branchia.
bra.sa [br´azə] *sf* brace.
bra.são [braz´ãw] *sm* blasone, insegna.
bra.si.lei.ro [brazil´ejru] *sm+adj* brasiliano.
bra.vo [br´avu] *sm* prode. • *adj* 1 coraggioso, baldo. 2 selvaggio (animal). • *interj* bravo!
bra.vu.ra [brav´urə] *sf* 1 bravura, coraggio, valore, fortezza. 2 *fig* risoluzione.
bre.cha [br´ɛʃə] *sf* 1 breccia. 2 *fig* apertura.
bre.ga [br´ɛgə] *s+adj gír* cafone.
bre.jo [br´eʒu] *sm* acquitrino, palude.
bre.ve [br´evi] *adj* 1 breve. 2 conciso, sommario, succinto. 3 corto, poco. **em breve** in breve.

bri.ga [br´igə] *sf* 1 lite, rissa. 2 discordia, briga, questione.
bri.ga.da [brig´adə] *sf Mil* brigata.
bri.ga.dei.ro [brigad´ejru] *sm Mil* brigadiere.
bri.gão [brig´ãw] *adj* riottoso.
bri.gar [brig´ar] *vi* 1 litigare, contendere. 2 bisticciare, disputarsi. 3 picchiarsi, acchiapparsi.
bri.lhan.te [briʎ´ãti] *sm* brillante. • *adj* 1 brillante. 2 chiaro, luminoso, lucido. 3 geniale, arguto. 4 grande, splendido (ideia).
bri.lhan.ti.na [briʎãt´inə] *sf* brillantina, manteca, pomata per i capelli.
bri.lhar [briʎ´ar] *vi* brillare, risplendere, sfavillare.
bri.lho [br´iʎu] *sm* lume, lustro, lucido. **dar brilho** brunire.
brin.ca.dei.ra [brĩkad´ejrə] *sf* 1 gioco, trastullo. 2 scherzo, burla. 3 *fig* battuta, tiro. **brincadeira de mau gosto** *fig* birbanteria. **por brincadeira** per scherzo. **sem brincadeira?** senza scherzi?
brin.ca.lhão [brĩkaʎ´ãw] *sm* burlone. • *adj* scherzoso.
brin.car [brĩk´ar] *vi* 1 giocare, gingillare. 2 scherzare.
brin.co [br´ĩku] *sm* orecchino, ciondolo.
brin.de [br´ĩdi] *sm* 1 brindisi. 2 regalo.
brin.que.do [brĩk´edu] *sm* giocattolo, gingillo, trastullo.
bri.sa [br´izə] *sf* 1 brezza. 2 *Poét* aura. 3 *fig* alito.
bro.ca [br´ɔkə] *sf* 1 *Zool* bruco. 2 *Mec* trapano. **broca de dentista** trapano.
bro.che [br´ɔʃi] *sm* spilla, fermaglio.
bró.co.los [br´ɔkolus] *sm pl Bot* broccolo.
bron.ca [br´õkə] *sf* 1 *gír* cicchetto. 2 *pop* paternale.
bron.co [br´õku] *adj fig* ottuso.
brôn.quios [br´õkjus] *sm pl Anat* bronchi.

bron.qui.te [brõk´iti] *sf Med* bronchite.
bron.ze [brõzi] *sm* bronzo.
bron.ze.ar [brõzeˊar] *vt* **1** abbronzare. *vpr* **2** abbronzarsi.
bro.tar [brotˊar] *vi* **1** germogliare. **2** nascere (água).
bro.to [brˊotu] *sm Bot* germoglio, getto.
bru.ços [brˊusus] *sm pl* usado na locução adverbial **de bruços** bocconi.
bru.ma [brˊumə] *sf* bruma, foschia.
brus.co [brˊusku] *adj* **1** brusco. **2** *fig* duro.
bru.tal [brutˊaw] *adj* **1** brutale, bruto. **2** *fig* bestiale. *Pl*: *brutais*.
bru.to [brˊutu] *sm* bruto. • *adj* **1** bruto. **2** greggio. **3** incivile. **4** lordo (peso).
bru.xa [brˊuʃə] *sf* strega.
bru.xa.ri.a [bruʃarˊiə] *sf* malia, incantesimo.
bru.xo [brˊuʃu] *sm* stregone.
bu.fão [bufˊãw] *sm* buffone, giullare.
bu.far [bufˊar] *vi* sbuffare, ansare. **bufar de raiva** soffiare.
bu.fê [bufˊe] *sm* buffet, buffè.
bu.gi.gan.ga [buʒigˊãgə] *sf* bagattella, bazzecola.
bu.la [bˊulə] *sf Rel* bolla.

bu.le [bˊuli] *sm* teiera, cuccuma.
bum.bo [bˊũbu] *sf Mús* grancassa.
bun.da [bˊũdə] *sf pop* sedere.
bu.quê [bukˊe] *sm* **1** mazzo di fiori. **2** grazia (do vinho).
bu.ra.co [burˊaku] *sm* **1** buco, buca. **2** foro. **3** cavo. **4** sacca. **5** cava. **6** *Esp* buca (do golfe).
bur.guês [burgˊes] *sm+adj* borghese.
bur.gue.si.a [burgezˊiə] *sf* borghesia.
bur.lar [burlˊar] *vt* **1** burlare. **2** *fig* fregare.
bu.ro.cra.ci.a [burokrasˊiə] *sf* burocrazia.
bur.ra.da [buřˊadə] *sf pop* bestemmia, cappella.
bur.ri.ce [buřˊisi] *sf* **1** stupidaggine, imbecillità. **2** *fig* cecità.
bur.ro [bˊuřu] *sm* **1** *Zool* asino, somaro, ciuco. **2** *pop* stupido. **3** *fig* rapa. • *adj* **1** grullo. **2** *pop* stupido.
bus.ca [bˊuskə] *sf* busca.
bus.car [buskˊar] *vt* buscare, cercare.
bús.so.la [bˊusolə] *sf* bussola.
bus.to [bˊustu] *sm* **1** *Anat* busto, fusto. **2** *Escult* busto.
bu.zi.na [buzˊinə] *sm Autom* tromba, clacson.

C

c [s´e] *sm* la terza lettera dell'alfabeto portoghese.

cá [k´a] *sm* kappa, il nome della lettera K. • *adv* qua. **cá é lá** qua e là. **cá embaixo** quaggiù. **cá em cima** quassù. **de cá** di qua, quindi. **para cá** in qua.

ca.ba.na [kab´ʌnə] *sf* capanna, baracca.

ca.be.ça [kab´esə] *sf* **1** *Anat* capo, testa, fronte. **2** *iron* pera. **3** *fig* testa, capo di un gruppo. **4** *dep* zucca. **andar de cabeça erguida** andare a capo alto. **cabeça de melão** testa di cavolo, imbecille. **cabeça de rebanho** capo. **da cabeça aos pés** da capo a piedi. **de cabeça erguida** a fronte alta, a testa alta. **de cabeça para baixo** a capofitto, a capo all'ingiù, sottosopra. **meter na cabeça (uma ideia)** intestarsi un'idea. **perder a cabeça** *fig* perder la testa, scatenarsi, impazzire. **pôr de cabeça para baixo** capovolgere, rovesciare.

ca.be.ça.lho [kabes´aʎu] *sm* capogagina, titolo.

ca.be.cei.ra [kabes´ejrə] *sf* **1** capezzale (da cama). **2** sorgente (de rio).

ca.be.lei.ra [kabel´ejrə] *sf* **1** chioma. **2** *pop* capigliatura. **3** *Astron* chioma, criniera.

ca.be.lei.rei.ro [kabelejr´ejru] *sm* parrucchiere.

ca.be.lo [kab´elu] *sm* capello. **cabelos brancos/grisalhos** *fig* argento, neve.

ca.be.lu.do [kabel´udu] *adj* capelluto.

ca.ber [kab´er] *vt* **1** capire, starci. **2** appartenere, competere, toccare, spettare a.

ca.bi.de [kab´idi] *sm* gruccia, stampella.

ca.bi.na [kab´inə] *sf* cabina. **cabina telefónica** cabina telefonica.

ca.bo [k´abu] *sm* **1** cavo, fune, corda, canapo. **2** manico, ansa, presa. **3** termine. **4** *Geogr* capo. **5** *Mil* capo, caporale. **cabo de bengala** gruccia. **cabo de vassoura** bastone. **cabo do chicote** bacchetta. **cabo telegráfico/telefônico** filo.

ca.bra [k´abrə] *sf Zool* capra.

ca.bri.to [kabr´itu] *sm Zool* capretto.

ca.bu.lar [kabul´ar] *vi fig* salare la scuola.

ca.ça [k´asə] *sf* **1** caccia. **2** preda, selvaggina. **3** *Aer* caccia.

ca.çar [kas´ar] *vt* cacciare.

ca.ca.re.jar [kakareʒ´ar] *vi* chiocciare, schiamazzare.

ca.ça.ro.la [kasar´ɔlə] *sf* casseruola, pentola, tegame.

ca.cau [kak´aw] *sm Bot* cacao.

ca.ce.ta.da [kaset´adə] *sf* bastonata.

ca.ce.te [kas´eti] *sm* **1** bastone. **2** *fam fig* impiastro. • *adj* **1** *fam* importuno. **2** *pop* stucchevole.

ca.che.col [kaʃek´ɔw] *sm* sciarpa. *Pl*: *cachecóis*.

ca.chim.bo [kaʃ´ĩbu] *sm* pipa.

ca.cho [kaʃu] *sm* 1 ricciolo, riccio, anello di capelli. 2 *Bot* grappolo (de uvas, de flores).
ca.cho.ei.ra [kaʃoejrə] *sf* cascata.
ca.chor.ro [kaʃoʁu] *sm* 1 *Zool* cane. 2 *vulg* stronzo. **cachorro novo** cucciolo. **carrocinha de cachorro** cassino. **laçador de cachorro** accalappiacani.
ca.co [kaku] *sm* frammento.
ca.ço.ar [kasoar] *vt* 1 ridersi di, prendere in giro. *vi* 2 giocare.
ca.da [kadə] *pron* ogni. **a cada dois dias** ogni due giorni. **cada um** ognuno, ciascuno.
ca.dar.ço [kadarsu] *sm* fiocco.
ca.das.tro [kadastru] *sm Com* catasto, estimo.
ca.dá.ver [kadaver] *sm* cadavere, corpo.
ca.de.a.do [kadeadu] *sm* lucchetto.
ca.dei.a [kadejə] *sf* 1 catena, serie, sequenza. 2 carcere, prigione. **cadeia de montanhas** *Geogr* catena di montagne, serra. **pôr na cadeia** a) incarcerare. b) *fig* ingabbiare.
ca.dei.ra [kadejrə] *sf* 1 sedia, seggiola. 2 **cadeiras** *pl Anat* fianchi. **cadeira de balanço** sedia a dondolo. **cadeira elétrica** sedia elettrica.
ca.de.la [kadɛlə] *sf* cagna.
ca.der.ne.ta [kadernetə] *sf dim* libretto. **caderneta de anotações** agenda. **caderneta de poupança** libretto di risparmio.
ca.der.no [kadɛrnu] *sm* quaderno. **caderno de caligrafia** esemplare. **caderno de endereços** rubrica.
ca.du.co [kaduku] *adj* caduco.
ca.fa.jes.te [kafaʒɛsti] *sm* mascalzone, furfante.
ca.fé [kafɛ] *sm* caffè. **café com leite** cappuccino. **café da manhã** colazione del mattino, prima colazione. **café expresso** caffè espresso. **café moído/café em pó** caffè macinato. **café puro** caffè schietto.

ca.fe.tei.ra [kafetejrə] *sf* caffettiera, cuccuma.
ca.fe.ti.na [kafetinə] *sf* bras ruffiana.
ca.gar [kagar] *vt+vi vulg* cacare.
cãi.bra [kãjbrə] *sf Med* crampo, granchio.
cai.pi.ra [kajpirə] *s+adj bras* cafone.
ca.ir [kair] *vi* 1 cadere. 2 piombare, precipitare. 3 crollare, rovinare. 4 scendere, discendere. **cai fora!** *pop* vattene! **cair em (feriado etc.)** ricorrere di. *o meu aniversário cai hoje* / oggi ricorre il mio compleanno.
cais [kajs] *sm sing+pl Náut* banchina, scalo, pontile.
cai.xa [kajʃə] *sf* 1 cassa, scatola, astuccio, custodia. *sm Com* 2 cassa. 3 cassiere, funzionario della cassa. **caixa do correio** buca delle lettere. **caixa econômica** cassa di risparmio. **caixa postal** casella postale.
cai.xão [kajʃãw] *sm* bara, feretro, cataletto.
cai.xi.lho [kajʃiʎu] *sm Arquit* battente, cornice, telaio di una finestra.
cai.xi.nha [kajʃiɲə] *sf dim* 1 astuccio. 2 *pop* bustarella.
cal [kaw] *sf Min* calce, calcina. *Pl:* cais, cales.
ca.la.do [kaladu] *adj* muto. **ficar calado** star zitto.
ca.la.fri.o [kalafriu] *sm* brivido, ribrezzo.
ca.la.mi.da.de [kalamidadi] *sf* 1 calamità, avversità, sventura, sciagura. 2 *fig* male.
ca.lar [kalar] *vt* 1 zittire. *vi+vpr* 2 tacere, zittirsi, ammutolire. **cale a boca!/cale-se!** taci! acqua in bocca!
cal.ça [kawsə] *sf*, **cal.ças** [kawsəs] *sf pl* pantaloni, calzoni. **uma calça jeans** un paio di *jeans*.
cal.ça.da [kawsadə] *sf* marciapiede.
cal.ça.do [kawsadu] *sm* calzatura.
cal.ca.nhar [kawkaɲar] *sm Anat* calcagno, tallone.

cal.car [kawk´ar] *vt* calcare, comprimere.

cal.çar [kaws´ar] *vt* **1** calzare (sapatos, luvas, meias). **2** acciottolare, pavimentare (com pedras). **calçar bem** andare.

cal.ci.nha [kaws´iñə] *sf*, **cal.ci.nhas** [kaws´iñəs] *sf pl* mutande, mutandine.

cál.cio [k´awsju] *sm Quím* calcio.

cal.cu.la.do.ra [kawkulad´orə] *sf* calcolatrice, calcolatore.

cal.cu.lar [kawkul´ar] *vt* calcolare, numerare, computare.

cál.cu.lo [k´awkulu] *sm* **1** calcolo, computo, conto. **2** *Med* calcolo, pietra.

cal.dei.ra [kawd´ejrə] *sf* caldaia.

cal.do [k´awdu] *sm* **1** brodo. **2** sugo.

ca.len.dá.rio [kaled´arju] *sm* **1** calendario. **2** *fig* agenda.

cá.li.ce [k´alisi] *sm* **1** calice, cicchetto, coppa, bicchiere. **2** *Rel, Bot* calice.

ca.li.gra.fi.a [kaligraf´iə] *sf* calligrafia.

cal.ma [k´awmə] *sf* **1** calma. **2** quiete. **3** *fig* freddezza.

cal.mo [k´awmu] *adj* **1** calmo. **2** quieto. **3** sereno. **4** pacifico, placido. **5** docile. **6** *fig* freddo.

ca.lo [k´alu] *sm* callo.

ca.lor [kal´or] *sm* **1** caldo. **2** calore. **3** fervore. **calor sufocante** *fig* afa.

ca.lo.ta [kal´ɔtə] *sf* callotta.

ca.lou.ro [kal´owru] *sm* matricolino, matricola.

ca.lú.nia [kal´unjə] *sf* calunnia, falsa accusa.

ca.lu.ni.ar [kaluni´ar] *vt* **1** calunniare, diffamare. **2** *fig* sussurrare contro.

cal.ví.cie [kawv´isji] *sf* calvizie.

cal.vo [k´awvu] *sm+adj* calvo.

ca.ma [k´ʌmə] *sf* **1** letto. **2** *fam* nido. **cama de casal** letto a due piazze, letto matrimoniale. **cama de molas** elastico. **cama de solteiro** letto a una piazza, letto singolo.

ca.ma.da [kam´adə] *sf* strato, falda, suolo.

câ.ma.ra [k´ʌmərə] *sf* camera. **câmara dos deputados** camera dei deputati.

ca.ma.ra.da [kamar´adə] *s* camerata, commilitone.

ca.ma.rão [kamar´ãw] *sm Zool* gamberetto.

ca.ma.rei.ra [kamar´ejrə] *sf* cameriera, domestica.

ca.ma.ro.te [kamar´ɔti] *sm* **1** *Náut* cabina. **2** *Teat* palco.

cam.ba.lho.ta [kãbaʎ´ɔtə] *sf* capriola, capitombolo.

câm.bio [k´ãbju] *sm Com, Mec* cambio.

ca.me.lo [kam´elu] *sm Zool* cammello.

câ.me.ra [k´ʌmerə] *sf* camera. **câmera de televisão** telecamera.

ca.mi.nhão [kamiñ´ãw] *sm* autocarro. **caminhão com reboque** autotreno. **caminhão de lixo** cassino.

ca.mi.nhar [kamiñ´ar] *vi* **1** camminare. **2** *fig* circolare. **caminhar rápido** galoppare.

ca.mi.nho [kam´iñu] *sm* **1** cammino. **2** tragitto. **3** *fig* strada, traiettoria. **4** viaggio. **5** sentiero. **caminho estreito** sentiero, calle. **pôr-se a caminho** inviarsi. **sair do caminho** deviare.

ca.mi.nho.ne.te [kamiñon´ɛti] *sf dim* furgoncino.

ca.mi.sa [kam´izə] *sf* camicia. **camisa de operário** blusa.

ca.mi.se.ta [kamiz´etə] *sf* maglia.

ca.mi.so.la [kamiz´ɔlə] *sf* camicia da notte.

cam.pa.i.nha [kãpa´iñə] *sf* campanella.

cam.pa.nha [kãp´ʌñə] *sf Com, Mil* campagna.

cam.pe.ão [kãpe´ãw] *sm* **1** campione. **2** *fig* asso, cannone.

cam.pes.tre [kãp´ɛstri] *adj* campestre, paesano.

cam.po [k´ãpu] *sm* **1** campo, campagna,

camponês 303 **capanga**

agro. **2** *Esp* campo, arena. **3** *fig* competenza, ambito, dominio. **campo de trabalho** branca.
cam.po.nês [kãpon'es] *sm* campagnuolo, contadino, rurale, cafone, paesano. • *adj* campagnuolo, cafone, paesano.
ca.mu.flar [kamufl'ar] *vt* **1** camuffare, dissimulare. *vpr* **2** appostarsi.
ca.mun.don.go [kamũd'õgu] *sm* bras topo.
ca.mur.ça [kam'ursɐ] *sf Zool* camoscio.
ca.na [k'ʌnɐ] *sf* **1** *Bot* canna. **2** *gír* prigione.
ca.nal [kan'aw] *sm* **1** canale. **2** *Geogr* canale, stretto. **3** *Anat* canale. **canal de TV** canale di TV. *Pl: canais.*
ca.na.lha [kan'aʎɐ] *sm* canaglia.
ca.na.pé [kanap'ɛ] *sm* tartina.
ca.ná.rio [kan'arju] *sm Zool* canarino.
ca.na.vi.al [kanavi'aw] *sm* canneto. *Pl: canaviais.*
can.ção [kãs'ãw] *sf* canzone, canto. **canção de ninar** ninna nanna.
can.ce.lar [kãsel'ar] *vt* **1** cancellare. **2** annullare. **3** barrare, eliminare da una lista.
cân.cer [k'ãser] *sm* **1** *Med* cancro. **2** *fig* bubbone. **3 Câncer** *Astron, Astrol* Cancro.
can.de.la.bro [kãdel'abru] *sm* candelabro.
can.di.da.to [kãdid'atu] *sm* candidato.
cân.di.do [k'ãdidu] *adj* candido.
ca.ne.la [kan'ɛlɐ] *sf* **1** *Bot* cannella. **2** *Anat* stinco. **esticar as canelas** *irôn* tirar le cuoia.
ca.ne.ta [kan'etɐ] *sf* penna. **caneta esferográfica** penna a sfera, biro.
ca.nhão [kañ'ãw] *sm* **1** cannone. **2** *irôn fam* foca, donna grassa e brutta.
ca.nho.to [kañ'otu] *sm* **1** mancino. **2** *Com* scontrino, marca. *adj* mancino, manco.
ca.ni.bal [kanib'aw] *s+adj* cannibale. *Pl: canibais.*

ca.nil [kan'iw] *sm* canile. *Pl: canis.*
ca.ni.ve.te [kaniv'ɛti] *sm* temperino.
ca.no [k'ʌnu] *sm* **1** gola. **2** tromba (da bota).
ca.no.a [kan'oɐ] *sf* canotto.
can.sa.ço [kãs'asu] *sm* stanchezza, fiacchezza, fatica.
can.sa.do [kãs'adu] *adj* **1** stanco, morto, fiacco. **2** *fig* sazio. **3** rotto. **cansado de** sazio di.
can.sar [kãs'ar] *vt* **1** stancare, affaticare. **2** *fig* saziare. *vpr* **3** stancarsi, affaticarsi.
can.sa.ti.vo [kãsat'ivu] *adj* **1** gravoso. **2** *fig* duro, forte.
can.tão [kãt'ãw] *sm* cantone.
can.tar [kãt'ar] *vt+vi* cantare.
can.ta.ro.lar [kãtarol'ar] *vt+vi* canterellare.
can.tei.ro [kãt'ejru] *sm* aiuola, quaderno.
can.ti.ga [kãt'igɐ] *sf* canzone.
can.til [kãt'iw] *sm Mil* borraccia. *Pl: cantis.*
can.to [k'ãtu] *sm* **1** canto. **2** angolo, cantone. **3** canzone. **4** cantica. **5** verso.
can.tor [kãt'or] *sm* cantante.
ca.nu.do [kan'udu] *sm* tubo.
cão [k'ãw] *sm Zool* cane. **cão de arma** cane. **cão de guarda** cane di guardia. **cão policial** cane poliziotto. *Pl: cães.*
ca.o.lho [ka'oʎu] *adj* losco.
caos [k'aws] *sm sing+pl* caos, baraonda, confusione.
ca.pa [k'apɐ] *sf* cappa, veste. **capa de chuva** impermeabile. **capa de livro** copertina.
ca.pa.ce.te [kapas'eti] *sm* casco, celata.
ca.pa.cho [kap'aʃu] *sm* **1** zerbino. **2** *fig* leccapiedi.
ca.pa.ci.da.de [kapasid'adi] *sf* **1** capacità. **2** volume, tenuta. **3** intelligenza, abilità, competenza. **4** *fig* braccio, risorsa.
ca.pan.ga [kap'ãgɐ] *sm* **1** bravo, sicario. **2** *fig* gorilla.

ca.pa.taz [kapat´as] *sm* fattore.
ca.paz [kap´as] *adj* 1 capace. 2 abile, competente, bravo.
ca.pe.la [kap´εlə] *sf* 1 cappella, edicola. 2 *Mús* cappella.
ca.pe.lão [kapel´ãw] *sm* cappellano. *Pl:* capelães.
ca.pim [kap´ĩ] *sm Bot* gramigna.
ca.pi.tal [kapit´aw] *sm* 1 capitale, averi, fondi. 2 *fig* denaro. *sf* 3 capitale. 4 capoluogo (de província). *adj* capitale, essenziale. *Pl:* capitais.
ca.pi.tão [kapit´ãw] *sm* capitano. *Pl:* capitães.
ca.pí.tu.lo [kap´itulu] *sm* capitolo.
ca.po.ta [kap´ɔtə] *sf Autom* cofano.
ca.po.tar [kapot´ar] *vi Autom* dare balta.
ca.po.te [kap´ɔti] *sm* cappotto, cappa.
ca.pri.cho [kapr´iʃu] *sm* 1 capriccio. 2 bizzarria, fantasia. 3 lusso. 4 accuratezza, diligenza. 5 *fig* grillo.
ca.pri.cho.so [kapriʃ´ozu] *adj* 1 bizzarro. 2 accurato, diligente.
Ca.pri.cór.nio [kaprik´ɔrnju] *sm Astron, Astrol* Capricorno.
cap.tar [kapt´ar] *vt* 1 captare. 2 capire. 3 *fig* annusare.
cap.tu.rar [kaptur´ar] *vt* catturare, arrestare.
ca.puz [kap´us] *sm* cappuccio.
ca.qui [kak´i] *sm Bot* cachi.
ca.ra [k´arə] *sf* 1 faccia. 2 *irôn* ceffo. 3 *fig dep* muso, grifo, grugno. *s* 4 *pop* tipo, coso. **a cara a cara** a faccia a faccia, a viso a viso.
ca.ra.col [karak´ow] *sm* chiocciola. **caracol dos cabelos** riccio, ricciolo. *Pl:* caracóis.
ca.rac.te.rís.ti.ca [karakter´istikə] *sf* 1 caratteristica, carattere, qualità. 2 *fig* prerogativa. 3 **características** *pl* tratti, fisionomia.
ca.ra de pau a) *pop* faccia, franchezza; b) *gír* sfacciataggine; c) *fig* faccia tosta; d) *pop* sfrontato; f) *gír* sfacciato.

ca.ram.ba [kar´ãbə] *interj* accidenti! caspita!
ca.ra.mu.jo [karam´uʒu] *sm* chiocciola.
ca.ran.gue.jo [karãg´eʒu] *sm* 1 *Zool* granchio. 2 **Caranguejo** *Astron, Astrol* Cancro.
ca.ra.pa.ça [karap´asə] *sf* corazza.
ca.rá.ter [kar´ater] *sm* 1 carattere. 2 indole, temperamento, natura. 3 tipo di stampa, lettera dell'alfabeto. 4 *fig* tempra. *Pl:* caracteres.
ca.ra.va.na [karav´Ʌnə] *sf* carovana, convoglio.
car.bo.ni.zar [karboniz´ar] *vt* carbonizzare.
car.bo.no [karb´onu] *sm Quím* carbonio.
car.bu.ra.dor [karburad´or] *sm Autom* carburatore.
car.ca.ça [kark´asə] *sf* 1 carcassa, carogna, cadavere di animale. 2 *Náut, Aer* carcassa, scheletro.
cár.ce.re [k´arseri] *sm* carcere, prigione.
car.ce.rei.ro [karser´ejru] *sm* 1 carceriere. 2 *fig* boia.
car.dá.pio [kard´apju] *sm* lista.
car.de.al [karde´aw] *sm Zool, Rel* cardinale. • *adj* cardinale. **pontos cardeais** punti cardinali. *Pl:* cardeais.
car.di.nal [kardin´aw] *adj* cardinale. *Pl:* cardinais.
car.di.o.lo.gis.ta [kardjoloʒ´istə] *sm* cardiologo.
ca.re.ca [kar´εkə] *sm+adj* calvo. • *sf* 1 testa calva. 2 *dep* zucca.
ca.rên.cia [kar´ẽsjə] *sf* 1 carenza. 2 mancanza. 3 deficienza.
ca.ren.te [kar´ẽti] *s* bisognoso, povero. • *adj* 1 carente. 2 *fig* digiuno.
ca.re.ta [kar´etə] *sf* 1 smorfia. 2 *irôn* grugno.
car.ga [k´argə] *sf* 1 carico, soma. 2 *Mil* carica. 3 *fig* bagaglio.
car.go [k´argu] *sm* carica, ufficio, posto, funzione. **a meu cargo** per mio conto.

ca.ri.ar [kaɾiˈaɾ] *vt+vi* cariare.
ca.rí.cia [kaˈɾisjə] *sf* **1** carezza, vezzo, festa. **2 carícias** *pl* lusinghe, tenerezze.
ca.ri.da.de [kaɾidˈadi] *sf* **1** carità. **2** assistenza. **3** elemosina. **4** filantropia. **5** *fig* umanità.
cá.rie [ˈkaɾji] *sf Med* carie.
ca.rim.bar [kaɾĩbˈaɾ] *vt* bollare.
ca.rim.bo [kaˈɾĩbu] *sm* bollo, timbro, marca.
ca.ri.nho [kaˈɾiɲu] *sm* **1** affetto, carezza. **2 carinhos** *pl* lusinghe.
ca.ri.nho.so [kaɾiɲˈozu] *adj* amorevole, affettuoso, carezzevole, vezzeggiativo.
car.na.val [karnavˈaw] *sm* Carnevale. *Pl: carnavais.*
car.ne [ˈkarni] *sf* carne. **em carne e osso** in carne e ossa.
car.nei.ro [karnˈejru] *sm* **1** *Zool* pecoro, montone, ariete. **2 Carneiro** *Astron, Astrol* Montone.
car.ni.fi.ci.na [karnifisˈinə] *sf* carneficina, massacro, strazio.
car.ní.vo.ro [karnˈivoru] *adj* carnivoro.
ca.ro [ˈkaɾu] *adj* **1** caro. **2** *fig* salato.
ca.ro.ço [kaˈɾosu] *sm Bot* nocciolo, torso, osso.
ca.ro.la [kaɾˈɔlə] *s* baciapile, bigotto.
ca.ro.na [kaˈɾɔnə] *sf* passaggio. **pedir carona** chiedere un passaggio.
car.pin.tei.ro [karpitˈejru] *sm* carpentiere, falegname.
ca.ra.pa.to [kaɾapˈatu] *sm Zool* zecca.
car.ras.co [kaˈʀasku] *sm* boia.
car.re.ga.dor [kaʀegadˈoɾ] *sm* facchino, portabagagli.
car.re.gar [kaʀegˈaɾ] *vt* **1** caricare. **2** portare, arrecare. **3** aggravare, appesantire.
car.rei.ra [kaʀˈejrə] *sf* carriera. **fazer carreira** fare strada.
car.re.tel [kaʀetˈɛw] *sm* rocchetto, bobina. *Pl: carretéis.*

car.ro [ˈkaʀu] *sm* **1** macchina, automobile, auto, vettura. **2** carro. **carro de corrida** auto da corsa. **carro de praça** vettura di piazza, tassì. **carro esporte** vettura *sport.*
car.ro.ça [kaʀˈɔsə] *sf* cocchio. **carroça de duas rodas** carretta.
car.ro.ce.ri.a [kaʀoseɾˈiə] *sf Autom* carrozzeria.
car.ros.sel [kaʀosˈew] *sm* carosello. *Pl: carrosséis.*
car.ru.a.gem [kaʀuaˈʒẽj] *sf* carrozza, carro, cocchio.
car.ta [ˈkartə] *sf* lettera. **carta de vinhos** lista dei vini. **carta via aérea** lettera aerea.
car.tão [kartˈãw] *sm* **1** cartolina. **2** tessera, scheda. **3** cartone. **cartão de visita** biglietto da visita.
car.tão-pos.tal [kartãwpostˈaw] *sm* cartolina postale. *Pl: cartões-postais.*
car.taz [kartˈas] *sm* cartello, affisso, manifesto.
car.tei.ra [kartˈejrə] *sf* **1** borsa. **2** tessera. **batedor de carteira** borsaiolo. **carteira de identidade** carta d'identità. **carteira de motorista** patente di guida.
car.tei.ri.nha [kartejrˈiɲə] *sf dim* tessera.
car.tei.ro [kartˈejru] *sm* postino.
car.ti.la.gem [kartilˈaʒẽj] *sf* cartilagine.
car.to.la [kartˈɔlə] *sf* tuba, cilindro.
car.tó.rio [kartˈɔrju] *sm* ufficio anagrafe.
car.tu.cho [kartˈuʃu] *sm* cartoccio.
car.va.lho [karvˈaʎu] *sm Bot* quercia.
car.vão [karvˈãw] *sm* **1** carbone. **2** brace.
ca.sa [ˈkazə] *sf* **1** casa. **2** residenza. **3** *fig* appartamento. **4** nido, tetto, focolare. **casa da moeda** zecca. **casa de botão** occhiello. **casa de campo** villa, casino, rustico. **casa de detenção** carcere. **casa de jogo** casa di gioco,

bisca, casinò. **casa de repouso** casa di riposo, asilo. **casa do xadrez** quadretto. **de casa** di casa. **em casa de**. *estou na casa de Maria* / sono da Maria. **em minha casa** a casa mia. **mudar de casa** trasferirsi. **ser da casa** frequentare.

ca.sa.co [kaz'aku] *sm* casacca, mantello, paltò. **casaco masculino** giacca.

ca.sal [kaz'aw] *sm* coppia. *Pl: casais*.

ca.sa.men.to [kazam'ẽtu] *sm* 1 matrimonio. 2 *fig* unione.

ca.sar [kaz'ar] *vt* 1 sposare. 2 maritare. 3 *fig* unire. *vpr* 4 sposarsi. 5 maritarsi. 6 *fig* coniugarsi, armonizzare.

cas.ca [k'askə] *sf* 1 corteccia. 2 scorza. 3 crosta. 4 buccia. 5 guscio.

cas.ca.lho [kask'aʎu] *sm* breccia.

cas.cão [kask'ãw] *sm* 1 scorza. 2 *fam* roccia.

cas.ca.ta [kask'atə] *sf Geogr* cascata, salto.

cas.ca.vel [kaskav'ɛw] *sf Zool* crotalo. *Pl: cascavéis*.

cas.co [k'asku] *sm Zool* 1 unghia. 2 zoccolo. 3 *Náut* scafo.

ca.se.bre [kaz'ɛbri] *sm* 1 baracca, capanna. 2 *fig* buco, tana.

ca.sei.ro [kaz'ejru] *sm* casiere. *adj* 1 casalingo. 2 domestico.

ca.so [k'azu] *sm* caso, episodio, evento, avvenimento, circostanza, contingenza. • *conj* se. **caso contrário** se no. **no caso de** caso mai, se mai. **se for o caso** se mai, se pure.

cas.pa [k'aspə] *sf* forfora.

cas.sar [kas'ar] *vt Dir* cassare.

cas.sa.ta [kas'atə] *sf* cassata.

cas.se.te.te [kaset'eti] *sm* manganello.

cas.si.no [kas'inu] *sm* casinò, casa di gioco.

cas.ta.nha [kast'ʌɲə] *sf* castagna.

cas.te.lo [kast'elu] *sm* castello.

cas.ti.çal [kastis'aw] *sm* candeliere, bugia. *Pl: castiçais*.

cas.ti.da.de [kastid'adi] *sf* 1 castità. 2 verginità. 3 pudore.

cas.ti.gar [kastig'ar] *vt* 1 castigare, punire, condannare. 2 *fig* sistemare. 3 sferzare.

cas.ti.go [kast'igu] *sm* 1 castigo, pena, punizione, penitenza, condanna. 2 *fig* croce, tormento, verga.

cas.to [k'astu] *adj* 1 casto. 2 vergine. 3 pudico. 4 *fig* puro.

cas.trar [kastr'ar] *vt* castrare, accapponare.

ca.su.al [kazu'aw] *adj* casuale, fortuito. **roupa casual** abito giovanile. *Pl: casuais*.

ca.su.lo [kaz'ulu] *sm* bozzolo.

ca.ta.lo.gar [katalog'ar] *vt* 1 catalogare. 2 classificare.

ca.tá.lo.go [kat'alogu] *sm* 1 catalogo. 2 lista, elenco. 3 tabella.

ca.ta.ra.ta [katar'atə] *sf* 1 cateratta, cascata. 2 *Med* cateratta.

ca.tar.ro [kat'aʁu] *sm Med* catarro.

ca.tás.tro.fe [kat'astrofi] *sf* 1 catastrofe, sciagura. 2 *fig* dramma.

ca.te.cis.mo [kates'izmu] *sm* catechismo.

ca.te.dral [katedr'aw] *sf* cattedrale. *Pl: catedrais*.

ca.te.go.ri.a [kategor'iə] *sf* 1 categoria. 2 classe. 3 tipo, ordine, gruppo.

ca.te.qui.zar [katekiz'ar] *vt* catechizzare.

ca.ti.var [kativ'ar] *vt* cattivarsi, conquistare.

ca.tó.li.co [kat'oliku] *sm+adj* cattolico.

ca.tor.ze [kat'orzi] *sm+num V quatorze*.

cau.ção [kaws'ãw] *sf Dir* cauzione, garanzia.

cau.da [k'awdə] *sf* 1 coda. 2 *Astron* coda, criniera.

cau.le [k'awli] *sm Bot* caule, fusto.

cau.sa [k'awzə] *sf* 1 causa, motivo, ragione. 2 *Dir* causa. 3 *fig* germe, fonte, radice. **por causa de** a causa di, a causa che.

cau.sar [kawz´ar] *vt* **1** causare. **2** motivare, provocare, portare a. **3** determinare. **4** cagionare. **5** *fig* arrecare. **6** generare, produrre. **7** eccitare.

cau.te.la [kawt´ɛlə] *sf* **1** cautela, attenzione, prudenza, accortezza. **2** *fig* saggezza.

ca.va.la.ri.a [kavalar´iə] *sf* cavalleria.

ca.va.lei.ro [kaval´ejru] *sm* cavaliere.

ca.va.le.te [kaval´eti] *sm* cavalletto.

ca.val.gar [kavawg´ar] *vt* **1** cavalcare, montare. *vi* **2** cavalcare.

ca.va.lhei.ro [kavaλ´ejru] *sm* **1** gentiluomo, nobiluomo. **2** *fig* signore.

ca.va.lo [kav´alu] *sm* cavallo. **a cavalo** a cavalcioni. **andar a cavalo** cavalcare. **cavalo de corrida** cavallo da corsa. **cavalo para ginástica** cavalletto.

ca.va.nha.que [kavañ´aki] *sm* pizzo.

ca.var [kav´ar] *vt* cavare, scavare.

ca.vei.ra [kav´ejrə] *sf Anat* cranio.

ca.ver.na [kav´ɛrnə] *sf* caverna, grotta, antro.

ca.vi.da.de [kavid´adi] *sf* **1** cavità, cavo. **2** fossa.

ca.xum.ba [kaʃ´ũbə] *sf pop* orecchioni.

CD [sed´e] *sm* CD. **aparelho de CD** lettore di CD.

cê [s´e] *sm* ci, il nome della lettera C.

ce.ar [se´ar] *vt+vi* cenare.

ce.bo.la [seb´olə] *sf* cipolla.

ce.der [sed´er] *vt* **1** cedere, alienare, rilasciare, dare. **2** *Dir* trapassare (direito, propriedade). *vi* **3** cedere. **4** concedersi, smontarsi.

ce.do [s´edu] *adv* presto. **mais cedo** prima. **mais cedo ou mais tarde** prima o poi, quando che sia. **o mais cedo possível** quanto prima.

cé.du.la [s´ɛdulə] *sf* **1** cedola, cupone, effetto. **2 cédulas** *pl* biglietti, valori. **cédula eleitoral** scheda elettorale.

ce.gar [seg´ar] *vt* **1** accecare. **2** abbagliare. **3** sfilare.

ce.go [s´ɛgu] *sm+adj* cieco, orbo.

ce.go.nha [seg´oñə] *sf Zool* cicogna.

ce.guei.ra [seg´ejrə] *sf* cecità.

cei.a [s´ejə] *sf* cena.

cei.far [sejf´ar] *vt* segare, mietere, falciare.

ce.la [s´ɛlə] *sf* cella.

ce.le.brar [selebr´ar] *vt* **1** celebrare. **2** commemorare, festeggiare. **3** acclamare. **4** *Rel* celebrare (a missa).

cé.le.bre [s´ɛlebri] *adj* **1** celebre. **2** famoso, rinomato, insigne. **3** illustre, conosciuto.

ce.lei.ro [sel´ejru] *sm* granaio.

ce.les.te [sel´ɛsti] *adj* celeste.

ce.les.ti.al [selesti´aw] *adj* **1** celestiale. **2** santo. *Pl:* celestiais.

ce.li.ba.tá.rio [selibat´arju] *sm+adj* celibatario.

cé.lu.la [s´ɛlulə] *sf* cellula.

ce.lu.lar [selul´ar] *adj* cellulare.

ce.lu.lo.se [selul´ɔzi] *sf* cellulosa.

cem [s´ẽj] *sm+num* cento.

ce.mi.té.rio [semit´ɛrju] *sm* cimitero, camposanto.

ce.na [s´enə] *sf* **1** *Teat* scena. **2** *fig* commedia.

ce.ná.rio [sen´arju] *sm Teat* scenario, scena.

ce.nou.ra [sen´owrə] *sf* carota.

cen.so [s´ẽsu] *sm* censo.

cen.su.ra [sẽs´urə] *sf* **1** censura. **2** riprovazione, biasimo. **3** *fig* sermone.

cen.su.rar [sẽsur´ar] *vt* censurare. **2** criticare, deplorare.

cen.ta.vo [sẽt´avu] *sm* centesimo. **não vale um centavo** non vale un quattrino.

cen.tei.o [sẽt´eju] *sm Bot* segale.

cen.te.lha [sẽt´eλə] *sf* scintilla.

cen.te.na [sẽt´enə] *sf* centina, centinaio.

cen.te.ná.rio [sẽten´arju] *sm+adj* centenario.

cen.to [s´ẽtu] *sm* cento. **por cento** percento.

cen.to.pei.a [sẽtop´ejə] *sf* centogambe.

cen.tral [sẽtr´aw] *adj* centrale. *Pl: centrais.*
cen.tra.li.zar [sẽtraliz´ar] *vt* centralizzare, accentrare.
cen.tro [s´ẽtru] *sm* **1** centro. **2** nucleo. **3** mezzo. **4** *fig* asse, cuore, nocciolo, ombelico. **5** focolaio (de uma rebelião).
cen.tro.a.van.te [sẽtrwav´ãti] *sm Esp* centro avanti.
cên.tu.plo [s´ẽtuplu] *sm+num* centuplo.
cen.tu.ri.ão [sẽturi´ãw] *sm* centurione.
ce.po [s´epu] *sm* ceppo, toppo.
ce.ra [s´erə] *sf* **1** cera. **2** lustro, lucido.
ce.râ.mi.ca [ser´Λmikə] *sf* ceramica.
cer.ca [s´erkə] *sf* steccato. • *adv* circa, quasi. **cerca de** circa a, circa di, intorno a. *cerca de um mês* / circa di un mese.
cer.car [serk´ar] *vt* **1** cingere, chiudere. **2** contornare. **3** *Mil* assediare, aggirare. **4** (também *fig*) avvolgere.
ce.re.al [sere´aw] *sm* cereale, biade. *Pl: cereais.*
cé.re.bro [s´εrebru] *sm* **1** *Anat* cervello, cerebro. **2** *fig* cranio.
ce.re.ja [ser´eʒə] *sf* ciliegia.
ce.ri.mô.ni.a [serim´onjə] *sf* **1** cerimonia, rituale, gala. **2** *Rel* cerimonia, funzione. *fazer cerimônia* fare i convenevoli.
ce.ri.mo.ni.al [serimoni´aw] *sm* **1** cerimoniale, cerimonia. **2** *fig* rituale. • *adj* cerimoniale. *Pl: cerimoniais.*
cer.ra.ção [seɦas´ãw] *sf* foschia, bruma.
cer.ra.do [seɦ´adu] *adj* **1** denso, folto. **2** chiuso.
cer.rar [seɦ´ar] *vt* serrare, chiudere, racchiudere.
cer.te.za [sert´ezə] *sf* **1** certezza. **2** sicurezza. **com certeza** certo, senza fallo. **com certeza!** sicuro!
cer.ti.fi.ca.do [sertifik´adu] *sm* **1** certificato. **2** attestato, fede. **3** diploma. **4** carta, patente.
cer.ti.fi.car [sertifik´ar] *vt* **1** certificare. **2** accertare. *vpr* **3** assicurarsi. **4** accertarsi.
cer.to [s´εrtu] *adj* **1** certo. **2** corretto. **3** sicuro. **estar certo** a) aver ragione (pessoa). b) andar bene (relógio).
cer.ve.ja [serv´eʒə] *sf* birra.
cer.ve.ja.ri.a [serveʒar´iə] *sf* birreria.
cer.vo [s´εrvu] *sm Zool* cervo.
ces.são [ses´ãw] *sf* cessione, rilascio.
ces.sar [ses´ar] *vi* **1** cessare, finire. **2** smettere di.
ces.ta [s´estə] *sf* **1** cesta, canestra. **2** paniere.
ces.to [s´estu] *sm* cesto, canestro.
cé.ti.co [s´εtiku] *adj* scettico.
ce.tim [set´ĩ] *sm* raso.
céu [s´εw] *sm* **1** cielo. **2** *Poét* etere. **céu da boca** *pop* volta palatina.
ce.va.da [sev´adə] *sf Bot* orzo.
chá [ʃ´a] *sm* **1** tè. **2** tisana, infusione.
cha.ci.na [ʃas´inə] *sf* carneficina, massacro.
cha.co.ta [ʃak´ɔtə] *sf* canzonatura, beffa.
cha.fa.riz [ʃafar´is] *sm* fontana.
cha.ga [ʃ´agə] *sf* piaga.
cha.lei.ra [ʃal´ejrə] *sf* teiera.
cha.ma [ʃ´Λmə] *sf* **1** fiamma, vampata. **2** *fig* fiaccola.
cha.ma.da [ʃam´adə] *sf* **1** chiamata. **2** appello. **3** telefonata. **4** *pop* ammonizione.
cha.mar [ʃam´ar] *vt* **1** chiamare. **2** denominare, nominare, battezzare. **3** appellare, convocare. *vpr* **4** chiamarsi, denominarsi, nominarsi. **chamar a atenção** richiamare l'attenzione. **chamar de você** dare del tu. **ir chamar** andare per, andare da.
cha.ma.riz [ʃamar´is] *sm* esca.
cha.me.jar [ʃameʒ´ar] *vi* fiammeggiare.
cha.mi.né [ʃamin´ε] *sf* **1** camino, focolare. **2** ciminiera, fumaiolo.
cham.pa.nha [ʃãp´Λɲə] *sf* sciampagna.

cha.mus.car [ʃamuskˈar] *vt* bruciare, abbronzare.

chan.ce.ler [ʃɐselˈɛr] *sm* cancelliere.

chan.ta.gem [ʃɐtˈaʒẽj] *sf Dir* ricatto.

chão [ʃˈɐ̃w] *sm* terra, suolo. *Pl:* chãos.

cha.pa [ʃˈapə] *sf* **1** targa. **2** lamiera. **3** *Autom* targa, placca. **chapa de ferro** piastra. **chapa de metal** lastra.

cha.pa.da [ʃapˈadə] *sf Geogr* tavoliere.

cha.pe.la.ria [ʃapelarˈiə] *sf* cappelleria.

cha.péu [ʃapˈɛw] *sm* **1** cappello. **2** berretto. **chapéu de feltro** feltro. **chapéu de palha** paglia. *Pl:* chapéus.

cha.ra.da [ʃarˈadə] *sf* **1** sciarada, indovinello, enigma. **2** fig rompicapo.

char.co [ʃˈarku] *sm* fango, pantano, brago, palude, acquitrino, stagno.

char.la.tão [ʃarlatˈɐ̃w] *sm* ciarlatano. *Pl:* charlatões, charlatães.

cha.ru.to [ʃarˈutu] *sm* sigaro.

chas.si [ʃasˈi] *sm Autom* telaio.

cha.te.a.ção [ʃateasˈɐ̃w] *sf* **1** molestia, disturbo. **2** *gír* barba. **3** *pop* noia.

cha.te.ar [ʃateˈar] *vt* **1** annoiare. **2** *fam* disturbare. *vpr* **3** annoiarsi.

cha.ti.ce [ʃatˈisi] *sf fig pop* mattone.

cha.to [ʃˈatu] *sm* **1** *pop* zanzara, seccante. **2** *fam* rompiscatole. **3** *fig* mosca, mignatta, persona noiosa. • *adj* **1** piatto. **2** monotono. **3** *pop* noioso, seccante, stucchevole. **4** *fam* importuno.

cha.vão [ʃavˈɐ̃w] *sm aum* **1** cliché. **2** *irôn* frase fatta.

cha.ve [ʃˈavi] *sf* chiave. **chave de fenda/ de parafusos** cacciavite.

cha.vei.ro [ʃavˈejru] *sm* portachiavi.

che.fão [ʃefˈɐ̃w] *sm* capoccia.

che.fa.tu.ra [ʃefatˈurə] *sf* na expressão **chefatura de polícia** questura.

che.fe [ʃˈɛfi] *sm* **1** capo, principale, capoccia. **2** *fig* guida, testa, capitano. **chefe de família** capo famiglia. **chefe de polícia** questore.

che.fi.ar [ʃefiˈar] *vt* **1** comandare, capeggiare. **2** *fig* condurre, guidare.

che.ga.da [ʃegˈadə] *sf* **1** arrivata, arrivo, venuta. **2** *fig* sbarco.

che.gar [ʃegˈar] *vt* **1** arrivare. *vi* **2** arrivare, giungere, venire. **3** *fig* avvicinarsi. **4** capitare. • *interj* basta! **chegar a montante** a, ascendere a (despesa, valor). **chegar inesperadamente** sopraggiungere, sopravvenire. **chegar para** bastare per.

chei.a [ʃˈejə] *sf* piena.

chei.o [ʃˈeju] *adj* **1** pieno. **2** colmo. **3** carico. **4** fitto, folto. **5** esuberante. **6** sazio (de comida). **7** zeppo. **8** repleto. **9** *fig* sazio, stufo. **10** pregno. **cheio de** stufo di. **muito cheio** ripieno.

chei.rar [ʃejrˈar] *vt* odorare, fiutare. **cheirar a** odorare di.

chei.ro [ʃˈejru] *sm* odore, fiuto. **mau cheiro** puzzo. **sentir o cheiro de** odorare.

chei.ro.so [ʃejrˈozu] *adj* odorato.

che.que [ʃˈɛki] *sm* assegno bancario. **cheque cruzado** assegno sbarrato. **cheque sem fundos** a) assegno a vuoto. b) *fig* cabriolet.

chi.cle.te [ʃiklˈeti] *sm* gomma da masticare.

chi.có.ria [ʃikˈɔrjə] *sf Bot* cicoria, radicchio.

chi.co.ta.da [ʃikotˈadə] *sf* sferzata.

chi.co.te [ʃikˈɔti] *sm* sferza, staffile, frusta.

chi.co.te.ar [ʃikoteˈar] *vt* **1** sferzare, frustare. **2** *Lit* fustigare.

chi.fre [ʃˈifri] *sm* **1** corno. **2 chifres** (no marido traído) *pl vulg* corna.

chim.pan.zé [ʃipɐzˈɛ] *sm Zool* scimpanzé.

chi.ne.lo [ʃinˈɛlu] *sm* ciabatta, pantofola, babbuccia.

chi.nês [ʃinˈes] *s+adj* cinese.

chi.que [ʃˈiki] *adj* pop fine, fino.

chi.quei.ro [ʃikˈejru] *sm* (também *fig*) porcaro.

cho.ça [ʃˈɔsə] *sf* capanna.

cho.ca.dei.ra [ʃokadˈejrə] *sf* madre artificiale.

cho.ca.lho [ʃokˈaʎu] *sm* sonaglio.

cho.car [ʃokˈar] *vt+vi* **1** covare (ovo). *vt* **2** *fig* scuotere. *vpr* **3** urtarsi. **4** *fig* scuotersi.

cho.co [ʃˈoku] *sm* cova. *adj* **1** covaticcio. *galinha choca* / gallina covaticcia. **2** barlaccio. *ovo choco* / uovo barlacio.

cho.co.la.te [ʃokolˈati] *sm* **1** cioccolata, cioccolato. **2** bonbon.

cho.fer [ʃofˈɛr] *sm* autista. **chofer de praça** autista di piazza.

cho.que [ʃˈɔki] *sm* **1** urto, botta, *shock*. **2** *fig* tuffo. **choque elétrico** scossa elettrica. **choque emocional** colpo.

cho.ra.dei.ra [ʃoradˈejrə] *sf* piagnisteo.

cho.ra.min.gar [ʃoramĩgˈar] *vi* gemere.

cho.rar [ʃorˈar] *vt* **1** piangere. **2** *fig* lamentare. *vi* **3** piangere.

cho.ro [ʃˈoru] *sm* **1** pianto. **2** *fig* lamentazione.

chou.pa.na [ʃowpˈʌnə] *sf* capanna, antro.

cho.ver [ʃovˈer] *vi* (também *fig*) piovere. **chover torrencialmente** diluviare.

chum.bo [ʃˈũbu] *sm Quím* piombo.

chu.par [ʃupˈar] *vt* succhiare.

chur.ras.ca.ri.a [ʃuʀaskarˈiə] *sf* rosticceria.

chur.ras.co [ʃuʀˈasku] *sm* manzo allo spiedo.

chu.tar [ʃutˈar] *vt+vi* dar calci.

chu.te [ʃˈuti] *sm* **1** calcio. **2** tiro.

chu.va [ʃˈuvə] *sf* **1** *Met* pioggia. **2** *fig* nembo, gran quantità. **chuva torrencial** diluvio.

chu.vei.ro [ʃuvˈejru] *sm* doccia.

ci.ca.triz [sikatrˈis] *sf* cicatrice, segno.

ci.ca.tri.zar [sikatrizˈar] *vt* **1** cicatrizzare. *vi+vpr* **2** cicatrizzarsi.

ci.clis.ta [siklˈistə] *s+adj* ciclista.

ci.clo [sˈiklu] *sm* ciclo.

ci.clo.ne [siklˈoni] *sm* ciclone, tifone.

ci.da.da.ni.a [sidadanˈiə] *sf* **1** cittadinanza. **2** nazionalità. **3** naturalità.

ci.da.dão [sidadˈãw] *sm* cittadino, privato. *Pl*: *cidadãos*.

ci.da.de [sidˈadi] *sf* città.

ci.ên.cia [siˈẽsjə] *sf* **1** scienza. **2** sapere. **3** dottrina.

ci.en.te [siˈẽti] *adj* sciente, conscio.

ci.en.tí.fi.co [sjẽtˈifiku] *adj* scientifico.

ci.en.tis.ta [sjẽtˈistə] *sm* scienziato, studioso.

ci.fra [sˈifrə] *sf* cifra.

ci.ga.no [sigˈʌnu] *sm* zingaro.

ci.gar.ra [sigˈaʀə] *sf Zool* cicala.

ci.gar.rei.ra [sigaʀˈejrə] *sf* portasigarette.

ci.gar.ro [sigˈaʀu] *sm* sigaretta.

ci.la.da [silˈadə] *sf* **1** imboscata, agguato, posta. **2** *fig* laccio, trabocchetto.

ci.lin.dro [silˈĩdru] *sm* cilindro, rullo.

cí.lio [sˈilju] *sm Anat* ciglio.

ci.ma [sˈimə] *sf* cima, vetta. **de cima para baixo** dall'alto in basso. **em cima** sopra, addosso, insù, su. **em cima de** addosso a, su.

ci.men.to [simˈẽtu] *sm* cemento.

cin.co [sˈĩku] *sm+num* cinque.

ci.ne.ma [sinˈemə] *sm* cinema. **ir ao cinema** andare al cinema.

cí.ni.co [sˈiniku] *sm+adj* cinico.

cin.quen.ta [sĩkˈwẽtə] *sm+num* cinquanta.

cin.ta [sˈĩtə] *sf V cinto*.

cin.ti.lar [sĩtilˈar] *vi* scintillare, sfavillare, brillare.

cin.to [sˈĩtu] *sm* cinto, cinta, cinghia, cintura. **cinto de segurança** *Autom* cintura di sicurezza. *Sin*: *cinta*.

cin.tu.ra [sĩtˈurə] *sf Anat* cintura, vita.

cin.za [sˈĩzə] *adj* grigio, cenerino. • *sm* **1** grigio. **2** **cinzas** *sf pl* cenere. **reduzir a cinzas** *fig* ridurre in polvere, distruggere.

cin.zei.ro [sĩzˈejru] *sm* portacenere, posacenere.

cin.zen.to [siz´ẽtu] *adj* grigio, bigio.
ci.pres.te [sipr´ɛsti] *sm Bot* cipresso.
cir.co [s´irku] *sm* circo.
cir.cu.i.to [sirk´ujtu] *sm* 1 circuito. 2 giro, cerchio. 3 autodromo.
cir.cu.lar [sirkul´ar] *vt* 1 rigirare. *vi* 2 circolare. • *adj* 1 circolare. 2 rotondo. 3 tondo.
cír.cu.lo [s´irkulu] *sm* 1 circolo. 2 circonferenza. 3 cerchio, tondo. 4 giro, ambiente. 5 associazione. **círculo social** *fig* sfera.
cir.cun.ci.são [sirkũsiz´ãw] *sf* circoncisione.
cir.cun.fe.rên.cia [sirkũfer´ẽsjə] *sf Geom* circonferenza, circolo, cerchio.
cir.cun.fle.xo [sirkũfl´ɛksu] *adj* circonflesso.
cir.cuns.tân.cia [sirkũst´ãsjə] *sf* 1 circostanza. 2 congiuntura, occasione. 3 evento, situazione.
ci.rur.gi.a [siruʒ´iə] *sf Med* chirurgia, operazione, intervento.
ci.rur.gi.ão [siruʒi´ãw] *sm* chirurgo, medico chirurgo.
ci.são [siz´ãw] *sf* scissione.
cis.mar [sizm´ar] *vt* fissarsi.
cis.ne [s´izni] *sm Zool* cigno.
cis.to [s´istu] *sm* Med ciste. *Var:* quisto.
ci.tar [sit´ar] *vt* 1 citare, riportare, addurre. 2 *Dir* citare, intimare.
ci.ú.me [si´umi] *sm* gelosia.
ci.u.men.to [sjwm´ẽtu] *adj* geloso.
ci.vil [siv´iw] *sm+adj* civile. *Pl:* civis.
ci.vi.li.za.ção [sivilizas´ãw] *sf* 1 civilizzazione. 2 civiltà. 3 cultura.
ci.vi.li.zar [siviliz´ar] *vt* civilizzare.
cla.mor [klam´or] *sm* 1 clamore. 2 *fig* grido.
clan.des.ti.no [klãdest´inu] *sm+adj* clandestino.
cla.ra [kl´arə] *sf* chiara, bianco d'uovo.
cla.ra.boi.a [klarab´ojə] *sf Arquit* lanterna.
cla.rão [klar´ãw] *sm* bagliore.

cla.re.ar [klare´ar] *vt* 1 chiarire. 2 illuminare. *vi* 3 serenarsi (céu).
cla.re.za [klar´ezə] *sf* 1 chiarezza. 2 nitidezza, evidenza.
cla.ri.ne.te [klarin´eti] *sm Mús* clarinetto.
cla.ro [kl´aru] *sm* chiaro. • *adj* 1 chiaro. 2 limpido, nitido. 3 sereno. 4 distinto. 5 evidente. 6 bello (tempo). 7 *fig* trasparente. 8 visibile.
clas.se [kl´asi] *sf* 1 classe. 2 genere, sorta. 3 ordine, rango. 4 categoria. 5 aula. 6 squisitezza. 7 *fig* condizione. **classe média** borghesia. **classe social** classe sociale, ceto.
clás.si.co [kl´asiku] *adj* classico.
clas.si.fi.car [klasifik´ar] *vt* 1 classificare, catalogare. 2 distribuire.
cláu.su.la [kl´awzulə] *sf* clausola, condizione.
cla.ve [kl´avi] *sf Mús* chiave.
cla.ví.cu.la [klav´ikulə] *sf Anat* clavicola.
cle.mên.cia [klem´ẽsjə] *sf* 1 clemenza. 2 misericordia.
cle.men.te [klem´ẽti] *adj* clemente, indulgente.
cle.ro [kl´ɛru] *sm* 1 chiesa. 2 *pop* clero.
cli.chê [kliʃ´e] *sm* 1 cliché. 2 matrice. 3 frase fatta.
cli.en.te [kli´ẽti] *s* cliente.
cli.ma [kl´imə] *sm* 1 clima. 2 *fig* atmosfera.
clí.ni.ca [kl´inikə] *sf* clinica.
cli.pe [kl´ipi] *sm* 1 clip. 2 videoclip, video.
clo.a.ca [klo´akə] *sf* cloaca, chiavica, fogna.
clo.ro [kl´ɔru] *sm Quím* cloro.
clo.ro.fi.la [klorof´ilə] *sf Bot* clorofilla.
clu.be [kl´ubi] *sm* circolo, *club*.
co.a.ção [koas´ãw] *sf* coazione.
co.a.dor [koad´or] *sm* 1 colatoio, filtro. 2 colabrodo.
co.a.gir [koaʒ´ir] *vt* costringere, forzare.

coagulação   312   **colchete**

co.a.gu.la.ção [koagulas´ãw] *sf* coagulamento.
co.a.gu.lar [koagul´ar] *vt* 1 coagulare, quagliare. *vi+vpr* 2 quagliare.
co.á.gu.lo [ko´agulu] *sm* 1 coagulo. 2 quaglio.
co.a.lhar [koaʎ´ar] *vt* 1 quagliare. *vi+vpr* 2 quagliarsi, cagliare.
co.a.li.zão [koaliz´ãw] *sf* coalizione, alleanza.
co.ar [ko´ar] *vt* colare, filtrare, scolare.
co.a.xar [koaʃ´ar] *vi* gracidare.
co.ber.tor [kobert´or] *sm* coperta.
co.ber.tu.ra [kobert´urə] *sf* 1 copertura. 2 rivestimento. 3 *Zool* copula di animali. 4 *Mil* copertura. 5 *fig* armatura, cortina. **cobertura de doce** copertura.
co.bi.ça [kob´isə] *sf* 1 avidità, brama, cupidigia. 2 *fig* gola.
co.bi.çar [kobis´ar] *vt* desiderare, aspirare a.
co.bra [k´ɔbrə] *sf* 1 *Zool* biscia, serpe. 2 *fig* vipera, persona cattiva.
co.bra.dor [kobrad´or] *sm* bigliettaio.
co.bran.ça [kobr´ãsə] *sf Com* riscossione.
co.brar [kobr´ar] *vt Com* riscuotere, incassare.
co.bre [k´ɔbri] *sm Quím* rame.
co.brir [kobr´ir] *vt* 1 coprire. 2 rivestire. 3 avvolgere. 4 montare. 5 chiudere. 6 *fig* vestire. *vpr* 7 coprirsi, ricoprirsi. **cobrir despesas** *fig* coprire spese.
co.ca.í.na [koka´inə] *sf* cocaina.
co.çar [kos´ar] *vt* 1 grattare. *vi* 2 prudere, pizzicare.
co.cei.ra [kos´ejrə] *sf* rosa.
co.che [k´oʃi] *sm* cocchio, vettura.
co.chei.ro [koʃ´ejru] *sm* cocchiere.
co.chi.char [koʃiʃ´ar] *vi* rumoreggiare.
co.chi.cho [koʃ´iʃu] *sm* rumore.
co.chi.lar [koʃil´ar] *vi* pisolare, sonnecchiare, dormicchiare.
co.chi.lo [koʃ´ilu] *sm* pisolino. **dar um cochilo** fare un pisolino.

co.co [k´oku] *sm* cocco.
co.cô [kok´o] *sm pop* cacca.
có.di.go [k´ɔdigu] *sm* 1 codice. 2 testo antico. 3 *fig* cifra.
co.dor.na [kod´ɔrnə] *sf Zool* quaglia, coturnice.
co.e.lho [ko´eʎu] *sm* coniglio. **matar dois coelhos com uma só cajadada** prendere due colombi ad una fava.
co.en.tro [ko´ẽtru] *sm Bot* coriandolo.
co.e.rên.cia [koer´ẽsjə] *sf* 1 coerenza, concordanza. 2 *fig* armonia.
co.e.ren.te [koer´ẽti] *adj* coerente, consono.
co.e.são [koez´ãw] *sf* coesione, ligazione delle molecole.
co.fre [k´ɔfri] *sm* 1 forziere. 2 scrigno. 3 arca, baule, cofano.
co.gu.me.lo [kogum´ɛlu] *sm* fungo.
coi.ce [k´ojsi] *sm* 1 zampata. 2 *fig* scortesia.
co.in.ci.dên.cia [koĩsid´ẽsjə] *sf* coincidenza.
co.in.ci.dir [koĩsid´ir] *vi* coincidere, corrispondere.
coi.sa [k´ojzə] *sf* 1 cosa. 2 affare. 3 roba. 4 coso. 5 *pop* oggetto. **coisa insignificante** roba da nulla. **coisa malfeita** a) strazio. b) *irôn* infamia. **outra coisa** altro.
coi.ta.do [kojt´adu] *adj* misero, povero.
co.la [k´ɔlə] *sf* 1 colla.
co.la.bo.rar [kolabor´ar] *vt* collaborare con, cooperare con.
co.lap.so [kol´apsu] *sm Med* collasso, svenimento.
co.lar[1] [kol´ar] *sm* collana, filo.
co.lar[2] [kol´ar] *vt* ingommare, appiccicare, applicare.
co.la.ri.nho [kolar´iɲu] *sm* collarino, colletto, collare, collaretto. **colarinho de padre** collare, collarino.
col.cha [k´owʃə] *sf* coltre.
col.chão [kowʃ´ãw] *sm* materassa.
col.che.te [kowʃ´eti] *sm Gram* parentesi

coleção   313   **começar**

quadra, graffa, grappa. **colchete para roupas** gancio.
co.le.ção [koles´ãw] *sf* 1 collezione. 2 raccolta. 3 collana, serie (de livros).
co.le.ci.o.nar [kolesjon´ar] *vt* raccogliere.
co.le.ga [kol´εgə] *s* 1 collega. 2 compagno. 3 compagna.
co.le.gi.al [koleʒi´aw] *s+adj* collegiale. *Pl: colegiais.*
co.lé.gio [kol´εʒju] *sm* collegio.
co.lei.ra [kol´ejrə] *sf* collare (para animais).
có.le.ra [k´ɔlerə] *sf* 1 collera, rabbia, furia, furore. 2 *Med* colera.
co.le.ta [kol´εtə] *sf* colletta.
co.le.tâ.nea [kolet´ʌnjə] *sf* raccolta di testi.
co.le.te [kol´eti] *sm* panciotto, gilè.
co.le.ti.vo [kolet´ivu] *adj* collettivo, generale.
co.lhei.ta [koλ´ejtə] *sf* 1 messe. 2 raccolta. 3 segatura. 4 *fig* vendemmia.
co.lher[1] [koλ´er] *vt* cogliere, raccogliere, spiccare.
co.lher[2] [koλ´εr] *sm* cucchiaio. **colher de café** cucchiaino. **colher de pedreiro** mestola.
có.li.ca [k´ɔlikə] *sf Med* colica.
co.li.dir [kolid´ir] *vt+vi* urtare.
co.li.na [kol´inə] *sf* collina, colle.
co.lí.rio [kol´irju] *sm* collirio.
co.li.são [koliz´ãw] *sf* collisione, urto.
co.li.seu [koliz´ew] *sm* colosseo.
col.mei.a [kowm´ejə] *sf* alveare, apirio.
co.lo [k´ɔlu] *sm* 1 grembo. 2 collo.
co.lo.car [kolok´ar] *vt* 1 collocare. 2 mettere, porre. 3 situare. 4 calzare (chapéu). 5 imporre (nome). *vpr* 6 collocarsi, mettersi. **colocar com cuidado** adagiare. **colocar debaixo** sottoporre. **colocar em cima** addossare. **colocar uma ideia na cabeça** mettere un'idea in testa.
co.lô.nia [kol´onjə] *sf* 1 colonia. 2 acqua di Colonia.

co.lo.ni.zar [koloniz´ar] *vt* colonizzare.
co.lo.no [kol´onu] *sm* 1 colono. 2 agricoltore.
co.lo.ri.do [kolor´idu] *sm* colorito. • *adj* colorato.
co.lo.rir [kolor´ir] *vt* colorare, dipingere.
co.los.sal [kolos´aw] *adj* colossale, gigantesco. *Pl: colossais.*
co.los.so [kol´ɔsu] *sm* colosso.
co.lu.na [kol´unə] *sf* 1 *Arquit* colonna. 2 *Jorn* rubrica. **coluna vertebral** colonna vertebrale.
com [k´õw] *prep* con.
co.ma [k´omə] *sm Med* coma.
co.ma.dre [kom´adri] *sf* 1 comare. 2 padella, specie di orinale degli ospedali.
co.man.dar [komãd´ar] *vt* 1 comandare. 2 capeggiare. 3 ordinare, volere. 4 *fig* condurre, guidare. 5 dirigere. 6 prescrivere.
co.man.do [kom´ãdu] *sm* 1 comando. 2 ordine, comandamento. 3 controllo. 4 *Inform* comando. 5 *Mil* consegna. 6 *fig* briglia, regia.
com.ba.te [kõb´ati] *sm* 1 combattimento, battaglia, cimento. 2 *fig* scontro.
com.ba.ter [kõbat´er] *vt* 1 combattere. 2 contrastare. *vi* 3 combattere, guerreggiare, lottare. 4 *fig* scontrarsi.
com.bi.nar [kõbin´ar] *vt* 1 combinare. 2 comporre, conciliare, concordare. *vi* 3 coincidere, concertarsi.
com.boi.o [kõb´oju] *sm* (também *Mil, Náut*) convoglio.
com.bus.tão [kõbust´ãw] *sf* 1 combustione. 2 ignizione.
com.bus.tí.vel [kõbust´ivew] *sm+adj* combustibile. *Pl: combustíveis.*
co.me.çar [komes´ar] *vt* 1 cominciare. 2 iniziare, principiare. 3 fondare. 4 attaccare. 5 inaugurare, battezzare. 6 *pop* incominciare. *vi* 7 principiare, partire. 8 *fig* scoccare. **começar a** porsi a, mettersi a.

co.me.ço [kom´esu] *sm* 1 inicio. 2 começamento, avvio.
co.mé.dia [kom´ɛdjə] *sf* commedia.
co.me.di.do [komed´idu] *adj* contenuto.
co.me.mo.rar [komemor´ar] *vt* commemorare, festeggiare, celebrare.
co.men.tar [komẽt´ar] *vt* 1 commentare. 2 criticare. 3 annotare.
co.men.tá.rio [komẽt´arju] *sm* 1 commento, commentario. 2 nota. 3 annotazione. 4 critica.
co.mer [kom´er] *vt+vi* 1 mangiare. 2 pascere, pascolare. 3 *vulg* fottere. **comer demais** *fam* pappare.
co.mer.ci.al [komersi´aw] *sm* annuncio, pubblicità. • *adj* commerciale. *Pl: comerciais*.
co.mer.ci.an.te [komersi´ãti] *s* commerciante, mercante, trafficante.
co.mer.ci.ar [komersi´ar] *vt* 1 negoziare, mercanteggiare, trafficare. *vi* 2 commerciare, negoziare, mercanteggiare.
co.mér.cio [kom´ɛrsju] *sm* 1 commercio. 2 bottega. 3 traffico, scambio. 4 vendita. **comércio exterior** commercio esterno.
co.mes.tí.vel [komest´ivew] *adj* commestibile, mangereccio, mangiabile. *Pl: comestíveis*.
co.me.ta [kom´etə] *sm Astron* cometa.
co.me.ter [komet´er] *vt* 1 commettere. 2 compiere, consumare (crime).
co.mi.chão [komiʃ´ãw] *sf* pizzicore.
co.mí.cio [kom´isju] *sm* comizio.
cô.mi.co [k´omiku] *sm* comico. • *adj* 1 comico, buffo. 2 *Mús* buffo.
co.mi.da [kom´idə] *sf* 1 alimento, commestibili. 2 *pop* cibo.
co.mi.go [kom´igu] *pron* con me.
co.mi.lão [komil´ãw] *sm* ghiotto, goloso. • *adj* ghiotto, goloso.
co.mis.são [komis´ãw] *sf* 1 commissione. 2 comitato.
co.mis.sá.rio [komis´arju] *sm* commissario.
co.mi.tê [komit´e] *sm* comitato.
co.mo [k´omu] *adv* come. • *prep+conj* come, conforme. • *interj* come? come mai? **como se** quasi che, quasi come. **seja como for** comunque.
co.mo.ção [komos´ãw] *sf* 1 commozione. 2 emozione, moto. 3 *fig* esplosione.
cô.mo.da [k´omodə] *sf* cassettone.
cô.mo.do [k´omodu] *sm* stanza, camera, ambiente, vano di una casa. • *adj* 1 comodo. 2 confortevole. 3 facile, agevole.
co.mo.ver [komov´er] *vt* 1 commuovere. 2 impressionare. 3 *fig* toccare, smuovere. *vpr* 4 commuoversi.
com.pac.to [kõp´aktu] *adj* 1 compatto. 2 sodo, saldo, duro. 3 folto, fitto.
com.pa.de.cer [kõpades´er] *vt+vpr* compatire, compiangere, commiserare.
com.pa.dre [kõp´adri] *sm* compare.
com.pai.xão [kõpajʃ´ãw] *sf* compassione, compatimento, carità.
com.pa.nhei.ro [kõpañ´ejru] *sm* 1 compagno. 2 camerata, collega, amico. 3 commilitone. 4 amante, uomo. 5 *fig* fratello.
com.pa.nhi.a [kõpañ´iə] *sf* 1 compagnia. 2 comitiva. 3 *Mil* banda di soldati. 4 *Com* compagnia, società.
com.pa.ra.ção [kõparas´ãw] *sf* paragone, confronto.
com.pa.rar [kõpar´ar] *vt* 1 comparare, paragonare. *vpr* 2 paragonarsi.
com.pa.ra.ti.vo [kõparat´ivu] *sm+adj* (também *Gram*) comparativo.
com.pa.re.cer [kõpares´er] *vi* comparire, figurare.
com.par.ti.lhar [kõpartiʎ´ar] *vt* compartire.
com.pas.so [kõp´asu] *sm* 1 compasso. 2 *Mús* compasso, battuta.
com.pa.tí.vel [kõpat´ivew] *adj* compatibile. *Pl: compatíveis*.

com.pe.ne.trar-se [kõpenetr´arsi] *vpr* convincersi.
com.pen.sa.ção [kõpẽsa´ãw] *sf* **1** compenso. **2** ricompensa.
com.pen.sar [kõpẽs´ar] *vt* **1** compensare. **2** indennizzare. **3** *fig* coprire.
com.pe.tên.cia [kõpet´ẽsjɐ] *sf* **1** competenza. **2** abilità. **3** appartenenza.
com.pe.ten.te [kõpet´ẽti] *adj* competente, bravo, autorevole.
com.pe.ti.ção [kõpetis´ãw] *sf* **1** competizione. **2** gara. **3** gioco. **4** premio. **5** *fig* confronto.
com.pe.tir [kõpet´ir] *vt* **1** competere. **2** gareggiare, misurarsi. **3** concorrere. **4** appartenere, spettare a, toccare a.
com.plei.ção [kõplejs´ãw] *sf* complessione, aspetto, corporatura, fisico, taglia.
com.ple.men.to [kõplem´ẽtu] *sm* complemento, aggiunta.
com.ple.tar [kõplet´ar] *vt* **1** completare. **2** colmare. **3** concludere.
com.ple.to [kõpl´ɛtu] *adj* **1** completo. **2** colmo. **3** integro, intero, tutto. **4** perfetto. **5** *fig* minuzioso.
com.ple.xo [kõpl´ɛksu] *sm* **1** complesso, insieme, assieme. **2** *Psic* complesso. • *adj* complesso.
com.pli.ca.do [kõplik´adu] *adj* complesso, laborioso.
com.pli.car [kõplik´ar] *vt* complicare.
com.por [kõp´or] *vt* **1** comporre, fare. **2** *Mús* comporre. **3** *fig* formare. *vpr* **4** comporsi di, consistere in (ou di).
com.por.ta [kõp´ɔrtɐ] *sf* conca.
com.por.ta.men.to [kõportam´ẽtu] *sm* **1** comportamento, condotta. **2** procedimento. **3** modi, tratti. **4** *fig* atteggiamento.
com.por.tar [kõport´ar] *vt* **1** comportare. *vpr* **2** comportarsi, portarsi, agire.
com.po.si.ção [kõpozis´ãw] *sf* **1** composizione. **2** redazione, componimento, tema.
com.po.si.tor [kõpozit´or] *sm* compositore, musicista, musico.
com.po.ta [kõp´ɔtɐ] *sf* composta.
com.pra [k´õprɐ] *sf* **1** compra, acquisto. **2** spesa.
com.prar [kõpr´ar] *vt* **1** comprare. **2** acquistare. **3** *fig* corrompere, subornare.
com.pre.en.der [kõpreẽd´er] *vt* **1** comprendere. **2** capire, accorgersi di. **3** contenere, coprire. **4** *gír* registrare. **5** *fig* assimilare. **6** involgere.
com.pre.en.são [kõpreẽs´ãw] *sf* **1** comprensione. **2** benevolenza, generosità.
com.pres.sa [kõpr´ɛsɐ] *sf* *Med* compressa.
com.pri.do [kõpr´idu] *adj* lungo.
com.pri.men.to [kõprim´ẽtu] *sm* lunghezza, lungo.
com.pri.mi.do [kõprim´idu] *sm* *Med* compressa. • *adj* stretto.
com.pri.mir [kõprim´ir] *vt* **1** comprimere. **2** condensare. **3** calcare. *vpr* **4** serrarsi.
com.pro.me.ter [kõpromet´er] *vt* **1** compromettere, coinvolgere. **2** *fig* insidiciare. *vpr* **3** compromettersi, sbilanciarsi. **4** involgersi in.
com.pro.mis.so [kõprom´isu] *sm* **1** compromesso. **2** *fig* transazione.
com.pro.van.te [kõprov´ãti] *sm* bolletta, biglietto, marca.
com.pro.var [kõprov´ar] *vt* provare, comprovare, confermare.
com.pul.só.rio [kõpuws´ɔrju] *adj* compulsorio, obbligatorio.
com.pu.ta.dor [kõputad´or] *sm* *Inform* computer, calcolatore.
com.pu.tar [kõput´ar] *vt* computare.
co.mum [kom´ũ] *adj* **1** comune. **2** collettivo, generale. **3** banale, triviale. **4** consueto. **5** ordinario, volgare. **6** *fig* pedestre.
co.mun.gar [komũg´ar] *vi* *Rel* comunicarsi.

comunhão 316 **condição**

co.mu.nhão [komuñ´ãw] *sf* **1** comunione, società. **2** *Rel* comunione, comunicazione. **ministrar a comunhão** *Rel* comunicare.

co.mu.ni.ca.ção [komunikas´ãw] *sf* **1** comunicazione. **2** partecipazione. **3** nota. **comunicação oficial** dispaccio.

co.mu.ni.car [komunik´ar] *vt* **1** comunicare. **2** partecipare, annunciare, avvisare. **3** trasmettere, portare. *vpr* **4** comunicare.

co.mu.ni.da.de [komunid´adi] *sf* comunità, associazione.

co.mu.ni.tá.rio [komunit´arju] *adj* comunitativo.

co.mu.tar [komut´ar] *vt Dir* commutare, permutare.

con.ca.te.nar [kõkaten´ar] *vt* **1** concatenare. *vpr* **2** *fig* incatenarsi.

côn.ca.vo [k´õkavu] *adj* concavo, cavo.

con.ce.ber [kõseb´er] *vt* **1** concepire, divisare. **2** *fig* modellare, disegnare.

con.ce.der [kõsed´er] *vt* concedere, cedere, conferire.

con.cei.to [kõs´ejtu] *sm* **1** concetto. **2** concezione, idea. **3** *fig* opinione.

con.cen.tra.ção [kõsẽtras´ãw] *sf* **1** concentramento. **2** *fig* applicazione.

con.cen.trar [kõsẽtr´ar] *vt* **1** concentrare. **2** condensare. *vpr* **3** concentrarsi. **5** convergere. **6** *fig* tuffarsi in.

con.cep.ção [kõseps´ãw] *sf* **1** concezione. **2** concepimento. **3** veduta.

con.cer.nen.te [kõsern´ẽti] *adj* concernente, relativo.

con.cer.tar [kõsert´ar] *vt* rifare.

con.cer.to [kõs´ertu] *sm* **1** aggiustamento. **2** armonia. **3** *Mús* concerto. **dar concerto** concertare. **sala de concertos** concerto.

con.ces.são [kõses´ãw] *sf* concessione.

con.cha [k´õʃə] *sf* **1** *Zool* conchiglia, guscio. **2** *fig* corazza.

con.cha.vo [kõʃ´avu] *sm dep* lega.

con.ci.li.ar [kõsili´ar] *vt* conciliare, accordare, accomodare.

con.ci.são [kõsiz´ãw] *sf* concisione.

con.ci.so [kõs´izu] *adj* conciso, breve, succinto, sintetico.

con.clu.ir [kõklu´ir] *vt* **1** concludere. **2** completare. **3** finire, terminare. **4** dedurre, ricavare. **5** argomentare.

con.clu.são [kõkluz´ãw] *sf* **1** conclusione. **2** compimento. **3** induzione. **4** esito. **em conclusão** insomma.

con.cor.dân.cia [kõkord´ãsjə] *sf* **1** concordia, unanimità. **2** *Gram* concordanza.

con.cor.dar [kõkord´ar] *vt* **1** concordare con, aderire a, arrangiare. *vi* **2** accordarsi.

con.cor.da.ta [kõkord´atə] *sf* concordato.

con.cor.rên.cia [kõkoř´ẽsjə] *sf* concorrenza, gara.

con.cor.rer [kõkoř´er] *vt* **1** concorrere, competere. **2** concorrere, contribuire.

con.cre.ti.zar [kõkretiz´ar] *vt* **1** concretare, realizzare, costituire. **2** avviare.

con.cre.to [kõkr´ɛtu] *sm* betone. • *adj* **1** concreto. **2** materiale.

con.cu.bi.na [kõkub´inə] *sf* concubina, amante, amasia.

con.cur.so [kõk´ursu] *sm* concorso, esame, gara.

con.de [k´õdi] *sm* conte.

con.de.na.ção [kõdenas´ãw] *sf* **1** condanna. **2** *fig* critica.

con.de.nar [kõden´ar] *vt* **1** condannare, biasimare. **2** *fig* criticare, deplorare.

con.den.sar [kõdẽs´ar] *vt* **1** condensare. *vpr* **2** condensarsi.

con.des.sa [kõd´esə] *sf* contessa.

con.di.ção [kõdis´ãw] *sf* **1** condizione. **2** clausola, patto. **3** posizione, rango. **4** situazione, stato. **com a condição de que** a condizione che.

con.di.ci.o.nal [kõdisjon´aw] *sm Gram* condizionale. • *adj* condizionale. *Pl: condicionais.*

con.di.ci.o.nar [kõdisjon´ar] *vt* condizionare, subordinare.

con.di.men.tar [kõdimẽt´ar] *vt* condire.

con.di.men.to [kõdim´ẽtu] *sm* condimento.

con.do.er-se [kõdo´ersi] *vpr* condolersi.

con.do.lên.cias [kõdol´ẽsjəs] *sf pl* condoglianze.

con.do.mí.nio [kõdom´inju] *sm* condominio.

con.du.ção [kõdus´ãw] *sf* **1** conduzione, governo, guida. **2** *pop* veicolo, mezzo di trasporto.

con.du.ta [kõd´utə] *sf* condotta, comportamento, portamento, procedimento.

con.du.tor [kõdut´or] *sm* **1** conduttore (de veículo). **2** presa (de água, de gás etc.). **3** *Fís, Elet* conduttore. • *adj Fís* conduttore.

con.du.zir [kõduz´ir] *vt* **1** condurre. **2** accompagnare. **3** guidare. **4** portare, recare. **5** governare. **6** capeggiare. **7** *fig* presiedere. *vpr* **8** condursi, comportarsi, agire.

co.ne [k´oni] *sm* cono.

co.nec.tar [konekt´ar] *vt* connettere, combinare.

co.ne.xão [konek´sãw] *sf* **1** connessione. **2** congiuntura. **3** correlazione, rapporto. **4** *Mec* giunto.

con.fec.ção [kõfeks´ãw] *sf* **1** confezione. **2 confecções** *pl* confezioni.

con.fec.ci.o.nar [kõfeksjon´ar] *vt* confezionare.

con.fe.de.ra.ção [kõfederas´ãw] *sf* confederazione, federazione.

con.fei.ta.ri.a [kõfejtar´iə] *sf* pasticceria.

con.fei.to [kõf´ejtu] *sm* confetto, dolce, caramella, candito.

con.fe.rên.cia [kõfer´ẽsjə] *sf* **1** conferenza. **2** controllo.

con.fe.rir [kõfer´ir] *vt* **1** conferire, dare, attribuire. **2** controllare.

con.fes.sar [kõfes´ar] *vt* **1** confessare, ammettere. *vpr* **2** confessarsi, concedersi.

con.fe.tes [kõf´etis] *sm pl* coriandoli.

con.fi.an.ça [kõfi´ãsə] *sf* **1** fiducia. **2** fede, confidenza. **3** sicurezza. **ter confiança em** credere a, affidarsi a, fidarsi di.

con.fi.ar [kõfi´ar] *vt* **1** affidare, consegnare, dare. **2** fidarsi di. **3** sperare in.

con.fi.dên.cia [kõfid´ẽsjə] *sf* confidenza, segreto. **fazer confidências** *fig* aprire il cuore a qualcuno.

con.fi.den.ci.al [kõfidẽsi´aw] *adj* **1** confidenziale, segreto. **2** *fig* riservato. *Pl: confidenciais.*

con.fim [kõf´ĩ] *sm* confine, termine.

con.fi.nar [kõfin´ar] *vt* **1** confinare. **2** bandire.

con.fir.ma.ção [kõfirmas´ãw] *sf* **1** conferma. **2** *fig* cresima.

con.fir.mar [kõfirm´ar] *vt* **1** confermare. **2** avvalorare, confortare. **3** affermare, certificare. **4** *fig* accreditare.

con.fis.car [kõfisk´ar] *vt* confiscare, pignorare.

con.fis.co [kõf´isku] *sm* confisca, pignorazione, apprensione di beni.

con.fis.são [kõfis´ãw] *sf* **1** *Dir* confessione. **2** *Rel* confessione, professione.

con.fli.to [kõfl´itu] *sm* **1** conflitto. **2** lotta, combattimento, battaglia. **3** *fig* contrasto.

con.for.mar [kõform´ar] *vt* **1** conciliare. *vpr* **2** rassegnarsi. **3** adattarsi, uniformarsi. **4** sottoporsi.

con.for.me [kõf´ɔrmi] *adj* conforme, consono. • *prep+conj* conforme, secondo.

con.for.tar [kõfort´ar] *vt* **1** confortare, consolare. *vpr* **2** confortarsi.

con.for.tá.vel [kõfort´avew] *adj* confortevole, comodo. *Pl: confortáveis.*

con.for.to [kõfˊortu] *sm* **1** conforto. **2** agiatezza. **3** sollievo. **4** *fig* oasi. **5** balsamo, ristoro.

con.fron.to [kõfrˊotu] *sm* **1** confronto. **2** sfida. **3** *fig* battaglia.

con.fun.dir [kõfũdˊir] *vt* **1** confondere. **2** imbrogliare. **3** scambiare. **4** *fig* accecare. *vpr* **5** confondersi. **6** *fig* perdersi.

con.fu.são [kõfuzˊãw] *sf* **1** confusione. **2** disordine. **3** caos, anarchia. **4** agitazione. **5** baraonda. **6** accozzaglia, ammasso. **7** turbazione. **8** *gír* casino. **9** *fig* miscuglio. **10** manicomio.

con.fu.so [kõfˊuzu] *adj* confuso.

con.ge.lar [kõʒelˊar] *vt* **1** agghiacciare. *vi+vpr* **2** agghiacciarsi, agghiacciarsi.

con.gê.ni.to [kõʒˊenitu] *adj* congenito, innato, genetico.

con.ges.tão [kõʒestˊãw] *sf Med* congestione.

con.ges.ti.o.nar [kõʒestjonˊar] *vt* congestionare.

con.glo.me.ra.do [kõglomerˊadu] *sm+adj* conglomerato.

con.gra.tu.lar [kõgratulˊar] *vt* **1** felicitare. *vpr* **2** congratularsi, complimentarsi, felicitarsi con.

con.gre.ga.ção [kõgregasˊãw] *sf* congregazione.

con.gres.so [kõgrˊɛsu] *sm* **1** congresso, convegno, riunione. **2** conferenza, seminario. **3** gabinetto.

co.nha.que [koɲˊaki] *sm* cognac.

co.nhe.cer [koɲesˊer] *vt* **1** conoscere. **2** sapere. **3** apprendere. **4** praticare.

co.nhe.ci.do [koɲesˊidu] *sm* familiare, conoscenza, persona conosciuta. • *adj* **1** conosciuto. **2** celebre, noto. **3** manifesto.

co.nhe.ci.men.to [koɲesimˊẽtu] *sm* **1** conoscenza. **2** competenza. **3** scienza. **4** notizia. **5** *fig* contatto, amicizia.

cô.ni.co [kˊoniku] *adj* conico.

con.ju.ga.ção [kõʒugasˊãw] *sf Gram* coniugazione.

con.ju.gar [kõʒugˊar] *vt* **1** *Gram* coniugare. *vpr* **2** *Gram* coniugarsi.

côn.ju.ge [kˊoʒuʒi] *s* **1** coniuge. **2** sposo. **3** sposa.

con.jun.ção [kõʒũsˊãw] *sf Gram* congiunzione. **conjunção aditiva** *Gram* copula.

con.jun.to [kõʒˊũtu] *sm* **1** gruppo. **2** insieme, complesso, assieme. **3** collezione. **4** *fig* somma. **5** batteria. **conjunto musical** banda.

con.jun.tu.ra [kõʒũtˊura] *sf* **1** congiuntura. **2** crisi.

co.nos.co [konˊosku] *pron* con noi.

con.quis.ta [kõkˊista] *sf* **1** conquista. **2** occupazione. **3** presa. **4** *fig* messe.

con.quis.tar [kõkistˊar] *vt* **1** conquistare. **2** occupare, espugnare. **3** cattivarsi. **4** ammaliare. **5** appropriarsi di. **6** conseguire. **7** *fig* sedurre.

con.sa.grar [kõsagrˊar] *vt* **1** consacrare, benedire. *vpr* **2** votarsi, donarsi.

cons.ci.ên.cia [kõsiˊẽsjɐ] *sf* coscienza.

cons.ci.en.te [kõsiˊẽti] *adj* conscio, sciente.

con.se.cu.ti.vo [kõsekutˊivu] *adj* consecutivo, successivo.

con.se.guir [kõsegˊir] *vt* **1** conseguire. **2** guadagnare, ottenere, acquistare. **3** riuscire a. **4** procurare. **5** trarre. **6** *fig* raggiungere, arrivare a. **conseguir com esforço** *fig* sudare.

con.se.lhei.ro [kõseʎˊejru] *sm+adj* consigliere.

con.se.lho [kõsˊeʎu] *sm* **1** consiglio. **2** parere. **3** suggerimento, avvertimento. **4** adunanza, camera, comitato, concilio. **5** *fig* lume. **pedir conselhos** consultarsi, consigliarsi.

con.sen.so [kõsˊẽsu] *sm* **1** consenso. **2** consentimento. **3** concordia.

con.sen.ti.men.to [kõsẽtimˊẽtu] *sm* consentimento, consenso.

con.sen.tir [kõsẽtˊir] *vt* consentire a, ammettere, autorizzare, approvare.

con.se.quên.cia [kõsek´wẽsjə] *sf* **1** conseguenza. **2** risultato, successo, conclusione. **3** *fig* eco. **4** prodotto, riflesso.

con.ser.tar [kõsert´ar] *vt* **1** riparare. **2** accomodare, assestare. **3** *fig* medicare.

con.ser.to [kõs´ertu] *sm* riparazione.

con.ser.va [kõs´ɛrvə] *sf* conserva (de alimentos). **alimentos em conserva** alimenti sott'aceto.

con.ser.var [kõserv´ar] *vt* **1** conservare. **2** preservare. **3** detenere, ritenere. **4** guardare, serbare. **5** *pl* conservarsi. **6** mantenersi. **7** serbarsi. **conservar queijo** stagionare.

con.ser.va.tó.rio [kõservat´ɔrju] *sm* conservatorio.

con.si.de.ra.ção [kõsideras´ãw] *sf* **1** considerazione. **2** commento. **3** riguardo, rispetto. **4** pregio, onore. **levar em consideração** contemplare (lei, regra). **ter consideração por** considerare.

con.si.de.rar [kõsider´ar] *vt* **1** considerare. **2** osservare. **3** giudicare. **4** contemplare. **5** stimare. **6** reputare, ritenere. **7** *fig* valutare, misurare. *vpr* **8** considerarsi, tenersi, immaginarsi. **9** *fig* vedersi.

con.sig.na.ção [kõsignas´ãw] *sf* assegno.

con.si.go [kõs´igu] *pron* con sé. **consigo mesmo** fra sé.

con.sis.tên.cia [kõsist´ẽsjə] *sf* **1** consistenza. **2** (também *fig*) solidità, corpo.

con.sis.tir [kõsist´ir] *vt* consistere in (ou di).

con.so.an.te [kõso´ãti] *sf Gram* consonante. • *adj* consono. • *prep* conforme.

con.so.lar [kõsol´ar] *vt* **1** consolare, confortare. *vpr* **2** consolarsi.

con.so.li.dar [kõsolid´ar] *vt* **1** consolidare, stabilizzare. *vpr* **2** consolidarsi.

con.so.lo [kõs´olu] *sm* conforto, sollievo.

con.sór.cio [kõs´ɔrsju] *sm* consorzio, associazione.

cons.pi.ra.ção [kõspiras´ãw] *sf* **1** cospirazione. **2** *fig* retroscena.

cons.pi.rar [kõspir´ar] *vt* **1** cospirare. **2** *fig* tramare.

cons.tan.te [kõst´ãti] *adj* **1** costante. **2** continuo, regolare. **3** uniforme, uguale. **4** *fig* fermo, saldo.

cons.tar [kõst´ar] *vt* constare di.

cons.ta.tar [kõstat´ar] *vt* constatare, accertare.

cons.te.la.ção [kõstelas´ãw] *sf Astron* costellazione.

cons.ti.pa.ção [kõstipas´ãw] *sf Med* costipazione: a) infreddatura, raffreddore. b) stitichezza.

cons.ti.tu.i.ção [kõstitujs´ãw] *sf* **1** costituzione. **2** complessione, corporatura. **3** *Dir* costituzione, legge fondamentale.

cons.ti.tu.ir [kõstitu´ir] *vt* **1** costituire. **2** *fig* formare.

cons.tran.ger [kõstrãʒ´er] *vt* **1** costringere, obbligare. **2** *fig* piegare.

cons.tran.gi.men.to [kõstrãʒimẽ´tu] *sm* **1** coazione. **2** *fig* schiavitù.

cons.tru.ção [kõstrus´ãw] *sf* **1** costruzione. **2** edificio, opera. **3** *fig* architettura, struttura.

cons.tru.ir [kõstru´ir] *vt* **1** costruire. **2** edificare, erigere, fabbricare. **3** formare, fare. **4** *fig* tessere.

côn.sul [k´osuw] *sm* console.

con.su.la.do [kõsul´adu] *sm* consolato.

con.sul.ta [kõs´uwtə] *sf* consulto (a médico, a advogado).

con.sul.tar [kõsuwt´ar] *vt* consultare.

con.sul.tó.rio [kõsuwt´ɔrju] *sm* consultorio, gabinetto.

con.su.mar [kõsum´ar] *vt* consumare, compiere.

con.su.mir [kõsum´ir] *vt* **1** consumare. **2** usare. **3** logorare, corrodere. **4** bere (motor). **5** *fig* disfare, distruggere. **6**

dissipare, divorare. *vpr* **7** consumarsi. **8** logorarsi. **9** *fig* distruggersi.

con.su.mo [kõsˈumu] *sm* **1** consumo. **2** uso. **3** logoro.

con.ta [kˈõtə] *sf* **1** conto. **2** calcolo, computo. **3** nota. **4** grano (do rosário, de um cordão). **5** *Contab* conto. **conta corrente** *Comm* conto corrente. **dar-se conta** avvedersi. **em conta** a buon mercato. **fazer de conta que** fare conto che. **não é da minha conta** non è affare mio. **no fim das contas** in fine dei conti, a conti fatti, dopotutto. **por conta própria** a proprie spese. **prestar contas** (também *fig*) fare i conti. **tomar conta de algo** curare.

con.ta.bi.li.da.de [kõtabilidˈadi] *sf Com* contabilità.

con.ta.dor [kõtadˈor] *sm* **1** *Com* ragioniere, computista. **2** narratore.

con.ta.gi.ar [kõtaʒiˈar] *vt* **1** contagiare. **2** *fig* avvelenare.

con.tá.gio [kõtˈaʒju] *sm Med* contagio, infezione.

con.ta-go.tas [kõtəgˈɔtəs] *sm sing+pl* contagocce.

con.ta.mi.nar [kõtaminˈar] *vt* **1** contaminare, contagiare, appestare, infettare. **2** *Lit* inquinare. *vpr* **3** infettarsi.

con.tan.to [kõtˈãtu] na expressão **contanto que** *conj* purché, a patto che, ove.

con.tar [kõtˈar] *vt* **1** contare, computare, numerare. **2** raccontare, narrare. *vi* **3** contare, calcolare. **4** contare, essere importante. **5** *fig* valere. **contar com alguém** contare su qualcuno.

con.ta.to [kõtˈatu] *sm* **1** contatto. **2** *fig* commercio.

con.tem.plar [kõtẽplˈar] *vt* contemplare, ammirare.

con.tem.po.râ.neo [kõtẽporˈʌnju] *adj* **1** contemporaneo. **2** simultaneo.

con.ten.ta.men.to [kõtẽtamˈẽtu] *sm* contentezza, allegria, giubilo.

con.ten.tar [kõtẽtˈar] *vt* **1** contentare. *vpr* **2** contentarsi.

con.ten.te [kõtˈẽti] *adj* contento, felice, lieto, beato.

con.ter [kõtˈer] *vt* **1** contenere. **2** racchiudere. **3** reprimere. **4** *fig* trattenere. *vpr* **5** contenersi, governarsi, dominarsi, frenarsi.

con.ter.râ.neo [kõteřˈʌnju] *sm+adj* conterraneo.

con.tes.tar [kõtestˈar] *vt* **1** contestare, contraddire, contrastare, contrapporre. **2** *fig* ribattere. *vi* **3** opporsi, ribellarsi.

con.te.ú.do [kõteˈudu] *sm* **1** contenuto. **2** *fig* tenore.

con.tex.to [kõtˈestu] *sm* contesto.

con.ti.go [kõtˈigu] *pron* con te.

con.tí.guo [kõtˈigwu] *adj* contiguo, adiacente.

con.ti.nen.te [kõtinˈẽti] *sm Geogr* continente.

con.tin.gên.cia [kõtĩʒˈẽsjə] *sf* contingenza, circostanza.

con.ti.nu.ar [kõtinuˈar] *vt* **1** continuare, proseguire, seguire. *vi* **2** continuare. **3** seguire, proseguire. **4** durare. **5** persistere. **6** resistere.

con.tí.nuo [kõtˈinwu] *adj* **1** continuo. **2** costante, assiduo. **3** perpetuo. **4** cronico. **5** *fig* duraturo.

con.to [kˈõtu] *sm* racconto, narrazione, storia.

con.tor.cer [kõtorsˈer] *vt* **1** contorcere. *vpr* **2** contorcersi, torcersi. **3** *fig* agitarsi.

con.tor.nar [kõtornˈar] *vt* contornare.

con.tor.no [kõtˈornu] *sm* contorno.

con.tra [kˈõtrə] *adv* contro. • *prep* **1** contro. **2** verso. • *sm* **1** contro. **2** ostacolo. **3** obiezione.

con.tra.bai.xo [kõtrabˈajʃu] *sm Mús* contrabbasso.

con.tra.ban.dis.ta [kõtrabãdˈistə] *s* contrabbandiere.

con.tra.ban.do [kõtrab´ãdu] *sm* contrabbando.
con.tra.ção [kõtras´ãw] *sf* 1 contrazione. 2 calo.
con.tra.di.ção [kõtradis´ãw] *sf* contraddizione, contrasto. **entrar em contradição** contraddirsi.
con.tra.di.tó.rio [kõtradit´ɔrju] *adj* contraddittorio, contrario.
con.tra.di.zer [kõtradiz´er] *vt* 1 contraddire. 2 *fig* urtare. *vpr* 3 contraddirsi.
con.tra.ir [kõtra´ir] *vt* 1 contrarre. 2 buscarsi (doença). *vpr* 3 contrarsi.
con.tra.por [kõtrap´or] *vt* contrapporre, opporre.
con.tra.ri.ar [kõtrari´ar] *vt* 1 contrariare. 2 *fig* combattere.
con.tra.ri.e.da.de [kõtrarjed´adi] *sf* 1 contrarietà. 2 imprevisto. 3 dispiacere.
con.trá.rio [kõtr´arju] *sm* contrario, inverso, rovescio, l'opposto. *adj* 1 contrario. 2 opposto, rovescio. 3 avverso, sfavorevole. **ao contrário** a) al contrario, all'inverso, alla rovescia. b) piuttosto. **pelo contrário** anzi, invece.
con.tras.sen.so [kõtrəs´ẽsu] *sm* controsenso. 2 *fig* errore.
con.tras.tar [kõtrast´ar] *vt* 1 contrastare. 2 *fig* urtare.
con.tras.te [kõtr´asti] *sm* 1 contrasto, stacco. 2 *fig* urto, conflitto.
con.tra.tar [kõtrat´ar] *vt* contrattare.
con.tra.tem.po [kõtrat´ẽpu] *sm* 1 contrattempo. 2 imprevisto.
con.tra.to [kõtr´atu] *sm* contratto, atto, scrittura.
con.tra.ven.ção [kõtravẽs´ãw] *sf* contravvenzione.
con.tri.bu.i.ção [kõtribwis´ãw] *sf* 1 contributo. 2 tributo.
con.tri.bu.ir [kõtribu´ir] *vt* contribuire.
con.tro.lar [kõtrol´ar] *vt* 1 controllare. 2 contenere. 3 curare. 4 reprimere. 5 *fig* frenare. *vpr* 6 controllarsi, moderarsi, dominarsi.
con.tro.le [kõtr´oli] *sm* 1 controllo. 2 dominio. 3 cura, custodia. 4 assistenza. 5 *fig* occhio. 6 freno, redine. 7 possesso. **controle remoto** telecomando. **perder o controle** *fig* scoppiare.
con.tro.vér.sia [kõtrov´ɛrsjə] *sf* 1 controversia. 2 *fig* battaglia. 3 differenza.
con.tu.do [kõt´udu] *conj* tuttavia, peraltro, nondimeno.
con.tun.dir [kõtũd´ir] *vt* contundere.
con.tu.são [kõtuz´ãw] *sf Med* contusione, trauma, livido.
con.va.les.cen.ça [kõvales´ẽsə] *sf* convalescenza.
con.ven.ção [kõvẽs´ãw] *sf* 1 convenzione. 2 congresso, assemblea.
con.ven.cer [kõvẽs´er] *vt* 1 convincere, persuadere. 2 *fig* comprare. 3 condurre, trascinare. *vpr* 4 convincersi, persuadersi.
con.ven.ci.do [kõvẽs´idu] *adj* 1 convinto. 2 *fig* presuntuoso.
con.ven.ci.men.to [kõvẽsim´ẽtu] *sm* 1 convinzione. 2 *fig* presunzione.
con.ven.ci.o.nar [kõvẽsjon´ar] *vt* stipulare.
con.ve.ni.en.te [kõveni´ẽti] *adj* 1 conveniente. 2 adeguato. 3 appropriato. 4 opportuno. 5 vantaggioso. 6 ragionevole. 7 apposito.
con.vê.nio [kõv´enju] *sm* 1 contratto. 2 patto, accordo.
con.ven.to [kõv´ẽtu] *sm* convento, monastero.
con.ver.gir [kõverʒ´ir] *vt* 1 convergere. 2 coincidere.
con.ver.sa [kõv´ɛrsə] *sf* 1 conversazione, dialogo. 2 appuntamento. 3 discorso. **conversa fiada** a) fiaba. b) *pop* chiacchiera. **iniciar a conversa** attaccare conversazione.

con.ver.são [kõvers´ãw] *sf* (também *Autom, Rel*) conversione.

con.ver.sar [kõvers´ar] *vi* conversare, dialogare.

con.ver.sí.vel [kõvers´ivew] *sm Autom cabriolet.* • *adj* (também *Autom*) convertibile. *Pl: conversíveis.*

con.ver.ter [kõvert´er] *vt* 1 convertire. *vpr* 2 convertirsi.

con.ve.xo [kõv´eksu] *adj* convesso, colmo.

con.vic.ção [kõviks´ãw] *sf* 1 convinzione. 2 certezza. 3 principio. 4 *fig* saldezza. 5 religione.

con.vi.dar [kõvid´ar] *vt* 1 invitare. 2 chiamare. 3 convocare. 4 *fig* attrarre.

con.vir [kõv´ir] *vt* convenire.

con.vi.te [kõv´iti] *sm* invito.

con.vi.ver [kõviv´er] *vt* convivere con.

con.vo.car [kõvok´ar] *vt* 1 convocare, adunare, riunire. 2 appellare.

con.vos.co [kõv´osku] *pron* con voi.

con.vul.são [kõvuws´ãw] *sf Med* convulsione.

co.o.pe.rar [kooper´ar] *vt* cooperare, collaborare.

co.or.de.nar [koorden´ar] *vt* coordinare, organizzare.

co.pa [k´ɔpə] *sf* 1 dispensa. 2 *Bot* chioma. 3 copas *pl* coppe, cuori (naipe das cartas).

co.pei.ro [kop´ejru] *sm* coppiere, garzone.

có.pia [k´ɔpjə] *sf* 1 copia. 2 imitazione, falso. 3 esemplare, doppione.

co.pi.ar [kopi´ar] *vt* 1 copiare. 2 imitare. 3 ricalcare. 4 riprodurre. 5 contraffare.

co.po [k´ɔpu] *sm* bicchiere.

có.pu.la [k´ɔpulə] *sf* (também *Gram*) copula.

co.pu.lar [kopul´ar] *vt* 1 copulare. 2 *Zool* montare, accoppiarsi.

co.quei.ro [kok´ejru] *sm Bot* cocco.

cor [k´or] *sm* colore, tinta, colorito.

co.ra.ção [koras´ãw] *sm* 1 cuore. 2 *fig* centro, entragna. 3 seno, petto. **abrir o coração para** aprire il cuore a. **coração de pedra** *fig* cuore di sasso. **de coração** di cuore.

co.ra.gem [kor´aʒẽj] *sf* 1 coraggio. 2 audacia, bravura, valore. 3 animo, vigore. 4 *fig* petto, cuore. 5 faccia. 6 fegato, stomaco. • *interj* animo!

co.ra.jo.so [koraʒ´ozu] *adj* 1 coraggioso. 2 ardito, audace, bravo. 3 vigoroso. 4 arrischiato. 5 prode.

co.ral [kor´aw] *sm Zool* corallo. *Pl: corais.*

co.rar [kor´ar] *vi* arrossire. **corar ao sol** (roupas) curare.

cor.ça [k´orsə] *sf Zool* damma, cerva, capriola.

cor.co.va [kork´ɔvə] *sf Zool* gobba.

cor.cun.da [kork´ũdə] *sm* 1 gobbo, chi ha gobba. *sf* 2 gobba. *adj* gobbo.

cor.da [k´ɔrdə] *sf* 1 corda, fune, cavo. 2 nervo (de um arco). **cordas vocais** *Anat* corde vocali. **dar corda num relógio** caricare un orologio.

cor.dão [kord´ãw] *sm* 1 spago. 2 cordone. 3 vezzo (joia). **cordão de marionete** filo. **cordão de sapato** fiocco. **cordão umbilical** cordone ombelicale.

cor.dei.ro [kord´ejru] *sm* agnello.

cor-de-ro.sa [kordir´ɔzə] *sm+adj sing+pl* rosa.

cor.di.al [kordi´aw] *adj* cordiale, cortese, amabile, aperto. *Pl: cordiais.*

cor.di.lhei.ra [kordiʎ´ejrə] *sf Geogr* catena di montagne.

co.re.o.gra.fi.a [koreografi´ə] *sf* coreografia.

cór.nea [k´ɔrnjə] *sf Med* cornea.

cor.ne.ta [korn´etə] *sf Mús* cornetta.

cor.no [k´orno] *sm* 1 corno. 2 **cornos** *pl vulg* corna (no marido traído).

cor.nu.do [korn´udu] *adj* 1 cornuto. 2 *vulg* cornuto (marido traído).

co.ro [kˊoru] *sm* (também *Arquit*) coro.
co.ro.a [korˊoə] *sf* (também *Astron*) corona. **coroa de flores** ghirlanda.
co.ro.ar [koroˊar] *vt* 1 coronare, incoronare. *vpr* 2 incoronarsi.
co.ro.nel [koronˊɛw] *sm Mil* colonnello. *Pl: coronéis.*
cor.pe.te [korpˊeti] *sm* corpetto.
cor.po [kˊorpu] *sm* 1 corpo. 2 corporatura, essere. **corpo de delito** *Dir* corpo del delitto.
cor.po.ra.ção [korporasˊãw] *sf* corporazione, corpo, associazione.
cor.pu.len.to [korpulˊẽtu] *adj* corpulento.
cor.re.ção [kořesˊãw] *sf* 1 correzione. 2 correttezza. 3 esattezza. 4 *fig* rimedio.
cor.re.dor [koředˊor] *sm* 1 *Arquit* corridoio, corsia. 2 *Esp* corridore. • *adj* corridore. **corredor subterrâneo** galleria.
cor.rei.a [kořˊejə] *sf* guinzaglio.
cor.rei.o [kořˊeju] *sm* posta. **correio aéreo** posta aerea.
cor.re.la.ção [kořelasˊãw] *sf* 1 correlazione, corrispondenza. 2 *fig* coincidenza.
cor.ren.te [kořˊẽti] *sf* 1 corrente. 2 catena. 3 guinzaglio. • *adj* 1 corrente. 2 attuale. 3 fluido. **corrente de ar** corrente d'aria.
cor.ren.tis.ta [kořẽtˊista] *s Com* correntista.
cor.rer [kořˊer] *vi* 1 correre. 2 fuggire. 3 fluire, scorrere. 4 *fig* filare.
cor.res.pon.dên.cia [kořespõdˊẽsjə] *sf* 1 corrispondenza. 2 correlazione. 3 concordanza. 4 *fig* coincidenza.
cor.res.pon.der [kořespõdˊer] *vt* 1 corrispondere. 2 rispondere. 3 *fig* valere. *vpr* 4 corrispondere.
cor.re.to [kořˊɛtu] *adj* 1 corretto. 2 esatto, giusto. 3 impeccabile. 4 bravo.
cor.re.tor [kořetˊor] *sm Com* sensale.

cor.ri.da [kořˊidə] *sf* 1 corsa, carriera. 2 *fig* maratona.
cor.ri.gir [kořiʒˊir] *vt* 1 correggere. 2 aggiustare. 3 emendare. 4 rimediare. 5 rigenerare. 6 *fig* addirizzare. *vpr* 7 correggersi. 8 rigenerarsi, ricredersi.
cor.ri.men.to [kořimˊẽtu] *sm* fiotto, corso.
cor.ro.er [kořoˊer] *vt* corrodere, rodere.
cor.rom.per [kořõpˊer] *vt* 1 corrompere. 2 pervertire, rovinare. 3 subornare, pagare. 4 adulterare, deturpare. 5 *Lit* inquinare. 6 *fig* infettare, avvelenare. 7 guastare. 8 sedurre. *vpr* 9 degenerare. 10 pervertirsi. 11 *fig* infettarsi.
cor.ro.são [kořozˊãw] *sf* corrosione, erosione.
cor.rup.ção [kořupsˊãw] *sf* corruzione.
cor.rup.to [kořˊuptu] *adj* corrotto.
cor.tan.te [kortˊãti] *adj* 1 acuto (som). 2 molto freddo, gelido.
cor.tar [kortˊar] *vt* 1 tagliare. 2 mozzare. 3 falciare. 4 cancellare, sottrarre. 5 incidere. 6 *Med* incidere. 7 *fig* affettare. 8 fendere. *vpr* 9 tagliarsi.
cor.te[1] [kˊɔrti] *sm* 1 taglio. 2 tacca. 3 incisione. 4 filo (de facas, tesouras). 5 *fig* braciola (ao fazer a barba). **corte de cabelo** taglio di capelli. **corte de tecido** taglio d'abito.
cor.te[2] [kˊɔrti] *sf* 1 corte. 2 aula. 3 comitiva.
cor.te.jo [kortˊeʒu] *sm* corteggio, seguito, corte.
cor.tês [kortˊes] *adj* 1 cortese. 2 gentile, delicato. 3 civile. 4 affabile, carino. 5 premuroso. 6 galante. 7 *fig* pulito.
cor.te.si.a [kortezˊiə] *sf* 1 cortesia. 2 gentilezza, finezza. 3 attenzione, premura. 4 favore. 5 complimento. **cortesia exagerada** cerimonie.
cor.ti.ça [kortˊisə] *sf* corteccia, scorza, buccia.
cor.ti.ço [kortˊisu] *sm* bassifondi.

cor.ti.na [kortʃ´inə] *sf* **1** cortina. **2** *Teat* tela, tenda.

co.ru.ja [kor´uʒə] *sf Zool* civetta.

cor.vo [k´orvu] *sm Zool* corvo.

co.ser [koz´er] *vt* cucire.

cos.mé.ti.co [kozm´etiku] *sm* cosmetico, belletto, trucco. • *adj* cosmetico.

cos.ta [k´ostə] *sf* costa, riviera, litorale.

cos.tas [k´ostas] *sf pl Anat* **1** spalle, dosso, dorso, schiena. **2** *irôn* groppa. **às costas** *loc adv* addosso. **às costas de** *loc prep* addosso. **costas da faca** costola. **costas de animal** dosso, dorso, groppa. **costas de objeto** dorso. **rir pelas costas de** ridere alle spalle di.

cos.tei.ro [kost´ejru] *adj* costiero.

cos.te.la [kost´ɛlə] *sf* **1** costoletta (de animal). **2** *Anat* costola, costa.

cos.te.le.ta [kostel´etə] *sf* **1** costoletta, braciola. **2 costeletas** *pl* basette.

cos.tu.mar [kostum´ar] *vt* costumare, usare.

cos.tu.me [kost´umi] *sm* **1** costume. **2** abitudine, abito. **3** usanza, uso, consuetudine. **4** maniera, metodo. **5** vezzo. **6 costumes** *pl fig* convenzioni. **de costume** di solito. **ser costume** usare.

cos.tu.mei.ro [kostum´ejru] *adj* **1** abituale. **2** consueto, solito. **3** *fig* cronico.

cos.tu.ra [kost´urə] *sf* costura.

cos.tu.rar [kostur´ar] *vt* cucire.

cos.tu.rei.ra [kostur´ejrə] *sf* cucitrice, sarta.

co.ta.ção [kotas´ãw] *sf* **1** *Com* quotazione. **2** catalogo.

co.ti.di.a.no [kotidi´ʌnu] *adj* quotidiano.

co.to.ve.lo [kotov´elu] *sm Anat* gomito, cubito.

cou.ra.ça [kowr´asə] *sf* corazza.

cou.ro [k´owru] *sm* cuoio.

cou.ve [k´owvi] *sm* cavolo.

cou.ve-flor [kowvifl´or] *sm* cavolfiore. Pl: **couves-flores**.

co.va [k´ɔvə] *sf* **1** fossa. **2** cava, buca. **3** antro.

co.var.de [kov´ardi] *sm* codardo, vigliacco. • *adj* **1** codardo, vigliacco, pauroso. **2** *fig* servile.

co.var.di.a [kovard´iə] *sf* codardia, vigliaccheria.

co.vei.ro [kov´ejru] *sm* beccamorti.

co.vil [kov´iw] *sm* **1** covile, covo, cova, tana. **2** *fig* bozzolo. **covil de cachorro** canile. Pl: **covis**.

co.xa [k´ɔʃə] *sf Anat* coscia.

co.xo [k´oʃu] *sm+adj* zoppo.

co.zer [koz´er] *vt* cuocere.

co.zi.do [koz´idu] *sm+adj* cotto, lesso.

co.zi.men.to [kozim´ẽtu] *sm* cottura, cotto.

co.zi.nha [koz´iɲə] *sf* cucina.

co.zi.nhar [koziɲ´ar] *vt* cucinare, bollire.

co.zi.nhei.ro [koziɲ´ejru] *sm* cuoco.

crâ.nio [kr´ʌnju] *sm Anat* cranio.

cra.se [kr´azi] *sf Gram* crasi.

cra.te.ra [krat´erə] *sf* cratere.

cra.var [krav´ar] *vt* **1** ficcare, figgere, conficcare, piantare. *vpr* **2** ficcarsi, incarnarsi.

cra.vo [kr´avu] *sm* **1** *Bot* garofano. **2** *Mús* cembalo.

cre.che [kr´ɛʃi] *sf* nido d'infanzia.

cre.di.tar [kreditʃ´ar] *vt* accreditare, avvalorare.

cré.di.to [kr´ɛditu] *sm* **1** credito. **2** fido. **3** fede, fiducia. **vender a crédito** vendere a fido.

cre.do [kr´ɛdu] *sm* credo, credenza.

cre.dor [kred´or] *sm* creditore.

cré.du.lo [kr´ɛdulu] *adj* credulo.

cre.mar [krem´ar] *vt* cremare, incenerire.

cre.me [kr´emi] *sm* crema. **creme chantilly** panna montata. **creme de barbear** sapone per barba. **creme dental** dentifricio.

cren.ça [kr´ẽsə] *sf* **1** credenza, credo,

fede, convinzione. 2 *fig* religione, vangelo.
cren.te [kr´ẽti] *s* 1 credente. 2 *bras pop, dep* protestante. • *adj* credente, religioso.
cre.pús.cu.lo [krep´uskulu] *sm* crepuscolo.
crer [kr´er] *vt* 1 credere, giudicare. 2 *fig* parere a.
cres.cer [kres´er] *vi* 1 crescere. 2 aumentare, accrescersi. 3 svilupparsi. 4 allungarsi. 5 montare, salire. 6 germogliare, attaccare (planta).
cres.ci.men.to [kresim´ẽtu] *sm* 1 crescita. 2 aumento.
cres.po [kr´espu] *adj* riccio.
cre.ti.no [kret´inu] *sm* cretino.
cri.a [kr´iə] *sf* allievo.
cri.a.ção [krjas´ãw] *sf* 1 creazione. 2 creato. 3 costituzione. 4 allevamento. 5 *fig* allattamento. 6 parto.
cri.a.da [kri´adə] *sf* cameriera, serva, domestica. 2 donna di servizio.
cri.a.da.gem [krjad´aʒẽj] *sf* impiegati.
cri.a.do [kri´adu] *sm* 1 cameriere, servo, domestico. • *part+adj* 1 creato. 2 allevato. 3 prodotto.
cri.a.do-mu.do [krjadum´udu] *sm* comodino. *Pl: criados-mudos*.
cri.a.dor [krjad´or] *sm* 1 creatore. 2 *fig* autore, architetto, capostipite. • *adj* creativo.
cri.an.ça [kri´ãsə] *sf* 1 bambino. 2 bambina. 3 *fam* bimbo. 4 bimba.
cri.an.ci.ce [krjãs´isi] *sf* bambinata.
cri.ar [kri´ar] *vt* 1 creare. 2 immaginare, inventare. 3 allevare. 4 aumentare. 5 trovare. 6 avviare. 7 educare. 8 *Lit* nutrire. 9 *fig* concepire, partorire. 10 modellare, coniare.
cri.a.ti.vo [krjat´ivu] *adj* creativo.
cri.a.tu.ra [krjat´urə] *sf* creatura.
cri.me [kr´imi] *sm* crimine, reato, delitto.
cri.mi.no.so [krimin´ozu] *sm* criminale, delinquente.

cri.na [kr´inə] *sf Zool* crine, criniera.
cri.se [kr´izi] *sf* 1 crisi. 2 *Med* crisi, accesso. 3 *fig* congiuntura.
cris.ma [kr´izmə] *sf Rel* cresima, conferma.
cris.ta [kr´istə] *sf Zool, Geogr* cresta.
cris.tal [krist´aw] *sm* cristallo. *Pl: cristais*.
cris.tão [krist´ãw] *sm+adj* cristiano. *Pl: cristãos*.
cri.té.rio [krit´ɛrju] *sm* 1 criterio. 2 giudizio, senno. 3 norma, regola.
crí.ti.ca [kr´itikə] *sf* 1 critica. 2 osservazione. 3 riprovazione, biasimo, censura.
cri.ti.car [kritik´ar] *vt* 1 criticare. 2 commentare. 3 biasimare, censurare, rimproverare.
cro.co.di.lo [krokod´ilu] *sm Zool* coccodrillo.
crô.ni.ca [kr´onikə] *sf* cronaca.
crô.ni.co [kr´oniku] *adj* cronico.
cro.nô.me.tro [kron´ometru] *sm* cronometro.
cro.que.te [krok´ɛti] *sm* crocchetta.
cros.ta [kr´ostə] *sf* crosta.
cru [kr´u] *adj* crudo, greggio.
cru.ci.fi.car [krusifik´ar] *vt* crocifiggere.
cru.ci.fi.xo [krusif´iksu] *sm* crocifisso.
cru.el [kru´ɛw] *adj* 1 crudele. 2 sanguinario. 3 disumano. 4 brutale. 5 truculento. 6 *fig* duro. 7 barbaro, selvaggio, feroce. *Pl: cruéis*.
cru.el.da.de [krwewd´adi] *sf* 1 crudeltà. 2 *fig* durezza. 3 ferocia.
crus.tá.ceo [krust´asju] *sm Zool* crostaceo.
cruz [kr´us] *sf* 1 croce. 2 *fig* castigo. **Cruz Vermelha** Croce Rossa.
cru.za.da [kruz´adə] *sf Hist, fig* crociata.
cru.za.men.to [kruzam´ẽtu] *sm* 1 incrocio. 2 crocevia, bivio.
cru.zar [kruz´ar] *vt* 1 incrociare. 2 ta-

cruzeiro 326 **cuspe**

gliare. 3 *Náut, Aer* incrociare. *vpr* 4 incrociarsi. 5 convergere.

cru.zei.ro [kruz´ejru] *sm* 1 *Arquit* crociata. 2 *Náut* crociera. **Cruzeiro do Sul** *Astron* Croce.

cu [k´u] *sm vulg* culo. **tomar no cu** fare in culo.

cú.bi.co [k´ubiku] *adj* cubico. **metro cúbico** metro cubo.

cu.bo [k´ubu] *sm* cubo.

cu.ca [k´ukə] *sf fig, dep* zucca.

cu.co [k´uku] *sm Zool* cucco, cuculo.

cu.e.cas [ku´ɛkas] *sf pl* mutande.

cui.da.do [kujd´adu] *sm* 1 attenzione, vigilanza. 2 cura. 3 accuratezza. 4 cautela, avvertenza. • *interj* badare! **com cuidado** adagio. **ter cuidado/ tomar cuidado** badare.

cui.da.do.so [kujdad´ozu] *adj* 1 attento, vigilante. 2 diligente, geloso. 3 prudente, sensato.

cui.dar [kujd´ar] *vt* 1 badare, trattare di. *vpr* 2 risparmiarsi. **cuidar da própria vida** badare ai fatti propri.

cu.jo [k´uʒu] *pron m sing* 1 il cui. **2 cujos** *pl* i cui. • **cuja** *pron f sing* 1 la cui. **2 cujas** *pl* le cui.

cu.li.ná.ria [kulin´arjə] *sf* 1 culinaria. 2 *fig* tavola.

cul.pa [k´uwpə] *sf* colpa, torto, fallo.

cul.par [kuwp´ar] *vt* 1 incolpare, aggravare, accusare. 2 *fig* addebitare.

cul.ti.var [kuwtiv´ar] *vt* coltivare, lavorare, arare.

cul.ti.vo [kuwt´ivu] *sf* (também *fig*) coltivazione, coltura, cultura, lavorazione.

cul.to [k´uwtu] *sm* 1 *Rel* culto. 2 *fig* culto, adorazione. • *adj* colto, culto, erudito, letterato.

cul.tu.ra [kuwt´urə] *sf* 1 coltura, coltivazione (de plantas). 2 cultura, sapienza, civiltà.

cu.me [k´umi] *sm* 1 *Geogr* culmine, cima, vetta, cresta. 2 *fig* apice, apogeo.

cúm.pli.ce [k´ũplisi] *s* 1 complice. 2 *fig* socio. • *adj* connivente.

cum.pri.men.tar [kũprimẽt´ar] *vt* 1 complimentare. 2 felicitare. 3 salutare. 4 riverire. 5 inchinarsi. *vpr* 6 complimentarsi, salutarsi, congratularsi.

cum.pri.men.to [kũprim´ẽtu] *sm* 1 complimento. 2 saluto. 3 riverenza. 4 soddisfazione, esecuzione. **dar os cumprimentos** fare i convenevoli.

cum.prir [kũpr´ir] *vt* 1 compiere, adempiere. 2 effettuare, eseguire. 3 soddisfare. *vpr* 4 compiersi, adempiersi.

cú.mu.lo [k´umulu] *sm* sommo, cima.

cu.nha [k´uɲə] *sf* cuneo, conio.

cu.nha.do [kuɲ´adu] *sm* cognato.

cu.nhar [kuɲ´ar] *vt* coniare, battere una moneta.

cú.pu.la [k´upulə] *sf* cupola.

cu.rar [kur´ar] *vt* 1 sanare, guarire. *vpr* 2 guarirsi, rimettersi.

cu.rin.ga [kur´ĩgə] *sm* matta.

cu.ri.o.so [kuri´ozu] *adj* 1 curioso. 2 indiscreto, ficcanaso. 3 singolare, ameno.

cur.ral [kuʀ´aw] *sm* bovile. *Pl:* currais.

cur.rí.cu.lo [kuʀ´ikulu] *sm* curriculum.

cur.so [k´ursu] *sm* corso.

cur.tir [kurt´ir] *vt* 1 conciare, addobbare (pele). 2 *gír* godere.

cur.to [k´urtu] *adj* 1 corto. 2 scarso, poco. 3 breve, piccolo (tempo).

cur.tu.me [kurt´umi] *sm* concia.

cur.va [k´urvə] *sf* 1 curva, ansa, svolta, arco, gomito. **fazer uma curva** curvare.

cur.var [kurv´ar] *vt* 1 curvare, incurvare, piegare, archeggiare. *vpr* 2 curvarsi, incurvarsi, piegarsi.

cur.vo [k´urvu] *adj* curvo, arcato.

cus.pe [k´uspi] *sm* sputo.

cus.pir [kuspˊir] *vt+vi* sputare.
cus.tar [kustˊar] *vt+vi* costare. **custar os olhos da cara** *pop* costare un occhio della testa. **o que custa fazer isto?** che ci vorrebbe a fare questo? **quanto custa?** quanto costa?
cus.to [kˊustu] *sm* **1** costo. **2** importo, valore. **3** stento. **com muito custo** a stento, a grande stento.
cus.tó.dia [kustˊɔdjə] *sf* custodia.
cu.tí.cu.la [kutˊikulə] *sf Anat* cuticola.
cú.tis [kˊutis] *sf sing+pl Anat* cute, pelle.
cu.tu.car [kutukˊar] *vt stuzzicare*.

d [d´e] *sm* la quarta lettera dell'alfabeto portoghese.

dá.blio [d´abliu] *sm* vu doppia, il nome della lettera W.

dá.di.va [d´adivə] *sf* dono.

da.do [d´adu] *sm* 1 dado. 2 dato, informazione. • *adj* dato, delegato.

da.í [da´i] *adv* ne.

da.li [dal´i] *adv* ne.

da.ma [d´Λmə] *sf* 1 dama. 2 dama, regina (no xadrez). 3 *fig* signora. **dama medieval** madonna. **jogo de dama** gioco della dama.

da.mas.co [dam´asku] *sm* albicocca.

da.nar [dan´ar] *vt Rel* dannare.

dan.ça [d´ãsə] *sf* danza, ballo.

dan.çar [dãs´ar] *vi* danzare, ballare. **dançar um pouco** far quattro salti.

dan.ça.ri.na [dãsar´inə] *sf* danzatrice, ballerina.

da.ni.fi.car [danifik´ar] *vt* 1 danneggiare, sciupare, guastare. 2 *fig* rovinare. *vpr* 3 sciuparsi.

da.no [d´Λnu] *sm* 1 danno. 2 guasto. 3 avaria. 4 preguidizio. 5 scapito. 6 *fig* male. **causar dano** nuocere.

da.no.so [dan´ozu] *adj* dannoso, nocivo, malefico.

da.qui [dak´i] *adv* ne, di qui, di qua, quindi. **daqui a oito dias** oggi a otto. **daqui a pouco** presto. **daqui a um ano** di qui a un anno.

dar [d´ar] *vt* 1 dare. 2 donare, presentare. 3 concedere. 4 allungare, porgere. 5 battere, suonare (horas). 6 *fig* fornire. *vpr* 7 darsi. **dá na mesma** fa lo stesso. **dar a entender** dare ad intendere, sottintendere. **dar de mamar** dare la poppa. **dar em (rua) a)** sboccare in. **b)** *fig* sfociare in. **dar emprego** impiegare. **não dar a mínima** fregarsi.

dar.do [d´ardu] *sm* dardo, freccia, asta.

da.ta [d´atə] *sf* data.

da.tar [dat´ar] *vt* datare.

DDD [deded´e] *sm* teleselezione.

de [d´i] *prep* 1 di. 2 da.

dê [d´e] *sm* di, il nome della lettera D.

de.bai.xo [deb´ajʃu] *adv* giù, sotto, disotto.

de.ban.dar [debãd´ar] *vi* disperdersi.

de.ba.te [deb´ati] *sm* 1 dibattito, discussione. 2 disputa.

de.ba.ter [debat´er] *vt* 1 discutere, ragionare. 2 disputare. 3 contestare. *vi* 4 dibattere, conferire. *vpr* 5 dibattersi. 6 sbattersi, torcersi. 7 *fig* agitarsi.

dé.bil [d´ɛbiw] *adj* 1 debole. 2 fioco. 3 *Lit* lieve. 4 *fig* fragile, molle. **débil mental** *Med* imbecille. *Pl:* **débeis**.

de.bi.li.tar [debilit´ar] *vt* 1 indebolire. 3 *Med* debilitare. 4 *fig* effeminare, abbattere. *vpr* 5 indebolirsi, affievolirsi.

de.bi.tar [debit´ar] *vt Com* addebitare.

dé.bi.to [d´ɛbitu] *sm* 1 *Com* debito, passivo, dovuto. 2 *fig* dovere, foglio.

dé.ca.da [dˈɛkadə] *sf* decade, serie di dieci.

de.ca.dên.cia [dekadˈẽsjə] *sf* decadenza.

de.ca.ir [dekaˈir] *vi* 1 decadere, declinare, scadere. 2 *fig* calare.

de.ca.pi.tar [dekapitˈar] *vt* decapitare, decollare.

de.cas.sí.la.bo [dekasˈilabu] *sm+adj* decasillabo.

de.cê.nio [desˈenju] *sm* decennio.

de.cen.te [desˈẽti] *adj* decente, modesto.

de.ce.par [desepˈar] *vt* mozzare, stroncare.

de.cep.ci.o.nar [desepsjonˈar] *vt* disilludere.

de.ci.dir [desidˈir] *vt* 1 decidere. 2 deliberare. 3 risolvere. 4 determinare. *vi* 5 decidere, deliberare. *vpr* 6 decidersi. 7 risolversi. 8 disporsi a. 9 determinarsi a.

de.ci.frar [desifrˈar] *vt* decifrare.

de.ci.mal [desimˈaw] *adj* decimale. *Pl: decimais.*

dé.ci.mo [dˈɛsimu] *num* decimo.

de.ci.são [desizˈãw] *sf* 1 decisione. 2 conclusione, soluzione, risoluzione. 3 risolutezza. 4 arbitrio.

de.ci.si.vo [desizˈivu] *adj* decisivo.

de.cla.mar [deklamˈar] *vt* declamare, recitare.

de.cla.ra.ção [deklarasˈãw] *sf* 1 dichiarazione. 2 attestato, certificato. 3 annuncio. 4 asserzione. 5 professione. **declaração em testamento** disposizione.

de.cla.rar [deklarˈar] *vt* 1 dichiarare. 2 asserire, assicurare. 3 testimoniare. 4 *Dir* declarare. 5 *fig* svelare. *vpr* 6 dichiararsi. 7 protestarsi. **declarar em testamento** disporre.

de.cli.nar [deklinˈar] *vi* 1 declinare, decadere. 2 *Gram* declinare. 3 *fig* calare.

de.clí.nio [deklˈinju] *sm* 1 declino. 2 *fig* tramonto, discesa.

de.co.la.gem [dekolˈaʒẽj] *sf Aer* decollo.

de.co.lar [dekolˈar] *vi Aer* decollare.

de.com.por [dekõpˈor] *vt* 1 scomporre. 2 decomporre. 3 analizzare. 4 dissolvere. *vpr* 5 scomporsi. 6 decomporsi. 7 dissolversi.

de.co.ra.ção [dekorasˈãw] *sf* 1 decorazione. 2 attrezzi.

de.co.rar [dekorˈar] *vt* 1 decorare, addobbare, parare. 2 ritenere, imparare a memoria.

de.co.ro [dekˈoru] *sm* decoro.

de.cor.rer [dekoř̌ˈer] *vi* decorrere, trascorrere, passare. **no decorrer de** durante.

de.co.tar [dekotˈar] *vt* scollare.

de.co.te [dekˈɔti] *sm* scollato. **usar decote** scollarsi.

de.cre.tar [dekretˈar] *vt* 1 decretare. 2 comandare. 3 stabilire. 4 proclamare.

de.cre.to [dekrˈɛtu] *sm* 1 decreto. 2 editto, bando. 3 disposizione, ordine.

de.dal [dedˈaw] *sm* ditale. *Pl: dedais.*

de.dão [dedˈãw] *sm aum pop* dedão do pé alluce, dito grosso.

de.di.ca.ção [dedikasˈãw] *sf* 1 dedicazione, dedica. 2 zelo, attenzione. 3 devozione, culto.

de.di.car [dedikˈar] *vt* 1 dedicare. 2 *fig* consacrare. *vpr* 3 dedicarsi. 4 darsi, donarsi, votarsi. 5 occuparsi. 6 applicarsi, concentrarsi. 7 *fig* tuffarsi, accanirsi.

de.di.ca.tó.ria [dedikatˈɔrjə] *sf* dedica, indirizzo.

de.di.lhar [dediʎˈar] *vt Mús* digitare, pizzicare.

de.do [dˈedu] *sm* dito (da mão, do pé, de uma luva). **dedo anular** *Anat* anulare. **dedo indicador** *Anat* indice. **dedo médio** *Anat* medio. **dedo mínimo** *Anat* mignolo.

de.du.ção [dedusˈãw] *sf* deduzione.

de.du.zir [deduz´ir] *vt* **1** dedurre. **2** ritenere, scontare (valor). **3** ricavare.
de.fe.car [defek´ar] *vi* defecare, evacuare, svuotarsi.
de.fec.ti.vo [defekt´ivu] *adj* (também *Gram*) difettivo.
de.fei.to [def´ejtu] *sm* **1** difetto. **2** avaria. **3** imperfezione. **4** vizio. **5** *fig* macchia, tacca.
de.fei.tu.o.so [defejtu´ozu] *adj* **1** difettoso, deficiente, imperfetto, difettivo. **2** *fig* zoppo, monco.
de.fen.der [defẽd´er] *vt* **1** difendere. **2** proteggere. **3** guardare. **4** giustificare. **5** *Dir* patrocinare. *vpr* **6** difendersi. **7** pararsi. **8** preservarsi.
de.fe.rir [defer´ir] *vi* deferire.
de.fe.sa [def´ezə] *sf* **1** difesa. **2** protezione, guardia. **3** riparo. **4** *Mil* copertura. **5** *Dir* patrocinio. **defesa pessoal** difesa personale.
de.fi.ci.ên.cia [defisi´ẽsjə] *sf* deficienza.
de.fi.ci.en.te [defisi´ẽti] *s+adj* deficiente.
de.fi.ni.do [defin´idu] *adj* **1** definito. **2** nitido. **3** *Gram* determinativo (artigo).
de.fi.nir [defin´ir] *vt* definire, decidere, regolare, giudicare.
de.fi.ni.ti.vo [definit´ivu] *adj* definitivo, decisivo, finale.
de.for.mar [deform´ar] *vt* **1** deformare. **2** *fig* acciaccare.
de.fron.te [defr´õti] *adv* avanti. **defronte de** avanti, contro.
de.fu.mar [defum´ar] *vt* affumicare.
de.fun.to [def´ũtu] *sm* defunto. • *adj* defunto, fu.
de.ge.ne.rar [deʒener´ar] *vi* **1** degenerare. **2** *fig* marcire.
de.glu.tir [deglut´ir] *vt* deglutire.
de.go.lar [degol´ar] *vt* scannare, sgozzare.
de.gra.dar [degrad´ar] *vt* **1** degradare. **2** corrompere. **3** *Lit* inquinare. *vpr* **4** degradarsi. **5** *fig* consumarsi, calare.

de.grau [degr´aw] *sm* gradino, scalino. *Pl:* degraus.
de.gus.tar [degust´ar] *vt* degustare, gustare, assaggiare, assaporare.
dei.tar [dejt´ar] *vt* **1** sdraiare, coricare, distendere, adagiare. *vpr* **2** sdraiarsi, coricarsi, distendersi, adagiarsi.
dei.xar [dejʃ´ar] *vt* **1** lasciare. **2** permettere, consentire. **3** abbandonare, lasciare addietro. **4** *fig* piantare. *vpr* **5** lasciarsi. **deixar como está** lasciar stare. **deixar de** smettere di. **deixar de fumar** smettere di fumare. **deixe comigo!** ci penso io!
de.la.tar [delat´ar] *vt* denunziare.
de.le.ga.do [deleg´adu] *sm+adj* delegato.
de.le.gar [deleg´ar] *vt* delegare.
de.lei.tar [delejt´ar] *vt* **1** dilettare, deliziare. *vpr* **2** dilettarsi.
de.lei.te [del´ejti] *sm* diletto, delizia.
del.ga.do [dewg´adu] *adj* **1** gracile, smilzo. **2** *fig* fragile.
de.li.be.rar [deliber´ar] *vt+vi* deliberare.
de.li.ca.de.za [delikad´ezə] *sf* **1** delicatezza. **2** gentilezza, squisitezza. **3** *fig* morbidezza, mollezza, dolcezza. **4** tatto.
de.li.ca.do [delik´adu] *adj* **1** delicato. **2** gentile, fine. **3** fragile. **4** sottile. **5** *fig* morbido, molle. **6** squisito (sabor). **situação delicada** *fam* situazione problematica.
de.lí.cia [del´isjə] *sf* **1** delizia. **2** diletto. **3** squisitezza.
de.li.ci.ar [delisi´ar] *vt* **1** deliziare, dilettare. *vpr* **2** deliziarsi, dilettarsi.
de.li.ci.o.so [delisi´ozu] *adj* **1** delizioso, saporoso, saporito. **2** *fig* squisito.
de.li.ne.ar [deline´ar] *vt* **1** delineare. **2** sbozzare, figurare. *vpr* **3** formarsi.
de.lin.quen.te [delĩk´wẽti] *s* delinquente, criminale. • *adj* delinquente.
de.li.rar [delir´ar] *vi* **1** delirare. **2** entusiasmarsi.

de.lí.rio [del′irju] *sm* delirio.
de.li.to [del′itu] *sm Dir* delitto, reato.
del.ta [d′εwtə] *sm Geogr* delta (de rio).
de.ma.go.gi.a [demaɡoʒ′iə] *sf* demagogia.
de.mais [dem′ajs] *adv* troppo.
de.man.da [dem′ãdə] *sf* **1** *Com* richiesta. **2** *Dir* lite.
de.mão [dem′ãw] *sf* mano. *Pl: demãos.*
de.mar.car [demark′ar] *vt* demarcare.
de.ma.si.a [demaz′iə] *sf* troppo. **em demasia** a dismisura.
de.ma.si.a.do [demazi′adu] *adj* troppo.
de.men.te [dem′ẽti] *s+adj Med* demente, pazzo, folle.
de.mis.são [demis′ãw] *sf* dimissione, dispensa.
de.mi.tir [demit′ir] *vt* **1** dimettere. **2** licenziare, congedare. **3** esonerare. **4** destituire. **5** *fig* mettere sulla strada. *vpr* **6** dimettersi, ritirarsi, licenziarsi da.
de.mo.cra.ci.a [demokras′iə] *sf* democrazia.
de.mo.lir [demol′ir] *vt* **1** demolire, buttare giù. **2** *fig* radere.
de.mo.ní.a.co [demon′iaku] *adj* demoniaco.
de.mô.nio [dem′onju] *sm* **1** *Rel* demone, demonio. **2** diavolo. **3** *fig* persona cattiva.
de.mons.trar [demõstr′ar] *vt* **1** dimostrare. **2** comprovare, confermare. **3** certificare. **4** mostrare.
de.mo.ra [dem′ɔrə] *sf* aggiornamento, lunghezza. **sem demora** senza più.
de.mo.ra.do [demor′adu] *adj* lungo.
de.mo.rar [demor′ar] *vt* **1** allungare. *vi* **2** tardare, ritardare. *vpr* **3** fermarsi, trattenersi. **4** allungarsi (tempo).
den.go.so [dẽɡ′ozu] *adj* smorfioso.
de.no.mi.nar [denomin′ar] *vt* **1** denominare, nominare. *vpr* **2** denominarsi, nominarsi.
de.no.tar [denot′ar] *vt* denotare, significare, designare.

den.si.da.de [dẽsid′adi] *sf* **1** densità, compattezza. **2** *fig* spessore, consistenza.
den.so [d′ẽsu] *adj* **1** denso. **2** spesso, folto, fitto. **3** compatto, sodo. **4** *fig* grasso.
den.ta.da [dẽt′adə] *sf* dentata.
den.ta.du.ra [dẽtad′urə] *sf* dentiera.
den.te [d′ẽti] *sm* (também *Anat*) dente (humano ou de objetos). **dente canino** canino. **dente de leite** dente da latte. **dente do siso** dente del giudizio. **dente incisivo** incisivo. **dente molar** molare.
den.tis.ta [dẽt′istə] *s* dentista.
den.tro [d′ẽtru] *adv* dentro. **dentro de** dentro, dentro di, dentro a, in. **para dentro** dentro.
de.nún.cia [den′ũsjə] *sf* denunzia.
de.nun.ci.ar [denũsi′ar] *vt* **1** denunziare. **2** *fig* scoprire.
de.pa.rar [depar′ar] *vt* incontrare.
de.par.ta.men.to [departam′ẽtu] *sm* dipartimento, sezione.
de.pe.nar [depen′ar] *vt* **1** spennare, pelare. **2** *fig* pelare (de bens materiais).
de.pen.dên.ci.a [depẽd′ẽsjə] *sf* **1** dipendenza. **2** *fig* schiavitù.
de.pen.der [depẽd′er] *vt* dipendere da.
de.pen.du.ra.do [depẽdur′adu] *adj* pendente. • *adv* penzoloni, ciondoloni.
de.pen.du.rar [depẽdur′ar] *vt* **1** sospendere. *vpr* **2** appiccarsi.
de.pi.lar [depil′ar] *vt* **1** depilare, radere. *vpr* **2** radersi.
de.plo.rar [deplor′ar] *vt* deplorare, lamentare.
de.po.i.men.to [depojm′ẽtu] *sm Dir* deposizione.
de.pois [dep′ojs] *adv* dopo, poi. **depois que** dopoché, poiché. **depois de** a) *prep* dopo. *depois da aula* / dopo la lezione. b) *prep* dietro. c) *conj* dopo. **depois de tudo** dopotutto.
de.por [dep′or] *vt* **1** deporre: a) posare. b) destituire, dimettere. c) *Dir* testimoniare. **2** *Quím* depositare.

de.por.tar [deport´ar] *vt* deportare, confinare.
de.po.si.ção [depozis´ãw] *sf* **1** deposizione, deposito. **2** *Quím* deposizione (de sedimentos).
de.po.si.tar [depozit´ar] *vt Com* depositare, versare.
de.pó.si.to [dep´ɔzitu] *sm* deposito: a) magazzino. b) sedimento, fondo. c) *Com* deposito, versamento.
de.pra.va.ção [depravas´ãw] *sf* **1** depravazione, perversione, perdizione. **2** *fig* corruzione.
de.pra.va.do [deprav´adu] *adj* **1** depravato, sudicio. **2** *fig* marcio.
de.pre.ci.ar [depresi´ar] *vt* **1** *Com* deprezzare. *vpr* **2** *fig* offuscarsi.
de.pre.dar [depred´ar] *vt* depredare.
de.pres.são [depres´ãw] *sf* **1** depressione, fossa. **2** *fig* tristezza, avvilimento.
de.pri.mir [deprim´ir] *vt* **1** deprimere, avvilire, buttare giù. **2** *fig* abbassare. *vpr* **3** deprimersi.
de.pu.rar [depur´ar] *vt Quím* depurare.
de.ri.var [deriv´ar] *vt* **1** derivare. **2** procedere, provenire, conseguire da. **3** *fig* sorgere.
der.me [d´ɛrmi] *sf Anat* derma.
der.ra.mar [dẽřam´ar] *vt* **1** spargere. **2** versare, rovesciare. *vi* **3** versare, trasbordare.
der.ra.par [deřap´ar] *vi Autom* sbandare.
der.re.ter [deřet´er] *vt* **1** fondere, sciogliere. *vpr* **2** fondersi.
der.ro.ta [deř´ɔtə] *sf* sconfitta, disfatta, rotta.
der.ro.tar [deřot´ar] *vt* **1** sconfiggere, vincere. **2** *fig* dare scacco matto.
der.ru.bar [deřub´ar] *vt* **1** buttar giù, abbattere. **2** demolire. **3** arrovesciare. **4** rovesciare. **5** *Aer* smontare (o inimigo).
de.sa.ba.far [dezabaf´ar] *vt* **1** sfogare. *vi* **2** svuotarsi, sfogarsi.

de.sa.ba.fo [dezab´afu] *sm* sfogo.
de.sa.bar [dezab´ar] *vi* rovinare, franare, piombare.
de.sa.bi.ta.do [dezabit´adu] *adj* disabitato, inabitato, deserto, solitario.
de.sa.bi.tu.ar [dezabitu´ar] *vt* disabituare.
de.sa.bo.to.ar [dezaboto´ar] *vt* sbottonare.
de.sa.bro.char [dezabroʃ´ar] *vi* sbocciare, aprirsi.
de.sa.com.pa.nha.do [dezakõpañ´adu] *adj* solo, singolo.
de.sa.con.se.lhar [dezakõseλ´ar] *vt* sconsigliare.
de.sa.cor.do [dezak´ordu] *sm* **1** disaccordo. **2** controversia. **3** *fig* conflitto.
de.sa.cre.di.tar [dezakredit´ar] *vt* **1** screditare. **2** smentire, smascherare.
de.sa.fei.ção [dezafejs´ãw] *sf* disaffezione.
de.sa.fi.ar [dezafi´ar] *vt* sfidare, bravare.
de.sa.fi.nar [dezafin´ar] *vi* **1** *Mús* stonare, scordare. **2** *fig* ragliare.
de.sa.fio [dezaf´iu] *sm* sfida, cimento.
de.sa.fo.gar [dezafog´ar] *vt* sfogare.
de.sa.fo.ro [dezaf´oru] *sm* offesa, insulto.
de.sa.for.tu.na.do [dezafortun´adu] *adj* sfortunato.
de.sa.gra.dar [dezagrad´ar] *vt* **1** disgustare. **2** dispiacere, spiacere, sgradire. **3** scontentare. **4** *fig* dolere.
de.sa.gra.dá.vel [dezagrad´avew] *adj* **1** sgradevole. **2** spiacevole. **3** ingrato. *Pl: desagradáveis.*
de.sa.gre.gar [dezagreg´ar] *vt* disgregare.
de.sa.guar [dezag´war] *vi* sfociare, sboccare.
de.sa.jei.ta.do [dezaʒejt´adu] *adj* sgraziato, sguaiato. *Sin: desastrado.*
de.sa.li.nho [dezal´iñu] *sm* **1** negligenza. **2** disordine.
de.sa.lo.jar [dezaloʒ´ar] *vt* sloggiare.

de.sa.mar.rar [dezamař´ar] *vt* **1** slacciare. *vpr* **2** slacciarsi.
de.sa.ni.ma.do [dezanim´adu] *adj* svogliato, sfiduciato.
de.sa.ni.mar [dezanim´ar] *vt* **1** disanimare, scoraggiare. **2** *fig* abbattere. *vi+vpr* **3** disanimarsi, scoraggiarsi, sbigottirsi. **4** *fig* sgonfiarsi.
de.sâ.ni.mo [dez´∧nimu] *sm* sgomento, sfiducia.
de.sa.pa.re.cer [dezapares´er] *vi* **1** sparire, svanire, scomparire, andar via. **2** *fig* evaporare.
de.sa.pa.re.ci.men.to [dezaparesim´ẽtu] *sm* scomparsa, sparizione.
de.sa.per.tar [dezapert´ar] *vt* allentare.
de.sa.pro.var [dezaprov´ar] *vt* disapprovare, riprovare, biasimare.
de.sar.mar [dezarm´ar] *vt* **1** disarmare. **2** smontare, disfare.
de.sar.ru.mar [dezařum´ar] *vt* disorganizzare.
de.sar.ti.cu.lar [dezartikul´ar] *vt* disarticolare.
de.sas.sos.se.go [dezasos´egu] *sm* inquietudine.
de.sas.tra.do [dezastr´adu] *adj* V *desajeitado*.
de.sas.tre [dez´astri] *sm* **1** disastro. **2** sinistro. **3** calamità, catastrofe. **4** rovina. **5** *fig* avversità.
de.sa.tar [dezat´ar] *vt* sciogliere.
de.sa.ten.ção [dezatẽs´ãw] *sf* **1** distrazione. **2** *fig* freddezza.
de.sa.ten.to [dezat´ẽtu] *adj* disattento, distratto.
de.sa.ven.ça [dezav´ẽsɐ] *sf* **1** dissenso, dissensione, divisione. **2** *fig* differenza.
de.sa.ver.go.nha.do [dezavergoñ´adu] *adj* svergognato.
des.blo.que.ar [dezblokeˈar] *vt* sbloccare.
des.bo.tar [dezbotˈar] *vi* impallidire.
des.ca.be.lar [deskabelˈar] *vt* **1** spettinare. *vpr* **2** spettinarsi.

des.cal.ço [deskˈawsu] *adj* scalzo.
des.can.sar [deskãsˈar] *vt* **1** riposare, adagiare (um objeto). *vi* **2** riposare, rilassarsi, ristorarsi.
des.can.so [deskˈãsu] *sm* **1** riposo, ristoro. **2** villeggiatura, feria. **3** posa. **4** *fig* tregua. **dar descanso** ristorare.
des.ca.ra.do [deskarˈadu] *sm fig* faccia tosta. • *adj* **1** sfacciato, sfrontato, svergognato. **2** *pop* cinico. **3** *fig* franco.
des.ca.ra.men.to [deskaramˈẽtu] *sm* **1** sfacciataggine, sfrontatezza. **2** *fig* franchezza.
des.car.ga [deskˈargɐ] *sf* scarica, scarico, discarico.
des.car.re.gar [deskařegˈar] *vt* **1** scaricare, sbarcare. *vpr* **2** scaricarsi.
des.car.tar [deskartˈar] *vt* scartare.
des.cas.car [deskaskˈar] *vt* scorticare, sbucciare.
des.cen.dên.cia [desẽdˈẽsjɐ] *sf* **1** discendenza. **2** generazione, stirpe. **3** *Lit* prole.
des.cen.den.te [desẽdˈẽti] *s* **1** discendente. **2** *Poét* germe. • *adj* discendente. **os descendentes** i discendenti, i figli, i pronipoti.
des.cen.der [desẽdˈer] *vt* discendere.
des.cer [desˈer] *vt* **1** scendere, discendere. *vi* **2** scendere. **3** calare. **descer de veículo** smontare da un veicolo.
des.ci.da [desˈidɐ] *sf* discesa, scesa.
des.co.ber.ta [deskobˈɛrtɐ] *sf* scoperta.
des.co.bri.men.to [deskobrimˈẽtu] *sm* scoprimento, scoperta.
des.co.brir [deskobrˈir] *vt* **1** scoprire. **2** trovare, ritrovare. **3** rivelare. **4** *fig* svelare, denudare.
des.co.lar [deskolˈar] *vt* **1** scollare. *vpr* **2** scollarsi.
des.co.me.di.do [deskomedˈidu] *adj* sgangherato.
des.co.mu.nal [deskomunˈaw] *adj* enorme. *Pl: descomunais*.

des.con.cer.tar [deskõsert´ar] *vt* **1** sconcertare, sgomentare. **2** *fig* disorientare. *vpr* **3** sconcertarsi.

des.co.nec.tar [deskonekt´ar] *vt* **1** sconnettere, scommettere. *vpr* **2** scommettersi.

des.con.fi.a.do [deskõfi´adu] *adj* sfiduciato.

des.con.fi.an.ça [deskõfi´ãsə] *sf* sfiducia, sospetto.

des.con.fi.ar [deskõfi´ar] *vt* **1** sospettare, temere. *vi* **2** sospettare.

des.co.nhe.cer [deskoñes´er] *vt* sconoscere, ignorare.

des.co.nhe.ci.do [deskoñes´idu] *sm* sconosciuto. • *adj* **1** sconosciuto. **2** anonimo. **3** *fig* oscuro.

des.con.tar [deskõt´ar] *vt Com* scontare, scalare.

des.con.ten.ta.men.to [deskõtẽtam´ẽtu] *sm* scontentezza, scontento, malcontento.

des.con.ten.tar [deskõtẽt´ar] *vt* scontentare, sgradire.

des.con.ten.te [deskõt´ẽti] *adj* scontento, malcontento, insoddisfatto.

des.con.tí.nuo [deskõt´inwu] *adj* discontinuo.

des.con.to [desk´õtu] *sm* **1** *Com* sconto, abbuono. **2** *fig* tara.

des.cor.tês [deskort´es] *adj* **1** scortese, incivile, sgarbato, rude. **2** *fig* selvatico, ruvido.

des.cor.te.si.a [deskortez´iə] *sf* **1** scortesia. **2** sgarbatezza, rozzezza. **3** *fig* ruvidezza.

des.cré.di.to [deskr´editu] *sm* discredito, scredito.

des.cren.te [deskr´ẽti] *adj* incredulo.

des.crer [deskr´er] *vt* discredere, dubitare.

des.cre.ver [deskrev´er] *vt* **1** descrivere, figurare, rendere. **2** *fig* dipingere.

des.cri.ção [deskris´ãw] *sf* descrizione, cronaca.

des.cui.da.do [deskujd´adu] *adj* disattento, negligente, incauto.

des.cui.dar [deskujd´ar] *vt* **1** trascurare. *vpr* **2** *fig* rilassarsi.

des.cui.do [desk´ujdu] *sm* **1** distrazione. **2** sbaglio. **3** *fig* freddezza.

des.cul.pa [desk´uwpə] *sf* **1** discolpa. **2** scusa. **3** pretesto. **4** perdono. **5** scappatoia. **6** *fig* argomento.

des.cul.par [deskuwp´ar] *vt* **1** discolpare, scolpare. **2** scusare. **3** perdonare. **4** giustificare. *vpr* **5** discolparsi, scolparsi. **6** scusarsi. **7** giustificarsi.

des.de [d´ezdi] *prep* da. **desde quando** dal momento che. **desde que** a) dal momento che. b) purché.

des.dém [dezd´ẽj] *sm* sdegno, disdegno, disprezzo.

des.de.nhar [dezdeñ´ar] *vt* sdegnare, disdegnare, disprezzare.

des.do.brar [dezdobr´ar] *vt* **1** spiegare. *vpr* **2** spiegarsi.

de.se.jar [deze3´ar] *vt* **1** desiderare. **2** volere. **3** augurare, sperare. **4** *fig* aspirare a, anelare a.

de.se.jo [dez´e3u] *sm* **1** desiderio. **2** voglia, volontà. **3** brama, frega. **4** ticchio, arbitrio. **5** piacere. **6** augurio, voto. **7** *fam* fregola. **8** *fig* sete, fame. **9** appetito. **10** aspirazione, sogno. **11** pizzicore.

de.se.le.gan.te [dzeleg´ãti] *adj* **1** sgraziato, goffo, sguaiato. **2** pesante.

de.sem.ba.ra.çar [dzẽbaras´ar] *vt* **1** sbarazzare, disimbarazzare. *vpr* **2** sbarazzarsi.

de.sem.ba.ra.ço [dezẽbar´asu] *sm* disinvoltura.

de.sem.bar.car [dezẽbark´ar] *vi Náut, Aer* sbarcare, smontare da.

de.sem.bar.que [dezẽb´arki] *sm Náut, Aer* sbarco.

de.sem.bo.car [dezẽbok´ar] *vi* sboccare, sfociare, versarsi in.

de.sem.bol.sar [dezẽbows´ar] *vt* sborsare.

de.sem.bol.so [dezẽb´owsu] *sm* Com sborso.
de.sem.bru.lhar [dezẽbruʎ´ar] *vt* svolgere, sviluppare.
de.sem.pre.ga.do [dezẽpreg´adu] *sm +adj* disoccupato.
de.sen.ca.de.ar [dezẽkade´ar] *vt* scatenare.
de.sen.ca.mi.nhar [dezẽkamiñ´ar] *vt* **1** sviare. *vpr* **2** sviarsi.
de.sen.co.ra.jar [dezẽkoraʒ´ar] *vt* **1** scoraggiare. **2** disanimare. **3** sconsigliare.
de.sen.ga.nar [dezẽgan´ar] *vt* **1** disingannare, disilludere. *vpr* **2** disingannarsi.
de.sen.gon.ça.do [dezẽgõs´adu] *adj* sgangherato.
de.se.nhar [dezeñ´ar] *vt* disegnare, figurare. **desenhar mal** *fam* imbrattare.
de.se.nho [dez´eñu] *sm* disegno, figura, illustrazione, grafico. **desenho animado** cartone animato.
de.sen.ro.lar [dezẽrol´ar] *sm* procedimento, processione (dos fatos). • *vt* **1** svolgere, sviluppare. *vpr* **2** svilupparsi.
de.sen.ten.di.men.to [dezẽtẽdim´ẽtu] *sm* dissenso, discordia.
de.sen.ter.rar [dezẽteȓ´ar] *vt* **1** disseppellire. **2** *fig* levar dalla dimenticanza.
de.sen.vol.to [dezẽv´owtu] *adj* **1** disinvolto. **2** *fig* sciolto.
de.sen.vol.tu.ra [dezẽvowt´urə] *sf* **1** disinvoltura, franchezza. **2** *fig* scioltezza.
de.sen.vol.ver [dezẽvowv´er] *vt* **1** sviluppare. **2** *fig* distendere. *vpr* **3** svilupparsi. **4** svolgersi. **5** crescere. **6** attecchire.
de.sen.vol.vi.men.to [dezẽvowvim´ẽtu] *sm* **1** sviluppo. **2** svolgimento. **3** processo. **4** procedimento (dos fatos).
de.se.qui.li.brar [dezekilibr´ar] *vt* (também *fig*) **1** squilibrare, sbilanciare. *vpr* **2** squilibrarsi.
de.se.qui.lí.brio [dezekil´ibrju] *sm* squilibrio, sbilancio.
de.ser.ção [dezers´ãw] *sf Mil* diserzione.
de.ser.dar [dezerd´ar] *vt* diseredare.
de.ser.tar [dezert´ar] *vt+vi Mil* disertare.
de.ser.to [dez´ɛrtu] *sm* deserto. • *adj* **1** deserto. **2** inabitato, disabitato. **3** solitario. **tornar deserto** disertare.
de.ses.pe.rar [dezesper´ar] *vt+vi* **1** disperare. *vpr* **2** disperarsi.
de.ses.pe.ro [dezesp´eru] *sm* disperazione.
des.fal.car [desfawk´ar] *vt* defalcare.
des.fa.le.cer [desfales´er] *vi* svenire, ammortire.
des.fal.que [desf´awki] *sm* defalco.
des.fa.vo.rá.vel [desfavor´avew] *adj* sfavorevole. Pl: *desfavoráveis*.
des.fa.zer [desfaz´er] *vt* **1** disfare. **2** scomporre. **3** guastare. **4** *fig* fondere. *vpr* **5** disfarsi. **6** scomporsi. **7** disordinarsi. **8** buttar via.
des.fe.cho [desf´eʃu] *sm* scioglimento, finale.
des.fe.rir [desfer´ir] *vt* **1** abbassare. **2** *fam* accoccare.
des.fi.ar [desfi´ar] *vt* **1** sfilare. *vpr* **2** sfilarsi.
des.fi.la.dei.ro [desfilad´ejru] *sm Geogr* stretta, gola, passaggio.
des.fi.lar [desfil´ar] *vi* sfilare.
des.fi.le [desf´ili] *sm* sfilata.
des.fo.lhar [desfoʎ´ar] *vt* **1** sfogliare. *vpr* **2** sfogliarsi.
des.for.ra [desf´oȓa] *sf* **1** vendetta, rivalsa. **2** *Esp* rivincita.
des.for.rar [desfoȓ´ar] *vt* **1** vendicare. *vpr* **2** vendicarsi.
des.fru.tar [desfrut´ar] *vi* sfruttare, fruire, approfittare.
des.gar.rar-se [dezgaȓ´arsi] *vpr* smarrirsi.

des.gas.tar [dezgastˈar] *vt* **1** logorare, consumare. **2** *Geol* degradare (por erosão). **3** *fig* rifinire (a saúde). *vpr* **4** logorarsi, consumarsi. **5** rifinirsi.

des.gas.te [dezgˈasti] *sm* **1** logoro. **2** erosione. **3** corrosione.

des.gos.tar [dezgostˈar] *vt* **1** disgustare. **2** *fig* dolere. *vpr* **3** disgustarsi.

des.gos.to [dezgˈostu] *sm* **1** disgusto. **2** dispiacere. **3** disturbo. **4** *fig* dolore.

des.gra.ça [dezgrˈasə] *sf* **1** disgrazia. **2** calamità, catastrofe, disastro. **3** sventura, sfortuna. **4** sciagura, perdizione. **5** *fig* rovescio.

des.gra.çar [dezgrasˈar] *vt* **1** rovinare. *vpr* **2** perdersi.

des.gru.dar [dezgrudˈar] *vt* scollare.

de.si.dra.tar [dezidratˈar] *vt* disidratare.

de.sig.nar [dezignˈar] *vt* **1** designare. **2** nominare. **3** indicare. **4** destinare.

de.síg.nio [dezˈignju] *sm* **1** intento, proposito. **2** decreto.

de.si.gual [dezigwˈaw] *adj* disuguale, dispari, dissimile. *Pl*: *desiguais*.

de.si.lu.dir [deziludˈir] *vt* **1** disilludere, disingannare. *vpr* **2** disilludersi, disingannarsi.

de.si.lu.são [deziluzˈãw] *sf* **1** disillusione. **2** *fig* amaro.

de.sim.pe.dir [dezipedˈir] *vt* sgombrare, sbarazzare.

de.sin.char [deziʃˈar] *vt* **1** sgonfiare. *vpr* **2** sgonfiarsi.

de.sin.fe.tan.te [dezifetˈãti] *sm+adj* antisettico, disinfettante.

de.sin.fe.tar [dezifetˈar] *vt* disinfettare, sterilizzare.

de.sin.te.res.sa.do [deziteresˈadu] *adj* **1** generoso. **2** indifferente.

de.sin.te.res.se [dezite̴rˈesi] *sm* disinteresse.

de.sis.tir [dezistˈir] *vt* **1** desistere da. **2** rinunziare a, lasciare. **3** astenersi da. *vi* **4** desistere. **5** rinunziare. **6** cedere, smontarsi. **7** astenersi.

des.je.jum [deʒeʒˈũ] *sm* colazione del mattino, prima colazione.

des.le.al [dezleˈaw] *adj* **1** sleale. **2** infedele. **3** disonesto. *Pl*: *desleais*.

des.lei.xa.do [dezlejʃˈadu] *adj* **1** negligente. **2** *fig* goffo.

des.lei.xo [dezlˈejʃu] *sm* negligenza.

des.li.gar [dezligˈar] *vt* **1** sciogliere, staccare. *vpr* **2** separarsi, staccarsi.

des.li.zar [dezlizˈar] *vi* scivolare, scorrere.

des.lo.car [dezlokˈar] *vt* **1** dislocare, spostare, smuovere. **2** *Med* storcere. *vpr* **3** spostarsi.

des.lum.brar [dezlũbrˈar] *vt* **1** abbagliare. **2** *fig* affascinare, confondere.

des.mai.ar [dezmajˈar] *vi* mancare, svenire, uscire di sé, ammortire.

des.mai.o [dezmˈaju] *sm* svenimento, mancanza.

des.man.cha-pra.ze.res [dezmãʃə prazˈeris] *s sing+pl* guastafeste.

des.man.char [dezmãʃˈar] *vt* **1** sciogliere, guastare, disfare. *vpr* **2** sciogliersi, consumarsi, disfarsi. **3** *fig* sgretolarsi.

mas.mas.ca.rar [dezmaskarˈar] *vt* smascherare. *vpr* **2** smascherarsi.

des.me.di.do [dezmedˈidu] *adj* **1** smisurato. **2** enorme.

des.men.tir [dezmẽtˈir] *vt* **1** smentire. **2** ritrattare. *vpr* **3** smentirsi.

des.me.re.cer [dezmeresˈer] *vt* demeritare.

des.mon.tar [dezmõtˈar] *vt* **1** smontare. **2** scomporre, disfare. *vi* **3** smontare, scavalcare.

des.mo.ra.li.zar [dezmoralizˈar] *vt* demoralizzare, avvilire, prostituire.

des.mo.ro.nar [dezmoronˈar] *vi* franare.

des.na.tu.ra.do [deznaturˈadu] *adj fig* cattivo, crudele.

des.ní.vel [deznˈivew] *sm* dislivello. *Pl*: *desníveis*.

des.nor.te.ar [deznorte´ar] *vt* 1 disorientare. 2 turbare, sconcertare. *vpr* 3 disorientarsi.

des.nu.dar [deznud´ar] *vt* 1 denudare, spogliare. *vpr* 2 denudarsi, spogliarsi.

des.nu.do [dezn´udu] *adj* nudo, denudato.

de.so.be.de.cer [dezobedes´er] *vt* disubbidire.

de.so.be.di.en.te [dezobedi´ẽti] *adj* 1 disubbidiente. 2 ribelle.

de.so.bri.gar [dezobrig´ar] *vt* 1 disobbligare, dispensare. *vpr* 2 disimpegnarsi.

de.so.cu.pa.do [dezokup´adu] *sm+adj* disoccupato.

de.so.cu.par [dezokup´ar] *vt* 1 disoccupare. 2 evacuare.

de.so.do.ran.te [dezodor´ãti] *sm+adj* deodorante.

de.so.lar [dezol´ar] *vt* desolare, devastare.

de.so.nes.ti.da.de [dezonestid´adi] *sf* disonestà, dissolutezza.

de.so.nes.to [dezon´estu] *adj* 1 disonesto. 2 *fig* marcio, sporco.

de.son.ra [dez´õɦa] *sf* disonore, infamia, vergogna.

de.son.rar [dezõɦ´ar] *vt* 1 disonorare. 2 *fig* sporcare. *vpr* 3 disonorarsi. 4 *fig* macchiarsi.

de.sor.dem [dez´ɔrdẽj] *sf* 1 disordine. 2 confusione. 3 soqquadro. 4 perturbazione. 5 caos. 6 *gír* casino. 7 *fig* bordello. 8 pasticcio. **em desordem** sottosopra.

de.sor.de.nar [dezorden´ar] *vt* 1 disordinare. 2 disorganizzare. 3 arruffare.

de.sor.ga.ni.zar [dezorganiz´ar] *vt* 1 disorganizzare. 2 sconvolgere.

de.so.ri.en.tar [dezorjẽt´ar] *vt* 1 disorientare. 2 *fig* confondere.

de.sos.sar [dezos´ar] *vt* disossare.

des.pa.char [despaʃ´ar] *vt* spedire, spiccare.

des.pa.cho [desp´aʃu] *sm* dispaccio.

des.pe.da.çar [despedas´ar] *vt* 1 spezzare. 2 rompere. 3 lacerare. *vpr* 4 lacerarsi. 5 lacerarsi. 6 fracassarsi.

des.pe.di.da [desped´idə] *sf* 1 addio. 2 congedo.

des.pe.dir [desped´ir] *vt* 1 licenziare, congedare, mettere sulla strada, dimettere. *vpr* 2 congedarsi, accomiatarsi.

des.pei.to [desp´ejtu] *sm* 1 dispetto. 2 *fig* picca. **a despeito de** a) nonostante. b) benché. **a despeito disso** peraltro.

des.pe.jar [despeʒ´ar] *vt* 1 versare. 2 gettare.

des.pen.car [despẽk´ar] *vi* precipitarsi.

des.pe.nha.dei.ro [despeɲad´ejru] *sm* precipizio, burrone.

des.pe.nhar [despeɲ´ar] *vt* precipitare.

des.pen.sa [desp´ẽsə] *sf* 1 dispensa. 2 conserva.

des.pen.te.ar [despẽte´ar] *vt* 1 spettinare. *vpr* 2 spettinarsi.

des.per.di.çar [desperdis´ar] *vt* 1 sprecare, sperperare. 2 *fig* gettare.

des.per.dí.cio [desperd´isju] *sm* spreco, sperpero, getto.

des.per.ta.dor [despertad´or] *sm* sveglia, orologio a sveglia.

des.per.tar [despert´ar] *vt* 1 svegliare, destare. 2 riscuotere. 3 *fig* stimolare, incitare. *vi* 4 svegliarsi, destarsi.

des.pe.sa [desp´ezə] *sf* 1 spesa. 2 conto. 3 *Com* esito, uscita.

des.pi.do [desp´idu] *adj* 1 nudo. 2 *fig* scalzo.

des.pir [desp´ir] *vt* 1 spogliare, denudare. *vpr* 2 spogliarsi, denudarsi.

des.po.jo [desp´oʒu] *sm* 1 preda. 2 *Mil* trofeo.

des.pon.tar [despõt´ar] *vi* spuntare, apparire, rompere.

des.po.sar [despoz´ar] *vt* sposare.

des.pra.zer [despraz´er] *sm* dispiacere, disgusto, disturbo.

des.pren.der [desprēd´er] *vt* **1** scollare. *vpr* **2** scollarsi.

des.pren.di.men.to [desprēdim´ētu] *sm* disinteresse.

des.pre.o.cu.pa.do [despreokup´adu] *adj* **1** senza preoccupazioni. **2** *fig* superficiale, scarico.

des.pre.zar [desprez´ar] *vt* **1** disprezzare, sdegnare, ridersi di. **2** *fig* posporre.

des.pre.zo [despr´ezu] *sm* disprezzo, sdegno, disdegno.

des.re.gra.do [dezřegr´adu] *adj* sregolato.

des.re.gra.men.to [dezřegram´ētu] *sm* sregolatezza.

des.res.pei.tar [dezřespejt´ar] *vt* disubbidire.

des.ta.car [destak´ar] *vt* **1** staccare, distaccare, spiccare. *vpr* **2** staccarsi, distaccarsi, spiccarsi. **3** *fig* innalzarsi.

des.ta.par [destap´ar] *vt* scoprire.

des.ta.que [dest´aki] *sm* distacco, stacco.

des.te.mi.do [destem´idu] *adj* arrischiato, gagliardo.

des.ter.rar [desteř´ar] *vt* bandire.

des.ti.lar [destil´ar] *vt* distillare, stillare.

des.ti.la.ri.a [destilar´iə] *sf* distilleria.

des.ti.nar [destin´ar] *vt* **1** destinare. **2** assegnare.

des.ti.no [dest´inu] *sm* **1** destino. **2** fato, sorte. **3** direzione, arrivo. **4** *fig* stella.

des.ti.tu.ir [destitu´ir] *vt* **1** destituire. **2** deporre.

des.to.ar [desto´ar] *vt* **1** discordare. *vi* **2** stonare.

des.tra [d´estrə] *sf* destra, diritta.

des.tre.za [destr´ezə] *sf* destrezza, perizia, pratica, sciolteza.

des.tro [d´estru] *adj* **1** destro. **2** pratico, sciolto. **3** diritto.

des.tro.çar [destros´ar] *vt* spezzare con violenza.

des.tru.i.ção [destrwis´ãw] *sf* **1** distruzione. **2** rovina. **3** strazio. **4** vandalismo.

des.tru.ir [destru´ir] *vt* **1** distruggere. **2** rovinare. **3** *fig* decimare. **4** estinguere, annichilire. **5** estirpare. **6** demolire. **7** distruggere. **8** divorare. **9** fondere. *vpr* **10** distruggersi. **11** *fig* consumarsi.

de.su.ma.no [dezum´ʌnu] *sm fig* barbaro. • *adj* **1** disumano. **2** crudele, spietato. **3** brutale, atroce. **4** *fig* bestiale, barbaro.

de.su.ni.ão [dezuni´ãw] *sf* **1** disunione, disaccordo, discordia. **2** *fig* divisione.

des.va.lo.ri.zar [dezvaloriz´ar] *vt* deprezzare.

des.van.ta.gem [dezvãt´aʒēj] *sm* svantaggio.

des.ven.ci.lhar [dezvēsiλ´ar] *vt* **1** sciogliere. *vpr* **2** disfarsi di. **3** *fig* buttare.

des.ven.dar [dezvēd´ar] *vt* sciogliere (um mistério).

des.ven.tu.ra [dezvētúrə] *sf* **1** sventura. **2** sfortuna. **3** calamità, disgrazia.

des.vi.ar [dezvi´ar] *vt* **1** deviare, disviare. **2** sviare. **3** alienare, distaccare. *vi* **4** deviare, sviarsi.

des.vi.o [dezv´iu] *sm* **1** deviazione, disvio. **2** *Autom* conversione. **desvio de ferrovia** scambio.

de.ta.lha.do [detaλ´adu] *adj* minuzioso.

de.ta.lhar [detaλ´ar] *vt* dettagliare.

de.ta.lhe [det´aλi] *sm* dettaglio, minutezza, minuzia.

de.ten.ção [detēs´ãw] *sf* **1** detenzione. **2** arresto. **3** carcerazione. **4** ritegno.

de.ter [det´er] *vt* **1** detenere. **2** trattenere. **3** arrestare. **4** fermare. **5** ritenere. **6** *fig* agganciare, inchiodare. *vpr* **7** trattenersi. **8** fermarsi, rimanere.

de.ter.gen.te [deterʒ´ēti] *sm+adj* detergente.

de.te.ri.o.rar [deterjor´ar] *vt* **1** deteriorare, guastare. *vpr* **2** deteriorarsi. **3** alterarsi. **4** *fig* arrugginirsi.

de.ter.mi.nar [determin´ar] *vt* **1** determinare. **2** definire. **3** decretare. **4**

designare. **5** fissare. **6** destinare. **7** assegnare. *vpr* **8** determinarsi.

de.tes.tar [detest´ar] *vt* detestare, odiare, abominare.

de.te.ti.ve [detet´ivi] *sm* poliziotto.

de.to.nar [deton´ar] *vt* detonare.

de.trás [detr´as] *adv* di dietro di. *detrás da porta* / di dietro della porta.

de.tri.to [detr´itu] *sm* detrito.

de.tur.par [deturp´ar] *vt* deturpare.

deus [d´ews] *sm* **1** dio, divinità. **2 Deus** *np* Dio, Iddio. **Deus te ajude!** che Dio ti aiuti! **queira Deus!** magari! **quisera Deus que fosse assim!** magari fosse così! **valha-me Deus!** Dio mi aiuti!

deu.sa [d´ewzə] *sf* dea, diva.

de.va.gar [devag´ar] *adv* piano, adagio, tardi.

de.va.ne.ar [devane´ar] *vi* delirare, fantasticare.

de.vas.si.dão [devasid´ãw] *sf* **1** libertinaggio, dissolutezza. **2** eccesso.

de.vas.so [dev´asu] *sm+adj* libertino.

de.vas.tar [devast´ar] *vt* devastare, guastare, desolare, disertare.

de.ve.dor [deved´or] *sm Com* debitore.

de.ver [dev´er] *vt* dovere, avere da. • *sm* **1** dovere, dovuto. **2** bisogno. **3** compito. **4** obbligo. **5** responsabilità. **6** uffici. **7** *fig* debito. **8 deveres** *pl* competenze.

de.vi.do [dev´idu] *adj* **1** dovuto. **2** debito.

de.vo.ção [devos´ãw] *sf* devozione, rispetto, pietà.

de.vo.lu.ção [devolus´ãw] *sf* devoluzione, rimando.

de.vol.ver [devowv´er] *vt* restituire, rimandare.

de.vo.rar [devor´ar] *vt* **1** divorare. **2** inghiottire. **3** *irôn* macinare. **4** *fam* diluviare. **5** *fig* guardare con brama. *vpr* **6** divorarsi.

de.vo.tar [devot´ar] *vt* **1** votare. *vpr* **2** votarsi.

de.vo.to [dev´ɔtu] *sm* **1** *Rel* devoto. **2** *dep* bacchettone. • *adj* devoto, pio.

dez [d´ɛs] *num* dieci. **uns dez/umas dez** una diecina.

de.zem.bro [dez´ẽbru] *sm* dicembre.

de.ze.na [dez´enə] *sf* diecina.

di.a [d´iə] *sm* **1** giorno. **2** giornata. **3** dì. **4** *Poét* sole. **5** *fig* luce. **bom dia!** buon giorno! **dia após dia** di giorno in giorno. **Dia de Ano Novo** Capodanno. **Dia de finados** giorno dei morti. **dia do nascimento** natale. **dia santo** festa. **dia sim, dia não** ogni due giorni. **dia útil** giorno feriale. **no dia vinte e quatro** a dì ventiquattro. **nos dias de hoje** oggigiorno, al giorno d'oggi, al dì d'oggi. **o primeiro dia** il primo. **que dia é hoje?** che giorno è oggi? **todos os dias** tutti i giorni.

di.a.be.tes [diab´ɛtis] *s sing+pl Med* diabete.

di.a.bo [di´abu] *sm* diavolo, demonio. **diabos!** diavolo! diamine!

di.a.bó.li.co [diab´ɔliku] *adj* diabolico.

di.a.go.nal [djagon´aw] *sf Geom* diagonale. • *adj* diagonale, obliquo. *Pl: diagonais*.

di.a.gra.ma [djagr´∧mə] *sm* **1** diagramma, grafico. **2** *fig* tavola.

di.a.le.to [dial´ɛtu] *sm* dialetto.

di.a.lo.gar [djalog´ar] *vt* **1** dialogare. *vi* **2** dialogare, conversare.

di.á.lo.go [di´alogu] *sm* dialogo.

di.a.man.te [djam´ãti] *sm* **1** diamante. **2** brillante.

di.â.me.tro [dj´∧metru] *sm* diametro.

di.an.te [dj´ãti] *adv* davanti, dinanzi. **de hoje em diante** d'oggi innanzi. **diante de** davanti, dinanzi a.

di.an.tei.ra [diãt´ejrə] *sf* **1** davanti. **2** *Mil* avanguardia. **3** *Esp* vantaggio.

di.á.rio [di´arju] *sm* **1** diario. **2** giornale, quotidiano. **3** *fig* calendario. **4** agenda. • *adj* giornaliero, quotidiano.

di.ar.rei.a [djaʀ´ejə] *sf Med* diarrea, scarica di ventre.

dic.ção [diks´ãw] *sf* dizione.

di.ci.o.ná.ri.o [disjon´ariu] *sm* **1** dizionario. **2** glossario, vocabolario.

di.e.ta [di´ɛtə] *sf Med* dieta, regime.

di.fa.mar [difam´ar] *vt* diffamare, calunniare.

di.fe.ren.ça [difer´ẽsə] *sf* **1** differenza. **2** stacco. **3** distinzione. **4** *Mat* differenza, resto.

di.fe.ren.ci.ar [diferẽsi´ar] *vt* **1** differenziare. **2** discriminare. **3** distinguere. *vpr* **4** differenziarsi.

di.fe.ren.te [difer´ẽti] *adj* **1** differente. **2** distinto, diverso, vario. **3** dissimile. **4** disuguale. **5** altro. **6** *fig* lontano.

di.fe.rir [difer´ir] *vi* differire, variare.

di.fí.cil [dif´isiw] *adj* **1** difficile. **2** complesso. **3** arduo, **4** *fig* scabroso. **5** duro. **6** alto (leitura). *Pl:* difíceis.

di.fi.cul.da.de [difikuwd´adi] *sf* **1** difficoltà. **2** imbarazzo, imbroglio. **3** guaio, problema. **4** *fig* asprezza, durezza. **5** nodo, blocco. **com dificuldade** a stento, appena.

di.fun.dir [difũd´ir] *vt* **1** diffondere. **2** propagare. **3** comunicare. **4** *fig* seminare, disseminare. **5** estendersi. **6** estendersi. **7** *fig* spandersi, distendersi.

di.fu.são [difuz´ãw] *sf* **1** diffusione. **2** comunicazione.

di.ge.rir [diʒer´ir] *vt* digerire, smaltire.

di.ges.tão [diʒest´ãw] *sf* digestione.

di.gi.tar [diʒit´ar] *vt* digitare.

dig.nar-se [dign´arsi] *vpr* degnarsi a.

dig.ni.da.de [dignid´adi] *sf* dignità, decoro.

dig.no [d´ignu] *adj* **1** degno. **2** meritevole. **3** onesto. **digno de nota** notabile. **digno de pena** miserabile. **julgar digno** degnare.

di.la.ce.rar [dilaser´ar] *vt* **1** lacerare, stracciare. **2** strappare. *vpr* **3** lacerarsi.

di.la.tar [dilat´ar] *vt* dilatare. **2** gonfiare. *vpr* **3** dilatarsi. **4** crescere.

di.le.ma [dil´emə] *sm* **1** dilemma. **2** *fig* bivio.

di.li.gen.te [diliʒ´ẽti] *adj* **1** diligente. **2** esatto. **3** zelante.

di.lu.ir [dilu´ir] *vt* diluire, allungare, sciogliere.

di.lú.vio [dil´uvju] *sm* diluvio.

di.men.são [dimẽs´ãw] *sf* **1** dimensione. **2** estensione. **3** taglia.

di.mi.nu.i.ção [diminwis´ãw] *sf* **1** diminuzione. **2** calo. **3** riduzione. **4** ritrazione. **diminuição gradual** digradazione.

di.mi.nu.ir [diminu´ir] *vt* **1** diminuire. **2** abbassare. **3** ridurre. **4** defalcare. **5** attenuare. **6** accorciare, scorciare. *vi* **7** diminuire. **8** cadere, scendere (febre, temperatura). **9** accorciarsi, scorciarsi. **10** *Com* diminuire, scendere (preços). **11** *fig* calare.

di.mi.nu.ti.vo [diminut´ivu] *sm+adj Gram* diminutivo.

di.mi.nu.to [dimin´utu] *adj* minuto, ridotto, scemo.

di.nâ.mi.co [din´ʌmiku] *adj* **1** dinamico. **2** *fig* giovanile.

di.na.mi.te [dinam´iti] *sf* dinamite.

dí.na.mo [d´inamu] *sm* dinamo.

di.nas.ti.a [dinast´iə] *sf* **1** dinastia. **2** *fig* casa.

di.nhei.ro [diñ´ejru] *sm* **1** denaro, danaro. **2** moneta. **3** quattrini, soldi. **4** *fig* oro.

di.nos.sau.ro [dinos´awru] *sm* dinosauro.

di.plo.ma [dipl´omə] *sf* **1** diploma. **2** patente.

di.plo.ma.ci.a [diplomas´iə] *sf* **1** diplomazia. **2** *fig* tatto.

di.plo.mar [diplom´ar] *vt* **1** laureare, licenziare. *vpr* **2** laurearsi.

di.plo.ma.ta [diplom´atə] *sm* diplomatico.

di.plo.má.ti.co [diplom´atiku] *adj* diplomatico.

di.que [d´iki] *sm* diga, argine, chiusa.

di.re.ção [dires´ãw] *sf* **1** direzione. **2** destino. **3** senso. **4** governo, comando. **5** *Cin, Teat* regia. **6** *Autom* volante, sterzo. **7** *fig* strada, binario. **8** timone, bussola. **na direção de** verso, per, in direzione di.

di.rei.ta [dir´ejtə] *sf* **1** destra. **2** diritta, mano diritta. **3** *Esp* destro (golpe). **manter a direita** tenere la destra.

di.rei.to [dir´ejtu] *sm* **1** diritto, facoltà. **2** ritto (de tecido). **3** *Dir* diritto. **4** *Esp* destro (golpe). **5** *fig* legge. • *adj* **1** diritto. **2** destro. **3** retto. **4** diretto. **direito autoral** diritto d'autore.

di.re.to [dir´ɛtu] *adj* **1** diretto. **2** sincero. **3** *fig* frontale. • *adv* diritto.

di.re.tor [diret´or] *sm* **1** direttore. **2** *Cin, Teat* regista. **3** *fig* guida.

di.re.to.ra [diret´orə] *sf* **1** direttrice. **2** *Cin, Teat* regista.

di.re.to.ri.a [diretor´iə] *sf* **1** direzione. **2** i direttori.

di.ri.gir [diriʒ´ir] *vt* **1** dirigere. **2** governare, amministrare. **3** comandare, presiedere. **4** condurre, guidare. **5** indirizzare. **6** manovrare. **7** rivolgere. *vpr* **8** dirigersi. **9** andare, recarsi a. **10** rivolgersi a. **11** indirizzarsi a.

dis.cer.ni.men.to [disernim´ẽtu] *sm* **1** discernimento. **2** criterio, giudizio. **3** discrezione.

dis.ci.pli.na [disipl´inə] *sf* **1** disciplina. **2** controllo. **3** materia. **4** *fig* scienza.

dis.cí.pu.lo [dis´ipulu] *sm* **1** discepolo. **2** allievo, scolaro, alunno. **3** compagno.

dis.co [d´isku] *sm* **1** (também *Esp, Inform*) disco. **2** *Mús* disco fonografico. **disco voador** disco volante.

dis.cor.dar [diskord´ar] *vt* **1** discordare da. **2** opporsi a. **3** contraddire. *vi* **4** discordare, differire. **5** *fig* scontrarsi.

dis.cór.dia [disk´ɔrdjə] *sf* **1** discordia. **2** dissenso.

dis.cor.rer [diskoʀ´er] *vi* discorrere, dissertare.

dis.cre.to [diskr´ɛtu] *adj* **1** discreto. **2** pudico. **3** *fig* riservato.

dis.cri.ção [diskris´ãw] *sf* **1** discrezione. **2** riservatezza, pudore. **3** attillatezza.

dis.cri.mi.nar [diskrimin´ar] *vt* discriminare.

dis.cur.sar [diskurs´ar] *vi* far un discorso.

dis.cur.so [disk´ursu] *sm* **1** discorso, conferenza. **2** parlata, parlare. **3** *Lit* orazione.

dis.cus.são [diskus´ãw] *sf* **1** discussione. **2** controversia, disputa. **3** dibattito. **4** discorso, ragionamento. **5** battibecco.

dis.cu.tir [diskut´ir] *vt* **1** discutere. **2** dibattere. **3** dissertare, ragionare. **4** *fig* trattare. **5** litigare. **6** argomentare. **7** disputare. **8** discorrere di. **9** *fig* scontrarsi.

di.sen.te.ri.a [dizẽter´iə] *sf Med* dissenteria.

dis.far.çar [disfars´ar] *vt* **1** truccare. **2** travestire. **3** dissimulare, camuffare. **4** *Lit* palliare. *vpr* **5** truccarsi. **6** travestirsi.

dis.far.ce [disf´arsi] *sm* **1** trucco. **2** *fig* maschera. **3** cortina, copertura.

dís.par [d´ispar] *adj* dispari, impari.

dis.pa.rar [dispar´ar] *vt* **1** sparare, tirare. **2** scoccare. *vi* **3** tirare. **4** scoccare.

dis.pa.ra.te [dispar´ati] *sm* controsenso.

dis.pa.ro [disp´aru] *sm* **1** sparo, tiro. **2** fuoco.

dis.pen.sa [disp´ẽsə] *sf* **1** dispensa. **2** credenza, dispensa per alimenti. **3** *Mil* licenza.

dis.pen.sar [dispẽs´ar] *vt* **1** dispensare. **2** congedare. **3** esonerare. **4** esentare. **5** *Mil* licenziare, disarmare.

dis.per.são [dispers´ãw] *sf* **1** dispersione. **2** distrazione.

dis.per.sar [dispers´ar] *vt* **1** disperdere. **2** fare piazza pulita. **3** *Mil* sbandare (um exército). *vpr* **4** disperdersi.

dis.po.ní.vel [dispon´ivew] *adj* disponibile. *Pl: disponíveis.*

dis.por [disp´or] *vt* **1** disporre. **2** organizzare, ordinare. **3** distribuire. *vpr* **4** disporsi a.

dis.po.si.ção [dispozis´ãw] *sf* **1** disposizione. **2** organizzazione. **3** decreto. **4** voglia, volontà. **5** vocazione, vena. **ter à disposição** disporre di.

dis.pos.to [disp´ostu] *adj* **1** disposto. **2** intento. **3** benevolo.

dis.pu.ta [disp´utə] *sf* **1** disputa. **2** lotta. **3** gara. **4** discussione, battibecco, controversia. **5** *fig* combattimento.

dis.pu.tar [disput´ar] *vt* **1** disputare, concorrere a. *vi* **2** disputare, competere, gareggiare. **3** disputarsi, litigare.

dis.que.te [disk´ɛti] *sm dim Inform* dischetto.

dis.se.car [disek´ar] *vt Med* dissecare.

dis.se.mi.nar [disemin´ar] *vt* disseminare.

dis.ser.ta.ção [disertas´ãw] *sf* dissertazione, saggio, tesi.

dis.ser.tar [disert´ar] *vt* dissertare, discorrere.

dis.si.den.te [disid´ẽti] *s Pol* dissidente, ribelle. • *adj* dissidente.

dis.si.mu.lar [disimul´ar] *vt* dissimulare, fingere.

dis.si.par [disip´ar] *vt* **1** dissipare, consumare. *vpr* **2** dissiparsi, svanire.

dis.so.lu.ção [disolus´ãw] *sf* **1** dissoluzione, scioglimento. **2** dissolutezza, corruzione morale. **3** *Quím* risoluzione.

dis.sol.ver [disowv´er] *vt* **1** dissolvere, sciogliere. **2** risolvere. **3** *Med* fondere. *vpr* **4** dissolversi, sciogliersi. **5** dissiparsi. **6** risolversi.

dis.so.nân.cia [dison´ãsjə] *sf* (também *Mús*) dissonanza, disaccordo.

dis.so.nan.te [dison´ãti] *adj* dissonante.

dis.su.a.dir [diswad´ir] *vt* dissuadere.

dis.tân.cia [dist´ãsjə] *sf* **1** distanza. **2** intervallo. **3** lontananza. **4** tratto.

dis.tan.ci.ar [distãsi´ar] *vt* **1** distanziare. **2** allontanare. **3** astrarre. *vpr* **4** allontanarsi, partirsi. **5** astrarsi. **6** *fig* deviare. **7** divagare.

dis.tan.te [dist´ãti] *adj* **1** distante, lontano, remoto, discosto. **2** sfumato (som). • *adv* distante, lontano.

dis.tar [dist´ar] *vi* distare.

dis.ten.der [distẽd´er] *vt* **1** distendere. **2** stendere.

dis.tin.ção [distĩs´ãw] *sf* **1** distinzione. **2** finezza, raffinatezza.

dis.tin.guir [distĩg´ir] *vt* **1** distinguere. **2** differenziare. **3** riconoscere. **4** discriminare. *vpr* **5** distinguersi. **6** *fig* brillare, emergere.

dis.tin.ti.vo [distĩt´ivu] *sm* distintivo, divisa. • *adj* distintivo.

dis.tin.to [distĩ´tu] *adj* **1** distinto. **2** differente. **3** chiaro. **4** *fig* elegante.

dis.tor.cer [distors´er] *vt* storcere.

dis.tra.ção [distras´ãw] *sf* **1** distrazione. **2** divertimento, svago, trastullo.

dis.tra.í.do [distra´idu] *adj* distratto.

dis.tra.ir [distra´ir] *vt* **1** distrarre. **2** divertire, svagare. *vpr* **3** distrarsi. **4** divertirsi, svagarsi. **5** astrarsi.

dis.tri.bu.i.ção [distribwis´ãw] *sf* **1** distribuzione. **2** dispensa, consegna. **3** *Mec* distribuzione.

dis.tri.bu.ir [distribu´ir] *vt* **1** distribuire. **2** dispensare, consegnare. **3** dividere, ripartire, spartire.

dis.tri.to [distr´itu] *sm* distretto, rione. **distrito policial** stazione di polizia.

dis.túr.bio [dist´urbju] *sm* **1** disturbo. **2** dispiacere, incomodo. **3** *Med* disturbo. **4** **distúrbios** *pl* torbidi, tumulti.

di.ta.dor [ditad´or] *sm* dittatore, tiranno.

di.ta.du.ra [ditad´urə] *sf* dittatura, tirannia.

di.tar [ditár] *vt* **1** dettare. **2** *fig* imporre.
di.to [dítu] *sm* **1** detto. **2** parola. **3** sentenza. • *adj* detto.
di.ton.go [ditõgu] *sm Gram* dittongo.
di.ur.no [diúrnu] *adj* diurno, giornaliero.
di.vã [divã] *sm* divano, sofà.
di.va.gar [divagár] *vi* **1** divagare. **2** *Lit* vagare. **3** *fig* spaziare.
di.ver.gên.cia [diverʒẽsjə] *sf* **1** divergenza. **2** discordia, disaccordo. **3** briga, lite.
di.ver.gir [diverʒír] *vi* **1** divergere. **2** discordare. **3** litigare.
di.ver.são [diversãw] *sf* divertimento, spasso, gioco.
di.ver.so [divɛrsu] *adj* **1** diverso. **2** differente, distinto, vario. **3** *fig* lontano. **4** *diversos pl* diversi, vari.
di.ver.ti.do [divertídu] *adj* divertente, scherzoso.
di.ver.ti.men.to [divertimẽtu] *sm* **1** divertimento. **2** diletto, distrazione, svago. **3** gioco, trastullo. **4** *hobby*.
di.ver.tir [divertír] *vt* **1** divertire, dilettare, ricreare, intrattenere. *vpr* **3** divertirsi. **4** dilettarsi, spassarsi, svagarsi. **5** gingillarsi. **divertir-se à custa de** prendersi spasso di.
dí.vi.da [dívidə] *sf* **1** dovuto, impegno. **2** *Com* debito. **3** *fig* dovere.
di.vi.dir [dividír] *vt* **1** dividere. **2** ripartire, partire, spartire. **3** separare. **4** compartire, scompartire. **5** disarticolare. *vpr* **6** dividersi. **7** spartirsi. **8** aprirsi.
di.vin.da.de [divĩdádi] *sf* divinità.
di.vi.no [divínu] *adj* **1** divino. **2** soprannaturale. **3** santo. **4** celestiale, celeste.
di.vi.sa [divízə] *sf* (também *Com*) divisa.
di.vi.são [divizãw] *sf* **1** divisione. **2** ripartizione. **3** distribuzione. **4** selezione. **5** scissione. **6** sezione. **7** riparto. **8** casella. **9** fazione. **10** *Mat, Mil* divisione.

di.vi.só.ria [divizɔrjə] *sf* tramezzo, tavolato.
di.vor.ci.ar [divorsiár] *vt* **1** divorziare. *vpr* **2** divorziarsi.
di.vór.cio [divɔrsju] *sm* divorzio.
di.vul.gar [divuwgár] *vt* **1** divulgare. **2** annunciare. **3** pubblicare. **4** comunicare. **5** diffondere. **6** predicare. **7** *fig* seminare. *vpr* **8** divulgarsi, spargersi.
di.zer [dizér] *vt* **1** dire. **2** parlare. **3** articolare. **digo o que penso** dico la mia. **diz-se que** corre voce che.
di.zi.mar [dizimár] *vt Mil, fig* decimare.
dó [dɔ] *sm* **1** pena. **2** *Mús* do, prima nota musicale. **dar dó** fare pena.
do.ar [doár] *vt* donare, dare.
do.bra [dɔbrə] *sf* **1** piega. **2** rivolta.
do.bra.di.ça [dobradísə] *sf* ganghero, cerniera.
do.bra.do [dobrádu] *adj* **1** piegato. **2** doppio, duplo, duplicato.
do.brar [dobrár] *vt* **1** doppiare, duplicare, raddoppiare. **2** piegare, ripiegare. **3** curvare. **4** rimboccare. **5** *Náut* doppiare (uma ilha, um cabo). *vi* **6** raddoppiarsi. *vpr* **7** ripiegarsi. **8** curvarsi.
do.bro [dɔbru] *sm+num* doppio.
do.ce [dósi] *sm* **1** dolce, confetto. **2** *doces pl* pasticceria, paste. • *adj* **1** dolce. **2** *fig* soave, blando, mansueto. **3** lusinghiero. **ficar doce** addolcirsi, indolcirsi.
do.cei.ro [dosejru] *sm* pasticciere, dolciere.
do.cen.te [dosẽti] *sm* docente. • *adj* docente, insegnante.
do.ce.ri.a [doseríə] *sf* pasticceria.
dó.cil [dɔsiw] *adj* **1** docile. **2** ubbidiente. **3** *fig* facile, flessibile. *Pl*: *dóceis*.
do.cu.men.tá.rio [dokumẽtárju] *sm Cin* documentario.
do.cu.men.to [dokumẽtu] *sm* **1** documento. **2** certificato. **3** *fig* foglio. **validar um documento** abbonare un documento.

doçura   344   **droga**

do.çu.ra [dos′urə] *sf* 1 dolcezza. 2 *fig* zucchero.

do.en.ça [do′ẽsə] *sf* 1 malattia, male, infermità. 2 *Med* morbo. 3 *fig* malanno.

do.en.te [do′ẽti] *sm+adj* malato, ammalato, infermo. **estar doente** essere infermo, giacere. **ficar doente/cair doente** ammalarsi.

do.er [do′er] *vi* dolere.

doi.do [d′ojdu] *sm* matto, pazzo. • *adj* 1 matto. 2 *fig* balordo (tempo). **doido varrido** pazzo da legare.

dois [d′ojs] *num* due. **os dois/todos os dois** ambidue.

do.lo [d′olu] *sm Dir* dolo.

do.lo.ro.so [dolor′ozu] *adj* 1 doloroso. 2 penoso. 3 tragico. 4 *fig* amaro. 5 duro.

do.lo.so [dol′ozu] *adj Dir* doloso.

dom [d′õw] *sm* 1 dono, dote (qualidade).

do.mar [dom′ar] *vt* 1 domare. 2 addomesticare.

do.mes.ti.car [domestik′ar] *vt* addomesticare, domare, ammansare.

do.més.ti.co [dom′estiku] *adj* 1 domestico. 2 casalingo.

do.mi.cí.lio [domis′ilju] *sm* domicilio, dimora, residenza, abitazione.

do.mi.nar [domin′ar] *vt* 1 dominare. 2 padroneggiare. 3 soggiogare, vincere. 4 superare. 5 contenere. 6 *fig* controllare. 7 domare. 8 piegare. 9 regnare. 10 reprimere. 11 campeggiare. *vpr* 12 dominarsi, contenersi.

do.min.go [dom′ĩgu] *sm* domenica.

do.mí.nio [dom′inju] *sm* 1 dominio. 2 possesso. 3 balia. 4 comando. 5 *fig* regno. 6 controllo, autorità.

do.mi.nó [domin′ɔ] *sm* domino.

do.na [d′onɐ] *sf* 1 padrona. 2 donna (título de nobreza). 3 *fig* signora.

do.na.ti.vo [donat′ivu] *sm* donativo, elemosina.

do.ni.nha [don′iñɐ] *sf Zool* donnola, puzzola.

do.no [d′onu] *sm* 1 padrone, proprietario. 2 *fig* signore. • *adj* proprietario. **sem dono** randagio (animal).

don.ze.la [dõz′ɛlɐ] *sf* 1 donzella, vergine. 2 *Hist* donzella.

dor [d′or] *sf* 1 dolore. 2 dispiacere. 3 pena. 4 *fig* male. 5 piaga. 6 strazio. 7 stretta. **dor de barriga** mal di ventre. **dor de cabeça** a) mal di testa. b) *fig* chiodo.

dor.mi.nho.co [dormiñ′oku] *sm* dormiglione.

dor.mir [dorm′ir] *vi* dormire.

dor.mi.tó.rio [dormit′ɔrju] *sm* dormitorio, camera da letto. **dormitório coletivo** camerata.

dor.so [d′orsu] *sm* 1 *Anat* dorso, schiena, spalle. 2 *irôn* groppa. 3 *Zool* dorso, groppa, schiena di animale. 4 *Geogr* dorso (di montanha).

do.sar [doz′ar] *vt* dosare.

do.se [d′ɔzi] *sf* dose. **dose de droga** gír pera.

do.tar [dot′ar] *vt* dotare.

do.te [d′ɔti] *sm* dote. **constituir dote** dotare.

dou.rar [dowr′ar] *vt* dorare.

dou.tor [dowt′or] *sm* 1 dottore. 2 medico. 3 *fig* professore.

dou.to.ra [dowt′orɐ] *sf* 1 dottoressa. 2 medichessa. 3 *fig* professoressa.

dou.to.ra.do [dowtor′adu] *sm* dottorato.

dou.tri.na [dowtr′inɐ] *sf* 1 dottrina. 2 pensiero, sistema. 3 credo, credenza.

do.ze [d′ɔzi] *sm+num* dodici.

dra.gão [drag′ãw] *sm Zool, Mit* drago.

dra.ma [dr′ʌmɐ] *sm* 1 *Teat* dramma. 2 *irôn* tragedia.

drás.ti.co [dr′astiku] *adj* 1 drastico. 2 *fig* radicale.

dre.na.gem [dren′aʒẽj] *sf* drenaggio.

dri.blar [dribl′ar] *vt Esp* palleggiare.

dri.ble [dr′ibli] *sm Esp* finta.

dro.ga [dr′ɔgɐ] *sf* 1 droga, narcotico. 2 **drogas** *pl Med* spezie.

dro.gar [drogˈar] *vt* **1** drogare. *vpr* **2** drogarsi.

du.as [dˈuas] *num* (*f* de **dois**) due. **as duas/todas as duas** ambedue.

dú.bio [dˈubju] *adj* dubbio, ambiguo.

du.bla.gem [dublˈaʒẽj] *sf Cin* doppiaggio.

du.blar [dublˈar] *vt Cin* doppiare.

du.cha [dˈuʃə] *sf* doccia.

due.lar [dwelˈar] *vi* duellare, battersi in duello, sfidarsi.

du.e.lo [duˈelu] *sm* duello, cimento, sfida.

du.e.to [duˈetu] *sm* (também *Mús*) duetto.

du.na [dˈunə] *sf* duna.

du.pla [dˈuplə] *sf* coppia.

du.pli.car [duplikˈar] *vt* **1** duplicare. **2** doppiare. **3** riprodurre.

du.pli.ca.ta [duplikˈatə] *sf* **1** duplicato. **2** copia. **3** doppio. **4** doppione. **5** *Com* duplicato.

du.plo [dˈuplu] *sm+num* doppio. • *adj* duplo, doppio.

du.que [dˈuki] *sm* duca.

du.que.sa [dukˈezə] *sf* duchessa.

du.ra.ção [durasˈãw] *sf* **1** durata. **2** età.

du.ra.dou.ro [duradˈowru] *adj* **1** duraturo. **2** permanente, stabile.

du.ran.te [durˈãti] *prep* durante, per.

du.rar [durˈar] *vi* **1** durare. **2** continuare.

du.re.za [durˈezə] *sf* **1** durezza. **2** rigore. **3** *pop* strettezze. **4** *fig* solidità. **5** asprezza, acerbità. **6** tenacia.

du.ro [dˈuru] *sm* duro. • *adj* **1** duro. **2** solido. **3** *fig* rigido, rigoroso. **4** brusco, secco. **5** acerbo. **6** tenace. • *adv* duro, duramente. **estar duro** a) essere al verde. b) *pop* essere a corto.

dú.vi.da [dˈuvidə] *sf* **1** dubbio. **2** incertezza. **3** scrupolo, riserva. **4** paura, sospetto. **5** *fam* se. **sem dúvida** senza dubbio, sicuro.

du.vi.dar [duvidˈar] *vt* **1** dubitare di, porre in dubbio. **2** temere. **3** contestare. *vi* **4** dubitare.

dú.zia [dˈuzjə] *sf* dozzina.

e

e[1] [´e] *sm* **1** la quinta lettera dell'alfabeto portoghese. **2** e, il nome della lettera E.
e[2] [´i] *conj* e, ed.
é.brio [´ɛbrju] *adj* ebbro.
e.bu.li.ção [ebulis´ãw] *sf* ebollizione.
e.clip.se [ekl´ipsi] *sm* eclissi.
e.co [´ɛku] *sm* **1** eco. **2** ripercussione.
e.co.ar [eko´ar] *vi* **1** echeggiare. **2** risuonare, ripercuotere. **3** ripercuotersi.
e.co.lo.gi.a [ekoloʒ´iə] *sf* ecologia.
e.co.no.mi.a [ekonom´iə] *sf* **1** economia. **2** risparmio. **3** economias *pl* risparmi.
e.co.no.mi.zar [ekonomiz´ar] *vt* **1** economizzare. **2** risparmiare. **3** conservare. **4** *fig* accumulare.
e.di.ção [edis´ãw] *sf* **1** edizione. **2** stampa, impressione.
e.di.fi.car [edifik´ar] *vt* edificare, costruire, erigere, fabbricare.
e.di.fí.cio [edif´isju] *sm* **1** edificio. **2** palazzo.
e.di.tal [edit´aw] *sm* affisso, pubblicazione. *Pl*: editais.
e.di.tar [edit´ar] *vt* pubblicare, riprodurre.
e.di.tor [edit´or] *sm* editore.
e.di.to.ra [edit´ora] *sf* **1** casa editrice. **2** editrice (pessoa).
e.dre.dom [edred´õ] *sm* piumino.
e.du.ca.ção [edukas´ãw] *sf* **1** educazione. **2** istruzione, allevamento. **3** cortesia, civiltà. **4** *fig* finezza, correttezza. **educação física** educazione fisica.
e.du.ca.do [eduk´adu] *adj* **1** educato. **2** colto. **3** cortese, civile.
e.du.car [eduk´ar] *vt* **1** educare. **2** allevare. **3** civilizzare. **4** *Lit* nutrire. **5** *fig* formare. **6** coltivare, raffinare.
e.fe [´ɛfi] *sm* effe, il nome della lettera F.
e.fei.to [ef´ejtu] *sm* **1** effetto. **2** conseguenza, risultato. **3** successo. **4** *fig* riflesso. **de efeito** *fig* di effetto. **ter efeito** riuscire.
e.fê.me.ro [ef´emeru] *adj* effimero.
e.fe.mi.nar [efemin´ar] *vt* effeminare.
e.fer.ves.cen.te [efervesˆeti] *adj* effervescente.
e.fe.ti.vo [efet´ivu] *sm Mil* effettivo, numero di soldati. • *adj* **1** effettivo. **2** concreto. **3** positivo. **4** *fig* materiale.
e.fe.tu.ar [efetu´ar] *vt* effettuare, realizzare.
e.fi.caz [efik´as] *adj* **1** efficace. **2** potente, forte. **3** valido.
e.fi.ci.ên.cia [efisi´ẽsjə] *sf* **1** efficienza. **2** potenza. **3** validità.
e.fi.ci.en.te [efisi´ẽti] *adj* **1** efficiente. **2** effettivo. **3** attivo. **4** potente.
e.go.cên.tri.co [egosˆetriku] *adj* egocentrico.
e.go.ís.mo [ego´izmu] *sm* egoismo.
e.go.ís.ta [ego´istə] *s+adj* **1** egoista. **2** fig avaro.
é.gua [´ɛgwə] *sf* cavalla.
ei [´ej] *interj* ehi!
eis [´ejs] *adv* ecco.

eixo — embaixo

ei.xo [ˈejʃu] *sm* 1 *Mec* asse, bilico. 2 *Autom* asse. 3 *fig* centro, parte principale.
eixo terrestre *Geogr* asse.

e.ja.cu.lar [eʒakulˈar] *vi* 1 eiaculare. 2 *fig* venire.

e.la [ˈɛlə] *pron f sing* 1 ella. 2 essa. 3 lei. 4 colei. 5 **elas** *pl* a) loro. b) esse. **a ela le. a elas** loro. **ela mesma** lei stessa.

e.la.bo.rar [elaborˈar] *vt* elaborare.

e.lás.ti.co [elˈastiku] *sm* elastico. • *adj* 1 elastico. 2 versatile.

e.le¹ [ˈɛli] *sm* elle, il nome della lettera L.

e.le² [ˈeli] *pron m sing* 1 egli. 2 esso. 3 lui. 4 colui. 5 **eles** *pl* a) loro. b) essi. c) coloro. **a ele** gli. **a eles** loro. **ele mesmo** lui stesso.

e.léc.tron [elˈɛktrõw] *sm* *Fís*, *Quím* elettrone.

e.le.fan.te [elefˈãti] *sm* *Zool* elefante.

e.le.gân.cia [elegˈãsjə] *sf* 1 eleganza. 2 distinzione, squisitezza. 3 attillatezza. 4 garbo, grazia. 5 *fig* finezza.

e.le.gan.te [elegˈãti] *adj* 1 elegante. 2 distinto, ricercato, squisito. 3 attillato. 4 grazioso.

e.le.ger [eleʒˈer] *vt* 1 eleggere. 2 scegliere. 3 acclamare. 4 *fig* votare.

e.lei.ção [elejsˈãw] *sf* 1 elezione. 2 scelta.

e.lei.tor [elejtˈor] *sm* elettore.

e.le.men.tar [elemẽtˈar] *adj* 1 elementare. 2 *fig* semplice.

e.le.men.to [elemˈẽtu] *sm* 1 elemento. 2 *dep* individuo. 3 *Quím* elemento chimico.

e.le.tri.ci.da.de [eletrisidˈadi] *sf* elettricità.

e.lé.tri.co [elˈɛtriku] *adj* elettrico.

e.le.tri.zar [eletrizˈar] *vt* 1 *Fís* elettrizzare. 2 *fig* entusiasmare.

e.le.tro.do.més.ti.co [eletrodomˈɛstiku] *sm* elettrodomestico.

e.le.trô.ni.ca [eletrˈonikə] *sf* elettronica.

e.le.trô.ni.co [eletrˈoniku] *adj* elettronico.

e.le.va.ção [elevasˈãw] *sf* 1 elevazione. 2 ascesa. 3 rialzo. 4 altura, rilievo, gobba.

e.le.va.do [elevˈadu] *adj* 1 elevato. 2 grande, notevole, eminente. 3 alto. 4 *fam* favoloso (preço, valor).

e.le.va.dor [elevadˈor] *sm* ascensore.

e.le.var [elevˈar] *vt* 1 elevare, alzare, innalzare. 2 costruire, erigere. *vpr* 3 elevarsi. 4 innalzarsi. 5 ascendere.

e.li.mi.nar [eliminˈar] *vt* 1 eliminare. 2 scartare. 3 annullare, cancellare. 4 rimuovere. 5 smaltire. 6 annichilire. 7 *fig* cassare.

e.lip.se [elˈipsi] *sf* *Gram* ellissi, ommissione.

e.li.te [elˈiti] *sf* 1 eletta. 2 *fig* scelta.

e.lo.gi.ar [eloʒiˈar] *vt* 1 elogiare. 2 lodare, complimentare. 3 esaltare. 4 *fig* applaudire. 5 elevare.

e.lo.gi.o [eloʒˈiu] *sm* 1 elogio. 2 lode, complimento.

e.lo.quên.cia [elokˈwẽsjə] *sf* eloquenza.

e.lo.quen.te [elokˈwẽti] *adj* eloquente.

em [ˈẽj] *prep* 1 in. 2 a. *estou em Milão* / sono a Milano. 3 dentro, dentro di, dentro a.

e.ma [ˈemə] *sf* *Zool* nandù.

e.ma.gre.cer [emagresˈer] *vt* 1 snellire. *vi* 2 dimagrire, snellirsi. 3 *fig* risecchire.

e.ma.nar [emanˈar] *vt* emanare, esalare, spirare.

e.man.ci.par [emãsipˈar] *vt* 1 emancipare. *vpr* 2 emanciparsi.

e.ma.ra.nha.do [emarañˈadu] *sm* groviglio.

e.ma.ra.nhar [emarañˈar] *vt* 1 aggrovigliare. *vpr* 2 aggrovigliarsi.

em.ba.ça.do [ẽbasˈadu] *adj* fosco.

em.bai.xa.da [ẽbajʃˈadə] *sf* ambasciata.

em.bai.xa.dor [ẽbajʃadˈor] *sm* 1 ambasciatore. 2 legato. 3 emissario.

em.bai.xo [ẽbˈajʃu] *adv* giù, sotto.
embaixo de sotto.

em.ba.la.gem [ebal'aʒẽj] *sf* imbalaggio, confezione.
em.ba.lar [ebal'ar] *vt* 1 imballare, confezionare, condizionare. 2 cullare (bebê).
em.ba.ra.çar [ebaras'ar] *vt* 1 imbarazzare. *vpr* 2 imbarazzarsi.
em.ba.ra.ço [ebar'asu] *sm* imbarazzo.
em.ba.ra.lhar [ebaraʎ'ar] *vt* 1 accozzare, mescolare. 2 scozzare.
em.bar.ca.ção [ebarkas'ãw] *sf* imbarcazione, bastimento, barca.
em.bar.car [ebark'ar] *vt* 1 imbarcare. *vi* 2 imbarcare, imbarcarsi.
em.bar.que [eb'arki] *sm* imbarco, imbarcazione.
em.be.be.dar [ebebed'ar] *vt* 1 ubriacare. *vpr* 2 ubriacarsi, sborniarsi.
em.be.ber [ebeb'er] *vt* 1 imbevere, bagnare, inzuppare, impregnare. *vpr* 2 imbeversi.
em.be.le.zar [ebelez'ar] *vt* 1 abbellire, adornare. 2 *fig* guarnire, arricchire. *vpr* 3 abbellirsi, adornarsi.
em.ble.ma [ebl'ema] *sm* emblema, insegna, divisa, distintivo.
em.bo.ca.du.ra [ebokad'ura] *sf* bocca.
em.bo.ne.car [ebonek'ar] *vt* 1 adornare. *vpr* 2 *pop* affettarsi.
em.bo.ra [eb'ɔra] *adv* via. • *conj* sebbene, benché, contuttoché, nonostante che.
em.bor.car [ebork'ar] *vt* rimboccare.
em.bos.ca.da [ebosk'ada] *sf* 1 imboscata. 2 agguato.
em.bos.car [ebosk'ar] *vt* appostare.
em.bo.tar [ebot'ar] *vt* 1 spuntare. *vpr* 2 spuntarsi.
em.bran.que.cer [ebrãkes'er] *vt* 1 imbiancare. *vi* 2 imbiancarsi.
em.bre.a.gem [ebre'aʒẽj] *sf Autom* frizione.
em.bri.a.gar [ebrjag'ar] *vt* 1 ubriacare. *vpr* 2 ubriacarsi.
em.bri.a.guez [ebrjag'es] *sf* ubriachezza, ebbrezza.

em.bri.ão [ebri'ãw] *sm Med, Zool* embrione, feto.
em.bro.mar [ebrom'ar] *vt gír* bidonare.
em.bru.lha.da [ebruʎ'ada] *sf pop* imbroglio.
em.bru.lhão [ebruʎ'ãw] *sm* imbroglione, ciarlatano.
em.bru.lhar [ebruʎ'ar] *vt* 1 avvolgere, imballare, confezionare. 2 nauseare. 3 *pop* avviluppare. 4 *fig* imbrogliare, ingannare.
em.bru.lho [ebr'uʎu] *sm* cartoccio, pacchetto.
em.bru.te.cer [ebrutes'er] *vt*, *vi+vpr* abbruttire.
e.me ['emi] *sm* emme, il nome della lettera M.
e.men.da [em'ẽda] *sf* 1 emenda. 2 correzione.
e.men.dar [emẽd'ar] *vt* 1 emendare, correggere, rimediare. *vpr* 2 emendarsi.
e.mer.gên.cia [emerʒ'ẽsjə] *sf* emergenza.
e.mer.gir [emerʒ'ir] *vi* emergere.
e.mer.são [emers'ãw] *sf* emergenza.
e.mi.grar [emigr'ar] *vi* emigrare.
e.mi.nên.cia [emin'ẽsjə] *sf* 1 eminenza. 2 **Eminência** Eminenza.
e.mi.nen.te [emin'ẽti] *adj* eminente, insigne, esimio.
e.mis.são [emis'ãw] *sf* emissione.
e.mis.sor [emis'or] *adj* emittente.
e.mis.so.ra [emis'ɔrə] *sf* emittente. **emissora de televisão** stazione TV.
e.mi.tir [emit'ir] *vt* 1 emettere. 2 rilasciare (documento).
e.mo.ção [emos'ãw] *sf* 1 emozione. 2 *fig* sensazione.
e.mo.ci.o.nar [emosjon'ar] *vt* 1 emozionare. 2 *fig* scuotere.
e.mol.du.rar [emowdur'ar] *vt* corniciare.
em.pa.co.tar [ẽpakot'ar] *vt* appacchettare, imballare, confezionare.
em.pa.da [ẽp'ada] *sf* pasticcio (de carne, peixe).

em.pa.li.de.cer [ẽpalides´er] *vi* impallidire.

em.pa.nar [ẽpan´ar] *vt* 1 abbuiare. 2 infoscare.

em.pan.tur.rar [ẽpãtur̃´ar] *vt* 1 saziare. *vpr* 2 saziarsi.

em.pa.re.lhar [ẽpareλ´ar] *vt* 1 pareggiare. 2 appaiare, accoppiare. *vpr* 3 pareggiarsi.

em.pa.tar [ẽpat´ar] *vt+vi Esp* impattare.

em.pa.te [ẽp´ati] *sm Esp* pareggio.

em.pe.ci.lho [ẽpes´iλu] *sm* impedimento, ostacolo.

em.pe.drar [ẽpedr´ar] *vt* 1 impietrire. 2 pavimentare con pietre. *vi* 3 impietrirsi.

em.pe.nhar [ẽpeñ´ar] *vt* 1 impegnare. *vpr* 2 adoperarsi per, sforzarsi di, studiarsi.

em.pe.nho [ẽp´eñu] *sm* 1 impegno. 2 *fig* applicazione, battaglia.

em.pi.lhar [ẽpiλ´ar] *vt* addossare.

em.pi.nar [ẽpin´ar] *vt* 1 elevare. *vpr* 2 impennarsi (cavalo).

em.plas.tro [ẽpl´astru] *sm Med* impiastro.

em.po.bre.cer [ẽpobres´er] *vt* 1 impoverire, immiserire. *vi+vpr* 2 impoverire, impoverirsi, immiserirsi.

em.po.çar [ẽpos´ar] *vt* appozzare.

em.po.la.do [ẽpol´adu] *adj* ampolloso.

em.pó.rio [ẽp´ɔrju] *sm* emporio.

em.pos.sar [ẽpos´ar] *vt* investire, installare.

em.pre.en.der [ẽpreẽd´er] *vt* intraprendere, imprendere.

em.pre.ga.da [ẽpreg´adə] *sf* donna di servizio, domestica.

em.pre.ga.do [ẽpreg´adu] *sm* 1 impiegato, servitore. 2 domestico. 3 *fig* garzone. **empregado temporário** provvisorio, avventizio, straordinario.

em.pre.gar [ẽpreg´ar] *vt* 1 impiegare. 2 spendere, consumare. 3 adoperare, usare. 4 *Com* impiegare, rigirare (dinheiro). 5 *fig* applicare. *vpr* 6 impiegarsi.

em.pre.go [ẽpr´egu] *sm* 1 impiego. 2 ufficio, servizio, attività. 3 uso, adozione. 4 *fig* posto.

em.prei.ta.da [ẽprejt´adə] *sf* impresa.

em.prei.tei.ro [ẽprejt´ejru] *sm* impresario.

em.pre.sa [ẽpr´ezə] *sf* 1 impresa. 2 azienda, ditta, compagnia. 3 bottega. 4 intrapresa.

em.pre.sá.rio [ẽprez´arju] *sm* impresario.

em.pres.tar [ẽprest´ar] *vt* prestare.

em.prés.ti.mo [ẽpr´ɛstimu] *sm* prestito, mutuo.

em.pu.nhar [ẽpuñ´ar] *vt* stringere.

em.pur.rão [ẽpur̃´ãw] *sm* spinta, impulso.

em.pur.rar [ẽpur̃´ar] *vt* spingere.

e.mu.de.cer [emudes´er] *vt* 1 (também *fig*) ammutolire. *vi* 2 zittirsi.

e.na.mo.ra.do [enamor´adu] *adj* 1 innamorato. 2 *fig* cotto.

e.na.mo.rar [enamor´ar] *vt* 1 innamorare, appassionare. *vpr* 2 appassionarsi.

en.ca.de.ar [ẽkade´ar] *vt* 1 concatenare. *vpr* 2 incatenarsi.

en.ca.der.nar [ẽkadern´ar] *vt* rilegare, legare.

en.cai.xar [ẽkajʃ´ar] *vt* 1 incassare. 2 imboccare (peças). 3 combaciare, coincidere. *vpr* 4 imboccarsi. 5 combaciarsi.

en.cai.xe [ẽk´ajʃi] *sm* sede (de uma peça).

en.cai.xo.tar [ẽkajʃot´ar] *vt* incassare.

en.cal.ço [ẽk´awsu] *sm* incalzo. **sair no encalço de** incalzare.

en.ca.lhar [ẽkaλ´ar] *vi Náut* incagliare, arenare, arenarsi.

en.ca.mi.nhar [ẽkamiñ´ar] *vt* 1 incamminare, indirizzare. 2 orientare. 3 *Com* inoltrare. 4 *fig* avviare. *vpr* 5 incamminarsi, inviarsi.

encanador   350   encouraçar

en.ca.na.dor [ẽkanad´or] *sm pop* fontaniere.

en.can.ta.dor [ẽkãtad´or] *adj* **1** maliardo. **2** *fig* dolce. **3** magico. **4** suggestivo.

en.can.tar [ẽkãt´ar] *vt* **1** incantare. **2** affascinare. **3** ammaliare. **4** conquistare. **5** appassionare, innamorare. *vpr* **6** incantarsi.

en.can.to [ẽk´ãtu] *sm* **1** incanto, incantesimo. **2** *fig* prestigio. **3** magia, suggestione.

en.ca.ra.co.la.do [ẽkarakol´adu] *adj* riccio.

en.ca.ra.co.lar [ẽkarakol´ar] *vt* **1** arricciare. *vpr* **2** arricciarsi.

en.car.ce.rar [ẽkarser´ar] *vt* incarcerare, imprigionare.

en.car.di.do [ẽkard´idu] *adj fam* rocciosso.

en.ca.re.cer [ẽkares´er] *vt+vi* rincarare.

en.car.go [ẽk´argu] *sm* **1** incarico. **2** incombenza, commissione. **3** compito, mandato. **4** onere. **5** *Com* soma. **6** *fig* carico.

en.car.nar [ẽkarn´ar] *vt* **1** *Rel* incarnare. *vpr* **2** *Rel* incarnarsi.

en.car.re.ga.do [ẽkařeg´adu] *sm* incaricato, delegato, responsabile. • *adj* incaricato, delegato.

en.car.re.gar [ẽkařeg´ar] *vt* **1** incaricare, delegare, addossare, assegnare, attribuire. *vpr* **2** incaricarsi di, addossarsi, assumere, assumersi.

en.ca.va.lar [ẽkaval´ar] *vt* incavalcare.

en.ce.nar [ẽsen´ar] *vt Teat* inscenare, mettere in scena.

en.ce.ra.dei.ra [ẽserad´ejrə] *sf* lucidatrice.

en.ce.rar [ẽser´ar] *vt* incerare, lucidare.

en.cer.rar [ẽseř´ar] *vt* **1** finire. **2** *fig* liquidare (um negócio).

en.char.car [ẽ∫ark´ar] *vt* **1** inzuppare. *vpr* **2** inzupparsi.

en.chen.te [ẽ∫´ẽti] *sf* fiotto.

en.cher [ẽ∫´er] *vt* **1** riempire, colmare, gremire. **2** affollare. **3** impregnare. **4** *pop* annoiare, seccare. **5** *fam* disturbare. **6** *fig* saziare, stufare. *vi* **7** gonfiare (rio, maré). *vpr* **8** riempirsi, gremirsi. **9** *fig* saziarsi. **encher o tanque** *Autom* fare il pieno. **encher pneu** gonfiare. **encher um formulário** riempire una scheda.

en.chi.men.to [ẽ∫im´ẽtu] *sm* ripieno.

en.ci.clo.pé.dia [ẽsiklop´ɛdjə] *sf* enciclopedia.

en.ci.u.mar [ẽsjum´ar] *vt* **1** ingelosire. *vpr* **2** ingelosire, ingelosirsi.

en.co.brir [ẽkobr´ir] *vt* **1** velare, dissimulare. **2** celare, nascondere.

en.co.lher [ẽkoʎ´er] *vt* **1** contrarre. **2** riprendere, ritirare (roupa). *vi* **3** accorciarsi. *vpr* **4** contrarsi. **5** *fig* ritrarsi.

en.co.men.da [ẽkomẽdə] *sf* **1** incarico, incombenza. **2** *Com* richiesta, commissione.

en.co.men.dar [ẽkomẽd´ar] *vt* **1** incaricare. **2** *Com* ordinare.

en.con.trar [ẽkõtr´ar] *vt* **1** trovare. **2** incontrare. **3** *fig* vedere. *vpr* **4** trovarsi. **5** incontrarsi. **6** scontrarsi con. **7** essere, stare. **8** riunirsi, raccogliersi. **encontrar alguém** (ou **encontrar-se com alguém**) **por acaso** intopparsi in.

en.con.tro [ẽk´õtru] *sm* **1** incontro. **2** appuntamento. **3** convegno. **de encontro a** contro, contro a, contro di. **de encontro ao muro** contro il muro, contro al muro. **ir de encontro a** incontrare.

en.co.ra.jar [ẽkoraʒ´ar] *vt* **1** incoraggiare. **2** confortare. **3** rianimare, animare. **4** *fig* stimolare.

en.cor.pa.do [ẽkorp´adu] *adj* corpulento.

en.cos.ta [ẽk´ɔstə] *sf Geogr* costa.

en.cos.tar [ẽkost´ar] *vt* **1** appoggiare. **2** approssimare, appressare. *vpr* **3** addossarsi. **encostar a porta** accostare la porta.

en.cos.to [ẽk´ostu] *sm* appoggio.

en.cou.ra.çar [ẽkowras´ar] *vt* corazzare, blindare.

en.cra.var [ĕkrav'ar] vi incarnarsi (dente, unha).
en.cren.ca [ĕkr'ĕkə] sf 1 gír grattacapo. 2 guaio, problema. 3 imbroglio, intrigo.
en.cres.par [ĕkresp'ar] vt 1 increspare. 2 arricciare (cabelos). vpr 3 incresparsi.
en.cru.zi.lha.da [ĕkruziλ'adə] sf crocevia.
en.cur.tar [ĕkurt'ar] vt 1 scorciare, accorciare, abbreviare. vi 2 scorciarsi.
en.cur.va.do [ĕkurv'adu] adj curvo.
en.cur.var [ĕkurv'ar] vt incurvare, curvare.
en.de.re.çar [ĕderes'ar] vt 1 indirizzare. 2 dirigere, rivolgere. 3 fig avviare.
en.de.re.ço [ĕder'esu] sm indirizzo.
en.di.a.bra.do [ĕdjabr'adu] sm+adj pop discolo.
en.di.rei.tar [ĕdirejt'ar] vt 1 drizzare, raddrizzare. vpr 2 addrizzarsi.
en.di.vi.dar [ĕdivid'ar] vt 1 indebitare. vpr 2 indebitarsi.
en.doi.de.cer [ĕdojdes'er] vi impazzire.
en.dos.sar [ĕdos'ar] vt Com girare, avallare.
en.dos.so [ĕd'osu] sm Com girata, garanzia.
en.du.re.cer [ĕdures'er] vt 1 indurire, assodare. vi+vpr 2 indurire, indurirsi, assodarsi.
e.ne ['eni] sm enne, il nome della lettera N.
e.ne.gre.cer [enegres'er] vt annerire.
e.ner.gi.a [ener3'iə] sf 1 energia. 2 attività. 3 fig anima, sangue, vita. 4 braccio, forza.
e.nér.gi.co [en'ɛr3iku] adj 1 energico. 2 efficace, drastico. 3 intenso, veemente. 4 fig forte.
e.ne.vo.ar [enevo'ar] vt annebbiare.
en.fa.dar [ĕfad'ar] vt 1 infastidire. vpr 2 infastidirsi. Sin: enfastiar.
en.fa.do.nho [ĕfad'oñu] adj 1 molesto, monotono. 2 fig gravoso.

en.fai.xar [ĕfajʃ'ar] vt (também Med) fasciare, bendare.
ên.fa.se ['ɛfazi] sf 1 enfasi. 2 veemenza.
en.fas.ti.ar [ĕfasti'ar] vt+vpr V enfadar.
en.fa.ti.zar [ĕfatiz'ar] vt accentuare, esclamare.
en.fei.tar [ĕfejt'ar] vt 1 addobbare, decorare. 2 adornare, abbellire. 3 fregiare. 4 fig bardare. vpr 5 adornarsi, acconciarsi.
en.fei.te [ĕf'ejti] sm 1 ornamento, decorazione, apparato. 2 soprammobile. 3 fregio. 4 gala, finimento.
en.fei.ti.çar [ĕfejtis'ar] vt ammaliare, incantare, affascinare.
en.fer.ma.ri.a [ĕfermar'iə] sf 1 infermeria. 2 corsia.
en.fer.mei.ra [ĕferm'ejrə] sf infermiera.
en.fer.mei.ro [ĕferm'ejru] sm infermiere.
en.fer.mi.da.de [ĕfermid'adi] sf 1 infermità, malattia, morbo. 2 fig malanno.
en.fer.mo [ĕf'ermu] sm malato, ammalato. • adj malato, ammalato, infermo.
en.fer.ru.jar [ĕferu3'ar] vt 1 arrugginire, ossidare. vi+vpr 2 arrugginirsi, ossidarsi.
en.fi.ar [ĕfi'ar] vt 1 infilare. 2 ficcare, conficcare, cacciare. vpr 3 cacciarsi.
en.fi.lei.rar [ĕfilejr'ar] vt 1 schierare, affilare, allineare. vpr 2 schierarsi.
en.fim [ĕf'ĩ] adv infine, alfine.
en.fo.car [ĕfok'ar] vt mettere a fuoco.
en.for.car [ĕfork'ar] vt 1 impiccare, appiccare. vpr 2 impiccarsi, appiccarsi, sospendersi.
en.fra.que.cer [ĕfrakes'er] vt 1 indebolire, infiacchire. 2 fiaccare. 3 deprimere. 4 Med debilitare. vi+vpr 5 indebolirsi, infiacchirsi.
en.fren.tar [ĕfrẽt'ar] vt affrontare (um perigo).
en.fu.re.cer [ĕfures'er] vt 1 esasperare. vi+vpr 2 infuriarsi. 3 arrabbiarsi. 4 esaltarsi. 5 infuriare (mar).

engaiolar 352 **ensaio**

en.gai.o.lar [ẽgajol'ar] *vt* ingaiolare.
en.ga.nar [ẽgan'ar] *vt* **1** ingannare, imbrogliare, raggirare, illudere. **2** *gír* bidonare. **3** *fam* menare per il naso. **4** *fig* accalappiare. *vpr* **5** ingannarsi, errare, sbagliare. **se não me engano** se non sbaglio.
en.gan.char [ẽgãʃ'ar] *vt* ingaciare, agganciare.
en.ga.no [ẽg'∧nu] *sm* **1** inganno. **2** broglio, raggiro. **3** sbaglio, equivoco, torto. **4** illusione. **5** *gír* bidone. **6** fig trappola, amo. **7** granchio.
en.gar.ra.far [ẽgaʀaf'ar] *vt* imbottigliare, infiascare.
en.ga.ti.lhar [ẽgatiʎ'ar] *vt* alzare il cane del fucile.
en.ge.nhei.ro [ẽʒeñ'ejru] *sm* ingegnere.
en.ge.nho [ẽʃ'eñu] *sm* **1** ingegno, genio, talento. **2** apparecchio, dispositivo.
en.ge.nho.so [ẽʒeñ'ozu] *adj* **1** ingegnoso. **2** arguto.
en.go.do [ẽg'odu] *sm* **1** esca, richiamo. **2** *fig* ghiottoneria.
en.go.lir [ẽgol'ir] *vt* **1** inghiottire, deglutire. **2** *fig* mandare giù (ofensas, injustiças etc.).
en.go.mar [ẽgom'ar] *vt* ingommare.
en.gor.dar [ẽgord'ar] *vt* ingrassare.
en.gra.ça.do [ẽgras'adu] *adj* comico.
en.gra.da.do [ẽgrad'adu] *sm* gabbia.
en.gran.de.cer [ẽgrãdes'er] *vt* **1** ingrandire, aggrandare. **2** esaltare *vpr* **3** aggrandirsi.
en.gra.vi.dar [ẽgravid'ar] *vt* **1** ingravidare. **2** impregnare. *vi* **3** ingravidare. **4** impregnarsi.
en.gra.xar [ẽgraʃ'ar] *vt* lustrare, lucidare.
en.gra.xa.te [ẽgraʃ'ati] *sm* lustrascarpe, lustrino.
en.gre.na.gem [ẽgren'aʒẽj] *sf* ingranaggio.
en.gros.sar [ẽgros'ar] *vt* **1** ingrossare. *vi* **2** ingrossare, ingrossarsi.

en.gui.a [ẽg'iə] *sf Zool* anguilla.
e.nig.ma [en'igmə] *sm* **1** enigma, mistero, segreto. **2** *fig* sciarada.
en.jo.o [ẽʒ'ou] *sm Med* nausea. **enjoo de navio** mal di mare.
en.la.çar [ẽlas'ar] *vt* allacciare, accalappiare.
en.le.vo [ẽl'evu] *sm* **1** estasi, incantesimo. **2** *Rel* estasi. **3** *fig* ubriachezza.
en.lou.que.cer [ẽlowkes'er] *vt* **1** far impazzire. *vi* **2** impazzire, ammattire.
e.no.bre.cer [enobres'er] *vt* annobilire.
e.no.jar [enoʒ'ar] *vt* **1** schifare, fare schifo, rivoltare. **2** *fig* sazire.
e.nor.me [en'ɔrmi] *adj* enorme, gigantesco, colossale, smisurato.
en.qua.drar [ẽkwadr'ar] *vt* corniciare.
en.quan.to [ẽk'wãtu] *conj* mentre. **enquanto isso** nel frattempo, intanto. **por enquanto** per il momento, intanto.
en.rai.ve.cer [ẽʀajves'er] *vi+vpr* arrabbiare.
en.rai.zar [ẽʀajz'ar] *vt* **1** attaccare in terra con le radici. *vpr* **2** (também *fig*) radicarsi.
en.re.do [ẽʀ'edu] *sm Lit* trama, tela, groviglio.
en.ri.je.cer [ẽʀiʒes'er] *vt* **1** irrigidire, indurire. *vi+vpr* **2** irrigidirsi.
en.ri.que.cer [ẽʀikes'er] *vt* **1** arricchire. **2** *fig* guarnire. *vi+vpr* **3** arricchire, arricchirsi.
en.ro.lar [ẽʀol'ar] *vt* **1** avvolgere, avviluppare. **2** arricciare, increspare (cabelos). **3** *pop* abbindolare, imbrogliare. *vpr* **4** incresparsi.
en.ru.bes.cer [ẽʀubes'er] *vi* arrossire.
en.ru.gar [ẽʀug'ar] *vt* **1** increspare. *vpr* **2** incresparsi.
en.sa.bo.ar [ẽsabo'ar] *vt* **1** insaponare. *vpr* **2** insaponarsi.
en.sai.ar [ẽsaj'ar] *vt* concertare.
en.sai.o [ẽs'aju] *sm* **1** saggio. **2** *Quím, Fís* esperienza, esperimento. **3** *Teat* prova.

en.san.guen.tar [ēsãgwĕt´ar] *vt* insanguinare, sanguinare.
en.se.a.da [ēse´adə] *sf Geogr* insenatura, seno, rada, cala.
en.se.bar [ēseb´ar] *vt* insegare.
en.se.jo [ēs´eʒu] *sm* opportunità, luogo.
en.si.nar [ēsin´ar] *vt* 1 insegnare, educare, ammaestrare. 2 *fig* mostrare.
en.so.pa.do [ēsop´adu] *sm* ragù. • *adj* bagnato fradicio. **ficar ensopado** imbeversi.
en.so.par [ēsop´ar] *vt* 1 inzuppare, bagnare, imbevere. *vpr* 2 inzupparsi, imbeversi.
en.sur.de.cer [ēsurdes´er] *vt* 1 assordare. *vi* 2 insordire.
en.ta.lhar [ētaʎ´ar] *vt* intagliare, scolpire.
en.ta.lhe [ēt´aʎi] *sm* intaglio, tacca.
en.tão [ēt´ãw] *adv* 1 allora. 2 in quel tempo. 3 perciò, sicché. 4 dunque. **desde então** d'allora in poi, d'allora innanzi.
en.tar.de.cer [ētardes´er] *sm* crepuscolo.
en.te.a.do [ēte´adu] *sm* figliastro.
en.te [´ēti] *sm* ente.
en.te.di.ar [ētedi´ar] *vt* 1 annoiare, infastidire. *vpr* 2 infastidirsi.
en.ten.der [ētẽd´er] *sm* intendimento. • *vt* 1 capire. 2 comprendere, intendere. 3 cogliere, pigliare. 4 *fig* concepire, vedere. 5 *gír* registrare. *vpr* 6 intendersi. **eles se entendem!** se la intendono! **entender de** intendersi di, conoscere. **no meu entender** secondo me.
en.ter.rar [ēteř´ar] *vt* 1 interrare. 2 seppellire. 3 sotterrare. 4 affondare.
en.ter.ro [ēt´eřu] *sm* seppellimento, sepoltura.
en.tor.pe.cen.te [ētorpes´ẽti] *sm Med* droga.
en.tor.pe.cer [ētorpes´er] *vt* 1 intorpidire, irrigidire. 2 *fig* addormentare. *vi+vpr* 3 intorpidirsi, irrigidirsi. 4 *fig* addormentarsi.

en.tra.da [ētr´adə] *sf* 1 entrata, accesso, ingresso. 2 apertura. 3 antipasto. 4 *Teat* ingresso, biglietto d'ingresso. 5 *Com* entrata. **entrada de edifício** portineria.
en.tra.nha [ētr´Λɲə] *sf* 1 entragna. 2 **entranhas** *pl* (também *fig*) viscere. **entranhas de animal** interiora, interiori.
en.trar [ētr´ar] *vi* 1 entrare. 2 introdursi. 3 penetrare. **deixar entrar** ammettere. **posso entrar?** permettete?
en.tre [´ētri] *prep* tra, fra, tramezzo, frammezzo.
en.tre.ga [ētr´egə] *sf* consegna.
en.tre.gar [ētreg´ar] *vt* 1 consegnare. 2 assegnare. 3 dare, presentare. 4 rimettere. 5 tradire, denunciare. 6 restituire. 7 affidare, fidare. *vpr* 8 dedicarsi. 9 occuparsi di. 10 arrendersi, cedere. 11 abbandonarsi. 12 *fig* immergersi in.
en.tre.la.çar [ētrelas´ar] *vt* 1 intrecciare. *vpr* 2 intrecciarsi.
en.tre.tan.to [ētret´ãtu] *adv* mentre, nel contempo. • *conj* tuttavia.
en.tre.te.ni.men.to [ētretenim´ẽtu] *sm* divertimento.
en.tre.ter [ētret´er] *vt* 1 intrattenere, trattenere, divertire. *vpr* 2 trattenersi.
en.tre.vis.ta [ētrev´istə] *sf Jorn* intervista.
en.tre.vis.tar [ētrevist´ar] *vt Jorn* intervistare.
en.tris.te.cer [ētristes´er] *vt* 1 rattristare, addolorare, amareggiare. *vi+vpr* 2 rattristare, intristire, divenire triste.
en.tu.lhar [ētuʎ´ar] *vt* ingombrare.
en.tu.pir [ētup´ir] *vt* 1 ostruire. 2 ingombrare.
en.tu.si.as.mar [ētuzjazm´ar] *vt* 1 entusiasmare. 2 *fig* elettrizzare. *vpr* 3 entusiasmarsi. 4 *fig* elettrizzarsi.
en.tu.si.as.mo [ētuzi´azmu] *sm* 1 entusiasmo. 2 animazione. 3 *fig* ardore, calore. 4 trasporto. 5 impeto, slancio.

e.nu.me.rar [enumer´ar] *vt* enumerare.

en.ve.lhe.cer [ẽveλes´er] *vt* **1** invecchiare. *vi* **2** invecchiare, invecchiarsi. **3** *fig* avvizzire.

en.ve.lo.pe [ẽvel´opi] *sm* busta.

en.ve.ne.nar [ẽvenen´ar] *vt* **1** avvelenare. **2** intossicare, attossicare. **3** appestare. **4** contaminare.

en.ver.go.nhar [ẽvergoñ´ar] *vt* **1** umiliare. **2** *fig* confondere. *vpr* **3** vergognarsi. **4** *fig* arrossire.

en.ver.ni.zar [ẽverniz´ar] *vt* verniciare.

en.vi.ar [ẽvi´ar] *vt* inviare, mandare, rimettere, spedire, inoltrare.

en.vi.e.sa.do [ẽvjez´adu] *adj* sbieco, sghembo, bieco.

en.vi.o [ẽv´iu] *sm* invio, rimessa, spedizione.

en.vol.ver [ẽvowv´er] *vt* **1** involgere. **2** coinvolgere, implicare. **3** sedurre. **4** avviluppare. *vpr* **5** involgersi. **6** implicarsi.

en.xa.da [ẽʃ´adə] *sf* zappa, marra.

en.xa.guar [ẽʃag´war] *vt* **1** risciacquare. *vpr* **2** risciacquarsi.

en.xá.gue [ẽʃ´agwi] *sm* risciacquo.

en.xa.me [ẽʃ´Λmi] *sm* **1** sciame. **2** *fig* sciame, folla, moltitudine.

en.xa.que.ca [ẽʃak´ekə] *sf Med* cefalea.

en.xer.gar [ẽʃerg´ar] *vt* **1** vedere. **2** *fig* presentire. **3** indovinare.

en.xe.ri.do [ẽʃer´idu] *sm dep* ficcanaso.

en.xer.tar [ẽʃert´ar] *vt* innestare, inserire.

en.xo.fre [ẽʃ´ofri] *sm Quím* zolfo.

en.xo.tar [ẽʃot´ar] *vt* scacciare, espellere.

en.xo.val [ẽʃov´aw] *sm* corredo. *Pl:* enxovais.

en.xu.gar [ẽʃug´ar] *vt* asciugare, seccare.

en.xur.ra.da [ẽʃuɾ´adə] *sf* alluvione.

e.pi.de.mi.a [epidem´iə] *sf* **1** epidemia. **2** *fig* morbo.

e.pi.der.me [epidˈɛrmi] *sf Anat* epidermide.

e.pi.lep.si.a [epilepsˈiə] *sf Med* epilessia.

e.pí.lo.go [epˈilogu] *sm* epilogo.

e.pi.só.dio [epizˈɔdju] *sm* episodio: a) avvenimento, caso, evento, vicenda. b) capitolo.

é.po.ca [ˈɛpokə] *sf* **1** epoca. **2** tempo, giorni. **3** stadio. **4** *fig* era, fase.

e.qua.ção [ekwasˈãw] *sf Mat* equazione.

E.qua.dor [ekwadˈor] *sm Geogr* Equatore.

e.qui.li.bra.do [ekilibrˈadu] *adj* stabile.

e.qui.li.brar [ekilibrˈar] *vt* **1** equilibrare. **2** bilanciare. **3** pareggiare. *vpr* **4** equilibrarsi.

e.qui.lí.brio [ekilˈibrju] *sm* **1** equilibrio. **2** simmetria. **3** *fig* bilico. **4** armonia, bellezza.

e.qui.no [ekˈwinu] *adj* equino. **os equinos** *Zool* gli equini.

e.qui.nó.cio [ekinˈɔsju] *sm* equinozio.

e.qui.pa.men.to [ekipamˈẽtu] *sm* apparato.

e.qui.par [ekipˈar] *vt* equipaggiare, corredare, fornire, provvedere, approvigionare.

e.qui.ta.ção [ekitasˈãw] *sf* equitazione.

e.qui.va.lên.cia [ekivalˈẽsjə] ou [ekiwalˈẽsjə] *sf* equivalenza, uguaglianza.

e.qui.va.len.te [ekivalˈẽti] ou [ekiwalˈẽti] *adj* equivalente, pari.

e.qui.va.ler [ekivalˈer] ou [ekiwalˈer] *vt* equivalere a, corrispondere a, valere.

e.quí.vo.co [ekˈivoku] *sm* equivoco.

e.ra [ˈɛrə] *sf* **1** era. **2** età. **3** *fig* anno, secolo.

e.re.to [erˈɛtu] *adj* ritto.

er.guer [ergˈer] *vt* **1** alzare, innalzare, elevare. **2** erigere. **3** edificare. **4** rizzare. *vpr* **5** alzarsi, innalzarsi. **6** erigersi.

e.ri.çar [erisˈar] *vpr* rizzarsi.

e.ri.gir [eriʒˈir] *vt* **1** erigere. **2** alzare, costruire. **3** fondare, creare.

e.ro.são [erozˈãw] *sf Geol* erosione.

e.ró.ti.co [erˊɔtiku] *adj* **1** erotico. **2** *fig* sensuale, sessuale.

er.ra.do [eFˊadu] *adj* **1** sbagliato, incorretto, scorretto. **2** *fig* storto.

er.rar [eFˊar] *vt* **1** sbagliare. **2** fallire. *vi* **3** errare. **4** vagare, vagabondare. **5** divagare. **6** sbagliare, ingannarsi.

er.ra.ta [eFˊatə] *sf* errata, lista di errori.

er.re [ˊeFi] *sm* erre, il nome della lettera R.

er.ro [ˊeFu] *sm* **1** errore. **2** sbaglio, equivoco, mancanza. **3** illusione. **4** torto. **5** *fig* granchio, papera, abbaglio.

e.ru.di.ção [erudisˊãw] *sf* erudizione, sapienza, sapere.

e.ru.di.to [erudˊitu] *sm* erudito. • *adj* **1** erudito. **2** letterato.

e.rup.ção [erupsˊãw] *sf Geol, Med* eruzione.

er.va [ˊɛrvə] *sf Bot* erba. **erva daninha** erbaccia.

er.va-do.ce [ɛrvədˊosi] *sf Bot* finocchio. *Pl: ervas-doces.*

er.va-ma.te [ɛrvəmˊati] *sf Bot* mate, matè. *Pl: ervas-mate.*

er.vi.lha [ervˊiʎə] *sf* pisello.

es.ban.jar [ezbãʒˊar] *vt* **1** sperperare. **2** *fig* dissipare.

es.bel.to [ezbˊewtu] *adj* svelto, snello.

es.bo.çar [ezbosˊar] *vt* **1** sbozzare, tracciare, schizzare. **2** *fig* delineare.

es.bo.ço [ezbˊosu] *sm* **1** sbozzo, schizzo. **2** brutta copia. **3** schema, bozza. **4** *fig* scheletro.

es.bu.ra.car [ezburakˊar] *vt* sforacchiare, bucare.

es.ca.bro.so [eskabrˊozu] *adj* scabro, scabroso.

es.ca.da [eskˊadə] *sf* scala. **escada rolante** scala mobile.

es.ca.da.ri.a [eskadarˊiə] *sf* scalinata.

es.ca.fan.dro [eskafˊãdru] *sm Náut* scafandro.

es.ca.la [eskˊalə] *sf* **1** scala, sequenza. **2** *Aer, Náut* scalo.

es.ca.lão [eskalˊãw] *sm Mil* scaglione.

es.ca.lar [eskalˊar] *vt* **1** scalare. **2** arrampicarsi.

es.cal.dar [eskawdˊar] *vt* scottare.

es.ca.ma [eskˊʌmə] *sf Zool* squama, scaglia.

es.ca.mar [eskãmˊar] *vt* **1** spalancare. **2** *fig* squarciare.

es.cân.da.lo [eskˊãdalu] *sm* **1** scandalo. **2** *irôn* tragedia. **3** *fig* scena.

es.can.da.lo.so [eskãdalˊozu] *adj* scandaloso.

es.can.di.na.vo [eskãdinˊavu] *sm+adj* scandinavo.

es.can.tei.o [eskãtˊeju] *sm Fut* calcio d'angolo.

es.ca.par [eskapˊar] *vt+vi* **1** scappare. **2** fuggire. **3** sfuggire a. **4** evadere. **5** sopravvivere. **6** *irôn* galoppare.

es.ca.pa.tó.ria [eskapatˊɔrjə] *sf* scappatoia.

es.ca.pu.lir [eskapulˊir] *vi* **1** fuggire. **2** *fam* battersela.

es.car.céu [eskarsˊɛw] *sm* **1** schiamazzo, gridata. **2** *Náut* cavallone.

es.car.la.te [eskarlˊati] *sm+adj* scarlatto.

es.car.rar [eskaFˊar] *vi* scaracchiare.

es.car.ro [eskˊaFu] *sm* scaracchio.

es.cas.se.ar [eskasseˊar] *vi* scarseggiare.

es.cas.sez [eskasˊes] *sf* **1** scarsezza, scarsità. **2** *fig* ristrettezza.

es.cas.so [eskˊasu] *adj* **1** scarso, raro, esiguo, poco. **2** *fig* magro.

es.ca.va.ção [eskavasˊãw] *sf* scavatura.

es.ca.var [eskavˊar] *vt* scavare, cavare.

es.cla.re.cer [esklaresˊer] *vt* **1** chiarire, spiegare, illustrare. **2** appurare, constatare, assodare. **3** *fig* illuminare.

es.cla.re.ci.men.to [esklaresimˊẽtu] *sm* **1** spiegazione, illustrazione, informazione. **2** *fig* luce.

es.co.ar [eskoˊar] *vi* scolare, colare, filtrare.

es.co.la [eskˊɔlə] *sf* **1** scuola. **2** collegio. **3** corrente (de ideias). **escola primaria** scuola elementare. **escola secundária**

scuola media, scuola secondaria, liceo, ginnasio.

es.co.lha [eskˈoλə] *sf* **1** scelta. **2** selezione. **3** elezione, adozione. **4** partito. **5** *Dir* opzione. **à escolha** a scelta.

es.co.lher [eskoλˈer] *vt* **1** scegliere. **2** selezionare. **3** eleggere, adottare. **4** assortire. **5** *Dir* optare per. **6** *fig* votare. **7** filtrare.

es.col.ta [eskˈɔwtə] *sf* scorta.

es.col.tar [eskowtˈar] *vt* scortare.

es.con.der [eskõdˈer] *vt* **1** nascondere. **2** occultare. **3** celare. **4** covare, chiudere. **5** *fig* velare, mascherare. *vpr* **6** nascondersi. **7** occultarsi. **8** appostarsi. **10** *fig* svanire.

es.con.de.ri.jo [eskõderˈiʒu] *sm* **1** nascondiglio. **2** *fig* buco.

es.có.ria [eskˈɔrjə] *sf* **1** scoria. **2** *fig* gentaglia.

es.co.ri.a.ção [eskorjasˈãw] *sf* escoriazione.

es.cor.pi.ão [eskorpiˈãw] *sm* **1** scorpione. **2 Escorpião** *Astron, Astrol* Scorpione.

es.cor.re.ga.di.o [eskoRegadˈiu] *adj* scivoloso, sdrucciolevole.

es.cor.re.gar [eskoRegˈar] *vi* scivolare, sdrucciolare.

es.cor.rer [eskoRˈer] *vi* **1** scorrere, fluire. **2** scolare.

es.co.va [eskˈovə] *sf* spazzola. **escova de dentes** spazzolino da denti.

es.co.var [eskovˈar] *vt* **1** spazzolare. **2** spolverare.

es.cra.vi.dão [eskravidˈãw] *sf* **1** schiavitù, servitù. **2** *fig* catene, ferri.

es.cra.vo [eskrˈavu] *sm+adj* schiavo, servo.

es.cre.ver [eskrevˈer] *vt* **1** scrivere. **2** redigere, comporre, stendere.

es.cri.ta [eskrˈitə] *sf* **1** scritta, scrittura. **2** *fig* cifra.

es.cri.tor [eskritˈor] *sm* **1** scrittore. **2** *fig* autore.

es.cri.tó.rio [eskritˈɔrju] *sm* ufficio, gabinetto, studio. **no escritório de da.** *ir no escritório de um advogado* / andare da un avvocato.

es.cri.tu.ra [eskritˈurə] *sf Dir* scrittura.

es.cri.va.ni.nha [eskrivanˈiɲə] *sf* scrivania, scrittoio.

es.cri.vão [eskrivˈãw] *sm* scrivano.

es.crú.pu.lo [eskrˈupulu] *sm* scrupolo.

es.cu.dei.ro [eskudˈejru] *sm Hist* scudiero.

es.cu.do [eskˈudu] *sm* **1** scudo. **2** insegna. **3** *fig* corazza.

es.cul.pir [eskuwpˈir] *vt* scolpire, figurare.

es.cul.tor [eskuwtˈor] *sm* scultore.

es.cul.tu.ra [eskuwtˈurə] *sf* scultura.

es.cu.ma.dei.ra [eskumadˈejrə] *sf* mestola.

es.cu.re.cer [eskuresˈer] *vt* **1** scurire, abbuiare. **2** annerire. *vi* **3** scurire, scurirsi. **4** abbuiare, abbuiarsi (tempo). **5** annottare (céu).

es.cu.ri.dão [eskuridˈãw] *sf* **1** scurità. **2** buio. **3** *fig* notte.

es.cu.ro [eskˈuru] *sm* scuro, buio. • *adj* **1** scuro. **2** buio, tenebroso. **3** cupo. **4** tetro. **5** torbido. **6** oscuro.

es.cu.ta [eskˈutə] *sf* ascolto.

es.cu.tar [eskutˈar] *vt* **1** ascoltare, sentire, udire. *vi* **2** ascoltare.

es.far.ra.pa.do [esfaRapˈadu] *sm* straccione. • *part+adj* stracciato.

es.far.ra.par [esfaRapˈar] *vt* stracciare.

es.fe.ra [esfˈɛrə] *sf* **1** *Geom* sfera, globo. **2** *fig* sfera, ambito, dominio.

es.fin.ge [esfˈĩʒi] *sf Hist, Mit* sfinge.

es.fo.lar [esfolˈar] *vt* **1** scorticare, spellare. *vpr* **2** scorticarsi.

es.fo.me.a.do [esfomeˈadu] *adj* affamato, famelico.

es.for.çar [esforsˈar] *vt* **1** rinvigorire. **2** incoraggiare, animare. *vpr* **3** sforzarsi, faticare. **4** sforzarsi di, adoperarsi per.

esforço   357   **espelho**

es.for.ço [esfˈorsu] *sm* **1** sforzo. **2** fatica, stento. **3** tentativo. **4** *fig* maratona.
es.fre.gar [esfregˈar] *vt* **1** sfregare, fregare, strisciare. *vpr* **2** fregarsi, strofinarsi.
es.fri.ar [esfriˈar] *vt* **1** raffreddare. *vi+vpr* **2** raffreddarsi, intiepidirsi.
es.ga.nar [ezganˈar] *vt* strozzare, strangolare.
es.go.tar [ezgotˈar] *vt* esaurire.
es.go.to [ezgˈotu] *sm* fogna, chiavica, cloaca.
es.gri.ma [ezgrˈimə] *sf Esp* scherma.
es.gui.char [ezgiʃˈar] *vt+vi* schizzare.
es.gui.cho [ezgˈiʃu] *sm* schizzo, getto.
es.la.vo [ezlˈavu] *sm+adj* slavo.
es.ma.e.cer [ezmaesˈer] *vt Pint* digradare.
es.ma.gar [ezmagˈar] *vt* **1** schiacciare, calpestare, calcare. **2** *fig* distruggere.
es.mal.te [ezmˈawti] *sm* smalto. **esmalte para unhas** smalto per unghie.
es.me.ra.do [ezmerˈadu] *adj* accurato.
es.me.ral.da [ezmerˈawdə] *sf Min* smeraldo.
es.mi.ga.lhar [ezmigaλˈar] *vt* sbriciolare, stritolare.
es.mi.u.çar [ezmjusˈar] *vt* **1** sminuzzare. **2** *fig* svolgere, spiegar minuziosamente.
es.mo.la [ezmˈɔlə] *sf* elemosina, carità. **dar uma esmola** fare un'elemosina. **pedir esmolas** elemosinare, mendicare, accattare.
es.mo.lar [ezmolˈar] *vt+vi* elemosinare.
es.mo.re.cer [ezmoresˈer] *vt* **1** addormentare. *vi* **2** sbigottirsi, abbattersi, abbandonarsi, disanimarsi.
e.sô.fa.go [ezˈofagu] *sm Anat* esofago.
es.pa.çar [espasˈar] *vt* **1** spaziare. **2** *fig* alternare.
es.pa.ci.al [espasiˈaw] *adj* spaziale. *Pl: espaciais.*
es.pa.ço [espˈasu] *sm* **1** spazio. **2** superficie, tratto. **3** lacuna.

es.pa.ço.so [espasˈozu] *adj* spazioso, ampio.
es.pa.da [espˈadə] *sf* **1** spada. **2 espadas** *pl* picche, spade (naipe das cartas).
es.pa.gue.te [espagˈeti] *sm* spaghetti.
es.pa.lhar [espaλˈar] *vt* **1** spargere. **2** diffondere (notícia). **3** spandere. *vpr* **4** spargersi. **5** spandersi.
es.pan.car [espãkˈar] *vt* **1** bastonare, picchiare. **2** *fam* pestare.
es.pa.nhol [espaɲˈow] *sm+adj* spagnolo. *Pl: espanhóis.*
es.pan.ta.lho [espãtˈaλu] *sm* spauracchio, fantoccio.
es.pan.tar [espãtˈar] *vt* **1** spaventare. **2** *fig* agghiacciare. *vpr* **3** spaventarsi. **4** *fig* agghiacciarsi.
es.pan.to [espˈãtu] *sm* spavento.
es.pa.ra.dra.po [esparadrˈapu] *sm Med* sparadrappo, drappo.
es.par.ra.mar [espaʀamˈar] *vt* **1** spargpagliare, disseminare. **2** disperdere.
es.par.ti.lho [espartˈiλu] *sm* busto, gilè.
es.pe.ci.al [espesiˈaw] *adj* **1** speciale. **2** specifico. **3** raro, straordinario. *Pl: especiais.*
es.pe.ci.a.lis.ta [espesjalˈistə] *s* esperto, perito. • *adj* esperto, perito, competente.
es.pe.ci.a.ri.as [espesjarˈias] *sf pl* spezie, aromi, droghe. **temperar com especiarias** drogare.
es.pé.cie [espˈɛsji] *sf* **1** specie. **2** genere, natura, qualità. **3** *Zool* specie.
es.pe.ci.fi.car [espesifikˈar] *vt* **1** specificare, precisare. **2** *Dir* declarare.
es.pe.cí.fi.co [espesˈifiku] *adj* specifico.
es.pé.ci.me [espˈɛsimi] *sm Zool* esemplare.
es.pec.tro [espˈɛktru] *sm* **1** spettro. **2** fantasma. **3** *fig* larva.
es.pe.cu.lar [espekulˈar] *vt* **1** *Fil, Com* speculare. **2** *fig* pappare.
es.pe.lho [espˈeλu] *sm* specchio. **espelho retrovisor** *Autom* specchietto retrovisivo.

es.pe.lun.ca [espel´ũkə] *sf* bisca, piccola casa di gioco.

es.pe.ra [esp´ɛrə] *sf* attesa, aspetto, aspettativa. **à espera de** in attesa di. **ficar à espera** attendere.

es.pe.ran.ça [esper´ãsə] *sf* speranza. **perder a esperança** disperare. **ter esperança** sperare.

es.pe.rar [esper´ar] *vt+vi* **1** aspettare. **2** attendere. **3** sperare. **espero que não** spero di no. **espero que sim** spero di sì.

es.per.ma [esp´ɛrmə] *sm* Fisiol sperma.

es.per.ne.ar [esperne´ar] *vi* sgambettare.

es.per.ta.lhão [espertaʎ´ãw] *sm dep* **1** furbo. **2** *fam* filone. **3** *fig* volpe.

es.per.te.za [spert´ezə] *sf* **1** furbizia. **2** astuzia, malizia. **3** destrezza, scaltrezza. **4** vivacità.

es.per.to [esp´ɛrtu] *adj* **1** furbo. **2** astuto, scaltro. **3** avveduto. **4** vivace. **5** lesto, svelto.

es.pes.so [esp´esu] *adj* **1** spesso, fitto, denso. **2** *fig* grasso.

es.pes.su.ra [espes´urə] *sf* spessore, grossezza.

es.pe.ta.cu.lar [espetakul´ar] *adj* spettacolare.

es.pe.tá.cu.lo [espet´akulu] *sm* Cin, Teat spettacolo, rappresentazione. **espetáculo de variedades** varietà.

es.pe.tar [espet´ar] *vt* pizzicare.

es.pe.to [esp´etu] *sm* spiedo.

es.pi.ão [espi´ãw] *sm* **1** spia. **2** *fig* gír canarino.

es.pi.ar [espi´ar] *vt* spiare.

es.pi.ga [esp´igə] *sf* spiga.

es.pi.na.fre [espin´afri] *sm* spinacio.

es.pin.gar.da [espĩg´ardə] *sf* spingarda.

es.pi.nha [esp´iɲə] *sf* Anat spina. **espinha de peixe** Zool lisca, spina. **espinha dorsal** Anat spina dorsale.

es.pi.nho [esp´iɲu] *sm* Bot spina.

es.pi.o.nar [espjon´ar] *vt* **1** spiare. **2** *fig* ascoltare.

es.pí.ri.ta [esp´iritə] *s* spiritista.

es.pí.ri.to [esp´iritu] *sm* **1** spirito. **2** anima. **3** demone. **4** il morale. **5** *Mit* genio, gnomo. **6** *Quím* spirito. **o Espírito Santo** lo Spirito Santo.

es.pi.ri.tu.al [espiritu´aw] *adj* **1** spirituale. **2** morale. *Pl: espirituais.*

es.pir.rar [espir´ar] *vt* **1** schizzare, aspergere. *vi* **2** schizzare. **3** starnutire.

es.pir.ro [esp´iʀu] *sm* starnuto.

es.plên.di.do [espl´ẽdidu] *adj* splendido, magnifico.

es.plen.dor [esplẽd´or] *sm* splendore.

es.pó.lio [esp´ɔlju] *sm* preda, spoglie.

es.pon.ja [esp´õʒə] *sf* spugna. **esponja para pó de arroz** piumino.

es.pon.tâ.neo [espõt´Anju] *adj* **1** spontaneo. **2** franco. **3** *fig* fluido. **4** fresco.

es.po.ra [esp´ɔrə] *sf* sperone.

es.po.rá.di.co [espor´adiku] *adj* sporadico.

es.por.te [esp´ɔrti] *sm* sport.

es.por.ti.vo [esport´ivu] *adj* sportivo.

es.po.sa [esp´ozə] *sf* **1** sposa, moglie, coniuge. **2** *irôn* femmina. **3** *fig* signora.

es.po.so [esp´ozu] *sm* sposo, coniuge.

es.pre.gui.çar-se [espregis´arsi] *vpr* sdraiarsi, stirarsi.

es.prei.tar [esprejt´ar] *vt* **1** spiare, sorvegliare. **2** *fig* ascoltare.

es.pre.mer [esprem´er] *vt* spremere, premere.

es.pu.ma [esp´umə] *sf* spuma, schiuma.

es.qua.dra [esk´wadrə] *sf* **1** Mil, Aer squadra. **2** Náut squadra, flotta.

es.qua.drão [eskwadr´ãw] *sm* Mil squadrone. **esquadrão de polícia** squadra.

es.qua.dro [esk´wadru] *sm* squadra.

es.quá.li.do [esk´walidu] *adj* squallido.

es.quar.te.jar [eskwarteʒ´ar] *vt* squartare.

es.que.cer [eskes´er] *vt* **1** dimenticare, scordare. **2** *fig* archiviare, seppellire. *vpr* **3** dimenticarsi, scordarsi.

es.que.ci.men.to [eskesim´ẽtu] *sm* **1** dimenticanza. **2** omissione.

es.que.le.to [eskel´etu] *sm* Anat **1** scheletro. 2 *Arquit* armatura. 3 *fig* larva, persona magra. **esqueleto de objeto** struttura.

es.que.ma [eskˈemə] *sm* 1 schema. 2 diagramma, tavola. 3 bozza. 4 sintesi.

es.quen.tar [eskẽtˈar] *vt* 1 riscaldare, scaldare. *vi* 2 riscaldarsi. *vpr* 3 scaldarsi.

es.quer.da [eskˈerdə] *sf* (também *Pol*) sinistra.

es.quer.do [eskˈerdu] *adj* 1 sinistro. 2 manco, mancino.

es.qui [eskˈi] *sm Esp* sci. **esqui aquático** sci d'acqua.

es.qui.ar [eskiˈar] *vi* sciare.

es.qui.lo [eskˈilu] *sm Zool* scoiattolo.

es.qui.mó [eskimˈɔ] *s+adj* eschimese.

es.qui.na [eskˈinə] *sf* angolo, gomito di una via.

es.qui.si.to [eskizˈitu] *adj* 1 bizzarro, strano, stravagante. 2 *fig* matto.

es.qui.var [eskivˈar] *vt* 1 schivare, fuggire. *vpr* 2 schivarsi, sottrarsi. 3 *fig* aggirare.

es.qui.zo.frê.ni.co [eskizofrˈeniku] *sm+adj Psic* schizofrenico.

es.sa [ˈɛsə] *pron f sing* 1 codesta. **2 essas** *pl* codeste.

es.se[1] [ˈɛsi] *sm* esse, il nome della lettera S.

es.se[2] [ˈesi] *pron m sing* 1 codesto. **2 esses** *pl* codesti.

es.sên.cia [esˈẽsjə] *sf* 1 essenza. 2 natura, contenuto. 3 anima. 4 *fig* centro, cuore. 5 sugo.

es.sen.ci.al [esẽsiˈaw] *sm* essenziale, punto principale. • *adj* 1 essenziale. 2 capitale, principale. 3 necessario, vitale. *Pl*: essenciais.

es.ta [ˈɛstə] *pron f sing* 1 questa, quest'. **2 estas** *pl* queste.

es.ta.be.le.cer [estabelesˈer] *vt* 1 stabilire. 2 fissare. 3 disporre. 4 fondare. 5 designare, determinare. *vpr* 6 stabilirsi. 7 fissarsi.

es.ta.be.le.ci.men.to [estabelesimˈẽtu] *sm* stabilimento.

es.ta.bi.li.da.de [estabilidˈadi] *sf* 1 stabilità. 2 durata. 3 saldezza. 4 *fig* tenacia.

es.ta.bi.li.zar [estabilizˈar] *vt* 1 stabilizzare. 2 fissare. 3 consolidare. *vpr* 4 stabilizzarsi, fissarsi.

es.tá.bu.lo [estˈabulu] *sm* stalla.

es.ta.ca [estˈakə] *sf* palanca, palo.

es.ta.ção [estasˈãw] *sf* 1 stazione. 2 stagione. **estação de rádio** canale di radio, stazione radiofonica. **estação de televisão** stazione TV.

es.ta.ci.o.na.men.to [estasionamˈẽtu] *sm Autom* parcheggio, posteggio, sosta.

es.ta.ci.o.nar [estasjonˈar] *vt* 1 parcheggiare, posteggiare. *vi* 2 stazionare.

es.ta.di.a [estadˈiə] *sf* soggiorno.

es.tá.dio [estˈadju] *sm Esp* stadio, arena.

es.ta.do [estˈadu] *sm* 1 stato. 2 situazione. 3 disposizione. 4 grado. 5 *fig* livello. **estado civil** stato civile. **estado de espírito** stato d'animo. **o Estado** *Pol* lo Stato.

es.tá.gio [estˈaʒju] *sm* 1 fase. 2 tirocinio.

es.ta.la.gem [estalˈaʒẽj] *sf* osteria, locanda.

es.ta.lar [estalˈar] *vi* scoppiettare.

es.ta.lei.ro [estalˈejru] *sm Náut* cantiere.

es.ta.lo [estˈalu] *sm* scoppio.

es.tam.pa [estˈãpə] *sf* stampa.

es.tam.par [estãpˈar] *vt* stampare, imprimere.

es.tan.dar.te [estãdˈarti] *sm* 1 stendardo, insegna. 2 *fig* bandiera.

es.ta.nho [estˈɐ̃ɲu] *sm Min* stagno.

es.tan.te [estˈãti] *sf* scaffale, libreria.

es.tar [estˈar] *vaux* 1 essere. *vt* 2 stare. **estar arrasado** essere a terra. **estar atrasado** essere in ritardo.

es.tar.re.cer [estarresˈer] *vt* terrificare.

es.tá.ti.co [estˈatiku] *adj* statico.

es.ta.tís.ti.ca [estatˈistikə] *sf* statistica.

estátua   360   **estrago**

es.tá.tua [est´atwə] *sf* 1 statua. 2 idolo.

es.ta.tu.ra [estat´urə] *sf* statura, corporatura, taglia.

es.ta.tu.to [estat´utu] *sm* statuto.

es.tá.vel [est´avew] *adj* 1 stabile. 2 immutabile. 3 costante. 4 statico, fisso. 5 *fig* sodo, fermo, saldo. *Pl*: *estáveis*.

es.te[1] [´esti] *pron m sing* 1 questo, quest'. 2 **estes** *pl* questi.

es.te[2] [´esti] *sm* est.

es.tei.ra [est´ejrə] *sf* 1 stuoia. 2 *Náut* solco.

es.te.li.o.na.to [esteljon´atu] *sm Dir* stellionato.

es.ten.der [estẽd´er] *vt* 1 stendere. 2 allargare. 3 distendere. 4 spiegare, coricare. 5 porgere. 6 estendere, espandere. *vpr* 7 stendersi. 8 distendersi. 9 spiegarsi. 10 estendersi, espandersi.

es.te.pe [est´epi] *sm Autom* ruota di ricambio.

es.ter.co [est´erku] *sm* sterco, letame.

es.té.reo [est´ɛrju] *sm pop* stereo. • *adj* stereo.

es.té.ril [est´eriw] *adj* 1 sterile. 2 improduttivo. 3 arido. 4 *fig* magro.

es.te.ri.li.zar [esteriliz´ar] *vt* sterilizzare.

es.té.ti.ca [est´ɛtikə] *sf* estetica.

es.ti.a.gem [esti´aʒẽj] *sf* siccità.

es.ti.bor.do [estib´ɔrdu] *sm Náut* tribordo.

es.ti.car [estik´ar] *vt* 1 stirare, distendere, tendere. *vpr* 2 distendersi.

es.ti.lin.gue [estil´ĩgi] *sm* fionda.

es.ti.lis.ta [estil´istə] *s* stilista.

es.ti.lo [est´ilu] *sm* 1 stile. 2 genere. 3 dicitura. 4 *fig* atteggiamento, tocco.

es.ti.ma [est´imə] *sf* 1 stima. 2 considerazione, pregio, rispetto. 3 onore. 4 benevolenza, grazia.

es.ti.mar [estim´ar] *vt* 1 stimare. 2 apprezzare. 3 considerare. 4 *Com* valutare.

es.ti.ma.ti.va [estimat´ivə] *sf Com* estimo, valutazione.

es.ti.mu.lar [estimul´ar] *vt* 1 stimolare. 2 eccitare. 3 sollecitare. 4 provocare, suscitare. 5 *fig* accendere, svegliare. 6 sferzare, stuzzicare.

es.tí.mu.lo [est´imulu] *sm* 1 stimolo. 2 incentivo. 3 *fig* sveglia. 4 sperone. 5 impulso.

es.ti.pu.lar [estipul´ar] *vt* stipulare.

es.ti.rar [estir´ar] *vt* stirare, coricare, distendere.

es.tir.pe [est´irpi] *sf* 1 stirpe. 2 lignaggio. 3 famiglia. 4 *fig* sangue. 5 ramo.

es.to.far [estof´ar] *vt* imbottire.

es.to.jo [est´oʒu] *sm* astuccio, custodia.

es.to.la [est´ɔlə] *sf* stola.

es.tô.ma.go [est´omagu] *sm Anat* stomaco.

es.ton.te.ar [estõte´ar] *vt* stordire, assordare.

es.to.pim [estop´ĩ] *sm* stoppino.

es.to.que [est´ɔki] *sm* riserva.

es.tor.var [estorv´ar] *vt* impedire.

es.tor.vo [est´orvu] *sm* impedimento, impiccio.

es.tou.rar [estowr´ar] *vt* 1 esplodere. *vi* 2 esplodere, scoppiare.

es.tou.ro [est´owru] *sm* 1 esplosione. 2 *fig* tuono.

es.trá.bi.co [estr´abiku] *sm* strabico, guercio. • *adj* strabico, guercio.

es.tra.ça.lhar [estrasaλ´ar] *vt* stracciare, lacerare.

es.tra.da [estr´adə] *sf* 1 strada. 2 *fig* traiettoria. **estrada de ferro** strada ferrata, ferrovia. **estrada de rodagem** autostrada.

es.tra.do [estr´adu] *sm* castello.

es.tra.gar [estrag´ar] *vt* 1 guastare. 2 danneggiare. 3 logorare. 4 rompere. 5 sprecare, sperperare. 6 deteriorare. 7 corrompere, deturpare. *vi* 8 marcire. *vpr* 9 guastarsi. 10 deteriorarsi. 11 logorarsi.

es.tra.go [estr´agu] *sm* 1 guasto. 2 danno. 3 spreco. 4 corruzione.

estrangeiro 361 **etimologia**

es.tran.gei.ro [estrãʒ´ejru] sm+adj straniero, forestiero, estero, estraneo.

es.tran.gu.lar [estrãgul´ar] vt 1 strangolare, strozzare. vpr 2 strangolarsi, strozzarsi.

es.tra.nhe.za [estrañ´ezə] sf 1 stranezza. 2 stravaganza.

es.tra.nho [estr´∧ñu] sm estraneo. • adj 1 strano. 2 bizzarro, stravagante. 3 anormale. 4 estraneo, alieno. 5 incomprensibile. 6 fam poetico. 7 fig matto.

es.tra.té.gia [estrat´ɛʒjə] sf strategia, tattica.

es.tre.ar [estre´ar] vi debuttare.

es.tre.ba.ri.a [estrebar´iə] sf stalla.

es.trei.a [estr´ejə] sf debutto.

es.trei.tar [estrejt´ar] vt stringere.

es.trei.te.za [estrejt´ezə] sf 1 strettezza, ristrettezza, angustia.

es.trei.to [estr´ejtu] sm Geogr stretto. • adj 1 stretto, sottile. 2 angusto, ristretto.

es.tre.la [estr´elə] sf 1 stella, astro. 2 Cin, Teat stella, diva, attrice famosa. **estrela cadente** Astron stella cadente.

es.tre.la-do-mar [estrelədum´ar] sf Zool stella di mare. Pl: estrelas-do-mar.

es.tre.me.cer [estremes´er] vi 1 tremare, sussultare. 2 vibrare.

es.tri.a [estr´iə] sf stria.

es.tri.bo [estr´ibu] sm Equit staffa.

es.tri.den.te [estrid´ẽti] adj stridente.

es.tri.to [estr´itu] adj stretto (sentido).

es.tro.fe [estr´ɔfi] sf Mús, Poét strofa, stanza.

es.tron.do [estr´õdu] sm tuono.

es.tru.me [estr´umi] sm letame, marcime.

es.tru.tu.ra [estrut´urə] sf 1 struttura. 2 telaio. 3 architettura. 4 fig anatomia.

es.tu.á.rio [estu´arju] sm Geogr estuario, foce, sbocco.

es.tu.dan.te [estud´ãti] s 1 studente, scolaro, allievo, alunno. 2 studentessa, allieva, alunna. • adj studente.

es.tu.dar [estud´ar] vt 1 studiare. 2 analizzare, considerare. 3 esplorare. 4 imparare. 5 fig coltivare. vi 6 studiare, addottrinarsi. 7 fig illuminarsi. **estudar a fundo** approfondirsi. • **es.tú.dio** [est´udju] sm 1 studio. 2 gabinetto. 3 atelier. 4 Cin, TV studio.

es.tu.di.o.so [estudi´ozu] sm 1 studioso, scienziato. 2 fig professore. • adj studioso, diligente.

es.tu.do [est´udu] sm 1 studio. 2 analisi. 3 ricerca. 4 esercizio.

es.tu.fa [est´ufə] sf stufa. **estufa para plantas** serra.

es.tu.pen.do [estup´ẽdu] adj stupendo, meraviglioso.

es.tu.pi.dez [estupid´es] sf 1 stupidaggine, imbecillità. 2 fig asineria.

es.tú.pi.do [est´upidu] sm 1 stupido, cretino, imbecille. 2 fig coglione. 3 somaro. • adj 1 stupido, imbecille. 2 fig ottuso.

es.tu.prar [estupr´ar] vt stuprare, violentare.

es.tu.pro [est´upru] sm Dir stupro, oltraggio.

es.tu.que [est´uki] sm stucco.

es.va.zi.ar [ezvazi´ar] vt svuotare, vuotare.

es.vo.a.çar [ezvoas´ar] vi svolazzare, frullare.

e.ta.pa [et´apə] sf 1 tappa, stadio. 2 fig scalo, gradino.

é.ter [´ɛter] sm Quím etere.

e.ter.ni.zar [eterniz´ar] vt 1 eternare, far eterno. vpr 2 eternarsi, diventare eterno.

e.ter.no [et´ɛrnu] adj 1 eterno. 2 immortale. 3 infinito. 4 continuo.

é.ti.ca [´ɛtikə] sf etica.

é.ti.co [´ɛtiku] sm+adj etico.

e.ti.mo.lo.gi.a [etimoloʒ´iə] sf etimologia.

e.ti.que.ta [etik´etə] *sf* **1** etichetta. **2** cerimonia. **3** *fig* rituale.

eu [´ew] *pron* io. • *sm* io, l'ego.

eu.ca.lip.to [ewkal´iptu] *sm Bot* eucalipto.

eu.fe.mis.mo [ewfem´izmu] *sm Gram* eufemismo.

eu.fo.ni.a [ewfon´iə] *sf Gram* eufonia.

eu.fo.ri.a [ewfor´iə] *sf* euforia.

eu.ro.peu [ewrop´ew] *sm+adj* europeo.

e.va.cu.ar [evaku´ar] *vt* **1** evacuare. **2** scaricare. *vi* **3** svuotare, svuotarsi. **evacuar multidão** fare piazza pulita.

e.va.dir [evad´ir] *vt* **1** sfuggire a. *vpr* **2** evadere.

E.van.ge.lho [evãʒ´ɛʎu] *sm Rel* Vangelo.

e.va.po.rar [evapor´ar] *vt* **1** evaporare. *vi+vpr* **2** evaporare. **3** *fam* scappare.

e.va.são [evaz´ãw] *sf* evasione.

e.va.si.va [evaz´ivə] *sf* scusa.

e.ven.to [ev´ẽtu] *sm* evento, fatto, vicenda, avventura.

e.ven.tu.al [evẽtu´aw] *adj* eventuale. *Pl: eventuais*.

e.vi.dên.cia [evid´ẽsjə] *sf* **1** evidenza, stacco. **2** *fig* rilievo.

e.vi.den.ci.ar [evidẽsi´ar] *vt* **1** mettere in evidenza, accentuare. *vpr* **2** risaltare.

e.vi.den.te [evid´ẽti] *adj* **1** evidente. **2** chiaro, ovvio, palese, patente. **3** *fig* flagrante, visibile.

e.vi.tar [evit´ar] *vt* **1** evitare. **2** sfuggire a, schivare, scansare. **3** prevenire, parare. **4** *fig* aggirare.

e.vo.car [evok´ar] *vt* evocare, chiamare le anime.

e.vo.lu.ção [evolus´ãw] *sf* **1** evoluzione. **2** processo. **3** progresso. **4** *Mil, Náut* manovra. **5** *fig* cammino. **6** profitto.

e.xa.cer.bar [ezaserb´ar] *vt* esacerbare.

e.xa.ge.ra.do [ezaʒer´adu] *adj* esagerato, eccessivo, smodato.

e.xa.ge.rar [ezaʒer´ar] *vt* **1** esagerare. **2** caricare. **3** *fig* montare, gonfiare. *vi* **4** abusare.

e.xa.ge.ro [ezaʒ´eru] *sm* **1** esagerazione. **2** estremo. **3** enfasi. **4** *fig* follia.

e.xa.lar [ezal´ar] *vt* esalare, emanare, spirare.

e.xal.tar [ezawt´ar] *vt* **1** esaltare. **2** celebrare. **3** elevare, innalzare. *vpr* **4** esaltarsi. **5** *fig* ubriacarsi.

e.xa.me [ez´ʌmi] *sm* **1** esame. **2** analisi. **3** discussione. **4** concorso. **5** prova. **6** osservazione. **7** *fig* cimento. **8** rassegna, vaglio. **fazer um exame** fare un esame. **passar num exame** superare un esame. **prestar um exame** dare un esame, sostenere un esame.

e.xa.mi.nar [ezamin´ar] *vt* **1** esaminare. **2** analizzare. **3** discutere. **4** osservare, guardare, contemplare. **5** esplorare. **6** studiare, considerare.

e.xa.ti.dão [ezatid´ãw] *sf* esattezza, correttezza, precisione.

e.xa.to [ez´atu] *adj* **1** esatto. **2** corretto, giusto. **3** preciso, accurato.

e.xau.rir [ezaur´ir] *vt* **1** esaurire. **2** sterilizzare, rendere sterile (solo). *vpr* **3** esaurirsi.

e.xaus.to [ez´awstu] *adj* esausto, stanco, morto.

ex.ce.ção [eses´ãw] *sf* **1** eccezione. **2** *Dir* riserva. **à exceção de/com exceção de** salvo, eccetto, fuorché.

ex.ce.der [esed´er] *vt* **1** eccedere. **2** oltrepassare, sorpassare, sopravanzare. *vpr* **3** eccedere, disordinarsi.

ex.ce.lên.cia [esel´ẽsjə] *sf* **1** eccellenza. **2** squisitezza. **3** grandezza. **Sua Excelência** Sua Eccellenza. **Vossa Excelência** Vostra Eccellenza.

ex.ce.len.te [esel´ẽti] *adj* **1** eccellente. **2** ottimo. **3** squisito. **4** grande, esimio. **5** *fig* sublime, divino.

ex.cên.tri.co [es´ẽtriku] *adj* **1** eccentrico, fuori del centro. **2** *fig* eccentrico, lunatico. • *sm fig* originale.

ex.cep.ci.o.nal [esepsjon´aw] *adj* **1** eccezionale. **2** raro, straordinario. **3** formidabile. *Pl: excepcionais*.

ex.ces.si.vo [eses′ivu] *adj* **1** eccessivo. **2** smisurato. **3** smodato, troppo. **4** ridondante.

ex.ces.so [es′ɛsu] *sm* **1** eccesso. **2** sopravanzo, troppo. **3** abuso. **excesso de peso** sovraccarico.

ex.ce.to [es′ɛtu] *prep* eccetto, salvo, tranne, fuorché.

ex.ce.tu.ar [esetu′ar] *vt* eccettuare, escludere.

ex.ci.ta.ção [esitas′ãw] *sf* **1** eccitazione. **2** agitazione. **3** animazione. **4** entusiasmo.

ex.ci.tar [esit′ar] *vt* **1** eccitare, destare, svegliare. **2** provocare, infiammare. **3** stuzzicare. **4** agitare. **5** stimolare. *vpr* **6** eccitarsi. **7** infiammarsi. **8** animarsi. **9** palpitare.

ex.cla.mar [esklam′ar] *vi* esclamare.

ex.clu.ir [esklu′ir] *vt* escludere, eliminare, eccettuare.

ex.clu.si.vo [eskluz′ivu] *adj* **1** esclusivo. **2** privato. **3** ristretto.

ex.co.mun.gar [eskomũg′ar] *vt* Rel scomunicare.

ex.co.mu.nhão [eskomuñ′ãw] *sf* Rel scomunica.

ex.cre.men.to [eskrem′ẽtu] *sm* **1** escremento. **2** *fig* cacca. **3 excrementos** *pl* escrementi, materie fecali.

ex.cur.são [eskurs′ãw] *sf* escursione, gita, giro, girata.

e.xe.cu.ção [ezekus′ãw] *sf* **1** esecuzione, compimento. **2** *Mús* esecuzione.

e.xe.cu.tar [ezekut′ar] *vt* **1** eseguire. **2** effettuare, fare. **3** attendere a. **4** praticare. **5** giustiziare. **6** *Mús* eseguire.

e.xem.plar [ezẽpl′ar] *sm* esemplare, esempio, copia. • *adj* **1** esemplare. **2** *fig* luminoso.

e.xem.plo [ez′ẽplu] *sm* **1** esempio. **2** *fig* modello. **3** orma, specchio. **dar bom exemplo** *fig* edificare. **por exemplo** per esempio, ad esempio. **seguir bons exemplos** *fig* edificarsi. **seguir o exemplo de** ricalcare.

e.xer.cer [ezers′er] *vt* esercire, fungere.

e.xer.cí.cio [ezers′isju] *sm* **1** esercizio. **2** pratica. **3** compito. **4** *Com* esercizio, annata. **5** *Mil* esercizio, manovra.

e.xer.ci.tar [ezersit′ar] *vt* **1** esercitare. **2** allenare. **3** addestrare. **4** praticare. *vpr* **5** esercitarsi. **6** addestrarsi, maneggiarsi, provarsi.

e.xér.ci.to [ez′ɛrsitu] *sm* esercito.

e.xi.bi.ção [ezibis′ãw] *sf* ostentazione, bravata.

e.xi.bir [ezib′ir] *vt* **1** esibire. **2** mostrare, produrre. **3** affettare. *vpr* **4** esibirsi. **5** prodursi.

e.xi.gên.cia [eziʒ′ẽsjə] *sf* esigenza, pretesa, pretensione.

e.xi.gir [eziʒ′ir] *vt* **1** esigere. **2** pretendere. **3** richiedere, costare.

e.xí.guo [ez′igwu] *adj* **1** esiguo. **2** ristretto. **3** *fig* minuscolo.

e.xi.lar [ezil′ar] *vt* **1** esiliare, deportare, bandire. *vpr* **2** esiliarsi.

e.xí.lio [ez′ilju] *sm* esilio, bando.

e.xí.mio [ez′imju] *adj* esimio, bravo, valente.

e.xi.mir [ezim′ir] *vt* **1** esimere. *vpr* **2** esimersi, esentarsi, dispensarsi.

e.xis.tên.cia [ezist′ẽsjə] *sf* **1** esistenza. **2** vita.

e.xis.tir [ezist′ir] *vi* **1** esistere. **2** esserci. **3** sussistere.

ê.xi.to [′ezitu] *sm* **1** esito, successo, riuscita. **2** *fig* vittoria.

e.xo.ne.rar [ezoner′ar] *vt* esonerare, dispensare.

e.xor.bi.tan.te [ezorbit′ãti] *adj* **1** esorbitante. **2** *fam* favoloso.

e.xor.ci.zar [ezorsiz′ar] *vt* Rel esorcizzare.

e.xor.tar [ezort′ar] *vt* esortare, indurre.

e.xó.ti.co [ez′ɔtiku] *adj* **1** esotico. **2** *fig* pittoresco.

ex.pan.dir [espãd′ir] *vt* **1** espandere. **2** spandere. *vpr* **3** espandersi. **4** spandersi. **5** *Fís* dilatarsi (gás).

ex.pan.são [espãs′ãw] *sf* espansione.

ex.pan.si.vo [espãs′ivu] *adj* espansivo.

ex.pec.ta.ti.va [espektat′iva] *sf* aspettativa, prospettiva.

ex.pe.di.ção [espedis′ãw] *sf* **1** spedizione. **2** invio. **3** emissione.

ex.pe.dir [esped′ir] *vt* **1** spedire. **2** inviare. **3** emettere. **4** rilasciare.

ex.pe.lir [espel′ir] *vt* **1** espellere. **2** smaltire. **3** *fig* vomitare.

ex.pe.ri.ên.cia [esperi′ẽsjə] *sf* **1** esperienza. **2** pratica. **3** conoscenza. **4** prova, saggio. **5** fatto. **6** *Quím, Fís* esperienza, esperimento. **7** *fig* arte. **ter experiência com** essere pratico di, conoscere.

ex.pe.ri.en.te [esperi′ẽti] *adj* esperto, pratico, valente.

ex.pe.ri.men.tar [esperimẽt′ar] *vt* **1** sperimentare. **2** provare, saggiare. **3** tentare. **4** assaggiare, gustare. **5** *fig* tastare. **6** attraversare.

ex.pe.ri.men.to [esperim′ẽtu] *sm Quím, Fís* esperimento, esperienza, saggio.

ex.pi.ar [espi′ar] *vt* **1** espiare. **2** *fig* purgare.

ex.pi.rar [espir′ar] *vi* **1** spirare. **2** espirare. **3** crepare, morire.

ex.pli.ca.ção [esplikas′ãw] *sf* **1** spiegazione. **2** commento, illustrazione. **3** esposizione, versione. **4** difesa. **5** discolpa. **6** *fig* luce.

ex.pli.car [esplik′ar] *vt* **1** spiegare. **2** chiarire. **3** esporre. **4** interpretare, illustrare. **5** giustificare, motivare. **6** *Dir* declarare. **7** *fig* illuminare. **8** tradurre. *vpr* **9** spiegarsi. **10** difendersi.

ex.plí.ci.to [espl′isitu] *adj* esplicito, espresso.

ex.plo.dir [esplod′ir] *vt* **1** esplodere. *vi* **2** esplodere. **3** detonare. **4** scoppiare.

ex.plo.rar [esplor′ar] *vt* **1** esplorare. **2** tastare. **3** sfruttare. **4** *Mil* riconoscere, battere. **5** *fam* frugare.

ex.plo.são [esploz′ãw] *sf* esplosione.

explosão de raiva scatto. **explosão emocional** *fig* tempesta.

ex.plo.si.vo [esploz′ivu] *sm* esplosivo, bomba, mina. • *adj* esplosivo.

ex.po.en.te [espo′ẽti] *sm Mat* esponente. • *adj* esponente.

ex.por [esp′or] *vt* **1** esporre. **2** mostrare. **3** compromettere. *vpr* **4** esporsi. **5** scoprirsi.

ex.por.tar [esport′ar] *vt* esportare, estrarre.

ex.po.si.ção [espozis′ãw] *sf* **1** esposizione. **2** discorso. **3** fiera campionaria. **4** *Fot* esposizione.

ex.pos.to [esp′ostu] *adj* **1** esposto. **2** soggetto.

ex.pres.são [espres′ãw] *sf* espressione, modo di dire. **2** *Gram* frase.

ex.pres.si.vo [espres′ivu] *adj* espressivo, eloquente.

ex.pres.so [espr′εsu] *adj* **1** espresso. **2** esplicito. **3** formale. • *sm* espresso (trem, mensageiro).

ex.pri.mir [esprim′ir] *vt* **1** esprimere. **2** rendere. **3** *fig* spirare.

ex.pul.são [espuws′ãw] *sf* **1** espulsione. **2** esilio.

ex.pul.sar [espuws′ar] *vt* **1** espellere. **2** cacciar via, scacciare. **3** sloggiare. **4** esiliare.

êx.ta.se [′estazi] *sm* **1** estasi, rapimento. **2** *Rel* estasi, ratto. **3** *fig* ubriachezza, trasporto.

ex.ta.si.ar [estazi′ar] *vt* **1** estasiare. **2** *fig* rapire. *vpr* **3** estasiarsi.

ex.ten.são [estẽs′ãw] *sf* **1** estensione. **2** espansione. **3** ampiezza. **4** lunghezza.

ex.ten.so [est′ẽsu] *adj* **1** esteso. **2** grande. **3** ampio. **por extenso** per esteso.

ex.te.ri.or [esteri′or] *sm* **1** esteriore. **2** *fig* facciata. • *adj* **1** esteriore. **2** esterno. **3** (também *fig*) apparente. **no exterior** all'estero. **o exterior** l'estero.

ex.ter.mi.nar [estermin′ar] *vt* **1** sterminare. **2** *fig* distruggere, sopprimere.

ex.ter.mí.nio [esterm´inju] *sm* sterminio, carneficina.
ex.ter.no [est´εrnu] *adj* esterno, esteriore.
ex.tin.ção [estĩs´ãw] *sf* estinzione.
ex.tin.guir [estĩg´ir] *vt* 1 estinguere. 2 chiudere. 3 spegnere (fogo). *vpr* 4 estinguersi. 5 spegnersi.
ex.tin.tor [estit´or] *sm* extintor de incêndio estintore.
ex.tir.par [estirp´ar] *vt* estirpare, smuovere.
ex.tor.quir [estork´ir] *vt* 1 estorcere, strappare. 2 *fig* spellare, spennare. 3 spremere.
ex.tor.são [estors´ãw] *sf* estorsione.
ex.tra.ir [estra´ir] *vt* 1 estrarre. 2 cavare, ricavare. 3 estirpare. 4 cavare (dente).
ex.tra.or.di.ná.rio [estraordin´arju] *adj* 1 straordinario. 2 raro. 3 incredibile. 4 stupendo.
ex.tra.ter.res.tre [εstrateř´εstri] *sm* alieno.

ex.tra.to [estr´atu] *sm* 1 *Geol* strato. 2 *Quím* estratto.
ex.tra.va.gân.cia [estravag´ãsjə] *sf* 1 stravaganza. 2 bizzarria. 3 stranezza. 4 ticchio. 5 *fig* pazzia.
ex.tra.va.gan.te [estravag´ãti] *adj* 1 stravagante. 2 bizzarro, eccentrico.
ex.tra.va.sar [estravaz´ar] *vi* traboccare.
ex.tra.vi.ar [estravi´ar] *vt* 1 smarrire. *vpr* 2 smarrirsi.
ex.tra.vi.o [estrav´iu] *sm* smarrimento, disvio.
ex.tre.mi.da.de [estremid´adi] *sf* 1 estremità. 2 cima, punta. 3 confine, termine. 4 polo. 5 ciglio. 6 *fig* orlo.
ex.tre.mo [estr´emu] *sm* 1 estremo. 2 estremità. 3 *fig* fondo. • *adj* 1 estremo. 2 *fig* supremo. 3 matto.
ex.tro.ver.ti.do [estrovert´idu] *adj* 1 estroverso, brioso. 2 *fig* chiassoso.
ex.u.be.ran.te [ezuber´ãti] *adj* 1 esuberante. 2 *fig* giovanile.

f

f [´ɛfi] *sm* la sesta lettera dell'alfabeto portoghese.
fá [f´a] *sm Mús* fa.
fã [f´ã] *sm* **1** fanatico. **2** *pop* tifoso.
fá.bri.ca [f´abrikə] *sf* fabbrica, stabilimento.
fa.bri.car [fabrik´ar] *vt* **1** fabbricare. **2** costruire. **3** produrre. **4** fare, formare.
fá.bu.la [f´abulə] *sf* favola, fiaba.
fa.bu.lo.so [fabul´ozu] *adj* **1** favoloso. **2** formidabile. **3** *fig* splendido.
fa.ca [f´akə] *sf* coltello. **faca de dois gumes** (também *fig*) arma a doppio taglio.
fa.ca.da [fak´adə] *sf* coltellata.
fac.ção [faks´ãw] *sf* **1** fazione, parte. **2** ala di un partito. **3** *fig* setta.
fa.ce [f´asi] *sf* **1** faccia. **2** viso. **3** sembianza. **4** *Poét* volto. **5** *fig* faccia (de objetos). **face a face** a viso a viso.
fa.cha.da [faʃ´adə] *sf* **1** facciata, aspetto esterno. **2** *Arquit* facciata, fronte. **3** *fig* crosta.
fa.cho [f´aʃu] *sm* fiaccola.
fa.ci.al [fasi´aw] *adj* faciale, della faccia. *Pl: faciais*.
fá.cil [f´asiw] *adj* **1** facile. **2** agevole. **3** *fig* rapido, semplice. *Pl: fáceis*.
fa.ci.li.da.de [fasilid´adi] *sf* facilità, agevolezza.
fa.ci.li.tar [fasilit´ar] *vt* **1** facilitare, agevolare, ammollire. **2** spianare.
fac-sí.mi.le [faks´imili] *sm* facsimile. *Pl: fac-símiles*.

fa.cul.da.de [fakuwd´adi] *sf* **1** facoltà. **2** competenza. **3** capacità. **faculdade de medicina** facoltà di medicina.
fa.da [f´adə] *sf* **1** fata. **2** *fig* bella, donna formosa.
fa.di.ga [fad´igə] *sf* fatica, stanchezza.
fa.do [f´adu] *sm* **1** fato, destino, sorte. **2** canzone popolare portoghese.
fai.são [fajz´ãw] *sm Zool* fagiano.
fa.ís.ca [fa´iskə] *sf* **1** scintilla. **2** fulmine.
fa.is.car [fajsk´ar] *vi* scintillare, sfavillare.
fai.xa [f´ajʃə] *sf* fascia, cinta, benda, lista. **faixa de pedestres** passaggio pedonale. **faixa de tecido** banda. **faixa em uniforme** striscia.
fa.la [f´alə] *sf* parlata, parola. **fala de um ator** *Cin, Teat* battuta.
fa.lan.ge [fal´ãʒi] *sf* **1** *Anat* falange. **2** *Hist* falange, fanteria greca.
fa.lar [fal´ar] *vt* **1** parlare. **2** dire. *vi* **3** parlare, conversare. **falar alto** schiamazzare. **falar às claras** buttare in faccia. **falar a sério** dir davvero. **falar demais** berciare. **falar mal de** *fig* dire corna di.
fal.cão [fawk´ãw] *sm Zool* falco.
fa.le.cer [fales´er] *vi* **1** morire, spirare. **2** *fig* scomparire, spegnersi.
fa.le.ci.men.to [falesim´ẽtu] *sm* **1** decesso, obito. **2** *fig* scomparsa.
fa.lên.cia [fal´ẽsjə] *sf* **1** *Com* fallimento, sbilancio. **2** *fig* capitombolo.

fa.lha [f´aλɔ] *sf* **1** fallo, colpa. **2** peccato. **3** mancanza, lacuna. **4** imperfezione.
fa.lhar [faλ´ar] *vt* **1** fallare. *vi* **2** fallare, fallire. **3** *fig* peccare.
fa.lir [fal´ir] *vi* **1** *Com* fallire. **2** *fig* naufragare.
fa.lo [f´alu] *sm Anat* fallo.
fal.si.da.de [fawsid´adi] *sf* **1** falsità. **2** finzione. **3** affettazione.
fal.si.fi.car [fawsifik´ar] *vt* **1** falsificare. **2** alterare. **3** copiare, contraffare. **4** *fig* truccare.
fal.so [f´awsu] *sm* falso, bugiardo. • *adj* **1** falso. **2** bugiardo. **3** finto. **4** fittizio, illusorio.
fal.ta [f´awtə] *sf* **1** mancanza, vuoto. **2** assenza. **3** deficienza. **falta de dinheiro** *fig* malessere. **sem falta** senza fallo. **sentir falta** *fig* mancare.
fal.tar [fawt´ar] *vt+vi* **1** mancare. **2** fallire. **3** non esserci. **4** essere insufficiente. **5** mancarci (tempo). **era só o que faltava!** non mancherebbe altro!
fa.ma [f´Λmə] *sf* **1** fama. **2** gloria. **3** reputazione, nome, rinomanza. **4** *fig* marchio, marco, grido. **má fama** infamia, scredito.
fa.mí.lia [fam´iljə] *sf* **1** famiglia. **2** casato. **3** *fig* casa. **4** razza, sangue. **ser da família** frequentare.
fa.mi.li.ar [famili´ar] *sm* famigliare, parente, congiunto. • *adj* **1** familiare. **2** confidenziale.
fa.min.to [fam´ĩtu] *adj* affamato.
fa.mo.so [fam´ozu] *adj* famoso, celebre, illustre, noto, rinomato.
fa.ná.ti.co [fan´atiku] *sm* **1** fanatico. **2** *Esp* tifoso. • *adj* fanatico.
fan.far.rão [fãfar´ãw] *sm* **1** fanfarone. **2** *fig* buffone.
fan.ta.si.a [fãtaz´iə] *sf* **1** fantasia. **2** visione, illusione. **3** capriccio. **4** *fig* follia, utopia.
fan.ta.si.ar [fãtazi´ar] *vt* **1** fantasticare. **2** *fig* fabbricare. *vi* **3** fantasticare. **4** *fig* sognare. *vpr* **5** mascherarsi.
fan.tas.ma [fãt´azmə] *sm* **1** fantasma, spettro. **2** *fig* ombra, larva.
fan.tás.ti.co [fãt´astiku] *adj* **1** fantastico. **2** favoloso, sensazionale. **3** immaginario. **4** *fam* poetico.
fan.to.che [fãt´ɔʃi] *sm* fantoccio, burattino.
fa.quei.ro [fak´ejru] *sm* coltelliera.
far.da [f´ardə] *sf* **1** uniforme. **2** *Mil* tenuta.
far.do [f´ardu] *sm* **1** fardello, balla. **2** *fig* bagaglio.
fa.re.jar [fareʒ´ar] *vt* **1** fiutare, annusare. *vi* **2** fiutare.
fa.rin.ge [far´ĩʒi] *sf Anat* faringe.
fa.ri.nha [far´iɲə] *sf* farina.
far.ma.cêu.ti.co [farmas´ewtiku] *sm* farmacista, speziale.
far.má.cia [farm´asjə] *sf* farmacia.
fa.ro [f´aru] *sm* **1** fiuto. **2** *gír* fiuto (para negócios etc.).
fa.rol [far´ɔw] *sm* **1** *Náut* faro, fanale, lanterna. **2** *Autom* faro. **farol alto** faro abbagliante. **farol baixo** faro antiabbagliante. *Pl: faróis*.
far.ra.po [faɾ´apu] *sm* straccio, cencio.
far.sa [f´arsə] *sf* **1** *Teat* farsa. **2** *fig* giuoco.
far.tar [fart´ar] *vt* **1** saziare. **2** *fig* stufare. *vpr* **3** saziarsi. **4** *fig* riempirsi.
far.to [f´artu] *adj* **1** sazio, stufo, stucco. **2** ricco. **estar farto de algo** esser sazio di.
far.tu.ra [fart´urə] *sf* abbondanza, ricchezza.
fas.ci.na.ção [fasinas´ãw] *sf* fascinazione, fascino, incantesimo.
fas.ci.nar [fasin´ar] *vt* **1** affascinare, incantare, ammaliare. **2** *fig* abbagliare, sedurre.
fa.se [f´azi] *sf* **1** fase, tappa. **2** *Astron*, *Fís* fase.
fa.tal [fat´aw] *adj* **1** fatale. **2** inevitabile. *Pl: fatais*.

fa.ti.a [fatˈia] *sf* fetta, taglio. **cortar em fatias** affettare.

fa.ti.gar [fatigˈar] *vt* **1** stancare. *vpr* **2** stancarsi.

fa.to [fˈatu] *sm* **1** fatto. **2** episodio, vicenda, contingenza. **3** dato. **4** *fig* scena. **de fato** infatti, appunto, in fatto.

fa.tor [fatˈor] *sm Mat, Fís* fattore.

fa.tu.ra [fatˈura] *sf Com* fattura.

fau.na [fˈawnə] *sf* fauna.

fa.va [fˈavə] *sf Bot* fava, baccello.

fa.ve.la [favˈɛlə] *sf* bassifondi.

fa.vo [fˈavu] *sm* favo di miele.

fa.vor [favˈor] *sm* **1** favore. **2** cortesia, gentilezza. **3** grazia, piacere. **4** appoggio. **5** beneficio, protezione. **6** vantaggio. **7** *fig* regalo. **8 favores** *pl* auspici. **a favor de** pro. **fazer um favor** fare un piacere. **por favor!** a) per piacere! per carità! b) pure (dando permissão). **diga, por favor!** dica pure!

fa.vo.rá.vel [favorˈavew] *adj* **1** favorevole. **2** propizio. **3** prospero. **4** ridente (sorte). Pl: *favoráveis*.

fa.vo.re.cer [favoresˈer] *vt* **1** favoreggiare, favorire. **2** aiutare, giovare, appoggiare. **3** beneficare, proteggere.

fa.vo.ri.to [favorˈitu] *sm* favorito.

fa.zen.da [fazˈẽdə] *sf* **1** stoffa, panno, pezza. **2** podere, proprietà rurale. **3** finanze.

fa.zer [fazˈer] *vt* **1** fare. **2** confezionare. **3** formare. **4** praticare. *vpr* **5** fare, fingersi. **fazer a cama** rifare il letto. **fazer às pressas** affrettarsi. **fazer de tudo (para conseguir algo)** *fam* far Roma e toma. **tanto faz** fa lo stesso.

fé [fˈɛ] *sf* **1** fede. **2** credo, credenza. **3** convinzione, sicurezza. **4** speranza. **5** *fig* ardore. **6** religione, vangelo. **ter fé** credere.

fe.bre [fˈɛbri] *sf* (também *fig*) febbre.

fe.cha.du.ra [feʃadˈurə] *sf* serratura.

fe.char [feʃˈar] *vt* **1** chiudere, serrare. **2** otturare, tappare. **3** *fig* incarcerare. **4** sigillare. **5** liquidare (empresa). *vpr* **6** chiudersi, serrarsi. **7** tapparsi. **8** cicatrizzarsi. **9** *fig* abbottonarsi. **fechar novamente** richiudere.

fe.cho [fˈeʃu] *sm* **1** fermaglio, cerniera.

fe.cun.dar [fekũdˈar] *vt* fecondare.

fe.der [fedˈer] *vi* puzzare.

fe.de.ra.ção [federasˈãw] *sf* federazione, confederazione.

fe.di.do [fedˈidu] *adj* fetente.

fe.dor [fedˈor] *sm* puzzo.

fei.ção [fejsˈãw] *sf* **1** sembianza. **2 feições** *pl* fisionomia, lineamenti.

fei.jão [fejʒˈãw] *sm* fagiolo. **feijão verde** fagiolino.

fei.o [fˈeju] *adj* **1** brutto. **2** sconcio. **fazer feio** fare una brutta figura.

fei.ra [fˈejrə] *sf* **1** fiera, esposizione. **2** mercato.

fei.ti.ça.ri.a [fejtisarˈia] *sf* incantesimo, incanto.

fei.ti.cei.ra [fejtisˈejrə] *sf* strega.

fei.ti.ço [fejtˈisu] *sm* malia.

fei.ti.o [fejtˈiu] *sm* **1** fatta. **2** fattura.

fei.to [fˈejtu] *sm* azione, atto. • *adj* fatto.

fei.tor [fejtˈor] *sm* fattore.

fei.u.ra [fejˈurə] *sf* sconcezza.

fei.xe [fˈejʃi] *sm* fascio.

fel [fˈɛw] *sm Fisiol* fiele. Pl: *féis, feles*.

fe.li.ci.da.de [felisidˈadi] *sf* **1** felicità, gioia, allegria. **2** *fig* fortuna, riso.

fe.li.ci.tar [felisitˈar] *vt* **1** felicitare. **2** rendere felice. **3** complimentare. *vpr* **4** felicitarsi con, complimentarsi, congratularsi.

fe.li.no [felˈinu] *sm+adj Zool* felino.

fe.liz [felˈis] *adj* **1** felice. **2** allegro, contento, gaio.

fel.tro [fˈewtru] *sm* feltro.

fê.mea [fˈemjə] *sf* **1** femmina. **2** *Mec* madrevite.

fe.mi.ni.no [feminˈinu] *sm Gram* genere femminile. • *adj* femminile.

fê.mur [fˈemur] *sm Anat* femore.

fen.da [fˈēdə] *sf* fenditura, crepa, fessura, spaccatura.
fen.der [fẽdˈer] *vt* **1** fendere, crepare, spaccare. *vpr* **2** fendersi.
fe.no [fˈenu] *sm* fieno.
fe.nô.me.no [fenˈomenu] *sm* **1** fenomeno, fatto. **2** *Quím* fenomeno, modificazione della materia.
fe.ra [fˈɛrə] *sf* **1** fiera, belva, bestia. **2** *fig* tigre, persona crudele.
fé.re.tro [fˈɛretru] *sm* feretro.
fe.ri.a.do [feriˈadu] *sm* festa, giorno festivo, feria. **feriado nacional** festa nazionale. **feriados móveis** feste mobili.
fé.rias [fˈɛrjəs] *sf pl* vacanze, ferie, villeggiatura. **tirar férias** fare vacanze.
fe.ri.da [ferˈidə] *sf* ferita.
fe.ri.men.to [ferimˈẽtu] *sm* **1** ferimento. **2** contusione, colpo.
fe.rir [ferˈir] *vt* **1** ferire. **2** lesionare. **3** colpire. **4** offendere. *vpr* **5** ferirsi, tagliarsi.
fer.men.tar [fermẽtˈar] *vi* fermentare.
fer.men.to [fermˈẽtu] *sm* fermento, lievito.
fe.ro.ci.da.de [ferosidˈadi] *sf* ferocia.
fe.roz [ferˈɔs] *adj* feroce, fiero.
fer.ra.du.ra [feřadˈurə] *sf* ferro da cavallo.
fer.ra.men.ta [feřamˈẽtə] *sf* utensile, strumento.
fer.rão [feřˈãw] *sm* pungiglione, punta.
fer.rar [feřˈar] *vt* **1** ferrare, munire di ferro. **2** *vulg* fottere. **ferrar o cavalo** ferrare il cavallo.
fer.rei.ro [feřˈejru] *sm* ferraio.
fer.ro [fˈɛřu] *sm* ferro. **ferro de passar** ferro da stiro.
fer.ro-ve.lho [fɛřuvˈɛʎu] *sm* **1** ferravecchio (o estabelecimento que vende). **2** ferraglia (o material que se vende). *Pl: ferros-velhos.*
fer.ro.vi.a [feřovˈiə] *sf* ferrovia, strada ferrata.

fer.ru.gem [feřˈuʒẽj] *sf* ruggine.
fér.til [fˈɛrtiw] *adj* **1** fertile, fruttifero. **2** *fig* generoso, grasso, ricco. *Pl: férteis.*
fer.ti.li.da.de [fertilidˈadi] *sf* **1** fertilità. **2** *fig* grassezza.
fer.ti.li.zar [fertilizˈar] *vt* fertilizzare, concimare.
fer.ven.te [fervˈẽti] *adj* fervente.
fer.ver [fervˈer] *vt* **1** bollire. *vi* **2** (também *fig*) fervere, bollire. **ferver de raiva** *fig* bollire.
fer.vi.lhar [ferviʎˈar] *vi* formicolare.
fer.vor [fervˈor] *sm* **1** fervore. **2** attività. **3** *fig* ardore, calore, caldo.
fes.ta [fˈɛstə] *sf* **1** festa. **2** *fig* pasqua, serata.
fes.te.jar [festeʒˈar] *vt* **1** festeggiare, commemorare. **2** *fig* celebrare. *vi* **3** festeggiare.
fes.ti.val [festivˈaw] *sm* **1** festival. **2** sagra, festa. *Pl: festivais.*
fe.ti.che [fetˈiʃi] *sm* feticcio.
fe.to [fˈɛtu] *sm Med, Zool* feto, embrione.
fe.ve.rei.ro [feverˈejru] *sm* febbraio.
fe.zes [fˈɛzis] *sf pl* feci, escrementi.
fi.a.ção [fjasˈãw] *sf* filatura.
fi.a.do [fiˈadu] *sm Com* fido. **vender fiado** vendere a fido.
fi.an.ça [fiˈãsə] *sf Com* garanzia, pegno.
fi.ar [fiˈar] *vt* **1** filare. **2** fidare. *vpr* **3** fidarsi, affidarsi.
fi.as.co [fiˈasku] *sm* **1** fiasco, disastro. **2** *fig* aborto.
fi.bra [fˈibrə] *sf* **1** *Anat, Bot* fibra. **2** *fig* tempera, sangue.
fi.car [fikˈar] *vt* **1** restare, permanere, stare. **2** divenire, diventare. **3** sedersi (cidade, lugar). **ficar fora de si** uscire di sé, uscire di senno.
fic.ção [fiksˈãw] *sf Lit* prosa narrativa. **ficção científica** fantascienza.
fi.cha [fˈiʃə] *sf* scheda. **ficha de jogo** gettone. **ficha telefônica** gettone.
fi.chá.rio [fiʃˈarju] *sm* schedario.

fic.tí.cio [fikt´isju] *adj* fittizio, immaginario.

fi.de.li.da.de [fidelid´adi] *sf* lealtà.

fi.el [fi´ɛw] *s* 1 *Rel* fedele, credente. 2 *fig* apostolo. • *adj* 1 fedele. 2 leale, fido, assiduo. 3 credente. *Pl: fiéis.*

fí.ga.do [f´igadu] *sm Anat* fegato.

fi.go [f´igu] *sm* fico.

fi.gu.ra [fig´urə] *sf* 1 figura. 2 illustrazione, disegno, immagine. 3 personale. 4 apparenza. 5 forma. 6 *fam* tipo, persona originale.

fi.gu.rar [figur´ar] *vt* figurare, raffigurare.

fi.gu.ri.no [figur´inu] *sm* 1 figurino, rivista di moda. 2 **figurinos** *pl Cin, Teat* figurini.

fi.la [f´ilə] *sf* fila, linea, riga, coda. **fazer fila** fare la fila.

fi.lan.tro.pi.a [filãtrop´iə] *sf* filantropia.

fi.lão [fil´ãw] *sm* 1 filone, bastone di pane. 2 *Min* filone, giacimento, falda.

fi.lar.mô.ni.ca [filarm´onikə] *sf* filarmonica.

fi.lé [fil´ɛ] *sm* filetto.

fi.lei.ra [fil´ejrə] *sf* 1 riga. 2 *Mil* fila, schiera, rango.

fi.lho [f´iʎu] *sm* figlio, figliolo. **o Filho Rel** il Figliolo.

fi.lho.te [fiʎ´ɔti] *sm* piccolo.

fi.li.al [fili´aw] *sf Com* filiale, agenzia, dipendenza. • *adj* filiale. *Pl: filiais.*

fil.mar [fiwm´ar] *vt Cin* filmare, girare, riprendere.

fil.me [f´iwmi] *sm Cin, Fot* film, pellicola. **filme de mistério/de suspense** film giallo. **filme em branco e preto** film in bianco e nero. **filme em cores** film a colori.

fi.lo.so.fi.a [filozof´iə] *sf* 1 filosofia. 2 pensiero.

fi.ló.so.fo [fil´ɔzofu] *sm* filosofo.

fil.trar [fiwtr´ar] *vt* filtrare, colare.

fil.tro [f´iwtru] *sm* 1 filtro. 2 colatoio. 3 elisir dell'amore.

fim [f´ĩ] *sm* 1 fine. 2 conclusione, cessazione. 3 finale, intento, intenzione. 4 obiettivo. 5 effetto, oggetto. 6 *fig* tramonto. **a fim de/a fim de que** affinché, perché. **fim de semana** fine settimana. **por fim** a) alfine. b) da ultimo. **pôr fim a uma disputa** accomodare una disputa.

fi.nal [fin´aw] *sm* 1 finale, conclusione, termine. 2 *Mús* finale. *sf* 3 *Esp* finale, partita decisiva. • *adj* 1 finale. 2 terminale, estremo. **no final** in ultimo. *Pl: finais.*

fi.nan.ça [fin´ãsə] *sf* 1 finanza. 2 **finanças** *pl* a) finanze dello Stato. b) erario.

fi.nan.cei.ro [finãs´ejru] *adj* finanziario.

fi.nan.ci.ar [finãsi´ar] *vt* finanziare, sussidiare.

fin.car [fĩk´ar] *vt* ficcare, figgere, conficcare.

fi.ne.za [fin´ezə] *sf* 1 finezza, gentilezza. 2 squisitezza. 3 *fig* mollezza.

fin.gi.men.to [fĩʒim´ẽtu] *sm* 1 finzione, finta. 2 affettazione. 3 *fig* maschera. 4 invenzione.

fin.gir [fĩʒ´ir] *vt* 1 fingere, inscenare, simulare. *vi* 2 fingere. *vpr* 3 fingersi, fare.

fi.no [f´inu] *adj* 1 fine, fino, sottile, tenue. 2 *fig* ricercato, squisito.

fi.nu.ra [fin´urə] *sf* finezza.

fi.o [f´iu] *sm* 1 filo (de tecido, de metal, de telégrafo, de telefone). 2 filo, taglio (de lâmina, de tesoura etc.).

fir.ma [f´irmə] *sf* 1 firma, sottoscrizione. 2 *Com* ditta, azienda.

fir.mar [firm´ar] *vt* 1 fermare, stabilire, basare. 2 firmare, segnare.

fir.me [f´irmi] *adj* 1 fermo, fisso, sicuro. 2 stabile. 3 immobile. 4 tenace.

fir.me.za [firm´ezə] *sf* 1 fermezza. 2 tenacia, saldezza. 3 fortezza, energia, vigore. 4 stabilità.

fis.cal [fisk´aw] *sm* controllore. • *adj* fiscale. *Pl: fiscais.*

fis.ca.li.zar [fiskaliz´ar] *vt* **1** controllare. *vi* **2** fiscaleggiare, fare il fiscale.

fí.si.ca [f´izikə] *sf* fisica.

fí.si.co [f´iziku] *sm* **1** fisico, studioso di fisica. **2** fisico, corpo, aspetto, costituzione fisica. • *adj* fisico.

fi.si.o.no.mi.a [fizjonom´iə] *sf* fisionomia, lineamenti.

fis.su.ra [fis´urə] *sf* **1** fessura, breccia. **2** crepa, fistola.

fi.ta [f´itə] *sf* **1** nastro, striscia. **2** filetto, fiocco. **3** *Cin* film. **fita isolante** nastro isolante **fita métrica** misura.

fi.tar [fit´ar] *vt* fissare, affissare, mirare.

fi.ve.la [fiv´ɛlə] *sf* fibbia.

fi.xar [fiks´ar] *vt* **1** fissare, affissare. **2** legare. **3** stabilire. *vpr* **4** fissarsi. **5** radicarsi.

fi.xo [f´iksu] *adj* **1** fisso. **2** fermo, fitto. **3** *fig* immobile.

flá.ci.do [fl´asidu] *adj* **1** flaccido. **2** atono (corpo).

fla.ge.lo [flaʒ´elu] *sm* **1** flagello. **2** *fig* disgrazia.

fla.gran.te [flagr´ãti] *sm+adj* *Dir* flagrante. **em flagrante** *Dir* in flagrante. **pegar em flagrante** cogliere in flagrante.

fla.me.jar [flameʒ´ar] *vi* fiammeggiare.

flan.co [fl´ãku] *sm* **1** lato. **2** *Mil* fianco, ala, spalla (de um exército).

fla.ne.la [flan´ɛlə] *sf* flanella.

flan.que.ar [flãke´ar] *vt* *Mil* fiancheggiare.

fla.tu.lên.cia [flatul´ẽsjə] *sf* *Med* flatulenza, gas.

flau.ta [fl´awtə] *sf* *Mús* flauto.

fle.cha [fl´ɛʃə] *sf* freccia, dardo.

fle.char [fleʃ´ar] *vt* frecciare.

fler.tar [flert´ar] *vi* flirtare, accoppiarsi.

fler.te [fl´erti] *sm* filarino.

fle.xão [fleks´ãw] *sf* **1** flessione. **2** inflessione.

fle.xí.vel [fleks´ivew] *adj* **1** flessibile. **2** cedevole. **3** versatile. **4** agile (corpo). **5** dolce (metal). *Pl:* flexíveis.

flo.co [fl´ɔku] *sm* fiocco, falda (de neve).

flor [fl´or] *sm* *Bot* fiore. **fina flor** *fig* fiore.

flo.ra [fl´ɔrə] *sf* *Geogr* flora, vegetazione.

flo.res.cen.te [floresˈẽti] *adj* **1** florescente. **2** *fig* prospero.

flo.res.cer [flores´er] *vi* **1** fiorire. **2** germogliare. **3** *fig* prosperare.

flo.res.ta [flor´ɛstə] *sf* foresta, selva, bosco.

flo.ri.cul.tu.ra [florikuwt´urə] *sf* fioricultura, arte di coltivare i fiori.

flo.rir [flor´ir] *vt+vi* fiorire.

flu.en.te [flu´ẽti] *adj* fluente.

flui.do [fl´ujdu] *sm* **1** fluido. **2** *fig* acqua. • *adj* fluido.

flu.ir [flu´ir] *vi* fluire, scorrere.

flú.or [fl´uor] *sm* *Quím* fluore.

flu.tu.ar [flutu´ar] *vi* **1** fluttuare. **2** svolazzare. **3** *fig* nuotare.

flu.vi.al [fluvi´aw] *adj* fluviale. *Pl:* fluviais.

flu.xo [fl´uksu] *sm* **1** flusso, deflusso, corso, corrente. **2** *Náut* flusso.

fo.ca [f´ɔkə] *sf* *Zool* foca, lupo di mare.

fo.ci.nho [fos´iɲu] *sm* muso, ceffo, grifo, grugno.

fo.co [f´ɔku] *sm* **1** *Fís, Fot* fuoco. **2** *Med* focolaio, sede. **3** *fig* focolaio, nucleo.

fo.der [fod´er] *vt* *vulg* fottere.

fo.fo.ca [fof´ɔkə] *sf* chiacchiera, pettegolezzo.

fo.fo.car [fofok´ar] *vi* chiacchierare, ciarlare.

fo.fo.quei.ra [fofok´ejrə] *sf* **1** pettegola. **2** *gír* comare.

fo.ga.ça [fog´asə] *sf* focaccia.

fo.gão [fog´ãw] *sm* fornello, cucina.

fo.ga.rei.ro [fogar´ejru] *sm* fornello.

fo.go [f´ogu] *sm* **1** fuoco. **2** *fig* passione. **3** incendio. • *interj* fuoco! **atiçar o fogo** stuzzicare il fuoco. **fogos de**

fogueira 372 **fortalecer**

artifício fuochi di artifizio. **pegar fogo** prendere fuoco, incendiare. **pôr fogo em** accendere.
fo.guei.ra [fog'ejrə] *sf* falò.
fo.gue.te [fog'eti] *sm* razzo.
foi.ce [f'ojsi] *sf* falce.
fol.clo.re [fowkl'ɔri] *sm* folclore.
fô.le.go [f'olegu] *sm* respiro, fiato.
fol.ga [f'owgə] *sf* 1 vacanza, riposo. 2 larghezza.
fo.lha [f'oʎə] *sf* 1 foglio (de papel, de revista etc.). 2 foglia (de metal). 3 *Bot* foglia. **folha em branco** guardia.
fo.lha.gem [foʎ'aʒẽj] *sf Bot* fogliame, fronde, chioma.
fo.lhe.ar [foʎe'ar] *vt* sfogliare, percorrere, trascorrere (livro etc.).
fo.lhe.to [foʎ'etu] *sm* 1 foglietto, opuscolo. 2 dispense.
fo.lhi.nha [foʎ'iɲə] *sf dim* calendario.
fo.me [f'omi] *sf* 1 fame. 2 appetito. 3 *fig* ambizione, brama. **matar a fome (de outra pessoa)** sfamare. **matar a (própria) fome** *fig* rinfrescarsi.
fo.ne [f'oni] *sm* cornetta del telefono.
fon.te [f'õti] *sf* 1 fonte. 2 sorgente. 3 fontana. 4 *fig* base. 5 fonte, testo originale.
fo.ra [f'ɔrə] *adv* fuori. • *interj* fuori! via! **fora de mão** fuori di mano.
fo.ras.tei.ro [forast'ejru] *sm+adj* forestiero, straniero.
for.ca [f'orkə] *sf* forca.
for.ça [f'orsə] *sf* 1 forza. 2 fortezza, potenza. 3 energia, vigore. 4 *Fís* forza. 5 *fig* fibra. 6 fiato. **à força** per forza. **as Forças Armadas** le Forze Armate. **fazer força** puntare. **força de vontade** volontà. **medir forças** battersi.
for.ca.do [fork'adu] *sm* forca, forcella.
for.çar [fors'ar] *vt* 1 forzare, sforzare. 2 costringere. 3 aprire con violenza.
fo.ren.se [for'ẽsi] *adj* forense, dei tribunali.

for.ja [f'ɔrʒə] *sf* fucina.
for.jar [forʒ'ar] *vt* 1 forgiare. 2 *fig* creare.
for.ma¹ [f'ɔrmə] *sf* 1 forma. 2 fatta, figura. 3 *Esp* forma. 4 *fig* anatomia. **de forma que** cosicché. **de outra forma** altrimenti. **dessa forma** così. **estar em forma** essere in forma.
for.ma² [f'ɔrmə] *sf* 1 modello. 2 stampo (para bolo etc.). **forma de sapato** forma.
for.mal [form'aw] *adj* formale, compito. *Pl:* formais.
for.ma.li.da.de [formalid'adi] *sf* 1 formalità, forma, cerimonia. 2 **formalidades** *pl* etichetta.
for.mar [form'ar] *vt* 1 formare, costituire. 2 *fig* forgiare. *vpr* 3 formarsi, informarsi. 4 svilupparsi. 5 *fig* laurearsi, formarsi (numa escola).
for.ma.tu.ra [format'urə] *sf* laurea.
for.mi.dá.vel [formid'avew] *adj* formidabile. *Pl:* formidáveis.
for.mi.ga [form'igə] *sf Zool* formica.
for.mi.gar [formig'ar] *vi* formicolare.
for.mi.guei.ro [formig'ejru] *sm* formicaio.
for.mo.so [form'ozu] *adj* 1 bello. 2 *Poét* formoso.
fór.mu.la [f'ɔrmulə] *sf* 1 (também *Mat, Quím, Med*) formula. 2 *fig* ricetta.
for.mu.lá.rio [formul'arju] *sm* scheda.
for.na.lha [forn'aʎə] *sf* fornace, forno, focolare.
for.ne.cer [fornes'er] *vt* fornire, corredare.
for.no [f'ornu] *sm* 1 forno, fornace. 2 *Mec* focolare. 3 *fig* forno, luogo troppo caldo. **ao forno** al forno.
fo.ro [f'oru] *sm Dir* foro. *Var:* fórum.
for.qui.lha [fork'iʎə] *sf* forcella, forca.
for.rar [for'ar] *vt* fodere, rivestire.
for.ro [f'oũ] *sm* fodera. **forro do teto** solaio.
for.ta.le.cer [fortales'er] *vt* 1 fortifi-

fortaleza **frequência**

care. *vpr* **2** fortificarsi, rafforzarsi. **3** affermarsi.
for.ta.le.za [fortal´ezə] *sf Mil* fortezza.
for.te [f´ɔrti] *sm* **1** *Mil* forte, fortezza. *s* **2** uomo o donna forte. • *adj* **1** forte. **2** potente, robusto, vigoroso. **3** *fig* muscoloso. **4** efficace. **5** acuto (dor). **6** generoso (vinho).
for.ti.fi.car [fortifik´ar] *vt* **1** fortificare, rinforzare. **2** *Mil* fortificare. *vpr* **3** (também *Mil*) fortificarsi.
for.tui.to [fort´ujtu] *adj* fortuito.
for.tu.na [fort´unə] *sf* ricchezza, capitale, fortuna.
fó.rum [f´ɔrũ] *sm V* foro.
fos.co [f´osku] *adj* fosco, opaco.
fós.fo.ro [f´ɔsforu] *sm Quím* fosforo. **palito de fósforo** fiammifero.
fos.sa [f´ɔsə] *sf* fogna, cloaca.
fós.sil [f´ɔsiw] *sm+adj* fossile. *Pl: fósseis.*
fos.so [f´osu] *sm* fossa. **fosso de castelo** fosso.
fo.to.gra.far [fotograf´ar] *vt* **1** fotografare. **2** *pop* ritrarre.
fo.to.gra.fi.a [fotograf´iə] *sf* **1** fotografia. **2** *pop* ritratto.
fo.tos.sín.te.se [fɔtos´ĩtezi] *sf* fotosintesi.
foz [f´ɔs] *sf Geogr* foce, estuario, sbocco.
fra.ção [fras´ãw] *sf* **1** (também *Mat*) frazione. **2** *Com* rata.
fra.cas.sar [frakas´ar] *vi* fare fiasco, riuscire male.
fra.cas.so [frak´asu] *sm* **1** fiasco, fallimento. **2** disastro, disgrazia. **3** infelicità. **4** *fig* sconfitta.
fra.ci.o.nar [frasjon´ar] *vt* (também *fig*) articolare.
fra.co [fr´aku] *adj* **1** debole. **2** fiacco. **3** sfumato, fioco (som). **4** lungo (vinho etc.). **5** *Lit* lieve. **6** *fig* fragile, tenue.
fra.de [fr´adi] *sm* frate, monaco. **frade franciscano** cappuccino.
frá.gil [fr´aʒiw] *adj* **1** fragile, delicato. **2** inconsistente. **3** *fig* tenue. *Pl: frágeis.*

frag.men.to [fragm´ẽtu] *sm* frammento, briciola, brano, pezzo.
fral.da [fr´awdə] *sf* pezza.
fram.bo.e.sa [frãbo´ezə] *sf Bot* lampone.
fran.cês [frãs´es] *sm+adj* francese.
fran.co [fr´ãku] *adj* **1** franco, sincero. **2** *Hist* franco. **3** *fig* aperto, netto, schietto.
fran.go [fr´ãgu] *sm Zool* pollastro.
fran.ja [fr´ãʒə] *sf* **1** frangia (das roupas). **2** frangetta (dos cabelos).
fran.que.za [frãk´ezə] *sf* **1** franchezza, sincerità. **2** *fig* nettezza, schiettezza.
fran.qui.a [frãk´iə] *sf* franchigia.
fran.zir [frãz´ir] *vt* increspare.
fra.que [fr´aki] *sm* marsina, frac.
fra.que.za [frak´ezə] *sf* **1** debolezza, fiacchezza. **2** remissione d'animo. **3** *fig* mollezza.
fra.se [fr´azi] *sf* **1** *Gram* frase, locuzione. **2** detto. **frase feita** frase fatta.
fra.tu.ra [frat´urə] *sf Med* frattura.
fra.tu.rar [fratur´ar] *vt Med* fratturare.
frau.de [fr´awdi] *sf* **1** frode, trucco. **2** *Dir* dolo. **3** *gír* bidone. **4** *fig* colpo.
frau.du.len.to [frawdul´ẽtu] *adj* fraudolento.
fre.ar [fre´ar] *vt* frenare, raffrenare.
fre.guês [freg´es] *sm* cliente, frequentatore.
frei.o [fr´eju] *sm* freno. **freio de mão** *Autom* freno a mano.
frei.ra [fr´ejrə] *sf* suora, monaca.
fren.te [fr´ẽti] *sf* davanti. **de frente** dinanzi. **de frente para** dinanzi a. **em frente/à frente** avanti, innanzi, dinanzi. **em frente de** innanzi a, avanti, dinanzi a. **ficar de frente para** guardare. **frente a** innanzi a. **frente de combate** *Mil* fronte. **na frente** davanti.
fre.quên.cia [frek´wẽsjə] *sf* **1** frequenza. **2** ripetizione. **4** affluenza. **4** *Fís* frequenza. **com frequência** spesso, di frequente.

fre.quen.tar [frekwẽt´ar] *vt* frequentare, battere un luogo.

fre.quen.te [frek´wẽti] *adj* frequente, spesso.

fres.co [fr´esku] *adj* 1 fresco. 2 *fig* giovanile.

fres.cu.ra [fresk´urə] *sf* 1 fresco. 2 *pop* ticchio. 3 *fig* grilletto.

fres.ta [fr´ɛstə] *sf* spiraglio.

fre.tar [fret´ar] *vt* noleggiare.

fre.te [fr´eti] *sm* nolo.

fric.ção [friks´ãw] *sf* frizione.

fric.ci.o.nar [friksjon´ar] *vt* fregare.

fri.ei.ra [fri´ejrə] *sf* gelone.

fri.e.za [fri´ezə] *sf* freddezza.

fri.gi.dei.ra [friʒid´ejrə] *sf* padella.

fri.go.rí.fe.ro [frigor´iferu] *adj* frigorifero.

fri.o [fr´iu] *sm* 1 freddo, freddezza. 2 gelo, ghiaccio. • *adj* 1 freddo. 2 gelato. 3 secco, aspro. 4 insensibile.

fri.sar [friz´ar] *vt* fregiare.

fri.so [fr´izu] *sm Arquit* fregio.

fri.tar [frit´ar] *vt* friggere.

fri.to [fr´itu] *adj* 1 fritto. 2 *fig* fritto, senza speranza. **estar frito** essere fritto.

fri.tu.ra [frit´urə] *sf* 1 frittura (ação de fritar). 2 fritto, alimento fritto.

frí.vo.lo [fr´ivolu] *adj* 1 frivolo, futile. 2 *fig* superficiale, vacuo.

fro.nha [fr´oñə] *sf* federa, guscio.

fron.tal [frõt´aw] *sm Anat* frontale (osso). • *agg* 1 frontale. 2 anteriore. 3 contrario. *Pl: frontais.*

fron.tei.ra [frõt´ejrə] *sf* frontiera, confine, limite.

fro.ta [fr´ɔtə] *sf Náut* flotta.

frou.xo [fr´owʃu] *adj* floscio, flaccido.

frus.trar [frustr´ar] *vt* 1 frustrare, deludere. 2 *fig* castrare.

fru.ta [fr´utə] *sf* frutta, pomo. **fruta muito doce** frutta zuccherina. **fruta quase podre** frutta mezza.

fru.tei.ra [frut´ejrə] *sf* fruttiera.

fru.tí.fe.ro [frut´iferu] *adj* fruttifero.

fru.ti.fi.car [frutifik´ar] *vi* 1 fruttare, produrre. 2 *Bot* fruttificare.

fru.to [fr´utu] *sm* 1 frutto. 2 *fig* creazione.

fu.ça [f´usə] *sf dep* muso.

fu.çar [fus´ar] *vt* 1 *pop* frugare. 2 *fig* investigare.

fu.ga [f´ugə] *sf* fuga, evasione.

fu.gir [fuʒ´ir] *vi* 1 fuggire. 2 sfuggire a. 3 evitare, evadere a. 4 disertare da (uma obrigação etc.). 5 *fig* prendere il volo.

fu.gi.ti.vo [fuʒit´ivu] *sm+adj* fuggitivo.

fu.i.nha [fu´iñə] *sf Zool* faina.

fu.la.no [ful´ʌnu] *sm* 1 tizio, tale. 2 *fam* coso. • *pron m sing* colui. **fulano de tal** il tale dei tali.

fu.li.gem [ful´iʒẽj] *sf* fuliggine.

ful.mi.nar [fuwmin´ar] *vt* 1 fulminare. 2 uccidere.

fu.ma.ça [fum´asə] *sf* fumo. **virar fumaça** *fig* svanire.

fu.mar [fum´ar] *vt* fumare. **proibido fumar** vietato fumare.

fu.me.gar [fumeg´ar] *vi* fumare, fumicare.

fu.mo [f´umu] *sm* tabacco.

fun.ção [fũs´ãw] *sf* 1 funzione. 2 ufficio, servizio, attività. 3 impiego. 4 carica. 5 *Rel* funzione religiosa. **exercer função de** funzionare da.

fun.cho [f´ũʃu] *sm Bot* finocchio.

fun.ci.o.nar [fũsjon´ar] *vi* funzionare. **fazer funcionar** attivare, avviare. **funcionar como** fungere da. **funcionar mal** *fig* zoppicare.

fun.ci.o.ná.rio [fũsjon´arju] *sm* 1 ufficiale. 2 **funcionários** *pl pop* personale. **funcionário público** pubblico ufficiale, funzionario, statale.

fun.da.men.tal [fũdamẽt´aw] *adj* 1 fondamentale. 2 capitale. 3 basico, primario, primo. *Pl: fundamentais.*

fun.da.men.to [fũdam´ẽtu] *sm* 1 fondamento. 2 ragione. 3 *fig* base. 4

fundamentos *pl* fondamenta, nozioni, rudimenti.

fun.dar [fũd´ar] *vt* **1** fondare. **2** creare, istituire, costituire. **3** impiantare, stabilire. **4** erigere. **5** cominciare.

fun.di.ção [fũdis´ãw] *sf* fonderia, fusione.

fun.dir [fũd´ir] *vt* **1** fondere. **2** unificare. **3** incorporare. **4** sciogliere. *vpr* **5** fondersi. **6** incorporarsi. **7** sciogliersi.

fun.do [f´ũdu] *sm* **1** fondo. **2** sfondo. **3 fundos** *pl Com, Econ* fondi, riserva. • *adj* **1** fondo. **2** profondo. **no fundo** giù. **no fundo, no fundo** in fondo in fondo. **sem fundo** sfondato.

fú.ne.bre [f´unebri] *adj* **1** funebre. **2** tetro.

fu.ne.ral [funer´aw] *sm* **1** funerale. **2 funerais** *pl* onore.

fun.go [f´ũgu] *sm* fungo.

fu.nil [fun´iw] *sm* imbuto. *Pl: funis.*

fu.ra.cão [furak´ãw] *sm* uragano, ciclone, tifone, fortuna.

fu.rão [fur´ãw] *sm Zool* furetto.

fu.rar [fur´ar] *vt* **1** forare, bucare. **2** perforare. **3** attraversare, trapassare.

fur.gão [furg´ãw] *sm* furgone.

fú.ria [f´urjə] *sf* furia, collera.

fu.ri.o.so [furi´ozu] *adj* furioso, arrabiato. **ficar furioso** *fig* guastare il sangue.

fu.ro [f´uru] *sm* foro, buco, orifizio, punto. **furo em fundo de vaso** fogna.

fu.ror [fur´or] *sm* **1** furore, furia. **2** *fig* violenza.

fur.tar [furt´ar] *vt* **1** rubare, sottrarre. **2** *Lit* involare. **3** *fig* agguantare.

fur.to [f´urtu] *sm* **1** furto, rapina. **2** *Dir* sottrazione.

fu.rún.cu.lo [fur´ũkulu] *sm Med* foruncolo, bitorzolo.

fu.são [fuz´ãw] *sf Fís, fig* fusione.

fu.sí.vel [fuz´ivew] *sm Elet* tappo fusibile. *Pl: fusíveis.*

fu.so [f´uzu] *sm* fuso. **fuso horário** fuso orario.

fu.te.bol [futeb´ɔw] *sm Esp* calcio, pallone.

fú.til [f´utiw] *adj* **1** futile, frivolo. **2** *fig* gonfio, superficiale. *Pl: fúteis.*

fu.tu.ro [fut´uru] *sm* **1** futuro, l'avvenire. **2** *Gram* futuro. • *adj* futuro, seguente. **no futuro** in futuro.

fu.zil [fuz´iw] *sm* fucile.

fu.zi.la.men.to [fuzilam´ẽtu] *sm* fucilazione.

fu.zi.lar [fuzil´ar] *vt* fucilare.

fu.zi.lei.ro [fuzil´ejru] *sm Mil* fuciliere.

g

g [ʒ´e] *sm* la settima lettera dell'alfabeto portoghese.
ga.bar.se [gab´arsi] *vpr* **1** lodarsi. **2** *fig* compiacersi.
ga.bi.ne.te [gabin´eti] *sm* gabinetto, studio.
ga.do [g´adu] *sm* bestiame.
ga.fa.nho.to [gafañ´otu] *sm Zool* cavalletta, locusta.
ga.go [g´agu] *adj* balbuziente.
ga.gue.jar [gageʒ´ar] *vi* balbettare.
gai.o.la [gaj´ɔlə] *sf* gabbia.
gai.ta [g´ajtə] *sf gír* lira, denaro.
gai.vo.ta [gajv´ɔtə] *sf Zool* gabbiano.
ga.la [g´alə] *sf fam* gala.
ga.lan.te [gal´ãti] *adj* galante.
ga.lão [gal´ãw] *sm* **1** gala, filetto. **2** gallone.
ga.lá.xia [gal´aksjə] *sf Astron* galassia.
ga.le.ri.a [galer´iə] *sf* **1** galleria. **2** *Teat* galleria, balconata. **galeria de arte** galleria d'arte.
ga.li.nha [gal´iñə] *sf* **1** gallina. **2** *vulg* vacca, troia. **3** *gír* bagascia. **galinha choca** chioccia.
ga.li.nhei.ro [galiñ´ejru] *sm* **1** pollaio. **2** gallinaio.
ga.lo [g´alu] *sm* **1** *Zool* gallo. **2** bitorzolo (na cabeça).
ga.lo.cha [gal´ɔʃə] *sf* caloscia.
ga.lo.par [galop´ar] *vi* galoppare.
ga.lo.pe [gal´ɔpi] *sm* galoppo.
ga.ma [g´ʌmə] *sf* **1** gamma, assortimento. **2** gruppo. **3** gamma, lettera greca.
ga.nân.cia [gan´ãsjə] *sf* cupidigia.
gan.cho [g´ãʃu] *sm* gancio, graffa.
gan.gre.na [gãgr´enə] *sf Med* cancrena, necrosi.
ga.nhar [gañ´ar] *vt* **1** guadagnare. **2** cattivarsi. **3** acquistare, conseguire. **4** lucráre. **ganhar ilegalmente** *fig* mangiare. **ganhar um prêmio** vincere un premio.
ga.nho [g´ʌñu] *sm* **1** guadagno. **2** lucro, utile. **3** tornaconto, vantaggio, beneficio. **4** profitto, rendita. • *part+adj* guadagnato.
ga.nir [gan´ir] *vi* guaire, mugolare.
gan.so [g´ãsu] *sf* oca. **ganso novo** papero.
ga.ra.gem [gar´aʒẽj] *sf* autorimessa, rimessa.
ga.ran.ti.a [garãt´iə] *sf* **1** garanzia, arra, pegno. *fig* **2** avallo. **3** attestato.
ga.ran.tir [garãt´ir] *vt* **1** garantire. **2** assicurare. **3** attestare. **4** *fig* avallare. *vpr* **5** ricoprirsi.
gar.bo [g´arbu] *sm* garbo, gentilezza.
gar.ça [g´arsə] *sf Zool* garza.
gar.çom [gars´õw] *sm* **1** cameriere. **2** barista.
gar.ço.ne.te [garson´eti] *sf* cameriera.
gar.fo [g´arfu] *sm* forchetta. **bom garfo** *fig* buona forchetta, buongustaio.

gar.ga.lha.da [gaɾgaʎˈada] *sf* risata.
gar.ga.lo [gaɾgˈalu] *sm* collo di una bottiglia.
gar.gan.ta [gaɾgˈãtɐ] *sf* **1** *Anat* gola. **2** *pop* gozzo. **3** *Geogr* gola, foce, stretta.
gar.gan.ti.lha [gaɾgãtˈiʎɐ] *sf* vezzo.
gar.ga.re.jo [gaɾgaɾˈeʒu] *sm* gargarismo.
ga.ri [gaɾˈi] *sm* netturbino.
ga.ro.to [gaɾˈotu] *sm* fanciullo.
gar.ra [gˈaRɐ] *sf* **1** graffa, unghia, artiglio. **2** branca, rampa. **garra de instrumento** granchio. **garras de caranguejo, escorpião** *Zool* chele, pinze. **garras de tenaz** ganascie. **mostrar as garras** mostrar le zanne.
gar.ra.fa [gaRˈafɐ] *sf* bottiglia, fiasca. **garrafa térmica** termos.
gar.ra.fão [gaRafˈãw] *sm* fiasco.
gar.ran.cho [gaRˈãʃu] *sm* **1** scarabocchio. **2** *fig* scritto arabico.
ga.ru.pa [gaɾˈupɐ] *sf* groppa.
gás [gˈas] *sm* **1** *Quím* gas. **2** **gases** *pl Med* a) gas, flatulenza. b) *fam* aria. **gás lacrimogêneo** gas lacrimogeno.
ga.so.li.na [gazolˈinɐ] *sf* benzina.
ga.so.so [gazˈozu] *adj* gassoso.
gas.tar [gastˈaɾ] *vt* **1** spendere, consumare. **2** usare. **3** logorare. **4** corrodere. **5** disperdere. **6** *fig* dissipare, divorare, distruggere. *vpr* **7** logorarsi.
gas.to [gˈastu] *sm* **1** consumo, consumazione. **2** spesa. **3** logoro. **4** uso. • *adj* **1** consumato. **2** usato. **3** logoro, fradicio. **4** rugnato (tecido).
gas.tri.te [gastɾˈitʃi] *sf Med* gastrite.
ga.ti.lho [gatˈiʎu] *sm* grilletto.
ga.to [gˈatu] *sm* gatto. **vender gato por lebre** *fig* far vedere lucciole per lanterne.
ga.tu.no [gatˈunu] *sm* gatto, ladro.
ga.ve.ta [gavˈetɐ] *sf* cassetto.
ga.ze [gˈazi] *sf Med* garza, benda.
ga.ze.la [gazˈelɐ] *sf Zool* gazzella.
ga.ze.ta [gazˈetɐ] *sf* gazzetta.
gê [ʒˈe] *sm* gì, il nome della lettera G.

ge.a.da [ʒeˈadɐ] *sf* brina, gelata, gelo.
ge.la.dei.ra [ʒeladˈejɾɐ] *sf* frigorifero.
ge.la.do [ʒelˈadu] *adj* **1** gelato. **2** *fig* polare. **ficar gelado** gelare.
ge.lar [ʒelˈaɾ] *vt+vi* **1** gelare, ghiacciare. *vpr* **2** gelarsi, ghiacciarsi, congelarsi.
ge.la.ti.na [ʒelatˈinɐ] *sf* gelatina.
ge.lei.a [ʒelˈejɐ] *sf* marmellata.
ge.lei.ra [ʒelˈejɾɐ] *sf* ghiacciaio.
ge.lo [ʒˈelu] *sm* ghiaccio. **quebrar o gelo** *fig* rompere il ghiaccio, iniziare una conversazione.
ge.ma [ʒˈemɐ] *sf* **1** giallo d'uovo, rosso d'uovo. **2** *Min* gemma. **3** *Lit* margherita.
gê.meo [ʒˈemju] *sm* **1** gemello. **2 Gêmeos** *pl Astron, Astrol* Gemini, Gemelli. • *adj* gemello.
ge.mer [ʒemˈeɾ] *vi* **1** gemere. **2** *fig* singhiozzare, sospirare.
ge.mi.do [ʒemˈidu] *sm* **1** gemito. **2** *fig* singhiozzo.
ge.ne.ral [ʒeneɾˈaw] *sm Mil* generale. *Pl:* generais.
ge.ne.ra.li.zar [ʒeneɾalizˈaɾ] *vt+vi* generalizzare.
ge.né.ri.co [ʒenˈɛɾiku] *adj* generico, generale, indefinito.
gê.ne.ro [ʒˈeneɾu] *sm* **1** genere. **2** classe, fatta. **3** stirpe, razza. **4** *Com* genere, merce. **5** *Gram, Lit* genere. **gêneros alimentícios** generi alimentari.
ge.ne.ro.si.da.de [ʒeneɾozidˈadʒi] *sf* **1** generosità. **2** *fig* carità. **3** nobiltà. **4** larghezza.
ge.ne.ro.so [ʒeneɾˈozu] *adj* **1** generoso. **2** magnanimo. **3** liberale. **4** *fig* benefico. **5** nobile. **6** largo.
ge.nes [ʒˈenis] *sm pl Biol* geni.
ge.né.ti.co [ʒenˈɛtiku] *adj Biol* genetico, congenito.
gen.gi.bre [ʒẽʒˈibɾi] *sm Bot* zenzero.
gen.gi.va [ʒẽʒˈivɐ] *sf Anat* gengiva.
ge.ni.al [ʒeniˈaw] *adj* **1** geniale. **2** brillante, grande (ideia). *Pl:* geniais.

gênio 378 **glutão**

gê.nio [ʒ'enju] *sm* **1** genio. **2** talento. **3** indole, temperamento. **4** *Mit* genio. **5** *fig* arte. **6** uomo di alto ingegno.

ge.ni.tal [ʒenit'aw] *sm+adj Anat* genital. *Pl: genitais.*

gen.ro [ʒ'ẽru] *sm* genero.

gen.ta.lha [ʒẽt'aʎə] *sf* **1** *dep* gentaglia. **2** *pop* masnada, minutaglia. **3** *fig* schiuma.

gen.te [ʒ'ẽti] *sf* **1** gente. **2** *fig* razza. **estar cheio de gente** traboccare.

gen.til [ʒẽt'iw] *adj* **1** gentile. **2** cortese, civile, urbano. **3** delicato. **4** simpatico. **5** *fig* pulito, fine. *Pl: gentis.*

gen.ti.le.za [ʒẽtil'ezə] *sf* **1** gentilezza, cortesia, civiltà, delicatezza. **2** complimento. **3** favore, piacere, grazia. **4** *fig* finezza. **5** attenzione.

ge.nu.í.no [ʒenu'inu] *adj* genuino, legittimo, vero.

ge.o.gra.fi.a [ʒeograf'iə] *sf* geografia.

ge.o.lo.gi.a [ʒeoloʒ'iə] *sf* geologia.

ge.o.me.tri.a [ʒeometr'iə] *sf* geometria.

ge.ra.ção [ʒeras'ãw] *sf* **1** generazione. **2** età. **3** concezione.

ge.ra.dor [ʒerad'or] *sm Elet* generatore, batteria.

ge.ral [ʒer'aw] *adj* **1** generale. **2** generico. **3** *fig* globale. **em geral** in generale, in genere. *Pl: gerais.*

ge.râ.nio [ʒer'∧nju] *sm Bot* geranio.

ge.rar [ʒer'ar] *vt* **1** generare: a) concepire, procreare. b) *fig* creare. **2** *fig* causare. *vpr* **3** generarsi.

ge.rên.cia [ʒer'ẽsjə] *sf* **1** gerenza. **2** *fig* conduzione.

ge.ren.te [ʒer'ẽti] *sm* **1** gerente, conduttore. **2** *fig* guida.

ger.me [ʒ'ɛrmi] *sm* **1** germe, batteria. **2** *Bot* embrione. **3** *fig* cellula, origine.

ger.mi.nar [ʒermin'ar] *vi Bot* germogliare.

ge.rún.dio [ʒer'ũdju] *sm Gram* gerundio.

ges.so [ʒ'esu] *sm* gesso. **obra em gesso** gesso.

ges.ta.ção [ʒestas'ãw] *sf* gestazione, gravidanza.

ges.tão [ʒest'ãw] *sf* **1** gestione. **2** *fig* conduzione. **3** controllo.

ges.ti.cu.lar [ʒestikul'ar] *vi* gesticolare.

ges.to [ʒ'ɛstu] *sm* **1** gesto, cenno. **2** atto, mossa. **3** segno, segnale. **4** *fig* provvedimento.

gi.gan.te [ʒig'ãti] *sm Mit, fig* gigante.

gi.gan.tes.co [ʒigãt'esku] *adj* gigantesco, colossale, enorme, smisurato.

gi.le.te [ʒil'ɛti] *sf* rasoio di sicurezza.

gi.ná.sio [ʒin'azju] *sm* ginnasio. **ginásio esportivo** palestra.

gi.nás.ti.ca [ʒin'astikə] *sf* ginnastica, palestra.

gi.ra.fa [ʒir'afə] *sf Zool* giraffa.

gi.rar [ʒir'ar] *vt* **1** girare, ruotare, voltare. **2** *Com* rigirare (dinheiro). *vi* **3** girare, ruotare.

gi.ras.sol [ʒiras'ɔw] *sm Bot* girasole. *Pl: globais.*

gí.ria [ʒ'irjə] *sf* gergo.

gi.ri.no [ʒir'inu] *sm Zool* girino.

gi.ro [ʒ'iru] *sm* **1** giro, girata. **2** circuito.

giz [ʒ'is] *sm* **1** gessetto (de escrever). **2** *Min* creta. *Pl: gizes.*

gla.cê [glas'e] *sm* copertura.

gla.di.a.dor [gladjad'or] *sm Hist* gladiatore.

glân.du.la [gl'ãdulə] *sf Anat* glandula.

gli.co.se [glik'ɔzi] *sf Quím, Biol* glucosio.

glo.bal [glob'aw] *adj* **1** globale, totale. *Pl: globais.*

glo.bo [gl'obu] *sm* **1** globo. **2** *Geom* sfera. **globo ocular** globo dell'occhio.

gló.bu.lo [gl'ɔbulu] *sm Anat* globulo. **glóbulo branco** globulo bianco. **glóbulo vermelho** globulo rosso.

gló.ria [gl'ɔrjə] *sf* **1** gloria. **2** *fig* corona. **3 glórias** *pl fig* allori.

glo.ri.o.so [glori'ozu] *adj* glorioso.

glos.sá.rio [glos'arju] *sm* glossario.

glu.tão [glut'ãw] *sm* ghiotto. • *adj* ghiotto, goloso.

gno.mo [gn´omu] *sm Mit* gnomo.

go.e.la [go´ɛlə] *sf pop* gola, gozzo.

gol [g´ow] *sm Fut* **1** porta. **2** rete.

go.la [g´ɔlə] *sf* colletto, collare, collaretto.

go.le [g´ɔli] *sm* sorso.

go.lei.ro [gol´ejru] *sm Fut* portinaio.

gol.fe [g´owfi] *sm Esp* golf.

gol.fi.nho [gowf´iñu] *sm Zool* delfino.

gol.fo [g´owfu] *sm Geogr* golfo, baia, cala.

gol.pe [g´owpi] *sm* **1** colpo. **2** percossa, pacca. **3** botta. **4** *shock, choc*. **5** *fig* tiro. **golpe de Estado** colpo di stato.

gol.pe.ar [gowpe´ar] *vt* colpire, battere, percuotere.

go.ma [g´omə] *sf* gomma. **goma de mascar** gomma, gomma da masticare. **goma elástica** gomma elastica. **goma para roupas** amido.

go.mo [g´omu] *sm Bot* gemma.

gôn.do.la [g´õdolə] *sf* gondola.

gon.do.lei.ro [gõdol´ejru] *sm* gondoliere.

go.nor.rei.a [gonoR´ejə] *sf Med* gonorrea.

gor.do [g´ordu] *sm fam* grasso, persona grassa. • *adj* grasso.

gor.du.ra [gord´urə] *sf* **1** grasso. **2** grassezza.

gor.du.ro.so [gordur´ozu] *adj* grasso.

go.ri.la [gor´ilə] *sf* **1** *Zool* gorilla. **2** *gír* gorilla.

gor.je.ta [gorʒ´etə] *sf* **1** mancia, propina, regalia. **2** *gír* bustarella. **dar gorjeta** *pop* gratificare.

gos.tar [gost´ar] *vt* **1** piacere. **2** apprezzare. **3** affezionarsi a.

gos.to [g´ostu] *sm* **1** gusto, sapore. **2** genio. **bom gosto** gusto, raffinatezza. **com muito gosto** volentieri. **de bom gosto** di buon gusto. **de mau gosto** di cattivo gusto. **gosto bom** *fig* sapore. **mau gosto** mal gusto. **sem gosto** sciocco. **ter gosto de** sapere a, sentire di.

gos.to.so [gost´ozu] *adj* **1** gustoso, delizioso, saporoso, saporito. **2** *fig* squisito.

go.ta [g´otə] *sf* **1** goccia. **2** *Med* gotta. **3** *fig* goccia, lacrima, piccola quantità di liquido.

go.tei.ra [got´ejrə] *sf Arquit* gronda.

go.te.jar [goteʒ´ar] *vi* gocciolare, stillare, sgocciolare.

go.ver.nar [govern´ar] *vt* **1** governare. **2** reggere. **3** capeggiare. **4** *fig* dirigere, amministrare, controllare, guidare.

go.ver.no [gov´ernu] *sm* **1** governo. **2** gestione. **3** reggimento. **4** dominio. **5** *fig* controllo, conduzione. **o Governo** i governanti, lo Stato.

go.za.ção [gozas´ãw] *sf* beffa, scherzo. **de gozação** da scherzo, per scherzo.

go.zar [goz´ar] *vt* **1** godere, godere di, fruire di. **2** canzonare, beffare. *vi* **3** godere, deliziarsi.

go.zo [g´ozu] *sm* godimento, diletto.

gra.ça [gr´asə] *sf* **1** grazia. **2** cortesia, favore. **3** barzelletta. **4** *Rel* grazia. **5** *fig* bellezza, dote. **6** benedizione. **7** gioco. **de graça** gratis, di grazia. **graças a** grazie a. **graças a Deus** grazie a Dio. **sem graça** a) banale. b) sgraziato. c) insulso.

gra.ce.jo [gras´eʒu] *sm* **1** barzelletta, burla, scherzo. **2** *fig* gioco, battuta.

gra.ci.o.so [grasi´ozu] *adj* **1** grazioso, bello, carino. **2** *fig* dolce, sinuoso.

gra.de [gr´adi] *sf* grata.

gra.du.ar [gradu´ar] *vt* **1** graduare. **2** scalare.

grá.fi.co [gr´afiku] *sm+adj* grafico. **artes gráficas** arti grafiche.

gra.fi.te [graf´iti] *sm Min* grafite. **grafite para lapiseira** mina di ricambio, matita.

gra.lha [gr´aʎə] *sf Zool* cornacchia.

gra.ma [gr´Amə] *sf* **1** *Bot* erba, gramigna. *sm* **2** grammo (unidade de medida).

gra.ma.do [gram´adu] *sm Esp* campo.
gra.má.ti.ca [gram´atikə] *sf* grammatica.
gram.pe.a.dor [grãpead´or] *sm* cucitrice.
gram.po [gr´ãpu] *sm* 1 forcina, forcella. 2 graffa.
gra.na [gr´∧nə] *sf gír* lira.
gra.na.da [gran´adə] *sf Mil* granata.
gran.de [gr´ãdi] *adj* 1 grande, grosso. 2 corpulento. 3 voluminoso. 4 *irôn* maiuscolo. 5 *Lit* magno. 6 *fig* rotondo.
gran.de.za [grãd´ezə] *sf* 1 grandezza. 2 *Fís, Mat* grandezza. 3 *fig* altezza, nobiltà.
gran.di.o.so [grãdi´ozu] *adj* grandioso, spettacolare, superbo.
gra.ni.to [gran´itu] *sm Min* granito.
gra.ni.zo [gran´izu] *sm* grandine, nevischio.
grão [gr´ãw] *sm* 1 grano, chicco. 2 **grãos** *pl* (de trigo, milho) granelli.
grão-de-bi.co [gr´ãwdib´iku] *sm* cece. Pl: *grãos-de-bico*.
gras.nar [grazn´ar] *vi* cornacchiare.
gra.ti.dão [gratid´ãw] *sf* gratitudine, riconoscenza.
gra.ti.fi.car [gratifik´ar] *vt* gratificare.
grá.tis [gr´atis] *adv* gratis, di grazia.
gra.to [gr´atu] *adj* grato, grazioso.
gra.tui.to [grat´ujtu] *adj* gratuito, grazioso.
grau [gr´aw] *sm* 1 grado. 2 rango. 3 *Mat* grado (de ângulo). 4 *Fís* grado (de temperatura). 5 *Mil* grado, posto.
gra.va.dor [gravad´or] *sm* registratore.
gra.var [grav´ar] *vt* 1 incidere, intagliare, scolpire, stampare. 2 registrare (som).
gra.va.ta [grav´atə] *sf* cravatta.
gra.ve [gr´avi] *adj* 1 grave. 2 serio. 3 basso (som). 4 *fig* massiccio (erro). • *sm Mús* grave, nota grave. **acento grave** accento grave. **doença grave** malattia acuta.
grá.vi.da [gr´avidə] *adj f* gravida.

gra.vi.da.de [gravid´adi] *sf* 1 gravità. 2 serietà. 3 *Fís* gravità, forza della gravità.
gra.vi.dez [gravid´es] *sf* gravidanza, gestazione.
gra.vu.ra [grav´urə] *sf* 1 illustrazione, stampa. 2 incisione, intaglio.
gra.xa [gr´a∫ə] *sf Mec, Autom* grasso. **graxa de sapatos** lucido, cera da scarpe.
gre.go [gr´egu] *sm+adj* greco, della Grecia. **falar grego** *fig* parlar turco. **isso é grego para mim!** è arabo per me!
gre.lha [gr´eλə] *sf* ferri, bisteccheira.
gre.ve [gr´evi] *sf* sciopero. **fazer greve** scioperare. **greve de fome** sciopero della fame.
gri.far [grif´ar] *vt* sottolineare.
gri.lhão [griλ´ãw] *sm* 1 catena. 2 *fig* giogo, dominazione.
gri.lo [gr´ilu] *sm Zool* grillo.
gri.nal.da [grin´awdə] *sf* ghirlanda, corona.
gri.pe [gr´ipi] *sf Med* influenza, grippe. **pegar uma gripe** prendere un'influenza.
gri.sa.lho [griz´aλu] *adj* canuto, grigio. • *sm fig* neve. **ficar grisalho** imbiancarsi.
gri.tar [grit´ar] *vt* 1 gridare. *vi* 2 gridare, berciare, urlare, esclamare. **gritar com alguém** sgridare uno.
gri.to [gr´itu] *sm* grido, bercio, urlo, strillo. **dar um grito** lanciare un grido.
gro.se.lha [groz´eλə] *sf Bot* ribes.
gros.sei.ro [gros´ejru] *adj* 1 rustico, greggio, rozzo. 2 incivile, zotico, indelicato. 3 volgare. 4 *fig* paesano, ruvido, selvaggio.
gros.se.ri.a [groser´iə] *sf* 1 rozzezza. 2 scortesia, sgarbatezza. 3 *fig* ruvidezza, selvatichezza. 4 zampata.
gros.so [gr´osu] *adj* 1 grosso. 2 spesso. 3 rude. • *sm* il grosso.

gros.su.ra [gros´urə] *sf* grossezza, spessore.

gro.tes.co [grot´esku] *adj* grottesco.

gru.dar [grud´ar] *vt* ingommare.

gru.den.to [grud´ẽtu] *adj* colloso.

gru.nhir [gruñ´ir] *vi* grugnire.

gru.po [gr´upu] *sm* **1** gruppo. **2** ambiente, corpo. **3** associazione. **4** *fig* banda, blocco.

gru.ta [gr´utə] *sf* grota, caverna.

guar.da [g´wardə] *sm* **1** guardia. **2** guardiano, custode. **3** poliziotto. **4** *pop* questurino. **5** *Mil* sentinella. **6** *fig* palo. • *sf* guardia. **em guarda!** in guardia! all'erta! occhio! **ficar de guarda** stare in guardia. **guarda municipal** vigile urbano. **guarda penitenciário** guardiano. **montar guarda** vigilare.

guar.da-chu.va [gwardaʃ´uvə] *sm* ombrello. *Pl: guarda-chuvas.*

guar.da-cos.tas [gwardak´ɔstas] *sm sing+pl* **1** scorta, guardaspalle. **2** *fig* gorilla.

guar.da.na.po [gwardən´apu] *sm* salvietta, tovagliolo.

guar.da-no.tur.no [gwardənot´urnu] *sm* guardia notturna, metronotte. *Pl: guardas-noturnos.*

guar.dar [gward´ar] *vt* **1** guardare. **2** custodire, badare a, vegliare su. **3** riservare, serbare.

guar.da-rou.pa [gwardaȓ´owpə] *sm* guardaroba. *Pl: guarda-roupas.*

guar.da-sol [gwardəs´ɔw] *sm* ombrellone, parasole. *Pl: guarda-sóis.*

guar.di.ão [gwardi´ãw] *sm* guardiano, custode.

guar.ne.cer [gwarnes´er] *vt* **1** guarnire. **2** (também *fig*) approvvigionare.

guar.ni.ção [gwarnis´ãw] *sf Mil* guarnigione, presidio.

guel.ra [g´ɛwȓa] *sf Zool* branchia.

guer.ra [g´ɛȓə] *sf* **1** guerra. **2** conflitto.

guer.re.ar [geȓe´ar] *vi* guerreggiare, combattere. **guerrear um contra o outro** guerreggiarsi.

guer.rei.ro [geȓ´ejru] *sm* guerriero. • *adj* guerriero, bellico.

gue.to [g´etu] *sm* ghetto, quartiere per gli Ebrei.

gui.a [g´iə] *sm* guida. • *sf* **1** guida, governo. **2** *Com* bulletta, bolletta. **3** *fig* binario, briglia. **4** testa, capitano, pilota.

gui.ar [gi´ar] *vt* **1** guidare. **2** condurre, incamminare. **3** governare, dirigere. **4** dominare.

gui.chê [giʃ´e] *sm* sportello, cassa.

gui.dão [gid´ãw] *sm* sterzo.

guin.das.te [gĩd´asti] *sm* martinetto, mangano.

guir.lan.da [girl´ãdə] *sf* ghirlanda, corona.

gui.sa.do [giz´adu] *sm* stufato, ragù.

gui.sar [giz´ar] *vt* stufare.

gui.tar.ra [git´aȓə] *sf* chitarra.

gui.zo [g´izu] *sm* sonaglio.

gu.la [g´ulə] *sf* **1** golosità. **2** *Rel* gola. **3** *fig* avidità. **gula insaciável** ingordigia.

gu.lo.sei.ma [guloz´ejmə] *sf* golosità.

gu.lo.so [gul´ozu] *sm* ghiotto. • *adj* ghiotto, goloso.

gu.tu.ral [gutur´aw] *agg* gutturale. *Pl: guturais.*

h

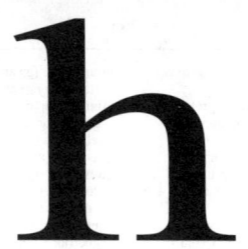

h [agˊa] *sm* l'ottava lettera dell'alfabeto portoghese.

há.bil [ˊabiw] *adj* 1 abile. 2 destro, capace. 3 competente, bravo. 4 idoneo. 5 *fig* diplomatico. *Pl:* hábeis.

ha.bi.li.da.de [abilidˊadi] *sf* 1 abilità. 2 destrezza. 3 competenza, bravura. 4 *fig* arte, tecnica. 5 diplomazia. **com habilidade** con arte, ad arte.

ha.bi.li.do.so [abilidˊozu] *adj* abile.

ha.bi.li.tar [abilitˊar] *vt* 1 abilitare. *vpr* 2 abilitarsi.

ha.bi.ta.ção [abitasˊãw] *sf* abitazione, casa, dimora.

ha.bi.tar [abitˊar] *vt* abitare, dimorare.

há.bi.to [ˊabitu] *sm* 1 abitudine, uso, costume, consuetudine, abito. 2 *Rel* abito, tonaca, veste dei religiosi. **mau hábito** vizio. **ter o hábito de** usare.

ha.bi.tu.al [abituˊaw] *adj* 1 abituale, usuale, solito. 2 comune, ordinario. 3 familiare. 4 *fig* cronico. *Pl:* habituais.

há.li.to [ˊalitu] *sm* alito, fiato.

ha.lo [ˊalu] *sm Astron* alone, corona.

hardware [hˊardwer] *sm ingl Inform* hardware.

har.mo.ni.a [armonˊiə] *sf* 1 armonia. 2 accordo. 3 simmetria. 4 *Mús* armonia, concerto. 5 *fig* bellezza. 6 unità, coesione.

har.mo.ni.zar [armonizˊar] *vt* 1 armonizzare. 2 coordinare. 3 *Mús* armonizzare, concertare. *vi+vpr* 4 armonizzare, essere in armonia.

har.pa [ˊarpə] *sf Mús* arpa.

has.te [ˊasti] *sf* 1 asta. 2 *Bot* gamba, stelo. **hastes dos óculos** aste degli occhiali.

has.te.ar [asteˊar] *vt* alzare, rizzare una bandiera.

ha.ver [avˊer] *vaux* 1 avere. *v impess* 2 esserci, esistere. **há** (no singular) c'è. **há** (no plural) ci sono. **haver de fazer** avere da fare. **não há de quê** non c'è di che! prego! di niente!

he.brai.co [ebrˊajku] *sm+adj* 1 ebraico, ebreo. 2 giudeo.

hec.ta.re [ektˊari] *sm* ettaro.

hé.li.ce [ˊelisi] *sf* elica.

he.li.cóp.te.ro [elikˊɔpteru] *sm* elicottero.

hé.lio [ˊɛlju] *sm Quím* elio.

he.má.cia [emˊasjə] *sf Med* hemazia, globulo rosso.

he.ma.to.ma [ematˊomə] *sm Med* hematoma, botta, colpo.

he.mis.fé.rio [emisfˊɛrju] *sm* emisfero.

he.mor.ra.gi.a [emoȓaʒˊiə] *sf Med* emorragia.

he.mor.roi.das [emoȓˊɔjdas] *sf pl Med* emorroidi.

he.pa.ti.te [epatˊiti] *sf Med* epatite.

he.ra [ˊɛrə] *sf Bot* edera.

he.ran.ça [erˊãsə] *sf* 1 *Fisiol* eredità. 2 *Dir* eredità, legato.

her.bí.vo.ro [erbˊivoru] *sm+adj Zool* erbivoro.

her.dar [erdˈar] *vt+vi* ereditare.
her.dei.ro [erdˈejru] *sm* **1** erede. **2** successore.
he.re.di.tá.rio [ereditˈarju] *adj* **1** ereditario, congenito, genetico. **2** *fig* ancestrale.
he.re.ge [erˈɛʒi] *s* eretico.
he.re.si.a [erezˈiə] *sf* eresia, bestemmia.
he.rói [erˈɔj] *sm* eroe.
he.ro.í.na [eroˈinə] *sf* **1** eroina. **2** *Quím* eroina, sostanza stupefacente.
her.pes [ˈɛrpis] *sm sing+pl Med* erpete.
he.si.ta.ção [ezitasˈãw] *sf* esitanza.
he.si.tar [ezitˈar] *vi* **1** esitare, titubare, vacillare. **2** *fig* tentennare.
he.te.ro.gê.neo [eteroʒˈenju] *adj* **1** eterogeneo. **2** *fig* ibrido.
hi.a.to [iˈatu] *sm Gram* iato.
hi.ber.na.ção [ibernasˈãw] *sf Zool* ibernazione.
hí.bri.do [ˈibridu] *adj* **1** ibrido. **2** *fig* bastardo.
hi.dran.te [idrˈãti] *sm* idrante.
hi.dro.a.vi.ão [idroaviˈãw] *sm* idrovolante.
hi.dro.fo.bi.a [idrofobˈiə] *sf Med* idrofobia, rabbia, lissa.
hi.e.na [iˈenə] *sf Zool* iena.
hi.e.rar.qui.a [jerarkˈiə] *sf* gerarchia.
hí.fen [ˈifẽj] *sm Gram* trattino, lineetta. *Pl:* hifens, hífenes.
hi.gi.e.ne [iʒiˈeni] *sf* igiene.
hi.la.ri.an.te [ilariˈãti] *adj* esilarante. **gás hilariante** gas esilarante.
hí.men [ˈimẽj] *sm Anat* imene. *Pl:* himens, hímenes.
hi.no [ˈinu] *sm* inno. **hino nacional** inno nazionale.
hi.per.ten.são [ipertẽsˈãw] *sf Med* ipertensione.
hi.pis.mo [ipˈizmu] *sm* ippica.
hip.no.ti.zar [ipnotizˈar] *vt* **1** ipnotizzare. **2** *fig* incantare.
hi.po.cri.si.a [ipokrizˈiə] *sf* **1** ipocrisia. **2** finzione.
hi.pó.cri.ta [ipˈɔkritə] *s* ipocrita.
hi.po.pó.ta.mo [ipopˈɔtamu] *sm* ippopotamo.
hi.po.te.ca [ipotˈɛkə] *sf Dir* ipoteca.
hi.po.te.car [ipotekˈar] *vt* ipotecare.
hi.pó.te.se [ipˈɔtezi] *sf* **1** *Fil, Mat* ipotesi, astrazione. **2** *fig* calcolo.
his.té.ri.co [istˈɛriku] *sm+adj* isterico.
his.tó.ria [istˈɔrjə] *sf* **1** storia. **2** fatto. **3** bugia. **4** *fig* invenzione. **contar histórias** a) novellare. b) *fig* abballare. **história em quadrinhos** fumetti.
ho.je [ˈoʒi] *adv* oggi. • *sm* l'oggi, il tempo presente. **até hoje** finora. **hoje à noite** stasera, stanotte. **hoje em dia** oggigiorno. **hoje pela manhã** stamattina, stamani.
ho.mem [ˈomẽj] *sm* uomo. **bom homem** buonuomo. **homem bonito** bello. **homem honesto** galantuomo. **homem mau** *fig* cane. **o Homem** l'Uomo.
ho.me.na.gem [omenˈaʒẽj] *sf* **1** omaggio. **2** ossequio, tributo. **3** *fig* culto.
ho.me.o.pa.ti.a [omeopatˈiə] *sf* omeopatia.
ho.mi.ci.da [omisˈidə] *s* omicida, assassino.
ho.mi.cí.dio [omisˈidju] *sm* omicidio, assassinio.
ho.mo.gê.neo [omoʒˈenju] *adj* omogeneo, uniforme.
ho.mô.ni.mo [omˈonimu] *sm+adj* omonimo.
ho.mos.se.xu.al [omoseksuˈaw] *sm* **1** omossessuale, invertito. **2** *gír* finocchio. *sf* **3** omossessuale, lesbica. *Pl:* homossexuais.
ho.nes.ti.da.de [onestidˈadi] *sf* **1** onestà. **2** decenza. **3** rettitudine. **4** *fig* correttezza, pulizia, chiarezza.
ho.nes.to [onˈɛstu] *adj* **1** onesto. **2** integro. **3** pulito, morale. **4** *fig* retto, corretto.
hon.ra [ˈõrə] *sf* **1** onore. **2** decoro. **3** dignità. **4** orgoglio. **5** *fig* lustro. **6** hon-

ras *pl* onori. **palavra de honra** parola d'onore. **questão de honra** punto d'onore.

hon.rar [õʀ´ar] *vt* **1** onorare. **2** rispettare. *vpr* **3** onorarsi.

hó.quei [´ɔkej] *sm Esp* hockey. **hóquei sobre o gelo** hockey su ghiaccio.

ho.ra [´ɔrə] *sf* ora. **dar as horas** (o relógio) suonare le ore. **fora de hora** fuori di stagione. **hora extra** straordinario. **hora marcada** appuntamento. **meia hora** mezz'ora. **na hora** (trem, avião) in orario. **que horas são?** che ora è?

ho.rá.rio [or´arju] *sm* orario. **horário de pico** ora di punta. **horário de verão** orario estivo.

ho.ri.zon.te [oriz´õti] *sm* **1** orizzonte. **2** sfondo.

hor.mô.nio [orm´onju] *sm Fisiol* ormone.

hor.rós.co.po [or´oskopu] *sm* oroscopo.

hor.ren.do [oʀ´ẽdu] *adj* **1** orrendo. **2** *fig* atro.

hor.rí.vel [oʀ´ivew] *adj* **1** orribile. **2** terribile, tetro. **3** atroce. **4** *fig* maledetto. *Pl*: *horríveis*.

hor.ror [oʀ´or] *sm* **1** orrore, terrore. **2** *fig* brivido. **ter horror a** aborrire.

hor.ro.ro.so [oʀor´ozu] *adj* orrendo, tremendo.

hor.ta [´ɔrtə] *sf* orto.

hor.ta.li.ça [ortal´isə] *sf* ortaggio, verdura.

hor.te.lã [ortel´ã] *sf Bot* menta.

hos.pe.dar [osped´ar] *vt* albergare, alloggiare, ospitare.

hos.pe.da.ri.a [ospedar´iə] *sf* albergo.

hós.pe.de [´ɔspedi] *s* ospite. **hóspede de um hotel** forestiero.

hos.pí.cio [osp´isju] *sm* manicomio.

hos.pi.tal [ospit´aw] *sm* ospedale, clinica. *Pl*: *hospitais*.

hos.pi.ta.lei.ro [ospital´ejru] *adj* ospitale.

hós.tia [´ɔstjə] *sf Rel, Med* ostia.

hos.til [ost´iw] *adj* ostile, avverso. *Pl*: *hostis*.

hos.ti.li.da.de [ostilid´adi] *sf* ostilità, inimicizia, avversione.

ho.tel [ot´ɛw] *sm* albergo, *hotel*. *Pl*: *hotéis*.

hu.ma.ni.da.de [umanid´adi] *sf* umanità. **a humanidade** il mondo, l'Uomo.

hu.ma.no [um´ʌnu] *adj* **1** umano. **2** *fig* pietoso, tollerante, pio.

hu.mil.da.de [umiwd´adi] *sf* umiltà.

hu.mil.de [um´iwdi] *adj* umile, sottomesso.

hu.mi.lha.ção [umiʎas´ãw] *sf* **1** umiliazione, avvilimento. **2** *fig* abbattimento.

hu.mi.lhar [umiʎ´ar] *vt* **1** umiliare, avvilire, deprimere. **2** *fig* abbattere. *vpr* **3** umiliarsi, abbassarsi.

hu.mor [um´or] *sm* **1** *Anat* umore. **2** *fig* umore, stato dello spirito. **estar de bom humor** essere in buona luna. **mau humor** malumore, broncio.

hu.mo.ris.ta [umor´istə] *s+adj* umorista.

i

i [´i] *sm* **1** la nona lettera dell'alfabeto portoghese. **2** i, il nome della lettera I.
i.a.te [i´ati] *sm Náut* panfilo.
i.çar [is´ar] *vt Náut* issare.
i.da [´idɐ] *sf* andata.
i.da.de [id´adi] *sf* **1** età. **2** *Hist* età, evo. **Idade Média** Medioevo.
i.de.al [ide´aw] *sm* **1** ideale, credo. **2** *fig* aspirazione. **3** bandiera. • *adj* **1** ideale. **2** *fig* astratto. *Pl: ideais.*
i.de.a.li.zar [idealiz´ar] *vt* **1** ideare, idearsi, divisare. **2** *fig* concepire.
i.dei.a [id´ɛjɐ] *sf* **1** idea. **2** disegno, progetto. **3** creazione. **4** concetto, opinione. **5** nozione. **ideia brilhante** trovata. **ideia fixa** ossessione. **mudar de ideia** mutare idea, ripensare.
i.dên.ti.co [id´ẽtiku] *adj* **1** identico. **2** uguale. **3** medesimo.
i.den.ti.da.de [idẽtid´adi] *sf* identità.
i.den.ti.fi.car [idẽtifik´ar] *vt* **1** identificare, riconoscere. **2** rendere identico. *vpr* **3** identificarsi.
i.di.o.ma [idi´omɐ] *sm* idioma, lingua.
i.di.o.ta [idi´ɔtɐ] *s+adj* **1** idiota, imbecille, scemo, babbeo. **2** *Med* idiota. **3** *fig* deficiente.
i.di.o.ti.ce [idjot´isi] *sf* imbecillità.
i.do.la.trar [idolatr´ar] *vt* idolatrare.
í.do.lo [´idolu] *sm* (também *fig*) **1** idolo. **2** feticcio.
i.dô.neo [id´onju] *adj* **1** idoneo. **2** atto.

i.do.so [id´ozu] *sm* anziano. • *adj* anziano, avanzato.
ig.ni.ção [ignis´ãw] *sf* ignizione, accensione.
ig.no.rân.cia [ignor´ãsjɐ] *sf* **1** ignoranza. **2** mancanza di educazione. **3** *fig* tenebra.
ig.no.ran.te [ignor´ãti] *s* **1** ignorante, imbecille. **2** *fig* bestia, somaro. • *adj* ignorante.
ig.no.rar [ignor´ar] *vt* **1** ignorare. **2** sconoscere. **3** trascurare.
i.gre.ja [igr´eʒɐ] *sf* **1** chiesa. **2** *pop* clero.
i.gual [ig´waw] *adj* **1** uguale, eguale. **2** pari. **3** stesso. • *sm* pari. *Pl: iguais.*
i.gua.lar [igwal´ar] *vt* **1** uguagliare. **2** adeguare. **3** livellare, pareggiare. *vpr* **4** uguagliarsi. **5** adeguarsi. **6** livellarsi.
i.gual.da.de [igwawd´adi] *sf* uguaglianza.
i.gua.ri.a [igwar´iɐ] *sf* **1** vivanda, squisitezza. **2** *pop* cibo.
i.le.gal [ileg´aw] *adj* **1** illegale. **2** fuori legge. **3** illeggittimo. **4** clandestino. *Pl: ilegais.*
i.le.gí.ti.mo [ileʒ´itimu] *adj* **1** illegittimo. **2** illegale. **3** bastardo (filho).
i.le.gí.vel [ileʒ´ivew] *adj* illeggibile. *Pl: ilegíveis.*
i.le.so [il´ezu] *adj* **1** illeso, salvo. **2** *fig* sano.
i.lha [´iʎɐ] *sf* isola.

i.lí.ci.to [iliˈisitu] *adj* illecito.

i.lu.dir [iludˈir] *vt* **1** illudere. **2** ingannare, imbrogliare, raggirare. **3** deludere. **4** *fig* abbagliare. *vpr* **5** illudersi, imbrogliarsi.

i.lu.mi.nar [iluminˈar] *vt* **1** illuminare. *vpr* **2** illuminarsi.

i.lu.são [iluzˈãw] *sf* **1** illusione. **2** imbroglio. **3** *fig* fantasma, miraggio. **4** sogno. **ilusão de ótica** illusione ottica.

i.lu.só.rio [iluzˈɔrju] *adj* **1** illusorio. **2** falso. **3** apparente. **4** *fig* utopistico.

i.lus.tra.ção [ilustrasˈãw] *sf* **1** illustrazione. **2** figura.

i.lus.trar [ilustrˈar] *vt* **1** illustrare. **2** figurare. **3** decorare con disegni.

i.lus.tre [ilˈustri] *adj* **1** illustre. **2** celebre, esimio, grande, notevole. **3** *fig* nobile (nome).

í.mã [ˈimã] *sm* magnete.

i.ma.gem [imˈaʒẽj] *sf* **1** immagine. **2** apparenza, forma. **3** figura. **4** disegno. **5** allegoria. **6** idea, concetto. **7** *fig* fantasma.

i.ma.gi.na.ção [imaʒinasˈãw] *sf* **1** immaginazione. **2** fantasia. **3** *fig* sogno.

i.ma.gi.nar [imaʒinˈar] *vt* **1** immaginare. **2** creare, ideare, inventare. **3** fantasticare. **4** *fig* concepire. **5** sognare. **6** supporre.

i.ma.gi.ná.rio [imaʒinˈarju] *adj* **1** immaginario. **2** ideale. **3** fittizio, astratto.

i.ma.tu.ro [imatˈuru] *adj* **1** giovane, acerbo.

im.be.cil [ĩbesˈiw] *s+adj* **1** imbecille, idiota, scemo, stupido. **2** *Med* imbecille. *Pl: imbecis*.

im.be.ci.li.da.de [ĩbesilidˈadi] *sf* **1** imbecillità. **2** *Med* imbecillità, debilità intelettuale. **3** *fig* infermità.

i.me.di.a.to [imediˈatu] *adj* **1** immediato. **2** susseguente. **3** diretto.

i.men.si.dão [imẽsidˈãw] *sf* **1** immenso. **2** *fig* oceano.

i.men.so [imˈẽsu] *adj* immenso, smisurato.

i.mer.gir [imerʒˈir] *vt* **1** immergere, tuffare. *vi* **2** immergersi.

i.mer.são [imersˈãw] *sf* immersione, tuffo.

i.mi.grar [imigrˈar] *vt* immigrare.

i.mi.nen.te [iminˈẽti] *adj* imminente, urgente, pendente.

i.mi.ta.ção [imitasˈãw] *sf* **1** imitazione. **2** falso. **3** *fig* copia.

i.mi.tar [imitˈar] *vt* **1** imitare. **2** copiare. **3** ripetere. **4** contraffare. **5** ricalcare, arieggiare. **6** seguire.

i.mo.bi.li.zar [imobilizˈar] *vt* **1** immobilizzare, bloccare. **2** *fig* congelare.

i.mo.lar [imolˈar] *vt* **1** immolare, sacrificare. *vpr* **2** immolarsi.

i.mo.ral [imorˈaw] *adj* **1** immorale. **2** scandaloso. **3** osceno. **4** illecito. *Pl: imorais*.

i.mor.tal [imortˈaw] *s* immortale. • *adj* immortale, eterno. **os imortais** *pl* Mit gl'immortali. *Pl: imortais*.

i.mó.vel [imˈɔvew] *sm* *Com, Dir* immobile. • *adj* **1** immobile, statico, inerte. **2** *Com, Dir* immobile, stabile. *Pl: imóveis*.

im.pa.ci.ên.cia [ĩpasiˈẽsja] *sf* **1** impazienza, smania, frega. **2** *fam, fig* fregola.

im.pa.ci.en.te [ĩpasiˈẽti] *adj* impaziente, frettoloso.

ím.par [ˈĩpar] *adj* impari, dispari.

im.par.ci.al [ĩparsiˈaw] *adj* imparziale, giusto. *Pl: imparciais*.

im.pe.cá.vel [ĩpekˈavew] *adj* impeccabile, perfetto, esatto. *Pl: impecáveis*.

im.pe.di.men.to [ĩpedimˈẽtu] *sm* **1** impedimento, imbarazzo, ostacolo. **2** *Esp* fuorigioco. **3** *fig* muro.

im.pe.dir [ĩpedˈir] *vt* **1** impedire. **2** chiudere, arrestare. **3** contrastare. **4** imbarazzare. **5** immobilizzare. **6** sbarrare. **7** *fig* castrare. **8** inibire.

im.pe.lir [ipel´ir] *vt* spingere.
im.pen.sa.do [ipẽs´adu] *adj* impensato, spensierato, immeditato, avventato.
im.pe.ra.dor [iperad´or] *sm* imperatore.
im.pe.rar [iper´ar] *vt* imperare, regnare.
im.pe.ra.ti.vo [iperat´ivu] *sm Gram* imperativo. • *adj* imperativo.
im.per.cep.tí.vel [ipersept´ivew] *adj* impercettibile. *Pl: imperceptíveis.*
im.per.fei.ção [iperfejs´ãw] *sf* 1 imperfezione. 2 mancanza. 3 errore. 4 *fig* ombra, tacca, neo.
im.per.fei.to [iperf´ejtu] *adj* 1 imperfetto. 2 difettoso. 3 difettivo. • *sm Gram* imperfetto (tempo verbal).
im.pé.rio [ip´εrju] *sm* 1 impero. 2 *fig* trono.
im.per.me.á.vel [iperme´avew] *adj* 1 impermeabile. 2 stagno, ermetico. *Pl: impermeáveis.*
im.per.ti.nên.cia [ipertin´ẽsjə] *sf* impertinenza, sfrontatezza, ardire.
im.per.ti.nen.te [ipertin´ẽti] *adj* impertinente, sfrontato, petulante.
im.pes.so.al [ipeso´aw] *adj* 1 impersonale. 2 anonimo. 3 imparziale. *Pl: impessoais.*
ím.pe.to [´ĩpetu] *sm* 1 impeto. 2 furia, furore. 3 scatto. 4 *fig* ardore, caldo. 5 violenza. 6 slancio.
im.pe.tu.o.so [ipetu´ozu] *adj* 1 impetuoso, impulsivo, fiero. 2 feroce, violento.
im.pi.e.do.so [ipjed´ozu] *adj* 1 spietato. 2 crudele. 3 terribile.
im.pla.cá.vel [iplak´avew] *adj* implacabile. *Pl: implacáveis.*
im.plan.tar [iplãt´ar] *vt* 1 impiantare. 2 fondare, istituire.
im.pli.car [iplik´ar] *vt* 1 implicare, costare, comportare. *vpr* 2 implicarsi.
im.plí.ci.to [ipl´isitu] *adj* implicito, sottinteso.
im.plo.rar [iplor´ar] *vt* implorare, supplicare. **implorar por proteção** raccomandarsi.

im.po.nen.te [ipon´ẽti] *adj* imponente, solenne, grandioso.
im.por [ip´or] *vt* 1 imporre, infliggere, porre. *vpr* 2 imporsi. 3 *fig* innalzarsi.
im.por.tân.cia [iport´ãsjə] *sf* 1 importanza, gravità, significato. 2 *Com* importo, prezzo. 3 *fig* rilievo. 4 peso, momento. **não dar importância a** trascurare. **ter importância** *fig* pesare.
im.por.tan.te [iport´ãti] *adj* 1 importante. 2 grave, serio. 3 autorevole. 4 grande, notevole. 5 rilevante.
im.por.tar [iport´ar] *vt* 1 importare. 2 premere, pesare, significare. **não se importar** fregarsi.
im.por.tu.nar [iportun´ar] *vt* 1 importunare. 2 disturbare. 3 seccare, gonfiare. 4 *vulg* rompere gli stivali.
im.por.tu.no [iport´unu] *adj* importuno, incomodo. • *sm fig* mosca, mignatta.
im.po.si.ção [ipozis´ãw] *sf* imposizione.
im.pos.sí.vel [ipos´ivew] *adj* 1 impossibile. 2 *fig* utopistico. *Pl: impossíveis.*
im.pos.to [ip´ostu] *sm* 1 imposta, 2 tributo, tassa. 3 diritto. **imposto de renda** imposta sul reddito. **imposto sobre mercadorias** dazio.
im.pos.tor [ipost´or] *sm* impostore, ciarlatano. • *adj* impostore.
im.po.tên.cia [ipot´ẽsjə] *sf* impotenza, incapacità.
im.po.ten.te [ipot´ẽti] *adj* 1 impotente. 2 debole, fiacco. 3 inefficace.
im.pre.ci.so [ipres´izu] *adj* 1 impreciso, indefinito. 2 *fig* sfumato.
im.preg.nar [ipregn´ar] *vt* 1 impregnare, imbevere. *vpr* 2 impregnarsi, assorbire.
im.pren.sa [ipr´ẽsə] *sf* stampa.
im.pres.são [ipres´ãw] *sf* 1 impressione. 2 impronta. 3 stampa. 4 sensazione. **impressão digital** impronta digitale.
im.pres.si.o.nar [ipresjon´ar] *vt* 1 impressionare. 2 *fig* percuotere, scuotere, toccare.

im.pres.so [ĩpr'ɛsu] *sm* stampa, foglietto.

im.pre.vis.to [ĩprev'istu] *sm* imprevisto, incidente, avventura. • *adj* imprevisto, inaspettato, improvviso, impensato.

im.pri.mir [ĩprim'ir] *vt* imprimere, stampare, tirare.

im.pro.du.ti.vo [ĩprodut'ivu] *adj* improduttivo, sterile, arido.

im.pró.prio [ĩpr'ɔpriu] *adj* improprio, inconveniente, inadatto.

im.pro.vi.sar [ĩproviz'ar] *vt* improvvisare.

im.pro.vi.so [ĩprov'izu] *sm* improvviso.

im.pru.dên.cia [ĩprud'ẽsjə] *sf* 1 imprudenza. 2 insensatezza.

im.pru.den.te [ĩprud'ẽti] *adj* 1 imprudente. 2 incauto. 3 insensato.

im.pul.si.vo [ĩpuws'ivu] *adj* impulsivo, impetuoso.

im.pul.so [ĩp'uwsu] *sm* 1 impulso. 2 spinta, scatto. 3 moto. 4 appetito, desiderio. 5 *Elet* impulso.

im.pu.ne [ĩp'uni] *adj* impune, senza punizione.

im.pu.ro [ĩp'uru] *adj* 1 impuro. 2 *fig* immondo.

i.mun.do [im'ũdu] *adj* (também *fig*) immondo, sudicio, sporco, sordido, lercio, sozzo.

i.mu.ne [im'uni] *adj* immune, esente, salvo.

i.mu.ni.zar [imuniz'ar] *vt Med* immunizzare.

i.mu.tá.vel [imut'avew] *adj* immutabile. *Pl: imutáveis*.

i.na.ces.sí.vel [inases'ivew] *adj* inaccessibile. *Pl: inacessíveis*.

i.na.cre.di.tá.vel [inakredit'avew] *adj* incredibile, inconcepibile. *Pl: inacreditáveis*.

i.na.de.qua.do [inadek'wadu] *adj* 1 inadatto, inconveniente, improprio. 2 *fig* inferiore.

i.na.dim.plên.cia [inadĩpl'ẽsjə] *sf Dir, Com* inadempimento.

i.na.lar [inal'ar] *vt* inalare, inspirare.

i.na.ni.ção [inanis'ãw] *sf Med* inanizione.

i.na.ni.ma.do [inanim'adu] *adj* inanimato, inerte.

i.na.ti.vo [inat'ivu] *adj* inattivo, inerte.

i.na.to [in'atu] *adj* innato.

i.nau.gu.rar [inawgur'ar] *vt* inaugurare, impiantare.

in.ca.paz [ĩkap'as] *adj* 1 incapace. 2 incompetente. 3 disadatto. 4 impotente. 5 *fig* goffo.

in.cau.to [ĩk'awtu] *adj* incauto.

in.cen.di.ar [ĩsẽdi'ar] *vt* 1 incendiare, bruciare, accendere. *vpr* 2 incendiarsi, bruciare.

in.cên.dio [ĩs'ẽdju] *sm* incendio, fuoco.

in.cen.so [ĩs'ẽsu] *sm* incenso.

in.cen.ti.vo [ĩsẽt'ivu] *sm* 1 incentivo, stimolo. 2 *fig* molla, sferza.

in.cer.te.za [ĩsert'ezə] *sf* 1 incertezza. 2 paura, timore. 3 dubbio, forse.

in.cer.to [ĩs'ertu] *adj* 1 incerto. 2 dubbio. 3 impreciso. 4 vago, aleatorio. 5 timoroso. 6 *fig* nebuloso.

in.ces.san.te [ĩses'ãti] *adj* incessante, continuo.

in.ces.to [ĩs'estu] *sm* incesto.

in.cha.ço [ĩʃ'asu] *sm* 1 gonfiore, gonfio. 2 *Med* bubbone.

in.char [ĩʃ'ar] *vt* 1 enfiare. *vi+vpr* 2 gonfiare, gonfiarsi, enfiarsi. 3 *fam* infatuarsi, orgogliarsi.

in.ci.den.te [ĩsid'ẽti] *sm* incidente, avvenimento, imprevisto. • *adj* incidente.

in.ci.dir [ĩsid'ir] *vt* incidere.

in.ci.ne.rar [ĩsiner'ar] *vt* incenerire, bruciare, cremare, carbonizzare.

in.ci.são [ĩsiz'ãw] *sf* incisione, tacca.

in.ci.tar [ĩsit'ar] *vt* 1 incitare. 2 esortare, spingere. 3 istigare. 4 *fig* stimolare. 5 coltivare. 6 animare.

inclinação 389 **indenizar**

in.cli.na.ção [ĩklinas´ãw] *sf* **1** inclinazione. **2** pendio. **3** vocazione, attitudine, tendenza. **4** inflessione.
in.cli.nar [ĩklin´ar] *vt* **1** inclinare, chinare, pendere. **2** *Lit* reclinare (a cabeça). *vpr* **1** inclinarsi, chinarsi, piegarsi. **4** *Náut* sbandare.
in.clu.ir [ĩklu´ir] *vt* **1** includere. **2** comprendere, contenere, comportare. **3** accogliere. **4** allegare (cartas, documentos etc.).
in.clu.são [ĩkluz´ãw] *sf* inclusione.
in.co.e.rên.cia [ĩkoer´ẽsjə] *sf* incoerenza, controsenso, assurdità.
in.cóg.ni.to [ĩk´ɔgnitu] *adj* incognito, sconosciuto.
in.co.lor [ĩkol´or] *adj* incolore, senza colore.
in.co.mo.dar [ĩkomod´ar] *vt* **1** incomodare. **2** disturbare. **3** dare fastidio, indisporre. **4** importunare, molestare. **5** imbarazzare. *vpr* **6** incomodarsi, disturbarsi.
in.cô.mo.do [ĩk´omodu] *sm* **1** incomodo. **2** indisposizione. **3** disturbo, fastidio. **4** imbarazzo. **5** *fig* rompicapo. • *adj* incomodo, molesto, importuno.
in.com.pe.tên.cia [ĩkõpet´ẽsjə] *sf* incompetenza.
in.com.pe.ten.te [ĩkõpet´ẽti] *adj* incompetente, incapace.
in.com.pre.en.sí.vel [ĩkõpreẽs´ivew] *adj* **1** incomprensibile. **2** *fig* confuso, oscuro. *Pl: incompreensíveis.*
in.con.ce.bí.vel [ĩkõseb´ivew] *adj* inconcepibile. *Pl: inconcebíveis.*
in.cons.ci.en.te [ĩkõsi´ẽti] *adj* **1** incosciente. **2** *fig* meccanico.
in.con.se.quen.te [ĩkõsek´wẽti] *adj* inconseguente.
in.con.sis.tên.cia [ĩkõsist´ẽsjə] *sf* inconsistenza, vanità.
in.con.sis.ten.te [ĩkõsist´ẽti] *adj* **1** inconsistente. **2** *fig* aereo.

in.con.tá.vel [ĩkõt´avew] *adj* innumerevole. *Pl: incontáveis.*
in.con.ve.ni.en.te [ĩkõveni´ẽti] *adj* **1** inconveniente. **2** improprio, inadatto. **3** sconcio, sguaiato.
in.cor.po.rar [ĩkorpor´ar] *vt* **1** incorporare. *vpr* **2** incorporarsi.
in.cor.rer [ĩkor´er] *vt* incorrere.
in.cor.re.to [ĩkoř´ɛtu] *adj* incorretto, scorretto.
in.cor.ri.gí.vel [ĩkořiʒ´ivew] *adj* incorreggibile. *Pl: incorrigíveis.*
in.cré.du.lo [ĩkr´edulu] *adj* incredulo, scettico.
in.cri.mi.nar [ĩkrimin´ar] *vt* incriminare, incolpare, accusare.
in.crí.vel [ĩkr´ivew] *adj* incredibile, favoloso. *Pl: incríveis.*
in.cu.bar [ĩkub´ar] *vt* covare, incubare.
in.cul.to [ĩk´uwtu] *adj* incolto: a) non coltivato. b) ignorante. c) barbaro.
in.cum.bên.cia [ĩkũb´ẽsjə] *sf* incombenza, incarico, missione, onere.
in.cu.rá.vel [ĩkur´avew] *adj* incurabile, insanabile, inguaribile. *Pl: incuráveis.*
in.da.gar [ĩdag´ar] *vt* **1** indagare, ricercare. **2** *fig* tastare.
in.de.cên.cia [ĩdes´ẽsjə] *sf* **1** indecenza. **2** sconcezza. **3** schifo. **4** *fig* sporcizia.
in.de.cen.te [ĩdes´ẽti] *adj* **1** indecente. **2** immorale. **3** disonesto. **4** basso, laido, schifoso. **5** *fig* immondo.
in.de.ci.são [ĩdesiz´ãw] *sf* indecisione, incertezza, esitanza, timidezza.
in.de.ci.so [ĩdes´izu] *adj* **1** indeciso. **2** perplesso. **3** pauroso, timoroso. **4** *fam* problematico.
in.de.fe.so [ĩdef´ezu] *adj* indifeso.
in.de.fi.ni.do [ĩdefin´idu] *adj* **1** indefinito. **2** pendente. **3** *Gram* indeterminativo (artigo).
in.de.li.ca.do [ĩdelik´adu] *adj* **1** indelicato, scortese. **2** *fig* scorretto.
in.de.ni.zar [ĩdeniz´ar] *vt* indennizzare, risarcire, rimborsare, compensare.

independente   390   inesquecível

in.de.pen.den.te [ĩdepẽd´eti] *adj* 1 indipendente. 2 autonomo, libero.

in.de.ter.mi.na.do [ĩdetermin´adu] *adj* 1 indeterminato. 2 impreciso, vago, incerto. 3 indeciso. 4 *fig* confuso.

in.de.vi.do [ĩdev´idu] *adj* indebito.

in.di.a.no [ĩdi´∧nu] *sm+adj* indiano.

in.di.ca.dor [ĩdikad´or] *sm* 1 indicatore. 2 indice, ago (de instrumentos). 3 *Anat* indice (dedo). 4 *fig* esponente. • *adj* indicativo.

in.di.car [ĩdik´ar] *vt* 1 indicare. 2 mostrare, accennare. 3 citare, segnalare. 4 designare. 5 denotare, riflettere. **indicar alguém a um cargo** proporre uno per un ufficio.

in.di.ca.ti.vo [ĩdikat´ivu] *sm Gram* indicativo. • *adj* indicativo, che indica.

ín.di.ce [´ĩdisi] *sm* 1 indice. 2 sommario. 3 tavola. 4 elenco.

in.dí.cio [ĩd´isju] *sm* 1 indizio, segno, accenno. 2 *Dir* prova. 3 *fig* odore, fiuto. 4 vestigio.

in.di.fe.ren.ça [ĩdifer´ẽsə] *sf* 1 indifferenza. 2 freddezza. 3 *fig* ghiaccio.

in.di.fe.ren.te [ĩdifer´ẽti] *adj* 1 indifferente. 2 freddo.

in.dí.ge.na [ĩd´iʒenə] *s+adj* indigeno.

in.di.gen.te [ĩdiʒ´ɛti] *adj* indigente. • *s fig* straccione.

in.di.ges.to [ĩdiʒ´εstu] *adj* indigesto.

in.dig.nar [ĩdign´ar] *vt* 1 indignare. *vpr* 2 indignarsi, sdegnarsi.

in.dig.no [ĩd´ignu] *adj* 1 indegno. 2 *fig* inferiore.

ín.di.go [´ĩdigu] *sm* indaco.

ín.dio [´ĩdju] *sm+adj* indiano.

in.di.re.to [ĩdir´εtu] *adj* 1 indiretto. 2 *Gram* obliquo.

in.dis.cre.to [ĩdiskr´εtu] *adj* 1 indiscreto. 2 curioso.

in.dis.pen.sá.vel [ĩdispẽs´avew] *adj* indispensabile, necessario, essenziale. *Pl:* **indispensáveis**.

in.dis.por [ĩdisp´or] *vt* 1 indisporre. 2 contrariare.

in.dis.po.si.ção [ĩdispozis´ãw] *sf Med* indisposizione, malessere.

in.di.vi.du.al [ĩdividu´aw] *adj* individuale, singolo, particolare. *Pl:* **individuais**.

in.di.ví.duo [ĩdiv´idwu] *sm* 1 individuo. 2 singolo, soggetto. 3 tale, tipo. 4 *irôn* arnese. 5 *fig* anima.

ín.do.le [´ĩdoli] *sf* indole, carattere, natura, temperamento. **boa índole** bontà.

in.do.len.te [ĩdol´ẽti] *s* indolente. • *adj* indolente, pigro, svogliato.

in.du.ção [ĩdus´ãw] *sf Fís* induzione, influenza.

in.dul.gên.cia [ĩduwʒ´ẽsjə] *sf* 1 indulgenza. 2 clemenza, compassione, compatimento. 3 assoluzione, amnistia.

in.dul.gen.te [ĩduwʒ´ẽti] *adj* 1 indulgente. 2 generoso, 3 clemente.

in.dul.to [ĩd´uwtu] *sm Dir* perdono, grazia.

in.dús.tria [ĩd´ustrjə] *sf* 1 industria. 2 fabbrica. 3 stabilimento.

in.du.zir [ĩduz´ir] *vt* 1 indurre. 2 istigare. 3 cagionare, condurre. 4 *Fís* indurre. **induzir a erro** indurre in errore.

i.ne.bri.ar [inebri´ar] *vt* 1 ubriacare. 2 *fig* esaltare. *vpr* 3 ubriacarsi.

i.né.di.to [in´εditu] *adj* 1 inedito. 2 non pubblicato.

i.ne.fi.caz [inefik´as] *adj* 1 inefficace, inutile. 2 *fig* nullo.

i.nér.cia [in´εrsjə] *sf* 1 inerzia, apatia. 2 *Fís* inerzia. 3 *fig* palude.

i.ne.ren.te [iner´ẽti] *adj* inerente.

i.ner.te [in´εrti] *adj* 1 inerte. 2 senza vita. 3 inattivo.

i.nes.pe.ra.do [inesper´adu] *adj* 1 inaspettato. 2 improvviso, impensato, improvviso. 3 repentino, brusco.

i.nes.que.cí.vel [ineskes´ivew] *adj* indimenticabile, indelebile. *Pl:* **inesquecíveis**.

inevitável — ingerir

i.ne.vi.tá.vel [inevit´avew] *adj* 1 inevitabile. 2 fatale. *Pl: inevitáveis.*

i.nex.pe.ri.ên.cia [inesperi´ẽsjə] *sf* 1 inesperienza. 2 ignoranza.

i.nex.pe.ri.en.te [inesperi´ẽti] *adj* inesperto, ignorante, profano.

i.nex.pli.cá.vel [inesplik´avew] *adj* 1 inesplicabile. 2 *fig* soprannaturale. *Pl: inexplicáveis.*

in.fa.me [if´∧mi] *adj* 1 infame, turpe. 2 *irôn* famoso. 3 *dep* miserabile.

in.fâ.mia [if´∧mjə] *sf* infamia.

in.fân.cia [if´ãsjə] *sf* infanzia.

in.fan.til [ifãt´iw] *adj* infantile. *Pl: infantis.*

in.far.to [if´artu] *sm Med* infarto.

in.fec.ção [ifeks´ãw] *sf* 1 *Med* infezione. 2 contagio. 3 *Lit* inquinamento.

in.fec.ci.o.nar [ifeksjon´ar] *vt* infettare.

in.fec.tar [infekt´ar] *vt* 1 infettare. 2 contagiare. 3 contaminare, appestare. 4 *Lit* inquinare. 5 *fig* avvelenare. *vpr* 6 infettarsi.

in.fe.li.ci.da.de [ifelisid´adi] *sf* 1 infelicità. 2 tristezza. 3 disgrazia, sfortuna.

in.fe.liz [ifel´is] *adj* 1 infelice. 2 triste, mesto. 3 sciagurato. 4 doloroso. 5 inefficace (opinião, ideia).

in.fe.liz.men.te [ifelizm´ẽti] *adv+interj* purtroppo.

in.fe.ri.or [iferi´or] *sm* inferiore. • *adj compar* (de **baixo**) 1 inferiore. 2 secondo.

in.fer.no [if´εrnu] *sm* 1 *Rel* inferno. 2 *fig* tormento. 3 confusione. **condenar ao inferno** dannare. **ir para o inferno** dannarsi, perdere l'anima. **vá para o inferno!** *vulg* va al diavolo!

in.fi.de.li.da.de [ifidelid´adi] *sf* infedeltà, slealtà.

in.fi.el [ifi´εw] *sm* 1 adultero. 2 *Rel* infedele. • *adj* 1 infedele. 2 sleale. 3 adultero. *Pl: infiéis.*

in.fil.trar [ifiwtr´ar] *vt* 1 penetrare. *vpr* 2 infiltrarsi. 3 *fig* introdursi, insinuarsi, inserirsi.

ín.fi.mo [´ifimu] *adj superl* (de **baixo**) infimo.

in.fi.ni.ti.vo [ifinit´ivu] *sm Gram* infinitivo.

in.fi.ni.to [ifin´itu] *adj* infinito. • *sm* l'infinito.

in.fla.ção [iflas´ãw] *sf Com* inflazione.

in.fla.mar [iflam´ar] *vt* 1 infiammare, accendere. 2 *Med* irritare. *vpr* 3 infiammarsi. 4 *fig* agitarsi.

in.fle.xão [ifleks´ãw] *sf* 1 inflessione. 2 *Gram* inflessione, tono.

in.fli.gir [ifliʒ´ir] *vt* infliggere.

in.flu.ên.cia [iflu´ẽsjə] *sf* 1 influenza. 2 autorità, prestigio. 3 *fig* contagio. 4 magistero.

in.flu.en.ci.ar [iflwẽsi´ar] *vt* 1 influenzare. 2 *fig* contagiare.

in.flu.en.te [iflu´ẽti] *adj* influente, autorevole.

in.flu.ir [iflu´ir] *vt* influire.

in.for.ma.ção [iformas´ãw] *sf* 1 informazione. 2 notizia, annuncio. 3 referenze.

in.for.mar [iform´ar] *vt* 1 informare. 2 comunicare, partecipare. 3 avvisare, avvertire. *vpr* 4 informarsi. 5 consultarsi.

in.fra.ção [ifras´ãw] *sf* 1 infrazione. 2 trasgressione, mancanza. 3 delitto, reato.

in.fra.tor [ifrat´or] *sm+adj* delinquente.

in.fra.ver.me.lho [ifraverm´eλu] *adj Fís, Med* infrarosso.

in.frin.gir [ifriʒ´ir] *vt* infrangere, violare, trasgredire.

in.fu.são [ifuz´ãw] *sf Med* infusione, tisana.

in.ge.nu.i.da.de [ĩʒenwid´adi] *sf* 1 ingenuità. 2 innocenza. 3 inesperienza.

in.gê.nuo [ĩʒ´enwu] *sm* 1 babbeo. 2 *fam* buonuomo. 3 *fig* bue. • *adj* 1 ingenuo. 2 innocente, candido. 3 semplice. 4 credulo.

in.ge.rir [ĩʒer´ir] *vt* 1 ingerire. *vpr* 2 ingerirsi, intromettersi, immischiarsi.

in.glês [īgl´es] *sm+adj* inglese.
in.gra.ti.dão [īgratid´ãw] *sf* ingratitudine.
in.gra.to [īgr´atu] *adj* ingrato.
in.gre.di.en.te [īgredi´ēti] *sm* ingrediente.
ín.gre.me [´īgremi] *adj* ripido, acclive.
in.gres.so [īgr´εsu] *sm* **1** ingresso, entrata, accesso. **2** *Cin, Teat* biglietto d'ingresso.
i.ni.bir [inib´ir] *vt* **1** inibire. **2** vietare. **3** impedire. **4** imbarazzare.
i.ni.ci.al [inisi´aw] *sf* **1** iniziale (lettera). **2 iniciais** *pl* sigla, cifra. • *adj* iniziale. **inicial maiúscula** lettera capitale.
i.ni.ci.ar [inisi´ar] *vt* **1** iniziare. **2** cominciare. **3** inaugurare. **4** introdurre (num estudo). **5** *pop* incominciare. **6** *fig* formare.
i.ni.ci.a.ti.va [inisjat´ivə] *sf* iniziativa.
i.ní.cio [in´isju] *sm* **1** inizio. **2** principio, capo. **3** origine. **4** *fig* aurora. **5** seme, germe. **6** apertura. **7** fonte. **8** infanzia (de ciência, arte etc). **no início** in principio, da principio.
i.ni.mi.go [inim´igu] *sm+adj* nemico, avversario.
i.ni.mi.za.de [inimiz´adi] *sf* **1** inimicizia, disaffezione. **2** *fig* ruggine.
in.je.ção [īʒes´ãw] *sf* iniezione, puntura.
in.je.tar [īʒet´ar] *vt* iniettare. **injetar-se de sangue** iniettarsi di sangue (olhos).
in.jú.ria [īʒ´urjə] *sf* ingiuria, offesa.
in.ju.ri.ar [īʒuri´ar] *vt* ingiuriare.
in.jus.ti.ça [īʒust´isə] *sf* ingiustizia, sopruso, torto.
in.jus.to [īʒ´ustu] *adj* **1** ingiusto. **2** parziale, arbitrario. **3** indebito.
i.no.cên.cia [inos´ēsjə] *sf* **1** innocenza. **2** ingenuità. **3** *fig* giovanezza.
i.no.cen.te [inos´ēti] *adj* **1** innocente. **2** casto, vergine. **3** ingenuo.
i.no.do.ro [inod´ɔru] *adj* inodoro, senza odore.

i.no.fen.si.vo [inofēs´ivu] *adj* inoffensivo, innocente.
i.no.por.tu.no [inoport´unu] *adj* **1** inopportuno. **2** prematuro. **3** improprio, disadatto. **4** impertinente. **5** indebito.
i.no.var [inov´ar] *vt* innovare.
in.qué.ri.to [īk´εritu] *sm Dir* inquisizione, accesso.
in.qui.e.ta.ção [īkjetas´ãw] *sf* **1** inquietudine, smania, agitazione. **2** *fig* tremore.
in.qui.e.tar [īkjet´ar] *vt* **1** inquietare. *vpr* **2** inquietarsi.
in.qui.e.to [īki´etu] *adj* inquieto, impaziente.
in.qui.li.no [īkil´inu] *sm* inquilino, affittuario.
In.qui.si.ção [īkizis´ãw] *sf Hist* L'Inquisizione.
in.sa.ci.á.vel [īsasi´avew] *adj* **1** insaziabile. **2** *fig* sfondato. *Pl:* **insaciáveis**.
in.sa.no [īs´ʌnu] *adj Lit* insano.
in.sa.tis.fei.to [īsatisf´ejtu] *adj* insoddisfatto, scontento, discontento.
ins.cre.ver [īskrev´er] *vt* **1** iscrivere. *vpr* **2** iscriversi, prenotarsi.
ins.cri.ção [īskris´ãw] *sf* **1** iscrizione. **2** scritta.
in.sen.sa.tez [īsēsat´es] *sf* **1** insensatezza. **2** *fig* delirio.
in.sen.sa.to [īsēs´atu] *adj* **1** insensato. **2** *fig* pazzo.
in.sen.sí.vel [īsēs´ivew] *adj* **1** insensibile. **2** implacabile. **3** *fig* duro. *Pl:* **insensíveis**.
in.ser.ção [īsers´ãw] *sf* inserzione.
in.se.rir [īser´ir] *vt* **1** inserire. **2** aggiungere. **3** includere.
in.se.ti.ci.da [īsetis´idə] *sm* insetticida.
in.se.to [īs´εtu] *sm* insetto.
in.sig.ne [īs´igni] *adj* insigne.
in.sig.nia [īs´ignjə] *sf* **1** insegna, divisa, distintivo. **2** *fig* stendardo.
in.sig.ni.fi.can.te [īsignifik´ãti] *adj* **1** insignificante. **2** infimo. **3** minuto. **4** *fam* ridicolo. **5** *Lit* lieve. **6** *fig* magro.

in.si.nu.ar [ĩsinu´ar] *vt* insinuare, suggerire.

in.sí.pi.do [ĩs´ipidu] *adj* 1 insipido. 2 sciapo, sciocco. 3 insulso (pessoa).

in.sis.ten.te [ĩsist´ẽti] *adj* insistente, accanito.

in.sis.tir [ĩsist´ir] *vt* 1 insistere. 2 perseverare. 3 continuare. 4 *fig* ribattere.

in.so.la.ção [ĩsolas´ãw] *sf Med* insolazione.

in.so.len.te [ĩsol´ẽti] *adj* insolente, impertinente, irriverente, audace.

in.sô.nia [ĩs´onjɐ] *sf* insonnia.

in.sos.so [ĩs´osu] *adj* 1 insulso. 2 insipido, sciapo. 3 banale. 4 goffo.

ins.pe.ção [ĩspes´ãw] *sf* 1 ispezione. 2 *Mil* rivista. 3 *Com* estimo.

ins.pe.ci.o.nar [ĩspesjon´ar] *vt* 1 ispezionare, visitare. 2 *fam* frugare.

ins.pi.ra.ção [ĩspiras´ãw] *sf* 1 ispirazione. 2 fantasia. 3 suggerimento. 4 corrente. 5 *Med* inspirazione. 6 *fig* vena. 7 scintilla.

ins.pi.rar [ĩspir´ar] *vt* 1 ispirare. 2 suscitare. 3 influire su. 4 *Med* inspirare, aspirare aria. *vpr* 5 ispirarsi.

ins.ta.lar [ĩstal´ar] *vt* 1 installare. *vpr* 2 installarsi.

ins.tan.tâ.neo [ĩstɐ̃t´ʌnju] *adj* istantaneo, repentino, immediato.

ins.tan.te [ĩst´ɐ̃ti] *sm* 1 istante, momento, tratto. 2 *fig* secondo, minuto, baleno. **no mesmo instante** all'istante.

ins.tá.vel [ĩst´avew] *adj* 1 instabile. 2 precario. 3 volubile. 4 *fig* fragile. 5 balordo (tempo). *Pl*: **instáveis**.

ins.ti.gar [ĩstig´ar] *vt* 1 istigare. 2 incitare. 3 *fig* spingere. 4 stimolare.

ins.tin.ti.vo [ĩstĩt´ivu] *adj* 1 istintivo. 2 congenito.

ins.tin.to [ĩst´ĩtu] *sm* 1 istinto. 2 intuizione. 3 impulso.

ins.ti.tu.i.ção [ĩstitwis´ãw] *sf* 1 istituzione. 2 organizzazione. 3 *fig* organismo.

ins.ti.tu.ir [ĩstitu´ir] *vt* 1 istituire. 2 fondare, creare. 3 costituire, formare. 4 stabilire. 5 erigere.

ins.tru.ção [ĩstrus´ãw] *sf* 1 istruzione. 2 avviamento. 3 cultura. 4 avvertenza.

ins.tru.ir [ĩstru´ir] *vt* 1 istruire. 2 insegnare, educare. 3 allenare, ammaestrare. 4 *Dir* istruire. 5 *Lit* nutrire. 6 *fig* catechizzare. *vpr* 7 istruirsi. 8 *fig* illuminarsi.

ins.tru.men.to [ĩstrum´ẽtu] *sm* 1 strumento. 2 arnese, attrezzo. **instrumento de cordas** *Mús* strumento a corda. **instrumento de percussão** *Mús* strumento a percussione. **instrumento de sopro** *Mús* strumento a fiato.

ins.tru.ti.vo [ĩstrut´ivu] *adj* istruttivo.

in.su.bor.di.na.ção [ĩsubordinas´ãw] *sf* insubordinazione.

in.su.fi.ci.en.te [ĩsufisi´ẽti] *adj* 1 insufficiente. 2 scarso, poco. 3 deficiente. 4 *fig* carente. 5 inferiore. **ser insuficiente** mancare.

in.sul.tar [ĩsuwt´ar] *vt* 1 insultare, offendere, ingiuriare. 2 *fig* assalire, calpestare.

in.sul.to [ĩs´uwtu] *sm* 1 insulto, affronto, ingiuria. 2 *fig* flagello, schiaffo.

in.su.por.tá.vel [ĩsuport´avew] *adj* insopportabile, intollerabile.

in.sur.rei.ção [ĩsuʀejs´ãw] *sf* insurrezione, rivolta, rivoluzione.

in.tac.to [ĩt´aktu] *adj* intatto, illeso, vergine.

in.te.gral [ĩtegr´aw] *adj* 1 integrale. 2 completo. 3 totale. **farinha integral** farina integrale. **pão integral** pane integrale. *Pl*: **integrais**.

ín.te.gro [´ĩtegru] *adj* 1 intero. 2 intero, completo. 3 onesto, serio. 4 puro, santo.

in.tei.ro [ĩt´ejru] *sm* intero, tutto. • *adj* 1 intero. 2 intatto. 3 tutto. *a casa inteira* / tutta la casa. **o dia inteiro** tutto il giorno. **por inteiro** per intero.

in.te.lec.to [itelɛktu] *sm* **1** intelletto, mente. **2** *fig* testa.

in.te.lec.tu.al [itelektuaw] *s+adj* intellettuale. *Pl: intelectuais.*

in.te.li.gên.cia [iteliʒẽsjə] *sf* **1** intelligenza. **2** intelletto, ingegno. **3** arguzia, sagacia. **4** *fig* cervello, testa. **5** spirito, sale.

in.te.li.gen.te [iteliʒẽti] *adj* **1** intelligente. **2** bravo. **3** furbo. **4** perspicace. **5** agile (mente).

in.te.li.gí.vel [iteliʒivew] *adj* intelligibile. *Pl: inteligíveis.*

in.ten.ção [itẽsãw] *sf* **1** intenzione. **2** proposito. **3** intento, mira. **4** *fig* voglia.

in.ten.ci.o.nal [itẽsjonaw] *adj* intenzionale. *Pl: intencionais.*

in.ten.si.da.de [itẽsidadi] *sf* **1** intensità. **2** veemenza. **3** *fig* forza.

in.ten.si.vo [itẽsivu] *adj* intensivo.

in.ten.so [itẽsu] *adj* **1** intenso. **2** veemente. **3** gagliardo (vento, ataque). **4** *fig* profondo. **5** matto. **6** violento. **7** fervente.

in.ten.to [itẽtu] *sm* intento, proposito.

in.ter.ce.der [itersedeʁ] *vt* intercedere.

in.ter.di.ção [iterdisãw] *sf* interdizione.

in.te.res.san.te [iteresãti] *adj* **1** interessante. **2** *fig* bestiale.

in.te.res.sar [iteresaʁ] *vt* **1** interessare, appassionare. **2** interessare a, importare a. *vpr* **3** interessarsi di, appassionarsi a.

in.te.res.se [iteresi] *sm* **1** interesse. **2** attenzione. **3** *fig* calcolo. **4 interesses** *pl* interessi.

in.te.res.sei.ro [iteresejru] *sm+adj* calcolatore.

in.ter.fe.rir [iterferiʁ] *vt* interferire in.

in.te.ri.or [iterjoʁ] *sm* **1** interno. **2** interno, parte interna. **3** fondo (de uma pessoa). **4** *fig* entragna. • *adj* interiore, interno.

in.ter.jei.ção [iterʒejsãw] *sf Gram* interiezione.

in.ter.me.di.á.rio [itermedjarju] *sm* **1** intermediario. **2** agente. **3** sensale. • *adj* intermediario, mediano.

in.ter.mi.ná.vel [terminavew] *adj* interminabile, infinito. *Pl: intermináveis.*

in.ter.na.ci.o.nal [iternasjonaw] *adj* internazionale. *Pl: internacionais.*

in.ter.nar [iternaʁ] *vt* **1** internare. *vpr* **2** internarsi.

in.ter.no [iternu] *sm* interno (de internato). • *adj* interno, interiore, intestino.

in.ter.pe.lar [iterpelaʁ] *vt* interpellare, rivolgersi a.

in.ter.pre.tar [iterpretaʁ] *vt* **1** interpretare. **2** tradurre, rendere. **3** commentare.

in.tér.pre.te [itɛrpreti] *sm* interprete.

in.ter.ro.ga.ção [iteʁogasãw] *sf* interrogazione, domanda.

in.ter.ro.gar [iteʁogaʁ] *vt* **1** interrogare, domandare. **2** *Dir* esaminare.

in.ter.ro.ga.tó.rio [iteʁogatɔrju] *sm* **1** interrogatorio. **2** indagine. **3** *Dir* inchiesta, esame.

in.ter.rom.per [iteʁõpeʁ] *vt* **1** interrompere. **2** sospendere. **3** troncare. **4** smettere. **5** *fig* disturbare. **6** rompere.

in.ter.rup.ção [iteʁupsãw] *sf* **1** interruzione. **2** sospensione. **3** blocco. **4** pausa, sosta. **5** rottura. **6** cessazione. **7** *fig* paralisi.

in.ter.rup.tor [iteʁuptoʁ] *sm+adj* interruttore.

in.te.rur.ba.no [iterurbʌnu] *adj* interurbano.

in.ter.va.lo [itervalu] *sm* **1** intervallo. **2** tratto. **3** tappa. **4** *Mús, Teat* intermezzo. **5** *fig* parentesi.

in.ter.ven.ção [itervẽsãw] *sf* **1** intervento. **2** intromissione.

in.ter.vir [iterviʁ] *vt* intervenire, ingerirsi, intromettersi.

in.tes.ti.no [itest´inu] *sm* 1 *Anat* intestino, budello. 2 **intestinos** *pl* visceri. • *adj* intestino.

in.ti.ma.ção [ĩtimas´ãw] *sf Dir* intimazione.

in.ti.mar [ĩtim´ar] *vt Dir* intimare, convenire, chiamare in giudizio.

in.ti.mi.da.de [ĩtimid´adi] *sf* 1 intimità. 2 confidenza.

in.ti.mi.dar [ĩtimid´ar] *vt* 1 intimidire. *vpr* 2 intimidirsi.

ín.ti.mo [´ĩtimu] *sm* 1 intimo, fondo. 2 *fig* seno, viscere. • *adj* 1 intimo. 2 familiare. 3 confidenziale. 4 profondo. 5 *pop* di casa. **roupas íntimas** indumenti intimi.

in.to.le.rá.vel [ĩtoler´avew] *adj* intollerabile. *Pl:* **intoleráveis**.

in.to.xi.car [ĩtoksik´ar] *vt* intossicare, attossicare, avvelenare.

in.tran.si.gen.te [ĩtrãziჳ´ẽti] *adj* intransigente, esclusivo.

in.tran.si.ti.vo [ĩtrãzit´ivu] *adj Gram* intransitivo. **verbo intransitivo** verbo intransitivo.

in.tra.tá.vel [ĩtrat´avew] *adj* 1 intrattabile. 2 *fig* difficile. *Pl:* **intratáveis**.

in.tri.ga [ĩtr´iga] *sf* 1 intrigo, cospirazione. 2 *fig* trama. 3 pantano.

in.trín.se.co [ĩtr´iseku] *adj* intrinseco, inerente.

in.tro.du.ção [ĩtrodus´ãw] *sf* 1 introduzione. 2 inserzione. 3 *Mús* introduzione, entrata. 4 *fig* cappello.

in.tro.du.zir [ĩtroduz´ir] *vt* 1 introdurre. 2 inserire. 3 internare, ficcare. *vpr* 4 introdursi. 5 internarsi. 6 *fig* infiltrarsi.

in.tro.me.ter [ĩtromet´er] *vt* 1 intromettere. *vpr* 2 intromettersi, ingerirsi, inserirsi.

in.tro.me.ti.do [ĩtromet´idu] *sm* 1 ficcanaso. 2 *fig* zanzara, carabiniere. • *adj* curioso.

in.tro.mis.são [ĩtromis´ãw] *sf* intromissione.

in.tro.ver.ti.do [ĩtrovert´idu] *adj* 1 introverso. 2 *fig* chiuso.

in.tu.i.ção [ĩtwis´ãw] *sf* 1 intuizione. 2 comprensione. 3 *fig* naso, fiuto.

in.tu.i.ti.vo [ĩtwit´ivu] *adj* intuitivo.

in.tui.to [ĩt´ujtu] *sm* 1 intento, intenzione. 2 fine, mira.

i.nu.me.rá.vel [inumer´avew] *adj* innumerevole. *Pl:* **inumeráveis**.

i.nun.da.ção [inũdas´ãw] *sf* inondazione, alluvione, diluvio, piena.

i.nun.dar [inũd´ar] *vt* 1 inondare. 2 allagare, bagnare, diluviare. 3 invadere.

i.nu.si.ta.do [inuzit´adu] *adj* inusitato.

i.nú.til [in´utiw] *adj* 1 inutile. 2 inefficace, vano. 3 ozioso. 4 futile. 5 *fig* nullo, sterile. *Pl:* **inúteis**.

in.va.dir [ĩvad´ir] *vt* 1 invadere. 2 entrare a forza in. 3 occupare, conquistare, prendere. 4 *fig* penetrare in.

in.vá.li.do [ĩv´alidu] *sm* invalido. • *adj* 1 invalido. 2 nullo.

in.va.são [ĩvaz´ãw] *sf* 1 invasione. 2 *Mil* occupazione.

in.ve.ja [ĩv´εჳa] *sf* invidia, gelosia, astio.

in.ve.jar [ĩveჳ´ar] *vt* invidiare.

in.ve.jo.so [ĩveჳ´ozu] *adj* invidioso, geloso.

in.ven.ção [ĩvẽs´ãw] *sf* 1 invenzione. 2 creazione. 3 bugia.

in.ven.tar [ĩvẽt´ar] *vt* 1 inventare. 2 creare. 3 trovare, pensare. 4 fantasticare, immaginare. 5 fingere. 6 *fig* coniare, fabbricare.

in.ven.tá.rio [ĩvẽt´arju] *sm Com, Dir* inventario.

in.ven.tor [ĩvẽt´or] *sm* 1 inventore. 2 creatore. 3 autore. 4 *fig* fabbro.

in.ver.no [ĩv´εrnu] *sm* 1 inverno. 2 *fig* freddo. **no inverno** di inverno.

in.ver.são [ĩvers´ãw] *sf* inversione.

in.ver.so [ĩv´εrsu] *sm* inverso, contrario. • *adj* inverso.

in.ver.te.bra.do [ĩvertebr´adu] *sm+adj Zool* invertebrato.

in.ver.ter [ivert´er] *vt* invertire, capovolgere, rovesciare, scambiare.

in.vés [īv´es] *sm* il rovescio. **ao invés** invece, piuttosto. **ao invés de** invece di, in luogo di. anziché. **ao invés disso** anzi.

in.ves.ti.gar [īvestig´ar] *vt* **1** investigare. **2** indagare. **3** ricercare, cercare. **4** esaminare, accertare. **5** esplorare. **6** *fam* frugare. **7** *fig* tastare.

in.ves.ti.men.to [īvestim´ẽtu] *sm Com* investimento.

in.ves.tir [īvest´ir] *vt* **1** investire, attaccare, affrontare. **2** *Com* investire.

in.vic.to [īv´iktu] *adj* invitto.

in.vi.sí.vel [īviz´ivew] *adj* invisibile. *Pl: invisíveis.*

in.vo.car [īvok´ar] *vt* **1** invocare, chiamare. **2** pregare, supplicare.

i.o.do [i´odu] *sm Quím* iodio.

i.o.ga [i´ogɔ] *sf* ioga (a doutrina).

i.o.gur.te [jog´urti] *sm* yogurt.

io.iô [joj´o] *sm* jo-jo.

íp.si.lon [´ipsil´õw] *sm* ipsilon, il nome della lettera Y.

ir [´ir] *vt+vi* **1** andare (a, in etc.). **2** dirigersi a, recarsi a, rivolgersi a. **3** stare. *como vão?* un come state? **ir adiante** tirar via. **ir a pé** camminare, andare a piedi. **ir bem** (negócio) andare. **ir de bicicleta, de carro** andare in bicicletta, in macchina. **ir embora** andar via, andarsene. **ir em socorro de** accorrere. **vá embora!** via! vattene! **vamos!** su! via!

i.ra [´irɔ] *sf* **1** ira, furia, rabbia, collera. **2** *fig* fuoco.

i.rar [ir´ar] *vt* **1** esasperare, irritare. *vpr* **2** accanirsi, infuriarsi.

í.ris [´iris] *sf sing+pl Anat* iride.

ir.mã [irm´ã] *sf* **1** sorella. **2** *Rel* suora, monaca.

ir.ma.nar [irman´ar] *vt* **1** affratellare. *vpr* **2** affratellarsi.

ir.mão [irm´ãw] *sm* **1** fratello. **2** *Rel* fratello, monaco. **meio-irmão** fratellastro.

i.ro.ni.a [iron´iɔ] *sf* ironia.

ir.ra.ci.o.nal [īrasjon´aw] *adj* **1** irragionevole. **2** irrazionale. **3** *fig* pazzo. *Pl: irracionais.*

ir.re.al [īre´aw] *adj* **1** irreale. **2** fantastico. **3** fittizio, finto. *Pl: irreais.*

ir.re.gu.lar [īregul´ar] *adj* **1** irregolare. **2** disuguale. **3** aspro (superfície).

ir.re.sis.tí.vel [īrezist´ivew] *adj* **1** irresistibile. **2** prepotente. **olhar irresistível** *fig* sguardo assassino. *Pl: irresistíveis.*

ir.res.pon.sá.vel [īrespõs´avew] *adj* irresponsabile. *Pl: irresponsáveis.*

ir.re.ve.ren.te [īrever´ẽti] *adj* irriverente.

ir.ri.gar [īrig´ar] *vt* irrigare.

ir.ri.tar [īrit´ar] *vt* **1** irritare. **2** accanire. **3** disgustare. **4** provocare. **5** *Med* irritare. **6** *fig* stuzzicare. *vpr* **7** irritarsi. **8** accanirsi. **9** arrabbiarsi. **10** disgustarsi. **11** *fig* alterarsi.

is.ca [´iskɔ] *sf* **1** esca, richiamo. **2** *fig* amo. **morder a isca** *fig* mordere all'amo.

i.sen.ção [izẽs´ãw] *sf* **1** esenzione. **2** dispensa. **3** franchigia.

i.sen.tar [izẽt´ar] *vt* **1** esentare. **2** dispensare, esimere. *vpr* **3** esentarsi, esimersi, sottrarsi.

i.sen.to [iz´ẽtu] *adj* **1** esente. **2** immune, libero. **3** franco.

is.lâ.mi.co [izl´ʌmiku] *adj* islamico, dell'Islamismo.

i.so.lar [izol´ar] *vt* **1** isolare. **2** segregare. **3** assediare. **4** allontanare, appartare. **5** astrarre. **6** localizzare. **7** *Elet* isolare. **8** *fig* bloccare. *vpr* **9** isolarsi. **10** segregarsi. **11** allontanarsi, appartarsi.

is.quei.ro [isk´ejru] *sm* accendisigari.

is.so [´isu] *pron* codesto. • *interj* ap-

punto! già! **por isso** così, dunque, pertanto.
is.to [´istu] *pron* **1** questo. **2** ciò. **isto é** cioè, ovvero. **isto e aquilo** questo e quello. **isto me agrada** questo mi piace. **por isto** a) per questo. b) perciò. c) quindi, allora.

i.ta.li.a.no [itali´ʌnu] *sm+adj* italiano, dell'Italia. **à italiana** all'italiana.
i.tá.li.co [it´aliku] *sm* italico. • *adj Poét* italico.
i.ti.ne.rá.rio [itiner´arju] *sm* **1** itinerario. **2** rotta. **3** *fig* cammino.

j

j [ʒˊɔtə] *sm* la decima lettera dell'alfabeto portoghese.

já [ʒˊa] *adv* **1** già. **2** ora, adesso. **3** ormai, oramai. • *interj Esp* via! **desde já** ormai. **já que** *conj* giacché, poiché.

ja.ca.ré [ʒakarˊɛ] *sm* coccodrillo.

ja.guar [ʒagˊwar] *sm Zool* giaguaro.

ja.gun.ço [ʒagˊũsu] *sm bras* bravo, cagnotto.

ja.mais [ʒamˊajs] *adv* mai.

ja.nei.ro [ʒanˊejru] *sm* gennaio.

ja.ne.la [ʒanˊɛlə] *sf* (também *Inform*) finestra.

jan.ga.da [ʒãgˊadə] *sf* zattera.

jan.tar [ʒãtˊar] *sm* pranzo, cena. • *vt+vi* pranzare, cenare.

ja.po.nês [ʒaponˊes] *sm+adj* giapponese.

ja.que.ta [ʒakˊetə] *sf* giacca, giacchetta, giubba. **jaqueta acolchoada** piumino.

jar.dim [ʒardˊĩ] *sm* giardino. **jardim zoológico** giardino zoologico, zoo.

jar.di.nei.ro [ʒardinˊejru] *sm* giardiniere.

jar.gão [ʒargˊãw] *sm* gergo.

jar.ra [ʒˊaʀə] *sf* giara.

jar.ro [ʒˊaʀu] *sm* giara.

jas.mim [ʒazmˊĩ] *sm Bot* gelsomino.

ja.to [ʒˊatu] *sm* **1** getto. **2** *Aer* aereo a reazione.

jau.la [ʒˊawlə] *sf* gabbia.

ja.va.li [ʒavalˊi] *sm* cinghiale, porco selvatico.

ja.zer [ʒazˊer] *vi* **1** giacere. **2** *fig* riposarsi, riposarsi.

ja.zi.da [ʒazˊidə] *sf Min* giacimento.

jei.to [ʒˊejtu] *sm* modo, forma, fatta. **de jeito nenhum** per nulla, per nulla al mondo. **de jeito nenhum!** niente affatto! no, altrimenti! **jeito de vestir** foggia.

je.jum [ʒeʒˊũ] *sm* **1** digiuno. **2** *Rel* divieto. **3** (também *fig*) astinenza. **em jejum** digiuno.

ji.boi.a [ʒibˊɔjə] *sf Zool* boa.

ji.pe [ʒˊipi] *sm* camionetta, *jeep*.

jo.a.lhei.ro [ʒoaλˊejru] *sm* gioielliere.

jo.a.lhe.ri.a [ʒoaλerˊiə] *sf* gioielleria.

jo.a.ni.nha [ʒoanˊiɲə] *sf Zool* coccinella.

jo.ão-de-bar.ro [ʒoˊãwdibˊaʀu] *sm Zool* fornaio. *Pl*: joões-de-barro.

jo.ão-nin.guém [ʒoãwnĩgˊẽj] *sm fig* re di picche, zero, zoccolo, uomo da niente. *Pl*: joões-ninguém.

jo.e.lho [ʒoˊeλu] *sm Anat* ginocchio. **de joelhos** genuflesso.

jo.gar [ʒogˊar] *vt* **1** gettare, buttare, lanciare, proiettare, slanciare. **2** *Esp* giocare a. **3** *fig* sputare. *vi* **4** giocare. *vpr* **5** buttarsi, gettarsi, lanciarsi,

jogo — **justificativa**

slanciarsi. **jogar fora** a) buttar via. b) sperperare. **jogar na cara** *pop* buttare. **jogar tênis** giocare a tennis.

jo.go [ʒ'ogu] *sm* 1 gioco. 2 *Esp* partita, combattimento. **abrir o jogo** *pop* giocare a carte scoperte. **jogo amistoso** incontro amichevole. **jogo de jantar** servizio (da tavola). **jogo de palavras** gioco di parole.

joi.a [ʒ'ɔjə] *sf* 1 gioia, gioiello. 2 *fig* gioia, persona o cosa cara.

jó.quei [ʒ'ɔkej] *sm Esp* fantino.

jor.na.da [ʒorn'adə] *sf* 1 giornata. 2 giorno.

jor.nal [ʒorn'aw] *sm* 1 giornale, diario, gazzetta, bollettino. 2 *fig* foglio, organo. **jornal diário** quotidiano. **sede do jornal** giornale.

jor.na.lei.ro [ʒornal'ejru] *sm* giornalaio.

jor.na.lis.ta [ʒornal'istə] *s* giornalista.

jor.rar [ʒoř'ar] *vt* 1 schizzare, gettare. 2 *fig* vomitare. *vi* 3 schizzare, sfogare. 4 *fig* vomitare.

jor.ro [ʒ'ořu] *sm* getto.

jo.ta [ʒ'ɔtə] *sm* i lunga, il nome della lettera J.

jo.vem [ʒ'ovẽj] *sm* 1 giovanotto. 2 *fam* figliolo. • *adj* 1 giovane. 2 piccolo. 3 *fig* verde. **uma jovem** una giovane. **um jovem** un giovane.

jo.vi.al [ʒovi'aw] *adj* gioviale, piacevole, gaio. *Pl: joviais*.

ju.ba [ʒ'ubə] *sf Zool* giubba, criniera.

jú.bi.lo [ʒ'ubilu] *sm* 1 giubilo, allegria. 2 (também *fig*, *Rel*) estasi.

ju.deu [ʒud'ew] *sm+adj* giudeo, ebreo.

ju.dô [ʒud'o] *sm Esp* judò.

ju.go [ʒ'ugu] *sm fig* dominazione, schiavitù.

ju.iz [ʒu'is] *sm* 1 giudice, arbitro, magistrato. 2 *Esp* arbitro, terzo.

ju.í.zo [ʒu'izu] *sm* giudizio, discernimento, criterio, senno.

jul.ga.men.to [ʒuwgam'ẽtu] *sm* arbitrato, opinione, vedere, avviso.

jul.gar [ʒuwg'ar] *vt* 1 giudicare. 2 credere. 3 ritenere, reputare, stimare. 4 decidere. 5 *fig* valutare. *vi* 6 Dir sentenziare. 7 *fig* parere a. *vpr* 8 ritenersi, stimarsi, tenersi. **julgar bem alguém** vedere bene una persona. **julgar mal alguém** vedere male.

ju.lho [ʒ'uʎu] *sm* luglio.

ju.men.to [ʒum'ẽtu] *sm Zool* giumento.

jun.ção [ʒũs'ãw] *sf* 1 connessione, congiuntura. 2 *fig* fusione.

ju.nho [ʒ'uɲu] *sm* giugno.

jú.nior [ʒ'unjor] *sm+adj* iuniore. *Pl: juniores*.

jun.ta [ʒ'ũtə] *sf* 1 congiuntura. 2 *Med* giunta, arto. 3 *Pol* giunta. 4 *Mec* giunto.

jun.tar [ʒũt'ar] *vt* 1 giungere. 2 giuntare. 3 riunire. 4 aggruppare, raggruppare, radunare. 5 ammassare. 6 aggiungere. 7 connettere. 8 *fig* maritare, sposare. *vpr* 9 accozzarsi, radunarsi, adunarsi. 10 ammassarsi. 11 *fig* maritarsi.

jun.to [ʒ'ũtu] *adj* giunto. • *adv* insieme, assieme, accanto. **junto de** accanto a. **junto com** insieme a, insieme con.

ju.ra.men.to [ʒuram'ẽtu] *sm* 1 giuramento. 2 *Rel* voto. **prestar juramento** *Dir* giurare.

ju.rar [ʒur'ar] *vt+vi* giurare.

jú.ri [ʒ'uri] *sm Dir* giuria.

ju.rí.di.co [ʒur'idiku] *adj* giuridico, della legge.

ju.ros [ʒ'uru] *sm pl Com* interessi.

jus.ti.ça [ʒust'isə] *sf* 1 giustizia. 2 giusto. 3 *fig* diritto. **fazer justiça** render ragione.

jus.ti.fi.car [ʒustifik'ar] *vt* 1 giustificare, difendere, discolpare, motivare. *vpr* 2 giustificarsi, difendersi, discolparsi, scolparsi.

jus.ti.fi.ca.ti.va [ʒustifikat'ivə] *sf* 1 giustificazione. 2 discolpa, difesa. 3 *fig* argomento, scarico, discarico.

jus.to [ʒˊustu] *adj* **1** giusto. **2** imparziale, equo. **3** onesto. **4** debito. **5** *fig* diretto, retto.
ju.ta [ʒˊutə] *sf* iuta.
ju.ve.nil [ʒuvenˊiw] *adj* giovanile. *Pl: juvenis*.
ju.ven.tu.de [ʒuvẽtˊudi] *sf* gioventù, giovanezza.

k

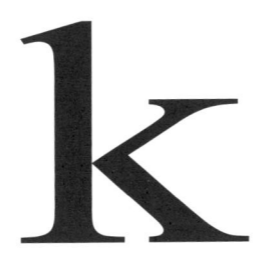

k [k´a] *sm* l'undicesima lettera dell'alfabeto portoghese.

l [´ɛli] *sm* l'dodicesima lettera dell'alfabeto portoghese.

la [lə] *pron f sing* **1** la. **2** lei.

lá[1] [l´a] *sm Mús* la, sesta nota musicale.

lá[2] [l´a] *adv* là, lì, vi, colà. **de lá** di là. **estar mais para lá que para cá** *pop* essere più di là che di qua. **lá embaixo** laggiù. **lá em cima** lassù. **lá está ele!** eccolo là! **lá longe** laggiù. **para lá** lì.

lã [l´ã] *sf* lana.

la.ba.re.da [labar´edə] *sf* vampata, fiamma.

lá.bio [l´abju] *sm Anat* labbro.

la.bi.rin.to [labir´itu] *sm* **1** labirinto. **2** *Anat* labirinto, orecchio interno.

la.bo.ra.tó.rio [laborat´ɔrju] *sm* laboratorio, gabinetto.

la.ca [l´akə] *sf* lacca.

la.ça.da [las´adə] *sf* cappio.

la.çar [las´ar] *vt* acalappiare.

la.ce.rar [laser´ar] *vt* lacerare.

la.ço [l´asu] *sm* **1** laccio. **2** fiocco.

la.crar [lakr´ar] *vt* sigillare.

la.cu.na [lak´unə] *sf* lacuna.

la.da.i.nha [ladaíñə] *sf* **1** *Rel* litania. **2** *irôn* musica. **3** *fig* litania.

la.dei.ra [lad´ejrə] *sf* erta, rampa, salita, scesa.

la.do [l´adu] *sm* **1** lato, banda. **2** fianco. **3** canto, cantone. **4 lados** *pl* parti (de litígio etc). **ao lado** accanto. **ao lado de** accanto a, a lato di. **de lado** da banda. **de lado a lado** attraverso. **do lado paterno** dal lato paterno. **do outro lado** di là, aldilà. **por outro lado** d'altra parte.

la.drão [ladr´ãw] *sm* **1** ladro, rapinatore. **2** borsaiolo. **3** *fig* gatto. **ladrão de casaca** ladro in guanti gialli. **ladrão de galinhas** gallinaio.

la.drar [ladr´ar] *vi* latrare, abbaiare.

la.dri.lhar [ladriλ´ar] *vt* ammattonare, acciottolare.

la.dri.lho [ladr´iλu] *sm dim* piastrella, mattonella.

la.gar.ta [lag´artə] *sm Zool* **1** baco. **2** bruco.

la.gar.ti.xa [lagartíʃə] *sf Zool* geco, lucertola.

la.gar.to [lag´artu] *sm Zool* lucertola.

la.go [l´agu] *sm Geogr, fig* lago.

la.gos.ta [lag´ostə] *sf Zool* aragosta.

lá.gri.ma [l´ãgrimə] *sf* lacrima.

la.je [l´aʒi] *sf* lastra.

la.jo.ta [laʒ´ɔtə] *sf* lastra, piastrella.

la.ma [l´ʌmə] *sf* **1** fango, brago. *sm* **2** *Rel* lama (sacerdote tibetano).

la.ma.çal [lamas´aw] *sm* brago, acquitrino. *Pl:* lamaçais.

lam.ber [l´aber] *vt* **1** leccare, lambire. **2** *pop* saldare, lisciare. *vpr* **3** leccarsi.

lam.bi.da [lãb´idə] *sf* leccata.

lam.bre.ta [lãbr´etə] *sf* motoretta.

la.men.tar [lamẽt´ar] *vt* **1** lamentare. **2** deplorare. **3** rimpiangere. *vi* **4** deplorare. **5** *fig* dolere. *vpr* **6** lamentarsi.

lamento — lava-louças

7 strillare. **8** brontolare. **9** *fig* sospirare.

la.men.to [lam'ètu] *sm* **1** lamento. **2** *fig* pianto, sospiro.

lâ.mi.na [l'∧minə] *sf* **1** lama, lamina. **2** piastra. **lâmina de barbear** lametta. **lâmina de metal** latta, foglia di metallo.

lâm.pa.da [l'ãpadə] *sf* lampada, lume. **lâmpada de neon** lampada al neon. **lâmpada fluorescente** lampada fluorescente.

lam.pa.ri.na [lãpar'inə] *sf* lucerna.

lam.pe.jar [lãpeʒ'ar] *vi* balenare.

lam.pi.ão [lãpi'ãw] *sm* lampione, lanterna, lucerna, fanale.

la.mú.ria [lam'urjə] *sf* piagnisteo.

lan.ça [l'ãsə] *sf* **1** lancia, asta. **2** *Hist* picca.

lan.ça.men.to [lãsam'ẽtu] *sm* lancio, getto, tiro, slancio. **lançamento contábil** partita, posta.

lan.çar [lãs'ar] *vt* **1** lanciare, gettare, tirare, buttare. **2** *Com* lanciare (produtos). **3** *fig* sputare. *vpr* **4** lanciarsi, slanciarsi, avventarsi.

lan.ce [l'ãsi] *sm* **1** lancio, getto. **2** avvenimento, caso, occorrenza. **3** *Com* offerta (em leilão). **lance de escadas** scalinata, rampa, branca.

lan.cha [l'ãʃə] *sf Náut* lancia, motoscafo.

lan.che [l'aʃi] *sm* merenda.

lan.te.jou.la [lãteʒ'owlə] *sf* lustrino.

lan.ter.na [lãt'ɛrnə] *sf* lanterna, lampione, fanale.

lá.pi.de [l'apidi] *sf* lapide.

lá.pis [l'apis] *sm sing+pl* matita, lapis. **lápis de cor** matita colorata. **lápis para os olhos** matita per gli occhi.

la.pi.sei.ra [lapiz'ejrə] *sm* portalapis.

lar [l'ar] *sm* **1** focolare. **2** casa. **3** *fig* nido, tetto.

la.ran.ja [lar'ãʒə] *sf* arancia (a fruta). • *sm+adj* arancione (a cor). **cor de laranja** arancione.

la.ran.ja.da [larãʒ'adə] *sf* aranciata.

la.ran.jei.ra [lar'ãʒejrə] *sf* arancio.

la.rei.ra [lar'ejrə] *sm* camino, focolare.

lar.gar [larg'ar] *vt* lasciare, abbandonare.

lar.go [l'argu] *sm* **1** largo. **2** *Mús* largo. • *adj* **1** largo. **2** ampio. **3** alto (tecido). **ser muito largo** (calçado, roupa) ballare.

lar.gu.ra [larg'urə] *sf* **1** larghezza, largo. **2** altezza (di tecido).

la.rin.ge [lar'ĩʒi] *sf Anat* laringe.

lar.va [l'arvə] *sf* larva, baco.

la.sa.nha [laz'∧ɲə] *sf* lasagne.

las.ca [l'askə] *sf Min* scaglia.

las.ci.vo [las'ivu] *adj* lascivo.

las.ti.mar [lastim'ar] *vt* compiangere, rimpiangere, deplorare.

la.ta [l'atə] *sf* **1* latta. **2** scatola, bidone. **3** bandone. **lata de lixo** pattumiera.

la.tão [lat'ãw] *sm* ottone.

la.ten.te [lat'ẽti] *adj* latente.

la.te.ral [later'aw] *sm* **1** *Fut* laterale. *sf* **2** fianco, parte laterale. • *adj* laterale, del alto. *Pl*: *laterais*.

lá.tex [l'ateks] *sm sing+pl Bot* lattice.

la.ti.cí.nio [latis'inju] *sm* latticinio.

la.ti.do [lat'idu] *sm* abbaio.

la.tim [lat'ĩ] *sm* latino.

la.ti.no [lat'inu] *adj* latino.

la.tir [lat'ir] *vi* latrare, abbaiare.

la.ti.tu.de [latit'udi] *sf Geogr* latitudine.

la.tri.na [latr'inə] *sf* **1** latrina, ritirata, vaso da gabinetto. **2** *fam* gabinetto. **3** *gír* cesso.

la.va [l'avə] *sf Geol* lava.

la.va.bo [lav'abu] *sm* lavabo.

la.va.da [lav'adə] *sf* **1** *fam* predica. **2** *gír* cicchetto. **3** *pop* paternale.

la.va.gem [lav'aʒẽj] *sf* lavanda, lavatura. **lavagem do estômago** *Med* lavatura gastrica.

la.va-lou.ças [lavəl'owsəs] *sf sing+pl* lavapiatti.

lavanderia 404 **letra**

la.van.de.ria [lavāder´iə] *sf* **1** lavanderia. **2** *bras* tintoria.
la.var [lav´ar] *vt* **1** lavare. *vpr* **2** lavarsi.
la.xan.te [laʃ´ãti] *sm+adj Med* lassativo.
la.zer [laz´er] *sm* ozio.
le.al [le´aw] *adj* **1** leale, fedele, fido. **2** *fig* netto. *Pl: leais.*
le.al.da.de [leawd´adi] *sf* lealtà, fede.
le.ão [le´ãw] *sm Zool* **1** leone. **2** *Leão Astron, Astrol* Leone.
le.bre [l´ɛbri] *sf Zool* lepre.
le.ci.o.nar [lesjon´ar] *vt+vi* insegnare, leggere.
le.ga.do [leg´adu] *sm Dir, Pol* legato.
le.gal [leg´aw] *adj* **1** legale. **2** lecito, legittimo. **3** onesto. *Pl: legais.*
le.ga.li.zar [legaliz´ar] *vt* **1** autenticare, certificare. **2** *Dir* legalizzare un documento.
le.gar [leg´ar] *vt* **1** lasciare. **2** *Dir* legare, lasciare per testamento.
le.gen.da [leʒ´ẽdə] *sf* leggenda.
le.gen.dá.rio [leʒẽd´arju] *adj* leggendario.
le.gi.ão [leʒi´ãw] *sf Mil* legione.
le.gis.la.ti.vo [leʒizlat´ivu] *adj* legislativo.
le.gí.ti.mo [leʒ´itimu] *adj* legittimo, vero.
le.gí.vel [leʒ´ivew] *adj* leggibile, intelligibile. *Pl: legíveis.*
lé.gua [l´ɛgwə] *sf* lega.
le.gu.me [leg´umi] *sm* **1** legume, baccello. **2** *bras* verdura, ortaggio. **3** *legumes pl* legumi.
lei [l´ej] *sf* **1** legge. **2** codice. **3** editto. **4** *Fís* legge, principio.
lei.go [l´ejgu] *adj* **1** *Rel* laico, secolare. **2** inesperto, non perito.
lei.lão [lejl´ãw] *sm Com* asta, incanto.
lei.te [l´ejti] *sm* latte. **leite batido** frullato. **leite condensado** latte condensato. **leite de coco** latte di cocco.
lei.tei.ra [lejt´ejrə] *sf* lattiera.
lei.tei.ro [lejt´ejru] *sm+adj* lattaio. **vaca leiteira** vacca lattaia.

lei.to [l´ejtu] *sm* **1** letto. **2** alcova. **3** *Geogr* letto (de rio).
lei.tor [lejt´or] *sm* lettore.
lei.tu.ra [lejt´urə] *sf* lettura.
le.ma [l´emə] *sm* bandiera, divisa.
lem.bran.ça [lẽbr´ãsə] *sf* **1** ricordo. **2** immagine. **dê minhas lembranças!** tanti saluti!
lem.brar [lẽbr´ar] *vt* **1** ricordare. **2** richiamare, evocare. **3** assomigliare. **4** *fig* avvicinarsi. *vpr* **5** ricordarsi.
lem.bre.te [lẽbr´eti] *sm* **1** appunto, memoria. **2** *fig* asterisco.
le.me [l´emi] *sm Náut, Aer* timone.
len.ço [l´ẽsu] *sm* fazzoletto, pezzuola.
len.çol [lẽs´ow] *sm* lenzuolo. *Pl: lençóis.*
len.da [l´ẽdə] *sf* **1** leggenda. **2** favola, fiaba. **3** *fig* credenza, tradizione.
lên.dea [l´ẽdjə] *sf Zool* lendine.
le.nha [l´eñə] *sf* legname. **lenha para fogueira** ciocco.
le.nha.dor [leñad´or] *sm* boscaiolo, tagliaboschi.
len.te [l´ẽti] *sf* **1** lente. **2** vetro. **lente de aumento** lente da ingrandimento.
len.ti.dão [lẽtid´ãw] *sf* lentezza.
len.ti.lha [lẽt´iλə] *sf* lenticchia, lente.
len.to [l´ẽtu] *adj* **1** lento, tardo, lungo. **2** pesante (movimento). **3** *fig* grave, piano.
le.o.a [le´oə] *sf Zool* leonessa.
le.pra [l´ɛprə] *sf Med* lebbra.
le.que [l´ɛki] *sm* ventaglio.
ler [l´er] *vt+vi* leggere. **ler rapidamente** percorrere, scorrere.
le.são [lez´ãw] *sf* **1** lesione. **2** ferita. **3** *Med* trauma.
le.sar [lez´ar] *vt* pregiudicare.
lés.bi.ca [l´ɛzbikə] *sf* lesbica.
les.ma [l´ɛzmə] *sf* **1** *Zool* lumaca. **2** *fig* lumaca, polenta, persona lenta.
les.te [l´ɛsti] *sm* est.
le.tra [l´etrə] *sf* **1** lettera, carattere. **2** *Com* lettera, effetto. **3** *letras pl* lettere. **ao**

pé da letra alla lettera. **letra de câmbio** Com cambiale, lettera di cambio. **letra de forma** stampatello.

le.tra.do [letr´adu] *sm*+*adj* letterato.

leu.ce.mi.a [lewsem´iə] *sf Med* leucemia.

le.van.tar [levãt´ar] *vt* **1** alzare, innalzare, elevare, levare. **2** erigere. *vpr* **3** alzarsi, innalzarsi, levarsi. **4** erigersi, drizzarsi.

le.var [lev´ar] *vt* **1** portare, recare. **2** condurre, menare. **3** trasportare. **4** apportare, arrecare. **levar a** a) comportare. b) indurre, istigare. c) *fig* costare. d) uscire in, condurre a (rua, estrada). **levar a cabo** recare ad effetto. **levar adiante** continuare. **levar a pior** rompersi le corna. **levar às costas** indossare. **levar a sério** prendere sul serio. **levar embora** portare via.

le.ve [l´ɛvi] *adj* **1** leggero. **2** grazioso. **3** debole, blando. **4** *fig* fine. **5** superficiale. **6** fresco (tecido).

lê.ve.do [l´evedu], **le.ve.do** [lev´edu] *sm* lievito. **lêvedo/levedo de cerveja** fermento della birra.

le.ve.za [lev´ezə] *sf* **1** leggerezza. **2** grazia.

le.vi.a.no [levi´ʌnu] *adj* **1** frivolo, futile. **2** *fig* leggero.

lé.xi.co [l´ɛksiku] *sm Gram* lessico, glossario.

lhe [λi] *pron m sing* gli. • *pron f sing* le. • *pron sing* **1** ti. **2** te. **3 lhes** *pl* loro.

li.bé.lu.la [lib´ɛlulə] *sf Zool* libellula.

li.be.ral [liber´aw] *s* liberale. • *adj* **1** liberale. **2** *fig* largo. *Pl:* liberais.

li.be.rar [liber´ar] *vt* **1** liberare. **2** rilasciare. **3** esimere, dispensare.

li.ber.da.de [liberd´adi] *sf* **1** libertà. **2** franchezza.

li.ber.tar [libert´ar] *vt* **1** liberare. **2** scarcerare. **3** scatenare. **4** *fig* riscattare, slacciare. *vpr* **5** liberarsi. **6** scatenarsi, sciogliersi. **7** *fig* riscattarsi, slacciarsi.

li.ber.ti.na.gem [libertin´aʒeʒ] *sf* libertinaggio, dissolutezza, sregolatezza.

li.ber.ti.no [libert´inu] *sm* libertino. • *adj* libertino, sregolato.

li.bra [l´ibrə] *sf* **1** Com lira sterlina (moeda inglesa). **2 Libra/Balança** Astron, Astrol Libra, Bilancia.

li.ção [lis´ãw] *sf* lezione. **lição de casa** compito, dovere.

li.cen.ça [lis´ẽsə] *sf* **1** licenza. **2** permesso, concessione. **3** patente. **4** congedo. **5** Mil licenza. **6** Com porto. **com licença?** permesso? con permesso? permettete?

li.cen.ci.ar [lisẽsi´ar] *vt* **1** congedare, accomiatare. **2** Mil disarmare.

li.cen.ci.o.so [lisẽsi´ozu] *adj* licenzioso.

li.ceu [lis´ew] *sm* liceo.

lí.ci.to [l´isitu] *adj* lecito, onesto.

li.cor [lik´or] *sm* **1** liquore. **2** *Poét* licore. **licor digestivo** amaro.

li.dar [lid´ar] *vi* **1** trattare con. **2** *fig* trafficare.

lí.der [l´ider] *sm* **1** capo. **2** *fig* guida.

li.de.ran.ça [lider´ãsə] *sf* **1** direzione, comando. **2** Esp vantaggio.

li.ga [l´igə] *sf* lega, associazione.

li.ga.ção [ligas´ãw] *sf* **1** legame. **2** vincolo. **3** Elet, Mec avviamento, messa a punto. **4** *fig* laccio. **5** contatto.

li.gar [lig´ar] *vt* **1** legare. **2** associare, combinare. **3** connettere. **4** copulare, accoppiare. **5** Elet, Mec azionare, accendere (motor). **6** Quím allegare. **7** inserire (peças). **8** *fig* incatenare. *vpr* **9** legarsi. **10** unirsi. **11** comunicare. **não ligar** a) beffarsi. b) *vulg* fregarsi.

li.gei.ro [liʒ´ejru] *adj* presto, pronto, snello, spedito, svelto.

li.lás [lil´as] *sf* lilla, lillà.

li.ma [l´imə] *sf* **1** lima. **2** Bot limetta.

li.mão [lim´ãw] *sm* limone.

limitado 406 **lixo**

li.mi.ta.do [limit´adu] *adj* 1 limitato, ristretto, stretto. 2 *fig* corto.
li.mi.tar [limit´ar] *vt* 1 limitare. 2 restringere, reprimere, contenere. 3 *fig* inibire. *vpr* 4 limitarsi, restringersi. **limitar-se a** limitarsi a.
li.mi.te [lim´iti] *sm* 1 limite. 2 frontiera, bordo, confine. 3 *fig* misura. **limite de tempo** termine. **passar dos limites** eccedere.
li.mo.na.da [limon´adə] *sf* limonata.
lim.par [līp´ar] *vt* 1 pulire, nettare, purgare, depurare. 2 *fig* pelare (o dinheiro de outra pessoa). *vi* 3 serenare (céu). **limpar a garganta** raschiare.
lim.pe.za [līp´ezə] *sf* pulizia, nettezza.
lím.pi.do [l´īpidu] *adj* limpido, nitido. **céu límpido** *fig* cielo chiaro.
lim.po [l´īpu] *adj* 1 pulito, netto. 2 puro, limpido. 3 chiaro, sereno (céu).
lin.char [līʃ´ar] *vt* linciare.
lin.do [l´īdu] *adj* 1 bello. 2 *Poét* formoso.
lín.gua [l´īgwə] *sf* 1 lingua, idioma. 2 *Anat* lingua.
lin.gua.do [līgw´adu] *sf Zool* linguata.
lin.gua.gem [līgw´aʒēj] *sf* linguaggio, parlare.
lin.gui.ça [līg´wisə] *sm* cotechino.
lin.guís.ti.ca [līg´wistikə] *sf* linguistica.
li.nha [l´iñə] *sf* 1 linea, riga. 2 tratto. 3 filo. **linha aérea** linea aerea, aerolinea. **linha de chegada** meta. **linha de costura** filo. **linha de ônibus** linea d'autobus. **linha de trem** linea ferroviaria. **linha telefônica** linea telefonica.
li.nha.gem [liñ´aʒēj] *sf* 1 lignaggio, stirpe, famiglia. 2 *fig* ramo, razza, tronco.
li.nho [l´iñu] *sm* lino.
li.qui.da.ção [likidas´ãw] ou [likwidas´ãw] *sf* 1 liquidazione. 2 vendita di liquidazione.
li.qui.dar [likid´ar] ou [likwid´ar] *vt* 1 liquidare. 2 regolare (uma dívida). 3 *fig* finire, sopprimere.

lí.qui.do [l´ikidu] ou [l´ikwidu] *sm* 1 liquido, fluido. 2 *Com* liquido. • *adj* 1 liquido. 2 *Com* netto (peso). 3 liquido (valor).
li.ra [l´irə] *sf* 1 lira (moeda). 2 *Mús* lira.
lí.rio [l´irju] *sm Bot* giglio.
li.so [l´izu] *adj* 1 liscio. 2 scivoloso.
li.son.ja [liz´õʒə] *sf* 1 lusinga. 2 *fig* incenso. 3 **lisonjas** *pl* blandizie.
li.son.jei.ro [lizõʒ´ejru] *adj* lusinghiero.
lis.ta [l´istə] *sf* 1 lista, elenco, ruolo. 2 *V* **listra**. **lista de preços** *Com* catalogo. **lista telefônica** elenco telefonico.
lis.tar [list´ar] *vt* 1 elencare. 2 *V* **listrar**.
lis.tra [l´istrə] *sf* lista, riga, stria. *Var:* **lista**.
lis.trar [listr´ar] *vt* striare. *Var:* **listar**.
li.te.ra.tu.ra [literat´urə] *sf* letteratura, lettere.
li.tí.gio [lit´iʒju] *sm* 1 controversia, discussione. 2 *Dir* litigio, lite, processo.
li.to.ral [litor´aw] *sm* litorale, costa. *Pl:* **litorais**.
li.to.râ.neo [litor´ʌnju] *adj* litoraneo, litorale.
li.tro [l´itru] *sm* litro.
li.tur.gi.a [liturʒ´iə] *sf* 1 *Rel* liturgia. 2 *fig* culto.
lí.vi.do [l´ividu] *adj* livido.
li.vrar [livr´ar] *vt* 1 liberare. 2 disobbligare, esentare. *vpr* 3 liberarsi, 4 sciogliersi, esimersi, disfarsi. 5 riscuotersi. 6 *fig* scaricarsi di, buttare.
li.vra.ri.a [livrar´iə] *sf* libreria.
li.vre [l´ivri] *adj* 1 libero. 2 indipendente. 3 esente, franco. 4 sciolto. 5 vuoto (lugar). 6 *fig* disponibile.
li.vre.to [livr´etu] *sm* opuscolo.
li.vro [l´ivru] *sm* 1 libro. 2 album. **livro-caixa** *Com* libro cassa. **livro de bolso** libro tascabile. **marcador de livro** segnalibro.
li.xa [l´iʃə] *sf* cartavetrata.
li.xo [l´iʃu] *sm* 1 sudiciume, rifiuti. 2 *fig* porcheria.

lo [lu] *pron m sing* 1 lo. *queria vê-lo / vorrei vederlo.* 2 lui. 3 **los** *pl* li.
lo.bi.so.mem [lobiz'omẽj] *sm* Mit lupo mannaro.
lo.bo [l'obu] *sm* Zool lupo.
lo.ca.ção [lokas'ãw] *sm* locazione.
lo.cal [lok'aw] *sm* luogo. • *adj* locale. *Pl: locais.*
lo.ca.li.zar [lokaliz'ar] *vt* 1 localizzare. *vpr* 2 trovarsi, stare, giacere. 3 *fig* sedersi.
lo.ção [los'ãw] *sf* lozione.
lo.ca.tá.rio [lokat'arju] *sm* locatario, inquilino.
lo.co.mo.ti.va [lokomot'iva] *sf* locomotiva.
lo.cu.ção [lokus'ãw] *sf* 1 locuzione. 2 dizione. 3 modo di dire. 4 *Gram* frase.
lo.do [l'odu] *sm* fango, brago.
ló.gi.ca [l'ɔʒikə] *sf* logica. 2 ragione.
ló.gi.co [l'ɔʒiku] *sm* logico. • *adj* 1 logico. 2 razionale, ragionevole. 3 coerente.
lo.go [l'ɔgu] *adv* 1 presto, subito. 2 fra poco. • *conj* dunque. **até logo!** arrivederci! **logo que** appena, appena che, non appena. *logo que chegam numa cidade, começam a procurar uma casa para morar* / non appena arrivano in una città, cominciano a buscare una casa da vivere.
lo.grar [logr'ar] *vt* 1 ingannare. 2 *fig* accalappiare.
lo.gro [l'ogru] *sf* inganno, frode.
loi.ro [l'ojru] *sm+adj* biondo. *Var: louro.*
lo.ja [l'ɔʒə] *sf* 1 magazzino, bottega, negozio. 2 *gír* baracca. 3 *fig* barca.
lom.bo [l'õbu] *sm Anat* lombo. **lombo de boi** falda.
lom.bri.ga [lõbr'igə] *sf Zool* lombrico.
lon.ge [l'õʒi] *adj* lontano. • *adv* lontano, distante, discosto.
lon.ge.vi.da.de [lõʒevid'adi] *sf* longevità.
lon.gín.quo [lõʒ'ĩkwu] *adj* longinquo, assente, distante, discosto.
lon.gi.tu.de [lõʒit'udi] *sf* longitudine.
lon.go [l'õgu] *adj* lungo. • *sm* abito lungo. **ao longo de** lungo.
lon.tra [l'õtrə] *sf Zool* lontra.
lo.ro.ta [lor'ɔtə] *sf* storia, favola.
lo.san.go [loz'ãgu] *sm Geom* losanga.
lo.ta.do [lot'adu] *adj* pieno zeppo.
lo.te [l'oti] *sm* 1 lotto. 2 terreno.
lo.te.ri.a [loter'iə] *sf* lotteria.
lo.to [l'ɔtu] *sf* lotto, tombola.
lou.ça [l'owsə] *sf* 1 stoviglie. 2 *pop* vasellame.
lou.co [l'owku] *sm+adj* 1 matto, demente, folle. 2 *Med* pazzo. **ficar louco** impazzire.
lou.cu.ra [lowk'urə] *sf* 1 follia. 2 *Med* pazzia. 3 *fig* squilibrio, delirio. **fazer loucuras** *fam* fare il matto.
lou.ro [l'owru] *sm* 1 V *loiro*. 2 *Bot* alloro, lauro. 3 *pop* pappagallo. **4 os louros** *pl fig* i lauri, gli allori, la gloria.
lou.sa [l'owzə] *sf* lavagna.
lou.var [lowv'ar] *vt* 1 lodare, esaltare. 2 *fig* applaudire.
lou.vor [lowv'or] *sf* lode, elogio.
lu.a [l'uə] *sf* luna. **lua cheia** luna piena. **lua de mel** luna di miele. **lua nova** luna nuova. **lua virada** *pop* broncio.
lu.ar [lu'ar] *sm* chiaro di luna.
lu.bri.fi.car [lubrifik'ar] *vt* lubrificare, ungere.
lú.ci.do [l'usidu] *adj* 1 *fig* lucido, sobrio. 2 *fig* giovanile.
lu.crar [lukr'ar] *vt* 1 lucrare, guadagnare. *vi* 2 lucrare.
lu.cro [l'ukru] *sm* 1 lucro. 2 guadagno, ricavo. 3 interesse, tornaconto. 4 *Com* utile, frutto. 5 *fig* profitto.
lu.gar [lug'ar] *sm* 1 luogo, posto. 2 terra. 3 veci. 4 *Cin, Teat* posto. **Poét** lido. **deste lugar** quindi. **em lugar de** a) invece di. b) anziché. **em primeiro lugar** a) anzitutto. b) per primo. **em**

lula 408 **luzir**

qualquer lugar dove che sia. **em todo lugar/em todos os lugares** dappertutto, dovunque. **lugar em pé** (em ônibus) posto in piedi. **lugar mal frequentado** luogo infame. **lugar reservado** posto riservato. **lugar sentado** (em ônibus) posto a sedere. **naquele lugar** là, lì, colà, laddove. **ter lugar** aver luogo, avvenire.

lu.la [l´ulə] *sm Zool* calamaro.

lu.mi.no.so [lumin´ozu] *adj* **1** luminoso. **2** chiaro.

lu.ná.ti.co [lun´atiku] *adj* lunatico.

lu.pa [l´upə] *sf* lente da ingrandimento.

lus.trar [lustr´ar] *vt* lustrare, lucidare.

lus.tre [l´ustri] *sm* lampadario, candelabro.

lus.tro [l´ustru] *sm* **1** lustro, lucido. **2** lustro, spazio di cinque anni.

lu.ta [l´utə] *sf* **1** lotta. **2** battaglia, combattimento. **3** gara. **4** conflitto. **5** *fig* guerra. **6** confronto. **7** maratona.

lu.tar [lut´ar] *vi* lottare, gareggiare, battersi.

lu.to [l´utu] *sm* lutto.

lu.va [l´uvə] *sf* guanto.

lu.xa.ção [luʃas´ãw] *sf Med* lussazione.

lu.xo [l´uʃu] *sm* **1** lusso, pompa. **2** *fam* gala. **3** *fig* splendore, ricchezza.

lu.xu.o.so [luʃu´ozu] *adj* **1** lussuoso, sontuoso. **2** *fig* ricco.

lu.xú.ria [luʃ´urjə] *sf* **1** lussuria. **2** *fig* brama.

luz [l´us] *sf* luce, lume. **acender a luz** accendere la luce. **apagar a luz** spegnere la luce. **dar à luz** dare alla luce, concepire, partorire. **em plena luz do dia** in pieno giorno. **trazer à luz** *fig* dissepellire.

lu.zir [luz´ir] *vi* lustrare.

m

m [´emi] *sm* la tredicesima lettera dell'alfabeto portoghese.
ma.ca [mˈakə] *sf* lettiga.
ma.çã [masˈã] *sf* mela. **maçã do rosto** guancia.
ma.ca.co [makˈaku] *sm* **1** *Zool* scimmia. **2** *Autom* martinetto.
ma.ça.ne.ta [masanˈetə] *sf* maniglia, gruccia.
ma.çan.te [masˈãti] *adj* seccante, importuno, stucchevole.
ma.car.rão [makaɾˈãw] *sm* maccherone, pasta.
ma.car.ro.na.da [makaɾonˈadə] *sf* maccheronata, pasta asciutta.
ma.cha.do [maʃˈadu] *sf* ascia, accetta, scure.
ma.cho [mˈaʃu] *sm+adj* maschio.
ma.chu.car [maʃukˈaɾ] *vt* **1** ferire. **2** contundere, lesionare. **3** *fig* offendere. *vpr* **4** ferirsi.
ma.ci.ço [masˈisu] *adj* massiccio, compatto, sodo, solido, duro. • *sm Geogr* massiccio.
ma.ci.ez [masiˈes] *sf* morbidezza, tenerezza.
ma.ci.o [masˈiu] *adj* **1** morbido, tenero. **2** *fig* dolce.
ma.ço [mˈasu] *sm* **1** mazzo. **2** fascio. **3** *fig* ciuffo. **maço de cartas** mazzo. **maço de cigarros** pacchetto di sigarette.
ma.çom [masˈõw] *sm* massone.
ma.dei.ra [madˈejɾə] *sm* legno, legname.
ma.dei.xa [madˈejʃə] *sf* ciocca.
ma.dras.ta [madrˈastə] *sf* matrigna.
ma.dre [mˈadri] *sf Rel* madre. **madre superiora** madre superiora.
ma.dre.pé.ro.la [madrepˈɛɾolə] *sf* madreperla.
ma.dri.nha [madrˈiɲə] *sf* madrina, comare.
ma.dru.ga.da [madɾugˈadə] *sf* alba.
ma.du.ro [madˈuɾu] *adj* **1** maturo. **2** grande.
mãe [mˈãj] *sf* madre. **mãe desnaturada** *fig* matrigna.
ma.es.tri.na [maestɾˈinə] *sf Mús* maestra.
ma.es.tro [maˈɛstɾu] *sm Mús* maestro.
má-fé [mafˈɛ] *sf* **1** malafede. **2** *Dir* dolo. Pl: *más-fés*.
má.fia [mˈafjə] *sf* (também *fig*) mafia.
ma.gi.a [maʒˈiə] *sf* magia, incantesimo, incanto.
má.gi.co [mˈaʒiku] *adj* magico.
ma.gis.té.rio [maʒistˈɛɾju] *sm* magistero.
ma.gis.tra.do [maʒistɾˈadu] *sm* magistrato.
mag.nâ.ni.mo [magnˈʌnimu] *adj* **1** magnanimo. **2** magnifico. **3** *fig* nobile.
mag.na.ta [magnˈatə] *sm* magnate.
mag.né.ti.co [magnˈɛtiku] *adj* magnetico.
mag.ne.tis.mo [magnetˈizmu] *sf* **1** magnetismo. **2** *fig* attrazione.

mag.ní.fi.co [magnˈifiku] *adj* **1** magnifico, grandioso, superbo. **2** *fig* sublime.

mag.no [mˈagnu] *adj Lit* magno.

ma.go [mˈagu] *sm* mago.

má.goa [mˈagwə] *sf* dolore.

ma.go.ar [magoˈar] *vt* **1** addolorare. **2** *fig* ferire. *vpr* **3** risentirsi, addolorarsi.

ma.gre.za [magrˈezə] *sf* magrezza.

ma.gro [mˈagru] *adj* magro, snello, esile.

mai.o [mˈaju] *sm* maggio.

mai.ô [majˈo] *sm* costume da bagno. **maiô de duas peças** due pezzi, bikini.

mai.o.ne.se [majonˈɛzi] *sf* maionese.

mai.or [majˈɔr] *adj compar* (de **grande**) maggiore. **maior de idade** maggiorenne. **os maiores** i più grandi.

mai.o.ri.a [majorˈiə] *sf* maggioranza, il più.

mais [mˈajs] *adj* più. *veio mais gente hoje* / più gente è venuta oggi. • *adv* **1** più. *os mais belos* / i più belli. *não aguento mais* / non ne posso più. **2** di più. *não jogo mais* / non gioco di più. **mais de** (tempo) oltre. **mais do que tudo** più che altro. **mais ou menos** a) più o meno, su per giù, suppergiù. b) all'ingrosso. c) circa, forse. d) *dep* così così. **nunca mais** mai più.

mais-que-per.fei.to [mˈajskperfˈejtu] *sm Gram* trapassato, più che perfetto. *Pl*: **mais-que-perfeitos**.

mai.ús.cu.lo [maˈjuskulu] *adj* maiuscolo. **letra maiúscula** ou apenas **maiúscula** lettera maiuscola.

ma.jes.ta.de [maʒestˈadi] *sf* **1** maestà. **2** *fig* corona. **Sua Majestade** Sua Maestà. **Vossa Majestade** Vostra Maestà.

ma.jes.to.so [maʒestˈozu] *adj* **1** maestoso, altero, solenne. **2** *fig* sublime.

ma.jor [maʒˈɔr] *sm Mil* maggiore.

mal [mˈaw] *sm* male. • *adv* **1** male. **2** appena. • *conj* appena, appena che, non appena. *logo que o sol nasce, pula da cama para ir à escola* / appena che il sole si leva, balza dal letto per andare a scuola. **fazer mal** nuocere. **mal interpretado** malinteso. **não faz mal** a) non fa niente. b) non c'è male.

ma.la [mˈalə] *sf* **1** valigia. **2** *gír* rompiscatole. **fazer as malas** fare le valigie. **mala do carro** *Autom* bagagliaio.

ma.lan.dra.gem [malɐ̃drˈaʒẽj] *sf* furfanteria.

ma.lan.dro [malˈɐ̃dru] *sm+adj* birbante, furfante.

mal.cri.a.do [mawkriˈadu] *adj* **1** malcreato, sgarbato. **2** *fig* selvatico.

mal.da.de [mawdˈadi] *sf* **1** cattiveria, canagliata. **2** crudeltà. **3** *fig* acredine.

mal.di.ção [mawdisˈɐ̃w] *sf* **1** maledizione. **2** *fig* bestemmia. **3** flagello.

mal.di.to [mawdˈitu] *adj* maledetto.

mal.di.zer [mawdizˈer] *vt* maledire, maldire, calunniare.

ma.le.á.vel [maleˈavew] *adj* **1** malleabile. **2** cedevole. **3** *fig* dolce (metal). *Pl*: **maleáveis**.

mal-e.du.ca.do [maledukˈadu] *adj* **1** maleducato, incivile, ignorante, sgarbato. **2** *fig* scorretto. • *sm* **1** bruto, ignorante. **2** *fig* contadino. *Pl*: **mal-educados**.

ma.lé.fi.co [malˈɛfiku] *adj* **1** malefico. **2** *fig* bieco.

mal-es.tar [malestˈar] *sm* malessere, disagio. *Pl*: **mal-estares**.

mal.fei.tor [mawfejtˈor] *sm* criminale, bandito.

ma.lha [mˈaʎə] *sf* **1** maglia. **2** golf. **malha grossa** maglione.

ma.lha.ri.a [maʎarˈiə] *sf* maglieria.

mal-hu.mo.ra.do [malumorˈadu] *adj* di malumore. **ser mal-humorado** *pop* avere la luna. *Pl*: **mal-humorados**.

ma.lí.cia [malˈisjə] *sf* **1** malizia. **2** astuzia.

ma.lig.no [malˈignu] *adj* **1** maligno, malefico. **2** *fig* sinistro, velenoso.

mal.te [mˈawti] *sm* malto.

mal.tra.pi.lho [mawtrap'iʎu] *sm* straccione.

mal.tra.tar [mawtrat'ar] *vt* maltrattare.

ma.lu.co [mal'uku] *sm+adj* pazzo.

ma.lu.qui.ce [maluk'isi] *sf* pazzia.

mal.va.do [mawv'adu] *adj* cattivo, malvagio, sciagurato.

ma.ma [m'ʌmə] *sf* 1 *Anat* mammella. 2 *Zool* poppa. 3 *gír* tetta. 4 *Lit, Poét* mamma.

ma.ma.dei.ra [mamad'ejrə] *sf* poppatoio, biberon.

ma.mãe [mam'ãj] *sf fam* mamma.

ma.mão [mam'ãw] *sm* papaia.

ma.mar [mam'ar] *vt* poppare.

ma.mí.fe.ro [mam'iferu] *sm+adj* mammifero.

ma.mi.lo [mam'ilu] *sm* capezzolo.

ma.na.da [man'adə] *sf* branco.

man.car [mãk'ar] *vi* zoppicare.

man.cha [m'ãʃə] *sf* 1 macchia, schizzo. 2 *Med* placca. **mancha de gordura** grasso.

man.char [mãʃ'ar] *vt* 1 macchiare, schizzare. 2 *fig* insudiciare, macchiare (a reputação). *vi* 3 schizzare. *vpr* 4 macchiarsi.

man.co [m'ãku] *sm+adj* zoppo.

man.da.men.to [mãdam'ẽtu] *sm* comandamento.

man.dar [mãd'ar] *vt* 1 mandare. 2 ordinare. 3 imporre, dirigere, volere. 4 inviare, indirizzare. 5 *fig* imperare. **mandar embora** a) mandar via, cacciar via. b) mettere all'uscio. **mandar para o inferno** mandare al diavolo. **mandar passear** mandare via.

man.da.tá.rio [mãdat'arju] *sm* emissario.

man.da.to [mãd'atu] *sm* mandato.

man.dí.bu.la [mãd'ibulə] *sf Anat* mandibola.

ma.nei.ra [man'ejrə] *sf* 1 maniera. 2 metodo, mezzo, modo. 3 stile, forma, foggia. 4 *fig* tocco. 5 **maneiras** *pl* comportamento. **boas maneiras** civiltà. **de maneira que** di modo che, sicché. **de qualquer maneira** ad ogni modo, in ogni modo. **dessa maneira** così. **de tal maneira** tanto.

ma.ne.jar [maneʒ'ar] *vt* maneggiare.

ma.ne.quim [manek'ĩ] *sm* manichino, fantoccio. • *sf* modella.

ma.ne.ta [man'etə] *adj* monco.

man.ga [m'ãgə] *sf* 1 manica. 2 *Bot* mango.

man.guei.ra [mãg'ejrə] *sf Bot* mango.

ma.nha [m'ʌɲə] *sf* capriccio.

ma.nhã [maɲ'ã] *sf* mattina, mattino. **de manhã** mattina. **esta manhã** stamattina, stamani.

ma.nho.so [maɲ'ozu] *adj* bizzarro.

ma.ni.a [man'iə] *sf* 1 mania. 2 *Med* mania, ossessione, ossessivo.

ma.ní.a.co [man'iaku] *sm+adj* maniaco.

ma.ni.cô.mio [manik'omju] *sm* manicomio.

ma.ni.cu.ra [manik'urə] *sf* manicure.

ma.ni.fes.tar [manifest'ar] *vt* 1 manifestare, esprimere, palesare. 2 *fig* mostrare, svelare. *vpr* 3 manifestarsi. 4 pronunziarsi. 5 apparire. 6 *fig* trasparire, affacciarsi.

ma.ni.fes.to [manif'ɛstu] *sm* manifesto. • *adj* 1 evidente, espresso. 2 *fig* flagrante.

ma.ni.pu.lar [manipul'ar] *vt* 1 manipolare, contraffare, trattare. 2 *fig* dominare.

ma.ni.ve.la [maniv'ɛlə] *sf* manovella.

man.je.dou.ra [mãʒed'owrə] *sf* greppia.

man.je.ri.cão [mãʒerik'ãw] *sm Bot* basilico.

ma.no.bra [man'ɔbrə] *sf* 1 manovra. 2 *Mil* manovra, mossa. 3 *Mil* esercizio. 4 *Náut* maneggio. 5 *fig* tattica.

ma.no.brar [manobr'ar] *vt* 1 manovrare. *vi* 2 *Mil* manovrare.

man.so [m'ãsu] *adj* mansueto, docile.

man.tei.ga [mãt'ejgə] *sf* burro.

manter — marginal

man.ter [mãt'er] *vt* **1** mantenere. **2** conservare, ritenere. **3** tenere, reggere, sostenere. **4** sostentare. **5** attendere (promessa). **6** *fig* alimentare. **7** serbare. *vpr* **8** mantenersi. **9** conservarsi. **10** tenersi, reggersi, sostenersi. **11** sostentarsi.

man.ti.men.to [mãtim'ẽtu] *sm* mantenimento, alimenti.

man.tô [mãt'o] *sm* mantello, mantò.

ma.nu.al [manu'aw] *sm* manuale, guida. • *adj* manuale. Pl: *manuais*.

ma.nu.fa.tu.ra [manufat'urə] *sf* manifattura, fabbrica, fattura.

ma.nus.cri.to [manuskr'itu] *sm* manoscritto. • *adj* manoscritto, scritto a mano.

ma.nu.se.ar [manuze'ar] *vt* **1** trattare. *vi* **2** trattare.

ma.nu.ten.ção [manutẽs'ãw] *sf* mantenimento.

mão [m'ãw] *sf* **1** *Anat* mano. **2** irôn zampa. **3** *fig* branca. **à mão armada** a mano armata. **apertar a mão de** dare la mano a, stringere la mano a. **ficar de mãos abanando** restare a mani vuote. **mão de pintura** mano. **mão direita** destra, diritta. **mão esquerda** sinistra. **mão única** *Autom* senso unico. **pedir a mão de** chiedere la mano. **ter à mão** tenere a mano. Pl: *mãos*

ma.pa [m'apə] *sf* **1** mappa, carta. **2** *fig* tavola.

ma.que.te [mak'eti] *sf* modello, plastico.

ma.qui.a.gem [maki'aʒẽj] *sf* trucco, belletto.

ma.qui.ar [maki'ar] *vt* **1** truccare. **2** *fig* dissimulare. *vpr* **3** truccarsi.

má.qui.na [m'akinə] *sf* macchina. **máquina de costura** macchina da cucire. **máquina de lavar** lavatrice. **máquina fotográfica** macchina fotografica.

mar [m'ar] *sm* **1** mare. **2** *fig* gran quantità. **mar alto** alto mare.

ma.ra.cu.já [maraku3'a] *sm Bot* granadiglia.

ma.ra.já [maraʒ'a] *sm* maragia, maragià.

ma.ra.to.na [marat'onə] *sf Esp, fig* maratona.

ma.ra.vi.lha [marav'iʎə] *sf* **1** meraviglia. **2** fenomeno, prodigio. **3** incanto. **4** *fig* miracolo, specie.

ma.ra.vi.lhar [maraviʎ'ar] *vt* **1** meravigliare, sbalordire, incantare. **2** *fig* pietrificare. *vpr* **3** meravigliarsi, incantarsi.

ma.ra.vi.lho.so [maraviʎ'ozu] *adj* **1** meraviglioso. **2** *fig* esquisito.

mar.ca [m'arkə] *sf* **1** marca, marchio. **2** segno. **3** botta, livido. **4** impronta. **5** nota. **6** *fig* orma, traccia. **7** punzone. **marca comercial** marchio, marco.

mar.car [mark'ar] *vt* **1** marcare. **2** segnare. **3** appuntare, notare. **4** prenotare, fissare, riservare. **5** bollare. **6** *fig* imprimere (na memória).

mar.cha [m'arʃə] *sf* **1** marcia, giornata. **2** *Mús, Autom, Mil* marcia. **dar marcha a ré** fare marcia indietro. **marcha a ré** *Autom* marcia indietro.

mar.char [marʃ'ar] *vi* **1** marciare. **2** *Mil* sfilare.

mar.co [m'arku] *sm* **1** limite. **2** segno. **3** marco (moeda).

mar.ço [m'arsu] *sm* marzo.

ma.ré [mar'ɛ] *sf* marea, fiotto. **maré alta** alta marea. **maré baixa** bassa marea.

ma.re.chal [mareʃ'aw] *sm Mil* maresciallo. Pl: *marechais*.

ma.re.mo.to [marem'otu] *sm* maremoto.

mar.fim [marf'ĩ] *sm* avorio.

mar.ga.ri.da [margar'idə] *sf Bot* margherita.

mar.ga.ri.na [margar'inə] *sf* margarina.

mar.gem [m'arʒẽj] *sf* margine, orlo, bordo, ciglio.

mar.gi.nal [marʒin'aw] *adj* marginale, delle margini. • *s* malvivente. Pl: *marginais*.

ma.ri.cas [mar´ikas] *sm sing+pl dep* effeminato, femmina.
ma.ri.do [mar´idu] *sm* marito, sposo, coniuge, compagno.
ma.ri.nha [mar´iɲa] *sf Mil* marina.
ma.ri.nhei.ro [mariɲ´ejru] *sm* marinaio, marino, marittimo.
ma.ri.nho [mar´iɲu] *adj* marino, marittimo.
ma.ri.o.ne.te [marjon´εti] *sm* **1** marionetta, burattino, pupo. **2** *fig* uomo di stoppa.
ma.ri.po.sa [marip´ozə] *sf Zool* falena.
ma.ris.co [mar´isku] *sm Zool* cozza.
ma.rí.ti.mo [mar´itimu] *adj* marittimo, navale. • *sm* marittimo, marinaio.
mar.me.lo [marm´εlu] *sm Bot* cotogna.
mar.mi.ta [marm´itə] *sf* marmitta.
már.mo.re [m´armori] *sm* marmo.
ma.ro.to [mar´otu] *sm+adj* birbante.
mar.quês [mark´es] *sm* marchese.
mar.rom [maʀ´õw] *sm+adj* marrone.
mar.te.lo [mart´εlu] *sm* martello.
már.tir [m´artir] *sm* (também *fig*) martire.
mar.tí.rio [mart´irju] *sm* **1** martirio. **2** *fig* tormento, sofferenza.
ma.ru.jo [mar´uʒu] *sm* marino.
mas [m´as] *conj* **1** ma, però, tuttavia. **2** pure. **mas como?** ma come?
más.ca.ra [m´askarə] *sf* **1** maschera. **2** trucco. **3** *Teat* maschera. **4** *fig* copertura, cortina.
mas.ca.rar [maskar´ar] *vt* **1** mascherare, truccare, travestire. *vpr* **2** mascherarsi, truccarsi, travestirsi.
mas.cu.li.no [maskul´inu] *adj* maschile, mascolino.
más.cu.lo [m´askulu] *adj* maschio, virile.
mas.sa [m´asə] *sf* **1** massa. **2** pasta. **3** calca, accozzaglia. **4** *Fís* massa. **5** *fig* gregge. **6** *dep* piazza. **7 as massas** *pl* le masse. **em massa** in massa. **massa folhada** pasta sfoglia, sfogliata.

mas.sa.crar [masakr´ar] *vt* **1** massacrare, sterminare. **2** *fig* macellare.
mas.sa.cre [mas´akri] *sm* **1** massacro, carneficina, sterminio, strazio. **2** *fig* macello.
mas.sa.ge.ar [masaʒe´ar] *vt Med* massaggiare, manipolare.
mas.sa.gem [mas´aʒẽj] *sf* massaggio.
mas.ti.gar [mastig´ar] *vt* masticare.
mas.tro [m´astru] *sm Náut* albero, fusto, tronco.
mas.tur.bar-se [masturb´arsi] *vpr* masturbarsi.
ma.ta [m´atə] *sf* bosco, selva, foresta. **mata fechada** fitto.
ma.ta.dou.ro [matad´owru] *sm* mattatoio, macello.
ma.ta.gal [matag´aw] *sf* boscaglia, macchia. *Pl: matagais.*
ma.tan.ça [mat´ãsə] *sf* **1** carneficina, strage. **2** *fig* macello.
ma.tar [mat´ar] *vt* **1** uccidere, ammazzare, assassinare. **2** *fig* liquidare, fulminare. **3** mietere, falciare. **4** scannare. **5** spegnere, estinguere. *vpr* **6** ammazzarsi.
ma.te [m´ati] *sm* mate, matè.
ma.te.má.ti.ca [matem´atikə] *sf* matematica.
ma.te.má.ti.co [matem´atiku] *sm+adj* matematico.
ma.té.ria [mat´εrjə] *sf* **1** materia. **2** disciplina. **3** *fig* scienza.
ma.te.ri.al [materi´aw] *sm* materiale, materia. • *adj* materiale, fisico. *Pl: materiais.*
ma.ter.ni.da.de [maternid´adi] *sf* **1** maternità. **2** casa di maternità.
ma.ter.no [mat´εrnu] *adj* materno, della madre.
ma.ti.nê [matin´e] *sf* mattinata.
ma.tiz [mat´is] *sf Pint* digradazione, tono.
ma.to [m´atu] *sf* boscaglia, macchia.
ma.trí.cu.la [matr´ikulə] *sf* **1** matricola. **2** iscrizione.

ma.tri.cu.lar [matrikul´ar] *vt* 1 matricolare, immatricolare. *vpr* 2 matricolarsi, iscriversi.

ma.tri.mô.nio [matrim´onju] *sm* matrimonio.

ma.triz [matr´is] *sf* 1 matrice, madre. 2 sede. 3 cliché. 4 *Escult* forma.

mau [m´aw] *adj* 1 cattivo. 2 malo. 3 malvagio. 4 *fig* velenoso.

ma.xi.lar [maksil´ar] *sm Anat* mascella.

má.xi.mo [m´asimu] *sm* 1 il massimo. 2 *fig* culmine, apogeo, vetta. • *adj superl* (de **grande**) massimo.

me [mi] *pron sing* 1 me. 2 mi.

me.câ.ni.ca [mek´ʌnika] *sf* meccanica.

me.câ.ni.co [mek´ʌniku] *sm* meccanico. • *adj* 1 meccanico. 2 *fig* meccanico, involontario.

me.ca.nis.mo [mekan´izmu] *sm* 1 meccanismo. 2 strumento. 3 *fig* arnese.

me.cha [m´ɛʃə] *sf* stoppino, cerino.

me.da.lha [med´aʎə] *sf* medaglia.

me.da.lhão [medaʎ´ãw] *sm aum* medaglione.

mé.dia [m´ɛdjə] *sf* media. **em média** in media.

me.di.a.ção [medjas´ãw] *sf* 1 mediazione. 2 intromissione.

me.di.a.no [medj´ʌnu] *adj* 1 mediano. 2 medio, mezzo.

me.di.an.te [medi´ãti] *prep* mediante.

me.di.ar [medi´ar] *vt* 1 mediare. 2 *Lit* intercedere.

mé.di.ca [m´ɛdikə] *sf* medichessa.

me.di.ca.men.to [medikam´ẽtu] *sm Med* medicina, medicamento, rimedio.

me.di.car [medik´ar] *vt* 1 medicare, rimediare. *vpr* 2 medicarsi, prendere medicina.

me.di.ci.na [medis´inə] *sf* medicina.

mé.di.co [m´ɛdiku] *sm* medico, dottore, sanitario. • *adj* medico.

me.di.da [med´idə] *sf* 1 misura. 2 provvidenza, provvedimento. 3 *fig* misura, dose. **roupa sob medida** abito su misura.

me.di.e.val [medjev´aw] *adj* medioevale. *Pl:* medievais.

mé.dio [m´ɛdju] *sm* 1 *Anat* medio, dito medio. 2 *Fut* mediano. • *adj* 1 medio. 2 mediano. 3 mezzo.

me.dí.o.cre [med´iɔkri] *adj* 1 mediocre. 2 modesto, ordinario.

me.di.o.cri.da.de [medjɔkrid´adi] *sf* mediocrità.

me.di.ta.ção [meditas´ãw] *sf* meditazione, riflessione.

me.di.tar [medit´ar] *vi* 1 meditare, riflettere. 2 *fig* rimuginare, masticare.

me.do [m´edu] *sm* 1 paura, timore, codardia. 2 *fam* tremarella. 3 *pop* spaghetti. 4 *fig* dubbio. **dar medo** metter paura.

me.do.nho [med´oɲu] *adj* orribile, orrendo.

me.dro.so [medr´ozu] *adj* 1 pauroso, timoroso, codardo. 2 *fig* servile. • *sm* 1 codardo. 2 *fig* coniglio.

me.ga.fo.ne [megaf´oni] *sm* portavoce.

mei.a [m´ejə] *sf* 1 calza. 2 calzino.

mei.a-noi.te [mejon´ojti] *sf* mezzanotte. **meia-noite e meia** mezzanotte e mezza. *Pl:* meias-noites.

mei.go [m´ejgu] *adj* 1 amorevole. 2 *fig* tenero.

mei.o [m´eju] *sm* 1 mezzo. 2 modo. 3 risorsa, ricorso. 4 **meios** *pl* mezzi. • *adj* mezzo. • *adv* mezzo. **meio quente / mezzo caldo. meio de transporte** mezzo di trasporto. **no meio de** tra, fra, frammezzo. **por meio de** per mezzo di, attraverso, mediante.

mei.o-di.a [mejud´iə] *sm* mezzogiorno. **meio-dia e meia** mezzogiorno e mezza. *Pl:* meios-dias.

mei.o.so.pra.no [mejusopr´ʌnu] *sm Mús* mezzosoprano, mezzo soprano. *Pl:* meios-sopranos.

mel [m´ɛw] *sm* miele. *Pl: méis, meles.*
me.lan.ci.a [melãs´iə] *sf* cocomero.
me.lan.co.li.a [melãk´ɔliə] *sf* **1** malinconia, tristezza. **2** *fig* tedio, depressione.
me.lan.có.li.co [melãk´ɔliku] *adj* **1** malinconico, triste. **2** *fig* grigio, mesto.
me.lão [mel´ãw] *sm* melone, popone. *Pl: melões.*
me.lhor [meʎ´ɔr] *sm* **1** il migliore, il meglio. *sf* **2** la meglio. • *adj compar* (de **bom**) **1** migliore. **2** meglio. **3** superiore. • *adv* **1** piuttosto. **2** *adv compar* (de **bem**) meglio. **levar a melhor** avere la meglio.
me.lho.rar [meʎor´ar] *vt* **1** migliorare. **2** correggere. **3** *fig* riformare. **4** arricchire. *vi* **5** migliorare. **6** perfezionarsi. **7** ristabilirsi. *vpr* **8** migliorarsi.
me.lho.ri.a [meʎor´iə] *sf* miglioria.
me.lo.di.a [melod´iə] *sf* melodia.
me.lo.dra.ma [melodr´ʌmə] *sm* melodramma.
mem.bra.na [mẽbr´ʌnə] *sf Anat* membrana.
mem.bro [m´ẽbru] *sm* **1** membro, socio, adepto. **2** *Anat, Gram* membro. **3** *fig* membro, organo sessuale maschile.
me.mó.ria [mem´ɔrjə] *sf* **1** memoria, mente. **2** *Inform* memoria. **3** memórias *pl* memorie.
men.ção [mẽs´ãw] *sf* menzione.
men.ci.o.nar [mẽsjon´ar] *vt* menzionare, citare, nominare.
men.di.gar [mẽdig´ar] *vt* **1** mendicare, accattare. *vi* **2** pitoccare.
men.di.go [mẽd´igu] *sm* **1** mendicante, accattone, pitocco. **2** *gír* barbone.
me.ni.na [men´inə] *sf* **1** bambina, fanciulla, ragazza. **2** *fam* bimba. **menina dos olhos** *fam, fig* pupilla.
me.nin.gi.te [menĩʒ´iti] *sf Med* meningite.
me.ni.no [men´inu] *sm* **1** bambino, fanciullo, ragazzo. **2** *fam* bimbo, fantoccio. **3** *fig* pupo. **menino travesso** a) monello. b) *gír* scugnizzo.
me.no.pau.sa [menop´awzə] *sf Med* menopausa.
me.nor [men´ɔr] *adj compar* (de **pequeno**) minore. • *sm Dir* pupillo. **menor de idade** minore.
me.nos [m´enus] *adv* **1** manco. **2** *adv compar* (de **pouco**) meno. • *prep* eccetto. **ao menos/pelo menos** a) almeno. b) se non altro. **menos mal** meno male.
me.nos.pre.zar [menosprez´ar] *vt fig* posporre.
men.sa.gei.ro [mẽsaʒ´ejru] *sm* **1** messaggero, emissario. **2** corriere. **3** *fig* ambasciatore. • *adj* messaggero.
men.sa.gem [mẽs´aʒẽj] *sf* **1** messaggio, ambasciata, comunicazione. **2** biglietto.
men.sal [mẽs´aw] *adj* mensile. *Pl: mensais.*
mens.tru.a.ção [mẽstrwas´ãw] *sf* mestruazione.
men.ta [m´ẽtə] *sf Bot* menta.
men.tal [mẽt´aw] *adj* mentale. *Pl: mentais.*
men.te [m´ẽti] *sf* **1** mente. **2** *fig* cervello. **3** interiore.
men.tir [mẽt´ir] *vi* mentire, dir menzogne.
men.ti.ra [mẽt´irə] *sf* **1** bugia, menzogna. **2** *fig* invenzione, pera.
men.ti.ro.so [mẽtir´ozu] *sm+adj* bugiardo, menzognero.
me.nu [men´u] *sm* **1** lista. **2** (também *Inform*) menù.
mer.ca.do [merk´adu] *sm* **1** mercato, fiera, emporio, bazar. **2** *Com* mercato, piazza. **mercado de peixe** *pop* baccano. **mercado negro** mercato nero.
mer.ca.dor [merkad´or] *sm* commerciante.
mer.ca.do.ri.a [merkador´iə] *sf* merce, genere.

mer.ce.a.ri.a [mersear´iə] *sf* drogheria.
mer.ce.ná.ri.o [mersen´arju] *sm+adj* mercenario.
mer.cú.rio [merk´urju] *sm Quím* mercurio, argento vivo.
mer.da [m´ɛrdə] *sf vulg* merda, cacca.
me.re.ce.dor [meresed´or] *adj* meritevole, degno.
me.re.cer [meres´er] *vt* meritare.
me.ren.da [mer´ẽdə] *sf* merenda.
me.re.trí.cio [meretr´isju] *sm* meretricio.
me.re.triz [meretr´is] *sf* meretrice, bagascia, sgualdrina.
mer.gu.lha.dor [merguʎad´or] *sm Náut* palombaro.
mer.gu.lhar [merguʎ´ar] *vt* 1 tuffare, immergere, sommergere. *vi* 2 tuffarsi, tonfare, buttarsi.
mer.gu.lho [merg´uʎu] *sm* tuffo, tonfo. **dar um mergulho** fare un tuffo.
me.ri.di.o.nal [meridjon´aw] *adj* meridionale. *Pl:* meridionais.
mé.ri.to [m´ɛritu] *sm* 1 merito, pregio, valore. 2 *fig* lode.
me.ro [m´ɛru] *adj* mero.
mês [m´es] *sf* mese.
me.sa [m´ezə] *sf* 1 tavola. 2 banco (de deputados ou juízes). **mesa de jogo** tavola da gioco. **mesa para refeições** mensa. **pôr a refeição à mesa** servire la refezione.
mes.cla [m´ɛsklə] *sf* mescolanza, mistura.
mes.mo [m´ezmu] *pron* medesimo, stesso. *eu mesmo* / io stesso. • *adv* 1 appunto, infatti, addirittura. 2 proprio. *a vida é assim mesmo* / la vita è proprio così. • *sm* il medesimo. **mesmo que** contuttoché. **nem mesmo** manco.
mes.qui.nho [mesk´iñu] *adj* 1 gretto, cattivo. 2 meschino, avaro.
mes.qui.ta [mesk´itə] *sf* moschea.
mes.tra [m´ɛstrə] *sf* maestra.
mes.tra.do [mestr´adu] *sm* maestrato.
mes.tre [m´ɛstri] *sm* 1 maestro. 2 docente. 3 *fig* artista. • *adj* maestro, mastro, artefice.

me.ta [m´ɛtə] *sf* 1 meta. 2 ideale, mente. 3 fine. 4 *fig* bersaglio, mira, sogno.
me.ta.de [met´adi] *sf* metà.
me.tá.fo.ra [met´afɔrə] *sf Gram* metafora, allegoria.
me.tal [met´aw] *sm* 1 *Quím* metallo. 2 metais *pl Mús* ottoni. *Pl:* metais.
me.tá.li.co [met´aliku] *adj* metallico.
me.ta.lúr.gi.co [metal´urʒiku] *adj* metallurgico.
me.ta.mor.fo.se [metamorf´ɔzi] *sf* metamorfosi, mutazione.
me.te.o.ri.to [meteor´itu] *sm Astron* meteorite.
me.te.o.ro.lo.gi.a [meteorolɔʒ´iə] *sf* meteorologia.
me.ter [met´er] *vt* 1 porre, mettere. *vpr* 2 avvolgersi, entrare. 3 *fig* ficcarsi, bracare.
me.ti.cu.lo.so [metikul´ozu] *adj* 1 meticoloso, minuzioso, accurato. 2 *fig* geloso.
me.ti.do [met´idu] *sm* 1 ficcanaso. 2 *fig* fante di picche. • *adj pop* borioso.
me.tó.di.co [met´ɔdiku] *adj* metodico, diligente.
mé.to.do [m´ɛtodu] *sm* 1 metodo. 2 processo, sistema, via. 3 criterio, regola. 4 *fig* piano.
me.tra.lha.do.ra [metraʎad´orə] *sf* mitragliatrice.
me.tro [m´ɛtru] *sm* 1 metro (unidade de medida). 2 *Lit, Poét* metro, misura (do verso).
me.trô [metr´o] *sm bras* sotterranea, metropolitana.
me.tró.po.le [metr´ɔpoli] *sf* metropoli.
me.tro.po.li.ta.no [metropolit´ʌnu] *adj* metropolitano.
meu [m´ew] *pron m sing* 1 mio. 2 **meus** *pl* miei. **os meus bens** *fig* il mio. **os meus (parentes)** *fig* i miei.
me.xer [meʃ´er] *vt* 1 muovere. 2 toccare.
me.xe.ri.ca [meʃer´ikə] *sf Bot* bergamotta.

me.xe.ri.co [meʃeˈriku] *sm* pettegolezzo, chiacchiera.
me.xe.ri.quei.ro [meʃerikˈejru] *sm* **1** pettegolo. **2** *pop* chiacchierone.
me.xi.lhão [meʃiˈʎãw] *sm Zool* cozza.
mi [mi] *sm Mús* mi, terza nota musicale.
mi.a.do [miˈadu] *sm* miagolio.
mi.ar [miˈar] *vi* miagolare.
mi.co [ˈmiku] *sm* micco.
mi.co.se [mikˈɔzi] *sf Med* micosi.
mi.cró.bio [mikrˈɔbju] *sm Med* microbo, batterio.
mi.cro.fo.ne [mikrofˈoni] *sm* microfono.
mi.cros.có.pio [mikroskˈɔpju] *sm* microscopio.
mi.ga.lha [migˈaʎə] *sf* **1** briciola. **2** *fig* filo.
mi.jar [miʒˈar] *vi vulg* pisciare, orinare.
mi.jo [ˈmiʒu] *sm vulg* piscio.
mil [ˈmiw] *sm+num* mille. **uns mil/ umas mil** un migliaio.
mi.la.gre [milˈagri] *sm* **1** miracolo, prodigio. **2** meraviglia.
mi.la.gro.so [milagrˈozu] *adj* miracoloso, soprannaturale.
mi.lê.nio [milˈenju] *sm* millennio, mille anni.
mi.lha [ˈmiʎə] *sf* miglio.
mi.lhão [miʎˈãw] *sm+num* milione.
mi.lhar [miʎˈar] *sm* migliaio. *milhares de pessoas* / un migliaio di persone.
mi.lho [ˈmiʎu] *sm* granturco, grano turco, mais.
mi.li.gra.ma [miligrˈʌmə] *sm* milligrammo.
mi.lí.me.tro [milˈimetru] *sm* millimetro.
mi.li.o.ná.rio [miljonˈarju] *sm* **1** milionario. **2** *fig* magnate. • *adj* milionario.
mi.li.tar [militˈar] *sm* militare, milite. • *adj* militare, bellico. • *vi* militare. **militar em** *fig* militare, partecipare a.
mim [ˈmĩ] *pron* me. **a mim** a me. **de mim** di me. **para mim** secondo me. **quanto a mim** per me. **sem mim** senza di me.

mi.mar [mimˈar] *vt* coccolare.
mí.mi.ca [ˈmimikə] *sf* mimica.
mi.mo [ˈmimu] *sm* carezza.
mi.na [ˈminə] *sf* **1** mina (explosivo). **2** *Min* miniera, cava. **3** giacimento. **mina de ouro** miniera di oro.
min.di.nho [mĩdˈiɲu] *sm dim pop* mignolo.
mi.ne.ral [minerˈaw] *sm+adj* minerale. *Pl*: *minerais*.
min.gua.do [mĩgˈwadu] *adj* esiguo, scemo.
mi.nha [ˈmiɲə] *pron f sing* **1** mia. **2 minhas** *pl* mie. **a minha família** *fig* i miei.
mi.nho.ca [miɲˈɔkə] *sf* lombrico.
mí.ni.mo [ˈminimu] *adj superl* (de **pequeno**) minimo. • *sm* minimo, la minima parte. **não dar a mínima** *pop* beffarsi. **no mínimo** a) almeno. b) se non altro.
mi.nis.té.rio [ministˈɛrju] *sm* ministero, gabinetto. **ministério público** *Dir* pubblico ministero.
mi.nis.tro [minˈistru] *sm* ministro. **ministro das Relações Exteriores** ministro degli Esteri.
mi.no.ri.a [minorˈiə] *sf* minoranza.
mi.nú.cia [minˈusjə] *sf* minuzia, minutezza.
mi.nu.ci.o.so [minusiˈozu] *adj* minuzioso, rigoroso, minuto.
mi.nús.cu.lo [minˈuskulu] *adj* **1** minuscolo. **2** minuto. **3** esiguo. **letra minúscula** ou apenas **minúscula** lettera minuscola.
mi.nu.ta [minˈutə] *sf* minuta. **minuta de reunião** verbale.
mi.nu.to [minˈutu] *sm* minuto.
mi.o.lo [miˈolu] *sm* midolla (de pão). **miolos de animais** cervella.
mí.o.pe [ˈmiɔpi] *adj* miope.
mi.o.pi.a [miopˈiə] *sf* miopia.
mi.ra [ˈmirə] *sf* **1** mira. **2** mirino. **fazer mira** prendere la mira.

mi.ra.gem [mir´aʒēj] *sf* **1** *Fís* miraggio. **2** visione.

mi.rar [mir´ar] *vt* mirare, bersagliare, puntare, prendere la mira.

mis.ce.lâ.nea [misel´ʌnjə] *sf* miscellanea.

mi.se.rá.vel [mizer´avew] *s* **1** miserabile. **2** meschino. **3** *fig* straccione. • *adj* **4** miserabile. **2** bisognoso. **3** sciagurato. **4** *fig* squallido. *Pl: miseráveis.*

mi.sé.ria [miz´ɛrjə] *sf* **1** miseria, meschinità, scarsezza. **2** *fig* estremità.

mi.se.ri.cór.dia [mizerik´ɔrdjə] *sf* **1** misericordia, clemenza, compassione. **2** *Dir* grazia.

mis.sa [m´isə] *sf Rel* messa.

mis.são [mis´ãw] *sf* **1** missione, incarico, incombenza. **2** *Rel* missione.

mís.sil [m´isiw] *sm* **1** *Mil* missile. **2** *Aer* siluro. *Pl: mísseis.*

mis.si.o.ná.rio [misjon´arju] *sm Rel* missionario, apostolo.

mis.té.rio [mist´ɛrju] *sm* **1** mistero, segreto, enigma. **2** *fig* rompicapo.

mis.te.ri.o.so [misteri´ozu] *adj* **1** misterioso. **2** segreto, incognito.

mís.ti.co [m´istiku] *adj* **1** mistico. **2** *fig* spirituale. • *sm* mistico.

mis.to [m´istu] *sm*+*adj* misto.

mis.tu.ra [mist´urə] *sf* **1** mistura, mescolanza, miscellanea, misto. **2** miscuglio, guazzabuglio. **3** *fig* zuppa.

mis.tu.rar [mistur´ar] *vt* **1** misturare, mescolare. **2** fondere. **3** aggiungere. *vpr* **4** mescolarsi.

mí.ti.co [m´itiku] *adj* mitico.

mi.to [m´itu] *sm* **1** mito. **2** favola, fiaba. **3** *fig* tradizione.

mi.to.lo.gi.a [mitoloʒ´iə] *sf* mitologia.

mi.u.de.za [miud´ezə] *sf* **1** finezza. **2** *fig* miudezas *pl* chincaglieria. **4** *pop* minutaglia.

mi.ú.do [mi´udu] *adj* **1** minuto. **2** *fig* fine, fino. **3** **miúdos** *sm pl* visceri.

mi.xa.ri.a [miʃar´iə] *sf* **1** bagattella. **2** *fig* neo.

mo.bí.lia [mob´iljə] *sf* **1** mobilia. **2** *pop* arredamento.

mo.bi.li.ar [mobili´ar] *vt* mobiliare, ammobiliare, addobbare, corredare.

mo.ça [m´osə] *sf* **1** ragazza, signorina, giovane. **moça bonita** *fig* bambola. **moça nobre** *Hist* donzella.

mo.ção [mos´ãw] *sf* mozione.

mo.cas.sim [mokas´ĩ] *sm* mocassino.

mo.chi.la [moʃ´ilə] *sf* sacco da montagna.

mo.cho [m´oʃu] *sm Zool* gufo, barbagianni.

mo.ço [m´osu] *sm* ragazzo, giovane.

mo.da [m´odə] *sf* **1** moda. **2** voga, uso. **à moda antiga** all'antica. **estar em moda** essere di moda, usare, essere in voga. **fora de moda** fuori moda, vecchio. **na moda** di moda.

mo.de.lar [model´ar] *vt* **1** modellare, formare. *vpr* **2** modellarsi, seguire un modello. • *adj* esemplare.

mo.de.lo [mod´elu] *sm* **1** modello. **2** plastico. **3** schema. **4** esempio, tipo. **5** creazione. **6** manichino. **7** *fig* stampa. **8** cliché. • *sf* modella. **modelo fotográfico** modello fotografico.

mo.de.rar [moder´ar] *vt* **1** moderare. **2** governare. **3** *fig* frenare, raffrenare. **4** temperare.

mo.der.ni.zar [moderniz´ar] *vt* rendere moderno, aggiornare.

mo.der.no [mod´ɛrnu] *adj* **1** moderno. **2** contemporaneo, giornaliero. **3** nuovo. **4** civile. **5** *fig* attuale.

mo.dés.tia [mod´ɛstjə] *sf* **1** modestia. **2** umiltà.

mo.des.to [mod´ɛstu] *adj* **1** modesto. **2** umile. **3** *fig* semplice.

mo.di.fi.car [modifik´ar] *vt* **1** modificare, alterare, cambiare, riformare. **2** rivoluzionare. **3** correggere, emendare. **4** *fig* capovolgere.

mo.dis.ta [mod´istə] *s* modista, stilista.

mo.do [m´odu] *sm* **1** modo. **2** maniera,

moeda 419 **monte**

via. **3** forma, stile, sorta. **4** *Gram, Mús* modo. **5** *fig* chiave. **6 modos** *pl* modi. **de modo que** cosicché, sicché. **de qualquer modo** comunque. **desse modo** così. **maus modos** brutti modi. **modo de andar** portamento. **modo de dizer** dire. **modo de ver** opinione.
mo.e.da [moˈɛdə] *sf* **1** moneta. **2** denaro. **3** *Com* divisa. **4** *fig* soldo. **pagar na mesma moeda** ricambiare della stessa moneta.
mo.er [moˈer] *vt* macinare, tritare, pestare.
mo.far [mofˈar] *vi* ammuffire.
mo.fo [ˈmofu] *sm* muffa.
mog.no [ˈmɔgnu] *sm Bot* mogano.
mo.i.nho [moˈiɲu] *sm* mulino. **moinho de vento** mulino a vento.
moi.ta [ˈmɔjtə] *sf* cespuglio.
mo.la [ˈmɔlə] *sf* molla.
mo.lar [molˈar] *sm* molare, dente molare. • *adj* molare.
mol.dar [mowdˈar] *vt* informare.
mol.de [ˈmɔwdi] *sm* **1** modello. **2** matrice, madre. **molde oco** cavo. **molde vazado** stampo.
mol.du.ra [mowdˈurə] *sf* cornice.
mo.le [ˈmɔli] *adj* **1** molle, floscio. **2** *fig* dolce.
mo.lé.cu.la [molˈɛkulə] *sf Quím* molecola.
mo.lei.ra [molˈejrə] *sf Anat pop* fontanella.
mo.le.que [molˈɛki] *sm* **1** monello. **2** *gír* scugnizzo. **3** *fig* pupo. **moleque travesso** birichino, peste.
mo.les.tar [molestˈar] *vt* molestare, incomodare.
mo.lés.tia [molˈɛstjə] *sf* **1** malattia, infermità. **2** incomodo, fastidio.
mo.le.za [molˈezə] *sf* mollezza.
mo.lhar [moʎˈar] *vt* **1** bagnare. **2** inumidire. *vpr* **3** bagnarsi. **4** inumidirsi.
mo.lho [ˈmoʎu] *sm* **1** salsa, sugo. **2** molle. **3** mazzo, fascio di chiavi. **molho de tomate** salsa di pomodoro.

mo.lus.co [molˈusku] *sm* mollusco.
mo.men.tâ.neo [momẽtˈʌnju] *adj* momentaneo, avventizio.
mo.men.to [momˈẽtu] *sm* **1** momento. **2** istante, ora. **3** circostanza, congiuntura. **4** *Fís* momento. **5** *fig* minuto. **6** punto. **momento de decisão** svolta. **nesse mesmo momento** intanto. **neste momento** adesso, ora. **no momento** intanto.
mo.nar.ca [monˈarkə] *sm* monarca.
mo.nar.qui.a [monarkˈiə] *sf* monarchia.
mon.ge [ˈmõʒi] *sm* (*f* **monja**) monaco.
mo.ni.tor [monitˈor] *sm Inform* video.
mo.no.ga.mi.a [monogamˈiə] *sf* monogamia.
mo.no.gra.fi.a [monografˈiə] *sf* studio.
mo.no.gra.ma [monogrˈʌmə] *sm* sigla.
mo.nó.lo.go [monˈɔlogu] *sm* monologo.
mo.no.pó.lio [monopˈɔlju] *sm Com* monopolio.
mo.nos.sí.la.bo [monosˈilabu] *sm Gram* monosillabo.
mo.no.to.ni.a [monotonˈiə] *sf* monotonia.
mo.nó.to.no [monˈɔtonu] *adj* **1** monotono. **2** *fig* uguale. **3** atono (fala, voz).
mons.tro [mˈõstru] *sm* **1** mostro. **2** *fig* mostro, persona cattiva.
mon.ta.nha [mõtˈʌɲə] *sf* **1** *Geogr* montagna, monte. **2** *fig* roccia.
mon.ta.nhês [mõtʌɲˈes] *sm+adj* montanaro.
mon.tan.te [mõtˈãti] *sm* **1** ammonto, ammontare. **2** *Com* somma.
mon.tão [mõtˈãw] *sm* **1** cumulo. **2** *fam* pila. **3** *pop* carrettata. **4** *fig* monte.
mon.tar [mõtˈar] *vt* **1** montare. **2** cavalcare. **3** comporre, mettere insieme (peças). **montar um cavalo** montare un cavallo.
mon.te [mˈõti] *sm* **1** mucchio, cumulo. **2** *Geogr* monte. **3** *fam* pila. **4** *pop* carrettata. **5** *fig* monte, sacco, montagna, mare. **monte de cartas** monte di carte. **um monte** *gír* una barca.

mo.nu.men.to [monum´ẽtu] *sm* monumento.

mo.ra.di.a [morad´iə] *sf* residenza, abitazione.

mo.ral [mor´aw] *sm* 1 il morale. *sf* 2 la morale. • *adj* morale. *Pl: morais*.

mo.ran.go [mor´ãgu] *sm* fragola.

mo.rar [mor´ar] *vi* risiedere, vivere, abitare, dimorare. **morar em** risiedere a.

mo.ra.tó.ri.a [morat´ɔrjə] *sf Dir, Com* moratoria.

mor.ce.go [mors´egu] *sm Zool* pipistrello.

mor.da.ça [mord´asə] *sf* 1 mordacchia, bavaglio. 2 *fig* mordacchia, censura, freno alla libertà di espressione.

mor.daz [mord´as] *adj* 1 mordace. 2 *fig* salato, acido.

mor.der [mord´er] *vt* 1 mordere. *vpr* 2 mordersi.

mor.di.da [mord´idə] *sf* morso, dentata.

mor.do.mo [mord´omu] *sm* maggiordomo.

mo.re.no [mor´enu] *adj* bruno, moro.

mor.fo.lo.gi.a [morfoloʒ´iə] *sf Gram* morfologia.

mo.ri.bun.do [morib´ũdu] *sm+adj* moribondo.

mor.ma.ço [morm´asu] *sm* afa.

mor.no [m´orno] *adj* poco caldo.

mor.rer [moʀ´er] *vi* 1 morire, perire, spirare. 2 *fig* scomparire, soccombere, spegnersi. **morrer de rir** *fig* crepare dalle risa.

mor.ro [m´oʀu] *sf* colle, collina.

mor.ta.de.la [mortad´ɛlə] *sf* mortadella.

mor.tal [mort´aw] *adj* 1 mortale. 2 fatale. • *sm* mortale. **os mortais** i mortali, il genere umano. *Pl: mortais*.

mor.ta.lha [mort´aʎə] *sf* strato funebre.

mor.te [m´ɔrti] *sf* 1 morte, decesso. 2 *fig* fine, scomparsa.

mor.tí.fe.ro [mort´iferu] *adj* mortifero, mortale.

mor.to [m´ortu] *sm* morto, defunto, trapassato. • *adj* 1 morto. 2 defunto. 3 inerte. **cair morto** ammortire. **morto de cansaço** *fig* stanco morto.

mo.sai.co [moz´ajku] *sm* mosaico.

mos.ca [m´oskə] *sf* 1 *Zool* mosca. 2 *fig* mosca (tipo de barba, centro do alvo).

mos.qui.to [mosk´itu] *sm Zool* 1 zanzara. 2 culice.

mos.tar.da [most´ardə] *sf Bot* mostarda, senape.

mos.tei.ro [most´ejru] *sm* monastero, convento.

mos.tra.dor [mostrad´or] *sm* indicatore, indice. **mostrador do relógio** mostra.

mos.trar [mostr´ar] *vt* 1 mostrare. 2 esporre, esibire. 3 indicare, segnalare. 4 manifestare, rivelare. 5 *fig* riflettere. *vpr* 6 mostrarsi. 7 manifestarsi, rivelarsi. 8 apparire. 9 *fig* prodursi. 10 smascherarsi.

mo.tim [mot´ĩ] *sm* ammutinamento, rivolta.

mo.ti.var [motiv´ar] *vt* motivare, determinare, causare, dar motivo a.

mo.ti.vo [mot´ivu] *sf* motivo, ragione, causa, cagione. **sem motivo** *adj* gratuito.

mo.to [m´ɔtu] *sf abrev V* motocicleta.

mo.to.ci.cle.ta [motosikl´etə] *sf* motocicletta. *Abrev: moto*.

mo.tor [mot´or] *sm+adj* motore.

mo.to.ris.ta [motor´istə] *s* autista. **motorista de táxi** autista di piazza.

mou.ro [m´owru] *sm Hist* moro.

mó.vel [m´ɔvew] *sm* 1 mobile. 2 **móveis** *pl pop* arredamento. • *adj* mobile. **bens móveis** beni mobili. *Pl: móveis*.

mo.ver [mov´er] *vt* 1 muovere. *vpr* 2 muoversi. 3 andare. 4 agitarsi.

mo.vi.men.tar [movimẽt´ar] *vt* 1 movimentare. *vpr* 2 muoversi.

mo.vi.men.to [movim´ẽtu] *sm* 1 movimento, moto. 2 azione, mossa, atteggiamento. 3 corrente. 4 *Com* movimento. 5 *Pol* moto, movimento politico.

mu.ça.re.la [musaɾ´ɛlə], **mo.za.re.la** [mozaɾ´ɛlə] *sf* mozzarella.
mu.co [m´uku] *sm Fisiol* muco.
mu.co.sa [muk´ɔzə] *sf Anat* mucosa.
mu.çul.ma.no [musuwm´ʌnu] *sm+adj* musulmano.
mu.dan.ça [mudɐ̃sə] *sf* **1** mutazione, cambiamento. **2** dislocamento.
mu.dar [mud´aɾ] *vt* **1** mutare. **2** modificare, alterare, trasformare. **3** riformare. **4** rivoluzionare, innovare. *vi* **5** mutare, trasformarsi. **6** volgere (tempo). *vpr* **7** mutarsi, spostarsi. **8** mutare casa. **mudar de direção** a) cambiar direzione. b) *Náut, Aer* virare.
mu.dez [mud´es] *sf* mutezza.
mu.do [m´udu] *sm+adj* muto. **consoante muda** *Gram* consonante muta.
mu.gi.do [muʒ´idu] *sm* muggito.
mu.gir [muʒ´iɾ] *vi* muggire.
mui.to [m´ũjtu] *pron sm sg* **1** molto, assai, tanto. *muito respeito* / molto rispetto. **2 muita** *f sg* molta. *muita gente* / molta gente. **3 muitos** *m pl* a) molti. b) vari. **4 muitas** *f pl* molte, assai. *muitas mulheres* / molte donne. • *adv* **1** molto, assai, un bel po'. *muito pequeno* / molto piccolo. **2** bene. **3** parecchie. **não muito bem** piuttosto male.
mu.la [m´ulə] *sf* mula.
mu.la.to [mul´atu] *sm+adj* mulatto, meticcio.
mu.le.ta [mul´etə] *sf* gruccia, stampella.
mu.lher [muλ´εɾ] *sf* **1** donna, femmina. **2** moglie, sposa, coniuge. **3** *fig* sottana. **mulher bonita** bella, beltà. **mulher feia** *fig* strega. **mulher forte** *fig* amazzone. **mulher magra** *fig* acciuga.
mul.ta [m´uwtə] *sf* multa, contravvenzione, penale. **levar uma multa** prendere una multa.
mul.tar [muwt´aɾ] *vt* multare.
mul.ti.dão [muwtid´ɐ̃w] *sf* **1** moltitudine, folla, calca. **2** *fig* esercito, formicaio. **3** *dep* branco, piazza.

mul.ti.pli.car [muwtiplik´aɾ] *vt+vi* **1** moltiplicare. *vpr* **2** moltiplicarsi.
múl.ti.plo [m´uwtiplu] *sm+adj Mat* multiplo.
mú.mia [m´umjə] *sf* mummia.
mun.di.al [mũdi´aw] *adj* mondiale. *Pl*: mundiais.
mun.do [m´ũdu] *sm* **1** mondo. **2** universo. **3** *Astron* orbe. **4** *fig* globo. **5** mondo, gran quantità di cose. **Novo Mundo** Nuovo Mondo. **por nada neste mundo** per nulla al mondo. **Velho Mundo** Mondo Antico.
mu.ni.ção [munis´ɐ̃w] *sf Mil* munizione, piombo.
mu.ni.cí.pio [munis´ipju] *sm* municipio, comune.
mu.nir [mun´iɾ] *vt* **1** munire, fornire, guarnire. *vpr* **2** guarnirsi, munirsi di.
mu.ra.lha [muɾ´aλə] *sf* muraglia, cinta, muro.
mur.char [muɾʃ´aɾ] *vi* avvizzire, appassire.
mur.cho [m´uɾʃu] *adj* vizzo.
mur.mu.rar [muɾmuɾ´aɾ] *vt* **1** sussurrare, bisbigliare. *vi* **2** mormorare, rumoreggiare. **3** mormoreggiare.
mu.ro [m´uɾu] *sm* **1** muro. **2** muretto.
mur.ro [m´uʀu] *sm* pugno, cazzotto.
mús.cu.lo [m´uskulu] *sm Anat* muscolo.
mus.cu.lo.so [muskul´ozu] *adj* muscoloso.
mu.seu [muz´ew] *sm* museo.
mus.go [m´uzgu] *sm* muschio.
mú.si.ca [m´uzikə] *sf* musica.
mu.si.cal [muzik´aw] *adj* musicale, musico. *Pl*: musicais.
mú.si.co [m´uziku] *sm+adj* musico.
mu.ta.ção [mutas´ɐ̃w] *sf* mutazione.
mu.tá.vel [mut´avew] *adj* **1** mutabile. **2** *fig* versatile. *Pl*: mutáveis.
mu.ti.lar [mutil´aɾ] *vt* mutilare, troncare, amputare.
mú.tuo [m´utwu] *adj* mutuo, reciproco. • *sm Dir* mutuo.

n

n [´eni] *sm* la quattordicesima lettera dell'alfabeto portoghese.
na.bo [n´abu] *sm* rapa.
na.ção [nas´ãw] *sf* **1** nazione, popolo, gente. **2** *fig* nazionalità. Pl: *nacionais*.
na.ci.o.nal [nasjon´aw] *adj* nazionale. Pl: *nacionais*.
na.ci.o.na.li.da.de [nasjonalid´adi] *sf* nazionalità.
na.da [n´adə] *pron* niente, nulla. • *adv* **1** punto. **2** *fam* mica. *nada mal! /* mica male! • *sm* **1** il niente. **2** *fig* zero, acca. **de nada** prego, non c'è di che, di niente. **nada de niente**. *nada de açúcar, por favor /* niente zucchero, per favore. **não valer nada** non valere un'acca, non valere un corno. **quase nada** *fig* un pelo.
na.dar [nad´ar] *vi* **1** nuotare. **2** *fig* nuotare, avere molto di. **nadar em dinheiro** *fig* nuotare nell'oro.
ná.de.ga [n´adegə] *sf Anat* natica.
nai.pe [n´ajpi] *sm* seme (das cartas).
na.mo.ra.dei.ra [namorad´ejrə] *sf pop* civetta.
na.mo.ra.do [namor´adu] *sm* **1** innamorato, filarino. **2** *fig* ragazzo.
na.mo.rar [namor´ar] *vt* corteggiare.
na.mo.ro [nam´oru] *sm* **1** corteggiamento, amore, filarino. **2** *pop* filo.
na.ni.nha [nan´iñə] *sf* nanna, ninna. **fazer naninha** fare la nanna.
não [n´ãw] *adv* **1** no. *você leu este livro? não! /* hai letto questo libro? no! *é este? não! /* è questo? no! **2** non. *não está aqui /* non è qui. • *sm* no, negazione. **absolutamente não!** no, altrimenti! **não obstante** a) nonostante. b) nondimeno, peraltro. **não só... mas também** non solo... ma anche.
nar.ci.so [nars´izu] *sm Bot, fig* narciso.
nar.có.ti.co [nark´ɔtiku] *sm+adj* **1** narcotico. **2** sonnifero.
na.ri.na [nar´inə] *sf Anat* narice.
na.riz [nar´is] *sm Anat* naso. **assoar o nariz** soffiarsi il naso. **torcer o nariz** storcere il naso.
nar.ra.ção [naRas´ãw] *sf* **1** narrazione. **2** cronaca. **3** fatto, episodio.
nar.rar [naR´ar] *vt* narrare, raccontare.
na.sal [naz´aw] *adj* nasale, del naso. Pl: *nasais*.
nas.cen.te [nas´ẽti] *sf* sorgente, fonte.
nas.cer [nas´er] *vi* **1** nascere. **2** *fig* sorgere. **3** germogliare. **4** levarsi (sol). **5** nascere (água). **6** mettere (pelos, penas). **nascer com boa estrela** *fig* nascere sotto buona stella. **nascer de** procedere da, emanare da.
nas.ci.men.to [nasim´ẽtu] *sm* **1** nascita. **2** origine. **certidão de nascimento** certificato di nascita.
na.ta [n´atə] *sf* **1** panna, crema, fiore di latte. **2** *fig* scelta, eletta.
na.ta.ção [natas´ãw] *sf* nuoto.

na.tal [nataw] *adj* natale. • **Natal** *sm* Rel Natale. *Pl:* natais.
na.ti.vo [nativu] *sm+adj* nativo, indigeno.
na.to [natu] *adj* nato. *um poeta nato* / un poeta nato.
na.tu.ral [naturaw] *adj* 1 naturale. 2 congenito, innato. 3 logico, ovvio. 4 greggio. *Pl:* naturais.
na.tu.ra.li.da.de [naturalidadi] *sf* naturalità.
na.tu.ra.li.zar [naturalizar] *vt* 1 dare (a uno straniero) i diritti dei naturali di un paese. 2 nazionalizzare. *vpr* 3 naturalizzarsi.
na.tu.re.za [natureza] *sf* 1 natura. 2 stile, indole. 3 contenuto. 4 *fig* stampo, tipo. 5 anatomia, forma.
nau [naw] *sf Náut* nave.
nau.fra.gar [nawfragar] *vi* 1 *Náut* naufragare. 2 *fig* fallire, rovinarsi.
nau.frá.gio [nawfraʒju] *sm Náut* naufragio.
náu.fra.go [nawfragu] *sm+adj Náut* naufrago.
náu.sea [nawzjə] *sf* 1 ribrezzo, schifo, fastidio. 2 *Med* nausea. **dar náuseas** nauseare, far nausea.
na.val [navaw] *adj* navale. *Pl:* navais.
na.va.lha [navaʎə] *sf* rasoio.
na.ve [navi] *sf Náut, Aer* nave. **nave espacial** nave spaziale, astronave.
na.ve.gar [navegar] *vt+vi Náut* navigare.
na.vi.o [naviu] *sm Náut* nave, bastimento. **navio a vapor** vapore, piroscafo. **navio de guerra** nave da guerra. **navio de passageiros** nave passeggeri.
ne.bli.na [neblinə] *sf* nebbia, bruma, foschia.
ne.ces.sá.rio [nesesarju] *adj* 1 necessario. 2 essenziale. • *sm* il necessario. **ser necessário** necessitare, occorrere, bisognare, volere.

ne.ces.si.da.de [nesesidadi] *sf* 1 necessità. 2 bisogno, occorrenza. 3 disagio.
ne.ces.si.tar [nesesitar] *vt* 1 necessitare di. 2 bisognare, occorrere. 3 *fig* richiedere.
ne.cro.sar [nekrozar] *vt Med* necrotizzare.
ne.cro.se [nekrɔzi] *sf Med* necrosi, cancro.
néc.tar [nɛktar] *sm Bot* nettare. *Pl: néctares.*
ne.gar [negar] *vt* 1 negare. 2 ricusare, rifiutare. 3 contendere. 4 smentire. *vpr* 5 rifiutarsi. 6 ricusarsi.
ne.ga.ti.va [negativə] *sf* negativa.
ne.ga.ti.vo [negativu] *adj* 1 negativo. 2 dannoso. • *sm Fot* negativo.
ne.gli.gên.cia [negliʒẽsjə] *sf* negligenza.
ne.gli.gen.te [negliʒẽti] *s+adj* negligente, indolente.
ne.go.ci.ar [negosjar] *vt* 1 negoziare: a) mercanteggiare. b) *fig* trattare. *vi* 2 negoziare, mercanteggiare. 3 commerciare, contrattare. 4 *fig* trattare.
ne.gó.cio [negɔsju] *sm* 1 negozio. 2 azienda, bottega. 3 commercio, vendita. 4 affare, faccenda. 5 coso. 6 *gír* baracca. 7 **negócios** *pl* affari, interessi. **homem de negócios** uomo d'affari.
ne.gri.to [negritu] *sm* neretto.
ne.gro [negru] *sm+adj* nero.
nem [nẽj] *conj* né, neanche, neppure, nemmeno. **nem mesmo** neanche, neppure, nemmeno.
ne.nê [nene] *s* 1 bebè. 2 bambino, bambina.
ne.nhum [neɲũ] *pron* 1 nessuno. 2 niente. 3 (com palavra negativa) alcun. *sem nenhum mistério* / senza alcun mistero.
ne.o.lo.gis.mo [neolɔʒizmu] *sm Gram* neologismo.
ner.vo [nervu] *sm Anat* nervo. **ter os nervos à flor da pele** avere i nervi scoperti.

ner.vo.sis.mo [nervoz´izmu] *sm* nervosismo.

ner.vo.so [nerv´ozu] *adj* **1** nervoso. **2** *fig* schizofrenico. • *sm fig* schizofrenico. **deixar nervoso** arrabbiare. **ficar nervoso** *fig* bollire, riscaldarsi.

ne.to [n´εtu] *sm* (*f* **neta**) nipote.

neu.ro.se [newr´ɔzi] *sf Med* nevrosi.

neu.ró.ti.co [newr´ɔtiku] *adj* nevrotico.

neu.tra.li.zar [newtraliz´ar] *vt* **1** neutralizzare. *vpr* **2** neutralizzarsi.

neu.tro [n´ewtru] *adj* (também *Quím, Fís, Gram*) neutro.

nêu.tron [n´ewtrõw] *sm Quím* neutrone. *Pl:* nêutrones, nêutrons.

ne.var [nev´ar] *vi* nevicare.

ne.vas.ca [nev´aska] *sf* tormenta, bufera di neve.

ne.ve [n´εvi] *sf* neve.

né.voa [n´εvwa] *sf* **1** nebbia, bruma. **2** *fig* velo.

nho.que [ñ´ɔki] *sm* gnocco.

ni.nar [nin´ar] *vt* **1** *fam* ninnare, cullare. *vi* **2** *fam* fare la ninna nanna.

nin.guém [nĩg´ẽj] *pron* nessuno.

ni.nha.da [niñ´ada] *sf* nidiata.

ni.nha.ri.a [niñar´iə] *sf* **1** bagatella, bazzecola. **2** gingillo, ninnolo. **3** *fig* acca, giuggiola.

ni.nho [n´iñu] *sm* **1** nido, cova, covo. **2** *fig* nido, focolare.

ní.quel [n´ikew] *sm Quím* nichel. *Pl: níqueis*.

ni.ti.dez [nitid´es] *sf* nitidezza.

ní.ti.do [n´itidu] *adj* **1** nitido. **2** chiaro, limpido. **3** distinto (som).

ni.tro.gê.nio [nitroʒ´enju] *sm Quím* nitrogeno.

ní.vel [n´ivew] *sm* livello, tenore, rango. *Pl: níveis*.

ni.ve.lar [nivel´ar] *vt* **1** livellare. **2** appianare. **3** pareggiare, uguagliare. *vpr* **4** nivellarsi.

nó [n´ɔ] *sm* **1** nodo. **2** groviglio. **3** *Náut* nodo.

no.bre [n´ɔbri] *s* **1** nobile. **2** nobiluomo. **3** *fig* signore. **4** signora. • *adj* **1** nobile. **2** illustre. **3** generoso.

no.bre.za [nobr´eza] *sf* **1** nobiltà. **2** dignità, distinzione. **3** aristocrazia. **4** *fig* altezza.

no.ção [nos´ãw] *sf* nozione. **noção superficial** *fig* tinta, tintura.

no.ci.vo [nos´ivu] *adj* **1** nocivo, dannoso. **2** malefico, maligno. **3** *fig* velenoso.

no.guei.ra [nog´ejrə] *sf Bot* noce.

noi.ta.da [nojt´ada] *sf* nottata.

noi.te [n´ojti] *sf* **1** notte. **2** nottata. **3** *fig* ombra. **à noite/durante a noite** di notte. **boa noite!** buona notte! **esta noite** stasera, stanotte. **noite escura** notte fitta.

noi.var [nojv´ar] *vi* fidanzarsi.

noi.vo [n´ojvu] *sm* (*f* **noiva**) fidanzato, promesso sposo.

no.jen.to [noʒ´ẽtu] *adj* **1** schifoso, nauseante. **2** ripugnante, repulsivo, sordido. **3** *fig* fetente. • *sm fig* verme.

no.jo [n´oʒu] *sm* **1** ribrezzo, schifo, ripugnanza. **2** *fig* nausea, rigetto.

nô.ma.de [n´omadi] *s+adj* **1** nomade. **2** vagabondo, girovago. • *s fig* zingaro.

no.me [n´omi] *sm* **1** nome. **2** titolo. **3** credito. **em meu nome** a nome mio. **nome de batismo** nome di battesimo. **nome de família** nome di famiglia. **nome próprio** nome proprio.

no.me.ar [nome´ar] *vt* nominare, eleggere.

no.mi.nal [nomin´aw] *adj* nominale. **valor nominal** *Com* valore nominale. *Pl: nominais*.

no.no [n´onu] *sm+num* nono.

no.ra [n´ɔrə] *sf* nuora.

nor.ma [n´ɔrmə] *sf* **1** norma. **2** regola. **3** criterio, metodo, formula. **4** costume, usanza. **5** codice. **6 normas** *pl* a) norme. b) convenzioni.

nor.mal [norm´aw] *adj* normale, comune, consueto. *Pl: normais*.

nor.te [nɔ́rti] *sm Geogr* nord, tramontana.

nor.te-a.me.ri.ca.no [nɔrtjamerikʌ́nu] *sm+adj* statunitense. *Pl:* norte-americanos.

nos [nus] *pron pl* **1** ci, ce. **2** noi.

nós [nɔ́s] *pron pl* noi. **a nós** ci, ce, a noi.

nos.so [nɔ́su] *pron m sing* **1** nostro. **2 nossos** *pl* nostri. • **nossa** *pron f sing* **1** nostra. **2 nossas** *pl* nostre.

nos.tal.gi.a [nostawʒíɐ] *sf* nostalgia.

no.ta [nɔ́tɐ] *sf* **1** nota. **2** annotazione, appunto. **3** commento, critica. **4** richiamo, rimando. **5** *Com* biglietto di banca. **nota escolar** voto, computo, punto. **nota musical** nota musicale. **tirar uma boa nota** prendere un buon voto. **tomar nota** annotare.

no.tar [notár] *vt* **1** notare, avvedersi di. **2** *fig* vedere.

no.tá.rio [notárju] *sm* notaio.

no.tá.vel [notávew] *adj* **1** notabile. **2** notevole. **3** insigne. • *sm* notabile. *Pl:* notáveis.

no.tí.cia [notísjɐ] *sf* notizia, nuova, novella.

no.ti.ci.ar [notisiár] *vt* annunciare.

no.ti.ci.á.rio [notisiárju] *sm* **1** notiziario. **2** giornale, bollettino, cronaca.

no.tó.rio [notɔ́rju] *adj* notorio, noto, conosciuto, manifesto.

no.tur.no [notúrnu] *adj* notturno, della notte. • *sm Mús* notturno.

no.va [nɔ́vɐ] *sf* nuova, novità, novella.

no.va.to [novátu] *adj* principiante, neofita.

no.ve [nɔ́vi] *sm+num* nove.

no.ve.la [novέlɐ] *sf* **1** teleromanzo. **2** *Lit* novella.

no.ve.lo [novélu] *sm* gomitolo.

no.vem.bro [novẽ́bru] *sm* novembre.

no.ve.na [novénɐ] *sf* novena.

no.ven.ta [novẽ́tɐ] *sm+num* novanta.

no.vi.da.de [novidádi] *sf* novità.

no.vi.lho [novíλu] *sm Zool* vitello, manzo.

no.vo [nóvu] *adj* **1** nuovo. **2** giovane. **3** recente. **4** piccolo, piccino. **5** altro. **6** *fig* fresco. **de novo** di nuovo, ancora. **de novo!** bis! **sensação nova** *fig* sensazione giovanile.

noz [nɔ́s] *sf Bot* noce.

noz-mos.ca.da [nɔzmoskádɐ] *sf Bot* noce moscata. *Pl:* nozes-moscadas.

nu [nú] *adj* **1** nudo. **2** brullo, senza vegetazione. • *sm Pint* nudo.

nu.an.ça [nuɐ́sɐ] *sf* tono, tonalità.

nu.bla.do [nubládu] *adj* nuvoloso, brutto.

nu.ca [núkɐ] *sf Anat* nuca, cervice, occipite.

nu.cle.ar [nukleár] *adj* (também *Fís*) nucleare.

nú.cleo [núklju] *sm* **1** (também *Fís, Quím, Biol*) nucleo. **2** *fig* centro, anima.

nu.dez [nudés] *sf* nudità.

nu.li.da.de [nulidádi] *sf* **1** nullità. **2** *fig* uomo da niente.

nu.lo [núlu] *adj* nullo.

nu.me.ral [numeráw] *sm* **1** numero. **2 numerais** *pl Gram* aggettivi numerali. • *adj* numerale, di numero. *Pl:* numerais.

nu.me.rar [numerár] *vt* **1** numerare, enumerare. **2** contare.

nú.me.ro [númeru] *sm* **1** numero, cifra. **2** *Teat* numero, attrazione. **em grande número** in quantità. **número de uma roupa** taglia di un abito. **sortear um número** pescare.

nu.me.ro.so [numerózu] *adj* numeroso, parecchio.

nun.ca [núkɐ] *adv* mai. • *interj* che! **mais do que nunca** più che mai.

núp.cias [núpsjas] *sf pl* nozze.

nu.trir [nutrír] *vt* **1** nutrire, alimentare, allevare. **2** *fig* albergare.

nu.tri.ti.vo [nutritívu] *adj* **1** nutritivo. **2** *fig* ricco.

nu.vem [núvẽj] *sf Met* nuvola.

O

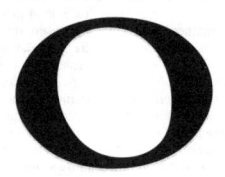

o¹ [´ɔ] *sm* la quindicesima lettera dell'alfabeto portoghese.
o² [u] *art def m sing* il, lo (l'). • *pron m sing* 1 lo. 2 lui.
ô [´o] *sm* o, il nome della lettera O.
ó [´ɔ] *interj* o! oh! ehi!
o.á.sis [o´azis] *sm sing+pl Geogr* oasi.
o.be.de.cer [obedes´er] *vt* 1 ubbidire, rispettare, attenersi a. *vi* 2 ubbidire. **obedecer aos pais** ubbidire i genitori / ai genitori.
o.be.di.ên.cia [obedi´ēsjə] *sf* 1 ubbidienza. 2 concordanza. 3 devozione.
o.be.di.en.te [obedi´ēti] *adj* 1 ubbidiente. 2 docile.
o.be.so [ob´ezu] *adj* obeso.
ó.bi.to [´ɔbitu] *sm* obito.
ob.je.ção [obʒes´āw] *sf* obiezione, opposizione, contro.
ob.je.ti.vo [obʒet´ivu] *sm* 1 obiettivo. 2 ideale. 3 intento, intenzione. 4 fine. 5 *fig* bersaglio, meta. • *adj* obiettivo.
ob.je.to [obʒ´etu] *sm* 1 oggetto, cosa, ente. 2 *Gram* oggetto. **objeto direto** *Gram* complemento oggetto. **objetos de valor** valori.
o.blí.quo [obl´ikwu] *adj* 1 obliquo. 2 sbieco. 3 diagonale. 4 indiretto. 5 *Gram* obliquo.
o.bra [´ɔbrə] *sf* 1 opera. 2 composizione. 3 impresa. 4 mano. 5 *Arte* opera, lavoro, fattura. 6 *fig* creazione, parto. **obra de arte** *fig* gioiello. **obra incompleta** *fig* aborto. **obra sem valor** *fig* scarabocchio.
o.bri.ga.ção [obrigas´āw] *sf* 1 obbligazione, obbligo. 2 incarico. 3 dovere. 4 responsabilità, impegno. 5 *Com* obbligazione, debito.
o.bri.ga.do [obrig´adu] *adj* obbligato. • *interj* grazie! **muito obrigado!** tante grazie!
o.bri.gar [obrig´ar] *vt* 1 obbligare, costringere, forzare. *vpr* 2 impegnarsi. 3 vincolarsi.
o.bri.ga.tó.rio [obrigat´ɔrju] *adj* obbligatorio, compulsorio.
obs.ce.no [obs´enu] *adj* 1 osceno. 2 indecente, turpe, licenzioso. 3 volgare, sudicio (linguaggio). 4 *fig* immondo, immorale.
obs.cu.ro [obsk´uru] *adj* 1 oscuro, scuro, tenebroso. 2 *Lit* scurrile. 3 *fig* anonimo, sconosciuto. 4 incomprensibile.
ob.sé.quio [obz´ɛkju] *sm* favore, cortesia.
ob.ser.va.ção [observas´āw] *sf* 1 osservazione. 2 commento, considerazione. 3 controllo, esame. 4 richiamo, asterisco.
ob.ser.var [observ´ar] *vt* 1 osservare. 2 riguardare. 3 attendere. 4 contemplare. 5 controllare, esaminare.
ob.ses.são [obses´āw] *sf* 1 *Psic* ossessione. 2 *fig* ossessione, mania, smania.
ob.so.le.to [obsol´etu] *adj* 1 obsoleto. 2 arcaico, antiquato. 3 *fig* antico.

obs.tá.cu.lo [obst´akulu] *sm* **1** ostacolo. **2** impedimento, imbarazzo. **3** problema, difficoltà. **4** *fig* blocco, muraglia.

obs.ti.na.ção [obstinas´ãw] *sf* **1** ostinazione, testardaggine. **2** *fig* tenacia.

obs.ti.na.do [obstin´adu] *adj* **1** ostinato, testardo. **2** *fig* tenace.

obs.tru.ir [obstru´ir] *vt* ostruire, otturare, ingombrare.

ob.ter [obt´er] *vt* **1** ottenere. **2** buscare, procurare. **3** trarre. **4** attingere, conseguire, acquistare. **5** *fig* raggiungere.

ob.tu.rar [obtur´ar] *vt* **1** otturare. **2** piombare (dentes).

ob.tu.so [obt´uzu] *adj* **1** *Geom* ottuso. **2** *fig* stupido.

ób.vio [´ɔbvju] *adj* ovvio, chiaro.

o.ca.si.ão [okazi´ãw] *sf* **1** occasione. **2** occorrenza, vece. **3** *fig* momento.

o.ce.a.no [ose´ʌnu] *sm* **1** *Geogr* oceano. **2** *fig* gran quantità. **Oceano Atlântico** Atlantico.

o.ci.den.tal [osidẽt´aw] *s+adj* occidentale. *Pl:* ocidentais.

o.ci.den.te [osid´ẽti] *sm Geogr* occidente, ovest.

ó.cio [´ɔsju] *sm* ozio, dolce far niente.

o.ci.o.so [osi´ozu] *adj* ozioso.

o.co [´oku] *sm* vano. • *adj* cavo, vuoto. **cabeça oca** testa vuota.

o.cor.rên.cia [okoř´ẽsjə] *sf* occorrenza, avvenimento.

o.cor.rer [okoř´er] *vi* avvenire, succedere, capitare, occorrere.

o.cu.lis.ta [okul´istɐ] *s* oculista.

ó.cu.los [´ɔkulus] *sm pl* occhiali, lenti. **óculos de sol** occhiali da sole. **colocar os óculos** mettersi gli occhiali.

o.cul.tar [okuwt´ar] *vt* **1** occultare, nascondere, celare. **2** *fig* mascherare, coprire, velare. *vpr* **3** occultarsi, nascondersi.

o.cul.to [ok´uwtu] *adj* **1** occulto. **2** segreto, incognito.

o.cu.pa.ção [okupas´ãw] *sf* occupazione, attività.

o.cu.par [okup´ar] *vt* **1** occupare. **2** assalire, prendere. *vpr* **3** occuparsi, dedicarsi, curarsi. **4** *fig* volgersi, volgere l'animo ad una cosa.

o.di.ar [odi´ar] *vt* **1** odiare, detestare, maledire. *vpr* **2** odiarsi.

ó.dio [´ɔdju] *sm* **1** odio. **2** aborrimento. **3** astio. **4** *fig* fiele, bile, ruggine.

o.don.to.lo.gi.a [odõtolog´iə] *sf* odontologia.

o.dor [od´or] *sm* odore, fiuto.

o.es.te [o´ɛsti] *sm Geogr* ovest, ponente.

o.fe.gar [ofeg´ar] *vi* ansimare, anelare, ansare.

o.fen.der [ofẽd´er] *vt* **1** offendere, ingiuriare, insultare. **2** *fig* aggredire, ferire. **3** scottare. **4** frecciare uno. *vpr* **5** offendersi. **6** *fig* scottarsi.

o.fen.sa [of´ẽsə] *sf* **1** offesa. **2** ingiuria, affronto. **3** insulto. **4** *fig* ferita.

o.fen.si.vo [ofẽs´ivu] *adj* offensivo.

o.fe.re.cer [oferes´er] *vt* **1** offrire. **2** esibire, presentare. **3** proporre. **4** regalare. **5** *fig* porgere, fornire. *vpr* **6** offrirsi. **7** esibirsi. **8** proporsi a.

o.fer.ta [of´ɛrtɐ] *sf* **1** offerta. **2** proposta. **3** *Com* occasione.

o.fi.ci.al [ofisi´aw] *sm Mil* ufficiale. • *adj* ufficiale, formale. *Pl:* oficiais.

o.fi.ci.na [ofis´inə] *sf* officina, bottega. **oficina de artesão** fucina. **oficina mecânica** officina riparazioni, garage.

o.fí.cio [of´isju] *sm* **1** ufficio. **2** industria. **3** professione, mestiere, occupazione.

of.tal.mo.lo.gis.ta [oftawmoloʒ´istɐ] *s Med* oftalmologo.

o.fus.car [ofusk´ar] *vt* **1** offuscare. **2** annebbiare, abbuiare. **3** *fig* confondere. *vpr* **4** offuscarsi.

oh [´ɔ] *interj* o! oh! (dor, susto, surpresa etc.).

oi [´oj] *interj* ciao!

oitavo — oposto

oi.ta.vo [ojtˈavu] *sm+num* ottavo.
oi.ten.ta [ojtˈẽtɐ] *sm+num* ottanta.
oi.to [ˈojtu] *sm+num* otto.
o.la.ri.a [olarˈiɐ] *sf* mattonaia.
o.lei.ro [olˈejru] *sm* vasaio.
ó.leo [ˈɔlju] *sm* (também *Quím*.) olio.
ol.fa.to [owfˈatu] *sm* olfatto, odorato, naso.
o.lha.da [oʎˈadɐ] *sf* sguardo, occhiata. **dar uma olhada** gettare uno sguardo.
o.lhar [oʎˈar] *sm* 1 sguardo, veduta. 2 *fig* occhio. • *vt+vi* guardare. • *interj* guarda! (apontando). **olhar atentamente** riguardare. **olhar atravessado** guardare di traverso. **olhar distante** sguardo errante.
o.lhei.ra [oʎˈejrɐ] *sf* occhiaia, calamaio.
o.lho [ˈoʎu] *sm* 1 *Anat* occhio. 2 *Mec* occhio di uno strumento. **a olho nu** ad occhio nudo. **de olhos fechados** ad occhi chiusi. **num piscar de olhos** in un batter d'occhio. **olho mágico** spia. **olho roxo** occhio pesto. **piscar os olhos** ammiccare. **tirar os olhos de** rivolgere la vista da.
o.lim.pí.a.das [olĩpˈiadɐs] *sf pl* Olimpiade.
o.li.va [olˈivɐ] *sf* oliva.
o.li.vei.ra [olivˈejrɐ] *sf* olivo.
om.bro [ˈõbru] *sm Anat* spalla. **nos ombros/nos ombros de** addosso.
o.me.le.te [omelˈeti] *sf* frittata.
o.mis.são [omisˈãw] *sf* omissione.
o.mi.tir [omitˈir] *vt* 1 omettere, saltare. 2 *fig* postergare.
on.ça [ˈõsɐ] *sf Zool* giaguaro.
on.da [ˈõdɐ] *sf* onda, voga, fiotto.
on.de [ˈõdi] *pron* dove. • *adv* dove, ove. **onde quer que** dovunque. **para onde** dove.
on.du.lar [õdulˈar] *vt* 1 ondulare. 2 arricciare. *vi* 3 ondulare, barcollare, fluttuare.
o.ne.ro.so [onerˈozu] *adj* oneroso, gravoso.
ô.ni.bus [ˈonibus] *sm sing+pl* autobus. **ônibus elétrico** filobus.
o.ni.po.ten.te [onipotˈẽti] *s+adj* onnipotente.
o.ní.vo.ro [onˈivoru] *adj Biol* onnivoro.
o.no.ma.to.pei.a [onomatopˈɛjɐ] *sf* onomatopea.
on.tem [ˈõtẽj] *adv* ieri. **antes de ontem** avantieri.
ô.nus [ˈonus] *sm sing+pl* 1 *Com* onere, peso. 2 *fig* carico.
on.ze [ˈõzi] *sm+num* undici.
o.pa.co [opˈaku] *adj* opaco.
op.ção [opsˈãw] *sf Com, Dir* opzione.
ó.pe.ra [ˈɔperɐ] *sf Mús* opera.
o.pe.ra.ção [operasˈãw] *sf* 1 operazione. 2 *Med* chirurgia, operazione, intervento. **operação cesariana** taglio cesareo.
o.pe.rar [operˈar] *vt* 1 maneggiare. 2 (também *Med*) operare. *vi* 3 operare, lavorare.
o.pe.rá.rio operˈarju] *sm* operaio, fabbro.
o.pi.nar [opinˈar] *vt+vi Lit* opinare, pensare.
o.pi.ni.ão [opinˈiãw] *sf* 1 opinione. 2 idea. 3 giudizio, avviso. 4 *fig* concetto. **em minha opinião** secondo me. **mudar de opinião** a) tornare indietro. b) *fig* dar di volta al cervello.
o.por [opˈor] *vt* 1 opporre, contrapporre. *vpr* 2 opporsi, contrastare. 3 reagire, rifiutarsi.
o.por.tu.ni.da.de [oportunidˈadi] *sf* 1 opportunità. 2 occasione. 3 pretesto. 4 *fig* momento, tempo. 5 fortuna.
o.por.tu.no [oportˈunu] *adj* 1 opportuno. 2 conveniente, convenevole, comodo.
o.po.si.ção [opozisˈãw] *sf* 1 opposizione. 2 obiezione. 3 contrasto. 4 contrarietà. 5 *Dir* resistenza. **partido de oposição** *Pol* opposizione politica.
o.pos.to [opˈostu] *sm* 1 opposto. 2 contrario. 3 inverso. • *adj* 1 opposto. 2 contrario, rovescio. 3 contraddittorio.

o.pres.são [opresˈãw] *sf* **1** oppressione. **2** sopruso. **3** repressione. **4** *fig* tirannia.
o.pri.mir [oprimˈir] *vt* **1** opprimere. **2** caricare, gravare. **3** *fig* reprimere.
op.tar [optʃˈar] *vt* optare per.
o.ra [ˈɔrɔ] *conj* ora. **ora ... ora** ora ... ora.
o.ra.ção [orasˈãw] *sf* **1** *Gram* orazione. **2** *Rel* preghiera, orazione.
o.rá.cu.lo [orˈakulu] *sm Mit* oracolo.
o.ral [orˈaw] *adj* orale. *Pl: orais*.
o.ran.go.tan.go [orãgotˈãgu] *sm Zool* orango, orangutan, urango.
o.rar [orˈar] *vi* pregare.
o.ra.tó.ria [oratˈɔrjɔ] *sf* oratoria.
ór.bi.ta [ˈɔrbitɔ] *sf* **1** *Astron* orbita. **2** *Anat* orbita, occhiaia.
or.ca [ˈɔrkɔ] *sf Zool* orca.
or.dem [ˈɔrdẽj] *sf* **1** ordine. **2** comando, ordinamento. **3** disciplina. **4** disposizione. **5** mandato. **6** *Zool* ordine. **7** *Mil* consegna. **colocar em ordem** ordinare. **em ordem** in ordine. **ordem dos advogados** ordine degli avvocati.
or.de.na.do [ordenˈadu] *sm* stipendio, paga. • *adj* ordinato, organizzato.
or.de.nar [ordenˈar] *vt* **1** ordinare. **2** comandare, prescrivere, imporre. **3** coordinare. **4** comporre. **5** scalare. **6** *Rel* ordinare. *vpr* **7** (também *Rel*) ordinarsi.
or.de.nhar [ordeɲˈar] *vt* mungere.
or.di.nal [ordinˈaw] *adj* ordinale. *Pl: ordinais*.
or.di.ná.rio [ordinˈarju] *adj* **1** ordinario. **2** triviale. **3** *fig* plebeo. • *sm* **1** ordinario, abituale. **2** *Rel* ordinario, superiore ecclesiastico.
o.ré.ga.no [orˈɛganu] *sm Bot* origano.
o.re.lha [orˈeʎɔ] *sf* orecchio, orecchia.
o.re.lhão [oreʎˈãw] *sm bras* telefono pubblico.
or.fa.na.to [orfanˈatu] *sm* orfanotrofio, ospizio.
ór.fão [ˈɔrfãw] *sm+adj* orfano. *Pl: órfãos*.
or.ga.nis.mo [organˈizmu] *sm* organismo.
or.ga.ni.za.ção [organizasˈãw] *sf* **1** organizzazione. **2** società. **3** disciplina. **4** *fig* organismo.
or.ga.ni.zar [organizˈar] *vt* **1** organizzare. **2** coordinare, sistemare. **3** disporre, combinare. **4** *fig* costruire. *vpr* **5** organizzarsi.
ór.gão [ˈɔrgãw] *sm Mús, Fisiol* organo. **órgão de imprensa** *fig* organo. **órgão sexual** sesso. **órgãos genitais** genitali. *Pl: órgãos*.
or.gi.a [orʒˈiɔ] *sf* orgia.
or.gu.lhar [orguʎˈar] *vt* **1** inorgoglire. *vpr* inorgoglirsi, pregiarsi.
or.gu.lho [orgˈuʎu] *sm* **1** orgoglio. **2** boria. **3** gioiello. **4** *fig* cresta.
or.gu.lho.so [orguʎˈozu] *adj* **1** orgoglioso, altezzoso, borioso. **2** *fig* gonfio. **ficar orgulhoso** montarsi.
o.ri.en.tal [orjẽtˈaw] *s+adj* orientale. *Pl: orientais*.
o.ri.en.tar [orjẽtˈar] *vt+vi* **1** orientare. *vpr* **2** orientarsi, regolarsi.
o.ri.en.te [oriˈẽti] *sm Geogr* oriente, est. **Extremo Oriente** Estremo Oriente.
o.ri.fí.cio [orifˈisju] *sm* orifizio, buco.
o.ri.gem [orˈiʒẽj] *sf* **1** origine. **2** causa, cagione. **3** stirpe, ceppo. **4** *fig* madre, fonte. **5** germe, seme, radice. **6** alba, aurora. **7 origens** *pl* origini. **dar origem a** *Lit* originare.
o.ri.gi.nal [oriʒinˈaw] *sm* originale, tipo. • *adj* **1** originale. **2** autentico. **3** curioso, geniale, singolare. **4** *fig* pittoresco. *Pl: originais*.
o.ri.gi.nar [oriʒinˈar] *vt* **1** causare, determinare. **2** *Lit* originare. **3** *fig* procurare. *vpr* **4** originarsi, derivare, emanare.
or.la [ˈɔrlɔ] *sf* orlo, bordo, margine, sponda.
or.na.men.to [ornamˈẽtu] *sm* **1** ornamento, adornamento. **2** fregio, applicazione.

or.nar [orn´ar] *vt* **1** ornare, abbigliare. *vpr* **2** ornarsi.

or.ques.tra [ork´εstrə] *sf* orchestra.

or.quí.dea [ork´idjə] *sf Bot* orchidea.

or.to.do.xo [ortod´ɔksu] *adj* ortodosso. • *sm Rel* ortodosso.

or.to.gra.fi.a [ortograf´iə] *sf Gram* ortografia.

or.to.pe.dis.ta [ortoped´istə] *s Med* ortopedico.

or.va.lho [orv´aʎu] *sm* rugiada.

os [us] *art def m pl* i, gli (gl´). • *pron m pl* **1** li. **2** loro.

os.ci.lar [osil´ar] *vi* **1** oscillare, tentennare, barcollare. **2** *fig* dondolare.

os.mo.se [ozm´ɔzi] *sf Fís* osmosi.

os.sa.da [os´adə] *sf* carogna.

os.so [´osu] *sm Anat* osso. **osso duro de roer** *fig* osso duro.

os.ten.ta.ção [ostẽtas´ãw] *sf* **1** ostentazione. **2** pompa, lusso. **3** *fam* gala.

os.ten.tar [ostẽt´ar] *vt* ostentare, affettare.

os.tra [´ɔstrə] *sf* ostrica.

o.tá.rio [ot´arju] *sm fig* pesce.

ó.ti.ca [´ɔtikə] *sf* **1** *Fís* ottica. **2** *fig* punto di vista.

o.ti.mis.mo [otim´izmu] *sm* ottimismo.

ó.ti.mo [´ɔtimu] *adj superl* (de **bom**) **1** ottimo, eccellente. **2** *fig* esimio. **3** unico.

o.tor.ri.no.la.rin.go.lo.gis.ta [otoĩnolarĩgoloʒ´istə] *s Med* otorinolaringoiatra.

ou [ow] *conj* **1** o, od. **2** oppure. **ou ... ou** o ... o.

ou.ri.ço [owr´isu] *sm Zool* riccio.

ou.ri.ves [owr´ivis] *sm sing+pl* orefice.

ou.ro [´owru] *sm* **1** oro. **2** **ouros** *pl* denari, mattoni, quadri (naipe das cartas de baralho).

ou.sa.di.a [owzad´iə] *sf* **1** ardire, audacia, coraggio. **2** franchezza.

ou.sar [owz´ar] *vt+vi* **1** osare, arrischiare, ardire. **2** avventurarsi.

ou.to.no [owt´onu] *sm* autunno. **no outono** in autunno.

ou.tor.ga [owt´ɔrgə] *sf* **1** approvazione, assenso. **2** assegnamento, concessione.

ou.tor.gar [owtorg´ar] *vt* **1** approvare. **2** acconsentire, assentire a. **3** assegnare, conferire.

ou.trem [´owtrẽj] *pron* altri. **de outrem** *adj+pron* altrui.

ou.tro [´owtru] *pron* altro. **a outra** *sf pop* la ganza. **de outra pessoa/dos outros** *adj+pron* altrui. **a casa dos outros** / la casa altrui. **em outro lugar** altrove. **o outro** *pop* il ganzo. **os outros** gli altri. **outro dia** l´altro giorno. **uma e outra** ambedue. **um e outro** ambique.

ou.tro.ra [owtr´ɔrə] *adv* già, anticamente.

ou.tu.bro [owt´ubru] *sm* ottobre.

ou.vi.do [owv´idu] *sm* orecchio, orecchia. • *part+adj* udito. **ser todo ouvidos** esser tutt´orecchi.

ou.vir [owv´ir] *vt* **1** sentire, udire, ascoltare. *vi* **2** ascoltare.

o.va.ção [ovas´ãw] *sf* **1** ovazione, applauso. **2** *fig* trionfo.

o.va.ci.o.nar [ovasion´ar] *vt* (também *fig*) applaudire.

o.val [ov´aw] *adj* ovale. • *sf* ovale, forma ovale. *Pl*: ovais.

o.vá.rio [ov´arju] *sm Anat, Bot* ovario.

o.ve.lha [ov´eʎə] *sf* pecora.

o.vi.no [ov´inu] *adj* ovino, pecorino.

o.vo [´ovu] *sm* uovo. **ovo frito** uovo fritto. **ovo mexido** uovo strapazzato. **ovo quente** uovo da bere.

ó.vu.lo [´ɔvulu] *sm Fisiol, Bot* ovulo.

o.xi.dar [oksid´ar] *vt* **1** ossidare, arrugginire. *vpr* **2** ossidarsi, arrugginirsi.

o.xi.gê.nio [oksiʒ´enju] *sm Quím* ossigeno.

o.xí.to.no [oks´itonu] *adj Gram* ossitono, tronco.

o.zô.nio [oz´onju] *sm Quím* ozono.

p

p [p´e] *sm* la sedicesima lettera dell'alfabeto portoghese.

pá [p´a] *sf* pala, vanga.

pa.ci.ên.cia [pasi´ẽsjə] *sf* 1 pazienza. 2 sofferenza. **encher a paciência** *fam* rompere le scatole.

pa.ci.en.te [pasi´ẽti] *s Med* paziente. • *adj* (também *Gram*) paziente.

pa.ci.fi.car [pasifik´ar] *vt* pacificare, calmare.

pa.cí.fi.co [pas´ifiku] *adj* 1 pacifico. 2 calmo, mansueto. 3 incontestabile.

pa.co.te [pak´ɔti] *sm* pacco, imballaggio, cartoccio, collo.

pac.to [p´aktu] *sm* patto, accordo.

pa.da.ri.a [padar´iə] *sf* panetteria, panificio, forno.

pa.de.cer [pades´er] *vt* 1 patire, subire, soffrire. *vi* 2 provare.

pa.dei.ro [pad´ejru] *sm* panettiere, fornaio.

pa.di.o.la [padi´ɔlə] *sf* barella.

pa.dras.to [padr´astu] *sm* patrigno.

pa.dre [p´adri] *sm Rel* prete, padre, reverendo.

pa.dri.nho [padr´iñu] *sm* padrino, compare.

pa.dro.ei.ro [padro´ejru] *sm Rel* patrono.

pa.ga.men.to [pagam´ẽtu] *sm* 1 contributo. 2 ricompensa. 3 soddisfazione, disimpegno. 4 *Com* pagamento, versamento.

pa.gão [pag´ãw] *sm+adj Rel* pagano. *Pl*: pagãos.

pa.gar [pag´ar] *vt* 1 pagare. 2 ricompensare. 3 assoldare. 4 espiare (os pecados). 5 *Com* saldare. 6 versare. 7 *fig* spegnere. **pagar uma promessa** disimpegnarsi di una promessa.

pá.gi.na [p´aʒinə] *sf* pagina.

pai [p´aj] *sm* 1 padre. 2 *fig* capostipite, autore. **os pais** i genitori. **pai de família** padre famiglia.

pai.nel [pajn´ɛw] *sm Elet* quadro. *Pl*: painéis.

pai.o [p´aju] *sm* cotechino.

pai.rar [pajr´ar] *vi* 1 svolazzare. 2 minacciare, pendere, essere imminente.

pa.ís [pa´is] *sm* paese.

pai.sa.gem [pajz´aʒẽj] *sf* paesaggio, vista.

pai.xão [pajʃ´ãw] *sf* 1 passione, amore. 2 *fig* fuoco, febbre. 3 violenza. **paixão ardente** passione ardente.

pa.la [p´alə] *sf* 1 visiera (do chapéu). 2 forca (da camisa). 3 *Hist* palla, veste greca.

pa.lá.cio [pal´asju] *sm* palazzo, castello.

pa.la.dar [palad´ar] *sm* gusto, palato.

pa.la.to [pal´atu] *sm Anat* palato, volta palatina.

pa.la.vra [pal´avrə] *sf* 1 parola, verbo. 2 *Gram* voce. **não dizer uma só palavra** *fam* non dire sillaba. **palavras cruzadas** parole incrociate.

pa.la.vrão [palavrˊãw] *sm* parolaccia, titolo.

pal.co [pˊawku] *sm* **1** palco. **2** *Teat* palcoscenico, scena.

pa.le.tó [paletˊɔ] *sm* giacca, giubba.

pa.lha [pˊaʎa] *sf* paglia. **fogo de palha** fuoco di paglia. **forrar ou cobrir de palha** impagliare.

pa.lha.ço [paʎˊasu] *sm* **1** pagliaccio, buffone. **2** *fig* pagliaccio, persona buffa.

pa.li.dez [palidˊes] *sf* pallidezza.

pá.li.do [pˊalidu] *adj* pallido, livido, squallido.

pal.ma [pˊawma] *sf* **1** *Anat* palma. **2 palmas** *pl* applauso.

pal.ma.da [pawmˊada] *sf* palmata.

pal.mei.ra [pawmˊejrə] *sf Bot* palma.

pal.mi.to [pawmˊitu] *sm Bot* palmito, midollo commestibile della palma.

pal.mo [pˊawmu] *sm* palmo.

pál.pe.bra [pˊawpebrə] *sf Anat* palpebra.

pal.pi.tar [pawpitˊar] *vi Med* palpitare.

pam.pa [pˊãpə] *sm* pampa.

pa.na.ca [panˊakə] *s* sempliciotto, sciocco, allocco.

pan.ça [pˊãsə] *sf pop* pancia.

pan.ca.da [pãkˊadə] *sf* colpo, picchio, bastonata.

pân.creas [pˊãkrjas] *sm sing+pl Anat* pancreas.

pa.ne.la [panˊɛlə] *sf* pentola, tegame. **panela de pressão** pentola a pressione.

pa.ne.to.ne [panetˊoni] *sm* panettone.

pâ.ni.co [pˊAniku] *sm* panico.

pa.ni.fi.ca.do.ra [panifikadˊorə] *sf* panificio, forno.

pa.no [pˊʌnu] *sm* panno, drappo, tessuto. **pano de prato** asciugatoio. **pano para limpeza** strofinaccio.

pa.no.ra.ma [panorˊʌmə] *sm* panorama.

pân.ta.no [pˊãtanu] *sm* pantano, palude, acquitrino, stagno.

pan.tu.fa [pãtˊufə] *sf* babbuccia, ciabatta.

pão [pˊãw] *sm* pane. **pão de fubá** pane giallo. Pl: **pães**.

pão-du.ro [pãwdˊuru] *sm pop* spilorcio, avaro. Pl: **pães-duros**.

pa.pa [pˊapə] *sm* **1** *Rel* papa. *sf* **2** pappa.

pa.pa.gai.o [papagˊaju] *sm* **1** *Zool* pappagallo. **2** cervo volante, aquilone. **3** *fig* persona che parla troppo.

pa.pai [papˊaj] *sm fam* papà, babbo. **filhinho de papai** figlio di papà. **Papai Noel** Babbo Natale.

pa.par [papˊar] *vt fam* pappare.

pa.pe.ar [papeˊar] *vi* ciarlare.

pa.pel [papˊɛw] *sm* **1** carta. **2** *Cin, Teat* ruolo, parte. **3** *fig* foglio. **papel de carta** carta da lettere. **papel de parede** carta da parato. **papel higiênico** carta igienica. **papel ofício** carta protocollo. Pl: **papéis**.

pa.pe.lão [papelˊãw] *sm* cartone.

pa.pe.la.ri.a [papelarˊiə] *sf* cartoleria.

pa.po [pˊapu] *sm* **1** *Anat* gozzo. **2** *pop* conversazione. **bater papo** *pop* conversare. **papo furado** *pop* chiacchiera.

pa.pou.la [papˊowlə] *sf Bot* papavero.

pa.que.ra [pakˊɛrə] *sf pop* civetteria.

pa.que.rar [pakerˊar] *vt fam* filare.

par [pˊar] *sm* **1** pari. **2** paio (de sapatos etc). **3** coppia. • *adj* pari. **tirar no par ou ímpar** fare a pari e caffo.

pa.ra [pˊarə] *prep* **1** in. **ir para a América** / andare in America. **2** a. **vou para Roma** / vado a Roma. **3** per. **um trem para Turim** / un treno per Torino. **4** verso. **correr para a saída** / correre verso l'uscita. **5** (com verbo no infinitivo) da. **casa para vender** / casa da vendere. **para que** perché, affinché.

pa.ra.béns [parabˊẽjs] *sm pl* complimenti. • *interj* tanti auguri!

pa.ra-bri.sa [parabrˊizə] *sm Autom, Aer* parabrezza. **limpador de para-brisa** *Autom* tergicristallo. Pl: **para-brisas**.

pa.ra-cho.que [pɐrəʃˈɔki] *sm Autom* paraurti. *Pl: para-choques.*
pa.ra.da [parˈadə] *sf* **1** fermata. **2** posa. **3** stazione, tappa, soggiorno. **4** *Mil* parata.
pa.ra.fi.na [parafˈinə] *sf Quím* paraffina.
pa.ra.fu.so [parafˈuzu] *sm* vite.
pa.rá.gra.fo [parˈagrafu] *sm* **1** paragrafo. **2** clausola. **3** capoverso. **parágrafo de lei** comma.
pa.ra.í.so [paraˈizu] *sm* **1** paradiso, cuccagna. **2** *fig* paradiso.
pa.ra-la.ma [parəlˈʌmə] *sm Autom* parafango. *Pl: para-lamas.*
pa.ra.le.le.pí.pe.do [paralelepˈipedu] *sm Geom* parallelepipedo.
pa.ra.le.lo [paralˈɛlu] *adj* parallelo. • *sm* confronto.
pa.ra.li.sar [paralizˈar] *vt* **1** paralizzare. **2** *fig* congelare, ammortire.
pa.ra.li.si.a [paralizˈiə] *sf Med* paralisi.
pa.ra.lí.ti.co [paralˈitiku] *adj* paralitico.
pa.ra.pei.to [parapˈejtu] *sm Arquit* parapetto, ringhiera.
pa.ra.que.das [parɔkˈɛdas] *sm sing+pl Aer* paracadute.
pa.rar [parˈar] *vt* **1** fermare. **2** immobilizzare. **4** ritenere. **5** *fig* bloccare, sospendere. *vi* **6** cessare. **7** fermarsi, stazionare. **8** finire. **9** *Com* incagliare (comércio). **parar de** smettere di. *pare de fumar!* smetti di fumare. **parar em** soggiornare in. **parar um pouco** a) *vt* soffermare. b) *vi* soffermarsi. **pare com isso!** smettila!
pa.ra-rai.os [parəRˈajus] *sm sing+pl* parafulmine.
pa.ra.si.ta [parazˈitə] *sm* **1** *Zool, Bot* parassita. **2** *fig* sanguisuga.
par.ci.al [parsiˈaw] *adj* **1** parziale. **2** arbitrario. *Pl: parciais.*
par.ci.mô.nia [parsimˈɔnjə] *sf* parsimonia, economia.
par.co [pˈarku] *adj* parco, sobrio.

par.dal [pardˈaw] *sm Zool* passero. *Pl: pardais.*
par.do [pˈardu] *adj* bigio.
pa.re.cer [paresˈer] *vt* **1** parere. **2** sembrare. **3** somigliare a. **4** parere a. **5** *fig* avvicinarsi a. • *sm* **1** parere, opinione, giudizio di esperto. **2** *fig* concetto. **parece que sim** pare di sì, sembra di sì.
pa.re.de [parˈedi] *sf* **1** parete, muro. **2** *Anat* parete. **falar com as paredes** *fig* parlare al muro.
pa.ren.te [parˈẽti] *sm* parente, famigliare. **os parentes** la parentela, la gente.
pa.ren.tes.co [parẽtˈesku] *sm* parentela.
pa.rên.te.se [parˈẽtezi] *sm (pl* **parênteses**) **1** parentesi, inciso, spiegazione. **2** *Gram* parentesi tonda, graffa.
pá.reo [pˈarju] *sm Esp* palio, gara.
pa.rir [parˈir] *vt* partorire.
par.la.men.tar [parlamẽtˈar] *s+adj* parlamentare. • *vi* parlamentare.
par.la.men.to [parlamˈẽtu] *sm* parlamento, congresso, camera.
pá.ro.co [pˈaroku] *sm* **1** *Rel* parroco, prete. **2** *fig* pastore.
pa.ró.quia [parˈɔkjə] *sf Rel* parrocchia, cura.
pa.ro.xí.to.no [paroksˈitonu] *sm+adj Gram* parossitono.
par.que [pˈarki] *sm* parco.
par.te [pˈarti] *sf* **1** parte. **2** porzione, quota. **3** ala. **4** lato. **5** *Com* rata, riparto. **a maior parte** la maggior parte, il più, il grosso. **a maior parte já foi feita** il più è già fatto. **a melhor parte** il meglio, il migliore. **a menor parte** il meno. **à parte** da banda. **a parte de trás/a parte traseira** il di dietro. **a pior parte** il peggio, il peggiore. **de minha parte** per parte mia. **em toda parte** dappertutto, dovunque. **parte em dinheiro** contributo. **por parte de mãe** per parte di madre, dal lato materno. **tomar parte** competere.

parteira 434 **pata**

par.tei.ra [part´ejrə] *sf* levatrice.
par.ti.ci.pa.ção [partipasa´ãw] *sf* 1 partecipazione. 2 adesione. 3 contributo.
par.ti.ci.par [partisip´ar] *vt* 1 partecipare. 2 parteggiare. 3 aderire.
par.ti.cí.pio [partis´ipju] *sm Gram* participio.
par.tí.cu.la [part´ikulə] *sf dim* particella. **partícula gramatical** *Gram* comma.
par.ti.cu.lar [partikul´ar] *adj* 1 particolare. 2 peculiare. 3 privato. 4 segreto. • *sm* particolare.
par.ti.da [part´idə] *sf* 1 partenza, partita. 2 *Esp* partita, gioco. **partida de automóvel** messa a punto.
par.ti.do [part´idu] *sm* 1 *Pol* partito. 2 *fig* setta, colore. 3 partito, vantaggio. • *adj* spezzato. **partidos de esquerda** *Pol* partiti estremi.
par.ti.lhar [partiλ´ar] *vt* compartire, scompartire.
par.tir [part´ir] *vt* 1 partire, spartire. *vi* 2 partire, andarsene. 3 uscire. 4 allontanarsi. 5 accomiatarsi. *vpr* 6´ fendersi, spezzarsi.
par.to [p´artu] *sm* parto.
pás.coa [p´askwə] *sf* Pasqua.
pas.sa [p´asə] *sf* uva passa.
pas.sa.do [pas´adu] *sm* passato. • *adj* 1 trascorso (tempo). 2 stantio (alimento). 3 passo, vizzo, mezzo (frutto). **no passado** nel passato. **o ano passado** l'altr'anno.
pas.sa.gei.ro [pasaʒ´ejru] *sm* passeggero. • *adj* 1 passeggero. 2 transitorio. 3 breve. 4 *fig* caduco. 5 fragile.
pas.sa.gem [pas´aʒẽj] *sf* 1 passaggio. 2 biglietto. 3 passo. 4 transito. 5 corsia. 6 brano (de texto). 7 *fig* via. **passagem de ida e volta** biglietto d'andata e ritorno. **passagem estreita** *Geogr* passo. **passagem só de ida** biglietto d'andata. **passagem subterrânea** sottopassaggio.
pas.sa.por.te [pasap´ɔrti] *sm* passaporto.

pas.sar [pas´ar] *vt* 1 passare. 2 trascorrere, spendere. 3 varcare. 4 mandare, spedire. *vi* 5 passare. 6 correre, scorrere. *vpr* 7 succedere, accadere. **passar de** oltrepassare. **passar de ano (na escola)** passare la classe. **passar na casa de alguém** passare da qualcuno. **passar por inocente** passare da innocente. **passar roupa** stirare.
pas.sa.re.la [pasar´ɛlə] *sf* passerella.
pas.sa.ri.nho [pasar´iɲu] *sm* 1 *dim* uccelletto. 2 *vulg* uccello, membro virile.
pás.sa.ro [p´asaru] *sm* uccello.
pas.sa.tem.po [pasat´ẽpu] *sm* passatempo, svago, divertimento, trastullo.
pas.se.ar [pase´ar] *vi* 1 passeggiare. 2 *fig* circolare. **ir passear** andare a passeggio.
pas.se.a.ta [pase´atə] *sf* manifestazione, dimostrazione.
pas.sei.o [pas´eju] *sm* passeggiata, passeggio, giro, gita. **dar um passeio** fare una passeggiata. **passeio no campo** scampagnata. **passeio turístico** escursione.
pas.si.vo [pas´ivu] *sm Com* passivo. • *adj* (também *Gram, Com*) passivo.
pas.so [p´asu] *sm* 1 passo. 2 *Geogr* passo. **acelerar o passo** allungare il passo. **ao passo que** mentre.
pas.ta [p´astə] *sf* 1 pasta. **pasta de dentes** dentifricio. **pasta dentifricia**. **pasta para papéis** portafogli.
pas.tar [past´ar] *vt+vi* 1 pascolare, mangiare (animais). 2 *fig* soffrire.
pas.tel [past´ɛw] *sm* pasticcio. *Pl*: *pastéis*.
pas.ti.lha [past´iλə] *sf* pasticca.
pas.to [p´astu] *sm* pascolo.
pas.tor [past´or] *sm* 1 pastore. 2 *Rel* pastore, reverendo, sacerdote protestante.
pas.to.re.ar [pastore´ar] *vt* pascolare.
pa.ta [p´atə] *sf* zampa, gamba.

pa.tê [pat´e] *sm* patè.
pa.ten.te [pat´ẽti] *sf* brevetto, patente d'invenzione. • *adj* patente, palese, chiaro.
pa.ten.te.ar [patẽte´ar] *vt* brevettare.
pa.ter.no [pat´ɛrnu] *adj* 1 paterno. 2 patrio.
pa.te.ta [pat´ɛtə] *s fig* papero.
pa.té.ti.co [pat´ɛtiku] *adj* patetico.
pa.ti.fe [pat´ifi] *sm* furfante, vigliacco, mascalzone. • *adj* furfante, vigliacco.
pa.tim [pat´ĩ] *sm* pattino.
pa.ti.nar [patin´ar] *vi* pattinare.
pá.tio [p´atju] *sm* corte. **pátio interno de edifício** cortile.
pa.to [p´atu] *sm* 1 anatra. 2 *fig* pesce, vittima.
pa.trão [patr´ãw] *sm* 1 padrone, principale. 2 *fig* signore.
pá.tria [p´atrjə] *sf* 1 patria. 2 *fig* casa.
pa.tri.mô.nio [patrim´onju] *sm* 1 patrimonio, capitale, censo, averi. 2 *fig* ricchezza.
pá.trio [p´atrju] *adj* patrio.
pa.tri.o.ta [patri´ɔtə] *s* patriota.
pa.tro.a [patr´oə] *sf* 1 padrona. 2 *fig* signora.
pa.tro.ci.nar [patrosin´ar] *vt Com, Dir* patrocinare.
pa.tro.cí.nio [patros´inju] *sm Com, Dir* patrocinio.
pa.tro.no [patr´onu] *sm* patrono.
pa.tru.lha [patr´uʎə] *sf Mil* pattuglia.
pau [p´aw] *sm* 1 bastone. 2 *vulg* pisello, verga, organo genitale maschile. 3 **paus** *pl* bastoni, fiori (naipe das cartas de baralho). **levar pau** *pop* bocciare.
pau.la.da [pawl´adə] *sf* bastonata.
pau.sa [p´awzə] *sf* 1 pausa, sosta, fermata, respiro. 2 *Mús* pausa. 3 *fig* attesa, parentesi.
pau.ta [p´awtə] *sf* riga.
pa.vão [pav´ãw] *sm Zool* pavone.
pa.vi.lhão [paviλ´ãw] *sm* 1 padiglione. 2 stendardo, bandiera. 3 braccio di un edificio.

pa.vi.men.to [pavim´ẽtu] *sm* 1 pavimento. 2 piano. 3 suolo.
pa.vi.o [pav´iu] *sm* 1 lucignolo, cerino. 2 miccia, stoppino.
pa.vor [pav´or] *sm* panico, spavento, terrore.
pa.vo.ro.so [pavor´ozu] *adj* 1 spaventevole. 2 *fig* tenebroso.
paz [p´as] *sf* 1 pace. 2 calma. 3 *fig* bonaccia. 4 riposo. **fazer as pazes** pacificarsi.
pê [p´e] *sm* pi, il nome della lettera P.
pé [p´ɛ] *sm* 1 base, basamento di un oggetto. 2 *Anat, Bot* piede. 3 *Poét* piè. 4 *Mec* supporto. 5 *Geogr* piede di un monte. 6 *Mat* piede (unidade de medida). **beijar os pés de alguém** lustrare gli stivali ad uno. **dar no pé** *pop* prendere il volo. **em pé** *adv* in piedi, ritto. **estar com o pé na cova** *pop* avere un piede nella sepoltura. **ficar a pé** restare a piedi. **ficar de pé** rizzarsi. **ir a pé** andare a piedi.
pe.ão [pe´ãw] *sm* 1 pedone degli scacchi. 2 *bras* lavoratore.
pe.ça [p´ɛsə] *sf* 1 *Mec* pezzo. 2 *Arte* fattura. 3 *fig* colpo, tiro. 4 *Teat* spettacolo, dramma, commedia. **peça de museu** *fig, gír* caffettiera, apparecchio vecchio che funziona male. **peça de reposição** pezzo di ricambio. **peça de tecido** pezza. **peça musical** *Mús* pezzo. **peças do jogo de xadrez** gli scacchi. **pregar uma peça** burlare.
pe.ca.do [pek´adu] *sm Rel* peccato. **pecado capital** peccato capitale.
pe.car [pek´ar] *vi* peccare.
pe.chin.cha [peʃ´ĩʃə] *sf* 1 occasione. 2 *pop* vigna.
pe.cu.li.ar [pekuli´ar] *adj* peculiare, specifico.
pe.da.ço [ped´asu] *sm* 1 pezzo. 2 parte, porzione. 3 boccone, morso. 4 brano. 5 fetta. 6 frammento. 7 brandello (de pano).

pe.dá.gio [ped´aʒju] *sm* pedaggio.
pe.da.go.go [pedag´ogu] *sm* pedagogo.
pe.dal [ped´aw] *sm* pedale. *Pl: pedais.*
pe.da.lar [pedal´ar] *vi* pedalare.
pe.dan.te [ped´ãti] *adj* pedante. • *s dep* pedante.
pe.des.tal [pedest´aw] *sm* 1 piedistallo. 2 dado. 3 *Mec* supporto. *Pl: pedestais.*
pe.des.tre [ped´ɛstri] *sm* pedone. • *adj* pedestre.
pe.di.a.tra [pedi´atrə] *s Med* pediatra.
pe.di.cu.ra [pedik´urə] *sf* pedicure.
pe.di.do [ped´idu] *sm* 1 richiesta, chiesta, domanda. 2 *Com* ordine.
pe.din.te [ped´ĩti] *s* 1 accattone. 2 *gír, fig* barbone.
pe.dir [ped´ir] *vt* chiedere, pregare, domandare, sollecitare.
pe.dra [p´ɛdrə] *sf* 1 pietra. 2 sasso. 3 *Med* calcolo, pietra. **pedra preciosa** *Min* pietra preziosa, gemma.
pe.dra.da [pedr´adə] *sf* pietrata.
pe.dre.gu.lho [pedreg´uʎu] *sm* sasso.
pe.drei.ro [pedr´ejru] *sm* muratore.
pe.ga.da [peg´adə] *sf* orma, pesta, traccia, vestigio.
pe.ga.jo.so [pega3´ozu] *adj* appiccicoso, colloso, vischioso.
pe.gar [peg´ar] *vt* 1 prendere. 2 tenere. 3 afferrare, agguantare. 4 pigliare. 5 buscarsi. *vpr* 6 acchiapparsi, scannarsi. **pega!/pega ladrão!** acchiappalo! **pegar para si** appropriarsi di.
pei.do [p´ejdu] *sm vulg* peto.
pei.to [p´ejtu] *sm Anat* 1 petto. 2 seno. 3 *gír* tetta.
pei.to.ril [pejtor´iw] *sm* parapetto, davanzale della finestra. *Pl: peitoris.*
pei.xe [p´ejʃi] *sm* 1 pesce. 2 **Peixes** *pl Astron, Astrol* Pesci.
pe.la.do [pel´adu] *adj pop* nudo.
pe.lar [pel´ar] *vt* pelare, spelare, levare i peli.
pe.le [p´ɛli] *sf* pelle. **pele de cobra** scorza. **tirar a pele de** spellare, scorticare.

pe.lí.cu.la [pel´ikulə] *sf* 1 pellicola, velo. 2 film.
pe.lo [p´elu] *sm* pelo, capello.
pe.lo.tão [pelot´ãw] *sm Mil* plotone.
pe.lu.do [pel´udu] *adj* peloso.
pél.vis [p´ɛwvis] *sf sing+pl Anat* pelvi.
pe.na [p´enə] *sf* 1 compassione. 2 pena, castigo. 3 *Dir* sanzione. 4 *fig* croce. 5 disciplina. **dar pena** far pietà. **pena capital/pena de morte** pena capitale. **pena de ave** penna. **pena para escrever** penna. **que pena!** peccato! che peccato! **ter pena de** commiserare.
pe.na.cho [pen´aʃu] *sm* pennacchio.
pe.nal [pen´aw] *adj* penale. *Pl: penais.*
pê.nal.ti [p´enawti] *sm Fut* calcio di rigore.
pe.nar [pen´ar] *vi* penare, stentare.
pen.den.te [pẽd´ẽti] *adj* pendente, pendolo.
pen.der [pẽd´er] *vi* pendere, ciondolare.
pên.du.lo [p´ẽdulu] *sm* 1 pendolo. 2 *pop* dondolo.
pen.du.rar [pẽdur´ar] *vt* 1 appendere, sospendere, appiccare. *vpr* 2 sospendersi.
pe.nei.ra [pen´ejrə] *sf* buratto, staccio.
pe.ne.trar [penetr´ar] *vt* 1 penetrare. 2 trapassare. 3 forare. 4 infiltrare. 5 entrare. 6 *fig* introdursi, infiltrarsi.
pe.nhas.co [peñ´asku] *sm Geogr* rupe.
pe.nhor [peñ´or] *sm Com* pegno, caparra, arra. **tirar do penhor** disimpegnare.
pe.nho.ra [peñ´ɔrə] *sf Dir* pignorazione.
pe.nho.rar [peñor´ar] *vt Dir* pignorare.
pe.ni.co [pen´iku] *sm pop* orinale.
pe.nín.su.la [pen´ĩsulə] *sf Geogr* penisola.
pe.nis [p´enis] *sm sing+pl Anat* pene.
pe.ni.tên.cia [penit´ẽsjə] *sf* (também *Rel*) penitenza.
pe.ni.ten.ci.á.ria [penitẽsi´arjə] *sf* penitenziario, carcere.

pe.no.so [pen´ozu] *adj* **1** penoso, difficile, doloroso. **2** *fig* amaro.
pen.sa.men.to [pẽsam´ẽtu] *sm* pensiero, pensamento, concezione.
pen.são [pẽs´ãw] *sf* **1** pensione. **2** dozzina.
pen.sar [pẽs´ar] *vt* **1** pensare. **2** giudicare. **3** credere. **4** *fig* calcolare. *vi* **5** pensare, riflettere.
pen.sa.ti.vo [pẽsat´ivu] *adj* pensieroso, cupo.
pen.tá.go.no [pẽt´agonu] *sm Geom* pentagono.
pen.te [p´ẽti] *sm* pettine.
pen.te.a.dei.ra [pẽtead´ejrə] *sf* toletta.
pen.te.ar [pẽte´ar] *vt* **1** pettinare. *vpr* **2** pettinarsi, acconciarsi.
pe.nu.gem [pen´uʒẽj] *sf* piumino.
pe.núl.ti.mo [pen´uwtimu] *adj* penultimo.
pe.pi.no [pep´inu] *sm Bot* cetriolo.
pe.pi.ta [pep´itə] *sf Min* pepita.
pe.que.ni.no [peken´inu] *adj afet* **1** piccolino. **2** *fig* minuscolo.
pe.que.no [pek´enu] *adj* **1** piccolo, piccino. **2** basso. **3** breve.
pe.ra [p´erə] *sf* pera.
pe.ram.bu.lar [perəbul´ar] *vi* **1** vagare. **2** *fig* svolazzare.
per.ce.ber [perseb´er] *vt* **1** percepire. **2** notare, capire, accorgersi di, rendersi conto di. **3** dedurre. **4** *fig* annusare, vedere.
per.cep.ção [perseps´ãw] *sf* **1** percezione. **2** comprensione.
per.ce.ve.jo [persev´eʒu] *sm Zool* cimice.
per.cor.rer [perkoř´er] *vt* percorrere, scorrere.
per.cur.so [perk´ursu] *sm* **1** percorso, corso, tragitto, corsa. **2** *fig* cammino, via.
per.cus.são [perkus´ãw] *sf Mús* percussione, batteria.
per.da [p´erdə] *sf* **1** perdita, smarrimento. **2** danno.

per.dão [perd´ãw] *sm* **1** perdono. **2** misericordia. **3** *Dir* perdono, grazia. **4** *Rel* perdono. **5** *fig* amnistia.
per.der [perd´er] *vt* **1** perdere, smarrire. *vi* **2** perdere, essere sconfitto. *vpr* **3** perdersi. **4** smarrirsi. **5** errare. **6** dissipare. **7** *Rel* dannarsi. **8** *Lit* vagare, ire. **9** *fig* spegnersi. **perder tempo** perdere tempo.
per.di.ção [perdis´ãw] *sf* perdizione, malora.
per.diz [perd´is] *sf* pernice.
per.do.ar [perdo´ar] *vt* **1** perdonare. **2** scusare, discolpare. **3** assolvere. **4** dimettere. **5** *fig* scordare. *vi* **6** perdonare.
pe.re.cer [peres´er] *vi* **1** perire, crepare. **2** morire. **3** *fig* soccombere.
pe.re.gri.no [peregr´inu] *sm* pellegrino, romeo.
pe.re.ne [per´eni] *adj* perenne.
pe.re.re.ca [pererˈekə] *sf Zool* raganella.
per.fei.ção [perfejs´ãw] *sf* perfezione, eccellenza, squisitezza.
per.fei.to [perf´ejtu] *adj* **1** perfetto, impeccabile. **2** *fig* sublime, divino. • *sm Gram* perfetto.
per.fil [perf´iw] *sm* profilo. *Pl: perfis*.
per.fu.mar [perfum´ar] *vt* **1** profumare. *vpr* **2** profumarsi.
per.fu.ma.ri.a [perfumar´iə] *sf* profumeria.
per.fu.me [perf´umi] *sm* **1** profumo. **2** essenza. **3** aroma.
per.fu.rar [perfur´ar] *vt* perforare, bucare, forare.
per.ga.mi.nho [pergam´iñu] *sm* pergamena, cartapecora.
per.gun.ta [perg´ũtə] *sf* chiesta, domanda, interrogazione.
per.gun.tar [pergũt´ar] *vt* chiedere, domandare, indagare, interrogare.
pe.rí.cia [per´isjə] *sf* **1** perizia. **2** destrezza. **3** competenza, pratica. **4** *Com* estimo. **5** *Dir* perizia.

pe.ri.fe.ri.a [perifer´iə] *sf* periferia, sobborgo.

pe.ri.go [per´igu] *sm* pericolo, rischio, azzardo.

pe.ri.go.so [perig´ozu] *adj* pericoloso, arrischiato, azzardoso.

pe.rí.o.do [per´iodu] *sm* 1 periodo, ciclo, tratto. 2 *Gram, Astron, Fís* periodo. 3 *fig* fase.

pe.ris.có.pio [perisk´ɔpju] *sm* periscopio.

pe.ri.to [per´itu] *sm* 1 specialista, pratico. 2 *Dir* perito. • *adj* 1 perito. 2 valente, competente.

per.ma.ne.cer [permanes´er] *vi* rimanere, restare, permanere.

per.ma.nen.te [perman´ẽti] *sf* permanente. • *adj* 1 permanente. 2 cronico.

per.mis.são [permis´ãw] *sf* permissione, permesso, licenza, consentimento.

per.mi.tir [permit´ir] *vt* 1 permettere, autorizzare, consentire, accordare. 2 *fig* sbloccare. *vi* 3 accordare. *vpr* 4 permettersi, concedersi.

per.mu.ta [perm´utɐ] *sf* permuta.

per.mu.tar [permut´ar] *vt* permutare, commutare.

per.na [p´ɛrnɐ] *sf* 1 *Anat* gamba. 2 basamento, base (de um objeto). **de pernas para o ar** *adv* sottosopra.

per.ni.lon.go [peril´õgu] *sm Zool* zanzara, culice.

per.noi.tar [pernojt´ar] *vi* pernottare.

per.noi.te [pern´ojti] *sm* 1 pernottamento. 2 fermata, bivacco.

pé.ro.la [p´ɛrolɐ] *sf* 1 perla. 2 *Lit* margherita. **jogar pérolas aos porcos** lavare il capo all'asino.

per.pen.di.cu.lar [perpẽdikul´ar] *adj* perpendicolare.

per.pé.tuo [perp´etwu] *adj* 1 perpetuo, perenne, immortale, eterno. 2 *fig* duraturo.

per.ple.xo [perpl´ɛksu] *adj* 1 perplesso. 2 *fig* confuso.

per.se.guir [perseg´ir] *vt* 1 perseguitare, inseguire, incalzare, tracciare. 2 *fig* cacciare.

per.se.ve.rar [persever´ar] *vi* 1 perseverare, insistere, persistere. 2 *fig* durare.

per.si.a.na [persi´ʌnɐ] *sf* persiana.

per.sis.ten.te [persist´ẽti] *adj* persistente, insistente, caparbio.

per.sis.tir [persist´ir] *vi* persistere, perseverare, seguire, continuare.

per.so.na.gem [person´aʒẽj] *s* personaggio. **personagem ilustre** *fig* personaggio, pezzo grosso.

per.so.na.li.da.de [personalid´adi] *sf* 1 personalità, temperamento. 2 *fig* statura.

pers.pec.ti.va [perspekt´ivɐ] *sf* 1 *Arte* prospettiva, vista, veduta. 2 *fig* punto di vista.

pers.pi.caz [perspik´as] *adj* 1 perspicace, accorto, sagace, sottile. 2 *fig* acuto, fine.

per.su.a.dir [perswad´ir] *vt* 1 persuadere, convincere. 2 *fig* condurre, trascinare. *vpr* 3 persuadersi, convincersi.

per.su.a.são [perswaz´ãw] *sf* persuasione, convinzione.

per.ten.cer [pertẽs´er] *vt* 1 appartenere. 2 riguardare.

per.to [p´ɛrtu] *adv* presso, vicino, accanto, dintorno, appresso. **perto de** presso, vicino a, accanto a, attorno a, appresso a.

per.tur.ba.ção [perturbas´ãw] *sf* perturbazione, turbazione, imbarazzo.

per.tur.bar [perturb´ar] *vt* 1 perturbare, turbare, disturbare. 2 importunare. 3 sconcertare. 4 imbarazzare. 5 *fig* alterare. *vi* 6 rincrescere. 7 *fig* gravare. *vpr* 8 perturbarsi, turbarsi, disturbarsi. 9 incomodarsi. 10 alterarsi.

pe.ru [per´u] *sm Zool* tacchino.

pe.ru.a [per´uə] *sf* **1** *Zool* tacchina, femmina del tacchino. **2** *Autom* furgone. **3** *fig* civetta, donna vanitosa.
pe.ru.ca [per´ukə] *sf* parrucca.
per.ver.são [pervers´ãw] *sf* **1** perversione. **2** *fig* corruzione.
per.ver.so [perv´ɛrsu] *adj* **1** perverso, malvagio, sciagurato. **2** *fig* diabolico.
per.ver.ter [pervert´er] *vt* **1** pervertire. **2** corrompere. **3** deturpare. *vpr* **4** pervertirsi.
pe.sa.de.lo [pezad´elu] *sm* incubo.
pe.sa.do [pez´adu] *adj* **1** pesante. **2** grave. **3** carico. **4** gravoso, rude. **5** sgraziato. **6** cattivo, stantio (ar). **7** *fig* indigesto.
pê.sa.mes [p´ezamis] *sm pl* condoglianze.
pe.sar [pez´ar] *sm* dolore, dispiacere, agro. • *vt* **1** pesare. **2** gravare. **3** *fig* calcolare. **4** significare, essere importante. *vi* **5** pesare. **6** gravare. **7** *fig* importare.
pes.ca [p´ɛskə] *sf* pesca.
pes.ca.dor [peskad´or] *sm* pescatore.
pes.car [pesk´ar] *vt* pescare.
pes.co.ço [pesk´osu] *sm Anat* collo.
pe.so [p´ezu] *sm* **1** peso, soma. **2** fardello. **3** *fig* peso, significato. **peso bruto** peso lordo. **peso líquido** peso netto. **ter peso** contare, pesare.
pes.qui.sa [pesk´izə] *sf* ricerca, inchiesta, indagine.
pes.qui.sar [peskiz´ar] *vt* **1** ricercare. **2** cercare, esplorare.
pês.se.go [p´esegu] *sm* pesca.
pes.si.mis.ta [pesim´istə] *s* pessimista.
pés.si.mo [p´esimu] *adj superl* (de **ruim**) **1** pessimo. **2** infame.
pes.so.a [pes´oə] *sf* **1** persona, soggetto, singolo. **2** *Gram* persona. **3 pessoas** *fig* bocche. **certa pessoa** tale. **outra pessoa** altro, altri. **pessoa pouco sociável** *fig* gufo. **pessoas influentes** *fig* amicizie.

pes.so.al [peso´aw] *sm pop* ruolo, personale, impiegati. • *adj* **1** personale, individuale. **2** *fig* profondo. *Pl: pessoais.*
pes.ta.na [pest´ʌnə] *sf Anat* ciglio.
pes.te [p´ɛsti] *sf* **1** peste, malattia contagiosa. **2** *fig* peste, persona cattiva.
pé.ta.la [p´ɛtalə] *sf Bot* petalo, foglia.
pe.ti.ção [petis´ãw] *sf Dir* petizione, supplica.
pe.tis.co [pet´isku] *sm* pietanza, manicaretto.
pe.tri.fi.car [petrifik´ar] *vt* **1** pietrificare, impietrire. *vpr* **2** pietrificarsi, impietrirsi.
pe.tro.lei.ro [petrol´ejru] *sm Náut* petroliera.
pe.tró.leo [petr´ɔlju] *sm* petrolio.
pe.tu.lan.te [petul´ãti] *adj* petulante, audace.
pi.a [p´iə] *sf* lavabo. **pia de água benta** pila.
pi.a.da [pi´adə] *sf* **1** barzelletta, aneddoto. **2** *fig* battuta. **contar piadas** scherzare.
pi.a.nis.ta [pjan´istə] *s Mús* pianista.
pi.a.no [pi´ʌnu] *sm Mús* piano, pianoforte. **piano de cauda** pianoforte a coda.
pi.ar [pi´ar] *vi* pigolare.
pi.ca [p´ikə] *sf vulg* verga, organo genitale maschile.
pi.ca.da [pik´adə] *sf* **1** puntura, pizzico. **2** beccatura. **3** *bras* sentiero.
pi.can.te [pik´ãti] *adj* piccante. *fig* piccante, salato.
pi.ca-pau [pikəp´aw] *sm Zool* picchio. *Pl: pica-paus.*
pi.car [pik´ar] *vt* **1** pizzicare. **2** beccare. **3** far pizzicore. **4** tagliare, tritare, tagliuzzare.
pi.ca.re.ta [pikar´etə] *sf* piccone.
pi.che [p´iʃi] *sm* pece.
pi.cles [p´iklis] *sm pl* sottaceti.
pi.co [p´iku] *sm Geogr* picco, cresta, culmine, penna.

pi.e.da.de [pjed´adi] *sf* **1** pietà. **2** clemenza. **3** compassione. **4** carità. **5** *fig* cuore.

pi.e.do.so [pjed´ozu] *adj* **1** pietoso, clemente. **2** *fig* umano.

pig.meu [pigm´ew] *sm* pigmeo.

pi.ja.ma [piʒ´ʌmə] *sf* pigiama.

pi.lão [pil´ãw] *sm* **1** mortaio. **2** pila.

pi.lar [pil´ar] *sm Arquit* pila.

pi.lha [p´iλə] *sf* **1** ammasso, cumulo. **2** *Elet* batteria, pila.

pi.lhar [piλ´ar] *vt* saccheggiare, rapinare.

pi.lo.to [pil´otu] *sm* pilota. **piloto de corrida** corridore.

pí.lu.la [p´ilulə] *sf Med* pillola, compressa.

pi.men.ta [pim´ẽtə] *sf* pepe, pimento.

pi.men.tão [pimẽt´ãw] *sm* peperone.

pin.ça [p´isə] *sf* **1** pinzetta. **2** *Mec* branca. **3** **pinças** (de caranguejo, escorpião) *pl Zool* pinze, chele, tenaglie.

pin.cel [pĩs´ew] *sm* pennello. **pincel de barba** pennello per barba. *Pl: pincéis.*

pin.gar [pĩg´ar] *vt* **1** stillare. *vi* **2** gocciolare, stillare. **3** *fig* lacrimare.

pin.gen.te [pĩʒ´ẽti] *sm* pendente, ciondolo, goccia.

pin.go [p´ĩgu] *sm* **1** goccia. **2** *fig* lacrima, piccola quantità di liquido.

pin.gue-pon.gue [pĩgip´õgi] *sm Esp* ping-pong. *Pl: pingue-pongues.*

pin.guim [pĩg´wĩ] *sm* pinguino.

pi.nhei.ro [piñ´ejru] *sm Bot* pino.

pin.ta [p´ĩtə] *sf* macchia. **pinta na pele** neo.

pin.tar [pĩt´ar] *vt* **1** colorare, tingere. **2** dipingere, figurare. *vpr* **3** tingersi.

pin.ti.nho [pĩt´iñu] *sm dim Zool* pulcino.

pin.to [p´ĩtu] *sm Zool* pulcino. **2** *vulg* cazzo, uccello, organo sessuale maschile.

pin.tor [pĩt´or] *sm* pittore.

pin.tu.ra [pĩt´urə] *sf* **1** pittura. **2** tela, quadro.

pi.o [p´iu] *sm* pio. • *adj* pio, religioso.

pi.o.lho [pi´oλu] *sm* pidocchio.

pi.or [pi´ɔr] *sm* **1** il peggio, il peggiore. *sf* **2** la peggio. • *adj compar* (de **ruim**) peggio, peggiore. • *adv compar* (de **mal**) peggio. **de mau a pior** di male in peggio. **levar a pior** avere la peggio.

pi.o.rar [pjor´ar] *vt* **1** peggiorare, aggravare. *vi* **2** peggiorare. **3** degenerare. **4** retrocedere. **5** aggravarsi (a saúde).

pi.pa [p´ipə] *sf* **1** botte, barile, bidone. **2** aquilone, cervo volante (brinquedo).

pi.que.ni.que [piken´iki] *sm* picnic.

pi.ra.do [pir´adu] *sm+adj pop* matto, pazzo.

pi.râ.mi.de [pir´ʌmidi] *sf Geom, Arquit* piramide.

pi.ra.nha [pir´ʌñə] *sf* **1** *Zool* piranha, pesce carnivoro. **2** *gír, fig* sgualdrina.

pi.rar [pir´ar] *vi pop* **1** ammattire, impazzire. **2** battere il tacco, scappare.

pi.ra.ta [pir´atə] *sm* pirata.

pi.res [p´iris] *sm sing+pl* piattino.

pi.ri.lam.po [piril´ãpu] *sm Zool* lucciola.

pi.ru.e.ta [piru´etə] *sf* piroetta.

pi.sar [piz´ar] *vt* pestare, calpestare.

pis.ca-pis.ca [piskap´iskə] *sm Autom* lampeggiatore. *Pl: piscas-piscas, pisca-piscas.*

pis.car [pisk´ar] *vt* **1** ammicare. **2** lampeggiare. • *sm* na expressão **piscar de olhos** **1** ammicco. **2** *pop* baleno.

pis.ci.na [pis´inə] *sf* piscina, vasca.

pi.so [p´izu] *sm* pavimento.

pi.so.te.ar [pizote´ar] *vt* calpestare.

pis.ta [p´istə] *sf* **1** pista. **2** impronta, orma, traccia. **3** autodromo. **pista de dança** pista da ballo.

pis.tão [pist´ãw] *sm Mús, Mec* pistone.

pis.to.la [pist´ɔlə] *sf* pistola, rivoltella.

pi.ta.da [pit´adə] *sf* pizzico, presa.

pi.tei.ra [pit´ejrə] *sf* bocchino.

pi.to.res.co [pitor´esku] *adj* pittoresco.

piz.za [p´itsə] *sf* pizza.

piz.zai.o.lo [pitsaj´olu] *sm* pizzaiolo.
piz.za.ri.a [pitsar´iə] *sf* pizzeria.
pla.ca [pl´akə] *sf* **1** *Autom* targa, placca. **2** *Med* placca.
plá.ci.do [pl´asidu] *adj* placido, sereno, calmo.
pla.gi.ar [plaʒi´ar] *vt* plagiare, contraffare.
plá.gio [pl´aʒju] *sm* plagio, furto.
pla.na.dor [planad´or] *sm Aer* aliante.
pla.nal.to [plan´awtu] *sm Geogr* scaglione.
pla.nar [plan´ar] *vi* planare.
pla.ne.jar [planeʒ´ar] *vt* **1** proiettare, ideare. **2** *fig* disegnare, delineare.
pla.ne.ta [plan´etə] *sm Astron* pianeta.
pla.ní.cie [plan´isji] *sf Geogr* pianura, piana.
pla.no [pl´ʌnu] *sm* **1** piano. **2** superficie piana. **3** progetto, programma, schema. **4** *Geom* plano. **5** *fig* embrione. • *adj* piano.
plan.ta [pl´ãtə] *sf* **1** *Bot* pianta. **2** *Arquit* pianta, carta. **planta do pé** *Anat* pianta.
plan.ta.ção [plãtas´ãw] *sf* piantagione, coltivazione.
plan.tar [plãt´ar] *vt* **1** piantare, coltivare. *vpr* **2** piantarsi a.
plás.ti.ca [pl´astikə] *sf Med* plastica.
plás.ti.co [pl´astiku] *sm* plastica. • *adj* plastico.
pla.ta.for.ma [plataf´ɔrmə] *sf* piattaforma.
pla.tei.a [plat´ɛjə] *sf* platea, pubblico.
pla.ti.na [plat´inə] *sf Quím, Min* platino.
ple.be [pl´ɛbi] *sf dep* plebe, gentaglia.
ple.beu [pleb´ew] *sm Hist fig, dep* plebeo. • *adj* **1** plebeo, della plebe. **2** umile.
ple.bis.ci.to [plebis´itu] *sm Pol* plebiscito.
plei.te.ar [plejte´ar] *vt+vi* pretendere, esigere, reclamare.
ple.ni.tu.de [plenit´udi] *sf* pienezza.
ple.no [pl´enu] *adj* pieno, assoluto, totale.
ple.o.nas.mo [pleon´azmu] *sm Gram* pleonasmo.
plu.ma [pl´umə] *sf* piuma.
plu.ma.gem [plum´aʒẽj] *sf* piumaggio.
plu.ral [plur´aw] *sm+adj Gram* plurale. *Pl*: *plurais*.
pneu [pn´ew] *sm Autom* pneumatico, gomma. **pneu sobressalente** ruota di ricambio.
pneu.mo.ni.a [pnewmon´iə] *sf Med* polmonite.
pó [p´ɔ] *sm* polvere. **tirar o pó** spolverare.
po.bre [p´ɔbri] *s* povero. • *adj* **1** povero, bisognoso. **2** *fig* nudo. **3** semplice. **pobre de mim!** (lamentando-se) povero me! **pobre de você!** (ameaçando) guai a te!
po.bre.za [pobr´ezə] *sf* **1** povertà, disagio, ristrettezze, strettezze. **2** *fig* aridità.
po.ça [p´ɔsə] *sf* pozza. **mergulhar em poça** appozzare.
po.ção [pos´ãw] *sf* pozione, bibita.
po.cil.ga [pos´iwgə] *sf* (também *fig*) porcaro.
po.ço [p´osu] *sm* **1** pozzo. **2** *Min* sorgente. **poço artesiano** pozzo artesiano. **poço de petróleo** pozzo petrolifero.
po.dar [pod´ar] *vt* potare, cimare alberi.
po.der [pod´er] *sm* **1** potere. **2** dominio. **3** balia, autorità. **4** *fig* magistero. • *vi* potere. **poder legislativo, executivo e judiciário** potere legislativo, esecutivo e giudiziario. **pode ser (que)** può darsi (che), magari.
po.dre [p´odri] *adj* marcio, putrefatto, fradicio. **ovo podre** uovo barlaccio. **podre de rico** ricco sfondato.
po.dri.dão [podrid´ãw] *sf* **1** fracidezza, marcio. **2** *fig* torbido.
po.ei.ra [po´ejrə] *sf* polvere.
po.e.ma [po´emə] *sm* **1** poema, poesia, canto. **2** *fig* rima.

po.en.te [po´ẽti] *sm Geogr* ponente, tramonto.
po.e.si.a [poez´iə] *sf* poesia, canto.
po.e.ta [po´etə] *sm* poeta.
po.é.ti.co [po´ɛtiku] *adj* poetico.
po.e.ti.sa [poet´izə] *sf* poetessa.
pois [p´ojs] *conj* 1 dunque. 2 così. **pois é!** già! **pois não!** pure (dando permissão).
po.lar [pol´ar] *adj* polare.
po.le.ga.da [poleg´adə] *sf* pollice.
po.le.gar [poleg´ar] *sm* pollice, dito grosso.
po.lei.ro [pol´ejru] *sm Teat* balconata. **poleiro de galinheiro** bastone da pollaio.
po.lê.mi.co [pol´emiku] *adj* polemico.
pó.len [p´ɔlẽj] *sm Bot* polline.
po.len.ta [pol´ẽtə] *sf* polenta.
po.lí.cia [pol´isjə] *sf* polizia.
po.li.ci.al [polisi´aw] *sm* 1 poliziotto, carabinieri. 2 *gír* sbirro. 3 *pop* questurino. • *adj* di polizia. *Pl:* policiais.
po.li.o.mi.e.li.te [poliomiel´iti] *sf Med* poliomielite.
po.lir [pol´ir] *vt* 1 pulire, lucidare, lustrare, brunire. 2 *Lit* forbire.
po.lis.sí.la.bo [polis´ilabu] *sm+adj Gram* polisillabo.
po.lí.ti.ca [pol´itikə] *sf* politica.
po.lí.ti.co [pol´itiku] *sm+adj* politico.
po.lo [p´ɔlu] *sm Geogr, Fís, Esp* polo. **polo aquático** pallanuoto.
pol.pa [p´owpə] *sf* 1 polpa. 2 midolla, midollo.
pol.tro.na [powtr´onə] *sf* 1 poltrona. 2 seggio. 3 posto (em auditório, cinema, trem).
po.lu.i.ção [polwis´ãw] *sf* inquinamento.
po.lu.ir [polu´ir] *vt* inquinare.
pol.vi.lhar [powviλ´ar] *vt* spolverare.
pol.vo [p´owvu] *sm Zool* piovra.
po.ma.da [pom´adə] *sf* pomata.
po.mar [pom´ar] *sm* pometo, frutteto.
pom.bo [p´õbu] *sm Zool* colombo, piccione.
pom.bo-cor.rei.o [põbukoř´eju] *sm Zool* piccione viaggiatore. *Pl:* pombos-correios, pombos-correio.
po.mo [p´omu] *sm* pomo.
pom.pa [p´õpə] *sf* 1 pompa, lusso, sontuosità. 2 *fam* gala. 3 *fig* splendore.
pon.de.rar [põder´ar] *vt* 1 ponderare. 2 *fig* calcolare, pesare. *vi* 3 riflettere.
pon.ta [p´õtə] *sf* 1 punta. 2 cima. 3 estremità. 4 *Geogr* capo. **de ponta** avanzato (tecnologia, aparelho). **ponta de cigarro** a) mozzicone. b) *fam* cicca.
pon.ta.pé [põtap´ɛ] *sm* calcio.
pon.ta.ri.a [põtar´iə] *sf* mira, punteria.
pon.te [p´õti] *sf* 1 ponte. 2 *Náut* coperta. **ponte levadiça** ponte levatoio. **ponte pênsil** ponte pensile.
pon.tei.ro [põt´ejru] *sm* indice, ago.
pon.ti.fi.ce [põt´ifisi] *sm Rel* pontefice.
pon.ti.lhar [põtiλ´ar] *vt* punteggiare.
pon.to [p´õtu] *sm* 1 punto. 2 lezione. 3 *Geom* punto. 4 *Esp* punto (em jogo). 5 *fig* punto nel tempo, nello spazio. **dois pontos** *Gram* due punti. **em ponto** in punto. **o ponto forte** il forte. **o ponto fraco** a) il debole. b) *fig* breccia. **ponto cardeal** *Geogr* punto cardinale. **ponto culminante** auge. **ponto de encontro** ritrovo. **ponto de exclamação** *Gram* punto esclamativo. **ponto de interrogação** *Gram* punto interrogativo. **ponto de ônibus** fermata. **ponto de táxi** posto di tassì. **ponto de vista** punto di vista. **ponto e vírgula** *Gram* punto e virgola. **ponto final** *Gram* punto, punto fermo. **ponto final (de linha de ônibus)** capolinea. **ponto morto** *Autom* marcia in folle.
pon.tu.a.ção [põtwas´ãw] *sf* 1 punteggiatura. 2 *Esp* punteggio.
pon.tu.al [põtu´aw] *adj* puntuale. *Pl:* pontuais.
pon.tu.ar [põtu´ar] *vt* punteggiare.
po.pa [p´ɔpə] *sf Náut* poppa.
po.pu.la.ção [populas´ãw] *sf* popolazione.

po.pu.lar [popul´ar] *adj* **1** popolare. **2** rinomato, conosciuto.
po.pu.lo.so [popul´ozu] *adj* popoloso.
pô.quer [p´ɔker] *sm* poker. *Pl: pôqueres*.
por [p´or] *prep* **1** per. **2** da. **por que** perché. *por que você está rindo? /* perché ridi? **por quê?** perché? *ela não veio à festa. E por quê? /* lei non è venuta alla festa. E perché?
pôr [p´or] *vt* **1** porre, mettere. *vpr* **2** porsi, mettersi. **3** *Astron* tramontare, declinare, calare. **pôr do sol** tramonto. **pôr no chão** deporre. **pôr-se a** mettersi a.
po.rão [por´ãw] *sm* sotterraneo.
por.ca [p´ɔrka] *sf* **1** *Zool* porca, scrofa, troia. **2** *Mec* madrevite, chiocciola.
por.ca.lhão [porkaʎ´ãw] *sm* **1** porcaccione. **2** *fig* porco, maiale.
por.ção [pors´ãw] *sf* porzione, parte, fetta, partita.
por.ca.ri.a [porkar´iə] *sf* **1** porcheria, sudiciume. **2** *fig* porcheria, lavoro mal fatto.
por.ce.la.na [porsel´ʌnə] *sf* porcellana.
por.cen.ta.gem [porsẽt´aʒẽj] *sf* **1** percento. **2** tenore.
por.co [p´orku] *sm* **1** *Zool* porco, suino. **2** *fig* porcaccione. • *adj* **1** sporco. **2** *fam* immondo, sozzo. **porco castrado** maiale.
po.rém [por´ẽj] *conj* **1** però. **2** ma tuttavia. **3** pure.
por.no.gra.fi.a [pornograf´iə] *sf* pornografia.
po.ro [p´ɔru] *sm* poro.
por.que [pork´e] *conj* perché, ché.
por.quê [pork´e] *sm* il perché, motivo, ragione.
por.re [p´oʀi] *sm pop* sbornia. **tomar um porre** prendere una sbornia.
por.ta [p´ɔrtə] *sf* porta, uscio. **porta de carro** portiera.
por.ta-ban.dei.ra [pɔrtəbãd´ejrə] *sm Mil* portabandiera. *Pl: porta-bandeiras*.
por.ta.dor [portad´or] *sm Com* portatore (de um cheque).

por.ta-joi.as [pɔrtaʒ´ɔjəs] *sm sing+pl* portagioielli.
por.ta-lu.vas [pɔrtəl´uvəs] *sm sing+pl Autom* cassetto del cruscotto.
por.ta-ma.las [pɔrtəm´aləs] *sm sing+pl Autom* bagagliaio, portabagagli.
por.ta-mo.e.das [pɔrtəmo´edəs] *sm sing+pl* portamonete.
por.tan.to [port´ãtu] *conj* **1** pertanto, dunque, quindi, perciò, così. **2** allora, ora.
por.tão [port´ãw] *sm* porta.
por.ta-re.tra.tos [pɔrtəretr´atus] *sm sing+pl* portaritratti.
por.ta.ri.a [portar´iə] *sf* portineria.
por.tá.til [port´atiw] *adj* portabile. *Pl: portáteis*.
por.ta-voz [pɔrtəv´ɔs] *sm* portavoce. *Pl: porta-vozes*.
por.te [p´ɔrti] *sm* **1** portamento, atteggiamento. **2** *Com* porto. **porte de arma** porto d'armi.
por.tei.ra [port´ejrə] *sf* portiera.
por.tei.ro [port´ejru] *sm* portiere, portinaio, custode.
por.to [p´ortu] *sm* **1** *Náut* porto, scalo. **2** *Geogr* rada. **3** *fig* sbarco.
por.tu.guês [portug´es] *sm+adj* portoghese.
por.ven.tu.ra [pɔrvẽt´urə] *adv* forse.
por.vir [porv´ir] *sm* futuro.
po.sar [poz´ar] *vi Arte* posare. **posar de** posare a.
po.se [p´ɔzi] *sf* **1** *Arte* posa. **2** *fig* sfoggio.
po.si.ção [pozis´ãw] *sf* **1** posizione. **2** veci. **posição social** *fig* stato, condizione.
po.si.ti.vo [pozit´ivu] *adj* **1** positivo. **2** benefico.
pos.por [posp´or] *vt* posporre.
pos.se [p´ɔsi] *sf* **1** possesso. **2** dominio. **3** godimento. **4** ingresso (num cargo). **posses** *pl* possessioni, beni, averi. **ter posses** aver possessioni. **tomar posse de** appropriarsi di, impadronirsi di.

pos.ses.são [poses´ãw] *sf* **1** possessione. **2** possesso. **3** ossessione.

pos.ses.si.vo [poses´ivu] *adj* **1** *Gram* possessivo. **2** *fig* possessivo, geloso.

pos.si.bi.li.da.de [posibilid´adi] *sf* **1** possibilità. **2** probabilità. **3** alternativa.

pos.sí.vel [pos´ivew] *sm+adj* possibile. **é possível** magari. *Pl:* **possíveis**.

pos.su.ir [posu´ir] *vt* **1** possedere. **2** avere. **3** tenere.

pos.tal [post´aw] *adj* postale, della posta. *Pl:* **postais**.

pos.te [p´ɔsti] *sm* palo.

pos.te.ri.or [posteri´or] *adj* posteriore, successivo, seguente.

pos.ti.ço [post´isu] *adj* posticcio, finto.

pos.to [p´ɔstu] *sm* **1** posto, carica, funzione. **2** *Mil* posto, grado. **3** *fig* seggio. • *adj* posto, messo. **a posto! a posto! isso posto** posto ciò. **posto de gasolina** stazione di rifornimento. **posto de saúde** ufficio sanitario. **posto que** *conj* posto che, contuttoché.

pós.tu.mo [p´ɔstumu] *adj* postumo.

pos.tu.ra [post´urə] *sf* gesto, atteggiamento.

po.tás.sio [pot´asju] *sm Quím* potassio.

po.tá.vel [pot´avew] *adj* potabile. *Pl:* **potáveis**.

po.tên.cia [pot´ẽsjə] *sf* **1** potenza. **2** *Mil* forza.

po.ten.te [pot´ẽti] *adj* **1** potente. **2** baldo. **3** efficace. **4** *fig* forte.

po.tro [p´otru] *sm Zool* puledro.

pou.co [p´owku] *sm* poco, pizzico. • *adj* poco. **pouco tempo** / poco tempo. *pouca coisa* / poca cosa. • *adv* poco. **aos poucos/pouco a pouco** a poco a poco. **daqui a pouco** fra poco. **há pouco** poco fa, poc'anzi. **nem um pouco** punto. **ele não é nem um pouco educado** / non è punto gentile. **por pouco** per poco. **um pouco** alquanto. **um pouco de** un po' di.

pou.pan.ça [powp´ãsə] *sf* risparmio, economia.

pou.par [powp´ar] *vt* **1** risparmiare. **2** economizzare. *vpr* **3** risparmiarsi.

pou.sa.da [powz´adə] *sf* **1** locanda, albergo. **2** *Mil* posata.

pou.sar [powz´ar] *vt* **1** posare, deporre. *vi* **2** posarsi. **3** *Aer* atterrare.

po.vo [p´ovu] *sm* **1** popolo. **2** gente. **3** pubblico. **4** *dep* i plebei. **5** *fig* razza, stirpe.

po.vo.ar [povo´ar] *vt* popolare, colonizzare.

pra.ça [pr´asə] *sf* **1** piazza, largo. **2** *Com* piazza. **praça pública** foro.

pra.ga [pr´agə] *sf* **1** maledizione. **2** peste. **3** *fig* morbo.

pra.gue.jar [prageʒ´ar] *vi* bestemmiare.

prai.a [pr´ajə] *sf* spiaggia, piaggia, sponda, lido.

pran.cha [pr´ãʃə] *sf* asse. **prancha de madeira** tavola.

pra.ta [pr´atə] *sf Min* argento.

pra.te.lei.ra [pratel´ejrə] *sf* scaffale.

prá.ti.ca [pr´atikə] *sf* **1** pratica. **2** prassi, esercizio. **3** conoscenza. **ter prática em** essere pratico di.

pra.ti.car [pratik´ar] *vt* **1** praticare, mettere in pratica, esercitare, commettere. *vi* **2** esercitare.

prá.ti.co [pr´atiku] *adj* **1** pratico. **2** comodo. • *sm* pratico, esperto.

pra.to [pr´atu] *sm* **1** piatto. **2** alimento, vivanda, pietanza. **3** *pop* cibo. **4 pratos** *pl Mús* piatti, cimbali. **como segundo prato** di secondo. **lavador de pratos** lavapiatti. **os pratos da balança** i piatti della bilancia.

pra.xe [pr´aʃi] *sf* prassi, cerimonia, forma. **de praxe** di rito.

pra.zer [praz´er] *sm* piacere, diletto, delizia, gusto, godimento, grado. **com prazer** volentieri. **com prazer!** si figuri! **muito prazer! tenho muito prazer em conhecê-lo(a)!** sono lieto di fare la vostra conoscenza! **ter prazer** godere.

pra.zo [pr´azu] *sm* termine, scadenza. **a curto prazo** a breve scadenza. **a longo prazo** a lunga scadenza. **vender e pagar a prazo** vendere e pagare a rate.
pre.a.mar [pream´ar] *sf Náut* flusso.
pre.cá.rio [prek´arju] *adj* precario.
pre.cau.ção [prekaws´ãw] *sf* precauzione, previdenza, cautela, riguardo.
pre.ca.ver [prekav´er] *vt* 1 prevenire. *vpr* 2 assicurarsi.
pre.ce [pr´ɛsi] *sf* 1 preghiera, orazione. 2 *Lit, Poét* prece.
pre.ce.den.te [presed´ẽti] *sm* precedente. • *adj* precedente, previo.
pre.ce.der [presed´er] *vt* 1 precedere, prevenire, anticipare. *vi* 2 precedere.
pre.ci.o.so [presi´ozu] *adj* prezioso.
pre.ci.pí.cio [presip´isju] *sm* precipizio, balza.
pre.ci.pi.ta.ção [presipitas´ãw] *sf* precipitazione, premura, fretta, impazienza.
pre.ci.pi.tar [presipit´ar] *vt* 1 precipitare. *vpr* 2 precipitarsi.
pre.ci.são [presiz´ãw] *sf* 1 precisione. 2 accuratezza, esattezza. 3 chiarezza, nitidezza.
pre.ci.sar [presiz´ar] *vt* 1 precisare, definire. 2 occorrere, bisognare. 3 aver bisogno di, necessitare.
pre.ci.so [pres´izu] *adj* 1 preciso. 2 nitido. 3 accurato, esatto. 4 giusto. 5 *fig* matematico. **ser preciso/necessário** bisognare.
pre.ço [pr´esu] *sm* prezzo, costo.
pre.co.ce [prek´ɔsi] *adj* 1 precoce, prematuro. 2 *fig* immaturo.
pre.con.cei.to [prekõs´ejtu] *sm* pregiudizio, preconcetto.
pre.cur.sor [prekurs´or] *sm* precursore, antecessore. • *adj* precursore.
pre.da.dor [predad´or] *sm* predatore.
pre.de.ces.sor [predeses´or] *adj* predecessore.

pre.di.ca.do [predik´adu] *sm* 1 *Gram* predicato. 2 *fig* dote, pregio, virtù.
pre.di.ção [predis´ãw] *sf* predizione, profezia.
pre.di.le.ção [prediles´ãw] *sf* predilezione.
pre.di.le.to [predil´ɛtu] *sm+adj* prediletto, diletto.
pré.dio [pr´ɛdju] *sm* palazzo.
pre.dis.por [predisp´or] *vt* 1 predisporre, approntare. *vpr* 2 predisporsi.
pre.dis.po.si.ção [predispozis´ãw] *sf* 1 predisposizione. 2 vocazione. 3 *Med* disposizione.
pre.di.zer [prediz´er] *vt* predire, profetizzare, augurare.
pre.do.mi.nar [predomin´ar] *vi* 1 predominare. 2 *fig* regnare.
pre.en.cher [preẽʃ´er] *vt* 1 riempire (formulário). 2 eseguire, compiere. 3 soddisfare (uma exigência).
pre.fá.cio [pref´asju] *sm* prefazione, presentazione.
pre.fei.to [pref´ejtu] *sm* sindaco, prefetto.
pre.fei.tu.ra [prefejt´urə] *sf* prefettura.
pre.fe.rên.cia [prefer´ẽsjə] *sf* preferenza, predilezione.
pre.fe.rir [prefer´ir] *vt* 1 preferire, scegliere. 2 *fig* anteporre.
pre.fi.xo [pref´iksu] *sm Gram* prefisso.
pre.ga [pr´ɛgə] *sf* 1 piega, rivolta. 2 grinza.
pre.ga.ção [pregas´ãw] *sf Rel* predica, sermone.
pre.ga.dor [pregad´or] *sm Rel* predicatore.
pre.gar [preg´ar] *vt* 1 affissare, applicare, attaccare. 2 inchiodare. 3 *Rel* predicare.
pre.go [pr´ɛgu] *sm* chiodo.
pre.gui.ça [preg´isə] *sf* 1 pigrizia, inerzia. 2 *Zool* bradipo.
pre.gui.ço.so [pregis´ozu] *adj* 1 pigro, indolente. 2 *fig* svogliato, addormentato. • *sm* bighellone.

pre.ju.di.car [preʒudikˈar] *vt* **1** pregiudicare, danneggiare, nuocere. **2** *fig* dare il gambetto ad uno. *vpr* **3** pregiudicarsi.

pre.ju.di.ci.al [preʒudisiˈaw] *adj* **1** pregiudiziale, dannoso. **2** *fig* mortifero. *Pl: prejudiciais.*

pre.ju.í.zo [preʒuˈizu] *sm* **1** pregiudizio. **2** danno, guasto, svantaggio.

pre.li.mi.nar [preliminˈar] *sf+adj* preliminare.

pre.ma.tu.ro [prematˈuru] *adj* **1** prematuro, precoce. **2** *fig* immaturo.

pre.me.di.tar [premeditˈar] *vt Dir* premeditare.

pre.mi.ar [premiˈar] *vt* premiare, ricompensare, rimunerare, gratificare.

prê.mio [prˈemju] *sm* **1** premio. **2** ricompensa, taglia. **3** *Esp* premio, competizione, gara. **4** *Com* premio, buono.

pre.mo.ni.ção [premonisˈãw] *sf* premonizione, visione.

pren.der [prẽdˈer] *vt* **1** prendere. **2** afferrare, agganciare. **3** attaccare, legare. **4** catturare, incarcerare. **5** *fig* ammanettare.

pre.nhe [prˈeɲi] *adj f Zool* pregna, gravida.

pre.no.me [prenˈomi] *sm* prenome, nome di battesimo.

pren.sa [prẽsa] *sf Mec* pressa.

pren.sar [prẽsˈar] *vt* pressare, calcare.

pre.o.cu.pa.ção [preokupasˈãw] *sf* **1** preoccupazione, apprensione, inquietudine. **2** *fig* angoscia.

pre.o.cu.par [preokupˈar] *vt* **1** preoccupare, turbare. **2** *fig* opprimere. *vpr* **3** preoccuparsi, turbarsi, affliggersi.

pre.pa.ra.ção [preparasˈãw] *sf* **1** preparazione, **2** *fig* gestazione.

pre.pa.rar [preparˈar] *vt* **1** preparare. **2** approntare, apprestare. **3** elaborare, confezionare. **4** disporre. **5** apparecchiare. **6** *fig* iniziare. *vpr* **7** prepararsi. **8** predisporsi. **9** apparecchiarsi, armarsi. **10** apprestarsi. **preparar conserva de alimentos** acconciare alimenti.

pre.pa.ro [prepˈaru] *sm* preparazione, confezione.

pre.po.si.ção [prepozisˈãw] *sf Lit, Gram* preposizione.

pre.po.ten.te [prepotˈẽti] *sm* **1** prepotente. **2** *fig* tiranno. • *adj* **1** prepotente. **2** autoritario.

prer.ro.ga.ti.va [prerˈogatˈiva] *sf* prerogativa, regalia, privilegio.

pre.sa [prˈeza] *sf* **1** preda di caccia. **2** zanna, dente di animale. **presa de guerra** *Mil* preda.

pres.cre.ver [preskrevˈer] *vt* prescrivere, imporre, disporre.

pres.cri.ção [preskrisˈãw] *sf* prescrizione, comando, disposizione. **prescrição médica** *Med* prescrizione, ricetta.

pre.sen.ça [prezˈẽsa] *sf* **1** presenza. **2** intervento. **na presença de** in presenza di, davanti a, innanzi a.

pre.sen.ci.ar [prezẽsiˈar] *vt* presenziare a, assistere a.

pre.sen.te [prezˈẽti] *sm* **1** il presente. **2** regalo, dono, presente. **3** *Gram* presente dei verbi. **4** *fig* benedizione. • *adj* presente, attuale, corrente. • *interj* presente! **dar um presente** fare un regalo. **estar presente a** ritrovarsi a. **no presente** al presente. **os presentes** i presenti.

pre.sen.te.ar [prezẽteˈar] *vt* regalare, donare, presentare, offrire.

pre.ser.var [prezervˈar] *vt* **1** preservare, conservare. *vpr* **2** preservarsi.

pre.ser.va.ti.vo [prezervatˈivu] *sm+adj* preservativo.

pre.si.den.te [prezidˈẽti] *sm+adj* presidente.

pre.si.dir [prezidˈir] *vt* presiedere.

pre.so [prˈezu] *sm* prigioniero. • *part+adj* preso.

pres.sa [pr'ɛsə] *sf* 1 fretta, premura. 2 precipitazione. 3 impazienza.
pres.sá.gio [pres'aʒju] *sm* 1 presagio, augurio, auspicio. 2 *fig* avvertimento.
pres.são [pres'ãw] *sf* pressione. **pressão sanguínea** pressione sanguigna.
pres.sen.ti.men.to [presẽtim'ẽtu] *sm* 1 premonizione, divinazione, presagio. 2 *fig* fiuto.
pres.sen.tir [presẽt'ir] *vt* 1 presentire, divinare. 2 *fig* sentire, fiutare.
pres.si.o.nar [presjon'ar] *vt* far pressione.
pres.su.por [presup'or] *vt* presupporre, presumere, supporre.
pres.su.pos.to [presup'ostu] *sm* presunzione.
pres.ta.ção [prestas'ãw] *sf Com* rata, quota. **prestação de contas** *Com* resoconto, bilancio, bolletino.
pres.tar [prest'ar] *vt* 1 prestare. *vi* 2 servire. *vpr* 3 prestarsi a.
pres.ta.ti.vo [prestat'ivu] *adj* premuroso.
pres.tí.gio [prest'iʒju] *sm* 1 prestigio, pregio. 2 *fig* influenza.
pre.su.mir [prezum'ir] *vt* 1 supporre. 2 *Lit* presumere.
pre.sun.ção [prezũs'ãw] *sf* 1 presunzione. 2 pretensione, superbia. 3 *fig* pretesa. 4 fumo.
pre.sun.ço.so [prezũs'ozu] *sm* 1 *dep* pedante. 2 *fig* fante di picche. • *adj* 1 presuntuoso. 2 altezzoso. 3 pedante, ammanierato.
pre.sun.to [prez'ũtu] *sm* prosciutto.
pre.ten.der [pretẽd'er] *vt* 1 pretendere. 2 reclamare, esigere. 3 intendere.
pre.ten.são [pretẽs'ãw] *sf* 1 pretensione. 2 pretesa. 3 esigenza. 4 affettazione, boria. 5 *fig* vista.
pre.tex.to [pret'estu] *sm* 1 pretesto, scusa. 2 scappatoia. 3 occasione. 4 *fig* argomento. 5 velo, coperta.
pre.to [pr'etu] *adj* nero.

pre.va.le.cer [prevales'er] *vi* 1 prevalere, predominare, dominare. 2 *fig* regnare.
pre.ve.nir [preven'ir] *vt* 1 prevenire, avvisare. *vpr* 2 assicurarsi.
pre.ver [prev'er] *vt* prevedere, anticipare.
pre.vi.dên.cia [previd'ẽsjɐ] *sf* previdenza, provvidenza. **previdência social** previdenza sociale.
pré.vio [pr'ɛvju] *adj* previo.
pre.vi.são [previz'ãw] *sf* 1 previsione. 2 profezia. 3 prospettiva. 4 *Com* valutazione. 5 *fig* oracolo.
pre.vi.sí.vel [previz'ivew] *adj* prevedibile. *Pl: previsíveis.*
pre.zar [prez'ar] *vt* pregiare, stimare, gradire.
pri.má.rio [prim'arju] *adj* 1 primario. 2 *fig* primo.
pri.ma.ve.ra [primav'ɛrɐ] *sf* primavera. **na primavera** in primavera. **primavera da vida** *fig* primavera.
pri.mei.ro [prim'ejru] *num* primo. • *adj* 1 primo. 2 *Cin, Teat* primo, principale. • *adv* dapprima. • **primeira** *sf Autom* marcia prima. **primeiro ator** *Teat, Cin* primo attore. **Primeiro do Ano** Capodanno. **primeiro que** avanti che.
pri.mei.ro-mi.nis.tro [primejrumin'istru] *sm Pol* primo ministro. *Pl: primeiros-ministros.*
pri.mi.ti.vo [primit'ivu] *adj* 1 primitivo. 2 arcaico. 3 primario. 4 *fig* ancestrale.
pri.mo [pr'imu] *sm* 1 cugino. *sf* 2 **prima** cugina. • *adj Mat* primo. **número primo** numero primo. **primo em primeiro grau** cugino di primo grado. **primo em segundo grau** cugino di secondo grado.
prin.ce.sa [pris'ezɐ] *sf* principessa.
prin.ci.pal [prisip'aw] *adj* 1 principale. 2 primario, cardinale. 3 maestro. 4 *Cin, Teat* principale, primo, centrale. **cantor principal** primo cantante. *Pl: principais.*

prín.ci.pe [prˈisipi] *sm* principe.

prin.ci.pi.ar [prĩsipiˈar] *vt* **1** principiare, cominciare. **2** *pop* incominciare. *vi* **3** principiare.

prin.cí.pio [prĩsˈipju] *sm* **1** principio. **2** inizio, capo. **3** origine. **4** educazione, morale. **5** *Fís* principio. **6** *fig* elemento, fondamento, rudimento. **7** germe, seme, fonte. **8 princípios** *pl* principi. **desde o princípio** dall'inizio, da capo. **no princípio** in principio, all'inizio.

pri.o.ri.da.de [prjoridˈadi] *sf* priorità.

pri.são [prizˈãw] *sf* **1** prigione. **2** penitenziario. **3** arresto. **4** *Dir* reclusione. **5** *fig* gabbia. **prisão de ventre** *Med* stitichezza. **prisão perpétua** carcere a vita.

pri.si.o.nei.ro [prizjonˈejru] *sm* prigioniero. • *sm+adj fig* schiavo.

pri.va.da [privˈadə] *sf* **1** latrina, vaso da gabinetto. **2** *fam* gabinetto. **3** *gír* cesso.

pri.va.do [privˈadu] *adj* **1** privato. **2** *Lit* orbo. **3** *fig* riservato, chiuso.

pri.var [privˈar] *vt* **1** privare. *vpr* **2** privarsi. **3** *fig* spogliarsi.

pri.vi.lé.gio [privilˈɛʒju] *sm* **1** privilegio, prerogativa, diritto, regalia. **2** *Pol* franchigia. **3** *fig* monopolio.

pró [prˈɔ] *sm* pro.

pro.a [prˈoə] *sf Náut* prora.

pro.ba.bi.li.da.de [probabilidˈadi] *sf* probabilità, alea.

pro.ble.ma [problˈemə] *sm* **1** problema, guaio, contrattempo. **2** *fig* rompicapo.

pro.ble.má.ti.co [problemˈatiku] *adj* problematico.

pro.ce.der [prosedˈer] *vt* procedere da, provenire da.

pro.ce.di.men.to [prosedimˈẽtu] *sm* procedimento, processo, mezzo, passo.

pro.ces.sar [prosesˈar] *vt* processare.

pro.ces.so [prosˈesu] *sm* **1** processo. **2** metodo, tecnica. **3** *Dir* processo, causa, lite. **4** atti, documenti.

pro.cis.são [prosisˈãw] *sf Rel* processione.

pro.cla.mar [proklamˈar] *vt* proclamare, dichiarare.

pro.cri.ar [prokriˈar] *vt* procreare, generare.

pro.cu.ra [prokˈurə] *sf* **1** busca, ricerca. **2** *Com* domanda, richiesta. **3** *fig* caccia.

pro.cu.ra.ção [prokurasˈãw] *sf Dir* procura.

pro.cu.rar [prokurˈar] *vt* **1** cercare, buscare, ricercare. **2** *fig* pescare. **ir procurar alguém** andare per.

pro.dí.gio [prodˈiʒju] *sm* **1** prodigio. **2** *fig* miracolo.

pro.du.ção [produsˈãw] *sf* **1** produzione, industria. **2** *Teat* produzione.

pro.du.to [prodˈutu] *sm* **1** prodotto. **2** merce. **3** ricavo. **4** *Mat* prodotto. **produtos farmacêuticos** *Med* spezie.

pro.du.zir [produzˈir] *vt* **1** produrre. **2** rendere, fruttare. **3** fabbricare, fare. **4** indurre. **5** *fig* creare. *vi* **6** fruttare.

pro.fa.no [profˈʌnu] *adj* **1** profano. **2** empio. **3** mondano, terreno. • *sm* profano.

pro.fe.ci.a [profesˈiə] *sf* profezia, predizione. **2** *fig* oracolo.

pro.fes.sor [profesˈor] *sm* professore, insegnante, docente. **professor primário** maestro.

pro.fes.so.ra [profesˈorə] *sf* professoressa.

pro.fe.ta [profˈetə] *sm* profeta.

pro.fe.ti.zar [profetizˈar] *vt* **1** profetizzare, augurare. *vi* **2** profetizzare.

pro.fis.são [profisˈãw] *sf* **1** professione. **2** mestiere. **3** carriera. **4** *fig* arte.

pro.fun.do [profˈũdu] *adj* **1** profondo. **2** fondo. **3** grave. **4** *fig* intenso. **5** alto (lago, silêncio, sono). **6** aperto (mar). **7** basso (som).

pro.gra.ma [progrˈʌmə] *sm* (também *Teat, Inform, TV*) programma.

pro.gre.dir [progred´ir] *vi* **1** progredire. **2** prosperare. **3** avanzare. **4** svilupparsi, maturare.

pro.ges.so [progr´ɛsu] *sm* **1** progresso. **2** svolgimento, avanzamento. **3** *fig* carriera, profitto.

pro.i.bi.ção [projbis´ãw] *sf* **1** proibizione. **2** divieto, veto. **3** interdizione.

pro.i.bi.do [projb´idu] *adj* **1** proibito, vietato. **2** *fig* chiuso.

pro.i.bir [projb´ir] *vt* **1** proibire. **2** vietare. **3** censurare. **4** interdire, inibire.

pro.je.tar [proʒet´ar] *vt* **1** progettare. **2** proiettare. **3** tracciare. **4** *fig* concepire, disegnare, delineare. **projetar um filme** proiettare un film.

pro.jé.til [proʒ´etiw] *sm* proiettile. *Pl: projéteis*.

pro.je.to [proʒ´ɛtu] *sm* **1** progetto. **2** piano, disegno. **3** programma. **4** schema, bozza.

pro.je.tor [proʒet´or] *sm* proiettore.

pro.le [pr´ɔli] *sf Lit* prole.

pro.le.tá.rio [prolet´arju] *sm* proletario.

pro.li.xo [prol´iksu] *adj* prolisso.

pro.lon.gar [prolõg´ar] *vt* **1** prolungare. **2** allargare, allungare. **3** differire. *vpr* **4** stendersi. **5** continuare, trascinarsi.

pro.mes.sa [prom´ɛsə] *sf* **1** promessa. **2** *fig* parola.

pro.me.ter [promet´er] *vt* **1** promettere. **2** impegnare. **3** *fig* promettere, essere promettente. **prometer a si mesmo** promettersi.

pro.mo.ção [promos´ãw] *sf* promozione.

pro.mo.ver [promov´er] *vt* **1** promuovere, fomentare. **2** *Com* patrocinare. **3** *fig* coltivare.

pro.no.me [pron´omi] *sm Gram* pronome.

pron.to [pr´õtu] *adj* **1** pronto. **2** abile.

pro.nún.cia [pron´ũsjə] *sf* **1** pronunzia. **2** parlata.

pro.nun.ci.ar [pronũsi´ar] *vt* **1** pronunziare, articolare, parlare. *vpr* **2** pronunziarsi.

pro.pa.gan.da [propag´ãdə] *sf* propaganda, annuncio, pubblicità.

pro.pa.gar [propag´ar] *vt* **1** propagare, diffondere, allargare. *vpr* **2** propagarsi, allargarsi.

pro.pí.cio [prop´isju] *adj* propizio, favorevole, prospero.

pro.pi.na [prop´inə] *sf* propina.

pró.po.lis [pr´ɔpolis] *sf sing+pl* propoli.

pro.por [prop´or] *vt* **1** proporre, consigliare, designare. *vpr* **2** proporsi, offrirsi. **propor-se a** proporsi a, prefiggersi a.

pro.por.ção [propors´ãw] *sf Mat* proporzione, rapporto.

pro.por.ci.o.nal [proporsjon´aw] *adj* proporzionale. *Pl: proporcionais*.

pro.por.ci.o.nar [proporsjon´ar] *vt* **1** render proporzionato. **2** dare, fornire.

pro.pó.si.to [prop´ozitu] *sm* **1** proposito. **2** *fig* oggetto. **a propósito** a proposito. **a propósito de** circa. **de propósito** apposta.

pro.pos.ta [prop´ɔstə] *sf* **1** proposta. **2** mozione.

pro.pri.e.da.de [proprjed´adi] *sf* **1** proprietà. **2** tenuta, terreno. **3** possesso, dominio. **4 propriedades** *pl* beni. **propriedade rural** *fig* campagna.

pro.pri.e.tá.rio [proprjet´arju] *sm* **1** proprietario. **2** padrone di casa. • *adj* proprietario.

pró.prio [pr´ɔprju] *adj+pron* proprio.

pror.ro.ga.ção [proʁogas´ãw] *sf* proroga, rimando.

pror.ro.gar [proʁog´ar] *vt* **1** prorogare, differire, rimandare. **2** *fig* prolungare.

pro.sa [pr´ɔzə] *sf Lit* prosa.

pros.pe.rar [prosper´ar] *vi* prosperare.

prós.pe.ro [pr´ɔsperu] *adj* prospero, fausto, felice.

pros.se.guir [proseg´ir] *vt* **1** proseguire, continuare, seguire. *vi* **2** proseguire, procedere.

prós.ta.ta [pr´ɔstatə] *sf Anat* prostata.

pros.tí.bu.lo [prost´ibulu] *sm* postribolo.
pros.ti.tu.ir [prostitu´ir] *vt* 1 prostituire. *vpr* 2 prostituirsi.
pros.ti.tu.ta [prostit´utə] *sf* 1 prostituta, bagascia, sgualdrina. 2 *vulg* puttana, troia.
pros.tra.ção [prostras´ãw] *sf Med* prostrazione, abbattimento.
pro.ta.go.nis.ta [protagon´istə] *s* protagonista.
pro.te.ção [protes´ãw] *sf* 1 protezione. 2 riparo, difesa. 3 favore. 4 *fam* sponda. 5 *fig* scudo.
pro.te.ger [proteʒ´er] *vt* 1 proteggere. 2 difendere. 3 riparare. 4 favorire. 5 custodire, guardare. *vpr* 6 difendersi. 7 riparasi.
pro.te.í.na [prote´inə] *sf* proteina.
pró.te.se [pr´ɔtezi] *sf Med* protesi.
pro.tes.tan.te [protest´ãti] *s+adj Rel* protestante.
pro.tes.tar [protest´ar] *vt* 1 protestare. *vi* 2 reclamare, brontolare, strillare. 3 ribellarsi. **protestar uma nota** *Com* protestare una cambiale.
pro.tes.to [prot´ɛstu] *sm* 1 protesta, reclamo, strillo. 2 *Dir* protesto.
pro.te.tor [protet´or] *sm* 1 protettore. 2 tutore. 3 *fig* avvocato.
pro.to.co.lo [protok´ɔlu] *sm* 1 protocollo. 2 *fig* etichetta.
pro.va [pr´ɔvə] *sf* 1 prova. 2 compito, esame. 3 esperimento. 4 concorso. 5 *Dir* prova. 6 *Mat* prova, riprova. 7 *fig* cimento. **à prova d'água** stagno. **a toda prova** dare un esame, sostenere un esame. **pôr à prova** mettere alla prova. **prova tipográfica** bozza.
pro.va.ção [provas´ãw] *sf* sofferenza, patimento.
pro.var [prov´ar] *vt* 1 provare. 2 certificare. 3 assaggiare, degustare, tastare un alimento. 4 *fig* mostrare.

pro.vá.vel [prov´avew] *adj* probabile. *Pl:* **prováveis**.
pro.vei.to [prov´ejtu] *sm* profitto, guadagno, tornaconto.
pro.ver [prov´er] *vt* 1 provvedere, fornire, approvigionare. *vpr* 2 munirsi di.
pro.vér.bio [prov´ɛrbju] *sm* 1 proverbio. 2 *fig* sentenza.
pro.vi.dên.cia [provid´ẽsjə] *sf* 1 provvidenza. 2 provvedimento, misura.
pro.vi.den.ci.ar [providẽsi´ar] *vt* provvedere.
pro.vín.cia [prov´ĩsjə] *sf* provincia.
pro.vir [prov´ir] *vt* provenire da, derivare da, emanare da.
pro.vi.são [proviz´ãw] *sf* 1 provvisione. 2 riserva. 3 *Mil* provvisione, munizione. 4 *fig* alimenti.
pro.vi.só.rio [proviz´ɔrju] *adj* provvisorio, avventizio.
pro.vo.car [provok´ar] *vt* 1 provocare. 2 promuovere, suscitare. 3 tentare, attizzare. 4 aggredire. 5 *fig* arrecare, generare. 6 eccitare, stuzzicare. 7 spingere.
pró.xi.mo [pr´ɔsimu] *adj* 1 prossimo. 2 vicino, contiguo. 3 futuro. • *adv* vicino, presso, addosso. • *sm* il prossimo. **próximo a** vicino a, presso, addosso a, appresso a.
pru.dên.cia [prud´ẽsjə] *sf* 1 prudenza. 2 cautela, cauzione, accortezza. 3 saggezza.
pru.den.te [prud´ẽti] *adj* 1 prudente. 2 sensato, avveduto. 3 saggio.
pru.mo [pr´umu] *sm Arquit* piombo. **a prumo** a piombo.
pseu.dô.ni.mo [psewd´onimu] *sm* pseudonimo.
psi.ca.ná.li.se [psikan´alizi] *sf* psicanalisi, analisi.
psi.co.lo.gi.a [psikoloʒ´iə] *sf* psicologia.
psi.có.lo.go [psik´ɔlogu] *sm* psicologo.

psi.co.se [psikˊɔzi] *sf* psicosi.
psi.qui.a.tra [psikiˊatrə] *sm Med* psichiatra.
pu.ber.da.de [puberdˊadi] *sf* pubertà.
pú.bis [pˊubis] *sm sing+pl Anat* pube.
pu.bli.ca.ção [publikasˊãw] *sf* 1 pubblicazione. 2 gazzetta.
pu.bli.car [publikˊar] *vt* 1 pubblicare. 2 emanare (leis). 3 *fig* imprimere.
pu.bli.ci.da.de [publisidˊadi] *sf* 1 pubblicità. 2 annuncio.
pú.bli.co [pˊubliku] *sm* pubblico. • *adj* 1 pubblico. 2 notorio, palese. 3 formale.
pu.di.co [pudˊiku] *adj* pudico, modesto.
pu.dim [pudˊĩ] *sm* budino.
pu.dor [pudˊor] *sm* pudore, modestia.
pu.lar [pulˊar] *vt* 1 saltare. *vi* 2 saltare, balzare. **pular por cima** scavalcare.
pul.ga [pˊuwgə] *sf* pulce. **deixar com a pulga atrás da orelha** mettere una pulce nell'orecchio.
pul.mão [puwmˊãw] *sm Anat* polmone.
pu.lo [pˊulu] *sm* 1 salto, balzo, sbalzo, scatto. 2 corsa.
pu.lô.ver [pulˊover] *sm* maglione, golf. *Pl:* pulôveres.
pul.so [pˊuwsu] *sm* (também *Fisiol*) polso. **com pulso firme** con polso fermo.
pun.ção [pũsˊãw] *sf* punzone.
pu.nha.do [puñˊadu] *sm* pugno.
pu.nhal [puñˊaw] *sm* pugnale, daga. *Pl:* punhais.
pu.nho [pˊuñu] *sm Anat* pugno. **punho de manga** polsino.
pu.ni.ção [punisˊãw] *sf* 1 punizione, castigo, pena. 2 *fig* croce. 3 flagello.

pu.nir [punˊir] *vt* 1 punire, castigare, condannare. 2 *fig* sistemare, sferzare.
pu.pi.la [pupˊilə] *sf* 1 *Anat* pupilla, luce. 2 *Dir* pupilla, minorenne tutelata.
pu.pi.lo [pupˊilu] *sm* 1 *Dir* pupillo. 2 *gír* cocco.
pu.rê [purˊe] *sm* purea.
pu.re.za [purˊezə] *sf* 1 purezza. 2 verginità. 3 *fig* mondezza.
pur.gan.te [purgˊãti] *sm+adj* Med purgante. **tomar purgante** purgarsi.
pur.gar [purgˊar] *vt* 1 purgare, depurare. 2 *Med* purgare. 3 *fig* mondare.
pu.ri.fi.car [purifikˊar] *vt* 1 purificare, depurare. 2 *fig* mondare, lavare. *vpr* 3 purificarsi, depurare.
pu.ri.ta.no [puritˊʌnu] *sm+adj* 1 *Rel* puritano. 2 *fig, dep* puritano, moralista.
pu.ro [pˊuru] *adj* 1 puro. 2 genuino. 3 casto, vergine. 4 mero, solo. 5 schietto. 6 semplice. 7 *fig* candido.
púr.pu.ra [pˊurpurə] *sf* porpora.
pus [pˊus] *sm Med* pus.
pu.ta [pˊutə] *sf vulg* puttana, troia, bagascia.
pu.xa [pˊuʃə] *interj* caspita!
pu.xão [puʃˊãw] *sm* strappo. **dar um puxão de orelhas** tirare gli orecchi. **puxão de orelhas** *fam* tirata d'orecchi, lavata di testa.
pu.xar [puʃˊar] *vt* tirare, trarre, trascinare.
pu.xa-sa.co [puʃəsˊaku] *sm pop, dep* leccapiedi. *Pl:* puxa-sacos.

q

q [k´e] *sm* la diciassettesima lettera dell'alfabeto portoghese.

qua.dra.do [kwadr´adu] *sm+adj* **1** quadro, quadrato. **2** *Mat* quadrato di un numero.

qua.dri.cu.la.do [kwadrikul´adu] *sm* casella. • *adj* a quadretti.

qua.dril [kwadr´iw] *sm Anat* anca, fianco. *Pl: quadris.*

qua.dri.lá.te.ro [kwadril´ateru] *sm+adj Geom* quadrilatero.

qua.dri.lha [kwadr´iλə] *sf* **1** masnada, banda. **2** *Mús* quadriglia.

qua.dro [k´wadru] *sm* **1** quadro. **2** tabella, tavola. **3** sintesi. **4** veduta. **5** *Pint* quadro, tela. **6** *Teat* numero, scena, tempo. **7** *fig* spettacolo.

qua.dro-ne.gro [kwadrun´egru] *sm* lavagna. *Pl: quadros-negros.*

qua.drú.pe.de [kwadr´upedi] *sm+adj* quadrupede.

qual [k´waw] *pron* **1** quale. **2** cotale. **o qual**, **a qual** a) il quale, la quale. b) cui, che. **os quais**, **as quais** a) i quali, le quali. b) cui, che. **ao qual**, **do qual etc** cui. *Pl: quais.*

qua.li.da.de [kwalid´adi] *sf* **1** qualità. **2** condizione.

qua.li.fi.car [kwalifik´ar] *vt* qualificare.

qual.quer [kwawk´ɛr] *adj+pron* qualsiasi, qualunque, qualsivoglia. **qualquer coisa** checchessia. **qualquer um/qualquer pessoa** chicchessia, chiunque. *Pl: quaisquer.*

quan.do [k´wãdu] *adv* quando, qualora. • *conj* quando, allorché, dove. **de vez em quando** di quando in quando, di tanto in tanto, ogni tanto.

quan.ti.a [kwãt´iə] *sf Com* somma. **uma pequena quantia** *fig* un grano.

quan.ti.da.de [kwãtid´adi] *sf* **1** quantità, quanto. **2** volume. **em grande quantidade** in quantità, a bizzeffe. **em pequena quantidade** poco. **grande quantidade** a) molto. b) *fig* mare, montagna, sacco. **pequena quantidade** a) poco. b) *fig* pelo. **uma quantidade indeterminada** un tanto.

quan.to [k´wãtu] *sm+pron.* • *adj+pron* **1** quanto. **2** quanta quanta. **3** quantos quanti. **4** quantas quante. • *adv* quanto. **o quanto antes** quanto prima. **quanto custa?** quanto costa? **quanto mais ..., tanto mais** quanto più ..., tanto più. **tanto quanto** tanto quanto.

qua.ren.ta [kwar´ẽtə] *sm+num* quaranta.

qua.ren.tão [kwarẽt´ãw] *sm+adj* quarantenne.

qua.ren.te.na [kwarẽt´enə] *sf* quarantena.

quar.ta-fei.ra [kwartəf´ejrə] *sf* mercoledì. **às quarta-feiras** di mercoledì. **quarta-feira de cinzas** Mercoledì delle Ceneri. *Pl: quartas-feiras.*

quar.tei.rão [kwartejr´ãw] *sm* isolato.
quar.tel [kwart´ɛw] *sm Mil* quartiere. *Pl:* quartéis.
quar.te.to [kwart´etu] *sm* (também *Mús*) quartetto.
quar.to [k´wartu] *sm* 1 camera, stanza, camera da letto. 2 ambiente, locale. 3 **quarta** *sf* a) *pop* mercoledì. b) *Autom* quarta, quarta velocità. • *sm+num* quarto. **quarto crescente** luna crescente. **quarto de casal** camera a due letti. **quarto de solteiro** camera a un letto. **quarto minguante** luna calante.
qua.se [k´wazi] *adv* 1 quasi. 2 circa. 3 per poco.
qua.tor.ze [kwat´orzi] *sm+num* quattordici.
qua.tro [k´watru] *sm+num* quattro.
que [k´i] *pron* che, quale. • *conj* che. **o que/tudo o que** ciò. **o que?** che cosa? **o que quer que** checchessia. **que casa você comprou?** qual casa hai comprato?
quê [k´e] *sm* 1 cu, il nome della lettera Q. 2 qualcosa, qualche cosa. 3 *fig* difficoltà, ostacolo. • *interj* che! **o quê!** che!
que.bra [k´ebrə] *sf* rottura, rotta.
que.bra-ca.be.ça [kebrəkab´esə] *sm* rompicapo. *Pl:* quebra-cabeças.
que.bra.do [kebr´adu] *adj* rotto.
que.brar [kebr´ar] *vt* 1 rompere, infrangere, spezzare. 2 fratturare. *vi* 3 *Com* fallire. *vpr* 4 rompersi, infrangersi, spezzarsi. 5 cedere. **quebrar a cara** battersi la fronte.
que.da [k´edə] *sf* 1 caduta. 2 capitombolo, ruzzolone, tombola, tonfo. 3 *fig* capitombolo, rovina. **queda dos preços** crollo dei prezzi.
quei.jo [k´ejʃu] *sm* formaggio. **queijo de ovelha** pecorino.
quei.ma [k´ejmə] *sf* combustione.
quei.ma.du.ra [kejmad´urə] *sf* bruciatura, scottatura. **marca de queimadura** cottura.

quei.mar [kejm´ar] *vt* 1 bruciare, scottare. 2 abbronzare. 3 cremare, carbonizzare, incenerire. 4 *fig* bere, consumare (combustível). *vi* 5 ardere, scottare. *vpr* 6 bruciare, scottarsi. 7 abbronzarsi.
quei.xa [k´ejʃə] *sf* 1 lamento. 2 reclamo, denunzia. **dar queixa** fare una denunzia.
quei.xa.da [kejʃ´adə] *sf* ganascia.
quei.xar-se [kejʃ´arsi] *vpr* lamentarsi, dolersi.
quei.xo [k´ejʃu] *sm Anat* mento.
quem [k´ẽj] *pron* chi. **quem?** chi? **quem dera que não viesse hoje!** così non venisse oggi! **quem quer que/quem quer que seja** *pron* chicchessia.
quen.te [k´ẽti] *adj* 1 caldo. 2 *fig* roco, sensuale.
que.pe [k´ɛpi] *sm Mil* chepì.
quer [k´ɛr] *conj* sia.
que.rer [ker´er] *vt* 1 volere, desiderare. 2 esigere. *vi* 3 volere. 4 intendere. *vpr* 5 volersi. • *sm* volere, voglia. **querer bem a** voler bene, amare. **querer dizer** voler dire. **querer mal** voler male.
que.ri.da [ker´idə] *sf* 1 cara. 2 *fam* bella.
que.ri.do [ker´idu] *sm* 1 diletto. 2 *fam* bello, gioia. 3 *fig* tesoro, gemma. • *adj* caro, diletto.
que.ru.bim [kerub´ĩ] *sm Rel* cherubino.
ques.tão [kest´ãw] *sf* questione, problema.
ques.ti.o.nar [kestjon´ar] *vt* 1 contendere. *vi* 2 questionare.
qui.çá [kis´a] *adv* forse.
qui.e.to [ki´etu] *adj* 1 quieto, tranquillo. 2 zitto.
qui.la.te [kil´ati] *sm* carato.
qui.lo [k´ilu] *sm V* quilograma.
qui.lo.gra.ma [kilogr´ʌmə] *sm* chilogramma, chilo. *Abrev:* quilo.
qui.lô.me.tro [kil´ometru] *sm* chilometro.

quí.mi.ca [kˈimikə] *sf* chimica.

qui.mo.no [kimˈonu] *sm* chimono, kimono.

qui.na [kˈinə] *sf* **1** angolo, cantone della tavola. **2** cinquina.

quin.quê.nio [kwĩkˈwenju] *sm* quinquennio.

quin.qui.lha.ri.a [kĩkiλarˈiə] *sf* chincaglieria, bazzecola, minutaglia.

quin.ta-fei.ra [kĩtəfˈejrə] *sf* giovedì. *Pl: quintas-feiras.*

quin.tal [kĩtˈaw] *sm* cortile. *Pl: quintais.*

quin.te.to [kĩtˈetu] *sm* (também *Mús*) quintetto.

quin.to [kˈĩtu] *sm+num* **1** quinto. **2 quinta** *sf* a) *pop* giovedì. b) *port* villa.

quin.ze [kˈizi] *sm+num* quindici.

quin.ze.na [kĩzˈenə] *sf* quindicina.

quin.ze.nal [kĩzenˈaw] *adj* quindicinale. *Pl: quinzenais.*

qui.os.que [kiˈɔski] *sm* chiosco, padiglione.

quis.to [kˈistu] *sm Med V* cisto.

qui.tar [kitˈar] *vt Com* quietanzare.

qui.te [kˈiti] *adj* pari. **estar quite com** essere pari con, non aver debiti o crediti con.

qui.tu.te [kitˈuti] *sm* manicaretto, pietanza.

quo.ci.en.te [kwosiˈẽti] *sm Mat* quoziente.

quo.ta [kwˈɔtə] *sf* **1** quota, contributo. **2** *Com* aliquota, rata, riparto.

r

r [´ɛři] *sm* la diciottesima lettera dell'alfabeto portoghese.
rã [ř´ã] *sf Zool* rana.
ra.ba.ne.te [řaban´eti] *sm* ravanello.
ra.bis.car [řabisk´ar] *vt* **1** scarabocchiare. **2** *fam* imbrattare.
ra.bis.co [řab´isku] *sm* scarabocchio, ghirigoro.
ra.bo [ř´abu] *sm* **1** coda. **2** *fig, vulg* culo. **rabo do cavalo** crine.
ra.ça [ř´asa] *sf* **1** razza. **2** generazione, stirpe. **de raça** (diz-se de animal) reale.
ra.ção [řas´ãw] *sf* razione.
ra.cha.du.ra [řaʃad´ura] *sf* **1** spaccatura. **2** fenditura, fessura. **3** crepa, spiraglio.
ra.char [řaʃ´ar] *vt* **1** spaccare, fendere. **2** crepare, incrinare. *vi+vpr* **3** fendersi. **4** incrinarsi.
ra.ci.o.ci.nar [řasjosin´ar] *vi* raziocinare, ragionare.
ra.ci.o.cí.nio [řasjos´inju] *sm* raziocinio, ragionamento, logica, ragione.
ra.ci.o.nal [řasjon´aw] *adj* **1** razionale. **2** ragionevole. **3** logico. *Pl: racionais*.
ra.di.a.ção [řadjas´ãw] *sf Fís* radiazione.
ra.di.a.dor [řadjad´or] *sm* radiatore.
ra.di.cal [řadik´aw] *sm Quím, Mat, Gram, Pol* radicale. • *adj* radicale. *Pl: radicais*.
ra.di.car [řadik´ar] *vt* **1** fissare in terra con le radici. *vpr* **2** radicarsi.

rá.dio [ř´adju] *sm* **1** radio, apparecchio radio. **2** *Anat, Quím* radio.
ra.di.o.gra.fi.a [řadjograf´iə] *sf Med* radiografia.
rai.a [ř´ajə] *sf Zool V* arraia.
ra.i.nha [ra´iɲə] *sf* **1** regina. **2** donna (no xadrez).
rai.o [ř´aju] *sm* **1** fulmine, lampo. **2** *Geom, Fís* raggio. **3** *fig* fulmine, cosa o persona velocissima. **raio de ação** campo. **raio X** raggio X.
rai.va [ř´ajvə] *sf* **1** rabbia. **2** collera, ira. **3** dispetto, sdegno. **4** *Med* rabbia, idrofobia. **5** *fig* bile.
ra.iz [řa´is] *sf Anat, Bot, Gram* radice. **criar raízes** a) attecchire. b) (também *fig*) radicarsi. **raiz quadrada** radice quadrata.
ra.ja.da [řaʒ´adə] *sf* raffica. **rajada de vento** sbuffo.
ra.lar [řal´ar] *vt* grattare.
ra.lé [řal´ɛ] *sf* **1** *dep* gentaglia. **2** *pop* masnada, minutaglia. **3** *fig, dep* schiuma.
ra.lhar [řaʎ´ar] *vt+vi* sgridare.
ra.lo [ř´alu] *adj* rado, poco spesso.
ra.mal [řam´aw] *sm* tronco, ramo (de estrada). **ramal (telefônico)** numero interno; *Pl: ramais*.
ra.ma.lhe.te [řamaʎ´eti] *sm* mazzo, ciuffo, ciocca.
ra.mei.ra [řam´ejrə] *sf gír* sgualdrina.
ra.mi.fi.car [řamifik´ar] *vt* **1** dividere in rami. *vpr* **2** ramificare, ramificarsi.

ramo   456   reaver

ra.mo [ř'ʌmu] *sm* **1** *Bot* ramo, frasca, mazzo. **2** *fig* giro. **ramo de atividade** branca. **ramo familiar** *fig* ramo. **ramo fino** verga.

ram.pa [ř'ãpə] *sf* rampa, salita.

ran.ço [ř'ãsu] *sm* rancido.

ran.cor [řãk'or] *sm* **1** rancore, risentimento, odio. **2** *fig* bile.

ran.ço.so [řãs'ozu] *adj* rancido, stantio.

ran.ger [řãʒ'er] *vt* **1** arrotare (os dentes). *vi* **2** scricchiolare.

ran.gi.do [řãʒ'idu] *sm* scricchiolio.

ra.nho [ř'ʌɲu] *sm vulg* muco.

ra.par [řap'ar] *vt* rapare, radere.

ra.paz [řap'as] *sm* **1** ragazzo, giovanotto, giovane. **2** *fam* figliolo.

ra.pi.dez [řapid'es] *sf* **1** rapidità, velocità. **2** *fig* corsa.

rá.pi.do [ř'apidu] *adj* **1** rapido. **2** veloce, svelto. **3** sbrigativo, spedito. **4** pronto. • *adv* presto.

ra.po.sa [řap'ozə] *sf Zool* volpe. **raposa velha** *fig* volpe, politico.

rap.tar [řapt'ar] *vt Dir* rapire, sequestrare.

rap.to [ř'aptu] *sm Dir* ratto, sequestro.

ra.que.te [řak'eti] *sf Esp* racchetta.

ra.quí.ti.co [řak'itiku] *adj* rachitico.

ra.ri.da.de [řarid'adi] *sf* **1** rarità. **2** scarsezza, scarsità. **3** *fig* gemma, cosa rara.

ra.ro [ř'aru] *adj* **1** raro. **2** rado. **3** scarso, deficiente. **4** singolare. **5** prezioso. **6** sporadico.

ras.cu.nho [řask'uɲu] *sm* **1** bozza, schizzo. **2** minuta. **3** brutta copia.

ras.gar [řazg'ar] *vt* **1** stracciare, strappare. **2** squarciare. *vpr* **3** squarciarsi.

ras.go [ř'azgu] *sm* squarcio, strappo.

ra.so [ř'azu] *adj* raso.

ras.par [řasp'ar] *vt* raschiare, grattare, radere.

ras.tei.ra [řast'ejrə] *sf* gambetto. **dar uma rasteira em** a) dare il gambetto. b) *fig* cercar di nuocere.

ras.te.jar [řasteʒ'ar] *vi* trascinarsi.

ras.tro [ř'astru] *sm* **1** orma, impronta, pesta, pista. **2** traccia. **3** vestigio, segno.

ra.su.ra [řaz'urə] *sf* cancellatura, rasura.

ra.su.rar [řazur'ar] *vt* cancellare, cassare.

ra.ti.fi.car [řatifik'ar] *vt* **1** ratificare, confermare. **2** *Dir* sancire.

ra.to [ř'atu] *sm Zool* topo, sorcio, ratto.

ra.to.ei.ra [řato'ejrə] *sf* trappola.

ra.zão [řaz'ãw] *sf* **1** ragione. **2** intelligenza, cervello. **3** giudizio. **4** cagione. **5** spiegazione. **6** prova. **7** *Mat* ragione, rapporto. **apresentar razões** portare ragioni. **não ter razão** aver torto. **por esta razão** perciò, quindi. **ter razão** aver ragione.

ra.zo.á.vel [řazo'avew] *adj* **1** ragionevole. **2** discreto. **3** giusto. *Pl: razoáveis.*

ré [ř'ɛ] *sf* **1** *Dir* rea, accusata. **2** *Mús* re, seconda nota musicale. **3** *Autom* V marcha.

re.a.ção [řeas'ãw] *sf* reazione.

re.a.gir [řeaʒ'ir] *vt* **1** reagire contro. *vi* **2** (também *Quím, Med*) reagire.

re.al [ře'aw] *adj* **1** reale. **2** vero, autentico. **3** concreto, materiale. **4** effettivo. • *sm* reale, moneta antica. *Pl: reais.*

re.al.çar [řeaws'ar] *vt* mettere in evidenza.

re.al.ce [ře'awsi] *sm* evidenza.

re.a.le.jo [řeal'eʒu] *sm Mús* organetto.

re.a.li.da.de [řealid'adi] *sf* realtà, reale. **na realidade** in realtà, infatti.

re.a.lis.ta [řeal'istə] *s+adj* realista.

re.a.li.zar [řealiz'ar] *vt* **1** realizzare. **2** attuare, effettuare, operare, compiere. **3** costituire. *vpr* **4** realizzarsi. **5** accadere, verificarsi.

re.a.ni.mar [řeanim'ar] *vt* **1** rianimare. *vpr* **2** rianimarsi, rinvenire, tornare a sé.

re.a.tor [řeat'or] *sm Fís, Quím* reattore.

re.a.ver [řeav'er] *vt* riavere, recuperare, riscattare.

re.bai.xar [r̄ebajʃ'ar] vt 1 abbassare. 2 Mil retrocedere. vpr 3 abbassarsi, umiliarsi. 4 prostituirsi.
re.ba.nho [r̄eb'ʌɲu] sm 1 gregge, branco. 2 Rel popolo. 3 fig branco, massa.
re.ba.ter [r̄ebat'er] vt 1 ribattere. 2 contrapporre.
re.be.lar [r̄ebel'ar] vt 1 ribellare. vpr 2 ribellarsi, rivoltarsi.
re.bel.de [r̄eb'ɛwdi] s ribelle. • adj 1 ribelle. 2 discolo. 3 fig riottoso.
re.be.li.ão [r̄ebeli'ãw] sf ribellione, insurrezione, rivolta.
re.ben.to [r̄eb'ẽtu] sm Bot germoglio, getto, gemma.
re.bo.car [r̄ebok'ar] vt 1 intonacare. 2 rimorchiare, trainare.
re.bo.lar [r̄ebol'ar] vi pop ancheggiare.
re.bo.que [r̄eb'ɔki] sm 1 intonaco. 2 rimorchio.
re.bus.ca.do [r̄ebusk'adu] adj sofisticato, complicato.
re.ca.do [r̄ek'adu] sm fam messaggio. **deixar um recado** lasciare un messaggio.
re.ca.í.da [r̄eka'idə] sf Med ricaduta.
re.ca.pi.tu.lar [r̄ekapitul'ar] vt ricapitolare, riassumere.
re.car.re.gar [r̄ekar̄eg'ar] vt ricaricare.
re.ca.to [r̄ek'atu] sm 1 cautela, prudenza, riserva. 2 pudore.
re.ce.ar [r̄ese'ar] vt temere, aver paura di.
re.ce.ber [r̄eseb'er] vt 1 ricevere. 2 prendere. 3 accettare. 4 avere. 5 accogliere, ammettere. 6 Com percepire, ricevere denaro. 7 captar.
re.ce.bi.men.to [r̄esebim'ẽtu] sm 1 ricevimento. 2 fig saluto.
re.cei.o [r̄es'eju] sm 1 timore, paura. 2 apprensione.
re.cei.ta [r̄es'ejtə] sf ricetta (de comida etc). 2 Med ricetta, prescrizione. 3 Com rendita.
re.cei.tar [r̄esejt'ar] vt Med ricettare.
re.cém [r̄es'ẽj] adv di recente, appena.
re.cém-nas.ci.do [r̄es'ẽjnas'idu] sm neonato, creatura. Pl: recém-nascidos.
re.cen.te [r̄es'ẽti] adj 1 recente, nuovo, giornaliero. 2 fig giovane, fresco.
re.ce.o.so [r̄ese'ozu] adj 1 timoroso, pauroso. 2 apprensivo. 3 fig geloso.
re.cep.ção [r̄eseps'ãw] sf ricevimento, serata. **recepção oficial** gala.
re.cep.ci.o.nar [r̄esepsjon'ar] vt ricevere.
re.cep.tor [r̄esept'or] sm 1 ricevitore (pessoa, aparelho). 2 cornetta del telefono.
re.cha.çar [r̄eʃas'ar] vt respingere.
re.che.a.do [r̄eʃe'adu] adj 1 imbottito, ripieno. 2 fig pieno (de erros etc).
re.che.ar [r̄eʃe'ar] vt imbottire.
re.chei.o [r̄eʃ'eju] sm ripieno.
re.ci.bo [r̄es'ibu] sm Com scontrino, biglietto, talloncino, bolletta.
re.ci.clar [r̄esikl'ar] vt riciclare, recuperare.
re.ci.fe [r̄es'ifi] sm Geogr, Náut scoglio, roccia.
re.ci.pi.en.te [r̄esipi'ẽti] sm recipiente.
re.cí.pro.co [r̄es'iproku] adj reciproco, mutuo.
re.ci.tar [r̄esit'ar] vt recitare.
re.cla.ma.ção [r̄eklamas'ãw] sf 1 reclamo, reclamazione. 2 Dir ricorso.
re.cla.mar [r̄eklam'ar] vt 1 reclamare, esigere, richiedere. 2 Dir rivendicare. vi 3 reclamare, brontolare. 4 fig mugolare.
re.cli.nar [r̄eklin'ar] vt 1 chinare, inchinare. 2 Lit reclinare.
re.clu.são [r̄ekluz'ãw] sf Dir reclusione, carcerazione.
re.co.brir [r̄ekobr'ir] vt ricoprire, coprire.
re.co.lher [r̄ekoʎ'er] vt 1 raccogliere. 2 cogliere.
re.co.me.çar [r̄ekomes'ar] vt 1 ricominciare. vi 2 ricominciare, rimettersi. **recomeçar a** tornare a.

re.co.men.da.ção [r̃ekomẽdaˈãw] *sf* 1 raccomandazione. 2 avvertimento.

re.co.men.dar [r̃ekomẽdaˈr] *vt* 1 raccomandare. 2 commettere. 3 avvertire.

re.com.pen.sa [r̃ekõpˈẽsə] *sf* 1 ricompensa. 2 premio, taglia. 3 compenso. 4 rimunerazione.

re.com.pen.sar [r̃ekõpẽsaˈr] *vt* 1 ricompensare. 2 compensare, retribuire. 3 rimunerare. 4 gratificare. 5 *fig* pagare.

re.con.ci.li.ar [r̃ekõsiliˈar] *vt* 1 riconciliare. *vpr* 2 riconciliarsi.

re.co.nhe.cer [r̃ekoñesˈer] *vt* 1 riconoscere: a) identificare. b) ammettere, accettare. c) certificare, autenticare. d) confessare. e) *Mil* riconoscere. *vi* 2 riconoscere, essere grato.

re.co.nhe.ci.men.to [r̃ekoñesimˈẽtu] *sm* 1 riconoscimento. 2 riconoscenza, gratitudine, grazia. 3 fama.

re.cor.da.ção [r̃ekordasˈãw] *sf* 1 ricordo. 2 memoria. 3 *fig* orma, segno.

re.cor.dar [r̃ekordˈar] *vt* 1 ricordare. 2 avere a memoria. 3 richiamare, assomigliare a. 4 evocare. 5 *fig* celebrare. *vpr* 6 ricordarsi.

re.cor.de [r̃ekˈɔrdi] *sm Esp* primato, record.

re.cor.dis.ta [r̃ekordˈistə] *s* 1 primatista. 2 *fig* asso.

re.cor.rer [r̃ekor̃ˈer] *vi* 1 ricorrere. 2 *Dir* ricorrere a, appellarsi a.

re.cor.tar [r̃ekortˈar] *vt* ritagliare.

re.cre.ar [r̃ekreˈar] *vt* ricreare, divertire, distrarre.

re.crei.o [r̃ekrˈeju] *sm* 1 intervallo (na escola). 2 spasso.

re.cri.mi.nar [r̃ekriminˈar] *vt* 1 recriminare. 2 biasimare, criticare.

re.cru.ta [r̃ekrˈutə] *sm Mil* recluta, coscritto.

re.cru.tar [r̃ekrutˈar] *vt* 1 *Mil* reclutare, arruolare, assoldare. 2 *Com* reclutare.

re.cu.ar [r̃ekuˈar] *vi* 1 rinculare, arretrare, retrocedere. 2 *Mil* ripiegare, ritirarsi.

re.cu.o [r̃ekˈuu] *sm* retrocesso.

re.cu.pe.rar [r̃ekuperˈar] *vt* 1 recuperare, riavere, riprendere. *vpr* 2 rimettersi, riaversi.

re.cur.so [r̃ekˈursu] *sm* 1 ricorso, risorsa. 2 *Dir* ricorso. 3 **recursos** *pl* risorse. **recursos financeiros** mezzi.

re.cu.sa [r̃ekˈuzə] *sf* 1 ricusa. 2 rifiuto, rigetto.

re.cu.sar [r̃ekuzˈar] *vt* 1 ricusare. 2 negare, respingere, rifiutare. 3 declinare (convite, honra). 4 rigettare. 5 scartare. *vpr* 6 ricusarsi a, rifiutarsi a.

re.da.ção [r̃edasˈãw] *sf* 1 redazione. 2 giornale.

re.da.tor [r̃edatˈor] *sm* redattore.

re.de [r̃ˈedi] *sf* rete.

ré.dea [r̃ˈedjə] *sf* briglia, redine.

re.de.moi.nho [r̃edemoˈiñu] *sm* mulinello, remolino.

re.den.ção [r̃edẽsˈãw] *sf* 1 redenzione, salvezza. 2 *Rel* redenzione, riscatto.

re.di.gir [r̃ediʒˈir] *vt* redigere, scrivere.

re.di.mir [r̃edimˈir] *vt* 1 redimere, salvare, riscattare. *vpr* 2 redimersi, riscattarsi, correggersi.

re.do.brar [r̃edobrˈar] *vt* 1 raddoppiare. *vi* 2 raddoppiare, raddoppiarsi.

re.don.do [r̃edˈõdu] *adj* rotondo, tondo.

re.dor [r̃edˈor] *sm* usado em expressões: **ao redor/em redor** a) intorno, attorno, presso. b) in giro. **ao redor de** intorno a, attorno a, presso.

re.du.ção [r̃edusˈãw] *sf* 1 riduzione. 2 diminuzione. 3 crollo. 4 calo.

re.dun.dan.te [r̃edũdˈãti] *adj* ridondante.

re.du.zi.do [r̃eduzˈidu] *adj* 1 ridotto. 2 ristretto.

re.du.zir [r̃eduzˈir] *vt* 1 ridurre. 2 diminuire. 3 abbassare. *vpr* 4 ridursi. 5 diminuirsi.

re.em.bol.sar [r̃eẽbowsˈar] *vt* rimborsare, ripagare.

re.em.bol.so [r̃eẽbˈowsu] *sm* rimborso, compenso.

re.fa.zer [ʀefaz´er] *vt* **1** rifare, rinnovare. *vpr* **2** rifarsi.

re.fei.ção [ʀefejs´ãw] *sf* **1** refezione, pasto. **2** *fig* mensa.

re.fei.tó.rio [ʀefejt´ɔrju] *sm* refettorio. **refeitório estudantil** mensa studentesca.

re.fém [ʀef´ẽj] *sm* ostaggio.

re.fe.rên.cia [ʀefer´ẽsjɐ] *sf* **1** riferimento, allusione. **2** rimando. **3 referências** *pl Com* referenze, informazione.

re.fe.ren.te [ʀefer´ẽti] *adj* relativo, concernente a.

re.fe.rir [ʀefer´ir] *vt* **1** riferire, citare. *vpr* **2** riferirsi a, alludere a, riguardare.

re.fi.na.do [ʀefin´adu] *adj* **1** raffinato. **2** squisito, fino.

re.fi.na.men.to [ʀefinam´ẽtu] *sm* raffinatezza.

re.fi.nar [ʀefin´ar] *vt* **1** raffinare. **2** *fig* affinare. *vpr* **3** raffinarsi.

re.fle.tir [ʀeflet´ir] *vt* **1** riflettere. *vi* **2** riflettere, meditare. *vpr* **3** riflettersi. **4** ripercuotersi.

re.fle.xão [ʀefleks´ãw] *sf* riflessione.

re.fle.xo [ʀefl´ɛksu] *sm+adj* riflesso.

re.for.çar [ʀefors´ar] *vt* **1** rinforzare, rafforzare. **2** fortificare. **3** consolidare.

re.for.ço [ʀef´orsu] *sm* rinforzo.

re.for.ma [ʀef´ɔrmɐ] *sf* (também *Mil*) riforma.

re.for.mar [ʀeform´ar] *vt* **1** riformare. **2** rinnovare. **3** innovare. **4** *Mil* riformare. **5** *Dir* emendare.

re.for.ma.tó.rio [ʀeformat´ɔrju] *sm* riformatorio.

re.frão [ʀefr´ãw] *sm Mús, Poét* ritornello.

re.fre.ar [ʀefre´ar] *vt* **1** raffrenare. **2** *fig* frenare. *vpr* **3** raffrenarsi.

re.fres.car [ʀefresk´ar] *vt* **1** rinfrescare. *vpr* **2** rinfrescarsi.

re.fres.co [ʀefr´esku] *sm* rinfresco.

re.fri.ge.ra.dor [ʀefriʒerad´or] *sm* frigorifero.

re.fri.ge.ran.te [ʀefriʒer´ãti] *sm* analcolico.

re.fri.ge.rar [ʀefriʒer´ar] *vt* refrigerare, raffreddare, rinfrescare.

re.fu.gi.ar [ʀefuʒi´ar] *vt* **1** rifugiare, ricoverare, annidare. *vpr* **2** rifugiarsi, ricoverarsi, ripararsi. **3** *fig* ritirarsi.

re.fú.gio [ʀef´uʒju] *sm* **1** rifugio, ricovero, riparo. **2** *fig* asilo, tetto. **3** porto. **4** bozzolo.

re.ga [ʀ´ɛgɐ] *sf* adacquamento.

re.ga.dor [ʀegad´or] *sm* annaffiatoio.

re.ga.li.a [ʀegal´iɐ] *sf* regalia.

re.gar [ʀeg´ar] *vt* **1** annaffiare, adacquare. **2** *fig* aspergere.

re.ga.ta [ʀeg´atɐ] *sf Esp* regata.

re.gên.cia [ʀeʒ´ẽsjɐ] *sf* **1** reggenza. **2** *Gram* reggimento.

re.ge.ne.rar [ʀeʒener´ar] *vt* **1** rigenerare. **2** cicatrizzare. *vpr* **3** rigenerarsi. **4** cicatrizzarsi.

re.ger [ʀeʒ´er] *vt* **1** reggere, capeggiare. **2** *Gram* reggere.

re.gi.ão [ʀeʒi´ãw] *sf* **1** regione, zona, terra. **2** *fig* area, ambito.

re.gi.me [ʀeʒ´imi] *sm* **1** *Med* regime, dieta. **2** *Pol* regime, reggimento.

re.gi.men.to [ʀeʒim´ẽtu] *sm Mil* reggimento, truppa, unità.

re.gis.trar [ʀeʒistr´ar] *vt* **1** registrare. **2** iscrivere. **3** catalogare. **4** segnare. **registrar uma carta** raccomandare una lettera.

re.gis.tro [ʀeʒ´istru] *sm* **1** registro. **2** registrazione. **3** iscrizione. **4** *Contab* registro, scrittura. **5** partita, conto, posta. **registro civil** anagrafe.

re.go [ʀ´egu] *sm* fosso.

re.go.zi.jar [ʀegoziʒ´ar] *vt* **1** rallegrare, allegrare. *vpr* **2** compiacersi.

re.gra [ʀ´ɛgrɐ] *sf* **1** regola. **2** norma. **3** ordine, ordinamento. **4** usanza. **5** forma, formula.

re.gre.dir [ʀegred´ir] *vi* **1** regredire. **2** retrocedere. **3** dare balta (doença).

regressar 460 **remendo**

re.gres.sar [r̃egres'ar] *vi* regressare, ritornare, tornare.
re.gres.so [r̃egr'ɛsu] *sm* regresso, ritorno.
ré.gua [r̃'ɛgwə] *sf* riga, regolo. **régua de cálculo** *Mat* regolo calcolatore.
re.gu.la.men.to [r̃egulam'ẽtu] *sm* regolamento, statuto, regola, ordinamento.
re.gu.lar [r̃egul'ar] *vt* 1 regolare. 2 moderare, temperare. 3 aggiustare. *vpr* 4 regolarsi. 5 governarsi. • *adj* 1 regolare. 2 normale. 3 continuo. 4 modesto. 5 costante, uguale.
re.gu.la.ri.zar [r̃egulariz'ar] *vt* regolarizzare.
rei [r̃'ej] *sm* 1 re, sovrano. 2 *fig* re, principe (de uma arte, ciência etc.).
rei.na.do [r̃ejn'adu] *sm* regno.
rei.nar [r̃ejn'ar] *vi* regnare.
re.i.ni.ci.ar [r̃ejnisi'ar] *vt* ricominciare, riprendere.
rei.no [r̃'ejnu] *sm* 1 regno. 2 *fig* corona.
rei.tor [r̃ejt'or] *sm* rettore.
rei.to.ri.a [r̃ejtor'iə] *sf* rettoria.
rei.vin.di.car [r̃ejvĩdik'ar] *vt Dir* 1 rivendicare, reclamare. 2 arrogarsi (algo indevido).
re.jei.ção [r̃eʒejs'ãw] *sf* rigetto.
re.jei.tar [r̃eʒejt'ar] *vt* 1 rigettare. 2 ripudiare, scartare. 3 respingere, ricusare, rifiutare. **rejeitar um candidato** *fig* bocciare un candidato.
re.ju.ve.nes.cer [r̃eʒuvenes'er] *vt+vi* 1 ringiovanire. *vpr* 2 ringiovanirsi.
re.la.ção [r̃elas'ãw] *sf* 1 relazione. 2 rapporto, correlazione, connessione. 3 elenco, lista, canone. **com relação a** quanto a, verso, circa. **estabelecer relações com** stringere relazioni con. **relação sexual** rapporto sessuale. **romper/cortar relações com** rompere relazioni con.
re.la.ci.o.na.men.to [r̃elasjonam'ẽtu] *sm* 1 relazione, rapporto, amore. 2 *fig* contatto.

re.lâm.pa.go [r̃el'ãpagu] *sm* lampo, baleno.
re.lam.pe.jar [r̃elãpeʒ'ar] *vi* lampeggiare, balenare.
re.la.tar [r̃elat'ar] *vt* riportare, riferire.
re.la.ti.vo [r̃elat'ivu] *adj* relativo. **pronome relativo** *Gram* pronome relativo.
re.la.tó.rio [r̃elat'ɔrju] *sm* 1 rapporto. 2 relazione. 3 bollettino.
re.la.xa.men.to [r̃elaʃam'ẽtu] *sm Med* rilassamento.
re.la.xar [r̃elaʃ'ar] *vt* 1 rilassare. 2 *fig* allentare. *vpr* 3 rilassarsi.
re.les [r̃'ɛlis] *adj sing+pl* 1 ordinario, vile. 2 insignificante.
re.le.van.te [r̃elev'ãti] *adj* 1 rilevante. 2 importante.
re.le.vo [r̃el'evu] *sm* rilievo.
re.li.gi.ão [r̃eliʒi'ãw] *sf* 1 religione, credo. 2 *fig* chiesa.
re.li.gi.o.so [r̃eliʒi'ozu] *adj* 1 religioso, pio. 2 *fig* spirituale. • *sm* religioso.
re.lin.char [r̃elĩʃ'ar] *vi* nitrire.
re.lin.cho [r̃el'ĩʃu] *sm* nitrito.
re.lí.quia [r̃el'ikjə] *sf* reliquia.
re.ló.gio [r̃el'ɔʒju] *sm* orologio. **o relógio parou** l'orologio è fermo. **relógio de bolso** orologio da tasca. **relógio de parede** orologio da muro. **relógio de pulso** orologio da polso.
re.lo.jo.ei.ro [r̃eloʒo'ejru] *sm* orologiaio.
re.lu.zir [r̃eluz'ir] *vi* splendere, luccicare, sfavillare.
re.mar [r̃em'ar] *vi* remare.
re.me.di.ar [r̃emedi'ar] *vt* 1 rimediare, riparare. 2 *fig* sanare.
re.mé.dio [r̃em'ɛdju] *sm* 1 *Med* medicina, rimedio. 2 *fig* riparo, antidoto. **que remédio!** per forza! **tomar um remédio** prendere una medicina.
re.men.dar [r̃emẽd'ar] *vt* 1 rammendare. 2 *fig* cucire.
re.men.do [r̃em'ẽdu] *sm* rammendo, pezza.

re.mes.sa [řem'ɛsə] *sf* rimessa, spedizione, indirizzo.
re.me.ten.te [řemet'ēti] *s* mittente.
re.me.ter [řemet'er] *vt* 1 rimettere, spedire, indirizzare. *vpr* 2 rimettersi, riferirsi.
re.me.xer [řemeʃ'er] *vt* sconvolgere.
re.mo [ř'emu] *sm* remo.
re.mo.ção [řemos'ãw] *sf* rimozione.
re.mo.çar [řemos'ar] *vt* ringiovanire.
re.mor.so [řem'ɔrsu] *sm* rimorso, pentimento.
re.mo.to [řem'ɔtu] *adj* 1 remoto. 2 longinquo. 3 antico. 4 lontano. **passado remoto** *Gram* passato remoto.
re.mo.ver [řemov'er] *vt* rimuovere, ritirare, levare, scostare, togliere.
re.mu.ne.rar [řemuner'ar] *vt* rimunerare, ricompensare.
re.nas.cer [řenas'er] *vi* 1 rinascere. 2 *Bot* rimettere.
re.nas.ci.men.to [řenasim'ētu] *sm* rinascimento. **o Renascimento** *Hist* il Rinascimento.
ren.da [ř'ēdə] *sf* 1 pizzo, merletto. 2 *Com* rendita, rendimento, reddito. 3 profitto, interesse, utile. 4 entrata.
ren.der [řēd'er] *vt* 1 rendere, valere, fruttare. *vpr* 2 rendersi, arrendersi. 3 *Mil* cadere. 4 *fig* piegarsi.
ren.di.men.to [řēdim'ētu] *sm* 1 *Com* rendimento. 2 utile.
re.no.ma.do [řenom'adu] *adj* rinomato, celebre, conosciuto.
re.no.me [řen'omi] *sm* 1 rinomanza, fama, nome. 2 *fig* marchio.
re.no.var [řenov'ar] *vt* 1 rinnovare. 2 riformare. 3 *fig* rinfrescare. *vpr* 4 rinnovarsi.
ren.te [ř'ēti] *adj* raso. • *adv* rasente. **passar rente a** *fig* radere. **rente a** rasente, raso. **rente à terra** raso terra.
re.nún.cia [řen'ũsjə] *sf* 1 rinunzia. 2 astinenza. 3 dimissione. 4 *fig* sacrificio.
re.nun.ci.ar [řenũsi'ar] *vt+vi* 1 rinunziare a. 2 astenersi da, privarsi di. 3 desistere di. 4 abdicare.
re.pa.ra.ção [řeparas'ãw] *sf* 1 compenso. 2 aggiustamento. 3 *Dir* riparazione.
re.pa.rar [řepar'ar] *vt* 1 riparare. 2 notare, accorgersi di, avvedersi di. 3 indennizzare. 4 *fig* sanare.
re.pa.ro [řep'aru] *sm* riparazione.
re.par.ti.ção [řepartis'ãw] *sf* 1 ripartizione. 2 divisione. 3 distribuzione. 4 reparto, sezione. **repartição pública** ufficio.
re.par.tir [řepart'ir] *vt* 1 ripartire, spartire, dividere, distribuire. *vpr* 2 dividersi.
re.pas.sar [řepas'ar] *vt* ripassare. **repassar um texto** ripassare un testo.
re.pe.len.te [řepel'ēti] *adj* repellente, repulsivo, ripugnante.
re.pe.lir [řepel'ir] *vt* 1 respingere. 2 allontanare. 3 ricusare.
re.pen.te [řep'ēti] *sm* 1 impulso. 2 improvviso. **de repente** *adv* subito, all'improvviso.
re.pen.ti.no [řepēt'inu] *adj* repentino, subito.
re.per.cus.são [řeperkus'ãw] *sf* ripercussione.
re.per.cu.tir [řeperkut'ir] *vt* 1 ripercuotere. 2 *fig* percuotere. *vi+vpr* 3 ripercuotere, echeggiare, riflettersi.
re.pe.tir [řepet'ir] *vt* 1 ripetere. 2 rifare, rinnovare. 3 ridire. *vpr* 4 ripetersi. 5 rinnovarsi. **repetir na escola** *fig* bocciare.
re.ple.to [řepl'ɛtu] *adj* 1 repleto, ripieno. 2 esuberante.
ré.pli.ca [ř'ɛplikə] *sf* replica, risposta.
re.po.lho [řep'oʎu] *sm* cavolo.
re.por [řep'or] *vt* riporre, rimettere.
re.pór.ter [řep'ɔrter] *sm* reporter.
re.pou.sar [řepowz'ar] *vt* 1 riposare. *vi* 2 riposare, riposarsi, rilassarsi, posarsi.
re.pou.so [řep'owzu] *sm* 1 riposo. 2 respiro. 3 fermata, tappa. 4 quiete. 5 *fig* tregua.

repreender 462 **resgate**

re.pre.en.der [ẽpreẽd´er] *vt* 1 rimproverare. 2 riprendere, avvertire, ammonire. 3 sgridare. 4 biasimare, censurare.

re.pre.en.são [ẽpreẽs´ãw] *sf* 1 rimprovero. 2 ammonizione, avviso. 3 sgridata, paternale. 4 censura. 5 *fig* lezione, sermone.

re.pre.sá.lia [ẽprez´aljə] *sf* rappresaglia.

re.pre.sen.ta.ção [ẽprezẽtas´ãw] *sf* 1 rappresentazione. 2 simbolo, concetto. 3 diagramma. 4 ambasciata, comitato. 5 *Teat* rappresentazione.

re.pre.sen.tan.te [ẽprezẽt´ãti] *s* 1 rappresentante. 2 agente. 3 parlamentare. 4 *fig* esponente. • *adj* rappresentante.

re.pre.sen.tar [ẽprezẽt´ar] *vt* 1 rappresentare. 2 fungere da. 3 raffigurare, ritrarre. 4 esprimere. 5 descrivere. 6 *Cin, Teat* rappresentare, recitare. 7 *fig* dipingere. 8 incarnare. **representar um papel** interpretare una parte.

re.pres.são [ẽpres´ãw] *sf* repressione.

re.pri.mir [ẽprim´ir] *vt* 1 reprimere. 2 contenere, limitare. 3 impedire, vietare. 4 dominare. 5 *fig* soffocare, annegare.

re.pri.se [ẽpr´izi] *sf Cin* seconda visione.

re.pro.du.zir [ẽproduz´ir] *vt* 1 riprodurre. 2 rappresentare. *vpr* 3 riprodursi.

re.pro.va.ção [ẽprovas´ãw] *sf* 1 riprovazione. 2 biasimo, critica. 3 paternale. 4 rimando. 5 *fig* condanna, attacco.

re.pro.var [ẽprov´ar] *vt* 1 riprovare. 2 disapprovare. 3 criticare, censurare. 4 ridire. 5 *fig* condannare. **reprovar num exame** a) rimandare. b) *fig* bocciare.

rép.til [r´ɛptiw] *sm Zool* rettile. *Pl: répteis.*

re.pú.bli.ca [ẽp´ublikə] *sf* repubblica.

re.pu.di.ar [ẽpudi´ar] *vt* ripudiare.

re.pug.nân.cia [ẽpugn´ãsjə] *sf* 1 ripugnanza. 2 disgusto, ripulsa. 3 ribrezzo, schifo, sconcezza.

re.pug.nan.te [ẽpugn´ãti] *adj* 1 ripugnante, schifoso, turpe. 2 *fig* fetente.

re.pul.sa [ẽp´uwsə] *sf* 1 ripulsa, ripugnanza, schifo, ribrezzo. 2 antipatia, fastidio, disgusto.

re.pul.si.vo [ẽpuws´ivu] *adj* repulsivo, schifoso.

re.pu.ta.ção [ẽputas´ãw] *sf* 1 reputazione. 2 fama. 3 credito. 4 *fig* grido. **má reputação** discredito.

re.pu.tar [ẽput´ar] *vt* reputare, considerare, credere.

re.que.brar [ẽkebr´ar] *vi pop* ancheggiare.

re.que.rer [ẽker´er] *vt* 1 *Dir* richiedere. 2 *fig* richiedere, occorrere, esigere.

re.que.ri.men.to [ẽkerim´ẽtu] *sm Dir* supplica.

re.qui.n.te [ẽk´ĩti] *sm* raffinatezza, squisitezza.

re.qui.si.tar [ẽkizit´ar] *vt* richiedere.

re.qui.si.to [ẽkiz´itu] *sm* requisito, condizione.

re.se.nha [ẽz´eñə] *sf* rassegna, critica.

re.ser.va [ẽz´ɛrvə] *sf* 1 riserva. 2 scorta. 3 riservatezza, pudore. *sm* 4 *Esp* riserva (jogador).

re.ser.va.do [ẽzerv´adu] *adj* 1 riservato. 2 chiuso. 3 pudico.

re.ser.var [ẽzerv´ar] *vt* 1 riservare. 2 conservare, riporre. 3 prenotare (lugar no teatro, quarto em hotel etc.).

res.fo.le.gar [ẽsfoleg´ar] *vi* sbuffare.

res.fri.a.do [ẽsfri´adu] *sm Med* raffreddore, infreddatura.

res.fri.ar [ẽsfri´ar] *vt* 1 refrigerare, gelare, congelare. 2 raffreddare. *vi+vpr* 3 raffreddarsi.

res.ga.tar [ẽzgat´ar] *vt* 1 riscattare. 2 redimere. 3 *Com* incassare, percepire (dinheiro).

res.ga.te [ẽzg´ati] *sm* 1 riscatto. 2 taglia.

res.guar.dar [r̃ezgward´ar] *vt* **1** custodire. **2** proteggere. *vpr* **3** riguardarsi.
re.si.dên.cia [r̃ezid´ẽsjə] *sf* residenza, dimora, domicilio, sede.
re.si.den.te [r̃ezid´ẽti] *s+adj* residente.
re.si.dir [r̃ezid´ir] *vt* risiedere, abitare, dimorare, vivere a.
re.sí.duo [r̃ez´idwu] *sm* **1** residuo. **2** avanzo. **3** detrito, sedimento. **4** *fig* traccia.
re.sig.nar-se [r̃ezign´arsi] *vpr* rassegnarsi, inchinarsi.
re.si.na [r̃ez´inə] *sf Bot* resina.
re.sis.tên.cia [r̃ezist´ẽsjə] *sf* **1** resistenza, durezza, consistenza. **2** *fig* tenacia.
re.sis.ten.te [r̃ezist´ẽti] *adj* **1** resistente, duro. **2** *fig* forte, tenace.
re.sis.tir [r̃ezist´ir] *vi* **1** resistere a, respingere. *vi* **2** resistere, reggere.
res.mun.gar [r̃ezmũg´ar] *vt* **1** brontolare. **2** *fig* masticare. *vi* **3** mormorare. **4** *fig* ringhiare. **5** *dep* grugnire.
re.so.lu.ção [r̃ezolus´ãw] *sf* **1** risoluzione. **2** soluzione, conclusione. **3** decisione, proposito.
re.sol.ver [r̃ezowv´er] *vt* **1** risolvere. **2** concludere, liquidare. **3** decidere, deliberare, giudicare. **4** definire, stabilire. *vpr* **5** risolversi, decidersi. **6** disporsi a.
res.pei.tar [r̃espejt´ar] *vt* **1** rispettare, osservare. *vpr* **2** rispettarsi.
res.pei.to [r̃esp´ejtu] *sm* **1** rispetto. **2** considerazione. **3** riverenza, riguardo. **4** cortesia. **5** concordanza (a leis, a regras). **a respeito de** rispetto a, su, intorno a, quanto a. **dizer respeito a** a) competere a. b) interessare a. **faltar com o respeito** mancare di riguardo. **impor respeito** farsi rispettare. **no que me diz respeito** per mio conto.
res.pei.to.so [r̃espejt´ozu] *adj* rispettoso.
res.pi.ra.ção [r̃espiras´ãw] *sf* **1** respirazione. **2** respiro. **3** fiato, soffio. **4** *fig* alito.
res.pi.rar [r̃espir´ar] *vt* **1** respirare. *vi* **2** respirare, spirare, fiatare.
res.plan.de.cen.te [r̃esplãdes´ẽti] *adj* fulgente, fulgido.
res.plan.de.cer [r̃esplãdes´er] *vi* **1** risplendere, splendere, fiammeggiare, brillare. **2** *fig* lampeggiare.
res.pon.der [r̃espõd´er] *vt+vi* rispondere. **responder por** rispondere di, essere responsabile di.
res.pon.sa.bi.li.da.de [r̃espõsabilid´adi] *sf* responsabilità. **assumir uma responsabilidade** prendere una cosa sopra di sé.
res.pon.sá.vel [r̃espõs´avew] *s+adj* responsabile.
res.pos.ta [r̃esp´ɔstə] *sf* risposta, replica.
res.sa.ca [r̃es´akə] *sf* **1** *Náut* risacca. **2** *pop* malessere (depois de uma bebedeira).
res.sal.tar [r̃esawt´ar] *vt* **1** mettere in evidenza, marcare. *vi* **2** risaltare, staccare, rilevare.
res.sal.va [r̃es´awvə] *sf Dir* riserva.
res.sar.cir [r̃esars´ir] *vt* risarcire, rimborsare, indennizzare, compensare.
res.se.car [r̃esek´ar] *vt* **1** essiccare. *vi* **2** risecchire.
res.sen.ti.men.to [r̃esẽtim´ẽtu] *sm* risentimento, rancore, odio.
res.sen.tir-se [r̃esẽt´irsi] *vpr* risentirsi.
res.so.ar [r̃eso´ar] *vi* risuonare.
res.so.nar [r̃eson´ar] *vi* **1** russare. **2** echeggiare.
res.sur.rei.ção [r̃esurejs´ãw] *sf* risurrezione.
res.sus.ci.tar [r̃esusit´ar] *vt* **1** risuscitare. **2** ravvivare. *vi* **3** risuscitare.
res.ta.be.le.cer [r̃estabeles´er] *vt* **1** ristabilire. **2** restaurare. *vpr* **3** ristabilirsi. **4** ristorarsi, guarire.
res.tan.te [r̃est´ãti] *sm* rimanente, resto. • *adj* **1** rimanente. **2** residuo. **3** altro.
res.tar [r̃est´ar] *vi* restare, rimanere, avanzare.

restaurante 464 **reunir**

res.tau.ran.te [řestawr´ãti] *sm* 1 ristorante. 2 trattoria. **restaurante de estação de trem** buffè.

res.tau.rar [řestawr´ar] *vt* restaurare.

res.ti.tu.ir [řestitu´ir] *vt* restituire, rendere, rimandare, rimettere.

res.to [ř´εstu] *sm* 1 resto. 2 avanzo. 3 rifiuto, straccio. 4 ritaglio. 5 *Mat* resto, differenza. 6 *fig* carcassa. 7 **restos** *pl* a) vestigi, vestigia. b) scorie, detrito. **restos mortais** avanzi mortali.

res.tri.ção [řestris´ãw] *sf* 1 restrizione, condizione. 2 ristrettezza, strettezza.

res.trin.gir [řestrĩȝ´ir] *vt* 1 restringere, limitare. *vpr* 2 restringersi, limitarsi.

res.tri.to [řestr´itu] *adj* ristretto, stretto, limitato.

re.sul.ta.do [řezuwt´adu] *sm* 1 risultato. 2 conclusione, conseguenza, effetto. 3 *Mat* risultato. 4 *fig* frutto, prodotto.

re.sul.tar [řezuwt´ar] *vi* 1 risultare. 2 conseguire, esser conseguenza di.

re.su.mir [řezum´ir] *vt* 1 riassumere, ricapitolare. 2 ridurre (um texto). 3 *fig* condensare.

re.su.mo [řez´umu] *sm* riassunto, sintesi.

re.ta [ř´εtɐ] *sf Geom* retta. **reta em estrada** rettilineo.

re.ta.lhar [řetaʎ´ar] *vt* ritagliare.

re.ta.lho [řet´aʎu] *sm* ritaglio, brandello, cencio, straccio.

re.tân.gu.lo [řet´ãgulu] *sm+adj Geom* rettangolo.

re.tar.dar [řetard´ar] *vt* ritardare, tardare.

re.tar.do [řet´ardu] *sm* ritardo, dimora.

re.ten.ção [řetẽs´ãw] *sf* ritenzione.

re.ter [řet´er] *vt* ritenere, trattenere.

re.ti.cên.cias [řetis´ẽsjas] *sf pl* puntini sospensivi.

re.ti.dão [řetid´ãw] *sf* 1 rettitudine, coscienza. 2 *fig* chiarezza.

re.ti.lí.neo [řetil´inju] *adj Geom* rettilineo.

re.ti.na [řet´inɐ] *sf Anat* retina.

re.ti.ra.da [řetir´adɐ] *sf Mil* ritirata. **bater em retirada** *Mil* ritirarsi.

re.ti.rar [řetir´ar] *vt* 1 ritirare. 2 levare, togliere. 3 eliminare. 4 estrarre. *vpr* 5 ritirarsi. 6 accomiatarsi. 7 scostarsi. 8 *Mil* ritirarsi.

re.to [ř´εtu] *sm Anat* retto. • *adj* 1 retto. 2 diritto, diretto, ritto. 3 imparziale. **ângulo reto** *Geom* angolo retto.

re.to.car [řetok´ar] *vt* ritoccare, rifinire, finire.

re.to.mar [řetom´ar] *vt* riprendere, tornare a, rimettersi a.

re.to.que [řet´ɔki] *sm* ritocco.

re.tor.ci.do [řetors´idu] *adj* torto, storto.

re.tor.nar [řetorn´ar] *vi* ritornare, tornare, regredire.

re.tor.no [řet´ornu] *sm* ritorno, regresso, venuta.

re.tra.ção [řetras´ãw] *sf* 1 ritrazione. 2 contrazione.

re.tra.ir [řetra´ir] *vt* 1 contrarre. *vpr* 2 ritrarsi, rientrare.

re.tra.tar [řetrat´ar] *vt* 1 ritrattare. 2 ritrarre. 3 descrivere, figurare. 4 rappresentare. *vpr* 5 ritrattarsi.

re.tra.to [řetr´atu] *sm* ritratto.

re.tri.bu.ir [řetribu´ir] *vt* 1 retribuire. 2 ricompensare, compensare.

re.tro.ce.der [řetrosed´er] *vi* 1 retrocedere, rinculare, arretrare, recedere. 2 regredire. 3 *fig* calare.

re.tro.ces.so [řetros´εsu] *sm* 1 retrocessione. 2 regresso.

re.tru.car [řetruk´ar] *vi* ribattere.

réu [ř´εw] *sm+adj* reo.

reu.ma.tis.mo [řewmat´izmu] *sm Med* reumatismo.

re.u.ni.ão [řewni´ãw] *sf* 1 riunione. 2 adunanza, assemblea, congresso. 3 appuntamento. 4 collezione. **reunião de família** brigata.

re.u.nir [řewn´ir] *vt* 1 riunire. 2 radunare, raccogliere, raggruppare. 3 adunare, congregare. 4 agglomerare.

re.van.che [ʀevãʃi] *sf Esp* rivincita.
re.ve.la.ção [ʀevelasãw] *sf* 1 rivelazione. 2 *Fot* sviluppo.
re.ve.lar [ʀevelar] *vt* 1 rivelare. 2 palesare. 3 tradire. 4 *Fot* sviluppare. 5 *gír* cantare. 6 *fig* svelare, denudare. 7 denunziare. *vpr* 8 rivelarsi, palesarsi. 9 *fig* smascherarsi.
re.ven.da [ʀevẽdɐ] *sf Com* rivendita.
re.ver [ʀever] *vt* rivedere.
re.ve.rên.cia [ʀeverẽsjɐ] *sf* 1 riverenza. 2 rispetto, considerazione. 3 ossequio. **fazer reverência** inchinarsi.
re.ve.ren.ci.ar [ʀeverẽsiar] *vt* 1 riverire. 2 rispettare. 3 venerare, adorare.
re.ve.ren.do [ʀeverẽdu] *sm Rel* reverendo.
re.ver.so [ʀɛversu] *sm* rovescio.
re.ver.ter [ʀeverter] *vt* invertire.
re.vés [ʀɛvɛs] *sm* rovescio. *Pl*: reveses.
re.ves.ti.men.to [ʀevestimẽtu] *sm* 1 rivestimento. 2 armatura.
re.ves.tir [ʀevestir] *vt* 1 rivestire, coprire. 2 *fig* vestire.
re.ve.zar [ʀevezar] *vt* 1 alternare. *vpr* 2 alternarsi.
re.vi.go.rar [ʀevigorar] *vt* 1 rinforzare. 2 *fig* rianimare. *vpr* 3 rafforzarsi, riaversi.
re.vi.rar [ʀevirar] *vt* 1 rivolgere, rivoltare. *vpr* 2 rovesciarsi.
re.vi.ra.vol.ta [ʀeviravɔwtɐ] *sf* svolta.
re.vi.são [ʀevizãw] *sf* 1 revisione. 2 rivista. 3 ripetizione.
re.vi.sar [ʀevizar] *vt* rivedere.
re.vis.ta [ʀevistɐ] *sf* 1 rivista. 2 *Mil* rassegna, rivista. 3 *Teat* rivista, varietà.
re.vi.ver [ʀeviver] *vt* 1 ravvivare. 2 resuscitare. *vi* 3 ravvivarsi. 4 resuscitare.
re.vo.gar [ʀevogar] *vt Dir* revocare, rivocare.
re.vol.ta [ʀevɔwtɐ] *sf* 1 rivolta, ribellione. 2 indignazione. 3 ripugnanza. ripulsa.
re.vol.tar [ʀevowtar] *vt* 1 rivoltare, indignare. *vpr* 2 rivoltarsi. 3 indignarsi.
re.vo.lu.ção [ʀevolusãw] *sf* 1 rivoluzione. 2 *Pol* moto.
re.vo.lu.ci.o.nar [ʀevolusjonar] *vt* rivoluzionare.
re.vól.ver [ʀevɔwver] *sm* rivoltella, revolver.
re.zar [ʀezar] *vt+vi* pregare.
ri.a.cho [ʀiaʃu] *sm* ruscello.
ri.co [ʀiku] *sm* ricco. • *adj* 1 ricco. 2 agiato. 3 *fig* grasso, nutriente (alimento). 4 fertile (terreno).
ri.co.che.te.ar [ʀikoʃetear] *vi* rimbalzare.
ri.co.ta [ʀikɔtɐ] *sf* ricotta.
ri.dí.cu.lo [ʀidikulu] *adj* 1 ridicolo. 2 buffo. • *sm* ridicolo.
ri.fa [ʀifɐ] *sf* riffa.
ri.gi.dez [ʀiʒides] *sf* 1 rigidità. 2 rigore. 3 durezza. 4 *fig* asperità.
rí.gi.do [ʀiʒidu] *adj* 1 rigido. 2 duro. 3 severo, rigoroso, austero. 4 contratto. 5 *fig* fiscale.
ri.gor [ʀigor] *sm* 1 rigore. 2 *fig* durezza, rigidità.
ri.go.ro.so [ʀigorozu] *adj* 1 rigoroso. 2 severo, duro, rigido. 3 stretto (sentido).
rim [ʀĩ] *sm Anat* rene.
ri.ma [ʀimɐ] *sf Poét* rima.
ri.mar [ʀimar] *vi Poét* rimare.
rin.gue [ʀĩgi] *sm Esp* ring.
ri.o [ʀiu] *sm* 1 fiume. 2 *fig* mare, gran quantità.
ri.pa [ʀipɐ] *sf* asserella.
ri.que.za [ʀikezɐ] *sf* 1 ricchezza. 2 abbondanza. 3 benessere, agiatezza. 4 denaro. 5 *fig* oro. **6 riquezas** *pl* a) ricchezze. b) *fig* fortuna.
rir [ʀir] *vi* 1 ridere. *vpr* 2 ridersi di, canzonare. **rir consigo mesmo** ridere sotto i baffi.
ri.sa.da [ʀizadɐ] *sf* risata, riso. **dar uma risada** fare una risata.

ris.ca [r̃ˈiskə] *sf* lista, stria. **risca dos cabelos** divisa.

ris.car [r̃iskˈar] *vt* 1 striare. 2 strisciare, grattare, sfregare. **riscar de uma lista** cassare.

ris.co [r̃ˈisku] *sm* 1 rischio, alea, azzardo. 2 linea. 3 cancellatura. **correr o risco** correre il rischio. **pôr em risco** mettere a rischio, arrischiare.

ri.so [r̃ˈizu] *sm* riso.

ri.so.nho [r̃izˈoñu] *adj* ridente, allegro.

ri.so.to [r̃izˈotu] *sm* risotto.

rit.mo [r̃ˈitmu] *sm* 1 *Mús e Poét* ritmo. 2 *fig* battuta.

ri.tu.al [r̃ituˈaw] *sm* 1 rituale, cerimonia. 2 (também *fig*) culto. • *adj* rituale. *Pl:* rituais.

ri.val [r̃ivˈaw] *s+adj* 1 rivale. 2 avversario. *Pl:* rivais.

ri.xa [r̃ˈiʃə] *sf* rissa, conflitto.

ro.bô [r̃obˈo] *sm* robot.

ro.bus.tez [r̃obustˈes] *sf* 1 robustezza, forza, durezza. 2 *fig* virilità.

ro.bus.to [r̃obˈustu] *adj* 1 robusto. 2 forte, resistente. 3 duro, saldo. 4 corpulento. 5 forzuto. 6 *fig* muscoloso.

ro.çar [r̃osˈar] *vt* 1 rasentare. 2 *fig* radere, lambire.

ro.cha [r̃ˈoʃə] *sf* roccia, masso.

ro.che.do [r̃oʃˈedu] *sm Geogr* roccia, rupe.

ro.cho.so [r̃oʃˈozu] *adj* roccioso.

ro.da [r̃ˈodə] *sf* ruota.

ro.da.pé [r̃odapˈɛ] *sm* 1 piè di pagina. 2 *Arquit* zoccolo. **no rodapé** in calce.

ro.dar [r̃odˈar] *vt+vi* ruotare, girare.

ro.de.ar [r̃odeˈar] *vt* 1 contornare, cingere. 2 aggirare.

ro.dei.o [r̃odˈeju] *sm* 1 aggiramento. 2 *pop* storie.

ro.dí.zio [r̃odˈizju] *sm* turno.

ro.do.vi.a [r̃odovˈiə] *sf* autostrada, strada.

ro.er [r̃oˈer] *vt* 1 rodere. 2 corrodere, consumare.

ro.gar [r̃ogˈar] *vt* supplicare, implorare. **rogar uma praga em alguém** maledire uno.

rol [r̃ˈɔw] *sm* ruolo, elenco.

ro.lar [r̃olˈar] *vt+vi* rotolare. **rolando** a ruzzoloni.

ro.lha [r̃ˈoʎə] *sf* tappo, turacciolo.

ro.lo [r̃ˈolu] *sm* 1 rullo. 2 rotolo. 3 cilindro. 4 *fig pop* casino. **rolo de fita** gazza.

ro.mã [r̃omˈɐ̃] *sf Bot* melograna.

ro.man.ce [r̃omˈɐ̃si] *sm* 1 *Lit* romanzo. 2 *irôn* lettera troppo lunga. **romance de suspense** romanzo giallo.

ro.ma.no [r̃omˈʌnu] *sm* romano. • *adj* romano, romanesco. **algarismos romanos** *Mat* numeri romani.

ro.mân.ti.co [r̃omˈɐ̃tiku] *adj* romantico.

ro.mei.ro [r̃omˈejru] *sm* romeo.

rom.per [r̃opˈer] *vt* 1 rompere. 2 infrangere, fracassare. 3 schiacciare. *vpr* rompersi, fracassarsi.

ron.car [r̃õkˈar] *vi* russare.

ron.da [r̃ˈõdə] *sf Mil* ronda.

ron.ro.nar [r̃õroˈnar] *vi* far le fusa.

ro.sa [r̃ˈɔzə] *sf Bot* rosa. • *sm+adj* rosa (cor).

ro.sá.rio [r̃ozˈarju] *sm Rel* rosario, corona.

ros.bi.fe [r̃ozbˈifi] *sm* rosbiffe.

ros.ca [r̃ˈoskə] *sf* 1 ciambella. 2 *Mec* filetto, pane (de parafuso).

ro.sei.ra [r̃ozˈejrə] *sm Bot* rosa.

ros.nar [r̃oznˈar] *vi* ringhiare.

ros.to [r̃ˈostu] *sm* 1 viso, faccia, fronte. 2 *irôn* ceffo. 3 *Poét* volto. 4 *fig dep* grugno.

ro.ta [r̃ˈɔtə] *sf* 1 (também *Aer, Náut*) rotta. 2 *fig* cammino.

ro.ta.ção [r̃otasˈɐ̃w] *sf* 1 rotazione. 2 giro. 3 turno. **rotação por minuto** (nos discos) giro.

ro.ti.na [r̃otˈinə] *sf* consuetudine, uso, abitudine.

ro.ti.nei.ro [r̃otinˈejru] *adj* consueto, usuale, abituale.

ro.to [r̄´otu] *adj* **1** rotto. **2** dirotto.

ró.tu.lo [r̄´otulu] *sm* etichetta.

rou.bar [r̄owb´ar] *vt* **1** rubare. **2** rapinare, predare. **3** saccheggiare, spogliare. **4** copiare. **5** *fam* mangiare.

rou.bo [r̄´owbu] *sm* **1** furto, rapina. **2** sottrazione. **3** *fig* rapina, abuso.

rou.co [r̄´owku] *adj* rauco.

rou.pa [r̄´owpə] *sf* **1** abito. **2** tenuta. **3** costume. **4** **roupas** *pl* confezioni, panni. **roupa de cama** biancheria da letto. **trocar de roupa** cambiarsi d'abito, rivestirsi.

rou.pão [r̄owp´ãw] *sm* vestaglia.

rou.xi.nol [r̄owʃin´ɔw] *sm Zool* usignolo. *Pl: rouxinóis*.

ru.a [r̄´uə] *sf* **1** strada. **2** via. **3** corso. **colocar no olho da rua** *pop* mettere uno sulla strada. **rua de mão única** strada a senso unico. **rua de vilarejo** contrada. **rua sem saída** strada senza uscita. **rua transversal** traversa.

ru.bi [r̄ub´i] *sm Min* rubino.

ru.bri.ca [r̄ubr´ikə] *sf* **1** firma. **2** rubrica, titolo scritto in inchiostro rosso.

ru.bro [r̄´ubru] *adj* **1** rosso vivo. **2** *fig* acceso.

ru.de [r̄´udi] *adj* **1** rozzo. **2** incivile, zotico. **3** brusco, ruvido. **4** rustico. **5** *Lit* rude. **6** *fig* selvaggio. **7** selvatico.

ru.de.za [r̄ud´ezə] *sf* **1** rozzezza. **2** ruvidezza. **3** grossezza. **4** *fig* selvatichezza.

ru.di.men.tos [r̄udim´ẽtus] *sm pl* **1** rudimenti. **2** *fig* alfabeto, tinta.

ru.fi.ão [r̄ufi´ãw] *sm* ruffiano.

ru.ga [r̄´ugə] *sf* **1** ruga. **2** grinza.

ru.ge [r̄´uʒi] *sm* rosso per guance.

ru.gir [r̄uʒ´ir] *vi* **1** ruggire. **2** muggire.

ru.í.do [r̄u´idu] *sm* **1** chiasso. **2** clamore. **3** fracasso. **4** rumore.

ru.i.do.so [r̄ujd´ozu] *adj* chiassoso.

ru.im [r̄u´ĩ] *adj* **1** cattivo. **2** malvagio, velenoso, bieco. **3** malfatto, imperfetto.

ru.í.na [r̄u´inə] *sf* **1** rovina. **2** strage, strazio. **3** crollo. **4** *fig* flagello. **5** sconfitta, caduta. **6 ruínas** *pl Arqueol* rovine, avanzi, vestigia.

ru.in.da.de [r̄uĩd´adi] *sf* cattiveria.

ru.ir [r̄u´ir] *vi* franare, smottare.

rui.vo [r̄´ujvu] *sm* rosso, persona di capelli rossi. • *adj* rosso.

ru.mi.nar [r̄umin´ar] *vt* **1** ruminare. **2** *pop* pensare. *vi* **3** ruminare, pascolare.

ru.mo [r̄´umu] *sm* **1** direzione. **2** *fig* sentiero. **perder o rumo** *fig* perdere la tramontana.

ru.mor [r̄um´or] *sm* **1** rumore. **2** chiasso.

rup.tu.ra [r̄upt´urə] *sf* rottura, frattura.

ru.ral [r̄ur´aw] *adj* rurale, campestre. *Pl: rurais*.

rus.so [r̄´usu] *sm+adj* russo.

rús.ti.co [r̄ustiku] *adj* **1** rustico. **2** scortese. **3** *fig* primitivo, selvatico. • *sm* rustico.

S

s [´ɛsi] *sm* la diciannovesima lettera dell'alfabeto portoghese.
sá.ba.do [s´abadu] *sm* sabato. **aos sábados** di sabato.
sa.bão [sab´ãw] *sm* sapone, sapone da bucato.
sa.be.do.ri.a [sabedor´iə] *sf* **1** sapienza, saggezza. **2** esperienza.
sa.ber [sab´er] *vt* **1** sapere. **2** conoscere. • *sm* sapere, dottrina. **a saber** cioè. **fazer saber** avvertire. **saber fazer** sapere.
sá.bio [s´abju] *sm* saggio, sapiente. • *adj* **1** saggio. **2** *fig* maturo.
sa.bo.ne.te [sabon´eti] *sm* saponetta.
sa.bo.ne.tei.ra [sabonet´ejrə] *sf* saponiera.
sa.bor [sab´or] *sm* sapore, gusto.
sa.bo.re.ar [sabore´ar] *vt* assaporare, godersi, gustare.
sa.bo.ro.so [sabor´ozu] *adj* saporoso, saporito, gustoso.
sa.bo.ta.gem [sabot´aʒẽj] *sf* sabotaggio.
sa.bo.tar [sabot´ar] *vt* sabotare.
sa.ca.da [sak´adə] *sf* balcone.
sa.ca.ne.ar [sakane´ar] *vt vulg* fottere.
sa.car [sak´ar] *vt* **1** *Com* trarre, emettere una cambiale, un assegno. **2** *gír* fiutare, capire.
sa.ca.ro.lhas [sakaɾ´oʎas] *sm sing+pl* cavatappi.
sa.cer.do.te [saserd´ɔti] *sm* **1** *Rel* sacerdote. **2** religioso.
sa.ci.ar [sasi´ar] *vt* **1** saziare. **2** *fig* annoiare. *vpr* **3** saziarsi. **4** *fig* annoiarsi.
sa.co [s´aku] *sm* **1** sacco. **2** *vulg* coglione. **encher o saco** *vulg* rompere le tasche, rompere gli stivali. **puxação de saco** *vulg* adulazione. **puxar o saco** *vulg* adulare. **saco de gatos** *pop* gabbia di matti, riunione confusa.
sa.co.la [sak´ɔlə] *sf* sacca.
sa.cri.fi.car [sakrifik´ar] *vt* **1** sacrificare, immolare. *vpr* **2** sacrificarsi, immolarsi.
sa.cri.fí.cio [sakrif´isju] *sm* sacrificio.
sa.cris.tão [sakrist´ãw] *sm Rel* sagrestano.
sa.cro [s´akru] *adj* **1** sacro, santo. **2** *Anat* sacro.
sa.cu.dir [sakud´ir] *vt* **1** scuotere, scrollare, agitare, sbattere. *vi* **2** tremare. *vpr* **3** scrollarsi, riscuotersi, tentennare.
sá.di.co [s´adiku] *sm+adj* **1** sadico. **2** *fig* sanguinario.
sa.di.o [sad´iu] *adj* sano.
sa.far-se [saf´arsi] *vpr* fuggire, scappare.
sa.fi.ra [saf´irə] *sf Min* zaffiro.
sa.ga.ci.da.de [sagasid´adi] *sf* sagacità, accortezza.
sa.gaz [sag´as] *adj* **1** sagace, perspicace, avveduto, accorto. **2** *fig* acuto.
sa.gi.tá.rio [saʒit´arju] *sm Astron, Astrol* Sagittario.
sa.gra.do [sagr´adu] *adj* sacro, santo, ieratico.

sa.guão [sag´wäw] *sm Teat* ridotto.
sai.a [s´ajə] *sf* gonna, sottana. **saia e casaco** (*tailleur*) abito a giacca.
sa.í.da [sa´idə] *sf* **1** uscita. **2** sfogo. **3** *Com* uscita, sbocco. **saída de dinheiro ou mercadorias** *Com* scarico. **saída de emergência/de incêndio** uscita di sicurezza. **sem saída** (caminho, rua) cieco.
sa.ir [sa´ir] *vi* uscire. **deixar sair** sfogare. **saia daqui!** fuori! **sair do sério** a) *fam* uscire dai gangheri. b) *fig* scatenarsi. **sair em** (rua, estrada) uscire in, sboccare in. **sair-se bem** disimpegnarsi. **sair-se mal** *fig* rompersi le corna.
sal [s´aw] *sm* sale. *Pl:* sais.
sa.la [s´alə] *sf* sala. **sala de espera** a) sala di aspetto. b) *Teat* ridotto. **sala de estar/de visitas** soggiorno, sala da soggiorno, salotto. **sala de jantar** sala da pranzo.
sa.la.da [sal´adə] *sf* **1** insalata. **2** *pop* verdura. **salada de legumes** giardiniera. **salada russa** insalata russa.
sa.la.me [sal´Ami] *sm* salame.
sa.lão [sal´äw] *sm* aula. **salão de baile** sala da ballo. **salão de barbeiro** barbieria. **salão de beleza** istituto di bellezza. **salão de bilhar** bigliardo.
sa.lá.rio [sal´arju] *sm* salario, stipendio, paga, soldo. **ganhar um salário** prendere uno stipendio. **salário mensal** mensile.
sal.dar [sawd´ar] *vt Com* saldare, quietanzare.
sal.do [s´awdu] *sm Com* saldo, resto.
sa.lei.ro [sal´ejru] *sm* saliera.
sal.ga.do [sawg´adu] *adj* salato, salso.
sal.gar [sawg´ar] *vt* salare.
sa.li.ên.cia [sali´ẽsjə] *sf* **1** sporgenza, rilievo. **2** *fig* impertinenza.
sa.li.en.te [sali´ẽti] *adj* **1** saliente. **2** *fig* impertinente.
sa.li.na [sal´inə] *sf* salina.
sa.li.va [sal´ivə] *sf Fisiol* saliva.

sal.mão [sawm´äw] *sm Zool* salmone.
sal.mo [s´awmu] *sm Rel* salmo.
sal.sa [s´awsə] *sf Bot* prezzemolo.
sal.si.cha [saws´iʃə] *sf* salsiccia.
sal.tar [sawt´ar] *vt* **1** saltare. *vi* **2** saltare, balzare, scattare. **3** *fig* ballare. **saltar de um veículo** smontare da.
sal.ti.tar [sawtit´ar] *vi* saltellare, balzellare.
sal.to [s´awtu] *sm* **1** salto, sbalzo. **2** scatto. **3** slancio. **4** capriola. **5** *Geogr* salto. **aos saltos** a scatti. **salto com vara** *Esp* salto con l'asta. **salto de sapato** tacco.
sa.lu.tar [salut´ar] *adj* **1** salutare. **2** *fig* fruttifero.
sal.va.ção [sawvas´äw] *sf* **1** salvezza. **2** redenzione. **3** *fig* benedizione.
sal.var [sawv´ar] *vt* **1** salvare, scampare. **2** redimere. **3** conservare. *vpr* **4** salvarsi, scampare. **5** *fig* sopravvivere. **salve!** salve! avе! ave!
sal.va-vi.das [sawvəv´idəs] *sm sing+pl* salvagente.
sal.vo [s´awvu] *adj* salvo. • *prep* salvo, eccetto, tranne, fuorché.
sa.nar [san´ar] *vt* sanare, guarire.
san.ção [sãs´äw] *sf Dir* sanzione.
san.dá.lia [sãd´aljə] *sf* sandalo.
san.du.í.che [sãdu´iʃi] *sm* panino imbottito, tramezzino.
san.fo.na [sãf´onə] *sf Mús* fisarmonica.
san.grar [sãgr´ar] *vi* sanguinare.
san.gren.to [sãgr´ẽtu] *adj* **1** sanguigno. **2** accanito.
san.gue [s´ãgi] *sm* sangue. **transfusão de sangue** trasfusione di sangue.
san.gues.su.ga [sãgis´ugə] *sf* **1** *Zool* sanguisuga, mignatta. *s* **2** *fig* parassita, vampiro.
san.gui.ná.rio [sãgin´arju] *adj* sanguinario.
san.guí.neo [sãg´inju] *adj* sanguigno.
sa.ni.tá.rio [sanit´arju] *sm* toletta. • *adj* sanitario.

san.ti.fi.car [sãtifik´ar] *vt* santificare.
san.to [s´ãtu] *sm Rel* santo. • *adj* santo (san). **santo do pau oco** gattamorta.
são [s´ãw] *adj* 1 sano. 2 san. *São Paulo / San Paolo*. 3 *fig* saldo. **são e salvo** a) *Lit* incolume. *Pl: sãos*.
sa.pa.ta.ri.a [sapatar´iə] *sf* calzoleria.
sa.pa.tei.ro [sapat´ejru] *sm* calzolaio.
sa.pa.to [sap´atu] *sm* scarpa, calzatura.
sa.po [s´apu] *sm Zool* rospo, botta.
sa.que [s´aki] *sm* 1 saccheggio. 2 trofeo.
sa.que.ar [sake´ar] *vt* saccheggiare, rapinare, predare.
sa.ram.po [sar´ãpu] *sm Med* morbillo.
sa.rar [sar´ar] *vi* 1 guarire. 2 cicatrizzarsi.
sar.cás.ti.co [sark´astiku] *adj* 1 sarcastico. 2 *fig* mordace.
sar.da [s´ardə] *sf* lentiggine, semola.
sar.di.nha [sard´iñə] *sf Zool* sardina.
sar.gen.to [sarʒ´ẽtu] *sm Mil* sergente.
sar.je.ta [sarʒ´etə] *sf* cunetta.
sar.na [s´arnə] *sf Med* scabbia, rogna.
sar.nen.to [sarn´ẽtu] *adj* scabbioso.
sa.té.li.te [sat´eliti] *sm Astron* satellite.
sá.ti.ra [s´atirə] *sf* (também *fig*) *Lit* satira.
sa.tis.fa.ção [satisfas´ãw] *sf* 1 soddisfazione. 2 gusto, grado. 3 allegria, contentezza.
sa.tis.fa.zer [satisfaz´er] *vt* 1 soddisfare, saziare, contentare. *vpr* 2 soddisfarsi, contentarsi.
sa.tis.fei.to [satisf´ejtu] *adj* 1 soddisfatto. 2 sazio. 3 contento, felice. 4 pieno.
sa.tu.rar [satur´ar] *vt* saturare.
sau.da.ção [sawdas´ãw] *sf* 1 saluto, ossequio. 2 *fig* benvenuto. 3 **saudações** *pl* saluti, convenevoli.
sau.da.de [sawd´adi] *sf* rimpianto. **saudade da terra natal/da pátria** nostalgia, male di paese.
sau.dar [sawd´ar] *vt* salutare.
sau.dá.vel [sawd´avew] *adj* 1 salutare, sano. 2 *fig* fruttifero. *Pl: saudáveis*.

sa.ú.de [sa´udi] *sf* 1 salute, benessere, salvezza. 2 *fig* vita. • *interj* salute! **à saúde!** *interj* alla salute!
sa.xo.fo.ne [saksof´oni] *sm Mús* sassofono.
se[1] [si] *pron sing+pl* si.
se[2] [s´i] *conj* 1 se. 2 ove. 3 se mai, caso mai. 4 quando, qualora.
sé [s´ɛ] *sf Rel* sede.
se.bo [s´ebu] *sm* 1 sego. 2 negozio di libri usati.
se.ca [s´ekə] *sf* siccità.
se.ção [ses´ãw] *sf* 1 sezione. 2 divisione. 3 settore, ripartizione, reparto. **seção eleitoral** seggio elettorale.
se.car [sek´ar] *vt* 1 seccare. 2 asciugare. *vi+vpr* 3 seccarsi. 4 asciugarsi. 5 inaridirsi.
se.co [s´eku] *adj* 1 secco. 2 arido. 3 passo.
se.cre.ção [sekres´ãw] *sf Fisiol* secrezione, umore.
se.cre.ta.ri.a [sekretar´iə] *sf* segreteria.
se.cre.tá.rio [sekret´arju] *sm* segretario.
se.cre.to [sekr´ɛtu] *adj* 1 segreto. 2 recondito.
sé.cu.lo [s´ɛkulu] *sm* 1 secolo. 2 età.
se.cun.dá.rio [sekũd´arju] *adj* 1 secondario, superfluo, accessorio. 2 *fig* marginale.
se.da [s´edə] *sf* seta.
se.dar [sed´ar] *vt Lit, Med* sedare, calmare.
se.de[1] [s´edi] *sf* 1 sete. 2 *fig* avidità, brama, ambizione. **ter sede** assetare.
se.de[2] [s´edi] *sf* sede.
se.den.to [sed´ẽtu] *adj* assetato.
se.di.men.to [sedim´ẽtu] *sm* 1 sedimento. 2 gromma. 3 deposito, fondo.
se.du.ção [sedus´ãw] *sf* 1 seduzione, attrazione, incantesimo. 2 *fig* incanto.
se.du.tor [sedut´or] *sm* seduttore. • *adj* attraente, maliardo.
se.du.zir [seduz´ir] *vt* 1 sedurre, incantare, ammaliare. 2 *fig* attrarre, comprare.

seg.men.to [segm´ẽtu] *sm* **1** sezione. **2** *Geom* segmento.

se.gre.do [segr´edu] *sm* **1** segreto. **2** sigillo. **3** mistero. **guardar/manter segredo** abbottonarsi, tacere.

se.gre.gar [segreg´ar] *vt* **1** segregare, isolare, appartare. **2** sequestrare. *vpr* **3** segregarsi.

se.gui.da [seg´idə] *sf* na expressão **em seguida** al seguito, appresso, poi.

se.gui.do [seg´idu] *adj* consecutivo.

se.gui.dor [segid´or] *sm* **1** discepolo, compagno. **2** *Rel* fedele. **3** *fig* apostolo.

se.guin.te [seg´ĩti] *adj* **1** seguente. **2** successivo, susseguente. **3** prossimo, altro.

se.guir [seg´ir] *vt* **1** seguire. **2** perseguitare, incalzare. **3** continuare. **4** *fig* abbracciare. *vpr* **5** seguire, succedersi. **seguir carreira militar** militare.

se.gun.da-fei.ra [segũdəf´ejrə] *sf* lunedì.

se.gun.do [seg´ũdu] *sm* **1** secondo. **2 segunda** *sf Autom* seconda, seconda velocità. • *num* secondo. • *prep+conj* secondo, conforme. **em segundo lugar** in secondo.

se.gu.ran.ça [segur´ãsə] *sf* **1** sicurezza. **2** certezza. **3** cauzione, assicurazione.

se.gu.rar [segur´ar] *vt* **1** tenere, afferrare, stringere, reggere. *vpr* **2** tenersi.

se.gu.ro [seg´uru] *adj* **1** sicuro, certo. **2** fermo. • *sm Com* assicurazione. **seguro de vida** assicurazione sulla vita. **seguro social** assicurazioni sociali.

sei.o [s´eju] *sm Anat* seno, petto. **seio materno** *fig* utero. **no seio da sociedade, da família etc** *fig* nel seno della società ecc.

seis [s´ejs] *sm+num* sei.

sei.ta [s´ejtə] *sf* setta.

sei.va [s´ejvə] *sf Bot* sugo.

se.ja [s´eʒə] *conj* sia. **ou seja** ossia, ovvero.

se.la [s´ɛlə] *sf* sella.

se.lar [sel´ar] *vt* **1** sigillare. **2** chiudere. **3** bollare. **4** sellare, bardare (cavalo).

se.le.ção [seles´ãw] *sf* **1** selezione. **2** scelta. **3** antologia.

se.le.ci.o.nar [selesjon´ar] *vt* selezionare, scegliere.

se.lo [s´elu] *sm* **1** sigillo. **2** francobollo, bollo. **3** timbro. **4** marca da bollo.

sel.va [s´ɛwvə] *sf* selva, foresta.

sel.va.gem [sewv´aʒẽj] *s* **1** selvaggio. **2** barbaro. **3** *fig* belva. • *adj* **1** selvaggio. **2** feroce. **3** barbaro. **4** selvatico. **5** *fig* crudele.

sel.va.ge.ri.a [sewvaʒer´iə] *sf* **1** selvatichezza. **2** *fig* crudeltà.

sem [s´ẽj] *prep* senza. **sem mim** senza di me. **sem ti/sem você** senza di te.

se.má.fo.ro [sem´aforu] *sm* semaforo.

se.ma.na [sem´Anə] *sf* settimana. **Semana Santa** Settimana Santa.

se.ma.nal [seman´aw] *adj* settimanale. *Pl:* semanais.

sem.blan.te [sẽbl´ãti] *sm* **1** sembianza. **2** *fig* fisionomia. **3** apparenza.

se.me.ar [seme´ar] *vt* **1** seminare, disseminare, piantare semi. **2** *fig* diffondere.

se.me.lhan.ça [semeλ´ãsə] *sf* **1** somiglianza, sembianza. **2** affinità. **3** *fig* ritratto.

se.me.lhan.te [semeλ´ãti] *sm* somigliante, pari, affine. • *adj* **1** somigliante, simile, similare. **2** affine. **3** conforme.

sê.men [s´emẽj] *sm Fisiol* seme, sperma.

se.men.te [sem´ẽti] *sf* **1** *Bot* seme, semente. **2** granello.

se.mes.tre [sem´ɛstri] *sm* semestre.

se.mi.ná.rio [semin´arju] *sm* **1** seminario, congresso. **2** *Rel* seminario.

se.mi.vo.gal [semivog´aw] *sf Gram* semivocale. *Pl:* semivogais.

sem.pre [s´ẽpri] *adv* sempre.

sem-ver.go.nha [sẽvergó´oñə] *s sing+pl* ribaldo. • *adj* **1** ribaldo. **2** *pop* svergognato.

se.na.do [sen´adu] *sm Pol* senato.

se.na.dor [senad´or] *sm Pol* senatore.
se.não [sen´ãw] *conj* 1 se no, altrimenti. 2 anzi. • *sm* ma.
se.nha [s´eɲə] *sf* segnale.
se.nhor [seɲ´or] *sm* 1 il signore. 2 gentiluomo, nobiluomo. **ao senhor** le. **aos senhores/dos senhores** loro. **Nosso Senhor** *Rel* Nostro Signore. **o senhor** a) lei. b) la. **os senhores** a) loro. b) le. **senhor de si** *fig* sovrano. **senhor idoso** *fam* zio.
se.nho.ra [seɲ´ɔrə] *sf* 1 signora. 2 dama. **a senhora** a) lei. b) la. **à senhora** le. **as senhoras** a) loro. b) le. **às senhoras/das senhoras** loro. **minha Nossa Senhora!** Madonna mia! **Nossa Senhora** Nostra Signora, La Madonna. **senhora idosa** *fam* zia.
se.nho.ri.ta [señor´itə] *sf* 1 signorina. 2 *Poét* donzella.
se.nil [sen´iw] *adj* senile.
sê.nior [s´enjor] *sm* seniore, maggiore, membro più antico. • *adj* seniore.
sen.sa.ção [sẽsas´ãw] *sf* 1 sensazione. 2 *fig* chiasso.
sen.sa.ci.o.nal [sẽsasjon´aw] *adj* sensazionale, chiassoso.
sen.sa.to [sẽs´atu] *adj* sensato, accorto, logico.
sen.si.bi.li.zar [sẽsibiliz´ar] *vt* 1 commuovere. 2 *fig* smuovere. *vpr* 3 commuoversi.
sen.sí.vel [sẽs´ivew] *adj* 1 sensibile. 2 *fig* tenero. *Pl:* sensíveis.
sen.so [s´ẽsu] *sm* senso. **bom senso** buon senso, senno, tatto, giudizio.
sen.su.al [sẽsu´aw] *adj* 1 sensuale. 2 erotico. 3 caldo. 4 *fig* roco (voz). *Pl:* sensuais.
sen.tar [sẽt´ar] *vt* 1 sedere. *vpr* 2 sedersi. 3 accomodarsi. **sentar à mesa** sedere a tavola (per mangiare). **sentem-se!** accomodatevi!
sen.ten.ça [sẽt´ẽsə] *sf* 1 detto, massima. 2 *Dir* sentenza, giudizio.

sen.ten.ci.ar [sẽtẽsi´ar] *vt+vi* 1 *Dir* sentenziare. 2 *fig* pronunziare.
sen.ti.do [sẽt´idu] *sm* 1 senso. 2 significato. 3 direzione, verso. **fazer sentido** avere senso. **perder os sentidos** uscire di sé. **recobrar os sentidos** rinvenire. **sexto sentido** sesto senso.
sen.ti.men.to [sẽtim´ẽtu] *sm* sentimento.
sen.ti.ne.la [sẽtin´ɛlə] *s* 1 *Mil* sentinella, guardia. 2 *fig* palo.
sen.tir [sẽt´ir] *vt* 1 sentire. 2 *fig* odorare, fiutare. *vi* 3 sentire. 4 condolersi. *vpr* 5 sentirsi, stare, trovarsi. **sinto muito!** mi dispiace!
se.pa.rar [separ´ar] *vt* 1 separare. 2 isolare, segregare. 3 allontanare, appartare. 4 assortire. 5 astrarre, staccare. 6 distinguere. *vpr* 7 separarsi. 8 dividersi. 9 isolarsi, esiliarsi. 10 staccarsi. 11 distinguersi.
se.pul.tar [sepuwt´ar] *vt* 1 seppellire. 2 sotterrare.
se.pul.tu.ra [sepuwt´urə] *sf* sepoltura, tomba.
se.quên.cia [sek´wẽsjə] *sf* 1 sequenza, seguenza. 2 serie, successione. 3 *fig* filo, catena.
se.ques.trar [sekwestr´ar] *vt Dir* 1 sequestrare. 2 rapire. 3 confiscare.
se.ques.tro [sek´wɛstru] *sm Dir* 1 sequestro. 2 ratto, rapimento. 3 pignorazione.
ser [s´er] *va* essere. • *sm* essere, ente. **ser vivo** essere vivente.
se.rei.a [ser´ejə] *sf Mit* sirena.
se.re.nar [seren´ar] *vt* 1 serenare, rasserenare. *vi+vpr* 2 serenarsi, rasserenare, rasserenarsi.
se.re.na.ta [seren´atə] *sf* serenata.
se.re.no [ser´enu] *sm* rugiada. • *adj* 1 sereno, calmo. 2 ameno (lugar). 3 *fig* imperturbabile.
sé.rie [s´ɛrji] *sf* 1 serie. 2 sequenza, successione. 3 fila. 4 gruppo, assortimento. 5 *fig* catena.

se.ri.e.da.de [serjed´adi] *sf* 1 serietà. 2 coscienza.

se.rin.ga [ser´ĩgɐ] *sf Med* siringa.

sé.rio [s´ɛrju] *adj* 1 serio. 2 austero, severo.

ser.mão [serm´ãw] *sm* 1 sermone. 2 *Rel* sermone, predica. 3 *fam* parrucca.

ser.pen.te [serp´ẽti] *sf* serpe, biscia.

ser.ra [s´ɛʀɐ] *sf* 1 sega. 2 *Geogr* serra.

ser.ra.gem [seʀ´aʒẽj] *sf* segatura, polvere del legno.

ser.ra.lhei.ro [seʀaʎ´ejru] *sm* ferraio.

ser.rar [seʀ´ar] *vt* segare.

ser.ra.ri.a [seʀaɾ´iɐ] *sf* segheria.

ser.ro.te [seʀ´ɔti] *sm* saracco.

ser.ven.te [serv´ẽti] *s* servente.

ser.vi.ço [serv´isu] *sm* 1 servizio. 2 affare, opera. 3 ufficio. 4 favore. **serviço de mesa** finimento da tavola. **serviço militar** fazione. **serviços domésticos** lavori di casa.

ser.vi.dão [servid´ãw] *sf* servitù.

ser.vil [serv´iw] *adj* servile, sottomesso.

ser.vir [serv´ir] *vt* 1 servire. 2 portare in tavola. 3 giovare. 4 prestarsi a. 5 militare in (exército). 6 *fig* fruttare a. *vpr* 7 servirsi di. 8 adoperare. 9 aiutarsi, avvantaggiarsi.

ser.vo [s´ɛrvu] *sm* servo.

ses.são [ses´ãw] *sf* 1 sessione. 2 udienza.

ses.sen.ta [ses´ẽtɐ] *sm+num* sessanta.

se.ta [s´ɛtɐ] *sf* freccia. **seta luminosa** *Autom* indicatore a freccia.

se.te [s´ɛti] *sm+num* sette.

se.tem.bro [set´ẽbru] *sm* settembre.

se.ten.ta [set´ẽtɐ] *sm+num* settanta.

se.ten.tri.o.nal [setẽtrjon´aw] *adj* 1 settentrionale, del nord. 2 *artico*. *Pl: setentrionais*.

sé.ti.mo [s´ɛtimu] *sm+num* settimo.

se.tor [set´or] *sm* 1 settore. 2 ambito, campo. 3 reparto. 4 *fig* competenza.

seu [s´ew] *pron m sing* 1 tuo. 2 suo. 3 vostro. 4 loro. 5 **seus** *pl* a) tuoi. b) suoi. c) vostri. d) loro.

se.ve.ro [sev´ɛru] *adj* 1 severo. 2 serio. 3 austero. 4 rigoroso. 5 agro. 6 *irôn* feroce. 7 *fig* rigido. 8 secco, acerbo. 9 gravoso.

se.xa.ge.ná.rio [seksaʒen´arju] *sm+adj* sessagenario, sessantenne.

se.xo [s´ɛksu] *sm* sesso.

sex.ta-fei.ra [sestaf´ejɾɐ] *sf* venerdì. **às sextas-feiras** di venerdì. **Sexta-feira Santa** Venerdì Santo. *Pl: sextas-feiras*.

sex.te.to [sest´etu] *sm* (também *Mús*) sestetto.

sex.to [s´estu] *sm+num* sesto.

se.xu.al [seksu´aw] *adj* sessuale. *Pl: sexuais*.

si [s´i] *pron sing+pl* sé (se). • *sm Mús* si. **por si só** da sé. **si mesmo** se stesso.

si.fão [sif´ãw] *sm* sifone.

sí.fi.lis [s´ifilis] *sf sing+pl Med* sifilide.

si.gi.lo [siʒ´ilu] *sm* sigillo.

si.gla [s´iglɐ] *sf* 1 sigla. 2 *fig* cifra.

sig.ni.fi.ca.do [signifik´adu] *sm* 1 significato. 2 nozione, senso. 3 forza. 4 *fig* tenore.

sig.ni.fi.car [signifik´ar] *vt* 1 significare. 2 voler dire, valere. 3 rappresentare, denotare. 4 *Lit* importare.

sig.no [s´ignu] *sm Astrol* segno.

sí.la.ba [s´ilabɐ] *sf Gram* sillaba.

si.len.ci.ar [silẽsi´ar] *vt* 1 far tacere. *vi* 2 tacere, zittirsi.

si.lên.cio [sil´ẽsju] *sm* silenzio. • *interj* zitto! acqua in bocca! **em silêncio** in silenzio, piano. **pedir silêncio** zittire.

si.len.ci.o.so [silẽsi´ozu] *adj* 1 silenzioso, zitto. 2 muto.

si.lhu.e.ta [siʎu´etɐ] *sf* siluetta, contorno.

sil.ves.tre [siwv´ɛstri] *adj* 1 selvatico. 2 *Lit* silvestre.

sim [s´ĩ] *adv* sì.

sim.bo.li.zar [sĩboliz´ar] *vt* simboleggiare, raffigurare, rappresentare, designare.

sím.bo.lo [s'ibolu] *sm* **1** simbolo. **2** emblema. **3** figura. **4** *Quím* simbolo. **5** *fig* bandiera, stendardo.

si.me.tri.a [simetr'iə] *sf* **1** simmetria. **2** *fig* armonia.

si.mi.lar [simil'ar] *sm* simile. • *adj* similare, simile, somigliante.

sim.pa.ti.a [sipat'iə] *sf* **1** simpatia. **2** benevolenza. **3** *fig* amicizia.

sim.pá.ti.co [sĩp'atiku] *adj* simpatico, amabile, piacevole, grazioso.

sim.pa.ti.zar [sĩpatiz'ar] *vt* simpatizzare con, avere uno in simpatia.

sim.ples [s'ĩplis] *adj sing+pl* **1** semplice. **2** facile, agevole. **3** mero, solo. **4** puro, scempio. **5** sobrio. **6** *fig* primitivo.

sim.pli.fi.car [sĩplifik'ar] *vt* **1** semplificare. **2** *fig* alleggerire, alleviare.

sim.pló.rio [sĩpl'ɔrju] *sm* sempliciotto, babbeo. • *adj* **1** sempliciotto, babbeo, sciocco. **2** *fig* scempio.

si.mu.lar [simul'ar] *vt* simulare, fingere, atteggiarsi a, affettare.

si.mul.tâ.neo [simuwt'∧nju] *adj* simultaneo.

si.nal [sin'aw] *sm* **1** segnale. **2** segno. **3** cenno. **4** indizio, accenno. **5** avviso. **6** cartello. **7** avvertimento. **8** *Com* caparra, anticipo, pegno. **9** *fig* sintomo, traccia, vestigio. **avançar o sinal** *fig* passare il segno. **dar um sinal** ammiccare. **sinal de subtração** *Mat* meno. **sinal na pele** macchia. Pl: *sinais*.

sin.ce.ri.da.de [sĩserid'adi] *sf* **1** sincerità, franchezza. **2** *fig* nettezza, pulitezza.

sin.ce.ro [sĩs'eru] *adj* **1** sincero, franco. **2** *fig* netto, schietto.

sin.di.ca.to [sĩdik'atu] *sm* sindacato.

sín.di.co [s'ĩdiku] *sm* sindaco (de associação, edifício).

si.ne.ta [sin'etə] *sf dim* campanella, campana.

sin.fo.ni.a [sĩfon'iə] *sf Mús* sinfonia.

sin.ge.lo [sĩʒ'ɛlu] *adj* **1** scempio. **2** *fig* genuino.

sin.gu.lar [sĩgul'ar] *sm Gram* singolare. • *adj* **1** singolare. **2** particolare. **3** unico. **4** originale.

si.nis.tro [sin'istru] *sm* sinistro, incidente. • *adj* **1** sinistro. **2** tetro. **3** tragico.

si.no [s'inu] *sm* campana.

si.nô.ni.mo [sin'onimu] *sm+adj Gram* sinonimo.

si.nop.se [sin'ɔpsi] *sf* sinossi, sintesi, sommario.

sin.ta.xe [sĩt'asi] *sf Gram* sintassi.

sín.te.se [s'ĩtezi] *sf* **1** sintesi, sinossi. **2** *Fil, Quím* sintesi.

sin.té.ti.co [sĩt'ɛtiku] *adj* **1** sintetico. **2** di laboratorio. **3** breve (discurso).

sin.to.ma [sĩt'omə] *sm Med* sintomo, segnale, indizio.

si.nu.ca [sin'ukə] *sf* **1** bigliardo (o jogo e a mesa). **2** *fig* strettoia, difficoltà.

si.nu.o.so [sinu'ozu] *adj* sinuoso.

si.re.ne [sir'eni] *sf* sirena.

sis.te.ma [sist'emə] *sm* **1** sistema. **2** meccanismo. **3** filosofia. **4** *Inform* **5** *fig* organismo.

si.ti.ar [siti'ar] *vt* assediare.

sí.tio [s'itju] *sm* piccolo podere.

si.tu.a.ção [sitwas'ãw] *sf* **1** situazione. **2** stato, posizione, livello. **3** contesto, circostanza. **4** occasione. **5** *fig* quadro.

si.tu.ar [situ'ar] *vt* situare, localizzare. *vpr* **2** trovarsi, giacere.

smoking [zm'ɔki] *sm ingl* giacca da sera, *smoking*.

só [s'ɔ] *adj* solo, singolo. • *adv* **1** solo. **2** appena.

so.ar [so'ar] *vt* **1** battere. *vi* **2** suonare.

sob [s'ob] *prep* sotto.

so.be.ra.no [sober'∧nu] *sm* sovrano, principe. • *adj* sovrano.

so.ber.bo [sob'erbu] *adj* superbo.

so.bra [s'ɔbrə] *sf* **1** avanzo. **2** sopravanzo. **3 sobras** *pl* scorie. **de sobra** d'avanzo.

so.bran.ce.lha [sobrãs'eλə] *sf Anat* sopracciglio.

so.brar [sobr´ar] *vi* **1** avanzare, restare, rimanere. **2** sopravanzare.
so.bre [s´obrɪ] *prep* **1** su. **2** sopra, addosso. **3** circa, intorno a. **4** *Poét* sovra.
so.bre.car.ga [sobrek´argə] *sf* sovraccarico.
so.bre.car.re.ga.do [sobrekařeg´adu] *adj* sovraccarico.
so.bre.car.re.gar [sobrekařeg´ar] *vt* **1** aggravare. **2** caricare. *vpr* **3** gravarsi.
so.bre.na.tu.ral [sobrenatur´aw] *sm* soprannaturale. • *adj* **1** soprannaturale. **2** *fig* miracoloso. *Pl:* sobrenaturais.
so.bre.no.me [sobren´omi] *sm* cognome, nome di famiglia, casato.
so.bre.por [sobrep´or] *vt* **1** sovrapporre, incavalcare. *vpr* **2** sovrapporsi.
so.bre.pu.jar [sobrepu´ʒar] *vt* sorpassare, superare.
so.bres.sa.ir [sobresa´ir] *vi* **1** risaltare. *vpr* **2** sopravanzare. **3** *fig* campeggiare.
so.bres.sal.to [sobres´awtu] *sm* **1** soprassalto. **2** *fig* scossa, tuffo. **de sobressalto** *adv* di soprassalto.
so.bre.tu.do [sobret´udu] *sm* soprabito, cappotto. • *adv* soprattutto.
so.bre.vir [sobrev´ir] *vi* sopraggiungere, sopravvenire, presentarsi.
so.bre.vi.ver [sobreviv´er] *vi* **1** sopravvivere. **2** rimanere. **3** campare, galleggiare.
so.bri.nho [sobr´iɲu] *sm* (*f* sobrinha) nipote.
so.bri.nho-ne.to [sobriɲun´etu] *sm* (*f* sobrinha-neta) pronipote.
só.brio [s´ɔbrju] *adj* **1** sobrio. **2** contenuto. **3** astemio.
so.ci.al [sosi´aw] *adj* sociale. *Pl:* sociais.
so.ci.e.da.de [sosjed´adi] *sf* **1** società. **2** associazione, circolo, consorzio. **3** compagnia. **4** comunità. **a alta sociedade** il gran mondo. **sociedade anônima** società anonima.
só.cio [s´ɔsju] *sm* socio.
so.co [s´oku] *sm* pugno, cazzotto.
so.cor.rer [sokoř´er] *vt* soccorrere, assistere.
so.cor.ro [sok´ořu] *sm* soccorso. • *interj* aiuto! **primeiros socorros** pronto soccorso.
so.da [s´ɔdə] *sf Quím* soda. **soda cáustica** soda caustica.
só.dio [s´ɔdju] *sm Quím* sodio.
so.fá [sof´a] *sm* sofà, divano.
so.fis.ti.ca.do [sofistik´adu] *adj* **1** sofisticato. **2** ricercato, fine.
so.frer [sofr´er] *vt* **1** soffrire. **2** patire, subire. **3** espiare. **4** guadagnarsi (acidente, desgraça). *vi* **5** soffrire. **6** patire, penare, stentare. **7** affliggersi, consumarsi.
so.fri.men.to [sofrim´ẽtu] *sm* **1** sofferenza. **2** afflizione, dolore, passione. **3** *fig* croce.
software [s´ɔftwer] *sm ingl Inform* software.
so.gra [s´ɔgrə] *sf* suocera.
so.gro [s´ogru] *sm* suocero.
so.ja [s´ɔʒə] *sf Bot* soia.
sol [s´ɔw] *sm* **1** *Astron* sole. **2** *Mús* sol. **secar ao sol** soleggiare. **tomar sol** prendere sole.
so.la [s´ɔlə] *sf* suola.
so.lar [sol´ar] *adj* solare, del Sole.
sol.da [s´owdə] *sf* saldatura, piombatura.
sol.da.do [sowd´adu] *sm Mil* soldato, milite. **soldado de infantaria** fante.
sol.dar [sowd´ar] *vt* saldare.
sol.do [s´owdu] *sm Mil* soldo, paga dei soldati.
so.lei.ra [sol´ejrə] *sf* **1** soglia. **2** *Lit* limitare.
so.le.ne [sol´eni] *adj* **1** solenne. **2** austero. **3** ampolloso. **4** famoso. **5** *Mús* maestoso.
so.li.ci.tar [solisit´ar] *vt* **1** sollecitare. **2** *fig* incalzare.
so.li.dão [solid´ãw] *sf* solitudine.
so.li.dez [solid´es] *sf* **1** solidità. **2** compattezza. **3** consistenza. **4** forza, durezza.

so.li.di.fi.car [solidifikˈar] *vt* **1** assodare. *vpr* **2** assodarsi.

só.li.do [sˈɔlidu] *sm Fís, Geom* solido. • *adj* **1** solido, sodo. **2** compatto, massiccio. **3** resistente. **4** duro, forte.

so.li.tá.ria [solitˈarjə] *sf* **1** *Med* verme solitario. **2** *Dir* prigione di rigore.

so.li.tá.rio [solitˈarju] *sm* **1** solitario. **2** *fig* gufo. • *adj* **1** solitario, solo. **2** deserto.

so.lo [sˈɔlu] *sm* **1** suolo, terra, terreno. **2** *Mús* solo.

sol.tar [sowtˈar] *vt* **1** sciogliere. **2** scatenare. **3** scarcerare. *vpr* **4** sciogliersi. **5** scatenarsi.

sol.tei.rão [sowtejrˈãw] *sm+adj pop* celibatario, vecchio scapolo.

sol.tei.ro [sowtˈejru] *sm+adj* celibe, scapolo.

sol.to [sˈowtu] *adj* **1** sciolto, lento. **2** agile (estilo). **3** folle (polia, roda di máquina).

so.lu.ção [solusˈãw] *sf* **1** soluzione. **2** risoluzione. **3** esito. **4** *fig* rimedio, riparo.

so.lu.çar [solusˈar] *vi* singhiozzare.

so.lu.ço [solˈusu] *sm* singhiozzo.

som [sˈõw] *sm* **1** suono. **2** *Mús* voce (de instrumento). **emitir um som** mandare un suono.

so.ma [sˈɔmə] *sf* **1** tanto, ammontare. **2** *Mat* somma, addizione. **3** *Com* somma, importo.

so.mar [somˈar] *vt* **1** *Mat* sommare, addizionare, totalizzare. **2** montare a, importare a.

som.bra [sˈõbrə] *sf* **1** ombra. **2** *fig* velo. **à sombra** all'ombra.

som.bri.o [sõbrˈiu] *adj* **1** buio. **2** *fig* triste.

so.men.te [sɔmˈẽti] *adv* **1** soltanto. **2** solo. **3** pure.

so.nâm.bu.lo [sonˈãbulu] *sm Med* sonnambulo.

son.da [sˈõdə] *sf Med, Mec* sonda.

so.ne.ca [sonˈɛkə] *sf dim pop* pisolino. **tirar uma soneca** pisolare, fare un pisolino, dormicchiare.

so.ne.to [sonˈetu] *sm Lit* sonetto.

so.nhar [soɲˈar] *vt* **1** sognare. **2** aspirare a, appetire. *vi* **3** sognare. **4** fantasticare.

so.nho [sˈoɲu] *sm* **1** sogno. **2** visione. **3** *fig* miraggio, utopia. **4** aspirazione, ideale.

so.ní.fe.ro [sonˈiferu] *sm+adj Med* sonnifero.

so.no [sˈonu] *sm* sonno.

so.no.len.to [sonolˈẽtu] *adj* sonnolento.

so.no.ro [sonˈoru] *adj* sonoro.

so.pa [sˈɔpə] *sf* minestra, brodo. **sopa com fatias de pão** zuppa. **sopa italiana de arroz (ou macarrão) e legumes** minestrone.

so.pa.po [sopˈapu] *sm* traverso.

so.pei.ra [sopˈejrə] *sf* zuppiera, terrina.

so.pra.no [soprˈʌnu] *sm Mús* soprano.

so.prar [soprˈar] *vt* **1** soffiare. **2** *gír* cantare (resposta). *vi* **3** soffiare, spirare. **4** ventare, tirare (vento).

so.pro [sˈopru] *sm* **1** soffio, fiato, alito. **2** *Med* soffio.

so.que.te [sokˈeti] *sm Elet* portalampada.

sór.di.do [sˈɔrdidu] *adj* **1** sordido. **2** immondo, sporco.

so.ro [sˈoru] *sm Fisiol, Med* siero.

só.ror [sˈɔror] *sf Rel* suora.

sor.rir [soɲˈir] *vi* sorridere.

sor.ri.so [soɲˈizu] *sm* sorriso.

sor.te [sˈɔrti] *sf* **1** fortuna. **2** sorte, destino, fato. **3** *fig* culo, stella. **boa sorte!** tanti auguri!! in bocca al lupo! **má sorte** a) sfortuna. b) *pop* scalogna. **sorte tua!** beato te!

sor.te.ar [sortɛˈar] *vt* sorteggiare, sortire, estrarre a sorte, tirare a sorte.

sor.tei.o [sortˈeju] *sm* sorteggio.

sor.ti.men.to [sortimˈẽtu] *sm* assortimento.

sor.tir [sortˈir] *vt* assortire.

sor.ver [sorv´er] *vt* sorbire.

sor.ve.te [sorv´eti] *sm* gelato.

sor.ve.tei.ro [sorvet´ejru] *sm* gelatiere.

sos.se.gar [soseg´ar] *vt* calmare.

sos.se.go [sos´egu] *sm* calma, quiete, pace. **não dar sossego a** *fig* perseguitare.

só.tão [s´ɔtãw] *sm* soffitta.

so.ter.rar [soteʀ´ar] *vt* sotterrare.

so.va.co [sov´aku] *sm pop* ascella.

so.vi.na [sov´inɐ] *sm* avaro, spilorcio. • *adj* 1 avaro, spilorcio, gretto. 2 *fig* meschino.

so.zi.nho [sɔz´iñu] *adj* solo, solitario, singolo, da sé.

su.a [s´uɐ] *pron f sing* 1 tua. 2 sua. 3 vostra. 4 loro. 5 **suas** *pl* a) tue. b) sue. c) vostre. d) loro.

su.ar [su´ar] *vt* 1 sudare. *vi* 2 sudare, traspirare. 3 *fig* bollire. **suar frio** sudare freddo.

su.a.ve [su´avi] *adj* 1 soave. 2 delicato. 3 morbido. 4 discreto. 5 *Lit* mite. 6 *fig* dolce, celeste.

su.bal.ter.no [subawt´εrnu] *sm+adj* subalterno.

sub.en.ten.der [subẽtẽd´er] *vt* sottintendere, alludere, accennare.

su.bi.da [sub´idɐ] *sf* 1 salita. 2 ascensione, ascesa. 3 erta.

su.bir [sub´ir] *vt* 1 salire, montare, scalare. *vi* 3 salire, montare. 4 arrampicarsi. 5 elevarsi. 6 aumentare (temperatura). **subir de novo** risalire.

sú.bi.to [s´ubitu] *adj* subito.

sub.je.ti.vo [subʒet´ivu] *adj* soggettivo.

sub.ju.gar [subʒug´ar] *vt* 1 soggiogare. 2 *fig* dominare, conquistare.

su.bli.me [subl´imi] *adj* 1 sublime. 2 *fig* divino. 3 eminente.

su.bli.nhar [subliñ´ar] *vt* sottolineare.

sub.ma.ri.no [submar´inu] *sm Náut* sottomarino. • *adj* sottomarino.

sub.mer.gir [submerʒ´ir] *vt* 1 sommergere, affondare. *vi* 2 sommergersi, affondare.

sub.mer.são [submers´ãw] *sf* sommersione.

sub.me.ter [submet´er] *vt* 1 sottomettere, sottoporre. 2 *fig* dominare. *vpr* 3 sottomettersi, sottoporsi a.

sub.mis.são [submis´ãw] *sf* 1 sottomissione, ubbidienza. 2 dipendenza. 3 *fig* schiavitù.

sub.mis.so [subm´isu] *adj* 1 sottomesso, suddito, ubbidiente, docile. 2 *fig* schiavo.

su.bor.di.nar [subordin´ar] *vt* 1 subordinare. 2 condizionare. *vpr* 3 dipendere da.

su.bor.nar [suborn´ar] *vt* 1 subornare, pagare. 2 *fig* corrompere, ungere.

su.bor.no [sub´ornu] *sm* 1 subornazione. 2 *fig* corruzione.

subs.cre.ver [subskrev´er] *vt* sottoscrivere, firmare.

sub.se.quen.te [subsek´wẽti] *adj* susseguente.

sub.si.di.ar [subsidi´ar] *vt* 1 sussidiare. 2 *fig* alimentare.

sub.sí.dio [subs´idju] *sm Econ* sussidio.

sub.sis.tir [subsist´ir] *vi* sussistere, esistere.

sub.so.lo [subs´olu] *sm* 1 sotterraneo. 2 *Geogr* sottosuolo.

subs.tân.cia [subst´ãsjɐ] *sf* 1 sostanza. 2 senso. 3 essenza. 4 parte essenziale.

subs.tan.ti.vo [substãt´ivu] *sm Gram* sostantivo, nome.

subs.ti.tu.ir [substitu´ir] *vt* 1 sostituire. 2 cambiare.

subs.ti.tu.to [substit´utu] *sm* 1 sostituto. 2 successore. 3 riserva.

sub.ter.râ.neo [subteʀ´∧nju] *sm+adj* sotterraneo.

sub.tra.ção [subtras´ãw] *sf* sottrazione.

sub.tra.ir [subtra´ir] *vt* 1 sottrarre. 2 ritenere (valores).

suburbano [suburb´Λnu] *adj* suburbano.

su.búr.bio [sub´urbju] *sm* sobborgo, periferia.

sub.ver.são [subvers´ãw] *sf* sovversione.

sub.ver.ter [subvert´er] *vt* sovvertire, sconvolgere.

su.ce.der [sused´er] *vi* 1 succedere. 2 capitare, accadere. *vpr* 3 succedersi.

su.ces.são [suses´ãw] *sf* 1 successione. 2 sequenza, continuo. 3 *fig* catena.

su.ces.si.vo [suses´ivu] *adj* successivo.

su.ces.so [sus´εsu] *sm* 1 successo, esito, riuscita. 2 *fig* vittoria. **fazer sucesso** spiccarsi. **não ter sucesso** *fig* fare un buco nell'acqua. **ter sucesso** riuscir bene.

su.ces.sor [suses´or] *sm* successore.

su.cin.to [sus´ĩtu] *sm* 1 succinto, conciso, sintetico.

su.co [s´uku] *sm* 1 succo (de frutas). 2 sugo (em geral).

su.cu.len.to [sukul´ẽtu] *adj* succulento.

su.cum.bir [sukũb´ir] *vi* 1 *Lit* soccombere. 2 *fig* perire.

su.des.te [sud´εsti] *sm* sud-est.

sú.di.to [s´uditu] *sm* suddito.

su.do.es.te [sudo´εsti] *sm* sud-ovest.

su.fi.ci.en.te [sufisi´ẽti] *adj* sufficiente. • *sm* il sufficiente. **ser suficiente** bastare.

su.fi.xo [suf´iksu] *sm Gram* suffisso. **sufixo afetivo** suffisso vezzeggiativo.

su.fo.car [sufok´ar] *vt* 1 soffocare, affogare, asfissiare. 2 *fig* opprimere. 3 strangolare. *vi* 4 soffocare, affogare, respirare a stento.

su.fo.co [suf´oku] *sm* oppressione, ansia, affanno, apprensione.

su.gar [sug´ar] *vt* succhiare.

su.ge.rir [suʒer´ir] *vt* 1 suggerire. 2 consigliare, raccomandare, avvertire. 3 proporre. 4 ispirare. 5 *fig* gettare.

su.ges.tão [suʒest´ãw] *sf* 1 suggerimento, consiglio, avvertimento. 2 *Psic* suggestione (hipnotismo).

su.ges.ti.vo [suʒest´ivu] *adj* suggestivo.

su.i.ci.da [sujs´idə] *s* suicida.

su.i.ci.dar-se [sujsid´arsi] *vpr* suicidarsi, ammazzarsi.

su.i.cí.dio [sujs´idju] *sm* suicidio.

su.í.no [su´inu] *sm+adj* suino.

su.jar [suʒ´ar] *vt* 1 insudiciare, sporcare, imbrattare. *vpr* 2 insudiciarsi, sporcarsi, imbrattarsi.

su.jei.ra [suʒ´ejrɔ] *sf* 1 sporcizia. 2 porcheria, sudiciume. 3 rifiuti. 4 *fig* cacca.

su.jei.tar [suʒejt´ar] *vt* 1 sottoporre. *vpr* 2 sottoporsi. 3 *fig* esporsi a.

su.jei.to [suʒ´ejtu] *sm* 1 soggetto, tale, tipo. 2 *fam* coso. 3 *irôn* arnese. 4 *Gram* soggetto. 5 *fig, dep* individuo. • *adj* soggetto a, passibile di.

su.jo [s´uʒu] *adj* 1 sudicio. 2 sporco, sozzo, lordo. 3 immondo. 4 impuro.

sul [s´uw] *sm Geogr* sud. **o Sul** *fig* il Mezzogiorno.

sul.co [s´uwku] *sm* solco, stria.

sul.tão [suwt´ãw] *sm* sultano.

su.má.rio [sum´arju] *sm* 1 sommario. 2 riassunto. 3 indice. • *adj* 1 sommario. 2 succinto.

su.mi.ço [sum´isu] *sm* sparizione.

su.mir [sum´ir] *vi* 1 sparire, svanire. 2 *fig* evaporare.

su.mo [s´umu] *sm* 1 sugo. 2 *fig* essenza, centro. • *adj superl* (de **alto**) sommo, supremo. **sumo de frutas cítricas** agro.

sun.tu.o.so [sũtu´ozu] *adj* sontuoso.

su.or [su´or] *sm* sudore.

su.pe.rar [super´ar] *vt* 1 superare. 2 oltrepassare, sorpassare. 3 eccedere, sopravanzare.

su.per.fi.ci.al [superfisi´aw] *adj* superficiale. *Pl*: superficiais.

su.per.fí.cie [superf´isji] *sf* 1 superficie. 2 area. 3 faccia (de objetos).

su.pér.fluo [sup´εrflwu] *sm* superfluo. • *adj* 1 superfluo. 2 ridondante, accessorio. 3 *fig* marginale.

su.pe.rin.ten.den.te [superĩtẽdẽ´eti] *s+ adj* sovrintendente.
su.pe.ri.or [superi´or] *adj compar* (de **alto**) **1** superiore. **2** alto, eminente. • *sm* superiore.
su.pe.ri.o.ra [superi´orə] *sf Rel* superiora.
su.pe.ri.o.ri.da.de [superjorid´adi] *sf* **1** superiorità. **2** grandezza. **3** maggioranza.
su.per.la.ti.vo [superlat´ivu] *sm+adj Gram* superlativo.
su.per.mer.ca.do [supermerk´adu] *sm* magazzino, supermercato.
su.pers.ti.ção [superstis´ãw] *sf* superstizione.
su.pers.ti.ci.o.so [superstisi´ozu] *adj* superstizioso.
su.per.vi.sor [superviz´or] *sm+adj* sovrintendente.
su.plan.tar [suplãt´ar] *vt* soppiantare.
su.ple.men.to [suplem´ẽtu] *sm* **1** supplemento, aggiunta. **2** *fig* appendice.
sú.pli.ca [s´uplikə] *sf* supplica, preghiera.
su.pli.car [suplik´ar] *vt* supplicare, implorare, pregare.
su.plí.cio [supl´isju] *sm* supplizio.
su.por [sup´or] *vt* **1** supporre. **2** mettere, porre. **3** sospettare. **4** *Lit* presumere. *vpr* **5** immaginarsi. **supondo que** qualora.
su.por.tar [suport´ar] *vt* **1** sopportare. **2** tollerare, sostenere. **3** subire, soffrire. *vi* **4** soffrire. **5** resistere.
su.por.te [sup´ɔrti] *sm* **1** supporto, sostegno, base. **2** *fig* appoggio.
su.po.si.tó.rio [supozit´ɔrju] *sm Med* supposta.
su.pos.to [sup´ostu] *adj* supposto, posto.
su.pre.mo [supr´emu] *adj superl* (de **alto**) **1** sopremo, sommo. **2** assoluto.
su.pri.men.to [suprim´ẽtu] *sm* rifornimento, provvista.
su.pri.mir [suprim´ir] *vt* **1** sopprimere. **2** cancellare. **3** abolire. **4** annullare.

su.prir [supr´ir] *vt* supplire.
sur.dez [surd´es] *sf* sordità.
sur.do [s´urdu] *sm+adj* (também *fig*) sordo.
sur.do-mu.do [surdum´udu] *sm+adj* sordomuto. *Pl:* **surdos-mudos** (*sm*), **surdo-mudos** (*adj*).
sur.gi.men.to [surʒim´ẽtu] *sm* apparizione, comparsa, venuta.
sur.gir [surʒ´ir] *vi* **1** sorgere. **2** nascere. **3** venire. **4** *fig* fiorire. **5** emergere.
sur.pre.en.der [surpreẽd´er] *vt* **1** sorprendere. **2** giungere, cogliere. **3** allarmare. **4** *fig* confondere.
sur.pre.sa [surpr´ezə] *sf* sorpresa. **de surpresa** di sorpresa. **fazer uma surpresa** fare una sorpresa.
sur.ra [s´uřə] *sf* **1** bastonata. **2** *irôn* carezza.
sur.rar [suř´ar] *vt* picchiare, bastonare. *fam* pestare.
sur.ru.pi.ar [suřupi´ar] *vt* agguantare.
sur.tir [surt´ir] *vi* sortire.
sus.ci.tar [susit´ar] *vt* suscitare, cagionare.
sus.pei.ta [susp´ejtɐ] *sf* **1** sospetto. **2** dubbio, sfiducia. **3** *fig* gelosia. **4** sensazione, fiuto.
sus.pei.tar [suspejt´ar] *vt+vi* sospettare, temere.
sus.pei.to [susp´ejtu] *adj* **1** sospetto. **2** ambiguo, losco. • *sm* persona sospetta.
sus.pen.der [suspẽd´er] *vt* **1** sospendere. **2** appendere, appiccare. **3** interrompere. **4** *fig* troncare. *vpr* **5** sospendersi, appiccarsi.
sus.pen.são [suspẽs´ãw] *sf* **1** sospensione. **2** *fig* attesa.
sus.pen.só.rio [suspẽs´ɔrju] *sm* bretella.
sus.pi.rar [suspir´ar] *vi* sospirare.
sus.pi.ro [susp´iru] *sm* **1** sospiro. **2** *Lit* gemito.
sus.sur.rar [susuř´ar] *vt* **1** sussurrare, bisbigliare. *vi* **2** sussurrare, mormorare, bisbigliare.

sus.sur.ro [sus´uṝu] *sm* sussurro, fruscio.
sus.ten.tar [sustēt´ar] *vt* **1** sostenere, sopportare, reggere. **2** sostentare, mantenere. **3** *fig* appoggiare. **4** alimentare. *vpr* **5** sostenersi, reggersi. **6** sostentarsi, mantenersi, campare.
sus.ten.to [sust´ĕtu] *sm* **1** sostegno. **2** nutrimento. **3** *fig* pane.
sus.to [s´ustu] *sm* spavento, soprassalto.
su.ti.ã [suti´ã] *sm* reggiseno.
su.til [sut´iw] *adj* **1** sottile. **2** fine, tenue. **3** acuto, aguzzo. **4** astuto, perspicace.
su.tu.ra [sut´urə] *sf Med* sutura, saldatura.
su.tu.rar [sutur´ar] *vt Med* suturare.

t

t [tʼe] *sm* la ventesima lettera dell'alfabeto portoghese.
ta.ba.co [tabˈaku] *sm* tabacco.
ta.be.la [tabˈɛlə] *sf* tabella, tavola.
ta.be.li.ão [tabeliˈãw] *sm* **1** notaio. **2 Tabelião** Ufficio di Stato Civile.
ta.ble.te [tablˈeti] *sm* tavoletta di medicamento.
tá.bua [tˈabwə] *sf* tavola, asse. **tábua de passar** tavola da stirare.
ta.bu.lei.ro [tabulˈejru] *sm* tavoliere. **tabuleiro de xadrez** scacchiera.
ta.bu.le.ta [tabulˈetə] *sf dim* tavoletta.
ta.ça [tˈasə] *sf* tazza, coppa.
ta.co [tˈaku] *sm* solaio. **taco de bilhar** stecca.
ta.ga.re.la [tagarˈɛlə] *s* **1** *pop* chiacchierone. **2** *fig* pappagallo, cornacchia.
ta.ga.re.lar [tagarelˈar] *vi* **1** ciarlare. **2** *pop* chiacchierare.
tailleur [tajˈer] *sm fr* abito a giacca.
tal [tˈaw] *adj+pron* tale. **um tal** certuno, cotale.
ta.lão [talˈãw] *sm* **1** *Anat* tallone. **2** *Com* matrice, talloncino. **talão de cheques** libretto d'assegni.
tal.co [tˈawku] *sm* talco.
ta.len.to [talˈẽtu] *sm* **1** talento, ingegno. **2** valentia. **3** *fig* dote.
ta.lhar [taʎˈar] *vt* tagliare, incidere.
ta.lha.rim [taʎarˈĩ] *sm* taglierini, tagliatelle.
ta.lher [taʎˈɛr] *sm* posata.

ta.lho [tˈaʎu] *sm* taglio, tacca.
ta.lis.mã [talizmˈã] *sm* talismano, amuleto.
ta.lo [tˈalu] *sm Bot* nervo, costola.
tal.vez [tawvˈes] *adv* **1** magari, forse. **2** può darsi che, forse che.
ta.man.co [tamˈãku] *sm* zoccolo.
ta.ma.nho [tamˈʌɲu] *sm* **1** taglia. **2** dimensione.
tâ.ma.ra [tˈʌmərə] *sf Bot* dattero.
tam.bém [tãbˈẽj] *adv* **1** anche. **2** pure. **3** fino. **mas também** ma anche.
tam.bor [tãbˈor] *sm Mús* **1** tamburo. **2** grancassa.
tam.bo.rim [tãborˈĩ] *sm Mús* tamburino.
tam.pa [tˈãpə] *sf* tappo, turacciolo.
tam.pão [tãpˈãw] *sm Med* tampone.
tam.par [tãpˈar] *vt* tappare, chiudere. *Sin: tapar.*
tam.pou.co [tãpˈowku] *avv* neanche.
tan.ge.ri.na [tãʒerˈinə] *sf Bot* bergamotta.
tan.que [tˈãki] *sf* vasca. **encher o tanque** *Autom* fare il pieno.
tan.to [tˈãtu] *pron+adv* tanto. • *sm* tanto, quantità indeterminata. **tanto ... como** tanto ... come. **tanto ... quanto** tanto ... quanto. **um tanto** alquanto. *um tanto velho* / alquanto vecchio.
tão [tˈãw] *pron+adv* tanto, così. **tão grande** tale. **tão ... como** tanto ... come. **tão ... quanto** tanto ... quanto. **tão ... que** così ... che.

tapa 482 temer

ta.pa [t′apə] *sm* ceffone, schiaffo.
ta.par [tap′ar] *vt V tampar*.
ta.pe.ar [tape′ar] *vt* ingannare.
ta.pe.ça.ri.a [tapesar′iə] *sf* tappezzeria.
ta.pe.cei.ro [tapes′ejru] *sm* tapezziere.
ta.pe.te [tap′eti] *sm* tappeto.
ta.ra [t′arə] *sf Med, Com* tara.
ta.rân.tu.la [tar′ãtulə] *sf Zool* tarantola.
tar.dar [tard′ar] *vi* tardare.
tar.de [t′ardi] *sf* 1 sera, pomeriggio. 2 serata. • *adv* tardi. **antes tarde do que nunca** meglio tardi che mai. **à tarde** *adv* di sera. **até mais tarde!** a più tardi!
ta.re.fa [tar′εfə] *sf* compito, impresa, incarico, commissione.
ta.ri.fa [tar′ifə] *sf* tariffa.
tár.ta.ro [t′artaru] *sm* 1 tartaro. 2 gromma.
tar.ta.ru.ga [tartar′ugə] *sf* 1 *Zool* tartaruga, testuggine. 2 *fig* tartaruga, persona lenta.
ta.ta.ra.vó [tataravˈɔ] *sf* quartavola.
ta.ta.ra.vô [tataravˈo] *sm* quartavolo.
ta.te.ar [tate′ar] *vt* tastare.
tá.ti.ca [t′atikə] *sf* (também *fig*) tattica, strategia.
ta.to [t′atu] *sm* 1 tatto, tasto, tocco. 2 *fig* diplomazia.
ta.tu [tat′u] *sm Zool* tatù, armadillo.
ta.tu.a.gem [tatu′aʒẽj] *sf* tatuaggio.
ta.ver.na [tab′εrnə] *sf* 1 taverna, osteria, trattoria. 2 cantina. 3 bottiglieria.
ta.xa [t′aʃə] *sf* tassa, tributo, diritto.
ta.xar [taʃ′ar] *vt* tassare, gravare.
tá.xi [t′aksi] *sm* tassì, vettura di piazza. **tomar um táxi** prendere un tassì.
tchau [tʃ′aw] *interj* ciao! (alla partenza).
te [ti] *pron sing* 1 te. 2 ti.
tê [t′e] *sm* te, il nome della lettera T.
te.ar [te′ar] *sm* telaio.
te.a.tro [te′atru] *sm* 1 teatro. 2 *fig* commedia.
te.cer [tes′er] *vt* tessere, filare, tramare.
te.ci.do [tes′idu] *sm* 1 tessuto, stoffa, drappo, panno. 2 *Anat, Bot* tessuto. **tecido listrado** tessuto striato.
te.cla [t′εklə] *sf Mús, Mec, Inform* tasto.
te.cla.do [tekl′adu] *sm Mús, Inform* tastiera.
téc.ni.ca [t′εknikə] *sf* 1 tecnica, processo. 2 *fig* arte.
téc.ni.co [t′εkniku] *sm* tecnico, specialista. • *adj* tecnico.
té.dio [t′εdju] *sm* 1 tedio, fastidio, noia. 2 *fam* imbarazzo. 3 *fig* afa, penitenza, fatica.
tei.a [t′ejə] *sf Zool, fig* tela. **teia de aranha** ragnatela.
tei.mar [tejm′ar] *vt+vi* fissarsi.
tei.mo.si.a [tejmoz′iə] *sf* testardaggine.
tei.mo.so [tejm′ozu] *adj* testardo, ostinato, caparbio.
te.la [t′εlə] *sf* 1 tela (espécie de tecido). 2 *Cin, TV* schermo. 3 *Pint* tela.
te.le.fo.nar [telefon′ar] *vt+vi* telefonare.
te.le.fo.ne [telef′oni] *sm* telefono. **telefone público** telefono pubblico.
te.le.fo.ne.ma [telefon′emə] *sm* telefonata.
te.le.fo.nis.ta [telefon′istə] *s* telefonista.
te.lé.gra.fo [tel′εgrafu] *sm* telegrafo.
te.le.gra.ma [telegr′ʌmə] *sm* telegramma, cablogramma.
te.le.no.ve.la [telenov′εlə] *sf* teleromanzo.
te.les.có.pio [telesk′ɔpju] *sm* telescopio, cannocchiale.
te.les.pec.ta.dor [tεlespektad′or] *sm* telespettatore.
te.le.vi.são [televiz′ãw] *sf* televisione.
te.le.vi.sor [televiz′or] *sm* televisore, apparecchio televisivo. **televisor em cores** televisore a colori.
te.lha [t′eλə] *sf Arquit* tegola, gronda.
te.lha.do [teλ′adu] *sm* tegolato, tetto.
te.ma [t′emə] *sm* 1 tema, soggetto, argomento. 2 *fig* punto.
te.mer [tem′er] *vt* 1 temere. *vi* 2 temere. 3 dubitare.

te.me.ro.so [temer´ozu] *adj* 1 timoroso, timido. 2 *fig* servile. 3 geloso.

te.mor [tem´or] *sm* 1 timore, paura. 2 *fig* tremore. 3 dubbio. 4 gelosia.

têm.pe.ra [t´ɛpərə] *sf* 1 Téc, Pint tempera. 2 *fig* temperamento.

tem.pe.ra.men.to [tẽperam´ẽtu] *sm* 1 temperamento. 2 complessione, costituzione.

tem.pe.rar [tẽpeɾ´ar] *vt* condire. **temperar metais** temperare metalli.

tem.pe.ra.tu.ra [tẽperat´urə] *sf* temperatura.

têm.pe.ro [t´ɛperu] *sm* condimento.

tem.pes.ta.de [tẽpest´adi] *sf* tempesta, tormenta, temporale, burrasca. **tempestade de neve** tormenta.

tem.plo [t´ɛplu] *sm* 1 templo. 2 chiesa.

tem.po [t´ɛpu] *sm* 1 tempo, età. 3 *Gram, Mús* tempo. 4 *Esp* tempo. 5 *fig* giorno, era. **ao mesmo tempo** nel contempo, insieme. **em três tempos** in due battute. **há pouco tempo/pouco tempo atrás** tempo fa, or ora, appena, poc'anzi. **matar o tempo** *fig* ammazzare il tempo. **mau tempo** *Met* tempo brutto. **naquele tempo** in quel tempo, allora. **nesse meio-tempo** intanto, nel frattempo. **por muito tempo** alla lunga. **tempo bom** bel tempo.

têm.po.ra [t´ɛpoɾə] *sf Anat* tempia.

tem.po.ral [tẽpoɾ´aw] *sm* 1 temporale, tempesta. • *adj* 1 temporale. 2 *Anat* temporale, delle tempie. **cair um temporal** scoppiare un temporale. *Pl: temporais.*

tem.po.rão [tẽpoɾ´ãw] *adj* precoce.

tem.po.rá.rio [tẽpoɾ´arju] *adj* temporale, temporaneo, provvisorio, avventizio. • *sm* avventizio, impiegato provvisorio.

te.na.ci.da.de [tenasid´adi] *sf* tenacia.

te.naz [ten´as] *sf* tenaglia, branca. • *adj* 1 tenace. 2 ostinato. 3 perseverante.

ten.da [t´ẽdə] *sf* tenda, padiglione.

ten.dão [tẽd´ãw] *sm Anat* tendine.

ten.dên.cia [tẽd´ẽsjə] *sf* 1 tendenza. 2 attitudine, indole. 3 talento. 4 disposizione, predisposizione.

ten.der [tẽd´er] *vt* tendere a.

te.ne.bro.so [tenebɾ´ozu] *adj* tenebroso, tetro, buio.

te.nen.te [ten´ẽti] *sm Mil* tenente.

tê.nis [t´enis] *sm sing+pl Esp* tennis.

te.nor [ten´oɾ] *sm Mús* tenore.

te.nro [t´ẽrru] *adj* 1 tenero, cedevole. 2 delicato. 3 recente.

ten.são [tẽs´ãw] *sf* tensione. **tensão arterial** *Med* tensione arteriosa.

ten.so [t´ẽsu] *adj* 1 *fig* nervoso, ansioso. 2 difficile, problematico.

ten.ta.ção [tẽtas´ãw] *sf* tentazione.

ten.tá.cu.lo [tẽt´akulu] *sm Zool* tentacolo.

ten.tar [tẽt´ar] *vt* 1 tentare. 2 cercare di, procurare. 3 attrarre. **tentar novamente** riprovare.

ten.ta.ti.va [tẽtat´ivə] *sf* 1 tentativo. 2 *fig* sforzo, tiro.

tê.nue [t´enwi] *adj* 1 tenue. 2 debole, esile. 3 sfumato.

te.or [te´oɾ] *sm* tenore.

te.o.ri.a [teoɾ´iə] *sf* 1 teoria. 2 sistema.

te.ó.ri.co [te´ɔɾiku] *adj* teorico.

ter [t´eɾ] *vaux* 1 avere. v *vt* 2 possedere, tenere. 3 godere. **ter o que fazer** avere da fare.

te.ra.peu.ta [teɾap´ewtə] *s* terapeuta.

te.ra.pi.a [teɾap´iə] *sf Med* terapia.

ter.ça-fei.ra [tersəf´ejɾə] *sf* martedì. **terça-feira gorda** martedì grasso. *Pl: terças-feiras.*

ter.cei.ro [teɾs´ejɾu] *sm+num* 1 terzo. 2 **terceira** *sf Autom* terza, terza velocità. **um terceiro** una terza persona.

ter.ce.to [teɾs´etu] *sm Mús, Poét* terzetto.

ter.ço [t´eɾsu] *sm+num* terzo. • *sm Rel* terza parte del rosario.

ter.mas [t´ɛrmas] *sf pl* terme.

ter.mi.nal [termin´aw] *adj* terminale. *Pl: terminais.*

terminar 484 **time**

ter.mi.nar [termin´ar] *vt* **1** terminare. **2** completare, concludere. **3** finire. **4** compiere. **5** *fig* maturare. *vi* **6** terminare, finire, cessare. **7** *fig* morire. **terminar em** a) *Gram* (palavra) finire in. b) *fig* (rua) sfociare a.

tér.mi.no [t´ɛrminu] *sm* **1** termine, conclusione. **2** *fig* morte.

ter.mo [t´ɛrmu] *sm* **1** termine. **2** *Com* termine, scadenza. **3** *Gram, Mat* termine. **4** *fig* limite.

ter.mô.me.tro [term´ometru] *sm* termometro.

ter.no [t´ɛrnu] *sm* **1** vestito da uomo, abito completo. **2** terno (em jogo). • *adj* **1** tenero, amorevole. **2** *fig* dolce, carezzevole.

ter.nu.ra [tern´urə] *sf* tenerezza, amore.

ter.ra [t´ɛɾə] *sf* **1** terra. **2** *Elet* massa. **3** *Poét* lido. **4** *fig* casa. **5** globo. **6 Terra** *Astron* Terra, il Mondo. **terra firme** terra ferma. **terra prometida** *fig* cuccagna.

ter.ra.ço [teŕ´asu] *sm* *Arquit* terrazza, veranda, balcone.

ter.re.mo.to [teŕem´ɔtu] *sm* terremoto.

ter.re.no [teŕ´enu] *sm* **1** terreno. **2** tenuta. **3** suolo.

tér.reo [t´ɛŕju] *sm* pianterreno.

ter.res.tre [teŕ´ɛstri] *adj* terrestre, terreno.

ter.ri.na [teŕ´inə] *sf* terrina, zuppiera, scodella.

ter.ri.tó.rio [teŕit´ɔrju] *sm* **1** territorio, zona. **2** *fig* ambiente.

ter.rí.vel [teŕ´ivew] *adj* **1** terribile, tremendo. **2** atroce. **3** *fig* feroce. *Pl: terríveis.*

ter.ror [teŕ´or] *sm* **1** terrore, orrore, panico, sgomento. **2** *fig* brivido.

ter.ro.ris.ta [teŕor´istə] *s* terrorista.

te.são [tez´ãw] *sm* *gír, vulg* fregola.

te.se [t´ɛzi] *sf* tesi, assunto, disputa. **tese de graduação** tesi di laurea.

te.sou.ra [tez´owrə] *sf* cesoie, forbici.

te.sou.ra.ri.a [tezowrar´iə] *sf* tesoreria.

te.sou.ro [tez´owru] *sm* (também *fig*) tesoro. **tesouro público** tesoro pubblico.

tes.ta [t´ɛstə] *sf Anat* fronte.

tes.ta.men.to [testam´ẽtu] *sm* testamento. **o Novo Testamento** il Nuovo Testamento. **o Antigo Testamento** l'Antico Testamento.

tes.tar [test´ar] *vt* **1** provare, sperimentare. **2** cimentare.

tes.te [t´ɛsti] *sm* **1** esame, concorso. **2** *fig* vaglio.

tes.te.mu.nha [testem´uɲə] *sf* testimonio, testimone.

tes.te.mu.nhar [testemuɲ´ar] *vt* **1** testimoniare, attestare, certificare. **2** *fig* deporre.

tes.tí.cu.lo [test´ikulu] *sm Anat* testicolo.

te.ta [t´ɛtə] *sf* **1** *Zool* poppa. **2** *gír* tetta.

té.ta.no [t´ɛtanu] *sm Med* tetano.

te.to [t´ɛtu] *sm* **1** tetto, copertura. **2** *fig* casa.

té.tri.co [t´ɛtriku] *adj* **1** tetro. **2** orribile.

teu [t´ew] *pron m sing* **1** tuo. **2 teus** *pl* tuoi. **os teus bens** *fig* il tuo. **os teus (parentes)** *fig* i tuoi.

têx.til [t´estiw] *adj* tessile. *Pl: têxteis.*

tex.to [t´ɛstu] *sm* testo. **processador de textos** *Inform* elaboratore di testi. **texto original** fonte.

ti [t´i] *pron sing* (dopo *prep*) te. **a ti te, a te. de ti** di te. **para ti** a) te, a te. b) secondo te.

ti.a [t´iə] *sf* **1** zia. **2** *fam* zia, donna anziana.

ti.a.ra [ti´arə] *sf* tiara.

ti.ge.la [tiʒ´ɛlə] *sf* scodella.

ti.gre [t´igri] *sm Zool* tigre.

ti.jo.lo [tiʒ´olu] *sm* mattone.

til [t´iw] *sm* tilde.

ti.mão [tim´ãw] *sm Náut, Aer* timone.

tim.bre [t´ĩbri] *sm* **1** timbro, bollo, sigillo. **2** *Lit* stigma. **3** *Mús* timbro.

ti.me [t´imi] *sm Esp* squadra.

ti.mi.dez [timid´es] *sf* 1 timidezza. 2 *fig* pudore.

tí.mi.do [t´imidu] *adj* 1 timido. 2 timoroso. 3 *fig* pudico, cauto.

tím.pa.no [t´ipanu] *sm Anat, Mús* timpano.

ti.na [t´inə] *sf* tinozza, tino.

tin.gir [tiʒ´ir] *vt* 1 tingere, colorare. *vpr* 2 tingersi.

tin.ta [t´itə] *sf* tinta, inchiostro, vernice, colore. **tinta a óleo** colore a olio. **tinta nanquim** inchiostro di China. **tinta para cabelos** V **tintura**.

tin.tei.ro [tît´ejru] *sm* calamaio.

tin.tu.ra [tît´urə] *sf* tintura, tinta. **tintura/tinta para cabelos** tintura per capelli.

tin.tu.ra.ri.a [tîturar´iə] *sf* tintoria.

ti.o [t´iu] *sm* 1 zio. 2 *fam* zio, uomo anziano.

tí.pi.co [t´ipiku] *adj* tipico, caratteristico, proprio.

ti.po [t´ipu] *sm* 1 tipo, genere, specie, sorta, classe. 2 tipo da stampa. 3 *fam* tipo, persona originale. 4 *irôn* arnese.

ti.que [t´iki] *sm Med* ticchio, tic.

ti.ra [t´irə] *sf* 1 fascia, benda, striscia, lista. *sm* 2 *gír* sbirro.

ti.ra.ni.a [tiran´iə] *sf* 1 tirannia, oppressione. 2 *fig* autorità.

ti.ra.no [tir´ʌnu] *sm* tiranno.

ti.rar [tir´ar] *vt* 1 togliere, levare. 2 estrarre, rimuovere. 3 escludere. **tirar a roupa** mutare, togliersi. **tirar as medidas de alguém** prendere le misure di qualcuno.

ti.ro [t´iru] *sm* tiro, sparo. **tiro ao alvo** tiro a segno.

ti.ro.tei.o [tirot´eju] *sm* sparatoria.

tí.si.co [t´iziku] *sm+adj* tisico.

ti.tã [tit´ã] *sm Mit* gigante.

tí.te.re [t´iteri] *sf* marionetta.

ti.tu.be.ar [titube´ar] *vi* titubare, dubitare.

tí.tu.lo [t´itulu] *sm* 1 titolo. 2 rubrica. 3 cognome. 4 *Com* titolo, valore.

to.a.le.te [toal´ɛti] *sf* toletta. **toalete feminino** toletta donne. **toalete masculino** toletta uomini.

to.a.lha [to´aλə] *sf* 1 asciugamano. 2 tovaglia.

to.ca [t´ɔkə] *sf* tana, buca, covile. **toca de cachorro** canile.

to.car [tok´ar] *vt* 1 toccare. 2 tastare. 3 commuovere, attingere. 4 bussare. 5 *Mús* toccare, suonare. *vi* 6 battere. 7 competere a, appartenere a. **tocar de leve** *fig* radere. **tocar instrumentos de corda com arco** archeggiare.

to.cha [t´ɔʃə] *sf* torcia, fiaccola.

to.co [t´oku] *sm* toppo, mozzicone.

to.da.vi.a [todav´iə] *conj* tuttavia, però.

to.do [t´odu] *adj* tutto, intero. • *pron* tutto. • *pron m pl* 1 tutti. 2 ogni. *pron f pl* 3 tutte. 4 ogni. • *sm* tutto, intero. **todas as duas** tutte e due, entrambe. **todo o dia** tutto il giorno. **todo o mundo** tutti. **todos os dois** tutti e due, entrambi. **todos os três** tutti e tre.

to.ga [t´ɔgə] *sf* toga.

tol.do [t´owdu] *sm* 1 tenda. 2 *Náut* coperta.

to.le.ran.te [toler´ãti] *adj* 1 tollerante. 2 indulgente.

to.le.rar [toler´ar] *vt* 1 tollerare. 2 sopportare. 3 soffrire, patire.

to.lher [toλ´er] *vt* togliere, impedire.

to.li.ce [tol´isi] *sf* 1 sciocchezza, asineria. 2 gingillo.

to.lo [t´olu] *sm* 1 sciocco, balordo. 2 *fam* maccherone. 3 *fig* baccalà, gnocco. • *adj* 1 sciocco, balordo. 2 *fig* pecorino.

tom [t´õw] *sm Mús, Pint* tono. **tom de voz** tono, accento.

to.ma.da [tom´adə] *sf Elet* presa di corrente.

to.mar [tom´ar] *vt* 1 prendere, togliere, pigliare. 2 rapire. 3 usurpare. 4 estorcere. 5 *fig* abboccare.

to.ma.te [tom´ati] *sm* pomodoro.

tom.bar [tõb´ar] *vt* 1 far crollare. *vi* 2 crollare, cadere.

tombo   486   trabalho

tom.bo [tˈõbu] *sm* **1** tombola, crollo, caduta, ruzzolone. **2** *fig* capitombolo. **levar um tombo** cadere, tonfare.

tôm.bo.la [tˈõbɔlə] *sf* tombola.

to.mo [tˈomu] *sm* tomo, volume.

to.nel [tonˈɛw] *sm* botte, barile.

to.ne.la.da [tonelˈadə] *sf* tonnellata.

tô.ni.co [tˈoniku] *sm+adj Med* tonico.

ton.to [tˈõtu] *sm* **1** *fam* tonto. **2** *fig* salame, oca. • *adj* **1** cucco. **2** *fam* tonto.

ton.tu.ra [tõtˈurə] *sf Med* capogiro, vertigine.

to.par [topˈar] *vt* **1** incontrare, incappare. **2** *gír* accettare.

to.pá.zio [topˈazju] *sm Min* topazio.

to.pe.te [topˈeti] *sm* ciuffo.

to.po [tˈopu] *sm* culmine, alto.

to.que [tˈɔki] *sm* **1** tocco, tasto. **o toque da campainha** il tocco del campanello. **toque de sinos** doppio.

to.ra [tˈɔrə] *sf* ceppo.

tó.rax [tˈɔraks] *sm sing+pl Anat* torace.

tor.ção [torsˈãw] *sf* torsione.

tor.ce.dor [torsedˈor] *sm Esp* tifoso.

tor.cer [torsˈer] *vt* **1** torcere. **2** *Fut* sostenere. *vpr* **3** torcersi.

tor.ci.co.lo [torsikˈɔlu] *sm Med* torcicollo.

tor.men.ta [tormˈẽtə] *sf* tormenta, burrasca.

tor.men.to [tormˈẽtu] *sm* **1** tormento. **2** ansietà. **3** *fig* martirio, tortura, travaglio.

tor.nar [tornˈar] *vt* **1** rendere. *vpr* **2** divenire, diventare, farsi, rendersi.

tor.nei.o [tornˈeju] *sm* torneo.

tor.nei.ra [tornˈejrə] *sf* rubinetto.

tor.no [tˈornu] *sm Com* tornio. **em torno** intorno, attorno. **em torno de** intorno a.

tor.no.ze.lo [tornozˈelu] *sm Anat* caviglia.

tor.pe [tˈɔrpi] *adj* **1** turpe, immondo. **2** *fig* bieco.

tor.pe.do [torpˈedu] *sm Náut* torpedine, siluro.

tor.quês [torkˈes] *sm* tenaglia.

tor.ra.da [toɾˈadə] *sf* crostino.

tor.rar [toɾˈar] *vt* torrefare, tostare.

tor.re [tˈoɾi] *sf* torre. **torre de castelo** rocca.

tor.so [tˈorsu] *sm Anat* torso, fusto.

tor.ta [tˈɔrtə] *sf* torta.

tor.to [tˈortu] *adj* **1** sbieco, sghembo, storto. **2** strambo (pé, perna).

tor.tu.ra [tortˈurə] *sf* **1** tortura. **2** tormento. **3** *fig* agonia.

tor.tu.rar [torturˈar] *vt* **1** torturare. **2** tormentare, affliggere. *vpr* **3** *fig* torturarsi, tormentarsi, rodersi.

to.sar [tozˈar] *vt* tosare, rapare. *Sin:* tosquiar.

tos.co [tˈosku] *adj* rustico, rozzo.

tos.qui.ar [toskiˈar] *vt V tosar*.

tos.se [tˈɔsi] *sf Med* tosse.

tos.sir [tosˈir] *vi* tossire.

tos.tar [tostˈar] *vt* tostare, arrostire.

to.tal [totˈaw] *sm* **1** totale, ammontare. **2** *Mat* somma. • *adj* **1** totale. **2** assoluto. **3** *fig* globale. *Pl: totais*.

to.ta.li.zar [totalizˈar] *vt* totalizzare, ammontare a.

tou.ca [tˈowkə] *sf* cuffia.

tou.ci.nho [towsˈiɲu] *sm* lardo.

tou.ro [tˈowru] *sm* **1** toro. **2 Touro** *Astron, Astrol* Toro.

tó.xi.co [tˈɔksiku] *sm+adj* tossico.

tra.ba.lha.dor [trabaʎadˈor] *sm* lavoratore. • *adj* laborioso.

tra.ba.lhar [trabaʎˈar] *vt* **1** lavorare. *vi* **2** lavorare. **3** faticare. **4** funzionare. **fazer trabalhar** affannare. **trabalhar pesado** *fig* sudare.

tra.ba.lho [trabˈaʎu] *sm* **1** lavoro. **2** servizio, negozio, attività. **3** occupazione. **4** opera, componimento. **5** fatica. **6** *gír* baracca. **7** *fig* barca. **8** sudore. **dar-se o trabalho** incomodarsi. **ter trabalho para** stentare a. **trabalho de parto** travaglio del parto. **trabalho de um dia** giornata. **trabalho escolar** dovere.

tra.ba.lho.so [trabaʎˈozu] *adj* laborioso, difficile.

tra.ça [trˈasə] *sf Zool* tarma.

tra.çar [trasˈar] *vt* **1** tracciare. **2** disegnare. **3** *Geom* descrivere.

tra.ço [trˈasu] *sm* **1** tratto, linea. **2** cancellatura. **3** *traços pl* rovine, resti.

tra.di.ção [tradisˈãw] *sf* **1** tradizione, costume, usanza, consuetudine. **2** *fig* credenza.

tra.di.ci.o.nal [tradisjonˈaw] *adj* tradizionale. *Pl: tradicionais.*

tra.du.ção [tradusˈãw] *sf* traduzione.

tra.du.tor [tradutˈor] *sm* traduttore.

tra.du.zir [traduzˈir] *vt* tradurre, rendere, volgere.

trá.fe.go [trˈafegu] *sm* **1** traffico. **2** transito.

tra.fi.can.te [trafikˈãti] *sm* trafficante.

tra.fi.car [trafikˈar] *vt* trafficare, mercanteggiare.

trá.fi.co [trˈafiku] *sm* **1** traffico. **2** *Com* tratta.

tra.gar [tragˈar] *vt* inghiottire.

tra.gé.dia [traʒˈɛdjə] *sf* **1** tragedia. **2** *fig* dramma.

trá.gi.co [trˈaʒiku] *adj* tragico.

tra.go [trˈagu] *sm* sorso, boccata.

tra.i.ção [trajsˈãw] *sf* **1** tradimento, diserzione, denunzia. **2** *fig* imboscata, agguato.

tra.ir [traˈir] *vt* **1** tradire. **2** denunziare. **3** *gír* cantare. **4** *fig* pugnalare, vendere. *vpr* **5** smentirsi.

tra.je [trˈaʒi] *sm* abito, costume. **traje espacial** *Astron* scafandro.

tra.je.to [traʒˈɛtu] *sm* **1** tragitto, itinerario, corsa. **2** *fig* cammino, via.

tra.je.tó.ria [traʒetˈɔrjə] *sf* traiettoria.

tra.ma [trˈʌmə] *sf* **1** trama. **2** cospirazione, intrigo. **3** *Lit* tela. **4** *fig* pantano.

tra.mar [tramˈar] *vt* **1** tramare, tessere. **2** *fig* manovrare. *vi* **3** *fig* cospirare.

tra.moi.a [tramˈɔjə] *sf* trama, retroscena.

tram.po.lim [trãpolˈĩ] *sm Esp* trampolino.

tran.ça [trˈãsə] *sf* treccia.

tran.ca [trˈãkə] *sf* stanga, spranga, barra, chiavistello.

tran.car [trãkˈar] *vt* chiudere, barrare.

tran.qui.li.da.de [trãkwilidˈadi] *sf* **1** tranquillità, calma, quiete. **2** pace. **3** *fig* bonaccia. **4** silenzio.

tran.qui.li.zar [trãkwilizˈar] *vt* **1** tranquillizzare, calmare. *vpr* **2** tranquillizzarsi, serenarsi.

tran.qui.lo [trãkˈwilu] *adj* **1** tranquillo, calmo, sereno. **2** pacifico.

tran.sa.ção [trãzasˈãw] *sf Dir, Com* transazione.

tran.sar [trãzˈar] *vi pop* accoppiarsi. **transar com alguém** *gír* scopare uno.

trans.bor.dar [trãzbordˈar] *vi* traboccare, sboccare, versare.

trans.cor.rer [trãskořˈer] *vi* trascorrere, passare, decorrere.

trans.fe.rên.cia [trãsferˈẽsjə] *sf* trasferimento, cessione.

trans.fe.rir [trãsferˈir] *vt* **1** trasferire, trasmettere. **2** alienare. *vpr* **3** trasferirsi. **4** spostarsi.

trans.for.ma.ção [trãsformasˈãw] *sf* **1** trasformazione, mutazione. **2** *fig* rivoluzione.

trans.for.mar [trãsformˈar] *vt* **1** trasformare. *vpr* **2** trasformarsi, mutare, divenire, diventare.

trans.gre.dir [trãzgredˈir] *vt* **1** trasgredire, violare, infrangere, disubbidire. **2** *fig* rompere.

trans.gres.são [trãzgresˈãw] *sf* trasgressione, infrazione, contravvenzione.

tran.si.tar [trãzitˈar] *vt* **1** passare. **2** *fig* circolare.

trân.si.to [trˈãzitu] *sm* transito, traffico passaggio. **sinal de trânsito/placa de trânsito** cartello indicatore.

tran.si.tó.rio [trãzitˈɔrju] *adj* **1** transitorio, passeggero, provvisorio. **2** *fig* fuggitivo.

trans.mis.são [trăzmis´ãw] *sf* (também *Autom*, *Med*) trasmissione.

trans.mi.tir [trăzmit´ir] *vt* **1** trasmettere. **2** portare. **3** contagiare. **4** *Com* inoltrare.

trans.pa.ren.te [trăspar´ĕti] *adj* **1** trasparente. **2** limpido, chiaro.

trans.pas.sar [trăspas´ar] *vt* trapassare, attraversare.

trans.pi.rar [trăspir´ar] *vi* traspirare.

trans.por [trăsp´or] *vt* trasporre.

trans.por.tar [trăsport´ar] *vt* **1** trasportare. **2** trasporre. **3** portare, caricare, condurre. *vpr* **4** trasportarsi.

trans.por.te [trăsp´ɔrti] *sm* trasporto. **meios de transporte** mezzi di locomozione.

trans.tor.nar [trăstorn´ar] *vt* **1** turbare, incomodare. **2** *fig* assordare.

trans.tor.no [trăst´ornu] *sm* incomodo, disagio, turbazione.

tra.pa.ça [trap´asə] *sf* **1** frode, finzione. **2** *fig* trama.

tra.pa.ce.ar [trapase´ar] *vi* frodare.

tra.pa.cei.ro [trapas´ejru] *sm* imbroglione, barattiere.

tra.pé.zio [trap´ɛzju] *sm* (também *Geom*, *Anat*) trapezio.

tra.po [tr´apu] *sm* straccio, strofinaccio, cencio.

tra.quei.a [trak´ɛjə] *sf Anat* trachea.

trás [tr´as] *prep* **1** dietro. **2** dopo. **para trás** indietro, addietro.

tra.sei.ro [traz´ejru] *sm* **1** deretano. **2** *Anat* sedere. **3** *fam* il di dietro. **4** *vulg, fig* culo. • *adj* deretano.

tra.ta.do [trat´adu] *sm* **1** trattato, contratto. **2** alleanza.

tra.ta.men.to [tratam´ĕtu] *sm* trattamento, cura.

tra.tar [trat´ar] *vt* **1** trattare. **2** curare, medicare. **3** adulterare. **4** trattare di, contrattare **5** trattare di, abbordare (um assunto). **6** conciare (tabaco, azeitonas). *vpr* **7** trattarsi, curarsi.

tratar por você dare del tu. **tratar-se de** trattarsi di.

tra.to [tr´atu] *sm* accordo, patto, convenzione.

trau.ma [tr´awmə] *sm Med* trauma, *choc, shock*.

trau.ma.ti.zar [trawmatiz´ar] *vt* traumatizzare.

tra.var [trav´ar] *vt* **1** bloccare. **2** frenare.

tra.ve [tr´avi] *sf* trave, spranga, traversa, sbarra.

tra.ves.sa [trav´ɛsə] *sf* **1** traversa. **2** piatto da portata.

tra.ves.são [traves´ãw] *sm* **1** barra. **2** *Gram* trattino, lineetta.

tra.ves.sei.ro [traves´ejru] *sm* guanciale, cuscino. **travesseiro longo e estreito** capezzale.

tra.ves.so [trav´esu] *sm* **1** birbante. **2** *pop* discolo. • *adj* **1** birichino, brigante, vivace. **2** *pop* discolo.

tra.ves.su.ra [traves´urə] *sf* birbanteria.

tra.ves.ti [travest´i] *sm* travestito.

tra.zer [traz´er] *vt* trarre, portare, apportare. **trazer consigo** avere con sé.

tre.cho [tr´e∫u] *sm* **1** tratto. **2** brano, passo, frammento di un testo.

tré.gua [tr´ɛgwə] *sf* tregua, sollievo.

trei.nar [trejn´ar] *vt* **1** addestrare, allenare. **2** esercitare. **3** istruire.

trem [tr´ẽj] *sm* treno. **trem de carga** treno merci. **trem direto** treno diretto. **trem expresso** treno espresso, treno direttissimo. **trem metropolitano** metropolitana.

tre.me.dei.ra [tremed´ejrə] *sf fam* tremarella.

tre.mer [trem´er] *vi* **1** tremare. **2** trepidare, sussultare.

tre.mor [trem´or] *sm* **1** tremore. **2** vibrazione.

tre.nó [tren´ɔ] *sm* slitta.

tre.par [trep´ar] *vt* arrampicarsi su. **trepar com** *vulg* fottere.

tre.pi.dar [trepid´ar] *vi* trepidare, vibrare.

três [tr´es] *sm+num* tre.

tre.vas [tr'ɛvas] *sf pl* **1** tenebre, buio. **2** *fig* notte.

tre.vo [tr'evu] *sm Bot* trifoglio. **trevo de quatro folhas** quadrifoglio.

tre.ze [tr'ezi] *sm+num* tredici.

tri.ân.gu.lo [tri'ãgulu] *sm Geom, Mús* triangolo.

tri.bo [tr'ibu] *sf* tribù.

tri.bu.la.ção [tribulas'ãw] *sf* **1** tribolazione. **2** contrarietà.

tri.bu.nal [tribun'aw] *sm* **1** tribunale, foro. **2** *fig* giustizia. *Pl: tribunais*.

tri.bu.tar [tribut'ar] *vt* tributare.

tri.bu.to [trib'utu] *sm* tributo, imposta, tassa.

tri.cô [trik'o] *sm* lavoro ai ferri.

tri.co.tar [trikot'ar] *vt+vi* lavorare a maglia.

tri.go [tr'igu] *sm* frumento, grano.

tri.lha [tr'iʎə] *sf* **1** orma, pesta. **2** sentiero, viottolo. **trilha sonora** *Cin* colonna sonora.

tri.lhão [triʎ'ãw] *sm* trilione.

tri.lho [tr'iʎu] *sm* binario, rotaia. **trilho de janela etc** guida.

tri.mes.tre [trim'ɛstri] *sm* trimestre.

trin.car [trik'ar] *vt* **1** incrinare. *vi* **2** incrinarsi.

trin.chei.ra [trĩʃ'ejrə] *sf* trincea.

trin.ta [tr'itə] *sm+num* trenta.

tri.o [tr'iu] *sm* **1** terno, terzetto. **2** (também *Mús*) trio.

tri.plo [tr'iplu] *sm+num* triplo.

tris.sí.la.bo [tris'ilabu] *sm+adj Gram* trisillabo.

tris.te [tr'isti] *adj* **1** triste. **2** mesto. **3** cupo. **4** tragico. **5** arido (paisagem). **6** scuro (futuro). **7** fig grigio.

tris.te.za [trist'ezə] *sf* **1** tristezza. **2** *fig* amarezza.

trit.ton.go [trit'õgu] *sm Gram* trittongo.

tri.tu.rar [tritur'ar] *vt* tritare, macinare, pestare, sbriciolare.

tri.un.far [triũf'ar] *vt* **1** trionfare su. *vi* **2** trionfare.

tri.un.fo [tri'ũfu] *sm* **1** trionfo. **2** **triunfos** *pl fig* allori.

tri.vi.al [trivi'aw] *adj* triviale, banale. *Pl: triviais*.

triz [tr'is] *sm* na expressão **por um triz** per un pelo.

tro.ca [tr'ɔkə] *sf* cambio, cambiamento, scambio, mutamento.

tro.car [trok'ar] *vt* **1** cambiare, scambiare, mutare, permutare. **2** cambiare, scambiare (dinheiro). **3** spezzare (dinheiro). *vpr* **4** rivestirsi, cambiarsi d'abito.

tro.co [tr'ɔku] *sm* **1** resto. **2** spiccioli.

tro.féu [trof'ɛw] *sm Esp* trofeo. *Pl: troféus*.

trom.ba [tr'õbə] *sf Zool* tromba.

trom.bo.ne [trõb'oni] *sm Mús* trombone.

trom.pa [tr'õpə] *sf* **1** *Anat* tromba. **2** *Mús* tromba, tuba.

tron.co [tr'õku] *sm* **1** *Anat* tronco. **2** *Bot* tronco, fusto, piede.

tro.no [tr'onu] *sm* trono.

tro.pa [tr'ɔpə] *sf* **1** *Mil* truppa. **2** *fig* falange.

tro.pe.çar [tropes'ar] *vt+vi* intoppare in.

tro.pi.cal [tropik'aw] *adj* tropicale, del Tropico. *Pl: tropicais*.

Tró.pi.co [tr'ɔpiku] *sm Geogr* Tropico. **Trópico de Câncer** Tropico del Cancro. **Trópico de Capricórnio** Tropico del Capricorno.

tro.tar [trot'ar] *vi* trottare.

trou.xa [tr'owʃə] *sf* **1** fardello, balla. *s* **2** *gír* pesce, balordo.

tro.va [tr'ɔvə] *sf* canzone, cantica.

tro.va.dor [trovad'or] *sm Hist* trovatore, giullare.

tro.vão [trov'ãw] *sm* tuono.

tro.ve.jar [trove3'ar] *vi* tuonare.

tru.cu.len.to [trukul'ẽtu] *adj* truculento.

trun.car [trũk'ar] *vt* troncare, stroncare.

tru.que [tr'uki] *sm* **1** trucco, artificio. **2** *gír* bidone. **3** *fig* arte, astuzia.

tu [t'u] *pron sg* tu.

tu.a [t´uə] *pron f sing* **1** tua. **2 tuas** *pl* tue. **a tua família** *fig* i tuoi.
tu.ba [t´ubə] *sf Mús* tuba.
tu.ba.rão [tubar´ãw] *sm Zool* squalo, pescecane.
tu.ber.cu.lo.se [tuberkul´ɔzi] *sf Med* tubercolosi.
tu.ber.cu.lo.so [tuberkul´ozu] *sm+adj Med* tubercoloso, tisico, etico.
tu.bo [t´ubu] *sm* **1** tubo. **2** gola. **3** cilindro. **tubo de ensaio** *Quím* tubo di saggio.
tu.do [t´udu] *pron* tutto.
tu.fão [tuf´ãw] *sm* tifone, ciclone.
tu.li.pa [tul´ipə] *sf Bot* tulipano.
tum.ba [t´ũbə] *sf* tomba, arca.
tu.mor [tum´or] *sm* tumore.
tú.mu.lo [t´umulu] *sm* tumulo, sepoltura.

tu.mul.to [tum´uwtu] *sm* **1** tumulto, confusione. **2 tumultos** *pl* torbidi.
tú.nel [t´unew] *sm* sottopassaggio. *Pl: túneis.*
tú.ni.ca [t´unikə] *sf* **1** tunica. **2** tonaca.
tur.bi.na [turb´inə] *sf* turbina.
tur.bu.len.to [turbul´ẽtu] *adj* turbolento.
tur.co [t´urku] *sm+adj* turco.
tu.ris.ta [tur´istə] *s* turista.
tur.ma [t´urmə] *sf* **1** gruppo. **2** turno, squadra (de operários). **3** brigata (de amigos). **4** *fig* schiera.
tur.no [t´urnu] *sm* turno, guardia.
tur.que.sa [turk´ezə] *sf Min* turchese, turchina.
tur.var [turv´ar] *vt* **1** torbidare, intorbidare. *vpr* **2** intorbidarsi.
tur.vo [t´urvu] *adj* torbido, opaco.
tu.tor [tut´or] *sm* tutore, custode.

u

u [´u] *sm* **1** la ventunesima lettera dell'alfabeto portoghese. **2** u, il nome della lettera U.
u.ís.que [u´iski] *sm* whisky.
ui.var [ujv´ar] *vi* urlare.
ui.vo [´ujvu] *sm* urlo.
úl.ce.ra [´uwserə] *sf Med* ulcera.
úl.ti.mo [´uwtimu] *sm* l'ultimo. • *adj* **1** ultimo, finale, estremo. **2** *fig* supremo.
ul.tra.je [uwtr´aʒi] *sm* oltraggio, ingiuria.
ul.tra.pas.sa.do [uwtrapas´adu] *adj* antiquato, obsoleto.
ul.tra.pas.sar [uwtrapas´ar] *vt* **1** oltrepassare. **2** sorpassare. **3** eccedere. **4** *fig* varcare.
ul.tras.som [uwtras´õw] *sm Fís* ultrasuono.
um [´ũ] *sm+num* uno. • *adj* alcuno. • *art indef m sing* un, uno. **um a um** a uno a uno. **um depois do outro** in giro. **um e outro** entrambi. **um por vez** uno alla volta.
u.ma [´umə] *num* (feminino de **um**) una. • *art indef f sing* **1** una (un'). **2 umas** *pl* alcune. **uma e outra** entrambe.
um.bi.go [ũb´igu] *sm Anat* ombelico.
u.me.de.cer [umedes´er] *vt* **1** inumidire, ammollire. *vi* **2** inumidirsi.
u.mi.da.de [umid´adi] *sf* umidità.
ú.mi.do [´umidu] *adj* umido.
u.nâ.ni.me [un´ʌnimi] *adj* unanime.
un.gir [ũʒ´ir] *vt* **1** ungere. *vpr* **2** ungersi.
un.guen.to [ũg´wẽtu] *sm* unguento.
u.nha [´uɲə] *sf* **1** unghia, artiglio. **2** *Zool* branca, graffa. **roer as unhas** mordersi le unghie. **unha do martelo** granchio. **unha encravada** unghia incarnata.
u.nha.da [uɲ´adə] *sf* unghiata.
u.ni.ão [uni´ãw] *sf* **1** unione. **2** riunione. **3** società. **4** lega. **5** federazione. **6** coalizione. **7** *Lit, fig* blocco. **8** confederazione. **9** unità.
ú.ni.co [´uniku] *adj* **1** unico. **2** singolo. **3** raro.
u.ni.da.de [unid´adi] *sf* **1** unità. **2** *Mil* divisione, unità. **3** *fig* copia. **unidade de tiro** *Mil* batteria.
u.ni.fi.car [unifik´ar] *vt* unificare.
u.ni.for.me [unif´ɔrmi] *sm* **1** uniforme. **2** divisa. **3** *Mil* tenuta. • *adj* **1** uniforme. **2** uguale. **3** monotono, regolare. **4** coerente.
u.ni.for.mi.zar [uniformiz´ar] *vt* **1** uniformare, conformare. **2** unificare.
u.nir [un´ir] *vt* **1** unire. **2** legare. **3** connettere, accoppiare. **4** giungere. **5** *fig* maritare. *vpr* **6** unirsi. **7** legarsi. **8** *fig* fondersi. **9** maritarsi.
u.ni.ver.sal [univers´aw] *adj* **1** universale. **2** generale. **3** *fig* globale. • *sm* l'universale. *Pl:* universais.
u.ni.ver.si.da.de [universid´adi] *sf* università.
u.ni.ver.si.tá.rio [universit´arju] *sm+adj* universitario.

u.ni.ver.so [univˈɛrsu] *sm* **1** universo. **2** mondo, creato.

uns [ˈũs] *art indef m pl* alcuni.

un.tar [ũtˈar] *vt* **1** ungere. **2** *pop* untare.

u.râ.nio [urˈʌnju] *sm Quím* uranio.

ur.ba.no [urbˈʌnu] *adj* **1** urbano. **2** della città. **3** cittadino. **4** cortese, gentile.

u.re.tra [urˈɛtrə] *sf Anat* uretra.

ur.gên.cia [urʒˈêsjə] *sf* urgenza.

ur.gen.te [urʒˈêti] *adj* **1** urgente. **2** imprescindibile. **3** imminente.

u.ri.na [urˈinə] *sf Fisiol* orina.

u.ri.nar [urinˈar] *vt* orinare.

u.ri.nol [urinˈɔw] *sm* orinale, padella, vaso da notte. *Pl: urinóis*.

ur.na [ˈurnə] *sf* **1** urna. **2** *Hist* urna, vaso.

ur.so [ˈursu] *sm Zool* orso.

ur.ti.ga [urtˈigə] *sf Bot* ortica.

u.sar [uzˈar] *vt* **1** usare, utilizzare, impiegare, adoperare. **2** sfruttare. **3** vestire, portare, mettere. *vpr* **4** usarsi.

u.so [ˈuzu] *sm* **1** uso. **2** costume, usanza. **3** impiego, utilizzazione. **4** maniera. **5** consumo, logoro. **6** godimento.

u.su.al [uzuˈaw] *adj* usuale, comune, consueto. *Pl: usuais*.

u.su.fru.ir [uzufruˈir] *vt* usufruire, avantaggiarsi di.

u.su.fru.to [uzufrˈutu] *sm* usufrutto, godimento.

u.su.ra [uzˈurə] *sf* usura.

u.sur.par [uzurpˈar] *vt* usurpare, occupare, arrogarsi.

u.ten.sí.lio [utẽsˈilju] *sm* arnese, utensile, attrezzo, strumento. **utensílios de cozinha** rami.

ú.te.ro [ˈuteru] *sm Anat* utero, matrice.

ú.til [ˈutiw] *adj* **1** utile. **2** valido, efficiente. **dia útil** giorno feriale, non festivo. *Pl: úteis*.

u.ti.li.da.de [utilidˈadi] *sf* **1** utilità. **2** validità.

u.ti.li.zar [utilizˈar] *vt* **1** utilizzare, usare. **2** sfruttare.

u.to.pi.a [utopˈiə] *sf* utopia.

u.tó.pi.co [utˈɔpiku] *adj* **1** utopistico. **2** *fig* astratto.

u.va [ˈuvə] *sf* uva. **uva passa** uva passa.

ú.vu.la [ˈuvulə] *sf Anat* ugola.

V

v [v´e] *sm* la ventiduesima lettera dell'alfabeto portoghese.
va.ca [v´akə] *sf* **1** vacca. **2** *vulg* vacca, troia. **3** *gír* sgualdrina.
va.ci.lar [vasil´ar] *vi* **1** vacillare, dubitare, esitare, titubare, barcollare. **2** *fig* tentennare.
va.ci.na [vas´inə] *sf Med* vaccinazione.
va.ci.nar [vasin´ar] *vt Med* vaccinare, immunizzare.
vá.cuo [v´akwu] *sm* **1** vacuo. **2** *Fís* vuoto. • *adj* Lit vacuo.
va.di.ar [vadi´ar] *vi* **1** vagabondare, bighellonare. **2** *fig* dondolarsi.
va.di.o [vad´iu] *sm+adj* vagabondo, poltrone.
va.ga.bun.de.ar [vagabũde´ar] *vi* **1** vagabondare. **2** aggirarsi. **3** bighellonare.
va.ga.bun.do [vagab´ũdu] *sm* **1** vagabondo. **2** girovago. **3** poltrone, bighellone. • *adj* **1** vagabondo. **2** girovago, randagio. **3** ozioso.
va.ga-lu.me [vagəl´umi] *sm Zool* lucciola. *Pl*: *vaga-lumes*.
va.gão [vag´ãw] *sm* vagone, vettura, carro, carrozza.
va.gar [vag´ar] *vi* **1** vagare, errare, aggirarsi, spaziare. **2** *fig* svolazzare.
va.ga.ro.so [vagar´ozu] *adj* **1** lento. **2** pesante (movimento). **3** piano.
va.gem [v´aʒẽj] *sf Bot* fagiolino. **vagem de qualquer leguminosa** a) baccello, legume. b) *pop* guscio.
va.gi.na [vaʒ´inə] *sf Anat* vagina.
va.go [v´agu] *adj* **1** vago. **2** impreciso, indefinito, indeterminato, dubbio. **3** vuoto (posto). **4** *fig* sfumato.
va.gue.ar [vage´ar] *vt+vi* girare.
vai.a [v´ajə] *sf* fischiata.
vai.ar [vaj´ar] *vi* fischiare.
vai.da.de [vajd´adi] *sf* **1** vanità. **2** boria. **3** *fig* vento, fumo.
vai.do.so [vajd´ozu] *adj* **1** vanitoso. **2** borioso. **3** *fig* vano. • *sm fig* narciso.
vai.vém [vajv´ẽj] *sm* **1** girata. **2** *fig* carosello.
va.la [v´alə] *sf* fosso, fossa.
va.le [v´ali] *sm* **1** *Geogr* valle, conca. **2** *Com* pagherò.
va.len.te [val´ẽti] *adj* **1** valente, bravo, prode, gagliardo. **2** *fig* forte.
va.len.ti.a [valẽt´iə] *sf* **1** valentia, bravura. **2** *fig* cuore.
va.ler [val´er] *vt* **1** valere. **2** costare. *vi* **3** valere. *vpr* **4** valersi di, approfittare, ricorrere a, adoperare. **valer a pena** valere la pena.
va.le.ta [val´etə] *sf* cunetta.
va.le.te [val´eti] *sm* **1** fante (das cartas de baralho). **2** *Hist* valletto. **valete de espadas** fante di picche.
va.li.da.de [valid´adi] *sf* validità.
vá.li.do [v´alidu] *adj* valido.
va.li.o.so [vali´ozu] *adj* **1** di valore. **2** *fig* ricco.
va.lor [val´or] *sm* **1** valore. **2** prezzo,

valorizar   494   **velado**

costo. **3** forza, coraggio, bravura. **4** pregio, validità. **5** *Com* importanza, importo. **6** *fig* statura, peso. **7** virtù. **dar valor a** avvalorare. **perder o valor** scadere. **valor real** giusto. **valor total** *Com* ammonto.

va.lo.ri.zar [valoriz´ar] *vt* valorizzare.

val.sa [v´awsə] *sf Mús* valzer.

vál.vu.la [v´awvulə] *sf Anat, Mec, Elet* valvola.

vam.pi.ro [vãp´iru] *sm* **1** vampiro. **2** *fig* strozzino, sfruttatore.

van.da.lis.mo [vãdal´izmu] *sm* vandalismo.

vân.da.lo [v´ãdalu] *sm* vandalo.

van.glo.ri.ar-se [vãglori´arsi] *vpr* vanagloriarsi.

van.guar.da [vãg´wardə] *sf* **1** *Arte* avanguardia. **2** *Mil* avanguardia, fronte.

van.ta.gem [vãt´aʒẽj] *sf* **1** vantaggio. **2** tornaconto. **3** guadagno, profitto. **4** *Esp* vantaggio. **5** *fig* beneficio. **levar vantagem/tirar vantagem** avvantaggiarsi di, approfittare.

van.ta.jo.so [vãtaʒ´ozu] *adj* **1** vantaggioso, benefico. **2** *fig* grasso (negócio).

vão [v´ãw] *sm* vano. • *adj* **1** vano, futile. **2** *fig* vuoto, gonfio. **em vão** a vuoto, invano.

va.por [vap´or] *sm* **1** vapore, fumo. **2** *Náut* piroscafo, vapore.

va.quei.ro [vak´ejru] *sm* vaccaro, bovaro.

va.ra [v´arə] *sf* **1** verga, frusta, bacchetta. **2** gregge di porci. **3** *Dir* giurisdizione. **vara de pescar** canna da pesca.

va.ran.da [var´ãdə] *sf Arquit* veranda, balcone, balconata.

va.re.jis.ta [vareʒ´istə] *s* rivenditore.

va.re.jo [var´eʒu] *sm Com* vendita al minuto. **vender no varejo** vendere al minuto.

va.re.ta [var´etə] *sf* **1** stecca, verga. **2** *fig* canna.

va.ri.a.do [vari´adu] *adj* **1** vario. **2** dissimile.

va.ri.ar [vari´ar] *vt* variare. *vi* **2** fluttuare (população, valores). **3** *fig* oscillare (preços, valores).

va.ri.e.da.de [varjed´adi] *sf* varietà.

va.ri.nha [var´iñə] *sf* bacchetta. **varinha mágica ou de condão** bacchetta magica.

vá.rios [v´arjus] *adj pl* vari.

va.riz [var´is] *sf Med* varice.

var.rer [vaʀ´er] *vt* spazzare, scopare.

va.si.lha [vaz´iʎə] *sf* vaso.

va.si.lha.me [vaziʎ´ʌmi] *sm* vasellame.

va.so [v´azu] *sm* **1** vaso. **2 vasos** *pl Anat* vasi. **vaso de flores** vaso da fiori. **vaso para água** *Hist* urna.

vas.sou.ra [vas´owrə] *sf* granata, scopa.

vas.ti.dão [vastid´ãw] *sf* vastità.

vas.to [v´astu] *adj* vasto, esteso, aperto, grande.

va.za.men.to [vazam´ẽtu] *sm* **1** versamento. **2** getto.

va.zar [vaz´ar] *vt* **1** gettare (metais liquefeitos). *vi* **2** versare.

va.zi.o [vaz´iu] *sm* vuoto, vacuo, vano. • *adj* **1** vuoto, cavo, vano. **2** deserto. **3** *Lit* vacuo. **4** *fig* vuoto.

vê [v´e] *sm* vu, il nome della lettera V.

ve.a.do [ve´adu] *sm Zool* cervo.

ve.e.mên.cia [veem´ẽsjə] *sf* veemenza, fierezza.

ve.e.men.te [veem´ẽti] *adj* veemente, furioso, fiero.

ve.ge.ta.ção [veʒetas´ãw] *sf* vegetazione.

ve.ge.tal [veʒet´aw] *sm+adj* vegetale. *Pl*: *vegetais*.

ve.ge.ta.ri.a.no [veʒetari´ʌnu] *sm+adj* vegetariano.

vei.a [v´ejə] *sf Anat* vena.

ve.í.cu.lo [ve´ikulu] *sm* **1** veicolo. **2** *fig* veicolo, mezzo di trasmissione o comunicazione.

ve.la [v´ɛlə] *sf* **1** candela, cera. **2** *Náut* vela. **3** *Autom* candela.

ve.la.do [vel´adu] *adj* **1** velato. **2** *fig* opaco.

ve.lar [vel´ar] *vt* **1** velare, annebbiare. **2** vigilare. **velar um negativo** *Fot* velare una negativa.
ve.lei.ro [vel´ejru] *sm Náut* veliero.
ve.lha.ca.ri.a [veʎakar´iə] *sf* vigliaccheria, furfanteria.
ve.lha.co [veʎ´aku] *sm* vigliacco, canaglia, furfante, farabutto, mascalzone. • *adj* vigliacco, furfante, furbo.
ve.lhi.ce [veʎ´isi] *sf* **1** vecchiaia. **2** *fig* sera.
ve.lho [v´εʎu] *sm* **1** vecchio. **2** *fig* nonno. **3** *dep* mummia. • *adj* **1** vecchio. **2** antico. **3** *fig* rancido. **mais velho** *adj* maggiore.
ve.lo.ci.da.de [velosid´adi] *sf* **1** velocità. **2** *fig* corsa.
ve.lo.cí.me.tro [velos´imetru] *sm* contachilometri.
ve.ló.rio [vel´ɔrju] *sm* vigilia.
ve.loz [vel´ɔs] *adj* **1** veloce. **2** rapido, snello, lesto, leggiero. **3** pronto. **4** subito.
ve.lu.do [vel´udu] *sm* velluto.
ven.cer [vẽs´er] *vt* **1** vincere. **2** sconfiggere. **3** battere. **4** soggiogare. **5** superare. **6** *fig* dare scacco matto. *vi* **7** vincere, trionfare. **8** *Com* scadere.
ven.ci.men.to [vẽsim´ẽtu] *sm* **1** stipendio. **2** *Com* scadenza.
ven.da [v´ẽdə] *sf* **1** vendita. **2** bottega. **à venda** da vendere.
ven.de.dor [vẽded´or] *sm* **1** venditore. **2** commesso. **3** *fig* agente. **vendedor ambulante** barattiere.
ven.der [vẽd´er] *vt* **1** vendere, trafficare. *vi* **2** mercanteggiare. *vpr* **3** vendersi. **está vendendo saúde!** ha salute da vendere! **vende-se** da vendere.
ve.ne.no [ven´enu] *sm* veleno, tossico.
ve.ne.no.so [venen´ozu] *adj* **1** velenoso, tossico, malefico. **2** *pop* mordace.
ve.ne.rar [vener´ar] *vt* **1** venerare, adorare, riverire. **2** *fig* idolatrare.
ve.ne.zi.a.na [venezi´Λnə] *sf* veneziana, gelosia.

ven.tar [vẽt´ar] *vi* ventare, tirar vento. **ventar forte** frullare.
ven.ti.la.dor [vẽtilad´or] *sm* ventilatore.
ven.ti.lar [vẽtil´ar] *vt* ventilare, arieggiare, aerare, sventolare.
ven.to [v´ẽtu] *sm* vento. **vento norte** *Geogr* tramontana.
ven.tre [v´ẽtri] *sm* **1** *Anat* ventre. **2** *fig* utero.
ver [v´er] *vt* **1** vedere. **2** avvistare. **3** osservare. **4** distinguere. **5** visitare. *vi* **6** vedere. *vpr* **7** vedersi. • *sm* vedere. **não ver a hora de** non vedere l'ora di. **ter a ver com** aver che vedere con. **veja lá!** (chamando a atenção) và là!
ve.rão [ver´ãw] *sm* estate. **no verão** d'estate.
ver.bal [verb´aw] *adj* verbale.
ver.bo [v´erbu] *sm Gram* verbo.
ver.da.de [verd´adi] *sf* **1** verità, vero. **2** *fig* luce. **na verdade** in verità, davvero.
ver.da.dei.ro [verdad´ejru] *adj* **1** vero. **2** autentico, genuino. **3** reale, legittimo. **4** esatto, certo. **5** fedele.
ver.de [v´erdi] *sm* verde. • *adj* **1** verde. **2** verde, acerbo, immaturo (fruto).
ver.du.ra [verd´urə] *sf* verdura.
ve.re.da [ver´edə] *sf* sentiero, viottolo.
ver.gar [verg´ar] *vi* curvarsi.
ver.go.nha [verg´oɲə] *sf* **1** vergogna. **2** schifo, sconcezza. **3** *fig* pudore.
ve.rí.di.co [ver´idiku] *adj* **1** veridico. **2** autentico.
ve.ri.fi.car [verifik´ar] *vt* **1** verificare, controllare, accertare. **2** constatare, appurare. *vpr* **3** verificarsi.
ver.me [v´ermi] *sm* **1** verme, baco. **2** *vulg* stronzo. **3** *fig* verme, rettile, persona vile.
ver.me.lho [verm´eʎu] *sm* rosso. • *adj* **1** rosso. **2** infocato. **ficar vermelho** arrossire. **vermelho de raiva** *fig* infocato.

ver.niz [vern´is] *sf* **1** vernice. **2** *fig* apparenza superficiale.

ver.ru.ga [veř´ugə] *sf* verruca, bitorzolo.

ver.são [vers´ãw] *sf* **1** versione. **2** spiegazione. **3** interpretazione. **4** *Gram* versione, traduzione.

ver.sá.til [vers´atiw] *adj* versatile. *Pl*: **versáteis**.

ver.sí.cu.lo [vers´ikulu] *sm Rel* versetto.

ver.so [v´εrsu] *sm* **1** verso, rovescio. **2** volta di un foglio. **3** *Lit, Poét* verso.

vér.te.bra [v´εrtebrə] *sf Anat* vertebra.

ver.te.bra.do [vertebr´adu] *sm+adj Zool* vertebrato.

ver.ten.te [vert´ẽti] *sf* costa.

ver.ter [vert´er] *vt* versare.

ver.ti.cal [vertik´aw] *sf+adj* verticale. *Pl*: **verticais**.

ver.ti.gem [vert´iʒẽj] *sf Med* vertigine, capogiro. **ter vertigem** girarsi la testa.

ves.go [v´ezgu] *sm* guercio, strabico. • *adj* guercio, orbo, strabico.

ve.sí.cu.la [vez´ikulə] *sf Anat, Zool* vescica. **vesícula biliar** *Anat* fiele.

ves.pa [v´espə] *sf* **1** motoretta. **2** *Zool* vespa.

vés.pe.ra [v´εsperə] *sf* vigilia.

ves.ti.do [vest´idu] *sm* vestito, abito, veste. • *adj* vestito. **bem-vestido** attillato. **vestido comprido** abito lungo. **vestido de baile** abito da sera.

ves.tí.gio [vest´iʒju] *sm* **1** vestigio, indizio. **2 vestígios** *pl* vestigi, vestigia. **3** *Arqueol* avanzi. **4** *fig* rovine.

ves.ti.men.ta [vestim´ẽtə] *sf* roba, tenuta, drappo.

ves.tir [vest´ir] *vt* **1** vestire, portare, indossare. *vpr* **2** vestirsi, indossarsi.

ves.tu.á.rio [vestu´arju] *sm* vestiario.

ve.tar [vet´ar] *vt* vietare, proibire, contendere, censurare.

ve.te.ra.no [veter´ʌnu] *sm* veterano.

ve.te.ri.ná.rio [veterin´arju] *sm+adj* veterinario.

ve.to [v´εtu] *sm* veto.

véu [v´εw] *sm* (também *fig*) velo.

ve.xa.me [veʃ´ʌmi] *sm* **1** brutta figura. **2** vergogna. **3** oltraggio, affronto. **dar vexame** far una brutta figura.

vez [v´es] *sf* **1** vece. **2** volta. **às vezes/ de vez em quando** a volte, alle volte, di quando in quando. **certa vez** senz'altro, senza più. **cinco vezes dois, dez** cinque via due, dieci. **de uma vez** senz'altro, senza più. **de uma vez por todas** addirittura. **em vez de** in vece di. **era uma vez** c'era una volta. **mais uma vez** ancora. **muitas vezes** molte volte. **na maior parte das vezes** per lo più. **uma vez que** giacché, poiché, che, poiché.

vi.a [v´iə] *sf* **1** via, mezzo, modo. **2** *Med* via. **Via Láctea** *Astron* Via Lattea.

vi.a.du.to [vjad´utu] *sm* viadotto.

vi.a.gem [vi´aʒẽj] *sf* viaggio, giro. **boa viagem!** buon viaggio!

vi.a.jan.te [vjaʒ´ãti] *s* **1** viaggiatore. **2** passeggero.

vi.a.jar [vjaʒ´ar] *vi* viaggiare.

ví.bo.ra [v´iborə] *sf* **1** vipera, serpe. **2** *fig* rettile, persona vile.

vi.bra.ção [vibras´ãw] *sf* vibrazione, tremore.

vi.brar [vibr´ar] *vt* **1** vibrare. *vi* **2** vibrare. **3** *fig* fervere.

vi.ce [v´isi] *sm* vice, coadiutore.

vi.ci.ar [visi´ar] *vt* **1** viziare, avvezzare. **2** contaminare, rovinare. *vpr* **2** viziarsi.

ví.cio [v´isju] *sm* **1** vizio. **2** dissolutezza. **3** perdizione. **4** difetto. **5** *fig* fango, pece.

vi.ço [v´isu] *sm* vigore.

vi.da [v´idə] *sf* **1** vita. **2** essere. **3** *fig* anima. **a vida eterna** la vita eterna. **modo de vida** vivere. **subir na vida** fare strada.

vi.dei.ra [vid´ejrə] *sf Bot* vite.

vi.de.o.cas.se.te [videokas´εti] *sm* videocassetta.

vi.dra.ça [vidr´asə] *sf* vetro.

vidraçaria — virilidade

vi.dra.ça.ri.a [vidrasar´iə] *sf* vetreria, magazzino di vetri.
vi.dro [v´idru] *sm* **1** vetro. **2** cristallo.
vi.ga [v´igɐ] *sf* trave.
vi.gá.rio [vig´arju] *sm* Rel vicario.
vi.gen.te [viʒ´ẽti] *adj* vigente.
vi.gi.a [viʒ´iə] *sm* guardia. **ficar de vigia** vigilare.
vi.gi.ar [viʒi´ar] *vt* **1** vigilare. **2** controllare, sorvegliare. **3** custodire, curare. *vi* **4** vigilare, vegliare.
vi.gi.lân.cia [viʒil´ãsjə] *sf* **1** vigilanza. **2** cura. **3** assistenza. **4** controllo.
vi.gi.lan.te [viʒil´ãti] *sm* guardia. • *adj* **1** vigilante, vigile. **2** *fig* attento.
vi.gor [vig´or] *sm* **1** vigore. **2** energia, potenza. **3** robustezza. **4** *fig* nervo, polso. **entrar em vigor** entrare in vigore.
vi.go.rar [vigor´ar] *vi* essere in vigore.
vi.go.ro.so [vigor´ozu] *adj* **1** vigoroso. **2** energico, potente. **3** robusto. **4** gagliardo. **5** *fig* vivo.
vil [v´iw] *adj* **1** vile. **2** cattivo. **3** infame. **4** turpe. **5** sudicio. **6** *fig* fetente.
vi.la [v´ilə] *sf* **1** villaggio, luogo. **2** villa, casa di campagna.
vi.na.gre [vin´agri] *sm* aceto.
vin.cu.lar [vĩkul´ar] *vt* **1** vincolare. **2** *fig* incatenare. *vpr* **3** vincolarsi. **4** impegnarsi.
vín.cu.lo [v´ĩkulu] *sm* **1** vincolo. **2** *fig* legame, cappio, nodo.
vin.da [v´ĩdə] *sf* venuta.
vin.di.ma [vĩd´imə] *sf* vendemmia.
vin.gan.ça [vĩg´ãsə] *sf* vendetta, rivalsa.
vin.gar [vĩg´ar] *vi* **1** attecchire. *vpr* **2** rivalersi, rifarsi.
vi.nha [v´iɲə] *sf* vigna.
vi.nhe.do [viɲ´edu] *sm* vigneto.
vi.nho [v´iɲu] *sm* vino. **vinho branco** vino bianco. **vinho de mesa** vino da pasto. **vinho doce** vino dolce. **vinho espumante** vino spumante, sciampagna. **vinho fraco** acquerello. **vinho seco** vino secco. **vinho tinto** vino rosso.
vin.te [v´ĩti] *sm*+*num* venti.
vi.o.la [vi´ɔlə] *sf* Mús **1** viola. **2** chitarra.
vi.o.lão [vjol´ãw] *sm* Mús chitarra.
vi.o.lar [vjol´ar] *vt* **1** violare. **2** infrangere. **3** *fig* rompere (acordos).
vi.o.lên.cia [vjol´ẽsjə] *sf* **1** violenza, riffa. **2** *fig* azione. **3** forza.
vi.o.len.tar [vjolẽt´ar] *vt* **1** violentare. **2** stuprare.
vi.o.len.to [vjol´ẽtu] *adj* **1** violento. **2** aggressivo. **3** gagliardo. **4** drastico. **5** *fig* forte.
vi.o.le.ta [vjol´etə] *sm* **1** viola, violetto (cor). *sf* **2** *Bot* violetta, viola, mammola. • *adj* violento.
vi.o.li.no [vjol´inu] *sm* Mús violino.
vi.o.lon.ce.lo [vjolõs´ɛlu] *sm* Mús violoncello.
vir [v´ir] *vi* **1** venire. **2** avvenire. **3** *fig* avvicinarsi. **vir abaixo** sdrucciolare. **vir a calhar/vir a propósito** venire a proposito, venire in taglio. **vir a saber** venire a sapere. **vir de** a) venire da. b) provenire da, conseguire da. **vir embora** venir via.
vi.ra-la.ta [viral´atə] *sm* cane randagio. • *adj* randagio (animal). *Pl*: vira-latas.
vi.rar [vir´ar] *vt* **1** voltare, volgere, rivolgere. **2** torcere. **3** *Náut, Aer* virare. *vi* **4** voltare, volgere. **5** trasformarsi. **6** curvare, sterzare. **7** *Náut, Aer* virare. *vpr* **8** voltarsi, volgersi. **9** rovesciarsi. **10** *pop* cavarsela, arrangiarsi. **virar do avesso/de ponta-cabeça** rovesciare.
vir.gem [v´irʒẽj] *sf* **1** vergine. **2 Virgem** Astron, Astrol Vergine. • *adj* **1** vergine. **2** greggio. **3** sconosciuto. **4** *fig* puro, casto.
vir.gin.da.de [virʒĩd´adi] *sf* verginità.
vír.gu.la [v´irgulə] *sf* virgola.
vi.ril [vir´iw] *adj* **1** virile. **2** potente. **3** *fig* maschio.
vi.ri.lha [vir´iʎə] *sf* Anat anguinaia.
vi.ri.li.da.de [virilid´adi] *sf* **1** virilità. **2** potenza.

vir.tu.de [virt´udi] *sf* 1 virtù. 2 valore, forza.

ví.rus [v´irus] *sm sing+pl Med* virus.

vi.são [viz´ãw] *sf* 1 visione. 2 vista (o sentido). 3 punto di vista. 4 *fig* ombra, fantasma.

vís.ce.ra [v´iserə] *sf* 1 *Anat* viscere, entragna, budello. 2 **vísceras** a) (em geral) viscere. b) (só de animais) interiora, interiori. 3 *fig* viscere, parte più interna.

vis.con.de [visk´õdi] *sm* (*f* **viscondessa**) visconte.

vis.co.so [visk´ozu] *adj* vischioso, colloso.

vi.sei.ra [viz´ejrə] *sf* visiera.

vi.si.ta [viz´itə] *sf* 1 visita. 2 soggiorno. 3 gita. **fazer uma visita** fare una visita.

vi.si.tan.te [vizit´ãti] *s* visita.

vi.si.tar [vizit´ar] *vt* 1 visitare (lugar, pessoa). 2 *fig* vedere.

vi.sí.vel [viz´ivew] *adj* visibile. *Pl: visíveis*.

vis.ta [v´istə] *sf* vista, veduta. **à primeira vista** a prima vista. **até a vista!** arrivederci! **à vista** *Com* a vista. **dar vista para** guardare. **em vista de** in vista di. **não perder de vista** non perder di vista. **pagamento à vista** pagamento in contanti. **vista para o mar** vista sul mare.

vis.to [v´istu] *sm Com* visto. • *adj* visto. **visto que** *conj* visto che, giacché, perché.

vi.su.al [vizu´aw] *adj* visuale. *Pl: visuais*.

vi.tal [vit´aw] *adj* vitale. *Pl: vitais*.

vi.ta.mi.na [vitam´inə] *sf Med* vitamina.

vi.te.la [vit´ɛlə] *sf* vitello (carne).

ví.ti.ma [v´itimə] *sf Dir, irôn* vittima.

vi.tó.ria [vit´ɔrjə] *sf* 1 vittoria, trionfo, la meglio. 2 *fig* palma.

vi.to.ri.o.so [vitori´ozu] *sm+adj* vincitore, vittorioso.

vi.tri.na [vitr´inə] *sf* vetrina.

vi.u.vez [vjuv´es] *sf* vedovanza.

vi.ú.vo [vi´uvu] *sm+adj* vedovo.

vi.va.ci.da.de [vivasid´adi] *sf* 1 vivacità. 2 brio. 3 animazione.

vi.vaz [viv´as] *adj* 1 vivace, brioso. 2 allegro, gaio, svelto. 3 *fig* fresco, desto.

vi.ver [viv´er] *vt* 1 vivere. *vi* 2 vivere. 3 campare. 4 *fig* respirare. **viva!** viva! **viver com dificuldade/às duras penas** stentare.

vi.vo [v´ivu] *adj* 1 vivo. 2 vivace, vispo, agile, svelto. 3 caldo. 4 *Lit* vivido. 5 *fig* sveglio. 6 chiassoso. **cor viva** colore vivace.

vi.zi.nhan.ça [viziñ´ãsə] *sf* 1 vicinanza. 2 contrada. **as vizinhanças** le vicinanze. **na vizinhança/nas vizinhanças** vicino, attorno.

vi.zi.nho [viz´iñu] *sm* vicino. • *adj* 1 vicino. 2 prossimo. 3 contiguo. • *adv* in vicinanza, dappresso.

vo.ar [vo´ar] *vi* (também *fig*) volare.

vo.ca.bu.lá.rio [vokabul´arju] *sm* 1 vocabolario, lessico. 2 *fig* dizionario.

vo.cá.bu.lo [vok´abulu] *sm* 1 vocabolo. 2 *Gram* voce, termine.

vo.ca.ção [vokas´ãw] *sf* vocazione.

vo.cal [vok´aw] *adj* vocale. *Pl: vocais*.

vo.cê [vos´e] *pron sing* 1 tu. 2 **vocês** *pl* voi. **a você** te, a te, ti. **a vocês** voi. **com você** con te. **com vocês** con voi. **para você** a) te, ti. b) secondo te. **por vocês** per voi. **tratar por você** darsi del tu. **vocês mesmos** voi stessi.

vo.ga [v´ɔgə] *sf* voga. **estar em voga** essere in voga.

vo.gal [vog´aw] *sf Gram* vocale. *Pl: vogais*. **vogal fechada** *Gram* vocale stretta.

vo.lan.te [vol´ãti] *sm Autom* volante, guida, sterzo.

volt [v´owt] *sm fr Elet* volta.

vol.ta [v´ɔwtə] *sf* 1 volta. 2 venuta, regresso, ritorno. 3 curva. 4 spirale. 5 *Esp* giro, circuito. 6 *Autom* con-

voltagem versione. **7** *fig* girata. **dar uma volta** fare quattro passi. **em volta** dintorno a, presso. **em volta de** intorno a, attorno, presso. **por volta de** a) com quantidades: circa. b) referindo-se a tempo: per. *voltarei por volta das cinco /* ritornerò per le cinque.

vol.ta.gem [vowt'aʒēj] *sf Elet* voltaggio.

vol.tar [vowt'ar] *vt+vi* **1** tornare, ritornare, retrocedere. **2** sterzare, curvare. *vpr* **3** voltarsi, volgersi. **voltar a si** tornare a sé, rinvenire. **voltar atrás** tornare indietro, mutare idea.

vo.lu.me [vol'umi] *sm* **1** volume. **2** tomo.

vo.lu.mo.so [volum'ozu] *adj* voluminoso: a) grosso. b) che si compone di molti volumi. c) *fig* rotondo.

vo.lun.tá.rio [volũt'arju] *sm* volontario. • *adj* volontario, spontaneo.

vo.lú.vel [vol'uvew] *adj* **1** volubile. **2** *fig* leggero, mobile, lunatico. *Pl: volúveis.*

vo.mi.tar [vomit'ar] *vt* **1** vomitare, rigettare, rimettere. *vi* **2** vomitare.

vô.mi.to [v'omitu] *sm Med* vomito.

von.ta.de [võt'adi] *sf* **1** voglia. **2** volontà. **3** desiderio, bisogno. **4** capriccio, gusto. **5** disposizione. **6** *fig* appetito, ambizione. **7** fibra. **à vontade** a volontà. **à vontade!** si figuri! **contra a minha vontade** mio malgrado. **de boa vontade** volentieri. **de má vontade** di malavoglia. **fazer a vontade de** contentare. **má vontade** malavoglia. **segundo a minha vontade** a mio piacere.

vo.o [v'ou] *sm* volo, volata. **levantar voo** alzar volo, prendere il volo.

vo.raz [vor'as] *adj* **1** vorace. **2** *fig* goloso.

vos [vus] *pron pl* **1** voi. **2** vi. **3** ve.

vós [v'ɔs] *pron pl* voi. **a vós/para vós** vi, ve. **por vós** per voi. **vós mesmos** voi stessi.

vos.so [v'ɔsu] *pron m sing* **1** vostro. **2** **vossos** *pl* vostri. • **vossa** *pron f sing* **1** vostra. **2** **vossas** *pl* vostre.

vo.to [v'otu] *sm* **1** voto. **2** augurio. **3** **votos** *pl Rel* voto. **fazer votos de** augurare.

vo.vó [vov'ɔ] *sf fam* nonna.

vo.vô [vov'o] *sm fam* nonno.

voz [v'ɔs] *sf* **1** voce, suono. **2** *Mús* voce. **em voz alta** ad alta voce, forte. **em voz baixa** sotto voce. **voz de animal** verso.

vul.cão [vuwk'ãw] *sm Geogr* vulcano.

vul.gar [vuwg'ar] *adj* **1** volgare. **2** licenzioso, sporco. **3** triviale. **4** *fig* plebeo.

vul.ga.ri.da.de [vuwgarid'adi] *sf* **1** volgarità. **2** *fig* porcheria.

vul.ne.rá.vel [vuwner'avew] *adj* vulnerabile. *Pl: vulneráveis.*

W

w [d´ablju] *sm* la ventitreesima lettera dell'alfabeto portoghese.

watt [v´ati, ´wat] *sm ingl* watt.

X

x [ʃ´is] *sm* la ventiquattresimo lettera dell'alfabeto portoghese.
xa.drez [ʃadr´es] *sm* **1** scacco. **2** *pop* prigione. • *adj* a quadretti. **o jogo de xadrez** gli scacchi.
xa.le [ʃ´ali] *sm* scialle.
xam.pu [ʃãp´u] *sm* shampoo.
xa.ro.pe [ʃar´ɔpi] *sm Med* sciroppo. • *s+adj pop* zanzara, seccante.
xe.que [ʃ´ɛki] *sm* **1** scacco (no jogo de xadrez). **2** sceicco, capo arabo.
xe.que.ma.te [ʃɛkim´ati] *sm* scacco matto. **dar xeque-mate** dare scacco matto. *Pl: xeques-mate, xeques--mates.*
xe.re.ta [ʃer´etə] *s pop* ficcanaso.
xe.re.tar [ʃeret´ar] *vi pop* frugare.
xe.ro.có.pia [ʃerok´ɔpjə] *sf* xerocopia.
xí.ca.ra [ʃ´ikarə] *sf* tazza. **xícara para café** tazza da caffè.
xi.lo.fo.ne [ʃilof´oni] *sm Mús* xilofono.
xi.lo.gra.fi.a [ʃilograf´iə] *sf* xilografia.
xin.gar [ʃĩg´ar] *vt* insultare.
xis [ʃ´is] *sm sing+pl* ics, il nome della lettera X.
xo.dó [ʃod´ɔ] *sm fam* cucco, pupilla.

y

y [´ipsilõw] *sm* la venticinquesimo lettera dell'alfabeto portoghese.

Z

z [zʹe] *sm* la ventiseiesimo e ultima lettera dell'alfabeto portoghese.
za.bum.ba [zabʹūbə] *sf Mús* grancassa.
za.guei.ro [zagʹejru] *sm Fut* terzino.
zan.ga [zʹãgə] *sf* **1** ira, rovello. **2** irritazione, malumore.
zan.gão [zãgʹãw] *sm Zool* calabrone.
zan.gar [zãzʹar] *vt* **1** irritare. *vpr* **2** arrabbiarsi, irritarsi.
zan.zar [zãzʹar] *vi pop* svolazzare.
za.ra.ba.ta.na [zarabatʹʌnə] *sf* cerbottana.
za.ro.lho [zarʹoʎu] *adj* losco, orbo.
zê [zʹe] *sm* zeta, il nome della lettera Z.
ze.bra [zʹebrə] *sf Zool* zebra.
ze.la.dor [zeladʹor] *sm* custode.
ze.lo [zʹelu] *sm* zelo.
ze.lo.so [zelʹozu] *adj* zelante.

ze.ro [zʹɛru] *sm+num* zero. **abaixo de zero** sotto zero. **acima de zero** sopra zero.
zin.co [zʹĩku] *sm Quím* zinco.
zí.per [zʹiper] *sm* chiusura lampo.
zo.dí.a.co [zodʹiaku] *sm Astrol, Astron* zodiaco.
zom.bar [zõbʹar] *vt* **1** canzonare, ridersi di, prendere in giro. *vi* **2** giocare.
zom.ba.ri.a [zõbarʹiə] *sf* beffa, burla, baia.
zom.be.tei.ro [zõbetʹejru] *adj* irriverente. • *sm* burlone.
zo.na [zʹonə] *sf* zona, campo.
zo.o [zʹou] *sm* zoo.
zum.bi.do [zūbʹidu] *sm* ronzio, vibrazione.
zum.bir [zūbʹir] *vi* ronzare, vibrare.
zur.rar [zuŕʹar] *vi* ragliare.

APÊNDICE

Notas gramaticais do italiano

1. Elisão e truncamento

a) Elisão: supressão da vogal final átona de uma palavra, antes de outra palavra iniciada por vogal. Indicada pelo apóstrofo:

l'amico - un'aquila - c'è - d'onore - quell'uomo

b) Truncamento: supressão de vogal ou sílaba final átona precedida de **l**, **m**, **n** ou **r**. Ocorre geralmente com **uno**, pronomes, substantivos, adjetivos, infinitivo dos verbos etc.:

bel tempo - quel cane - mal di testa - esser da tanto

2. Artigos definidos e indefinidos

Os artigos variam de acordo com a inicial da palavra à qual se referem. Não há artigos indefinidos no plural.

Artigos masculinos

Antes de consoante simples: **il** (plural **i**), **un**: il cane, i gatti, un luogo.
Antes de *s impura*, *z*, *ps*, *gn*, *x*: **lo** (plural **gli**), **uno**: lo specchio, gli gnomi, uno psicologo.
Antes das vogais *a*, *e*, *o*, *u*: **l'** (plural **gli**), **un**: l'uomo, gli uomini, un aereo.
Antes da vogal *i*: **l'** (plural **gl'**), **un**: l'inglese, gl'Inglesi, un italiano.

Artigos femininos

Antes de consoante simples, *s impura*, *z*, *ps*, *gn*, *x*: **la** (plural **le**), **una**: la casa, le stelle, una spada.
Antes de vogal: **l'** (plural **le**), **un'**: l'anima, le aquile, un'ora.
Antes da letra *e*, o artigo definido feminino pode ser **l'**, desde que o plural não seja confundido com o singular: le erbacce ou l'erbacce (singular l'erbaccia).

3. Contrações e combinações

a) As preposições *a*, *con*, *da*, *di*, *in*, *per* e *su* ligam-se aos artigos definidos, formando **preposizioni articolate**, que seguem as mesmas regras de uso dos artigos.

	il	l'	lo	i	gli	gl'	la	le
a	al	all'	allo	ai	agli	agl'	alla	alle
con	col	(*)	(*)	coi	(*)	(*)	(*)	(*)
da	dal	dall'	dallo	dai	dagli	dagl'	dalla	dalle
di	del	dell'	dello	dei	degli	degl'	della	delle
in	nel	nell'	nello	nei	negli	negl'	nella	nelle
per	pel	(*)	(*)	pei	(*)	(*)	(*)	(*)
su	sul	sull'	sullo	sui	sugli	sugl'	sulla	sulle

(*) As contrações de **con** e **per** não são mais utilizadas. Apenas *col, coi, pel* e *pei* ainda são toleradas. Ainda assim, é preferível utilizar *con il, con i, per il* e *per i*.

b) O pronome *gli* liga-se aos pronomes *la, le, li, lo, ne*, formando as seguintes **combinações**: *gliela, gliele, glieli, glielo, gliene.*

4. Divisão silábica

A divisão silábica em italiano é quase igual à do português. Deve-se destacar, porém:

a) São hiatos, e portanto se separam:

– **AE, AO, EA, EO, OA, OE**: *a.e.re.o, po.e.ta*
– **I** ou **U** tônico + outra vogal: *mi.o, pa.u.ra*
– **IU** e **UI**, quando o **I** for tônico: *flu.i.re*

Por razões estéticas, em italiano também não se deve isolar uma vogal em início ou final de linha.

b) As consoantes duplas se dividem, como no português. O encontro **CQ** é considerado duplo **C** Ex.: *tut.to, cap.pel.lo, mac.chi.na, ac.que.dot.to.*

c) O **S** seguido de outra consoante é chamado **s impura**, e forma sílaba **sempre** com a consoante seguinte. Ex.: *e.sta.te, a.spet.ta.re, a.stro, u.sci.ta, a.sbe.sto.*

d) Não se dividem os grupos consonantais com os quais se pode iniciar uma palavra italiana, e aqueles em que o **N** segue uma outra consoante. Portanto, não devem ser divididos os grupos seguintes: **PS, PN, TM, PT, GN** e **TN**. Ex.: *ra.pso.di.a, i.pno.si, ri.tmo, ma.gni.fi.co, ca.pta.re, e.tni.co.*

Observação: alguns gramáticos discordam do item *d* acima.

Numerais

Cardinais / Cardinali

0	zero	zero	30	trinta	trenta
1	um (*f* uma)	uno (*f* una)	40	quarenta	quaranta
2	dois (*f* duas)	due	50	cinquenta	cinquanta
3	três	tre	60	sessenta	sessanta
4	quatro	quattro	70	setenta	settanta
5	cinco	cinque	80	oitenta	ottanta
6	seis	sei	90	noventa	novanta
7	sete	sette	100	cem	cento
8	oito	otto	101	cento e um	centuno
9	nove	nove	102	cento e dois	centodue
10	dez	dieci	200	duzentos	duecento
11	onze	undici	300	trezentos	trecento
12	doze	dodici	400	quatrocentos	quattrocento
13	treze	tredici	500	quinhentos	cinquecento
14	quatorze, catorze	quattordici	600	seiscentos	seicento
15	quinze	quindici	700	setecentos	settecento
16	dezesseis	sedici	800	oitocentos	ottocento
17	dezessete	diciassette	900	novecentos	novecento
18	dezoito	diciotto	1.000	mil	mille
19	dezenove	diciannove	1.001	mil e um	milleuno
20	vinte	venti	2.000	dois mil	duemila
21	vinte e um	ventuno	100.000	cem mil	centomila
22	vinte e dois	ventidue	1.000.000	um milhão	un milione

Ordinais / Ordinali

0	-	-
1	primeiro	primo
2	segundo	secondo
3	terceiro	terzo
4	quarto	quarto
5	quinto	quinto
6	sexto	sesto
7	sétimo	settimo
8	oitavo	ottavo
9	nono	nono
10	décimo	decimo
11	décimo primeiro, undecimo	undécimo, undicesimo
12	décimo segundo, duodecimo	duodécimo, dodicesimo
13	décimo terceiro	tredicesimo, decimoterzo
14	décimo quarto	attordicesimo, decimoquarto
15	décimo quinto	quindicesimo, decimoquinto
16	décimo sexto	sedicesimo, decimosesto
17	décimo sétimo	diciassettesimo, decimosettimo
18	décimo oitavo	diciottesimo, decimottavo
19	décimo nono	diciannovesimo, decimonono
20	vigésimo	ventesimo, vigesimo
21	vigésimo primeiro	ventunesimo, ventesimoprimo
22	vigésimo segundo	ventiduesimo, ventesimosecondo
30	trigésimo	trentesimo, trigesimo
40	quadragésimo	quarantesimo, quadragesimo
50	quinquagésimo	cinquantesimo, quinquagesimo
60	sexagésimo	sessantesimo, sessagesimo
70	setuagésimo	settantesimo
80	octogésimo	ottantesimo
90	nonagésimo	novantesimo
100	centésimo	centesimo
101	centésimo primeiro	centesimoprimo
102	centésimo segundo	centesimosecondo
200	ducentésimo	duecentesimo
300	trecentésimo	trecentesimo
400	quadringentésimo	quattrocentesimo
500	quingentésimo	cinquecentesimo
600	seiscentésimo, seicentesimo	sexcentésimo
700	setingentésimo	settecentesimo
800	octingentésimo	ottocentesimo
900	nongentésimo	novecentesimo
1.000	milésimo	millesimo
1.001	milésimo primeiro	millesimoprimo
2.000	dois milésimos	duemilesimo
100.000	cem milésimos	centomillesimo
1.000.000	milionésimo	un milionesimo

Observações:

1. Os numerais compostos de **tre** recebem acento: **ventitré**.

2. As dezenas e as centenas perdem a vogal final quando se unem aos numerais **uno** e **otto**: trenta + uno = **trentuno**; novanta + otto = **novantotto**.

3. Os numerais compostos de **uno** sofrem truncamento: **ventun quaderni**.

4. Os milhares formam-se com **mila** (plural de **mille**): due + mille = **duemila**; trenta + mille = **trentamila**.

5. Costuma-se escrever os numerais numa só palavra, principalmente datas e valores. Assim, 1997 pode ser escrito como: **millenovecentonovantasette**.

6. Pode-se acrescentar o sufixo **-enne** (plural **-enni**) aos numerais cardinais, formando adjetivos que indicam idade: **duenne** (de dois anos de idade), **treenne** (de três anos de idade), **quattrenne** (de quatro anos de idade), **cinquenne** (de cinco anos de idade), **seenne** (de seis anos de idade), **settenne** (de sete anos de idade), **ottenne** (de oito anos de idade), **novenne** (de nove anos de idade), **decenne** (de dez anos de idade), **undicenne** (de onze anos de idade), **dodicenne** (de doze anos de idade), **ventenne** (de vinte anos de idade), **trentenne** (de trinta anos de idade) etc.: un uomo **trentenne** = um homem de trinta anos

Equivalência dos tempos verbais

PORTUGUÊS

Infinitivo
Gerúndio
Particípio

Indicativo

Presente
Pretérito imperfeito
Pretérito perfeito
Pretérito mais-que-perfeito
Futuro do presente

Futuro do pretérito

Subjuntivo

Presente
Pretérito imperfeito
Futuro

Imperativo

Afirmativo
Negativo

ITALIANO

Infinito
Gerundio
Participio

Indicativo

Presente
Imperfetto
Passato remoto
Trapassato
Futuro semplice

Condizionale

Presente

Congiuntivo

Presente
Imperfetto
(não existe)

Imperativo

Affermativo
Negativo

Conjugação dos verbos em italiano
Verbos auxiliares

ESSERE (= ser; estar)

Infinito essere
Gerundio essendo
Participio stato

INDICATIVO
Presente
io sono
tu sei
lui è
noi siamo
voi siete
loro sono

Imperfetto
io ero
tu eri
lui era
noi eravamo
voi eravate
loro erano

Passato remoto
io fui
tu fosti
lui fu
noi fummo
voi foste
loro furono

Futuro semplice
io sarò
tu sarai
lui sarà
noi saremo
voi sarete
loro saranno

CONDIZIONALE
Presente
io sarei
tu saresti
lui sarebbe
noi saremmo
voi sareste
loro sarebbero

CONGIUNTIVO
Presente
io sia
tu sia
lui sia
noi siamo
voi siate
loro siano

Imperfetto
io fossi
tu fossi
lui fosse
noi fossimo
voi foste
loro fossero

IMPERATIVO
sii tu
sia lei
siamo noi
siate voi
siano loro

AVERE (= haver; ter)

Infinito avere
Gerundio avendo
Participio avuto

INDICATIVO
Presente
io ho
tu hai
lui ha
noi abbiamo
voi avete
loro hanno

Imperfetto
io avevo
tu avevi
lui aveva
noi avevamo
voi avevate
loro avevano

Passato remoto
io ebbi
tu avesti
lui ebbe
noi avemmo
voi aveste
loro ebbero

Futuro semplice
io avrò
tu avrai
lui avrà
noi avremo
voi avrete
loro avranno

CONDIZIONALE
Presente
io avrei
tu avresti
lui avrebbe
noi avremmo
voi avreste
loro avrebbero

CONGIUNTIVO
Presente
io abbia
tu abbia
lui abbia
noi abbiamo
voi abbiate
loro abbiano

Imperfetto
io avessi
tu avessi
lui avesse
noi avessimo
voi aveste
loro avessero

IMPERATIVO
abbi tu
abbia lei
abbiamo noi
abbiate voi
abbiano loro

Modelos de verbos regulares

(A terminação está em negrito)

PRIMEIRA CONJUGAÇÃO

AMARE (= amar)

Infinito amare
Gerundio amando
Participio amato

INDICATIVO
Presente
io am**o**
tu am**i**
lui am**a**
noi am**iamo**
voi am**ate**
loro am**ano**

Imperfetto
io am**avo**
tu am**avi**
lui am**ava**
noi am**avamo**
voi am**avate**
loro am**avano**

Passato remoto
io am**ai**
tu am**asti**
lui am**ò**
noi am**ammo**
voi am**aste**
loro am**arono**

Futuro semplice
io am**erò**
tu am**erai**
lui am**erà**
noi am**eremo**
voi am**erete**
loro am**eranno**

CONDIZIONALE
Presente
io am**erei**
tu am**eresti**
lui am**erebbe**
noi am**eremmo**
voi am**ereste**
loro am**erebbero**

CONGIUNTIVO
Presente
io am**i**
tu am**i**
lui am**i**
noi am**iamo**
voi am**iate**
loro am**ino**

Imperfetto
io am**assi**
tu am**assi**
lui am**asse**
noi am**assimo**
voi am**aste**
loro am**assero**

IMPERATIVO
ama tu
ami lei
am**iamo** noi
amate voi
am**ino** loro

SEGUNDA CONJUGAÇÃO

TEMERE (= temer)

Infinito temere
Gerundio temendo
Participio temuto

INDICATIVO
Presente
io tem**o**
tu tem**i**
lui tem**e**
noi tem**iamo**
voi tem**ete**
loro tem**ono**

Imperfetto
io temevo
tu temevi
lui temeva
noi temevamo
voi temevate
loro temevano

Passato remoto
io temei (temetti)
tu temesti
lui temé (temette)
noi tememmo
voi temeste
loro temerono (temettero)

Futuro semplice
io temerò
tu temerai
lui temerà
noi temeremo
voi temerete
loro temeranno

CONDIZIONALE
Presente
io temerei
tu temeresti
lui temerebbe
noi temeremmo
voi temereste
loro temerebbero

CONGIUNTIVO
Presente
io tema
tu tema
lui tema
noi temiamo
voi temiate
loro temano

Imperfetto
io temessi
tu temessi
lui temesse
noi temessimo
voi temeste
loro temessero

IMPERATIVO
temi tu
tema lei
temiamo noi
temete voi
temano loro

TERCEIRA CONJUGAÇÃO (I)

SENTIRE (= ouvir; sentir)

Infinito sentire
Gerundio sentendo
Particípio sentito

INDICATIVO
Presente
io sento
tu senti
lui sente
noi sentiamo
voi sentite
loro sentono

Imperfetto
io sentivo
tu sentivi
lui sentiva
noi sentivamo
voi sentivate
loro sentivano

Passato remoto
io sentii
tu sentisti
lui sentì
noi sentimmo
voi sentiste
loro sentirono

Futuro semplice
io sentirò
tu sentirai
lui sentirà
noi sentiremo
voi sentirete
loro sentiranno

CONDIZIONALE
Presente
io sentirei
tu sentiresti
lui sentirebbe
noi sentiremmo
voi sentireste
loro sentirebbero

CONGIUNTIVO
Presente
io senta
tu senta
lui senta
noi sentiamo
voi sentiate
loro sentano

Imperfetto
io sentissi
tu sentissi
lui sentisse
noi sentissimo
voi sentiste
loro sentissero

Imperativo
senti tu
senta lei
sentiamo noi
sentite voi
sentano loro

TERCEIRA CONJUGAÇÃO (II)

FINIRE (= terminar)

Infinito fin**ire**
Gerundio fin**endo**
Participio fin**ito**

INDICATIVO
Presente
io fin**isco**
tu fin**isci**
lui fin**isce**
noi fin**iamo**
voi fin**ite**
loro fin**iscono**

Imperfetto
io fin**ivo**
tu fin**ivi**
lui fin**iva**
noi fin**ivamo**
voi fin**ivate**
loro fin**ivano**

Passato remoto
io fin**ii**
tu fin**isti**
lui fin**ì**
noi fin**immo**
voi fin**iste**
loro fin**irono**

Futuro semplice
io fin**irò**
tu fin**irai**
lui fin**irà**
noi fin**iremo**
voi fin**irete**
loro fin**iranno**

CONDIZIONALE
Presente
io fin**irei**
tu fin**iresti**
lui fin**irebbe**
noi fin**iremmo**
voi fin**ireste**
loro fin**irebbero**

CONGIUNTIVO
Presente
io fin**isca**
tu fin**isca**
lui fin**isca**
noi fin**iamo**
voi fin**iate**
loro fin**iscano**

Imperfetto
io fin**issi**
tu fin**issi**
lui fin**isse**
noi fin**issimo**
voi fin**iste**
loro fin**issero**

IMPERATIVO
fin**isci** tu
fin**isca** lei
fin**iamo** noi
fin**ite** voi
fin**iscano** loro

Observações sobre a TERCEIRA CONJUGAÇÃO:

a) A maior parte dos verbos regulares desta conjugação acrescenta **ISC** no **presente do indicativo, presente do conjuntivo e imperativo**.

b) Alguns verbos possuem duas formas para os tempos acima, ou seja, podem ser conjugados tanto como **finire** quanto como **sentire**.

c) Uma minoria dos verbos regulares conjuga-se como **sentire**. Para os verbos desta conjugação, veja a **Relação dos verbos irregulares, defectivos ou difíceis em italiano**.

Observação sobre o IMPERATIVO:

a) As terceiras pessoas do **imperativo** referem-se às formas de cortesia.

b) O **imperativo negativo** é idêntico ao **imperativo afirmativo**, exceto na segunda pessoa do singular, em que é igual ao infinitivo. Exemplo:

Ama tu   non amare
Ami lei   non ami lei etc.

Relação dos verbos irregulares, defectivos ou difíceis em italiano

O símbolo ⇒ significa "conjugar como"

A

abolire regular. *Indicativo presente* com **isc**.

aborrire regular. *Indicativo presente* com ou sem **isc**.

accadere ⇒ *cadere*.

accendere *Participio:* acceso. *Passato remoto:* accesi, accendesti, accese, accendemmo, accendeste, accesero.

accingersi ⇒ *cingere*.

accludere ⇒ *concludere*.

accogliere ⇒ *cogliere*.

accorgersi *Participio:* accortosi. *Passato remoto:* mi accorsi, ti accorgesti, si accorse, ci accorgemmo, vi accorgeste, si accorsero.

accrescere ⇒ *crescere*.

addirsi defectivo, só nas 3.ªs pessoas. *Indicativo: presente:* si addice, si addicono. *Imperfetto:* si addiceva, si addicevano. *Congiuntivo: presente:* si addica, si addicano. *Imperfetto:* si addicesse, si addicessero.

addurre *Gerundio:* adducendo. *Participio: presente:* addotto. *Indicativo: presente:* adduco, adduci, adduce, adduciamo, adducete, adducono. *Imperfetto:* adducevo, adducevi, adduceva ecc. *Passato remoto:* addussi, adducesti, addusse, adducemmo, adduceste, addussero. *Futuro:* addurrò, addurrai, addurrà ecc. *Condizionale:* addurrei, addurresti, addurrebbe ecc. *Congiuntivo: presente:* adduca, adduca, adduca, adduciamo, adduciate, adducano. *Imperfetto:* adducessi, adducessi, adducesse ecc. *Imperativo:* adduci, adduca, adduciamo, adducete, adducano.

adempire regular. *Indicativo presente* com **isc**.

affiggere *Participio:* affisso. Demais tempos como *figgere*.

affliggere *Participio:* afflitto. *Passato remoto:* afflissi, affligesti, afflisse, affliggemmo, affliggeste, afflissero.

aggiungere ⇒ *giungere*.

aggredire regular. *Indicativo presente* com **isc**.

agire regular. *Indicativo presente* com **isc**.

alludere *Participio:* alluso. *Passato remoto:* allusi, alludesti, alluse, alludemmo, alludeste, allusero.

ambire regular. *Indicativo presente* com **isc**.

ammettere ⇒ *mettere*.

andare *Participio:* andato. *Indicativo: presente:* vado, vai, va, andiamo, andate, vanno. *Futuro:* andrò, andrai, andrà, andremo, andrete, andranno. *Condizionale:* andrei, andresti, andrebbe, andremmo, andreste, andrebbero. *Congiuntivo:*

presente: vada, vada, vada, andiamo, andiate, vadano. *Imperativo:* va' (vai), vada, andiamo, andate, vadano. Demais tempos regulares, com radical **and**.

annettere *Participio:* annesso. *Passato remoto:* annettei (annessi), annettesti, annetté (annesse), annettemmo, nnetteste, annetterono (annessero).

apparire *Participio:* apparso. *Indicativo: presente:* appaio (apparisco), appari (apparisci), appare (apparisce), appariamo, apparite, appaiono (appariscono). *Passato remoto:* apparii (apparvi, apparsi), appiristi, appari (apparve, apparse), apparimmo, appariste, apparirono (apparvero, apparsero). *Congiuntivo: presente:* appaia (apparisca), appaia (apparisca), appaia (apparisca), appariamo, appariate, appaiano (appariscano). *Imperativo:* appari (apparisci), appaia (apparisca), appariamo, apparite, appaiano (appariscano). Demais tempos regulares.

appendere ⇒ *dipendere.*

applaudire regular. *Indicativo presente* com ou sem **isc**.

apporre ⇒ *porre.*

apprendere ⇒ *prendere.*

aprire *Participio:* aperto. *Indicativo: presente* regular sem **isc**. *Passato remoto:* aprii (apersi), apristi, aprì (aperse), aprimmo, apriste, aprirono (apersero).

ardere *Participio:* arso. *Passato remoto:* arsi, ardesti, arse, ardemmo, ardeste, arsero.

ardire regular. *Indicativo presente* com **isc**.

arrendersi ⇒ *rendere.*

arricchire regular. *Indicativo presente* com **isc**.

arridere ⇒ *ridere.*

arrossire regular. *Indicativo presente* com **isc**.

ascendere ⇒ *scendere.*

ascrivere ⇒ *scrivere.*

aspergere ⇒ *emergere.*

assalire *Indicativo: presente:* assalgo (assalisco), assali (assalisci), assale (assalisce), assaliamo, assalite, assalgono (assaliscono). *Congiuntivo: presente:* assalga (assalisca), assalga (assalisca), assalga (assalisca), assaliamo, assaliate, assalgano (assaliscano). *Imperativo:* assali, assalga, assaliamo, assalite, assalgano. Demais tempos regulares.

asserire regular. *Indicativo presente* com **isc**.

assistere *Participio:* assistito. *Passato remoto:* assistei (assistetti), assistesti, assisté (assistette), assistemmo, assisteste, assisterono (assistettero).

assolvere *Participio:* assolto (assoluto). *Passato remoto:* assolsi (assolvei, assolvetti), assolvesti, assolse (assolvé, assolvette), assolvemmo, assolveste, assolsero (assolverono, assolvettero).

assorbire regular. *Indicativo presente* com ou sem **isc**.

assumere *Participio:* assunto. *Passato remoto:* assunsi, assumesti, assunse, assumemmo, assumeste, assunsero.

attendere ⇒ *tendere*.
attenere ⇒ *tenere*.
atterrire regular.
Indicativo presente com **isc**.
attingere ⇒ *tingere*.
attrarre ⇒ *trarre*.
avvedersi ⇒ *vedere*.
avvenire ⇒ *venire*.
Só se usa nas 3.ᵃˢ pessoas, singular e plural.
avvertire ⇒ *divertire*.
avvolgere ⇒ *volgere*.

B

bandire regular.
Indicativo presente com **isc**.
benedire *Passato remoto:* benedissi (benedii), benedicesti, benedisse (benedì), benedicemmo, benediceste, benedissero (benedirono). *Imperativo:* benedici, benedica, benediciamo, benedite, benedicano. Demais tempos como *dire*.
bere *Participio:* bevuto. *Indicativo: presente:* bevo, bevi, beve, beviamo, bevete, bevono. *Passato remoto:* bevvi (bevetti), bevesti, bevve (bevette), bevemmo, beveste, bevvero (bevettero). *Futuro:* berrò, berrai, berrà, berremo, berrete, berranno. *Condizionale:* berrei, berresti, berrebbe, berremmo, berreste, berrebbero. Demais tempos regulares, com radical **bev**.
bollire regular.
Indicativo presente com ou sem **isc**.

C

cadere *Participio:* caduto. *Passato remoto:* caddi, cadesti, cadde, cademmo, cadeste, caddero. *Futuro:* cadrò, cadrai, cadrà, cadremo, cadrete, cadranno. *Condizionale:* cadrei, cadresti, cadrebbe, cademmo, cadreste, cadrebbero. Demais tempos regulares.
capire regular.
Indicativo presente com **isc**.
cedere *Passato remoto:* cedei (cedetti), cedesti, cedé (cedette), cedemmo, cedeste, cederono (cedettero).
chiedere *Participio:* chiesto. *Passato remoto:* chiesi, chiedesti, chiese, chiedemmo, chiedeste, chiesero.
chiudere *Participio:* chiuso. *Passato remoto:* chiusi, chiudesti, chiuse, chiudemmo, chiudeste, chiusero.
cingere *Participio:* cinto. *Passato remoto:* cinsi, cingesti, cinse, cingemmo, cingeste, cinsero.
circoncidere ⇒ *decidere*.
cogliere *Participio:* colto. *Indicativo: presente:* colgo, cogli, coglie, cogliamo, cogliete, colgono. *Passato remoto:* colsi, cogliesti, colse, cogliemmo, coglieste, colsero. *Congiuntivo: presente:* colga, colga, colga, cogliamo, cogliate, colgano. *Imperativo:* cogli, colga, cogliamo, cogliete, colgano. Demais tempos regulares.
coincidere ⇒ *decidere*.
colpire regular.
Indicativo presente com **isc**.
commettere ⇒ *mettere*.
commuovere ⇒ *muovere*.
comparire ⇒ *apparire*.
compartire regular.
Indicativo presente com ou sem **isc**.
compatire regular.
Indicativo presente com **isc**.
compiacere ⇒ *piacere*.

compiangere ⇒ *piangere*.
compiere regular.
compire regular. *Indicativo presente* com **isc**.
comporre ⇒ *porre*.
comprendere ⇒ *prendere*.
comprimere *Participio:* compresso. *Passato remoto:* compressi, comprimesti, compresse, comprimemmo, comprimeste, compressero.
concedere *Participio:* concesso (conceduto). *Passato remoto:* concessi (concedei, concedetti), concedesti, concesse (concedé, concedette), concedemmo, concedeste, concessero (concederono, concedettero).
concepire regular. *Indicativo presente* com **isc**.
concludere *Participio:* concluso. *Passato remoto:* conclusi, concludesti, concluse, concludemmo, concludeste, conclusero.
concorrere ⇒ *correre*.
condire regular. *Indicativo presente* com **isc**.
condolersi ⇒ *Participio:* condolutosi. *Indicativo: presente:* mi condolgo, ti conduoli, si conduole, ci condogliamo, vi condolete, si condolgono. *Passato remoto:* mi condolsi, ti condolesti, si condolse, ci condolemmo, vi condoleste, si condolsero. *Futuro:* mi condorrò, ti condorrai, si condorrà, ci condorremo, vi condorrete, si condorranno. *Condizionale:* mi condorrei, ti condorresti, si condorrebbe, ci condorremmo, vi condorreste, si condorrebbero. *Congiuntivo: presente:* mi condolga, ti condolga, si condolga, ci condogliamo, vi condogliate, si condolgano. *Imperativo:* conduoliti, si condolga, condogliamoci, condoletevi, si condolgano. Demais tempos regulares.
condurre ⇒ *addurre*.
confondere ⇒ *fondere*.
congiungere ⇒ *giungere*.
connettere ⇒ *annettere*.
conoscere *Participio:* conosciuto. *Passato remoto:* conobbi, conoscesti, conobbe, conoscemmo, conosceste, conobbero.
conseguire ⇒ *seguire*.
consistere ⇒ *assistere*.
contendere ⇒ *tendere*.
contenere ⇒ *tenere*.
contorcere ⇒ *torcere*.
contraddire ⇒ *dire*.
contrarre ⇒ *trarre*.
contundere *Participio:* contuso. *Passato remoto:* contusi, contundesti, contuse, contundemmo, contundeste, contusero.
convertire ⇒ *divertire*.
convincere ⇒ *vincere*.
convivere ⇒ *vivere*.
coprire ⇒ *aprire*.
correggere ⇒ *reggere*.
correre *Participio:* corso. *Passato remoto:* corsi, corresti, corse, corremmo, correste, corsero.
corrispondere ⇒ *rispondere*.
corrodere ⇒ *rodere*.
corrompere ⇒ *rompere*.
cospargere ⇒ *spargere*.
costituire regular. *Indicativo presente* com **isc**.

costringere ⇒ stringere.
costruire *Participio:* costruito (costrutto). *Indicativo: presente:* regular, com **isc**. *Passato remoto:* costruii (costrussi), costruisti, costruì (costrusse), costruimmo, costruiste, costruirono (costrussero).
crescere *Participio:* cresciuto. *Passato remoto:* crebbi, crescesti, crebbe, crescemmo, cresceste, crebbero.
crocifiggere *Participio:* crocifisso. Demais tempos como *figgere*.
cucire *Indicativo: presente:* cucio, cuci, cuce, cuciamo, cucite, cuciono. *Congiuntivo: presente:* cucia, cucia, cucia, cuciamo, cuciate, cuciano. Demais tempos regulares.
cuocere *Participio:* cotto. *Indicativo: presente:* cuocio, cuoci, cuoce, cociamo, cocete, cuociono. *Imperfetto:* cocevo, cocevi, coceva ecc. *Passato remoto:* cossi, cocesti, cosse, cocemmo, coceste, cossero. *Futuro:* cocerò, cocerai, cocerà ecc. *Condizionale:* cocerei, coceresti, cocerebb ecc. *Congiuntivo: presente:* cuocia, cuocia, cuocia, cociamo, cociate, cuociano. *Imperfetto:* cocessi, cocessi, cocesse ecc. *Imperativo:* cuoci, cuocia, cociamo, cocete, cuociano.

D

dare *Participio:* dato. *Indicativo: presente:* do, dai, dà, diamo, date, danno. *Imperfetto:* regular. *Passato remoto:* diedi (detti), desti, diede (dette), demmo, deste, diedero (dettero). *Futuro:* darò, darai, darà, daremo, darete, daranno. *Condizionale:* darei, daresti, darebbe, daremmo, dareste, darebbero. *Congiuntivo: presente:* dia, dia, dia, diamo, diate, diano. *Imperfetto:* dessi, dessi, desse, dessimo, deste, dessero. *Imperativo:* da' (dai), dia, diamo, date, diano.
decadere ⇒ cadere.
decidere *Participio:* deciso. *Passato remoto:* decisi, decidesti, decise, decidemmo, decideste, decisero. Demais tempos regulares.

decorrere ⇒ correre.
decrescere ⇒ crescere.
dedurre ⇒ addurre.
deludere ⇒ alludere.
deprimere ⇒ comprimere.
deridere ⇒ ridere.
descrivere ⇒ scrivere.
difendere *Participio:* difeso. *Passato remoto:* difesi, difendesti, difese, difendemmo, difendeste, difesero.
differire ⇒ ferire.
diffondere ⇒ fondere.
digerire regular. *Indicativo presente* com **isc**.
dimettere ⇒ mettere.
dipendere *Participio:* dipeso. *Passato remoto:* dipesi, dipendesti, dipese, dipendemmo, dipendeste, dipesero.
dipingere *Participio:* dipinto. *Passato remoto:* dipinsi, dipingesti, dipinse, dipingemmo, dipingeste, dipinsero.
dire *Participio:* detto. *Indicativo: presente:* dico, dici, dice, diciamo, dite, dicono. *Passato remoto:* dissi, dicesti, disse, dicemmo, diceste, dissero. *Futuro:* dirò, dirai, dirà ecc. *Condizionale:* direi,

diresti, diresbbe ecc. *Congiuntivo: presente:* dica, dica, dica, diciamo, diciate, dicano. *Imperativo:* di', dica, diciamo, dite, dicano. Demais tempos regulares, com radical **dic**.

dirigere *Participio:* diretto. *Passato remoto:* diressi, dirigesti, diresse, dirigemmo, dirigeste, diressero.

discendere ⇒ *scendere.*

discernere *Participio:* não existe. *Passato remoto:* discersi (discernei), discernesti, discerse (discerné), discernemmo, discerneste, discersero (discernerono).

disciogliere ⇒ *sciogliere.*

disconoscere ⇒ *conoscere.*

discutere *Participio:* discusso. *Passato remoto:* discussi, discutesti, discusse, discutemmo, discuteste, discussero.

disdire ⇒ *dire.*

dispiacere ⇒ *piacere.*

disporre ⇒ *porre.*

dissolvere *Participio:* dissolto. *Passato rem.* dissolsi (dissolvei), dissolvesti, dissolse (dissolvé), dissolvemmo, dissolveste, dissolsero (dissolverono).

dissuadere ⇒ *persuadere.*

distinguere *Participio:* distinto. *Passato remoto:* distinsi, distinguesti, distinse, distinguemmo, distingueste, distinsero.

distruggere ⇒ *struggere.*

divertire regular. *Indicativo presente* sem **isc**.

dividere *Participio:* diviso. *Passato remoto:* divisi, dividesti, divise, dividemmo, divideste, divisero.

dolere *Participio:* doluto. *Indicativo: presente:* dolgo, duoli, duole, dogliamo, dolete, dolgono. *Passato remoto:* dolsi, dolesti, dolse, dolemmo, doleste, dolsero. *Futuro:* dorrò, dorrai, dorrà, dorremo, dorrete, dorranno. *Condizionale:* dorrei, dorresti, dorrebbe, dorremmo, dorreste, dorrebbero. *Congiuntivo: presente:* dolga, dolga, dolga, dogliamo, dogliate, dolgano. *Imperativo:* duoli, dolga, dogliamo, dolete, dolgano. Demais tempos regulares.

dormire regular. *Indicativo presente* sem **isc**.

dovere *Participio:* dovuto. *Indicativo: presente:* devo (debbo), devi, deve, dobbiamo, dovete, devono (debbono). *Futuro:* dovrò, dovrai, dovrà, dovremo, dovrete, dovranno. *Condizionale:* dovrei, dovresti, dovrebbe, dovremmo, dovreste, dovrebbero. *Congiuntivo: presente:* debba, debba, debba, dobbiamo, dobbiate, debbano. Demais tempos regulares, com radical **dov**.

E

effondere ⇒ *fondere.*
eleggere ⇒ *leggere.*
emergere *Participio:* emerso. *Passato remoto:* emersi, emergesti, emerse, emergemmo, emergeste, emersero. Demais tempos regulares.

empire regular. *Indicativo presente* sem **isc**.

erigere ⇒ *dirigere.*
erompere ⇒ *rompere.*
esaurire regular. *Indicativo presente* com **isc**.

escludere ⇒ *concludere.*

eseguire regular.
Indicativo presente com ou sem **isc**.
esistere ⇒ *assistere*.
espellere *Participio:* espulso. *Passato remoto:* espulsi, espellesti, espulse, espellemmo, espelleste, espulsero.
esplodere *Participio:* esploso. *Passato remoto:* esplosi, esplodesti, esplose, esplodemmo, esplodeste, esplosero.
esporre ⇒ *porre*.
esprimere ⇒ *comprimere*.
estinguere ⇒ *distinguere*.
estrarre ⇒ *trarre*.
evadere *Participio:* evaso. *Passato remoto:* evasi, evadesti, evase, evademmo, evadeste, evasero.

F

fare *Participio:* fatto. *Indicativo: presente:* faccio (fo), fai, fa, facciamo, fate, fanno. *Passato remoto:* feci, facesti, fece, facemmo, faceste, fecero. *Futuro:* farò, farai, farà, faremo, farete, faranno. *Condizionale:* farei, faresti, farebbe, faremmo, fareste, farebbero.
Congiuntivo: presente: faccia, faccia, faccia, facciamo, facciate, facciano. *Imperativo:* fai (fa'), faccia, facciamo, fate, facciano. Demais tempos regulares, com radical **fac**.
favorire regular. *Indicativo presente* com **isc**.
ferire regular. *Indicativo presente* com **isc**.
fervere defectivo, só nas 3.ªs pessoas. *Participio:* não existe. *Indicativo: presente:* ferve, fervono. *Imperfetto:* ferveva, fervevano. *Passato remoto:* fervette, fervettero. *Futuro:* ferverà, ferveranno. *Condizionale:* ferverebbe, ferverebbero. *Congiuntivo: presente:* ferva, fervano. *Imperfetto:* fervesse, fervessero. *Imperativo:* ferva, fervano.
figgere *Participio:* fisso (*ou* fitto). *Passato remoto:* fissi, figgesti, fisse, figgemmo, figgeste, fissero.
fingere *Participio:* finto. *Passato remoto:* finsi, fingesti, finse, fingemmo, fingeste, finsero.
fiorire regular.
Indicativo presente com **isc**.
fondere *Participio:* fuso. *Passato remoto:* fusi, fondesti, fuse, fondemmo, fondeste, fusero.
frangere *Participio:* franto. *Passato remoto:* fransi, frangesti, franse, frangemmo, frangeste, fransero.
friggere *Participio:* fritto. *Passato remoto:* frissi, friggesti, frisse, friggemmo, friggeste, frissero.
fuggire regular. *Indicativo presente* sem **isc**.

G

garrire regular. *Indicativo presente* com **isc**.
giacere *Participio:* giaciuto. *Indicativo: presente:* giaccio, giaci, giace, giaciamo (giacciamo), giacete, giacciono. *Passato remoto:* giacqui, giacesti, giacque, giacemmo, giaceste, giacquero. *Congiuntivo: presente:* giaccia, giaccia, giaccia, giaciamo (giacciamo), giaciate, giacciano. *Imperativo:* giaci, giaccia, giaciamo, giacete,

giacciano. Demais tempos regulares.
giungere *Particípio:* giunto. *Passato remoto:* giunsi, giungesti, giunse, giungemmo, giungeste, giunsero.
gradire regular. *Indicativo presente* com **isc**.
guarire regular. *Indicativo presente* com **isc**.
guarnire regular. *Indicativo presente* com **isc**.

I

illudere ⇒ *alludere*.
immergere ⇒ *emergere*.
immettere ⇒ *mettere*.
impazzire regular. *Indicativo presente* com **isc**.
impedire regular. *Indicativo presente* com **isc**.
imporre ⇒ *porre*.
imprendere ⇒ *prendere*.
imprimere ⇒ *comprimere*.
incidere ⇒ *decidere*.
includere ⇒ *concludere*.
incorrere ⇒ *correre*.
incutere *Particípio:* incusso. *Passato remoto:* incussi, incutesti, incusse, incutemmo, incuteste, incussero.
indurre ⇒ *addurre*.

infiggere *Particípio:* infisso. Demais tempos como *figgere*.
infliggere ⇒ *affliggere*.
influire regular. *Indicativo presente* com **isc**.
infondere ⇒ *fondere*.
infrangere ⇒ *frangere*.
inghiottire regular. *Indicativo presente* com ou sem **isc**.
inibire regular. *Indicativo presente* com **isc**.
inserire regular. *Indicativo presente* com **isc**.
insistere ⇒ *assistere*.
insorgere ⇒ *sorgere*.
intendere ⇒ *tendere*.
interrompere ⇒ *rompere*.
intraprendere ⇒ *prendere*.
intridere *Particípio:* intriso. *Passato remoto:* intrisi, intridesti, intrise, intridemmo, intrideste, intrisero.
introdurre ⇒ *addurre*.
intrudere *Particípio:* intruso. *Passato remoto:* intrusi, intrudesti, intruse, intrudemmo, intrudeste, intrusero.
invadere ⇒ *evadere*.
involgere ⇒ *volgere*.
ire defectivo, só nos tempos e pessoas seguintes. *Particípio:* ito. *Indicativo: presente:* ite (2.ª plural). *Imperfetto:* ivo, ivi, iva, (não tem 1.ª e 2.ª plural), ivano. *Passato remoto:* isti (2.ª singular), irono (3.ª plural). *Futuro:* iremo, irete (1.ª e 2.ª plural). *Imperativo:* ite (2.ª singular).
irridere ⇒ *ridere*.
iscrivere ⇒ *scrivere*.
istruire regular. *Indicativo presente* com **isc**.

L

leggere *Particípio:* letto. *Passato remoto:* lessi, leggesti, lesse, leggemmo, leggeste, lessero.

M

maledire ⇒ *dire*.
mantenere ⇒ *tenere*.
mentire regular. *Indicativo presente* com ou sem **isc**.
mettere *Particípio:* messo. *Passato remoto:* misi, mettesti, mise, mettemmo, metteste, misero.
mordere *Particípio:* morso. *Passato remoto:* morsi, mordesti, morse, mordemmo, mordeste, morsero.
morire *Particípio:* morto. *Indicativo: presente:* muoio, muori, muore,

moriamo, morite, muoiono. *Futuro:* regular, *ou* morrò, morrai, morrà ecc. *Condizionale:* regular, *ou* morrei, morresti, morrebbe ecc. *Congiuntivo: presente:* muoia, muoia, muoia, moriamo, moriate, muoiano. *Imperativo:* muori, muoia, moriamo, morite, muoiano. Demais tempos regulares.

muggire regular. *Indicativo presente* com ou sem **isc**.

mungere ⇒ *giungere*.

munire regular. *Indicativo presente* com **isc**.

muovere *Participio:* mosso. *Passato remoto:* mossi, movesti, mosse, movemmo, moveste, mossero.

N

nascere *Participio:* nato. *Passato remoto:* nacqui, nascesti, nacque, nascemmo, nasceste, nacquero.

nascondere *Participio:* nascosto. *Passato remoto:* nascosi, nascondesti, nascose, nascondemmo, nascondeste, nascosero.

nuocere *Participio:* nociuto. *Indicativo: presente:* noccio, nuoci, nuoce, nociamo, nocete, nocciono. *Passato remoto:* nocqui, nocesti, nocque, nocemmo, noceste, nocquero. *Congiuntivo: presente:* noccia, noccia, noccia, nociamo, nociate, nocciano. *Imperativo:* nuoci, noccia, nociamo, nocete, nocciano. Demais tempos regulares, com radical **noc**.

nutrire regular. *Indicativo presente* com ou sem **isc**.

O

occorrere ⇒ *correre*.
offendere ⇒ *difendere*.
offrire *Participio:* offerto. *Indicativo: presente:* regular, sem **isc**. *Passato remoto:* offrii (offersi), offristi, offrì (offerse), offrimmo, offriste, offrirono (offersero).
omettere ⇒ *mettere*.
opporre ⇒ *porre*.
opprimere ⇒ *comprimere*.
ottenere ⇒ *tenere*.

P

parere *Participio:* parso. *Indicativo: presente:* paio, pari, pare, paiamo, parete, paiono. *Passato remoto:* parvi (parsi), paresti, parve (parse), paremmo, pareste, parvero (parsero). *Futuro:* parrò, parrai, parrà ecc. *Condizionale:* parrei, parresti, parrebbe ecc. *Congiuntivo: presente:* paia, paia, paia, paiamo, paiate, paiano. *Imperativo:* pari, paia, pariamo, parete, paiano. Demais tempos regulares.

partire regular. *Indicativo presente* com **isc** (no sentido de *dividir*) ou sem **isc** (no sentido de *ir embora*).

patire regular. *Indicativo presente* com **isc**.

pattuire regular. *Indicativo presente* com **isc**.

pentirsi regular. *Indicativo presente* sem **isc**.

percorrere ⇒ *correre*.

percuotere *Participio:* percosso. *Passato remoto:* percossi, percotesti, percosse, percotemmo, percoteste, percossero.

perdere *Participio:* perduto (perso). *Passato remoto:* persi (perdei, perdetti), perdesti, perse (perdé, perdette), perdemmo, perdeste, pérsero (perderono, perdettero).

perire regular. *Indicativo presente* com **isc**.

persistere ⇒ *assistere*.

persuadere *Participio:* persuaso. *Passato remoto:* persuasi, persuadesti, persuase, persuademmo, persuadeste, persuasero.

pervertire regular. *Indicativo presente* com ou sem **isc**.

piacere *Participio:* piaciuto. *Indicativo: presente:* piaccio, piaci, piace, piacciamo, piacete, piacciono. *Passato remoto:* piacqui, piacesti, piacque, piacemmo, piaceste, piacquero. *Congiuntivo: presente:* piaccia, piaccia, piaccia, piacciamo, piacciate, piacciano. *Imperativo:* piaci, piaccia, piacciamo, piacete, piacciano. Demais tempos regulares.

piangere *Participio:* pianto. *Passato remoto:* piansi, piangesti, pianse, piangemmo, piangeste, piansero.

piovere *Participio:* piovuto. *Passato remoto:* piovve. È impessoal.

porgere *Participio:* porto. *Passato remoto:* porsi, porgesti, porse, porgemmo, porgeste, porsero.

porre *Participio:* posto. *Indicativo: presente:* pongo, poni, pone, poniamo, ponete, pongono. *Passato remoto:* posi, ponesti, pose, ponemmo, poneste, posero. *Futuro:* porrò, porrai, porrà ecc. *Condizionale:* porrei, porresti, porrebbe ecc. *Congiuntivo: presente:* ponga, ponga, ponga, poniamo, poniate, pongano. *Imperativo:* poni, ponga, poniamo, ponete, pongano. Demais tempos regulares, com radical **pon**.

potere *Participio:* potuto. *Indicativo: presente:* posso, puoi, può, possiamo, potete, possono. *Futuro:* potrò, potrai, potrà ecc. *Condizionale:* potrei, potresti, potrebbe ecc. *Congiuntivo: presente:* possa, possa, possa, possiamo, possiate, possano. *Imperativo:* não existe. Demais tempos regulares.

precedere ⇒ *cedere*.

predisporre ⇒ *porre*.

preferire ⇒ *ferire*.

prefiggere *Participio:* prefisso. Demais tempos como *figgere*.

prendere *Participio:* preso. *Passato remoto:* presi, prendesti, prese, prendemmo, prendeste, presero.

prescindere *Participio:* prescisso. *Passato remoto:* prescissi, prescindesti, prescisse, prescindemmo, prescindeste, prescissero.

prescrivere ⇒ *scrivere*.

presiedere ⇒ *sedere*.

presumere *Participio:* presunto. *Passato remoto:* presunsi, presumesti, presunse, presumemmo, presumeste, presunsero.

pretendere ⇒ *tendere*.

preterire regular. *Indicativo presente* com **isc**.

prevalere ⇒ *valere*.

prevedere ⇒ *vedere*.

procedere ⇒ *cedere*.

produrre ⇒ *addurre*.

proferire ⇒ *ferire*.

proibire regular. *Indicativo presente* com **isc**.

promettere ⇒ *mettere*.
proscrivere ⇒ *scrivere*.
proseguire ⇒ *seguire*.
proteggere *Participio*: protetto. *Passato remoto*: protessi, proteggesti, protesse, proteggemmo, proteggeste, protessero.
protendere ⇒ *tendere*.
provvedere ⇒ *vedere*.
pungere *Participio*: punto. *Passato remoto*: punsi, pungesti, punse, pungemmo, pungeste, punsero.
punire regular. *Indicativo presente* com **isc**.

R
raccogliere ⇒ *cogliere*.
radere *Participio*: raso. *Passato remoto*: rasi, radesti, rase, rademmo, radeste, rasero.
raggiungere ⇒ *giungere*.
rapire regular. *Indicativo presente* com **isc**.
reagire regular. *Indicativo presente* com **isc**.
recedere ⇒ *cedere*.
recidere ⇒ *decidere*.
redimere *Participio*: redento. *Passato remoto*: redensi, redimesti, redense, redimemmo, redimeste, redensero.
reggere *Participio*: retto. *Passato remoto*: ressi, reggesti, resse, reggemmo, reggeste, ressero.
rendere *Participio*: reso. *Passato remoto*: resi, rendesti, rese, rendemmo, rendeste, resero.
reprimere ⇒ *comprimere*.
resistere ⇒ *assistere*.
restituire regular. *Indicativo presente* com **isc**.
restringere ⇒ *stringere*.
retribuire regular. *Indicativo presente* com **isc**.
retrocedere ⇒ *concedere*.
riassumere ⇒ *assumere*.
richiedere ⇒ *chiedere*.
riconoscere ⇒ *conoscere*.
ridere *Participio*: riso. *Passato remoto*: risi, ridesti, rise, ridemmo, rideste, risero.
ridire ⇒ *dire*.
ridurre ⇒ *addurre*.
riempire regular. *Indicativo presente* com isc.
riflettere *Participio*: riflesso (*ou* riflettuto). *Passato remoto*: riflessi (rifletti), riflettesti, riflesse (rifletté), riflettemmo, rifletteste, riflessero (rifletterono).
rifondere ⇒ *fondere*.
rilucere *Participio*: não existe. *Passato remoto*: rilussi, rilucesti, rilusse, rilucemmo, riluceste, rilussero.
rimanere *Participio*: rimasto. *Indicativo: presente*: rimango, rimani, rimane, rimaniamo, rimanete, rimangono. *Passato remoto*: rimasi, rimanesti, rimase, rimanemmo, rimaneste, rimasero. *Futuro*: rimarrò, rimarrai, rimarrà ecc. *Condizionale*: rimarrei, rimarresti, rimarrebbe ecc. *Congiuntivo: presente*: rimanga, rimanga, rimanga, rimaniamo, rimaniate, rimangano. *Imperativo*: rimani, rimanga, rimaniamo, rimanete, rimangano. Demais tempos regulares.
rimettere ⇒ *mettere*.
rimpiangere ⇒ *piangere*.
rimuovere ⇒ *muovere*.
rinascere ⇒ *nascere*.
rincrescere ⇒ *crescere*.
rinvigorire regular.

Indicativo presente com **isc**.
ripartire regular. *Indicativo presente* com **isc** (no sentido de *distribuir*) ou sem **isc** (no sentido de *repartir de novo*).
riporre ⇒ *porre*.
riprendere ⇒ *prendere*.
riscuotere ⇒ *percuotere*.
risiedere ⇒ *sedere*.
risolvere ⇒ *assolvere*.
risorgere ⇒ *sorgere*.
rispondere *Participio:* risposto. *Passato remoto:* risposi, rispondesti, rispose, rispondemmo, rispondeste, risposero.
ritenere ⇒ *tenere*.
ritorcere ⇒ *torcere*.
ritrarre ⇒ *trarre*.
riuscire ⇒ *uscire*.
rivalersi ⇒ *valere*.
rivedere ⇒ *vedere*.
riverire regular. *Indicativo presente* com **isc**.
rivestire ⇒ *vestire*.
rivivere ⇒ *vivere*.
rivolgere ⇒ *volgere*.
rodere *Participio:* roso. *Passato remoto:* rosi, rodesti, rose, rodemmo, rodeste, rosero.
rompere *Participio:* rotto. *Passato remoto:* ruppi, rompesti, ruppe, rompemmo, rompeste, ruppero.

ruggire regular. *Indicativo presente* com ou sem **isc**.

S
salire *Indicativo: presente:* salgo, sali, sale, saliamo, salite, salgono. *Congiuntivo: presente:* salga, salga, salga, saliamo, saliate, salgano. *Imperativo:* sali, salga, saliamo, salite, salgano. Demais tempos regulares.
sapere *Participio:* saputo. *Indicativo: presente:* so, sai, sa, sappiamo, sapete, sanno. *Passato remoto:* seppi, sapesti, seppe, sapemmo, sapeste, seppero. *Futuro:* saprò, saprai, saprà ecc. *Condizionale:* saprei, sapresti, saprebbe ecc. *Congiuntivo: presente:* sappia, sappia, sappia, sappiamo, sappiate, sappiano. *Imperativo:* sappi, sappia, sappiamo, sappiate, sappiano. Demais tempos regulares.
sbalordire regular. *Indicativo presente* com **isc**.
sbigottire regular. *Indicativo presente* com **isc**.
scadere ⇒ *cadere*.
scegliere *Participio:* scelto. *Indicativo: presente:* scelgo, scegli, sceglie, scegliamo, scegliete, scelgono. *Passato remoto:* scelsi, scegliesti, scelse, scegliemmo, sceglieste, scelsero. *Congiuntivo: presente:* scelga, scelga, scelga, scegliamo, scegliate, scelgano. *Imperativo:* scegli, scelga, scegliamo, scegliete, scelgano. Demais tempos regulares.
scendere *Participio:* sceso. *Passato remoto:* scesi, scendesti, scese, scendemmo, scendeste, scesero.
schernire regular. *Indicativo presente* com **isc**.
sciogliere *Participio:* sciolto. *Indicativo: presente:* sciolgo, sciogli, scioglie, sciogliamo, sciogliete, sciolgono. *Passato remoto:* sciolsi, sciogliesti, sciolse, sciogliemmo, scioglieste, sciolsero. *Congiuntivo: presente:* sciolga, sciolga, sciolga, sciogliamo, sciogliate, sciolgano. *Imperativo:* sciogli, sciolga, sciogliamo, sciogliete, sciolgano.

Demais tempos
regulares.
scolpire regular.
Indicativo presente
com **isc**.
scommettere ⇒
mettere.
scomporre ⇒ *porre*.
sconfiggere *Participio:*
sconfitto. Demais
tempos como *figgere*.
sconnettere ⇒
annettere.
sconoscere ⇒
conoscere.
scorgere ⇒
accorgersi.
scorrere ⇒ *correre*.
scrivere *Participio:*
scritto. *Passato
remoto:* scrissi,
scrivesti, scrisse,
scrivemmo, scriveste,
scrissero.
scuotere ⇒
percuotere.
sedere *Participio:*
seduto. *Indicativo:
presente:* siedo
(seggo), siedi, siede,
sediamo, sedete,
siedono (seggono).
Congiuntivo: presente:
sieda (segga), sieda
(segga), sieda (segga),
sediamo, sediate,
siedano (seggano).
Imperativo: siedi,
sieda (segga),
sediamo, sedete,
siedano (seggano).
Demais tempos
regulares.
sedurre ⇒ *addurre*.
seguire regular.
Indicativo presente
sem **isc**.
seppellire *Participio:*
seppellito, sepolto.
Indicativo: presente:
regular, com **isc**.
servire regular.
Indicativo presente
sem **isc**.
sfuggire ⇒ *fuggire*.
sminuire regular.
Indicativo presente
com **isc**.
smuovere ⇒ *muovere*.
soccorrere ⇒ *correre*.
soddisfare ⇒ *fare*.
soffrire ⇒ *offrire*.
soggiacere ⇒ *giacere*.
sommergere ⇒
emergere.
sopprimere ⇒
comprimere.
soprassedere ⇒ *sedere*.
sorbire regular.
Indicativo presente
com ou sem **isc**.
sorgere *Participio:*
sorto. *Passato remoto:*
sorsi, sorgesti, sorse,
sorgemmo, sorgeste,
sorsero.
sorprendere ⇒
prendere.
sorridere ⇒ *ridere*.
sortire regular.
Indicativo presente
sem **isc**.
sospendere ⇒
dipendere.
sospingere ⇒ *dipingere*.
sostenere ⇒ *tenere*.
sottomettere ⇒
mettere.
sottoscrivere ⇒
scrivere.
sovvertire ⇒
divertire.
spandere *Participio:*
spanto. Demais
tempos
regulares.
spargere *Participio:*
sparso. *Passato
remoto:* sparsi,
spargesti, sparse,
spargemmo,
spargeste,
sparsero.
sparire regular.
Indicativo presente
com **isc**.
spartire regular.
Indicativo presente
com **isc**.
spedire regular.
Indicativo presente
com **isc**.
spegnere *Participio:*
spento. *Indicativo:
presente:* spengo,
spegni, spegne,
spegniamo, spegnete,
spengono.
Passato remoto:
spensi, spegnesti,
spense, spegnemmo,
spegneste, spensero.
*Congiuntivo:
presente:* spenga, spenga,
spenga, spegniamo,
spegniate, spengano.
Imperativo: spegni,
spenga, spegniamo,
spegnete, spengano.
Demais tempos
regulares.
spendere *Participio:*
speso. *Passato remoto:*
spesi, spendesti,

spese, spendemmo, spendeste, spesero.
spingere ⇒ *dipingere*.
sporgere ⇒ *porgere*.
stabilire regular. *Indicativo presente* com **isc**.
stare *Participio:* stato. *Indicativo presente:* sto, stai, sta, stiamo, state, stanno. *Imperfetto:* regular. *Passato remoto:* stetti, stesti, stette, stemmo, steste, stettero. *Futuro:* starò, starai, starà, staremo, starete, staranno. *Condizionale:* starei, staresti, starebbe, staremmo, stareste, starebbero. *Congiuntivo: presente:* stia, stia, stia, stiamo, stiate, stiano. *Imperfetto:* stessi, stessi, stesse, stessimo, steste, stessero. *Imperativo:* sta' (stai), stia, stiamo, state, stiano.
stendere ⇒ *tendere*.
stingere ⇒ *tingere*.
storcere ⇒ *torcere*.
stordire regular. *Indicativo presente* com **isc**.
stringere *Participio:* stretto. *Passato remoto:* strinsi, stringesti, strinse, stringemmo, stringeste, strinsero.
struggere *Participio:* strutto. *Passato remoto:* strussi, struggesti, strusse, struggemmo, struggeste, strussero.
stupire regular. *Indicativo presente* com **isc**.
succedere ⇒ *concedere*.
suddividere ⇒ *dividere*.
sussistere ⇒ *assistere*.
svanire regular. *Indicativo presente* com **isc**.
svenire *Indicativo: Futuro* e *Condizionale:* regulares. Demais tempos como *venire*.
svolgere ⇒ *volgere*.

T

tacere *Participio:* taciuto. *Indicativo presente:* taccio, taci, tace, taciamo, tacete, tacciono. *Passato remoto:* tacqui, tacesti, tacque, tacemmo, taceste, tacquero. *Congiuntivo: presente:* taccia, taccia, taccia, taciamo, taciate, tacciano. *Imperativo:* taci, taccia, taciamo, tacete, tacciano. Demais tempos regulares.
tendere *Participio:* teso. *Passato remoto:* tesi, tendesti, tese, tendemmo, tendeste, tesero.
tenere *Indicativo: presente:* tengo, tieni, tiene, teniamo, tenete, tengono. *Passato remoto:* tenni, tenesti, tenne, tenemmo, teneste, tennero. *Futuro:* terrò, terrai, terrà ecc. *Condizionale:* terrei, terresti, terrebbe ecc. *Congiuntivo: presente:* tenga, tenga, tenga, teniamo, teniate, tengano. *Imperativo:* tieni, tenga, teniamo, tenete, tengano. Demais tempos regulares.
tergere ⇒ *emergere*.
tingere *Participio:* tinto. *Passato remoto:* tinsi, tingesti, tinse, tingemmo, tingeste, tinsero.
togliere *Participio:* tolto. *Indicativo presente:* tolgo, togli, toglie, togliamo, togliete, tolgono. *Passato remoto:* tolsi, togliesti, tolse, togliemmo, toglieste, tolsero. *Congiuntivo: presente:* tolga, tolga, tolga, togliamo, togliate, tolgano. *Imperativo:* togli, tolga, togliamo, togliete, tolgano. Demais tempos regulares.

torcere *Participio:* torto. *Passato remoto:* torsi, torcesti, torse, torcemmo, torceste, torsero.

tossire regular. *Indicativo presente* com ou sem **isc**.

tradire regular. *Indicativo presente* com **isc**.

tradurre ⇒ *addurre*.

trarre *Participio:* tratto. *Indicativo: presente:* traggo, trai, trae, traiamo, traete, traggono. *Passato remoto:* trassi, traesti, trasse, traemmo, traeste, trassero. *Futuro:* trarrò, trarrai, trarrà ecc. *Condizionale:* trarrei, trarresti, trarrebbe ecc. *Congiuntivo: presente:* tragga, tragga, tragga, traiamo, traiate, traggano. *Imperativo:* trai, tragga, traiamo, traete, traggano. Demais tempos regulares, com radical **tra**.

trascrivere ⇒ *scrivere*.

trattenere ⇒ *tenere*.

U

ubbidire regular. *Indicativo presente* com **isc**.

uccidere ⇒ *decidere*.

udire *Indicativo: presente:* odo, odi, ode, udiamo, udite, odono. *Futuro:* regular, ou udrò, udrai, udrà ecc. *Condizionale:* regular, ou udrei, udresti, udrebbe ecc. *Congiuntivo: presente:* oda, oda, oda, udiamo, udiate, odano. *Imperativo:* odi, oda, udiamo, udite, odano. Demais tempos regulares, com radical **ud**.

ungere ⇒ *giungere*.

unire regular. *Indicativo presente* com **isc**.

urgere defectivo, só nas 3.ᵃˢ pessoas. *Indicativo: presente:* urge, urgono. *Imperfetto:* urgeva, urgevano. *Futuro:* urgerà, urgeranno. *Condizionale:* urgerebbe, urgerebbero. *Congiuntivo: presente:* urga, urgano. *Imperfetto:* urgesse, urgessero. Não tem *Participio*, nem *Passato remoto*, nem *Imperativo*.

uscire *Indicativo: presente:* esco, esci, esce, usciamo, uscite, escono. *Congiuntivo: presente:* esca, esca, esca, usciamo, usciate, escano. *Imperativo:* esci, esca, usciamo, uscite, escano. Demais tempos regulares, com radical **usc**.

V

valere *Participio:* valso (valuto). *Indicativo: presente:* valgo, vali, vale, valiamo, valete, valgono. *Passato remoto:* valsi, valesti, valse, valemmo, valeste, valsero. *Futuro:* varrò, varrai, varrà ecc. *Condizionale:* varrei, varresti, varrebbe ecc. *Congiuntivo: presente:* valga, valga, valga, valiamo, vagliate, valgano. *Imperativo:* vali, valga, valiamo, valete, valgano. Demais tempos regulares, com radical **val**.

vedere *Participio:* visto (veduto). *Indicativo: presente:* vedo (veggo), vedi, vede, vediamo, vedete, vedono (veggono). *Passato remoto:* vidi, vedesti, vide, vedemmo, vedeste, videro. *Futuro:* vedrò, vedrai, vedrà ecc. *Condizionale:* vedrei, vedresti, vedrebbe ecc. *Congiuntivo: presente:* veda (vegga), veda (vegga), veda (vegga), vediamo, vediate, vedano (veggano). *Imperativo:* vedi, veda (vegga), vediamo, vedete, vedano (veggano). Demais tempos regulares, com radical **ved**.

venire *Participio:* venuto. *Indicativo: presente:* vengo, vieni, viene, veniamo, venite, vengono. *Passato remoto:* venni, venisti, venne, venimmo, veniste, vennero. *Futuro:* verrò, verrai, verrà ecc. *Condizionale:* verrei, verresti, verrebbe ecc. *Congiuntivo: presente:* venga, venga, venga, veniamo, veniate, vengano. *Imperativo:* vieni, venga, veniamo, venite, vengano. Demais tempos regulares.

vestire regular. *Indicativo presente* sem **isc**.

vigere defective, só nas 3.ᵃˢ pessoas dos tempos seguintes. *Indicativo: presente:* vige, vigono. *Imperfetto:* vigeva, vigevano. *Futuro:* vigerà, vigeranno.

vincere *Participio:* vinto. *Passato remoto:* vinsi, vincesti, vinse, vincemmo, vinceste, vinsero.

vivere *Participio:* vissuto. *Passato remoto:* vissi, vivesti, visse, vivemmo, viveste, vissero. *Futuro:* vivrò, vivrai, vivrà ecc. *Condizionale:* vivrei, vivresti, vivrebbe ecc. Demais tempos regulares.

volere *Indicativo: presente:* voglio, vuoi, vuole, vogliamo, volete, vogliono. *Passato remoto:* volli, volesti, volle, volemmo, voleste, vollero. *Futuro:* vorrò, vorrai, vorrà ecc. *Condizionale:* vorrei, vorresti, vorrebbe ecc. *Congiuntivo: presente:* voglia, voglia, voglia, vogliamo, vogliate, vogliano. *Imperativo:* voglia, voglia, vogliamo, vogliate, vogliano. Demais tempos regulares.

volgere *Participio:* volto. *Passato remoto:* volsi, volgesti, volse, volgemmo, volgeste, volsero.

Z

zittire regular. *Indicativo presente* com **isc**.

Conjugação dos verbos auxiliares e regulares em português

Verbos auxiliares

SER

Infinitivo ser
Gerúndio sendo
Particípio sido

INDICATIVO
Presente
eu sou
tu és
ele é
nós somos
vós sois
eles são

Pretérito imperfeito
eu era
tu eras
ele era
nós éramos
vós éreis
eles eram

Pretérito perfeito
eu fui
tu foste
ele foi
nós fomos
vós fostes
eles foram

**Pretérito mais-que-
-perfeito**
eu fora
tu foras
ele fora
nós fôramos
vós fôreis
eles foram

Futuro do presente
eu serei
tu serás
ele será
nós seremos
vós sereis
eles serão

Futuro do pretérito
eu seria
tu serias
ele seria
nós seríamos
vós seríeis
eles seriam

SUBJUNTIVO
Presente
eu seja
tu sejas
ele seja
nós sejamos
vós sejais
eles sejam

Pretérito imperfeito
eu fosse
tu fosses
ele fosse
nós fôssemos
vós fôsseis
eles fossem

Futuro
eu for
tu fores
ele for
nós formos
vós fordes
eles forem

IMPERATIVO
Afirmativo
sê tu
seja você
sejamos nós
sede vós
sejam vocês

Negativo
não sejas tu
não seja você
não sejamos nós
não sejais vós
não sejam vocês

ESTAR

Infinitivo estar
Gerúndio estando
Particípio estado

INDICATIVO
Presente
eu estou
tu estás
ele está
nós estamos
vós estais
eles estão

Pretérito imperfeito
eu estava
tu estavas

ele estava
nós estávamos
vós estáveis
eles estavam

Pretérito perfeito
eu estive
tu estiveste
ele esteve
nós estivemos
vós estivestes
eles estiveram

Pretérito mais-que--perfeito
eu estivera
tu estiveras
ele estivera
nós estivéramos
vós estivéreis
eles estiveram

Futuro do Presente
eu estarei
tu estarás
ele estará
nós estaremos
vós estareis
eles estarão

Futuro do pretérito
eu estaria
tu estarias
ele estaria
nós estaríamos
vós estaríeis
eles estariam

SUBJUNTIVO
Presente
eu esteja
tu estejas
ele esteja
nós estejamos
vós estejais
eles estejam

Pretérito imperfeito
eu estivesse
tu estivesses
ele estivesse
nós estivéssemos
vós estivésseis
eles estivessem

Futuro
eu estiver
tu estiveres
ele estiver
nós estivermos
vós estiverdes
eles estiverem

IMPERATIVO
Afirmativo
está tu
esteja você
estejamos nós
estai vós
estejam vocês

Negativo
não estejas tu
não esteja você
não estejamos nós
não estejais vós
não estejam vocês

TER

Infinitivo ter
Gerúndio tendo
Particípio tido

INDICATIVO
Presente
eu tenho
tu tens
ele tem
nós temos
vós tendes
eles têm

Pretérito imperfeito
eu tinha
tu tinhas
ele tinha
nós tínhamos
vós tínheis
eles tinham

Pretérito perfeito
eu tive
tu tiveste
ele teve
nós tivemos
vós tivestes
eles tiveram

Pretérito mais-que--perfeito
eu tivera
tu tiveras
ele tivera
nós tivéramos
vós tivéreis
eles tiveram

Futuro do presente
eu terei
tu terás
ele terá
nós teremos
vós tereis
eles terão

Futuro do pretérito
eu teria
tu terias
ele teria
nós teríamos
vós teríeis
eles teriam

SUBJUNTIVO
Presente
eu tenha
tu tenhas
ele tenha

nós tenhamos
vós tenhais
eles tenham

Pretérito imperfeito
eu tivesse
tu tivesses
ele tivesse
nós tivéssemos
vós tivésseis
eles tivessem

Futuro
eu tiver
tu tiveres
ele tiver
nós tivermos
vós tiverdes
eles tiverem

IMPERATIVO
Afirmativo
tem tu
tenha você
tenhamos nós
tende vós
tenham vocês

Negativo
não tenhas tu
não tenha você
não tenhamos nós
não tenhais vós
não tenham vocês

HAVER

Infinitivo haver
Gerúndio havendo
Particípio havido

INDICATIVO
Presente
eu hei
tu hás
ele há
nós havemos
vós haveis
eles hão

Pretérito imperfeito
eu havia
tu havias
ele havia
nós havíamos
vós havíeis
eles haviam

Pretérito perfeito
eu houve
tu houveste
ele houve
nós houvemos
vós houvestes
eles houveram

Pretérito mais-que--perfeito
eu houvera
tu houveras
ele houvera
nós houvéramos
vós houvéreis
eles houveram

Futuro do presente
eu haverei
tu haverás
ele haverá
nós haveremos
vós havereis
eles haverão

Futuro do pretérito
eu haveria
tu haverias
ele haveria

nós haveríamos
vós haveríeis
eles haveriam

SUBJUNTIVO
Presente
eu haja
tu hajas
ele haja
nós hajamos
vós hajais
eles hajam

Pretérito imperfeito
eu houvesse
tu houvesses
ele houvesse
nós houvéssemos
vós houvésseis
eles houvessem

Futuro
eu houver
tu houveres
ele houver
nós houvermos
vós houverdes
eles houverem

IMPERATIVO
Afirmativo
há tu
haja você
hajamos nós
havei vós
hajam vocês

Negativo
não hajas tu
não haja você
não hajamos nós
não hajais vós
não hajam vocês

Modelos de verbos regulares

PRIMEIRA CONJUGAÇÃO

CANTAR

Infinitivo cantar
Gerúndio cantando
Particípio cantado

INDICATIVO
Presente
eu canto
tu cantas
ele canta
nós cantamos
vós cantais
eles cantam

Pretérito imperfeito
eu cantava
tu cantavas
ele cantava
nós cantávamos
vós cantáveis
eles cantavam

Pretérito perfeito
eu cantei
tu cantaste
ele cantou
nós cantamos
vós cantastes
eles cantaram

Pretérito mais-que--perfeito
eu cantara
tu cantaras
ele cantara
nós cantáramos
vós cantáreis
eles cantaram

Futuro do presente
eu cantarei
tu cantarás
ele cantará
nós cantaremos
vós cantareis
eles cantarão

Futuro do pretérito
eu cantaria
tu cantarias
ele cantaria
nós cantaríamos
vós cantaríeis
eles cantariam

SUBJUNTIVO
Presente
eu cante
tu cantes
ele cante
nós cantemos
vós canteis
eles cantem

Pretérito imperfeito
eu cantasse
tu cantasses
ele cantasse
nós cantássemos
vós cantásseis
eles cantassem

Futuro
eu cantar
tu cantares
ele cantar
nós cantarmos
vós cantardes
eles cantarem

IMPERATIVO
Afirmativo
canta tu
cante você
cantemos nós
cantai vós
cantem vocês

Negativo
não cantes tu
não cante você
não cantemos nós
não canteis vós
não cantem vocês

SEGUNDA CONJUGAÇÃO

VENDER

Infinitivo vender
Gerúndio vendendo
Particípio vendido

INDICATIVO
Presente
eu vendo
tu vendes
ele vende
nós vendemos
vós vendeis
eles vendem

Pretérito imperfeito
eu vendia
tu vendias
ele vendia
nós vendíamos
vós vendíeis
eles vendiam

Pretérito perfeito
eu vendi
tu vendeste
ele vendeu
nós vendemos
vós vendestes
eles venderam

Pretérito mais-que-perfeito
eu vendera
tu venderas
ele vendera
nós vendêramos
vós vendêreis
eles venderam

Futuro do presente
eu venderei
tu venderás
ele venderá
nós venderemos
vós vendereis
eles venderão

Futuro do pretérito
eu venderia
tu venderias
ele venderia
nós venderíamos
vós venderíeis
eles venderiam

SUBJUNTIVO
Presente
eu venda
tu vendas
ele venda
nós vendamos
vós vendais
eles vendam

Pretérito imperfeito
eu vendesse
tu vendesses
ele vendesse
nós vendêssemos
vós vendêsseis
eles vendessem

Futuro
eu vender
tu venderes
ele vender
nós vendermos
vós venderdes
eles venderem

IMPERATIVO
Afirmativo
vende tu
venda você
vendamos nós
vendei vós
vendam vocês

Negativo
não vendas tu
não venda você
não vendamos nós
não vendais vós
não vendam vocês

TERCEIRA CONJUGAÇÃO

PARTIR

Infinitivo partir
Gerúndio partindo
Particípio partido

INDICATIVO
Presente
eu parto
tu partes
ele parte
nós partimos
vós partis
eles partem

Pretérito imperfeito
eu partia
tu partias
ele partia
nós partíamos
vós partíeis
eles partiam

Pretérito perfeito
eu parti
tu partiste
ele partiu
nós partimos
vós partistes
eles partiram

Pretérito mais-que-perfeito
eu partira
tu partiras
ele partira
nós partíramos
vós partíreis
eles partiram

Futuro do presente
eu partirei
tu partirás
ele partirá
nós partiremos
vós partireis
eles partirão

Futuro do pretérito
eu partiria
tu partirias
ele partiria
nós partiríamos
vós partiríeis
eles partiriam

SUBJUNTIVO
Presente
eu parta
tu partas
ele parta
nós partamos
vós partais
eles partam

Pretérito imperfeito
eu partisse
tu partisses

ele part**isse**
nós part**íssemos**
vós part**ísseis**
eles part**issem**

Futuro
eu part**ir**
tu part**ires**
ele part**ir**

nós part**irmos**
vós part**irdes**
eles part**irem**

IMPERATIVO
Afirmativo
part**e** tu
part**a** você
part**amos** nós

part**i** vós
part**am** vocês

Negativo
não part**as** tu
não part**a** você
não part**amos** nós
não part**ais** vós
não part**am** vocês

Relação dos verbos irregulares, defectivos ou difíceis em português

O símbolo ⇒ significa "conjugar como"

A
abastecer ⇒ *tecer*.
abençoar ⇒ *soar*.
abolir *Indicativo:
presente:* (não existe
a 1.ª pessoa do
singular) aboles, abole,
abolimos, abolis,
abolem. *Imperativo:*
abole; aboli.
Subjuntivo: presente:
não existe.
aborrecer ⇒ *tecer*.
abranger *Indicativo:
presente:* abranjo,
abranges, abrange,
abrangemos,
abrangeis, abrangem.
Imperativo: abrange,
abranja, abranjamos,
abrangei, abranjam.
Subjuntivo: presente:
abranja, abranjas etc.
acentuar ⇒ *suar*.
aconchegar ⇒ *ligar*.
acrescer ⇒ *tecer*.
acudir ⇒ *subir*.
adelgaçar ⇒ *laçar*.
adequar *Indicativo:
presente:* adequamos,
adequais. *Pretérito
perfeito:* adequei,
adequaste etc.
Imperativo: adequai.
Subjuntivo: presente:
não existe.
aderir ⇒ *ferir*.

adoçar ⇒ *laçar*.
adoecer ⇒ *tecer*.
adormecer ⇒ *tecer*.
aduzir ⇒ *reduzir*.
advir ⇒ *vir*.
advogar ⇒ *ligar*.
afagar ⇒ *ligar*.
afeiçoar ⇒ *soar*.
afligir ⇒ *dirigir*.
afogar ⇒ *ligar*.
agir ⇒ *dirigir*.
agradecer ⇒ *tecer*.
agredir ⇒ *prevenir*.
alargar ⇒ *ligar*.
alcançar ⇒ *laçar*.
alegar ⇒ *ligar*.
almoçar ⇒ *laçar*.
alongar ⇒ *ligar*.
alugar ⇒ *ligar*.
amaldiçoar ⇒ *soar*.
amargar ⇒ *ligar*.
ameaçar ⇒ *laçar*.
amolecer ⇒ *tecer*.
amontoar ⇒ *soar*.
amplificar ⇒ *ficar*.
ansiar ⇒ *odiar*.
antepor ⇒ *pôr*.
antever ⇒ *ver*.
aparecer ⇒ *tecer*.
apegar ⇒ *ligar*.
aperfeiçoar ⇒ *soar*.
aplicar ⇒ *ficar*.
apodrecer ⇒ *tecer*.
aquecer ⇒ *tecer*.
arcar ⇒ *ficar*.
arrancar ⇒ *ficar*.
assoar ⇒ *soar*.

atacar ⇒ *ficar*.
atear ⇒ *recear*.
atenuar ⇒ *suar*.
atingir ⇒ *dirigir*.
atordoar ⇒ *soar*.
atrair *Indicativo:
presente:* atraio,
atrais, atrai, atraímos,
atraís, atraem.
Pretérito imperfeito:
atraía, atraías etc.
Pretérito perfeito:
atraí, atraíste, atraiu,
atraímos, atraístes,
atraíram. *Pretérito
mais-que-perfeito:*
atraíra, atraíras etc.
Imperativo: atrai,
atraia, atraiamos,
atraí, atraiam.
*Subjuntivo:
presente:* atraia,
atraias etc. *Pretérito
imperfeito:* atraísse,
atraísses etc. *Futuro:*
atrair, atraíres, atrair,
atrairmos, atrairdes,
atraírem.
atribuir ⇒ *possuir*.
atuar ⇒ *suar*.
autenticar ⇒ *ficar*.
avançar ⇒ *laçar*.

B
balançar ⇒ *laçar*.
balear ⇒ *recear*.
barbear ⇒ *recear*.

bendizer ⇒ *dizer*.
bloquear ⇒ *recear*.
bobear ⇒ *recear*.
bombardear ⇒ *recear*.
brecar ⇒ *ficar*.
brigar ⇒ *ligar*.
brincar ⇒ *ficar*.
bronzear ⇒ *recear*.
buscar ⇒ *ficar*.

C

caber Indicativo: *presente:* caibo, cabes, cabe, cabemos, cabeis, cabem. *Pretérito perfeito:* coube, coubeste, coube, coubemos, coubestes, couberam. *Pretérito mais-que-perfeito:* coubera, couberas etc. *Imperativo:* não existe. *Subjuntivo: presente:* caiba, caibas etc. *Pretérito imperfeito:* coubesse, coubesses etc. *Futuro:* couber, couberes etc.
caçar ⇒ *laçar*.
cair ⇒ *atrair*.
carecer ⇒ *tecer*.
carregar ⇒ *ligar*.
castigar ⇒ *ligar*.
cear ⇒ *recear*.
certificar ⇒ *ficar*.
chatear ⇒ *recear*.
chegar ⇒ *ligar*.
classificar ⇒ *ficar*.
coagir ⇒ *dirigir*.
cobrir ⇒ *dormir*.
coçar ⇒ *laçar*.
comparecer ⇒ *tecer*.
competir ⇒ *ferir*.
compor ⇒ *pôr*.
comunicar ⇒ *ficar*.
condizer ⇒ *dizer*.
conduzir ⇒ *reduzir*.
conferir ⇒ *ferir*.
conhecer ⇒ *tecer*.
conjugar ⇒ *ligar*.
conseguir ⇒ *seguir*.
constituir ⇒ *possuir*.
construir Indicativo: *presente:* construo, constróis, constrói, construímos, construís, constroem. *Pretérito imperfeito:* construía, construías etc. *Pretérito perfeito:* construí, construíste etc. *Pretérito mais-que-perfeito:* construíra, construíras etc. *Imperativo:* constrói, construa, construamos, construí, construam. *Subjuntivo: presente:* construa, construas etc. *Pretérito imperfeito:* construísse, construísses etc. *Futuro:* construir, construíres, construir, construirmos, construirdes, construírem.
consumir ⇒ *subir*.
continuar ⇒ *suar*.
contradizer ⇒ *dizer*.
contrapor ⇒ *pôr*.
contribuir ⇒ *possuir*.
convir ⇒ *vir*.
corrigir ⇒ *dirigir*.
crescer ⇒ *tecer*.
crer Indicativo: *presente:* creio, crês, crê, cremos, credes, creem. *Imperativo:* crê, creia, creiamos, crede, creiam. *Subjuntivo: presente:* creia, creias etc.

D

dar Indicativo: *presente:* dou, dás, dá, damos, dais, dão. *Pretérito imperfeito:* dava, davas etc. *Pretérito perfeito:* dei, deste, deu, demos, destes, deram. *Pretérito mais-que-perfeito:* dera, deras, dera etc. *Futuro:* darei, darás etc. *Imperativo:* dá, dê, demos, dai, deem. *Subjuntivo: presente:* dê, dês, dê, demos, deis, deem. *Pretérito imperfeito:* desse, desses etc. *Futuro:* der, deres etc.
decair ⇒ *atrair*.
decompor ⇒ *pôr*.
deduzir ⇒ *reduzir*.
deferir ⇒ *ferir*.
delinquir ⇒ *abolir*.
demolir ⇒ *abolir*.
depor ⇒ *pôr*.
descair ⇒ *atrair*.
descobrir ⇒ *cobrir*.
desaparecer ⇒ *tecer*.
desconhecer ⇒ *tecer*.
descrer ⇒ *crer*.
desdizer ⇒ *dizer*.
desembaraçar ⇒ *laçar*.
desencadear ⇒ *recear*.
desfalecer ⇒ *tecer*.
desfazer ⇒ *fazer*.
desimpedir ⇒ *pedir*.

desligar ⇒ *ligar*.
desmentir ⇒ *ferir*.
despedir ⇒ *pedir*.
despentear ⇒ *recear*.
despir ⇒ *ferir*.
desprevenir ⇒ *prevenir*.
destacar ⇒ *ficar*.
diferir ⇒ *ferir*.
digerir ⇒ *ferir*.
diluir ⇒ *possuir*.
dirigir *Indicativo: presente:* dirijo, diriges, dirige, dirigimos, dirigis, dirigem. *Imperativo:* dirige, dirija, dirijamos, dirigi, dirijam. *Subjuntivo: presente:* dirija, dirijas etc.
disfarçar ⇒ *laçar*.
dispor ⇒ *pôr*.
distinguir *Indicativo: presente:* distingo, distingues etc. *Imperativo:* distingue, distinga, distingamos, distingui, distingam. *Subjuntivo: presente:* distinga, distingas etc.
distrair ⇒ *atrair*.
distribuir ⇒ *possuir*.
divertir ⇒ *ferir*.
dizer *Indicativo: presente:* digo, dizes, diz, dizemos, dizei, dizem. *Pretérito perfeito:* disse, disseste, disse, dissemos, dissestes, disseram. *Pretérito mais-que-perfeito:* dissera, disseras etc. *Futuro:* direi, dirás, dirá, diremos, direis, dirão. *Futuro do pretérito:* diria, dirias etc. *Imperativo:* diz, diga, digamos, dizei, digam. *Subjuntivo: presente:* diga, digas etc. *Pretérito imperfeito:* dissesse, dissesses etc. *Futuro:* disser, disseres etc.
dormir *Indicativo: presente:* durmo, dormes, dorme, dormimos, dormis, dormem. *Imperativo:* dorme, durma, durmamos, dormi, durmam. *Subjuntivo: presente:* durma, durmas etc.

E
efetuar ⇒ *suar*.
empregar ⇒ *ligar*.
encadear ⇒ *recear*.
encobrir ⇒ *dormir*.
enfraquecer ⇒ *tecer*.
engolir ⇒ *dormir*.
enjoar ⇒ *soar*.
enriquecer ⇒ *tecer*.
ensaboar ⇒ *soar*.
entrelaçar ⇒ *laçar*.
entreouvir ⇒ *ouvir*.
entrever ⇒ *ver*.
envelhecer ⇒ *tecer*.
equivaler ⇒ *valer*.
erguer *Indicativo: presente:* ergo, ergues, ergue, erguemos, ergueis, erguem. *Imperativo:* ergue, erga, ergamos, erguei, ergam. *Subjuntivo: presente:* erga, ergas etc.
escassear ⇒ *recear*.
esclarecer ⇒ *tecer*.
escorregar ⇒ *ligar*.
esquecer ⇒ *tecer*.
estar Veja verbo conjugado.
estragar ⇒ *ligar*.
estremecer ⇒ *tecer*.
excluir ⇒ *possuir*.
exercer ⇒ *tecer*.
exigir ⇒ *dirigir*.
expedir ⇒ *pedir*.
explodir ⇒ *abolir*.
expor ⇒ *pôr*.
extrair ⇒ *atrair*.

F
falecer ⇒ *tecer*.
fatigar ⇒ *ligar*.
favorecer ⇒ *tecer*.
fazer *Indicativo: presente:* faço, fazes, faz, fazemos, fazeis, fazem. *Pretérito perfeito:* fiz, fizeste, fez, fizemos, fizestes, fizeram. *Pretérito mais-que-perfeito:* fizera, fizeras etc. *Futuro:* farei, farás etc. *Futuro do pretérito:* faria, farias etc. *Imperativo:* faz, faça, façamos, fazei, façam. *Subjuntivo: presente:* faça, faças etc. *Pretérito imperfeito:* fizesse, fizesses etc. *Futuro:* fizer, fizeres etc.
ferir *Indicativo: presente:* firo, feres, fere, ferimos, feris,

ferem. *Imperativo:* fere, fira, firamos, feri, firam. *Subjuntivo: presente:* fira, firas etc.
ficar *Indicativo: presente:* fico, ficas, fica, ficamos, ficais, ficam. *Pretérito perfeito:* fiquei, ficaste etc. *Imperativo:* fica, fique, fiquemos, ficai, fiquem. *Subjuntivo: presente:* fique, fiques etc.
fingir ⇒ *dirigir*.
fluir ⇒ *possuir*.
flutuar ⇒ *suar*.
folhear ⇒ *recear*.
frear ⇒ *recear*.
fugir *Indicativo: presente:* fujo, foges, foge, fugimos, fugis, fogem. *Imperativo:* foge, fuja, fujamos, fugi, fujam. *Subjuntivo: presente:* fuja, fujas etc.

G
golpear ⇒ *recear*.
graduar ⇒ *suar*.
grampear ⇒ *recear*.

H
habituar ⇒ *suar*.
haver Veja verbo conjugado.
hipotecar ⇒ *ficar*.
homenagear ⇒ *recear*.

I
impedir ⇒ *pedir*.
impelir ⇒ *ferir*.
impor ⇒ *pôr*.
incendiar ⇒ *odiar*.

incluir ⇒ *possuir*.
indispor ⇒ *pôr*.
induzir ⇒ *reduzir*.
ingerir ⇒ *ferir*.
inserir ⇒ *ferir*.
insinuar ⇒ *suar*.
instituir ⇒ *possuir*.
instruir ⇒ *possuir*.
interferir ⇒ *ferir*.
interpor ⇒ *pôr*.
interrogar ⇒ *ligar*.
intervir ⇒ *vir*.
introduzir ⇒ *reduzir*.
investir ⇒ *ferir*.
ir *Indicativo: presente:* vou, vais, vai, vamos, ides, vão. *Pretérito imperfeito:* ia, ias, ia, íamos, íeis, iam. *Pretérito perfeito:* fui, foste, foi, fomos, fostes, foram. *Pretérito mais-que-perfeito:* fora, foras etc. *Imperativo:* vai, vá, vamos, ide, vão. *Subjuntivo: presente:* vá, vás etc. *Pretérito imperfeito:* fosse, fosses etc. *Futuro:* for, fores etc.

J
jejuar ⇒ *suar*.
julgar ⇒ *ligar*.
justapor ⇒ *pôr*.

L
largar ⇒ *ligar*.
ler ⇒ *crer*.
ligar *Pretérito perfeito:* liguei, ligaste, ligou, ligamos, ligastes, ligaram. *Imperativo:* liga, ligue, liguemos,

ligai, liguem. *Subjuntivo: presente:* ligue, ligues etc.
lotear ⇒ *recear*.

M
magoar ⇒ *soar*.
maldizer ⇒ *dizer*.
manter ⇒ *ter*.
medir ⇒ *pedir*.
mentir ⇒ *ferir*.
merecer ⇒ *tecer*.
moer *Indicativo: presente:* moo, móis, mói, moemos, moeis, moem. *Pretérito imperfeito:* moía, moías etc. *Pretérito perfeito:* moí, moeste, moeu etc. *Imperativo:* mói, moa, moamos, moei, moam. *Subjuntivo: presente:* moa, moas etc.

N
nascer ⇒ *tecer*.
nortear ⇒ *recear*.

O
obedecer ⇒ *tecer*.
obrigar ⇒ *ligar*.
obter ⇒ *ter*.
odiar *Indicativo: presente:* odeio, odeias, odeia, odiamos, odiais, odeiam. *Imperativo:* odeia, odeie, odiemos, odiai, odeiem. *Subjuntivo: presente:* odeie, odeies, odeie, odiemos, odieis, odeiem.

oferecer ⇒ *tecer*.
opor ⇒ *pôr*.
ouvir *Indicativo:*
presente: ouço, ouves, ouve, ouvimos, ouvis, ouvem. *Imperativo:* ouve, ouça, ouçamos, ouvi, ouçam.
Subjuntivo: presente: ouça, ouças etc.

P

padecer ⇒ *tecer*.
parecer ⇒ *tecer*.
passear ⇒ *recear*.
pedir *Indicativo:*
presente: peço, pedes, pede, pedimos, pedis, pedem. *Imperativo:* pede, peça, peçamos, pedi, peçam.
Subjuntivo: presente: peça, peças etc.
pegar ⇒ *ligar*.
pentear ⇒ *recear*.
perder *Indicativo:*
presente: perco, perdes, perde, perdemos, perdeis, perdem. *Imperativo:* perde, perca, percamos, perdei, percam.
Subjuntivo:
presente: perca, percas etc.
permanecer ⇒ *tecer*.
perseguir ⇒ *seguir*.
pertencer ⇒ *tecer*.
poder *Indicativo:*
presente: posso, podes, pode, podemos, podeis, podem.
Pretérito perfeito: pude, pudeste, pôde,
pudemos, pudestes, puderam. *Pretérito mais-que-perfeito:* pudera, puderas etc.
Imperativo: não existe.
Subjuntivo: presente: possa, possas etc.
Pretérito imperfeito: pudesse, pudesses etc. *Futuro:* puder, puderes etc.
poluir ⇒ *possuir*.
pôr *Indicativo:*
presente: ponho, pões, põe, pomos, pondes, põem.
Pretérito imperfeito: punha, punhas etc.
Pretérito perfeito: pus, puseste, pôs, pusemos, pusestes, puseram. *Pretérito mais-que-perfeito:* pusera, puseras etc.
Imperativo: põe, ponha, ponhamos, ponde, ponham.
Subjuntivo: presente: ponha, ponhas etc.
Pretérito imperfeito: pusesse, pusesses etc. *Futuro:* puser, puseres etc.
possuir *Indicativo:*
presente: possuo, possuis, possui, possuímos, possuís, possuem. *Pretérito imperfeito:* possuía, possuías etc.
Pretérito perfeito: possuí, possuíste, possuiu, possuímos, possuístes, possuíram.
Pretérito mais-que--perfeito: possuíra, possuíras etc.
Imperativo: possui, possua, possuamos, possuí, possuam.
Subjuntivo: presente: possua, possuas etc.
Pretérito imperfeito: possuísse, possuísses etc. *Futuro:* possuir, possuíres, possuir etc.
precaver *Indicativo:*
presente: precavemos, precaveis.
Imperativo: precavei.
Subjuntivo: presente: não existe.
predispor ⇒ *pôr*.
predizer ⇒ *dizer*.
preferir ⇒ *ferir*.
pressentir ⇒ *ferir*.
pressupor ⇒ *pôr*.
prevenir *Indicativo:*
presente: previno, prevines, previne, prevenimos, prevenis, previnem. *Imperativo:* previne, previna, previnamos, preveni, previnam. *Subjuntivo: presente:* previna, previnas etc.
prever ⇒ *ver*.
produzir ⇒ *reduzir*.
progredir ⇒ *prevenir*.
propor ⇒ *pôr*.
prosseguir ⇒ *seguir*.
proteger ⇒ *abranger*.
provir ⇒ *vir*.

Q

querer *Indicativo:*
presente: quero,

queres, quer, queremos, quereis, querem. *Pretérito perfeito:* quis, quiseste etc. *Pretérito mais-que-perfeito:* quisera, quiseras etc. *Imperativo:* quer, queira, queiramos, querei, queiram. *Subjuntivo: presente:* queira, queiras etc. *Pretérito imperfeito:* quisesse, quisesses etc. *Futuro:* quiser, quiseres etc.

R
rasgar ⇒ *ligar*.
reagir ⇒ *dirigir*.
reaver *Indicativo: presente:* (apenas a 1.ª e a 2.ª pessoas do plural) reavemos, reaveis. *Pretérito perfeito:* reouve, reouveste etc. *Pretérito mais-que-perfeito:* reouvera, reouveras etc. *Imperativo:* reavei. *Subjuntivo: presente:* não existe. *Pretérito imperfeito:* reouvesse, reouvesses etc. *Futuro:* reouver, reouveres etc.
recair ⇒ *atrair*.
recear *Indicativo: presente:* receio, receias, receia, receamos, receais, receiam. *Imperativo:* receia, receie, receemos, receai, receiem. *Subjuntivo: presente:* receie, receies etc.
rechear ⇒ *recear*.
recobrir ⇒ *dormir*.
recompor ⇒ *pôr*.
reconhecer ⇒ *tecer*.
recuar ⇒ *suar*.
redigir ⇒ *dirigir*.
reduzir *Indicativo: presente:* reduzo, reduzes, reduz, reduzimos, reduzis, reduzem. *Imperativo:* reduz *ou* reduze, reduza, reduzamos, reduzi, reduzam.
refletir ⇒ *ferir*.
reforçar ⇒ *laçar*.
regredir ⇒ *prevenir*.
reler ⇒ *crer*.
repor ⇒ *pôr*.
reproduzir ⇒ *reduzir*.
requerer *Indicativo: presente:* requeiro, requeres, requer, requeremos, requereis, requerem. *Pretérito perfeito:* requeri, requereste etc. *Imperativo:* requer, requeira, requeiramos, requerei, requeiram. *Subjuntivo: presente:* requeira, requeiras etc.
restituir ⇒ *possuir*.
reter ⇒ *ter*.
retribuir ⇒ *possuir*.
rever ⇒ *ver*.
rir *Indicativo: presente:* rio, ris, ri, rimos, rides, riem. *Imperativo:* ri, ria, riamos, ride, riam. *Subjuntivo: presente:* ria, rias etc.
roer ⇒ *moer*.

S
saber *Indicativo: presente:* sei, sabes, sabe, sabemos, sabeis, sabem. *Pretérito perfeito:* soube, soubeste etc. *Pretérito mais-que-perfeito:* soubera, souberas etc. *Imperativo:* sabe, saiba, saibamos, sabei, saibam. *Subjuntivo: presente:* saiba, saibas etc. *Pretérito imperfeito:* soubesse, soubesses etc. *Futuro:* souber, souberes etc.
sacudir ⇒ *subir*.
sair ⇒ *atrair*.
satisfazer ⇒ *fazer*.
seduzir ⇒ *reduzir*.
seguir *Indicativo: presente:* sigo, segues, segue, seguimos, seguis, seguem. *Imperativo:* segue, siga, sigamos, segui, sigam. *Subjuntivo: presente:* siga, sigas etc.
sentir ⇒ *ferir*.
ser Veja verbo conjugado.
servir ⇒ *ferir*.
simplificar ⇒ *ficar*.
situar ⇒ *suar*.
soar *Indicativo: presente:* soo, soas,

soa, soamos, soais, soam. *Imperativo:* soa, soe, soemos, soai, soem.
sobrepor ⇒ *pôr.*
sobressair ⇒ *atrair.*
sobrevir ⇒ *vir.*
sorrir ⇒ *rir.*
suar *Indicativo: presente:* suo, suas, sua, suamos, suais, suam. *Pretérito perfeito:* suei, suaste etc. *Imperativo:* sua, sue, suemos, suai, suem. *Subjuntivo: presente:* sue, sues etc. *Pretérito imperfeito:* suasse, suasses etc. *Futuro:* suar, suares etc.
subir *Indicativo: presente:* subo, sobes, sobe, subimos, subis, sobem. *Imperativo:* sobe, suba, subamos, subi, subam.
substituir ⇒ *possuir.*
subtrair ⇒ *atrair.*
sugerir ⇒ *ferir.*
sumir ⇒ *subir.*
supor ⇒ *pôr.*
surgir ⇒ *dirigir.*

T

tapear ⇒ *recear.*
tecer *Indicativo: presente:* teço, teces, tece, tecemos, teceis, tecem. *Imperativo:* tece, teça, teçamos, tecei, teçam. *Subjuntivo: presente:* teça, teças etc.

ter Veja verbo conjugado.
tossir ⇒ *dormir.*
traçar ⇒ *laçar.*
trair ⇒ *atrair.*
transgredir ⇒ *prevenir.*
transpor ⇒ *pôr.*
trazer *Indicativo: presente:* trago, trazes, traz, trazemos, trazeis, trazem. *Pretérito perfeito:* trouxe, trouxeste, trouxe, trouxemos, trouxestes, trouxeram. *Pretérito mais-que-perfeito:* trouxera, trouxeras, trouxera, trouxéramos, trouxéreis, trouxeram. *Futuro:* trarei, trarás, trará, traremos, trareis, trarão. *Futuro do pretérito:* traria, trarias, traria, traríamos, traríeis, trariam. *Imperativo:* traz, traga, tragamos, trazei, tragam. *Subjuntivo: presente:* traga, tragas etc. *Pretérito imperfeito:* trouxesse, trouxesses etc. *Futuro:* trouxer, trouxeres etc.

U

usufruir ⇒ *possuir.*

V

valer *Indicativo: presente:* valho, vales, vale, valemos, valeis, valem. *Imperativo:* vale, valha, valhamos, valei, valham. *Subjuntivo: presente:* valha, valhas etc.
ver *Indicativo: presente:* vejo, vês, vê, vemos, vedes, veem. *Pretérito imperfeito:* via, vias etc. *Pretérito perfeito:* vi, viste, viu, vimos, vistes, viram. *Pretérito mais-que-perfeito:* vira, viras etc. *Imperativo:* vê, veja, vejamos, vede, vejam. *Subjuntivo: presente:* veja, vejas etc. *Pretérito imperfeito:* visse, visses etc. *Futuro:* vir, vires etc.
vestir ⇒ *ferir.*
vir *Indicativo: presente:* venho, vens, vem, vimos, vindes, vêm. *Pretérito imperfeito:* vinha, vinhas etc. *Pretérito perfeito:* vim, vieste, veio, viemos, viestes, vieram. *Pretérito mais-que-perfeito:* viera, vieras etc. *Imperativo:* vem, venha, venhamos, vinde, venham. *Subjuntivo: presente:* venha, venhas etc. *Pretérito imperfeito:* viesse, viesses vê, *Futuro:* vier, vieres etc.
voar ⇒ *soar.*